INVESTIMENTOS

Dados Internacionais de Catalogação na Publicação (CIP)
(Câmara Brasileira do Livro, SP, Brasil)

Reilly, Frank K.
    Investimentos / Frank K. Reilly, Edgar A.
Norton ; tradução Vertice Translate ; revisão
técnica Antonio Zoratto Sanvicente. -- São Paulo :
Cengage Learning, 2008.

    Título original: Investments.
    7. ed. norte-americana.
    Bibliografia.
    ISBN 978-85-221-0567-0

    1. Análise de investimentos 2. Investimentos
I. Norton, Edgar A. II Título

08-02877   CDD-332.06

Índices para catálogo sistemático:

1. Investimentos : Análise 332.06

INVESTIMENTOS

7ª edição norte-americana

Frank K. Reilly

Edgar A. Norton

Tradução:
Vertice Translate

Revisão Técnica:
Antonio Zoratto Sanvicente
Ph.D Graduate School of Business, Stanford University
Professor titular da IBMEC São Paulo e da Universidade de São Paulo

CENGAGE
Learning™

Austrália • Brasil • Japão • Coréia • México • Cingapura • Espanha • Reino Unido • Estados Unidos

Investimentos
Frank K. Reilly
Edgar A. Norton

Gerente Editorial: Patricia La Rosa

Editora de Desenvolvimento: Danielle Mendes Sales

Supervisor de Produção Editorial: Fábio Gonçalves

Supervisora de Produção Gráfica: Fabiana Alencar Albuquerque

Produtora Editorial: Gabriela Trevisan e Ana Lucia Santos

Título Original: Investments
(ISBN 0-324-28899-9)

Tradução: Vertice Translate

Revisão Técnica: Antonio Zoratto Sanvicente

Copidesque: Nancy Helena Dias

Revisão: Adriane Peçanha e Luciane Helena Gomide

Diagramação: PC Editorial Ltda.

Capa: Gabinete de Artes

© 2006 de Wasdsworth, parte da Cengage Learning
© 2008 Cengage Learning Edições Ltda.

Todos os direitos reservados. Nenhuma parte deste livro poderá ser reproduzida, sejam quais forem os meios empregados, sem a permissão, por escrito, da Editora.
Aos infratores aplicam-se as sanções previstas nos artigos 102, 104, 106 e 107 da Lei nº 9.610, de 19 de fevereiro de 1998.

Para informações sobre nossos produtos, entre em contato pelo telefone **0800 11 19 39**

Para permissão de uso de material desta obra, envie seu pedido para **direitosautorais@cengage.com**

© 2008 Cengage Learning. Todos os direitos reservados.

ISBN-13: 978-85-221-0567-0
ISBN-10: 85-221-0567-7

Cengage Learning
Condomínio E-Business Park
Rua Werner Siemens, 111 – Prédio 20 – Espaço 03
Lapa de Baixo – CEP 05069-900 – São Paulo – SP
Tel.: (11) 3665-9900 – Fax: (11) 3665-9901

Para suas soluções de curso e aprendizado, visite
www.cengage.com.br

Impresso no Brasil.
Printed in Brazil.
1 2 3 4 5 6 7   12 11 10 09 08

Para minha melhor amiga e esposa, Therese,
e para os maiores frutos e dádivas de nossa felicidade,
Frank K. III, Charlotte e Lauren
Clarence R. II, Michelle e Sofia
Therese B. e Denise
Edgar B., Michele, Kayleigh e Madison J.T.
F.K.R.

Para meu pai e em memória de minha mãe;
Para minha melhor amiga e esposa, Becky,
e nossos presentes de Deus, Matthew e Amy
E.A.N.

SUMÁRIO

Prefácio *xi*

Parte 1

INTRODUÇÃO 1

CAPÍTULO 1

Investimentos 2

Por que investir? 2
Aspectos-chave na área de investimento 3
Ambiente financeiro 8
Estratégias de investimento 10
Ética e oportunidades de trabalho na área de
investimentos 11
Resumo 13
Investimentos on-line 14

Parte 2

AMBIENTE DE INVESTIMENTO 17

CAPÍTULO 2

Fundamentos de retorno e risco 18

Um exemplo de retorno e risco 18
Tipos de retornos 19
Medidas de taxas históricas de retorno 21
Definição de risco 24
Mensuração de riscos 25
Fatores determinantes de taxas exigidas de retorno 27
Resumo 31
Investimentos on-line 31

CAPÍTULO 3

Seleção de investimentos em um mercado global 35

Cálculo de retornos de investimentos estrangeiros 35
Argumento em defesa de investimentos globais 37
Escolhas de investimento global 43
Taxas históricas de retorno e risco 52
Resumo 56
Investimentos on-line 56

CAPÍTULO 4

Fundos de investimento e outros investimentos administrados 62

O que é um fundo de investimento? 62
Prospecto 66
Outras fontes de informações sobre fundos de
investimento 70
Desempenho das companhias de investimento 71
Uma revisão de outros investimentos administrados 78
Resumo 81
Investimentos on-line 81

CAPÍTULO 5

Declarações de política de investimento e questões de alocação de ativos 86

Gestão de risco 86
Ciclo de vida do investidor individual 87
O processo de gestão de carteiras 89
A necessidade de uma declaração de política 90

Dados para a declaração de política 91
Montagem da declaração de política 98
A importância da alocação de ativos 99
Alocação de ativos e diferenças culturais 102
Resumo 104
Investimentos on-line 104
Apêndice 5 Objetivos e restrições de investidores
institucionais 108

CAPÍTULO 6

Organização e funcionamento dos mercados de títulos 110

O que é um mercado? 110
Mercados primários de capitais 112
Mercados financeiros secundários 114
Classificação dos mercados secundários de ações dos
Estados Unidos 117
Análise detalhada dos mercados de bolsa 123
Resumo 130
Investimentos on-line 131
Apêndice 6 Características de mercados desenvolvidos e
emergentes ao redor do mundo 135

CAPÍTULO 7

Índices de mercado de títulos 139

Utilização dos índices de mercado de títulos 140
Fatores diferenciadores na montagem de índices de
mercado 140
Índices de mercado de ações 141
Índices de mercado de títulos de renda fixa 150
Índices compostos de títulos de renda fixa e ações 150
Comparação de índices no tempo 152
Resumo 153
Investimentos on-line 154
Apêndice 7 Índices dos mercados de ações 157

Parte 3

MENSURAÇÃO E GESTÃO DE RISCO 161

CAPÍTULO 8

Introdução à gestão de carteiras 162

Alguns pressupostos básicos 162
A teoria de carteiras de Markowitz 163
Resumo 178
Investimentos on-line 179

CAPÍTULO 9

Introdução aos modelos de precificação de ativos 182

Teoria de mercado de capitais: visão geral 182
O modelo de formação de preços de ativos: retorno
esperado e risco 189
Modelos multifatoriais de risco e retorno 196
Resumo 203
Investimentos on-line 203

CAPÍTULO 10

Mercados eficientes de capitais 208

Por que os mercados de capitais devem ser
eficientes? 209
Sub-hipóteses de mercado eficiente 209

VII

VIII Sumário

Testes e resultados das hipóteses de mercado
eficiente   210
Finanças comportamentais   222
Implicações de mercados eficientes de capitais   223
Resumo   226
Investimentos on-line   227

Parte 4

AVALIAÇÃO: REVISÃO E APLICAÇÕES A TÍTULOS DE RENDA FIXA   231

CAPÍTULO 11
Uma introdução à avaliação   232

O que determina o valor de um ativo?   232
O processo de avaliação   233
Por que um processo de avaliação em três estágios?   234
Revisão dos componentes da avaliação   236
Visão geral da avaliação   237
Técnicas de avaliação de fluxos de caixa
descontados   240
Técnicas de avaliação relativa   245
Estimação dos dados: taxa exigida de retorno e
taxa esperada de crescimento das variáveis de
avaliação   249
Resumo   252
Investimentos on-line   252
Apêndice 11   Desenvolvimento do modelo de
dividendos descontados com crescimento
constante (MDD)   256

CAPÍTULO 12
Análise de títulos de renda fixa   258

Fundamentos de avaliação de títulos de renda fixa   258
Cálculo dos rendimentos de títulos de renda fixa   260
Cálculo de preços futuros de títulos de renda fixa   265
O que determina as taxas de juros?   267
O que determina a volatilidade dos preços de títulos de
renda fixa?   276
Investimentos on-line   286
Resumo   287

Parte 5

TÍTULOS DE RENDA VARIÁVEL: AVALIAÇÃO E GESTÃO   293

CAPÍTULO 13
Análise econômica e setorial   294

Relação entre análise econômica e mercados
eficientes   295
Abordagens genéricas de análise de títulos   295
Uma rápida revisão de conceitos econômicos   297
Influências sobre a economia e os mercados de
títulos   300
Algumas ferramentas de previsão   302
Riscos na previsão econômica   305
Análise de expectativas   305
Análise setorial   306
Relação entre economia e setor   308
Influências estruturais sobre a economia e os
setores   309
Estrutura competitiva de um setor   311
Análise do ciclo de vida do setor   312

Fontes de informação setorial   314
Investimentos on-line   315
Resumo   317

CAPÍTULO 14
Análises de demonstrações financeiras   323

Objetivo deste capítulo   323
Principais demonstrações financeiras   324
Análises de índices financeiros   328
Cálculo de índices financeiros   329
Avaliação da liquidez interna   332
Avaliação do desempenho operacional   335
Análise de risco   341
Análise do potencial de crescimento   348
Análise comparativa de índices   349
Análise de demonstrações financeiras não-
americanas   351
A qualidade das demonstrações financeiras   351
O valor da análise de demonstrações financeiras   352
Usos específicos de índices financeiros   353
Investimentos on-line   355
Resumo   356

CAPÍTULO 15
Análise de empresas e avaliação de ações   364

Análise de empresas *versus* avaliação e seleção de
ações   364
A busca de verdadeiras ações de crescimento   366
Ligações econômicas, setoriais e estruturais com a análise
de empresas   367
Análise de empresas   368
Estimação de valores intrínsecos para a *Walgreen*   371
Avaliação específica com o índice P/E   385
Tomada de decisão de investimento   388
Influências sobre os analistas   389
Resumo   390
Investimentos on-line   390
Apêndice 15   Fontes de informação para análise de
empresas   394

CAPÍTULO 16
Análise técnica   397

Hipóteses subjacentes à análise técnica   398
Vantagens da análise técnica   398
Desafios à análise técnica   399
Regras e indicadores de negociação técnica   400
Análise técnica de mercados estrangeiros   410
Análise técnica de mercados de títulos de dívida   410
Investimentos on-line   412
Resumo   413

Parte 6

DERIVATIVOS   417

CAPÍTULO 17
Introdução aos derivativos   418

Por que existem derivativos?   419
Contratos a termo   420
Contratos futuros   422
Opções   425
Paridade de opções de compra e de venda   436
Resumo   438
Investimentos on-line   438

Capítulo 18

Derivativos: análise e avaliação   *444*

Questões de avaliação de contratos futuros   444
Aplicações avançadas de contratos futuros de ativos financeiros   446
Opções de contratos futuros   450
Avaliação de opções de compra e de venda   452
Modelo binomial da precificação de opções   453
Fórmula Black-Scholes de precificação de opções   458
Títulos assemelhados a opções   461
  Resumo   465
  Investimentos on-line   465

Parte 7

APLICAÇÕES DE GESTÃO DE CARTEIRAS   471

Capítulo 19

Gestão de carteiras de ações   *472*

Introdução   472
Estratégias de gestão passiva   473
Estratégias de gestão ativa   475
Derivativos na gestão de carteiras de ações   482
Carteiras tributáveis   487
  Resumo   490
  Investimentos on-line   490

Capítulo 20

Gestão de carteiras de renda fixa   *496*

Introdução   496
Estratégias de gestão passiva   497

Estratégias de gestão ativa   497
Técnicas de casamento de fluxos de caixa   503
Uso de derivativos na gestão de carteiras de renda fixa   506
  Resumo   511
  Investimentos on-line   512

Capítulo 21

Avaliação da gestão de carteiras   *517*

Medidas compostas do desempenho de carteiras   517
Carteiras de referência   524
Características exigidas de padrões de referência   525
Determinação dos motivos de um desempenho superior (ou inferior)   530
Avaliação de desempenho de carteiras de renda fixa   531
  Resumo   533
  Investimentos on-line   533
  Apêndice 21   Cálculo dos retornos de carteiras   539

APÊNDICE A

Como obter o título de CFA®   *543*

APÊNDICE B

CFA Institute: código de ética e padrões de conduta profissional   *544*

APÊNDICE C

Tabelas de juros   *546*

APÊNDICE D

Probabilidades na distribuição normal padronizada   *550*

ÍNDICE REMISSIVO   551

PREFÁCIO

O prazer de assinar um livro vem do fato de se escrever sobre um assunto de que alguém goste e ache excitante. Como autores, procuramos levar ao leitor não apenas conhecimento, mas também o entusiasmo que nós sentimos pelo assunto. Além disso, escrever sobre investimentos traz um adendo estimulante, porque o assunto pode afetar o leitor durante toda sua carreira profissional, até mesmo além disso. Esperamos que o que os leitores concluírem desta obra possa ajudá-los a viver melhor, à medida que vão aprendendo a gerir seus recursos financeiros adequadamente.

No decorrer do livro, uma série de pontos-chave é enfatizada:

1. Os mercados desenvolvidos são quase eficientes em termos de informação. Isso quer dizer que as notícias e seu efeito sobre os investimentos se refletem rapidamente nos preços dos ativos. É difícil "superar os índices de mercado", depois de considerar as diferenças de risco entre investimentos a prazo, o que nos leva ao nosso segundo ponto-chave...
2. Há uma compensação entre retorno esperado e risco. Como os mercados tendem a ser eficientes, retornos esperados mais altos só costumam ocorrer caso um investidor assuma risco adicional. Risco e retorno esperado estão diretamente relacionados. Entretanto, talvez seja inadequado para um investidor assumir riscos cada vez mais altos na expectativa de obter retornos mais elevados, ou seja, mais lucro, por causa de nosso terceiro ponto-chave...
3. Os investidores precisam investir em um certo nível de risco que seja compatível com suas preferências em relação a risco e restrições. Os investidores devem assumir – e gerir – riscos prudentes para maximizar seus retornos líquidos, em um esforço para atingir suas metas financeiras. Os impostos têm um impacto enorme sobre os retornos dos investimentos, e os investidores devem considerar seu efeito. Mas os investimentos precisam ser feitos com base nas preferências em relação a risco e metas financeiras do indivíduo. Se uma meta financeira parece ser inatingível, um investidor deve refletir cuidadosamente antes de realizar investimentos de alto risco.
4. Os investidores precisam considerar a possibilidade de realizar investimentos em classes de ativos, setores e países diferentes para tirar proveito cada vez mais das oportunidades existentes no mercado global. Como mostra a teoria de carteiras, é possível investir em uma carteira diversificada de ativos de alto risco com aumento pequeno ou nulo do risco da carteira como um todo.

A finalidade deste livro é ajudá-lo a entender como gerir seu dinheiro a fim de que tire o máximo de benefício daquilo que ganha. Para cumprir essa finalidade, você precisa conhecer as alternativas de investimento atualmente disponíveis, e, mais importante ainda, deve desenvolver um método de análise e reflexão sobre investimentos que funcione nos anos a seguir, quando novas e diferentes oportunidades aparecerem.

Em virtude dessa finalidade dupla, o livro mistura descrição e teoria. O material descritivo discute instrumentos de investimento disponíveis e considera o papel e o funcionamento dos mercados de capitais nos Estados Unidos e ao redor do mundo. A parte teórica detalha como você deveria avaliar os investimentos atuais e as oportunidades futuras de maneira que possa construir uma carteira de investimentos que satisfaça seus objetivos de risco e retorno.

Preparar esta sétima edição foi uma tarefa tanto estimulante quanto desafiadora, por dois motivos: primeiro, muitas mudanças ocorreram nos mercados de títulos nos últimos anos em termos de teoria, pesquisa empírica, instrumentos financeiros e práticas de negociação. Em segundo lugar, como mencionado em edições anteriores, os mercados de capitais tornaram-se cada vez mais globais e integrados; investimentos internacionais já são comuns. Novos mercados estão sendo criados ou abertos ao redor do mundo. Conseqüentemente, logo no início do livro (no Capítulo 3), apresentamos um argumento convincente em defesa da realização de investimentos de caráter global. Posteriormente, para garantir que você esteja preparado para trabalhar neste novo ambiente global, quase todos os capítulos discutem como a prática ou a teoria de investimento é influenciada pela globalização dos investimentos e dos mercados de capitais. Este tratamento completamente integrado assegurará que você leia este livro com uma visão global de investimentos que lhe será útil no decorrer do século XXI.

Mercado-alvo

Este livro se destina tanto a estudantes de graduação quanto a estudantes de pós-graduação que almejem uma discussão mais aprofundada sobre investimentos e gestão de carteiras. A apresentação do material pretende ser rigorosa, porém sem ser demasiadamente quantitativa. Uma discussão apropriada dos avanços modernos em teoria de investimentos e carteiras precisa ser rigorosa. Os resultados resumidos de vários estudos empíricos refletem nossa crença pessoal de que é essencial que as teorias sejam expostas ao mundo real e julgadas na base de quão bem elas nos ajudam a compreender e a explicar o que chamamos de realidade. Nós também recorremos ao ponto de vista dos praticantes para mostrar como a teoria pode ser aplicada na prática. Para ajudar a preparar os estudantes para uma possível carreira na área de análise de investimentos e administração de carteiras, este livro recorre aos textos preparados e recomendados àqueles que se preparam para os exames de certificação de analistas (Chartered Financial Analyst – CFA®). Muitas questões e muitos problemas apresentados nos fins de capítulos provêm de exames prévios de CFA®.

Prefácio **XI**

Principais mudanças e acréscimos na sétima edição

Esta edição contém diversas mudanças sugeridas por comentaristas, incluindo ampliações, reduções e alterações de texto.

Em termos de ampliação, aumentamos o número de capítulos, de 20 para 21. O novo capítulo – o Capítulo 11, "Uma introdução à avaliação" – focaliza unicamente as técnicas de avaliação de títulos de dívida e ações: conceitos de valor do dinheiro no tempo aplicados a títulos de dívida e a vários modelos de desconto de dividendos e apreçamento relativo (P/E, P/B etc.) aplicados a ações. Esta ampliação do livro permite que os capítulos subseqüentes sobre renda fixa e sobre capital e ações se concentrem em variáveis importantes para uma avaliação, sem a necessidade de ensinar conceitos desta. O capítulo pode ser ensinado em sala de aula ou indicado para estudo em casa, como leitura de revisão e reforço.

Com o passar do tempo e o aumento da complexidade do mundo dos investimentos, este livro foi recebendo informações adicionais sobre mudanças de mercados, novos instrumentos, novas técnicas e estudos acadêmicos relevantes. Apesar disso, esta sétima edição também foi afetada pela "mania das dietas", com uma redução cuidadosa e a revisão do conteúdo visando diminuir o tamanho do texto sem excluir temas importantes.

A maioria dos capítulos sofreu revisões importantes para que o texto se mantivesse atualizado, tanto em termos de conteúdo quanto em termos de dados e exemplos novos. A ordem dos capítulos nesta edição foi reorganizada para melhor refletir o modo pelo qual os usuários ensinam assuntos relacionados a investimentos, particularmente análises de ações. Os Capítulos 1 a 7 oferecem uma base sólida no que se refere a princípios de investimento, nossos quatro pontos-chave e ambiente de investimento. Conceitos, teorias e práticas de carteiras em mercados eficientes são discutidos do Capítulo 8 ao 10.

A seção que trata de avaliação começa com o novo Capítulo 11, que é seguido por aplicações à análise de títulos de renda fixa, no Capítulo 12. Os capítulos relevantes à análise de ações são apresentados de maneira seqüencial (do Capítulo 13 ao 16).

Apresentamos os vários tipos de investimentos derivativos no Capítulo 17 e mostramos aplicações de contratos a termo, futuros e opções. O Capítulo 18 continua a abordar os derivativos, destacando sua avaliação e seus vários usos avançados nos mercados de títulos de renda fixa e ações. A parte final do texto reúne tópicos de avaliação, teoria de carteiras, administração e derivativos em uma discussão sobre administração de carteiras de ações, administração de carteiras de renda fixa e diversos métodos e ferramentas de avaliação de desempenho.

Nosso livro foi um dos primeiros textos sobre investimento a refletir o uso crescente da World Wide Web como ferramenta de aprendizado e fonte de informação. Continuamos nesta tradição, já que cada capítulo contém uma lista comentada de websites relacionados aos tópicos do capítulo. Damos ainda um passo adicional expondo os estudantes às práticas de investimento – todos os capítulos contêm exercícios da web para ajudar os estudantes a conhecer os inúmeros recursos disponíveis na internet. Além disso, praticamente todos os capítulos contêm exercícios em planilhas que dão aos estudantes a oportunidade de realizar diversas análises com aplicações de planilhas eletrônicas.

Um exemplo completo de uma empresa ou indústria é usado nos capítulos de avaliação de ações. Examinamos as demonstrações financeiras da Walgreen, analisamos as influências sobre o varejo de produtos farmacêuticos e estimamos o valor intrínseco da ação da Walgreen, empregando duas técnicas de avaliação e vários modelos específicos de avaliação.

O texto foi completamente atualizado. Além das revisões de capítulos, esta edição inclui muitos problemas e questões novos, vários deles extraídos dos exames de certificação de analistas (Chartered Financial Analyst). Por capítulo, algumas mudanças específicas incluem:

Capítulo 1 – Focaliza mais efetivamente os tópicos do livro por meio de exemplos. Atualizamos nossas discussões sobre a importância da ética na profissão de investimento, oportunidades de emprego e qualificações profissionais como CFA® e CFP™.

Capítulo 2 – Concentra-se na discussão da relação entre risco e retorno e em sua mensuração, com dados históricos do mercado doméstico. A compensação entre risco e retorno é ilustrada com dados históricos do mercado de capitais, incluindo uma construção elementar da linha desse tipo de mercado.

Capítulo 3 – Mostra como calcular retornos de investimentos estrangeiros e ilustra o efeito da variação da taxa de câmbio sobre os retornos para o investidor. Conteúdos novos ou modificados incluem as implicações do crescimento das correlações entre mercados e uma discussão aprimorada de títulos globais; inclui também o crescente setor de títulos lastreados em ativos.

Capítulo 4 – Foi revisto com a finalidade de incorporar informações sobre os escândalos que envolveram fundos de investimento e a pesquisa recente sobre despesas e desempenho destes.

Capítulo 5 – Focaliza o processo de administração de carteiras e o papel e a necessidade de fixação de uma política de investimentos com atenção especial ao investidor individual. Revimos a seção que ilustra as pesquisas mais recentes a respeito do efeito da alocação de ativos sobre o desempenho da carteira como um todo.

Capítulo 6 – Foi basicamente reescrito, a fim de excluir alguns materiais que não são mais relevantes. Em seu lugar, houve importantes acréscimos, os quais tratam de novas organizações e o funcionamento desta no mercado secundário de ações, resultantes do rápido crescimento da negociação eletrônica e, especificamente, das redes de comunicação eletrônica (ECNs), que têm conquistado uma participação significativa no mercado à custa de mercados formais de ações.

Capítulo 7 – Como os índices de mercado de títulos desempenham um papel cada vez maior no desempenho de carteiras, como padrões de referência, atualizamos as mudanças de composição desses índices. Além disso, passamos a examinar vários índices internacionais novos e vários índices de "estilo".

Capítulo 8 – Demonstra o modelo de carteiras usando dados recentes de ações, títulos de dívida e caixa; relaciona essa apresentação ao capítulo anterior, que trata sobre alocação de ativos.

Capítulo 9 – Inclui uma discussão ampliada de modelos multifatoriais de apreçamento de ativos, com exemplos completos, empregando variáveis macroeconômicas e microeconômicas e a demonstração detalhada de uma estimativa.

Capítulo 10 – Além de uma atualização da volumosa pesquisa existente sobre a hipótese de mercado eficiente (EMH) – incluindo várias anomalias novas –, contém uma discussão atualizada e ampliada que envolve finanças comportamentais, uma corrente que considera resultados importantes que conflitam com a EMH, apontando as implicações desses resultados.

Capítulo 11 – Trata-se de um capítulo inteiramente novo, que apresenta as abordagens básicas e técnicas de avaliação a todos os tipos de ativos. Assim, este capítulo serve de base para vários capítulos posteriores sobre análise de títulos de renda fixa e avaliação específica de ações.

Capítulo 12 – Inclui uma ampla discussão a respeito de duração e convexidade, dois conceitos muito relevantes para títulos de renda fixa.

Capítulo 13 – Foi revisto para que focalizasse os principais temas de análise setorial e da conjuntura econômica que influenciam a análise de títulos. Continuamos a ter expectativas como base da tomada de decisões de investimento e do monitoramento de seus resultados.

Capítulo 14 – Contém uma discussão ampliada de medidas alternativas de fluxo de caixa largamente aplicadas em avaliação, incluindo EBITDA,[1] que não apoiamos. Dado o uso muito difundido de operações de arrendamento, demonstramos como capitalizar os pagamentos de arrendamento e indicamos o impacto significativo que isso exerce nas medidas de risco financeiro.

Capítulo 15 – Ressalta os conceitos de uma verdadeira empresa em crescimento e uma ação real de crescimento. É especificamente observado que a ação de uma empresa em crescimento pode não ser uma ação de crescimento. É enfatizado que uma ação de crescimento real pode ser uma ação subavaliada, a qual pode ser emitida por qualquer tipo de empresa. O capítulo apresenta, a seguir, demonstrações detalhadas dos vários modelos de avaliação que servem de base para a identificação de ações de crescimento reais.

Capítulo 16 – Foi condensado com ênfase na manutenção do raciocínio geral, subjacente à análise técnica, e nos novos exemplos de aplicação da análise técnica a títulos de renda fixa, taxas de juros e títulos estrangeiros, além de ações ordinárias.

Capítulo 17 – Este é o capítulo introdutório sobre derivativos; foi transferido para o fim do livro para que os instrutores pudessem se concentrar nos títulos de renda fixa e em ações antes de apresentar os derivativos. Ao usar perfis de fluxos de caixa para ilustrar os padrões de retorno, este capítulo introdutório se concentra nos fundamentos dos derivativos e nas suas aplicações, e não nos detalhes institucionais.

Capítulo 18 – Retoma o assunto do capítulo anterior, com discussões e aplicações avançadas de derivativos. Um acréscimo digno de nota é a discussão do modelo binomial de formação de preços de opções, antes da introdução do modelo Black-Scholes.

Capítulo 19 – Foi revisto com a finalidade de focalizar as estratégias ativa e passiva de administração de carteiras de ações. Continuamos a enfatizar as recentes pesquisas sobre estilos e a necessidade de estratégias de investimento eficientes em termos de impostos, com exemplos e dados concretos.

Capítulo 20 – Revê as técnicas de administração de carteiras de títulos de renda fixa (passiva, ativa e de casamento de fundos) e demonstra o uso dos derivativos na administração de carteiras.

Capítulo 21 – Revê vários métodos de avaliação de desempenho, incluindo quocientes de informação e M^2 ou medidas de desempenho ajustadas por risco. Incluímos discussões de análises de atribuição e métodos de avaliação de desempenho de carteiras de renda fixa.

As *Planilhas Eletrônicas*, criadas por Paul Bursik do St. Norvert College, em Excel também estão disponíveis para os estudantes. No fim da maioria dos capítulos, há vários exercícios com planilha eletrônica, que podem ser solicitados pelos instrutores para que os estudantes apliquem e ampliem alguns dos problemas analisados em cada capítulo. Para muitos desses exercícios, foram elaboradas planilhas que oferecessem aos estudantes assistência, em níveis diversos, para um dado problema. Também há formulários preparados para uso de calculadoras financeiras em alguns tipos recorrentes de problemas, como os de valor do dinheiro no tempo e avaliação.

Agradecimentos

Muitas pessoas nos auxiliaram de diversas formas, por isso hesitamos em citar nomes, com medo de que pudéssemos esquecer alguém. Mas, embora correndo esse risco, começaremos com a University of Notre Dame e a Illinois State University, pelo apoio direto. O Professor Reilly também gostaria de agradecer à família de Bernard J. Hank, que fez a dotação da cátedra que ajudou a trazê-lo de volta a Notre Dame e que também tem dado apoio ao seu trabalho.

Nós também gostaríamos de agradecer aos seguintes revisores desta edição:

Charles Gahala, Benedictine University

---

[1] EBITDA é a sigla para "earnings before interest, taxes, depreciation and amortization". Em português, a tradução seria "lucros antes de juros, impostos, depreciação e amortização". (N.E.)

XIV Prefácio

Gunita Grover, Villanova University
David D. Hemley, Eastern New Mexico University
Jonathan Ohn, Wagner College
Debbie Psihountas, Webster University

Greg. T. Smersh, University of Florida
P. V. Viswanath, Pace University
Richard Warr, North Carolina State University
Edward Zajicek, Kalamazoo College

Tivemos também a sorte de contar com os excelentes revisores, que estão relacionados a seguir, nas edições anteriores:

Robert Angell, East Carolina University
George Aragon, Boston College
Brian Belt, University of Missouri – Kansas City
Omar M. Benkato, Ball State University
Arand Bhattacharya, University of Cincinnati
Carol Billingham, Central Michigan University
Susan Block, University of California – Santa Barbara
Gerald A. Blum, Babson College
Robert J. Brown, Harrisburg, Pennsylvania
Dosoung Choi, University of Tennessee
John Clinebell, University of Northern Colorado
Susan Coleman, University of Hartford
James P. D'Mello, Western Michigan University
Eugene F. Drzycimski, University of Wisconsin – Oshkosh
John Dunkelberg, Wake Forest University
Eric Emory, Sacred Heart University
Thomas Eyssell, University of Missouri – St. Louis
James Feller, Middle Tennessee State University
Eurico Ferreira, Clemson University
Michael Ferri, John Carroll University
Joseph E. Finnerty, University of Illinois
Harry Friedman, New York University
R. H. Gilmer, University of Mississippi
Stephen Goldstein, University of South Carolina
Steven Goldstein, Robinson-Humphrey/American Express
Keshav Gupta, Oklahoma State University
James Haltiner, College of William and Mary
Sally A. Hamilton, Santa Clara University
Ronald Hoffmeister, Arizona State University
Ron Hutchins, Eastern Michigan University
A. James Ifflander, Arizona State University
Stan Jacobs, Central Washington University
Kwang Jun, Michigan State University
George Kelley, Erie Community College
Ladd Kochman, Kennesaw State College
Jaroslaw Komarynsky, Northern Illinois University
Tim Krehbiel, Oklahoma State University
Kartono Liano, Mississippi State University
Danny Litt, Century Software Systems/UCLA
Miles Livingston, University of Florida
Christopher Ma, Texas Tech University
John A. MacDonald, Clarkson University

Stephen Mann, University of South Carolina
Jeffrey A. Manzi, Ohio University
George Mason, University of Hartford
John Matthys, DePaul University
Stewart Mayhew, University of Georgia
Michael McBain, Marquette University
Dennis McConnell, University of Maine
Francis J. McGrath, Iona College
Jeanette Medewitz, University of Nebraska – Omaha
Jacob Michaelsen, University of California – Santa Cruz
Nicholas Michas, Northern Illinois University
Edward M. Miller, University of New Orleans
Lalatendu Misra, University of Texas – San Antonio
Michael Murray - LaCrosse, Wisconsin
Raj A. Padmaraj, Bowling Green State University
John Peavy, Southern Methodist University
George Philippatos, University of Tennessee
Aaron L. Phillips, The American University
George Pinches, University of Kansas
Rose Prasad, Central Michigan University
George A. Racette, University of Oregon
Murli Rajan, University of Scranton
Bruce Robin, Old Dominion University
James Rosenfeld, Emory University
Stanley D. Ryals, Investment Counsel, Inc.
Katrina F. Sherrerd, CFA Institute
Frederic Shipley, DePaul University
Ravi Shukla, Syracuse University
Douglas Southard, Virginia Polytechnic Institute
Tommy Stamland, University of Wyoming
Harold Stevenson, Arizona State University
Kishore Tandon, City University of New York – Baruch College
Donald Thompson, Georgia State University
David E. Upton, Virginia Commonwealth University
Robert Van Ness, Kansas State University
E. Theodore Veit, Rollins College
Bruce Wardrep, East Carolina University
Toni Whited, University of Iowa
Rolf Wubbels, New York University
Ata Yesilyaprak, Alcorn State University

Comentários e sugestões valiosos foram recebidos de ex-alunos de pós-graduação da University of Illinois: Wenchi Kao, DePaul University e especialmente David Wright, University of Wisconsin – Parkside, um co-autor freqüente que tem fornecido apoio constante. Uma vez mais fomos abençoados com assistentes de pesquisa brilhantes e dedicados nos momentos em que mais precisamos deles. Isso inclui Neal Capecci, Brandon Grinwis e Marouan Selmi, que foram cuidadosos, confiáveis e criativos.

Colegas atuais e antigos têm sido muito úteis: Rob Battalio, Yu-Chi Chang, Michael Hemler, Jerry Langley, Bill Nichols, Norlin Rueschhoff, University of Notre Dame, e John M. Wachowicz, University of Tennessee. Como sempre, algumas das melhores colaborações e os mais estimulantes comentários vieram durante nossas vigorosas caminhadas ao lado do bom amigo Jim Gentry, da University of Illinois.

Estamos convencidos de que os professores que querem escrever um livro que seja academicamente respeitável, relevante, e também realista, precisam de ajuda do "mundo real", de pessoas que se disponham a colaborar para um determinado

Prefácio **XV**

projeto. Tivemos sorte de nos relacionar com um número de indivíduos (incluindo um crescente número de ex-alunos) que consideramos ser nossos contatos com a realidade.

Agradecemos especialmente a Robert Conway da Goldman Sachs & Company, por nos mostrar, muitos anos atrás, que o livro deveria refletir o mercado global que se desenvolvia rapidamente. Este conselho importante tem tido um efeito profundo nesta obra.

As pessoas relacionadas abaixo gentilmente ofereceram importantes comentários e materiais:

Sharon Athey, Brown Brothers Harriman
Joseph C. Bencivenga, Bankers Trust
David G. Booth, Dimensional Fund Advisors, Inc.
Gary Brinson, UBS Brinson
Dwight Churchill, Fidelity Management Research
Abby Joseph Cohen, Goldman Sachs & Company
Robert Conway, Goldman Sachs & Company
Robert J. Davis, Crimson Capital Company
Robert J. Davis Jr., Goldman Sachs & Company
Philip Delaney Jr., Northern Trust Bank
Sam Eisenstadt, Value Line
Frank Fabozzi, *Journal of Portfolio Management*
Kenneth Fisher, *Forbes*
John J. Flanagan Jr., Lawrence, O'Donnell, Marcus & Company
Martin S. Fridson, Fridson Vision, LLC
Khalid Ghayur, Morgan Stanley
William J. Hank, Moore Financial Corporation
Rick Hans, Walgreen Corporation
Lea B. Hansen, Greenwich Associates
Joanne Hill, Goldman Sachs & Company
John W. Jordan II, The Jordan Company
Andrew Kalotay, Kalotay Associates
Luke Knecht, Dresdner RCM Capital Management
Mark Kritzman, Windham Capital Management
Martin Leibowitz, Morgan Stanley
Douglas R. Lempereur, Templeton Investment Counsel, Inc.
Robert Levine, Nomura Securities
George W. Long, Long Investment Management, Ltd.
John Maginn, Maginn Associates
Scott Malpass, University of Notre Dame
Jack Malvey, Lehman Brothers

Dominic Marshall, Benson Associates
Frank Martin, Martin Capital Management
Todd Martin, Martin Capital Management
Joseph McAlinden, Morgan Stanley
Richard McCabe, Merrill Lynch Pierce Fenner & Smith
Michael McCowin, Wisconsin Investment Board
Terrence J. McGlinn, McGlinn Capital Markets
Mitch Merin, Morgan Stanley
Kenneth R. Meyer, Lincoln Capital Management
Brian Moore, U.S. Gypsum Corp.
Salvatore Muoio, SM Investors, LP
Gabrielle Napolitano, Goldman Sachs & Company
David Nelms, Morgan Stanley
George Noyes, Standish, Ayer & Wood
Ian Rosa O'Reilly, Wood Gundy, Inc.
Philip J. Purcell III, Morgan Stanley
Jack Pycik, Consultor
John C. Rudolf, Summit Capital Management
Guy Rutherford, Morgan Stanley
Ron Ryan, Asset Liability Management
Mark Rypzinski, Henry & Company
Sean St. Clair, Lehman Brothers
Brian Singer, UBS Global Asset Management
Clay Singleton, Rollins College
William Smith, Morgan Stanley
Fred H. Speece Jr., Speece, Thorson Capital Group
William M. Stephens, Husic Capital Management
James Stork, Uitermarkt & Associates
William M. Wadden, Long Ship Capital Management
Sushil Wadhwani, Goldman Sachs & Company
Jeffrey M. Weingarten, Goldman Sachs & Company
Robert Wilmouth, National Futures Association
Richard S. Wilson, Ryan Labs, Inc.

Continuamos a nos beneficiar da ajuda e da consideração daquelas dedicadas pessoas que foram ou são associadas ao CFA Institute: Tom Bowman, Whit Broome, Bob Johnson, Bob Luck, Katie Sherrerd, Jan Squires e Donald Tuttle.

O professor Reilly gostaria ainda de agradecer à sua assistente, Rachel Karnafel, que teve há pouco tempo a invejável tarefa de manter o escritório e a vida deste, de alguma maneira, em ordem durante este projeto.

Como de costume, nossa maior gratidão vai para todos os nossos familiares – passados, presentes e futuros. Nossos pais nos deram a vida e nos ajudaram a compreender o amor, ensinando a como transmiti-lo às pessoas. Mais importante de tudo são as nossas esposas, que nos oferecem amor, compreensão e apoio dia e noite. Agradecemos a Deus por nossos filhos e netos, que aumentam nossas vidas e preenchem-nas com amor, risos e entusiasmo.

Frank K. Reilly
Notre Dame, Indiana

Edgar A. Norton Jr.
Normal, Illinois

Sobre os Autores

Frank K. Reilly ocupa a cátedra Bernard J. Hank de Finanças e foi diretor do Mendoza College of Business, University of Notre Dame. Com diplomas da University of Notre Dame (B.B.A.), da Northwestern University (M.B.A.) e da University of Chicago (Ph.D.), o professor Reilly deu aulas na University of Illinois, na University of Kansas e na University of Wyoming, além da University of Notre Dame. Ele tem muitos anos de experiência como analista de investimentos sênior, bem como experiência na negociação de ações e títulos de renda fixa. Tendo obtido o direito de usar o título de Chartered Financial Analyst (CFA), tornou-se membro do Conselho de Examinadores, do Conselho de Educação e Pesquisa e do comitê de

XVI Prefácio

avaliação, foi presidente do conselho de curadores do Institute of Chartered Financial Analysts e presidente do conselho da Associação de Gestão e Pesquisa de Investimentos (AIMR), atual CFA Institute. O professor Reilly foi presidente da Financial Management Association, da Midwest Business Administration Association, da Eastern Finance Association, da Academy of Financial Services e da Midwest Finance Association. Ele atualmente é ou foi membro do conselho de administração do First Interstate Bank of Wisconsin, do Norwest Bank of Indiana, da Investment Analysts Society of Chicago, do UBS Brinson Global Funds (presidente), da Fort Dearborn Income Securities (presidente), do Discover Bank, da NIBCO, Inc. e do Morgan Stanley Trust FSB.

Como autor de mais de cem artigos, monografias e trabalhos, o professor Reilly tem visto sua obra ser publicada em numerosos veículos, incluindo: *Journal of Finance, Journal of Financial and Quantitative Analysis, Journal of Accounting Research, Financial Management, Financial Analysts Journal, Journal of Fixed Income e Journal of Portfolio Management.* Além de ser co-autor de *Investments*, sétima edição, o professor Reilly é co-autor de outro livro, *Investment Analysis and Portfolio Management*, oitava edição (South-Western, 2006) com Keith C. Brown.

O professor Reilly foi incluído na lista de *Outstanding Educators in America* e recebeu o University of Illinois Alumni Association Graduate Teaching Award, o prêmio Outstanding Educator da classe de M.B.A. na University of Illinois e os prêmios Outstanding Teacher da classe de M.B.A. e da Senior Class da University of Notre Dame. Também recebeu da Association of Investment Management and Research (AIMR) tanto o prêmio C. Stewart Sheppard por sua contribuição à missão educacional da associação quanto o Daniel J. Forrestal III Leadership Award for Professional Ethics and Standards of Investment Practice. Foi membro do primeiro grupo de indivíduos selecionados como Fellow of the Financial Management Association International. Ele ainda é editor de *Readings and Issues in Investments, Ethics and the Investment Industry e High Yield Bonds: Analysis and Risk Assessment,* e tem atuado como membro do conselho editorial de *Financial Management, The Financial Review, International Review of Economics and Finance, Journal of Financial Education, Quarterly Review of Economics and Finance e European Journal of Finance.* Ele está incluído em *Who's Who in Finance and Industry, Who's Who in America, Who's Who in American Education e Who's Who in the World.*

Edgar A. Norton Jr. é professor de finanças e diretor associado do College of Business, Illinois State University. Tem duas formações, em ciência da computação e em economia, pelo Rensselaer Polytechnic Institute, onde se graduou com menção honrosa. O professor Norton recebeu seus graus de mestre (M.S.) e doutor (Ph.D.) da University of Illinois at Urbana–Champaign. Tendo recebido o direito de usar o título de Chartered Financial Analyst (CFA), recebe regularmente certificados de realização, o que evidencia seu progresso contínuo na área de investimentos. O professor Norton tem atuado como avaliador dos exames de Chartered Financial Analyst, como consultor de currículos para o programa de especialização em ações para certificação como analista financeiro e como membro do conselho de examinadores do CFA Institute. Lecionou na Fairleigh Dickinson University, na Liberty University e na Northwest Missouri State University. É membro do conselho de administração e foi presidente da Midwest Finance Association.

O professor Norton é autor e co-autor de mais de 30 artigos publicados em periódicos científicos e anais de congressos e tem feito apresentações em reuniões regionais, nacionais e internacionais. Seus artigos têm sido publicados em revistas como: *Financial Review, Academy of Management Executive, Journal of the Midwest Finance Association, Journal of Business Venturing, Journal of Business Ethics, Journal of Small Business Finance, Journal of Business Research, Small Business Economics e Journal of Small Business Management.* Ele é co-autor de um artigo que recebeu o Prêmio de Excelência no 36º International Council of Small Business World Conference, em Viena, Áustria. É ainda co-autor de diversos livros, incluindo: *Finance: An Introduction to Institutions, Investments, and Management; Foundations of Financial Management e Economic Justice in Perspective: A Book of Readings.* O professor Norton está incluído no *Who's Who in the East, Who's Who in American Education e Who's Who Among Young American Professionals.*

Parte 1
Introdução

1 Investimentos

A área de investimentos é bastante interessante para estudo. Todo mundo conhece pelo menos um pouco a respeito de mercados financeiros – desde notícias sobre o mercado de ações até as taxas de juros no banco local. Estratégias de investimento bem-sucedidas exigem disciplina, paciência e uma boa base de conhecimento dos conceitos fundamentais de finanças em geral e de investimentos em particular. Mensagens de venda como "fique rico rapidamente", enviadas em spam por e-mail, não lhe ajudarão muito a melhorar sua situação financeira.

No capítulo introdutório deste livro, lançaremos as bases para o estudo frutífero da teoria e da prática de investimentos. Um componente importante deste capítulo é formado pelos temas – verdades fundamentais e principais do mundo dos investimentos:

- Há uma compensação entre risco e retorno esperado. Investimentos de risco maior devem oferecer níveis mais altos de retorno esperado. Em outras palavras, um investimento de baixo risco, ou conservador, não deve oferecer retornos esperados altos.
- É difícil encontrar ações e títulos de renda fixa subavaliados. Na maioria dos países desenvolvidos, os preços de mercados financeiros refletem as informações conhecidas a respeito da economia e da empresa. Embora os preços de mercado de ações possam, às vezes, ser superiores ou inferiores ao justificado para uma empresa em particular, é difícil identificar tais situações.
- Concentre a atenção naquilo que você pode preservar, e não no que pode ganhar em seus investimentos. Impostos, taxas e despesas de investimento podem reduzir o retorno de um investidor em pelo menos um terço. Os investidores precisam estar atentos para o efeito erosivo de taxas e despesas, bem como impostos sobre rendimentos e ganhos de capital, sobre seus retornos.
- Diversifique ou distribua suas aplicações em ativos. Para um investidor de longo prazo, a colocação de todos os fundos em um certificado de depósito bancário é tão imprudente quanto a aplicação de todo o dinheiro em uma única ação. Conheceremos os princípios de diversificação e os benefícios da aplicação de fundos em uma variedade de ativos e títulos, não apenas no mercado de seu país, mas também no exterior.

Além da revisão desses fundamentos de investimentos e outros, examinamos a importância da ética para os profissionais da área de investimento. Destacamos duas certificações profissionais, a de CFA® e CFP™, e discutimos tipos diferentes de empregos e carreiras disponíveis na área de investimento.

Investimentos

capítulo 1

Neste capítulo responderemos às seguintes questões:

O que é um investimento?

Quais são os componentes das taxas de retorno exigidas de um investimento?

Quais são os principais aspectos que os investidores sempre devem considerar?

Que tipos de investimentos podemos fazer?

Onde os investidores nos Estados Unidos aplicam fundos para fins de investimento e poupança?

Quais são algumas das filosofias básicas de investimento adotadas pelos investidores individuais e institucionais?

Por que a ética e a regulamentação devem ser preocupações para todos os investidores profissionais?

Quais são algumas trajetórias de carreira válidas para as pessoas interessadas em investimentos?

Neste capítulo discutiremos vários tópicos básicos para os capítulos subseqüentes; a começar com a definição do termo *investimento* e do conceito de taxa de retorno exigida. Os investidores individuais, assim como os investidores institucionais – *fundos de pensão, empresas de seguros* e *carteiras de dotações* –, investem em ações, títulos de renda fixa, certificados de depósito, imóveis e outros veículos de investimento para atingir metas futuras. Essas metas podem incluir a geração de renda, a preservação e a valorização do capital, as necessidades de consumo ou alguma combinação de todas elas.

Também descreveremos vários temas importantes a respeito dos quais cada investidor precisa estar ciente. Primeiro, deve-se considerar a relação entre risco e retorno esperado; um investimento com "ótimo retorno e nenhum risco" geralmente não é nenhuma das duas coisas. Em segundo lugar, os preços de ativos (como os preços de ações e títulos de renda fixa) em mercados financeiros desenvolvidos – por exemplo, os dos Estados Unidos, do Canadá, da Austrália e muitos mercados europeus e asiáticos – quase sempre refletem tudo o que é conhecido sobre a economia e a empresa emitente. Em outras palavras, é difícil encontrar ações subavaliadas regularmente. Em terceiro lugar, o sucesso de um investimento pode ser determinado somente após os efeitos de comissões, taxas e impostos terem sido considerados. Finalmente, investidores inteligentes se diversificarão a fazer aplicações em vários setores, tipos de ativos e até mesmo em países diferentes. Voltaremos a esses temas, pois eles também serão incorporados em capítulos posteriores.

Por que investir?

A resposta à questão "Por que investir?" é similar às respostas para "Por que freqüentar a faculdade?" ou "Por que estudar para conseguir um diploma profissional?". Você gasta tempo e dinheiro para obter um diploma universitário ou um título profissional porque espera receber salário e benefícios maiores ao longo de sua carreira, conseguir oportunidades adicionais de crescimento e aproveitar mais a vida. Você investe em si mesmo, gastando seu tempo e seu dinheiro atuais na expectativa de que esse investimento traga um retorno financeiro melhor no futuro.

Isso também acontece com o uso de dinheiro. Podemos fazer duas coisas com nossos fundos: gastá-los em consumo corrente (com alimentos, roupas, moradia e transporte) ou economizá-los, com planos de utilizá-los mais tarde. Essa troca de consumo presente por um nível mais alto de consumo no futuro é o motivo pelo qual se poupa. O que você faz com suas economias para fazê-las crescer com o tempo se chama *investimento*.

Definição de investimento

Um **Investimento** é o comprometimento atual de recursos por um período na expectativa de receber recursos futuros que compensarão o investidor: 1. pelo tempo durante o qual os recursos são comprometidos, 2. pela taxa esperada de inflação e 3. pelo **risco** – a incerteza quanto aos pagamentos futuros. O investidor, hoje, está trocando uma quantidade conhecida (ou razoavelmente certa) de recursos (por exemplo, dinheiro) por recursos futuros esperados (como uma dada quantia ou um fluxo de rendimentos), que serão maiores do que o valor corrente desembolsado.[1] Uma palavra-chave aqui é *esperado*. Muitos investimentos contêm riscos, e por isso os pagamentos futuros efetivos podem ser maiores ou menores que o almejado. Por exemplo, você pode comprar ações ordinárias com o intuito de receber um retorno positivo. Mas o valor das ações pode cair, por causa, talvez, de um declínio geral do mercado de ações ou porque os investidores futuros não queiram pagar um preço tão alto pelas ações.

O valor do dinheiro no tempo

Aqueles que abrem mão da posse imediata de poupanças (ou seja, adiam seu consumo) esperam receber no futuro uma quantidade maior daquilo que eles sacrificaram. Inversamente, aqueles que consomem mais que sua renda corrente, tomando dinheiro emprestado, devem estar dispostos a pagar no futuro um valor bem maior que a quantia emprestada. Um importante princípio de finanças é o conceito do **valor do dinheiro no tempo**: um dólar hoje vale mais para nós que o mesmo dólar no futuro. Há três motivos pelos quais o dinheiro tem valor no tempo:

1. **Taxa de juros real pura ou livre de risco.** Esperamos uma recompensa pelo adiamento dos gastos. Se não fosse assim, não haveria incentivo para poupar. Queremos ser recompensados com dólares adicionais no futuro, mesmo em um investimento sem risco, quando inexiste inflação. O retorno, em uma situação como essa, é a **taxa de juros real pura ou livre de risco.**
2. **Proteção contra inflação.** Preferimos ter um dólar hoje a um dólar no futuro, pois a inflação reduzirá o poder de compra desse dinheiro mais tarde.
3. **Risco.** Preferimos ter um dólar hoje porque a promessa de um dólar no futuro pode ser quebrada; há sempre a possibilidade de não-pagamento ou pagamento reduzido.

Razões para investir

Os indivíduos investem fundos por vários motivos. Alguns investem em seus anos de trabalho para montar um fundo de aposentadoria com o qual possam viver quando pararem de trabalhar. Outros investem para obter fundos para a educação futura dos filhos, para pagar uma entrada na compra de um carro novo ou uma casa própria ou para fazer viagens anuais de férias. As empresas também investem por diversas razões. Por exemplo, os fundos de pensão servem para pagar trabalhadores aposentados. Os fundos de dotações geram rendimentos para cobrir as despesas operacionais de universidades ou pagar bolsas de estudo. As companhias de seguro de vida investem os prêmios recebidos dos segurados a fim de gerar fundos adequados quando suas apólices são resgatadas ou quando é necessário pagar indenizações.

Todos investem com uma ou mais de uma destas três necessidades básicas:

Renda – Os investimentos são feitos hoje na expectativa de que proporcionem rendimentos no futuro. Geralmente, os investidores querem que os rendimentos comecem em um futuro imediato (por exemplo, quando adquirem uma anuidade ou um título de renda fixa).

Preservação do capital – Os investimentos são feitos a fim de preservar o capital ou o seu valor original. Esses geralmente são investimentos conservadores. O investidor simplesmente deseja que o dinheiro seja reservado com a certeza de que os fundos estarão disponíveis, sem nenhum risco de perda de poder aquisitivo. Assim, o termo *preservação de capital*, embora usado por muitas pessoas, é enganador. Como o investidor realmente deseja preservar o valor real do capital investido, o valor nominal do investimento deve aumentar em um ritmo compatível com a tendência da inflação.

Valorização do capital – Os investimentos são feitos para que os fundos sejam valorizados, para que possa ser satisfeita uma necessidade futura, como aposentadoria ou a educação universitária dos filhos. O objetivo é fazer com que o valor do dinheiro investido cresça a uma taxa mais alta que a de inflação, de tal modo que haja um retorno real positivo após os efeitos dos impostos e da inflação. Tipicamente, os investimentos feitos com o objetivo de valorização do capital incluem expor-se a risco para que os retornos desejados sejam obtidos. Como mencionamos, o risco pode afetar os retornos positivamente (estes são maiores que o esperado) ou negativamente (os retornos são inferiores ao esperado).

Aspectos-chave na área de investimento

Antes de nos aprofundarmos mais no tema, iremos rever a realidade do mundo dos investimentos. Muitos estudantes começam a assistir a aulas sobre investimentos acreditando que aprenderão os segredos para ser bem-sucedidos nesses, com o desejo de obter uma aposentadoria precoce e próspera por meio de ações adequadas a essa finalidade. Mas, no mundo

---

[1] Itens que não se qualificam como investimentos incluem apostas (o retorno futuro esperado é menor que a quantia paga); seguro de propriedades (como proteção contra perdas é uma boa ferramenta de gestão de risco, mas não oferece um retorno esperado superior ao valor dos prêmios pagos); e bens duráveis de consumo, como um carro ou um computador, que são ativos depreciáveis; eles podem durar vários anos, mas perdem valor com o tempo.

real, lucros com a escolha de ações rentáveis são muito raros. Portanto, a orientação que fornecemos neste livro para que se tenha investimentos de sucesso levam a uma estratégia lenta e constante, de *tartaruga*, em vez de uma estratégia do tipo *fique rico rapidamente*, como uma lebre. O aumento e o declínio rápido do mercado da Nasdaq e das ações de tecnologia avançada entre 2000 e 2002 deveriam convencer a qualquer um de que o que sobe certamente desce, mesmo no mercado de ações. Na visão geral apresentada a seguir, discutiremos conceitos que cada investidor bem-sucedido precisa ter em mente. Esses quatro temas serão aprofundados em outros capítulos do livro.

HÁ UMA COMPENSAÇÃO ENTRE RISCO E RETORNO ESPERADO

Você investiria em um ativo com risco com a expectativa de obter um retorno de 5% se pudesse em vez de investir em um ativo seguro, sem risco, com retorno de 6,5%? Provavelmente não; não há um motivo forte para que alguém aplique seu próprio dinheiro em uma ação com risco tendo um retorno esperado menor que o de uma alternativa sem risco. Se tal situação fosse real, ela, com certeza, não perduraria. Os fundos dos investidores inundariam o mercado para comprar o ativo seguro ao mesmo tempo que venderiam o ativo com risco. A oferta e a demanda ajustariam os preços e os retornos esperados desses ativos. As mudanças de preço continuariam até que o ativo seguro tivesse um retorno esperado apropriado (baixo) e o ativo com risco tivesse um retorno esperado também apropriado (mais alto).

A relação entre preços e retornos esperados pode não estar clara neste trecho inicial. O retorno de um investimento resulta da diferença entre o preço de compra e o preço esperado no futuro. Consideremos dois ativos: Com Risco e Seguro, ambos com valor esperado de 100 dólares daqui a um ano. O preço atual de Risco é 95 dólares e 24 centavos (portanto, seu retorno esperado é de aproximadamente 5%, caso o preço aumente no decorrer do tempo para 100 dólares). O Seguro, por sua vez, está cotado a 93 dólares e 90 centavos (portanto, seu retorno esperado é de aproximadamente 6,5%). Atraídos pelo baixo risco e pelo retorno mais alto do Seguro, os investidores o comprarão, o que fará com que seu preço aumente, e venderão Risco, o que fará com que seu preço caia. Suponha que o equilíbrio seja alcançado quando o Seguro estiver cotado a 96 dólares (oferece um retorno esperado de 100/96 − 1 = 0,0417 ou 4,17%), e o Risco estiver cotado a 94 dólares (com um lucro esperado de 100/94 − 1 ou 6,38%). O ajuste dos preços correntes de mercado também ajustou os retornos esperados dos ativos.

As decisões de compra e venda de ativos pelos investidores sempre corrigirão os erros nos preços. Os investidores demandam um retorno esperado compatível com suas percepções do risco dos ativos; ativos com risco maior sempre devem oferecer retorno esperado mais alto. Assim, podemos dizer que *o risco causa os retornos esperados*. O Gráfico 1.1 mostra a relação positiva entre retorno esperado e risco. Um risco de um ativo é determinado pelo ambiente de mercado (representado por expectativas sobre taxas de juros, taxas de câmbio, inflação, vendas e lucros da empresa e conflitos internacionais) e pelas características do ativo (ele oferece fluxos de caixa fixos – como um título de renda fixa ou um certificado de depósito bancário? Possui fluxos de caixa e preço muito variáveis – como uma ação ordinária? Qual é a situação financeira da empresa emissora?). Em função das percepções dos investidores sobre o risco de um ativo, o mercado estabelece o nível de retorno esperado compatível com o risco.

O retorno esperado sobre um ativo baseia-se na taxa nominal de juros livre de risco e em um prêmio por risco, como mostraremos a seguir:

1.1 **Retorno esperado**
= (1 + taxa de juros nominal livre de risco) (1 + prêmio por risco) − 1

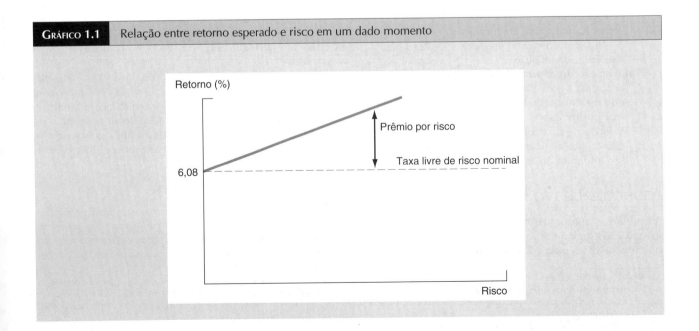

GRÁFICO 1.1 Relação entre retorno esperado e risco em um dado momento

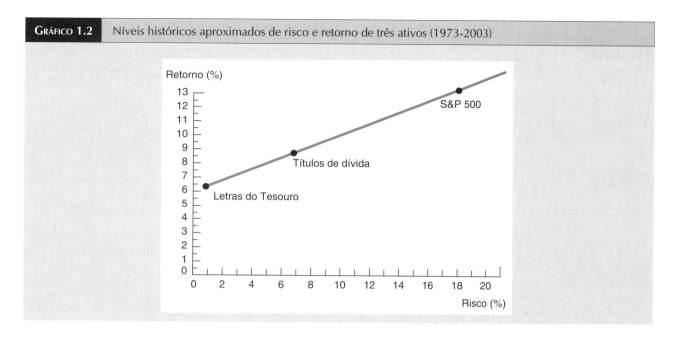

GRÁFICO 1.2 Níveis históricos aproximados de risco e retorno de três ativos (1973-2003)

A **taxa nominal de juros livre de risco** é a taxa básica de juros que reflete os efeitos da inflação esperada. Um **prêmio por risco** é o retorno adicional esperado (acima da taxa nominal livre de risco), exigido pelos investidores como incentivo para aplicar seus fundos com risco. Por exemplo, uma taxa nominal livre de risco de 6,08% e um prêmio por risco de 3% levam os investidores a esperar um retorno de (1 + 0,0608) (1 + 0,03) − 1 = 9,26%. A taxa nominal livre de risco será a mesma para todos os investimentos em qualquer economia, pois se baseia nas oportunidades de crescimento e na inflação esperada nesta. Geralmente, usamos o título de dívida pública de curto prazo, por exemplo as Letras do Tesouro dos Estados Unidos, como medida da taxa nominal livre de risco no mercado de um país. Como a percepção de risco do mercado determina a magnitude do prêmio por risco e este, o retorno esperado, notamos que as percepções de risco determinam o retorno esperado de um ativo. O Gráfico 1.2 mostra os níveis históricos de risco e retorno de três ativos e evidencia que os investimentos de risco mais alto (ações ordinárias) têm proporcionado retornos mais elevados que os investimentos de baixo risco (títulos de dívida privada e letras do Tesouro).

OS MERCADOS FINANCEIROS DESENVOLVIDOS SÃO QUASE EFICIENTES

Um mercado é **internamente eficiente** se os custos de transação nos negócios nele realizados forem baixos. Mas, em finanças, o termo *eficiente* tem um significado diferente. Quando dizemos que um mercado é eficiente, isso significa que o mercado é **externa ou informacionalmente eficiente**. Isso quer dizer que novas informações se refletem rapidamente nos preços dos ativos; tão rapidamente, na verdade, que no momento em que ouvimos e reagimos às novas informações, o mercado já as assimilou e o preço já se ajustou a elas. Em outras palavras, não somos capazes de usar notícias correntes ou variações recentes de preço para tentar determinar quais serão as variações futuras dos preços dos ativos. As variações futuras dos preços de ativos serão determinadas por notícias futuras e quaisquer diferenças entre os relatos reais e os que o mercado esperava. Por exemplo, se os mercados financeiros esperam que o Fed[2] eleve as taxas de juros em 0,25%, os preços não mudarão muito quando o Fed fizer exatamente isso; o mercado já terá "precificado" essa notícia. No entanto, se o Fed aumentar as taxas em meio ponto (0,50%), essa notícia inesperada possivelmente causará uma variação maior dos preços.

Não estamos alegando que os mercados de títulos de renda fixa, ações e outros ativos sejam totalmente eficientes. Alguns parecem ser mais que outros; discutiremos isso com maior profundidade no Capítulo 10. Mas, assim como você, às vezes, pode encontrar uma moeda de 25 centavos ou uma nota de 10 dólares na calçada, pode haver ocasiões em que um analista de investimentos encontre uma ação aparentemente subavaliada (e candidata à *compra*) ou superavaliada (candidata à *venda*).

Como exemplo de eficiência de mercado e da dificuldade de *superar o mercado* regularmente, comparemos os retornos obtidos nas estratégias de investimento de profissionais com os retornos do mercado de ações em geral. Examinamos um estudo que usou o índice Wilshire 5000 do mercado de ações. O Wilshire 5000 procura medir os retornos do mercado de ações americano como um todo. Como seu nome já diz, ele acompanha o desempenho de um grupo de 5.000 ações diferentes. Qual é o desempenho dos profissionais, quando comparamos seu retorno ao do índice Wilshire 5000? Como podemos notar no Gráfico 1.3, não muito bem. O gráfico mostra do ano de 1994 a 2003, e para cada ano das décadas que compreendem esse intervalo de tempo, a porcentagem de fundos de ações que apresentaram retornos inferiores ao do índice Wilshire 5000. Uma porcentagem acima de 50% significa que o índice superou (teve retornos maiores) a maioria dos fundos de investimento; contudo, uma porcentagem inferior a 50%, como em 2000, significa que a maior parte dos fundos de investimento teve desempenho superior ao do índice. Nos dez anos apresentados, 65% dos fundos de ações obtiveram

---

[2] "Fed" é a abreviatura de "Federal Reserve", o Banco Central norte-americano. (N.E.)

| GRÁFICO 1.3 | Porcentagem de fundos mútuos da eqüidade geral com retornos inferiores ao índice do mercado de ações Wilshire 5000 |

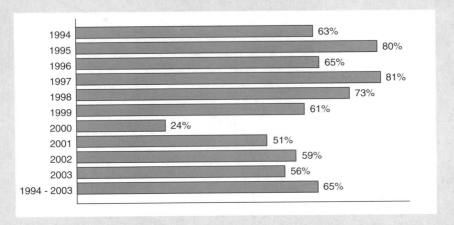

Nota: a análise provavelmente exagera o desempenho do fundo mútuo já que nós não incluímos os fundos que saíram dos negócios ou que se fundiram em outros fundos durante o período de tempo.

Fonte: Morningstar *Principia Pro*, Dezembro 2003; cálculos do autor.

retornos inferiores ao do índice Wilshire 5000. Ou, em outras palavras, no decorrer desses dez anos, somente cerca de um terço dos fundos de ações tiveram retorno mais alto que o índice. Isso é evidência da eficiência do mercado de ações; é difícil, mesmo para profissionais de investimento bem treinados, superar regularmente um índice de mercado apropriado. Isso explica a popularidade dos fundos indexados, com os quais os investidores individuais e institucionais não tentam superar os mercados, mas, em vez disso, compram títulos que replicam os índices. O velho ditado – "se você não pode derrotá-los, junte-se a eles" – funciona na área de investimento.

Foco sobre os retornos depois dos impostos e despesas

O importante não é quanto você *ganha* ao investir, mas quanto você de fato *recebe* e *conserva* o seu capital. Por exemplo, os rendimentos de juros por títulos de dívida de municípios (obrigações emitidas por governos estaduais e municipais que atendem a certos critérios) são isentos de imposto de renda federal, enquanto os juros pagos por títulos de dívida de empresas privadas, não. Os dividendos de investimentos em ações são tributáveis como rendimento, enquanto os ganhos (ou perdas) de capital decorrentes de variações de preços não são tributáveis até que o investidor realize o ganho ou a perda com a venda do ativo.

Alguns investidores terão fundos aplicados em contas com impostos diferidos, como contas de aposentadoria individual (IRAs); planos de pensão, por exemplo, o 401(k) ou produtos de companhias de seguros: anuidades variáveis. Essas estratégias de investimento permitem o diferimento de impostos; nenhum imposto é pago sobre ganhos de capital até que o dinheiro seja retirado da conta. Nesses casos, os investidores têm sido capazes de ficar com os retornos obtidos em seus investimentos.

Entretanto, outros investimentos, particularmente aqueles em contas que não permitem o diferimento de impostos, podem gerar retornos depois do imposto muito inferiores aos anunciados. Mostramos um exemplo disso no Gráfico 1.4. Mary e John pagam impostos a uma alíquota média de 25%. Cada um deles investe em uma conta de fundo mútuo que rende 10% ao ano, antes do imposto de renda. O retorno anual médio de um investidor só poderia ser de apenas 8% após os impostos sobre rendimentos e ganhos de capital. O dinheiro de Mary é aplicado por meio de um IRA; após 25 anos, sua aplicação regular de 2 mil dólares no IRA terá se transformado em 21.669,41 dólares [2.000 x $(1,10)^{25}$]. Se ela sacar todo o saldo do IRA de uma só vez e pagar imposto sobre o saque total (um evento pouco comum), ela ficará com 16.252 dólares (no caso de uma alíquota de 25%).[3] John, que investiu no fundo por meio de uma conta tributável, terá apenas 13.697 [2.000 x $(1,08)^{25}$] no final de 25 anos. Isso mostra que os investidores deveriam tirar todo o proveito de qualquer investimento com imposto diferido que pudessem fazer.

As despesas representam outra preocupação. As comissões sobre a negociação de títulos[4] e as compras de cotas de fundos reduzem os retornos líquidos recebidos pelos investidores. E, quando os investidores entregam seu dinheiro a um consultor profissional, um fundo de investimento ou compram uma anuidade, há despesas de escrituração, corretagens e taxas de administração de recursos. Essas despesas podem exercer um impacto significativo. Por exemplo, suponha que

---
[3] Ela pagará imposto sobre o valor da retirada: Imposto = 0,25(21.669,41) = 5.417,35. Portanto, sua receita líquida é 21.669,41 – 5.417,35 = 16.252,06.
[4] Para pesquisas sobre como a negociação freqüente pode resultar em retornos menores, ver BARBER, Brad M.; ODEAN, Terrance. "Trading is Hazardous to Your Wealth: The Common Stock Investment Performance of Individual Investors." *Journal of Finance*, v. 55, n. 2, p. 73-806, abr. 2000.

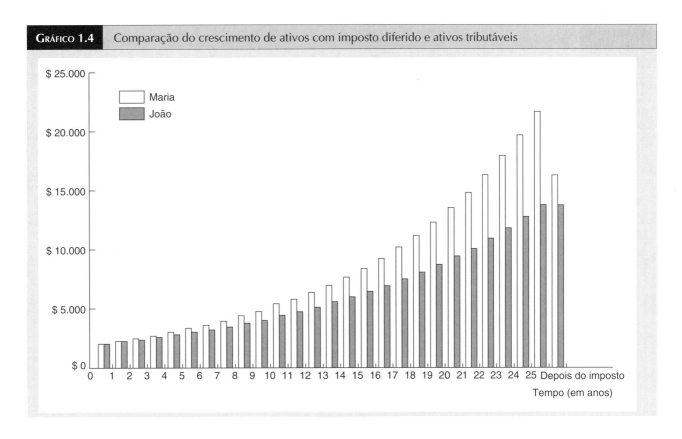

GRÁFICO 1.4 Comparação do crescimento de ativos com imposto diferido e ativos tributáveis

2 mil dólares investidos em um IRA, com diferimento de imposto de renda, ao longo de 25 anos em um fundo de baixo custo, dêem a um investidor um retorno anual líquido médio de 10% e um valor final para a carteira de 21.669 dólares. Um investimento com despesas maiores poderia reduzir o retorno médio anual líquido para apenas 8% e o valor da carteira para apenas 13.697 dólares.

Despesas maiores são semelhantes a um imposto oculto sobre o investidor.[5] Outra semelhança: um investimento com despesas menores é preferível a um investimento com despesas maiores. De maneira semelhante, uma estratégia de investimento eficiente em termos de impostos é melhor que uma que ignore as conseqüências fiscais. O *x* da questão é: os impostos e as despesas podem exercer um forte impacto sobre a sua capacidade de atingir metas de investimento.

DIVERSIFIQUE, DIVERSIFIQUE, DIVERSIFIQUE: ENTRE ATIVOS, SETORES E ATÉ MESMO ENTRE PAÍSES

A idéia por trás da diversificação é "não coloque todos os seus ovos na mesma cesta". Se você deixar a cesta cair, todos os seus ovos se quebrarão. Da mesma forma, colocar todas as suas economias em apenas uma empresa ou no mesmo setor pode ocasionar um desastre financeiro. Um exemplo disso é o declínio de cerca de 80% sofrido pelo índice Nasdaq de março de 2000 a outubro de 2002. Esse índice, com muitas ações de empresas de alta tecnologia, sofreu uma queda súbita quando apareceram dúvidas sobre os lucros – e outros aspectos – do setor de alta tecnologia em 2000.

Entretanto, isso não significa que você deva colocar seus fundos somente em investimentos seguros e confiáveis. Ganhar de 2% a 4% em um certificado de depósito bancário é seguro, mas viola o raciocínio de investimento prudente para todos, menos para os investidores mais orientados para o curto prazo e com maior aversão a risco. Possibilidades de retornos mais rentáveis no tempo são bem maiores quando os investimentos são feitos em diversas classes distintas de ativos.

A diversificação funciona porque, em certas ocasiões, alguns investimentos vão bem, enquanto outros têm desempenho pífio e vice-versa. Os investidores devem espalhar seus fundos em várias aplicações diferentes para evitar uma exposição excessiva de qualquer investimento.

Mostramos um exemplo dos benefícios da diversificação na Tabela 1.1. Na estratégia 1, 10 mil dólares investidos em um ativo com taxa anual média de 7% nos dá 54.274,33 dólares em nossa conta após 25 anos. Na estratégia 2, dividimos nossos 10 mil dólares iniciais de investimento em cinco subcontas, aplicando 2 mil dólares em cada uma. Uma das aplicações é um fracasso completo, e perdemos todos os 2 mil dólares investidos. O segundo investimento não gera retorno algum; 25 anos mais tarde, ainda teremos 2 mil dólares nessa conta. A terceira subconta produz um retorno médio anual de 5% nos 25 anos. A quarta e a quinta subcontas têm um desempenho melhor: uma rende 10% e a outra, 12%, em termos médios anuais. Portanto, muito embora algumas contas tenham tido mau desempenho, nosso investimento total cresce para 64.442,25 dólares no final de 25 anos, com um ganho de mais de 10 mil dólares se comparado à estratégia de uma única cesta.

---

[5] A diferença de 2% em termos de despesas não é desproposital. Um exame dos dados de fundos de ações cobertos pela Morningstar revelará que existem alguns fundos com despesas baixas (índice de despesas de 0,25%) e outros com despesas médias superiores a 2,5%. A mediana desses gastos, em 2004, foi de 1,44.

8 Investimentos

TABELA 1.1	Exemplo de diversificação

INVESTIMENTO $ 10.000 POR 25 ANOS

Estratégia de investimento 1: aplicar todos os fundos em um único ativo		Estratégia de investimento 2: aplicar igualmente em cinco ativos diferentes	
Número de ativos	1	Número de ativos	5
Investimento inicial	$ 10.000	Valor aplicado por ativo	$ 2.000
Número de anos	25	Número de anos	25
		Retornos anuais dos cinco ativos	
Retorno anual do ativo	7%	Retorno do ativo 1	–100%
		Retorno do ativo 2	0%
		Retorno do ativo 3	5%
		Retorno do ativo 4	10%
		Retorno do ativo 5	12%
		Total acumulado no final do prazo da aplicação:	
		Ativo 1	$ 0,00
		Ativo 2	$ 2.000,00
		Ativo 3	$ 6.772,71
		Ativo 4	$ 21.669,41
Total acumulado no final do prazo da aplicação:		Ativo 5	$ 34.000,13
Fundos totais	$ 54.274,33	Fundos totais	$ 64.442,25

Para maximizar os benefícios da diversificação, os investidores devem investir não apenas em várias classes de ativos (como ações e títulos de renda fixa) e setores distintos, mas também em outros países, principalmente quando as *fronteiras entre países* se tornam pouco nítidas no que se refere ao mundo empresarial. Por exemplo, a DaimlerChrysler é uma empresa alemã ou americana? Essas fusões e aquisições internacionais têm aumentado bastante nos últimos 15 anos. Empresas como Ford e Coca-Cola podem ter sede nos Estados Unidos, mas grande parte de suas vendas de produtos e seus fluxos de receita provém de fora do território americano. Alguns estudos têm constatado que o setor de uma empresa tem mais a ver com o seu desempenho no mercado de ações do que o efeito do país.[6]

Assim, por que deveriam os investidores americanos preferir aplicar na Motorola (Estados Unidos) e não na Nokia (Finlândia) ou na Ericsson (Suécia), ao pensarem em uma aplicação em ações de empresas produtoras de telefones celulares? Embora o investimento internacional possa ser problemático para os investidores individuais, existem fundos de investimento internacional administrados por profissionais, além de outros meios de aplicar no exterior que eliminam a maior parte das dificuldades.

Em resumo, os investidores devem procurar bons investimentos em toda a economia global. Discutiremos essa questão com mais detalhes no Capítulo 3.

Ambiente financeiro

Os investimentos em títulos ocorrem em economias que desenvolveram mecanismos para transferência de fundos daqueles que possuem excedentes de recursos aos que precisam destes. O setor que possui excedentes de caixa para aplicar é tipicamente o setor das famílias. As poupanças dos indivíduos são canalizadas por intermédio de instituições financeiras a empresas, outros indivíduos e os governos que apresentam déficits de caixa e precisam ter acesso a capital. Tanto as unidades superavitárias quanto as unidades deficitárias procuram o melhor negócio: as unidades superavitárias (os investidores) buscam o retorno mais alto possível, de acordo com suas preferências em relação a risco, enquanto as unidades deficitárias (os emitentes de títulos) preferem o financiamento de custo mais baixo em bases razoáveis. Os mercados de capitais permitem aos indivíduos usar suas poupanças produtivamente, para ajudar na alocação de fundos na economia. Aplicar as economias em atividades de produção ajuda a criar empregos e a oferecer bens e serviços necessários para consumidores, empresas e governos. Em contrapartida, os mercados oferecem um retorno aos poupadores.

Os poupadores podem escolher entre dois tipos básicos de investimento para uma carteira: ativos reais e ativos financeiros. Os ativos reais são, em sua maioria, tangíveis, ou seja, podemos vê-los e sentir seus efeitos. Exemplos incluem terrenos, prédios, equipamentos etc. Os ativos financeiros têm sido desenvolvidos para representar direitos sobre ativos reais. Tais direitos podem ser direitos de propriedade (ações ordinárias), dívidas (crédito mercantil, empréstimos bancários, obrigações, notas), ou mesmo direitos referenciados no valor de outros ativos financeiros (por exemplo, o valor de uma

---

[6] CAVAGLIA, Stefano; BRIGHTMAN, Christopher; AKED, Michael. "The Importance of Industry Factors", *Financial Analysts Journal*, v. 56, n. 5, p. 41-54, set.-out. 2000 e FEINBERG, Phyllis. "Importance of Sectors Grows for International Investors." *Pensions and Investments*, 27 nov. 2000, p. 56.

debênture conversível pode ser afetado pelo preço da ação na qual ela possa ser convertida; outros exemplos incluem contratos futuros e opções).

Há várias maneiras de se investir em ativos financeiros ou títulos: diretamente, indiretamente, ou por meio de derivativos.

Investimento direto – o investimento direto ocorre quando alguém compra ações ordinárias ou títulos de renda fixa.

Investimento indireto – o investimento indireto ocorre quando alguém adquire títulos que representam direitos sobre outros títulos. Por exemplo: os investidores depositam fundos em um banco ou uma cooperativa de crédito ou compram cotas de fundos de ações; este dinheiro é combinado ao de outros investidores para se fazer empréstimos e adquirir ações e títulos de renda fixa. De maneira análoga, os prêmios pagos por seguros de vida completos são aplicados pela seguradora em outros ativos e títulos. Os fundos de pensão também aplicam dinheiro obtido com as contribuições feitas pelo empregador e pelo empregado.

Derivativos – contratos futuros e opções são dois tipos populares de derivativos. O valor dos derivativos depende (ou é derivado) do valor de um título subjacente. Por exemplo, o valor das opções das ações de uma empresa depende do preço corrente da ação. Os derivativos possuem uma alavancagem intrínseca, o que significa que investimentos relativamente pequenos em derivativos podem controlar grandes somas. Os derivativos são adquiridos para cobrir (ou reduzir) o risco de posições ou para especular (ou aumentar) o risco de alguma exposição.[7] Por exemplo: um investidor que possua ações e queira proteger o valor de sua carteira contra uma queda do mercado no curto prazo pode fazê-lo usando derivativos. Igualmente, um investidor que acredita que um mercado esteja prestes a subir poderá aumentar sua exposição ao ativo (e ao seu risco) por meio de derivativos. Trataremos desse tópico mais detalhadamente nos Capítulos 17 e 18 desta obra.

Onde as pessoas investem? A Tabela 1.2 mostra os resultados contidos no *Survey of Consumer Finances*, um estudo feito periodicamente pelo Federal Reserve Board. Como resultado do envelhecimento de *baby boomers*,[8] investimentos mais sagazes ou de um mercado de ações em alta, as pessoas colocavam uma parte maior de seus ativos financeiros em ações e em instrumentos de prazo mais longo, como aplicações para aposentadoria no decorrer dos anos da sondagem.

PARTICIPANTES DO MERCADO

O ambiente financeiro é um sistema complexo de mercado, instituições, leis, relações, títulos e fontes de financiamento. As famílias são a principal fonte de fundos na economia americana. A riqueza delas que é investida em ativos financeiros corresponde ao dobro da riqueza das famílias que investem em ativos tangíveis, como imóveis. Embora muitos possam não investir diretamente em ativos como ações e títulos de renda fixa, a maioria aplica indiretamente ao colocar seu dinheiro em intermediários financeiros, por exemplo, bancos, fundos de pensão, empresas de seguro de vida ou de fundos mútuos. Em 2004, as famílias americanas possuíam 45,1 trilhões de dólares a mais que o valor de seus passivos.

As famílias são poupadoras líquidas na economia americana; já as empresas são tomadoras líquidas. As empresas acessam tanto o mercado monetário (para empréstimos com prazo e vencimento inferiores a um ano) como o mercado de capitais (para dívidas com vencimento superior a um ano e emissão de ações). Os empréstimos no mercado monetário financiam as necessidades de curto prazo, como estoques; pode-se recorrer ao mercado de capitais para compras importantes de equipamentos, programas de construção civil, aquisições de empresas e para financiar atividades de pesquisa e desenvolvimento (R&D). O governo federal americano também é um tomador líquido, e sua dívida é representada por títulos do Tesouro. Os governos estaduais e municipais podem ser tomadores ou emprestadores líquidos, isso dependerá da situação da economia local e de sua arrecadação de impostos.

Os tomadores de empréstimos emitem ações e títulos de dívida com a ajuda de bancos de investimento. Algumas instituições muito conhecidas incluem a Merrill Lynch, a Goldman Sachs e a Smith Barney. Esses bancos usam o conhecimento e as redes de relações que possuem entre instituições financeiras e investidores para negociar o tipo de título, o porte da emissão, o preço e outros termos com o emissor. Muitas vezes, eles usam seu próprio capital para adquirir títulos para distribuição imediata ou revenda a outros bancos de investimento, instituições financeiras (como fundos de pensão e empresas de seguros) e pessoas ricas. Tais transações, quando uma empresa ou uma unidade do governo vende títulos para captar recursos, são conhecidas como *transações de mercado primário*. Os participantes no mercado primário que adquirem fundos dos poupadores e os canalizam para aqueles que os tomam emprestado são os *Intermediários financeiros*. Eles ajudam a aumentar a eficácia operacional dos mercados financeiros. Mas, mesmo que uma companhia de seguros, um fundo de pensão ou um fundo mútuo comprem os títulos, são as famílias americanas a fonte básica do financiamento.

Quando os títulos são vendidos no mercado primário, eles são adquiridos por investidores que desejarão vendê-los depois. Quando estes negociam entre si, significa que eles compram e vendem títulos no chamado *mercado secundário*. Às vezes, um *corretor* que aproxima o comprador e o vendedor, um *distribuidor* que negocia títulos para a sua carteira própria ou até mesmo um serviço eletrônico de casamento de ordens podem ajudar nas transações. Discutiremos a negociação de títulos mais detalhadamente no Capítulo 6.

---

[7] As estratégias não autorizadas de Nick Leeson levaram ao colapso do Barings por causa dos efeitos de "alavancagem" na negociação de derivativos. A queda da Long-Term Capital Management foi exacerbada pelo elevado grau de alavancagem utilizado nas suas estratégias de negociação de derivativos. Os derivativos têm muitas finalidades úteis, que examinaremos no Capítulo 17. Mas a negociação imprópria de qualquer veículo de investimento pode resultar em posições de alto risco e em grandes perdas.

[8] *Baby boomer* é a pessoa nascida durante um período de alta taxa de natalidade, especificamente (na Inglaterra e nos Estados Unidos) de 1945 a 1952. (N.T.)

Investimentos

TABELA 1.2	Onde as famílias americanas investem seus ativos financeiros: porcentagens das várias modalidades de ativos financeiros				
Tipo de ativo financeiro	1989	1992	1995	1998	2001
Contas-correntes	19,1%	17,5%	14,0%	11,4%	11,5%
Certificados de depósito	10,2	8,1	5,7	4,3	3,1
Cadernetas de poupança	1,5	1,1	1,3	0,7	0,7
Títulos de renda fixa	10,2	8,4	6,3	4,3	4,6
Ações	15,0	16,5	15,7	22,7	21,6
Fundos mútuos (excluindo fundos de mercado monetário)	5,3	7,7	12,7	12,5	12,2
Contas de previdência	21,5	25,5	27,9	27,5	28,4
Patrimônio líquido em seguros de vida	6,0	6,0	7,2	6,4	5,3
Outros ativos financeiros	11,4	9,2	9,3	10,3	10,6
Total	100,0	100,0	100,0	100,0	100,0
Ativos financeiros como proporção do total dos ativos das famílias	30,4	31,5	36,6	40,6	42,0

Fonte: AIRZCORBE, A. M.; KENNICKELL, A. B.; MOORE, K. B. *Recent Changes in U.S. Family Finances: Results from the 1998 and 2001 Survey of Consumer Finances*, Federal Reserve Board of Governors, Washington, DC, 2003.

Estratégias de investimento

Há muitos ativos financeiros nos quais se pode investir e várias estratégias de análise de investimentos e gestão de carteiras para se escolher. Cada analista de investimento precisa determinar seus pontos fortes e usá-los para otimizar a gestão de uma carteira e identificar oportunidades de valor nos mercados de títulos.

O conjunto completo de ativos obtidos por um indivíduo ou uma instituição é chamado de **carteira**. Uma boa carteira contém títulos de uma ou mais classes de ativos (ações, títulos de renda fixa, obrigações hipotecárias, e assim por diante), cada investidor deve optar por uma alocação apropriada de ativos, ou seja, as porcentagens da carteira que deverão estar em cada classe de ativo. A decisão de alocação de ativos exerce grande influência sobre o risco e o retorno esperados da carteira. Uma vez determinada a alocação de ativos, começa o processo de seleção de títulos – decidir que títulos específicos serão adquiridos para a carteira. Tomadas essas providências, as decisões de alocação de ativos e seleção de títulos não serão permanentes, pois os mercados mudam e as expectativas e as circunstâncias da carteira e do cliente também. Portanto, a alocação de ativos e os títulos contidos na carteira são monitorados e revistos periodicamente. A forma como alguém toma a decisão de alocação de ativos, adotando uma estratégia de seleção de títulos, depende de sua filosofia de investimento, ou seja, deveria um investidor adotar um papel ativo ou passivo na sua gestão de investimentos? O Quadro 1.1 enumera várias possibilidades para cada um desses tipos de filosofia.

Um administrador que tenha uma filosofia de alocação ativa utiliza o *market timing* para aumentar a alocação da carteira nos tipos de ativos que acredita ter uma tendência maior quanto ao desempenho no período seguinte. Esse administrador terá poderes substanciais em relação à alocação de ativos em faixas predeterminadas, às vezes, amplas. Já um administrador com uma filosofia passiva de alocação de ativos trabalhará com o cliente (ou com o comitê de política de investimento da carteira) para fixar uma alocação-alvo e uma faixa na qual a alocação poderá variar. Como exemplo temos uma alocação-alvo de 60% em ações e 40% em títulos de renda fixa: a alocação em ações poderá variar de 55% a 65%, e a alocação em títulos de renda fixa, de 35% a 45%. Se um mercado de ações em alta elevar a alocação em ações de 60% para 65%, o administrador venderá algumas ações e comprará alguns títulos de renda fixa adicionais a fim de ajustar a alocação de ativos de volta ao quociente 60/40. Geralmente, os limites permitidos são mais estreitos para um administrador passivo que para um administrador ativo.

Um administrador que adotar uma filosofia ativa de seleção de títulos tentará identificar e adquirir títulos que possam apresentar bom desempenho no período seguinte; assim venderá títulos que provavelmente tenham – ou se espera que – um desempenho inferior no mercado. Esses administradores geralmente adotam um enfoque *top-down* (de cima para baixo) ou *bottom-up* (de baixo para cima) na análise de títulos. Os que adotam o esquema de cima para baixo examinam o panorama

QUADRO 1.1	Filosofias de investimento	
	Decisão de alocação de ativos	**Decisão de seleção de títulos**
Ativa	*Market timing*	Selecionar ações de acordo com o enfoque, de cima para baixo ou de baixo para cima
Passiva	Manter a alocação predeterminada com rebalanceamento periódico	Tentar acompanhar um índice de mercado bem conhecido

geral da economia para determinar em quais setores é esperado um bom desempenho e quais devem ter um desempenho ruim no ano seguinte. Já os analistas de ações que esposam o enfoque de baixo para cima se concentram nas empresas individuais, que tenham uma boa gestão, uma estratégia favorável e bons produtos, as quais, provavelmente, ganharão fatias do mercado e aumentarão os lucros da empresa no futuro.

Um administrador passivo tem uma tarefa de seleção de títulos mais simples: uma vez determinada a alocação de ativos, ele aplicará os fundos disponíveis para acompanhar, o mais de perto possível, um índice de mercado selecionado, como o S&P 500 ou o índice de títulos de renda fixa da Lehman Brothers. Esses administradores acreditam que os mercados de investimento são 100% eficientes, e é como se dissessem: "se não pode derrotá-los, junte-se a eles". Eles tentam acompanhar os índices em vez de tentar obter retornos acima da média, para um certo nível dado de risco, por meio da seleção de títulos.

Um administrador pode ser ativo em uma decisão e passivo em outra, por exemplo, um administrador que acredita que é capaz de prever quando o mercado de ações terá desempenho superior ao mercado de títulos de renda fixa (e vice-versa), mas não tem a habilidade necessária para selecionar títulos específicos, pode ser ativo na decisão de alocação de ativos, e mesmo assim implementar essa estratégia, investindo em índices. Um administrador com capacidade especial de seleção de ações também pode obedecer a uma alocação fixa de ativos, mas gerir a carteira com um enfoque ativo de análise e seleção de títulos para inclusão na carteira.

Ética e oportunidades de trabalho na área de investimentos

Um importante componente dos mercados financeiros são as leis e os regulamentos que os governam. Sem entidades reguladoras e leis, os mercados financeiros e a negociação de títulos não conseguiriam funcionar bem. Regras a respeito de seguro de depósitos bancários, discussão obrigatória de riscos no prospecto de emissão de novos títulos, leis que proíbem o uso de informação privilegiada por *insiders* de empresas na obtenção de ganhos privados, além de requisitos de negociação justa por corretores e distribuidores na realização de transações com clientes, servem para aumentar a sensação de confiança nos mercados financeiros por parte do público. Os indivíduos que negociam com clientes devem ser registrados no Estado em que trabalham e também na *Securities and Exchange Commission*[9] (SEC).

A regulamentação tipicamente resulta de abusos ou problemas anteriores. Por exemplo, o *Securities Act* de 1933 e o *Securities Exchange Act* de 1934 surgiram das circunstâncias associadas ao *crash* do mercado de ações em 1929. Mais recentemente, a Lei *Sarbanes-Oxley* de 2002 resultou dos escândalos contábeis nas empresas. A supervisão supostamente proporcionada pelos conselhos de administração e pelos auditores externos falhou em algumas empresas; demonstrações financeiras falsas ocultaram a verdadeira situação das empresas. Uma vez descobertos os problemas, a quebra de empresas, a perda de empregos e de pensões e os indiciamentos judiciais envolveram várias empresas, como Enron, Worldcom, Tyco, Arthur Andersen, HealthSouth, Kmart e Qwest.

Infelizmente, descobriu-se também que muitos responsáveis pelas economias de investidores não eram confiáveis. Diversos fundos e bancos de investimento foram acusados de atos ilícitos nos últimos anos. Os analistas de ações em alguns bancos de investimento produziram relatórios de pesquisa falsos e otimistas, esperando com isso atrair ou manter clientes em seus estabelecimentos. Outros alocavam participações em IPOs populares ou *quentes* aos altos executivos de empresas-clientes. Na lista de pessoas e empresas envolvidas nessas negociações antiéticas, estavam incluídos Frank Quattrone, do CSFB (*Credit Suisse First Boston*), Jack Grubman, da então *Salomon Smith Barney*, e Henry Blodgett, da *Merrill Lynch*.[10]

Além disso, alguns fundos de investimento permitiram negociações defasadas ilegais. A negociação retardada ocorre quando um cliente submete uma ordem relativa a cotas de um fundo de investimento após as 16 horas, hora aproximada do fechamento do mercado financeiro, recebendo permissão para comprar ao preço desse exato horário, em vez do preço de fechamento do dia seguinte. Esse tipo de negociação pode ser vantajoso se, por exemplo, surgirem notícias que afetem o mercado logo após as 16 horas. Em especial, ressalte-se a capacidade de negociação retardada na compra de cotas de fundos especializados em ações de empresas européias. Uma alta no mercado americano pode muito bem pressagiar um bom desempenho no exterior no dia seguinte. Aqueles que conseguirem realizar negociações retardadas de cotas de fundos europeus após o fechamento dos mercados americanos poderão obter lucros, se o mercado europeu subir no dia seguinte. Esse é um exemplo de *market timing* – fundos de investimento que permitem a certos investidores comprar grandes quantidades de cotas em um dia, sabendo que essas serão vendidas no dia seguinte, mesmo que as normas explícitas do fundo proíbam a atividade.

Para ajudar a impedir a ocorrência de tais problemas e manter o profissionalismo e a ética na área de investimentos, têm sido criadas certificações profissionais. Muito poucas pessoas detentoras de CFA® ou CFP™ se envolveram em escândalos, graças ao programa de treinamento em ética. As pessoas que recebem essas certificações passam nos exames e possuem a experiência de trabalho exigida, mostram que têm um certo nível de proficiência em sua área e aceitaram agir segundo um código de ética e padrões profissionais em suas relações com clientes e empregadores. Uma visão geral dos comportamentos esperados dos detentores de duas certificações profissionais em investimentos é fornecida no Quadro 1.2.

---

[9] Trata-se da comissão federal responsável pela fiscalização de operações de lançamento de títulos pelas empresas com ações negociadas em bolsa de valores, bem como pelo funcionamento do mercado no qual as ações são negociadas. Criada em 1933 em reação à crise iniciada em 1929, corresponde à Comissão de Valores Mobiliários (CVM) no Brasil, esta por sua vez criada em 1976. (N.T.)

[10] Para uma lista de escândalos empresariais, veja: http://cbs.marketwatch.com/news/features/scandal_sheet.asp.

12 Investimentos

QUADRO 1.2	Padrões éticos em certificações profissionais de investimento
Chartered Financial Analyst (CFA®) **Padrões de Conduta Profissional**	**Certified Financial Planner (CFP™)** **Código de Ética e Responsabilidade Profissional**
Padrão 1 – Responsabilidades Fundamentais Padrão 2 – Relações com a Profissão e Responsabilidades Profissionais Padrão 3 – Relações com o Empregador e Responsabilidades com o Empregador Padrão 4 – Relações e Responsabilidades com os Clientes e Possíveis Clientes Padrão 5 – Relações e Responsabilidades com o Público Investidor Para mais detalhes, acesse o site: http://www.cfainstitute.org	Os Princípios do Código expressam o reconhecimento profissional das responsabilidades que se deve ter com o público, com os clientes, com os colegas e com os empregadores. Aplicam-se a todos os que possuem o certificado de CFP e fornecem orientação para o desempenho de suas atribuições profissionais. Princípio 1 – Integridade Princípio 2 – Objetividade Princípio 3 – Competência Princípio 4 – Justiça Princípio 5 – Confidencialidade Princípio 6 – Profissionalismo Princípio 7 – Diligência Para mais detalhes, acesse o site: http://www.cfp.net

A ética é uma preocupação importante nas profissões relacionadas à área de investimentos, já que os profissionais assessoram clientes e lidam com grandes somas de dinheiro. Praticamente, toda e qualquer carreira na área de investimentos conta com normas federais ou estaduais de comportamento, além do comportamento exigido por uma certificação profissional. Segue-se uma breve discussão de alguns cargos específicos nessa área em instituições financeiras diversas. Informações adicionais a respeito de carreiras no setor podem ser encontradas no site deste livro e nas páginas de sites de empresas financeiras (por exemplo, http://www.ml.com, http://smithbarney.com e http://www.agedwards.com).

1. **Representante Registrado em uma Corretora** – Também chamado de "corretor", o representante registrado envolve-se na venda de ações, títulos de renda fixa, opções, *commodities* e outros instrumentos de investimento a indivíduos ou instituições. Se você decidir comprar ou vender ações, entrará em contato com seu corretor na companhia de investimento em que possui conta, e ele ou ela processará a compra ou a venda. Se você for um cliente regular, seu corretor poderá contatá-lo para sugerir a compra ou a venda de alguma ação; se você concordar, ele ou ela processará essa transação. Essa função tem evoluído nos últimos anos e agora se concentra mais no planejamento financeiro do cliente e menos na obtenção de comissões com a execução de transações.

2. **Analista de Investimentos** – O analista de investimentos (ou analista de títulos) especializa-se em um setor e nas empresas que atuam em determinada área. Por exemplo, como funcionário da Merrill Lynch, você pode fazer uma análise do setor de computadores e de todas as grandes empresas do setor, preparando um relatório que esboce suas recomendações de compra e de venda. Posteriormente, os representantes registrados nos escritórios da Merrill Lynch espalhados por todo o país usariam esse relatório.

    Alternativamente, se sua empresa é um banco de investimentos que subscreve novas ações ou novos títulos de renda fixa, você pode analisar o setor e as empresas a ele pertencentes, visando a uma eventual emissão de títulos que seu banco poderá subscrever, determinando suas necessidades e fornecendo sugestões quanto às possíveis características da emissão. Além disso, os bancos de investimento comumente se envolvem na busca de parceiros para fusões com seus clientes, ajudando na negociação dos termos da operação. Como analista, você ajudaria a determinar o possível valor da empresa a ser criada com a fusão e também quais seriam os termos razoáveis desta.

    Há duas classificações básicas de analistas de investimentos: *buy-side* e *sell-side*. Um analista do primeiro tipo trabalha para um administrador de carteiras e peneira dados econômicos, prognósticos setoriais e dados financeiros de empresas para recomendar títulos passíveis de compra ao administrador. Os analistas do *buy-side* geralmente trabalham para bancos, administradores de recursos, fundos de investimento, companhias de seguro e fundos de pensão e de dotações. Já um analista do *sell-side* procura identificar os investimentos potencialmente atraentes para que os corretores e os vendedores da empresa os recomendem aos clientes. Portanto, esses analistas trabalham principalmente em corretoras e bancos de investimento.

3. **Gestor de Carteiras** – As empresas financeiras que foram mencionadas (bancos, assessores de investimento, fundos de investimento, seguradoras) empregam gestores de carteiras, além de analistas. Os gestores de carteiras são responsáveis pela obtenção de informações e recomendações aos analistas. Com base nas informações, recomendações e necessidades globais da carteira, tomam decisões sobre os títulos a serem incluídos nesta.

4. **Planejador Financeiro** – Como a maioria dos indivíduos não dispõe de tempo ou não deseja aprender sobre ações, títulos de renda fixa e todos os outros componentes de uma carteira adequadamente montada, temos visto nos últimos anos um crescimento significativo do número de indivíduos e empresas que fornecem assistência ao planejamento

TABELA 1.3	Níveis médios de remuneração	
PROFISSIONAIS DE INVESTIMENTO EMPREGADOS EM:		NÍVEL DE REMUNERAÇÃO
Fundos de investimento		$ 157.000
Empresas de assessoramento de investimentos, corretoras e distribuidoras de valores		$ 150.000
Companhias de seguro		$ 149.500
Bancos		$ 123.000
Fundos de dotações/fundações		$ 118.000
Empresas de consultoria de previdência		$ 101.000
Corretor/distribuidor de valores		$ 144.390
Gestor de carteiras, mercado doméstico de ações		$ 142.210
Gestor de carteiras, mercado global de ações		$ 160.000
Gestor de carteiras, mercado doméstico de títulos de renda fixa		$ 165.000
Gestor de carteiras, mercado global de títulos de renda fixa		$ 176.105

Fonte: CFA Institute.

financeiro pessoal. Pelo o que o cliente revela sobre seus ativos, metas, necessidades e restrições existentes, o planejador financeiro oferece um plano de quanto esse cliente deveria investir e em que instrumentos financeiros. Assim, os planejadores financeiros ajudam a criar planos adequados para os clientes, analisam títulos individuais e montam e monitoram carteiras que cumpram os objetivos financeiros dos clientes.

5. **Empresas: Gestão de Tesouraria e Relações com Investidores** – As empresas recebem e desembolsam grandes somas no decorrer de um ano. Elas precisam acumular dinheiro para o pagamento de dividendos e impostos no futuro, para realizar aquisições ou outros usos desejáveis. Assim, elas contratam gestores de tesouraria ou carteiras para que apliquem o excedente de caixa da empresa em títulos negociáveis, visando obter retornos com baixo risco. A equipe de relações com investidores é o elo entre estes e as empresas. Os analistas de ações e de títulos de renda fixa (bem como os investidores individuais) usam a equipe de relações com investidores para obter informações e dados financeiros, como as interpretações de desempenho recente pela própria empresa ou seus motivos para que os lucros tenham sido mais altos ou mais baixos. A equipe de relações com investidores tem acesso aos altos executivos da empresa, de maneira que pode transmitir as mensagens desta aos mercados financeiros.

A IMPORTÂNCIA DAS CERTIFICAÇÕES PROFISSIONAIS

Qualquer pessoa que almeje ingressar em uma carreira como a de analista de investimentos ou gestão de carteiras deve procurar se tornar um *Chartered Financial Analyst* (CFA®), um título profissional similar ao de CPA em contabilidade. As instituições financeiras ao redor do mundo têm essa certificação em alta consideração e muitas exigem, ou pelo menos encorajam seus analistas e gestores de carteiras, que a obtenham.[11] O programa e seus requisitos são descritos no apêndice, no final deste livro. Um indivíduo que possui o título de CFA® em geral trabalha para uma instituição financeira, mas muitos profissionais também trabalham com planejamento financeiro de pessoas físicas. Com sua competência em análise de investimentos, eles estarão equipados para recomendar títulos específicos para compra a seus clientes.

Como alternativa, os indivíduos interessados em se tornar planejadores financeiros devem pensar também na aquisição do título de *Certified Financial Planner* (CFP™), outra certificação profissional respeitada. Um planejador de finanças pessoais deve considerar as necessidades em termos de seguros, impostos, planejamento patrimonial e metas de investimento de seus clientes. O treinamento rigoroso e os padrões éticos que o título de CFP™ lhe oferece o prepararão para isso.

O potencial de remuneração em análise de investimento e planejamento financeiro é lucrativo para aqueles que estejam dispostos a trabalhar duro, embora as remunerações subam e desçam de acordo com o desempenho do mercado financeiro. Muitos analistas e gestores de carteiras recebem bônus, além de salários. A Tabela 1.3 apresenta os níveis médios de remuneração em uma pesquisa feita com profissionais de gestão de investimentos em 2003. Essa mesma pesquisa destaca o valor do CFA®: os indivíduos portadores dessa certificação recebem, em média, uma remuneração 21% maior que os indivíduos que não a possuem.

Resumo

O objetivo deste capítulo foi oferecer uma base para os capítulos seguintes. Para alcançar esse objetivo, abordamos vários tópicos, entre eles:

- Discutimos os motivos pelos quais os indivíduos poupam parte de sua renda e decidem aplicar suas economias. Definimos investimento como o comprometimento corrente de tais economias por um período para obter uma taxa de retorno que compense o tempo envolvido, a taxa esperada de inflação e a incerteza.

- Consideramos que os investidores aplicam seus recursos correntes para alcançar metas financeiras em termos de rendimento, preservação do capital, valorização deste ou alguma combinação dessas metas.

---

[11] NEWING, Rod., "Increasing the Importance of the 'Gold Standard'", *Financial Times*, 23 jun. 2003. Relatório especial *Financial Training*, p. 4.

- Revisamos os quatro principais temas do livro, importantes não apenas para os investidores mas também para aqueles que trabalham na área de investimentos. Os quatro temas são: a compensação entre retorno esperado e risco; as conseqüências de se investir em mercados que são quase informacionalmente eficientes; a necessidade de gerir uma carteira para maximizar os retornos líquidos depois do imposto de renda para um dado nível de risco; e a necessidade de se diversificar ao fazer aplicações em classes diferentes de ativos e em outros países.
- Abordamos três maneiras de aplicar em um ativo financeiro: diretamente, indiretamente ou por meio de derivativos, cujo valor depende do valor de títulos subjacentes.
- Examinamos o papel fundamental dos intermediários financeiros na captação de fundos com os poupadores (geralmente famílias) e na canalização desses fundos às unidades deficitárias, como governos e empresas que precisam de financiamento por meio de capital de terceiros e capital próprio.
- Vimos que a decisão mais importante na montagem de uma carteira é a de alocação de ativos; a decisão de seleção de títulos é secundária. Ao tomar tais decisões, os gestores podem adotar um enfoque ativo ou passivo. Os gestores ativos procurarão fazer *market timing*, transferindo fundos entre classes de ativos e selecionando títulos específicos para compra. Os gestores passivos manterão uma alocação fixa de ativos e a modificarão, periodicamente, à medida que a alocação se afastar de sua meta, investindo para acompanhar, mais do que tentar superar, um índice de cada classe de ativo.
- Finalmente, consideram-se a ética, as oportunidades de emprego e as certificações dos profissionais na área de investimentos. Como os assessores financeiros lidam com informações pessoais de clientes e investem grandes somas de dinheiro, a ética e a relação de confiança que deve existir entre eles também são muito importantes. As principais certificações na área de investimentos preocupam-se muito com aspectos éticos, e os reguladores estaduais e federais exigem que os assessores financeiros sejam registrados. Há diversas oportunidades de carreira profissional na área de investimentos, e em algumas delas a remuneração pode ser bastante lucrativa.

Questões

1. Defina investimento. Qual é a finalidade global do investimento?
2. Como estudante, você está poupando ou tomando dinheiro emprestado? Por quê? Mesmo que esteja tomando dinheiro emprestado, você o investe? Como? Que retornos futuros espera de seus investimentos?
3. Divida a vida de uma pessoa em faixas etárias, de 20 a 70 anos, segmentados de dez em dez anos, e discuta os prováveis padrões de poupança ou captação de empréstimos em cada um desses períodos de vida.
4. Discuta por que você esperaria que o padrão de poupança-empréstimo variasse de ocupação para ocupação (por exemplo, um médico *versus* um encanador).
5. O que significa a expressão *valor do dinheiro no tempo*?
6. Se uma taxa nominal de juros livre de risco em uma economia é igual a 6% e o prêmio por risco de um certo ativo é de 3%, deveria a taxa exigida de retorno para um investidor ser igual a 9%? Por quê?
7. O que acontecerá se um ativo com risco tiver retorno esperado de 7% enquanto um ativo seguro tem um retorno esperado de 8%? Explique sua resposta.

Investimentos on-line

Muitos sites procuram dar assistência ao investidor neófito. Como eles cobrem os aspectos básicos, fornecem links úteis para outros sites, e algumas vezes permitem aos usuários calcular itens de interesse (taxas de retorno, investimento necessário para atingir uma certa meta e assim por diante); também são úteis para o investidor experiente.

http://www.finpipe.com – O *Financial Pipeline* é um excelente site educativo na área de finanças para aqueles que começaram a estudar investimentos ou que precisam de uma rápida revisão. Contém informações e links sobre uma variedade de tópicos de investimentos, como títulos de renda fixa, ações, estratégia, previdência e finanças para o consumidor.

http://www.investorguide.com – Este é outro site que oferece uma vasta gama de informações úteis tanto para o novato quanto para os investidores experientes. Contém links de páginas com síntese do mercado, pesquisas sobre notícias do setor e muito mais, incluindo um glossário de termos de investimento. Os temas de educação básica em investimentos são ensinados em sua seção "Universidade" (University). Há links para várias páginas de ajuda sobre finanças pessoais, incluindo sites que lidam com compras de residências ou automóveis, previdência, empréstimos e seguro, bem como uma série de funções de cálculo que ajuda os usuários a tomarem suas decisões financeiras.

Vários representantes da imprensa financeira especializada têm seus próprios sites:

http://online.wsj.com – *The Wall Street Journal*

http://news.ft.com – *Financial Times*

http://www.economist.com – Revista *The Economist*

http://www.fortune.com – Revista *Fortune*

http://money.cnn.com – Revista *Money*

http://www.forbes.com – Revista *Forbes*

http://www.worth.com – Revista *Worth*

http://www.smartmoney.com – Revista *Smart Money*

http://online.barrons.com – Jornal *Barron's*

Investimentos **15**

8. Por que a frase "o risco causa os retornos esperados" é verdadeira?
9. Qual é a diferença entre a eficiência operacional de um mercado e a sua eficiência informacional?
10. De que maneira as despesas com investimentos se assemelham a um imposto para o investidor?
11. Por que iríamos querer diversificar se já havíamos identificado um investimento de "ganho certo"?
12. Qual é a principal fonte de fundos para investimento na economia americana?
13. Qual é o papel dos intermediários financeiros no funcionamento do setor de investimento?

14. Qual é a diferença entre uma corretora e uma distribuidora de valores?
15. Como diferem um gestor ativo e um gestor passivo de investimentos quanto à decisão de alocação de ativos?
16. Como poderia um gestor ser ativo ao fixar a alocação de ativos e passivo na seleção de títulos? Como poderia um gestor ser passivo na decisão de alocação de ativos, mas ativo em termos de seleção de títulos?
17. Por que as considerações éticas são tão importantes para o funcionamento do setor financeiro?

PROBLEMAS

1. Qual seria a taxa exigida de retorno de um investimento em uma economia com uma taxa nominal de juros livre de risco de 7%, inflação esperada de 4%, e um prêmio por risco de 4%? A quanto você esperaria que crescessem 1.000 dólares aplicados a essa taxa após dez anos? E em 20 anos?
2. Calcule a taxa exigida de retorno nos seguintes cenários:
   (a) Taxa nominal livre de risco = 11%, prêmio por risco = 2%
   (b) Taxa nominal livre de risco = 12%, prêmio por risco = 3%
   (c) Taxa nominal livre de risco = 6%, prêmio por risco = 5%

3. O retorno de uma conta com diferimento de imposto é, em média, 8% no prazo de 20 anos. O investimento inicial é de 10 mil dólares. Compare o valor da carteira do investidor, depois do imposto de renda, se (a) ele retirar suas economias de uma só vez e sua alíquota nesse momento for de 25%; (b) uma carteira equivalente rende 8% antes do imposto em uma conta tributável; supõe-se que a alíquota de imposto sobre todos os retornos anuais do investimento é igual a 25%.
4. Na mesma situação do Problema 3, suponha agora no item (b) que um investimento eficiente em termos de imposto permite ao investidor obter 7% depois do imposto. Como se compara o valor da carteira desse item ao valor da do item (a) depois do imposto?

EXERCÍCIOS NA WEB

1. Visite o site do CFA Institute: http://www.cfainstitute.org. O que é exigido para se obter um título de *Chartered Financial Analyst* (CFA®)?

2. Visite o site do *Certified Financial Planning Board* (http://www.cfp.net). O que os candidatos devem fazer para adquirir o título de CFP?

EXERCÍCIOS EM PLANILHA

1. Monte uma planilha para reproduzir a análise feita na Tabela 1.1, ou seja, suponha que 10 mil dólares sejam investidos em um único ativo que renda 7% ao ano durante 25 anos, e que 2 mil dólares são aplicados em cinco ativos diferentes, com retornos de −100%, 0%, 5%, 10% e 12%, respectivamente, no período de 25 anos. Para cada uma das questões a seguir, parta do cenário original apresentado na Tabela 1.1:

   (a) Experimente com o retorno do quinto ativo. Quão baixo pode ser o seu retorno e ainda fazer com que a carteira diversificada tenha um retorno superior ao da carteira formada por um único ativo?
   (b) O que acontecerá ao valor da carteira diversificada se houver perda total nos dois primeiros ativos?
   (c) Suponha que a carteira de um único ativo tenha um retorno anual de 8%. Como se compara o retorno desse único ativo ao da carteira de cinco ativos?

   Como seria essa comparação se a carteira com um único ativo rendesse 6% ao ano?
   (d) Suponha que o ativo 1 da carteira diversificada ainda seja uma perda total (-100% de retorno) e o ativo 2 não tenha retorno algum. Faça uma tabela que mostre a sensibilidade do retorno da carteira a uma variação de 1 ponto percentual dos retornos dos outros três ativos, ou seja, como será afetado o valor da carteira diversificada se o retorno do ativo 3 for de 4 ou de 6%? Se o retorno do ativo 4 for de 9% ou 11%? Se o retorno do ativo 5 for de 11% ou 13%? Como será afetado o valor total dessa carteira se os retornos de cada um desses três ativos forem 1 ponto percentual inferiores ao que foi fornecido na Tabela 1.1? E se forem 1 ponto percentual mais altos?
   (e) Usando a análise de sensibilidade dos itens (c) e (d), explique como as duas carteiras diferem em termos de sensibilidade a retornos diferentes de seus ativos? Quais são as implicações disso para a escolha entre uma carteira de um único ativo e uma diversificada?

REFERÊNCIAS

Há muitos livros disponíveis para o investidor iniciante. Vários livros interessantes e que têm permanecido entre os mais populares com o passar dos anos incluem:

BOGLE, John C. *Bogle on Mutual Funds*, Burr Ridge, IL: Richard D. Irwin, Inc., 1994.

LYNCH, Peter; ROTHSCHILD, John. *One Up on Wall Street*. New York: Simon and Schuster, 1989.

LYNCH, Peter; ROTHSCHILD, John. *Beating the Street*. New York: Simon and Schuster, 1993.

MALKIEL, Burton. *A Random Walk Down Wall Street*. 7th edition. New York: W. W. Norton & Co., 2004.

GLOSSÁRIO

Carteira – O conjunto total de ativos possuídos por um investidor.

Corretor de valores – Auxilia na compra e venda de títulos aproximando compradores e vendedores.

Distribuidor de valores – Facilita as negociações nos mercados primário e secundário, comprando e vendendo títulos para sua carteira própria.

Intermediários financeiros – Instituições que captam fundos de poupadores e os canalizam para tomadores de fundos, como bancos, cooperativas de crédito e bancos de investimento.

Investimento – O comprometimento corrente de recursos por um período na expectativa de receber recursos futuros que remunerem o investidor pelo tempo durante o qual os recursos foram aplicados, pela taxa esperada de inflação e pela incerteza quanto aos pagamentos futuros.

Mercado externamente ou informacionalmente eficiente – Quando os preços de um mercado variam rapidamente e de maneira não enviesada em função de novas informações.

Mercado internamente eficiente – Quando os mecanismos de um mercado permitem que as transações se realizem ao custo mínimo.

Mercado secundário – Mercado no qual os investidores negociam entre si.

Prêmio por risco – O retorno adicional esperado, além da taxa nominal livre de risco, que os investidores demandam para aplicar fundos em um ativo com risco.

Risco – A incerteza a respeito da obtenção da taxa de retorno esperada de um investimento.

Taxa de juros pura ou real livre de risco – A taxa de juros básica sem nenhum ajuste por inflação ou incerteza.

Taxa nominal de juros livre de risco – A taxa de juros básica que incorpora os efeitos da inflação esperada.

Transações de mercado primário – Quando uma empresa ou governo vende títulos para captar recursos.

Valor do dinheiro no tempo – O princípio de que um dólar hoje vale mais para nós do que o mesmo dólar no futuro.

Parte 2
Ambiente de investimento

2 Fundamentos de retorno e risco

3 Seleção de investimentos em um mercado global

4 Fundos de investimento e outros investimentos administrados

5 Declarações de política de investimento e questões de alocação de ativos

6 Organização e funcionamento dos mercados de títulos

7 Índices de mercado de títulos

Os capítulos desta seção fornecerão bases para seu estudo de investimentos. Após terminar de ler estes capítulos, você será capaz de responder às seguintes questões:

- Como medimos retornos e riscos de investimentos?
- Por que devemos diversificar os investimentos?
- Por que devemos nos diversificar globalmente?
- Que investimentos estão disponíveis?
- Por que os fundos de investimento são veículos de investimento ideais para os investidores individuais?
- Que fatores devem ser considerados e que passos devem ser dados ao se tomar decisões de alocações de ativos?
- Que fatores devem ser considerados ao se escolher um fundo de investimento, entre os vários fundos existentes?
- Qual é a função dos mercados de títulos e como funcionam?
- Como e por que os mercados de títulos ao redor do mundo estão mudando?
- Quais são os principais usos e diferenças entre índices de mercados de títulos?

Como uma das principais metas da realização de investimentos é o equilíbrio entre risco e retorno, é crucial entender como esses componentes devem ser medidos. Discutimos isso no Capítulo 2. Também consideramos os fatores que determinam a taxa exigida de retorno de um investimento.

No Capítulo 3, tratamos de um dos pilares do investimento prudente – a diversificação. Além da diversificação tradicional, fazemos uma defesa firme da necessidade de investimento de âmbito global e fornecemos exemplos de resultados históricos de risco e retorno que demonstram os conceitos discutidos.

Por bons motivos, os investidores individuais aplicam uma substancial porcentagem de suas economias em fundos de investimento. Em virtude da importância dos fundos para os investidores, o Capítulo 4 é dedicado ao que eles são, às vantagens que oferecem, a como determinam em quais deles investir e a uma revisão dos resultados históricos de seus investimentos.

É bem documentado e amplamente conhecido que o segredo do sucesso é uma estratégia eficaz de alocação de ativos. No Capítulo 5, delineamos o processo e os passos específicos para realizar essa tarefa crítica.

No Capítulo 6, examinamos como os mercados de investimento funcionam em geral e depois focalizamos nossa atenção especificamente no funcionamento dos mercados primários e secundários de ações e títulos de renda fixa. Além disso, consideramos a globalização dos mercados existentes, o desenvolvimento de novos mercados de capitais e as mudanças rápidas que ocorrem nos mercados de títulos.

Os investidores, os analistas de mercado e os teóricos de finanças freqüentemente avaliam o comportamento dos mercados de títulos, verificando as variações de diversos índices de mercado, e determinam o desempenho de carteiras comparando os resultados de uma carteira a um índice de referência apropriado. No Capítulo 7, examinamos e comparamos um número de índices de ações e títulos de renda fixa nos mercados domésticos e globais disponíveis para essas finalidades.

No conjunto, esta seção fornece bases para o entendimento dos vários tipos de títulos, como alocar entre classes de ativos alternativas, os mercados em que são comprados e vendidos, os índices que refletem seu desempenho e como gerir uma carteira de investimentos.

capítulo 2

Fundamentos de retorno e risco

Neste capítulo, responderemos às seguintes questões:

Quais são as fontes de retorno dos investimentos?

Como podem ser medidos os retornos?

O que é risco e como podemos medi-lo?

Quais são os componentes do retorno exigido de um investimento pelos investidores e por que poderiam mudar com o passar do tempo?

Um dos objetivos deste livro é ajudá-lo a escolher sabiamente entre tipos diferentes de investimentos. Para isso, você precisa estimar e avaliar as relações entre retorno esperado e risco dos vários investimentos disponíveis. Você precisa, portanto, saber como medir adequadamente a taxa de retorno e o risco envolvido. Para satisfazer essa necessidade, examinamos as fontes de retorno dos investimentos e verificamos como medir os valores históricos de taxas de retorno e risco. Consideramos as medidas históricas por que este livro e outras publicações oferecem numerosos exemplos de taxas médias históricas de retorno e risco para diversos ativos, e é importante compreender essas apresentações. Além disso, esses resultados históricos comumente são usados pelos investidores para estimar os valores de risco e retorno esperados para uma classe de ativos. Discutimos as taxas esperadas de retorno e risco no Capítulo 8.

A medida mais simples de retorno é a taxa histórica de retorno de um investimento individual no período em que a aplicação for feita. Inicialmente, revemos as duas fontes de retorno de investimentos, ou seja, rendimentos e variações de preço. Em seguida, consideramos a mensuração da taxa média de retorno de um investimento individual em certo número de períodos. Examinamos o risco a seguir: o que é o risco e como pode ser medido. Finalmente, fazemos um exame conceitual do risco e do retorno e revemos os componentes da taxa de retorno exigida de um ativo e os fatores que os determinam.

Um exemplo de retorno e risco

A Tabela 2.1 apresenta dados históricos de retorno e risco de vários ativos. Retornos são importantes porque representam o crescimento do patrimônio (caso excedam a taxa de inflação) e o crescimento do poder de compra. No entanto, as taxas de retorno não são constantes, pois variam com o tempo. Essa variabilidade é uma maneira de medir o risco.

Se colocássemos os dados da Tabela 2.1 em um gráfico, os pontos não ficariam todos em uma linha reta, mas é possível perceber que há uma relação ascendente. Esperamos obter retornos mais elevados quando corremos riscos maiores, e esses dados mostram que, pelo menos para esses ativos nos Estados Unidos, essa expectativa tem, em geral, sido cumprida. Ações de risco mais elevado têm níveis médios de retorno mais altos que os títulos de dívida mais seguros e as letras do Tesouro.

TABELA 2.1	Estatísticas gerais de retornos anuais de 1984 a 2003, títulos americanos		
	Média geométrica (%)*	Média aritmética (%)*	Desvio-padrão (%)
Ações de grandes empresas (S&P 500)	13,33	14,74	17,92
Ações de pequenas empresas (S&P SmallCap 600)	10,82	12,86	21,21
Títulos de dívida pública (Lehman Brothers)	9,07	9,20	5,33
Títulos de dívida privada (Lehman Brothers)	10,07	10,24	5,99
Títulos de dívida privada de prazo médio (Lehman Brothers)	9,25	9,34	4,37
Títulos de dívida pública de prazo médio (Lehman Brothers)	8,43	8,50	3,84
Letra do Tesouro com prazo de 30 dias	5,23	5,23	0,64
Inflação americana	3,01	3,01	0,81

* Descreveremos como cada um desses valores é calculado e por que diferem em uma seção posterior.

Tipos de retornos

Que tipos de retorno os investidores podem obter em seus investimentos? Primeiro, recordemos do Capítulo 1, por que os investimentos são feitos: para gerar rendimentos, para valorizar o capital (crescer em termos de valor) ou para preservar o capital (manter o valor mesmo com inflação). Essas metas de investimento apontam duas fontes de retorno de investimento:

Rendimento. O investimento periodicamente gera fluxos de caixa para o investidor na forma de juros, dividendos ou aluguel. Dentre os exemplos que geram rendimentos, estão: os certificados de depósito bancário (CDs), os títulos de renda fixa, as ações com pagamento de dividendos e alguns investimentos em imóveis.

Variações de preço ou valor. Com o tempo, o valor ou preço de mercado de um ativo de investimento pode elevar ou cair. Se o preço do ativo aumenta acima do que foi pago por ele, temos um ganho de capital. Por exemplo, podemos adquirir um terreno por 30 mil dólares e vendê-lo mais tarde por 40 mil dólares, gerando um ganho de capital de 10 mil dólares. Evidentemente, os preços também podem cair. Se o preço cair abaixo do que pagamos, teremos uma perda de capital. Se tivéssemos aplicado 10 mil dólares no ProFunds Ultra OTC, em março de 2000, nosso investimento estaria valendo uns 530 dólares em abril de 2001, com uma perda de capital de 9.470 dólares.

O retorno total em dólares de um investimento com o passar do tempo é:

2.1	**Retorno Total em Dólares = Rendimentos + Variação de Preço**

Os investidores que buscam aumentar seu capital se concentram no componente de variação de preço no retorno total (ganhos de capital). Os que pretendem gerar rendimentos focalizam basicamente os componentes de rendimentos (embora os títulos possam ser vendidos e os ganhos de capital acumulados possam ser usados para gerar fundos a serem gastos). Os investidores que visam à preservação do capital se preocupam com os efeitos combinados de rendimentos e variações de preço.

MEDIDAS DE PRAZO DE APLICAÇÃO

O período pelo qual um investimento é mantido chama-se *prazo de aplicação*. O retorno porcentual decorrente de rendimentos e variações de preço durante esse período é denominado *retorno do prazo de aplicação (RPA)*, sendo obtido dividindo-se o retorno em dólares pelo preço inicial de aquisição do investimento. O RPA pode ser expresso tanto na forma decimal (por exemplo, 0,15) quanto em porcentagem (15%):

2.2	$$\text{Retorno do Prazo de Aplicação (RPA)} = \frac{\text{Rendimentos} + \text{Variação de Preço}}{\text{Preço de Aquisição}}$$

Por exemplo, imagine que um investidor compre 100 ações da Walgreen por 2.318,75 dólares. Um ano mais tarde, o investidor recebe um total de 13,50 dólares em dividendos das ações (rendimento), e o preço de mercado de 100 ações da Walgreen aumentou para 3.287,50 dólares (variação de preço). O retorno total do investidor é:

$$\$ \, 13,50 + (3.287,50 - 2.318,75) = 982,25 \text{ dólares}$$

O retorno do prazo de aplicação é 982,25/2.318,75 = 0,4236 ou 42,36%.[1]

---

[1] Este cálculo poderia ter sido feito por ação: o retorno total em dólares por ação foi de 0,135 + (32,875 − 23,1875) = 9,8225. O retorno do prazo de aplicação foi 9,8225/3,1875 = 42,36%.

20 Investimentos

Note-se que um prazo de aplicação pode se dar em qualquer período. Se um ativo é adquirido hoje e vendido na próxima semana, o prazo de aplicação é de apenas alguns dias. Se as ações forem compradas como presente para uma filha recém-nascida e não forem vendidas até que ela se aposente aos 60 anos de idade, o prazo de aplicação será de muitos anos.

ANUALIZAÇÃO DE UM RETORNO DO PRAZO DE APLICAÇÃO

Algumas vezes, desejamos comparar o desempenho de investimentos com diferentes prazos de aplicação. Suponha que tenhamos feito um investimento por quatro anos, outro por dez anos, um terceiro por seis meses e um quarto por dois anos e meio. Para medir e comparar o desempenho desses investimentos no tempo, podemos padronizá-los usando um retorno do prazo de aplicação anual. Para prazos de aplicação maiores ou menores do que um ano, ajustamos o cálculo para "anualizar" o retorno. Se o prazo de aplicação é inferior a um ano, imaginamos que o retorno do prazo de aplicação continuará durante o ano inteiro. Se o prazo de aplicação for superior a um ano, determinamos um retorno médio anual que nos dê o retorno do prazo de aplicação obtido. O retorno do prazo de aplicação "anualizado" é calculado por meio do RPA na forma decimal, como vemos abaixo:

2.3
$$\text{RPA "Anualizado"} = (1 + \text{Retorno do Prazo de Aplicação})^{1/n} - 1$$

onde n é o número de anos do prazo de aplicação.

Suponha os quatro ativos mostrados no quadro a seguir:

Ativo	RPA (em porcentagem)	RPA (em notação decimal)	Duração do Prazo de Aplicação
Ação A	825	8,25	10 anos
Fundo de Investimento B	90	0,90	4 anos
Título de dívida de alto risco C	5	0,05	4 meses
Imóvel D	–12	– 0,12	2,5 anos

Ao aplicar a Equação 2.3 a cada um dos ativos, calculamos os retornos do prazo de aplicação anualizados:

Ação A	$(1 + 8,25)^{1/10} - 1 = 0,2491$ ou 24,91%
Fundo de investimento B	$(1 + 0,90)^{1/4} - 1 = 0,1741$ ou 17,41%
Título de dívida de alto risco C[2]	$(1 + 0,05)^{1/(4/12)} - 1 = 0,1576$ ou 15,76%
Imóvel D	$[1 + (-0,12)]^{1/2,5} - 1 = -0,0499$ ou –4,99%

O termo (1 + Retorno do Prazo de Aplicação) **relativo de retorno** é igual à soma dos rendimentos de um investimento com o valor deste, dividida pelo preço de aquisição do ativo:

2.4
$$\text{Relativo de Retorno} = \frac{\text{Rendimentos} + \text{Valor Final de um Investimento}}{\text{Preço de Aquisição}}$$

Em outras palavras, o relativo de retorno é a soma dos fluxos de caixa recebidos pelo investidor durante o prazo de aplicação, caso o ativo seja vendido hoje, dividida pelo preço de compra desse ativo. O relativo de retorno[3] é igual a 1 + RPA. Assim, a equação 2.3 pode ser reescrita da seguinte maneira:

2.5
$$\text{RPA Anualizado} = (\text{Relativo de Retorno})^{1/n} - 1$$

A Tabela 2.2 apresenta os retornos do prazo de aplicação e os relativos de nosso exemplo de quatro ativos.[4]

---

[2] Se o prazo de aplicação fosse de quatro meses, o número de anos seria 4/12. Se o prazo de aplicação fosse expresso em termos de semanas, para determinar o número de anos, deveríamos dividir por 52; se fosse expresso em dias, deveríamos dividir por 365. Se o prazo de aplicação fosse inferior a um ano, o expoente 1/n tornar-se-ia um número maior do que 1.

[3] Substituindo a definição do retorno do prazo de aplicação na equação 2.2, temos:

$$1 + \text{RPA} = 1 + (\text{Rendimentos} + \text{Variação de Preço})/\text{Preço de Aquisição}$$

A variação de preço é igual à diferença entre o valor final e o preço de compra do ativo:

$$1 + \text{RPA} = 1 + [\text{Rendimentos} + (\text{Valor Final} - \text{Preço de Aquisição})]/\text{Preço de Aquisição}$$

Simplificando, obtemos:

$$1 + \text{RPA} = 1 + [(\text{Rendimentos} + \text{Valor Final})/\text{Preço de Aquisição}] - \text{Preço de Aquisição}/\text{Preço de Aquisição}$$

o que equivale a:

$$1 + \text{RPA} = 1 + (\text{Rendimentos} + \text{Valor Final})/(\text{Preço de Aquisição}) - 1 = (\text{Rendimentos} + \text{Valor Final})/\text{Preço de Aquisição}$$

ou seja, a definição de relativo de retorno.

[4] Embora possam parecer um tanto esotéricos atualmente, os relativos de retorno são usados para determinar retornos compostos no tempo. Os relativos de retorno em um prazo de aplicação de um ano podem ser multiplicados para determinar o relativo de retorno em um prazo de aplicação mais longo.

Ativo	RPA (em porcentagem)	RPA (em notação decimal)	Relativo de retorno
Ação A	825	8,25	9,25
Fundo de Investimento B	90,0	0,90	1,90
Título de dívida de alto risco C	5,0	0,05	1,05
Imóvel D	−12,0	−0,12	0,88

TABELA 2.2 Retornos de prazo de aplicação e relativos de retorno

Medidas de taxas históricas de retorno

E-leituras interativas

Para mais explicações e um exemplo animado de mensuração de retornos, visite o site http://reillyxtra.swlearning.com.

Até agora, tivemos apenas uma visão conceitual das fontes de retornos de investimentos e alguns cálculos de retornos de prazos de aplicação. Conhecemos os fundamentos do cálculo de retornos no prazo de aplicação de um investidor e sua anualização para permitir comparações em um período comum. Agora, como freqüentemente temos dados mensais, trimestrais ou anuais de rendimentos e valores de mercado, consideraremos a determinação da **taxa média de retorno** de um investimento em um determinado período.

O primeiro passo para se obter medidas históricas sintéticas é calcular taxas de retorno por período. Para fazer isso, geralmente calculamos, para cada ano, o retorno do período de aplicação de um ano para cada ativo; depois, geramos uma série de retornos anuais. A Tabela 2.3 apresenta um conjunto de cálculos como esse, que envolve preços e dividendos de ações da Walgreen. Para cada ano, a começar de 1994, no final do mês de agosto (que é o encerramento do exercício fiscal da Walgreen), registramos o preço da ação e o total de dividendos pagos por ação nos 12 meses anteriores. A seguir, calculamos um retorno pelo prazo de aplicação, ano por ano, com base nos dividendos e na variação de preço.

Dado um conjunto de taxas anuais de retorno de um investimento individual, há duas medidas sintéticas de desempenho em termos de retorno: o retorno médio aritmético e o retorno médio geométrico. Para encontrar o **retorno médio aritmético (R_A)**, calcula-se a soma (Σ) dos retornos dos prazos anuais de aplicação e depois divide-se essa soma pelo número de anos (n), como é feito a seguir:

2.6

$$R_A = \frac{\Sigma \text{ RPA}}{n}$$

onde

Σ RPA = soma dos retornos de prazos anuais de aplicação.

Para ilustrar, calculamos a média aritmética dos retornos da ação da Walgreen para este período:

TABELA 2.3 Preço por ação e dividendos da Walgreen

(Os preços da ação e os dividendos são ajustados por desdobramentos de ações)

Ano	Preço final da ação	Dividendos	Retorno do prazo anual de aplicação (em valor decimal)	Retorno do prazo anual de aplicação (em porcentagem)	Relativo de retorno
2004	$35,65	0,172	0,100	10,0	1,100
2003	32,57	0,157	−0,058	−5,8	0,942
2002	34,74	0,144	0,001	0,1	1,001
2001	34,86	0,140	0,064	6,4	1,064
2000	32,89	0,135	0,424	42,4	1,424
1999	23,19	0,130	0,215	21,5	1,215
1998	19,19	0,130	0,434	43,4	1,434
1997	13,47	0,125	0,654	65,4	1,654
1996	8,22	0,110	0,359	35,9	1,359
1995	6,13	0,110	0,328	32,8	1,328
1994	4,7				

22 Investimentos

$$R_A = \frac{\sum RPA}{n}$$

$$= \frac{32,8 + 35,9 + 65,4 + 43,4 + 21,5 + 42,4 + 6,4 + 0,1 + (-5,8) + 10,0}{10}$$

$$= \frac{252,1\%}{10}$$

$$= 25,2\%$$

Para encontrar o retorno médio geométrico (R_G), calculamos a raiz n do produto (simbolizado matematicamente por $\prod$) dos relativos de retorno $(1 + RPA)$ para n anos menos 1.

2.7
$$RG = [\prod \text{(Relativos de retorno)}]^{1/n} - 1$$

onde:

$\prod$ = produto dos relativos de retorno como se segue:
(Relativo de retorno$_1$) (Relativo de retorno$_2$)... (Relativo de retorno$_n$)
ou $(1 + RPA_1) (1 + RPA_2)... (1 + RPA_n)$

Calculando o retorno médio geométrico das ações da Walgreen, temos:

$$RG = [\prod \text{(Relativos de retorno)}]^{1/n} - 1$$
$$= [(1,328) (1,359) (1,654) (1,434) (1,215) (1,424) (1,064) (1,001) (0,942) (1,100)]^{1/10} - 1$$
$$= (8,172)^{1/10} - 1 = 0,234 \text{ ou } 23,4\%$$

Os investidores tipicamente se preocupam com o desempenho a longo prazo quando comparam investimentos alternativos. O retorno médio geométrico é visto como uma medida superior do retorno médio a longo prazo porque indica a taxa anual composta de retorno baseada na equiparação do valor final do investimento ao seu valor inicial.[5] No contexto dos dados da Walgreen, isso significa que 1 dólar investido em ações da Walgreen em agosto de 1994 teria crescido para 8,17 dólares (com dividendos reinvestidos) em agosto de 2004. O produto dos relativos de retorno, 8,172 dólares, representa como o investimento de 1 dólar teria crescido no decorrer do período estudado.[6]

Embora o retorno médio aritmético ofereça uma boa indicação da taxa de retorno de um investimento durante qualquer período de um ano, ele possui um viés positivo quando se mede o desempenho de um ativo a longo prazo. Considere-se, por exemplo, um título cujo preço sobe de 10 para 20 dólares durante o ano 1 e retrocede para 10 dólares durante o ano 2. Os retornos dos prazos anuais de aplicação seriam:

Ano	Valor inicial	Valor final	RPA (em valor decimal)	RPA (porcentagem)	Relativo de retorno
1	10	20	1,00	100	2,00
2	20	10	–0,50	–50	0,50

Isso daria um retorno médio aritmético de

$$\frac{(100\%) + (-50\%)}{2} = \frac{50\%}{2} = 25\%$$

O retorno médio geométrico seria

$$[(2,00) (0,50)]^{1/2} - 1 = (1,00)^{1/2} - 1 = 0,00 \text{ ou } 0\%$$

Essa resposta de taxa de retorno igual a 0% reflete com precisão o fato de que não houve variação de riqueza nesse investimento.

Um exemplo real disso é o fundo ProFund Ultra OTC, que perdeu 94,7% de seu valor no período de março de 2000 a abril de 2001 e depois 95,6% em maio de 2001. Uma simples média aritmética levaria o investidor ingênuo a acreditar que seu investimento teria empatado: $(-94,7 + 95,6)/2 = 0,45\%$ de retorno médio aritmético. Mas os investidores, ao examinar os extratos de suas contas (além dos leitores deste livro), sabiam que em março de 2000 ainda enfrentariam uma perda substancial: um investimento de 1.000 dólares que nessa época valeriam 103,67 dólares em maio de 2001.[7]

---

[5] O estudante atento poderá se perguntar se deveríamos calcular a taxa interna de retorno (TIR) do investimento. Nosso custo no instante zero é de –4,7, o preço da ação em 1994. Recebemos fluxos de caixa (dividendos) a cada ano até 2004; o fluxo de caixa do ano de 2004 é a soma do dividendo daquele ano com o preço da ação. A TIR desta série de fluxos de caixa é igual a 23,74%. Isso difere do retorno médio geométrico de 23,4%. Por que essa diferença ocorre e por que o retorno médio geométrico é preferido à TIR do investimento? Uma resposta rápida (as respostas são discutidas amplamente no apêndice, no Capítulo 21) é: o cálculo da TIR é sensível à magnitude do fluxo de caixa, e o retorno médio geométrico, não.

[6] O produto dos relativos de retorno é conhecido como índice de riqueza acumulada. Ele indica a riqueza gerada por dólar aplicado no início do período analisado.

[7] O relato de uma grande perda porcentual seguida de um grande ganho porcentual pode ser visto em DAMATO, Karen, "Doing the Math: Tech Investors, Road to Recovery Is Long." *The Wall Street Journal*, p. C1, 18 maio 2001.

GRÁFICO 2.1 Efeitos do reinvestimento de rendimentos

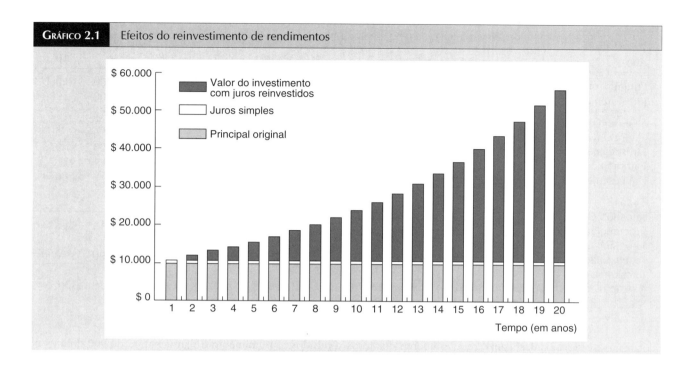

Quando as taxas de retorno são as mesmas em todos os anos, o retorno médio geométrico iguala-se ao retorno médio aritmético. Se as taxas de retorno anuais forem variáveis, o retorno médio geométrico será sempre mais baixo. A diferença entre as duas médias dependerá das variações anuais das taxas de retorno: variações anuais maiores das taxas de retorno (ou seja, maior volatilidade) resultarão em diferenças elevadas.[8]

É importante conhecer os dois métodos de cálculo de retornos médios. A maioria das descrições de desempenho publicadas ou relatadas em pesquisas financeiras usa as duas medidas, assim como grande parte dos estudos de retornos médios históricos a longo prazo (como vimos na Tabela 2.1). Usaremos ambas as medidas neste livro.

EFEITOS DO REINVESTIMENTO

A Equação 2.1 apresenta o retorno total em dólares de um investimento como a soma dos rendimentos gerados por um investimento e seu ganho ou perda de capital. Com essa informação, podemos calcular um retorno no prazo de aplicação (Equação 2.2). Nesses cálculos, vamos supor que todo rendimento recebido é gasto. Entretanto, muitos investidores – principalmente aqueles com horizontes de longo prazo ou pequena necessidade de renda corrente – serão capazes de reinvestir os rendimentos recebidos em dividendos, juros ou aluguéis. Os rendimentos reinvestidos geram rendimento adicional graças à composição. Isso ocorre, por exemplo, quando o principal e os juros de um CD bancário são reaplicados ou continuamente reinvestidos no vencimento, ou quando uma empresa permite aos acionistas reaplicar automaticamente os dividendos em ações da empresa. O retorno obtido com o reinvestimento de rendimentos pode tornar-se substancial com o tempo.

Vamos imaginar que se apliquem 10 mil dólares em um título de renda fixa que paga juros anuais de 9%, indefinidamente. O título gerará uma renda de 900 dólares, ou 9% da quantia investida, a cada ano. Se gastarmos os 900 dólares de juros a cada ano, em vez de reinvesti-los, somente o principal de 10 mil dólares renderá juros anualmente. Quando apenas o principal inicial rende juros, dizemos que esse procedimento gera juros simples. Pelo juros simples, nosso principal continua a ser de 10 mil dólares e, no próximo ano, o investidor receberá outros 900 dólares de rendimento na forma de juros.

Mas o que acontece se os juros recebidos forem reinvestidos no mesmo título de renda fixa aos mesmos 9% de juros? Se os juros forem reinvestidos, os próprios pagamentos de juros dos anos anteriores renderão juros indefinidamente. No nosso exemplo, o investimento inicial de 10 mil dólares transforma-se em 10.900 dólares em um ano, o que gera 0,09 x 10.900 dólares, ou 981 dólares de juros. Dessa renda de juros, 900 dólares vêm do investimento inicial de 10 mil dólares; os 81 dólares adicionais correspondem a 9% de juros sobre os juros de 900 dólares rendidos no período de um ano. Isso é denominado composição. Quando os retornos na forma de juros são reinvestidos e adicionados ao principal, o investimento rende juros compostos ou, em termos mais gerais, retornos compostos.

Com juros simples, o pagamento de juros no décimo ano ainda será de 900 dólares e a quantia investida ainda continuará a ser os 10 mil dólares. Mas, com juros compostos, receberemos 1.955 dólares de juros no décimo ano e nosso total de fundos investidos chegará a 23.674 dólares. Como mostra o Gráfico 2.1, os retornos compostos são obviamente preferíveis.

A Tabela 2.4 detalha um pouco mais os efeitos do reinvestimento de rendimentos por dez anos no exemplo referido anteriormente. Como vimos, se gastamos os juros de cada ano, a renda anual de juros permanecerá constante em 900

---

[8] Como aproximação, o retorno médio geométrico e o retorno médio aritmético estão relacionados da seguinte maneira: $(1 + R_G)^2 = (1 + R_A)^2 - \sigma^2$, onde todos os números são expressos em formato decimal.

24 Investimentos

Tabela 2.4	Benefício do reinvestimento de rendimentos a 9%									
Ano	**1**	**2**	**3**	**4**	**5**	**6**	**7**	**8**	**9**	**10**
Principal original	$10.000	$10.000	$10.000	$10.000	$10.000	$10.000	$10.000	$10.000	$10.000	$10.000
Juros simples	$900	$900	$900	$900	$900	$900	$900	$900	$900	$900
Se o rendimento for reinvestido										
Juros reinvestidos	$900	$981	$1.069	$1.166	$1.270	$1.385	$1.509	$1.645	$1.793	$1.955
Patrimônio no investimento	$10.900	$11.881	$12.950	$14.116	$15.386	$16.771	$18.280	$19.926	$21.719	$23.674
Totais										
Juros sobre juros acumulados	$0	$81	$250	$516	$886	$1.371	$1.980	$2.726	$3.619	$4.674
Juros simples acumulados	$900	$1.800	$2.700	$3.600	$4.500	$5.400	$6.300	$7.200	$8.100	$9.000
Juros totais acumulados	$900	$1.881	$2.950	$4.116	$5.386	$6.771	$8.280	$9.926	$11.719	$13.674

dólares, em cada ano. Mas, com o reinvestimento dos juros recebidos, o rendimento de juros subirá de 900 dólares no ano 1 para 1.955 dólares no ano 10. O reinvestimento dos juros de cada ano tem dois efeitos: primeiro, a quantia investida cresce de 10.000 dólares para 23.674 dólares no final do ano 10; segundo, recebe-se maior rendimento no decorrer dos dez anos. O rendimento total de juros sem reinvestimento é de 9.000 dólares (9% x $10.000 x 10 anos); o rendimento total de juros com reinvestimento é de 13.674 dólares.

O patrimônio total no final de dez anos pode ser decomposto da seguinte maneira:

Fonte de fundos	Valor	Porcentagem do total
Principal original	$10.000	42,24%
Juros (simples)	$9.000	38,02%
Juros sobre juros	$4.674	19,74%
Patrimônio total	$23.674	

O retorno decorrente de juros sobre juros representa 34,2% do valor total dos juros pagos pelo título de renda fixa no prazo de dez anos ($ 4.674/$ 13.674).Cálculos adicionais realizados em uma planilha mostrarão que, no prazo de 15 anos, os juros sobre juros podem representar 35,5% do patrimônio total; após 20 anos, podem atingir mais de 50% do nosso patrimônio no título de renda fixa.

Com base nessa discussão, percebemos que, se a situação o permitir, deveremos sempre reinvestir os fluxos de caixa. Os benefícios de não gastar o rendimento do investimento crescem com o passar do tempo e com o retorno que pode ser obtido sobre os fundos reinvestidos.

Uma observação: quando os fundos são sempre reinvestidos, o patrimônio acumula-se com a composição dos rendimentos e das variações de preço. O retorno médio anual de tal investimento pode ser calculado facilmente com uma variante da Equação 2.5. O retorno médio anualizado é:

2.8

$$\text{Retorno médio anualizado} = \left(\frac{\text{Patrimônio final}}{\text{Investimento inicial}}\right)^{1/n} - 1$$

Por exemplo, um investimento original de 1.000 dólares que se transforme no decorrer de 25 anos em 5.000 dólares terá gerado um retorno médio anual de ($ 5.000/$ 1.000)$^{1/20} - 1$, ou 8,38%.[9]

Definição de risco

Um fator inerente aos investimentos é a incerteza ou o risco. **Risco** é a chance de não se atingir as metas de investimento em razão da incerteza do retorno no tempo. Em outras palavras, o risco decorre da volatilidade esperada dos retornos dos ativos no tempo. Se, porém, aplicarmos apenas por períodos curtos ou colocarmos nossos fundos em um CD bancário de taxa fixa e a curto prazo ou em uma letra do Tesouro, também de curto prazo, iremos nos defrontar sempre com a

---

[9] O valor final do investimento representa os retornos compostos totais obtidos com o investimento inicial ou (investimento inicial + retornos compostos). Assim, o relativo de retorno é igual a (investimento inicial + retornos compostos)/(investimento inicial). De acordo com a Equação 2.5, o retorno anualizado é o relativo de retorno elevado a $1/n$ menos 1.

incerteza em relação aos retornos dos investimentos. Para uma pessoa que trabalha, retornos pequenos ou investimentos excessivamente conservadores podem levar a fundos insuficientes para a sua aposentadoria. Para um fundo de pensão, retornos baixos poderiam significar a incapacidade de pagar as pensões prometidas aos aposentados. Desse ponto de vista, mesmo um investimento "seguro" como os CDs bancários poderiam ser considerados arriscados, pois não oferecem o potencial de retorno no tempo de que necessita, por exemplo, um investidor de 20 e poucos anos para atingir uma meta de aposentadoria precoce.

Vimos que há três retornos nos investimentos:

1. Rendimento
2. Variações de preço
3. Reinvestimento de rendimentos ou de variações de preço (composição)

Podemos dizer, então, que o risco de investimento deve decorrer da variabilidade de uma ou mais dessas fontes de retorno. Portanto, as fontes de risco em qualquer investimento podem causar:

1. flutuações do rendimento esperado (causadas, por exemplo, pela variação dos dividendos, a não-realização de pagamentos de juros ou a perda de aluguel por causa da não-ocupação de imóveis);
2. flutuações do preço futuro esperado do ativo (causadas, por exemplo, por mudanças de condições econômicas ou circunstâncias específicas ao ativo);
3. flutuações da quantia disponível para reinvestimento e flutuações dos retornos obtidos com o reinvestimento (causadas, por exemplo, por mudanças das alíquotas de imposto, de taxas de juros ou retornos de ativos).

Podemos classificar as fontes de risco em sistemáticas ou específicas aos ativos (ou a seus emissores). O *risco sistemático* afeta a economia ou o "sistema" financeiro, daí o seu nome; seus efeitos perpassam toda a economia. Exemplos de riscos sistemáticos incluem mudanças de taxas de juros, da taxa de crescimento econômico, alterações de impostos, decisões do Banco Central, variações das taxas de câmbio e acontecimentos militares importantes.

O risco específico a um ativo, também chamado de *risco não sistemático*, diz respeito às características de um tipo de ativo ou de emissor de títulos (tal como uma empresa ou um governo) mais do que com fatores econômicos amplos. Exemplos de riscos não sistemáticos incluem más decisões gerenciais, greves trabalhistas, deterioração da qualidade de produtos ou serviços e o surgimento de novos concorrentes. A variação das receitas de venda afetará os lucros de uma empresa e a sua capacidade de pagamento de dívidas, dependendo de um número de fatores específicos à empresa, tais como a sensibilidade das despesas à variação das vendas e o grau de endividamento desta. Por exemplo, o *risco econômico* é a incerteza a respeito dos fluxos de rendimentos e dos preços de ativos causada pela natureza das atividades de uma empresa. Quanto menos estáveis forem os fluxos de lucro de uma empresa, menos certos serão os fluxos de rendimentos para o investidor. Por exemplo, uma empresa do setor varejista de alimentos geralmente tem vendas e lucros mais estáveis no tempo e, assim, tem menos risco econômico que uma empresa da indústria automobilística, na qual as vendas e os lucros flutuam substancialmente. O *risco financeiro* é a incerteza decorrente do método pelo qual a empresa financia seus ativos. Se uma empresa usa apenas ações ordinárias para financiar seus ativos, ela incorre apenas em risco econômico. Mas, se uma empresa toma dinheiro emprestado para financiar seus ativos, ela é obrigada a pagar encargos fixos de financiamento (na forma de juros aos credores), antes de distribuir rendimentos aos acionistas ordinários, o que aumenta a incerteza dos retornos dos acionistas.

Os investidores também podem enfrentar o *risco de liquidez*, ou seja, a possibilidade de não serem capazes de vender um ativo pelo valor justo de mercado. Quando um investidor adquire um ativo, ele ou ela espera que o investimento vença (como no caso de um título de dívida) ou que possa ser vendido a outra pessoa. Em ambos os casos, o investidor espera ser capaz de converter o título em dinheiro e usar os proventos para consumo corrente ou para fazer outros investimentos. Quanto mais difícil for essa conversão, maior será o risco de liquidez. Uma letra do Tesouro dos Estados praticamente não tem risco de liquidez, uma vez que pode ser comprada ou vendida em minutos por um preço quase idêntico ao preço cotado. Em contraste, uma obra de arte, uma peça antiga, um imóvel em uma área remota e títulos negociados (ou seja, títulos cuja atividade de negociação é muito limitada) raramente contêm elevado risco de liquidez. Os títulos estrangeiros, dependendo do país e da liquidez de seus mercados de ações e títulos de renda fixa, também poderiam apresentar risco alto de liquidez.

Mensuração de riscos

O risco histórico de um ativo pode ser medido pela variabilidade de seus retornos no tempo, de acordo com sua média aritmética. Algumas medidas quantitativas dessa variabilidade são a variância, o desvio-padrão e o coeficiente de variação. Todas essas medidas usam diferenças entre os retornos por período e o retorno médio, ou seja, $R_t - R_A$, em que, como antes, R_A denota o retorno médio aritmético em um certo período, e R_t representa o retorno em um intervalo específico t. Observe-se que a soma dos desvios, $\sum (R_t - R_A)$, é sempre igual a zero.

A *variância*, σ^2, de uma amostra de dados é calculada pela soma dos desvios ao quadrado, dividindo-os por $n - 1$:[10]

---

[10] O leitor talvez se recorde de algum curso anterior de estatística que tenha feito, no qual, quando uma amostra é extraída de uma população, se divide por $n - 1$ observações, em vez de por n observações, para se obter uma estimativa mais precisa da variância e do desvio-padrão daquela população.

2.9
$$\sigma^2 = \frac{\Sigma(R_t - R_A)^2}{n-1}$$

Como exemplo, usaremos os dados da Walgreen na Tabela 2.3 e o retorno médio aritmético calculado a partir desses dados, 25,2%, para determinar a variância. A planilha a seguir mostra os cálculos:

Ano	Retorno anual	Menos a média aritmética	Igual ao desvio	Desvios ao quadrado
2004	10,00%	−25,20%	−15,20%	231,04%
2003	−5,80	−25,20	−31,00	961,00
2002	0,10	−25,20	−25,10	630,01
2001	6,40	−25,20	−18,80	353,44
2000	42,40	−25,20	17,20	295,84
1999	21,50	−25,20	−3,70	13,69
1998	43,40	−25,20	18,20	331,24
1997	65,40	−25,20	40,20	1616,04
1996	35,90	−25,20	10,70	114,49
1995	32,80	−25,20	7,60	57,76

Soma (dos desvios ao quadrado):   4.604,55%²
Variância =   soma/9   =   511,62%²

Portanto, ao longo desse período, as ações da Walgreen tiveram uma variância de 511,62% ao quadrado.

A elevação dos desvios ao quadrado pode fazer com que a variância seja difícil de ser interpretada. O que dizem unidades, como porcentagens ao quadrado a um investidor, sobre o risco de uma ação? Em razão dessa dificuldade, os analistas geralmente preferem usar o ***desvio-padrão***, σ, que é simplesmente a raiz quadrada da variância.

2.10
$$\sigma = \sqrt{\sigma^2}$$

E-leituras interativas

Para mais explicações e um exemplo animado do desvio-padrão, acesse http://reillyxtra.swlearning.com.

A fórmula do desvio-padrão fornece unidades de medida que correspondem às dos dados de retorno. Calculando-se a raiz quadrada da variância de 511,62 das ações da Walgreen, tem-se um desvio-padrão de 22,62%.

O desvio-padrão também pode receber uma interpretação estatística, ajudando a dar ao investidor uma noção intuitiva da possível amplitude dos retornos, caso *o investidor acredite que o futuro será semelhante ao passado*. Como foi mostrado no Gráfico 2.2, se a distribuição subjacente dos retornos for contínua e aproximadamente normal (ou seja, tiver a forma de sino), então podemos esperar que 68% dos retornos efetivos por período fiquem em um intervalo de um desvio-padrão em relação à média, ou seja, $R_A \pm 1\sigma$. Aproximadamente 95% dos retornos observados ficarão na faixa de dois desvios-padrões da média: $R_A \pm 2\sigma$. Os retornos efetivos devem ficar na faixa de três desvios-padrões da média, $R_A \pm 3\sigma$, em 99% dos casos. Assim, se conhecermos a média e o desvio-padrão, poderemos estimar uma faixa aproximada para os retornos esperados.

Se os retornos tiverem distribuição normal, será possível usarmos tabelas estatísticas para estimar a probabilidade de conseguir retornos em uma certa faixa. Se calcularmos a estatística *z*:

2.11
$$z = \frac{\text{Retorno visado} - R_A}{\sigma}$$

GRÁFICO 2.2   Curva normal

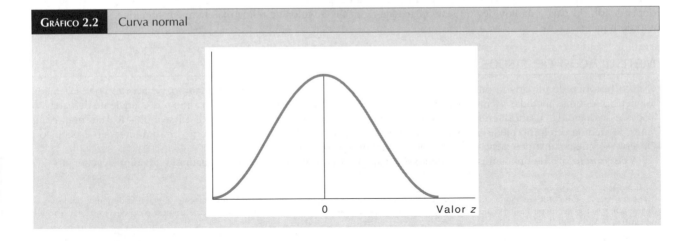

Podemos usar o conhecimento da distribuição de z para estimar a probabilidade de conseguir retornos acima de uma certa meta, abaixo da meta ou mesmo entre dois retornos especificados. Por exemplo, apropriando-se dos dados da Walgreen, podemos avaliar a probabilidade de que os investidores obtenham retornos abaixo de 0% em um ano qualquer, caso os retornos de ações da Walgreen tenham distribuição normal, e se os retornos futuros forem semelhantes aos ocorridos no passado.

$$z = \frac{\text{Retorno visado} - R_A}{\sigma} = \frac{0\% - 25,2\%}{22,62\%} = -1,114$$

A partir de uma tabela de probabilidades da distribuição normal padronizada, verificamos que a probabilidade de um valor z menor ou igual a $- 1,114$ é de 13,3%.

Outra medida de variabilidade, o coeficiente de variação, permite-nos fazer comparações, pois leva em conta o valor da média. O ***coeficiente de variação (CV)*** é uma medida de risco por unidade de retorno, e é assim calculado:

2.12
$$CV = \frac{\sigma}{R_A}$$

Um coeficiente mais alto de variação indica mais risco por unidade de retorno. O coeficiente de variação da Walgreen é de 22,62/25,2%, ou seja, 0,898.

Examinemos um exemplo do possível uso do coeficiente de variação. Considere os dois investimentos a seguir:

	Índice de imóveis	Índice de ações de crescimento
Retorno médio	10,6%	15,5%
Desvio-padrão	14,9%	17,6%

Com base nessas medidas de risco absoluto, o índice de ações de crescimento parece ser mais arriscado, uma vez que tem um desvio-padrão maior. Entretanto, os dados de CV mostram que o índice de imóveis é mais arriscado, pois possui um risco maior por unidade de retorno:

$$CV_{\text{índice de imóveis}} = \frac{14,9\%}{10,6\%} = 1,41$$

$$CV_{\text{índice de ações de crescimento}} = \frac{17,6\%}{15,5\%} = 1,14$$

De acordo com o coeficiente de variação, o índice de ações de crescimento tem menor volatilidade, em relação a seu retorno médio, do que o índice de imóveis. Embora aquele tenha um desvio-padrão maior, ele também tem um retorno médio mais alto; por isso, o efeito líquido é um coeficiente de variação mais baixo.

Fatores determinantes de taxas exigidas de retorno

Já examinamos como podemos usar dados históricos para estimar medidas de retorno e risco. Nesta seção, examinaremos conceitualmente os fatores que afetam a taxa exigida de retorno de um ativo, ou seja, o retorno mínimo esperado que um ativo deve oferecer aos investidores, dado o seu grau de risco. Especificamente, a ***taxa exigida de retorno*** de um ativo deve recompensar os investidores: (1) pelo valor puro do dinheiro no tempo, chamado de taxa real de retorno livre de risco, durante o período do investimento, (2) pela taxa esperada de inflação durante o período e (3) o risco do investimento. As influências combinadas de (1) e (2) determinam a taxa nominal de retorno livre de risco. Para determinar um retorno apropriado para ativos com risco, acrescenta-se um prêmio por risco à taxa nominal livre deste.

As taxas de letras do Tesouro de curto prazo representam o melhor exemplo de retorno nominal livre de risco no mundo real. As diferenças de *spreads* entre letras do Tesouro e títulos públicos e privados de prazo mais longo refletem tanto o risco de ativos de prazo maior quanto as variações das percepções de risco pelos investidores. A ampliação dos *spreads* sinalizam uma "fuga para a qualidade", na medida em que os investidores, preocupados com a inflação ou com as tendências econômicas futuras, vendem outros ativos e adquirem títulos seguros. Os *spreads* diminuirão quando os investidores se sentirem mais otimistas e dispostos a correr mais riscos. Os dados da Tabela 2.5 mostram que os investidores estavam dispostos a correr mais riscos em 1995 e 1997 (a diferença de retornos entre os níveis Baa e Aaa era pequena) e tinham uma preocupação maior com o risco nos períodos de 1990 – 1991 e 2002 – 2003.

TAXA REAL LIVRE DE RISCO

A ***taxa real livre de risco (TLR real)*** corresponde ao valor puro do dinheiro no tempo; ela mede a variação do poder de compra com o passar do tempo. Essa taxa não supõe nenhuma inflação e nenhuma incerteza em relação a fluxos de caixa futuros. Um investidor, em uma economia sem inflação, deve saber com certeza que fluxo de caixa irá receber e em que momento precisa exigir a taxa real livre de risco em um investimento.

Dois fatores, um subjetivo e outro objetivo, influenciam essa taxa. O fator subjetivo é a preferência temporal dos indivíduos em relação ao consumo de sua renda. Se houver um desejo mais forte de gastar no presente, a TLR real aumentará

28 Investimentos

TABELA 2.5	Rendimentos de tipos diferentes de títulos de renda fixa													
Tipo de título de renda fixa	**1990**	**1991**	**1992**	**1993**	**1994**	**1995**	**1996**	**1997**	**1998**	**1999**	**2000**	**2001**	**2002**	**2003**
Letra do Tesouro com prazo de três meses	7,51%	5,42%	3,45%	3,02%	4,29%	5,51%	5,02%	5,07%	4,81%	4,66%	5,85%	3,45%	1,62%	1,02%
Obrigação do Tesouro de longo prazo *	8,61	8,14	7,67	6,59	7,37	6,88	6,71	6,61	5,58	5,87	5,94	5,49	...	...
Obrigações privadas de classificação Aaa	9,32	8,77	8,14	7,22	7,96	7,59	7,37	7,26	6,53	7,04	7,62	7,08	6,49	5,67
Obrigações privadas de classificação Baa	10,36	9,80	8,98	7,93	8,62	8,20	8,05	7,86	7,22	7,87	8,36	7,95	7,80	6,77
Spread Baa – Aaa	1,04	1,03	0,84	0,71	0,66	0,61	0,68	0,60	0,69	0,83	0,74	0,87	1,31	1,10
Taxa de inflação	5,40	4,21	3,01	2,99	2,56	2,83	2,95	2,29	1,56	2,21	3,36	2,85	1,58	2,28
Taxa real livre de risco *ex post*	2,00	1,16	0,43	0,03	1,69	2,61	2,01	2,72	3,20	2,40	2,41	0,58	0,04	–1,23

* O Tesouro dos Estados Unidos parou de emitir obrigações com prazo de 30 anos em 2001

Fonte: *Economic Report of the President, 2004* (Washington DC: U.S. Government Printing Office, várias edições).

para atrair poupança. Se o desejo for gastar menos, a TLR real diminuirá, pois será mais fácil essa atração. As preferências temporais variam de um indivíduo para outro, e o mercado gera uma taxa composta que agrega as preferências de todos os investidores.

O fator objetivo que influencia a taxa real livre de risco é o conjunto de oportunidades de investimento disponíveis na economia. Por sua vez, as oportunidades de investimento são determinadas pela taxa real de crescimento da economia a longo prazo. Uma economia em crescimento rápido oferece mais oportunidades de investimento de fundos e apresenta taxas positivas de retorno. Em uma situação como essa, um aumento da demanda de capital causará a elevação do preço do capital, se outros fatores se mantiverem constantes. Assim, há uma relação positiva entre a taxa de crescimento real da economia e a TLR real.

FATORES QUE INFLUENCIAM A TAXA NOMINAL LIVRE DE RISCO

A maioria dos retornos observados é nominal, e não real. As taxas nominais de juros são determinadas pelas taxas reais de juros, além dos fatores que afetam os níveis de taxas de juros vigentes no mercado, como as expectativas de inflação e as condições nos mercados de capitais.

Taxa Esperada de Inflação – Se os investidores esperarem que o nível de preços se eleve durante o período de investimento, eles exigirão que a taxa de retorno inclua uma compensação pela taxa de inflação esperada. A taxa nominal de retorno exigida por um investidor, em dólares correntes em um investimento livre de risco deve ser:

2.13
$$\text{TLR Nominal} = (1 + \text{TLR real}) \times (1 + \text{Taxa de Inflação Esperada}) - 1$$

Por exemplo, imagine que você exija uma taxa real de retorno de 4% em um investimento isento de risco, mas espere que os preços subam 3% durante o prazo do investimento. Nesse caso, sua taxa exigida de retorno, para um título livre de risco, será de 7,12% [(1,04 × 1,03) – 1].

Reorganizando a Equação 2.13, podemos calcular a taxa real de retorno livre de risco de um investimento da seguinte forma:

2.14
$$\text{RFR real} = \frac{1 + \text{taxa nominal de retorno livre de risco} - 1}{1 + \text{taxa de inflação}}$$

A última linha na Tabela 2.5 mostra as estimativas da taxa real livre de risco, por meio da Equação 2.14, com base em letras do Tesouro de curto prazo e nas taxas de inflação que vigoraram de 1990 a 2003. As variações significativas nos retornos das letras do Tesouro nesse período foram causadas em grande parte por variações da taxa real livre de risco de um ano para outro. Uma análise mostra que a correlação entre as variações anuais da taxa das letras do Tesouro e da taxa de inflação é igual a 0,629; a correlação entre as variações anuais da taxa das letras do Tesouro e da taxa real é de 0,776. A estimativa de uma taxa real negativa em 2003 ocorreu porque as taxas das letras do Tesouro estavam muito baixas, já que o Fed[11] usou a política monetária para estimular a economia. Atualmente, o retorno dos Títulos do Tesouro Protegidos contra a Inflação (Treasury Inflation-Protected Securities – TIPS) fornece uma estimativa do mercado para a taxa real livre de risco. O rendimento pago aos investidores em TIPS é indexado a uma inflação, e faz com que a taxa pela qual negociam seja uma estimativa da taxa real livre de risco.

---
[11] Federal Reserve (Fed), o Banco Central norte-americano. (N.E.)

Condições no Mercado de Capitais – A finalidade dos mercados de capitais é reunir os investidores com economias às empresas ou aos governos que precisam de capital para se expandir ou financiar *déficits* orçamentários. O custo dos fundos em qualquer época (a taxa de juros) é o preço que iguala a oferta à demanda corrente de capital. Uma mudança na facilidade ou na estreiteza do mercado de capitais é um fenômeno de curto prazo causado por um desequilíbrio temporário entre oferta e demanda de capital. Por exemplo, um desequilíbrio poderia ser provocado por uma alteração inesperada na política monetária, como uma variação da taxa de crescimento da oferta de moeda. Uma queda da taxa de crescimento da oferta de moeda (um arrocho na política monetária) reduzirá a oferta de capital e aumentará as taxas de juros. Por sua vez, esse aumento de taxas causará um aumento da poupança e uma queda da demanda de capital por parte de empresas ou de indivíduos. Essas mudanças trarão as taxas de volta ao equilíbrio de longo prazo, que se baseia na taxa de crescimento da economia a longo prazo.

Prêmio por risco

A taxa nominal livre de risco é a base da determinação de todas as outras taxas de retorno exigidas. No Capítulo 1, aprendemos que os riscos determinam os retornos esperados. A maioria dos investidores exige taxas de retorno mais elevadas sobre os investimentos para compensar qualquer incerteza; esse aumento da taxa exigida de retorno em relação à taxa nominal livre de risco é o *prêmio por risco*. Ativos com níveis diferentes de risco têm prêmios por risco distintos; o produto entre a taxa nominal livre de risco e o prêmio por risco determina a taxa exigida de retorno de um ativo em um dado momento.

2.15   **Retorno exigido = (1 + TLR nominal) × (1 + Prêmio por risco) − 1**

Sendo a taxa nominal livre de risco de 7,12% e o prêmio por risco de ações ordinárias de 5%, o retorno exigido de ações é de (1 + 0,0712) × (1 + 0,05) − 1, ou 12,48%. Explicaremos os métodos de estimação de prêmios por risco no Capítulo 9.

Relação entre risco e retorno

O Gráfico 2.3 abrange a relação esperada entre risco e retorno. Para fins de exemplo, incluímos apenas dois ativos no gráfico: títulos de renda fixa de curto prazo (uma aproximação da taxa nominal livre de risco) e o índice S&P 500 de ações ordinárias. O gráfico mostra que os investidores cobram taxas exigidas de retorno mais altas quando o risco percebido (incerteza) é maior.[12]

A linha que reflete a combinação entre risco e retorno esperado disponível para diversos investimentos em dado momento é a **Linha de mercado de capitais (CML)**.[13] Os investidores selecionam investimentos compatíveis com suas preferências em termos de risco; alguns consideram somente investimentos de baixo risco, enquanto outros aceitam investimentos de alto risco. Há ainda os que preferem uma carteira diversificada, com uma combinação dos dois tipos de investimento.

Partindo-se de uma linha de mercado de capitais inicial, três mudanças podem ocorrer: primeiro, investimentos individuais podem mudar de posição na CML em razão de variações no seu risco percebido. Por exemplo, o uso crescente de endividamento pelas empresas americanas aumenta seu risco financeiro e desloca o ponto "S&P" para a direita, ao longo da CML.

Segundo, a inclinação da CML pode mudar por causa de uma alteração das atitudes dos investidores em relação ao risco, ou seja, os investidores podem alterar os retornos exigidos por unidade de risco. (Vimos um exemplo de variação de *spreads* de retornos com o passar do tempo na Tabela 2.5.) Em períodos de otimismo, os prêmios por risco diminuem, e ampliam-se em épocas de dificuldades econômicas ou de incertezas. Essa variação do prêmio por risco implica uma altera-

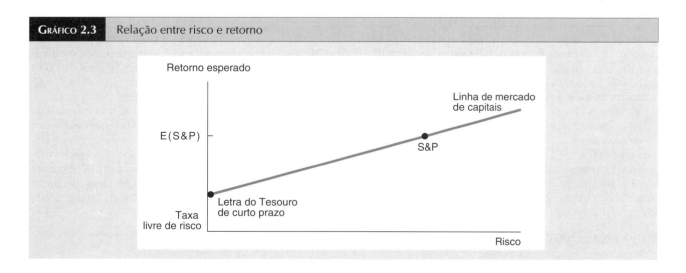

Gráfico 2.3 Relação entre risco e retorno

---

[12] Esperamos que a relação entre retorno esperado e risco seja linear. Discutiremos o porquê disso no Capítulo 9.
[13] Os estudantes que já tenham feito algum curso anterior de finanças corporativas devem conhecer este conceito, que é desenvolvido com mais rigor no Capítulo 9.

GRÁFICO 2.4 Variação do prêmio por risco

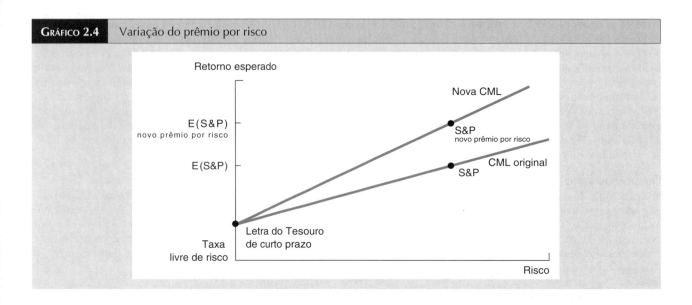

GRÁFICO 2.5 Condições de mercado de capitais, inflação esperada e linha de mercado de capitais

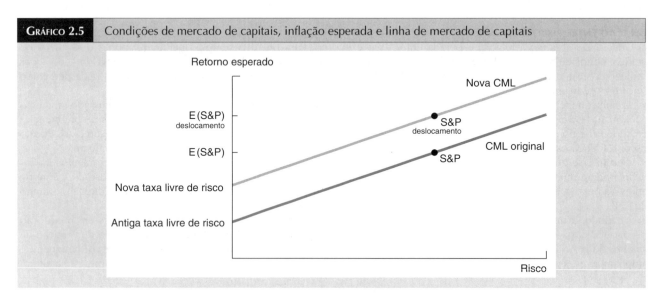

ção da inclinação da linha de mercado de capitais. O Gráfico 2.4 mostra uma alteração como essa, em decorrência de um aumento dos prêmios por risco. Uma alteração da inclinação da CML afeta as taxas de retorno exigidas de todos os ativos com risco; independentemente do ponto em que um investimento esteja na linha de mercado de capitais original, sua taxa exigida de retorno mudará mesmo que as características individuais de risco do ativo permaneçam inalteradas. Isso é visto no novo retorno esperado da carteira do S&P, E (S&P)$_{novo\ prêmio\ de\ risco}$.

Terceiro, a CML pode sofrer um deslocamento paralelo por causa de uma modificação da TLR real ou da taxa esperada de inflação – isto é, uma mudança da TLR nominal. A CML desloca-se quando ocorrem mudanças de um dos seguintes fatores: (1) crescimento real esperado da economia, (2) condições de mercado de capitais (incluindo as preferências temporais dos investidores) ou (3) a taxa de inflação esperada. Por exemplo, um aumento do crescimento real esperado, um aperto temporário no mercado de capitais ou um aumento da taxa esperada de inflação farão com que a CML sofra um deslocamento paralelo para cima, como pode ser observado no Gráfico 2.5. O deslocamento paralelo ocorrerá porque essas mudanças afetam todos os investimentos, independentemente de quais são seus níveis de risco. Note-se que o retorno esperado do S&P se eleva de sua posição original para E (S&P)$_{deslocamento}$.

RESUMO DAS ALTERAÇÕES DA TAXA EXIGIDA DE RETORNO
A relação entre risco e taxa exigida de retorno de um investimento pode se alterar de três maneiras:

1. Um movimento *ao longo* da CML representa uma mudança das características de risco de um investimento específico, como uma mudança de seu risco econômico, financeiro ou sistemático. Essa modificação afeta somente o investimento individual.

2. Uma mudança na *inclinação* da CML ocorre em resposta a uma alteração das atitudes dos investidores em relação ao risco. Uma mudança como essa demonstra que os investidores querem taxas de retorno mais elevadas ou mais baixas para o mesmo risco. Uma alteração do prêmio por risco afetará todos os investimentos com risco.
3. Um *deslocamento paralelo* da CML reflete uma variação do crescimento real esperado, das condições de mercado de capitais (por exemplo, folga ou aperto na oferta de moeda), ou uma variação da taxa esperada de inflação. Novamente, tal modificação atingirá todos os investimentos.

Resumo

O objetivo deste capítulo é fornecer bases adicionais para uso em capítulos posteriores. Para atingir essa meta, abordamos vários tópicos:

- Examinamos tipos de retornos e maneiras de medir retornos históricos. Usamos retornos de prazos de aplicação anuais para calcular duas medidas de retorno médio (aritmético e geométrico) e as aplicamos às séries históricas de um investimento individual e a uma carteira de investimentos em dado período. Vimos que, com o passar do tempo, uma fonte importante de retornos para os investidores é representada pelo reinvestimento de rendimentos e pelos ganhos com os investimentos.
- Definimos risco e examinamos suas fontes e o modo pelo qual pode ser medido pela variância, pelo desvio-padrão e pelo coeficiente da variação.
- Analisamos os fatores específicos que determinam a taxa exigida de retorno: (a) a taxa real livre de risco, cuja base é a taxa de crescimento real da economia, (b) a taxa nominal livre de risco, que é influenciada pelas condições de mercado de capitais e pela taxa esperada de inflação, e (c) um prêmio por risco, que é função de fatores, como o risco econômico ou o risco sistemático do ativo em relação à carteira de mercado.
- Discutimos as combinações disponíveis de retorno e risco para os vários investimentos em um determinado momento (ilustradas pela CML) e os três fatores que podem causar mudanças nessa relação. Vimos inicialmente que uma alteração do risco inerente a um investimento causará um movimento ao longo da CML. Também uma mudança das atitudes dos investidores no que se refere ao risco, e, com ela, uma alteração do prêmio por risco de mercado causarão uma mudança da inclinação da CML. Finalmente, uma variação do crescimento real esperado, das condições do mercado de capitais, ou da taxa esperada de inflação causará um deslocamento paralelo da CML.

Municiados dessa noção a respeito de risco e retorno, estamos em condições de considerar o ambiente global de investimento e discutir a decisão de alocação de ativos. Esses são os tópicos tratados nos Capítulos 3, 4 e 5 desta obra.

Questões

1. O *Wall Street Journal* informou que a taxa de rendimento de ações ordinárias é de aproximadamente 2%, enquanto um estudo da Universidade de Chicago afirma que a taxa anual de retorno de ações desde 1926 tem estado na média de 11%. Concilie essas duas afirmações.
2. Quais são as três fontes de retorno de um investimento? Qual delas tende a ser a maior fonte de retorno de um título de renda fixa após uns poucos anos, caso haja reinvestimento? E depois de muitos anos?
3. Caso seja apropriado para as metas de um investidor, por que é preferível reinvestir ganhos com o investimento a gastá-los?
4. Discuta os três componentes da taxa de retorno exigida por um investidor.
5. Discuta os dois principais fatores que determinam a taxa nominal livre de risco. Explique qual desses fatores seria mais volátil em um ciclo econômico.
6. Discuta brevemente os fatores que influenciam o prêmio por risco de um investimento.

Investimentos on-line

Alguns dos sites a seguir nos ajudam a tomar decisões básicas de investimento; outros fornecem mais detalhes sobre os tópicos risco, retorno e investimento.

http://www.moneyadvisor.com – Este site tem um recurso de cálculo que ajuda na tomada de decisões, como a de compra ou locação de um carro. Outros cálculos e informações podem responder a perguntas sobre empréstimos, hipotecas, seguros, impostos, universidades e objetivos de poupança. O site também inclui alguns cálculos para entretenimento. Por exemplo, ao responder algumas perguntas, você pode calcular seu índice de massa corporal e compará-lo ao que seria ideal.

www.aaii.com – Esta é a home page da American Association of Individual Investors, um grupo que se preocupa com a educação do investidor. Os tópicos educacionais incluem fundos de investimento, ações, títulos de renda fixa, como operar com uma corretora e questões de gestão de carteiras. Oferece ainda diversos recursos tanto para o investidor iniciante quanto para o investidor experiente.

Outros sites que podem lhe interessar são:

http://fisher.osu.edu/fin/osudata.htm e

http://fisher.osu.edu/fin/journal/jofsites.htm, ambos contêm diversos links para vários sites financeiros.

32 Investimentos

7. Você possui ações da Gentry Company e lê na imprensa financeira que uma emissão recente de títulos de dívida elevou a proporção entre exigível e patrimônio líquido de 35% para 55%. Debata o efeito dessa mudança sobre a variabilidade do fluxo de lucro líquido da empresa, com outros fatores mantidos constantes. Discuta como essa mudança afetaria sua taxa exigida de retorno de ações ordinárias da Gentry Company.

8. Faça um gráfico adequadamente legendado da linha de mercado de capitais (CML) e indique em que ponto você espera que os investimentos relacionados a seguir fiquem ao longo da linha. Relate seu raciocínio:
   (a) ações ordinárias de empresas grandes.
   (b) obrigações do governo americano.
   (c) obrigações do governo do Reino Unido.
   (d) títulos de dívida de empresas de alto risco.
   (e) ações ordinárias de uma empresa japonesa.

9. Explique por que você mudaria sua taxa nominal de retorno exigida caso esperasse uma variação da taxa de inflação de 0 (nenhuma inflação) para 7%. Dê um exemplo do que aconteceria se você não mudasse sua taxa exigida de retorno em tais condições.

10. Suponha que a taxa de crescimento a longo prazo da economia aumente 1% e a taxa de inflação esperada cresça 4%. O que aconteceria com as taxas de retorno exigidas de obrigações do governo e de ações ordinárias? Mostre graficamente como os efeitos dessas mudanças seriam diferentes para esses dois tipos de investimentos.

11. Você vê no *Wall Street Journal* que o *spread* entre as taxas dos títulos de dívida de empresas com classificação *Baa* e os títulos de empresas com classificação *Aaa* mudou de 350 pontos-base (3,5%) para 200 pontos-base (2%). Mostre com gráficos o efeito dessa alteração sobre a CML e discuta seus efeitos sobre a taxa exigida de retorno de ações ordinárias.

12. Dê um exemplo de um investimento com liquidez e um investimento sem liquidez. Debata por que você acha que um deles possui liquidez e outro não. Outros aspectos sendo iguais, qual desses investimentos teria o prêmio por risco mais alto?

PROBLEMAS

1. Em 1º de fevereiro, você comprou algumas ações a 34 dólares por unidade, e um ano mais tarde as vendeu por 39 dólares cada uma. Durante o ano, você recebeu um dividendo em dinheiro de 1,50 dólar por ação. Calcule seu RPA e o relativo de retorno desse investimento.

2. Em 15 de agosto, você comprou algumas ações a 65 dólares cada uma, e um ano mais tarde vendeu cada ação a 61 dólares. Durante o ano, você recebeu dividendos de 3 dólares por ação. Calcule seu RPA e o relativo de retorno desse investimento.

3. No início do ano passado, você aplicou 4.000 dólares em oitenta ações da Chang Corporation. Durante o ano, a *Chang* pagou dividendos de 5 dólares por ação. No fim do ano, você vendeu as oitenta ações a 59 dólares cada uma. Calcule seu RPA total com essas ações e indique quanto foi por causa da variação do preço e quanto foi causado pelo rendimento de dividendos.

4. As taxas de retorno que você calculou nos problemas 1, 2 e 3 são taxas de retorno nominais. Supondo que a taxa de inflação durante o ano tenha sido de 4%, calcule as taxas reais de retorno desses investimentos. Calcule as taxas reais de retorno caso a taxa de inflação fosse de 8%.

5. Determine os retornos anualizados do seguinte conjunto de investimentos:

RPA do ativo	Prazo de Aplicação	
A	10%	8 meses
B	– 6	15 meses
C	8	2 anos
D	15	3 anos
E	5	18 semanas

6. A seguir, você verá taxas anuais de retorno de letras do Tesouro americano e ações ordinárias de empresas do Reino Unido.

Ano	Letras do Tesouro americano	Ações ordinárias de empresas do Reino Unido
1	6,3%	15,0%
2	8,1	– 4,3
3	7,6	37,4
4	9,0	19,2
5	8,5	–10,6

(a) Calcule a média aritmética da taxa de retorno e o desvio-padrão das taxas de retorno das duas séries.

(b) Discuta os dois investimentos em termos de taxas médias aritméticas de retorno, de desvios padrões e de coeficientes de variação.

(c) Calcule a média geométrica da taxa de retorno de cada um dos investimentos. Compare a média aritmética e a média geométrica do retorno de cada investimento e discuta essa diferença entre as médias de retorno em relação ao desvio-padrão de cada série.

7. Nos últimos cinco anos, você adquiriu ações de duas empresas, que apresentaram as seguintes taxas anuais de retorno:

Ano	Ação T	Ação B
1	19%	8%
2	8	3
3	–12	–9
4	–3	2
5	15	4

(a) Calcule a média aritmética da taxa anual de retorno de cada ação. Qual é a melhor ação de acordo com essa medida?

(b) Calcule o desvio-padrão da taxa anual de retorno de cada ação. Com relação a essa medida, qual é a ação preferível?

(c) Calcule o coeficiente de variação de cada ação. Com base nessa medida relativa de risco, qual das ações é preferível?

(d) Calcule a média geométrica da taxa de retorno de cada ação. Discuta a diferença entre o retorno médio aritmético e o retorno médio geométrico de cada ação. Relacione as diferenças de retornos médios ao desvio-padrão do retorno de cada ação.

8. Calcule a média da taxa das letras do Tesouro usando os dados da Tabela 2.5. Encontre a variância e o desvio-padrão dos retornos.

9. No ano passado, você teve uma carteira com letras do Tesouro americano, obrigações do governo de longo prazo e ações ordinárias. As taxas de retorno de cada ativo foram:

Letras do Tesouro americano	5,50%
Obrigações do governo americano a longo prazo	7,50%
Ações ordinárias de empresas americanas	11,60%

Durante o ano, o índice de preços ao consumidor, que mede a taxa da inflação, subiu de 160 para 170 (1982 – 1984 = 100). Calcule a taxa de inflação do ano. Calcule as taxas reais de retorno de cada um dos investimentos em sua carteira com base na taxa de inflação.

10. Você leu na revista *Business Week* que um grupo de economistas estimou que a taxa de crescimento real a longo prazo da economia americana nos próximos cinco anos será de 3%, em média. Além disso, o informe de um banco avalia que a taxa média anual de inflação nesses cinco anos será de 4%. Que taxa nominal de retorno você esperaria das letras do Tesouro americano durante esse período?

11. Qual seria a sua taxa exigida de retorno para ações ordinárias se você quisesse um prêmio por risco de 5% para aplicar em ações ordinárias, dado o que você sabe com base no Problema 10? Se os investidores em ações ordinárias se tornarem mais avessos ao risco, o que acontecerá à taxa exigida de retorno de ações ordinárias? Qual será o impacto sobre os preços das ações?

12. Suponha que o consenso a respeito da taxa exigida de retorno de ações ordinárias seja igual a 14%. Além disso, você leu na revista *Fortune* que a taxa de inflação esperada é de 5% e que a taxa de crescimento real da economia a longo prazo será de 3%. Que taxa de juros você esperaria das letras do Tesouro americano? Qual é o prêmio por risco aproximado de ações ordinárias implícito nesses dados?

EXERCÍCIOS NA WEB

1. Em que local na internet você pode encontrar dados sobre retornos históricos do mercado financeiro e sobre taxas de juros?

2. Vá à página **http://finance.yahoo.com**, clique em **Stock Research** e depois em **Historical Quotes**. Obtenha os dados mensais de preço e dividendos dos últimos três anos para as seguintes ações: Microsoft (MSFT), ExxonMobil (XOM), Walgreen (WAG), McDonald's (MCD) e The Gap (GPS). Insira os dados de cada empresa em uma planilha e calcule a média aritmética do retorno mensal, a média geométrica do retorno mensal e o desvio-padrão e o coeficiente de variação do retorno mensal. Que ação proporcionou o retorno mensal mais elevado? Com base nas medidas calculadas, qual é a ação mais arriscada?

3. Localize o Relatório Econômico do Presidente (*Economic Report of the President*) na internet e faça o *download* da tabela de estatísticas B.95, que contém os preços e rendimentos de ações ordinárias. Usando os valores do índice S&P 500 e a taxa de dividendos (o quociente entre dividendos e preços de ações), faça uma estimativa anual dos retornos das ações do S&P 500. Calcule o retorno médio e as medidas de risco para os últimos cinco, dez e 30 anos.

EXERCÍCIOS EM PLANILHA

1. Monte uma planilha para calcular os retornos anualizados de prazos de aplicação e a duração do período de aplicação.

2. Utilizando o formato da planilha na Tabela 2.4, verifique como o componente de retornos de juros sobre juros varia com as diversas taxas de juros e em diferentes períodos. Quanto do retorno total é atribuível a juros sobre juros quando:

    (a) a taxa de juros é 4% e o período é de 15 anos?
    (b) a taxa de juros é 10% e o período é de 12 anos?
    (c) a taxa de juros é 7% e o período é de 25 anos?

3. Usando a planilha da Tabela 2.3, (a) insira os dados de preço e dividendos de ações de outra empresa, ou (b) atualize a Tabela 2.3 com dados mais recentes de ações da Walgreen (que podem ser encontrados no site www.walgreens.com). Utilize uma planilha para calcular o retorno médio aritmético, o retorno médio geométrico e o desvio-padrão dos retornos de suas ações.

4. Usando a função DISTNORM em Excel e supondo que os retornos das ações da empresa que você escolheu no Exercício 3 tenham distribuição normal, encontre a probabilidade de que o retorno fique (a) abaixo de 0%; (b) abaixo de – 5%; (c) abaixo de +5%; (d) acima de 10%; (e) acima de 0%.

REFERÊNCIAS

Um livro que fornece uma visão interessante de risco na história é:

BERNSTEIN, Peter L. *Against the Gods*: the remarkable story of risk. New York: John Wiley and Sons, Inc., 1996.

Um livro que é de leitura obrigatória no programa de certificação de analistas (Chartered Financial Analyst®) e inclui elementos adicionais sobre os tópicos de risco e análise estatística é:

DEFUSCO, Richard A.; MCLEAVEY, Dennis W.; PINTO, Jerald E.; RUNKLE, David E. *Quantitative methods for investment analysis*. Charlottesville, VA: CFA Institute, 2001.

GLOSSÁRIO

Coeficiente de variação (CV) – Medida de variabilidade relativa que indica o grau de risco por unidade de retorno. Em geral, é igual ao desvio-padrão dividido pela média.

Desvio-padrão – Uma medida de variabilidade igual à raiz quadrada da variância.

Linha de mercado de capitais (CML) – A linha que reflete a combinação de retorno e risco de diferentes investimentos.

Prazo de aplicação – Período durante o qual um investimento é mantido.

Prêmio por risco – O acréscimo à taxa nominal livre de risco que os investidores exigem como remuneração pela incerteza de um investimento.

Relativo de retorno – Igual a 1 mais o retorno do prazo de aplicação.

Retorno do prazo de aplicação (RPA) – Retorno total de um investimento por um dado período, medido em termos porcentuais.

Retorno médio aritmético (R_A) – Uma medida do retorno médio igual à soma dos retornos de prazos anuais de aplicação dividida pelo número de anos.

Retorno médio geométrico (R_G) – A raiz n do produto dos retornos dos prazos anuais de aplicação durante n anos, menos 1.

Risco – A incerteza sobre se um investimento renderá sua taxa de retorno esperada.

Risco de liquidez – Incerteza em relação à capacidade de comprar ou vender um investimento no mercado secundário.

Risco econômico – Incerteza devida à natureza dos negócios de uma empresa e que afeta a variabilidade de suas vendas e seus lucros.

Risco financeiro – Incerteza devida ao método que uma empresa utiliza para financiar seus ativos.

Risco não sistemático – Risco específico de um ativo, que se refere às características de um tipo de ativo ou do emissor de títulos, em lugar de ser atribuível a fatores econômicos mais amplos.

Risco sistemático – A porção da variância total de um ativo individual que é atribuível à variabilidade da carteira total de mercado.

Taxa exigida de retorno – O retorno que remunera os investidores por seu tempo, pela taxa esperada de inflação e pela incerteza do retorno.

Taxa média de retorno – A média dos retornos de um investimento no decorrer de um período longo.

Taxa real livre de risco (TLR real) – É a taxa de juros básica sem nenhum ajuste pela inflação ou incerteza; o valor puro do dinheiro no tempo.

Variância – Uma medida de variabilidade igual à soma dos quadrados dos desvios dos retornos em relação à sua média, dividida por $n - 1$.

capítulo 3

Seleção de investimentos em um mercado global

Neste capítulo, responderemos às seguintes perguntas:

Por que os investidores devem adotar um enfoque global em relação a seus investimentos?

Como tem variado o tamanho relativo dos mercados de títulos de renda fixa e ações americanos e estrangeiros?

Como os investidores podem calcular retornos de investimentos fora de seus países de origem?

Que vantagem adicional há quando se diversifica os investimentos em mercados internacionais, além dos benefícios da diversificação no mercado nacional?

Que títulos estão disponíveis? Quais são suas propriedades em termos de fluxos de caixa e riscos?

Quais as características históricas de risco e retorno dos principais instrumentos de investimento?

Qual é a relação entre os retornos de instrumentos de investimento estrangeiros e nacionais? Qual é a implicação dessa relação para a diversificação de carteiras?

No mercado global de investimentos dos dias que correm, existem quatro tipos básicos de ativos financeiros: títulos de dívida, ações, derivativos e investimentos administrados. Os três primeiros são investimentos diretos, ou seja, um investidor pode negociar esses títulos por si mesmo. No quarto tipo, um investidor compartilha seus fundos com outros investidores, e gestores profissionais tomam as decisões e negociam títulos. (Exemplos de investimentos administrados incluem fundos de investimento e *hedge funds*.) Esses quatro tipos de investimentos são chamados de ativos financeiros, pois representam direitos de empréstimo ou propriedade sobre ativos produtivos, como os de uma empresa ou entidade governamental. (Bens reais – como imóveis e terrenos – e colecionáveis – por exemplo, moedas, selos e peças antigas – são denominados ativos reais).

Neste capítulo, apresentamos uma visão geral das alternativas de investimento no mercado global. Este é um pano de fundo essencial para o Capítulo 5, em que discutimos a decisão de alocação de ativos, e para capítulos posteriores, nos quais analisamos investimentos individuais, como títulos de renda fixa, ações ordinárias e outros títulos em profundidade. Também é importante para os capítulos em que tratamos da montagem e da avaliação de carteiras de investimentos. Um objetivo básico deste texto é ajudá-lo a compreender e avaliar as características de retorno e risco de carteiras de investimentos, e um entendimento dos diversos tipos de títulos é o ponto de partida de tal análise.

Este capítulo é dividido em quatro seções principais. Primeiro, mostramos como as variações de taxas de câmbio afetam os retornos de investimentos internacionais. Segundo, defendemos a importância do investimento do ponto de vista global, examinando vários motivos pelos quais os investidores devem incluir títulos estrangeiros, além de títulos domésticos em suas carteiras. Terceiro, discutimos as características principais e os padrões de fluxos de caixa de títulos tanto nos mercados globais quanto nos domésticos. Veremos como as características variáveis de risco e retorno dos diversos investimentos alternativos correspondem às preferências de diferentes investidores e emissores. Finalmente, avaliaremos o desempenho histórico, em termos de risco e retorno, de vários instrumentos de investimento de diversos lugares do mundo e examinaremos a relação entre os retornos para muitos desses títulos. Essas relações fornecem apoio adicional à filosofia de investimento global.

Cálculo de retornos de investimentos estrangeiros

Do ponto de vista de um investidor americano, um retorno de, digamos, 12% em um investimento estrangeiro não significa que o valor deste tenha

36 Investimentos

subido 12%. Há duas forças que afetam os retornos dos investimentos estrangeiros. Uma delas é o retorno obtido em outro país; a outra é a variação da taxa de câmbio das duas nações envolvidas. A taxa de câmbio é o preço de uma moeda em termos da outra. E, como ocorre com a maioria dos preços, as taxas de câmbio flutuam com o tempo. Por exemplo, o dólar americano pode ficar mais forte (capaz de comprar mais unidades de outras moedas) ou mais fraco (capaz de comprar menos unidades de outras moedas). Assim, dependendo do que acontece com as taxas de câmbio durante o prazo de aplicação, os retornos de investimentos estrangeiros podem aumentar ou diminuir ao serem traduzidos em dólares americanos. Isso é o que chamamos de *risco de taxa de câmbio*. Em geral, a relação entre o retorno do país de origem com os retornos estrangeiros é dada por:

3.1

$$(\mathbf{1 + retorno\ do\ país\ de\ origem})$$
$$= (\mathbf{1 + retorno\ estrangeiro}) \left(\frac{\mathbf{taxa\ de\ câmbio\ corrente}}{\mathbf{taxa\ de\ câmbio\ inicial}} \right)$$

Como um relativo de retorno é igual a (1 + retorno do prazo de aplicação), podemos reescrever essa equação do seguinte modo:

3.2

$$(\mathbf{relativo\ de\ retorno\ no\ país\ de\ origem})$$
$$= (\mathbf{relativo\ de\ retorno\ no\ país\ estrangeiro}) \left(\frac{\mathbf{taxa\ de\ câmbio\ corrente}}{\mathbf{taxa\ de\ câmbio\ inicial}} \right)$$

em que a taxa de câmbio é definida pelo número de unidades da moeda do país de origem por unidade da moeda do país estrangeiro, como dólares americanos por peso ou dólares americanos por euro, para um investidor dos Estados Unidos.

A Tabela 3.1 apresenta um exemplo. Na parte (a), um investidor americano converte dólares em pesos a uma taxa câmbio inicial de 0,20 centavos de dólar por peso para investir em ações de empresas mexicanas que rendem 12% no prazo de aplicação de um ano. Nesse ano, o peso se fortalece em relação ao dólar (subindo de 0,20 centavos de dólar por peso para 0,22 centavos de dólar por peso). Quando as ações são vendidas e os pesos são convertidos novamente em dólares, cada peso pode comprar mais dólares. Como resultado, o investidor americano obtém um retorno mais elevado (23,2%) que os 12% conseguidos pelo mexicano.

A parte (b) mostra uma situação similar, do ponto de vista de um investidor mexicano que compra ações nos Estados Unidos. Ele converte pesos em dólares a uma taxa de câmbio de 1 dólar = 5,00 pesos (observe que esse é o recíproco de 1 peso = 0,20 centavos de dólar; 1/0,20 = 5,00), e investe em ações de empresas americanas que rendem 12% no prazo de aplicação de um ano. Mas, como o peso se fortaleceu durante o ano, ele recebe apenas 4,55 pesos (o equivalente a 1 peso = 0,22 centavos de dólar; 1/0,22 = 4,55) por dólar que converte de volta na moeda de seu país de origem. Assim, a porcentagem de retorno neste é de apenas 1,82%; a tradução dos fundos de volta para pesos prejudica seu retorno geral.

Por esse exemplo, podemos ver que o fortalecimento de uma moeda estrangeira (o que equivale ao enfraquecimento da moeda nacional) é bom do ponto de vista do investidor do país de origem dessa moeda valorizada, mas um fortalecimento da moeda de seu país (e o enfraquecimento da moeda estrangeira) pode levá-lo a obter retornos mais baixos. Como discutiremos em capítulos posteriores, existem ferramentas, que são os contratos de opções e contratos futuros, que os investidores podem usar para reduzir o risco de flutuação de taxas de câmbio nos investimentos estrangeiros.

TABELA 3.1	Conversão de uma taxa de retorno estrangeira em retorno em moeda nacional

(a) O dólar é a moeda nacional; investir fundos no México

Taxa de câmbio inicial	$0,20 por peso
Taxa de câmbio um ano mais tarde	$0,22 por peso
Retorno do investimento	12% em termos de pesos Relativo de retorno = 1,12
Relativo de retorno (Estados Unidos)	= relativo de retorno em pesos × (dólares correntes por peso/ dólares iniciais por peso)
	= 1,12 × ($0,22/$0,20) = 1,232
Taxa de retorno em moeda americana	= 0,232 ou 23,2%

(b) O peso é a moeda nacional; investir fundos nos Estados Unidos

Taxa de câmbio inicial	5,00 por dólar
Taxa de câmbio um ano mais tarde	4,55 por peso
Retorno do investimento	12% em termos de dólares Relativo de retorno = 1,12
Relativo de retorno (México)	= relativo de retorno em dólares × (pesos correntes por dólar/ pesos iniciais por dólar)
	= 1,12 × (4,55/5,00) = 1,0182
Taxa de retorno em moeda mexicana	= 0,0182 ou 1,82%

Argumento em defesa de investimentos globais

Hoje em dia, um telefonema a um corretor lhe dá acesso a uma ampla gama de títulos negociados no mundo todo. Com relativa facilidade, você pode comprar ações da General Motors ou da Toyota, obrigações do Tesouro americano ou do governo japonês, cotas de um fundo que investe em empresas americanas de biotecnologia, de um fundo global de ações de empresas em crescimento, ou de um fundo de ações de empresas alemãs, ou ainda opções de um índice americano de ações, apenas para citar alguns dos inumeráveis investimentos disponíveis.

Mas, além da facilidade do investimento em títulos globais, há quatro motivos inter-relacionados que explicam por que os investidores americanos devem considerar carteiras globais de investimento:

1. **Ampliar horizontes.** Quando os investidores comparam os tamanhos absolutos e relativos dos mercados americanos e estrangeiros de ações e títulos de renda fixa, eles vêem que ignorar os mercados externos reduz suas escolhas para menos de 50% das oportunidades de investimentos acessíveis. Como o maior número de oportunidades amplia a gama de escolhas em termos de risco e retorno, faz sentido incluir títulos estrangeiros.

2. **Aumento de retorno.** As taxas de retorno disponíveis em títulos não-americanos costumam superar substancialmente as dos títulos americanos. Os retornos mais elevados de ações não-americanas podem ser justificados pelas taxas mais altas de crescimento dos países em que são emitidas. Esses resultados superiores se mantêm mesmo quando os retornos são ajustados por risco.

3. **Redução de risco por meio de diversificação.** Um dos mais importantes princípios da teoria de investimentos é o que dita que os investidores devem diversificar ou dispersar o risco de suas carteiras. O desempenho dos mercados de títulos americanos depende do comportamento da economia americana. Embora a comunidade econômica global esteja diminuindo, as empresas de outros países tendem a ser afetadas pelas condições em seus países de origem. Desde que nem todos os mercados e economias variem juntos, o risco de uma carteira poderá ser reduzido por meio da diversificação.

4. **Economia global.** Em razão dos níveis crescentes de comércio internacional e de fluxos mais livres de capitais, as empresas não estão mais restritas aos seus mercados domésticos. Os produtos exportados disputam a preferência do consumidor no exterior, assim como os artigos importados fazem concorrência aos bens produzidos nacionalmente. Como a competição ocorre em escala global em número cada vez maior de setores, a busca de investimentos atraentes em um dado setor ou indústria pode levar a uma empresa cuja sede se situe em um país estrangeiro.

Analisaremos esses motivos para demonstrar as vantagens dos mercados financeiros estrangeiros para os investidores americanos e avaliar os benefícios e riscos de se negociar nesses mercados.

TAMANHO RELATIVO DOS MERCADOS FINANCEIROS DOS ESTADOS UNIDOS

Ignorar os investimentos estrangeiros significa optar por ignorar praticamente metade do mercado de capitais em que se pode investir no mundo. A Tabela 3.2 apresenta a decomposição dos títulos disponíveis nos mercados mundiais de capitais em 1969 e em 2003. Não apenas temos o valor geral de todos os títulos aumentado bruscamente (de 2,4 trilhões para 70,9 trilhões de dólares), a sua composição também se alterou. Por exemplo, a tabela mostra que os títulos de renda fixa e as ações em dólares americanos representavam 53% do valor de todo o mercado de títulos em 1969, contra 28,4% para os títulos de renda fixa e ações não denominados em dólares. Em 2003, os títulos de renda fixa e as ações dos Estados Unidos respondiam por 45,4% do total do mercado de títulos, *versus* 44,1% para as ações e os títulos de renda fixa em outras moedas que não o dólar. Assim, a proporção dos mercados combinados de ações e títulos de renda fixa nos Estados Unidos declinou de 65% do total em 1969 para cerca de 50% em 2003.

TABELA 3.2	Mercado total de capitais com títulos passíveis de investimento, 1969 *versus* 2003		
1969		**2003**	
Ações americanas	30,70%	Ações americanas	18,50%
Ações japonesas	1,60	Ações de mercados emergentes	1,20
Ações de todos os outros países	11,20	Ações de todos os outros países	15,10
Imóveis americanos	11,60	Imóveis americanos	5,40
Equivalentes de caixa	6,90	Equivalentes de caixa	6,90
Títulos de dívida em dólares	22,30	Títulos de dívida em dólares	25,70
Títulos de dívida japoneses	1,30	Títulos de dívida de mercados emergentes	2,30
Títulos de dívida de todos os outros países	14,30	Títulos de dívida de todos os outros países	25,50
Mercados privados	0,10	Mercados privados	0,30
		Títulos de dívida de alto rendimento	1,20
Valor de mercado: $2,4 trilhões		Valor de mercado: $70,9 trilhões	

Fonte: Brinson Partners, Inc., Chicago, Illinois.

Investimentos

TABELA 3.3	Capitalização de mercado das bolsas de valores no mundo, 2004	
em milhões de dólares americanos		
Estados Unidos	14.266.023,1	43,0%
Japão	4.904.617,0	14,8
Reino Unido	2.460.064,0	7,4
Euronext	2.076.410,2	6,3
Alemanha	1.079.026,2	3,3
Canadá	888.677,7	2,7
Suíça	727.103,0	2,2
Espanha	726.243,4	2,2
Hong-Kong	714.597,4	2,2
Itália	614.841,6	1,9
Austrália	585.431,0	1,8
Resto do mundo	4.110.784,3	12,4
Capitalização total	33.153.818,9	100,0%

Fonte: World Federation of Stock Exchanges. Disponível em: <http://www.world-exchanges.org>.

A Tabela 3.3 focaliza os mercados de ações com outra fonte de dados. Em termos de capitalização de mercado (número de ações multiplicado pelo seu valor), os mercados de ações dos Estados Unidos representavam 43% dos mercados de ações do mundo em 2004. Em outras palavras, mais da metade das oportunidades de investimento em ações disponíveis se encontra fora das fronteiras dos Estados Unidos.

Outra consideração é a eficiência do mercado, ou seja, o grau pelo qual os títulos são corretamente avaliados, dadas as informações conhecidas a respeito de seus emissores. Os países desenvolvidos – como Estados Unidos, Japão e a maioria européia – têm mercados de capitais bem desenvolvidos, bons fluxos de informação e muitos analistas que examinam suas ações e seus títulos de renda fixa. Esse não é sempre o caso nas economias em desenvolvimento e emergentes. Uma análise astuta pode permitir a um investidor encontrar títulos cujos preços sejam atraentes, em relação às suas perspectivas.

TAXAS DE RETORNO DE TÍTULOS AMERICANOS E ESTRANGEIROS
Um exame das taxas de retorno de títulos americanos e estrangeiros demonstra que muitos títulos não-americanos oferecem taxas de retorno superiores:

Retornos no Mercado Global de Títulos de Renda Fixa – A Tabela 3.4 fornece taxas compostas anuais de retorno para vários dos principais mercados internacionais de títulos de renda fixa no período de 1985 a 2003. Os retornos foram convertidos em dólares americanos, de modo que a tabela apresenta os retornos anuais médios e os desvios-padrões que um investidor com base nos Estados Unidos receberia. Uma análise dos retornos na Tabela 3.4 indica que o desempenho do mercado americano de renda fixa ficou em quarto lugar entre os seis países citados. Parte dos motivos da melhor *performance,* em termos de dólares, dos mercados não-americanos, é o fato de que o dólar se enfraqueceu de maneira geral durante esse período, dando aos investidores americanos um acréscimo aos seus retornos estrangeiros, como no efeito demonstrado na Tabela 3.1.

Retornos no Mercado Global e Ações – A Tabela 3.5 apresenta os retornos anuais em moeda local e em dólares americanos para 34 dos mais importantes mercados de ações de 1997 a 2003. Apesar do desempenho aparentemente destacado do mercado americano na segunda metade dos anos 1990, sua posição média em termos de retornos em dólar americano de 1997 a 2003 foi 17,5 entre 34 países. Sua *performance* ficou bem atrás dos retornos de alguns mercados de ações nesses anos.

TABELA 3.4	Taxas anuais de retorno de obrigações governamentais de longo prazo, 1985-2003		
Retornos expressos em dólares americanos			
	Média geométrica (%)	**Média aritmética (%)**	**Desvio-padrão (%)**
Canadá	11,75	12,42	12,37
França	14,61	15,62	15,49
Alemanha	8,86	9,70	13,79
Japão	9,58	10,84	17,06
Reino Unido	13,33	14,52	16,71
Estados Unidos	10,83	11,33	10,54

Fonte: Citigroup.

Seleção de investimentos em um mercado global

TABELA 3.5 Retornos anuais em termos de dólares americanos

DESEMPENHO DOS ÍNDICES GLOBAIS DA *DOW JONES*

País	Retornos do ano de 2003		Retornos do ano de 2002		Retornos do ano de 2001		Retornos do ano de 2000		Retornos do ano de 1999		Retornos do ano de 1998		Retornos do ano de 1997	
	Retornos em dólares americanos	Posição	Retornos em dólares americanos	Posição	Retornos em dólares americanos	Posição	Retornos em dólares americanos	Posição	Retornos em dólares americanos	Posição	Retornos em dólaress americanos	Posição	Retornos em dólares americanos	Posição
Estados Unidos	28,44%	**31**	−23,32%	**28**	−13,09%	**12**	−10,15%	**11**	18,90%	**21**	26,78%	**13**	31,69%	**7**
Austrália	45,95%	15	−3,06%	7	−1,30%	8	−10,03%	10	20,53%	20	5,40%	19	−10,31%	21
Áustria	58,26%	9	21,16%	3	0,05%	7	−15,40%	17	−6,97%	30	−3,00%	22	−1,72%	19
Bélgica	40,78%	18	−9,48%	10	−13,30%	13	−13,95%	13	−17,29%	34	62,73%	4	11,85%	14
Brasil	131,40%	2	−36,16%	34	−23,85%	23	−10,25%	12	50,99%	10	−46,19%	33		
Canadá	51,54%	11	−12,56%	15	−20,09%	18	0,85%	6	42,98%	11	−5,10%	24	13,44%	13
Chile	83,53%	4	−14,32%	16	−4,08%	10	−17,61%	20	32,91%	17	−28,50%	28		
Dinamarca	49,35%	14	−14,54%	17	−23,21%	20	22,23%	1	5,38%	26	3,26%	20	34,05%	6
Finlândia	17,33%	34	−29,68%	31	−37,83%	33	−15,23%	16	153,14%	1	94,63%	2	11,53%	16
França	39,11%	20	−20,47%	24	−23,44%	22	−7,89%	8	32,18%	18	40,26%	7	22,67%	10
Alemanha	61,33%	7	−32,36%	33	−24,25%	24	−15,96%	18	20,87%	19	28,38%	12	21,20%	11
Grécia	65,08%	6	−27,79%	29			−42,09%	29	39,30%	15	86,24%	3	39,27%	3
Hong-Kong	38,69%	21	−19,90%	23	−20,52%	19	−14,96%	15	73,20%	5	−10,34%	25	−25,06%	24
Indonésia	65,95%	5	30,27%	2	−18,57%	16	−56,44%	33	77,31%	4	−41,94%	32	−63,25%	28
Irlanda	44,26%	16	−21,38%	25	−3,50%	9	7,38%	4	−13,24%	33	38,05%	8	24,05%	9
Itália	38,35%	23	−10,33%	12	−28,23%	29	−5,46%	7	6,45%	25	50,57%	5	36,95%	5
Japão	37,61%	24	−9,36%	9	−29,47%	31	−31,15%	27	67,26%	7	5,42%	18	−26,39%	25
Malásia	26,19%	32	−6,05%	8	3,52%	6	−20,81%	23	42,30%	12	−2,19%	21	−70,03%	30
México	31,46%	28	−15,17%	19	19,06%	2	−22,25%	24	91,01%	3	−38,16%	31	54,21%	1
Países Baixos	25,27%	33	−22,46%	27	−23,29%	21	−8,03%	9	7,24%	24	29,95%	11	24,19%	8
Nova Zelândia	50,85%	12	16,63%	5	6,28%	4	−31,62%	28	9,27%	23	−23,57%	27	−17,98%	23
Noruega	40,62%	19	−11,37%	13	−25,36%	27	2,43%	5	33,29%	16	−31,87%	30	6,55%	18
Filipinas	49,62%	13	−19,04%	22	−27,33%	28	−43,70%	30	2,59%	28	14,47%	15	−62,36%	27
Portugal	38,53%	22	−15,79%	20	−24,47%	25	−20,45%	22	−7,17%	31	30,91%	10	51,04%	2
Cingapura	36,27%	26	−9,82%	11	−19,91%	17	−23,75%	25	56,18%	9	−4,82%	23	−37,83%	26
África do Sul	41,78%	17	43,60%	1	−24,81%	26	−19,20%	21	64,35%	8	−31,43%	29	−11,52%	22
Coréia do Sul	31,45%	29	4,88%	6	45,29%	1	−58,77%	34	110,63%	2	117,12%	1	−68,68%	29
Espanha	55,59%	10	−14,77%	18	−13,44%	14	−25,29%	26	4,58%	27	48,09%	6	10,46%	17
Suécia	60,06%	8	−30,83%	32	−30,34%	32	−17,15%	19	70,72%	6	6,23%	17	11,56%	15
Suíça	33,14%	27	−11,86%	14	−29,26%	30	16,21%	2	−6,70%	29	21,13%	14	38,36%	4
Taiwan	36,63%	25	−22,44%	26	11,51%	3	−45,43%	31	42,30%	13	−19,45%	26	−4,73%	20
Tailândia	138,70%	1	17,75%	4	4,62%	5	−50,96%	32	39,46%	14	31,89%	9	−75,83%	31
Reino Unido	28,54%	30	−17,26%	21	−16,58%	15	−14,60%	14	14,26%	22	13,40%	16		
Venezuela	119,88%	3	−28,27%	30	−11,67%	11	11,93%	3	−12,57%	32	−55,46%	34	17,79%	12

Fonte: *The Wall Street Journal*, várias edições e cálculos dos autores.

40 Investimentos

Esses resultados para os mercados de ações e de títulos de dívida em todo o mundo indicam que os investidores que se limitam ao mercado americano podem obter taxas de retorno abaixo das taxas disponíveis em muitos outros países.

DIVERSIFICAÇÃO DE RISCOS

Investidores inteligentes montarão carteiras diversificadas para reduzir a variabilidade dos retornos no tempo. Um ativo adequadamente escolhido oferecerá uma taxa de retorno mais estável para a carteira total, o que gera um desvio-padrão mais baixo e, portanto, um risco menor.

E-leituras interativas

Para explicações adicionais e um exemplo de correlações com animação, acesse http://reillyxtra.swlearning.com.

A maneira de medir se dois investimentos contribuirão para diversificar uma carteira consiste em calcular o coeficiente de correlação entre suas taxas de retorno no tempo. Os coeficientes de correlação podem variar entre +1,00 e –1,00. Uma correlação igual a +1,00 significa que as taxas de retorno desses dois investimentos tendem a variar juntas; se um ativo subir 10%, o outro poderá aumentar 8%; se o primeiro ativo cair 20%, o outro poderá cair 16%. Entretanto, um coeficiente de correlação igual a –1,00 significa que as taxas de retorno dos dois investimentos variam exatamente em oposição uma a outra. Quando um ativo estiver experimentando taxas de retorno acima da média, o outro estará tendo taxas semelhantes, porém abaixo da média. Essa correlação negativa estabiliza as taxas de retorno no tempo e reduz o desvio-padrão das taxas de retorno da carteira e, conseqüentemente, o risco desta. Por esse motivo, o investidor inteligente buscará um investimento com correlação positiva e baixa, zero, ou idealmente negativa com outros investimentos presentes na carteira. Isso explica por que a diversificação com títulos estrangeiros não correlacionados pode reduzir substancialmente o risco de uma carteira.

Risco de Carteiras Globais de Títulos de Renda Fixa – A Tabela 3.6 enumera os coeficientes de correlação entre taxas de retorno de títulos de renda fixa dos Estados Unidos e dos principais mercados estrangeiros, em dólares americanos, de 1985 até 2003. Com exceção do parceiro comercial mais próximo dos Estados Unidos (o Canadá), a maioria das correlações é moderada. Entretanto, essas correlações ainda significam que os investidores americanos poderiam reduzir substancialmente o risco por meio da diversificação global de carteiras de títulos de renda fixa. Um investidor americano que comprasse títulos de renda fixa de qualquer mercado, exceto o Canadá, reduziria significativamente o desvio-padrão de uma carteira bem diversificada.

Por que esses coeficientes de correlação de retornos de títulos de renda fixa americanos e dos vários países estrangeiros são diferentes? A resposta é que os padrões de comércio internacional, crescimento econômico, políticas fiscais e políticas monetárias dos vários países são distintos. Por exemplo, as economias americana e canadense são intimamente relacionadas em razão de sua proximidade geográfica, por causa da semelhança de suas políticas econômicas nacionais e em função do intenso comércio entre os dois países. Um é o maior parceiro comercial do outro. Em contrapartida, os Estados Unidos realizam menos comércio com o Japão, e as políticas fiscais e monetárias dos dois países diferem entre si de maneira absurda. Por exemplo, a economia americana cresceu durante a maior parte dos anos 1990, enquanto a economia japonesa estava em recessão.

Risco de Carteiras Globais de Ações – As correlações dos mercados mundiais de ações se assemelham às dos mercados de títulos de renda fixa, exceto pelo fato de que as correlações são ligeiramente mais altas.[1] A Tabela 3.7 apresenta os coeficientes de correlação entre retornos mensais de ações em cada país e o mercado americano (em termos de dólares americanos) no período de 1985 a 2003. Observe que oito das 11 correlações ultrapassam 0,50 e que a correlação média é de 0,55. Essas correlações relativamente modestas entre as ações dos Estados Unidos e as de países estrangeiros têm implicações similares àquelas derivadas para os títulos de renda fixa: os investidores podem reduzir o risco total de suas carteiras de ações, incluindo as estrangeiras.

TABELA 3.6	Coeficientes de correlação entre taxas de retorno em dólar americano para títulos de renda fixa dos Estados Unidos e dos principais mercados estrangeiros, de 1985 a 2003
País	**Coeficiente de correlação**
Canadá	0,6514
França	0,4775
Alemanha	0,5698
Japão	0,1949
Reino Unido	0,3910
Média	0,4569

---

[1] Um motivo para isso é que os retornos de títulos de renda fixa são fortemente influenciados pelos movimentos de taxas de juros. Muitos fatores afetam os retornos no mercado de ações, mas, caso a economia mundial cresça e as condições sejam favoráveis ao comércio (como foram nos anos 1990), não será surpreendente se as correlações dos mercados de ações forem mais altas do que as dos mercados de títulos de renda fixa.

TABELA 3.7	Coeficientes de correlação entre taxas de retorno em dólar americano de ações nos Estados Unidos e nos principais mercados estrangeiros, de 1985 a 2003

País	Coeficiente de correlação
Austrália	0,4792
Canadá	0,7689
França	0,5816
Alemanha	0,5412
Itália	0,3671
Japão	0,3109
Países Baixos	0,6636
Espanha	0,5459
Suécia	0,5745
Suíça	0,5337
Reino Unido	0,6401
Média	0,5461

Fonte: Dados da MSCI.

O Gráfico 3.1 evidencia o impacto da diversificação internacional de carteiras de ações. A curva superior (mais escura) demonstra que, quando se aumenta o número de títulos selecionados aleatoriamente em uma carteira, o desvio-padrão cai graças aos benefícios da diversificação no próprio país. Isso é o que chamamos de diversificação doméstica. A partir de certo número de títulos (de 30 a 40), a curva vai se tornando horizontal em um nível de risco que reflete o risco básico do mercado (ou seja, a carteira diversifica todo o risco não-sistemático e passa a conter apenas o risco sistemático) da economia doméstica. A curva mais baixa (mais clara) ilustra os benefícios da diversificação internacional. Essa curva demonstra que a adição de investimentos estrangeiros a uma carteira americana permite a um investidor alcançar um risco geral mais baixo porque os títulos não americanos não têm correlação com a economia ou com o mercado de ações dos Estados Unidos, o que lhe permite eliminar alguns dos riscos básicos de mercado da economia americana. O nível mundial de risco sistemático, em razão dos benefícios da diversificação internacional, é menor do que aquele de qualquer país isoladamente.

GRÁFICO 3.1	Redução de risco por meio de diversificação nacional e internacional

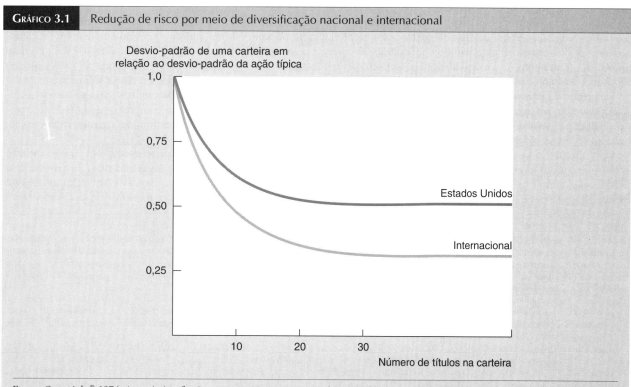

Fonte: Copyright© 1974, Association for Investment Management and Research. Reproduzido e republicado a partir de "*Why Not Diversify Internationally Rather than Domestically*", por B. H. Solnik em *Financial Analysts Journal* (jul.-ago. 1974): 48-54, com permissão do CFA Institute.

42 Investimentos

Para ver como isso funciona, considere, por exemplo, o efeito da inflação e das taxas de juros sobre títulos americanos. Como fora discutido no Capítulo 2, todos os títulos americanos são afetados por essas variáveis. Em contrapartida, a ação de uma empresa japonesa é afetada sobretudo pelo que acontece na economia japonesa, não sendo tipicamente afetada por mudanças em variáveis americanas. Assim, a adição de ações de uma empresa japonesa a uma carteira de ações americanas deve reduzir o risco desta.

As Correlações entre Países Estão Aumentando com o Tempo? – Muitos estudos têm encontrado correlações mais altas entre os retornos dos mercados de ações de países com o passar do tempo. Correlações mais altas tendem a diminuir os benefícios da redução de risco com a diversificação entre países. É particularmente interessante saber que, em tempos de dificuldades econômicas ou crise no mercado financeiro (como no *crash* do mercado em 1987 ou após o ataque terrorista de 11 de setembro), os mercados de ações apresentam correlações muito altas ao mesmo tempo em que perdem valor.[2] Entre os mercados de ações enumerados na Tabela 3.7, a correlação média do período de 1985 a 2003 é de 0,55, usando os retornos medidos em dólares americanos. Se nos concentrássemos no lapso de 1995 a 2003, veríamos uma correlação média próxima de quase 0,68. Com o comércio mais livre e uma coordenação melhor de políticas (com o advento das zonas de comércio na Comunidade Européia, na América do Norte e no Círculo do Pacífico), não é surpreendente que as ligações econômicas e financeiras permitam que as economias fiquem mais próximas entre si com o passar do tempo. Mas, em média, uma correlação é uma estatística amostral que varia de uma amostra para outra. Em outras palavras, a correlação pode alterar entre períodos e freqüências de amostragem (diariamente, semanalmente, mensalmente ou anualmente). Assim, uma tendência de correlação crescente entre os Estados Unidos e outros mercados financeiros poderia surgir como simples "ruído" nos dados.[3]

Mas, se as correlações "verdadeiras" entre os mercados estão de fato aumentando, quais são as implicações em termos de benefícios do investimento global? Primeiro, ainda há o benefício da diversificação resultante da busca de investimentos em outros países. Segundo, benefícios com uma maior diversificação ainda resultam da busca de investimentos em economias emergentes, cujo potencial de crescimento quase certamente supera o das nações desenvolvidas. Terceiro, como mostra a próxima seção sobre competição global, os mercados de "países" estão perdendo parte de sua importância, pois os investidores e os analistas de ações procuram bons investimentos em diversos setores. Por exemplo, a GM, a Honda, a DaimlerChrysler e a Peugeot fazem parte da indústria automobilística global. Embora a *performance* de cada uma das ações seja principalmente relacionada às vendas realizadas em seus países de origem, ela também depende das vendas globais.

COMPETIÇÃO GLOBAL

Mesmo que a importância das fronteiras nacionais tenha diminuído para o comércio com o passar do tempo, os pesquisadores ainda acreditam que investir em vários países aumenta os benefícios da diversificação. Mas as evidências são cada vez maiores no sentido de que investir em diversos países e setores conduz a benefícios ainda maiores. Embora os efeitos dos países tenham se enfraquecido, os efeitos setoriais ajudam a fortalecer o argumento em defesa da montagem de carteiras.[4] Isso pode ser visto claramente no Gráfico 3.2. Diversificar entre países conduz a benefícios semelhantes aos vistos no Gráfico 3.1. Entretanto, reduções adicionais de risco são conseguidas ao se diversificar tanto em termos de países quanto de setores. Portanto, o investidor global beneficia-se mais com a diversificação entre setores em países diferentes.

Os efeitos do país dominam – e são a ferramenta principal de diversificação – no caso de empresas menores e daquelas que operam em setores mais localizados ou heterogêneos (por exemplo, assistência médica e comércio varejista). Entretanto, a diversificação setorial exerce o seu maior impacto no caso de empresas maiores ou setores homogêneos (como petróleo, automóveis e tecnologia).

Uma alternativa insatisfatória de diversificação global é investir nas multinacionais sediadas nos Estados Unidos. Muitos estudos têm mostrado que tais empresas – como Coca-Cola, Caterpillar e Ford – têm retornos muito mais fortemente correlacionados com o mercado americano de ações do que com os globais. Por causa disso, o benefício de redução de risco em carteiras globais é muito limitado para o investidor sediado nos Estados Unidos que compra ações de tais empresas.[5]

---

[2] A constatação de correlações mais altas é consistente com a de estudos mais formais, como Mark Barnes, Anthony Bercel e Steven Rothman, *Global Equities: Do Countries Still Matter? PanAgora Asset Management White Paper*, 2000; Anônimo, *Equity Porfolio Management: The Dominance of Industry Factors, Quarterly Focus, UBS Asset Management*, 30 set. 2000; Roger G. Ibbotson e Charles H. Wang, *"Global Asset Allocation: Philosophy, Process, and Performance." Journal of Investing*, 39-51, (primavera 2000). Neste último artigo, os autores calcularam que a correlação média para 18 mercados de capitais desenvolvidos subiu 0,40 no período 1970-1998 para 0,50 no período 1994-1998.

[3] Pelo menos, dois artigos argumentam que as alterações de correlações entre países poderiam ser devidas à variação aleatória. Veja K. Forbes e R. Rigobon, *No Contagion, Only Interdependence: Measuring Stock Market Co-movements, Journal of Finance* (out. 2002); e M. Loretan e W. B. English, *Evaluating "Correlation Breakdowns", During Periods of Market Volatility*, em *International Financial Markets and the Implications for Monetary and Financial Stability, Bank of International Settlements*, Suíça, 2000.

[4] Alguns estudos que mostram os benefícios da diversificação global entre setores incluem: HECKMAN, Leila; NARAYANAN, Singanallur; PATEL, Sandeep A. "Country and Industry Importance in European Returns." *Journal of Investing*, v. 10, n. 1, 27-34, primavera 2001; BACA, Sean P.; GARBE, Brian L.; WEISS, Richard A. "The Rise of Sector Effects in Major Equity Markets." *Financial Analysts Journal*, v. 56, n. 5, 34-40, set.-out. 2000; IBBOTSON, Roger G.; WANG, Charles H. "Global Asset Allocation: Philosophy, Process, and Performance", *Journal of Investing*, 39-51, primavera 2000; WEISS, Richard A. "Global Sector Rotation. New Look at an Old Idea." *Financial Analysts Journal*, v. 54, n. 3, 6-8, maio-jun.1998.

[5] Veja CHRISTOPHE, Stephen E.; MCENALLY, Richard W. "U.S. Multinationals as Vehicles for International Diversification", *Journal of Investing*, v. 9, n. 4, 67-75, inverno 2000; JACQUILLAT, Bertrand; SOLNIK, Bruno. "Multinationals Are Poor Tools for International Diversification", *Journal of Portfolio Management*, 8-12, inverno 1978.

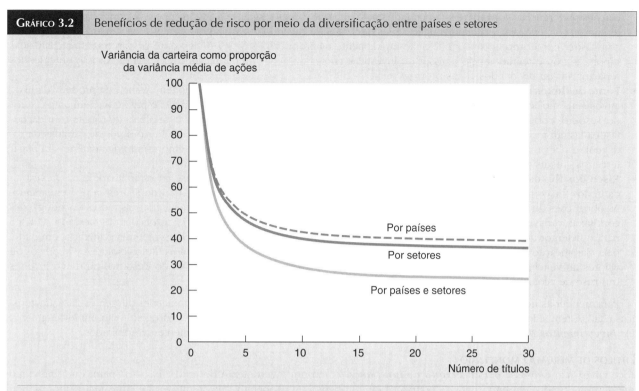

GRÁFICO 3.2 Benefícios de redução de risco por meio da diversificação entre países e setores

Fonte: Copyright© 2000, Association for Investment Management and Research. Reproduzido e republicado a partir de *The Increasing Importance of Industry Factors*, de Stefano Cavaglia, Christopher Brightman e Michael Aked, em *Financial Analysts Journal*, v. 56, n. 5 (set.-out. 2000): 41-64, com a permissão do CFA Institute. Todos os direitos reservados.

RESUMO DO INVESTIMENTO EM ÂMBITO GLOBAL

Até este ponto, consideramos o tamanho relativo dos mercados de títulos de renda fixa e ações fora dos Estados Unidos, e constatamos que eles têm crescido em tamanho e importância. Também examinamos as taxas de retorno de títulos de renda e ações fora dos Estados Unidos e determinamos que, em vários casos, suas taxas de retorno são atraentes para os que participam do mercado americano. Nossa análise das correlações entre taxas de retorno de títulos de renda fixa e ações nos Estados Unidos e em outros países indicou um padrão regular de correlações positivas moderadas e baixas, o que pode levar a efeitos benéficos de diversificação. Além disso, a competição global em alguns setores faz com que seja importante buscar os melhores investimentos por todo o mundo. Para um investidor com base nos Estados Unidos, as influências setoriais ganham cada vez mais importância para fins de diversificação global. Portanto, concluímos que, por causa das taxas de retorno relativamente altas dos investimentos estrangeiros, combinadas aos coeficientes baixos de correlação, a adição de ações e títulos de renda fixa estrangeiros a uma carteira americana *quase certamente reduzirá o risco da carteira e poderá levar a um aumento de seu retorno médio.*

Escolhas de investimento global

Os investimentos podem ser agrupados em duas categorias básicas: mercado monetário e mercado de capitais. Os títulos de mercado monetário vencem em um ano ou menos, e geralmente são usados em estratégias de baixo retorno e baixo risco, nas quais os investidores querem "estacionar" saldos de caixa temporários. Os títulos de mercado de capitais vencem em mais de um ano e incluem títulos de renda fixa e ações. Os títulos também podem ser divididos nas categorias de dívida, em que o emissor é um agente que toma recursos emprestados e o detentor do título é o que os empresta, e capital próprio, em que o detentor do título possui uma parte ou participação em um ativo ou em uma organização.

Existem literalmente centenas de variações de títulos de mercado monetário, mercado de capitais, dívidas e capital próprio. Cada tipo de título atende às necessidades específicas de algum segmento do mercado financeiro. Os títulos diferem uns dos outros das seguintes maneiras:

- **Distribuição dos fluxos de caixa no tempo** – Os títulos podem distribuir fluxos de caixa aos investidores mensalmente (títulos com lastro hipotecário, algumas anuidades), trimestralmente (dividendos de ações), semestralmente (obrigações de empresas), anualmente (euro-obrigações), ou no vencimento (títulos de dívida com cupom igual a zero, CDs, a maioria dos títulos de mercado monetário).
- **Vencimento** – Os vários títulos de mercado de capitais e mercado monetário têm uma variedade de vencimentos. Entretanto, alguns possuem vencimentos que podem ser encurtados pelo investidor (obrigações com opções de venda

44 Investimentos

e ações preferenciais conversíveis), encurtados pelo emissor (ações resgatáveis, alguns tipos de obrigações e ações preferenciais conversíveis), encurtados pelas séries de fluxos de caixa do emissor (por exemplo, os vencimentos de títulos com lastro hipotecário dependem de quão rapidamente os proprietários de residências pré-pagam ou refinanciam suas hipotecas), ou estendidos pelo emissor ou investidor (notas ou ações preferenciais com taxas de juros ou dividendos repactuáveis ou dividendos; notas prorrogáveis).

- **Fonte de fluxos de caixa para o investidor** – Os fluxos de caixa para o investidor podem resultar da produtividade de ativos reais subjacentes (muitas ações, obrigações de empresas); da autoridade de tributação pelo governo (títulos do Tesouro, obrigações municipais gerais, notas de antecipação de impostos); fontes específicas de receita (obrigações lastreadas em receitas, emitidas por serviços públicos de abastecimento de água ou administradores de estradas de rodagem); ou a capacidade da organização de levantar recursos (literalmente tomando emprestado de alguém para pagar terceiros – notas promissórias mercantis, financiamento por devedor em posse de ativos).

- **Risco dos fluxos de caixa para o investidor** – Os títulos também diferem com base na estabilidade e na previsibilidade dos fluxos periódicos de caixa para o investidor e na estabilidade de seu preço ou de seu valor no vencimento. As obrigações de empresas emitidas com taxa fixa pagam um fluxo constante de caixa a cada seis meses. As obrigações com taxas variáveis ou repactuáveis pagam um cupom que flutua de acordo com as condições de mercado. O risco para o detentor dos títulos de dívida de efetivamente receber fluxos de caixa na época prometida é medido, em parte, pela classificação de risco do título e pelas garantias – ativos específicos – que apóiem os títulos emitidos. Os preços ou valores no vencimento futuros podem ser relativamente certos (no caso de obrigações do Tesouro) ou muito incertos (no caso de ações ordinárias ou títulos com lastro hipotecário complexos).

Para atender às necessidades dos diversos emissores e investidores que desejam combinações diferentes das características citadas, têm sido desenvolvidos inúmeros tipos de títulos. Começamos nossa breve visão geral com um levantamento dos ***investimentos de renda fixa***, que possuem calendários de pagamento contratualmente determinados.[6]

TÍTULOS DE MERCADO MONETÁRIO

Você talvez não pensasse em uma ***conta de poupança*** como um investimento de renda fixa, no entanto um indivíduo que deposite fundos em uma conta de poupança em um banco ou cooperativa de crédito está efetivamente emprestando dinheiro a essa instituição. Esses investimentos são geralmente considerados convenientes, líquidos e de baixo risco, em razão do fato de a maioria ser garantida. Conseqüentemente, suas taxas de retorno são geralmente baixas, comparadas a outras alternativas.

Para investidores com mais fundos e que estejam dispostos a abrir mão da liquidez, os bancos desenvolveram o ***certificado de depósito (CD)***, que exige um depósito mínimo (geralmente 500 dólares ou mais) e tem prazo fixo (geralmente três meses, seis meses, um ano ou mais). As taxas prometidas de CDs são mais altas que as das contas de poupança, e elas crescem de acordo com o valor aplicado e a duração do depósito. Um investidor que queira resgatar um CD antes de sua data fixada de vencimento precisa pagar uma penalidade elevada, em forma de uma taxa de juros muito mais baixa. Há um mercado secundário ou de revenda entre instituições que envolvem CDs de denominação alta (100 mil dólares ou mais); esses são os chamados CDs *negociáveis*.

Os investidores com somas maiores (10 mil dólares ou mais) podem aplicar em letras do Tesouro (T-bills), que são obrigações de curto prazo do governo americano vendidas em leilões públicos semanais com vencimentos de sete, 13, 28, 91 ou 182 dias. A Tabela 3.8 mostra os resultados de um leilão ocorrido no meio do ano de 2004. A taxa de desconto é calculada usando-se um ano de 360 dias:

3.3a
$$\text{Taxa de desconto} = \left(\frac{\text{Valor par} - \text{Preço}}{\text{Valor par}} \right) \times \left(\frac{360}{\text{Vencimento da letra em dias}} \right)$$

Se conhecermos a taxa de desconto, poderemos estimar o preço com rearranjos da Equação 3.3a:

3.3b
$$\text{Preço} = \text{Valor par} - \text{Taxa de desconto} \times \frac{360}{\text{Prazo de vencimento da letra em dias}} \times \text{Valor par}$$

No caso de uma letra do Tesouro com prazo de 91 dias, usando-se o preço de 99,666 dólares e um valor par de 100 dólares, calculamos a taxa de desconto da seguinte forma:

$$\text{Taxa de desconto} = \left(\frac{\$100 - \$99,666}{\$100} \right) \times \left(\frac{360}{91} \right) = 0,01321 \text{ ou } 1,321\%$$

Isso difere ligeiramente da taxa de desconto mostrada na ilustração, pois o preço e as taxas de juros na tabela são arredondados a três casas decimais.

A taxa de investimento (às vezes, chamada de taxa de obrigação equivalente) é calculada, usando-se um ano de 365 dias (366 em anos bissextos), e a divisão é feita pelo preço, e não pelo valor par:

---

[6] Em nossa discussão tanto sobre investimentos de mercado monetário como mercado de capitais, partimos do pressuposto de que o estudante já tenha tido contato com os fundamentos desses títulos em algum curso anterior. Muitos livros têm sido escritos, detalhando os títulos do mercado financeiro. Na discussão a seguir, deixamos muitos dos detalhes para esses livros.

TABELA 3.8	Resultados de leilão semanal de letras do Tesouro					
Prazo	Data de emissão	Data de vencimento	Taxa de desconto	Taxa de investimento	Preço por $100	CUSIP*
7 dias	07-08-2004	07-15-2004	1,160	1,200	99,977	912795QT1
91 dias	07-08-2004	10-07-2004	1,320	1,344	99,666	912795RF0
182 dias	07-08-2004	01-06-2005	1,630	1,666	99,176	912795RU7

* Um identificador específico para cada letra do Tesouro emitida.

3.4a

$$\text{Taxa de investimento} = \left(\frac{\text{Valor par} - \text{Preço}}{\text{Preço}}\right) \times \left(\frac{365}{\text{Prazo de vencimento da letra em dias}}\right)$$

Se conhecermos a taxa de investimento, poderemos estimar o preço rearranjando a Equação 3.4a:

3.4b

$$\text{Preço} = \text{Valor par} / \left[1 + \text{Taxa de investimento} \times \left(\frac{\text{Prazo de vencimento da letra em dias}}{365}\right)\right]$$

Usando a informação para uma letra do Tesouro com prazo de 91 dias, utilizamos a equação 3.4a para calcular o preço a uma taxa de investimento de 1,344%:

$$\text{Preço} = \$100 / \left[1 + 0,01344 \times \left(\frac{91}{365}\right)\right] = \$99,666 \text{ com três casas decimais}$$

Dois outros importantes títulos do mercado monetário são os depósitos em euro-dólares e os CDs, também nessa moeda, que são depósitos denominados em dólar efetuados em bancos no exterior. Apesar do prefixo "euro", tais depósitos não precisam ser feitos necessariamente em bancos europeus; eles podem ser realizados em bancos asiáticos ou filiais estrangeiras de bancos americanos. Os euro-dólares são de curto prazo (geralmente seis meses ou menos) e formam a base dos empréstimos de curto prazo a instituições financeiras e empresas que buscam empréstimos em dólares americanos. Como os fundos são depositados em bancos no estrangeiro, eles escapam da regulamentação pelo Fed.

Uma palavra final sobre duas importantes taxas de juros de curto prazo. A taxa de fundos federais é a taxa de juros a qual os bancos americanos tomam emprestada uns dos outros. Da mesma forma, a LIBOR (London Interbank Offer Rate) é a taxa a qual os grandes bancos de Londres tomam emprestada uns dos outros. A LIBOR é importante no mercado de empréstimos internacionais de curto prazo; as taxas de juros cotadas são freqüentemente expressas em LIBOR mais ½% ou LIBOR mais 2%, assim como ocorre com a *prime rate*,[7] usada nos mercados americanos.

INSTRUMENTOS DE MERCADO DE CAPITAIS

Os ***instrumentos de mercado de capitais*** enquadram-se em cinco categorias gerais: (1) títulos do Tesouro americano, (2) títulos de agências do governo americano, (3) obrigações municipais, (4) obrigações privadas e (5) títulos lastreados em ativos.

Títulos do Tesouro Americano – Todos os títulos públicos emitidos pelo Tesouro americano são instrumentos de renda fixa. Podem ser letras, notas ou obrigações, depende de seus prazos de vencimento. As obrigações do governo americano são muito líquidas e essencialmente livres de risco; há uma chance muito pequena de inadimplência.

Uma cotação típica de obrigações do Tesouro nas páginas financeiras pode ser vista a seguir:

Taxa	Vencimento, Mês/Ano	Cotação de compra	Cotação de venda	Variação	Rendimento de Venda
9	Nov/18	146:01	146:04	–7	4,95

A taxa de cupom dessa obrigação é de 9% do valor par, significando que uma obrigação com valor par de 1.000 dólares pagará 90 dólares de juros anualmente, em dois pagamentos semestrais de 45 dólares. O título vence em novembro de 2018. Os preços de obrigações do Tesouro são cotados como porcentagens do valor par em 32 avos de um ponto. A cotação de compra, a ser recebida por investidores que desejam vender obrigações, é de $146\frac{1}{32}\%$ do par, ou seja, 1.460,3125 dólares. A cotação de venda, a ser paga por investidores que queiram comprar obrigações, é de $146\frac{4}{32}$ do par, ou seja, 1.461,25 dólares. O *spread* entre cotação de compra e cotação de venda representa o lucro do distribuidor, ou seja, 0,9375 dólares por 1.000 dólares de valor par. Os *spreads* geralmente são um indicador da liquidez do investimento. A redução do preço em relação ao dia anterior foi de $\frac{7}{32}$ de um ponto porcentual. O rendimento até o vencimento, com base na cotação de venda, é de 4,95%. Esse número subestima ligeiramente o verdadeiro rendimento até o vencimento. Ele é obtido calculando-se o

---

[7] Essa é a taxa básica de juros de empréstimo no mercado americano, cobrada pelos bancos comerciais das empresas privadas de mais baixo risco de crédito (N.R.T.)

46 Investimentos

E-leituras interativas

Para mais explicações e um exemplo com animação de taxas de juros anuais efetivas, visite http://reillyxtra.swlearning.com.

rendimento semestral – dados os pagamentos de cupom, a cotação de venda e o valor par – e duplicando-o a seguir. Para sermos exatos, deveríamos capitalizar o rendimento semestral em dois períodos de meio ano, ou seja, se o rendimento de venda informado é de 4,95%, o rendimento semestral calculado será de 4,95/2 ou 2,475%. Ao compor esses dois períodos anuais, uma estimativa mais correta do rendimento até o vencimento será $(1 + 0,02475)^2 - 1$, ou seja, 5,01%.

Se a cotação do título tiver um "n" após o mês e o ano de vencimento, isso indicará que se trata de uma nota do Tesouro; se ela tiver um "i", então é um título indexado à inflação. Os títulos indexados à inflação são conhecidos pela sigla TIPS (*Treasury Inflation-Protected Securities*, ou seja, Títulos do Tesouro Protegidos contra a Inflação) ou TIIS (*Treasury Inflation Indexed Securities* – Títulos do Tesouro Indexados à Inflação). A taxa de cupom de tal título de dívida permanece constante no decorrer de sua vigência, mas o valor par aumenta com a taxa de inflação. Por exemplo, imagine que um título TIPS tenha uma taxa de cupom de 2,5%, um valor par de 10 mil dólares e durante o ano a inflação seja de 3%. O valor par aumentará para 10.300 dólares e o pagamento de cupom (que equivale a 2,5% do valor par) subirá de um pagamento total anual de 250 para 257,50. Assim, tanto o valor par quanto o pagamento total de cupom no ano aumentam pelos 3% da taxa de inflação.

Títulos de Agências do Governo Americano – Os títulos de agências são vendidos por vários órgãos do governo para financiar programas específicos, mas não são obrigações diretas do Tesouro. Exemplos de agências que emitem esses títulos incluem a Federal National Mortgage Association (Associação Nacional Federal de Empréstimos Hipotecários; FNMA ou Fannie Mae), que vende títulos de dívida e usa o dinheiro arrecadado para comprar empréstimos hipotecários efetuados por instituições de crédito. Outras agências são a Government National Mortgage Association (Associação Nacional Governamental de Empréstimos Hipotecários; GNMA ou Ginnie Mae), Banks for Cooperatives, Federal Land Banks (FLBs) e Federal Housing Administration (FHA).

Esses títulos contam com mercados secundários desenvolvidos para a sua negociação e são bastante líquidos. Como o Tesouro não os garante oficialmente, eles não são livres de risco (embora seja inconcebível que o governo permita que eles não sejam pagos). Com um risco de inadimplência ligeiramente mais elevado e menos liquidez de mercado que os títulos de dívida do Tesouro, geralmente oferecem retornos um pouco mais altos.

Obrigações Municipais – As obrigações municipais são emitidas por entidades governamentais locais como títulos de obrigação geral ou títulos lastreados em receitas. Um ***título de dívida de obrigação geral (GO, em inglês)*** apóia-se no poder de tributação geral do governo local, ao passo que um de ***dívida lastreado em receita*** paga juros com base nesta, gerada por projetos específicos (por exemplo, a receita usada para pagar os juros de obrigações de projetos de saneamento provém de taxas sobre o serviço de abastecimento de água).

As obrigações municipais diferem de outros títulos de renda fixa no sentido de que seus pagamentos de juros são isentos de impostos federais. Além disso, seus juros são isentos de imposto estadual no Estado em que as emitiu, caso o investidor seja um residente neste. Por esse motivo, as obrigações municipais são populares para os investidores situados em faixas de alíquota elevada de imposto de renda. Como ilustração, podemos calcular o rendimento tributável equivalente de uma obrigação municipal da seguinte maneira:

3.5

$$\text{Rendimento tributável equivalente} = \frac{\text{Rendimento da obrigação municipal}}{\text{Alíquota marginal de imposto}}$$

Portanto, uma obrigação municipal que oferece um rendimento isento de imposto de 6% a um investidor com uma alíquota marginal de imposto de 35% tem um rendimento tributável equiparado a:

$$\text{Rendimento tributável equivalente} = \frac{6,0\%}{1 - 0,35} = 9,23\%$$

Em outras palavras, a menos que o título de dívida tributável de risco semelhante ofereça um rendimento tributável de, pelo menos, 9,23%, o investidor preferirá a obrigação municipal.

Obrigações Privadas – As obrigações privadas são títulos de renda fixa emitidos por empresas industriais, concessionárias de serviços de utilidade pública ou companhias de transporte ferroviário para levantar fundos a serem investidos em instalações, equipamentos ou capital de giro. Podem ser classificados por emissor, em termos de qualidade de crédito (medida pela classificação de risco atribuída com base na probabilidade de inadimplência), em termos de prazo de vencimento (curto prazo, médio prazo ou longo prazo), ou com base em algum componente do contrato (fundo de amortização ou direito de resgate antecipado). Alguns desses itens são resumidos no Quadro 3.1.

Uma cotação típica de uma obrigação privada nas páginas financeiras aparece a seguir:

Empresa (código)	Cupom	Vencimento	Último preço	Último rendimento	*Spread* estimado	UST	Volume estimado (milhares de dólares)
Ford Motor (F)	7,450	Jul. 16, 2031	94,624	7,936	273	30	88.175

QUADRO 3.1	Algumas características das obrigações privadas

Título

Sênior	Tem preferência sobre ativos estipulados.
Obrigações hipotecárias	Lastreadas em ativos específicos, como terrenos e prédios.
Certificados garantidos por equipamentos	Obrigações hipotecárias garantidas por ativos móveis, vagões, aviões.
Debênture	Dívida sem garantia.
Debênture subordinada	O direito sobre rendimentos e ativos é inferior ou subordinado ao de titulares de debêntures.

Vencimento

Cláusula de resgate antecipado	A obrigação pode ser resgatada pelo emissor antes do vencimento; o investidor recebe o valor par mais um prêmio de resgate antecipado igual aos juros nominais de um ano. A obrigação geralmente é resgatada antecipadamente, após uma queda significativa das taxas de juros de mercado.
Cláusula de opção de venda	O investidor pode forçar o emissor a readquirir a obrigação ao par; geralmente permitido apenas em situações nas quais o risco de crédito do título tenha aumentado substancialmente.
Conversível	O investidor pode converter a obrigação em um número preestabelecido de ações ordinárias.
Prorrogável	O prazo da obrigação pode ser ampliado por decisão do investidor.

Rendimento

Taxa de cupom fixa	A obrigação paga um cupom fixo durante todo seu prazo.
Nota de taxa variável ou flutuante	Os pagamentos de cupom flutuam com base no movimento de uma taxa de mercado pré-especificada, por exemplo, a Libor ou as taxas de letras do Tesouro.
Cupom zero	A obrigação não paga juro algum; o retorno do investidor é dado pela diferença entre o preço de compra da obrigação e seu valor par no vencimento.

O código da empresa (F) corresponde às ações ordinárias da Ford. A taxa de cupom das obrigações da Ford Motor é igual a 7,450% do par. A maioria das obrigações privadas tem valor par de 1.000 dólares; portanto, este título paga juros de 0,07450 × 1.000 = 74,50 dólares por ano, ou 37,25 dólares a cada seis meses. A obrigação vence, e seu valor par será pago em 16 de julho de 2031. O "Último Preço" informa o preço de fechamento do título como porcentagem do valor par. Nesse ponto, um valor de fechamento de 94,624 representa um preço de 946,24 dólares.

Um termo comumente usado e que é simples de calcular é o rendimento corrente de uma obrigação. Calculamos o rendimento corrente dividindo os juros do cupom anual pelo preço corrente. O rendimento corrente dessa obrigação é igual a 74,50 dólares/946,24 dólares = 7,87%. Entretanto, o rendimento corrente não representa adequadamente o retorno sobre o investimento em uma obrigação, pois considera apenas o componente de juros e ignora as variações de preço. O rendimento até o vencimento, 7,936%, é uma medida melhor do retorno do investidor e é mostrado pelo item "Último Rendimento". Essa medida significa uma estimativa do retorno para o investidor na obrigação caso ela seja adquirida hoje e mantida até o seu vencimento.

O "*Spread* Estimado" é a diferença entre o rendimento da obrigação da Ford até o vencimento e o rendimento de obrigação do Tesouro americano com prazo semelhante. Nesse caso, o *spread* é de 273 pontos de base, ou 2,73% (1 ponto de base representa 0,01 ponto porcentual) a mais do que uma obrigação do Tesouro com prazo de 30 anos, como pode ser visto pelo número na coluna "UST". Como a obrigação da Ford tem um rendimento, até o vencimento, de 9,936%, a obrigação do Tesouro com prazo de 30 anos deve ter um rendimento de 7,936 − 2,73 = 5,21%.

O item "Vol" representa o volume efetivo de negociação da obrigação da Ford em milhares de dólares. O valor de mercado do montante negociado (quantidade negociada vezes o último preço) é de 88.175.000 de dólares. Com o último preço de 946,24 dólares, o número aproximado de títulos negociados é igual a 88.175.000 dólares/946,24 dólares = 93.185.

Classificação de Risco de Obrigações – a classificação de risco de títulos de dívida é uma parte importante do mercado de títulos de renda fixa, pois a maioria das obrigações privadas e municipais é classificada por uma ou mais agências especializadas nesse trabalho. As exceções, conhecidas como obrigações não-classificadas, são muito raras ou pertencem a certos setores, como os títulos emitidos por bancos. As três maiores agências de classificação são (1) Fitch Investors Service, (2) Moody's e (3) Standard & Poor's (S&P).

A principal preocupação na análise de crédito de obrigações é a capacidade da empresa de pagar o serviço de suas dívidas em dia até o vencimento de um dado título. Conseqüentemente, as agências de classificação levam em conta

48 Investimentos

QUADRO 3.2	Classificação de risco de obrigações				
	Duff and Phelps	**Fitch**	**Moody's**	**Standard & Poor's**	**Definição**
Qualidade alta	AAA	AAA	Aaa	AAA	O conceito máximo atribuído a um título de dívida, indicando capacidade extremamente forte de pagar o principal e os juros. Os títulos de dívida nessa categoria são comumente considerados *títulos de segurança máxima*.
	AA	AA	Aa	AA	Obrigações de qualidade alta em todos os aspectos, com forte capacidade de pagar o principal e os juros. Esses títulos recebem um conceito inicialmente mais baixo porque as margens de proteção são menos fortes do que aquelas para os títulos AAA e Aaa.
Qualidade média	A	A	A	A	Essas obrigações possuem muitos atributos de investimento favoráveis, mas alguns elementos podem indicar alguma suscetibilidade a sofrer prejuízos em função de mudanças adversas na economia.
	BBB	BBB	Baa	BBB	Obrigações consideradas possuidoras de capacidade adequada de pagamento de principal e juros, mas certos elementos protetores podem estar ausentes no caso de condições econômicas adversas, as quais poderiam levar ao enfraquecimento da capacidade de pagamento.
Especulativa	BB	BB	Ba	BB	Obrigações com proteção apenas moderada do principal e dos pagamentos de juros em tempos bons ou maus.
	B	B	B	B	Obrigações que geralmente carecem de características de outros investimentos desejáveis. A garantia de pagamentos de juros e principal a longo prazo pode ser limitada.
Inadimplente	CCC	CCC	Caa	CCC	Títulos de qualidade inferior, que podem estar em situação ou em risco de inadimplência.
	CC	CC	Ca	CC	Obrigações altamente especulativas, geralmente em situação de inadimplência ou com outras deficiências marcantes.
	C	C			É a classe de obrigações com o conceito mais baixo. Esses títulos podem ser considerados extremamente pobres em termos de qualidade.
		C		C	Classificação dada a obrigações lastreadas em receitas, e que não pagam juros.
		DDD		D	Títulos em situação de inadimplência, com pagamentos de principal ou juros vencidos. Essas obrigações são extremamente especulativas e devem ser avaliadas somente com base em seu valor de liquidação ou reorganização.
		DD			
		D			

Fonte: *Bond Guide* (New York: Standard & Poor's Corporation, mensal), *Bond Record* (New York: Moody's Investors Services, Inc., mensal), *Rating Register* (New York: Fitch Investors Service, Inc., mensal).

expectativas para o prazo do título, com a posição financeira corrente e histórica da empresa.[8] Conceitos de classificação, variando de AAA (Aaa) até D descrevem a visão das agências a respeito do risco de inadimplência de uma obrigação. O Quadro 3.2 descreve os vários conceitos atribuídos pelos serviços mais importantes. Exceto por pequenas diferenças, o significado e a interpretação dos conceitos são basicamente os mesmos. A Fitch e a S&P modificam seus conceitos com sinais de + e de –. A Moody's usa números (1, 2, 3). (Por exemplo, uma obrigação A+ está no topo de um grupo classificado no conceito A).

As quatro classes mais importantes – AAA (ou Aaa), AA (ou Aa), A e BBB (ou Baa) – são geralmente consideradas indicativas de *títulos com qualidade de investimento*. As obrigações BB e B são *especulativas* (ou títulos de alto rendimento ou de baixa qualidade). As categorias C são geralmente reservadas a obrigações com taxa variável ou lastreadas em receitas, muitas das quais são negociadas por seu valor mínimo (o que significa que os pagamentos de juros estão atrasados). As emissões classificadas no conceito D estão em situação de inadimplência, e os níveis do conceito indicam os possíveis valores de recuperação dessas obrigações.

---

[8] Para uma lista detalhada tanto dos níveis de classificação quanto dos fatores considerados na atribuição de conceitos, veja LEVINE, Summer N (Ed.). "*Bond Ratings*" e "*Bond Rating Outlines*", em *The Financial Analysts Handbook*, 2. ed. Homewood, IL: Dow Jones-Irwin, 1988. p. 1102-1138.

Títulos Lastreados em Ativos – Um título com lastro em ativos é um tipo especial de obrigação apoiada por um conjunto de títulos geradores de rendimento, como empréstimos hipotecários, para compra de carros ou mesmo direitos, sobre *royalties* de obras musicais. Uma obrigação desse tipo é o certificado de repasse GNMA (Ginnie Mae), uma obrigação emitida pela Government National Mortgage Association.[9] Esses títulos representam uma participação em uma cesta de empréstimos hipotecários com garantia do governo federal. Os portadores das obrigações recebem mensalmente pagamentos da Ginnie Mae, que incluem tanto principal quanto juros, uma vez que a agência "repassa" os pagamentos de empréstimos hipotecários feitos pelo tomador original à Ginnie Mae.

Os cupons desses certificados de repasse estão vinculados aos juros cobrados sobre a cesta de empréstimos hipotecários. A porção do fluxo de caixa que representa a restituição do principal é isenta de imposto, mas os juros estão sujeitos a impostos federais, estaduais e municipais. Os certificados possuem denominações mínimas de 25.000 dólares, com prazos de vencimento de 25 ou 30 anos, mas uma vida média de apenas 12 anos, por causa dos pagamentos antecipados. Estes podem ocorrer quando os proprietários das residências liquidam seus empréstimos ao venderem suas casas ou quando as refinanciam a taxas de juros mais baixas (como o fizeram em 1992, 1993, 1997 e de 2001 a 2003). Portanto, diferentemente da maioria das emissões de obrigações, os pagamentos mensais não são fixos. De fato, os pagamentos mensais são *extremamente* incertos, porque os pagamentos antecipados podem mudar bastante no tempo, com a variação das taxas de juros. Assim, uma grande desvantagem das emissões da GNMA é a de que elas podem ser seriamente esgotadas por pagamentos antecipados, o que significa que seus prazos de vencimento são incertos.

Outro tipo de título lastreado em ativos é a **obrigação hipotecária "colateralizada" (CMO)**, desenvolvida para compensar alguns dos problemas existentes nos certificados de repasse tradicionais.[10] As CMOs procuram estabilizar e aumentar a previsibilidade dos fluxos de caixa para os investidores, com a emissão de várias classes de obrigações lastreadas por uma cesta de empréstimos hipotecários. Por exemplo, em uma emissão de CMOs com quatro classes de obrigações,[11] as três primeiras (classes A, B e C) pagam juros às suas taxas fixadas, mas a quarta é uma *obrigação com juros acumulados* (também chamada de *obrigação Z*). Todos os fluxos de caixa da cesta de empréstimos são usados para pagar os juros dos títulos das classes A, B e C. Todos os pagamentos de principal dos empréstimos hipotecários são direcionados primeiro à classe A de obrigações com prazo mais curto até que sejam completamente resgatados, depois às obrigações da classe B, até que sejam resgatados, e, por fim, às obrigações da classe C, até que elas sejam liquidadas.

Nos períodos iniciais, as obrigações com juros proporcionais (obrigações do tipo Z) não pagam juros; esses se acumulam na forma de principal adicional. Após o resgate dos títulos das classes A, B e C, todos os fluxos de caixa remanescentes são usados para fazer o pagamento dos juros acumulados para pagar quaisquer juros correntes, e depois para resgatar as obrigações Z. Esse padrão seqüencial de preferências faz com que as obrigações da classe A sejam títulos de prazo relativamente curto, tendo cada obrigação seguinte um prazo um pouco maior. A obrigação de classe Z, que é de longo prazo, funciona como um título de cupom igual a zero nos anos iniciais.

Os Ginnie Maes e CMOs são apenas dois membros de um conjunto de rápido crescimento de títulos lastreados em ativos. O processo de securitização de uma dívida permite às instituições financeiras agrupar vários tipos de empréstimos e vender partes dessa carteira de empréstimos a investidores individuais. Essa prática aumenta a liquidez destes instrumentos individuais de endividamento, quer sejam empréstimos hipotecários individuais, para a compra de carros, ou dívidas com cartões de crédito. Por exemplo, os **certificados de venda de automóveis (CARs)** são garantidos por empréstimos feitos a pessoas físicas para financiar a compra de carros.

Investimento em obrigações internacionais

Há vários instrumentos de dívida disponíveis aos investidores americanos que desejam montar uma carteira global. Uma **euro-obrigação** é um título de dívida internacional denominado em uma moeda que não é a de origem do país em que o título é emitido. Tipos específicos de euro-obrigações incluem obrigações em euro-dólar, em euro-iene, em euro-marco alemão e em euro-libra. Uma obrigação em euro-dólar é denominada em dólares americanos e vendida fora dos Estados Unidos a investidores não-americanos. Caso pareça haver demanda por títulos de dívida em moeda estrangeira, uma empresa americana pode emitir uma obrigação em euro-iene, em Londres.

Uma **obrigação ianque** é vendida nos Estados Unidos e em dólares americanos, mas é emitida por empresas ou governos estrangeiros. Isso permite a um cidadão americano comprar um título de dívida de uma empresa ou de um governo estrangeiro, mas recebendo todos os pagamentos em dólares americanos; elimina-se com isso o risco de variação da taxa de câmbio. Obrigações semelhantes são emitidas em outros países, incluindo o *Bulldog Market*, que envolve títulos em libra esterlina emitidos no Reino Unido por empresas não-britânicas, ou o *Samurai Market*, que abrange títulos em ienes emitidos no Japão por empresas não-japonesas.

---

[9] Para uma discussão mais aprofundada sobre títulos lastreados em obrigações hipotecárias, veja *Mortgage-Backed Bond and Pass-Through Symposium*, Charlottesville, VA (*Financial Analysts Research Foundation*, 1980); CARRON, Andrew S. "Collateralized Mortgage Obligations". In: FABBOZZI, Frank J (Ed.). *The Handbook of Fixed-Income Securities*. 5. ed. n Chicago: Irwin, 1997; LIPTON, Amy F. "Evolution of the Mortgage Securities Market". In: CHURCHILL, Dwight R. (Ed.) *Fixed Income Management: Techniques and Practices*. Charlottesville, VA: Association for Investment Management and Research, 1994. p. 26-30.

[10] Para uma discussão detalhada, veja CARRON, Andrew S. "Collateralized Mortgage Obligations". In: FABOZZI, Frank (Ed.). The Handkook of Fixed-Income Securities. 5. ed. Chicago: Irwin, 1997.

[11] A CMO com quatro classes representou a configuração típica na década de 1980, sendo usada aqui para fins de demonstração. Atualmente, as CMOs são emitidas com 18 a 20 classes. As CMOs mais avançadas, chamadas de REMICs, oferecem uma certeza maior quanto aos padrões de fluxos de caixa dos vários componentes da cesta de empréstimos. Para uma discussão sobre REMICS, veja CARRON, Andrew S. "Understanding CMOs, REMICs, and Other Mortgage Derivatives". *Fixed Income Research*. New York: The First Boston Corp., 1992.

50 Investimentos

Uma *obrigação doméstica internacional* é vendida por um emissor em seu próprio país e na moeda deste. Um exemplo disso seria um título em iene vendido pela Nippon Steel no Japão. Um investidor americano que adquirisse tal título obteria diversificação máxima, mas incorreria no risco de taxa de câmbio.

AÇÕES PREFERENCIAIS

A *ação preferencial* é um título de renda fixa com pagamento anual estipulado na forma de um cupom (por exemplo, 5% do valor de face) ou fixado em dólares (por exemplo, preferencial de 5 dólares). A ação preferencial difere de uma obrigação no sentido de que seu pagamento é um dividendo e, conseqüentemente, não legalmente obrigatório. Em cada período, o conselho de administração da empresa deve deliberar a respeito de seu pagamento, tal como é feito com o dividendo de ações ordinárias. Dessa forma, mesmo que uma empresa tenha obtido lucro suficiente para pagar o dividendo de ações preferenciais, o conselho de administração poderia decidir retê-lo. Como a maioria das ações preferenciais é cumulativa, os dividendos não pagos se aglomeram para serem pagos integralmente mais tarde.

INSTRUMENTOS DE CAPITAL PRÓPRIO

Os instrumentos de capital próprio diferem dos títulos de renda fixa no sentido de que seus retornos não são determinados contratualmente. Como resultado disso, os retornos podem ser muito melhores ou piores do que os de uma obrigação. A ação ordinária é o tipo mais popular de instrumento de capital próprio.

As *ações ordinárias* representam a *propriedade* de uma empresa. Desse modo, os titulares das ações ordinárias de uma empresa participam dos êxitos e insucessos da empresa. Se, como acontece com o Wal-Mart, o McDonald's, a Microsoft ou a Intel, a companhia prospera com o tempo, o investidor recebe taxas elevadas de retorno e pode ficar rico. Entretanto, se uma empresa perde dinheiro ou vai à falência, isso também poderá acontecer com o investidor. Assim, a ação ordinária é um investimento mais arriscado que um título de renda fixa.

A informação típica a respeito de uma ação nas páginas financeiras apareceria assim:

| 52 semanas | | Ação | | | | | | Variação |
Máximo	Mínimo	(símbolo)	Dividendo	Rendimento	Preço/lucro	Volume	Fechamento	líquida
35,06	24,75	McDonald's (MCD)	0,23	0,7	19	32.732	27,20	+0,18

O símbolo das ações da McDonald's é MCD; seu preço máximo e mínimo no decorrer das 52 semanas anteriores foram iguais a 35,06 dólares e 24,75 dólares, respectivamente. Note-se que, diferentemente das obrigações, as ações são negociadas em cotações decimais; seus preços mostram o valor de uma ação em "dólares e centavos". Com base em seu último dividendo trimestral, a McDonald's paga dividendos a uma taxa anual de 23 centavos por ação, o que representa um rendimento de dividendos de 0,23 centavos/27,20 dólares, ou 0,8%, arredondando para uma casa decimal. O "fechamento" representa o preço de fechamento da ação; "PE" é o múltiplo preço/lucro. Como PE é igual a 19, arredonda-se para o número inteiro mais próximo. Podemos estimar o lucro por ação da McDonald's: como 19 = preço/lucro por ação = 27,20 dólares/LPA, o lucro deve ser aproximadamente igual a 1,43 dólar por ação. No pregão mostrado, o volume (ações negociadas) foi de 3.273.200. A "Variação Líquida" mostra que o preço da ação aumentou 18 centavos em relação ao preço de fechamento do dia anterior.

Para o investidor que esteja montando uma carteira global, há várias maneiras populares de adquirir ações ordinárias de empresas estrangeiras:

1. Compra ou venda de *American Depositary Receipts* (ADRs).
2. Compra ou venda direta de ações de empresas estrangeiras negociadas em uma bolsa de valores dos Estados Unidos ou estrangeira.
3. Compra ou venda de cotas de fundos de investimento internacionais ou globais.

A maneira mais fácil de comprar ações de empresas estrangeiras diretamente é por meio dos *ADRs*. Emitidos por um banco americano, esses certificados representam a propriedade indireta de certo número de ações de uma empresa estrangeira específica depositadas em um banco do país de origem da empresa. Os ADRs são convenientes porque o investidor os compra e vende nos Estados Unidos e recebe todos os dividendos em dólares americanos. Isso significa que o preço e os retornos demonstram tanto os retornos domésticos da ação quanto o efeito da taxa de câmbio. Além disso, o preço de um ADR pode refletir o fato de que representa várias ações – por exemplo, um ADR pode corresponder a cinco ou dez ações da empresa estrangeira. Os ADRs podem ser emitidos livremente por um banco, com base na demanda pelas ações. O acionista absorve os custos adicionais de processamento de um ADR, representados por gastos de transferência mais altos, os quais são deduzidos dos pagamentos de dividendos.

Os ADRs são muito populares nos Estados Unidos em razão de seus benefícios de diversificação. Em 2003, existiam cerca de 2.000 programas de recibos de depósito disponíveis aos investidores. Em 2003, os ADRs mais negociados incluíam Nokia (Finlândia), Vodafone (Reino Unido), Ericsson (Suécia), Royal Dutch Petroleum (Países Baixos) e BP (Reino Unido).

A compra direta de ações em um mercado estrangeiro é outra maneira, menos conveniente, de se investir globalmente. A transação internacional mais difícil e complicada com ações estrangeiras é aquela que ocorre no país em que a empresa está sediada, pois precisa ser realizada em moeda estrangeira, e as ações devem depois ser transferidas para os Estados Unidos. Essa rotina pode ser trabalhosa. Uma segunda alternativa é uma transação em uma bolsa de valores fora do país do qual os títulos se originam. Por exemplo, se um investidor compra ações de uma empresa automobilística francesa listada na bolsa de valores de Londres (LSE), as ações seriam em libras; e a transferência, feita rapidamente caso a corretora fosse membro da LSE.

Finalmente, pode-se comprar ações de empresas estrangeiras negociadas na NYSE, na AMEX ou na Nasdaq. O procedimento é similar ao da compra de ações de empresas americanas, mas há somente um número limitado de empresas estrangeiras registradas e dispostas a arcar com o custo de registro. Entretanto, esse número está crescendo. No final de 2001, mais de 100 empresas estrangeiras (a maioria canadenses) estavam diretamente registradas na NYSE, além das empresas que já estavam disponíveis por intermédio de ADRs.

Para o pequeno investidor, os fundos de investimento representam uma boa possibilidade de investir no mercado internacional. As alternativas variam de *fundos globais*, que investem tanto em ações de empresas americanas quanto em ações de empresas estrangeiras, aos *fundos internacionais*, que investem quase inteiramente fora dos Estados Unidos. Estes podem: (1) diversificar-se em vários países, (2) concentrar-se em uma região do mundo (por exemplo, Europa, América do Sul ou Círculo do Pacífico), (3) fixar-se em um determinado país (por exemplo, o Japan Fund, o Germany Fund, o Italy Fund ou o Korea Fund), ou (4) concentrar-se em tipos específicos de mercado (por exemplo, mercados emergentes, que incluiriam ações de países como Tailândia, Indonésia, Índia e China).

DERIVATIVOS

Além dos investimentos em ações ordinárias, uma pessoa também pode aplicar em títulos derivativos, que *derivam* seu valor de um título subjacente. Esse título pode ser uma ação ordinária, o valor de um índice, uma taxa de juros ou uma taxa de câmbio. Na discussão a seguir, concentramos nossa atenção em derivativos de ações ordinárias.

Um tipo de derivativo é uma **opção** – o direito de comprar ou vender ações ordinárias a um preço estipulado em um determinado período. Uma **opção de compra** serve para adquirir ações ordinárias de uma empresa em um dado lapso a um preço predeterminado, chamado de *preço de exercício*. Uma opção de compra não é emitida pela empresa, mas por um outro investidor que deseja assumir o outro lado da transação. As opções de compra são geralmente válidas por períodos inferiores a um ano. O titular de uma **opção de venda** tem o direito de vender uma dada ação a um preço estipulado durante um tempo especificado. As opções de venda são úteis para investidores que esperam que o preço de uma ação caia durante o período ou para os investidores que possuem a ação e desejam proteção contra a queda de preço.

Outro instrumento derivativo é um **contrato futuro**. Esse acordo prevê a troca futura de um dado ativo em uma data estipulada de entrega (geralmente, no espaço de nove meses), em troca de um pagamento predeterminado no ato da entrega. Embora o pagamento integral não seja feito até a data de entrega, um depósito de boa-fé – a *margem* – é feito para proteger o vendedor. Isso tipicamente corresponde a aproximadamente 10% do valor do contrato.

Contratos futuros populares de ativos financeiros incluem os de instrumentos como letras do Tesouro, obrigações do Tesouro e euro-obrigações. Por exemplo, pode-se comprar ou vender um contrato de futuro que prometa a entrega posterior de 100 mil dólares em obrigações do Tesouro a um preço e a um rendimento predeterminados. As principais bolsas de contratos futuros de ativos financeiros são a Chicago Mercantile Exchange (CME) e a Chicago Board of Trade (CBOT). Esses contratos futuros permitem que investidores individuais, gestores de carteiras de títulos de renda fixa e administradores financeiros de empresas se protejam contra taxas de juros voláteis. Alguns contratos futuros de moedas estrangeiros permitem a investidores individuais ou gestores de carteiras especular ou se proteger contra variações de taxas de câmbio. Finalmente, há contratos futuros referenciados de séries de mercados de ações, como o S&P 500, o índice FTSE (Londres) e o Nikkei Average da Bolsa de Valores de Tóquio.

INVESTIMENTOS ADMINISTRADOS

Os investimentos administrados reúnem fundos de pessoas físicas e aplicam os fundos de acordo com diretrizes fixadas. Exemplos de tais investimentos indiretos são as companhias de investimento, os *hedge funds*, os fundos de *venture capital* e os fundos de investimentos imobiliários.

Companhias de Investimento – Uma **companhia de investimento** vende suas cotas e usa o dinheiro obtido com a venda para comprar obrigações, ações ou outros instrumentos de investimento. Em conseqüência, um investidor que compra cotas de uma companhia de investimento passa a ser proprietário parcial da carteira de ações e obrigações da companhia de investimento. As companhias de investimento abertas, mais conhecidas como fundos de investimento, possuem um número flutuante de cotas, pois os investidores compram e resgatam as cotas diretamente da companhia. Os tipos principais de fundos de investimento incluem os fundos de mercado monetário, os fundos de renda fixa, os fundos de ações ordinárias e os fundos balanceados. Os **fundos de mercado monetário** são companhias de investimento que adquirem títulos de curto prazo e alta qualidade, como letras do Tesouro, notas promissórias mercantis de alta qualidade (ou seja, empréstimos públicos em curto prazo) de várias empresas, e CDs em grandes bancos dos principais mercados monetários. Os fundos de renda fixa geralmente aplicam em vários títulos de dívida pública, títulos de dívida privada e obrigações municipais de longo prazo. Diferem em função do tipo e da qualidade das obrigações incluídas na carteira em termos de classificações de risco atribuídas pelas diversas agências. Muitos fundos de ações ordinárias investem visando a diversos objetivos de investimento, que podem incluir crescimento agressivo, rendimento, investimentos em metais preciosos e ações internacionais. Tais fundos oferecem aos investidores menores os benefícios da diversificação e da gestão profissional. Os fundos balanceados aplicam em uma combinação de vários títulos de dívida e ações, de acordo com seus objetivos declarados.

Hedge Funds – Um *hedge fund* típico é uma sociedade. Um sócio geral (que pode ser uma pessoa física ou uma pessoa jurídica) investe capital, toma decisões de negociação e gerencia as operações diárias do fundo. Os sócios limitados inves-

52 Investimentos

tem capital nele. Os *hedge funds* têm uma variedade de estratégias. Alguns investem agressivamente em ações, até mesmo tomando dinheiro emprestado para comprá-las. Outros investem em posições concentradas em títulos de empresas com dificuldades, ou seja, empresas que estão em concordata ou próximas disso. Ainda outros investem com o intuito de gerar rendimento, enfatizam mercados emergentes ou visam tirar proveito de mudanças de política macroeconômica. De acordo com a *Hedge Fund Association*, algo em torno de 875 bilhões de dólares estavam aplicados em mais de 8.000 *hedge funds* em 2004. Como remuneração e a título de incentivo de desempenho, o sócio geral recebe uma taxa de administração de 1% dos ativos do fundo por ano e 20% dos lucros líquidos da sociedade.

Venture Capital – *Venture capital* é o processo de captação e aplicação de fundos em empresas pequenas, fechadas e de elevado potencial de crescimento, com o objetivo de obter retornos positivos, depois de ajustados por risco, ao se encerrar essa aplicação. As empresas que recebem fundos de *venture capital* tipicamente são aquelas em fase de instalação ou fechadas, que possuem uma idéia atraente e algumas vendas, mas precisam de capital para financiar sua expansão. Os fornecedores de *venture capital* obtêm retornos em seus investimentos saindo de sua aplicação (1) quando uma empresa faz uma oferta pública inicial (IPO) vendendo ações ordinárias ao público, (2) quando a empresa é comprada por outra firma, ou (3) quando a empresa se funde com outra. Os investimentos são de alto risco, mas com elevado potencial de retorno. A estrutura básica de um fundo de *venture capital* assemelha-se à do *hedge fund*. Um sócio geral recruta investidores, recebe uma taxa de administração de 1% e 20% dos lucros líquidos. Os sócios limitados aplicam em cotas do fundo de *venture capital*.

Fundos de Investimentos Imobiliários (REIT) – Muitos investidores vêem os imóveis como um investimento alternativo interessante e rentável, mas acreditam que está disponível somente a um pequeno grupo de especialistas, que tenha muito capital para aplicar. Na realidade, alguns investimentos imobiliários factíveis por meio de fundos de investimento não requerem nenhuma especialização detalhada nem aplicações grandes de capital. Um REIT é um fundo semelhante ao de investimento em títulos de renda fixa ou ações, exceto pelo fato de que o dinheiro fornecido pelos investidores é aplicado em terrenos e prédios.

Existem diversos tipos de REITs. Os fundos de construção e desenvolvimento emprestam dinheiro a construtores durante a construção inicial de um prédio. Os fundos hipotecários fornecem financiamento a longo prazo para imóveis uma vez concluída a construção. Os fundos de participação investem em diversos imóveis para a geração de rendimento (incluindo prédios de escritórios, *shopping centers* ou conjuntos de apartamentos); desse modo, um investidor que compra cotas de um REIT de participação adquire parte de uma carteira formada por esses bens. Assim, embora os REITs estejam sujeitos a riscos cíclicos, em função do comportamento da economia, eles oferecem aos pequenos investidores muitas maneiras de participar em investimentos imobiliários.[12]

Discutiremos muitas das alternativas comuns de investimento que descrevemos nesta seção, com mais detalhes, quando estudarmos como avaliá-las para fins de investimento. Tenha em mente que novos instrumentos de investimento estão constantemente desenvolvidos. Você pode se manter atualizado sobre isso lendo os jornais e as revistas especializadas na área de negócios.

Taxas históricas de retorno e risco

Nesta parte, apresentamos dados de taxas históricas de retorno e medidas de risco de vários dos investimentos que discutimos. Esses antecedentes em termos de desempenho histórico de retorno e risco podem nos dar alguma idéia das características de retorno e risco que poderíamos esperar no futuro. Primeiro, examinamos os dados americanos; depois analisaremos o retorno e o risco de ativos globais.

LETRAS DO TESOURO, OBRIGAÇÕES E AÇÕES

Na Tabela 3.9, mostramos a média geométrica anual, a média aritmética anual e o desvio-padrão dos retornos anuais do período de 1980 a 2003 para uma série de seis ativos. Usamos ações de capitalização elevada (representadas pelo índice S&P 500), ações de empresas com capitalização pequena (representadas pelo índice Russell 2000), obrigações privadas, de longo e médio prazos do governo (todas representadas pelos índices da Lehman Brothers), letras do Tesouro (baseadas em um índice do Citigroup), e incluímos a taxa de inflação dos Estados Unidos. Como foi discutido no Capítulo 2, as médias geométricas das taxas de retorno são sempre inferiores às médias aritméticas, e a diferença entre essas duas médias aumenta com o desvio-padrão dos retornos. Como esperado, os ativos de risco mais alto geralmente tiveram retornos elevados no período de 1980 a 2003. Uma exceção é o comportamento das ações de empresas menores, que tiveram risco maior e retornos mais baixos do que as ações de empresas grandes, em um período de 24 anos.

---

[12] Para uma revisão dos estudos que examinam os retornos no setor imobiliário, veja MYER, C. F.; WEBB, James. "Return Properties of Equity REITs, Common Stocks e Commercial Real Estate: A Comparison." *Journal of Real Estate Research* 8, n. 1, 87-106, 1993; ROSS, Stephen; ZISLER, Randall. "Risk and Return. In: Real Estate." *Journal of Real Estate Financial Economics* 4, n. 2, 175-190, 1991; GOETZMANN, William; IBBOTSON, Roger. "The Performance of Real Estate as an Asset Class." *Journal of Applied Corporate Finance* 3, n. 1, 65-76, primavera 1990. Para uma análise das possibilidades de diversificação, veja HUDSON-WILSON, Susan; ELBAUM, Bernard L. "Diversificatoin Benefits for Investors in Real Estate." *Journal of Portfolio Management* 21, n. 3, 92-99, 1995.

TABELA 3.9	Séries básicas e derivadas: de 1980 a 2003		
	Média geométrica (%)	Média aritmética (%)	Desvio-padrão (%)
Séries básicas			
Ações de empresas grandes (S&P 500)	13,64	15,03	17,87
Ações de empresas pequenas (Russell 2000)	12,21	14,45	22,50
Obrigações privadas (Lehman Brothers Corporate Bonds)	10,36	10,66	8,25
Obrigações de longo prazo do governo (Lehman Brothers Long-Term Gov't Bond)	10,74	11,39	12,20
Obrigações de médio prazo do governo (Lehman Brothers Long-Term Gov't Bond)	9,11	9,22	5,01
Letras do tesouro com prazo de 3 meses (Citigroup)	6,45	6,46	0,94
Inflação nos Estados Unidos	3,71	3,72	1,08
Séries básicas ajustadas pela inflação			
Ações de empresas grandes	9,57	10,94	17,40
Ações de empresas pequenas	8,19	10,39	21,88
Corporate bonds	6,41	6,71	8,15
Obrigações do governo de longo prazo	6,77	7,43	11,98
Obrigações do governo de médio prazo	5,26	5,38	5,11
Letras do Tesouro com prazo de 3 meses	2,64	2,65	0,97
Séries derivadas			
Prêmio por risco de ações	6,75%	8,57	
Prêmio por risco de ações de empresas pequenas	−1,26%	−0,58	
Prêmio por prazo	4,03%	4,93	
Prêmio por risco de inadimplência	1,15%	1,44	

Ajustamos cada série de retornos pela taxa de inflação anual para estimar retornos reais. Estes foram estimados a cada ano da seguinte maneira:

$$\text{Retorno real anual} = \frac{1 + \text{ Retorno nominal anual}}{(1 + \text{ Taxa de inflação anual})} > 1$$

Determinamos as médias e os desvios-padrões com base nesses cálculos anuais. Nesse período, as ações de empresas grandes tiveram um retorno real médio composto de 9,57%. As obrigações tiveram bom desempenho depois de considerada a inflação, por causa da queda das taxas de juros durante o período.

As quatro séries derivadas mostradas na Tabela 3.9 foram calculadas a partir de dados de outras séries e focalizam os quatro tipos de prêmios por risco. O primeiro é o *prêmio por risco de ações*, a diferença entre a taxa de retorno que os investidores recebem ao aplicar em ações de empresas grandes, acima do retorno de letras do Tesouro livres de risco. Em média, os investidores obtiveram 8,57% a mais por ano, investindo em ações de empresas grandes que em letras do Tesouro. O prêmio por risco de ações de empresas pequenas, definido pela diferença entre o retorno de suas ações e o retorno das ações de companhias grandes é negativo no período apresentado. O *prêmio por prazo* é a diferença entre a taxa de retorno recebida em investimentos de longo prazo realizados em obrigações do governo e a taxa de retorno de letras do Tesouro de curto prazo. Os investidores obtiveram um retorno composto de 4,03% a mais por ano, aplicando nas obrigações de longo prazo com maior risco. Finalmente, o *prêmio por risco de inadimplência* é a diferença entre as taxas de retorno de obrigações emitidas por empresas privadas e obrigações emitidas pelo governo. Como discutido anteriormente, os títulos de dívida de empresas privadas possuem risco de inadimplência ou risco de crédito, medido pela sua classificação em termos deste; os títulos públicos têm risco nulo de inadimplência. Como o prazo típico de vencimento das obrigações privadas é semelhante ao de títulos públicos de médio prazo, podemos calcular essa série usando o índice de obrigações privadas e o de títulos públicos de médio prazo da Lehman Brothers. Em média, os investidores conseguiram um pouco acima de 1% a mais ao assumirem o risco de inadimplência.

DESEMPENHO DA CARTEIRA MUNDIAL

Ampliamos agora a nossa análise de títulos domésticos para globais. Especificamente, para o período de 1980 a 2003, examinaremos o desempenho de ações, obrigações, títulos de curto prazo, imóveis e *commodities* nos Estados Unidos, no Canadá, na Europa, no Japão e nos mercados emergentes. A Tabela 3.10 fornece as taxas médias geométricas e aritméticas anuais de retorno, os desvios-padrões destes e os coeficientes de variação de uma variedade de classes de ativos.

54 Investimentos

TABELA 3.10	Resumo dos resultados em termos de retorno e risco de diversos ativos do mercado de capitais, de 1980 a 2003			
	Média geométrica (%)	Média aritmética (%)	Desvio-padrão (%)	Coeficiente de variação
Ações				
S&P 500	13,64	15,03	17,87	1,19
Wilshire 5000	13,17	14,62	18,16	1,24
Russell 1000	13,42	14,83	17,98	1,21
Russell 2000	12,21	14,45	22,50	1,56
Russell 3000	13,28	14,71	18,05	1,23
S&P/IFCG Emerging Composite	9,82	12,75	25,75	2,02
MSCI EAFE	11,12	12,80	19,61	1,53
S&P/Toronto Stock Exch 60	9,16	10,64	17,94	1,69
MSCI Alemanha	10,05	12,72	24,58	1,93
MSCI Japão	5,01	6,95	20,59	2,96
MSCI Mundo	11,91	13,16	16,80	1,28
Obrigações				
Índice Lehman Brothers de obrigações do governo	9,56	9,74	6,33	0,65
Índice Lehman Brothers de obrigações privadas	10,36	10,66	8,25	0,77
Índice Lehman Brothers agregado de obrigações	9,79	10,00	6,81	0,68
Índice de obrigações de alto rendimento da Lehman Brothers	9,90	10,21	8,25	0,81
Índice mundial de obrigações do governo da Merrill Lynch	9,02	9,26	7,21	0,78
Índice mundial (exceto Estados Unidos) de obrigações do governo da Merrill Lynch	9,92	10,49	11,30	1,08
Outros				
Índice Wilshire de imóveis	11,25	12,43	16,27	1,31
Índice de *commodities* da Goldman Sachs	8,15	9,68	18,62	1,92
Índice de Letras do Tesouro dos Estados Unidos com prazo de 3 meses (*Citigroup*)	6,45	6,46	0,94	0,15
Inflação americana	3,71	3,72	1,08	0,29

Retorno e Risco de Ativos – Os resultados na Tabela 3.10 confirmam, em geral, a relação esperada entre taxas anuais de retorno e o risco desses títulos. As ações, com risco maior, geralmente apresentaram taxas de retorno e desvios-padrões mais altos do que as obrigações, que por sua vez tiveram retornos e desvios-padrões mais altos que os títulos públicos de curto prazo.

Risco Relativo de Ativos – Nos coeficientes de variação (CV), que medem a variabilidade relativa de risco por unidade de retorno, vemos uma ampla faixa de valores. As letras do Tesouro tiveram o coeficiente de variação mais baixo. As ações de empresas japonesas tiveram o coeficiente de variação mais alto, graças a seu elevado desvio-padrão e a seus retornos relativamente baixos durante essa fase. Os coeficientes de variação de ações variaram de 1,19 a 2,96, com as ações de empresas americanas no extremo inferior dessa faixa. Finalmente, o índice mundial de ações da MSCI também teve um coeficiente de variação baixo: 1,28; isso evidencia os benefícios da diversificação global. O Gráfico 3.3 mostra a relação positivamente ascendente entre essas medidas históricas de risco e retorno.

Correlações entre Retornos de Ativos – A Tabela 3.11 apresenta os coeficientes de correlação entre os mesmos ativos americanos e mundiais. A primeira coluna mostra que os retornos de ações nos Estados Unidos, medidos pelo S&P 500, têm uma correlação razoavelmente alta com as ações canadenses (0,791). Há correlações mais baixas entre o mercado americano e as ações de mercados emergentes (0,480) e com as ações japonesas (0,373). As ações de empresas americanas têm correlação negativa com os títulos públicos mundiais (exceto Estados Unidos): – 0,023, quando medidas pelo S&P 500, – 0,040 quando o índice Wilshire 5000 foi usado. As correlações entre os retornos de mercados emergentes e ações (tanto nos Estados Unidos quanto em outros países) ficaram sistematicamente em torno de 0,500, enquanto muitos retornos de obrigações tiveram correlação negativa com os retornos de ações nos mercados emergentes. De maneira semelhante, os outros índices de ações, especificamente o EAFE (ou seja, Europe, Australia and Far East, medindo retornos nos mercados

Seleção de investimentos em um mercado global 55

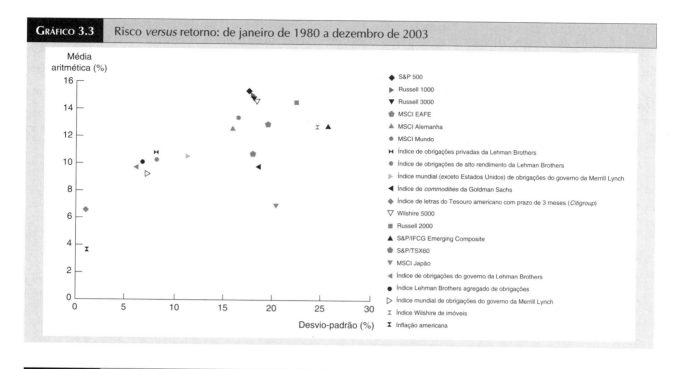

GRÁFICO 3.3 Risco *versus* retorno: de janeiro de 1980 a dezembro de 2003

TABELA 3.11 Correlações entre ativos do mercado global de capitais, de 1980 a 2003

	S&P 500	Wilshire 5000	S&P/IFCG Emerging Mkts	MSCI EAFE	MSCI mundo
Ações					
S&P 500	1,000	0,986	0,480	0,566	0,843
Wilshire 5000	0,986	1,000	0,508	0,573	0,840
Russell 1000	0,997	0,994	0,487	0,564	0,839
Russell 2000	0,799	0,878	0,511	0,506	0,703
Russell 3000	0,992	0,998	0,497	0,567	0,839
S&P/IFCG Emerging Composite	0,480	0,508	1,000	0,457	0,515
MSCI EAFE	0,566	0,573	0,457	1,000	0,913
S&P/Toronto Stock Exch 60	0,791	0,809	0,542	0,597	0,746
MSCI Alemanha	0,566	0,570	0,498	0,523	0,601
MSCI Japão	0,373	0,384	0,400	0,745	0,662
MSCI Mundo	0,843	0,840	0,515	0,913	1,000
Obrigações					
Índice de obrigações do governo da Lehman Brothers	0,169	0,149	−0,214	0,122	0,150
Índice de obrigações privadas da Lehman Brothers	0,274	0,264	−0,095	0,182	0,243
Índice agregado de obrigações da Lehman Brothers	0,223	0,207	−0,170	0,158	0,200
Índice de obrigações de alto rendimento da Lehman Brothers	0,502	0,534	0,336	0,341	0,448
Índice mundial de obrigações do governo da Merrill Lynch	0,018	−0,006	−0,191	0,374	0,253
Índice mundial (exceto Estados Unidos) de obrigações do governo da Merrill Lynch	−0,023	−0,040	−0,148	0,440	0,287
Outros					
Índice Wilshire de imóveis	0,564	0,605	0,341	0,384	0,511
Índice de *commodities* da Goldman Sachs	0,024	0,039	0,040	0,090	0,068
Índice de letras do tesouro americano com prazo de 3 meses (*Citigroup*)	0,002	−0,011	−0,048	−0,035	−0,025
Inflação americana	−0,116	−0,122	−0,024	−0,164	−0,156

de ações da Europa, da Austrália e do Extremo Oriente) e o índice mundial de ações da Morgan Stanley, mostraram correlações mais elevadas com os retornos de ações, correlações mais baixas com os retornos de obrigações e correlações ainda mais inferiores com *commodities* e títulos de curto prazo do governo americano. Recorde-se de que essa informação pode ser utilizada para construir uma carteira diversificada, combinando-se os ativos com correlações negativas ou positivas baixas.

Resumo

- Os investidores que desejam ter o leque mais amplo possível de escolhas em termos de investimentos devem considerar as ações e os títulos de renda fixa estrangeiros, além dos ativos financeiros domésticos. Muitos títulos estrangeiros oferecem aos investidores retornos mais altos, ajustados por risco, do que os títulos domésticos. Além disso, as correlações negativas ou positivas baixas entre títulos estrangeiros e americanos tornam os títulos estrangeiros ideais para a montagem de uma carteira diversificada.
- Os títulos de dívida (ou ações) estrangeiros são considerados mais arriscados do que os títulos de dívida (ou ações) domésticos em função da inevitável incerteza decorrente do risco de variação da taxa de câmbio e do risco do país.
- Os estudos efetuados com os dados históricos de retornos de ações ordinárias e outras alternativas de investimento (incluindo títulos de renda fixa, *commodities*, imóveis e títulos estrangeiros) permitem duas generalizações:

1. Há tipicamente uma relação positiva entre a taxa de retorno de um ativo e a variabilidade de sua taxa de retorno passada. Isso é esperado em um mundo de investidores avessos ao risco que exigem taxas de retorno mais altas para compensar a maior incerteza.
2. A correlação entre taxas de retorno de algumas ações e obrigações nos Estados Unidos e no exterior pode ser muito baixa. Isso confirma que a diversificação global é vantajosa.

- Muitos investimentos diretos, como uma variedade de ações e obrigações estrangeiras e domésticas estão disponíveis aos investidores. Além disso, as companhias de investimento permitem que os investidores comprem investimentos indiretamente. Isso pode ser importante para aqueles que desejam se beneficiar da gestão profissional, mas também querem diversificação instantânea com uma quantidade limitada de fundos.

Questões

1. Quais são as vantagens de se investir em ações ordinárias e não nas obrigações de uma empresa? Compare a incerteza dos retornos de uma obrigação à incerteza dos retornos de uma ação ordinária. Desenhe um gráfico linear para demonstrar o padrão de retornos que você poderia prever para cada um desses ativos no tempo.
2. Discuta quatro fatores que fazem com que os investidores americanos considerem a possibilidade de incluir investimentos globais em suas carteiras.
3. Discuta por que a diversificação internacional reduz o risco de carteiras. Especificamente, por que você esperaria uma correlação baixa entre as taxas de retorno de títulos domésticos e títulos estrangeiros?

Investimentos on-line

Como é descrito neste capítulo, a variedade de produtos financeiros é enorme e potencialmente confusa para o investidor iniciante (e até mesmo para o profissional experiente). Duas boas regras de investimento são: (1) apegue-se à sua tolerância por risco (muitas pessoas tentarão vender instrumentos que podem não ser apropriados para o investidor típico) e (2) não invista em algo que você não entenda. Os websites mencionados nos Capítulos 1 e 2 oferecem informações úteis sobre uma variedade de investimentos. Vemos a seguir alguns outros sites que podem ser de seu interesse.

http://www.site-by-site.com – Este site contém notícias do mundo financeiro global, incluindo informações de mercado e relatórios econômicos para uma variedade de países, com mercados desenvolvidos, em desenvolvimento e emergentes. Algumas análises de empresas estão disponíveis, assim como informações sobre mercados de derivativos do mundo inteiro.

http://www.moneycafe.com – O MoneyCafe oferece informações sobre produtos e serviços financeiros para pessoas físicas e jurídicas, além de notícias, taxas de juros e cotações de ações atualizadas.

http://www.emgmkts.com – A página da Emerging Markets Companion contém informações sobre os mercados emergentes da Ásia, da América Latina, da África e da Europa Oriental. As informações e os links disponíveis incluem notícias, preços, informações de mercado e pesquisas.

http://www.law.duke.edu/globalmark – O Global Capital Markets Center da Duke University disponibiliza informações e estudos sobre uma variedade de tópicos de mercado financeiro, a maior parte escrita de um ponto de vista jurídico.

http://www.lebenthal.com – A Lebenthal é uma empresa especializada em vendas de obrigações municipais a investidores individuais. Seu site tem uma variedade de pesquisas e informações sobre obrigações municipais.

http://search.sothebys.com – O site da Sotheby's Inc. contém atualizações de leilões e informações sobre itens para colecionadores, recursos da Internet e notícias sobre vendas futuras.

4. Discuta por que você esperaria alguma *diferença* na correlação de retornos entre títulos dos Estados Unidos e os de outros países (por exemplo, Japão, Canadá e África do Sul).

5. Discuta se você esperaria alguma *variação* nas correlações entre ações de empresas americanas e ações de países diferentes. Por exemplo, a correlação entre os retornos de ações dos Estados Unidos e do Japão deveria variar no tempo?

6. O comércio internacional crescente aumentará ou diminuirá a correlação entre os mercados de ações de diferentes países? Explique.

7. De que maneira o fortalecimento do dólar americano afeta os retornos para um investidor sediado nos Estados Unidos? E um enfraquecimento do dólar americano?

8. Quando você aplica em obrigações japonesas ou alemãs, quais são os principais riscos adicionais que deve considerar além das variações de taxas no país?

9. Alguns investidores acreditam que o investimento internacional gera riscos adicionais. Discuta esses riscos e como eles podem afetar os retornos. Dê um exemplo.

10. Por que as correlações entre os retornos nos mercados de ações de diferentes países crescem com o passar do tempo?

11. Os investidores deveriam diversificar entre países? Entre setores? Fazer as duas coisas? Explique sua resposta.

12. Quais alternativas existem no investimento direto em ações estrangeiras para os investidores?

13. Por que deveria um indivíduo situado em uma alíquota elevada de imposto pensar em aplicar em uma obrigação municipal, e não em uma obrigação privada, mesmo que a taxa prometida daquela seja mais baixa?

14. Você pode adquirir obrigações conversíveis de uma empresa em expansão ou de uma empresa concessionária de serviços de utilidade pública. Especule sobre qual das obrigações conversíveis teria uma taxa de rendimento mais baixa e discuta o motivo dessa diferença.

15. Que vantagem oferece um CMO a um investidor em comparação com um certificado de repasse da Ginnie Mae?

16. Descreva sucintamente duas cláusulas contratuais que podem afetar o vencimento de uma obrigação.

17. Que fatores determinam se uma obrigação tem preferência ou é subordinada? Apresente exemplos de cada tipo.

18. Explique as diferenças em termos de tributação de renda entre obrigações municipais, de um lado, e obrigações do Tesouro e privadas, de outro.

19. De que modo a escritura de emissão de uma obrigação afeta sua classificação de risco?

20. Qual é a finalidade das classificações de risco de crédito? O que elas deveriam indicar?

21. Discuta a diferença entre uma obrigação estrangeira (por exemplo, uma obrigação Samurai) e uma euro-obrigação (como uma emissão em euro-iene).

22. Que obrigação deve ter o preço de oferta inicial mais alto? (Não é necessário fazer cálculos.)
    (a) Uma obrigação com cupom igual a zero, prazo de 15 anos e rendimento até o vencimento (YTM) de 12%.
    (b) Uma obrigação com cupom igual a zero, prazo de 20 anos e YTM de 10%.

23. Defina *título derivativo* e forneça dois exemplos desse tipo de título.

24. Por que um investidor precisaria de uma opção de compra? E de uma opção de venda?

25. Você tem uma carteira relativamente ampla de ações e obrigações americanas. Em um encontro social, um planejador financeiro lhe sugere que diversifique sua carteira, investindo em ouro. Que informação você precisaria ter para avaliar essa sugestão?

26. Veja a questão 25. Outro planejador financeiro nesse mesmo encontro social sugere que você diversifique a sua carteira e aplique-a em obrigações não-americanas. Discuta se as correlações apresentadas na Tabela 3.11 apóiam essa sugestão.

27. *Exame de CFA nível I*
    Chris Smith, do XYZ Function Plan, tem investido em ações apenas de empresas sediadas nos Estados Unidos. Recentemente, decidiu adicionar uma exposição internacional à carteira de seu plano.
    Identifique e discuta brevemente *três* possíveis problemas que Smith poderia enfrentar ao selecionar ações internacionais e que ele não teria ao escolher apenas ações americanas. (6 minutos)

28. *Exame CFA nível III*
    A TMP tem tido uma demanda cada vez maior de informação e assistência relacionadas à gestão de investimentos internacionais por parte de seus clientes institucionais. Reconhecendo que essa é uma área de importância crescente, a empresa contratou um analista/gestor de carteira especializado em ações e estratégia de mercado internacionais. Sua primeira incumbência é representar a TMP perante o Comitê de Investimentos de um cliente da empresa para discutir a possibilidade de trocar sua atual abordagem de investimento "exclusivamente em títulos americanos" por uma que inclua investimentos internacionais. Fora dito a ele que o Comitê desejava uma apresentação que examinasse completa e objetivamente as considerações substantivas e fundamentais nas quais o Comitê deveria focar sua atenção, incluindo tanto teoria quanto evidências empíricas. O plano de pensão da empresa não enfrenta barreiras legais ou de qualquer outro tipo para a adoção de um enfoque internacional, e não há obrigações não-americanas de pagamento de pensão atualmente.
    (a) Identifique e discuta brevemente *três* motivos para a adição de títulos internacionais à carteira do plano de pensão e *três* problemas associados a essa abordagem. (8 minutos)
    (b) Suponha que o comitê tenha adotado uma política para que sejam incluídos títulos internacionais na carteira do plano de pensão. Identifique e discuta brevemente *três* níveis de decisões adicionais de investimento, *em âmbito de política*, que o comitê deve tomar *antes* de começar efetivamente a seleção de gestores e sua efetiva implantação. (12 minutos)

PROBLEMAS

1. Elizabeth, uma investidora residente nos Estados Unidos, compra várias ações negociadas na Europa. Michael, um investidor europeu, compra diversas ações negociadas nos Estados Unidos. No ano passado, a carteira européia de Elizabeth rendeu 7%. A carteira de ações americanas de Michael caiu 5%. No início do ano passado, a taxa de câmbio dólar/euro era igual a 1,05 dólar/euro; no fim do ano, ela era igual a 1,15.
    (a) Qual foi a porcentagem de retorno de Elizabeth em termos de dólares?
    (b) Qual foi a porcentagem de retorno de Michael em termos de euros?

2. Calcule o retorno para um investidor americano em cada um dos seguintes investimentos:

58 Investimentos

VARIAÇÃO PORCENTUAL EM TERMOS DE:

País	Retornos locais	Taxa de câmbio ($/unidade da moeda estrangeira)
Rússia	10,5%	−18,6%
Reino Unido	5,1	12,3
Alemanha	−12,5	14,3
Japão	−12,8	−4,5

3. *Exame de CFA (Adaptado)*

As seguintes informações a respeito das relações históricas de retorno e risco estão disponíveis para os mercados de capitais dos Estados Unidos.

Retornos anuais totais nos mercados de capitais dos Estados Unidos

Categoria de investimento	Média aritmética	Média geométrica	Desvio-padrão do retorno[a]
Ações ordinárias	10,28%	8,81%	16,9%
Letras do tesouro	6,54	6,49	3,2
Obrigações do governo de longo prazo	6,10	5,91	6,4
Obrigações privadas de longo prazo	5,75	5,35	9,6
Imóveis	9,49	9,44	3,5

[a] Com base na média aritmética.

(a) Explique por que os retornos médios geométricos e médios aritméticos não são iguais, e se tanto uma como outra medida pode ser mais útil para as tomadas de decisões de investimento. (5 minutos)

(b) Para o período indicado, classifique esses investimentos, ajustados por risco, do mais ao menos desejável. Explique seu raciocínio. (6 minutos)

(c) Suponha que os retornos dessas séries tenham distribuição normal.

   i. Calcule a faixa de retornos que um investidor teria esperado atingir em 95% do tempo se aplicasse em ações ordinárias. (4 minutos)

   ii. Suponha que um investidor possua imóveis durante esse período. Determine a probabilidade de se alcançar pelo menos o ponto de equilíbrio nesse investimento. (5 minutos)

(d) Imagine que você tenha uma carteira composta inteiramente por imóveis. Discuta a razão, caso haja alguma, para adotar uma carteira mista de ativos acrescentando obrigações do governo de longo prazo. (5 minutos)

4. Um investidor pertencente à alíquota de imposto de 28% tenta decidir qual entre duas obrigações ele deve comprar. Uma delas é uma obrigação privada com cupom de 8% e é vendida ao par. A outra é uma obrigação municipal com um cupom de $5\frac{1}{2}$% e também vendida ao par. Supondo-se que todos os demais fatores relevantes sejam idênticos, que obrigação o investidor deveria escolher?

5. Uma obrigação com um cupom de 8,4%, emitida pelo estado de Indiana, é negociada por 1.000 dólares. Que cupom, em uma obrigação privada negociada aos mesmos 1.000 dólares de valor par, produziria igual retorno, depois do imposto de renda, para o investidor nessa obrigação municipal, se o investidor estiver:

(a) na faixa de alíquota marginal de 15% de imposto?

(b) na faixa de alíquota marginal de 25% de imposto?

(c) na faixa de alíquota de marginal de 35% de imposto?

6. Considere a seguinte cotação de uma obrigação cujo valor par é de 1.000 dólares:

Empresa (código)	Cupom	Vencimento	Último preço
General Motors (GM)	8,375	Jul, 15, 2033	104,508

Último rendimento	Spread estimado	UST	Volume estimado em dólares
7,974	276	30	70,928

(a) Qual será o valor anual de juros em dólares recebido pelos investidores?

(b) Quantas obrigações foram negociadas durante o dia?

(c) Em dólares, qual foi o preço do título no final do pregão?

(d) Qual seria uma estimativa do rendimento de uma obrigação do Tesouro com prazo de 30 anos?

7. Considere a seguinte cotação de uma obrigação com valor par de 1.000 dólares:

Empresa (código)	Cupom	Vencimento	Último preço
Viacom (VIA)	7,700	Jul, 30, 2010	115,107

Último rendimento	Spread estimado	UST	Volume estimado em dólares
4,791	118	5	39,697

(a) Quando o título vencerá?

(b) Qual é o rendimento corrente da obrigação?

(c) Que cupom semestral será recebido pelos investidores?

(d) Em dólares, a que preço o título foi negociado no final do pregão?

(e) Qual é o rendimento aproximado até o vencimento de um título do Tesouro com prazo de cinco anos?

8. Considere a seguinte cotação de uma obrigação:

Taxa	Vencimento mês/ano	Preço de compra	Preço de venda
$5\frac{1}{2}$	Fev/08n	108:15	108:18

Variação	Rendimento com base no preço de venda
−7	3,94

(a) Que tipo de obrigação está sendo cotada?

(b) Qual é o valor do *spread*? O que lhe diz o valor deste sobre a liquidez e o volume de negociação do título?

(c) O que seria pago por alguém que quisesse comprar essa obrigação? E por alguém que quisesse vendê-la?

(d) Qual é a estimativa mais correta do rendimento até o vencimento desse título?

9. Considere a seguinte cotação de ações:

	52 semanas			
Máximo	Mínimo	Ações (símbolo)	Dividendo	
37,69	20,50	AnyCorp (ANYP)	1,04	

Rendimento (%)	PE	Volume (100s)	Fechamento	Variação líquida
3,5	15	989	29,87	− 0,23

(a) Qual foi o dividendo trimestral mais recentemente pago pela ação?

(b) Quantas ações foram negociadas?

(c) Se um investidor possuísse 200 ações, qual seria a variação do valor de seu patrimônio, dada a variação observada do preço em relação ao dia anterior?

(d) Estime o lucro por ação da empresa.

10. Considere a seguinte cotação de ações:

52 semanas

Máximo	Mínimo	Ações (símbolo)	Dividendo
39,56	23,43	SomeCorp (SOMC)	0,36

Rendimento (%)	PE	Volume (100s)	Fechamento	Variação líquida
1,1	18	15944	31,76	+0,26

(a) Se alguém tivesse comprado as ações a seu preço mais baixo no último ano, qual teria sido o retorno no prazo de aplicação? Suponha que o pagamento de dividendo tenha permanecido constante no decorrer do ano.

(b) Se alguém tivesse comprado as ações a seu preço mais alto no último ano, qual teria sido o retorno no prazo de aplicação? Imagine que o pagamento de dividendo tenha permanecido constante no decorrer do ano.

(c) Verifique qual porcentagem de rendimento de dividendo é correta.

(d) Qual foi o preço de fechamento no dia anterior?

(e) Estime o lucro por ação da empresa.

EXERCÍCIOS DA WEB

1. Usando uma fonte de estatísticas internacionais, compare as variações porcentuais dos seguintes dados econômicos para Japão, Alemanha, Canadá e Estados Unidos; considere um ano recente. Quais foram as diferenças e qual(is) país(es) diferiram mais dos Estados Unidos?
   (a) Produção agregada (PIB)
   (b) Inflação
   (c) Crescimento da oferta de moeda
2. Utilizando fontes publicadas (por exemplo, *The Wall Street Journal*, *Barron's* e *Federal Reserve Bulletin*), procure a taxa de câmbio do dólar americano com o iene para cada um dos últimos dez anos (você pode usar uma média para o ano ou um período específico em cada ano). Com base nessas taxas de câmbio, calcule e debata

EXERCÍCIOS EM PLANILHA

1. Monte uma tabela que mostre os rendimentos tributáveis equivalentes de obrigações privadas, use as alíquotas atuais de imposto de renda nos Estados Unidos (disponíveis no site do IRS), para rendimentos de obrigações municipais variando de 4% a 10%, em incrementos de meio ponto.
2. (a) Construa uma planilha para calcular os retornos em dólares americanos, caso o retorno em moeda local seja conhecido e a variação da taxa de câmbio, conhecida.
   (b) Monte uma planilha para calcular o item restante, caso sejam conhecidos quaisquer dois dos seguintes dados: retorno lucro em dólares americanos, retorno em moeda local e variação da taxa de câmbio.
3. Usando os dados da Tabela 3.5, faça uma tabela com:
   (a) Os retornos médios aritmético e geométrico para cada país no período de 1997 a 2003.
   (b) A correlação entre os retornos em dólares americanos, com base (i) nos retornos e (ii) nos retornos ranqueados.
4. Usando os dados da Ilustração 3.5:
   (a) Calcule o retorno médio e o desvio-padrão para os mercados dos vários países, em dólares americanos,

11. Usando uma edição recente de Barron's, examine a variação porcentual semanal dos índices de preços de ações no Japão, na Alemanha, na Itália e nos Estados Unidos. Para cada uma das últimas três semanas, qual das séries estrangeiras variou mais perto da série dos Estados Unidos? Que série divergiu mais da dos Estados Unidos? Discuta esses resultados em termos de sua relação com a diversificação global.

12. Você recebe as seguintes taxas anuais de retorno de longo prazo de vários instrumentos de investimento:

Letras do Tesouro americano	4,50%
Ações ordinárias de empresas grandes	12,50%
Obrigações privadas de longo prazo	5,80%
Obrigações governamentais de longo prazo	5,10%
Ações ordinárias de empresas pequenas	14,60%

(a) Com base nesses retornos, calcule o seguinte:
   i. O prêmio por risco de ações ordinárias (capital próprio)
   ii. O prêmio por risco de ações de empresas pequenas
   iii. O prêmio por prazo (vencimento)
   iv. O prêmio por risco de inadimplência (*default*)
(b) A taxa de inflação anual nesse período foi de 4%. Calcule a taxa real de retorno dessas alternativas de investimento.

o efeito da taxa de câmbio anual sobre um investimento em ações japonesas por um investidor americano. Discuta o impacto desse efeito da taxa de câmbio sobre o risco de ações japonesas para este investidor.

3. Visite o site *http://www.adrbny.com*, um dos mais abrangentes do mercado de ADRs. Quais são os ADRs freqüentemente negociados? Como isso se compara à lista mencionada neste capítulo? Quais são os cinco principais países cujas empresas têm recibos de depósito de ações?

4. Qual é o *status* dos mercados financeiros do mundo? Alguns bancos de investimento e corretoras, como Smith Barney (*http://www.smithbarney.com*), Merrill Lynch (*http://ml.com*) ou Morgan Stanley Capital International (*http://www.msci.com*), oferecem pesquisa sobre ações, obrigações e mercado global. Visite esses três sites e faça um relatório sobre a informação neles contida.

no período de 1997 a 2003. Com essa informação, quais são o retorno médio e o desvio-padrão considerando todos os 34 países?

(b) Escolha aleatoriamente pares de países para formar 17 carteiras distintas de dois países. Supondo carteiras com pesos iguais, calcule o retorno médio e o desvio-padrão do retorno de cada carteira. Levando em conta todas as 17 carteiras, qual o retorno médio e o desvio-padrão?

(c) Escolha países aleatoriamente para formar dez pares de carteiras de cinco países. Imagine carteiras com pesos iguais, calcule o retorno médio e o desvio-padrão do retorno de cada carteira. Consideradas todas as dez carteiras, qual o retorno médio e o desvio-padrão?

(d) Compare e contraste o retorno médio e o risco de carteiras de um, de dois e de cinco países.

5. Usando os dados da Figura 3.5, calcule os coeficientes de correlação entre o retorno do mercado americano e os retornos, em dólares americanos, de cada um dos outros países. Quais deles ofereceram aos investidores americanos os maiores benefícios de redução de risco?

REFERÊNCIAS

CAVAGLIA, Stefano, DIERMEIER, J.; MOROZ, V.; DE ZORDO, S. "Investing in Global Equities." *Journal of Portfolio Management*, 88-94, (Primavera 2004).

HOPKINS, Peter J. B.; MILLER, C. Hayes. "Country, Sector, and Company Factors". In: *Global Equity Portfolios*. Charlottesville: VA: Research Foundation of Association for Investment Management and Research, 2001.

REILLY, Frank K.; WRIGHT, David J. "Analysis of Risk-Adjusted Performance of Global Market Assets." *Journal of Portfolio Management*, p. 63-77, (primavera 2004).

ROSENBERG, Michael R. "International Fixed-Income Investing: Theory and Practice." In: FABOZZI, Frank J. (Ed.). *The Handbook of Fixed-Income Securities*. 5. ed. Chicago: Irwin Professional Publishing, 1997.

SOLNIK, Bruno; MCLEAVEY, Dennis. *International Investments*. 5. ed. Boston: Pearson Addison-Wesley, 2004.

SQUIRES, Jan. (Ed.). *Global Bond Management*. Charlottesville, VA: Association for Investment Management and Research, 1997.

STEWARD, Christopher; GRESHIN, Adam. "International Bond Markets and Instruments". In: FABOZZI, Frank J. *The Handbook of Fixed-Income Securities*. 5. ed. Chicago: Irwin Professional Publishing, 1997.

GLOSSÁRIO

Ações ordinárias – Um investimento de participação correspondente à propriedade de uma empresa, com participação completa em seu sucesso ou fracasso. Os diretores da empresa devem aprovar os pagamentos de dividendos a que dão direito.

Ações preferenciais – Um título de participação que estipula pagamentos de dividendos na forma de cupom ou valor monetário fixo. O conselho de administração da empresa pode suspender esses pagamentos.

Cláusula de resgate antecipado – Especifica quando e como uma empresa pode solicitar o resgate de títulos de dívida de sua emissão antes de seu vencimento.

Certificado de depósito (CD) – Um instrumento emitido por bancos e por associações de poupança e empréstimo, que exige um depósito mínimo por um prazo determinado, pagando taxas de juros mais altas do que contas de poupança.

Certificado de venda de automóveis (CAR) – Um título lastreado em contratos de financiamento de compra de automóveis para um indivíduo.

Certificados lastreados em equipamentos – Títulos hipotecários garantidos por equipamentos específicos de transporte, como vagões e aviões.

Conta de poupança – Um instrumento de mercado monetário com o qual um indivíduo empresta dinheiro a um banco ou a uma cooperativa de crédito por meio de uma conta com liquidez, juros baixos e risco reduzido.

Contrato futuro – Um acordo que determina a troca futura de um ativo específico, em uma data especificada de entrega, pelo pagamento de um valor previamente estipulado.

Companhia de investimento – Uma empresa que vende cotas de fundos e usa o dinheiro arrecadado para comprar ações, obrigações ou outros instrumentos financeiros.

Debêntures – Obrigações que prometem pagamentos de juros e principal, mas que não oferecem nenhum ativo específico como garantia. Seus titulares têm preferência sobre os lucros e ativos da empresa que não tenham sido oferecidos em garantia a outros credores.

Escritura de emissão – O acordo legal que enumera os deveres do emissor de um título com o proprietário do título, incluindo datas de pagamento, cláusulas de resgate antecipado e fundos de amortização.

Euro-obrigação – Título internacional em uma moeda não-nativa do país em que ele é emitido.

Fundo de mercado monetário – Uma companhia de investimento que possui carteiras de títulos de curto prazo e alta qualidade, como letras do Tesouro. A liquidez elevada e retornos superiores fazem com que esta seja uma boa alternativa para contas de poupança em bancos.

Fundo de investimento imobiliário (REIT) – Um fundo de investimento que tem carteiras de investimentos em imóveis.

Instrumento de mercado de capitais – Um investimento de renda fixa negociado no mercado secundário.

Investimentos de renda fixa – Empréstimos de investidores a empresas ou governos, com calendários contratualmente fixados de pagamento.

Obrigação (GO) – Obrigação municipal lastreada pela capacidade geral de tributação de um governo local.

Obrigação de receita bruta – Uma obrigação municipal lastreada na receita gerada por projetos municipais específicos.

Obrigação com garantia de caução de títulos – Um título de dívida hipotecária no qual os bens que o garantem são ativos financeiros, por exemplo, ações e obrigações.

Obrigação conversível – Uma obrigação com a característica de que seu titular detém a opção de devolver a obrigação à empresa em troca de um número específico de ações ordinárias dessa empresa.

Obrigação de cupom igual a zero – Uma obrigação negociada com um deságio em relação ao valor par, que não promete qualquer pagamento de juros durante seu prazo, mas apenas o pagamento do valor par (principal) na data de vencimento.

Obrigação doméstica internacional – Título emitido por uma empresa estrangeira, na moeda do seu país de origem, e vendido em seu próprio país.

Obrigação ianque – Uma obrigação negociada nos Estados Unidos e denominada em dólares americanos, mas emitida por empresas ou governos estrangeiros.

Obrigação hipotecária garantida (CMO) – Um título de dívida, lastreado em uma cesta de empréstimos hipotecários, que oferece um fluxo relativamente estável de pagamentos durante um termo relativamente previsível.

Obrigações de rendimento – Debêntures que estipulam pagamentos de juros, se, e somente se, o emissor gerar rendimentos para fazer os pagamentos nas datas especificadas.

Obrigações hipotecárias – Obrigações com garantia de ativos específicos, por exemplo, prédios e equipamentos. O produto da venda desses ativos é usado para efetuar pagamentos aos detentores dos títulos em caso de falência.

Obrigações preferenciais (garantidas) – As obrigações com preferências mais altas na estrutura de capital de uma empresa. Possuem direito prioritário sobre ativos específicos de uma empresa em caso de falência.

Obrigações subordinadas – Debêntures que, em caso de inadimplência, dão a seus titulares o direito de tomar os ativos do emissor somente após terem sido feitos os pagamentos devidos aos detentores de debêntures preferenciais e de obrigações com garantia hipotecária.

Opção – O direito de comprar ou vender ações ordinárias de uma empresa por um preço especificado em um determinado período.

Opção de compra – Uma opção de compra de ações ordinárias de uma empresa em certo período a um preço específico denominado *preço de exercício* da opção.

Opções de venda – Uma opção de venda de ações ordinárias de uma empresa em certo período e a um preço estipulado.

Recibos de Depósito Americanos (ADRs) – Certificados de propriedade emitidos por um banco americano, representando a propriedade indireta de certo número de ações de uma empresa estrangeira específica. As ações são mantidas em depósito em um banco no país de origem da empresa.

Risco de taxa de câmbio – Incerteza devida à flutuação de taxas de câmbio quando se investe em títulos estrangeiros.

capítulo 4

Fundos de investimento e outros investimentos administrados

Neste capítulo, responderemos às seguintes perguntas:

O que é um fundo de investimento?

Como é calculado o valor de sua cota?

Que despesas e taxas assume o investidor em um fundo?

O que dizem as pesquisas sobre o desempenho de fundos a respeito de suas despesas, giro de carteiras e retornos?

Qual é um bom procedimento para se determinar em que fundos se deve aplicar?

Quando poderia ser apropriado vender cotas de um fundo de investimento?

Quais são as semelhanças e diferenças entre os fundos e outros investimentos administrados?

No último capítulo, ficamos sabendo que os fundos de investimento agregam as economias de muitos investidores para comprar títulos visando a uma meta geral de investimento. Eles estão cada vez mais populares entre os investidores individuais. Em 2004, estes tinham aproximadamente 7,5 trilhões de dólares aplicados e havia mais fundos (em torno de 9.700, de acordo com uma associação do setor) do que ações na Bolsa de Valores de Nova York. Cerca de metade de todos os cidadãos americanos possui cotas de pelo menos um fundo. Desde 1990, os ativos totais dos fundos cresceram 600%, e os ativos dos fundos que investem em ações se multiplicaram por 20.[1]

Neste capítulo, examinamos as vantagens, para o investidor individual, do uso de fundos, seus diferentes tipos de investimento, fontes de informações e o que os estudos têm mostrado sobre o seu desempenho no tempo. Concluímos com uma revisão de outros investimentos que, à primeira vista, podem parecer com fundos de investimento, mas não o são; esses investimentos incluem companhias de investimento com fundos fechados, fundos negociados em bolsa e anuidades.

O que é um fundo de investimento?

Um *fundo de investimento* é uma companhia de investimento que aplica um conjunto de recursos pertencentes a vários indivíduos em uma carteira de investimentos, como ações e títulos de renda fixa. Cada indivíduo possui uma fração da carteira total da companhia de investimento. Como exemplo, um fundo poderia vender 10 milhões de cotas ao público a 10 dólares cada uma, recebendo um total de 100 milhões de dólares. Se este fundo enfatizasse ações de primeira linha, o administrador aplicaria o produto da venda (100 milhões de dólares, menos quaisquer comissões) em ações de empresas por exemplo, ExxonMobil, Microsoft, Wal-Mart, General Motors e General Electric.

O valor das cotas de fundos de investimento depende do valor das ações componentes da carteira. Sem a ocorrência de outras transações, caso o valor de mercado das ações na carteira de nosso exemplo aumentasse para 105 milhões de dólares (valor líquido de quaisquer passivos[2]),

---

[1] ENGEN, Eric M.; LEHNERT, Andreas. "Mutual Funds and the U.S. Equity Market." *Federal Reserve Bulletin*, 797-812, dez. 2000.

[2] Os passivos podem incluir dinheiro emprestado para comprar títulos adicionais (isso é chamado de negociação com *margem* e será discutido em detalhes no Capítulo 6) ou contas a pagar relativas a taxas de administração e títulos comprados, mas ainda não pagos. O volume de passivos geralmente é muito pequeno em comparação com os ativos totais de um fundo. Por exemplo, em 2004, o Fidelity Magellan Fund tinha passivos iguais a 0,70% dos ativos. O Assets Allocations Fund da Vanguard tinha passivos inferiores a 0,4% dos ativos.

então cada cota original da companhia de investimento valeria 10, 50 dólares (105 milhões de dólares/10 milhões de cotas). Esse valor por cota é igual ao valor de mercado total de todos os seus ativos, menos os passivos, dividido pelo número de cotas existentes no fundo:

4.1

$$\text{Valor da cota} = \frac{\text{Valor de mercado dos ativos} - \text{Passivos}}{\text{Número de cotas existentes}}$$

A gestão da carteira e também a maioria das outras tarefas administrativas são conduzidas por uma companhia separada de *gestão de investimentos*, contratada pelo Conselho de Administração do fundo. Muitas companhias de gestão lançam diversos fundos, com diferentes características. As bem conhecidas, como Fidelity, Vanguard e T. Rowe Price, oferecem dezenas deles, com o nome da companhia que os gerenciam. A variedade de fundos permite ao grupo de gestão apelar a muitos investidores com preferências distintas em termos de retorno e risco. Além disso, as companhias de fundos de investimento geralmente permitem aos investidores trocar de fundo nelas mesmas a um custo baixo ou sem custo algum, à medida que as condições de mercado ou pessoais mudam. Este conceito de "família de fundos" promove a flexibilidade e aumenta o capital total gerenciado pelas companhias de investimento. A Fidelity Investments, a maior delas nos Estados Unidos, disponibiliza mais de 200 fundos ao público.

Os fundos de investimento são mais formalmente conhecidos como *companhias de investimentos em fundos abertos*. Eles são chamados de "fundos abertos" porque se dispõem a vender cotas adicionais a qualquer pessoa que neles queira investir. Da mesma forma, o fundo dispõe-se a resgatar ou pagar aos investidores o valor de suas cotas (menos quaisquer taxas), sempre que os investidores as desejarem vender. Um tipo menos conhecido de companhia de investimento é a *companhia de investimento em fundo fechado*. O fundo é dito "fechado" porque, uma vez que a companhia faz uma venda inicial de cotas, ela não emite cotas adicionais nem as resgata. Os investidores que queiram comprar ou vender cotas de companhias de investimentos em fundos fechados após a oferta inicial devem fazê-lo por intermédio de uma corretora, como se estivessem negociando ações de qualquer companhia aberta em bolsa.

POR QUE INVESTIR EM FUNDOS DE INVESTIMENTO?

O aumento da popularidade dos fundos de investimento deve-se às características atraentes que oferecem aos investidores individuais. Os pequenos investidores podem usar a organização do fundo para gerenciar suas atividades de investimento no dia-a-dia, recebendo muitos serviços anteriormente relegados somente a grandes investidores institucionais. Especificamente, as vantagens do uso de fundos de investimento incluem:

1. **Liquidez** – Os investidores compram e vendem cotas diretamente do fundo. Tais negociações são cotadas ao valor patrimonial no fechamento do pregão do dia (ou, às vezes, do dia seguinte) em que a ordem chega ao fundo.
2. **Diversificação** – O dinheiro aplicado no fundo é automaticamente diversificado em todos os investimentos desse tipo. Assim, um pequeno investidor pode adquirir participação em uma carteira diversificada com apenas 500 dólares (ou menos), dependerá da exigência de investimento mínimo do fundo.
3. **Gestão profissional e manutenção de registros** – Os gestores profissionais do fundo têm acesso a pesquisas sobre tendências econômicas e de empresas para avaliar que títulos comprar e quando negociá-los. O fundo manterá um registro de todas as compras de cotas e também dos rendimentos e dos ganhos ou perdas de capital com os investimentos efetuados pelo fundo.
4. **Escolha e flexibilidade** – As famílias de fundos oferecem uma ampla variedade de fundos para poder cumprir metas de investimentos de diversos indivíduos. Elas permitem aos investidores a troca de fundos a custo zero ou custo muito baixo.
5. **Indexação** – Um investidor que acredita que os mercados sejam razoavelmente eficientes pode aplicar em fundos "indexados", especialmente projetados e gerenciados para acompanhar um índice geral de mercado, como o S&P 500, no caso de ações, ou o índice agregado de obrigações da Lehman Brothers para títulos de renda fixa.

E-leituras interativas

Para mais explicações e um exemplo de fundos de investimento com animação, visite o site http://reillyxtra.swlearning.com.

Com todas essas vantagens, é difícil imaginar que os fundos de investimento apresentem desvantagens, mas elas existem. Para um pequeno investidor, os pontos seguintes podem parecer irrelevantes, mas podem causar dificuldades:

1. **Giro da carteira** – A maioria dos fundos não compra títulos para mantê-los; eles negociam ativamente com base nas variações de preço e nas perspectivas dos setores no mercado (tecnologia, saúde, telecomunicações, bens de consumo etc.). Essa negociação ativa, que pode fazer com que a carteira faça um giro completo a cada 12 meses (ou menos), pode gerar custos de transação e corretagens de valor elevado, o que por sua vez pode reduzir os retornos do fundo.
2. **Controle sobre a tributação** – Por causa dos títulos que selecionam e do giro da carteira, o fundo recebe rendimentos de suas aplicações de investimentos e ganhos (ou perdas) de capital realizados que são repassados aos detentores de suas cotas. A cada ano, os rendimentos e os ganhos e perdas efetuados de capital são informados aos investidores e à Receita Federal. Assim, um investidor que pensava ter dinheiro suficiente guardado para pagar os impostos do ano pode ser surpreendido com obrigações inesperadas de impostos sobre ganhos de capital. Essa situação pode ser financeiramente dolorosa caso os preços dos títulos (e o valor das cotas dos fundos) caiam após realizados os ganhos de capital no início do ano. Um cenário como este em 2000 deixou alguns cotistas com contas de imposto sobre ganhos de capital, mas com cotas de fundos que haviam se desvalorizado, em alguns casos, em 30% ou mais no fim do ano.

64 Investimentos

FONTES DE RETORNOS

Há três fontes de retornos para investidores em fundos. Primeiro, existe o rendimento proveniente das aplicações feitas pelos fundos (como juros de títulos de renda fixa ou dividendos de ações). Segundo, como mencionado anteriormente, pode haver ganhos ou perdas alcançados de capital quando os administradores dos fundos vendem títulos. Terceiro, as variações do valor da cota do fundo podem resultar em ganho ou perda de capital quando a cota é resgatada. É somente sobre a terceira situação que o investidor realmente exerce algum controle.

A maioria dos fundos permite que os investidores escolham receber distribuições em dinheiro ou fazer com que os ganhos de capital e os rendimentos sejam reinvestidos em cotas adicionais. Podemos usar esses dados para calcular o retorno do investimento em um fundo. Recorde nosso cálculo do retorno no prazo de aplicação no Capítulo 2; a Equação 2.2, aqui repetida, diz que:

4.2
$$\text{Retorno do Prazo de Aplicação (RPA)} = \frac{\text{Rendimento} + \text{Variação de preço}}{\text{Preço de aquisição}}$$

No caso de fundos de investimento, o termo "rendimento" na equação inclui os dois tipos de distribuição, rendimento e ganho de capital. O termo "variação de preço" refere-se à variação do valor da cota no período. Para um fundo de investimento, o retorno do prazo de aplicação é:

4.3
$$\text{RPA} = \frac{\begin{array}{c}\text{Distribuição de rendimentos} + \text{Distribuição de ganhos de capital} \\ + \text{Valor final da cota} - \text{Valor inicial da cota}\end{array}}{\text{Valor inicial da cota}}$$

Dados sobre distribuições e valores de cotas podem ser obtidos no prospecto de um fundo, o qual, por lei, um investidor deve receber antes de aplicar seus recursos. Um *prospecto* fornece informações sobre os objetivos do fundo, valores históricos e previstos de despesas, retornos passados, estratégias de investimento, e riscos; também, informações sobre como comprar e vender cotas e sobre quando ganhos de capital e dividendos são distribuídos aos cotistas. Como veremos a seguir, nem todo o dinheiro aplicado em um fundo é investido e gera retornos. Uma parte é usada para pagar as despesas de marketing do fundo, contratar assessores de investimento e pagar comissões.

TIPOS DE COMPANHIAS DE INVESTIMENTO COM BASE NOS OBJETIVOS DA CARTEIRA

Os fundos de investimento podem ser classificados de diversas formas. Uma delas é pelo tipo de título em que são aplicados. O Quadro 4.1 usa um esquema de classificação da Lipper Inc. firmado em quatro grandes categorias (ações, obrigações tributáveis, obrigações municipais e fundos de ações e obrigações) e 45 subcategorias. A associação de companhias de investimento, o Investment Company Institute, utiliza quatro grandes categorias (ações, híbridos, obrigações e mercado monetário) e 13 subcategorias. A Morningstar, uma fonte popular de informações sobre fundos de investimento, adota quatro grandes categorias (ações domésticas, ações internacionais, obrigações tributáveis e obrigações municipais) e 48 subcategorias. Essas categorias de ativos incluem uma variedade de fundos, desde aqueles aplicados no geral até os que estão em segmentos mais estreitos, e dos que investem agressivamente aos de maneira conservadora. Faremos, em seguida, uma breve revisão da variedade de fundos existentes.

Fundos de ações ordinárias – Com 3,8 trilhões de dólares em ativos (em 2004), os fundos de ações representam o tipo mais popular de fundos de investimento. Alguns deles aplicados quase exclusivamente em ações ordinárias, e outros, em obrigações e ações preferenciais. Na categoria de fundos de ações ordinárias, há grandes diferenças de ênfase, pois há fundos que enfatizam empresas em crescimento; ações de pequenas empresas; ou empresas de indústrias, setores ou mesmo regiões específicas. Os fundos de ações internacionais são aplicados somente em títulos não-americanos; os fundos de ações globais são aplicados no mundo inteiro, tanto em ações de empresas americanas quanto de não-americanas. Os fundos de ações conservadores adotam o rendimento como seu objetivo principal; os fundos mais agressivos incluem alguns dos fundos setoriais: os de pequenas empresas e aqueles cujo principal objetivo é a valorização do capital. Também há fundos indexados disponíveis.

Fundos de obrigações tributáveis – Os fundos de obrigações geralmente procuram gerar rendimento corrente com risco mínimo, embora existam vários fundos de obrigações agressivos. Os investidores podem escolher fundos que são aplicados em certos segmentos da curva de rendimento (com prazos de vencimento longos, médios e curtos), em setores diversos (títulos públicos, privados, com garantia hipotecária, ou de alto rendimento), ou em fundos que se concentram em títulos domésticos ou globais. As estratégias de gestão desses fundos podem ir de "compra e manutenção" até a negociação intensa em uma tentativa de obter elevados retornos totais (rendimentos mais ganhos de capital). Também há fundos indexados disponíveis.

Fundos de obrigações municipais – Esses fundos oferecem aos investidores pagamentos mensais de juros isentos de imposto de renda federal, embora parte dos juros possa ser tributada por Estados e municípios. Para evitar impostos estaduais, alguns fundos de obrigações municipais concentram-se em títulos de Estados específicos; por exemplo, o Fundo de Obrigações Municipais de Nova York permite aos residentes desse local evitar a maior parte dos impostos estaduais sobre rendimentos de juros. Como acontece com as obrigações tributáveis, os investidores podem encontrar fundos que se agrupam em títulos de curto, médio ou longo prazos.

| **QUADRO 4.1** | Tipo de Fundos de Investimento |

OBJETIVOS DE FUNDOS DE INVESTIMENTO

Categorias compiladas pelo *Wall Street Journal*, baseadas nas classificações da Lipper Inc.

FUNDOS DE AÇÕES

Mercados emergentes: fundos que aplicam em ações de mercados emergentes, sendo um "mercado emergente" definido pelo PNB* *per capita* e outras medidas econômicas de um país.

Ações de rendimento: fundos que buscam rendimento corrente elevado e crescimento de rendimento por meio de aplicações em ações.

Região européia: fundos aplicados em mercados ou empresas concentradas na Europa.

Ações globais: fundos aplicados em títulos negociados fora dos Estados Unidos, mas que também podem possuir títulos americanos.

Com ênfase em ouro: fundos aplicados em ações de minas de ouro, casas financeiras com ênfase na mineração de ouro, moedas de ouro ou ouro em metal.

Saúde/Biotecnologia: fundos aplicados em ações de empresas que atuam nos setores de assistência de saúde, medicina e biotecnologia.

Ações internacionais (não-americanas): canadenses; internacionais; empresas pequenas internacionais.

América Latina: fundos aplicados em mercados ou empresas concentradas na região da América Latina.

Grandes empresas e crescimento: fundos aplicados em ações de grandes empresas, cujos lucros a longo prazo possuem perspectivas de crescimento significativamente maior que o dos lucros da média das ações dos principais índices. Esses fundos normalmente têm carteiras com índices preço-lucro, índices preço-valor patrimonial e taxas de crescimento do lucro, em períodos de três anos, acima da média.

Grandes empresas e núcleo: fundos aplicados em ações de grandes empresas, com ampla variedade quanto ao tipo de ações compradas. Em geral, os índices preço-lucro, preço-valor patrimonial e as taxas de crescimento dos lucros em períodos de três anos se aproximam da média do universo de fundos diversificados de ações de grandes empresas nos Estados Unidos.

Grandes empresas e valor: fundos aplicados em ações de grandes empresas, vistas como subavaliadas em relação aos principais índices de ações, com base nos quocientes preço-lucro e preço-valor patrimonial ou outros fatores.

Porte médio e crescimento: fundos aplicados em ações de empresas de porte médio, e cujas perspectivas de crescimento de lucros a longo prazo são significativamente melhores do que as dos lucros de ações contidas nos índices mais importantes. Esses fundos normalmente apresentam índices preço-lucro e preço-valor patrimonial, e taxas de crescimento de lucros em três anos acima da média.

Porte médio e núcleo: fundos aplicados em ações de empresas de porte médio, com ampla variedade quanto ao tipo de ações que compram. Em média, os índices preço-lucro e preço-valor patrimonial e as taxas de crescimento de lucros em períodos de três anos são parecidos com a média do universo de fundos diversificados de ações de empresas de porte médio nos Estados Unidos.

Porte médio e valor: fundos aplicados em ações de empresas de porte médio, e que são tidas como subavaliadas em relação aos principais índices de ações: preço-lucro e preço-valor patrimonial, ou outros fatores.

Multicapitalização e crescimento: fundos aplicados em ações de empresas de vários tamanhos, com perspectivas de crescimento de lucros a longo prazo significativamente mais rápido do que o dos lucros de ações dos principais índices. Os fundos normalmente possuem índices preço-lucro e preço-valor patrimonial e taxas de crescimento dos lucros, em períodos de três anos, acima da média.

Multicapitalização e núcleo: fundos aplicados em ações de empresas de diversos tamanhos, com índices preço-lucro e preço-valor patrimonial e crescimento de lucros próximos à média do mercado.

Multicapitalização e valor: fundos aplicados em ações de empresas de vários tamanhos, normalmente aquelas que são consideradas subavaliadas, com base em índices preço-lucro e preço-valor patrimonial, ou outros fatores.

Recursos naturais: fundos aplicados em ações de empresas do setor de recursos naturais.

Região do Pacífico: fundos aplicados em ações de empresas da China, do Japão, no Pacífico, exceto Japão; na região do Pacífico.

Ciência e tecnologia: fundos aplicados em ações de empresas do setor de ciência e tecnologia. Inclui fundos de telecomunicações.

Setoriais: fundos aplicados em ações de empresas de serviços financeiros; imóveis; serviços especiais e diversos.

Índice S&P 500: fundos que são geridos passivamente e visam replicar o desempenho do índice de ações Standard & Poor's 500 com reinvestimento.

Pequenas empresas e crescimento: fundos aplicados em ações de pequenas empresas, com chances de crescimento de lucros a longo prazo significativamente acima do crescimento dos lucros das ações dos principais índices. Os fundos normalmente têm índices preço-lucro e preço-valor patrimonial e taxas de crescimento de lucros, em períodos de três anos, acima da média.

Pequenas empresas e núcleo: fundos aplicados em ações de pequenas empresas, com grande variedade nos tipos de ações que compram. Em geral, os índices preço-lucro e preço-valor patrimonial e as taxas de crescimento dos lucros em períodos de três anos são aproximadamente iguais às médias do universo de fundos diversificados de ações de empresas pequenas nos Estados Unidos.

Pequenas empresas, valor: fundos aplicados em ações de pequenas empresas, que são consideradas subavaliadas em relação aos principais índices de lotes de ações, com base nas relações preço-lucro e preço-valor patrimonial, ou outros fatores.

Ações especiais: fundos aplicados em ações de empresas em todas as faixas de tamanho, sem restrição a qualquer faixa específica de tamanho. Podem ter estratégias particularmente diferentes das de outros fundos diversificados de ações.

Empresas de serviços de utilidade pública: fundos aplicados em ações de concessionárias de serviços de utilidade pública.

FUNDOS DE OBRIGAÇÕES TRIBUTÁVEIS

Obrigações de curto prazo: obrigações de prazo ultracurto; títulos de curto prazo e de baixo risco; títulos de curto e médio prazos e de baixo risco.

Títulos de curto prazo do Tesouro dos Estados Unidos: títulos de curto prazo do Tesouro; títulos de curto prazo do governo americano; títulos de curto e médio prazos do governo americano.

Obrigação de médio prazo: fundos aplicados em títulos de baixo risco (classificados nas quatro classes superiores) com prazo médio de vencimento, calculado pelo valor em dólares, entre cinco e dez anos.

Títulos de prazo médio do governo americano: títulos governamentais de prazo médio e de prazo médio do Tesouro dos Estados Unidos.

Obrigações de longo prazo: fundos aplicados em obrigações emitidas por empresas privadas e títulos públicos classificados nas categorias superiores, em termos de qualidade.

Títulos de longo prazo do governo americano: títulos gerais do governo dos Estados Unidos; títulos gerais do Tesouro dos Estados Unidos; vencimento visado.

Títulos tributáveis gerais do governo americano: fundos aplicados em obrigações gerais.

Títulos tributáveis de alto rendimento: fundos que visam a altos rendimentos correntes em títulos de renda fixa e tendem a ser aplicados em títulos com graus de risco mais altos.

Hipoteca: obrigações hipotecárias com taxa variável; GNMA;** obrigações hipotecárias federais dos Estados Unidos.

Obrigações mundiais: títulos de dívida de mercados emergentes; rendimentos global, internacional e mundial; multimercados de curto prazo.

FUNDOS DE OBRIGAÇÕES MUNICIPAIS

Municipais de curto prazo: obrigações municipais de curto e médio prazos do estado da Califórnia; obrigações municipais de curto e médio prazos de outros estados; obrigações municipais de curto e médio prazos; obrigações municipais de curto prazo.

Municipais de médio prazo: obrigações municipais de médio prazo, incluindo Estados individuais.

Municipais gerais: fundos aplicados em obrigações municipais nas quatro faixas superiores, em termos de risco de crédito.

Municipais de Estados individuais: fundos aplicados em obrigações de Estados individuais.

Municipais de alto rendimento: fundos aplicados em obrigações municipais de faixas de risco mais alto.

Municipais com garantia: obrigações municipais com garantia do estado da Califórnia; obrigações municipais com garantia do estado da Flórida; obrigações municipais com garantia; obrigações municipais com garantia de Nova York.

FUNDOS DE AÇÕES E OBRIGAÇÕES

Balanceados: o objetivo básico é preservar o principal, mantendo-se uma carteira balanceada tanto com ações quanto com obrigações.

Mistos: fundos de finalidades múltiplas, como os com vencimento visado e balanceado; títulos conversíveis; rendimento e carteira flexíveis; flexíveis globais e rendimento, aplicados tanto em ações quanto em obrigações.

---

* PNB significa Produto Nacional Bruto. (N.E.)
** GNMA é a sigla para Government National Mortgage Association. (N.E.)

Observação: o *Wall Street Journal* registra os fundos de mercado monetário em listas separadas de outros fundos de investimento; portanto, eles não são aqui mencionados.

Fonte: *The Wall Street Journal*, 6 jul. 2004, p. 13 – direita. Copyright© 2004 Dow Jones. Reimpresso com permissão do *Copyright Clearance Center*.

66 Investimentos

Fundos de ações e obrigações – Esses são conhecidos por uma variedade de nomes, como fundos balanceados, mistos ou flexíveis. Seu objetivo é maximizar retornos ou rendimentos, combinando ações ordinárias com títulos de renda fixa, isso inclui títulos públicos, obrigações privadas, conversíveis ou ações preferenciais. A proporção de ações em relação a títulos de renda fixa varia de fundo para fundo, de acordo com o declarado no prospecto de cada um desses.

Fundos de mercado monetário – Com cerca de 2 trilhões de dólares em ativos, os fundos de mercado monetário ocupam a segunda colocação, atrás apenas dos fundos de ações, em tamanho. Os fundos de mercado monetário procuram oferecer rendimento corrente, segurança do principal e liquidez por meio de aplicações em uma carteira diversificada de títulos de curto prazo, por exemplo, letras do Tesouro, CDs bancários, aceites bancários e notas promissórias mercantis. Geralmente, não cobram taxas de entrada e, diferentemente dos CDs bancários, não impõem algum tipo de penalidade ao resgate a qualquer momento. Em geral, permitem aos cotistas que emitam cheques contra suas contas. O valor de sua cota é constante e igual a 1 dólar; qualquer rendimento obtido é distribuído ao investidor ou é reinvestido em cotas adicionais. É importante salientar que o dinheiro aplicado em fundos de mercado monetário não é garantido pelo governo.[3] Os seus rendimentos geralmente superam os das contas correntes bancárias que pagam juros.

INOVAÇÕES

Nos últimos tempos, houve duas inovações na indústria de fundos de investimento: os fundos de estágio de vida e os "supermercados" de fundos de investimento. Os fundos de estágio de vida alocam o dinheiro dos investidores entre três e cinco fundos de caixa, obrigações e ações que refletem as visões dos especialistas sobre como os recursos devem ser alocados entre os tipos de ativos, levando em conta os objetivos e as restrições de uma pessoa "média", ou seja, com 30, 40, 50 ou 60 anos de idade, ou do ponto de vista de alguém que pretenda retirar seus recursos dez, 20 ou 30 (ou mais) anos depois. Tais fundos são úteis porque permitem alocar ativos para os investidores automaticamente. Entretanto, como alguns fundos de estágio de vida apresentam despesas mais altas do que seus componentes, os investidores podem economizar algum dinheiro fazendo eles mesmos sua alocação de recursos entre fundos de ações, obrigações e caixa.[4]

Os "supermercados" de fundos são um tanto mais controversos. Oferecidos por firmas, como Charles Schwab e Fidelity Investments, e corretoras, por exemplo, Merrill Lynch e Citigroup, eles permitem aos investidores a compra de fundos em um único local. Podem aplicar em uma ampla gama de fundos, e não apenas nos geridos pela própria companhia patrocinadora. Os investidores podem transferir dinheiro do fundo de uma companhia para o de outra, sem pagar as taxas que geralmente devem ser pagas. Mas tal conveniência tem um preço: além de pagar as taxas regulares de fundos (a serem descritas na próxima seção), os supermercados exigem que os fundos paguem de 25 a 40 centavos a cada 100 dólares (ou seja, de 0,25 a 0,40%) aplicados por meio deles; alguns impõem uma taxa adicional de entrada quando um novo fundo se junta ao supermercado.[5]

Prospecto

O prospecto de fundo de investimento é uma fonte de informação valiosa e também de pesquisa para os investidores. Ele deve ser examinado antes de se aplicarem recursos em um fundo de investimento. Graças às regras SEC, que exigem o uso de inglês simples, ele agora é mais fácil de ser lido. Um prospecto conterá informações sobre:

- O objetivo de investimento do fundo (retorno total, rendimento etc.).
- As estratégias de investimento ou os tipos de títulos nos quais o fundo é aplicado para tentar atingir seus objetivos.
- Os principais riscos enfrentados pelos investidores no fundo (efeitos de altas ou baixas do mercado, variações de taxas de juros e taxas de câmbio etc.).

---

[3] O que se conhece como "quebra de barreira" (ou seja, cair abaixo da cota de 1 dólar) se dá quando há perdas porque gestores demasiadamente agressivos aplicam recursos em ativos com risco, como derivativos ou notas promissórias mercantis de baixa qualidade, emitidas por uma empresa que posteriormente se torna inadimplente. Isso aconteceu em 1994 com o Community Bankers U.S. Government Money Market Fund, um fundo de mercado monetário que tinha como clientes grandes instituições e empresas, quando suas cotas caíram a 94 centavos. As famílias de fundos de investimento, em certas ocasiões, têm aplicado recursos em seus fundos de mercado monetário para cobrir perdas e proteger seus investidores e a reputação de seus fundos. Regras mais rigorosas da SEC, por causa de um pânico no mercado de notas promissórias mercantis no início dos anos 1990, ajudaram a reduzir o risco dos fundos de mercado monetário. Apesar disso, a inadimplência com as notas promissórias mercantis, em 1997, emitidas pela Mercury Finance Company, fez com que a Strong Capital Management comprasse notas emitidas pela Mercury de três de seus fundos de mercado monetário para impedir que a perda com os papéis inadimplentes causasse quebras de barreiras em seus fundos. A crise energética da Califórnia em 2001 causou a inadimplência de notas promissórias comerciais emitidas pela Southern California Edison e pela Pacific Gas and Electric. Pelo menos cinco das famílias de fundos (incluindo-se Scudder Kemper Investments e Dreyfus Founders) foram obrigadas a comprar as notas promissórias inadimplentes de seus fundos de mercado monetário para evitar que rompessem sua barreira. Veja BRAHAM, Lewis. "Money Market Funds Enter the Danger Zone." *Business Week*, 9 abr. 2001, p. 86; CRESWEL, Julie; MCGOUGH, Robert. "Money-Market Funds Nearly 'Break the Buck'." *The Wall Street Journal*, 4 fev. 1997, p. C 1; GASPARINO, Charles. "Mercury Lights Up Money-Fund Flaw". *The Wall Street Journal*, 7 fev. 1997, p. C 25.

[4] Mas, se eles fizerem isso, os investidores precisarão rebalancear periodicamente as alocações por si mesmos. Um desempenho excepcionalmente bom ou mau de um fundo fará com que a alocação de ativos na carteira se distancie da alocação desejada pelo investidor. Este rebalanceamento ocorre automaticamente em um fundo de estágio de vida. Diremos mais sobre a alocação de ativos no Capítulo 5.

[5] CULLEN, Terri. "Big Brokers Adopt Supermarket Approach." *The Wall Street Journal*, 31 jul. 2000, p. C 27; SCHULTZ, Ellen E.; O'CONNELL, Vanessa. "No Free Lunch: 'Supermarket' Fees Lift Costs." *The Wall Street Journal*, 18 set. 1996, p. C1, C25; WHITFORD, David. "The Mutual Fund Revolution: Is It Good For You?" *Fortune*, 136-140, 3 fev. 1997.

Fundos de investimento e outros investimentos administrados **67**

- Desempenho recente. Deve ser incluída uma tabela exigida pela SEC para mostrar o desempenho anual do fundo nos períodos mais recentes de um, cinco e dez anos, em comparação com o retorno de um índice apropriado de mercado e um retorno médio de fundos com objetivos semelhantes. A tabela deve mostrar os efeitos de quaisquer taxas de entrada que fossem pagas por um investidor no início desses três períodos. Por exemplo, a parte (a) da Tabela 4.1 fornece informações a respeito do desempenho dos investimentos de dois dos maiores fundos (em termos de ativos): Fidelity Magellan, que aplica ações com o objetivo de valorização do capital, e Vanguard 500 Index Fund, que procura replicar o índice S&P 500 do mercado de ações.
- Taxas e despesas. Essas devem ser mostradas no formato estipulado pela SEC (veja a parte (b) da Tabela 4.1). Trata-se de uma importante tabela que indica quanto dos retornos dos fundos nunca é visto pelo investidor por causa do pagamento de comissões, custos de gestão do fundo, custos de propaganda e outros gastos operacionais. Além disso, a SEC exige uma tabela separada para mostrar os custos hipotéticos das taxas e despesas. (Veja a parte (c) da Tabela 4.1.) Essa tabela mostra as taxas e despesas que seriam pagas após o investimento de 10 mil dólares no fundo, supondo um retorno anual de 5% e nenhuma variação de despesas no decorrer dos períodos de um, três, cinco e dez anos. (Discutiremos as taxas e despesas com mais detalhes a seguir.)

TABELA 4.1	Retornos totais médios anuais, taxas e despesas

(a) Retornos nos anos encerrados em 31 de dezembro de 2003

	1 ano anterior	5 anos anteriores	10 anos anteriores
Fidelity Magellan			
Retorno antes do imposto de renda	24,82%	−1,08%	9,17%
Retorno depois do imposto sobre distribuições	24,67	−1,84	7,48
Retorno após imposto sobre distribuições e venda de cotas do fundo	16,32	−1,15	7,17
S&P 500 (não reflete qualquer dedução de taxas, impostos ou despesas)	28,69	−0,57	11,07
Média de fundos da categoria Lipper Growth (não reflete qualquer dedução de taxas de venda ou impostos)	29,63	−0,66	8,66
	1 ano anterior	**5 anos anteriores**	**10 anos anteriores**
Vanguard 500 Index Fund			
Retorno antes do imposto de renda	28,50%	−0,63%	10,99%
Retorno depois do imposto sobre distribuições	28,20	−1,09	10,24
Retorno após imposto sobre distribuições e venda de cotas do fundo	18,86	−0,78	9,33
S&P 500 (não reflete qualquer dedução de taxas, impostos ou despesas)	28,69	−0,57	11,07
Média de fundos da categoria Lipper Growth (não reflete qualquer dedução de taxas de venda ou impostos)	29,63	−0,66	8,66

(b) Taxas

	Fidelidade	Vanguarda
Taxas de cotistas (pagas pelo investidor)		
Taxa de venda na compra de cotas	–	–
Taxa de venda no reinvestimento de dividendos	–	–
Taxa de venda diferida sobre resgates	–	–
Despesas operacionais anuais do fundo		
Taxa de administração	0,50%	0,16%
Taxa de distribuição e serviço (12b-1)	–	–
Outras despesas	0,20%	0,02%
Despesas operacionais anuais totais do fundo	0,70%	0,18%

(c) Despesas

Despesas hipotéticas com uma aplicação (investimento inicial de 10 mil dólares, suposição de 5% de retorno anual e despesas operacionais constantes) nos períodos seguintes:

	Fidelidade	Vanguarda
1 ano	$72	$18
3 anos	$224	$58
5 anos	$390	$101
10 anos	$871	$230

68 Investimentos

- Outras informações úteis. O prospecto deve fornecer detalhes sobre como se faz para comprar e vender (resgatar) cotas do fundo, com endereços da Internet e comerciais e números de telefones para contato. São especificados os investimentos mínimos exigidos, embora muitas vezes mínimos mais baixos sejam permitidos para contas IRA ou caso o investidor prometa fazer compras regulares de cotas adicionais com o passar do tempo. Outra informação importante no prospecto é a de datas de distribuição de dividendos e ganhos de capital. Um erro comum dos investidores sujeitos a tributação é o de comprar cotas de fundos pouco antes de uma data de distribuição. Imagine que um investidor compre 400 cotas de um fundo a 25 dólares cada uma, fazendo um investimento total de 10 mil dólares. No dia seguinte, uma distribuição de 2 dólares é paga, reduzindo a cota a 23 dólares (deve-se ignorar variações de preço de mercado). O investimento ainda vale 10 mil dólares (23 dólares × 400 ações = 9.200 dólares mais 400 ações × 2 dólares de distribuição em dinheiro = 800 dólares em distribuições). Entretanto, de acordo com as regras da Receita Federal, o investidor deve impostos sobre a distribuição de 800 dólares (mesmo que esse valor seja automaticamente reinvestido), ainda que correspondam a recursos que tenham acabado de ser aplicados.

Custos de fundos de investimento

Os fundos de investimento oferecem liquidez, diversificação e gestão profissional ao pequeno investidor. Mas esses serviços não são gratuitos. Nesta seção, discutiremos algumas das despesas associadas a aplicações em fundos de investimento.

Taxa de entrada – Alguns fundos cobram uma *taxa* ou comissão quando um investidor compra cotas do fundo. A finalidade declarada da taxa de entrada é a de que se pague uma comissão ao planejador financeiro ou corretor que vende cotas do fundo. O preço de compra de uma cota de um fundo com esse tipo de taxa é igual ao patrimônio líquido de cada uma delas mais *uma taxa de venda*, que pode chegar a 8,5% do patrimônio líquido por cota. Suponha um fundo com uma taxa de venda de 8%: um indivíduo que aplicar 1.000 dólares receberá cotas no valor de 920 dólares, sendo 80 dólares pagos como comissão. Um fundo sem taxa de entrada não impõe tal tipo de taxa e vende cotas pelo valor do patrimônio líquido. Entre o fundo com taxa cheia de entrada e o fundo puro sem taxa de entrada, há diversas variações. Uma delas é o fundo com taxa baixa de entrada, que cobra uma tarifa de venda reduzida, tipicamente em torno de 3%. Os investidores com grandes volumes de recursos a serem aplicados podem ser capazes de comprar cotas de um fundo com uma taxa de entrada mais baixa. Por exemplo, um fundo com taxa de entrada de 3% pode cobrar essa porcentagem cheia de investimentos abaixo de 250 mil dólares, 2% sobre investimentos entre 250 mil e 499.999 dólares, 1% daqueles entre 500 mil e 999.999 dólares e nenhuma taxa de entrada nos investimentos de 1 milhão de dólares ou mais.

Taxas 12b-1 – Essas taxas, assim designadas em função da regra da SEC que as originou, permitem que os fundos deduzam até 0,75% dos ativos líquidos médios *anuais* para cobrir custos de distribuição, como propaganda, comissões pagas a corretores e gastos gerais de *marketing*.[6] Assim, em lugar de fazer com que os investidores paguem uma taxa de entrada, usando as taxas 12b-1, um fundo arrecada recursos para cobrir gastos de *marketing* com o passar do tempo.

Taxa de venda diferida – É também chamada de *taxa de resgate* ou *taxa de saída*. Com uma taxa de venda diferida, os investidores pagam quando vendem ou resgatam suas cotas, e não quando as compram. Ela costuma ser alta: de 5% a 7%, caso as cotas sejam vendidas no período de um ano, a contar de sua compra, mas cai depois desse prazo, geralmente ao ritmo de um ponto porcentual por ano. Assim, um investidor que mantenha cotas por um período longo pode não precisar pagar nenhuma taxa de venda diferida.

É importante observar que nenhuma dessas taxas de venda – taxas de entrada, taxas 12b-1 ou taxas de venda diferida – tem relação com o desempenho do fundo. Sua única finalidade é financiar comissões, números de telefone para ligação gratuita e websites, taxas cobradas por supermercados de fundos e material de propaganda (impressos, rádio e TV).

Os detalhes relativos às taxas de um fundo são encontrados em seu prospecto. Como ferramenta de marketing, fundos com taxas de entrada dão aos investidores escolhas em termos de como as comissões e as despesas de marketing podem ser pagas, oferecendo cotas A, B ou C. As cotas de tipo A pagam a taxa de entrada costumeira e as despesas anuais reduzidas. Já as de tipo B não cobram taxa de entrada, mas exigem uma taxa 12b-1 anual e uma taxa de venda diferida de cotistas que vendem apenas após passados alguns anos. Depois de um número determinado deles, durante os quais o equivalente da taxa de entrada tenha sido pago, as cotas de tipo B transformam-se em cotas de tipo A, o que significa que somente despesas anuais são pagas. As cotas de tipo C não têm nenhuma taxa de resgate ou de entrada, mas cobram uma taxa 12b-1, que nunca é cancelada.

Os investidores sofisticados compararão o impacto das taxas de entrada ao das taxas 12b-1, dado o seu horizonte de investimento, para determinar qual é a alternativa menos onerosa. Tipicamente, os investidores que prevêem resgatar seus investimentos no futuro próximo se dão melhor com uma taxa 12b-1. Por causa da natureza cumulativa das taxas 12b-1, os que investem a longo prazo, que planejam comprar cotas de fundos e mantê-las no futuro previsível, podem se sair melhor pagando apenas uma taxa de entrada.

A Tabela 4.2 apresenta um cenário no qual supomos:

- 5% de retorno anual,
- 5% de taxa de entrada para cotas do tipo A,

---

[6] De acordo com as regras da SEC, os fundos de investimento não podem cobrar mais de 0,75% no caso de taxas 12b-1 e 0,25% de taxas de serviço, que são usadas para remunerar as corretoras pela manutenção de registros dos investimentos de seus clientes. Antes de esses tetos serem fixados pela SEC, muitos fundos cobravam taxas 12b-1 de até 1,25%.

TABELA 4.2	Comparação de retornos de cotas de tipo A, B e C em função do tempo

Investimento inicial	$10.000
Retorno anual	5%
Velocidade de redução das taxas de venda diferida	1,00% por ano
As taxas de cotas de tipo B caem para	0,25%
Após	5 anos

	Cotas do tipo A	Cotas do tipo B	Cotas do tipo C
Taxa de entrada	5,00%	0,00%	0,00%
Taxa 12b-1	0,00%	0,00%	1,00%
Outras taxas	0,00%	1,00%	0,00%
Taxa de venda diferida	0,00%	5,00%	0,00%

Valor, se vendido no fim do ano

	Cotas do tipo A	Cotas do tipo B	Cotas do tipo C	Tipo preferido
1	$ 9.975,00	$ 9.875,25	$ 10.395,00	C
2	$ 10.473,75	$ 10.389,10	$ 10.805,60	C
3	$ 10.997,44	$ 10.945,03	$ 11.232,42	C
4	$ 11.547,31	$ 11.546,90	$ 11.676,10	C
5	$ 12.124,67	$ 12.198,96	$ 12.137,31	B
6	$ 12.730,91	$ 12.905,95	$ 12.616,73	B
7	$ 13.367,45	$ 13.517,37	$ 13.115,10	B
8	$ 14.035,83	$ 14.157,76	$ 13.633,14	B
9	$ 14.737,62	$ 14.828,48	$ 14.171,65	B
10	$ 15.474,50	$ 15.530,98	$ 14.731,43	B
11	$ 16.248,22	$ 16.266,76	$ 15.313,32	B
12	$ 17.060,64	$ 17.037,40	$ 15.918,20	A
13	$ 17.913,67	$ 17.844,54	$ 16.546,97	A
14	$ 18.809,35	$ 18.689,93	$ 17.200,57	A
15	$ 19.749,82	$ 19.575,36	$ 17.880,00	A
16	$ 20.737,31	$ 20.502,75	$ 18.586,26	A
17	$ 21.774,17	$ 21.474,06	$ 19.320,41	A
18	$ 22.862,88	$ 22.491,40	$ 20.083,57	A
19	$ 24.006,03	$ 23.556,93	$ 20.876,87	A
20	$ 25.206,33	$ 24.672,94	$ 21.701,51	A

- 5% de taxas de venda diferida para cotas do tipo B, que são anuladas ao fim de cinco anos (e uma taxa anual que diminui de 1% a 0,25% no decorrer de cinco anos), e
- 1% de taxa 12b-1 para cotas do tipo C.

Com essas suposições de retornos e despesas, vemos que os investidores se saem melhor se pagarem taxas de entrada (tipo A), caso esperem manter cotas por 12 anos ou mais. Os investidores de curto prazo beneficiam-se pagando a taxa 12b-1 de 1% (tipo C). As cotas de tipo B tornam-se atraentes depois de um tempo, quando são eliminadas as taxas de venda diferida; sem dúvida, é a melhor opção para os que investem a médio prazo.

Taxas de administração – As principais tarefas da companhia de gestão de investimento são a pesquisa de investimentos, a gestão de carteiras e deveres administrativos como a emissão de cotas e a operacionalização de resgates e dividendos. Em função dessas tarefas de gestão e operacionais, a companhia de gestão cobra uma taxa de administração anual. Alguns fundos de investimento (como Fidelity e Magellan) têm uma taxa de administração que é ajustada para cima ou para baixo, de acordo com uma fórmula prestabelecida, para recompensar (ou punir) os gestores de fundos, caso estes obtenham retorno mais alto (ou mais baixo) do que o índice de referência (o S&P 500, no caso da Fidelity).

Índice de despesas – As despesas de um fundo correspondem à soma de suas taxas de administração, taxas 12b-1 e outros gastos. As despesas operacionais são pagas com os ativos de cada fundo e, por conseguinte, reduzem os retornos para os cotistas. O índice de despesas representa a relação entre as despesas anuais do fundo como porcentagem de seus ativos.

O índice de despesas de um fundo depende dos objetivos e da filosofia de sua gestão. Sendo outros aspectos iguais, um fundo indexado que seja gerido passivamente tem um índice de despesas inferior ao de um gerido ativamente; um fundo agressivo de ações de crescimento geralmente tem um índice de despesas superior ao de um fundo mais conservador de ações com rendimento. (Por exemplo, veja a Tabela 4.1.)

70 Investimentos

Uma dedução do retorno do cotista que não aparece no índice de despesas é o custo das corretagens pagas por um fundo para negociar títulos. As informações sobre comissões de corretagem não são facilmente encontradas; os investidores são obrigados a examinar a *Demonstração de Informações Adicionais* do fundo, que pode ser obtida mediante solicitação ou em seu próprio site. Às vezes, os custos de negociação não acrescentam muito às despesas totais; por exemplo, em 2004 o índice de despesas do Magellan se elevaria de 0,70% dos ativos líquidos para 0,73%, se as corretagens fossem incluídas. Para alguns outros fundos, as comissões de corretagem podem efetivamente dobrar o índice de despesas declarado. Por exemplo, no início de 2004, o índice de despesas do *Van Eck International Investors Gold Fund* (cotas de tipo A) aumentaria de 1,965% dos ativos líquidos para 5,817% se essas comissões fossem incluídas.[7] Um motivo para o pagamento de comissões elevadas de corretagem é o elevado giro da carteira.

Giro da carteira – outro custo de se aplicar em fundos de investimento não aparece claramente no prospecto, mas tem seus efeitos refletidos nos retornos dos cotistas. Como qualquer investidor, os gestores de fundos pagam corretagens sempre que compram ou vendem títulos. No prospecto, os fundos devem informar o giro da carteira. Um giro de 100% da carteira significa que, em média, os títulos possuídos pelo fundo são "girados" uma vez – comprados e vendidos uma vez durante o ano. Em outras palavras, em média, todos os títulos possuídos em janeiro teriam sido vendidos e substituídos por um outro grupo de títulos em dezembro. Se você pegar o giro da carteira, dividi-lo por 100, e a seguir dividir por 12, o número resultante determinará o *prazo médio de aplicação* dos títulos nessa carteira:

4.4

$$\text{Prazo médio de aplicação de títulos do fundo} = \frac{12 \text{ meses}}{(\text{Giro da carteira}/100)}$$

Por exemplo, o prazo médio de aplicação de uma carteira com um giro de 125% é:

$$\frac{12 \text{ meses}}{(125\,/\,100)} = 9,6 \text{ meses}$$

Se o giro da carteira for de 33%, o prazo médio de aplicação será:

$$\frac{12 \text{ meses}}{(33\,/\,100)} = 36,36 \text{ meses, ou cerca de 3 anos}$$

Alguns fundos informam giros de carteira de 150%, 200% ou mais. Como há pagamento de corretagens a cada compra e venda de ações ou obrigações, giros mais altos resultam em comissões de corretagem elevadas; sendo tudo o mais igual, em retornos líquidos menores para o investidor. O giro da carteira de um fundo tende a ser mais alto quando a finalidade do fundo é buscar agressivamente ganhos de capital, quando os mercados financeiros são especialmente voláteis, ou quando o fundo sofre entradas e saídas de caixa extraordinariamente altas por causa de vendas e resgates de cotas.

Outras fontes de informações sobre fundos de investimento

Em virtude da grande variedade de fundos disponíveis, é prudente que se examine o desempenho de diversos deles para entender os objetivos e as filosofias de gestão de cada um. Informações diárias e mensais para numerosos fundos abertos podem ser encontradas no *Wall Street Journal*. *Barron's* publica atualizações trimestrais do desempenho de vários fundos nos dez anos precedentes. *Forbes* publica uma pesquisa anual sobre fundos de investimento. *Business Week*, um "Ranking de Fundos de Investimento" com informações sobre desempenho (tanto ajustado por risco quanto em termos de retorno total), taxas de venda (incluindo as taxas 12b-1), despesas, rendimentos e prazos de vencimento de carteiras e números de telefones para todos os fundos.

Uma fonte importante de dados históricos abrangentes é uma publicação anual, feita por Arthur Wiesenberger Services, chamada *Investment Companies Yearbook*, com perfis detalhados dos 600 fundos mais conhecidos. Cada perfil inclui um breve histórico, objetivos de investimentos e análise da carteira, estatísticas históricas, serviços especiais disponíveis, pessoal, consultores e distribuidores, taxas de venda e um gráfico com o valor de um investimento hipotético de 10 mil dólares no prazo de dez anos. O anuário da Wiesenberger também contém uma lista-resumo de taxas anuais de retorno e medidas de volatilidade de preço para uma série de fundos não analisados.

O popular *Morningstar Mutual Funds*, da Morningstar, avalia o desempenho de mais de 1.300 fundos abertos e fornece uma página informativa atualizada para cada um deles, com uma análise resumida por um dos analistas dessa empresa. A Morningstar popularizou o uso de caixas de estilo 3 × 3, como vemos no Gráfico 4.1. As ações são classificadas de acordo com o tamanho da empresa, em termos de valor de mercado (pequena, média ou grande) e estilo de valor, geralmente, índices preço-lucro baixos, crescimento (preço-lucro alto), ou misto. O fundo é a seguir classificado de acordo com a preponderância das características de estilo/tamanho dos títulos em sua carteira. Por exemplo, no Gráfico 4.1 o Fidelity Magellan é apresentado como um fundo misto grande. De maneira análoga, as carteiras de fundos de obrigações são classificadas de acordo com o prazo de vencimento e a qualidade de crédito. Assim, o fundo High-Yield Corporate Bond da Vanguard é apresentado como um fundo aplicado em obrigações de prazo médio e baixa qualidade.

---

[7] HECHINGER, John. "Deciphering Funds, Hidden Costs." *The Wall Street Journal*, 17 mar. 2004, p. D1, D2.

Fundos de investimento e outros investimentos administrados

GRÁFICO 4.1 Caixas de estilo de fundos de investimento

Ações: *Fidelity Magellan Fund*

Renda fixa: *Vanguard High-Yield Corporate Bond Fund*

A análise do aspecto fiscal ganha importância como uma maneira de se avaliar fundos. Os que geram muito rendimento – ou geram ganhos de capital pela negociação freqüente – aumentam a renda tributável dos seus cotistas. Assim, muitas fontes de informações incluem estimativas da eficiência fiscal de um fundo, utilizando como base a alíquota de imposto de renda e as alíquotas de imposto sobre ganhos de capital de um investidor típico. Uma medida popular de eficiência fiscal estima primeiro retorno ajustado por imposto de renda do fundo, ou seja, aquele que um investidor obteria após pagar imposto sobre as distribuições de rendimentos e ganhos de capital de seu fundo.[8] Desse modo, a eficiência fiscal do fundo é simplesmente o retorno depois do imposto, ou o ajustado por ele, dividido pelo retorno antes do imposto:

4.5

$$\text{Eficiência fiscal} = \frac{\textbf{Retorno ajustado por imposto de renda}}{\textbf{Retorno antes do imposto de renda}}$$

Quanto mais alta a porcentagem de eficiência fiscal, mais benéfico o resultado será para os investidores tributados do fundo.

Desempenho das companhias de investimento

Muitos estudos têm examinado o desempenho histórico de fundos de investimento, porque esses fundos refletem a performance dos gestores profissionais de recursos. O resultado básico desses estudos apóia o conceito de mercados eficientes: é difícil para os fundos de investimento superar sistematicamente seus índices de referência depois de levar em conta seus riscos. Numerosos estudos, tanto em publicações acadêmicas quanto na imprensa comum, têm encontrado retornos abaixo da média em fundos de ações ou de obrigações com gestão ativa, em períodos os mais diversos. Os estudos também indicam que, após controlar outras características dos fundos, os com índices mais baixos de despesas obtêm, em média, retornos mais altos, e isso também acontece com fundos com índices de giro de carteiras mais baixos.

DESEMPENHO DE FUNDOS DE INVESTIMENTO EM TERMOS DE RISCO E RETORNO

Um investidor que pense em comprar cotas de um fundo precisa saber se o seu desempenho é coerente com o objetivo nele declarado. Por exemplo, o desempenho de um fundo balanceado reflete menos risco e retorno mais baixo do que um fundo agressivo de crescimento? Para responder a essa questão, diversos estudos têm examinado a relação entre os objetivos declarados pelos fundos e suas medidas de retorno, risco e estilo de investimento (empresas de grande porte, empresas pequenas, valor, crescimento).

Desempenho em termos de retorno – Diversos estudos de desempenho de fundos de ações geralmente concordam quanto aos seguintes resultados: em termos ajustados por risco, os fundos de ações superam índices com base em retornos *brutos* (ou seja, ignoram-se as despesas). Mas, uma vez consideradas as despesas de investimento e gestão do fundo, os fundos de investimento obtêm retornos líquidos inferiores ao da média do mercado. Resultados semelhantes são encontrados em fundos de ações internacionais e em fundos de obrigações.[9]

---

[8] O cálculo de imposto pela Morningstar supõe que todas as distribuições de rendimentos e ganhos de capital no curto prazo são tributados a uma alíquota de imposto federal de 39,6% no momento da distribuição. Os ganhos de capital de longo prazo são tributados a uma alíquota de 20%. A parcela remanescente após o imposto é então reinvestida no fundo. Impostos estaduais e municipais são ignorados. A alíquota marginal e a situação fiscal de um investidor específico é que determinarão o retorno depois do imposto de renda para o investidor.

[9] SHUKLA, Ravi. "The Value of Active Portfolio Management." *Journal of Economics and Business*, 56, 331-346, jul. 2004; WERMERS, Russ. "Mutual Fund Performance: An Empirical Decomposition into Stock-Picking Talent, Style, Transactions, Costs, and Expenses." *Journal of Finance* 55, n. 4, 1655-1694, ago. 2000; DANIEL, Kent et al. "Measuring Mutual Fund Performance with Characteristic-Based Benchmarks." *Journal of Finance* 52, n. 3, 1035-1058, jul. 1997; BLAKE, Christopher R.; ELTON, Edwin J., GRUBER, Martin J. "The Performance of Bond Mutual Funds." *Journal of Business* 66, n. 3, 371-403, jul. 1993; BAILEY, Warren; LIM, Joseph. "Evaluating the Diversification Benefits of the New Country Funds." *Journal of Portfolio Management* 18, n. 3, 74-80, primavera 1992; CUMBY, Robert E.; GLEN, Jack D. "Evaluating the Performance of International Mutual Funds." *Journal of Finance* 45, n. 2, 497-522, jun. 1990; LEHMANN, Bruce N.; MODEST, David M. "Mutual Fund Performance Evaluations: A Comparisopn of Benchmarks and Benchmark Comparisons." *Journal of Finance* 42, n. 2, 233-265, jun. 1987.

72 Investimentos

O fundo médio de ações tem um índice de despesas de 1,52%, enquanto o fundo indexado médio de ações apresenta um índice de 0,75% (um dos fundos indexados com despesas mais baixas tem um índice de apenas 0,18%). Isso significa que o fundo médio de ações deve obter retornos brutos que estão $1,52 - 0,75 = 0,77$ pontos porcentuais acima do fundo indexado, apenas para conseguir o mesmo retorno líquido, após serem subtraídas as despesas. Os estudos têm mostrado que é difícil para os gestores ativos fazer isso depois de feito o ajuste por risco. Um estudo mostrou que, embora as ações possuídas por fundos com gestão ativa superem seus índices em 1,3 ponto porcentual, esses ganhos são mais do que anulados por 1,6 ponto porcentual de despesas e custos de transação. Esse é o motivo pelo qual a indexação, tanto de fundos de ações quanto de fundos de obrigações, tem atraído um número cada vez maior de investidores, e com isso seu dinheiro.

Esses estudos trabalham com médias – podem alguns fundos com bom desempenho manter-se sistematicamente com o tempo? As evidências não são claras. Alguns estudos indicam que, a curto prazo (de um a três anos), pode haver alguma regularidade de retornos que envolvam fundos com desempenho superior e inferior,[10] mas outros estudos mostram que os fundos que declaram séries de retornos superiores tendem a apresentar desempenho inferior nos anos subseqüentes.[11] Um desempenho sistematicamente bom simplesmente não é constatado em períodos mais longos.

Muitas influências poderiam explicar por que os fundos com bom desempenho a curto prazo passam depois a ter desempenho médio ou abaixo da média. Em primeiro lugar, podem ser vítimas de seu próprio sucesso. Os retornos superiores atraem o dinheiro dos investidores, e é difícil aplicar bem e rapidamente esses grandes influxos de dinheiro, isso pode prejudicar os retornos futuros. Além disso, um desempenho superior continuado exige que o gestor de fundos identifique continuamente novos títulos, com bom potencial de retorno. Em conseqüência, fundos maiores aplicam em muitos títulos diferentes (às vezes, centenas ou milhares), e cada um representa apenas uma pequena parte da carteira completa. Com a posse de tantos títulos, o fundo essencialmente está comprando o mercado como um todo, e com isso seus retornos se igualam ao do mercado no decorrer do tempo. Na verdade, acabam transformando-se em fundos indexados de fato, cobrando taxas de administração de fundos de gestão ativa.

Em segundo lugar, um fundo pode apresentar um bom desempenho a curto prazo por causa de um ou dois anos particularmente excelentes (ou de sorte especial). Mas saltos ocasionais no desempenho de um fundo não garantem competência (ou sorte) no futuro, e os retornos posteriores tendem a ser mais modestos do que poderia ser previsto em relação ao desempenho passado.

Finalmente, os estilos de investimento entram e saem de moda. Por exemplo, os fundos de investimento que enfatizam ações de grandes empresas tiveram bom desempenho nos anos 1980; os fundos que se especializam em ações de pequenas empresas tiveram desempenho superior no início da década de 1990; os fundos com ênfase em ações de crescimento tiveram bom desempenho no final da década deste mesmo ano; e os fundos orientados para ações de valor tiveram desempenho favorável após a virada do século. Isso significa que os fundos com bom desempenho a curto prazo podem ter tido esse resultado simplesmente porque seu particular estilo de investimento estava na moda. Nos próximos anos, algum outro estilo poderá oferecer retornos melhores. Mesmo nos estudos acadêmicos que incorporam análises de estilo em seus exames de retornos de fundos, os pesquisadores geralmente têm constatado que retornos superiores, ajustados por risco, não persistem no tempo, seja em fundos de ações, seja em fundos de renda fixa.[12] Além disso, percebe-se uma evidência muito limitada de capacidade, por parte dos gestores, de trocar de estilo, de maneira a adotar um que esteja se tornando superior e abandonar aquele quase já fora de moda.[13]

Desempenho em termos de risco – Embora o desempenho em termos de retornos não seja historicamente sistemático, o desempenho em termos de risco aparentemente o é. Em um estudo, a maioria dos fundos, nos 25% superiores em termos de risco durante um período de cinco anos, permanecia sendo de risco mais alto em um período subseqüente de cinco anos. Quando classificados por risco no período seguinte, 63% permaneceram no quartil superior e 93% permaneceram na metade superior.[14] Diversos estudos têm analisado a relação entre os objetivos declarados pelos fundos e suas medidas de risco e retorno. Os resultados mostram que há uma relação positiva entre eles, com os valores das medidas de risco subindo à medida que os objetivos são mais agressivos. Os estudos também encontraram uma relação positiva entre retorno e risco.[15] Assim, vale a pena para os investidores procurarem fundos com objetivos e níveis de risco similares à sua própria tolerância a risco.

Coerência de estilo – Se um investidor compra cotas de um fundo pensando que adotará, por exemplo, uma estratégia de crescimento, ele pode ficar certo de que isso acontecerá? A imprensa financeira freqüentemente publica artigos sobre fundos que anunciam uma filosofia de investimentos enquanto executam outra.[16] Tal *desvio de estilo* ocorre em 20% a 30%

---

[10] CLARCK, Andrew. "How Well Do Expenses and Net Returns Predict Future Performance?", Lipper Research Study, 3 maio 2004; MCDONALD, Ian. "What Helps to Find Fund Winners." *The Wall Street Journal*, 3 maio 2004, p. R1, R8; HENDRICKS, Darryll; PATEL, Jayendu; ZECKHAUSER, Richard. "Hot Hands in Mutual Funds: Short-Run Persistence of Relative Performance, 1974-1988." *Journal of Finance* 48, n. 1, 93-130, mar. 1993.

[11] JAIN, Prem C.; SHUANG Wu, Joanna. "Truth in Mutual Fund Advertising: Evidence on Future Performance and Fund Flows." *Journal of Finance* 55, n. 2, 937-958, abr. 2000.

[12] KAHN, R. N.; RUDD, A. "Does Historical Performance Predict Future Performance?", *Financial Analysts Journal*, 43-52, nov.-dez. 1995.

[13] DANIEL, Kent; GRINBLATT, Mark; TITMAN, Sheridan; WERMERS, Russ. "Measuring Mutual Fund Performance with Characteristic-Based Benchmarks", *Journal of Finance*, 1035-1058, jul. 1997.

[14] MCGOUGH, Robert. "Heeding Risk-Adjusted Returns May Pay." *The Wall Street Journal*, 7 ago. 1998, p. C23.

[15] MARTIN, John D., KEOWN JR., Arthur J.; FARRELL, James L. "Do Fund Objectives Affect Diversification Policies?" *Journal of Portfolio Management* 8, n. 2, 19-28, inverno 1982.

[16] EGODIGWE, Laura Saunders; O'BRIAN, Bridget. "Some Funds Find Losing Their Balance in Favor of Stocks Reaps Huge Rewards." *The Wall Street Journal*, 18 fev. 2000, p. C1; TAM, Pui-Wing. "Excuse Me Sir! But There Are Tech Stocks in My Bond Fund." *The Wall Street Journal*, 14 fev. 2000, p. C1.

TABELA 4.3	Índices de despesas e retornos de fundos de ações, de 1993 a 1998			
Tipo de fundo e quartil de despesas	Índice médio anual de despesas	Retorno médio em cinco anos	Diferença entre índices de despesas do 1º e do 4º quartil	Diferença entre retornos do 1º e do 4º quartil
Empresas grandes				
1	0,64%	20,70%	−1,55%	3,03%
2	1,07	19,72		
3	1,50	18,54		
4	2,19	17,67		
Empresas médias				
1	0,85%	15,56%	−1,51%	2,34%
2	1,25	15,40		
3	1,69	14,65		
4	2,36	13,22		
Empresas pequenas				
1	0,89%	12,84%	−1,52%	2,62%
2	1,32	12,44		
3	1,71	12,71		
4	2,41	10,22		
Ações estrangeiras				
1	0,90%	8,92%	−1,67%	2,90%
2	1,46	7,76		
3	1,90	6,08		
4	2,57	6,02		

Fonte: CLEMENTS, Jonathan Clements. "Hint: Managers Are Only as Smart as the Expenses They Charge", *The Wall Street Journal*, p. R1, R10, 6 jul. 1999. Copyright © 1999 Dow Jones. Reimpresso com permissão do *Copyright Clearance Center*.

dos fundos de ações em qualquer período anual.[17] Alguns desvios legítimos de estilo podem ser explicados, por exemplo, pela seleção bem-sucedida de ações pelo gestor de um fundo especializado em empresas pequenas, cujas melhores escolhas sofram um crescimento de seu valor de mercado, deixando de ser empresas pequenas após um certo tempo. Entretanto, o desvio de estilo atrás do último "modismo" de investimento (por exemplo, ações de empresas de tecnologia avançada no final dos anos 1980), ou na busca de um estilo de melhor desempenho não está de acordo com os interesses do cotista do fundo. A diversificação da carteira global deste poderá ser prejudicada se todos os fundos começarem a se deslocar para o mesmo estilo. Além disso, algumas evidências sugerem que os fundos que se afastam de seu estilo obtêm retornos mais baixos do que os coerentes em termos de estilo.[18]

TAXAS E DESPESAS

Como afirmamos anteriormente, taxas de entrada, taxas de venda diferidas, e taxas 12b-1 estão relacionadas a gastos de marketing; elas não correspondem a uma remuneração da competência ou do sucesso nos investimentos pelos gestores de fundos. Em estudos que têm comparado o desempenho ajustado por risco de fundos com e sem taxas de entrada, o resultado é claro: o fundo médio com taxa de entrada não oferece aos investidores melhor desempenho do que a média dos fundos sem essa taxa, e pode até mesmo gerar, em média, retornos mais baixos.[19]

As diferenças de despesas, entretanto, deveriam traduzir-se diretamente em divergências de retorno para os que investem em fundos. Estudos realizados com fundos de ações constatam que, levando em conta o risco e o estilo de investimento, os fundos com índices mais baixos de despesas tendem a obter retornos elevados, embora essa evidência não seja unânime.[20] Por exemplo, a Tabela 4.3 resume um estudo que dividiu os fundos em quartis, com base em seu índice de despesas. Para tipos diferentes de fundos de ações, essa tabela mostra o índice médio de despesas e os retornos médios em cinco anos para cada quartil. Exceto no caso de fundos de ações de empresas pequenas, a relação entre despesas e retornos é inver-

---

[17] ARRINGTON, George R. "Chasing Performance Through Style Drift." *Journal of Investing*, 9, n. 2, 13-17, verão 2000.

[18] INDRO, Daniel C.; JIANG, Christine X; HU, Michael Y.; LEE, Wayne Y. "Mutual Fund Performance: A Question of Style." *Journal of Investing*, 7, n. 2, 46-53, verão 1998.

[19] Veja, por exemplo, CARHART, Mark M. "On Persistence in Mutual Fund Performance." *Journal of Finance*, 52, n. 1, 57-82, mar. 1997; CLEMENTS, Jonathan. "Taking the First Step in Picking Your Fund." *The Wall Street Journal*, 22 jul. 1991, p. C1, C21.

[20] Estudos que encontram uma relação *positiva* entre retornos excedentes em relação a um índice, e índices de despesas incluem os de Andrew Clark, "How Well Do Expenses and Net Returns Predict Future Performance?." Lipper Research Study, 3 maio 2004; SHUKLA, Ravi. "The Value of Active Portfolio Management." *Journal of Economics and Business* 56, 331-346, jul. 2004.

74 Investimentos

TABELA 4.4	Índices de despesas e retornos de fundos de obrigações			
Tipo de fundo e categoria de despesa	Média da categoria de índice de despesas em 1998	Retorno médio em cinco anos – de 1993 a 1998	Diferença entre índice alto de despesas e índice baixo de despesas	Diferença de retornos entre índice alto e índice baixo
Curto prazo e baixo risco				
Índice baixo	0,40%	5,77%	– 0,94%	0,95%
Índice alto	1,34	4,82		
Médio prazo e baixo risco				
Índice baixo	0,51	6,78	– 0,83	0,97
Índice alto	1,34	5,81		
Longo prazo e baixo risco				
Índice baixo	0,48	8,41	– 0,86	2,06
Índice alto	1,34	6,35		
Curto prazo e risco médio				
Índice baixo	0,55	5,55	– 0,65	0,39
Índice alto	1,20	5,16		
Médio prazo e risco médio				
Índice baixo	0,62	6,69	–1,19	1,02
Índice alto	1,81	5,67		
Longo prazo e risco médio				
Índice baixo	0,70	6,67	–1,00	0,75
Índice alto	1,70	5,92		
Longo prazo e baixo risco				
Índice baixo	0,73	8,04	– 0,96	1,62
Índice alto	1,69	6,42		

Fonte: REICHENSTEIN, William. "Bond Fund Returns and Expenses: A Study of Bond Market Efficiency", *Journal of Investing*, 8-16, Winter 1999). Reimpresso com a permissão do Institutional Investor.

sa; ou seja, enquanto as despesas aumentam de quartil a quartil, os retornos médios caem. Os fundos com despesas mais baixas parecem obter retornos superiores.[21]

Isso também ocorre com fundos de obrigações. A Tabela 4.4 mostra os resultados de um estudo que dividiu os fundos de obrigações em diferentes categorias de despesas. Eles são claros: os fundos com despesas menores tiveram retornos médios mais altos do que os fundos de obrigações com despesas elevadas. A análise do estudo mostra que há praticamente uma relação inversa de um por um entre despesas e retornos: para cada aumento de um ponto porcentual do índice de despesas, o retorno médio cai um ponto porcentual.[22]

Dados de índices médios de despesas de diferentes tipos de fundos estão disponíveis nas fontes de informações previamente mencionadas sobre fundos de investimento. A Tabela 4.5 mostra uma lista de índices médios de despesas para os nove estilos de fundos de ações da caixa de estilos 3 × 3 da Morningstar e para fundos de obrigações domésticas. A tabela também inclui o índice médio de despesas de fundos indexados, para cada estilo, e a diferença entre os dois. Essa diferença representa o retorno adicional, acima do retorno do índice, que o fundo com gestão ativa precisa obter apenas para compensar seus gastos extras. Em mercados quase eficientes, essa é uma barreira difícil de ser superada.

Como vimos, o giro das carteiras de fundos também afeta os retornos dos acionistas. Mais da metade dos fundos de ações domésticas tem um giro médio superior a 75%. Como a negociação aumenta os custos (como comissões de corretagem, uma "despesa invisível" para a maioria dos investidores em fundos), fundos cujo giro de carteira é mais baixo têm retornos médios mais altos do que aqueles com giro mais elevado.[23] Sendo o alto giro de carteira mais provável em um fundo agressivo em termos de risco, a diferença de retornos médios ajustados por risco tende a ser ainda maior.

---

[21] Entre os estudos de pesquisa acadêmica que apóiam esta perspectiva estão os de William Reichenstein, "Bond Fund Returns and Expenses: A Study of Bond Market Efficiency." *Journal of Investing*, 8-16, inverno 1999; INDRO, D. C. et al. "Mutual Funds Performance: Does Fund Size Matter?" *Financial Analysts Journal* 55, n. 3, 74-87, maio-jun. 1999; BOGLE, John C. "The Implications of Style Analysis for Mutual Fund Performance Evaluation." *Journal of Portfolio Management* 24, n. 4, 34-42, verão 1998; CARHART, Mark M. "On Persistence in Mutual Fund Performance." *Journal of Finance*, 52, n. 1, 57-82, mar. 1997.

[22] REICHENSTEIN, William. "Bond Fund Returns and Expenses: A Study of Bond Market Efficiency." *Journal of Investing*, 8-16, inverno 1999.

[23] Ver Mark M. Carhart. "On Persistence in Mutual Fund Performance." *Journal of Finance* 52, n. 1, 57-82, mar. 1997. Um estudo realizado por Wermers argumenta que os fundos com giro elevado apresentam retornos líquidos mais altos que os fundos com giro baixo, mas essa constatação pode ter resultado da forma pela qual ele acompanhou as carteiras dos fundos no início de cada trimestre. Veja seu artigo e a discussão que a ele se segue, WERMERS, Russ. "Mutual Fund Performance: An Empirical Decomposition into Stock-Picking Talent, Style, Transactions Costs, and Expenses." *Journal of Finance* 55, n. 4 (ago. 2000): 1655-1695 e MOSKOWITZ, Tobias J. "Discussion." *Journal of Finance* 55, n. 4 (ago. 2000): 1695-1703.

TABELA 4.5	Índices de despesas de fundos com gestão ativa *versus* fundos indexados		
Tipo de fundo	**Índice médio de despesas de fundos com gestão ativa**	**Índice médio de despesas de fundos indexados**	**Diferença entre índices de despesas: fundos com gestão ativa – fundos indexados**
Ações			
Empresas grandes e crescimento	1,57%	0,58%	0,99%
Empresas médias e crescimento	1,66	0,40	1,26
Empresas pequenas e crescimento	1,79	0,69	1,10
Empresas grandes e mistas	1,27	0,68	0,59
Empresas médias e mistas	1,50	0,72	0,78
Empresas pequenas e mistas	1,58	0,86	0,72
Empresas grandes e valor	1,42	0,96	0,46
Empresas médias e valor	1,52	0,25	1,27
Empresas pequenas e valor	1,53	0,64	0,89
Internacionais	1,86	0,93	0,93
Obrigações			
Domésticas	1,12%	0,48%	0,64%

Fonte: Morningstar Principia Pro, junho 2004; cálculos do autor.

Impostos

O giro da carteira de um fundo traz outra implicação para os investidores: ele afeta suas obrigações tributárias.[24] Um giro mais alto da carteira causa níveis mais elevados de ganhos de capital realizados para os cotistas de fundos. Uma demonstração de fim de ano de um fundo que apresente uma distribuição substancial de ganhos de capital pode ser desastrosa para uma estratégia cuidadosamente planejada de minimização de impostos.

Sendo todos os outros aspectos iguais, um fundo com giro elevado gerará mais ganhos de capital realizados e mais ganhos de capital de curto prazo efetuados do que um fundo com giro baixo. Assim, se os dois fundos tiverem o mesmo retorno antes do imposto de renda, os investidores no fundo de giro baixo provavelmente obterão um retorno mais alto depois do imposto de renda. Alguns estudos estimam que um fundo com giro alto precisa render de 2% a 3% a mais que o fundo de giro baixo para conseguir o mesmo retorno, depois do imposto de renda, uma façanha difícil em mercados virtualmente eficazes.[25] Os fundos indexados, nos quais a negociação ativa é desencorajada e os giros são tradicionalmente baixos, tenderão a apresentar eficiência fiscal mais elevada que a maioria dos fundos com gestão ativa.

A Tabela 4.6 evidencia a importância de um investimento inteligente em termos fiscais tributados para os investidores. Para as IRAs e outras contas de diferimento de impostos, dar ênfase aos retornos antes do imposto de renda é apropriado, e a Carteira Má em Termos Fiscais é a melhor opção; seu retorno esperado antes do imposto é de 9%, contra o retorno esperado antes do imposto de 8,6% da Carteira Inteligente em Termos Fiscais (supondo que os riscos das carteiras sejam semelhantes). Mas a história muda no caso de uma conta tributada. A ênfase da Carteira Inteligente em Termos Fiscais em rendimentos isentos de imposto (obrigações municipais), investimentos passivos (índice de ações de empresas grandes), e com potencial de ganhos de capital (ações internacionais, ações de mercados emergentes e ações de empresas pequenas) diminui o imposto a pagar. Para esse tipo de investimento, o retorno estimado de 6,5% da Carteira Inteligente, depois do imposto de renda, é preferível aos 5,8% da Carteira Má em termos fiscais.

Algumas estratégias sugeridas de investimento em fundos

Aprendemos muito neste capítulo sobre o que condiciona o desempenho dos fundos. Com base nisso, oferecemos as seguintes sugestões para aplicações em fundos de investimento:

1. Escolha somente aqueles fundos coerentes com seus objetivos e restrições, incluindo sua situação em termos de imposto de renda.

2. Considere os fundos indexados para uma grande parte de sua carteira de fundos. Eles serão os de melhor desempenho do trimestre ou do ano, mas, em períodos mais longos, eles superarão a maioria dos fundos de gestão ativa. Há vários fundos de ações, obrigações e internacionais sem taxas de entrada que procuram replicar tanto os índices especializados quanto os índices gerais disponíveis aos pequenos investidores.

---

[24] Este não é o caso dos fundos que fazem parte de um plano de investimento com diferimento de imposto, como uma conta de aposentadoria individual (IRA) ou um plano 401 (k).

[25] ARNOTT, Robert D.; BERKIN, Andrew L.; YE, Jia "How Well Have Taxable Investors Been Served in the 1980s and 1990s?" *Journal of Portfolio Management* 26, n. 4, 84-93, verão 2000; JEFFREY, Robert H.; ARNOTT, Robert D. "Is Your Alpha Big Enough to Cover Its Taxes?." *Journal of Portfolio Management* 19, n. 3, 15-25, primavera 1993.

76 Investimentos

TABELA 4.6	Comparação das implicações fiscais de duas carteiras

O investidor deseja alocar 40% em obrigações, 60% em ações.

Carteira inteligente em termos fiscais	Carteira má em termos fiscais
40% em obrigações municipais	40% em obrigações tributáveis
32% em índice de ações de empresas grandes americanas	50% em ações de empresas americanas com gestão ativa
12% em ações internacionais	5% em ações internacionais
6% em ações de mercados emergentes	5% em ações de empresas pequenas americanas
5% em ações de empresas pequenas americanas de crescimento	
5% em ações de empresas pequenas americanas de valor	
Retorno antes do imposto: 8,6%	Retorno antes do imposto: 9,0%
Retorno depois do imposto: 6,5%	Retorno depois do imposto: 5,8%

Fonte: "Which is Your Portfolio?" *Fortune*, 80, 18 mar.1996. Copyright© 1996 Time Inc. Reimpresso com permissão. Todos os direitos reservados.

3. Sempre que possível, invista em fundos sem taxas de compra, particularmente naqueles que não têm taxas de entrada, taxas de venda diferidas e taxas 12b-1. As fontes de informações discutidas anteriormente podem ajudá-lo a identificá-los. Dados os objetivos de investimentos dos fundos, aplique nos que têm índices de despesas e giro de carteira baixos.
4. Aplique pelo menos de 10% a 20% de sua carteira em fundos internacionais ou globais para se diversificar e participar do potencial de retorno elevado de títulos não-americanos.
5. Aplique em fundos de várias classes de ativos para se diversificar e participar de ciclos de investimento diferentes. Por exemplo, compre cotas de fundos com ênfase em valor e crescimento, de fundos de ações de empresas grandes e pequenas, e de fundos de obrigações com riscos alto e baixo.
6. Se você quiser gerir ativamente sua carteira de fundos, pense em investir nos "quentes", do ano anterior. (Lembre-se de que os estilos de investimento entram e saem de moda.)
7. Não tente se antecipar à variação do mercado fazendo entradas e saídas agressivas do mercado de ações. As estratégias de *timing* parecem acrescentar pouco valor e podem aumentar o risco consideravelmente.
8. Para ajudar a evitar a tentação de prever o mercado, use estratégias de investimento de custo médio, ponderado monetariamente, aplicando uma quantia fixa em dólares a cada mês. A maioria dos fundos oferece planos que aceitam depósitos regulares; muitos lhe ajudarão a montar um mecanismo de retirada automática de fundos de uma conta bancária.
9. Muitos fundos distribuem ganhos de capital por volta de dezembro; para evitar o pagamento de impostos sobre ganhos de capital logo após você ter comprado cotas de um fundo, leia o prospecto e evite aplicar dinheiro pouco antes das datas de distribuição de ganhos de capital.
10. Não aplique em um número excessivo de fundos. A diversificação de aplicações em vários fundos com gestão ativa levará a um desempenho que tenderá a acompanhar os índices, mas ao custo da gestão ativa.

QUANDO VENDER COTAS DE FUNDOS

Uma pesquisa cuidadosa pode ajudá-lo a identificar os fundos indexados e os fundos com gestão ativa apropriados para atender suas necessidades. Entretanto, se uma escolha de investimento se tornar insatisfatória, quando você deverá vender as cotas de um fundo e reinvestir esse dinheiro em algum outro lugar?

Geralmente, quando seus objetivos e restrições se alteram, pode ser apropriado rebalancear ou reorganizar sua carteira. Quando as pessoas envelhecem, a alocação de ativos gradativamente se desloca de ações para títulos de renda fixa. Quando se aproxima a data de pagamento de grandes contas – como a faculdade dos filhos – os fundos são transferidos para títulos de curto prazo e baixo risco. Além dessas mudanças de política, as seguintes considerações devem lhe ajudar a determinar quando pode ser o momento de vender as cotas de um fundo.

Dois alertas: primeiro, cuidado com o "gatilho rápido", que surge quando um desempenho insatisfatório a curto prazo leva os investidores a vender suas cotas e a mudar para um outro fundo. Lembre-se de que vender um fundo e comprar outro pode aumentar os custos (taxas de entrada e saída) e gerar obrigações fiscais, que é nossa segunda advertência. Esteja atento também a quaisquer obrigações de pagamento de imposto sobre ganhos de capital decorrentes do aumento do valor de suas cotas. Se você as comprou algum tempo atrás e agora pensa em vendê-las, a diferença entre o preço de compra e o preço de venda tem implicações fiscais. Um desempenho atual insatisfatório de um fundo que teve bom desempenho no decorrer de um longo período poderá fazer com que você pague um elevado imposto sobre ganhos de capital, caso você venda as cotas.

Dados esses avisos, enumeramos a seguir alguns fatores que podem fazer com que você venda as cotas. Em primeiro lugar, pode ser o momento de vendê-las quando muda o gestor da carteira do fundo, e um novo gestor carece de um histórico satisfatório de desempenho. Em geral, quando o gestor de um fundo deixa a sua função, a companhia de investimento procura substituí-lo por um gestor que tenha gerido outro fundo com sucesso, em família de fundos. Se um gestor de fundos bem-sucedido for substituído por um desconhecido, talvez seja o momento de reduzir ou encerrar seu fundo. (A SEC exige que os fundos identifiquem seus gestores nos prospectos.) Entretanto, se as decisões de investimento são tomadas por um Comitê, não é necessário designar um gestor; na verdade, nenhum dos membros do Comitê precisa ser publicamente divulgado.) Evidentemente, às vezes, o gestor de um fundo é substituído por causa de mau desempenho. Nesses casos, não se retire. Há evidências de que, em média, um novo gestor melhorará o desempenho ajustado por risco.[26]

Em segundo lugar, pode ser oportuno vender suas cotas quando o gestor da carteira do fundo altera seu estilo de investimento. As mudanças em um fundo podem ocorrer quando um gestor experiente parece se afastar de um estilo de investimento vantajoso no passado. Isso pode indicar que o gestor está entrando em pânico. Tome cuidado também com gestores que abandonam seu estilo de investimento porque, por uma razão cíclica, ele não está produzindo bons resultados. Recorde-se de que os fundos com ênfase em valor geralmente tiveram desempenho inferior ao do mercado como um todo no final dos anos 1990, mas os gestores que mantiveram esse estilo de investimento conseguiram retornos muito melhores após a virada do século. Há várias fontes disponíveis para informar aos que investem em fundos mudanças de estilos de gestão – por exemplo, o relatório trimestral do próprio fundo ou comentários de um gestor que apareçam em fontes como Morningstar. As caixas de estilo 3 × 3 dessa empresa são particularmente úteis, como foi discutido anteriormente neste capítulo.

Em terceiro lugar, observar que um fundo que está se tornando demasiadamente grande ou crescendo muito rapidamente pode ser um sinal de desempenho futuro inferior. Como foi discutido, é difícil aplicar sabiamente quando há grandes infusões contínuas de caixa pelos investidores. Além disso, os fundos grandes podem começar a se parecer e agir cada vez mais como fundos indexados.

Em quarto lugar, pode ser o momento de vender um fundo quando seu desempenho é inferior ao de fundos semelhantes por três anos ou mais. A palavra-chave aqui é "semelhante". Por exemplo, o desempenho de fundos de ações de empresas pequenas pode ser comparado ao de outros fundos de ações de empresas pequenas, mas não ao do índice S&P 500.

As circunstâncias variam com o tempo e de investidor para investidor. Por esse motivo, temos evitado recomendar condições específicas para a venda de cotas de um fundo. Os sinais que mencionamos precisam ser confrontados aos objetivos dos investidores e considerados em vista de quaisquer ganhos de capital que poderiam ser realizados se as cotas de uma aplicação tributável fossem vendidas.

ESCÂNDALOS EM FUNDOS DE INVESTIMENTO

Infelizmente, a idéia de que os fundos de investimento são os protetores dos pequenos investidores foi maculada em 2003. Quando Eliot Spitzer, o procurador-geral de Nova York, e a SEC iniciaram suas investigações, foram descobertas práticas nos fundos de investimento que beneficiavam os gestores de fundos e prejudicavam investidores de prazo mais longo. O resultado de suas descobertas: pesadas multas àqueles que estavam violando as regras, manchetes humilhantes para as famílias de fundos culpadas, e novas regras para a indústria visando ajudar a proteger os interesses dos cotistas. Algumas das práticas ilícitas incluíam *market timing*, negociação depois do pregão e cálculo incorreto de taxas de entrada e saída.

Em um esquema de *market timing*, os maiores investidores compram grandes quantidades de cotas de fundos em um dia e esperam a ocorrência de um forte aumento de preços. Após a ocorrência do salto nos preços, eles vendem as cotas. Muitas vezes, o *market timing* é combinado a uma negociação depois do pregão, quando o fundo permite aos grandes investidores a compra de cotas após as 16 horas, ou seja, depois do final do pregão da Bolsa de Valores de Nova York. Por que os gestores de fundos permitiram que os grandes investidores fizessem isso – mesmo quando as regras do fundo o proibiam? Tipicamente, os grandes investidores haviam concordado em aplicar também em outras contas, ajudando a elevar o volume de ativos geridos pelos fundos e assim aumentar as taxas que poderiam receber. Simplesmente, os fundos optavam por enriquecer a si mesmos em lugar de cuidar das necessidades dos seus cotistas.

As operações de *market timing* e a negociação depois do pregão são desleais para os investidores menores em fundos, porque ela dilui seus retornos. Uma grande soma de dinheiro depositada no fundo no fim de um determinado dia talvez não possa ser rápida e completamente reinvestida. Eis um exemplo simples. Suponha que 20 investidores possuam, cada um, uma cota de um fundo que aplica em ações de empresas asiáticas. O fundo detém ações no valor de 2 mil dólares; portanto, o valor de cada cota é 100 dólares e cada investidor possui esse valor de fundo. Com base nas notícias que ouve enquanto a NYSE está aberta, uma pessoa que faça *market timing* acredita que o mercado asiático deva subir no dia seguinte, e, então, comprou uma cota por 100 dólares pouco antes – ou depois – do prazo final da ordem. O valor da cota ainda é 100 dólares, mas a compra tardia não permite ao gestor do fundo reinvestir os 100 dólares no mercado, e assim os patrimônios do fundo incluem 2 mil dólares em ações e 100 dólares em caixa, ou seja, um valor total de 2.100 dólares.

No dia seguinte, o aumento esperado de preço ocorre nos mercados da Ásia e as ações possuídas pelo fundo têm um ganho de valor de 10%. O patrimônio do fundo agora é formado por 2.000 dólares mais 10%, mais 100 dólares em caixa, ou seja, 2.300 dólares. O valor da cota sobe para 2.300 dólares/21, ou seja, 109,52 dólares. O *market timer* vende no fechamento do dia e obtém um lucro líquido de 9,52% em um dia. Entretanto, os retornos dos cotistas de longo prazo do fundo foram diluídos. Em vez de se elevarem 10% com os mercados asiáticos, suas cotas no fundo se elevaram apenas 9,52%. O depósito em dinheiro do *market timer* causou uma redução desleal do desempenho para os cotistas de longo prazo, ao passo que ele ganhou com o dinheiro previamente investido pelos cotistas.

Além da negociação atrasada e do *market timing*, alguns fundos foram acusados de encorajar os cotistas a comprarem cotas de tipo B, quando as de tipo A sairiam mais em conta para o investidor. Outro problema foi que algumas comissões de entrada foram mal calculadas. Embora muitos fundos ofereçam "pontos de corte" nos quais aplicações maiores pagam

---

26 GALLO, John G.; LOCKWOOD, Larry J. "Fund Management Changes and Equity Style Shifts." *Financial Analysts Journal* 55, n. 5, 44–52, set.-out. 1999.

78 Investimentos

uma taxa menor de entrada, alguns grandes investidores não receberam as taxas mais baixas que mereciam. Finalmente, há a prática questionável de cobrança de *comissões com pagamento sem dinheiro*, com as quais o custo de negociação é misturado aos custos de pesquisa ou software. Os gestores de fundos beneficiam-se com o pagamento de comissões sem dinheiro porque as comissões são cobradas dos cotistas (reduzindo assim seus retornos), ao mesmo tempo em que os gestores usam a pesquisa sobre ações ou o software de graça. Em 2004, diversos fundos anunciaram que não pagariam mais as comissões sem dinheiro, preferindo pagar pela pesquisa separadamente, em uma conta de gestão, e não por intermédio de comissões de corretagem.

Entre as mudanças de regras implantadas para combater tais fraudes, a SEC agora exige que as companhias de fundos de investimento nomeiem um diretor de cumprimento de normas subordinado ao Conselho de Administração do fundo. O diretor de cumprimento de normas deve rever todas as negociações pessoais feitas pelos gestores, assegurar a precisão da informação submetida aos reguladores e aos investidores, supervisionar o cumprimento das regulamentações governamentais e das políticas do próprio fundo, e ainda relatar qualquer prática incorreta ou questionável ao Conselho de Administração, e não aos executivos.

Uma revisão de outros investimentos administrados

Há um velho ditado que diz: "Se se parece com um pato, anda como pato e faz 'quack' como um pato, então, deve ser um pato". Entretanto, na área de investimentos, ele pode ser um "pato-chamariz". Vários investimentos se assemelham a fundos, mas diferem de maneiras importantes. O Quadro 4.2 resume as características de alguns desses investimentos.

FUNDOS FECHADOS

As companhias de investimento começam como qualquer outra empresa – alguém vende uma emissão de ações ordinárias a um grupo de investidores. Uma companhia de investimento fechada (geralmente, chamada apenas de "fundo fechado") diverge de uma companhia de investimento aberta (também denominada *fundos de investimento*) em função da forma como cada uma opera *após* a oferta pública inicial. As cotas de uma companhia de investimento fechada são negociadas como as ações de qualquer outra companhia aberta. Os investidores recorrem a uma corretora para negociar cotas em bolsa, e o preço de mercado das cotas do fundo é determinado pela oferta e pela demanda. Em 2004, existiam praticamente 600 fundos fechados com ativos em torno de 225 bilhões de dólares. Aproximadamente três quartos dos fundos fechados aplicam em títulos de renda fixa; o restante é formado por fundos de ações. Há fundos fechados que aplicam em ações, setores especializados (como metais preciosos – Dundee Precious Metals), serviços de utilidade pública (Gabelli Utility) e saúde (H&Q Health), mercados globais de ações (Templeton Emerging Markets), mercados de países individuais (por exemplo, Áustria, Chile e China), títulos conversíveis (Calamos Convertibles), obrigações (incluindo as de governos, hipotecárias, de alto rendimento e títulos mundiais), e títulos municipais (fundos que enfatizam investidores em estados com alíquotas de imposto elevadas, como Califórnia e Nova York).

O valor patrimonial da cota de uma companhia de investimento fechada é calculado duas vezes por dia, com base nos preços de mercado vigentes dos títulos contidos na carteira. O valor patrimonial da cota e o preço de mercado de um fundo fechado quase nunca são os mesmos. A longo prazo, os preços de mercado dessas cotas têm ficado historicamente de 5% a 20% abaixo do seu valor patrimonial (ou seja, elas são negociadas com deságio em relação ao valor patrimonial). Ainda é um mistério por que os fundos fechados normalmente são negociados com esse deságio. Alguns estudos apresentam evidências de que o seu tamanho varia de acordo com o nível dos ganhos de capitais não distribuídos do fundo, que são tributáveis para o investidor. Outros argumentam que, como os investidores pequenos tipicamente compram cotas de fundos fechados, o tamanho relativo do deságio ou ágio mede o otimismo ou pessimismo do pequeno investidor em relação ao mercado. A análise desses deságios ainda é um importante tópico de pesquisa nas finanças modernas.[27]

A incerteza a respeito dos deságios é ao mesmo tempo uma bênção e uma desgraça para os investidores. Alguns deles vêem os deságios favoravelmente porque podem comprar uma carteira de ativos pelo seu valor de mercado. Um investidor em um fundo fechado pode obter retornos atraentes de duas formas: (1) quando o fundo tem um bom desempenho e (2) quando o deságio em relação ao valor patrimonial se reduz e as cotas podem ser vendidas com um ganho de capital, apesar de um desempenho menos brilhante do gestor da carteira.

Outra característica atraente dos fundos fechados é que, para muitos investidores, eles representam a única maneira de fazer diversificação em certos mercados estrangeiros. Por exemplo, os mercados emergentes são arriscados, e o risco de comprar algumas unidades de algumas ações – com as concomitantes dificuldades de liquidação, impostos, e assim por diante – faz com que o investimento nesses mercados seja pouco atraente para muitos investidores. Mas, se uma companhia de investimento fechada se especializa nele, o pequeno investidor pode usar o fundo profissionalmente gerido para obter diversificação. De fato, os fundos fechados representam a única maneira pela qual os investidores podem operar em mercados como Rússia, Turquia, México e uma variedade de outros mercados pequenos e emergentes.

---

[27] Estudos realizados ao longo dos anos incluem os de Robert Ferguson e Dean Leistkow, "Valuing Active Managers, Fees, and Fund Discounts." *Financial Analysts Journal* 57, n. 3, 52-62, maio-jun. 2001; BARCLAY, Michael; HOLDERNESS, Clifford; PONTIFF, Jeffrey. "Private Benefits from Block Ownership and Discounts on Closed-End Funds." *Journal of Finance Economics* 33, n. 3, 263-292, jun. 1993; LEE, Charles; SHLEIFER, Andrei; THALER, Richard. "Investor Sentiment and the Closed-End Fund Puzzle." *Journal of Finance* 46, n. 1, 76-110, mar. 1991. Para uma discussão sobre fundos de obrigações, veja RICHARDS, Malcom; FRASER, Donald; GROTH, John. "The Attractions of Closed-End Bond Funds." *Journal of Portfolio Management* 8, n. 2, 56-61, inverno 1982.

Fundos de investimento e outros investimentos administrados **79**

QUADRO 4.2	Comparação de características de fundos administrados			
	Fundo de investimento	**Companhia de investimento fechada**	**Fundos negociados em bolsa**	**Anuidade variável**
Liquidez	Sim; compra-se e vende-se do próprio fundo de investimento	Talvez; depende da liquidez no mercado. Freqüentemente, o preço é inferior ao valor da cota	Talvez; depende da liquidez no mercado	Limitada
Diversificação	Sim, oferece propriedade parcial de uma cesta de títulos	Sim, oferece propriedade parcial de uma cesta de títulos	Sim, as cotas representam uma cesta diversificada de títulos	Sim, o direito de anuidade representa a propriedade de uma cesta de títulos
Escolha de objetivo de investimento	Sim	Sim	Sim	Sim
Gestão profissional	Sim	Sim	Replica um índice de mercado	Sim
Flexibilidade	Sim; privilégios de troca permitem que os investidores transfiram seu dinheiro entre fundos da família	Não	Não	Limitada
Facilidade de acesso	Freqüentemente, pela internet, telefone ou alternativamente pela corretora; alguns oferecem serviços de emissão de cheques, depósitos e retiradas automáticos	Limitada; alguns fundos oferecem reinvestimento automático de dividendos e ganhos de capital	Pela corretora	Pela internet, telefone e corretora
Cobertura de seguros	Não	Não	Não	Sim, oferece benefício em caso de morte igual à quantia investida (menos os resgates anteriores)
Diferimento de imposto	Somente se fizer parte de um IRA ou plano 401 (k)	Somente se fizer parte de um IRA ou plano 401 (k)	Somente se fizer parte de um IRA ou plano 401 (k)	Todos os rendimentos e ganhos de capital crescem com o imposto de renda diferido
Distribuição de rendimentos durante seu prazo	Não, os rendimentos são suspensos quando o saldo do fundo é nulo	Não, os rendimentos são suspensos quando o saldo do fundo é nulo	Rendimentos somente enquanto as ações são possuídas	Distribuição garantida
Tributação de benefícios	Rendimentos às alíquotas de imposto sobre rendimentos, ganhos de capital às alíquotas apropriadas sobre ganhos de capital	Rendimentos às alíquotas de imposto sobre rendimentos, ganhos de capital às alíquotas apropriadas sobre ganhos de capital	Rendimentos às alíquotas de imposto sobre rendimentos, ganhos de capital às alíquotas apropriadas sobre ganhos de capital	Todos os benefícios são tributados às alíquotas de imposto sobre rendimentos
Despesas	Baixas a médias	Baixas a médias	Baixas, mas comissões de corretagem sobre negócios realizados	Altas

FUNDOS NEGOCIADOS EM BOLSA (ETFs)

Inicialmente emitidos em 1993, os fundos negociados em bolsa (ETFs) haviam atraído mais de 160 bilhões de dólares dos investidores até 2004. Um ETF é como um fundo fechado, no sentido de que as cotas são compradas em bolsa e representam a propriedade de uma cesta de títulos. Mas, diferentemente de um fundo fechado com gestão ativa, o ETF é gerido passivamente, pois visa replicar o comportamento de um índice. Enquanto as cotas de fundos indexados abertos são compradas e resgatadas por investidores uma vez ao dia, o ETF é negociado durante todo o pregão. Os ETFs podem concentrar-se em índices gerais, como o S&P 500 (SPDRs), estilos de investimento como valor e crescimento (iShares S&P 500/Barra Growth Index Fund), setores como energia (SPDR Energy), países (iShares MSCI-Taiwan) ou regiões (iShares MSCI-EAFE). Diferentemente de fundos fechados, cujo preço de mercado pode se desviar substancialmente do valor patrimonial, os fundos negociados em bolsa oferecem um método único de manutenção de seus preços de mercado próximos ao valor patrimonial: investidores institucionais de grande porte poderão reunir cestas das ações subjacentes e trocá-las por cotas de ETFs, caso estes estejam sendo negociados a um preço acima do valor patrimonial. Da mesma forma, se o ETF for negociado a um preço inferior ao valor patrimonial, os investidores institucionais podem comprar cotas dele e convertê-las nos títulos subjacentes. As despesas são geralmente baixas nos ETFs. O SPDR 500, que replica o índice S&P 500, tem um índice de despesas de 0,17%, em contraponto ao índice de despesas de 0,18% do fundo Vanguard Index, que é um fundo de baixo custo e em comparação ao índice médio de despesas de fundos de ações, em torno de 1,52%.

Uma desvantagem das cotas de ETFs é a de que, embora suas despesas sejam baixas, elas só podem ser compradas e vendidas em bolsa. Portanto, como as comissões de corretagem aumentam o custo de negociação de ETFs, elas não são um bom veículo quando compras freqüentes são planejadas, como as resultantes de poupanças mensais. Da mesma forma, alguns ETFs não são negociados com freqüência, o que, às vezes, dificulta comprar ou sair rapidamente de um investimento.

Entretanto, os ETFs têm se mostrado bastante populares. Virtualmente não existentes há alguns anos, os ativos aplicados em ETFs se elevaram de quase 7 bilhões de dólares em 1997 a 80 bilhões de dólares no início de 2002, e ultrapassaram os 160 bilhões de dólares em 2004, o que representa praticamente três quartos do tamanho de seu "primo" muito mais velho, o fundo fechado.

ANUIDADES VARIÁVEIS

Outro sósia do fundo de investimento é a anuidade variável, um título oferecido por companhias de seguros e subsidiárias de algumas empresas de fundos de investimento. Uma **anuidade variável** oferece aos investidores a escolha entre vários fundos para aplicar; os fundos investidos crescem com impostos diferidos com o passar do tempo. Diferentemente de alguns planos de aposentadoria com imposto de renda diferido, não há limites superiores ao que o investidor pode aplicar em anuidades variáveis. Uma anuidade variável é um produto do ramo de seguro, já que, em caso de falecimento, é pago um benefício pelo menos igual ao investimento inicial menos quaisquer resgates. Quando da aposentadoria dos investidores, a anuidade paga um fluxo de rendimentos enquanto o proprietário da apólice está vivo; assim, o titular de uma anuidade que viva bastante tempo pode obter um retorno excelente sobre o montante aplicado.

Uma desvantagem de uma anuidade é representada por seu alto custo. Além das despesas e taxas de gestão do fundo, os investidores pagam uma taxa de mortalidade em troca da proteção dada pelo seguro e pela promessa de uma anuidade por toda a vida. Em razão disso, as despesas totais anuais geralmente ultrapassam 2% em fundos de ações e obrigações, como pode ser visto na Tabela 4.7. Isso supera em muito os índices médios de despesas da maioria dos fundos de investimento.

TABELA 4.7 Despesas de anuidades	
Tipo de fundo	**Índice médio de despesas totais**
Crescimento agressivo	2,37%
Balanceado	2,37
Obrigações privadas	2,06
Obrigações governamentais, gerais	2,13
Crescimento	2,36
Crescimento e rendimento	2,16
Obrigações de alto rendimento	2,22
Obrigações internacionais	2,48
Ações internacionais	2,40
Mercado monetário	1,91
Fundo especializado	3,00
Fundo diversificado de ações de empresas americanas, média	2,31
Fundo de renda fixa, média	2,08

Fonte: *The Wall Street Journal*, 6 jul. 2004, página R9. Copyright© 2004 Dow Jones. Reimpresso com permissão do *Copyright Clearance Center*.

Outra desvantagem é: como a anuidade paga uma série de rendimentos, todos os ganhos, mesmo aqueles que decorram de ganhos de capital, são tributados a alíquotas mais altas. Além disso, embora algumas transferências entre contas sejam permitidas, as famílias de anuidades variáveis oferecem menos opções de investimentos do que as famílias de fundos de investimento.

Resumo

- Um fundo de investimento é uma companhia de investimento que reúne recursos de várias fontes e que só aplica em uma série de títulos individuais, como ações, obrigações e outros títulos publicamente negociados. Os fundos de investimento podem ser classificados em fundos abertos ou fundos fechados; estes últimos podem incluir fundos com taxas de entrada e saída ou sem taxas. Como há uma grande variedade de fundos disponíveis, sempre há algum que corresponde a qualquer objetivo de investimento ou combinação de objetivos.
- O prospecto de um fundo contém muitas informações úteis sobre este, como o objetivo de investimento, as estratégias de investimentos, e dados de estilo, risco e retorno, taxas e despesas, e outros detalhes. O prospecto, e também outras fontes de informações a respeito do fundo (como periódicos, publicações financeiras diversas e sites da Internet), devem ser cuidadosamente examinados antes de se escolher um fundo.
- Numerosos estudos têm examinado o desempenho histórico dos fundos. A maioria dos estudos tem constatado que menos da metade dos fundos alcança o retorno líquido ajustado por risco do mercado como um todo. Os resultados com retornos brutos geralmente indicam retornos médios ajustados por risco um pouco acima do retorno do mercado, com cerca de metade dos fundos superando o mercado.
- Os desempenhos de fundos com gestão ativa gerenciados são prejudicados até certo ponto por suas despesas e corretagens maiores devidas ao alto giro de suas carteiras. Muitos estudos têm descoberto que os fundos indexados desempenham acima da média, a longo prazo, entre os fundos, em parte porque sua estratégia passiva de investimento limita seus gastos e o giro da carteira.
- Os investidores não devem necessariamente aplicar em fundos com desempenho passado acima da média e a longo prazo sem primeiro fazer alguma pesquisa. O desempe-

Investimentos on-line

Com o aumento da popularidade dos fundos de investimento, como alternativa de diversificação imediata e acesso a gestão profissional, o número de websites dedicados a investimento em fundos cresceu. Qualquer uma das principais companhias de fundos (Fidelity, T. Rowe Price, Vanguard, Scudder, e assim por diante) possui sites interessantes a serem visitados. Eis alguns deles:

http://www.mornigstar.com – A Morningstar é um dos principais provedores de informações sobre fundos. O site disponibiliza muitas informações e muitos links interessantes para os investidores em fundos. Seus itens incluem notícias, análises, estudos de caso de investimento pessoal, colunas escritas por vários redatores da empresa e uma entrevista com um gestor de fundos. Artigos passados também ficam disponibilizados em um arquivo. O site também contém seções que tratam de aprendizagem, planejamento e pesquisa sobre fundos. Uma tela específica permite que os usuários encontrem fundos na base de dados da Morningstar em certas categorias de investimento, bem como por critérios de retorno, tributação e volatilidade. O site contém informações sobre ETFs, incluindo comparações com fundos, além de artigos informativos.

http://www.wiesenberger.com/ – O site da Wiesenberger (parte da Thomson Financial) oferece uma visão geral dos vários produtos de investimento da empresa. Podem ser adquiridos dados de fundos fechados e abertos e também análises e softwares, tanto em forma impressa quanto em eletrônica.

http://www.brill.com – O site da Brill's Mutual Funds Interactive(SM) oferece informações básicas sobre investimento em fundos: cotações de preços de fundos, gráficos e comentários de mercado. Suas seções educacionais incluem discussões sobre tópicos de investimentos, diferentes tipos de fundos, uma seção "Perguntas e Respostas" (Q&A, em inglês), além do perfil de um gestor de investimentos.

http://www.mfea.com – A página da Mutual Fund Education Alliance é um bom lugar para se começar a aprender mais sobre fundos. Este site, chamado de Mutual Fund Investor's Center, oferece uma grande quantidade de informações. O *News Center* fornece informações, análises econômicas e comentários de mercado feitos por analistas de fundos. O Fund Center permite aos usuários pesquisar, acompanhar e personalizar sua própria carteira de fundos. Os investidores podem fazer buscas pelo nome de um fundo específico ou buscar fundos que tenham determinadas características, incluindo a categoria de investimento, o nível da taxa 12b-1, o índice de gastos, a taxa de venda, e assim por diante. Os investidores também podem descobrir quais são os três fundos mais bem-sucedidos no ano, até o momento, em diferentes categorias de investimento e assim encontrar o fundo de custo mais baixo. O site também possui links para várias famílias de fundos.

http://www.investorguide.com/funds.html – O site InvestorGuide foi mencionado no Capítulo 1. Essa página focaliza o investimento em fundos e contém links de uma variedade de sites correlatos. Os tópicos incluem aprendizagem sobre fundos, obtenção de dados de desempenho e classificação, triagem de fundos e a obtenção do prospecto de um fundo.

http://www.ishares.com e **http://www.spdrindex.com** – Esses dois sites cobrem fundos negociados em bolsa.

82 Investimentos

nho superior de um fundo pode ser pelo fato de que seu estilo (por exemplo, ações de empresas pequenas) foi bem nos últimos anos, ou então um bom desempenho nos últimos cinco ou dez anos pode ter sido causado por apenas um ou dois anos de retornos excepcionais, e pode não se repetir no futuro.

- Os retornos obtidos pelo investidor individual médio em investimentos administrados por fundos pode ser inferior à média dos resultados de um mercado específico americano ou internacional. Entretanto, os benefícios de serviços, como diversificação, reinvestimento e contabilidade ofere-

cidos pelas companhias de investimento fazem dos fundos uma alternativa importante ao investimento em ações e obrigações individuais nos Estados Unidos e em outros países do mundo.

- Escândalos recentes que envolveram companhias de fundos fazem com que o setor se preocupe mais com a tomada de decisões, levando seus cotistas em consideração.
- É importante conhecer as diferenças entre fundos e seus "sósias" – companhias de investimento fechadas, fundos negociados em bolsa e anuidades variáveis – a fim de que a escolha correta possa ser feita.

QUESTÕES

1. Como é calculado o valor da cota de um fundo?
2. Discuta a diferença entre um fundo de investimento e uma companhia de investimento fechada.
3. Quais são os dois preços fornecidos para um fundo fechado? Qual é a relação típica entre esses dois preços?
4. Qual é a diferença entre um fundo com taxa de entrada e saída e um fundo sem essas taxas?
5. Quais são as diferenças entre um fundo de ações ordinárias e um fundo balanceado? Como você espera que sejam suas características em termos de risco e retorno?
6. Por que você compraria cotas de um fundo de mercado monetário? O que você esperaria desse investimento?
7. Você deveria se preocupar sobre o quão bem diversificado é um fundo? Por que sim ou por que não?
8. Discuta por que a estabilidade de uma medida de risco para um fundo é importante para um investidor. As medidas de risco dos fundos são geralmente estáveis?
9. O desempenho dos fundos deveria ser julgado com base apenas em retornos, ou em uma base ajustada por risco? Discuta o porquê, usando exemplos.
10. Defina o retorno líquido e o retorno bruto de um fundo e discuta como cada um deles deve ser calculado.
11. Como investidor em um fundo, discuta por que os retornos líquidos e brutos são relevantes para você.
12. Imagine avaliar o desempenho de gestores de fundos em termos de seleção de ações subavaliadas ou em termos de projetação dos retornos do mercado. Debata se os retornos líquidos ou os brutos são os mais relevantes.
13. Com base em numerosos testes de desempenho de fundos, você está convencido de que menos da metade deles tem melhor desempenho do que uma política simples de "compra e manutenção". Isso significa que você deveria ignorar a possibilidade de aplicar em fundos? Explique sua resposta.
14. Disseram a você que o fundo X teve desempenho acima da média nos dois últimos anos. Você acha que ele continuará a ter tal desempenho nos próximos dois anos? Explique sua resposta.
15. Disseram a você que o fundo Y teve desempenho sistematicamente acima da média nos últimos seis anos. Você acha que ele continuará a ter tal desempenho nos próximos seis anos? Explique sua resposta.
16. Você vê anúncios de dois fundos que parecem ter objetivos de investimento condizentes com os seus.

(a) Como você pode obter uma rápida visão geral do desempenho desses dois fundos no decorrer dos dois ou três últimos anos?

(b) onde você encontraria informação mais aprofundada sobre fundos, incluindo endereços aos quais você poderia escrever e pedir prospectos?

17. Por que um investidor individual deveria pensar em comprar cotas de um fundo?
18. Por que um investidor individual deveria pensar em comprar cotas de um fundo fechado?
19. Por que os fundos indexados devem fazer parte da estratégia de investimento da maioria dos investidores em fundos?
20. Por que um fundo com desempenho bom em um ou dois anos poderia ser uma opção melhor de investimento do que outro fundo com bom desempenho nos últimos cinco anos?
21. Quais são algumas características que os investidores deveriam examinar antes de aplicar em fundos?
22. Um fundo em que você aplica teve bom desempenho por vários anos, mas tem tido retornos abaixo da média este ano. Que fatores você deveria considerar antes de vender as suas cotas?
23. Considere separadamente cada um dos eventos a seguir. Explique por que (ou por que não) cada evento indica que é hora de vender sua posição em um fundo:

(a) está mudando o gestor do fundo.

(b) um fundo de ações de empresas pequenas teve um desempenho abaixo do índice S&P 500 por três anos consecutivos.

(c) De acordo com a Morningstar, o estilo do fundo mudou de empresas médias e valor para empresas pequenas e crescimento.

24. De que maneira o *market timing* e a negociação atrasada prejudicam os investidores em fundos?
25. Defina pontos de corte e comissões de pagamento sem dinheiro.
26. O que é um fundo negociado em bolsa? De que maneira ele se assemelha a um fundo indexado?
27. Quais são as diferenças entre um fundo negociado em bolsa e um fundo fechado?
28. O que é uma anuidade variável? Que vantagens ela oferece aos investidores em comparação com os fundos de investimento? Quais são suas desvantagens?

Problemas

1. Suponha que o ABC Mutual Fund não tenha passivos e possua somente quatro ações, a saber:

Ação	Quantidade	Preço	Valor de mercado
W	1.000	12	$12.000
X	1.200	15	$18.000
Y	1.500	22	$33.000
Z	800	16	$12.800
			$75.800

O fundo começou com vendas no valor de 50.000 dólares em cotas a 8 dólares cada uma. Qual é o valor patrimonial da cota?

2. Você está pensando em aplicar 1.000 dólares em um fundo que cobra uma taxa de 8% de entrada, e você espera que seu investimento renda 15% no próximo ano. Alternativamente, você poderia aplicar em um fundo sem taxa de entrada, com risco semelhante, que cobra uma taxa de resgate de 1%. Você estima que esse fundo sem taxa renderá 12%. Dadas as suas expectativas, qual seria o melhor investimento e de quanto ele seria?

3. No site da Barron's, procure os valores patrimoniais e os preços de mercado das cotas de cinco fundos fechados. Calcule a diferença entre os dois valores para cada fundo. Quantos estão sendo negociados com ágio em relação ao valor patrimonial? Quantos estão sendo negociados com deságio? Qual é o ágio ou deságio médio geral? Como isso se situa no gráfico Herzfeld (publicado no site da Barron's), que acompanha os deságios médios desses fundos?

4. Determine os retornos anuais usando os dados de distribuições e valor patrimonial da cota do fundo a seguir:

Dados selecionados por cota	ANOS ENCERRADOS EM 31 DE DEZEMBRO				
	2004	2003	2002	2001	2000
Valor patrimonial da cota, início do período	$143,26	$129,75	$108,82	$80,20	$87,52
Menos distribuições					
De rendimento líquido de investimentos	– 0,27	– 0,73	– 0,67	–1,25	–1,1
De ganhos líquidos realizados	– 4,69	–11,39	–5,15	–5,21	–12,85
Total de distribuições	– 4,96	–12,12	–5,82	–6,46	–13,95
Valor patrimonial da cota, final do período	$104,50	$143,26	$129,75	$108,82	$80,20

5. Determine os retornos anuais utilizando os dados de distribuições e valor patrimonial da cota do fundo a seguir:

Dados selecionados por cota	ANOS ENCERRADOS EM 31 DE DEZEMBRO				
	2004	2003	2002	2001	2000
Valor patrimonial da cota, início do período	$121,86	$135,33	$113,95	$90,07	$69,17

(continua)

Dados selecionados por cota	ANOS ENCERRADOS EM 31 DE DEZEMBRO				
	2004	2003	2002	2001	2000
Rendimento líquido de investimentos	0,60	1,29	1,37	1,33	1,31
Ganhos (perdas) líquidos realizados e não realizados nos investimentos	– 8,87	–13,46	22,415	24,30	21,50
Total obtido com as operações de investimento menos distribuições	– 8,27	–12,17	23,785	25,63	22,81
Dividendos pagos com rendimentos líquidos de investimentos	– 0,57	–1,30	–1,410	–1,33	–1,32
Distribuições de ganhos de capital realizados	—	—	– 0,995	– 0,42	– 0,59
Total de distribuições	–0,57	–1,30	–2,405	–1,75	–1,91
Valor patrimonial da cota, final do período	$113,02	$121,86	$135,33	$113,95	$90,07

6. Calcule os preços de oferta para os seguintes fundos:

Fundo	Valor patrimonial da cota	Taxa de entrada
HBJ	$19,67	8%
ICFB	$41,23	3%
EAN	$17,59	6%
FKR	$75,90	NL

7. Dadas as taxas e expectativas de retorno a seguir, para cada par, que fundo em cada par seria a melhor opção de investimento?

	E(retorno)	Taxa de entrada	Taxa 12b-1	Taxa de venda diferida	Números de anos de aplicação
Par I					
a.	10%	3%	1,00%	0%	5
b.	9%	6%	0,25%	0%	5
Par II					
a.	13%	6%	0%	0%	8
b.	15%	NL	1%	0%	8
Par III					
a.	8%	0%	1%	6% (reduz-se 1% por ano)	3
b.	10%	6%	0%	0%	3

8. Calcule os prazos médios de aplicação (anuais) correspondentes aos seguintes giros de carteira:
   (a) 100%
   (b) 50%
   (c) 15%
   (d) 135%
   (e) 175%

EXERCÍCIOS DA WEB

1. Compare e contraste as despesas, o giro da carteira, os retornos e as dez maiores aplicações em ações de dois fundos diferentes com o mesmo objetivo de investimentos.
2. Localize os sites de dois supermercados de fundos e descreva os serviços que eles oferecem aos investidores.

3. Descreva os serviços e informações disponíveis no site da Morningstar. Explique como calcula o retorno e o risco de um fundo e como usa essas medidas para determinar a classificação de um fundo em termos de número de estrelas.
4. O que é um fundo de investimento imobiliário (REIT)? Como ele difere de um fundo de investimento e de uma companhia de investimento fechada?

EXERCÍCIOS EM PLANILHA

1. Faça um gráfico da relação entre giro e prazo médio de aplicação. Quando é maior o efeito do aumento do giro da carteira sobre um fundo, em termos da realização de ganhos tributáveis?
2. Suponha um investimento inicial de 10.000 dólares no fundo "médio" de gestão ativa e no fundo indexado "médio" de cada categoria apresentada na Tabela 4.5. Suponha que ambos os fundos obtenham 10% antes das despesas. Usando os dados de despesas daquela tabela, qual será a diferença de retornos, em dólares, entre o fundo de gestão ativa e seu fundo indexado correspondente depois de cinco anos? E depois de dez anos? Recalcule a diferença em dólares para o caso de o fundo indexado obter 10% antes das despesas e o fundo de gestão ativa conseguir retorno de 12% antes das despesas.

3. Use uma planilha para determinar a correlação entre os índices de despesas de fundos de ações e os retornos médios em cinco anos de cada categoria de fundo na Tabela 4.3. Determine a correlação da diferença entre os índices máximo e mínimo de despesas e a diferença entre retornos máximos e mínimos na Tabela 4.4.
4. Com base no prospecto de um fundo ou uma tabela da Morningstar, monte uma planilha que mostre o valor patrimonial da cota de um fundo, o retorno total, o rendimento (em dólares) e o retorno em termos de ganhos de capital no decorrer de cinco ou mais anos. Calcule o retorno do fundo, depois do imposto de renda, em cada ano, supondo uma alíquota média de imposto de 35% sobre os rendimentos e uma alíquota média de 18% sobre ganhos de capital. Qual é o valor do índice de eficiência fiscal do fundo no decorrer desse período?

REFERÊNCIAS

Além das referências nas notas de rodapé, estes são alguns exemplos de leituras úteis sobre fundos:

BOGLE, John C. "Selecting Equity Mutual Funds." *Journal of Portfolio Management*, 94-100, inverno 1992.

BOGLE, John C. *Bogle on Mutual Funds*. Burr Ridge, IL: Irwin Professional Publishing, 1994.

O Investment Company Institute, que é a associação do setor de companhias de investimentos, publica folhetos úteis e um anuário sobre a indústria de fundos. Muitas de suas publicações estão disponíveis a baixo ou a nenhum custo, para finalidades educacionais, no próprio Investment Company Institute, 1.041 H Street NW, Washington, DC, 20005, ou pelo site http://www.ici.org.

Glossário

Anuidade variável – Um contrato em que uma anuidade é comprada por um valor fixo, convertido em número variável de unidades de acumulação. No momento da aposentadoria, o titular da anuidade recebe um número fixo de unidades mensais, que são convertidas em quantidades variáveis de dinheiro. O valor tanto das unidades de acumulação quanto das unidades de anuidade varia com o desempenho de uma carteira de ações.

Companhia de gestão de investimentos – Uma empresa, separada da companhia de investimento, que gerencia a carteira e desempenha funções administrativas.

Companhia de investimento aberta – O nome mais formal do fundo de investimento, que decorre do fato de que ele oferece continuamente novas cotas aos investidores e as resgata (as compra de volta) quando solicitado.

Companhia de investimento fechada – Uma companhia de investimento que emite somente um número limitado de cotas, as quais ela não resgata (recompra). Em vez disso, as cotas são negociadas em mercados de títulos a preços determinados pela oferta e pela demanda.

Fundo de investimento – Uma companhia de investimento que reúne dinheiro de cotistas e o aplica em uma variedade de títulos, incluindo ações, obrigações e títulos de mercado monetário. Um fundo geralmente se dispõe a comprar de volta (resgatar) suas cotas pelo seu valor patrimonial, que depende do valor de mercado da carteira do fundo nesse momento. Em geral, os fundos oferecem novas cotas continuamente aos investidores.

Fundo de taxa de entrada baixa – Um fundo que impõe uma taxa de entrada moderada quando o investidor compra cotas do fundo, geralmente em torno de 3% a 4%.

Fundo sem taxa de entrada – Um fundo que vende suas cotas pelo valor patrimonial sem adicionar taxas de compra.

Prospecto – Um livreto que descreve um fundo de investimento e oferece suas cotas à venda. Contém as informações necessárias exigidas pela SEC em relação a tópicos como objetivo e políticas de investimento do fundo, serviços, restrições de investimento, executivos e diretores, taxas e demonstrações financeiras.

Taxa de compra – Uma quantia cobrada na compra de cotas da maioria dos fundos de investimento vendidos por corretoras ou outros membros de uma equipe de vendas. Tipicamente, as taxas variam de 4% a 8,5% do investimento inicial. A taxa é acrescentada ao patrimonial da cota para determinar o preço de aquisição. Veja também *fundo sem taxa de compra*.

Taxa de entrada – Veja *taxa de compra*.

Valor patrimonial da cota – O valor de mercado dos ativos (títulos, caixa e quaisquer lucros acumulados) de uma companhia de investimento, menos passivos, dividido pelo número de cotas existentes.

capítulo 5

Declarações de política de investimento e questões de alocação de ativos

Neste capítulo, responderemos às seguintes perguntas:

O que é alocação de ativos?

Quais são as quatro estratégias básicas de gestão de risco?

Como e por que as metas de investimentos mudam no decorrer da vida e com as mudanças de uma pessoa?

Quais são as quatro etapas do processo de gestão de carteiras?

Por que uma declaração de política é importante para o processo de planejamento?

Que objetivos e restrições devem ser detalhados em uma declaração de política?

Por que é necessária a educação em investimentos?

Qual é o papel da alocação de ativos no planejamento de investimentos?

Por que as estratégias de alocação de ativos são diferentes em países distintos?

Pelo estudo dos capítulos anteriores, você deve ter se convencido de que *o risco determina o retorno esperado*. Portanto, a prática de aplicação de fundos e gestão de carteiras deve se preocupar fundamentalmente com a gestão de riscos, mais do que com a de retornos.

Neste capítulo, examinaremos algumas das implicações práticas da gestão de risco no contexto da alocação de ativos, que é o processo pelo qual se decide como distribuir o patrimônio de um investidor entre classes de ativos, setores e países para fins de investimento. Uma ***classe de ativos*** compreende os títulos que possuem características, atributos e relações de risco e retorno semelhantes. Uma classe ampla de ativos, como "obrigações", pode ser dividida em classes menores, por exemplo, obrigações do Tesouro, as emitidas por empresas e as de alto rendimento. Sabemos que, a longo prazo, os retornos compostos mais altos provavelmente serão obtidos pelos investidores que se expuserem a ativos com risco. Embora não haja atalhos ou garantias de êxito em investimentos, a adoção de uma abordagem razoável e disciplinada aumenta a probabilidade de fazer aplicações bem-sucedidas.

A decisão de alocação de ativos não é uma escolha isolada; ao contrário, faz parte de um processo de gestão de carteiras. Como será visto, a primeira etapa deste processo é a formulação de uma declaração de política de investimento, ou plano, como guia para todas as decisões futuras. Boa parte de uma estratégia de alocação de ativos depende da declaração de política de investimento. Esta inclui as metas ou os objetivos do investidor, suas restrições e as diretrizes de investimento.

Para ajudar a ilustrar esse processo, a maioria de nossos exemplos abrange o contexto de um investidor individual; entretanto, os conceitos que neste capítulo apresentamos – objetivos de investimento, restrições, benchmarks etc. – aplicam-se a qualquer investidor, individual ou institucional. Examinaremos alguns estudos que mostram a importância da decisão de alocação de ativos e discutiremos a necessidade de educação do investidor, uma questão importante tanto para os indivíduos como para as empresas que oferecem planos de aposentadoria ou outros planos de poupança a seus empregados. Concluiremos com um exame das estratégias desse tipo de alocação além das fronteiras nacionais com o objetivo de revelar o efeito do contexto de mercado e da cultura quanto aos padrões de investimento em países distintos.

Gestão de risco

Os investidores dispõem de quatro maneiras de gerir os riscos que afetam sua riqueza. Uma delas é a estratégia de *evitar riscos*, na qual eles evitam qualquer risco razoável de perda nominal de riqueza ao aplicar em títulos como CDs bancários garantidos pelo seguro federal de depósitos e letras do Tesouro. Essa é uma estratégia pobre de aplicação para uma carteira *inteira* exceto em cenários extremos. Entretanto, ela pode ser aceitável para uma *parte* dela, caso haja necessidade de caixa para o pagamento de entrada na compra de uma casa ou de um carro, para o pagamento de mensalidades escolares ou para algo semelhante.

Uma estratégia de *antecipação de risco* pressupõe que haverá riscos e procura posicionar uma parte da carteira para protegê-la contra estes. É o caso quando se faz uma reserva de caixa para o pagamento de contas inesperadas e de valor elevado. Além de oferecer proteção, essa reserva reduz a probabilidade de que seja preciso vender aplicações em momentos pouco oportunos a fim de cobri-las. A maioria dos especialistas a recomenda no valor aproximado de seis meses para despesas de subsistência. Embora seja chamada de reserva de "caixa", os fundos não precisam ser necessariamente mantidos em caixa; devem ser aplicados em títulos que possam ser facilmente convertidos nela, com pequena chance de perda de valor – por exemplo, fundos de mercado monetário ou contas bancárias. A compra de seguro como proteção de ativos reais, da própria pessoa ou da família é outro componente da estratégia de antecipação de risco. Na verdade, certos tipos de seguros devem fazer parte de qualquer plano financeiro. Os seguros de vida protegem nossos entes queridos de dificuldades financeiras caso nossa morte ocorra antes de alcançarmos as metas financeiras. Os especialistas sugerem que a cobertura em termos de seguro de vida seja de sete a dez vezes o salário anual de uma pessoa, isso se a família depender apenas dessa renda.[1] Outros tipos de cobertura de seguros oferecem proteção contra outras incertezas. O seguro-saúde ajuda a pagar contas médicas. O contra invalidez oferece renda contínua no caso de alguém ficar impossibilitado de trabalhar. Os seguros de propriedade (ou aluguel) de imóveis e automóveis oferecem proteção, respectivamente, contra acidentes e danos residenciais ou nos seus veículos.

Uma terceira estratégia de gestão de risco é a *transferência de risco* ou "diluição de risco". O seguro também desempenha um papel importante nesse caso, no sentido de que uma pessoa pode antecipar o risco e tentar minimizar seu possível impacto, transferindo as conseqüências adversas dele para outra pessoa. Mas uma carteira de investimentos *também* pode ser beneficiada por estratégias de sua transferência. O risco pode ser transferido de investidores que não desejam assumi-lo aos que estejam dispostos a fazê-lo. Essa é a função dos derivativos, como os contratos futuros e as opções, os quais discutiremos com mais detalhes nos Capítulos 17 e 18. Assim como um fazendeiro pode se proteger usando contratos futuros para fixar um preço para a sua produção pouco antes de ser colhida, os investidores podem usar os derivativos e as estratégias de cobertura para proteger suas carteiras contra cenários financeiros desfavoráveis.

A *redução de risco*, a quarta estratégia deste tópico, inclui vários aspectos de investimentos que serão debatidos em capítulos posteriores. Por exemplo, como mencionamos no Capítulo 1, os investidores devem se diversificar em classes diferentes de ativos e até mesmo em países distintos. O risco de uma carteira diversificada geralmente é menor do que o de um único ativo com risco, pois retornos mais altos de alguns títulos compensam os mais baixos em outros, com o tempo.[2] Os investidores reduzem riscos com análise de títulos (ou contratando profissionais como gestores de fundos para esse fim) para identificar e adquirir um conjunto diversificado de obrigações seguras e ações com potencial de valorização.

Caso um investidor queira evitar, antecipar, transferir ou reduzir riscos, ele precisa determinar e gerir continuamente a exposição destes que lhe forem mais prudentes. As situações financeiras pessoais dos investidores variam com o passar do tempo, isso também acontece com as suas preferências em relação a eles.

Ciclo de vida do investidor individual

Os planos financeiros e as necessidades de investimento variam de indivíduo para indivíduo. As necessidades de investimento variam ao longo do ciclo de vida de uma pessoa. A forma pela qual os cidadãos estruturam seus planos financeiros deve estar condicionada à idade, à posição financeira, aos planos futuros e às preferências em relação aos riscos.

ESTRATÉGIAS DE INVESTIMENTO NO CICLO DE VIDA

Supondo-se que as necessidades de seguro básico e de reserva de caixa sejam satisfeitas, os indivíduos podem partir para um programa sério de investimento de suas economias. Por causa das variações de seu patrimônio líquido e de sua tolerância a risco, as estratégias de investimento dos indivíduos tendem a mudar. Entretanto, mesmo que as necessidades e as preferências de cada ser humano sejam distintas, algumas características gerais afetam a maioria dos investidores ao longo de seu ciclo de vida. Examinemos as quatro fases do ciclo de vida mostradas no Gráfico 5.1.

Fase de Acumulação – Os indivíduos, nos anos iniciais e intermediários de suas carreiras profissionais, encontram-se na *fase de acumulação*. Como o nome diz, procuram acumular ativos para satisfazer necessidades relativamente imediatas (por exemplo, o pagamento da entrada na compra de uma residência) ou metas a longo prazo (educação superior dos filhos, aposentadoria). Geralmente, seu patrimônio líquido é pequeno e as dívidas com a compra de automóvel ou com sua própria educação superior podem ser elevadas. Como resultado de um horizonte de investimento longo e sua capaci-

---

[1] Os indivíduos podem escolher dentre vários contratos básicos de seguro de vida. O *com prazo determinado* oferece apenas benefícios em caso de falecimento; dependendo do contrato, o prêmio de compra do seguro pode variar a cada período de renovação. Este é o seguro de vida mais barato disponível, embora o prêmio aumente com a sua idade, refletindo a maior probabilidade de falecimento. As *apólices de seguro de vida universais* e *variáveis*, embora tecnicamente diferentes umas das outras, são semelhantes no sentido de que ambas oferecem tanto benefícios em caso de falecimento quanto um plano de poupança ao segurado. O prêmio pago em tais apólices supera o custo para a seguradora de oferecer apenas o benefício em caso de falecimento; o prêmio adicional é aplicado em uma variedade de títulos escolhidos pelo segurado. O valor da apólice em termos de caixa aumenta com o passar do tempo, por causa da função do valor do prêmio adicional e em parte pelo desempenho das aplicações subjacentes. As seguradoras podem restringir a capacidade de resgate de fundos nessas apólices antes que o titular das apólices alcance uma certa idade.

[2] Discutiremos a diversificação de carteiras com mais detalhes no Capítulo 8.

| GRÁFICO 5.1 | Elevação e queda do patrimônio líquido pessoal ao longo de uma vida |

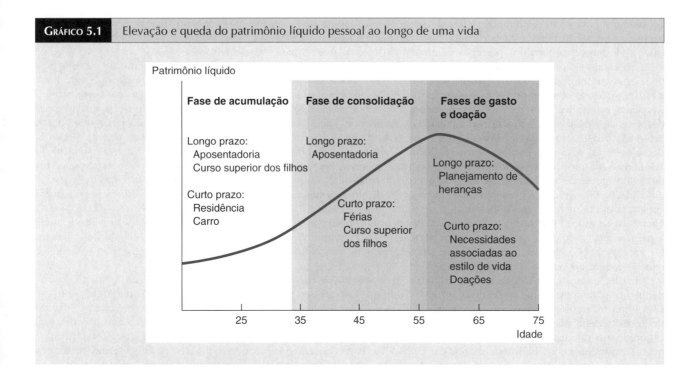

dade de obtenção de rendimentos, os indivíduos na fase de acumulação estão dispostos a fazer investimentos com riscos relativamente altos com a esperança de conseguir retornos nominais acima da média.

Devemos enfatizar a idéia de que se deve investir cedo e regularmente. Os fundos aplicados nas fases iniciais de sua vida, com retornos que se compõem com o tempo, gerarão benefícios financeiros nas fases finais. A Tabela 5.1 mostra o crescimento de um investimento inicial de 10 mil dólares no prazo de 20, 30 e 40 anos, com retornos anuais em torno de 7% e 8%. A pessoa de meia-idade que investe 10 mil dólares (quando ela pode dispor desse dinheiro) só obterá os benefícios do retorno composto por aproximadamente 20 anos antes de sua aposentadoria. Já a mais jovem, se poupar, beneficiar-se-á muito mais com a aplicação de fundos por 30 ou 40 anos. Investir dois mil dólares regularmente por ano também gera mais benefícios com o tempo. Um indivíduo que tenha aplicado um total de 90 mil dólares – um investimento inicial de 10 mil dólares seguido de 2 mil dólares de aplicações anuais ao longo de 40 anos – terá cerca de 500 mil dólares acumulados com um retorno de 7%. Se os fundos forem aplicados mais agressivamente e renderem 8%, a acumulação dar-se-á em torno de três quartos deste último valor.

Fase de consolidação – Os indivíduos na *fase de consolidação* geralmente já passaram do ponto intermediário de suas carreiras, pagaram a maior parte de suas dívidas correntes e, talvez, tenham pago ou disponham de ativos para quitar as mensalidades das faculdades de seus filhos. Quando os rendimentos superam as despesas, o excedente pode ser aplicado com a finalidade de garantir a aposentadoria futura ou atender necessidades de planejamento de heranças. O horizonte típico de investimento é longo (20 a 30 anos), e assim os com riscos moderados ou altos ainda são atraentes. Algumas pessoas estarão preocupadas com a preservação do capital e não desejarão correr grandes riscos que possam prejudicar seu pote

TABELA 5.1	Benefícios ao investir cedo		
	Valor de um investimento inicial de 10 mil dólares	**Valor ao investir 2 mil dólares anualmente**	**Valor do investimento inicial mais o investimento anual**
Taxa de juros 7,0%			
20 anos	$ 38.696,84	$ 81.990,98	$ 120.687,83
30 anos	$ 76.122,55	$ 188.921,57	$ 265.044,12
40 anos	$ 149.744,58	$ 399.270,22	$ 549.014,80
Taxa de juros 8,0%			
20 anos	$ 46.609,57	$ 91.523,93	$ 138.133,50
30 anos	$ 100.626,57	$ 226.566,42	$ 327.192,99
40 anos	$ 217.245,21	$ 518.113,04	$ 735.358,25

Declarações de política de investimento e questões de alocação de ativos **89**

de ouro atual. Os benefícios da composição de retornos a longo prazo serão de alguma ajuda, mas, como mencionamos, os maiores benefícios decorrem da realização de investimentos no início da vida.

Fase de gastos – Essa geralmente começa quando o indivíduo se aposenta. As despesas de manutenção são cobertas pelos pagamentos de previdência social e pelos rendimentos de investimentos anteriores, incluindo os planos de pensão do empregador. Como sua fase de obtenção de remuneração se encerrou (embora alguns aposentados tenham empregos de meio período ou trabalhem como consultores), esses indivíduos buscam maior proteção para seu capital. Ao mesmo tempo, precisam equilibrar seu desejo de preservação do valor nominal de suas economias com a necessidade de se proteger contra uma queda de seu valor *real* por causa da inflação. Em média, uma pessoa com 65 anos de idade nos Estados Unidos tem uma expectativa de vida de mais 20 anos. Portanto, embora sua carteira geral possa ser menos arriscada do que a da fase de consolidação, essa ainda precisa possuir algumas aplicações com crescimento sujeito a risco, como ações ordinárias.

A transição para a fase de gastos requer, às vezes, algumas mudanças de comportamento difíceis; no decorrer de nossa vida profissional, tentamos economizar; de repente, podemos gastar. Tendemos a pensar que, se gastarmos menos, digamos, 4% de nossos fundos acumulados anualmente, em vez de 5%, 6% ou 7%, nosso patrimônio durará muito mais tempo. Mas, se o mercado tiver uma queda logo no início de nossa aposentadoria, pode haver uma redução significativa dos fundos acumulados. Felizmente, existem ferramentas de planejamento que podem nos dar uma visão realista do que pode acontecer com os nossos fundos de aposentadoria, caso os mercados caiam no início da aposentadoria. Essa visão pode nos ajudar nas previsões e no planejamento, pois visa minimizar a chance de gastar (ou perder) todos os fundos economizados para a aposentadoria. As anuidades que transferem risco do indivíduo para a empresa que as vende (muito provavelmente uma seguradora) são outra possibilidade. Com uma delas, o beneficiário recebe uma série de rendimentos garantidos por toda a sua vida. Há opções que podem fazer com que elas continuem até que faleçam os dois membros de um casal.[3]

Fase da doação – Essa é semelhante à fase de gastos, podendo ser simultâneas. Nesse estágio, os indivíduos acreditam que possuem rendimentos e ativos suficientes para cobrir seus gastos, ao mesmo tempo em que têm uma reserva para incertezas. Os ativos excedentes podem permitir que se ajude financeiramente parentes ou amigos, montar fundos de caridade ou fundos de aplicação que sirvam de ferramenta de planejamento para minimizar os impostos sobre transmissão por herança.

O processo de gestão de carteiras

A boa gestão de carteiras considera as fases do ciclo de vida que acabamos de discutir e é um processo contínuo. Uma vez aplicados os fundos, inicialmente de acordo com o plano, a carteira deve ser monitorada e atualizada em função da mudança das necessidades do investidor.

A primeira etapa, conforme Quadro 5.1, consiste na formulação de uma *declaração de política* pelo investidor, por si mesmo ou com o auxílio de um consultor de investimentos. Ela é como um mapa de percurso; os investidores especificam os tipos de riscos que estão dispostos a assumir e quais são suas metas e restrições de investimento, sendo todas as suas decisões baseadas nessa declaração, a fim de assegurar que lhe sejam apropriadas. Examinaremos o processo de formulação de uma declaração de política mais adiante. Como as necessidades do investidor mudam com o passar do tempo, ela deve ser periodicamente revista e atualizada.

O processo de investimento procura perscrutar atentamente as tendências futuras e determinar estratégias que ofereçam a melhor possibilidade de atender as diretrizes básicas estipuladas na declaração de política. Portanto, na segunda etapa, o investidor (ou consultor) deve estudar as condições financeiras e econômicas vigentes para prever tendências futuras. As suas necessidades (refletidas na declaração de política) e as expectativas do mercado financeiro determinarão conjuntamente a estratégia de investimento. As economias são dinâmicas: afetadas por disputas setoriais, pela política, por mudanças demográficas e por atitudes sociais. Desse modo, a carteira exigirá monitoramento, rebalanceamento e atualização constantes para que reflita tais mudanças das expectativas desse mercado. (Examinaremos mais de perto os processos de avaliação e previsão de tendências econômicas no Capítulo 13).

A terceira etapa é a montagem da carteira. Dadas a declaração de política do investidor e as previsões para o mercado financeiro como insumos, o investidor (ou consultor) determina a forma de alocação dos fundos disponíveis entre diferentes países, classes de ativos e títulos. Isso envolve uma montagem que minimizará os riscos do investidor ao mesmo tempo em que vai ao encontro das necessidades especificadas na declaração de política. O conhecimento a respeito da teoria financeira ajudará bastante, como discutiremos na Parte 3 deste livro. Alguns dos aspectos práticos da seleção de investimentos específicos serão discutidos nas Partes 4 e 5.

A quarta etapa é o monitoramento contínuo das necessidades do investidor, com as condições do mercado de capitais. Quando necessário, este atualizará a declaração de política e modificará a estratégia de investimento, quando apropriado. Além disso, deve haver rebalanceamento periódico da carteira se a alocação de ativos se desviar muito do nível desejado.[4]

---

[3] Veja, por exemplo, FARRELL, Christopher. "A Beter Way to Size Up Your Nest Egg." *Business Week*, 100-101, 22 jan. 2001; CLEMENTS, Jonathan. "Retirement Models That Let Reality Bite." *The Wall Street Journal*, 20 fev. 2001. p. C1.

[4] Isso pode acontecer, por exemplo, se retornos elevados no mercado de ações resultarem em crescimento mais acelerado na parte correspondente a ações na carteira, em relação a títulos de renda fixa. Se as ações representarem uma alocação de porcentagem mais elevada na carteira global do que se pretendia originalmente, algumas ações precisarão ser vendidas e os proventos reaplicados em outros ativos. As possíveis consequências de se estar excessivamente exposto em uma classe de ativos devem ser equilibradas com as implicações tributárias da obtenção de ganhos de capital.

QUADRO 5.1 O processo de gestão de carteiras

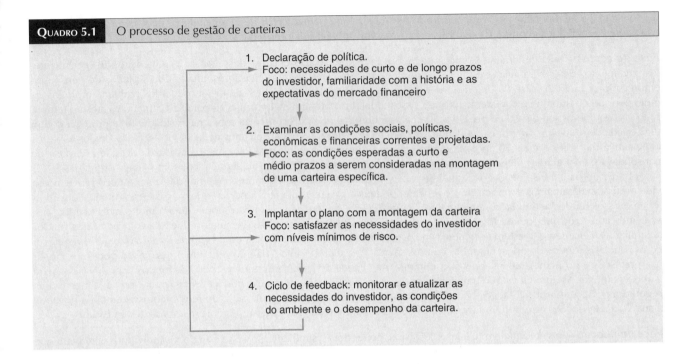

Um componente importante dessa fase é a avaliação do desempenho de uma carteira e a comparação dos resultados quanto às expectativas e aos requisitos enumerados na declaração de política. Discutiremos essa avaliação no Capítulo 21.

A necessidade de uma declaração de política

Como observado, uma declaração de política é semelhante a um roteiro de percurso que guia o processo de investimento. É uma ferramenta de planejamento inestimável que ajuda o investidor a entender melhor suas próprias necessidades, além de auxiliar um consultor ou um gestor de carteira na administração dos fundos de um cliente. Embora não garanta o sucesso dos investimentos, ela gera disciplina para o processo de investimento e reduz a possibilidade de se tomar decisões apressadas e impróprias. Há dois importantes motivos para se formular uma declaração de política: em primeiro lugar, ela ajuda o investidor a optar por metas de investimento realistas; em segundo, ela cria um padrão com o qual se pode avaliar o desempenho do gestor da carteira.

METAS REALISTAS DE INVESTIDORES

Quando as pessoas são indagadas quanto às suas metas de investimento, elas geralmente dizem: "Ganhar muito dinheiro". Isso possui duas desvantagens: a primeira, ela não pode ser atingível nas preferências de risco do investidor; a segunda é muito aberta para dar orientação à seleção de ativos e à fixação de horizontes de investimento. Assim, uma das finalidades importantes desse tipo de declaração é ajudar os investidores a compreenderem suas próprias necessidades e seus objetivos, além das restrições de investimento. Em seu processo de formulação, os investidores aprendem sobre mercados financeiros, riscos de investimentos, e que há uma relação positiva forte entre risco e retorno. Por exemplo, os investidores ingênuos se fixarão em uma única estatística, como uma taxa média anual de retorno de 12% em ações, passando a esperar que o mercado alcance esse patamar todo ano. Este raciocínio ignora o elemento risco. Os investidores mais preparados perceberão que não é incomum que os preços dos ativos caiam 10% ou até mesmo 20% ou mais (como demonstrado pelo colapso das ações de empresas de tecnologia e os retornos da Nasdaq de 2000 a 2002) ao longo de vários meses.

À medida que os investidores se educam a respeito dos mercados financeiros e dos riscos, tornam-se capazes de articular necessidades e metas realistas que possam ser comunicadas na declaração política. Essa informação lhes ajudará a evitar desgostos e insatisfações no futuro.

MODELO DE AVALIAÇÃO DE DESEMPENHO DE CARTEIRAS

A declaração de política também ajuda a avaliar o desempenho do gestor de carteiras. Por exemplo, se um investidor tiver estipulado uma baixa tolerância para investimentos com risco, esse gestor provavelmente não será demitido quando a carteira desse tipo de investimento não alcançar um desempenho tão bom como o do arriscado índice de ações S&P 500. Muitas vezes, essa declaração especificará uma *carteira de referência* – ou padrão de comparação – alinhada às preferências de risco e às necessidades de investimento do cliente. O desempenho dos investimentos administrados pelo gestor será então comparado ao da carteira de referência.

Como fixa um padrão objetivo de desempenho, a declaração de política funciona como um ponto de partida para a revisão periódica da carteira e para a comunicação entre cliente e gestores. Questões relativas a essa atuação ou à fidelidade dos gestores com a política podem ser tratadas no contexto das diretrizes escritas e que estão na declaração de política. O fato de um gestor de carteira se afastar unilateralmente desta, mesmo que os desvios resultem em retornos mais altos, pode e deve ser motivo de dispensa.

Essa declaração também protege o investidor no caso de saída do gestor da carteira e sua substituição por outra pessoa. Quando claramente escrita, impede a ocorrência de atrasos dispendiosos durante uma transição e permite ao novo gestor "aterrissar em movimento", criando assim uma mudança suave de um gestor de fundos a outro.[5] Portanto, funciona como uma medida objetiva de desempenho, uma proteção contra lapsos éticos e como auxílio em qualquer transição entre gestores de recursos.

Dados para a declaração de política

Antes de um investidor ou consultor poder elaborar uma declaração de política, é preciso haver uma troca aberta e franca de informações, idéias, temores e metas. Para criar um arcabouço desse processo de obtenção de informações, o cliente e o consultor precisam discutir os objetivos e as restrições de investimento do cliente. Isso pode ser ilustrado discutindo-se os objetivos e as restrições com que, possivelmente, defrontam-se os investidores "típicos" com 25 e 65 anos de idade.

OBJETIVOS DE INVESTIMENTO

Essas são suas ***metas*** de investimento expressas em termos tanto de risco quanto de retorno. A fixação delas apenas em retornos pode levar a práticas de investimento inadequadas, e até mesmo antiéticas, pelo gestor de carteira, por exemplo, o uso de estratégias de alto risco ou o giro excessivo da conta, que envolve entrar e sair rapidamente de investimentos que geram pagamentos de comissões, na tentativa de comprar na baixa e vender na alta.

Um cliente deve se informar sobre os riscos de investimento associados a uma meta, até mesmo da possibilidade de perda. Como sabemos que o risco determina retornos esperados, *uma análise cuidadosa da tolerância a risco do cliente deve preceder qualquer discussão de objetivos de retorno.* As companhias podem entrevistar os clientes diretamente para medir essa tolerância. Algumas vezes, os periódicos e os sites de investimentos oferecem testes, como os do Quadro 5.2, que as pessoas usam para determiná-la. Um consultor logo utilizará os resultados dessas avaliações para categorizar a tolerância de um cliente e sugerir, como um primeiro passo, alocações de ativos, como aquelas que estão na Tabela 5.2.

A tolerância a risco é mais do que uma função da estrutura psicológica de um indivíduo; ela é também afetada por fatores como a situação familiar de um indivíduo (por exemplo, estado civil, número e idades dos filhos), idade, patrimônio líquido atual e expectativas de rendas futuras. Os indivíduos com rendas mais elevadas têm uma propensão maior para assumir riscos, pois suas rendas podem cobrir qualquer insuficiência. Da mesma forma, as pessoas com patrimônios líquidos maiores conseguem aplicar alguns ativos em investimentos mais arriscados, ao passo que os demais são mantidos como uma proteção contra perdas.

O objetivo de retorno de uma pessoa pode ser estabelecido em termos absoluto ("buscar um retorno médio anual de 8%") ou um percentual relativo ("superar a taxa de inflação de 3% ao ano, em média"). Também pode ser fixado quanto a uma meta geral, como preservação de capital, rendimento corrente, valorização do capital ou retorno total.

Como aprendemos no Capítulo 1, ***preservação de capital*** significa que o investidor deseja manter o poder de compra do investimento e minimizar o risco de perda. Em outras palavras, o retorno desejado não deve ser inferior à taxa de inflação. Geralmente, essa é uma estratégia para aqueles que têm forte aversão a risco ou para fundos que serão, em breve, necessários: para o pagamento de anuidade a uma instituição de ensino no próximo ano ou para pagamento de entrada na aquisição de uma casa.

A ***valorização de capital*** é um objetivo apropriado para um investidor que queira que a carteira cresça em termos reais a fim de satisfazer vontades futuras. Com essa estratégia, o crescimento ocorre principalmente por meio de ganhos de capital, ou seja, pela compra de ativos a um preço baixo e sua venda a um custo mais elevado. Trata-se de uma estratégia agressiva para investidores que desejam correr riscos, com o intuito de alcançar seus objetivos. Em geral, os que investem a prazo e procuram montar um fundo para aposentadoria ou para educação superior.

Quando o objetivo de retorno é ***rendimento corrente***, um investidor deseja que a carteira se concentre mais na geração de renda do que em ganhos de capital. Os aposentados podem preferir isso para que as carteiras lhes ajudem a gerar fundos que possam gastar depois.

A meta da estratégia de ***retorno total*** é semelhante à de valorização do capital; ou seja, aquele que investe quer que a carteira cresça com o passar do tempo para atender algum desejo futuro. Enquanto a estratégia de valorização do capital procura fazer isso, principalmente, por intermédio dos ganhos de capital, a estratégia de retorno total visa aumentar o valor da carteira tanto por meio destes quanto pelo reinvestimento dos rendimentos correntes; sua exposição aos riscos situa-se entre os das estratégias de rendimento corrente e os da valorização do capital.

Objetivo de investimento: indivíduo com 25 anos de idade – Qual é o objetivo apropriado de investimento para um investidor com essa idade? Suponhamos que ele tenha um emprego fixo, é um empregado bem avaliado, tem cobertura de seguro adequada e possui dinheiro suficiente no banco para lhe garantir uma reserva de caixa. Imaginemos também que

---

[5] As declarações de política de investimento não valem apenas para planos financeiros individuais; qualquer fundo de investimento, de pensão a um de doações, deve ter uma declaração de política. Apesar dessa necessidade de "uma melhor prática", 36% dos patrocinadores de planos 401 (k) não têm declarações de política. Isso, entretanto, não deixa de ser uma melhoria sobre os 52% dos planos que não possuíam essas declarações em 1998. GLINSKA, Meg. "A Matter of Policy." *CFO*, 99-106, ago. 2000; ELSWICK, Jill. *Employee Benefit News*, jul. 2003.

92 Investimentos

QUADRO 5.2 — Quanto risco é bom para você?

Você já sabe que sem sacrifício não há benefício. No mundo dos investimentos, a frase compatível a essa afirmação seria "sem risco, não há retorno".

A maneira como você se sente ao arriscar seu dinheiro determina a maior parte de suas decisões de investimento. A escala risco-conforto estende-se desde o conservador (você não quer se arriscar a perder um centavo, por menos que renda o seu dinheiro) ao bastante agressivo (você está disposto a apostar a maior parte do seu dinheiro em troca da possibilidade de que ele cresça muito). Como você pode adivinhar, a tolerância a risco da maioria dos investidores fica em algum ponto entre esses extremos.

Se você não sabe qual é o seu grau de tolerância a risco, esse teste talvez lhe ajude:

1. Você ganha 300 dólares em um bolão de futebol no escritório. Você:
   (a) gasta esse valor no supermercado;
   (b) compra bilhetes de loteria;
   (c) aplica o dinheiro em um fundo a curto prazo;
   (d) compra algumas ações.

2. Duas semanas após comprar 100 ações a 20 dólares cada uma, o preço vai para 30 dólares. Você decide:
   (a) comprar mais ações; evidentemente isso dá lucro;
   (b) vender as ações e realizar seus lucros;
   (c) vender metade para cobrir alguns custos e fica com o restante;
   (d) mantém-se firme e espera o valor avançar um pouco mais.

3. Em dias em que o mercado de ações sobe, você:
   (a) desejaria ter investido mais;
   (b) liga para seu consultor financeiro e lhe pede recomendações;
   (c) fica contente por não estar no mercado já que ele flutua demais;
   (d) presta pouca atenção nisso.

4. Você planeja uma viagem de férias e pode até mesmo fazer uma reserva efetiva com refeição incluída a 150 dólares por dia ou fazer uma reserva em *stand-by*, pagando qualquer valor entre 100 e 300 dólares por dia. Você:
   (a) opta pela proposta de valor fixo;
   (b) conversa com pessoas que estiveram hospedadas nesse lugar para saber da disponibilidade de acomodações em cima da hora;
   (c) fica com a proposta de *stand-by* e também compra um seguro de férias porque você está desconfiado de seu agente de viagens;
   (d) aposta na proposta de *stand-by*.

5. O proprietário de seu prédio está convertendo as unidades em um condomínio. Você pode comprar a sua por 75 mil dólares ou obter uma opção de compra de 15 mil dólares. (As unidades foram vendidas recentemente a um valor próximo de 100 mil dólares, e os preços parecem subir). Para obter financiamento, você precisará tomar dinheiro emprestado para pagar a entrada e pagar uma taxa de hipoteca e condomínio superiores à sua renda atual. Você:
   (a) compra sua unidade;
   (b) compra sua unidade e procura mais uma para comprar;
   (c) vende a opção e tenta alugar a unidade você mesmo;
   (d) vende a opção e muda-se, pois você acha que a conversão atrairá casais com crianças pequenas.

6. Você está trabalhando há três anos em uma empresa que cresce rapidamente. Como executivo, foi oferecido a você a opção de comprar 2% das ações da empresa – 2.000 ações a 10 dólares cada. Embora a empresa seja fechada (suas ações não são negociadas no mercado aberto), seu proprietário majoritário obteve belos lucros vendendo três outras empresas e eventualmente pretende vender mais esta. Você:
   (a) compra todas as ações que pode e diz ao proprietário que investiria mais se fosse permitido;
   (b) compra todas as ações;
   (c) compra metade das ações;
   (d) compra uma pequena quantidade de ações.

7. Você vai a um cassino pela primeira vez. Você escolhe jogar:
   (a) em máquinas caça-níqueis a cinco centavos;
   (b) na roleta com aposta mínima de 5 dólares;
   (c) em máquinas caça-níqueis a um dólar;
   (d) no vinte-e-um com um valor mínimo de 25 dólares.

8. Você quer levar alguém para um jantar especial em uma cidade diferente. Como se dá sua escolha?
   (a) lê sinopses sobre restaurantes em um jornal local;
   (b) pergunta a seus colegas se eles conhecem um lugar agradável;
   (c) pergunta à única pessoa daquela cidade que você conhece e que janta fora com muita freqüência, mesmo que tenha se mudado para lá recentemente;
   (d) percorre a cidade por algum tempo antes da hora do jantar a fim de verificar melhor os restaurantes.

9. A expressão que melhor descreve seu estilo de vida é:
   (a) sem coragem, sem glória;
   (b) simplesmente tente!
   (c) olhe antes de saltar;
   (d) todas as coisas boas são conseguidas por aqueles que esperam.

10. Sua atitude em relação ao dinheiro é descrita adequadamente nos seguintes termos:
   (a) um dólar economizado é um dólar ganho;
   (b) é preciso gastar para ganhar dinheiro;
   (c) viver só com o dinheiro do bolso;
   (d) sempre que possível, use o dinheiro de outra pessoa.

SISTEMA DE PONTUAÇÃO: Avalie suas respostas com este gabarito: 1) a – 1, b – 4, c – 2, d – 3; 2) a – 4, b –1, c – 3, d – 2; 3) a – 3, b – 4, c – 2, d – 1; 4) a – 2, b – 3, c – 1, d – 4; 5) a – 3, b – 4, c – 2, d – 1; 6) a – 4, b – 3, c – 2, d – 1; 7) a – 1, b – 3, c – 2, d – 4; 8) a – 2, b – 3, c – 4, d – 1; 9) a – 4, b – 3, c – 2, d – 1; 10) a – 2, b – 3, c – 1, d – 4.

O que sua pontuação total indica:

- De 10 a 17 – Você não está disposto a correr riscos com seu dinheiro, mesmo que isso signifique que você não poderá obter ganhos significativos.

- De 18 a 24 – Você é semiconservador, corre um pequeno risco quando possui informação suficiente.

- De 25 a 32 – Você é semi-agressivo, corre riscos se perceber que as possibilidades lhe serão favoráveis.

- De 33 a 40 – Você é agressivo, busca toda e qualquer oportunidade de fazer seu dinheiro crescer, mesmo que em alguns casos as chances pareçam ser limitadas. Você encara o dinheiro como uma ferramenta para ganhar mais dinheiro.

Fonte: extraído de *Feathering Your Nest*. Copyright© 1993 por Lisa Berger. Usado com permissão da *Workman Publishing Company, Inc.*, New York. Todos os direitos reservados.

TABELA 5.2 — Risco inicial e categorias de metas de investimento, e alocações de ativos sugeridas por companhias de investimento

Alocações de ativos sugeridas pela Fidelity Investments:

	Caixa/Curto prazo	Títulos de renda fixa	Ações domésticas	Ações estrangeiras
Curto prazo	100%	0%	0%	0%
Conservadoras	30	50	20	0
Balanceadas	10	40	45	5
Crescimento	5	25	60	10
Crescimento agressivo	0	15	70	15
Mais agressivas	0	0	80	20

Alocações de ativos sugeridas pela Vanguard Investments:

	Caixa/Curto prazo	Títulos de renda fixa	Ações
Orientadas para rendimento	0%	100%	0%
	0	80%	20%
	0	70%	30%
Balanceadas	0%	60%	40%
	0	50%	50%
	0	40%	60%
Crescimento	0%	30%	70%
	0	20%	80%
	0	0%	100%

Matriz de Preços da T. Rowe

Matriz de metas sem aposentadoria

Seu horizonte

Sua tolerância a risco	De 3 a 5 anos	De 6 a 10 anos	11 anos ou mais
Mais alta	**Estratégia 2** 20% em caixa 40% em tít. de renda fixa 40% em ações	**Estratégia 3** 10% em caixa 30% em tít. de renda fixa 60% em ações	**Estratégia 5** 100% em ações
Moderada	**Estratégia 1** 30% em caixa 50% em tít. de renda fixa 20% em ações	**Estratégia 2** 20% em caixa 40% em tít. de renda fixa 40% em ações	**Estratégia 4** 20% em tít. de renda fixa 80% em ações
Mais baixa	**Tudo em caixa** 100% em caixa	**Estratégia 1** 30% em caixa 50% em tít. de renda fixa 20% em ações	**Estratégia 3** 10% em caixa 30% em tít. de renda fixa 60% em ações

Fonte: Sites acessados em julho de 2004: http://personal.fidelity.com/planning/investment/?refhp=pr, http://flagship4.vanguard.com/web/planret/AdvicePTCreatePlanStepIIIChooseYourAssetAlloc.html#, http://www.troweprice.com/common/indexHtml3/0,0,htmlid=913,00.html?rfpgid=7934

sua meta corrente de investimento de alta prioridade e de longo prazo seja construir um fundo para a sua aposentadoria. Dependendo de suas preferências em relação ao risco, ele pode selecionar uma estratégia com risco moderado a alto, pois seu fluxo de rendimento do trabalho tenderá a crescer com o tempo. Para atingir sua meta, um objetivo de retorno total ou acumulação de capital seria o mais apropriado. Essa é uma declaração de objetivo possível:

> Investir fundos em uma variedade de aplicações de risco moderado a alto. O risco médio da carteira de ações deve ser superior ao de um índice amplo de mercado de ações, como o índice de ações da NYSE. A exposição a ações deve variar de 80% a 100% do total da carteira, com pelo menos 10% dos fundos em investimentos estrangeiros. Os fundos restantes podem ser aplicados em notas e obrigações de médio e longo prazos.

94 Investimentos

Objetivo de investimento: indivíduo com 65 anos de idade – Consideremos agora um investidor típico com essa faixa etária e que tenha uma cobertura de seguro adequada, uma reserva de caixa e se aposenta este ano. Ele desejará correr menos riscos do que o investidor com 25 anos de idade, pois seu fluxo de renda do emprego terminará em breve; ele não será capaz de recuperar qualquer perda em investimentos mesmo que poupe mais em seu contracheque. Pelas rendas de previdência social e pensão, o investidor talvez precise de outra fonte em sua carteira de aposentadoria para cobrir despesas de manutenção. Caso o investidor consiga viver mais 15 ou 20 anos, ele deve se proteger contra a inflação. Se for avesso a risco, escolherá uma combinação de estratégias de rendimento corrente e preservação de capital; um mais tolerante, vai optar por uma jogada entre rendimento corrente e retorno total, visando a um aumento do capital acima da inflação. Eis um exemplo de enunciado desse objetivo:

> Investir em ações e títulos de renda fixa para satisfazer as necessidades de rendimento (com o rendimento de títulos de renda fixa e dividendos de ações) e garantir crescimento real (com ações). Os títulos de renda fixa devem compreender de 60% a 70% do total da carteira; desse montante, de 10% a 20% devem ser aplicados em títulos de curto prazo para que haja liquidez adicional e segurança. Os de 30% a 40% remanescentes da carteira devem ser aplicados em ações de alta qualidade, cujo risco seja aproximadamente igual ao do índice S&P 500.

Análises mais detalhadas dos dois investidores citados anteriormente mostrariam alternativas mais específicas sobre a tolerância a risco de cada um, bem como enumerariam claramente suas metas de investimento, seus objetivos de retorno, os fundos de que cada um dispõe para investir atualmente, as contribuições adicionais esperadas dos investimentos e os fluxos de caixa que cada carteira deveria gerar para cobrir as despesas de manutenção de cada um desses investidores.

RESTRIÇÕES DE INVESTIMENTO

Além do objetivo do investimento, que fixa limites de risco e retorno, outras restrições afetam o plano de investimento. Essas restrições de investimento incluem necessidades de liquidez, um horizonte de aplicação, fatores fiscais, restrições legais e regulamentares, e as preferências específicas.

Necessidades de liquidez – Um ativo é *líquido* se puder rapidamente ser convertido em dinheiro a um preço próximo do seu valor justo de mercado. Geralmente, os ativos são mais líquidos se muitos participantes estão interessados em um produto relativamente padronizado. As letras do Tesouro são títulos bastante líquidos; imóveis e capitais de risco, não.

Os investidores podem ter necessidades de liquidez que o plano de investimento precisa levar em conta. Embora eles possam ter uma meta básica de longo prazo, diversas delas, com prazo mais curto, podem exigir a disponibilidade de fundos. Por exemplo, indivíduos ricos e com obrigações tributárias relativamente grandes necessitam dispor de liquidez adequada para pagar seus impostos sem desorganizar seu plano de investimento. As famílias que economizam para a aposentadoria podem precisar de fundos para finalidades de prazo mais curto como a compra de um carro ou o pagamento de mensalidades escolares.

Nosso investidor típico de 25 anos de idade provavelmente tem menor necessidade de liquidez, pois enfatiza sua meta de montagem de um fundo de aposentadoria a longo prazo. Essa restrição pode mudar, caso ele enfrente um período de desemprego ou surjam metas a curto prazo, como gastos com lua-de-mel ou pagamento de entrada na compra de uma casa. Entretanto, o de 65 anos, que já irá se aposentar, precisa de uma liquidez maior, por isso desejará que uma parte de sua carteira esteja aplicada em títulos líquidos para cobrir despesas ou contas inesperadas.

Horizonte – Como restrição, o horizonte de investimento apareceu em nossa discussão anterior sobre metas a curto e a longo prazos. Há uma relação próxima (mas não perfeita) entre o horizonte de um investidor, as necessidades de liquidez e a capacidade de assumir riscos. Os com horizontes longos de investimento geralmente exigem menos liquidez e podem tolerar mais risco em sua carteira: menos liquidez porque não há necessidade de fundos por muitos anos; maior tolerância a risco porque qualquer insucesso ou queda pode ser superado por retornos obtidos em anos subseqüentes. Aqueles com horizontes mais curtos quase sempre optam por investimentos menos arriscados, pois eventuais perdas são mais difíceis de recuperar durante um período menor.

Em função das expectativas de vida, nosso investidor com 25 anos de idade tem um horizonte de investimento mais longo em relação àquele mais velho. Mas, como fora discutido anteriormente, isso não significa que este deva aplicar todo o seu dinheiro em CDs bancários; ele precisa da proteção contra a inflação que investimentos de longo prazo, como ações ordinárias, podem oferecer. Apesar disso, por causa da restrição imposta pelo horizonte de investimento, o investidor mais jovem provavelmente teria uma proporção maior de sua carteira aplicada em ações – até mesmo as de empresas pequenas e internacionais.

Preocupações fiscais – O planejamento de investimentos é complicado pelo código tributário; os impostos complicam a situação mais ainda quando há investimentos internacionais na carteira. O rendimento tributável proporcionado por juros, dividendos ou aluguéis é tributável à alíquota marginal de imposto do investidor. Esta é a proporção do próximo dólar em rendimentos paga como imposto. A Tabela 5.3 as mostra em diferentes níveis de renda tributável. Em 2003, a alíquota marginal federal máxima era igual a 35%.

Os ganhos ou perdas de capital decorrem das variações de preços dos ativos. Eles são tributados diferentemente dos rendimentos correntes, que são tributados quando recebidos. O tributo ocorre somente quando um ativo é vendido e o ganho ou perda em relação a seu custo inicial ou *base* é realizado. ***Ganhos (ou perdas) de capital não realizados*** refletem a variação de preço de ativos que possuímos no momento, mas ainda não foram vendidos; o imposto devido sobre esses

Declarações de política de investimento e questões de alocação de ativos **95**

| TABELA 5.3 | Alíquotas marginais de imposto de renda para Pessoa Física, 2003 |

Para atualizações, vá à página do IRS, *http://www.irs.gov.*

| | Se renda tributável | | A alíquota é | | |
| | | Então | | | |
	Está acima de	Mas não acima de	Este valor	Mais esta %	Do excedente sobre
Solteiro	$ 0	$ 7.000	$ 0,00	10%	$ 0.00
	$ 7.000	$ 28.400	$ 700,00	15%	$ 7.000
	$ 28.400	$ 68.800	$ 3.910,00	25%	$ 28.400
	$ 68.800	$ 143.500	$ 14.010,00	28%	$ 68.800
	$ 143.500	$ 311.950	$ 34.926,00	33%	$ 143.500
	$ 311.950	—	$ 90.514,50	35%	$ 311.950
Casado e com declaração conjunta	$ 0	$ 14.000	$ 0,00	10%	$ 0.00
	$ 14.000	$ 56.800	$ 1.400,00	15%	$ 14.000
	$ 56.800	$ 114.650	$ 7.820,00	25%	$ 56.800
	$ 114.650	$ 174.700	$ 22.282,50	28%	$ 114.650
	$ 174.700	$ 311.950	$ 39.096,50	33%	$ 174.700
	$ 311.950	—	$ 84.389,00	35%	$ 311.950

ganhos pode ser protelado indefinidamente. Se ativos valorizados forem transmitidos a um herdeiro por causa da morte do investidor, a base dos bens passa a ser seu valor na data da morte deste. Os herdeiros podem então vender os ativos e pagar as alíquotas mais baixas de imposto sobre ganhos de capital, caso queiram. ***Ganhos de capital realizados*** ocorrem quando um ativo cujo valor tenha subido é vendido; os impostos são devidos apenas sobre os ganhos de capital realizados. Em 2003, a alíquota máxima sobre dividendos em ações e ganhos de capital de longo prazo era de 15%.

Algumas pessoas acham confusa a diferença entre as alíquotas marginal e média de imposto de renda. A ***alíquota marginal*** é a parte de cada dólar adicional de rendimento que é paga como imposto. Portanto, uma pessoa casada, que faz declaração conjunta, e vive com uma renda de 50 mil dólares, terá uma alíquota marginal de 15%. Esta deve ser usada para determinar os retornos dos investimentos depois do imposto de renda.

A ***alíquota média de imposto*** é simplesmente o quociente entre o valor total pago de imposto por uma pessoa e toda a sua renda. Representa o imposto médio pago em cada dólar que ela ganhou. De acordo com a Tabela 5.3, uma pessoa casada que faz declaração conjunta pagará 6.800 dólares de impostos sobre uma renda de 50 mil dólares [1.400 dólares + 0,15 (50.000 dólares – 14.000 dólares)]. Essa alíquota média é igual a 6.800/50.000 dólares, ou 13,6%. Observe que é uma média ponderada das alíquotas marginais pagas pela pessoa em cada dólar de renda. Os primeiros 14 mil dólares têm alíquota marginal de 10%; os 36 mil dólares seguintes têm 15%:

$$\frac{\$14.000}{\$50.000} \times 0,10 + \frac{\$36.000}{\$50.000} \times 0,15 = 0,136, \text{ ou a alíquota média de 13,6\%}$$

Outro fator fiscal é representado pelo fato de que algumas fontes de renda de investimentos são isentas de impostos federais e estaduais. Por exemplo, os juros sobre títulos federais, como letras, notas e obrigações do Tesouro não pagam impostos estaduais. Os juros efetuados por obrigações municipais (títulos emitidos por um Estado ou por outro órgão governamental local) são isentos de impostos federais. Além disso, se os investidores compram obrigações municipais emitidas por um órgão governamental local, do Estado em que residem, os juros são isentos tanto de impostos de renda federal quanto estadual. Portanto, há um incentivo para que indivíduos de alta renda comprem obrigações municipais a fim de reduzir seus impostos.

O retorno após o imposto de renda de investimentos com rendimentos tributáveis é:

Retorno após o imposto de renda = Retorno antes do imposto de renda × (1 – alíquota marginal de imposto)

E-leituras interativas

Para mais explicações e exemplos de investimento eficiente em termos fiscais, visite: http://reillyxtra. swlearning.com.

Por isso, o retorno do investimento em uma obrigação tributável, após o imposto de renda, deve ser comparado ao de obrigações municipais antes de se decidir o que um investidor que paga impostos pode ou não comprar.[6] Alternativamente, poderíamos calcular o rendimento tributável equivalente de uma obrigação municipal, ou seja, o que o investimento em uma obrigação tributável deveria oferecer para produzir o mesmo retorno depois do imposto de renda desta. Isso é dado por:

---

[6] Ganhos de capital realizados em obrigações municipais são tributados; isso também ocorre com perdas de capital. Somente os rendimentos de obrigações municipais é que são isentos de imposto de renda federal.

$$\text{Rendimento tributável equivalente} = \frac{\text{Rendimento de obrigação municipal}}{(1 - \text{alíquota marginal de imposto})}$$

Para ilustrar, se um investidor está situado na faixa de 28% de imposto marginal, um rendimento tributável de 8% corresponde a um rendimento depois do imposto de 8% x (1 − 0,28) ou 5,76%. Uma obrigação municipal de risco equivalente que oferece uma taxa superior a 5,76% promete ao investidor retornos maiores depois do imposto de renda. Entretanto, uma obrigação municipal que renda 6% tem um rendimento tributável equivalente de 6%/(1 − 0,28) = 8,33% para ganhar mais dinheiro após os impostos, um investimento tributável de risco semelhante precisa oferecer um retorno superior a esta última porcentagem.

Há outras maneiras de reduzir os impostos devidos em investimentos. As contribuições a uma IRA (ou seja, conta de aposentadoria individual) podem ser uma delas se certos limites de renda forem respeitados. Mesmo sem essa dedução, os impostos sobre quaisquer retornos de investimento de uma IRA, incluindo outros rendimentos, serão adiados até que os fundos sejam retirados da conta, pois estes são tributáveis como renda corrente, mesmo que o crescimento dela ocorra em função de ganhos de capital, rendimentos ou ambos. Por esse motivo, para minimizar os impostos devidos, os consultores recomendam aplicar em ações com contas tributáveis e em obrigações com contas com diferimento de impostos, a exemplo das IRAs. Quando os fundos são retirados deste tipo de conta, como uma IRA regular, os ativos são tributados, em último caso, uma alíquota de imposto de renda de 35% (Tabela 5.3) – mesmo que a fonte do retorno das ações seja, principalmente, representada por ganhos de capital. Em uma conta tributável, esses ganhos são tributados à alíquota máxima de 15% que incide sobre ganhos de capital.[7]

Os benefícios de se adiar o pagamento de impostos podem se acumular substancialmente com o tempo, como vimos no Capítulo 1. Por exemplo, mil dólares investidos em uma IRA a uma alíquota de imposto diferido de 8% crescem a 10.062,66 dólares no decorrer de 30 anos; em uma conta tributável (com a alíquota marginal de 28% — imposto federal + imposto estadual), os fundos cresceriam a apenas 5.365,91 dólares. No final do ano especificado, o valor do investimento com imposto diferido terá crescido cerca de duas vezes mais do que o investimento tributável.

Em diversas condições, em 2005, podiam ser feitas contribuições dedutíveis para fins de imposto de até 4.000 dólares (a serem aumentadas para 5.000 dólares em 2008) em uma IRA tradicional. Já em uma IRA Roth *não* era dedutível para fins de imposto, e os limites de contribuição correspondiam aos da tradicional. Os retornos de uma IRA Roth crescem sobre uma base de imposto diferido e podem ser retirados e isentos de impostos caso os fundos sejam aplicados por pelo menos cinco anos e sejam resgatados após o investidor atingir a idade de 59 anos e meio.[8]

No caso de dinheiro que você pretenda aplicar em algum IRA, a vantagem das retiradas isentas de imposto nas do tipo Roth superará o benefício da dedução de impostos nas tradicionais – a menos que você espere que sua alíquota, quando da retirada dos fundos, seja substancialmente menor do que quando você aplicou os fundos originalmente. Veja o exemplo hipotético a seguir.

Suponha que você queira investir 2 mil dólares em uma IRA tradicional ou em uma Roth. Admitamos, para simplificar, que sua alíquota marginal combinada de impostos de renda federal e estadual seja de 28% e que, no seu horizonte de 20 anos, seu investimento atinja 20 mil dólares, com imposto diferido em qualquer uma das contas; isto representa um retorno médio anual de 12,2%.

Em uma IRA Roth, nenhum imposto é deduzido quando os 2 mil dólares são aplicados; em uma tradicional, o investimento é dedutível no cálculo do imposto devido e reduz o imposto devido em 560 dólares (0,28 × 2.000 dólares). Portanto, na primeira hipótese, supõe-se que apenas 2.000 dólares foram aplicados; na segunda, percebe-se que tanto este valor quanto os 560 dólares de impostos economizados foram aplicados. Imaginemos que os 560 dólares sejam investidos a uma taxa de 12,2% × (1 − 0,28) = 8,8% depois do imposto. Ao fim de 20 anos, essa quantia ficará em 3.025 dólares. Os cálculos no Quadro 5.3 mostram que, no final, a IRA Roth lhe dará mais dólares depois do imposto de renda, a menos que você acredite que sua faixa de imposto seja mais baixa nesse momento e *você invista o imposto economizado com a IRA tradicional.*

Outro investimento com imposto diferido é o valor corrente dos contratos de seguro de vida; esses valores se acumulam isentos de imposto até que os fundos sejam retirados. Da mesma forma, os empregadores podem oferecer planos 401(k) ou 403(b), que permitem ao empregado reduzir sua renda tributável fazendo investimentos com imposto diferido. Muitas vezes, as contribuições deste são igualadas pelas contribuições daqueles (até um dado limite); assim os empregados dobram seus investimentos com um risco pequeno.

Às vezes, os investidores defrontam-se com uma escolha entre impostos e necessidades de diversificação. Se os empreendedores concentrarem boa parte de seu patrimônio em ações de suas próprias empresas, ou se os empregados adquirirem quantidades substanciais de ações de seu empregador por meio de planos de dedução na folha de pagamento durante sua vida profissional, suas carteiras poderão conter um volume grande de ganhos de capital não realizados. Além disso, a posição em termos de risco de uma carteira como essa poderá ser bastante alta, em virtude de se concentrar em uma única empresa. A decisão de vender algumas das ações da empresa a fim de diversificar esse risco, reaplicando o dinheiro recebido em outros ativos, deverá ser avaliada contra o valor dos impostos devidos resultantes.

Nosso investidor com 25 anos de idade está situado em uma faixa de imposto relativamente baixa, de modo que um planejamento tributário detalhado e a existência de rendimentos isentos de imposto, como os disponíveis em obrigações

---

[7] Para uma análise mais completa, veja CHARRON, Terry Sylvester. "Tax-Efficient Investing for Tax-Deferred and Taxable Accounts." *Journal of Private Portfolio Management 2*, n. 2, 31-37, outono 1999.

[8] Retiradas antecipadas isentas de imposto são possíveis quando os fundos são usados para fins educacionais ou para compra da primeira residência.

Declarações de política de investimento e questões de alocação de ativos — 97

Quadro 5.3	Comparação de retornos de IRAs regulares aos de IRAs Roth	
	IRA Regular	**IRA Roth**
Fundos aplicados:	$2.000 + $560 Imposto economizado com o investimento em uma IRA dedutível	$ 2.000 (sem dedução de imposto)
Horizonte:	20 anos	20 anos
Hipótese de taxa de retorno:	12,2% com imposto diferido no investimento em uma IRA; 8,8% sobre aplicação de imposto economizado (representa o retorno de 12,2% depois do imposto)	12,2% com imposto diferido sobre o investimento na IRA
Fundos disponíveis depois de 20 anos (impostos ignorados)	20.000 dólares (antes do imposto) com o investimento na IRA; 3.025 dólares (depois do imposto) com a aplicação do imposto economizado	20.000 dólares com o investimento em uma IRA
Fundos disponíveis depois de 20 anos Alíquota marginal de 15% na data de aposentadoria	20.000 dólares menos imposto (0,15 x 20.000) mais 3.025 com a aplicação do imposto economizado, igual a **20.025 dólares**	**$20.000**
Fundos disponíveis depois de 20 anos Alíquota marginal de 28% na data de aposentadoria	20.000 dólares menos imposto (0,28 x 20.000) mais 3.025 dólares com a aplicação do imposto economizado, igual a **17.425 dólares**	**$20.000**
Fundos disponíveis depois de 20 anos Alíquota marginal de 40% na data de aposentadoria	20.000 menos imposto (0,40 x 20.000) mais 3.025 dólares com a aplicação do imposto economizado, igual a **15.025 dólares**	**$20.000**

municipais, não serão maiores problemas. Apesar disso, ainda deve investir tanto quanto possível em tais planos de impostos diferidos, como IRAs ou 401 (k), no caso da parte de sua carteira reservada para a sua aposentadoria. Se outros fundos estão disponíveis para fins de investimento, eles devem ser alocados com base em suas metas de investimento de prazos mais curto e mais longo.

Aquele investidor mais velho (65) pode enfrentar uma situação distinta. Se ele estivesse situado em uma faixa elevada de imposto antes de se aposentar – e portanto tivesse procurado rendimentos isentos de imposto e investimentos com imposto diferido –, sua situação poderia mudar rapidamente após a aposentadoria, pois, sem recebimentos regulares significativos, a necessidade de investimentos com imposto diferido ou rendimentos isentos de impostos diminuiriam. O rendimento tributável pode vir a oferecer taxas depois do imposto superiores às de obrigações municipais isentas de imposto, caso sua alíquota seja mais baixa. Se as ações de seu empregador representarem uma parcela importante de sua conta de aposentadoria, o investidor precisará tomar decisões cuidadosas a respeito da necessidade de diversificação *versus* o custo de realização de ganhos de capital substanciais (dada a sua alíquota mais baixa de imposto).

Fatores legais e regulamentares – Tanto o processo de investimento quanto os mercados financeiros são altamente regulados e estão sujeitos a várias leis. Às vezes, esses fatores legais e regulamentares restringem as estratégias de investimento de indivíduos e instituições.

Por exemplo, fundos retirados de uma IRA tradicional, Roth ou de um plano 401(k) antes de completar 59 anos e meio de idade são tributáveis e estão sujeitos a uma penalidade adicional de resgate de 10%. Você talvez também conheça a frase inserta nos anúncios de muitos CDs bancários – "redução substancial de juros em caso de resgate antecipado". Regulamentos e regras como esses podem tornar tais investimentos pouco atraentes para as pessoas com necessidades substanciais de liquidez em suas carteiras.

A regulamentação também pode limitar as opções de investimento disponíveis para alguém em uma posição fiduciária. Um *agente fiduciário* supervisiona a carteira de investimentos de um terceiro, como uma conta fiduciária ou uma conta discricionária.[9] Ele deve tomar decisões de investimento de acordo com os desejos do proprietário; uma declaração de política adequadamente escrita pode auxiliar esse processo. Além disso, também deve adotar o padrão de prudência, o que significa investir e gerir os fundos como uma pessoa prudente gerenciaria seus próprios negócios. Em especial, esse padrão se baseia na composição da carteira como um todo, e não em cada ativo individual.[10]

Todos os investidores devem respeitar certas leis, por exemplo, as proibições na área de informação privilegiada de compra e venda de títulos com base em dados importantes não disponíveis ao público. Tipicamente, as pessoas que detêm

---

[9] Uma conta discricionária é aquela em que o agente fiduciário, muitas vezes um planejador financeiro ou um corretor de ações, tem a autoridade para comprar e vender ativos da carteira do proprietário sem receber antes autorização deste.
[10] Como discutimos no Capítulo 8, às vezes, é prudente possuir ativos que sejam individualmente arriscados no contexto de uma carteira bastante diversificada, mesmo que o investidor tenha forte aversão a risco.

98 Investimentos

informações privadas ou privilegiadas são os administradores da empresa, os quais têm um dever fiduciário em relação a seus acionistas. As transações de títulos com base no acesso às privilegiadas violam a confiança depositada pelos acionistas nos administradores, uma vez que estes tentam obter ganhos financeiros pessoais por sua posição privilegiada como agentes dos acionistas.

No caso de nosso investidor típico com 25 anos de idade, as questões legais e regulamentares serão de relevância limitada, com a possível exceção das leis sobre negociação com informação privilegiada e das penalidades associadas a resgates antecipados de fundos em contas de aposentadoria com imposto diferido. Se o investidor recorrer a um consultor financeiro para ajudá-lo a montar um plano financeiro, este será obrigado a seguir os regulamentos pertinentes a uma relação entre cliente e consultor. Questões semelhantes confrontam nosso investidor com 65 anos. Além disso, na condição de aposentado, se ele quiser fazer planos de transmissão de patrimônio e abrir contas fiduciárias, deve procurar assessoria legal e tributária para garantir que seus planos sejam adequadamente implementados.

Necessidades e preferências específicas – Essa categoria envolve as preocupações individuais e, às vezes, idiossincráticas de cada investidor, pois este pode querer excluir certos investimentos de sua carteira com base apenas em preferência pessoal ou por motivos de consciência social, por exemplo, pode pedir que nenhuma empresa que produza ou venda tabaco, álcool, pornografia ou produtos prejudiciais ao meio ambiente seja incluída em sua carteira. Alguns fundos de investimento selecionam títulos de acordo com esse critério.

Outro exemplo de uma restrição pessoal é o tempo e o conhecimento de que um indivíduo dispõe para administrar sua própria carteira. Os executivos muito ocupados podem preferir relaxar durante as horas em que não estão trabalhando e deixar que um assessor gerencie seus investimentos. Os aposentados, entretanto, podem ter tempo, mas acreditam que lhes falte conhecimento para escolher e monitorá-los, por isso também buscam assessoria profissional.

Além disso, um proprietário de empresa com grande parte de seu patrimônio – e carga emocional – vinculada às ações de sua empresa pode relutar em vendê-las – mesmo se for uma atitude financeiramente prudente –, para depois reinvestir o dinheiro recebido com a finalidade de diversificar seu patrimônio. Além disso, se elas forem de uma empresa fechada, será difícil encontrar um comprador, a menos que as ações sejam vendidas com deságio em relação a seu valor justo de mercado. Já que cada investidor é especial, as implicações dessa última restrição são distintas para cada pessoa; não há um investidor "típico" com 25 ou 65 anos de idade. Cada indivíduo precisará decidir sozinho e transmitir suas metas específicas em uma declaração de política bem construída.

Montagem da declaração de política

Como vimos, a declaração de política permite ao investidor comunicar seus objetivos (risco e retorno) e restrições (liquidez, horizonte de aplicação, impostos, aspectos legais e regulamentares, necessidades e preferências específicas). Essa comunicação dá ao consultor melhores condições para implantar uma estratégia de investimento que satisfaça aquele. Mesmo que um consultor não seja utilizado, cada investidor precisará dar esse primeiro e importante passo do processo de investimento e elaborar um plano financeiro para orientar sua estratégia. Fazer isso sem um plano ou com um inadequado é colocar o sucesso financeiro em perigo.

DIRETRIZES GERAIS

A elaboração de uma declaração de política é uma responsabilidade do investidor, mas os consultores de investimentos freqüentemente ajudam no processo. As listas seguintes de recomendações, tanto para aquele quanto para estes, oferecem alguma orientação para a elaboração de uma boa declaração de política.

No processo dessa elaboração, os investidores devem refletir quanto às seguintes perguntas e ser capazes de explicar as suas respostas:

1. Quais são os riscos reais de um resultado financeiro adverso, principalmente a curto prazo?
2. Que reações emocionais prováveis eu terei caso haja um resultado financeiro adverso?
3. Quanto conhecimento eu tenho a respeito de investimentos e mercados?
4. Que outras fontes de renda ou capital eu possuo? Essa carteira específica é muito importante para minha posição financeira geral?
5. Que restrições legais, se houver alguma, podem afetar minhas necessidades de investimento?
6. Que conseqüências inesperadas de flutuações temporárias do valor da carteira, se houver alguma, poderiam afetar minha política de investimento?

Adaptado de ELLIS, Charles D. *Investment Policy: How to Win the Loser's Game*, Homewood IL: Dow Jones-Irwin, 1985, p. 25-26. Reimpresso com a permissão de The McGraw-Hill Companies.

Ao auxiliar um investidor no processo de elaboração de uma declaração de política, um consultor deve garantir que esta responda satisfatoriamente às seguintes perguntas:

1. A política foi cuidadosamente formulada para satisfazer as necessidades e os objetivos específicos desse investidor? (Declarações de política padronizadas geralmente são inadequadas).
2. A política está escrita de modo claro e explícito para que um desconhecido competente possa gerir a carteira de acordo com as necessidades do cliente? No caso de transição de gestores, um novo gestor poderia usar essa política para administrar a carteira seguindo essas necessidades?
3. Teria o cliente mantido o comprometimento às políticas nas experiências de mercado de capitais dos últimos 60 ou 70 anos? Ou seja, o cliente compreende integralmente os riscos de investimento e a necessidade de um enfoque disciplinado ao processo de investimento?
4. O gestor da carteira seria capaz de se manter fiel à política no decorrer do mesmo período? (A disciplina é uma via de mão dupla; não queremos que ele mude as estratégias só porque o mercado é decepcionante).
5. A política, caso fosse implantada, atingiria os objetivos do cliente? (Em resumo, a política teria funcionado no sentido de satisfazer as necessidades dele?)

Adaptado de ELLIS, Charles D. *Investment Policy: How to Win the Loser's Game*, Homewood IL: Dow Jones-Irwin, 1985. p. 62. Reimpresso com a permissão de The McGraw-Hill Companies.

CONSIDERAÇÕES ADICIONAIS

Ao formularem suas declarações de política, os participantes de planos de previdência patrocinados por seus empregadores precisam reconhecer que de 30% a 40% de seus fundos de aposentadoria podem estar aplicados nas ações da empresa. Ter tanto dinheiro aplicado em um único ativo viola o princípio de diversificação e pode ter um custo alto. Em um contexto apropriado, sabe-se que a maioria dos fundos de investimento não pode, por lei, aplicar mais do que 5% de seus ativos nas ações de uma única empresa; o plano de pensão de uma companhia não pode investir mais do que 10% de seus fundos em suas próprias ações. Assim, os indivíduos infelizmente fazem o que a regulamentação governamental impede que seja feito por muitos investidores institucionais.[11] Além disso, alguns estudos destacam que a alocação média de ações em planos de aposentadoria é inferior ao que deveria ser para permitir o crescimento do principal com o tempo.

Outra consideração é a questão da negociação de ações. Alguns estudos têm mostrado que vários investidores individuais negociam com freqüência excessiva (elevando as comissões), vendem ações com ganhos muito cedo (antes de aumentos de preço posteriores) e seguram as ações perdedoras por tempo excessivo (enquanto os seus preços continuam caindo).[12] Esses resultados são particularmente verdadeiros para investidores do sexo masculino e negociantes on-line.[13]

Os investidores, em geral, parecem ignorar aquele importante primeiro passo para alcançar o sucesso financeiro: fazer planejamentos para o futuro. Estudos mostram que os americanos não poupam o suficiente para financiar seus anos de aposentadoria e não planejam adequadamente suas economias com o intuito de melhorá-las quando essa época chegar. Cerca de 25% dos trabalhadores têm poupado menos de 50.000 dólares para a sua aposentadoria e 60% dos entrevistados confessaram que eles estavam atrasados em termos de planejamento e poupança para esse objetivo.[14]

A importância da alocação de ativos

Um motivo importante para que os investidores formulem declarações de política é determinar uma estratégia geral de investimento. Essa declaração deve oferecer orientação a respeito das classes de ativos a serem incluídos e as proporções relativas de fundos a investir em cada uma delas. A forma pela qual o investidor divide os fundos em diferentes classes de ativos define o *processo de alocação de ativos*. Essa alocação geralmente é expressa por faixas, o que dá ao gestor de investimentos alguma liberdade, com base em sua leitura de tendências dos mercados de capitais, para aplicar na parte superior ou na parte inferior delas. Por exemplo, suponha que uma declaração de política requeira que as ações ordinárias constituam de 60% a 80% do valor da carteira e que as obrigações correspondam entre 30% e 40%. Se um gestor fosse otimista em

---

[11] SCHULTZ, Ellen R. "Workers Put Too Much in Their Employer's Stock." *The Wall Street Journal*, 13 set. 1996. p. C1 e C25.

[12] BARBER, Brad; ODEAN, Terrance. "Trading is Hazardous to Your Wealth: The Common Stock Investment Performance of Individual Investors." *Journal of Finance* 55, n. 2, 773-806, abr. 2000; ODEAN, Terrance. "Do Investors Trade Too Much?" *American Economic Review* 89, 1279-1298, Dec. 1999; BARBER, Brad; ODEAN, Terrance. "The Courage of Misguided Convictions: The Trading Behavior of Individual Investors." *Financial Analyst Journal* 55, n. 6, 41-55, nov./dez. 1999; ODEAN, Terrance. "Are Investors Reluctant to Realize Their Losses?" *Journal of Finance* 53, n. 5, 1775-1798, out. 1998.

[13] BARBER, Brad; ODEAN, Terrance. "Boys will be Boys: Gender, Overconfidence, and Common Stock Investment." *Quarterly Journal of Economics* 116, n. 1, 261-292, fev. 2001; BARBER, Brad; ODEAN, Terrance. "Online Investors: Do the Slow Die First?" University of California at Davis working paper.

[14] RUFFENACH, Glenn. "Fewer Americans Save for Their Retirement." *The Wall Street Journal*, 10 maio 2001. p. A2; CLEMENTS, Jonathan. "Curb Your Spending, Boost Your Saving and Watch Retirement Nest Egg Grow." *The Wall Street Journal*, 2 set. 1997. p. C1; CLEMENTS, Jonathan. "Squeezing the Right Amount from a Retirement Stash." *The Wall Street Journal*, 25 fev. 1997. p. C1; CLEMENTS, Jonathan. "Retirement Honing: How Much Should You Have Saved for a Comfortable Life?", *The Wall Street Journal*, 28 jan. 1997. p. C1.

100 Investimentos

relação a ações, ele aumentaria a alocação dessas na direção do limite superior de 80% da faixa para ações e diminuiria a participação de obrigações para o limite inferior de 20%. Se fosse mais otimista em relação a obrigações, o gestor poderia mudar a alocação em obrigações para perto de 40% dos fundos investidos, com o restante sendo aplicado em ações.

Em geral, quatro decisões são tomadas quando se elabora uma estratégia de investimentos:

1. Quais classes de ativos devem ser consideradas (por exemplo, ações, obrigações e letras do Tesouro);
2. Que pesos normais ou de política devem ser atribuídos a cada classe aceitável de ativos, ou seja, qual é a meta de alocação de ativos para cada classe (por exemplo, 60% em ações, 30% em obrigações, 10% em letras do Tesouro);
3. As faixas permissíveis de alocação com base nos pesos fixados pela política (por exemplo, ações de 50% a 70%, obrigações de 25% a 35%, letras do Tesouro de 5% a 15%);
4. Que títulos específicos devem ser comprados para a carteira.

A decisão de alocação de ativos compreende os dois primeiros pontos. Quão importante é essa decisão para um investidor? Em resumo, *muito*. Diversos estudos têm examinado o efeito dos pesos normais fixados pela política em relação ao desempenho de investimentos, usando dados tanto de fundos de pensão quanto de investimento, com períodos que se estendem do início dos anos 1970 ao final dos anos 1990.[15] Todos os estudos encontraram resultados semelhantes: cerca de 90% dos retornos de um fundo com o tempo podem ser explicados pelas metas de alocação de ativos fixadas em sua política. O Gráfico 5.2 mostra a relação entre os retornos da meta ou da política de alocação da carteira e aqueles efetivos de um fundo de investimento típico.

Em vez de se examinar apenas um fundo e considerar como o alvo de alocação de ativos determina seus retornos, alguns estudos têm observado o quanto a política desta afeta os retornos em uma variedade de fundos com diferentes metas de pesos. Por exemplo, Ibbotson e Kaplan constataram que, em uma amostra, cerca de 40% da diferença entre os retornos dos fundos são explicados por suas diferenças na política de alocação de ativos. E o que nos diz essa alocação a respeito do *nível* de retornos de um fundo específico? Os estudos de Brinson et al. e de Ibbotson e Kaplan também responderam a essa pergunta. Eles dividiram o retorno da política (o que teria sido o do fundo se tivesse aplicado em índices com os pesos fixados na política) pelo retorno efetivo do fundo (que inclui os efeitos de afastamento dos pesos da política e da seleção de títulos). Um fundo hipotético, passivamente investido nos pesos fixados pelas metas, teria um índice igual a 1% ou 100%. Se gerido por alguém com habilidade de *market timing* (ou seja, entrar e sair de classes de ativos) e de seleção de títulos, teria um índice inferior a um 1,0 (ou menor do que 100%); ou seja, a habilidade do gestor resultaria em um retorno efetivo para o fundo maior do que o retorno da política. Os estudos mostraram o contrário: o índice entre retornos da política e efetivo ficou acima de 1,0, em média, indicando que a alocação de ativos explica ligeiramente mais de 100% do nível dos retornos de um fundo. Por causa da eficiência do mercado, os gestores que praticam *market timing* e seleção de títulos têm, em geral, dificuldade de superar os retornos de fundos indexados geridos passivamente, após levar em conta as despesas e as taxas de investimento.

Portanto, a alocação de ativos é uma decisão muito importante que, considerados todos os fundos, explica, em média, 40% da variação dos retornos destes. Para um único fundo, a alocação de ativos explica 90% da variação dos seus retornos com o tempo e ligeiramente mais de 100% do seu nível médio. O desejo de "ficar rico rapidamente" negociando no mercado de ações pode levar a alguns casos de sucesso, mas, para a maioria dos investidores, a implantação de uma estratégia prudente de alocação de ativos e de aplicação com o tempo é uma maneira mais provável de obter ganhos em investimentos. Uma declaração de política bem formulada pode ser um passo importante para garantir que uma decisão apropriada de alocação de ativos seja posta em prática.

RETORNOS E RISCOS DE DIFERENTES CLASSES DE ATIVOS E O ARGUMENTO EM FAVOR DAS AÇÕES

Todos os investidores com um horizonte longo de aplicação, mesmo aqueles que são muito conservadores e avessos a risco, devem considerar aplicar parte de sua carteira em ativos de alto risco, como ações ordinárias. Como vimos anteriormente, a Figura 2.1 mostrou os retornos (não ajustados por custos e impostos) de várias classes de ativos no tempo. Os retornos mais altos oferecidos por ações advêm em troca de riscos mais altos. Às vezes, as letras do Tesouro superam o desempenho das ações. Como são títulos de renda variável, as ações ordinárias algumas vezes sofrem perdas significativas de valor. Há ocasiões nas quais investidores pouco disciplinados e despreparados vendem suas ações com prejuízo e juram que nunca mais aplicarão em ações. Entretanto, nesses casos eles se aferram a seus planos de investimento e posicionam suas carteiras para tirar proveito do próximo mercado altista.[16] Ao manter suas ações, e talvez até comprar mais a preços baixos, a parte da carteira representada por ações tende a apresentar uma valorização substancial no futuro. É por isso que os investidores precisam de uma declaração de política, e o investidor e o gestor devem compreender os mercados de capitais para adotarem um enfoque disciplinado de investimento.

---

[15] As constatações discutidas nesta seção se baseiam em IBBOTSON, Roger G. e KAPLAN, Paul D., "Does Asset Allocation Policy Explain 40, 90, ou 100 Percent of Performance?", *Financial Analysts Journal* 56, 1, 26-33, jan.-fev. 2000; BRINSON, Gary P.; SINGER, Brian D.; BEEBOWER, Gilbert L. "Determinants of Portfolio Performance II: An Update." *Financial Analysts Journal* 47, n. 3, 40-48, maio-jun. 1991; BRINSON, Gary P.; WOOD, L. Randolph; BEEBOWER, Gilbert L. "Determinants of Portfolio Performance." *Financial Analysts Journal* 42, n. 4, 39-48, jul.-ago. 1986.

[16] A lei da gravidade de Newton parece funcionar de duas maneiras nos mercados financeiros. Tudo que sobe precisa descer; também parece que, com o passar do tempo, tudo que cai pode subir novamente. Os investidores contrários e os com ênfase em ações de "valor" usam esse conceito para tentar superar os índices no tempo.

| **GRÁFICO 5.2** | Regressão de séries de tempo de retorno mensal de fundo *versus* retorno da política do fundo: um fundo de investimento, abril de 1988 a março de 1998 |

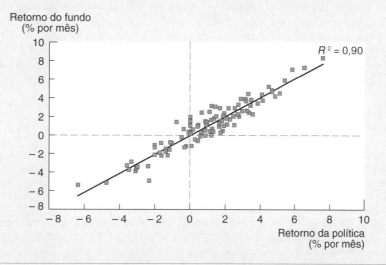

Fonte: Copyright© 2000, *Association For Investment Management and Research*. Reproduzido e reimpresso a partir de "Does Asset Allocation Policy Explain 40, 90, or 100 Percent of Performance?", por IBBOTSON, Roger G. e KAPLAN, Paul D. em *Financial Analysts Journal*, n. 1, Jan./Feb. 2000, 28, com permissão do CFA Institute. Todos os direitos reservados.

A decisão de alocação de ativos determina, em grande parte, tanto os retornos quanto a volatilidade da carteira. A Figura 2.1 indicou que as ações têm mais risco do que as obrigações ou as letras do Tesouro. A Tabela 5.4, que examina o desempenho de um índice de mercado de ações (o índice S&P 500) e de letras do Tesouro em um prazo mais longo, mostra que aquelas, às vezes, têm retornos inferiores aos destas em alguns períodos. Mas, nos mais longos (20 anos ou mais), as ações têm superado as letras do Tesouro. Portanto, manter uma política de investimento e conviver com as perdas ocasionadas pelas fases de dificuldade podem gerar taxas de retorno atraentes a longo prazo.[17]

Uma maneira popular de medir o risco consiste em examinar a variabilidade dos retornos com o tempo, calculando um desvio-padrão ou uma variância das taxas anuais deles para uma classe de ativos. Essa medida, fornecida na Figura 2.1, indica que as ações são arriscadas, mas as letras do Tesouro, não. Outra medida intrigante de risco é a probabilidade de *não* se alcançar um dado objetivo de retorno de investimento. Desse ponto de vista, se o investidor tiver um horizonte de investimento longo, o risco das ações será baixo, enquanto o das letras do Tesouro, grande, pois as diferenças entre seus retornos esperados levam a uma possibilidade maior de que as ações ajudem um investidor a atingir seu objetivo. O rendimento das letras do Tesouro não varia muito, posto que depende do nível geral das taxas de juros. Já o das ações ordinárias podem começar no baixo, mas com chances de subir à medida que os lucros das empresas aumentem com o tempo e com seus dividendos. E, quando consideramos o crescimento de capital proporcionado pelas ações, percebemos que os investidores "conservadores" de longo prazo, com ênfase em rendimento corrente, e que aplicam em letras do Tesouro, estão de fato expostos a graus elevados de risco.

| **TABELA 5.4** | Retornos maiores oferecidos por ações em períodos longos
Período: de 1934 a 2003 |

Extensão do período de aplicação (anos civis)	Porcentagem de períodos nos quais os retornos de ações ficaram abaixo dos retornos de letras do Tesouro*
1	35,7%
5	18,2
10	11,5
20	0,0
30	0,0

* Variação de preço mais rendimentos reaplicados

Fonte: Cálculos dos autores

---

[17] Os benefícios adicionais decorrentes da diversificação podem reduzir o risco total da carteira sem prejudicar o possível retorno.

102 Investimentos

RETORNOS REAIS DE INVESTIMENTOS DEPOIS DE IMPOSTOS E CUSTOS

Dependendo das medidas utilizadas e da extensão do horizonte de investimento, as ações ordinárias têm gerado um retorno médio que varia entre 11% e 13% com o passar dos anos nos Estados Unidos. Para fins de ilustração, consideremos uma média de longo prazo de 12%. Mas os investidores não auferem efetivamente esse retorno, em razão dos impostos sobre rendimentos e ganhos de capital, e também porque a inflação corrompe o poder real de compra dos fundos investidos.

Por exemplo, se um investidor "típico" tem, com o passar do tempo, uma alíquota média de imposto de 25%, o retorno médio anual depois do imposto (em termos nominais) passa para 9% [12% × (1 − 0,25)]. A inflação, com o tempo, tem variado entre 3% e 4%; usando-se 3,5%, calculamos o retorno real das ações depois do imposto da seguinte maneira:

$$\text{Retorno Real} = (1 + \text{Retorno Nominal})/(1 + \text{Taxa de Inflação}) - 1$$

$$= (1,09)/(1,035) - 1 = 0,0531, \text{ ou cerca de } 5,3\%$$

Quaisquer taxas e despesas de administração do investimento reduzirão ainda mais esse retorno.

Os retornos de obrigações que vimos na Figura 2.1 ocorreram em um período em que as taxas de juros estavam geralmente caindo (levando assim a preços e retornos de obrigações mais altos). Em um período mais longo, um retorno médio de obrigações estará mais próximo de 6%. Considerando uma faixa de alíquota média de imposto de 25%, esse retorno antes do imposto se transforma em outro depois do imposto de 4,5%. Com a inflação, o retorno real depois do imposto em obrigações aproxima-se de 1%. As taxas nominais de CDs e letras do Tesouro estão próximas de 0 – ou são até mesmo negativas – uma vez considerado o efeito dos impostos e da inflação.

Evidentemente, o retorno de obrigações municipais é isento de impostos, e suas taxas são mais baixas do que as dos títulos tributáveis emitidos por empresas privadas e pelo Tesouro. Portanto, o retorno de obrigações municipais depois do imposto de renda deve ser aproximadamente igual ao do depois do imposto de outras obrigações. Levando-se em conta a inflação, o retorno real de obrigações municipais tende a variar entre 1% e 2%.

Como vimos no Capítulo 3, os Títulos do Tesouro protegidos contra a inflação (TIPS) oferecem aos investidores proteção contra a inflação. Mas o seu rendimento (incluindo o adicionado para compensar a inflação do ano anterior) é tributável às faixas de imposto sobre a renda corrente. E devem ser pagos impostos sobre todo o rendimento, mesmo sobre aquele adicionado para compensar a inflação. Assim, um TIP que pague 5% em termos nominais tem um retorno depois do imposto de 5% × (1 − 0,25) = 3,75%; em termos reais, esse retorno é inferior a 1%.

Os resultados dessa análise simples mostram que, no caso de investimentos tributáveis, a única forma de manter o poder de compra, ao se aplicar em ativos financeiros, é investir em ações ordinárias. Uma decisão de alocação de ativos para uma carteira tributável que não inclua uma aplicação substancial em ações ordinárias pode fazer com que fique difícil conservar o valor real da carteira com o passar do tempo.[18]

RESUMO DA ALOCAÇÃO DE ATIVOS

Uma declaração de política de investimento elaborada cuidadosamente determina os tipos de ativos que devem ser incluídos em uma carteira. A decisão de alocação destes, e não a seleção de ações e obrigações específicas, é que determina a maior parte dos retornos dela. Embora seja aparentemente arriscado, os investidores que buscam valorização, rendimento, do capital, ou até mesmo preservação deste, farão bem em incluir uma alocação em ações em suas carteiras. Como fora mencionado, o risco de uma estratégia depende das metas e do horizonte de aplicação do investidor. Quando os horizontes são longos, aplicar em letras "seguras" do Tesouro pode ser mais arriscado do que em ações ordinárias, em função dos riscos de reinvestimento e de não se atingir as metas a longo prazo, em termos de retorno do investimento.

Alocação de ativos e diferenças culturais

Até este momento, nossa análise concentrou-se nos investidores americanos. Os não-americanos enfocam suas decisões de alocação de ativos de maneira bastante parecida, mas as efetivas de alocação diferem das dos investidores americanos, porque eles enfrentam diferentes ambientes sociais, econômicos, políticos e tributários. Por exemplo, a Tabela 5.5 mostra as alocações em ações de fundos de pensão, um tipo de investidor institucional, em diversos países.

As diferenças nacionais podem explicar boa parte das divergências quanto às estratégias de carteiras. Destes países, a idade média da população é mais alta na Alemanha e no Japão e mais baixa na Irlanda, em Hong Kong, nos Estados Unidos e no Reino Unido, o que ajuda a explicar o uso maior de ações nestes últimos. Os programas de privatização governamentais no Reino Unido durante os anos 1980 encorajaram o investimento em ações por investidores individuais e institucionais. Desde 1960, o custo de vida nesse país tem crescido a uma taxa quatro vezes e meia maior do que a observada na Alemanha. Esse viés inflacionário na economia do Reino Unido favorece o seu uso de ações na alocação de ativos. O Gráfico 5.3 mostra a relação positiva entre o nível da inflação e a alocação em ações nos fundos de pensão em diversas nações, e indica que o ambiente econômico, além das características demográficas, afeta a alocação de ativos em um país.

A necessidade de investir em ações para aumento de portfólio é menor na Alemanha, onde os trabalhadores recebem pensões generosas do Estado. Além disso, os alemães tendem a apresentar uma aversão cultural ao mercado de ações; muitos são avessos a riscos e consideram investir em ações uma forma de jogo de azar.

Embora essa atitude apresente indícios de mudança, o mercado de ações da Alemanha possui pouca liquidez, com apenas uma meia dúzia de ações responsável por 50% do volume total de ações negociadas.[19] A legislação de 2002, que estimula a

---

[18] Naturalmente, outros investimentos concentrados em renda variável, como capital de risco ou imóveis, também podem oferecer proteção contra a inflação depois de considerados os custos e os impostos da carteira.

[19] GUMBEL, Peter. "The Hard Sell: Getting Germans to Invest in Stocks." *The Wall Street Journal*, 4 ago. 1995. p. A2.

TABELA 5.5	Alocação em ações nas carteiras de fundos de pensão
País	**Porcentagem em ações**
Hong Kong	79
Reino Unido	78
Irlanda	68
Estados Unidos	58
Japão	37
Alemanha	8

Fonte: Copyright© 1998, Association For Investment Management And Research. "Client Expectations and the Demand to Minimize Downside Risk" por Mark Tapley em *Asset Allocation in a Changing World*, editado por Terence E. Burns, páginas de 85 a 91, com permissão do CFA Institute. Todos os direitos reservados.

aplicação em planos parecidos com o 401(k) nesse país, pode encorajar os cidadãos a investirem mais em ações, mas, em meados de 2001, menos de 10% dos alemães acima de 14 anos de idade as possuíam, tanto direta como indiretamente (por exemplo, aplicando em fundos de investimento).[20] Em maio de 2004, somente 14% das famílias em toda a Europa Ocidental possuíam ações e apenas 10% aplicavam em fundos dessas.[21]

Os fatores legais e regulamentares desempenham certo papel nas alocações de ativos nesses países. Até 2002, a regulamentação na Alemanha proibia as companhias que ofereciam fundos de previdência de investir mais do que 30% de seus ativos em ações de empresas da União Européia. A partir dessa época, a porcentagem regulamentada aumentou para 45%.[22] Outros países da Organização para o Desenvolvimento e Cooperação Econômica (Organization for Economic Cooperation and Development – OECD) também impõem restrições regulamentares sobre os investidores institucionais. Por exemplo, os fundos de pensão na Áustria devem ter pelo menos 50% de seus ativos aplicados em depósitos bancários ou obrigações denominadas em xelins. A Bélgica limita seus fundos a um mínimo de 15% de aplicação em títulos públicos. A Finlândia impõe um limite de 5% para investimentos no exterior por parte dos fundos de pensão, e os fundos de pensão franceses devem investir no mínimo 34% em títulos de dívida pública.[23]

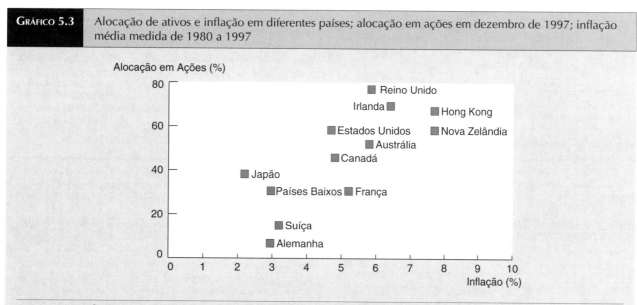

GRÁFICO 5.3	Alocação de ativos e inflação em diferentes países; alocação em ações em dezembro de 1997; inflação média medida de 1980 a 1997

Fonte: Copyright© 1998, *Association For Investment Management And Research*. Reproduzido e reeditado de HOLE, Martyn, . "Are U.K. Investors Turning More Conservative?" In: BURNS, Terence E. (Ed.). *Asset Allocation in a Changing World*. p. 59-69, com permissão do CFA Institute. Todos os direitos reservados.

---

[20] RHOADS, Christopher. "Germany Is Poised for a Pension Overhaul." *The Wall Street Journal*, 10 maio 2001. p. A13.
[21] CALIAN, Sara; ASCARELLI, Silvia. "Europeans Lose Love for Stocks." *The Wall Street Journal*, 12 maio 2004. p. C1 e C2.
[22] PAYNE, Beatrix. "Higher German Limits on Investment Seen as Boon for Equities." *Pension and Investments*, 14, 4 Feb. 2002.
[23] WITSCHI, Daniel. "European Pension Funds: Turning More Aggressive?". In: BURNS, Terence E. (Ed.). *Asset Alocation in a Changing World*. Charlottesville, VA: Association for Investment Management and Research, 1998. p. 72-84; CHERNOFF, Joel. "OECD Eyes Pension Rules." *Pensions and Investments*, 2, 34, 23 dez. 1996.

Em geral, a política e a estratégia de alocação de ativos são determinadas pelo contexto dos objetivos e restrições de um investidor individual. Para explicar as diferenças de comportamento do investidor entre países, devemos considerar o ambiente político e econômico de cada um deles.

Resumo

- Os investidores precisam gerir com prudência o risco de acordo com suas metas e preferências de investimento. A renda, os gastos e o comportamento de investimento variarão ao longo da vida de uma pessoa.
- A formulação de uma declaração de política de investimento é um primeiro passo importante na implantação de um plano de investimento sério. Ao forçarem os investidores a examinar suas necessidades, sua tolerância a risco e sua familiaridade com os mercados de capitais, as declarações de política ajudam estes a identificar corretamente os objetivos e restrições apropriados. Além disso, a declaração de política funciona como um padrão de referência para se avaliar o desempenho da carteira e de seu gestor.
- Analisamos a importância da decisão de alocação de ativos para a determinação dos retornos e riscos de investimento a longo prazo de uma carteira. Como essa decisão segue a fixação de objetivos e restrições, é claro que o sucesso do programa de investimento depende da primeira etapa: a elaboração de uma declaração de política de investimento.
- As decisões de alocação de ativos variam entre países em função das diferenças de regulamentação, características demográficas e contextos econômicos.

Investimentos on-line

Muitos insumos são utilizados em uma declaração de política de investimento, pois um investidor especifica seus objetivos e restrições. Alguns insumos e informações úteis estão disponíveis nos sites a seguir. Muitos deles foram mencionados no Capítulo 1 e também contêm informações e visões quanto às decisões de alocações de ativos.

http://www.ssa.gov – Informações sobre os fundos de previdência social esperados por uma pessoa podem ser obtidas no site da Social Security Administration.

http://www.ibbotson.com – A Ibbotson é a fonte de muitos dados e análises úteis para fins de educação do investidor e o processo de alocação de ativos. Muitos planejadores profissionais financeiros fazem uso de seus dados e recursos educacionais.

http://www.mfea.com/InvestmentStrategies/Calculators/default.asp – Esta página contém links de ferramentas de cálculo nos sites das famílias de fundos de investimento.

Sites com informações e simulações de Monte Carlo para planos de gastos durante a aposentadoria incluem:

http://www.financialengines.com; http://www.troweprice.com (depois de entrar na página individual investor, clique em investment planning and tools, depois em investment planning e selecione investment strategy planner);

http://www3.troweprice.com/ric/RIC/ (fornece um recurso de cálculo de rendimentos durante a aposentadoria); e http://www.decisioneering.com.

Muitas organizações profissionais possuem sites para que seus membros os utilizem, os interessados na indicação de profissionais em finanças e aqueles que buscam o assessoramento de um consultor financeiro profissional. Eles incluem:

http://www.cfainstitute.org – O CFA Institute confere o título de CFA (Chartered Financial Analyst). Esse site fornece informações sobre a titulação CFA, as publicações do instituto, educação do investidor e diversos outros recursos.

http://www.amercoll.edu – Pertence ao American College, que é a unidade de treinamento da indústria de seguros, e confere os certificados CLU e ChFC, geralmente obtidos por profissionais dessa área.

http://www.cfp.net – Home page do *Certified Financial Planner Board of Standards*, contém links para encontrar o possuidor de um título de CFP e outras informações sobre a profissão de planejamento financeiro.

http://www.napfa.org – Este é o site da National Association of Personal Financial Advisors, ou seja, a associação setorial de planejadores financeiros remunerados somente com base na cobrança de taxas. Estes não vendem produtos por comissão ou, caso eles recomendem um produto que a gere, eles a repassam para o investidor. Esse site inclui a divulgação de notas à imprensa, mecanismos de busca de um planejador remunerado à base de taxas em sua área, uma lista de recursos financeiros na web e oportunidades de emprego no campo do planejamento financeiro.

http://www.fpanet.org – O site da Financial Planning Association disponibiliza conteúdos e tópicos de interesse aos planejadores financeiros, até mesmo informações sobre como obter o título de CFP e receber o *Journal of Financial Planning*.

http://www.asec.org – Site do *American Saving Education Council* (Conselho Americano de Educação em Poupança).

QUESTÕES

1. Cite algumas maneiras de se gerir riscos em investimentos.
2. "Pessoas jovens, com pequeno patrimônio, não deveriam investir em ativos com risco, como ações, porque não são capazes de agüentar a perda do pouco dinheiro que têm." Você concorda ou discorda dessa afirmação? Por quê?
3. Sua saudável vizinha de 63 anos de idade irá se aposentar e lhe pede um conselho. Ao conversar com ela, você descobre que está planejando sacar todo o dinheiro de seu plano de previdência patrocinado pela empresa e investi-lo em fundos de obrigações e de curto prazo. Que conselho você lhe daria?
4. Discuta como a estratégia de investimento de um indivíduo pode variar à medida que ele passa pelas fases de acumulação, consolidação, gasto e doação em sua vida.
5. Por que é importante uma declaração de política de investimento?
6. Use o questionário da Figura 5.4 para avaliar sua tolerância a risco. A seguir, utilize essa informação para elaborar uma declaração de política de investimento para você mesmo.
7. Seu tio de 45 anos de idade está a 20 anos da aposentadoria; sua irmã mais velha de 35 anos, a 30 anos. Em que sentido as suas declarações de política de investimento poderiam diferir? Que informações adicionais você precisaria saber para elaborar uma declaração de política razoável para cada um deles?
8. Que informação é necessária para que um planejador financeiro possa ajudar uma pessoa a montar uma declaração de política de investimento?
9. *Exame CFA nível III*
   O senhor Franklin tem 70 anos de idade, goza de ótima saúde, possui um estilo de vida simples, mas ativo, e não tem filhos. Ele participa de uma empresa privada que vale 90 milhões de dólares e decidiu doar metade desse valor a uma fundação de pesquisa médica imediatamente; ela também será a beneficiária preferencial de seus bens após a sua morte. Ele está comprometido com o bem-estar da fundação porque acredita firmemente que, por meio dela, será encontrada a cura para a doença que matou sua esposa. No momento, ele percebe que é necessário haver uma política de investimento e uma alocação de ativos apropriadas, para que suas metas sejam atingidas pelo investimento de seus bens, que são consideráveis. Atualmente, os seguintes ativos estão disponíveis para a montagem de uma carteira apropriada:

   45 milhões de dólares em dinheiro (resultantes da venda da participação na empresa fechada, menos a doação desse valor à fundação);

   10 milhões em ações e obrigações (5 milhões de dólares cada uma);

   9 milhões correspondentes a um depósito (agora totalmente arrendado);

   1 milhão correspondente à residência da família Franklin;

   65 milhões de dólares em ativos disponíveis totais.

   (a) Elabore e justifique uma declaração de política de investimento estabelecendo as diretrizes apropriadas, de acordo com as quais os investimentos devem ser feitos. Sua declaração de política deve abranger todos os objetivos e restrições relevantes (dez minutos).
   (b) Recomende e justifique uma alocação de ativos a longo prazo que seja coerente com a declaração de política de investimento proposta por você no item (a) anterior. Explique sucintamente os pressupostos-chave de sua proposta de alocação (15 minutos).

PROBLEMAS

1. Suponha que o seu primeiro emprego lhe pague 28 mil dólares anuais. Que porcentagem deve estar contida em sua reserva de caixa? Quanto seguro de vida você deve adquirir, caso seja solteiro? E se for casado e tiver dois filhos pequenos?
2. Qual é a alíquota marginal de imposto para um casal, fazendo declaração conjunta, caso sua renda tributável seja de 20 mil dólares? Ou de 40 mil dólares? Ou de 60 mil dólares?
   Qual é o valor total do imposto devido em cada um desses níveis de renda? E qual é a alíquota média de imposto?
3. Qual é a alíquota marginal de imposto de uma pessoa solteira caso sua renda tributável seja de 20 mil dólares? E de 40 mil dólares? E de 60 mil dólares? Qual é o valor de seu imposto devido em cada um desses níveis de renda? E qual é a sua alíquota média de imposto?
4. (a) Alguém que esteja na faixa de imposto de 36% pode obter 9% ao ano em seus investimentos em uma conta IRA isenta de impostos. Qual será o valor de um investimento de 10 mil dólares ao final de cinco anos? E em dez anos? E em 20 anos?
   (b) Suponha que os 9% de retorno no item (a) sejam tributáveis, e não de imposto diferido, e os impostos sejam pagos anualmente. Qual será o valor de seu investimento de 10 mil dólares ao fim de cinco, dez e 20 anos, depois do imposto de renda?
5. (a) Uma pessoa na faixa de imposto de 15% pode obter 9% ao ano se investir em uma conta IRA isenta de impostos. Qual será o valor de um investimento de 10 mil dólares ao final de cinco anos? E em dez anos? E em 20 anos?
   (b) Suponha que os 10% de retorno no item (a) sejam tributáveis, e não de imposto diferido, e os impostos sejam pagos anualmente. Qual será o valor de seu investimento de 10 mil dólares ao fim de cinco, dez e 20 anos, depois do imposto de renda?

EXERCÍCIOS DA WEB

1. Encontre pelo menos três estratégias de alocação de ativos na internet (de companhias de fundos de investimento ou corretoras), além daquelas que estão na Tabela 5.2 Compare e contraste suas alocações sugeridas para tipos diferentes de investidores.

2. Use a internet para encontrar algumas empresas de planejamento financeiro. Que estratégias elas enfatizam? O que dizem em relação às de alocação de ativos? Quais são as ênfases da empresa: investimento em ações de valor, diversificação internacional, preservação do capital, planejamento de aposentadoria e de herança etc.?

3. Vá até a página da Vanguard (**http://www.vanguard.com**) e obtenha informações sobre os retornos de seu fundo indexado Vanguard-500, em termos de rendimento e ganhos de capital. Supondo que estes sejam realizados a cada cinco anos, monte uma planilha para calcular os retornos antes e depois do imposto, para um investidor na faixa de 28% de imposto de renda. Imagine que todos esses ganhos sejam tributados a 15% quando realizados. Qual é o retorno médio antes do imposto durante a vida do fundo? E depois do imposto?

4. O site da Ibbotson Associates (**http://www.ibbotson.com**) disponibiliza artigos científicos sobre uma variedade de tópicos em investimento. Leia um deles e faça uma resenha de uma ou duas páginas, com constatações e sugestões aos investidores.

5. O uso de um retorno médio anual pode ser enganoso. Um de 10% pode mascarar a variabilidade do valor da carteira resultante da variação anual dos retornos. O uso da análise Monte Carlo está se tornando cada vez mais popular entre os profissionais de investimento como uma maneira de se estimar o valor futuro da carteira. Encontre informações sobre a análise Monte Carlo no contexto do planejamento financeiro. O que é isso? Como é utilizada? Descreva algumas das perspectivas que ela oferece aos profissionais de investimento.

EXERCÍCIOS EM PLANILHA

1. Use uma planilha para analisar e resolver o seguinte:
   (a) Quanto dinheiro você terá no final do horizonte de aplicação se você investir:
      i. 2 mil dólares no prazo de dez anos com um retorno de 8%?
      ii. 5 mil dólares no prazo de 20 anos com um retorno de 7,5%?
      iii. 10 mil dólares no prazo de 25 anos com um retorno de 10%?
   (b) Quanto dinheiro você terá no final do horizonte de aplicação se você investir:
      i. 1.000 dólares por ano no decorrer de 20 anos com um retorno de 10%?
      ii. 2 mil dólares por ano em 15 anos com um retorno de 6%?
      iii. 5 mil dólares por ano em 25 anos com um retorno de 8,5%?
   c. Quanto dinheiro você deve poupar anualmente caso queira atingir as seguintes metas de investimento?
      i. Ter 100 mil dólares para pagar a universidade de seu filho daqui a 17 anos se você puder obter um retorno de 7% sobre os fundos aplicados.
      ii. Ter 1 milhão de dólares para a sua aposentadoria daqui a 35 anos se você puder obter um retorno de 9% sobre os fundos aplicados.
      iii. Ter 500 mil dólares para a sua aposentadoria daqui a 25 anos se você puder obter um retorno de 11% sobre os fundos aplicados.

2. Repita a análise do Quadro 5.3 para uma IRA tradicional e para uma IRA Roth. Suponha que você esteja na faixa de 25% de imposto e que queira aplicar 4 mil dólares em uma das contas em que este é diferido. Qual delas lhe dará o retorno mais alto depois do imposto, se seu horizonte de aplicação for de 25 anos? Imagine faixas de imposto de 10%, 15%, 25%, 28% e 33% em sua análise.

3. Considerando os efeitos da inflação, uma pessoa que recebeu 68 mil dólares em 2004 teve a renda equivalente a de uma pessoa que recebeu 10 mil dólares em 1955. Dadas as alíquotas de imposto a seguir, vigentes na década de 1950, quem estaria pagando relativamente mais impostos: a pessoa dos anos 1950 ou a dos anos 2000?

SOLTEIRO		CASADOS, COM DECLARAÇÃO CONJUNTA	
Renda	Alíquota marginal de imposto	Renda	Alíquota marginal de imposto
$0-$2.000	20%	$0-4.000	20%
$2.000-4.000	22	$4.001-8.000	22
$4.001-6.000	26	$8.001-12.000	26
$6.001-8.000	30		
$8.001-10.000	34		
$10.001-12.000	38		

4. Sam acaba de se aposentar com 500 mil dólares em economias. Em quanto tempo ele ficará sem dinheiro se seus fundos forem aplicados com um retorno médio de 6% e ele retirar (a) 4% anualmente, (b) 6% anualmente, (c) 8% anualmente? Suponha que as retiradas de caixa ocorram no início do ano e o retorno sobre os fundos remanescentes seja creditado no fim do ano.

5. Como ficarão as respostas do Exercício 4 se o investidor for atingido por um mercado em baixa logo após a sua aposentadoria e a carteira perder 15% de seu valor durante o primeiro ano daquela, antes de se recuperar e começar a gerar 6% ao ano? Suponha que a queda do mercado ocorra imediatamente após Sam retirar os fundos da conta de acordo com os três possíveis planos de gastos do Exercício 4.

6. Você tem 10 mil dólares para aplicar este ano; dadas as suas preferências em termos de risco e suas metas, você investirá 50% em ações ordinárias e 50% em obrigações. O plano de pensão de sua empresa lhe permitirá investir 5 mil dólares com imposto diferido. Suponha que as ações terão uma valorização anual de 8%, em média, e distribuirão um adicional de 2% de dividendos. As obrigações pagarão um cupom de 7%. Sua renda é tributada a uma alíquota marginal de 25% e todos os seus ganhos de capital são tributados a 18%. Se seu período de aplicação for de (a) dez anos; (b) 20 anos; (c) 30 anos, será melhor colocar as ações ou as obrigações na conta com imposto diferido? Justifique suas respostas.

REFERÊNCIAS

BHATIA, Sanjiv, ed. *Managing Assets for Individual Investors.* Charlottesville, VA: Association for Investment Management and Research, 1995.

BRONSON, James W.; SCANLAN, Matthew H.; SQUIRES, Jan R. Managing Individual Investor Portfolios. In: *2004 CFA Level III Candidate Readings:* Portfolio Management. Charlottesville, VA: CFA Institute, 2003.

BURNS, Terence E. (Ed.). *Asset Allocation in a Changing World.* Charlottesville, VA: Association for Investment Management and Research, 1998.

ELLIS, Charles D. *Investment Policy: How to Win the Loser's Game.* Homewood, IL: Dow Jones-Irwin, 1985.

MAGINN, John L.; TUTLE, Donald L. *Managing Investment Portfolios:* A Dynamic Process. 2. ed. Charlottesville, VA: Association for Investment Management and Research, 1990.

PEAVY, John. *Cases in Portfolio Management*. Charlottesville, VA: Association for Investment Management and Research, 1990.

TSCHAMPION, R. Charles; SIEGEL, Laurence B.; TAKAHASHI, Dean J.; MAGINN, John L. "Managing Institutional Investor Portfolios." In: *2004 CFA Level III Candidate Readings: Portfolio Management*. Charlottesville, VA: CFA Institute, 2003.

GLOSSÁRIO

Agente fiduciário – Uma pessoa que supervisiona ou gera a carteira de investimentos de um terceiro, como em uma conta fiduciária, e toma decisões de investimento de acordo com os desejos do proprietário.

Alíquota marginal de imposto – A parcela de cada dólar adicional de renda que é paga como imposto.

Alíquota média de imposto – A parcela média de renda que é paga como imposto; equivale ao quociente entre o imposto total pago e sua renda total.

Alocação de ativos – O processo de decidir como distribuir o patrimônio de um investidor entre diferentes classes de ativos para fins de investimento.

Base (de um ativo) – Para fins de tributação, é o custo de um ativo.

Carteira de referência – Um padrão de comparação de risco e ativos incluídos na declaração de política de investimento, semelhante às preferências em relação a risco do investidor e às suas necessidades de investimento, que pode ser usada para avaliar o desempenho do gestor da carteira.

Classe de ativos – Um conjunto de títulos que têm características, atributos e relações de risco e retorno semelhantes.

Declaração de política – Uma declaração na qual o investidor especifica metas e restrições de investimento e preferências em relação a risco.

Fase de acumulação – Fase do ciclo de vida de investimentos durante a qual os indivíduos nos primeiros anos ou nos intermediários de sua carreira profissional procuram acumular ativos para satisfazer necessidades a curto e atingir metas a longo prazo.

Fase de consolidação – Fase do ciclo de vida de investimento durante a qual os indivíduos, geralmente, já passaram o ponto médio de suas carreiras e têm rendimentos superiores a seus gastos, por isso aplicam esse excedente visando à sua aposentadoria futura ou satisfazer necessidades de planejamento de herança.

Fase de doação – Fase do ciclo de vida de investimento durante a qual os indivíduos utilizam os ativos excedentes para ajudar financeiramente amigos e parentes, criar fundos de caridade ou para minimizar os impostos de transmissão.

Fase de gasto – Fase do ciclo de vida de investimento durante a qual os anos de rendimento dos indivíduos terminam, pois eles se aposentam. Eles pagam seus gastos com proventos da previdência social e de investimentos anteriores, e aplicam com a finalidade de se proteger contra a inflação.

Ganhos de capital realizados – São resultantes quando um ativo valorizado é vendido; eles são tributáveis.

Ganhos de capital não-realizados – São aqueles que refletem o aumento de preço dos ativos possuídos no momento; os impostos sobre eles podem ser adiados indefinidamente.

Líquido – Termo utilizado para descrever um ativo que pode ser rapidamente convertido em caixa a um preço próximo de seu valor justo de mercado.

Objetivos – As metas do investidor, expressas em termos de risco e retorno, incluídas na declaração de política de investimento.

Plano de pensão de benefício definido – Um plano de pensão que promete pagar aos aposentados um fluxo de renda específico com base nos anos de serviço, no salário ou em ambos.

Plano de pensão de contribuição definida – Um plano de pensão no qual a magnitude da contribuição do empregado e do empregador é conhecida, mas os benefícios durante a aposentadoria dependem tanto das contribuições quanto dos retornos obtidos sobre elas.

Plano sobrefinanciado[24] – Um plano de pensão de benefício definido no qual o valor presente das obrigações de pensão é inferior ao valor dos ativos do plano.

Plano subfinanciado[25] – Um plano de pensão de benefício definido no qual o valor presente das obrigações com os empregados supera o dos ativos do fundo.

Preservação do capital – Um objetivo de retorno no qual o investidor procura minimizar o risco de perda; geralmente, uma meta de quem é avesso a risco.

Rendimento corrente – Um objetivo de retorno no qual o investidor procura gerar rendimento em vez de ganhos de capital; geralmente, uma meta de um investidor que deseja suplementar seus rendimentos para cobrir suas despesas de manutenção.

Retorno total – Um objetivo de retorno no qual o investidor deseja aumentar o valor da carteira para satisfazer uma necessidade futura tanto por meio de ganhos de capital quanto pelo reinvestimento de rendimentos correntes.

Taxa de retorno atuarial – A taxa de desconto usada para encontrar o valor presente das obrigações futuras de um plano de pensão com benefício definido, e assim determinar a magnitude da contribuição anual da empresa ao plano.

Valorização do capital – Um objetivo de retorno no qual o investidor procura aumentar o valor da carteira, principalmente por meio de ganhos de capital, com o tempo, para satisfazer uma necessidade futura; geralmente, a meta daquele que deseja correr um risco acima da média.

---

[24] e [25] **UNDERFUNDED/OVERFUNDED** – traduzidos nesse glossário como fundo subfinanciado e sobrefinanciado, respectivamente. *Overfunded*: termo utilizado para indicar um *funded status* positivo (ativos maiores do que as obrigações atuariais). No caso de serem *underfunded*, ou negativo, temos obrigações atuariais superiores aos ativos garantidores. (N.T.)

APÊNDICE 5

Objetivos e restrições de investidores institucionais

Os investidores institucionais geram grandes volumes de fundos em suas atividades. Eles incluem fundos de pensão, de doações e seguradoras. Nesta seção, examinaremos as características de vários investidores institucionais e discutiremos seus objetivos e restrições típicos de investimento.

FUNDOS DE PENSÃO

Eles representam um componente importante do planejamento de aposentadoria dos indivíduos. No final de 2002, os ativos de fundos de pensão nos Estados Unidos totalizavam cerca de 10 trilhões de dólares. O fundo de pensão de uma empresa recebe contribuições dessa, de seus empregados, ou de ambos. Os recursos são aplicados com o propósito de proporcionar aos trabalhadores o pagamento de uma soma em uma certa data ou a promessa de um fluxo de rendimentos com a aposentadoria. Os ***planos de pensão de benefício definido*** prometem pagar aos aposentados um fluxo de rendimentos específicos, geralmente em função do salário do trabalhador, de seu tempo de serviço, ou ambos. A empresa contribui com certa quantia a cada ano para o plano de pensão; o valor da contribuição depende de pressupostos em relação a aumentos futuros de salários e da taxa de retorno a ser obtida com os ativos. Em um plano de benefício definido, a empresa corre o risco de pagamento do benefício futuro de pensão aos aposentados; se o desempenho dos investimentos for fraco, ou se a empresa for incapaz de fazer contribuições adequadas ao plano, a deficiência deverá ser compensada nos anos futuros. Um desempenho de investimento "fraco" significa que o retorno efetivo dos ativos do plano fica abaixo da ***taxa de retorno atuarial*** suposta. A taxa atuarial é a taxa de desconto utilizada para determinar o valor presente das obrigações futuras do plano e assim determinar a magnitude das contribuições anuais da empresa a este.

Os ***planos de pensão de contribuição definida*** não prometem benefícios fixos; ao contrário, os benefícios dos empregados dependem do valor das contribuições realizadas ao fundo de pensão e dos retornos obtidos nos investimentos deste. Portanto, o risco é assumido pelos empregados. Diferentemente de um plano de benefício definido, os rendimentos recebidos por eles em sua aposentadoria não representam uma obrigação da empresa.

Os objetivos e as restrições de um plano de pensão dependem de o plano ser de benefício definido ou de contribuição definida. Examinaremos cada um deles separadamente a seguir.

Plano de benefício definido – A tolerância a risco do plano depende do *status* de seu financiamento e de sua taxa atuarial. Para os ***planos subfinanciados*** (nos quais o valor presente das obrigações com os empregados supera o dos ativos), uma abordagem mais conservadora em relação ao risco é adotada para garantir que o hiato de financiamento seja fechado com o tempo. Isso pode envolver uma estratégia com a qual a empresa faz contribuições maiores ao plano e supõe uma taxa atuarial mais baixa. Os ***planos sobrefinanciados*** (nos quais o valor presente das obrigações com os empregados é inferior aos ativos) permitem a adoção de uma estratégia de investimento mais agressiva, na qual a empresa reduz suas contribuições e aumenta a exposição a risco do plano. O objetivo de retorno é alcançar a taxa de retorno atuarial do plano, fixada por atuários que estimam as obrigações futuras de pagamento de pensão com base em hipóteses a respeito de aumentos futuros, salários atuais, padrões de aposentadoria, expectativas de vida dos trabalhadores e fórmula de benefício da empresa. A taxa atuarial também ajuda a determinar a magnitude das contribuições da empresa ao plano em função do tempo.

A restrição de liquidez nos fundos de benefício definido é essencialmente uma função da idade média dos empregados. Os mais jovens têm menos liquidez; uma base mais velha geralmente significa que mais liquidez é necessária para o pagamento de obrigações de pensão correntes e próximas. A restrição de horizonte de pagamento também é afetada pela idade média deles, embora alguns especialistas recomendem utilizar um horizonte de cinco a dez anos para fins de planejamento. Os impostos não são uma preocupação importante, porque os planos de pensão são isentos de pagamento de impostos sobre os retornos do investimento. Mas o plano deve ser gerido de acordo com a Erisa – a *Employee Retirement and Income Security Act* (Lei de Aposentadoria e Garantia de Rendimentos de Empregados) – e os investimentos devem ser efetuados com prudência quando avaliados no contexto da carteira geral do plano de pensão.

Plano de contribuição definida – Como o trabalhador individual decide de que modo suas contribuições ao plano serão aplicadas, os objetivos e as restrições em planos de contribuição definida dependem da pessoa. Já que é o trabalhador que assume o risco de rendimentos inadequados em sua aposentadoria, e não a empresa, os planos de contribuição definida geralmente fazem investimentos mais conservadores (algumas pessoas dizem que os empregados tendem a investir com excesso de conservadorismo). Entretanto, se o plano é visto mais como uma ferramenta de planejamento de herança por um fundador ou diretor rico da empresa, uma tolerância a risco e um objetivo de retorno mais alto serão apropriados, pois a maior parte dos ativos, no final, pertencerá aos herdeiros do indivíduo.

A liquidez e o horizonte de investimento necessários ao plano variam, dependendo da idade média dos empregados e do grau de rotatividade na empresa. Como nos planos de benefício definido, os planos de contribuição definida são isentos de impostos e governados pelos dispositivos da Erisa.

Fundos de doação

Decorrem de contribuições feitas a instituições de caridade ou educacionais. Em vez de gastar imediatamente as contribuições, a organização aplica os recursos com a finalidade de garantir um fluxo futuro de renda. A política de investimento de um fundo de doação é o resultado de uma tensão entre a necessidade de renda corrente da organização e o desejo de planejar a obtenção de um fluxo crescente de renda no futuro, para proteger-se contra a inflação.

Para satisfazer as necessidades operacionais orçadas pela instituição, normalmente se fixa o objetivo de retorno dos fundos somando-se a taxa de gasto (o valor retirado deles a cada ano) e a taxa de inflação esperada. Os fundos que têm administradores mais tolerantes a risco podem fixar uma taxa de gasto mais alta em comparação àqueles supervisionados pelos que são avessos. Como uma abordagem de retorno total geralmente é adequada para atingir os objetivos de retorno com o tempo, a organização normalmente retira tanto rendimentos quanto ganhos de capital para cobrir as necessidades orçadas. A tolerância a risco de um fundo de doações é afetada principalmente pela tolerância a risco coletiva dos responsáveis pela organização.

Como o fundo possui um horizonte longo de investimento, as exigências de liquidez são pequenas, exceto pela necessidade de gastar parte do fundo a cada ano e manter uma reserva de caixa para emergências. Muitos fundos de doações são isentos de impostos, embora a renda de algumas fundações privadas possa ser tributada a uma alíquota de 1% ou 2%. Os ganhos de capital a curto prazo são tributáveis, mas os a longo prazo não são. Há restrições regulamentares e legais em âmbito estadual, em que a maioria dos fundos de doações é regulamentada. Necessidades e preferências específicas podem afetar as estratégias de investimento, especialmente entre os fundos de universidades e religiosos, que, às vezes, têm fortes preferências em termos do investimento com aspectos sociais.

Companhias seguradoras

Os objetivos de investimento e as restrições de uma companhia seguradora dependem do fato de se tratar de uma empresa de seguros de vida ou não (por exemplo, no caso de uma seguradora de bens e acidentes).

As saídas de caixa são relativamente previsíveis no caso de companhias de seguro de vida, com base em suas tabelas de mortalidade. Entretanto, o fluxo de caixa necessário para cobrir acidentes graves, desastres e ações judiciais não é previsível pelas companhias que fazem outros tipos de seguro.

Em virtude de sua responsabilidade fiduciária com os segurados, as exposições a risco são de baixas a moderadas. Dependendo da empresa específica e das pressões da competição, os prêmios podem ser afetados tanto pela probabilidade de pagamento de uma indenização quanto pelos retornos de investimento obtidos pela empresa. Geralmente, as companhias de seguro contra acidentes aplicam suas reservas em títulos de renda fixa por uma questão de segurança e para gerar rendimento necessário para o pagamento de indenizações; o capital e os fundos excedentes são aplicados em ações por causa de seu potencial de crescimento. Como no caso das empresas de seguro de vida, as de seguros de bens e contra acidentes contam com uma posição competitiva mais forte quando seus fundos excedentes são maiores do que os de seus concorrentes. Atualmente, muitas seguradoras adotam um objetivo de retorno total como forma de aumentar esses fundos com o tempo.

Em vista da incerteza quanto aos padrões de pagamento de indenizações, a liquidez é uma preocupação para as seguradoras de bens e contra acidentes, que também desejam tê-la para que possam alternar entre investimentos isentos e não isentos de impostos, já que suas atividades de venda de seguros geram perdas e lucros. O horizonte de investimento quase sempre é mais curto do que o das companhias de seguro de vida, embora muitas apliquem em títulos de longo prazo para obter os rendimentos mais altos disponíveis nesses instrumentos. A estratégia de investimento dos fundos excedentes da empresa enfatiza o crescimento a longo prazo.

A regulamentação das empresas seguradoras de bens e contra acidentes são mais permissivas do que a de seguro de vida. Iguais a este ramo, os estados regulamentam as classes e a qualidade dos investimentos para uma certa porcentagem dos ativos de uma empresa. Mas, além dessa restrição, as seguradoras podem aplicar em muitas classes e qualidades distintas de instrumentos, exceto pelo fato de que, em alguns estados, há limites à proporção aplicada em imóveis.

Resumo: investidor institucional

Na grande variedade de instituições, cada uma tem seus objetivos e restrições de investimento "típicos". Este apêndice nos deu uma noção das diferenças existentes entre tipos de instituições e algumas das principais questões que elas enfrentam. Em particular, como ocorre com os investidores individuais, declarações padronizadas de política de investimento não são apropriadas para eles. Os objetivos, restrições e estratégias de investimento específicos devem ser determinados caso a caso.

capítulo 6

Organização e funcionamento dos mercados de títulos*

Neste capítulo, responderemos às seguintes perguntas:

Quais são a finalidade e a função de um mercado?

Quais são as características que determinam a qualidade de um mercado?

Qual é a diferença entre um mercado primário e um secundário de capitais e como esses dois mercados apóiam um ao outro?

Qual é a organização típica da estrutura de subscrição de emissões de ações de empresas?

O que são as Regras 415 e 144A, e como afetam a subscrição de títulos de empresas?

No caso dos mercados secundários de ações, quais são os dois sistemas básicos de negociação?

Quais são os principais mercados de registro de títulos nos Estados Unidos e como eles se diferenciam?

O que são mercados de chamada e como são tipicamente usados nos mercados americanos?

Como estão as bolsas nacionais relacionadas em todo o mundo e o que significa *passing the book*?

O que é a Nasdaq, e como o seu crescimento e a sua influência têm afetado os mercados de títulos?

O que são bolsas regionais e que títulos negociam?

O que é o terceiro mercado?

O que são as ECNs (Electronic Communication Networks, ou Redes de Comunicação Eletrônica) e os sistemas de negociação alternativos (ATSs), e como diferem dos mercados primários de registro?

Quais são os principais tipos de ordens disponíveis aos investidores e formadores de mercado?

Quais são as principais funções dos especialistas na NYSE?

Que novos sistemas de negociação na NYSE e na Nasdaq viabilizaram o crescimento do volume de negócios nos Estados Unidos?

Quais são as três inovações recentes que contribuem para a existência de concorrência no mercado de ações dos Estados Unidos?

O que são a Regra 390 e a regra de "negociação completa" e qual é seu efeito sobre a concorrência no mercado de ações dos Estados Unidos?

O mercado de ações, o índice Dow Jones e o mercado de obrigações fazem parte de nossa experiência cotidiana. A cada noite, pelos noticiários da televisão, ficamos sabendo como foi o desempenho de obrigações e ações. A cada manhã, podemos ler em nossos jornais diários a respeito de expectativas de alta ou queda do mercado. No entanto, a maioria das pessoas tem uma compreensão imperfeita de como os mercados mundiais e domésticos de capitais realmente funcionam. Para ser um investidor bem-sucedido no contexto global, você precisa saber que mercados financeiros estão disponíveis no mundo e como é o funcionamento deles.

Neste capítulo, apresentaremos uma visão geral dos mercados de títulos e faremos uma discussão detalhada de como trabalham os principais mercados de ações. Concluiremos com uma discussão sobre como os mercados globais de títulos têm se transformado nos últimos anos e que, provavelmente, ainda haverá muitas alterações em um futuro próximo.

Começamos com um debate a respeito de mercados de títulos e das características de um bom mercado, descrevendo dois de seus componentes: o mercado primário e o secundário. Nossa ênfase é para este último. Consideramos as bolsas nacionais de valores por todo o mundo e como esses mercados, separados pela geografia e por fusos horários, ficam interligados a um mercado que funciona 24 horas. Também levamos em conta as bolsas regionais e o mercado da Nasdaq e oferecemos uma análise detalhada de como trabalham os mercados alternativos, incluindo as Redes de Comunicação Eletrônica (ECNs – Electronic Communication Networks). Na seção final, consideramos as várias mudanças históricas nos mercados financeiros: as adicionais atuais e as significativas esperadas para o futuro. Essas diversas transformações de nossos mercados de títulos terão um profundo efeito sobre os títulos que estarão disponíveis em todo o mundo e o modo pelo qual os compraremos e venderemos.

O que é um mercado?

É o instrumento pelo qual os compradores e vendedores se encontram e são ajudados na transferência de bens ou serviços. Vários aspectos dessa definição geral parecem merecedores de ênfase. Em primeiro lugar, ele não precisa ter uma localização física, basta apenas que os compradores e vendedores possam se comunicar em relação aos aspectos relevantes da transação.

Em segundo, o mercado não possui necessariamente os bens ou serviços envolvidos. Para que ele seja bom, a propriedade não é necessária; os

---

* Os autores reconhecem as idéias e a ajuda fornecida neste capítulo por Robert Battalio, da University of Notre Dame. Quaisquer erros ou omissões são de responsabilidade dos autores.

Organização e funcionamento dos mercados de títulos **111**

critérios importantes estão associados à transferência fácil e barata de bens e serviços. Na maioria dos mercados financeiros, aqueles que o estabelecem e administram não têm os ativos, mas simplesmente proporcionam um local físico ou um sistema eletrônico que permita a interação dos compradores e vendedores em potencial. Eles ajudam o mercado a funcionar com fornecimento de informações e meios que ajudem a transferência da propriedade.

Por fim, um mercado pode envolver a negociação de qualquer variedade de bens e serviços. Para qualquer um destes, com uma clientela diversificada, aquele deve evoluir no sentido de auxiliar a transferência. Tanto compradores quanto vendedores se beneficiam com a existência de um mercado.

CARACTERÍSTICAS DE UM BOM MERCADO

Ao longo de todo este livro, discutiremos mercados de diferentes investimentos, como ações, obrigações, opções e contratos futuros nos Estados Unidos e em todo o mundo. Vamos nos referir a eles utilizando vários termos que dizem respeito à qualidade, como forte, ativo, líquido ou ilíquido. Há muitos mercados financeiros, mas eles não são todos iguais – alguns são ativos e líquidos, outros são relativamente ilíquidos e ineficientes em suas operações. Para entender esses pontos, você precisará estar ciente das características que os investidores buscam quando avaliam a qualidade de um mercado.

Alguém entra em um mercado para comprar ou vender um bem ou serviço rapidamente a um preço justificado pela oferta e demanda vigentes. Para determinar o preço apropriado, os participantes devem ter informações oportunas e precisas sobre o volume e os preços das transações passadas e todas as ofertas de compra e venda atualmente pendentes. Assim, um atributo de um bom mercado é a *informação oportuna e precisa.*

Outro requisito básico é a ***Liquidez***, a capacidade de comprar ou vender um ativo rapidamente e a um valor conhecido, ou seja, um preço não substancialmente diferente daqueles de transações anteriores, supondo-se que nenhuma outra nova informação esteja disponível. A probabilidade de que um ativo seja vendido rapidamente, às vezes chamada de *negociabilidade*, é uma condição necessária, mas não suficiente para a liquidez. O preço esperado também deve ser razoavelmente certo, com base na história recente dos valores de transações e das ofertas correntes de compra e venda.[1]

Um componente da liquidez é a ***continuidade de preço***, que significa que ele não varia muito de uma transação para outra, a menos que novas informações substanciais se tornem disponíveis. Imagine que não haja nenhuma nova informação, e que a última transação tenha sido a um custo de 20 dólares; se a próxima for a 20 dólares e 10 centavos, o mercado será considerado razoavelmente contínuo.[2] Um mercado contínuo, sem grandes variações de valor entre negócios, tem característica de ser líquido.

Um mercado com continuidade de preço exige *profundidade*, o que significa a existência de numerosos compradores e vendedores em potencial que desejam transacionar valores acima e abaixo do preço corrente de mercado. Eles entram no mercado em resposta a mudanças na oferta, na demanda, ou em ambas, e assim impedem a ocorrência de variações drásticas de preço. Em resumo, a liquidez requer negociabilidade e continuidade deste, o que, por sua vez, exige profundidade.

Outro fator que contribui para um bom mercado são os ***custos de transação***. Os mais baixos (como porcentagem do valor do negócio) tornam o mercado mais eficiente. Um indivíduo que compara o gasto de uma transação entre mercados escolhe um que cobre 2% do valor do negócio, e não aquele que a cobrança seja de 5%. A maioria dos livros de microeconomia define um mercado eficiente como aquele em que o custo da transação é mínimo. Esse atributo é denominado *eficiência interna.*

Finalmente, um comprador ou vendedor deseja que o preço vigente no mercado reflita adequadamente todas as informações disponíveis a respeito de fatores de oferta e de demanda. Se essas condições se alterarem em função de novas informações, o preço também deverá variar, e os participantes querem que este se ajuste rapidamente a elas, o que significa que os valores vigentes no mercado refletem todos os dados disponíveis a respeito do ativo. Esse atributo é chamado de ***eficiência externa ou informacional*** e será discutido com mais detalhes no Capítulo 10.

Em resumo, um bom mercado de bens e serviços tem as seguintes características:

1. Informações oportunas e precisas sobre o preço e o volume das transações anteriores.
2. Liquidez, o que significa que um ativo pode ser comprado ou vendido rapidamente a um preço próximo dos de transações anteriores (há continuidade de preço), isso se nenhuma nova informação tiver sido recebida. A continuidade do preço requer profundidade.
3. Custos baixos de transação, inclusive os de acesso ao mercado, os efetivos de corretagem e aquele de transferência do ativo.
4. Preços que se ajustam rapidamente a novas informações, de modo que o preço vigente seja justo, pois reflete todo o dado disponível a respeito do ativo.

COTAÇÃO DECIMAL

Antes do início das mudanças no final do ano 2000, que foram completadas no início de 2001, as ações ordinárias dos Estados Unidos tinham sempre sido cotadas em frações. Especificamente, antes de 1997, elas eram cotadas em oitavos (exemplo, 1/8, 2/8, ..., 7/8), com cada oitavo a valer 0,125 de dólar. Isso foi modificado nesse último ano referido, quando as frações para

---

[1] Para uma discussão mais formal sobre liquidez, veja HANDA, Puneet; SCHWARTZ, Robert A. "How Best to Supply Liquidity to a Securities Market." *Journal of Portfolio Management* 22, n. 2, 44-51, inverno 1996. Para um conjunto de artigos que abordam a liquidez e todos os outros componentes da execução de negócios, veja *Best Execution and Portfolio Performance*, Charlottesville, VA: *Association for Investment Management and Research*, Dec. 2000). Para um livro excelente, veja HARRIS, Larry. *Trading and Exchanges*. New York: Oxford University Press, 2003.
[2] As ações ordinárias são atualmente cotadas em valores decimais (dólares e centavos), o que representa uma mudança significativa em relação ao período pré-2000, quando eram cotadas em oitavos ou dezesseis avos. Discutiremos depois a mudança para valores decimais.

112 Investimentos

a maioria das ações passaram a 16 avos (por exemplo, 1/16, 2/16, ..., 15/16), equivalendo a 0,0625 de dólar. Atualmente, nos Estados Unidos, as ações são cotadas em valores decimais (centavos), de modo que a variação mínima de apregoação deve ser em centavos (por exemplo, de 30 dólares e 10 centavos a 30 dólares e 12 centavos).

Os motivos expostos para a mudança a preços decimais são três: primeiro, a facilidade com a qual os investidores podem entender os preços e compará-los. Segundo, estes, em decimais, devem poupar algum dinheiro dos investidores, pois reduzem a diferença entre a cotação de oferta de compra e de venda de um mínimo de 6,25 centavos (quando cotados em 16 avos) a 1 centavo (quando cotados em valores decimais). (Naturalmente, também é por isso que muitos corretores e companhias de investimento foram contra a mudança – a diferença entre cotações de compra e venda é o preço da liquidez para o investidor e corresponde à remuneração do intermediário.) Terceiro, a mudança deveria tornar os mercados dos Estados Unidos mais competitivos em termos globais, pois os outros países cotam preços na mesma base. Portanto, os custos de transação devem ser mais baixos.

O efeito da decimalização tem sido substancial. Como reduziu-se a magnitude da diferença entre cotações de compra e venda, houve uma redução dos custos mencionados. Isso levou a um declínio no tamanho das transações e a um correspondente aumento em seu número – por exemplo, o número de transações na NYSE dobrou no período de 2000 a 2003.

ORGANIZAÇÃO DOS MERCADOS DE TÍTULOS

Antes de discutirmos o funcionamento específico dos mercados de títulos, precisamos compreender sua organização geral. A distinção principal é entre **mercados primários**, nos quais os novos títulos são vendidos, e **secundários**, em que estes, já existentes, são comprados e vendidos. Cada um deles é dividido ainda em termos da unidade econômica que emitiu o título. Consideraremos cada um desses importantes segmentos com ênfase nos indivíduos envolvidos e nas funções que desempenham.

Mercados primários de capitais

É no mercado primário que as novas emissões de obrigações e as ações preferenciais ou as ordinárias são vendidas por unidades do governo federal, estadual ou municipal ou por empresas que desejam obter capital novo.

EMISSÃO DE TÍTULOS DE DÍVIDA PÚBLICA

Todas as emissões de títulos do governo dos Estados Unidos são subdivididas em três segmentos, com base em seus prazos de vencimento originais. As **Letras do Tesouro** são títulos negociáveis, sem pagamentos de juros, com prazos originais de vencimento de um ano ou menos. As **notas do Tesouro** vencem de dois a dez anos. Finalmente, as **obrigações do Tesouro** têm prazos superiores a dez anos.

Para vender letras, notas e obrigações, o Tesouro apóia-se nos leilões do Sistema Federal de Reserva. (O processo de realização de lances e de formação de preços é discutido nos Capítulos 3 e 12 deste livro.)

EMISSÃO DE OBRIGAÇÕES MUNICIPAIS

Novas emissões de obrigações municipais são vendidas por um dos três métodos a seguir: oferta competitiva, negociação ou colocação fechada. As *vendas por oferta competitiva* tipicamente envolvem lances fechados. A obrigação é vendida ao grupo de subscritores que apresenta a oferta com o custo mais baixo de juros, de acordo com as especificações realizadas pelo emissor. As *vendas negociadas* envolvem acordos contratuais entre os subscritores e os emissores, os quais aqueles auxiliam estes a prepararem a emissão das obrigações e a fixarem um preço, obtendo com isso o direito exclusivo de venda. As *colocações fechadas* abrangem a venda de uma emissão de obrigações pelo emissor diretamente a um investidor ou a um grupo pequeno deles (geralmente instituições).

Note-se que dois dos três métodos requerem uma função de *underwriting* (subscrição). Especificamente, em uma oferta competitiva ou em uma transação negociada, o banco de investimento geralmente subscreve a emissão, o que significa que a companhia adquire a emissão inteira a um preço especificado, livrando o emissor do risco e da responsabilidade de vender e distribuir as obrigações. Posteriormente, o subscritor a vende ao público investidor. No caso de obrigações municipais, a função de *underwriting* é executada tanto por bancos de investimento quanto por comerciais.

Essa atividade pode envolver três serviços: geração, assumir risco e distribuição. A geração envolve o projeto da emissão de obrigações e o planejamento inicial. Para cumprir o papel de assunção de risco, o *underwriter* adquire toda a emissão a um preço determinado pela oferta competitiva ou por meio da negociação, aceitando a responsabilidade e o risco de revendê-la a um valor superior ao de compra. Distribuição significa vender os títulos a investidores, geralmente com a ajuda de um consórcio, incluindo outros bancos de investimento e/ou comerciais.

Em uma oferta negociada, o *underwriter* presta todos esses três serviços. Já na competitiva, o emissor especifica a quantidade, os prazos de vencimento, os cupons e as cláusulas de resgate antes da emissão, e os consórcios concorrentes fazem ofertas pela emissão inteira, refletindo as taxas que estimam para as obrigações. O emissor pode ter recebido assessoramento de uma companhia de investimento a respeito das características desejáveis de uma emissão futura, mas esse assessoramento deve ter sido remunerado por alguma taxa, e não necessariamente envolvendo o *underwriter* final, que é o responsável por assumir o risco e fazer a distribuição da emissão. Finalmente, uma colocação fechada não envolve qualquer assunção de risco, mas um banco de investimentos tipicamente ajuda a localizar compradores potenciais e a negociar as características dela.

EMISSÕES DE OBRIGAÇÕES DE EMPRESAS

As emissões de obrigações por empresas são quase sempre vendidas por intermédio de um esquema negociado com um banco de investimento que tenha alguma relação com a empresa emissora. E um mercado global de capitais, no qual haja uma explosão de novos instrumentos, a função de geração, que abrange o projeto do título em termos de características e moeda de denominação, torna-se cada vez mais importante, porque o diretor financeiro (CFO, ou *chief financial officer*) da empresa provavelmente não estará familiarizado com as possibilidades e exigências de emissão desses instrumentos e com os mercados de capitais alternativos no mundo. Os bancos competem por oportunidades de *underwriting* e criam instrumentos que sejam atraentes a seus investidores, dando assessoria aos emissores quanto a países e moedas desejáveis. A competência deles pode ajudar a reduzir o custo do capital novo para o emissor.

Uma vez especificada uma emissão de ações ou obrigações, o *underwriter* montará um consórcio de subscrição com outros *underwriters* de peso e também um grupo de venda formado por empresas menores, para realizar a sua distribuição, como é representado no Quadro 6.1.

EMISSÕES DE AÇÕES DE EMPRESAS

Além da capacidade de emitir títulos de renda fixa para obter capital novo, as empresas também podem emitir títulos de renda variável – geralmente ações ordinárias. Para as empresas, as emissões de novas ações são, em geral, divididas em dois grupos: (1) emissões maduras e (2) ofertas públicas iniciais (IPOs).

As **emissões de ações maduras** são aquelas oferecidas por empresas que já têm ações negociadas no mercado. Um exemplo seria a General Electric, que é grande e bem-vista, com ações publicamente negociadas na Bolsa de Valores de Nova York há cerca de 50 anos. Se essa empresa precisasse de capital adicional, ela poderia vender uma quantidade de suas ações ordinárias ao público a um preço muito próximo do corrente.

As **ofertas públicas iniciais** (IPOs) envolvem uma empresa que vende suas ações ordinárias ao público pela primeira vez. Antes de um IPO, não há mercado público para as ações; ou seja, a empresa até então é fechada. Um exemplo foi o IPO da *Polo Ralph Lauren* a 26 dólares por ação. Na época, a empresa era um importante produtor e distribuidor de roupas masculinas. A finalidade da oferta foi obter capital adicional para expandir suas operações.

As novas emissões (maduras ou IPOs) são geralmente intermediadas por bancos de investimento, que adquirem a emissão inteira da empresa e vendem os títulos a investidores interessados. O *underwriter* assessora a empresa a respeito das características gerais da emissão, seu preço e o *timing* da oferta. Este também aceita o risco de vender a nova emissão após adquiri-la da empresa.[3]

Relações com os bancos de investimento – A contratação de operações de lançamento de títulos pelas empresas geralmente assume uma destas três formas: negociada, por oferta competitiva ou esquema de venda com melhores esforços. Como foi observado, os lançamentos negociados são os mais comuns, e o procedimento é o mesmo das emissões de obrigações municipais.

QUADRO 6.1 Estrutura de organização de um *underwriting*

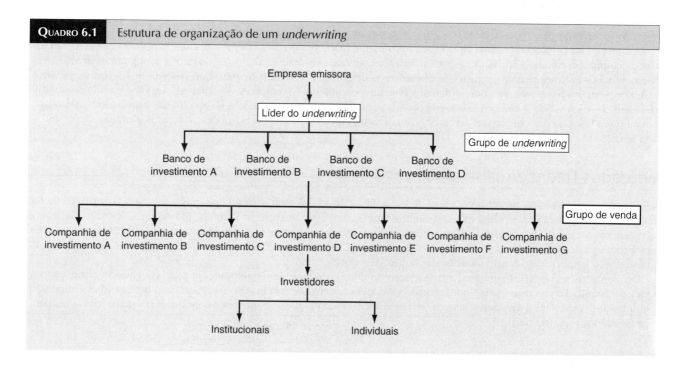

---

[3] Para uma discussão ampliada do processo de *underwriting*, veja BREALEY, Richard A.; MYERS, Stewart C. *Principles of Corporate Finance*. 8. ed. New York: McGraw-Hill, 2004. Capítulo 15.

114 Investimentos

Uma empresa também pode especificar o tipo de título a ser oferecido (ações ordinárias, preferenciais ou obrigações), solicitando a seguir ofertas competitivas de bancos de investimento. Isso é raro no caso de empresas industriais, mas é típico entre as prestadoras de serviços de utilidade pública, que podem ser obrigadas por lei a venderem a emissão por meio de uma oferta competitiva. Embora esta geralmente reduza o custo de uma emissão, isso também significa que o banco dá menos assessoramento, mas ainda aceita a função de assunção de risco ao intermediá-la, realizando a distribuição.

Alternativamente, um banco de investimento pode concordar em vender uma emissão na base de *melhores esforços*. Isso geralmente é feito quando se trata da emissão de títulos especulativos. Nesse esquema, ele não a subscreve, pois não compra nenhum título. As ações permanecem em poder da empresa, e esse banco age como *corretor* na venda do que seja possível de qualquer negócio a um preço estipulado. Como ele não assume nenhum risco, recebe uma comissão mais baixa em tais emissões do que receberia em uma que subscrevesse.

Introdução da regra 415 – A prática típica de esquemas negociados, que envolvem numerosos bancos em consórcios e grupos de venda, mudou com a introdução da Regra 415, permitindo às empresas grandes registrarem emissões de títulos e vendê-las aos poucos, durante os dois anos seguintes. Essas emissões são chamadas de "registros de prateleira" porque, após seu registrado, elas ficam sobre a prateleira, podendo ser retiradas e vendidas em seguida, sempre que for conveniente à empresa emissora. Por exemplo, a General Electric poderia registrar uma emissão de 5 milhões de ações ordinárias em 2006 e vender um milhão delas no início desse ano, outro milhão de ações no final dele, 2 milhões de ações no começo de 2007 e o restante no final deste.

Cada oferta pode ser feita com aviso de antecedência ou por intermédio de uma burocracia limitada por um ou vários *underwriters*. Na verdade, em função das relativamente poucas ações que podem estar envolvidas, o líder do *underwriting* geralmente negocia toda a emissão sem que haja a formação de um consórcio, ou recorre a apenas uma ou duas outras empresas. Esse esquema tem beneficiado as grandes corporações, pois oferece muita flexibilidade, reduz despesas e taxas de registro e permite às empresas emissoras de títulos solicitar ofertas competitivas de vários bancos de investimento.

Entretanto, alguns observadores temem que os registros de prateleira não dêem aos investidores o tempo suficiente para examinar o *status* corrente da empresa emissora dos títulos. Da mesma forma, os lançamentos feitos na seqüência diminuem a participação de pequenos intermediários porque os consórcios de *underwriting* são menores e os grupos de vendas são praticamente inexistentes. Os registros de prateleira têm sido utilizados mais na venda de debêntures simples, e não de ações ordinárias ou títulos conversíveis.[4]

Colocações fechadas e Regra 144a

Em lugar de uma venda pública que utilize um desses esquemas, as ofertas primárias podem ser vendidas de maneira fechada. Nesse esquema, denominado **colocação fechada**, a empresa prepara uma emissão com a assistência de um banco de investimento e a vende a um pequeno grupo de instituições. Ela obtém custos de emissão mais baixos porque não precisa preparar o pedido detalhado de registro exigido em uma oferta pública. A instituição que compra a emissão geralmente é beneficiada, uma vez que a empresa emissora repassa algumas dessas reduções de custo ao investidor em forma de um retorno mais alto. De fato, a instituição deve exigir um retorno mais alto em razão da ausência de qualquer mercado secundário para esses títulos, o que acarreta em um risco mais alto de liquidez.

O mercado de colocação fechada alterou-se radicalmente quando a Regra 144A foi introduzida pela SEC. Essa regra permite às empresas privadas – incluindo as não-americanas – a fazer colocações fechadas de títulos com grandes investidores institucionais sofisticados sem o registro de documentos detalhados. Também permite que esses títulos sejam negociados posteriormente entre esses investidores (aqueles com ativo acima de 100 milhões de dólares). A SEC pretende disponibilizar mais alternativas de financiamento a empresas americanas e não-americanas, e possivelmente aumentar o número, o tamanho e a liquidez das colocações fechadas.[5] Atualmente, cerca de 80% das obrigações com taxas elevadas são emitidas pela regra 144A.

Mercados financeiros secundários

Nesta seção, consideramos inicialmente a finalidade e a importância dos mercados secundários e abordamos uma visão geral dos mercados secundários de obrigações, contratos futuros de ativos financeiros e ações. Em seguida, levamos em conta os mercados nacionais de ações pelo mundo. Finalmente, discutimos outros mercados importantes, as bolsas regionais, os terceiros mercados e as Redes de Comunicação Eletrônica (ECNs), atualmente em processo de crescimento, e faremos uma apresentação detalhada do funcionamento das bolsas de valores.

Os mercados secundários permitem a negociação de títulos anteriormente emitidos, ou seja, as ações ou obrigações já vendidas ao público são negociadas entre seus proprietários correntes e potenciais. O resultado de uma venda no mercado secundário não vai para a unidade emissora (governo federal, estadual ou municipal ou empresa privada), mas, sim, para o proprietário atual do título.

---

[4] Para discussão a respeito da Regra 415, veja ROGOWSKI, Robert J.; SORENSEN, Eric H. "Deregulation in Investment Banking: Shelf Registration, Structure and Performance." *Financial Management* 14, n. 1, 5-15, primavera 1985.

[5] Para a discussão de algumas reações à Regra 144A, veja MILLIGAN, John W. Two Cheers for 144A. *Institutional Investor* 24, n. 9, 117-119, jul. 1990; e HANKS, Sara. "SEC Ruling Creates a New Market." *The Wall Street Journal*, 16 maio 1990. p. A12.

POR QUE OS MERCADOS SECUNDÁRIOS SÃO IMPORTANTES

Antes de discorrer sobre os vários segmentos do mercado secundário, devemos considerar sua importância geral. Como ele envolve a negociação de títulos inicialmente vendidos no mercado primário, *oferece liquidez aos indivíduos que os adquiriram*. Após a aquisição de títulos neste mercado, os investidores podem querer vendê-los para conseguir outros, comprar uma casa ou sair em férias. O mercado primário beneficia-se muito com a liquidez proporcionada pelo secundário, pois os investidores relutam em possuir títulos, principalmente se percebem que não podem vendê-los posteriormente neste mercado, isto é, sem um mercado secundário ativo, os possíveis emissores de ações ou obrigações no primário precisam oferecer uma taxa de retorno muito mais elevada para compensar o alto risco de liquidez para os investidores.

O mercado secundário também é importante para os que vendem títulos maduros, pois o preço vigente dos títulos (ou seja, *descoberta de preço*) é determinado pelas transações nele realizadas. As novas emissões de ações ou as obrigações já existentes a serem vendidas no mercado primário são feitas com base nos preços e nas taxas que se observam no secundário.[6] Mesmo os IPOs que serão efetuados são precificados com base nos valores dos lotes de ações ou obrigações comparáveis no mercado secundário público.

MERCADOS SECUNDÁRIOS DE OBRIGAÇÕES

O mercado secundário de obrigações faz uma distinção entre os títulos emitidos pelos governos federal, estaduais e municipais e pelas empresas privadas.

Mercados secundários de obrigações do governo federal e municipais – Os títulos de dívida do governo federal dos Estados Unidos são negociados por agentes que se especializam em obrigações do Tesouro ou as emitidas por agências do governo. As emissões de títulos do Tesouro são compradas ou vendidas por meio de um conjunto de 35 agentes principais, até mesmo grandes bancos de Nova York e Chicago e alguns dos maiores bancos de investimento (por exemplo, *Merrill Lynch, Goldman Sachs, Morgan Stanley*). Essas instituições e outras empresas também fazem mercados para emissões de agências do governo, mas não há nenhum conjunto formal de distribuidores de títulos de agências.

Os principais formadores (*market makers*) no mercado secundário de obrigações municipais são os bancos e as companhias de investimento. Aqueles são ativos na negociação de obrigações municipais e na distribuição de obrigações gerais, pois investem pesado nesses títulos. De forma semelhante, muitas companhias de investimento de peso têm departamentos de obrigações municipais que subscrevem e negociam essas emissões.

Mercados secundários de obrigações de empresas privadas – Atualmente, todas as obrigações emitidas por empresas privadas são negociadas em balcão por agentes que compram e vendem para suas carteiras próprias. Os mais importantes negociadores de obrigações são os grandes bancos de investimento que lançam os títulos, empresas como *Merrill Lynch*, *Goldman Sachs, Salomon Brothers, Lehman Brothers* e *Morgan Stanley*. Em virtude da negociação limitada de obrigações de empresas em comparação com a negociação bastante ativa de títulos públicos, os negociadores de títulos de empresas não carregam estoques abundantes de títulos específicos. Em lugar disso, mantêm um número limitado das obrigações demandadas por seus clientes e, quando alguém quer fazer um negócio, atuam mais como corretores do que como distribuidores de valores.

Destaque-se a tendência para a montagem de um serviço amplo de divulgação de transações, semelhante ao que existe para ações, em especial relacionadas a algumas obrigações mais importantes e ativamente negociadas. Por exemplo, o *Wall Street Journal* publica uma tabela intitulada *Corporate Bonds*, que contém informações sobre os negócios diários de 40 obrigações ativas. Nessa linha, em setembro de 2004, os distribuidores de obrigações deviam informar os negócios realizados com 17 mil títulos registrados em conformidade com a Lei de Investimentos de 1933.

CONTRATOS FUTUROS DE ATIVOS FINANCEIROS

Além do mercado de obrigações, criou-se um de contratos futuros referenciados nesses títulos. Esses contratos permitem ao titular que compre ou venda uma quantidade estipulada de um dado título de renda fixa a um preço determinado. As duas principais bolsas de contratos futuros são a Chicago Board of Trade (CBOT) e a Chicago Mercantil e Exchange (CME). Discutiremos esses contratos e mercados futuros no Capítulo 17.

MERCADOS SECUNDÁRIOS DE AÇÕES

Antes de 2000, os mercados secundários de ações nos Estados Unidos, assim como em todo o mundo, eram divididos em três segmentos: bolsas de valores nacionais, regionais e mercados de balcão[7] (OTC) de ações não negociadas em bolsa. Em função de muitas mudanças ocorridas na última década, uma classificação melhor foi sugerida por Harris, a qual é apresentada no Quadro 6.2.[8] Após as nossas discussões a respeito de sistemas de negociação alternativa e mercados de chamada *versus* mercados contínuos, descreveremos os tipos de mercados enumerados nessa Figura e discutiremos como

---

[6] Na literatura sobre microestrutura de mercado, observa-se que os mercados secundários também têm um efeito sobre a eficiência de mercado, a volatilidade dos preços de títulos e a correlação serial dos retornos destes. A esse respeito, veja FOSTER, F. D.; VISWANATHAN, S. "The Effects of Public Information and Competition on Trading Volume and Price Volatility." *Review of Financial Studies*, 6, n. 1, 23-56, primavera 1993; JONES, C. N.; KAUL, G.; LIPSON, M. L. "Information Trading and Volatility." *Journal of Financial Economics*, 36, n. 1, 127-154, ago. 1994).

[7] Mercados de balcão: mercados nos quais são feitas transações não realizadas em um mercado organizado, como uma bolsa de valores, ou que independem de regulamentos especiais, como remédios que precisem ser receitados. Mais simplesmente, pode-se transacionar sobre um balcão, sem outras formalidades. (N.T.)

[8] HARRIS, Larry. *Trading and Exchanges*. New York: *Oxford University Press*, 2003.

116 Investimentos

QUADRO 6.2	Mercados secundários de ações nos Estados Unidos: classificação e exemplos

Tipo de mercado	Exemplos
Principais mercados de títulos registrados	Bolsa de Valores de Nova York
	American Stock Exchange
	Sistema Nacional de Mercado da Nasdaq
	Mercado de Empresas Pequenas da Nasdaq
	Boletim Eletrônico do Mercado de Balcão da Nasdaq
	Bureau Nacional de Cotação (NQB) – Folhas Rosadas
Mercados Regionais	Bolsa de Valores de Boston
	Bolsa de Valores de Chicago
	Bolsa de Valores de Cincinnati
	Bolsa de Valores da Costa do Pacífico
	Bolsa de Valores da Filadélfia
Corretores/distribuidores do terceiro mercado	*Maddof Investment Securities*
	Knight Trading Group
	Jefferies Group
	ITG
	Nasdaq InterMarket
Sistemas de Negociação Alternativos (ATSs)	
Redes de Comunicação Eletrônica (ECNs)	Archipelago
	BRUT
	Instinet
	Island
	REDIBook
Sistemas de Cruzamento Eletrônico (ECSs)	POSIT
	Global Instinet Crossing
	Bolsa de Valores do Arizona

Fonte: Adaptado de HARRIS, Larry. *Trading and Exchanges*. Oxford University Press, 2003. p. 49, Copyright© 2000 pela Oxford University Press, Inc. Usado com permissão da Oxford University Press, Inc.

eles se complementam e competem entre si de maneira a garantir descoberta de preço e liquidez a investidores individuais e institucionais.

Sistemas básicos de negociação – Embora as bolsas de valores sejam semelhantes no sentido de que somente as ações registradas podem ser negociadas por seus indivíduos-membros, elas podem diferir em termos dos *sistemas de negociação*. Há dois sistemas principais, e uma bolsa pode usar um deles ou uma combinação dos dois. Um é o *mercado puro de leilão*, também chamado de *mercado dirigido pelo fluxo de ordens*, no qual os compradores e os vendedores interessados submetem preços de compra e de venda para uma dada ação em um local central, em que as ordens são confrontadas por um corretor que não possua a ação e atue como um agente facilitador. Os participantes também denominam esse sistema de *dirigido pelo preço*, porque as ações são vendidas ao investidor que oferece o preço de compra mais alto e compradas do vendedor com o valor de venda inferior. Os defensores do sistema de leilão apóiam um mercado bastante centralizado que idealmente incluirá todos os compradores e vendedores das ações.

Outro sistema básico de negociação é um *mercado de distribuidoras* (também conhecido como *mercado dirigido por cotações*), no qual agentes individuais dão liquidez aos investidores comprando e vendendo ações para as suas carteiras próprias. Idealmente nesse sistema haverá um grande número de distribuidoras a competir umas com as outras para gerar preços mais altos de compra quando você for vender as ações e preços mais baixos de venda quando você comprá-las. Claramente, este é um sistema bastante descentralizado, cujos benefícios resultam da competição entre distribuidoras para oferecer o melhor preço para o comprador e para o vendedor. Quando discutirmos os vários mercados de ações, indicaremos o sistema de negociação utilizado.

Mercado de chamada versus ***mercado contínuo*** – Além dos diferentes sistemas de negociação de ações, o funcionamento das bolsas de valores pode diferir em termos de quando e como são negociadas.

Nos **mercados de chamada**, a intenção é reunir todas as ofertas de compra e venda das ações em um dado momento e tentar chegar a um único preço, ao qual a quantidade demandada está tão perto quanto possível da ofertada. Esses mercados são geralmente utilizados nos estágios iniciais de desenvolvimento de uma bolsa, quando há poucas ações registradas ou o número de investidores-negociadores ativos é pequeno. Em uma bolsa que seja estritamente um mercado de chamada com poucas ações registradas e sem muitos participantes, um *market maker* especificamente designado faria uma chamada da lista de ações e perguntaria sobre o interesse existente em uma ação de cada vez. Após determinar as ordens de compra e venda disponíveis, os representantes da bolsa especificam um preço satisfatório e que deve ser seguido.

Em especial, os mercados de chamada também são utilizados na abertura do pregão de uma bolsa grande no caso de ações quando há uma acumulação de ordens de compra e venda de um dia para outro. Nesse caso, o preço de abertura pode ser diferente do de fechamento do dia anterior. Além disso, esse conceito é utilizado se as negociações forem suspensas durante o dia em virtude da chegada de alguma informação nova e significativa. Qualquer que seja o caso, o especialista ou formador de mercado procura gerar um novo valor de equilíbrio, usando um enfoque de mercado de chamada que reflita o desequilíbrio e lide com a maioria das ordens. Por exemplo, suponha que uma ação seja negociada a 42 dólares e que algum dado novo, favorável e significativo seja divulgado durante a noite ou de dia. Se ocorrer à noite, afeta o preço de abertura; se de dia, a negociação é temporariamente suspensa e um processo de mercado de chamada é utilizado para determinar um novo preço de equilíbrio que reflita a oferta e a demanda em função da nova informação. Se as ordens de compra fossem três ou quatro vezes maiores do que as de venda, o preço fornecido pelo mercado de chamada poderia ser de 44 dólares. Vários estudos têm mostrado que a utilização do mecanismo desse tipo de mercado faz com que um mercado se torne mais ordeiro e haja menor volatilidade em tais situações.

Em um **mercado contínuo**, os negócios ocorrem sempre que ele está aberto, e as ações são precificadas tanto por meio de leilão quanto por distribuidoras. Em um mercado de distribuidoras, essas fazem mercado para as ações, o que significa que dispõem a comprar ou vender para a sua carteira própria a preços de compra e de venda especificados. Em um mercado de leilão, há compradores e vendedores suficientes que negociam de modo a permitir que este seja contínuo, ou seja, quando um investidor pretende comprar alguma ação, há outro participante disponível e disposto a vendê-la. Um meio-termo entre um mercado puro de distribuidoras e um puro de leilão é uma estrutura combinada na qual o mercado é basicamente de leilão, mas há um intermediário disposto a atuar como distribuidora, caso o de leilão não tenha atividade suficiente. Esses intermediários, que agem tanto como corretores quanto como distribuidores, oferecem liquidez temporária para garantir que o mercado seja contínuo.

As duas tabelas apresentadas no apêndice deste capítulo enumeram as características de bolsas de valores pelo mundo e indicam se elas proporcionam um mercado contínuo, um mecanismo de mercado de chamada ou uma mistura dos dois. Deve ser destacado que muitas bolsas de mercado contínuo empregam um mecanismo de mercado de chamada em ocasiões específicas, por exemplo, na abertura e durante as suspensões dos negócios. A Bolsa de Valores de Nova York é um mercado desse tipo.

Classificação dos mercados secundários de ações dos Estados Unidos

Examinamos agora os vários mercados secundários de ações atualmente existentes nos Estados Unidos, enumerados no Quadro 6.2.

PRINCIPAIS MERCADOS DE AÇÕES REGISTRADAS

Os principais mercados de ações registradas são bolsas de valores formais ou aqueles nos quais uma ação é inicial ou formalmente registrada. Essa categoria inclui as duas bolsas norte-americanas tradicionais (a Bolsa de Valores de Nova York e a American Stock Exchange) e os mercados da Nasdaq, que eram anteriormente considerados mercados de balcão, mas agora são reconhecidos como de ações, e apenas se distinguem em função da maneira como os títulos são negociados.

Bolsa de Valores de Nova York (New York Stock Exchange, NYSE) – A Bolsa de Valores de Nova York (NYSE), o maior mercado organizado de títulos dos Estados Unidos, foi aberta em 1817 como o nome de *New York Stock and Exchange Board*. A fundação da bolsa data do momento em que o famoso Acordo *Buttonwood* foi assinado, em maio de 1792, por 24 corretores.[9] O nome foi mudado para New York Stock Exchange em 1863.

No final de 2003, cerca de 2.750 empresas tinham ações registradas na NYSE, perfazendo um total de cerca de 3.000 ações (ordinárias e preferenciais), com um valor de mercado total de mais de 12 trilhões de dólares. As exigências específicas de registro na NYSE aparecem no Quadro 6.3.

O número médio de ações negociadas diariamente na NYSE tem crescido contínua e substancialmente, como é mostrado no Quadro 6.4. Antes dos anos 1960, o volume diário médio era inferior a 3 milhões de ações, comparados ao volume médio diário de 2003, que estava em torno de 1,4 bilhão de ações.

A NYSE tem dominado as outras bolsas norte-americanas em volume de negociação, cerca de 80% das ações. Dadas as suas exigências rigorosas de registro e em vista de seu prestígio, grande parte das maiores e mais conhecidas empresas dos Estados Unidos está nela registrada.

O volume de negociação e a estatura relativa da NYSE se reflete no preço de um título da bolsa (chamado de *seat*, ou "assento"). Como mostrado no Quadro 6.5, o preço de um título de associação nela tem oscilado de acordo com o montante dos negócios e outros fatores que influenciam a rentabilidade do título.[10]

American Stock Exchange (AMEX) – A *American Stock Exchange* (AMEX) foi criada por um grupo que negociava ações não registradas na esquina das ruas *Wall* e *Hanover*, em Nova York. Era originalmente chamada de *Outdoor Curb Market* (algo como "Mercado do Meio-Fio"). Em 1910, criou regras formais de negociação e seu nome foi alterado para *New York*

---

[9] A NYSE considera a assinatura desse acordo como o nascimento da bolsa e celebrou seus 200 anos de existência durante o ano de 1992. Para uma história ilustrada, veja a revista *Life*, edição de colecionador, primavera 1992.

[10] Para discussão a respeito do volume de negócios e dos preços do título de sócio, veja IP, Greg. "Prices Soften for Exchange Seats." *The Wall Street Journal*, 27 maio 1998, p. C1, C17.

Investimentos

QUADRO 6.3	Exigências de registro de ações na NYSE

Lucro antes do imposto de renda no ano anterior	$2.500.000
Lucro antes do imposto de renda nos dois últimos anos	2.000.000
Ações em poder do público	1.100.000
Valor de mercado das ações em poder do público[a]	100.000.000
Número mínimo de titulares de lotes padrões (100 ações ou mais)	2.000

[a] Esse valor mínimo de mercado exigido é de 60 milhões de dólares, no caso de unidades vendidas (*spin-offs*), unidades desmembradas (*carve-outs*) ou IPOs (ofertas públicas iniciais), e varia com o tempo, dependendo do valor do Índice de Ações Ordinárias da NYSE. Para informações específicas, veja o *2004 NYSE Fact Book*, 37.

Fonte: *NYSE Fact Book*. (New York: NYSE, 2004): 37. Reimpresso com a permissão da NYSE.

QUADRO 6.4	Volume médio de ações negociadas em alguns mercados de ações selecionados (x 1.000)

Ano	Bolsa de Valores de Nova York	Nasdaq
1955	2.578	N.D.
1960	3.042	N.D.
1965	6.176	N.D.
1970	11.564	N.D.
1975	18.551	5.500
1980	44.871	26.500
1985	109.169	82.100
1990	156.777	131.900
1995	346.101	401.400
1996	411.953	543.700
1997	526.925	650.324
1998	673.590	801.747
1999	809.183	1.077.500
2000	1.041.578	1.759.900
2001	1.239.957	1.900.068
2002	1.441.015	1.752.643
2003	1.398.400	1.686.744

N.D. = não disponível

Fontes: *NYSE Fact Book* (New York: NYSE, várias edições).

QUADRO 6.5	Preços dos títulos de sócio da NYSE ($ 000)

	Máximo	Mínimo		Máximo	Mínimo
1925	$150	$ 99	1995	$1.050	$ 785
1935	140	65	1996	1.450	1.225
1945	95	49	1997	1.750	1.175
1955	90	49	1998	2.000	1.225
1960	162	135	1999	2.650	2.000
1965	250	190	2000	2.000	1.650
1970	320	130	2001	2.300	2.000
1975	138	55	2002	2.550	2.000
1980	275	175	2003	2.000	1.300
1985	480	310			
1990	430	250			

Fontes: *NYSE Fact Book* (New York: NYSE, 2004): 110. Reimpresso com permissão da NYSE.

Curb Market Association. Os membros mudaram-se para um prédio, em 1921, e continuaram a negociar principalmente ações não registradas (não inscritas em uma das bolsas registradas) até 1946, quando seu volume de ações registradas finalmente superou o das que não eram. O nome atual foi adotado em 1953.

A AMEX é uma bolsa nacional diferente da NYSE porque, exceto por um curto período, no final dos anos 1970, nenhuma ação foi registrada ao mesmo tempo tanto na NYSE quanto na AMEX. A AMEX tem dado ênfase a títulos estrangeiros e *warrants.*

A AMEX tornou-se a bolsa mais importante de opções de ações em janeiro de 1975, acrescentando posteriormente alternativas de taxas de juros e índices de ações. Além disso, os fundos negociados (ETFs ou *exchange-trade funds*), que cresceram em número e em popularidade (como discutido no Capítulo 4), estão quase todos registrados nela.

A AMEX e a Nasdaq fundiram-se em 1998, embora continuem operando como mercados separados. Em 2003, a Nasdaq fez algumas tentativas de vender a AMEX.

Um aparte sobre bolsas de valores globais. O ambiente de mercado de ações fora dos Estados Unidos é semelhante no sentido de que cada país geralmente tem uma bolsa relativamente grande que domina o mercado. Exemplos incluem a Tokyo Stock Exchange (Bolsa de Valores de Tóquio), a London Stock Exchange (Bolsa de Valores de Londres), a Frankfort Stock Exchange (Bolsa de Valores de Frankfurt) e a Paris Bourse (Bolsa de Valores de Paris). O Quadro 6.A, no apêndice ao capítulo, fornece uma lista das bolsas de valores de economias desenvolvidas, com algumas de suas características descritivas. Em alguns casos, também podem existir bolsas regionais, mas esses são raros. Particularmente, mesmo em economias pequenas ou emergentes existem bolsas de valores por causa da liquidez que os mercados secundários de ações oferecem. O Quadro 6.B, no apêndice deste capítulo, elenca e descreve muitas das bolsas de mercados emergentes.

Três pontos sobre essas bolsas internacionais devem ser realçados: em primeiro lugar, tem havido uma tendência no sentido de consolidação ou associação, para que seja alcançada maior liquidez e se obtenham economias de escala maiores e que sustentem a tecnologia exigida pelos investidores. Em segundo, muitas das grandes empresas desses países e que podem ser aceitas para registro nas bolsas dos Estados Unidos têm adquirido duplo registro. Em conseqüência, cerca de 20% das ações registradas na NYSE são de empresas não americanas. Em terceiro lugar, a existência dessas bolsas internacionais fortes tem tornado possível o funcionamento de um mercado global de ações no qual estas, com alcance global, podem ser negociadas em todo o mundo continuamente, como será discutido na próxima seção.

Mercado global 24 horas. Nossa discussão a respeito do mercado global de títulos tende a enfatizar os três mercados de Nova York, Londres e Tóquio em razão de seu tamanho relativo e de sua importância e também porque correspondem aos principais segmentos de um mercado mundial de ações de 24 horas de funcionamento. Você freqüentemente ouvirá falar de um mercado contínuo, em que as companhias de investimento "passam o livro" ao redor do mundo. Isso significa que o principal mercado ativo de títulos se movimenta pelo globo à medida que os horários de negociação nesses três mercados começam e terminam.

Considere os horários individuais desses três mercados traduzidos em um relógio-padrão de 24 horas, tendo como ponto principal o horário da costa leste (EST) dos Estados Unidos:

	Hora local (notação em 24 horas)	24 horas na Costa Leste
Bolsa de Valores de Nova York (NYSE)	0930-1600	0930-1600
Bolsa de Valores de Tóquio (TSE)	0900-1100	2300-0100
	1300-1500	0300-0500
Bolsa de Valores de Londres (LSE)	0815-1615	0215-1015

Imagine o início do pregão em Nova York, às 9h30, e com término às 16h, sendo continuado por Tóquio tarde da noite, indo até às 5h, e depois em Londres (com alguma sobreposição) até que comece novamente em Nova York (também com alguma sobreposição), no horário de iniciação já especificado. Alternativamente, é possível visualizar a negociação começando em Tóquio, às 23h, e continuando até as 5h, quando então passa para Londres e termina o dia em Nova York. Esse último modelo parece ser o mais relevante, porque a primeira pergunta que o operador em Londres faz pela manhã é "o que aconteceu em Tóquio?", e o operador americano pergunta "o que aconteceu em Tóquio e o que *está* acontecendo em Londres?". A questão é: os mercados operam quase continuamente e estão relacionados em suas respostas aos eventos econômicos. Por conseguinte, os investidores não negociam em três bolsas separadas e distintas, mas em um mercado mundial inter-relacionado.[11] Claramente, essa inter-relação cresce diariamente em razão dos vários registros múltiplos, com os quais as ações se registram em várias bolsas de todo o mundo (como a NYSE e a TSE), e da disponibilidade de telecomunicações sofisticadas. Exemplos de ações que fazem parte desse mercado global são as da General Electric, a Pfizer, a Johnson & Johnson e a McDonald's.

---

[11] Em resposta a essa tendência no sentido da negociação global, criou-se a *International Organization of Securities Comissions* (IOSCO ou Organização Internacional de Comissões de Valores). Para uma discussão a respeito, veja LASCELLES, David. "Calls to Bring Watchdogs into Line." *Financial Times*, 14 ago. 1989, p. 10.

120 Investimentos

Sistema de Mercado Nacional da Nasdaq[12] – Esse tem sido historicamente conhecido como mercado de balcão (OTC, *over-the-counter*), que incluía ações não formalmente registradas nas duas bolsas mais importantes (NYSE e AMEX). Essa descrição se modificou assim que se reconheceu que se trata de um mercado de ações similar às principais bolsas e com várias diferenças, as quais não são relevantes para a finalidade desse mercado. A primeira diferença é que é um *mercado de distribuidoras*, em contraste com um de corretora/distribuidora (especialistas) como a NYSE. A segunda, a negociação ocorre eletronicamente, e não no recinto de um pregão como nas outras bolsas. O que a Nasdaq tem em comum com as outras bolsas é um conjunto de exigências de registro para que uma ação seja negociada no NMS da Nasdaq.[13] Além disso, enquanto as distribuidoras que operam na Nasdaq não precisam de um título de propriedade, isto é, serem associadas da bolsa, elas são obrigadas a ser membros da Associação Nacional de Distribuidoras de Valores (NASD, National Association of Security Dealers), submetendo-se às suas regras.

Tamanho do NMS da Nasdaq. O mercado NMS da Nasdaq é o maior segmento do mercado secundário dos Estados Unidos em termos de número de títulos negociados. Como observado anteriormente, há cerca de três mil títulos desses na NYSE e cerca de 600 na AMEX. Em contraste, mais de 2.800 títulos são ativamente negociados no NMS da Nasdaq e quase 700 no mercado de pequenas empresas da Nasdaq (NCM, ou Nasdaq Small-Cap Market). O mercado da Nasdaq também é o componente mais diversificado do secundário em termos de qualidade, pois possui vários níveis diferentes de exigências mínimas. As ações negociadas no mercado total da Nasdaq (NMS e SCM) vão de empresas pequenas e não rentáveis a grandes e extremamente lucrativas, como a Microsoft e a Intel.

O crescimento da Nasdaq em termos de negócios médios por dia foi mostrado no Quadro 6.4 em comparação com a NYSE. No final de 2003, quase 600 títulos negociados nela eram ações ou *American Depository Receipts* (ADRs) de empresas estrangeiras, representando cerca de 8% de seu volume total negociado. Cerca de 300 desses títulos eram negociados tanto na Nasdaq como em uma bolsa estrangeira, por exemplo, a de Toronto. A Nasdaq criou uma relação com a Bolsa de Valores de Cingapura, que permite a negociação durante 24 horas, da Nasdaq em Nova York para Cingapura e daí para uma ligação entre a Nasdaq e Londres e de volta a Nova York.

Embora o mercado da Nasdaq tenha o maior número de títulos, o valor total dos negócios na NYSE é maior. Em 2003, o valor aproximado dos negócios com ações nesta atingiu cerca de 13 bilhões de dólares, enquanto na Nasdaq foi de 9 bilhões.

Funcionamento do mercado da Nasdaq. Como observamos, as ações podem ser negociadas nesse mercado desde que existam distribuidoras que estejam dispostas a fazer mercado comprando ou vendendo para suas carteiras próprias.[14]

Sistema automatizado de cotação da National Association of Securities Dealers (Sistema Nasdaq) – Trata-se de um sistema de cotação eletrônica automatizada. Quaisquer distribuidoras de valores podem optar por fazer mercados em ações da Nasdaq. O número efetivo depende da atividade e da ação escolhida. Em 2003, a média de formadores de mercado para todas as ações do NMS da Nasdaq era aproximadamente igual a oito.

A Nasdaq disponibiliza as cotações de todas as distribuidoras imediatamente. O corretor pode consultar a máquina de cotação e entrar em contato com a distribuidora que esteja oferecendo o melhor mercado, verificar que a cotação não se alterou, e assim fazer a venda ou a compra. O seu sistema de cotação tem três níveis para atender empresas com necessidades e interesses diferentes.

O nível 1 oferta uma única cotação mediana representativa às ações da Nasdaq. É útil para empresas que querem cotações correntes dessas ações, mas não as compram ou as vendem regularmente para seus clientes e não são formadores de mercado. Essa cotação representativa varia constantemente e se ajusta a quaisquer mudanças feitas por formadores de mercado individuais.

O nível 2 oferece cotações correntes instantâneas de ações da Nasdaq submetidas a todos os formadores de mercado de uma ação. Esse sistema de cotação é útil para empresas que negociam ações da Nasdaq regularmente. Dada uma ordem de compra ou venda, os corretores consultam a máquina de cotação, entram em contato com o formador de mercado com a melhor cotação para seus fins (preço mais alto de oferta se estiverem vendendo, mais baixo se estiverem comprando) e consumam a negociação.

O nível 3 é para os formadores de mercado da Nasdaq. Tais empresas desejam o nível 2, mas elas também precisam da capacidade de alterar suas próprias cotações, o que aquele permite fazer.

Exigências de registro na Nasdaq. As cotações e o volume de negociação no mercado da Nasdaq são divulgados em duas listas: uma do National Market System (NMS) e outra normal da Nasdaq. O Quadro 6.6 contém os padrões alternativos de registro inicial e manutenção de registro no NMS da Nasdaq em 2004. Uma empresa deve cumprir todas as exigências de pelo menos um dos três padrões de registro inicial e depois os requisitos de pelo menos um padrão de manutenção de registro para continuar registrada no NMS. No caso de ações nesse sistema, os relatórios incluem volumes atualizados a cada minuto, com dados finais do dia e preços máximo, mínimo e de fechamento, e também informações sobre a última venda por formador de mercado.

---

[12] Nasdaq é uma sigla para *National Association of Securities Dealers Automated Quotations*. (Comumente se escreve em letra minúscula). Discutiremos o sistema em detalhes mais a frente.

[13] Para ser negociada no NMS, uma empresa precisa ter um certo porte e um dado nível de atividade, e pelo menos quatro *market makers*. As exigências para negociação nos vários componentes do sistema Nasdaq são apresentadas mais adiante, no Quadro 6.6.

[14] Os termos *distribuidora* e *market maker* são sinônimos.

Organização e funcionamento dos mercados de títulos **121**

QUADRO 6.6	Requisitos para registro no mercado nacional da Nasdaq

Uma empresa deve cumprir todos os requisitos em pelo menos um dos três padrões de registro para que consiga seu registro no Mercado Nacional da Nasdaq. Uma empresa deve atingir no mínimo um padrão de registro para mantê-lo.

	Registro inicial			Manutenção de registro	
Requisitos	Padrão 1 Regra 4420 (a)	Padrão 2 Regra 4420 (b)	Padrão 3 Regra 4420 (c)	Padrão 1 Regra 4450 (a)	Padrão 2 Regra 4450 (b)
Patrimônio líquido	$15 milhões	$30 milhões	N/D	$10 milhões	N/D
Valor de mercado dos títulos registrados ou	N/D	N/D	$75 milhões[1,2] ou	N/D	$50 milhões ou
Ativo total e			$75 milhões e		$50 milhões e
Receita total			$75 milhões		$50 milhões
Lucro de operações regulares antes do imposto de renda (no último exercício fiscal ou em dois dos três últimos exercícios fiscais)	$1 milhão	N/D	N/D	N/D	N/D
Ações em poder do público[3]	$1,1 milhão	$1,1 milhão	$1,1 milhão	750.000	$1,1 milhão
Valor de mercado das ações em poder do público	$8 milhões	$18 milhões	$20 milhões	$5 milhões	$15 milhões
Preço mínimo de compra	$5	$5	$5[2]	$1	$1
Acionistas (titulares de lotes padrões)[4]	400	400	400	400	400
Formadores de mercado[5]	3	3	4	2	4
Histórico operacional	N/D	2 anos	N/D	N/D	N/D
Governança corporativa[6]	Sim	Sim	Sim	Sim	Sim

[1] Para um registro inicial de acordo com o Padrão 3, uma empresa deve cumprir um dos seguintes requisitos: o mínimo exigido para o valor de mercado dos títulos registrados ou para o ativo total e a receita total mínima. Pela Regra de Mercado 4200 (a)(20), os títulos registrados são definidos como "títulos cotados na Nasdaq ou registrados em uma bolsa nacional de valores".

[2] As empresas que já possuem títulos registrados ou cotados em outro mercado qualificam-se somente sob o requisito de valor de mercado dos títulos registrados de acordo com o Padrão 3, e devem preencher o requisito para o valor de mercado dos títulos registrados e a exigência quanto ao preço de compra por 90 dias úteis consecutivos antes de solicitar registro.

[3] As ações em poder do público são definidas pelo número total de ações existentes menos quaisquer ações em mãos de funcionários, diretores ou beneficiários de 10% ou mais.

[4] Os titulares de lotes padrões são os acionistas detentores de 100 ações ou mais.

[5] Uma Rede de Comunicação Eletrônica (Electronic Communications Network, ECN) não é considerada um formador de mercado para as finalidades destas regras.

[6] Regras de Mercado 4350 e 4351.

Fonte: *The Nasdaq Listing Standards*. Copyright© 2005, *The Nasdaq Stock Market, Inc.* Reimpresso com permissão.

Um negócio ilustrativo. Suponha que você esteja pensando em comprar 100 ações da Intel. Embora a empresa seja grande o bastante e lucrativa o suficiente para estar registrada na NYSE, ela nunca solicitou esse registro porque goza de um mercado ativo na Nasdaq. (É um dos líderes em volume, com volume diário geralmente acima de 25 milhões de ações e freqüentemente acima de 50 milhões de ações.) Quando você contata sua corretora, ela consulta a máquina de cotação eletrônica da Nasdaq para determinar os preços correntes de INTC, o símbolo de negociação da Intel.[15] Essa máquina mostra que aproximadamente 35 formadores de mercado estão cotando INTC. Um exemplo disso poderia ser o seguinte:[16]

Formador de mercado	Preço de compra	Preço de venda
1	30,60	30,75
2	30,55	30,65
3	30,50	30,65
4	30,55	30,70

Se imaginasse serem essas as melhores cotações disponíveis no grupo inteiro, sua corretora ligaria para o formador de mercado 2 ou para o formador de mercado 3, pois eles têm os preços de venda mais baixos. Após verificar a cotação, sua

---

[15] Os símbolos de negociação são códigos de uma a quatro letras usadas para designar as ações. Sempre que um negócio é divulgado em um sistema de informação, aparece o símbolo de negociação acompanhado dos dados relevantes. Muitos símbolos são óbvios, como GM (General Motors), F (Ford Motors), GE (General Electric) e T (American Telephone & Telegraph).

[16] Embora essas cotações tenham sido embaralhadas para fins de discussão, as cotações efetivas teriam duas colunas separadas – uma para as cotações de compra enumeradas da mais alta para a mais baixa, e outra para os preços de venda do mais baixo para o mais alto.

corretora daria a um desses formadores uma ordem de compra de 100 ações de INTC a 30,65 dólares cada uma. Como sua empresa não é um formador de mercado da ação, ela agirá como corretora e lhe cobrará 3.065 dólares mais uma comissão pela realização do negócio. Mas se sua empresa for um formador de mercado de INTC, com um preço de venda de 30,65 dólares, ela lhe venderá a 30,65 dólares líquidos (sem comissão). Se você estiver interessado em vender as 100 ações da Intel em vez de comprá-las, a corretora entrará em contato com o formador de mercado 1, que fará a oferta mais alta de compra (30,60 dólares).

Variação do estoque do formador de mercado. Consideremos as cotações de um formador de mercado na Nasdaq que deseja alterar seu estoque de uma dada ação. Por exemplo, imagine que se trate do formador 4, que atualmente cota a 30,55 dólares para compra e 30,70 dólares para venda, e que ele deseja aumentar a quantidade de INTC. As cotações na Nasdaq indicam que o preço de compra mais alto é atualmente 30,60 dólares. Aumentando seu preço de compra para este valor, trará alguns dos negócios que atualmente estão indo para o formador de mercado 1. Com uma atuação mais agressiva, o de 4 pode elevar seu valor de compra para 30,63 dólares e adquirir todas as ações oferecidas, pois este é o mais alto. Nesse exemplo, o formador de mercado aumenta o preço de compra, mas não muda o de venda, que já está acima dos formadores 2 e 3. Esse agente comprará ações, mas provavelmente não venderá nada. Um formador de mercado que tenha ações em excesso manterá o preço de compra abaixo do mercado (inferior a 30,60 dólares) e reduzirá o de venda para 30,65 dólares ou menos. Esses formadores mudam constantemente seus preços de compra e venda, dependendo de seus estoques correntes ou das mudanças de perspectivas com base nas informações novas a respeito das ações.

Outros segmentos do mercado da Nasdaq – Agora que estamos familiarizados com o sistema da Nasdaq e seu funcionamento, podemos descrever facilmente os outros segmentos do mercado, pois as principais diferenças se referem ao tamanho e à liquidez das ações envolvidas.[17]

- **O Mercado de Pequenas Empresas da Nasdaq (Small-Cap Market, SMC)** tem exigências de registro inicial que consideram os mesmos fatores que o NMS, mas geralmente correspondem a entre metade e um terço dos valores exigidos por este. Em 31 de maio de 2004, havia 683 ações registradas no segmento de pequenas empresas da Nasdaq. Isso pode ser comparado às quase 600 ações registradas na seção intitulada *Títulos com Valor de Mercado Inferior a 100 milhões de dólares*, e cerca de 2.200 na seção *Títulos do Mercado Nacional da Nasdaq*. No total, o NMS da Nasdaq tinha 2.819 ações nessa data. Por conseguinte, o seu mercado total inclui 3.502 títulos (2.819 no NMS e 683 no SMC).
- **O Boletim Eletrônico de Mercado de Balcão da Nasdaq (*OTC Electronic Bulletin Board*, ou OTCBB)** fornece indicações para ações de empresas menores patrocinadas por distribuidoras associadas à NASD. Em 31 de maio de 2004, havia 3.305 ações incluídas no OTCBB.
- **As folhas rosadas do Bureau Nacional de Cotação (National Quotation Bureau, ou NQB)** fornecem indicações de ordens para as ações menores publicamente negociadas nos Estados Unidos. Antes de 1970, essas folhas (realmente impressas em folhas de papel cor-de-rosa) eram a principal fonte de cotações diárias de ações no mercado de balcão. Com a criação do sistema de cotação eletrônica da Nasdaq, essas foram substituídas. Atualmente, o NQB publica uma edição semanal em papel e distribui, todo dia, uma edição eletrônica com essas cotações de ações de empresas menores.

BOLSAS REGIONAIS

A segunda categoria na classificação de mercados secundários dos Estados Unidos proposta por Harris (Quadro 6.2) é a das bolsas de valores regionais. Essas geralmente têm os mesmos procedimentos operacionais das bolsas nacionais – nos mesmos países –, mas diferem em termos de exigências de registro e quanto à distribuição geográfica das empresas registradas. As bolsas de valores regionais existem por duas razões: em primeiro lugar, oferecem instalações de negociação para empresas locais não suficientemente grandes para conseguir registro em uma das bolsas nacionais. Suas exigências geralmente são menos rigorosas.

Em segundo lugar, em alguns países elas registram empresas que também fazem parte de uma das bolsas nacionais, para dar acesso a esses títulos aos corretores locais que não são membros destas. Por exemplo, a American Telephone & Telegraph e a General Motors estão registradas tanto na NYSE quanto em diversas bolsas regionais. Esse duplo registro permite a uma empresa local de corretagem, que não seja grande o suficiente para comprar um título patrimonial da NYSE, comprar e vender ações com duplo registro sem passar por esta e ceder parte de sua comissão. Além disso, as bolsas regionais podem negociar algumas ações no mercado da Nasdaq com os *privilégios de negociação sem registro* outorgado pela SEC. A maior parte da negociação nas bolsas regionais deve-se ao duplo registro e a esses privilégios.

As bolsas regionais dos Estados Unidos são apresentadas no Quadro 6.2. As de Chicago, Costa do Pacífico e a PBW (Filadélfia-Baltimore-Washington) são responsáveis por cerca de 90% do volume total. Entretanto, o volume das bolsas regionais está em torno de a 9% a 10% do volume total em bolsa nos Estados Unidos.

O TERCEIRO MERCADO

A terceira categoria é chamada de terceiro mercado. O termo *terceiro mercado* abrange distribuidoras e corretoras de valores que negociam ações registradas em bolsa, mas fora desta. Embora a maioria das transações realmente ocorra em uma bolsa, uma companhia de investimento que não seja membro de uma pode fazer mercado de ações registradas fora

---

[17] Todos os números de títulos mencionados nesta seção se baseiam em correspondência pessoal com o Departamento de Pesquisa Econômica da Nasdaq.

Organização e funcionamento dos mercados de títulos **123**

dela. A maior parte das negociações no terceiro mercado envolve ações de empresas bastante conhecidas, como General Electric, IBM e Ford. O sucesso ou fracasso do terceiro mercado depende de se o mercado fora da bolsa dessas ações é tão bom quanto o mercado de bolsa, também se o custo relativo da transação se compara favoravelmente ao custo desta. Esse mercado é crítico durante os relativamente poucos períodos em que a negociação não está disponível na NYSE, seja porque a sua negociação está suspensa ou porque a bolsa está fechada.[18] Ele também tem crescido em razão dos fatores de qualidade e custo mencionados. Os intermediários típicos divulgam suas cotações no sistema ***Nasdaq InterMarket***.

SISTEMAS ALTERNATIVOS DE NEGOCIAÇÃO (ALTERNATIVE TRADING SYSTEMS, ATSS)

A categoria final no Quadro 6.2 abrange os sistemas alternativos de negociação. Essa é a faceta do mercado de ações na qual ocorreram as principais mudanças durante a última década. Os ***sistemas alternativos de negociação (ATSs)*** são sistemas não tradicionais, computadorizados que competem com os mercados de distribuidoras de valores, e as bolsas tradicionais ou os complementam. Eles facilitam a troca de milhões de ações diariamente por intermédio de meios eletrônicos. É bom realçar que eles não disponibilizam serviços de registro. Os ATSs mais conhecidos são as Redes de Comunicação Eletrônica (ECNs) e os Sistemas de Cruzamento Eletrônico (ECSs).

- As ***Redes de Comunicação Eletrônica (ECNs)*** são recursos eletrônicos que casam ordens de compra e de venda diretamente pelo computador, principalmente para negociação no varejo e negócios de pequeno porte por investidores institucionais. As ECNs *não* compram ou vendem com carteira própria, agindo como corretores eletrônicos muito baratos e eficientes. Como mostrado no Quadro 6.2, as principais ECNs são Archipelago, BRUT, Instinet, Island e REDIBook.
- Os ***Sistemas de Cruzamento Eletrônico (ECSs)*** são recursos eletrônicos que atuam como corretores, casando ordens de compra e venda de *grande porte*. Os que mais de destacam são POSIT, Global Instinet Crossing e Bolsa de Valores do Arizona.

A negociação de ações registradas em bolsa que utiliza um desses ATSs é denominada *quarto mercado*.

Análise detalhada dos mercados de bolsa

A importância dos mercados de bolsa exige que as discutamos com alguma profundidade. Nesta parte, discutimos os vários membros das bolsas, os principais tipos de ordens e os formadores de mercado – um componente crítico de um bom mercado de bolsa.

MEMBRO DE UMA BOLSA

As bolsas de valores geralmente têm quatro categorias básicas de membros: (1) especialista, (2) corretor pago por comissão, (3) corretor de pregão e (4) negociante registrado. Analisaremos os especialistas (ou formadores de mercado), que constituem cerca de 25% de todos os membros das bolsas, após nossa descrição de tipos de ordens.

Os ***corretores pagos por comissão*** são empregados de uma empresa associada à bolsa que compram ou vendem títulos em nome dos clientes da empresa. Quando uma empresa de investimento recebe uma ordem para comprar ou vender uma ação, ela transmite essa ordem a um corretor pago por comissão, que a leva para o posto apropriado de negociação no pregão e completa a transação.

Os ***corretores de pregão*** são membros independentes de uma bolsa, que agem como corretores para outros membros. Por exemplo, quando os corretores pagos por comissão da Merrill Lynch estão demasiadamente ocupados para processar todas as ordens recebidas, pedem ajuda a um dos corretores de pregão.[19]

Os ***negociantes registrados*** utilizam sua condição de associados para comprar e vender para suas carteiras próprias. Embora eles poupem o pagamento de comissões em seus negócios, os observadores acreditam que dão liquidez adicional ao mercado, muito embora a regulamentação limite o modo pelo qual eles negociam e quantos negociantes registrados podem existir em um grupo que esteja transacionando em torno do posto de um especialista a qualquer momento. Hoje em dia, são freqüentemente chamados de ***formadores registrados competitivos de mercado (registered competitive market makers, RCMMs)*** e têm obrigações específicas de negociação estabelecidas pela bolsa. Suas atividades são divulgadas como se fizessem parte do grupo de especialistas.[20]

TIPOS DE ORDENS

É importante compreender os diferentes tipos de ordens disponíveis aos investidores e especialistas em sua condição de formador de mercado.

---

[18] Três artigos examinam o impacto das bolsas regionais e da prática de compra do fluxo de ordens que normalmente iria para a NYSE; veja BATTALIO, Robert H. "Third Market Broker-Dealers: Cost Competitors or Cream Skimmers?" *Journal of Finance* 52, n. 1, 341-352, mar. 1997; BATTALIO, Robert; GREENE, Jason; JENNINGS, Robert. "Do Competing Specialists and Preferencing Dealers Affect Market Quality?", *Review of Financial Studies*, 10, 969-993, 1997; EASLEY, David; KIEFER, Nicholas; O'HARA, Maureen. "Cream-Skimming or Profit Sharing? The Curious Role of Purchased Order Flow." *Journal of Finance*, 51, n. 3, 811-833, jul. 1996.

[19] Esses corretores receberam alguma notoriedade não desejada em 1998: STARKMAN, Dean; MCGEEHAN, Patrick. "Floor Brokers on Big Board Charged in Scheme." *The Wall Street Journal*, 26 fev. 1998, p. C1, C21; MCGEE, Suzanna. "'$2 Brokers' Worried About Notoriety from Charges of Illegal Trading Scheme." *The Wall Street Journal*, 5 mar. 1998. p. C1, C22.

[20] Antes dos anos 1980, havia também corretores de lotes fracionários que compravam e vendiam para indivíduos com ordens de quantidades inferiores aos lotes padrões (geralmente 100 ações). Atualmente, essa função é executada pelo especialista ou por alguma corretora de grande porte.

124 Investimentos

Ordens a Mercado – São o tipo mais freqüente, uma ordem para comprar ou vender uma ação ao melhor preço corrente. Um investidor que emite uma ordem de venda a mercado indica a disposição de vender imediatamente ao preço mais alto de compra disponível no momento em que ela chega a um especialista na bolsa, um intermediário da Nasdaq ou uma ECN. Uma ordem de compra desse gênero indica que o investidor deseja pagar o preço de venda mais baixo disponível naquele momento na bolsa, na Nasdaq ou em uma ECN. Essas ordens oferecem liquidez imediata a um investidor disposto a aceitar o preço de mercado vigente.

Se você estiver interessado na ação da General Electric (GE) e liga para seu corretor para saber qual é o "mercado" corrente dessa ação, a máquina de cotação indicará que o mercado vigente é de 35 para compra – 35,10 para venda. Isso quer dizer que o preço mais alto de compra no livro do especialista é 35; ou seja, 35 dólares é o máximo que alguém se dispõe a pagar por ações da GE. O preço mais baixo de venda é 35,10, ou seja, este é o preço mais baixo que alguém pode aceitar para vendê-la. Se você colocou uma ordem de compra a mercado para 100 ações, você comprará 100 ações a 35,10 dólares por ação (o preço mais baixo de venda), o que gera um custo total de 3.510 dólares mais comissão. Se você submeteu uma ordem de venda a mercado de 100 ações, você as venderá a 35 dólares cada uma e receberá 3.500 dólares menos a comissão.

Ordens com limite – O indivíduo que emite essa *ordem* especifica o preço de compra ou de venda. Você pode emitir uma ordem de compra com limite para adquirir 100 ações da Coca-Cola (KO) a 50 dólares cada uma quando o mercado corrente for 60 para compra e 60,10 para venda, com a expectativa de que as ações caiam a 50 dólares em um futuro próximo.

Você também deve dizer por quanto tempo valerá a ordem com limite. Especificações alternativas de tempo são basicamente ilimitadas. Uma ordem com limite pode ser instantânea ("*fill or kill*", ou seja, "execução instantânea ou cancelamento"). Ela também pode ser válida para uma parte ou o dia inteiro, diversos dias, uma semana ou um mês. Ela também pode ser de prazo indefinido, ou valer até que seja cancelada (GTC, *good-until-canceled*).

Em vez de esperar por um dado preço de uma ação, como a KO está registrada na NYSE, o seu corretor passará a ordem com limite ao especialista, que a colocará em um livro e agirá como representante do corretor. Quando e se o preço de mercado de KO alcançar o preço da ordem com limite, o especialista executará a ordem e informará o seu corretor. Aquele receberá uma pequena parte da comissão por prestar esse serviço.

Vendas a descoberto (short sales) – A maioria dos investidores compra ações (assume posições compradas, ou "longas"), esperando obter seu retorno com um aumento de valor. Se você acredita que uma ação está supervalorizada e quer tirar proveito de uma queda esperada do preço, você pode vendê-la a descoberto. Uma *venda a descoberto* é a venda de ações que você não possui com a intenção de comprá-las de volta mais tarde a um preço mais baixo. Especificamente, você *toma ações emprestadas* de outro investidor por meio do seu corretor, vende as ações no mercado e posteriormente as substitui a um preço mais baixo (é o que você espera) do que ao que foram vendidas. O investidor que empresta as ações conta com o produto da venda como garantia e pode aplicar esses fundos em títulos a curto prazo e livres de risco. Embora uma venda a descoberto não tenha nenhum limite de prazo, o emprestador das ações pode decidir vendê-las e, nesse caso, o seu corretor deve encontrar outro investidor disposto a emprestá-las.[21]

Três aspectos técnicos afetam esse tipo de venda. Em primeiro lugar, ela pode ser feita somente em uma negociação alta, o que significa que o seu preço de venda deve ser maior que o do último negócio efetuado. Isso acontece porque as bolsas não querem participantes que forcem um lucro em uma venda a descoberto, empurrando o preço para baixo por meio de sucessivas vendas. Por conseguinte, o valor de transação deve envolver uma variação para cima, ou se não houver qualquer mudança, o anterior deve ser mais alto do que seu antecedente (uma variação igual a zero). Para um exemplo de variação igual a zero considere o seguinte conjunto de preços de transação: 42; 42,25; 42,25. Você pode fazer vendas a descoberto a 42,25 mesmo que não haja nenhuma variação em relação ao negócio anterior neste valor, porque este negócio foi feito com uma variação para cima (de 42 para 42,25).

O segundo aspecto técnico diz respeito aos dividendos. O vendedor a descoberto deve pagar quaisquer desses ao investidor que emprestou o lote de ações. O comprador recebe o dividendo da empresa, de modo que o vendedor a descoberto deve pagar um dividendo semelhante ao investidor que emprestou as ações.

Finalmente, os vendedores a descoberto devem depositar a mesma margem que um investidor que tivesse adquirido as ações. Essa pode ser depositada na forma de quaisquer títulos não restritos e que pertençam a eles.

Ordens especiais – Além dessas ordens gerais, há diversos tipos especiais de ordens. A de *stop loss* (uma ordem com limite de perda) é uma ordem a mercado condicional por meio da qual o investidor determina a venda de uma ação caso ela caia a um dado preço. Suponha que você compre uma ação a 50 dólares e espere que ela suba. Se você estiver errado, desejará limitar sua perda. Para se proteger, você pode emitir uma ordem com limite de perda de 45 dólares. Nesse caso, se a ação caísse a 45, sua ordem com limite de perda se transformaria em uma de venda a mercado, e ela seria vendida ao preço de mercado vigente. A ordem com limite de perda não dá garantia de que você obterá os 45 dólares; pode obter um pouco mais ou um pouco menos. Em virtude da possibilidade de perturbação do mercado causada por um grande número desse

---

[21] Para uma discussão do resultado negativo das vendas a descoberto, POWER, William. "Short Sellers Set to Catch Tumbling Overvalued Stocks." *The Wall Street Journal*, 28 dez. 1993, p. C1, C2. Para uma discussão de eventos de venda a descoberto, veja LOOMIS, Carol J. "Short Sellers and the Seamy Side of Wall Street." *Fortune*, 66-72, 22 jul. 1996); WEISS, Gary. "The Secret World of Short Sellers." *Business Week*, 62-68, 5 ago. 1996. Para uma discussão das vendas a descoberto em 2000-2001, veja BEARD, Allison. "Short Selling Goes from Strength to Strength." *Financial Times*, 16 mar. 2001, p. 29.

E-leituras interativas

Para mais explicações e para um exemplo vivo de margens, acesse: http://reillyxtra.swlearning.com.

tipo de ordem, as bolsas, em algumas ocasiões, têm cancelado todas essas ordens em certas ações, não permitindo que os corretores aceitem outras que envolvam esses títulos.

Uma tática semelhante de limite de perda para um investidor que tenha feito uma venda a descoberto é uma *stop buy order* (ordem com limite de compra). Esse investidor, visando minimizar sua perda, caso o valor da ação comece a subir, emite essa ordem condicional de compra a um preço acima do da venda a descoberto. Se você vender uma ação a descoberto a 50 dólares, esperando que ela caia para 40, para se proteger de um aumento de valor, pode usar uma ordem com limite de compra para adquirir a ação utilizando uma ordem de compra a mercado caso seja alcançado o preço de 55 dólares. Essa ordem condicional de compra felizmente limita qualquer perda, com a venda a descoberto, a aproximadamente 5 dólares por ação.

Transações com margem – Quando os investidores compram ações, eles podem pagá-las à vista ou tomar emprestada uma parte do custo, alavancando a transação. Esse salto é obtido ao se comprar com **margem**, o que significa que o investidor as paga com algum dinheiro próprio e toma emprestado o resto de uma corretora, deixando as ações como garantia.

Como mostrado no Gráfico 6.1, o valor monetário de crédito de margem concedido por membros da NYSE subiu sistematicamente desde 1993 e atingiu o pico no início de 2000, seguindo-se um declínio no decorrer de 2003 e um aumento subseqüente de valor monetário total, mas não como porcentagem da capitalização total do mercado. A taxa de juros cobrada nesses empréstimos pelas companhias de investimento geralmente é de 1,5% superior à cobrada pelo banco que faz o empréstimo. A taxa bancária, chamada de "*call money rate*", geralmente está 1% abaixo da taxa bancária básica (*prime rate*). Por exemplo, em junho de 2004, esta era de 4% e aquela, igual a 2,75%.

As Regras T e U do Conselho Federal de Reserva determinam a proporção máxima de qualquer transação que pode ser feita com dinheiro emprestado. Essa *exigência de margem* (a proporção do valor total da transação que deve ser paga à vista) tem variado com o tempo de 40% (permitindo empréstimos de 60% do valor) a 100% (sem permissão de empréstimo). Na mesma data, a exigência de margem inicial fixada pelo Fed era de 50%, embora uma companhia de investimento possa solicitar uma porcentagem mais alta.

Após a compra inicial, variações do preço de mercado da ação causarão mudanças no patrimônio líquido do investidor, que é semelhante ao valor de mercado da ação dada em garantia menos a quantidade que foi tomada por empréstimo. Obviamente, se o preço da ação aumentar, o patrimônio líquido do investidor, como proporção do valor total de mercado das ações, subirá também, ou seja, a margem dele ultrapassará o valor da inicial exigida.

Caso você compre 200 ações a 50 dólares cada uma, a um custo total de 10.000 dólares, uma margem inicial exigida de 50% lhe permitirá tomar emprestados 5.000 dólares, fazendo com que seu patrimônio líquido inicial seja neste valor. Se o preço da ação subir 20%, ou seja, para 60 dólares, o valor total de mercado de sua posição será de 12.000 dólares, e o seu patrimônio líquido atingirá 7.000 dólares, ou 58% (7.000 dólares/12.000 dólares). Entretanto, se ele cair 20%, 40 dólares, o valor total será de 8.000 dólares e seu patrimônio líquido diminuirá para 3.000 dólares, ou 37,5% (3.000 dólares/8.000 dólares).

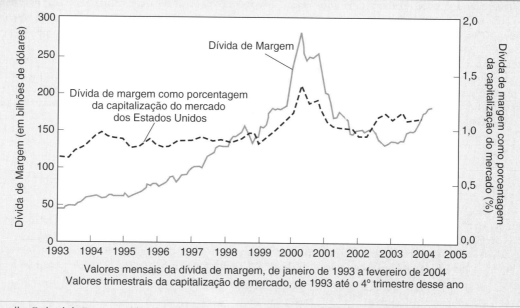

GRÁFICO 6.1 Dívida de margem dos clientes dos membros da NYSE em dólares e como porcentagem da capitalização do mercado dos Estados Unidos: 1993-2004

Valores mensais da dívida de margem, de janeiro de 1993 a fevereiro de 2004
Valores trimestrais da capitalização de mercado, de 1993 até o 4º trimestre desse ano

Fonte: Conselho Federal de Reserva; Bolsa de Valores de Nova York; Goldman Sachs Portfolio Strategy.

126 Investimentos

Esse exemplo demonstra que a compra com margem produz todas as vantagens e desvantagens da alavancagem. Exigências menores de margem lhe permitem tomar mais dinheiro emprestado, aumentando a porcentagem de ganho ou perda em seu investimento quando o preço da ação sobe ou desce. O fator de alavancagem é igual a 1/porcentagem de margem. Assim, como no exemplo, se a margem é de 50%, esse fator é igual a 2, ou seja, 1/0,5. Por conseguinte, quando a taxa de retorno da ação é mais ou menos 10%, o retorno sobre seu patrimônio líquido é de mais ou menos 20%. Se a margem exigida cai para 33%, você pode tomar mais dinheiro emprestado (67%), e o fator de alavancagem sobe para 3(1/0,33). Quando você adquire uma ação ou outros títulos com margem, você aumenta o risco financeiro do investimento, além daquele inerente ao próprio título. Você deve elevar sua taxa de retorno exigida em função disso.[22]

O exemplo a seguir mostra como a tomada de empréstimo com uso de margem afeta a distribuição de seus retornos antes das comissões e dos juros de seu empréstimo. Se a ação subir 20%, seu retorno no investimento será o seguinte:

1. O valor das ações é de 12.000 dólares, o que lhe sobram 7.000 dólares após você pagar o empréstimo.
2. O retorno sobre seu investimento de 5.000 dólares é

$$\frac{7.000}{5.000} - 1 = 1,40 - 1$$
$$= 0,40 = 40\%$$

Por outro lado, se a ação caísse 20%, para 40 dólares, seu retorno seria o seguinte:

1. O valor de mercado das ações é de 8.000 dólares, o que lhe deixa com 3.000 dólares após você pagar o empréstimo.
2. O retorno negativo de seu investimento de 5.000 dólares é

$$\frac{3.000}{5.000} - 1 = 0,60 - 1$$
$$= -0,40 = -40\%$$

Ressalte-se que esse aumento simétrico de ganhos e perdas é verdadeiro apenas antes de considerarmos as comissões e os juros. Obviamente, se supusermos 6% de juros sobre os fundos que foram tomados emprestados (o que daria $5.000 \times 0,06 = 300$ dólares) e uma comissão de 100 dólares na transação, os resultados indicarão um aumento menor e um retorno negativo maior, como veremos a seguir:

$$20\% \text{ aumento}: \frac{\$12.000 - \$5.000 - \$300 - \$100}{5.000} - 1 = \frac{6.600}{5.000} - 1 = 0,32 = 32\%$$

$$20\% \text{ queda}: \frac{\$8.000 - \$5.000 - \$300 - \$100}{5.000} - 1 = \frac{2.600}{5.000} - 1 = 0,48 = -48\%$$

Além da margem inicial exigida, outro conceito importante é o de *margem de manutenção*, ou seja, a proporção que se exige de seu patrimônio líquido em relação ao valor total das ações; essa margem protege o corretor no caso de queda do preço da ação. Atualmente, a margem mínima de manutenção fixada pelo Conselho Federal de Reserva é de 25%, mas, novamente, uma corretora individual pode exigir uma margem mais alta de seus clientes. Se o preço da ação cair a ponto de fazer com que seu patrimônio líquido fique abaixo de 25% do valor total da posição, a conta será considerada possuidora de margem insuficiente, e você receberá uma *chamada de margem* para fornecer mais capital. Se você não responder no prazo fixado para os fundos exigidos, as ações serão vendidas com o intuito de liquidar o empréstimo. O prazo concedido para responder a essa chamada varia entre as companhias de investimento e é afetado pelas condições de mercado. Em condições voláteis, esse prazo pode ser encurtado.

Dada uma margem de manutenção de 25%, quando você compra com margem, deve considerar o quanto o preço da ação pode cair antes que você receba uma chamada de margem. O cálculo em nosso exemplo é o seguinte: se o preço da ação é P e você possui 200 ações, o valor da posição é 200P e o patrimônio líquido na conta é 200P − 5.000 dólares. A margem percentual é (200P − 5.000)/200P. Para determinar o preço, P, correspondente a 25% (0,25), usamos a equação:

$$\frac{200P - \$5.000}{200P} = 0,25$$
$$200P - \$5.000 = 50P$$
$$150P = \$5.000$$
$$P = \$33,33$$

Por conseguinte, quando a ação chegar a 33,33 dólares, o valor do patrimônio líquido será exatamente de 25%; portanto, se a ação cair de 50 dólares para menos de 33,33 dólares, você receberá uma chamada de margem.

Continuando o exemplo anterior, se a ação cair para 30 dólares, seu valor de mercado total será de 6.000 dólares e seu patrimônio líquido valerá 1.000 dólares, somente cerca de 17% do valor total (1.000/6.000). Você receberá uma chamada de

---

[22] Para uma discussão do ambiente de investimentos no início de 2000, veja IP, Greg. "Margin Debt Set a Record in January, Sparking Fresh Fears Over Speculation." *The Wall Street Journal*, 15 fev. 2000. p. C1, C2.

margem de aproximadamente 667 dólares, o que lhe proporciona um patrimônio líquido de 1.667 dólares, ou 25% do valor total da conta (1.667dólares/6.667 dólares). Se a ação cair ainda mais, você receberá chamadas de margem adicionais.

FORMADORES DE MERCADO EM BOLSA

Agora que já discutimos a estrutura geral dos mercados de bolsa e as ordens que são utilizadas na compra e venda de ações, podemos discutir o papel dos seus formadores de mercado. Essas pessoas e a função que elas desempenham variam de uma bolsa para outra. Por exemplo, nas bolsas dos Estados Unidos, elas são chamadas de *especialistas*. A maioria delas não tem um único formador de mercado, e sim vários intermediários concorrentes. Nas que possuem formadores centrais de mercado, esses indivíduos são vitais para o funcionamento eficiente e ordeiro desses mercados.

Como observado, o principal requisito de um bom mercado é a liquidez, que depende de como os formadores de mercado fazem o seu trabalho. Nossa discussão inicial concentra-se no papel do especialista nos mercados americanos, seguindo-se uma discussão de papéis comparáveis em bolsas de outros países.

Mercados dos Estados Unidos – O especialista é um membro da bolsa que se candidata ao cargo de responsável por ações a serem negociadas.[23] Em média, trabalha com 10 a 15 ações. Atualmente, o capital mínimo exigido por um especialista é de um milhão de dólares ou o valor de 15.000 ações de cada empresa pela qual é responsável, qualquer um deles que seja o maior.

Funções do especialista. Esse tem duas funções importantes. Em primeiro lugar, atua como *corretor* casando ordens de compra e venda e processando ordens especiais com limite entregues a corretores membros da bolsa. Como visto anteriormente, um corretor individual que recebe uma ordem com limite (ou uma ordem de limite de perda, ou ordem de compra com limite) a entrega ao especialista, que a executa quando o preço especificado ocorre.

A segunda função importante de um especialista é atuar como *distribuidor* para manter um mercado ordeiro e justo, fornecendo liquidez quando o fluxo normal de ordens não é adequado. Como distribuidor, o especialista deve vender ou comprar para sua carteira própria (como faz uma distribuidora de valores na Nasdaq) quando a oferta ou a demanda públicas são insuficientes para garantir um mercado líquido contínuo.

Considere o seguinte exemplo: se uma ação é negociada atualmente a 40 dólares, e os preços de compra e venda atuais em um mercado de leilão (sem a intervenção de um especialista) sejam de 40 dólares para compra e 41 para venda. Nessas condições, as ordens aleatórias de compra e venda podem fazer com que o preço da ação flutue entre 40 e 41 dólares constantemente, causando assim um movimento de 2,5% entre os negócios. A maioria dos investidores provavelmente considera esse comportamento de preços muito volátil; o mercado não é considerado líquido. Portanto, espera-se que o especialista forneça uma "ponte de liquidez" ao emitir uma oferta de compra ou uma de venda, ou ambas, para reduzir a diferença entre os preços e aumentar a sua continuidade. Nesse exemplo, o especialista pode fazer uma oferta de compra a 40,25 ou 40,50 dólares ou uma oferta de venda a 40,50 ou 40,75 dólares, para reduzir a diferença entre os preços à metade ou a um quarto de ponto.

Os especialistas podem entrar em qualquer lado do mercado, dependendo de vários fatores, até mesmo de sua tendência. Em especial, espera-se que eles comprem e vendam contra o mercado, quando os preços estiverem claramente se movendo em uma direção. Especificamente, exige-se que eles comprem ações para seus próprios estoques quando há um excesso claro de ordens de venda e o mercado está definitivamente caindo. Alternativamente, devem vender ações de seus estoques ou vendê-las a descoberto (ou seja, tomar ações emprestadas) para lidar com um excesso de ordens de compra quando o mercado estiver subindo. Não se almeja que os especialistas impeçam os preços de subirem ou caírem, mas somente que garantam que eles *variem de uma maneira ordeira* (mantenham a continuidade dos preços). A evidência de que cumprem esse papel reside no fato de que, nos últimos anos, as ações da NYSE foram negociadas sem variações de mais de dez centavos em relação ao valor da negociação anterior em cerca de 95% do tempo.

Imagine que não haja uma tendência clara no mercado, diversos fatores afetarão a forma pela qual os especialistas reduzirão o *spread* entre preço de compra e de venda. Um fator é o seu estoque atual da ação. Por exemplo, se possuem estoques elevados de uma dada ação, sendo todos os outros fatores iguais, eles provavelmente entrarão no lado da venda para reduzi-los. Contudo, os especialistas cujo estoque de uma ação é pequeno ou nulo, pois vendem o que há nele ou fazem vendas a descoberto, tenderão a ir na direção do lado da compra no mercado para reconstruir seus estoques ou encerrar suas posições a descoberto.

Em segundo lugar, a posição do livro de ordens com limite influenciará a forma como eles fecham o *spread*. A existência de numerosas ordens de compra com limite próximas ao preço de mercado vigente e de poucas ordens de venda com limite poderia indicar uma tendência na direção de preços mais altos, porque a demanda aparentemente é pesada e a oferta é limitada. Em tais condições, um especialista que não se sinta limitado por nenhum dos outros fatores provavelmente optará por acumular ações em antecipação a um aumento de preço. Já o da NYSE tem historicamente atuado como distribuidor em aproximadamente 15% dos negócios, mas essa porcentagem tem aumentado nos últimos anos – de 18% em 1996 para 27% em 2000.[24]

---

[23] Cada ação é entregue a um especialista. A maioria deles faz parte de uma empresa que pode ser uma organização formal de especialistas (uma empresa) ou um grupo de especialistas independentes que se unem para dividir a carga de trabalho e o risco das ações atribuídas à empresa. Em julho de 2004, havia 467 especialistas individuais afiliados a empresas (67 especialistas por empresa).

[24] Para uma discussão dessa tendência e de seus efeitos sobre os rendimentos dos especialistas, veja IP, Greg. "Big Board Specialists: A profitable Anachronism." *The Wall Street Journal*, 12 mar. 2001. p. A10.

128 Investimentos

Rendimentos do especialista. O especialista obtém seus rendimentos nas funções de corretor e distribuidor. A separação efetiva entre as duas fontes depende da ação específica. No caso de uma ação muito negociada, como IBM ou GE, um especialista tem pouca necessidade de agir como distribuidor, porque o substancial interesse público na ação cria um mercado com *spread* pequeno. Nesse caso, a principal fonte de rendimento vem da manutenção das ordens com limite para a ação. O advindo de uma ação com volume elevado, como a IBM, é substancial e livre de risco.

Em contraste, a com baixo volume de negociação e volatilidade significativa de preço provavelmente terá um *spread* bastante grande, e o especialista precisa ser um distribuidor ativo. O seu rendimento nessa ação depende de sua capacidade de negociá-la com lucro. Os especialistas possuem uma vantagem importante quando negociam, por causa de seus registros de ordens com limite. Oficialmente, apenas eles podem ver esses livros, o que significa que têm um monopólio de informações imprescindíveis a respeito das condições correntes de demanda e oferta de uma ação. O fato é que a maioria dos especialistas compartilha o conteúdo do livro de ordens com limite com outros corretores, de modo que isso deixa de ser uma vantagem competitiva.[25]

Uma boa parte dos especialistas tenta equilibrar suas carteiras entre ações fortes em termos de corretagem, que garantem rendimentos regulares sem risco, e aquelas que exigem um papel ativo como distribuidor. Observa-se (veja nota de rodapé 23) que o aumento da atividade como distribuidor tem sido acompanhado de um aumento do retorno sobre o capital dos especialistas.[26]

Novos sistemas de negociação

Dado que o volume diário de negociação se elevou cerca de 5 milhões de ações para mais de um bilhão tanto na NYSE quanto na Nasdaq, tornou-se necessário introduzir novas tecnologias no processo de negociação. A seguir, há algumas inovações tecnológicas que auxiliam o processo de negociação.

Na NYSE:

- **Super Dot**. Trata-se de um sistema eletrônico de encaminhamento de ordens por meio do qual os membros da bolsa transmitem ordens a mercado, e com limite de títulos registrados na NYSE, diretamente aos postos em que estes são negociados ou ao posto da corretora. Após a execução da ordem, um relatório é remetido ao escritório da corretora por circuito eletrônico, e, então, ela é submetida aos sistemas de comparação. Os membros da bolsa podem registrar ordens a mercado de até 2.099 ações e ordens com limite de lotes padrões ou fracionários até 30.099. De todas essas ordens, estima-se que 85% entram na NYSE pelo sistema *Super Dot*.
- **Display Book.** É uma estação de trabalho eletrônica que monitora todas as ordens com limite e a mercado recebidas. Isso inclui as com limite que chegam ao *Super Dot*.
- **Opening Automatic Report Service (OARS).** O OARS, componente de abertura do sistema *Super Dot*, aceita ordens a mercado de pré-abertura das corretoras que envolvam até 30.099 ações. O OARS emparelha automática e continuamente as ordens de compra e venda e apresenta o desequilíbrio ao especialista antes da abertura de uma ação, ajudando-o a determinar o preço de abertura e a necessidade potencial do uso de um mercado de chamada antes da abertura do pregão.
- **Processamento de ordens a mercado.** O sistema de ordens a mercado pós-abertura do *Super Dot* visa aceitar essas ordens das corretoras até 30.099 ações e oferece execução e divulgação rápidas. Durante o ano de 2003, 94,5% delas foram executadas e divulgadas em menos de 30 segundos.
- **Processamento de ordens com limite.** Esse sistema arquiva eletronicamente as ordens que serão executadas quando e se um preço específico for alcançado, com aceitação de até 99.999 ações, e atualiza eletronicamente o *Display Book* dos especialistas. As ordens válidas não executadas no dia em que emitidas são automaticamente armazenadas até que ocorra a execução ou o seu cancelamento.

Na Nasdaq:

- ***Small-order Execution System*** (SOES). O SOES foi introduzido em 1984. Os formadores de mercado que recebem ordens por ele devem honrar suas ofertas para execuções automáticas que envolvam até 1.000 ações. Esse se tornou compulsório após o *crash* de outubro de 1987, quando muitos investidores pequenos não puderam negociar e sofreram perdas significativas.
- *SelectNet*. Introduzido em 1990, é um serviço de encaminhamento e execução de ordens para investidores institucionais que permite às corretoras e às distribuidoras de valores a comunicação por terminais da Nasdaq, e não por telefone. Quando as duas partes fecham um negócio pelo SelectNet, a execução é automática.

Inovações para fins de competição

A esta altura, você já deve ter percebido que o mercado secundário de ações dos Estados Unidos é servido por dois modelos concorrentes. Como mencionado anteriormente neste capítulo, o primeiro é o mercado de bolsa de valores *dirigido por ordens*, no qual as de compra e de venda interagem diretamente, com o especialista atuando tanto como corretor quanto como distribuidor, se necessário. Esse modelo é ideal para um mercado secundário quando existe uma concentração de participantes e todas as ordens chegam a uma localização central (física ou eletronicamente).

---

[25] Havendo um desequilíbrio importante nos negócios decorrente da chegada de novas informações, o especialista pode solicitar uma suspensão temporária dos negócios. Para uma análise do que acontece durante essas suspensões de negócios, veja HOPEWELL, Michael H.; SCHWARTZ JR., Arthur L. "Temporary Trading Suspensions in Individual NYSE Securities." *Journal of Finance* 33, n. 5, 1355-1373, dez. 1978 e FABOZZI, Frank J.; MA, Christopher K. "The Over-the-Counter Market and New York Stock Exchange Trading Halts." *The Financial Review* 23, n. 4, 427-437, nov. 1988.

[26] Para uma análise rigorosa das negociações por especialistas, veja MADHAVEN, Ananth; SOFIANOS, George. "An Empirical Analysis of NYSE Specialist Trading." *Journal of Financial Economics* 48, n. 2, 189-210, maio 1998.

Organização e funcionamento dos mercados de títulos **129**

O segundo modelo é um mercado *dirigido por cotações*, também chamado de mercado de distribuidoras de valores, no qual numerosos distribuidores competem uns com os outros, oferecendo cotações de compra e venda e se comprometendo a comprar e vender certos títulos a preços cotados. Geralmente, nesse modelo, as ordens de compra e venda nunca interagem diretamente, mas os melhores preços são obtidos graças à competição entre os distribuidores, que são independentes e separados – trata-se de um mercado fragmentado.

Dados esses dois modelos, a SEC tem estimulado a competição entre eles e apóia três inovações: CQS, ITS e CAES.

O **Sistema de Cotação Consolidado** (Consolidated Quotation System, CQS) é um serviço eletrônico que fornece cotações de títulos registrados na NYSE, na AMEX e nas bolsas regionais e de títulos negociados por formadores de mercado na Nasdaq InterMarket (o terceiro mercado). Oferecido aos assinantes pelo *Composite Quotation Service* (Serviço de Cotação Geral), o CQS permite aos assinantes que vejam todas as cotações concorrentes de formadores de mercado e bolsas no caso de uma ação registrada em qualquer bolsa. O volume de negociação de ações na fita consolidada tem crescido bastante e chega atualmente a cerca de 400 bilhões de ações por ano.

O **Sistema de Negociação Intermercado** (Intermarket Trading System, ITS) é um sistema centralizado de cotação e encaminhamento de ordens desenvolvido pela American Stock Exchange e pelas Bolsas de Valores de Boston, Chicago, Nova York, da Costa do Pacífico e Filadélfia, além da NASD. O ITS consiste em um computador central com terminais interconectados nos centros de mercado participantes. Como é mostrado no Quadro 6.7, o número de títulos incluídos, o volume de negociação e o tamanho dos negócios têm aumentado substancialmente. Havia 4.800 títulos incluídos no sistema em 2003.

Com o ITS, as corretoras e os formadores em cada centro de mercado indicam compromissos específicos de compra e venda em um painel geral de cotação que mostre as cotações correntes para cada ação nesse centro. Espera-se que uma corretora vá ao melhor mercado para executar a ordem de um cliente e envie uma mensagem se comprometendo a comprar ou vender ao preço cotado. Quando esse compromisso é aceito, uma mensagem divulga a transação. O exemplo seguinte ilustra o funcionamento do ITS.

Um corretor da NYSE tem uma ordem a mercado para vender 100 ações da GE. Se o painel de cotações da NYSE mostrar que a melhor oferta corrente para a GE está na Bolsa de Valores do Pacífico (PSE), o corretor registra uma ordem para vender 100 ações ao preço de compra nesta. Em segundos, o compromisso aparecerá na tela do computador e será impresso no posto do especialista da PSE, na qual será executada ao preço de compra na PSE. A transação é informada de volta para Nova York e registrada na fita consolidada. Ambas as corretoras recebem confirmação imediata, e os resultados são transmitidos no final de cada dia. Depois disso, cada uma delas completa seu próprio procedimento de compensação e liquidação.

O sistema ITS atualmente oferece cotações centralizadas para ações registradas na NYSE e especifica se um preço de compra ou venda *fora* do mercado da NYSE é superior ao da NYSE. Observe-se, entretanto, que o sistema carece de várias características. Ele não executa automaticamente a melhor cotação. Em vez disso, o investidor precisa entrar em contato com o intermediário e indicar que deseja comprar ou vender, e nesse momento a oferta de compra ou de venda pode ser retirada. Da mesma forma, não é obrigatório que o corretor use a melhor cotação. Embora o melhor preço possa estar em outro centro de mercado, um corretor poderá achar inconveniente negociar naquela bolsa caso a diferença de preço não seja substancial. Porém, mesmo com essas limitações, tem-se observado um progresso operacional e técnico considerável graças a este sistema central de cotação e encaminhamento de ordens.

O **Computer-Assisted Execution System** (Sistema de Execução Assistida por Computador – CAES) é um serviço criado pela Nasdaq para automatizar o encaminhamento de ordens e a execução de transações com títulos registrados em bolsas domésticas que fazem parte do ITS. O sistema possibilita que os formadores de mercado envolvidos com este executem negócios com especialistas nas bolsas que usam o CAES.

Quadro 6.7	Atividade do sistema de negociação intermercados (ITS)			
	MÉDIA DIÁRIA			
Ano	**Emissões elegíveis**	**Volume de ações**	**Negócios executados**	**Tamanho médio dos negócios**
1980	884	1.565.900	2.868	546
1985	1.288	5.669.400	5.867	966
1990	2.126	9.387.114	8.744	1.075
1995	3.542	12.185.064	10.911	1.117
1996	4.001	12.721.968	11.426	1.113
1997	4.535	15.429.377	14.057	1.098
1998	4.844	18.136.472	17.056	1.063
1999	5.056	21.617.723	19.315	1.119
2000	4.664	28.176.178	23.972	1.175
2001	4.575	34.029.513	29.728	1.145
2002	4.718	50.036.437	37.694	1.327
2003	4.808	64.077.468	46.582	1.376

Fontes: *NYSE Fact Book* (New York: NYSE, 2004): 28. Reimpresso com a permissão da NYSE.

130 Investimentos

PARA ONDE VAMOS AGORA?

Não podemos deixar de ficar boquiabertos com as mudanças significativas que têm ocorrido nos mercados de ações globais, tanto nos Estados Unidos quanto no resto do mundo, neste novo milênio. Os avanços tecnológicos e a decimalização dos preços contribuíram para reduções significativas dos custos de negociação, tanto para investidores institucionais quanto para investidores no varejo. Embora tenhamos dois modelos diferentes (dirigido por cotações e outro por ordens), eles podem se interagir bem. Entretanto, ambos estão sendo desafiados pelas ECNs, que podem casar ordens eletronicamente e oferecer transações mais rápidas e mais baratas. Com base na porcentagem das transações da Nasdaq completadas nas ECNs (cerca de 25% a 30%), parece que estas são muito boas para localizar, casar e executar negócios para ações processadas por distribuidoras (no papel de corretoras) e, quando elas não podem fazer a negociação, enviam as ordens para o mercado da Nasdaq. O fator desconhecido delas é o "melhor preço".

Em resposta ao desafio das ECNs, a bolsa dirigida por ordens (sobretudo a NYSE) tem tentado introduzir regulamentação que a proteja contra a competição. A primeira tentativa foi a Regra 390, motivada pela idéia de que o melhor mercado de leilão é aquele em que *todos* os participantes estão *concentrados* em um único lugar para que o mercado se beneficie de ter todas as ofertas de compra e venda disponíveis para interagir e oferecer os melhores preços possíveis. Para ajudar a criar e proteger esse mercado centralizado de leilão, a NYSE introduziu essa Regra e exigiu que os membros da bolsa obtivessem permissão para realizar transações fora desta com uma ação nela registrada. A NYSE argumentou que, sem ela, o mercado se tornaria fragmentado e muitas ordens seriam internalizadas (os membros casariam ordens entre seus próprios clientes), em vez de expô-las ao público. Após vários anos de debate, no final de 1999, a SEC determinou que essa regulamentação era claramente contrária à competição e que a Regra 390 estava rescindida (a ordem final foi baixada em 5 de maio de 2000).

A segunda regulamentação que restringe as ECNs de competir com a NYSE é a *regra de negociação a melhores preços*. Especificamente, essa determina que os mercados *não* ignorem preços superiores disponíveis em mercados concorrentes. Em outras palavras, os intermediários não têm permissão para ignorar preços superiores; por exemplo, se a melhor oferta de compra é a 30 dólares, uma distribuidora não pode executar a ordem a 29,95 dólares. Destaque-se que essa regra quase sempre funciona a favor da NYSE no caso de ações registradas na bolsa, cerca de 70% a 80% , e por isso se esperaria que ela tivesse o melhor preço. O problema é que a busca do melhor preço e a subseqüente transferência de ordens podem retardar a negociação em 30 segundos, o que é muito tempo para uma bolsa, e os preços podem se alterar nesse ínterim. Portanto, o debate é entre *velocidade de execução e melhor preço*.[27] Os defensores da velocidade de execução (ECNs e outros ATSs) desejam que o preço tenha alguma flexibilidade: permitir que o cliente especifique uma faixa de 1 a 3 centavos por ação em relação ao melhor valor ou haja uma faixa geral na qual a ordem possa ser consumada caso o preço eletrônico esteja a 1 ou 2 centavos do melhor preço. A NYSE considera tais faixas, mas alega que os negociantes de blocos de ações precisam ter o benefício de especialistas que sejam capazes de garantir o melhor valor para todo o bloco. Também há necessidade de especialistas para ações pouco líquidas e de empresas muito pequenas. A questão é que as transações relativamente inferiores (por exemplo, abaixo de 5.000 ações) que envolvem ações de empresas grandes e líquidas (como GE, IBM, 3M, Johnson & Johnson) podem ser processadas rapidamente e a um custo muito baixo por meio da negociação eletrônica e quase sempre terão o melhor preço. Entretanto, negócios com blocos muito grandes de ações líquidas e a maioria com ações pouco líquidas de empresas muito pequenas geralmente demandam intervenção humana.

Então, para onde vamos agora? Muito provavelmente, novos avanços tecnológicos e a internet influenciarão bastante a resposta. Mas também é provável que os especialistas financeiros humanos sejam sempre necessários por causa do julgamento indispensável no processo de investimento.

Resumo

- O mercado de títulos divide-se em mercados primário e secundário. Por um lado, o primeiro é uma fonte importante de capital novo para os emissores de títulos e, por outro, o segundo oferece a liquidez essencial ao mercado primário.

- A composição do mercado secundário de títulos de renda fixa não mudou muito nos últimos 20 anos. Entretanto, o de ações passou por mudanças significativas e continua a evoluir em função de novas tecnologias e de um processo de consolidação. Além de vários mercados básicos de ações registradas, que incluem as bolsas e vários componentes da Nasdaq, ele inclui diversas bolsas regionais sólidas, um terceiro mercado viável e, mais recentemente, a criação, o crescimento e a consolidação de vários sistemas alternativos de negociação que disponibilizam recursos eletrônicos de ações tanto nas bolsas quanto nos mercados de distribuidoras.

- Os componentes de um bom mercado de bolsa incluem vários tipos de membros, assim como várias ordens. Além disso, os formadores de mercado desempenham um papel fundamental na manutenção de liquidez.

- Parece que as mudanças, especialmente aquelas causadas por inovações tecnológicas, apenas começaram. Portanto, é importante que o investidor que esteja envolvido nesse mercado compreenda como este tem evoluído, qual é a sua estrutura atual e como pode se desenvolver no futuro. Como tal, você precisa saber como analisar títulos e determinar quais são os melhores para a sua carteira, mas também deve conhecer a melhor maneira de comprar/vender o título, ou seja, como e onde completar a transação. Este capítulo tem o intuito de fornecer a base de que você necessita para tomar uma boa decisão nesse sentido.

---

27 A discussão ainda continuava em 1999 e foi até 2004 – veja IP, Grep; SMITH, Randal. "Big Board Member Face Off on the Issue of Automated Trading." *The Wall Street Journal*, 15 nov. 1999. p. 1; SOLOMAN, Deborah; KELLY, Kate. "Wide SEC Review May Revamp Structure of U.S. Stock Markets." *The Wall Street Journal*, 19 set. 2003. p. A1, A2; KELLY, Kate. "A Little Scary: NYSE's Chief Seeks to Sell Electronic Trading to the Floor." *The Wall Street Journal*, 2 fev. 2004. p. C1, C6, CRAIG, Susanne; KELLY, Kate. "NYSE Chief has Balancing Act." *The Wall Street Journal*, 3 fev. 2004, p. C1, C4; KELLY, Kate. "NYSE's Automatic Transition." *The Wall Street Journal*, 22 jun. 2004. p. C1, C5.

Questões

1. Defina *mercado* e discuta brevemente as características de um bom mercado.
2. Você possui 100 ações da General Electric e quer vendê-las porque precisa de dinheiro para dar entrada na compra de um carro. Imagine que não haja nenhum sistema de mercado secundário de ações ordinárias. Como as venderia? Discuta o que você precisa fazer para encontrar um comprador, quanto tempo isso deve levar e o preço que você pode receber.
3. Defina *liquidez* e discuta os fatores que contribuem para ela. Dê exemplos de um ativo líquido e de um não-líquido, e discuta por que eles são assim considerados.
4. Defina mercados primário e secundário de títulos e mencione a diferença entre eles. Discuta como o mercado primário depende do secundário.
5. Dê um exemplo de uma oferta pública inicial (IPO) e um de oferta secundária de ações, ambos no mercado primário. Discuta qual deles envolve um risco maior para o comprador.
6. Encontre um anúncio de uma oferta primária recente no *Wall Street Journal* e, com base em suas informações, indique as características do título vendido e os principais *underwriters*. Quanto capital novo a empresa obteve com a oferta antes de considerar as comissões?
7. Explique brevemente a diferença entre um *underwriting* de oferta competitiva e um *underwriting* negociado.
8. Os dados do Quadro 6.5 revelam uma mudança importante com o tempo no preço pago por um título da NYSE. O que a causou?
9. Quais são os principais motivos para a existência de bolsas de valores regionais? Como se diferenciam das bolsas nacionais?
10. Que segmento do mercado secundário de ações (bolsas de ações registradas ou Nasdaq) é maior em termos do número de títulos? E em termos de valor dos títulos negociados?
11. Discuta os três níveis da Nasdaq em relação ao que cada um oferece e quem assinaria cada um deles.
12. (a) Defina o terceiro mercado e dê um exemplo de uma ação dele.
    (b) Defina o quarto mercado. Por que uma instituição financeira o utilizaria?
13. Defina sucintamente cada um dos seguintes termos e dê exemplos:
    (a) ordem a mercado;
    (b) ordem com limite;
    (c) venda a descoberto;
    (d) ordem com limite de perda.
14. Discuta brevemente as duas principais funções e fontes de rendimento do especialista da NYSE.

Investimentos on-line

Muitos sites da internet tratam de diferentes aspectos de investimentos. As sugestões de sites anteriores lhe orientaram para informações e preços de títulos negociados tanto nos Estados Unidos quanto ao redor do mundo. A seguir estão relacionados alguns sites interessantes:

http://finance.yahoo.com – Um dos melhores e com uma variedade de informações de investimento, incluindo cotações de mercado, comentários e pesquisas, tanto nacionais quanto internacionais.

http://finance.lycos.com – Oferece informação substancial sobre mercados, como cotação de preços de ações, obrigações selecionadas e opções. Gráficos de preços também estão disponíveis.

http://www.sec.gov – O site da *Securities and Exchange Commission* (SEC) disponibiliza notícias e informações, assistência ao investidor e processamento de reclamações, as regras do SEC, procedimentos de fiscalização e dados.

http://www.nyse.com, http://www.amex.com, http://www.nasdaq.com – Os sites da NYSE (New York Stock Exchange/Bolsa de Valores de Nova York), da AMEX (American Stock Exchange) e do sistema da Nasdaq (National Association of Securities Dealers Automated Quotation) fornecem informações sobre o mercado relevante, cotações, listas de empresas e serviços para o investidor. O site da AMEX inclui cotações de SPDRs (S&P *Depository Receipts*, que representam direitos de propriedade do índice S&P 500 ou do S&P *Midcap* 400) e *do iShares MSCI Index Funds*, que acompanha os índices da *Morgan Stanley Capital International* (MSCI) para mais de 20 países e regiões.

https://www.etrade.com/global.html, http://www.schwab.com, http://www.ml.com – Muitas corretoras têm sites. Estes são três exemplos. A E*Trade Securities é um exemplo de uma empresa de corretagem que permite aos investidores negociarem títulos pela Internet. A Schwab é de custo baixo, e a Merrill Lynch possui serviços completos com uma boa reputação de pesquisa.

Links de mercados de ações e outros financeiros de vários países estão disponíveis em:

http://www.internationalist.com/business/strocks/, http://biz.yahoo.com/ifc/, http://www.wall-street.com/foreign.html.

132 Investimentos

PROBLEMAS

1. Você tem 40.000 dólares para investir em uma ação negociada a 80 dólares. A exigência de margem inicial é de 60%. Ignorando impostos e comissões, mostre em detalhes o impacto sobre sua taxa de retorno caso ela suba para 100 dólares ou caia para 40 dólares, supondo:
   (a) que você compre as ações à vista e;
   (b) que você as compre usando alavancagem máxima.

2. Lauren tem uma conta de margem e deposita 50.000 dólares. Se a exigência de margem vigente for de 40%, e não houver comissões, e a ação da Gentry Shoe Corporation seja negociada a 35 dólares.
   (a) Quantas ações Lauren pode comprar com a margem máxima permitida?
   (b) Qual será o lucro (ou prejuízo) de Lauren, se o preço das ações:
      i. subir para 45 dólares;
      ii. cair para 25 dólares.
   (c) Se a margem de manutenção for de 30%, a que preço a Gentry Shoe poderá cair antes que Lauren receba uma chamada de margem?

3. Imagine que você compre um lote padrão de ações da Maginn Industries com 55% de margem quando a ação é negociada a 20 dólares. A corretora cobra uma taxa de juros anual de 10%, e as comissões são de 3% do valor total delas, tanto para compra quanto para venda. Um ano mais tarde, você recebe um dividendo de 0,50 centavos por ação e as vende a 27 dólares por unidade. Qual é a sua taxa de retorno sobre o investimento?

4. Você decide vender a descoberto 100 ações da Charlotte Horse Farms quando elas estão sendo negociadas ao seu máximo anual de 56 dólares. Seu corretor lhe diz que sua exigência de margem é de 45% e que a comissão sobre a compra é de 155 dólares. Enquanto você está vendido nessa ação, a empresa paga um dividendo de 2,50 dólares cada uma. Ao final de um ano, você compra 100 ações da Charlotte a 45 dólares para fechar sua posição e paga uma comissão de 145 dólares e 8% de juros sobre o dinheiro que tomou emprestado. Qual é sua taxa de retorno sobre o investimento?

5. Você possui 200 ações da Shamrock Enterprises compradas a 25 dólares cada uma. Elas agora são vendidas a 45 dólares cada uma.
   (a) Você emite uma ordem com limite de perda a 40 dólares. Discuta o seu raciocínio para esse procedimento.
   (b) Se o preço das ações eventualmente cair para 30 dólares, qual seria sua taxa de retorno com e sem a ordem com limite de perda?

6. Há dois anos, você comprou 300 ações da Kayleigh Milk Co. a 30 dólares por unidade com margem de 60%. Atualmente, elas são vendidas a 45 dólares. Supondo a ausência de dividendos e ignorando comissões, (a) calcule a taxa de retorno anual desse investimento caso você as tenha comprado à vista, e (b) sua taxa de retorno fazendo a compra com o uso de margem.

7. As ações da Madison Travel Co. estão sendo negociadas a 28 dólares a unidade. Você emite uma ordem de compra com limite de 24 dólares com prazo de um mês. Nesse mês, o preço das ações cai para 20 dólares, depois salta para 36 dólares. Ignorando comissões, qual seria sua taxa de retorno sobre esse investimento? Qual teria sido sua taxa de retorno se você tivesse emitido uma ordem a mercado? E se sua ordem com limite fosse a 18 dólares?

EXERCÍCIOS DA WEB

1. Explore os sites de cinco bolsas de valores diferentes, incluindo pelo menos três de mercados que não sejam americanos (há diversos, por exemplo, o http://finance.war.ch/, que contêm links de bolsas de diferentes países). Como diferem suas exigências de registro e seus mecanismos de negociação?

2. Para praticar como formar um mercado de ação, visite http://www.nasdaqtrader.com/HeadTrader. Como você se saiu em comparação com seus colegas de classe?

3. Visite os sites de pelo menos cinco corretoras de ações diferentes, incluindo algumas corretoras on-line. Colete e faça um relatório de informações sobre suas tabelas de comissões. Por exemplo, elas divulgam informações sobre a negociação de lotes padrões? A comissão é baseada no preço das ações? No número delas? No valor total do negócio (preço multiplicado pelo número de ações)? Que informações você pode encontrar sobre a negociação de obrigações?

EXERCÍCIOS DE PLANILHA

1. Crie uma planilha para calcular a porcentagem de retorno em investimentos com margem. As informações inseridas na planilha devem incluir: preço inicial da ação e ações compradas, patrimônio líquido inicial em dólares e porcentagens iniciais de margem e de margem de manutenção. Os resultados devem incluir em uma coluna uma série de preços finais da ação e a porcentagem de retorno em uma coluna adjacente. Os possíveis preços finais da ação devem variar de 40% a 200% do valor inicial de compra. A planilha deve calcular o preço da ação ao qual ocorreria uma chamada de margem. Use o seguinte cenário em sua planilha: 1.000 ações compradas a 50 dólares cada uma; patrimônio líquido inicial de 25.000 dólares; porcentagem inicial de margem de 50%; margem de manutenção de 25%.

2. Para tornar a planilha do Exercício 1 mais realista, acrescente os seguintes dados: dividendos que se espera que sejam pagos no decorrer do período de aplicação e os juros pagos sobre o empréstimo de margem. Suponha um período de aplicação de seis meses, que os dividendos sejam pagos a uma taxa de 0,25 centavos por ação a cada trimestre, e que a taxa percentual anual de empréstimo de margem seja de 8%. Como isso afeta as porcentagens de retorno sobre o investimento em função do preço da ação?

3. Como as planilhas precisariam ser ajustadas para analisar o uso de margem em vendas a descoberto?

REFERÊNCIAS

BARCLAY, Michael; HENDERSHOTT, Terrence; MCCORMICK, D. Timothy. "Competition among Trading Venues: Information and Trading on Electronic Communications Networks." *Journal of Finance* 58, n. 6, dez. 2003.

BARCLAY, Michael J. et al. "The Effects of Market Reform on the Trading Costs and Depth of NASDAQ Stocks." *Journal of Finance* 54, n. 1, mar 1999.

BLUME, Marshall E.; SIEGEL, Jeremy. "The Theory of Security Pricing and Market Structure". *Financial Markets, Institutions and Instruments* 1, New York University Salomon Center, n. 3, 1992.

CHRISTIE, William, SCHULTZ, Paul. "Why Do Nasdaq Market-Makers Avoid Odd-Eighth Quotes?" *Journal of Finance* 49, n. 5, dez. 1994.

DUTTS, Prajit; MADHAVEN, Ananth. "Competition and Collusion in Dealer Markets." *Journal of Finance* 52, n. 1, mar. 1997.

ECONOMIDES, Nicholas; SCHWARTZ, Robert A. "Electronic Call Market Trading." *Journal of Portfolio Management 21*, n. 3, primavera 1995.

GROSSMAN, S. J.; MILLER, Merton H. "Liquidity and Market Structure". *Journal of Finance* 43, n. 2, jun. 1988.

HARRIS, Jeffrey; SCHULTZ, Paul. "The Trading Profits of SOES Bandits." *Journal of Financial Economics* 50, n. 1, out. 1998.

HASBROUCH, Joel. "One Security, Many Markets: Determining the Contribution to Price Discovery." *Journal of Finance 50*, n. 4, set. 1995.

HENDERSHOTT, Terrence; MENDELSON, Haim. "Crossing Networks and Dealer Markets: Competition and Performance." *Journal of Finance* 55, n. 5, out. 2000.

HUANG, Roger. "The Quality of ECN and Nasdaq Market-Maker Quotes." *Journal of Finance* 57, n. 3, jun. 2002.

HUANG, Roger; STOLL, Hans. "Dealer *versus* Auction Markets: A Paired Comparison of Execution Costs on NASDAQ and the NYSE." *Journal of Financial Economics* 41, n. 3, jul. 1996.

MADHAVEN, Ananth. "Consolidation, Fragmentation, and the Disclosure of Trading Information." *Review of Financial Studies* 8, n. 2, jun. 1995.

NEAL, Robert. "A Comparison of Transaction Cost Between Competitive Market Maker and Specialist Market Structures." *Journal of Business* 65, n. 3, jul. 1992.

NYSE Fact Book. New York: NYSE. Publicado anualmente.

PAGANO, M. "Trading Volume and Asset Liquidity." *Quarterly Journal of Economics* 104, n. 2, 1989.

SHERRERD, Katrina F (Ed.). *Execution Techniques, True Trading Cost, and the Microstructure of Markets*. Charlottesville, VA: Associaton for Investment Management and Research, 1993.

STOLL, Hans. *The Stock Exchange Specialist System: An Economic Analysis*. Monograph Series in Financial Economics. New York University, 1985.

STOLL, Hans, WHALEY, Robert. "Stock Market Structure and Volatility." *Review of Financial Studies* 3, n. 1, 1990.

GLOSSÁRIO

Chamada de margem – Se o valor de seu patrimônio líquido cair abaixo da margem de manutenção (atualmente 25%), você receberá uma chamada de margem em que você precisará fornecer mais capital para elevar o patrimônio para os 25% necessários.

Colocação privada – Uma nova emissão vendida diretamente a um pequeno grupo de investidores, geralmente instituições.

Corretor de pregão – Membro independente de uma bolsa de valores que atua como corretor para outros membros.

Corretor por comissão – Empregado de uma empresa-membro da bolsa, que compra ou vende em nome dos clientes dela.

Continuidade de preço – Característica de um mercado líquido no qual os preços variam pouco de uma transação para outra graças à profundidade do mercado.

Custo de transação – Custo de execução de um negócio. Custos baixos caracterizam um mercado internamente eficiente.

Eficiência externa (ou informacional) – Mercado em que os preços se ajustam rapidamente à infusão de novas informações. Em conseqüência, os valores correntes dos títulos refletem completamente todos os dados disponíveis.

Formadores de mercado competitivos registrados (RCMM) – Membros de uma bolsa que têm permissão para utilizar sua condição de membros para comprar ou vender para suas carteiras próprias de acordo com as condições específicas de negociação estabelecidas pela bolsa. Como ficam no pregão, têm melhor noção do mercado e cobram comissões baixas, mas oferecem liquidez ao mercado.

Letras do Tesouro – Título negociável do governo norte-americano com prazo de vencimento inferior a um ano e que não paga nenhum juro periódico, mas rende a diferença entre seu valor ao par e seu preço de compra descontado.

Liquidez – Capacidade de se comprar ou vender um ativo rapidamente a um valor que não seja substancialmente diferente do de transações anteriores.

Margem – Porcentagem de caixa que um comprador paga por um título, tomando a diferença emprestada de um corretor. Isso gera alavancagem, que aumenta o risco da transação.

Margem de manutenção – A margem adicional exigida após a compra, caso o preço da ação caia.

Mercado – Meio pelo qual compradores e vendedores são reunidos para realizar a transferência de bens e/ou serviços.

Mercado contínuo – Mercado no qual as ações são precificadas e negociadas continuamente durante o pregão, seja por um processo de leilão ou por distribuidoras.

Mercado de chamada – Nele, a negociação de ações individuais ocorre apenas em períodos específicos. Todas as ofertas de compra e venda disponíveis em um determinado momento são combinadas e os administradores do mercado especificam um preço único que possivelmente equilibre o mercado naquele momento.

Mercado primário – Mercado no qual títulos recém-emitidos são vendidos por seus emitentes, que recebem o produto da venda.

Mercado secundário – Mercado no qual títulos já em circulação são comprados e vendidos por proprietários que não sejam os seus emissores.

Nasdaq InterMarket – Um sistema de negociação que inclui os formadores de mercado da Nasdaq e as ECNs, que cotam e negociam ações registradas na NYSE e na AMEX. Envolve distribuidoras do mercado da Nasdaq e do ITS. De muitas formas, isso se converteu no que se chama de terceiro mercado.

Nota do Tesouro – Título do governo norte-americano com prazo de vencimento entre um e dez anos e que paga juros periodicamente.

Obrigação do Tesouro – Título do governo norte-americano com prazo de vencimento de mais de dez anos e que paga juros periodicamente.

Oferta pública inicial (IPO) – Uma nova emissão feita por uma empresa sem mercado público existente.

Oferta secundária de ações – Novas ações oferecidas por empresas já negociadas no mercado.

Ordem a mercado – Ordem de compra ou venda de um título imediatamente pelo melhor preço disponível.

Ordem com limite – Ordem que dura um período específico, emitida para se comprar ou vender um título quando e se ele for negociado a um preço estipulado.

OTC *Electronic Bulletin Board* (OTCBB) – Serviço de cotação regulamentado que exibe cotações em tempo real, preços das últimas vendas e informações de volume para um conjunto específico de títulos de balcão (OTC) que não são negociados no mercado formal da Nasdaq.

Quarto mercado – Negociação direta de títulos de bolsa entre seus proprietários (geralmente instituições) sem qualquer intermediação de corretor, freqüentemente por um ATS.

Rede de Comunicação Eletrônica (ECN) – Sistema de negociação computadorizado que casa ordens de compra e venda, geralmente para negócios de varejo e aqueles pequenos de investidores institucionais. As ECNs atuam como uma corretora para seus clientes – elas não compram ou vendem para suas carteiras próprias.

SelectNet – Um sistema de encaminhamento de ordens e execução de negócios para investidores institucionais (corretoras e distribuidoras), que permite comunicação pelo sistema Nasdaq, e não por telefone.

Sistema Automatizado de Cotação da National Association of Security Dealers (Nasdaq) – Sistema eletrônico de fornecimento de cotações de compra e venda de títulos negociados na Nasdaq.

Sistema de Cotação Consolidado (CQS) – Serviço de cotação eletrônica de títulos na NYSE, na AMEX ou nas bolsas regionais, e negociados na Nasdaq InterMarket.

Sistema de Execução Assistido por Computador (CAES) – Serviço criado pela Nasdaq para automatizar o encaminhamento e a execução de ordens de títulos registrados em bolsas de valores nacionais e envolvidas no *Sistema de Negociação Intermercados* (ITS).

Sistema de Execução de Pequenas Ordens (SOES) – Sistema de cotação e execução de ordens para investidores no varejo (não-profissionais), que as emitem a corretores, os quais devem honrar suas cotações correntes de compra e venda na execução automática de negócios que envolvam até 1.000 ações.

Sistema de Negociação Alternativo (ATS) – Um sistema de negociação computadorizado, não-tradicional, que concorre com mercados de distribuidoras e bolsas de valores tradicionais ou os complementa. Embora facilitem a negociação de ações, eles não oferecem serviços de registro.

Sistema de Negociação Intermercados (ITS) – Sistema computadorizado que conecta bolsas e distribuidoras concorrentes que negociam ações registradas em uma bolsa. Sua finalidade é ajudar os clientes a encontrar o melhor mercado para essas ações em algum momento.

Sistema Eletrônico de Cruzamento (ECS) – Sistema de negociação eletrônico que casa ordens de compra e venda que envolvam volumes elevados.

Terceiro mercado – Negociação de títulos registrados na Nasdaq.

Venda a descoberto – Venda de ações que foram tomadas emprestadas com a intenção de recomprá-las mais tarde a um preço mais baixo, ganhando-se a diferença.

APÊNDICE 6

Características de mercados desenvolvidos e emergentes ao redor do mundo

QUADRO 6.A Mercados desenvolvidos ao redor do mundo

País	Bolsa principal	Outras bolsas	Capitalização total do mercado (em bilhões de dólares)	Capitalização do mercado disponível (em bilhões de dólares)	Volume de negociação (em bilhões de dólares)	Títulos domésticos registrados	Total de títulos registrados	Mecanismo de leilão	Especialistas oficiais	Negociação de opções e contratos futuros	Limites de preço	Principais índices de mercado
Austrália	Sidney	5	82,3	53,5	39,3	N/D	1.496	Contínuo	Não	Sim	Nenhum	All Ordinaries – 324 títulos
Áustria	Viena	—	18,7	8,3	37,2	125	176	Chamada	Sim	Não	5%	Índice GZ Aktien – 25 títulos
Bélgica	Bruxelas	3	48,5	26,2	6,8	186	337	Misto	Não	Alguns	10%	Índice da Bolsa de Valores de Bruxelas – 186 títulos
Canadá	Toronto	4	186,8	124,5	71,3	N/D	1.208	Contínuo	Sim	Sim	Nenhum	Índice Composto TSE 300
Dinamarca	Copenhague	—	29,7	22,2	11,1	N/D	284	Misto	Não	Não	Nenhum	Índice da Bolsa de Valores de Copenhague – 38 títulos
Finlândia	Helsinque	—	9,9	1,7	5,2	N/D	125	Misto	N/D	N/D	N/D	Índice de Preços KOP (Kansallis-Osaka-Pannki)
França	Paris	6	256,5	137,2	129,0	463	663	Misto	Sim	Sim	4%	Índice Geral CAC – 240 títulos
Alemanha	Frankfurt	7	297,7	197,9	1.003,7	N/D	355	Contínuo	Sim	Opções	Nenhum	DAX; FAZ (Frankfurter Allgemeine Zeitung)
Hong Kong	Hong Kong	—	67,7	37,1	34,6	N/D	479	Contínuo	Não	Contratos futuros	Nenhum	Índice Hang Seng – 33 títulos
Irlanda	Dublin	—	8,4	6,4	5,5	N/D	N/D	Contínuo	Não	Não	Nenhum	Índice de Mercado Total J & Davy
Itália	Milão	9	137,0	73,2	42,6	N/D	317	Misto	Não	Não	10-20%	Banca Commerziale – 209 títulos
Japão	Tóquio	7	2.754,6	1.483,5	1.602,4	N/D	1.576	Contínuo	Sim	Não	10% de queda	TOPIX – 1.097 títulos; TSE II – 423 títulos; Nikkei 225
Luxemburgo	Luxemburgo	—	1,5	0,9	0,1	61	247	Contínuo	N/D	N/D	N/D	Índice de Preços de Ações Domésticas – 9 títulos
Malásia	Kuala Lumpur	—	199,3	95,0	126,4	430	478	Contínuo	Não	Não	Nenhum	Índice Composto de Kuala Lumpur – 83 títulos
Países Baixos	Amsterdã	—	112,1	92,4	80,4	279	569	Contínuo	Sim	Opções	Variáveis	Índice Geral ANP – CBS – 51 títulos

(continuação)

País	Bolsa principal	Outras bolsas	Capitalização total do mercado (em bilhões de dólares)	Capitalização do mercado disponível (em bilhões de dólares)	Volume de negociação (em bilhões de dólares)	Títulos domésticos registrados	Total de títulos registrados	Mecanismo de leilão	Especialistas oficiais	Negociação de opções e contratos futuros	Limites de preço	Principais índices de mercado
Nova Zelândia	Wellington	—	6,7	5,3	2,0	295	451	Contínuo	Não	Contratos futuros	Nenhum	Índice de Preços Barclay International – 40 títulos
Noruega	Oslo	9	18,4	7,9	14,1	N/D	128	Chamada	Não	Não	Nenhum	Índice Bors da Bolsa de Oslo – 50 títulos
Cingapura	Cingapura	—	28,6	15,6	8,2	N/D	324	Contínuo	Não	Não	Nenhum	Índice Straits Times – 30 títulos SES – 32 títulos
África do Sul	Johannesburgo	—	72,7	N/D	8,2	N/D	N/D	Contínuo	Não	Opções	Nenhum	Índice da JSE Actuaries – 141 títulos
Espanha	Madri	3	86,6	46,8	41,0	N/D	368	Misto	Não	Não	10%	Índice da Bolsa de Valores de Madri – 72 títulos
Suécia	Estocolmo	—	59,0	24,6	15,8	N/D	151	Misto	Não	Sim	Nenhum	Jacobson & Ponsbach – 30 títulos
Suíça	Zurique	6	128,5	75,4	376,6	161	380	Misto	Não	Sim	5%	Société de Banque Suisse – 90 títulos
Reino Unido	Londres	5	756,2	671,1	280,7	1.911	2.577	Contínuo	Não	Sim	Nenhum	Financial Times – (FT) Ordinárias – 750 títulos; FTSE 100; FT 33
Estados Unidos	Nova York	6	9.431,1	8.950,3	5.778,7	N/D	3.358	Contínuo	Sim	Sim	Nenhum	S&P 500; Índice Dow Jones de Empresas Industriais; Wilshire 5000; Russell 3000

Observações: as capitalizações de mercado (tanto totais quanto disponíveis) são de 31 de dezembro de 1990, exceto para a capitalização do mercado da África do Sul, que é de 1988. A diferença entre a capitalização disponível e a capitalização total decorre da subtração de participações cruzadas, ações em poder de controladores e do governo e leva em consideração restrições a investimentos estrangeiros. Os números de títulos registrados referem-se a 1988, exceto na Malásia, cujo dado é de 1994. Os dados do volume negociado são de 1990, exceto para a Suíça, que datam de 1988. Os de instituições participantes são de 1987. As capitalizações de mercado (tanto totais quanto disponíveis) para todos os países, exceto os Estados Unidos e a África do Sul, vêm dos índices Salomon-Russell Global Equity. A capitalização do mercado americano (total e disponível) tem como fonte a Frank Russell Company. Toda informação sobre volume negociado (exceto para a Suíça) e o número total de títulos registrados na Malásia vêm da publicação *Emerging Stock Markets Factbook: 1991*, International Finance Corp., 1991. A informação sobre instituições participantes provém de Richard Roll, The International Crash of 1987, *Financial Analysts Journal*, setembro/outubro de 1988. A capitalização do mercado da África do Sul, o número de títulos registrados de todos os países (exceto Malásia) e o volume de negociação na Suíça são reproduzidos por cortesia de Euromoney Books, e os dados foram extraídos de *The G.T. Guide to World Equity Markets: 1989, 1988*.

QUADRO 6.B	Mercados emergentes ao redor do mundo

País	Bolsa principal	Outras bolsas	Capitalização total do mercado (em bilhões de dólares)	Volume de negociação (em bilhões de dólares)	Total de títulos registrados	Mecanismo de leilão	Principais índices de mercado
Argentina	Buenos Aires	4	36,9	11,4	156	N/D	Índice da Bolsa de Valores de Buenos Aires
Brasil	São Paulo	9	189,2	109,5	544	Contínuo	Índice BOVESPA de Preços de Ações – 83 títulos
Chile	Santiago	—	68,2	5,3	279	Misto	Índice IGPA – 180 títulos
China	Xangai	1	43,5	97,5	291	Contínuo	Índice Composto de Xangai
Colômbia	Bogotá	1	14,0	2,2	90	N/D	Índice Composto Geral de Bogotá
Grécia	Atenas	—	14,9	5,1	216	Contínuo	Índice de Preços da Bolsa de Valores de Atenas
Índia	Bombaim	14	127,5	27,3	4.413	Contínuo	Índice Economic Times – 72 títulos
Indonésia	Jacarta	—	47,2	11,8	216	Misto	Índice da Bolsa de Valores de Jacarta
Israel	Tel Aviv	—	10,6	5,5	267	Chamada	Índice Geral de Ações – todos os títulos registrados
Jordânia	Amã	—	4,6	0,6	95	N/D	Índice do Mercado Financeiro de Amã
México	Cidade do México	—	130,2	83,0	206	Contínuo	Índice da Bolsa de Valores – 48 títulos
Nigéria	Lagos	—	2,7	N/D	177	Chamada	Índice Geral da Bolsa Nigeriana de Valores
Paquistão	Karachi	—	12,2	3,2	724	Contínuo	Índice do Banco Estatal do Paquistão
Filipinas	Makati	1	55,5	13,9	189	N/D	Índice Comercial & Industrial de Manila – 25 títulos
Portugal	Lisboa	1	16,2	5,2	195	Chamada	Índice de Ações do Banco Totta e Açores – 50 títulos
Coréia do Sul	Seul	—	191,8	286,0	699	Contínuo	Índice Composto de Preços de Ações da Coréia
Taiwan	Taipé	—	247,3	711,0	313	Contínuo	Índice da Bolsa de Valores de Taiwan
Tailândia	Bangcoc	—	131,4	80,2	389	Contínuo	Índice de Preços da Bolsa de Títulos da Tailândia
Turquia	Istambul	—	21,6	21,7	176	Contínuo	Índice da Bolsa de Valores de Istambul – 50 títulos
Venezuela	Caracas	1	4,1	0,9	90	Contínuo	Índice de Capitalização da BVC
Zimbábue	N/D	—	1,8	0,2	64	N/D	Índice Industrial S.E. do Zimbábue

Observações: as capitalizações de mercado, o volume negociado e os números totais de títulos negociados são de 1994. A capitalização de mercado, o volume negociado e o número de títulos registrados referentes ao Brasil correspondem somente ao mercado de São Paulo. O volume negociado nas Filipinas engloba Manila e Makati. O total de títulos registrados na Índia refere-se apenas a Bombaim. A informação sobre instituições participantes datam de 1987 e 1988. As capitalizações de mercado, o volume negociado e o total de títulos registrados vêm da publicação *Emerging Stock Markets Factbook: 1995*, International Finance Corp., 1995. As informações sobre instituições participantes são de Richard Roll, The International Crash of 1987, *Financial Analysts Journal*, Sep./Oct. 1988.

Fonte: IBBOTSON, Roger G.; BRINSON, Gary P. *Global Investing: The Professional Guide to the World Capital Markets*, p. 125-126. Copyright© 1993. Reimpresso com permissão de *The McGraw-Hill Companies*, Inc.

capítulo 7

Índices de mercado de títulos

Neste capítulo, responderemos às seguintes perguntas:

Quais são alguns dos principais usos dos índices de mercado de títulos?

Quais são as principais características que fazem com que os vários índices sejam diferentes?

Quais são os principais índices de mercado de ações nos Estados Unidos e no mundo e suas características?

Quais são os principais índices de mercado de títulos de renda fixa nos Estados Unidos e no mundo?

Por que os índices de títulos de renda fixa são mais difíceis de ser criados e mantidos do que os índices de ações?

Quais são alguns dos índices compostos de mercado de títulos de renda fixa e ações?

Onde podemos obter dados históricos e correntes de todos esses índices?

Qual é a relação entre muitos desses índices no curto prazo (mensalmente)?

Uma afirmação apropriada a respeito dos *índices de mercado de títulos* – especialmente aqueles fora dos Estados Unidos – é de que todo mundo fala deles, mas poucas pessoas os conhecem. Mesmo os investidores familiarizados com as séries amplamente divulgadas do mercado de ações, como o Índice *Dow Jones de Empresas Industriais* (DJIA), geralmente sabem pouco sobre os índices de mercado de títulos de renda fixa dos Estados Unidos ou dos mercados de ações fora destes, como os de Tóquio e de Londres.

Embora as carteiras sejam obviamente compostas por muitas ações individuais diferentes, os investidores geralmente perguntam: "o que houve no mercado hoje?". O motivo para essa pergunta é: se um investidor possui mais do que alguns poucos títulos de renda fixa ou ações, torna-se trabalhoso acompanhar cada ação ou título de renda fixa individualmente para determinar o desempenho composto da carteira. Além disso, existe uma noção intuitiva de que a maioria das ações ou dos títulos de renda fixa individuais acompanha o mercado como um todo. Portanto, se o mercado geral subiu, a carteira de um indivíduo provavelmente se valorizou. Para dar a eles uma visão geral do desempenho do mercado, algumas publicações financeiras ou companhias de investimentos têm criado índices para o mercado de ações e para o mercado de títulos de renda fixa.

Na primeira parte deste capítulo, discutiremos várias maneiras pelas quais os investidores utilizam os índices de mercado. O conhecimento dessas funções significativas deve servir de incentivo para que o leitor se familiarize com essas séries e indica por que apresentamos um capítulo específico sobre esse assunto. Na segunda, consideramos as características que fazem com que os vários índices se diferenciem. Os investidores precisam conhecer essas divergências e saber por que um índice é preferível a uma dada tarefa em razão de suas características. Na terceira, apresentamos os índices de mercado de ações mais conhecidos no mundo e nos Estados Unidos, separados por grupos com base no esquema de ponderação utilizado. A seguir, na quarta seção, levamos em conta os índices de mercado de títulos de renda fixa – um tópico relativamente novo, já que a criação e a manutenção de índices de retorno total de títulos de renda fixa são recentes. Mais uma vez, consideraremos os índices de títulos de renda fixa internacionais após os índices domésticos. Na quinta parte, examinaremos as séries de mercado compostas de títulos de renda fixa e ações. Em nossa seção final, analisaremos como os vários índices se relacionam entre si em intervalos mensais. Essa comparação evidencia os importantes fatores que causam correlações altas ou baixas entre as séries. Com essa base, você será capaz de fazer uma escolha inteligente do melhor índice para você, de acordo com a forma com que pretende utilizá-lo.

140 Investimentos

Utilização dos índices de mercado de títulos

Os índices de mercado de títulos têm, pelo menos, cinco aplicações específicas. Uma aplicação básica consiste em utilizar os valores do índice para calcular o retorno total e o risco de um mercado como um todo ou algum componente deste durante um período específico, e usar o retorno calculado como *referência* para avaliar o desempenho de carteiras individuais. Uma suposição básica, ao se avaliar o desempenho de uma carteira, é: qualquer investidor deve ser capaz de obter uma taxa de retorno ajustada por risco comparável à do mercado ao selecionar aleatoriamente um grande número de ações ou títulos de renda fixa no mercado em geral; conseqüentemente, um gestor de carteiras superior deve superar o mercado sistematicamente. Portanto, *um índice agregado do mercado de títulos de renda fixa ou de ações pode ser utilizado como uma referência para avaliar o desempenho de gestores profissionais de recursos*.

Um uso óbvio dos índices é a montagem de uma carteira indexada. Como já discutimos, é difícil para a maioria dos gestores de recursos superar sistematicamente o desempenho de índices de mercado específicos em termos ajustados por risco no tempo.[1] Se isso é verdade, uma alternativa óbvia é investir em uma carteira que tentará emulá-la. Essa noção levou à criação de *fundos indexados* e de *fundos negociados em bolsa* (ETFs), cujo objetivo é acompanhar o desempenho de uma série específica (índice) de mercado no decorrer do tempo.[2] Os fundos indexados originais eram fundos de ações ordinárias. O desenvolvimento de índices abrangentes de mercado de títulos de renda fixa bem especificados e a incapacidade dos gestores de carteiras desses títulos de superar esses índices levou a um fenômeno semelhante na área de renda fixa (fundos indexados de títulos de renda fixa).[3]

Os analistas de títulos, os gestores de carteiras e os pesquisadores acadêmicos utilizam índices de mercado de títulos para examinar os fatores que influenciam os movimentos agregados de preços de títulos (ou seja, os índices são empregados para medir os movimentos do mercado como um todo) e comparar o desempenho ajustado por risco de classes alternativas de ativos (por exemplo, ações *versus* títulos de renda fixa *versus* imóveis).

Outro grupo interessado nesse índice é o dos "analistas técnicos", que acreditam que variações passadas de preços podem ser utilizadas para prever os movimentos futuros. Por exemplo, para projetar os movimentos de preços futuros de ações, os analistas técnicos fazem um gráfico e uma análise das variações de valores e volumes em uma série de mercado de ações, por exemplo, a do índice Dow Jones.

Finalmente, os trabalhos realizados nas teorias de carteiras e mercado de capitais têm levado à conclusão de que o risco relevante para um ativo individual com risco é o seu *risco sistemático*, que é a relação entre as taxas de retorno de um ativo e as taxas de retorno de uma carteira de mercado de ativos, ambas com risco.[4] Portanto, nesse caso, um índice agregado de mercado é utilizado como *proxy* da carteira de mercado desse tipo de ativos.

Fatores diferenciadores na montagem de índices de mercado

Como os índices visam refletir os movimentos gerais de um grupo de títulos, precisamos considerar três fatores importantes ao montar um deles que pretenda representar uma população total.

A AMOSTRA

O primeiro fator é a amostra utilizada para montá-lo. O tamanho, a amplitude e a fonte são bastante importantes.

Uma pequena porcentagem da população total pode oferecer indicações válidas do comportamento desta em geral *se* a amostra for adequadamente selecionada. Na verdade, em algum ponto, os custos de se aumentá-la certamente superam os benefícios de se ter uma amostra maior. Essa deve ser *representativa* da população total; do contrário, seu tamanho não tem significado. Ser grande demais não significa que é melhor do que uma amostra muito pequena. Ela pode ser gerada por seleção completamente aleatória ou não-aleatória, adotada para incorporar as características importantes da população desejada. Finalmente, a *fonte* é importante caso haja quaisquer diferenças entre os segmentos da população; nesse caso, são necessárias amostras de vários deles.

PONDERAÇÃO DOS COMPONENTES DA AMOSTRA

O segundo fator é o peso atribuído a cada elemento da amostra. Três esquemas principais de ponderação são utilizados em índices de mercado de títulos: (1) um índice ponderado por preços, (2) um índice ponderado por valor de mercado e (3) um índice não ponderado, ou seja, o que poderia ser chamado de um índice de mercado com pesos iguais. Discutiremos cada um deles detalhadamente a seguir.

PROCEDIMENTO DE CÁLCULO

A consideração final é o procedimento de cálculo utilizado. Uma alternativa é tirar uma média aritmética simples dos vários componentes do índice. Outra é calcular apenas um e fazer com que todas as variações, quer de preço ou de valor, sejam expressas em termos do índice básico. Por fim, algumas pessoas preferem utilizar uma média geométrica dos componentes a uma aritmética.

---

[1] Discutiremos evidências específicas para essa proposição no Capítulo 10, Mercados Eficientes.

[2] Para uma discussão sobre fundos indexados, veja MALKIEL, Burton G. *A Random Walk Down Wall Street*. 7. ed. W.W. Norton & Co., 2000. Capítulo 14.

[3] Veja HAWTHORNE, Fran. "The Battle of the Bond Indexes." *Institutional Investor* 20, n. 4, abr. 1986.

[4] Esse conceito e sua justificativa serão discutidos nos Capítulos 8 e 9. Posteriormente, analisaremos a dificuldade de encontrar um índice que seja uma *proxy* apropriada para a carteira de mercado de ativos com risco.

Índices de mercado de títulos **141**

Índices de mercado de ações

Como mencionado anteriormente, ouvimos falar muito sobre o que acontece todos os dias com o índice Dow Jones, e o de outras ações, por exemplo, o S&P 500, o Nasdaq composto ou mesmo o Nikkei. Se você prestar atenção, observará que eles sofrem variações diferentes. Os motivos de algumas divergências são óbvios, como no Dow Jones *versus* o Nikkei, mas outros não. Então, examinaremos rapidamente as diferenças entre as principais séries quanto às características já discutidas anteriormente, o que lhe ajudará a entender por que as variações de índices *devem* ser diferentes com o passar do tempo.

Organizamos essa discussão de acordo com a ponderação da amostra de ações. Começamos com o índice ponderado por preço, pois alguns dos mais populares pertencem a essa categoria. O grupo seguinte é o de índices ponderados por valor de mercado, que é a técnica atualmente utilizada na maioria deles. Finalmente, analisaremos os índices não ponderados.

ÍNDICE PONDERADO POR PREÇO

Um **índice ponderado por preço** é uma média aritmética de valores correntes, o que significa que as variações do índice são influenciadas pelos diferentes preços dos componentes.

Índice Dow Jones de Empresas Industriais – O índice ponderado por preço mais conhecido é também o mais antigo e certamente o mais popular do mercado de ações, o chamado Índice Dow Jones de Empresas Industriais (DJIA). O DJIA é uma média ponderada por preço de 30 ações de empresas industriais de grande porte e muito conhecidas, que geralmente são as líderes em seus setores (*blue-chips*). O DJIA é calculado pelo total dos preços correntes de 30 ações dividido pela soma, por um divisor que tenha sido ajustado para levar em conta desdobramentos e mudanças da composição da amostra no tempo.[5] Esse ajuste ocorre para que o valor do índice seja o mesmo antes e depois da divisão. Um exemplo dele é demonstrado no Quadro 7.1. A equação é:

$$DJIA_t = \sum_{i=1}^{30} \frac{p_{it}}{D_{adj}}$$

onde:

$DJIA_t$ = Valor do DJIA no dia t
p_{it} = Preço de fechamento da ação i no dia t
D_{adj} = Divisor ajustado no dia t

No Quadro 7.1, empregamos três ações que demonstram o procedimento utilizado para obter um novo divisor para o DJIA quando há o desdobramento de uma ação. Quando isso acontece, o divisor se reduz como mostrado. O efeito cumulativo de desdobramentos pode ser percebido pelo fato de que o divisor originalmente era 30,0, mas, em outubro de 2004, havia chegado a 0,13561241.

O divisor ajustado garante que o novo valor do índice seja idêntico ao que se observaria se o desdobramento não tivesse ocorrido. Nesse caso, antes do desdobramento, ele era 20, mas, após, dada a nova soma de preços, o divisor foi ajustado para baixo, para que se mantivesse o referido valor. O divisor também é alterado quando há uma mudança na composição da amostra do índice.

Como este é ponderado por preços, ações de valor elevado possuem peso maior do que as de baixo. Como mostrado no Quadro 7.2, uma variação de 10% de uma ação cotada a 100 dólares (10 dólares) causa uma variação maior do índice do que uma alteração de 10% de uma cotada a 30 dólares (3 dólares). No caso A, quando a ação de 100 dólares sobe 10%, o índice aumenta 5,5%; no caso B, quando ela é de 30 dólares e sobe 10%, este aumenta apenas 1,7%.

QUADRO 7.1	Exemplo de alteração do divisor do índice Dow Jones quando há desdobramentos em uma ação da amostra	
Ação	**Antes do desdobramento**	**Após um desdobramento de três por um de ação A**
	Preços	Preços
A	30	10
B	20	20
C	10	10
	60 ÷ 3 = 20	40 ÷ X = 20 X = 2 (Novo divisor)

---

[5] Uma lista completa de todos os eventos que causaram mudanças no divisor desde que o DJIA foi para 30 ações em primeiro de outubro de 1928 está incluída na obra de PIERCE, Phyllis S. (Ed.). *The Business One Irwin Investor's Handbook*, Burr Ridge. IL: Dow Jones Books, anual. Em maio de 1996, o DJIA celebrou seu centésimo aniversário, comemorado com duas seções especiais intituladas *"A Century of Investing"* e *"100 Years of the DJIA"*, no *Wall Street Journal*, 28 maio 1996.

142   Investimentos

QUADRO 7.2	Demonstração do impacto de ações com preços diferentes em um índice ponderado por preços		
		Período T + 1	
Ações	Período T	Caso A	Caso B
A	100	110	110
B	50	50	50
C	30	30	33
Soma	180	190	183
Divisor	3	3	3
Índice	60	63,3	61
Variação porcentual		5,5	1,7

O DJIA tem sido criticado por vários motivos. Em primeiro lugar, a amostra utilizada no índice é limitada a 30 ações *blue-chips* selecionadas, não aleatoriamente, e que não podem ser representativas das milhares de ações existentes nos Estados Unidos. Além disso, elas são de empresas grandes, maduras, *blue-chips*, em vez de serem de empresas típicas. Diversos estudos têm mostrado que o DJIA não é tão volátil quanto os outros índices de mercado, e que seus retornos a longo prazo não são comparáveis aos de outros índices de ações negociadas na NYSE.

Além disso, como o DJIA é ponderado por preços, quando as empresas fazem um desdobramento de ações, estes caem, portanto seu peso no DJIA é reduzido – mesmo que se trate de empresas grandes e importantes. Por conseguinte, o esquema de ponderação gera um viés para baixo no DJIA; como ações de alto crescimento têm preços mais altos e como tendem a fazer desdobramentos, elas sistematicamente perdem peso no índice.[6] A Dow Jones também publica índices ponderados por preço com 20 ações do setor de transporte e 15 da área de serviços públicos. Relatórios detalhados desses índices são publicados diariamente no *Wall Street Journal* e semanalmente em *Barron's*, incluindo valores de hora em hora.

Índice Nikkei-Dow Jones – Também chamado de Índice da Média Nikkei de Ações, é uma média aritmética dos preços de 225 ações da Primeira Seção da Bolsa de Valores de Tóquio (TSE). Essa que é a série mais conhecida no Japão, mostra as tendências de preços de ações desde a reabertura da TSE. Ressalte-se que ela foi formulada por Dow Jones and Company e, assim como o DJIA, trata-se de um índice ponderado por preços. Este também é criticado, já que as 225 ações compreendem apenas cerca de 15% das ações da Primeira Seção. É publicado diariamente no *Wall Street Journal* e no *Financial Times* e semanalmente em *Barron's*.

ÍNDICE PONDERADO POR VALOR DE MERCADO

Um *índice ponderado por valor de mercado* é gerado pelo cálculo do valor inicial total de mercado de todas as ações utilizadas no índice (Valor de Mercado = Número de Ações em Circulação (ou ações livremente negociadas) x Preço Corrente de Mercado). Antes de 2004, a tradição era considerar todas as ações em circulação. Em meados desse ano, a *Standard & Poor's* começou a levar em conta apenas "ações livremente negociadas", o que exclui aquelas em posse de *insiders*. Esse valor inicial é geralmente fixado como base e recebe um valor de índice (o mais popular é 100, mas ele pode variar – por exemplo, 10, 50). Posteriormente, calcula-se um novo valor de mercado para todos os títulos contidos no índice, e o valor corrente de mercado é comparado ao valor-base inicial para determinar a porcentagem de variação, por sua vez aplicada ao valor inicial do índice.

$$\text{Índice}_t = \frac{\Sigma P_t Q_t}{\Sigma P_b Q_b} \times \text{Valor-base inicial}$$

onde:

Índice_t = Valor do índice no dia t

P_t = Preços finais das ações no dia t

Q_t = Número de ações livremente negociadas ou em circulação no dia t

P_b = Preços finais das ações no dia-base

Q_b = Número de ações livremente negociadas ou em circulação no dia-base

Um exemplo simples de um índice de três ações no Quadro 7.3 mostra que há um *ajustamento automático* por desdobramentos delas e outras alterações de capital quando se usa um índice ponderado por valor de mercado, pois a diminuição dos preços das ações é contrabalançada por um aumento do número dessas em circulação.

---

[6] Vários artigos que consideram a origem e o desempenho do DJIA durante seus 100 anos de existência podem ser encontrados em "100 years of the DJIA", *The Wall Street Journal*, 28 maio 1996. p. R29-R56. Para uma discussão de resultados diferentes, veja IP, Greg. "What's Behind the Trailing Performance of the Dow Industrials versus the S&P 500?", *The Wall Street Journal*, 20 ago. 1998. p. C1, C17.

QUADRO 7.3	Exemplo de cálculo de um índice ponderado por valor de mercado		
Ações	**Preço por ação**	**Número de ações**	**Valor de mercado**
31 DE DEZEMBRO DE 2004			
A	$10,00	1.000.000	$ 10.000.000
B	15,00	6.000.000	90.000.000
C	20,00	5.000.000	100.000.000
Total			$200.000.000
			Valor-base igual a um índice de 100
31 DE DEZEMBRO DE 2005			
A	$12,00	1.000.000	$ 12.000.000
B	10,00	12.000.000[a]	120.000.000
C	20,00	5.500.000[b]	110.000.000
Total			$242.000.000

$$\text{Novo valor do índice} = \frac{\text{Valor corrente de mercado}}{\text{Valor-base}} \times \text{Valor inicial do índice}$$

$$= \frac{\$242.000.000}{\$200.000.000} \times 100$$

$$= 1,21 \times 100$$

$$= 121$$

[a] Desdobramento de dois por um durante o ano.
[b] A empresa pagou uma bonificação de 10% em ações durante o ano.

Em um índice ponderado por valor de mercado, a importância de cada ação na amostra depende do valor de mercado das ações. Portanto, uma dada variação porcentual do valor de uma empresa grande exerce um impacto maior do que uma comparável, que afete uma empresa pequena. Como mostrado no Quadro 7.4, se a única alteração for um aumento de 20% do valor da ação A, cujo valor inicial é de 10 milhões de dólares, o valor final do índice será de 202 milhões de dólares, ou seja, um índice igual a 101. Em contrapartida, se apenas a ação C subir 20%, partindo de 100 milhões de dólares, o valor final será de 220 milhões de dólares, ou um índice de 110. A conclusão é de que as variações de preços de ações de maior valor de mercado em um índice ponderado por ele dominam as variações do valor do índice com o tempo.

ÍNDICE NÃO PONDERADO

Em um *índice não ponderado*, todas as ações possuem pesos iguais, independentemente de seu preço de mercado. Uma ação de 20 dólares é tão importante quanto uma ação de 40 dólares, e o valor de mercado total da empresa não é relevante. Tal índice pode ser utilizado por pessoas físicas que selecionam aleatoriamente ações para a sua carteira e investem a mesma quantia de dinheiro em cada ação. Uma maneira de visualizar um índice não ponderado é imaginar que quantidades iguais de dinheiro sejam aplicadas em cada ação da carteira (por exemplo, uma aplicação igual a 1.000 dólares em cada ação resultaria em um total de 50 unidades desta cotada a 20 dólares, 100 unidades de uma cotada a 10 dólares, e 10 unidades de uma ação cotada a 100 dólares). Na verdade, as variações efetivas do índice tipicamente se baseiam *na média aritmética das variações porcentuais do preço das ações do índice*. O uso de variações porcentuais de preço significa que o nível deste ou

QUADRO 7.4	Demonstração do impacto de diferentes valores sobre um índice de ações ponderado por valor de mercado						
	31 DE DEZEMBRO DE 2004			**31 DE DEZEMBRO DE 2005**			
				CASO A		**CASO B**	
Ações	**Número de ações**	**Preço**	**Valor**	**Preço**	**Valor**	**Preço**	**Valor**
A	1.000.000	$10,00	$ 10.000.000	$12,00	$ 12.000.000	$10,00	$ 10.000.000
B	6.000.000	15,00	90.000.000	15,00	90.000.000	15,00	90.000.000
C	5.000.000	20,00	100.000.000	20,00	100.000.000	24,00	120.000.000
			$200.000.000		$202.000.000		$220.000.000
Valor do índice			100,00		101,00		110,00

144 Investimentos

QUADRO 7.5	Exemplo de média aritmética e média geométrica de variações porcentuais

		PREÇO DA AÇÃO		
Ação	T	T + 1	HPR	HPY
X	10	12	1,20	0,20
Y	22	20	0,91	−0,09
Z	44	47	1,07	0,07

$$\Pi = 1,20 \times 0,91 \times 1,07 \qquad \Sigma = 0,18$$
$$= 1,168 \qquad 0,18/3 = 0,06$$
$$1,168^{1/3} = 1,0531 \qquad = 6\%$$
$$\text{Valor do índice (T)} \times 1,0531 = \text{Valor do índice (T + 1)}$$
$$\text{Valor do índice (T)} \times 1,06 = \text{Valor do índice (T + 1)}$$

o de mercado da ação não faz diferença – cada uma delas recebe o mesmo peso. Esse procedimento de cálculo da média aritmética de variações porcentuais é utilizado em estudos acadêmicos, quando os autores especificam pesos iguais.

Em contraste com o cálculo de uma média aritmética de variações porcentuais, tanto a *Value Line* quanto o Índice de Ações Ordinárias do *Financial Times* calculam uma média *geométrica* dos retornos no período de aplicação *e* extraem o rendimento no período de aplicação desse cálculo. O Quadro 7.5, que contém exemplos de uma média aritmética e uma geométrica, mostra o viés para baixo que resulta no cálculo desta última. Especificamente, a média geométrica dos rendimentos no período de aplicação indica uma variação média de apenas 5,3%, contra a variação efetiva de patrimônio de 6%.

TABELA 7.1	Banco de dados do mercado de ações

Principais índices de ações

	DADOS DIÁRIOS					52 SEMANAS			YTD
Médias Dow Jones	Máximo	Mínimo	Fechamento	Variação líquida	Variação %	Máximo	Mínimo	Variação %	Variação %
30 Empresas industriais	10270,37	10191,40	10216,54	+23,89	+0,23	10737,70	9582,46	+ 6,48	− 2,27
20 Transportes	3329,46	3299,25	3318,62	+19,82	+0,60	3318,62	2750,80	+18,66	+10,36
15 Serviços públicos	299,60	298,33	299,18	+ 0,86	+0,29	299,18	243,47	+17,86	+12,09
65 Composto	3119,17	3096,96	3107,93	+10,80	+0,35	3107,93	2781,59	+11,73	+ 3,57
Índices Dow Jones									
Wilshire 5000	11149,23	11058,70	11099,85	+41,15	+0,37	11314,42	9983,50	+10,55	+ 2,78
Mercado total dos Estados Unidos	270,34	268,15	269,12	+ 0,97	+0,36	274,54	242,66	+10,26	+ 2,45
Empresas grandes dos Estados Unidos	245,23	243,43	244,20	+ 0,79	+0,32	250,84	223,78	+ 8,45	+ 1,16
Empresas médias dos Estados Unidos	335,33	332,10	333,47	+ 1,38	+0,42	334,64	287,16	+15,90	+ 6,57
Empresas pequenas dos Estados Unidos	378,20	373,84	376,12	+ 2,26	+0,60	386,09	325,17	+14,39	+ 5,16
Ações de crescimento dos Estados Unidos	1020,87	1010,93	1014,34	+ 3,42	+0,34	1069,37	944,85	+ 5,60	− 0,71
Ações de valor dos Estados Unidos	1427,74	1418,80	1423,73	+ 5,09	+0,36	1423,73	1230,42	+14,43	+ 5,50
Titãs Globais 50	185,03	184,06	184,44	+ 0,29	+0,16	191,85	169,35	+ 7,36	− 0,19
Titãs Asiáticos 50	108,72	106,07	108,21	+ 1,88	+1,77	118,74	96,87	+ 5,74	+ 2,48
DJ STOXX 50	2751,45	2723,84	2744,82	+23,77	+0,87	2804,06	2457,19	+10,58	+ 3,17
Mercado de Ações da Nasdaq									
Índice Nasdaq Composto	1965,76	1950,17	1952,40	+10,20	+0,53	2153,83	1752,49	+ 3,11	− 2,54
Nasdaq 100	1472,21	1458,08	1459,01	+ 6,07	+0,42	1553,66	1304,43	+ 5,60	− 0,61
Biotech	735,82	729,37	733,18	+ 6,57	+0,90	845,11	622,19	− 2,41	+ 1,25
Computer	868,16	857,60	858,88	+ 4,05	+0,47	1012,13	768,60	− 3,97	− 8,13
Índices da Standard & Poor's									
Índice 500	1140,19	1131,50	1135,17	+ 3,67	+0,32	1157,76	1028,91	+ 9,75	+ 2,09
MidCap 400	607,67	601,79	603,62	+ 1,83	+0,30	616,70	532,17	+13,27	+ 4,79
SmallCap 600	301,54	297,53	299,38	+ 1,85	+0,62	299,38	246,43	+19,94	+10,71
SuperComp 1500	255,03	252,98	253,83	+ 0,85	+0,34	258,20	228,69	-10,41	+ 2,64
Bolsa de Nova York e outras									
Índice composto da NYSE	6696,72	6662,73	6677,75	+14,57	+0,22	6780,03	5851,14	+13,99	+ 3,69
Índice de instituições financeiras da NYSE	6874,99	6843,16	6855,65	+12,36	+0,18	7109,18	6102,46	+12,34	+ 2,68
Russell 2000	592,02	585,03	589,09	+ 4,06	+0,69	606,39	506,43	+14,01	+ 5,78
Value Line	369,73	365,71	368,00	+ 2,29	+0,63	386,84	330,12	+10,13	+ 1,47
Índice composto da Amex	1279,83	1274,60	1276,34	− 2,93	−0,23	1279,27	1012,48	+26,06	+ 8,76

Fonte: *Reuters*

Fonte: *The Wall Street Journal*, 5 out. 2004, p. C2. Copyright© 2004. *Dow Jones*. Reimpresso com permissão de *Copyright Clearance Center*.

ÍNDICES DE ESTILO

As empresas de serviços financeiros como *Dow Jones, Moody's, Standard & Poor's, Russell* e *Wilshire Associates* geralmente são muito rápidas para reagir a mudanças nas práticas de investimento. Um exemplo é o aumento da popularidade das ações de empresas pequenas depois que pesquisas acadêmicas na década de 1980 sugeriram que, em prazos longos, estas superaram as de grandes empresas, após feito um ajuste por risco. Em resposta, a *Ibbotson Associates* criou o primeiro índice de ações de empresas pequenas, o qual seguiu os índices de empresas pequenas da Frank Russell Associates (o índice Russell 2000), pelo índice 600 da Standard & Poor's, pelo Wilshire 1750 e pelo Índice Dow Jones Small-Cap. Isso gerou conjuntos de índices por tamanho, incluindo empresas grandes, médias, pequenas e microempresas. Esses foram utilizados para avaliar o desempenho de gestores de recursos que se concentravam nesses grupos de tamanho.

A inovação seguinte foi os gestores de recursos se concentrarem em *tipos* de ações, por exemplo, *crescimento* ou de *valor*. Incluímos uma designação dessas no Capítulo 2, explicando o que são e como podem ser identificadas. À medida que essa inovação evoluiu, as empresas de serviços financeiros novamente reagiram e criaram índices de ações de crescimento e de valor com base na relação preço/lucro, na relação preço/valor patrimonial, no quociente entre preço e fluxo de caixa e outras métricas, como retorno sobre patrimônio líquido (ROE) e crescimento de receita.

Por fim, esses dois estilos (tamanho e tipo) foram combinados em seis categorias:

Crescimento e empresas pequenas	Valor e empresas pequenas
Crescimento e empresas médias	Valor e empresas médias
Crescimento e empresas grandes	Valor e empresas grandes

Atualmente, a maioria dos gestores de recursos identifica seu estilo de investimento como um dos estilos nomeados anteriormente, e os consultores geralmente usam essas categorias para identificar esses gestores.

As adições mais recentes aos índices de estilo são aqueles criados para acompanhar os fundos éticos, os chamados *fundos de investimento socialmente responsáveis* (sri). Estes são segmentados por país e incluem um índice global de ações de empresas éticas.

A melhor fonte de índices de ações por estilo (tanto em tamanho quanto em tipo de ação) é *Barron's*.

A Tabela 7.1 descreve o "Banco de Dados do Mercado de Ações" do *Wall Street Journal*, de 5 de outubro de 2004, com valores de muitos dos índices de ações dos Estados Unidos que discutimos. A Tabela 7.2 apresenta uma tabela com vários índices de ações internacionais publicados no *Wall Street Journal*.

TABELA 7.2 Índices internacionais de mercado de ações

Índices internacionais de mercado de ações

PAÍS	ÍNDICE	Fechamento	Variação líquida	Variação %	Variação líquida acumulada no ano	Variação % acumulada no ano	Preço/Lucro
Mundo	Índice mundial da Dow Jones	194,20	+0,79	+0,41	+7,25	+3,88	17
Argentina	Merval	1167,09	+6,97	+0,60	+95,14	+8,88	...
Austrália	S&P/ASX 200	3693,60	+34,00	+0,93	+393,80	+11,93	15
Bélgica	Bel-20	2760,03	+34,91	+1,28	+515,85	+22,99	11
Brasil	Bovespa	24150,39	+373,37	+1,57	+1914,00	+8,61	11
Canadá	S&P/TSX Composto	8812,91	+65,82	+0,75	+592,02	+7,20	17
Chile	Santiago IPSA	1743,01	+11,85	+0,68	+258,21	+17,39	18
China	Dow Jones CBN China 600	11270,59	Fechado	...	−946,02	−7,74	24
China	Dow Jones China 88	123,22	Fechado	...	−12,51	−9,22	18
Europa	DJ STOXX 600	244,18	+2,33	+0,96	+14,87	+6,48	21
Europa	DJ STOXX 50	2744,82	+23,77	+0,87	+84,45	+3,17	20
Zona do Euro	DJ EURO STOXX	254,66	+2,53	+1,00	+11,45	+4,71	21
Zona do Euro	DJ EURO STOXX 50	2823,46	+27,38	+0,98	+62,80	+2,27	17
França	Paris CAC 40	3767,06	+36,90	+0,99	+209,16	+5,88	15
Alemanha	DAX	4033,28	+38,32	+0,96	+68,12	+1,72	15
Hong Kong	Hang Seng	13359,25	+239,22	+1,82	+783,31	+6,23	15
Índia	Sensex	5766,30	+90,76	+1,60	−72,66	−1,24	16
Israel	Tel Aviv 25	542,29	+2,67	+0,49	+38,14	+7,57	...
Itália	MIBTel	21501,00	+114,00	+0,53	+1579,00	+7,93	14
Japão	Nikkei 225	11279,63	+294,46	+2,68	+602,99	+5,65	...
Japão	Nikkei 300	219,54	+4,46	+2,07	+16,00	+7,86	...
Japão	Índice Topix	1139,45	+22,16	+1,98	+95,76	+9,18	115
México	I.P.C. Geral	11181,63	+103,37	+0,93	+2386,35	+27,13	15
Holanda	Amsterdam AEX	335,19	+4,32	+1,31	−2,46	−0,73	11
Rússia	DJ Russia Titans 10	2552,70	+76,89	+3,11	+377,57	+17,36	37
Cingapura	Straits Times	2013,89	+32,75	+1,65	+249,37	+14,13	12
África do Sul	All Share de Johannesburgo	11795,02	−76,80	−0,65	+1407,80	+13,55	14
Coréia do Sul	KOSPI	880,84	+34,83	+4,12	+70,13	+8,65	15
Espanha	IBEX 35	8304,90	+84,30	+1,03	+567,7	+7,34	16
Suécia	SX All Share	220,13	+2,70	+1,24	+25,96	+13,37	21
Suíça	Mercado Suíço de Zurique	5600,90	+72,00	+1,30	+113,10	+2,06	15
Taiwan	Ponderado	6077,96	+132,61	+2,23	+187,27	+3,18	12
Turquia	Índice nacional 100 de Istambul	21987,74	+265,24	+1,22	+3362,72	+18,05	20
Reino Unido	FTSE 100	4681,80	+22,20	+0,48	+204,90	+4,58	13
Reino Unido	FTSE 250	6401,00	+68,00	+1,07	+598,70	+10,32	16

Fonte: *The Wall Street Journal*, 4 out. 2004, p. C17. Copyright© 2004 – *Dow Jones*. Reimpresso com permissão de *Copyright Clearance Center*.

Índices globais de ações

Como mostrado na Tabela 7.2 e no Quadro 7.B no apêndice deste capítulo, existem índices de mercados de ações disponíveis para a maioria dos mercados estrangeiros individuais. Embora esses índices locais sejam acompanhados de perto em cada país, há um problema ao se comparar os resultados apresentados por eles, em razão da falta de consistência em termos de seleção de amostra, ponderação ou procedimentos de cálculo. Para resolver esses problemas de comparabilidade, vários grupos têm calculado um conjunto consistente de índices de ações de países. Portanto, estes podem ser diretamente comparados e combinados para criar vários índices regionais (por exemplo, o da Bacia do Pacífico). Descreveremos os três principais conjuntos de índices globais de ações.

Índices Globais FT/S&P-Actuaries – Os Índices Globais FT/S&P-Actuaries são calculados em conjunto por *The Financial Times Limited*, *Goldman Sachs & Company* e pela *Standard & Poor's* (os "calculadores"), em associação com o Institute of Actuaries e a Faculty of Actuaries. Aproximadamente 2.461 ações de 30 países são medidas, cobrindo pelo menos 70% do valor total de todas as empresas registradas em cada um deles. Todos os títulos incluídos devem permitir aplicações diretas em ações por residentes fora do país.

Os índices são ponderados por valor de mercado e têm como data-base 31 de dezembro de 1986 = 100. Os resultados dos índices são divulgados em dólares americanos, libras esterlinas, ienes japoneses, euros e na moeda local de cada país. Além dos índices de cada nação e um mundial, há diversos subgrupos geográficos, como é mostrado na Tabela 7.3.

TABELA 7.3   Índice global de ações do *Financial Times*

Séries do índice global de ações FTSE

Países e regiões	Número de ações	Índice em dólar americano	% por dia	% por mês	% do acumulado durante o ano	Retorno total	% do acumulado durante o ano	Rendimento bruto em dividendos
Global para todas as empresas	**7352**	**270,57**	**-0,1**	**25,0**	**1,5**	**280,97**	**3,1**	**2,0**
Global para empresas grandes	1038	258,52	-0,1	1,9	0,1	269,05	1,8	2,2
Global para empresas médias	7844	300,11	0,1	3,8	4,8	310,33	6,3	1,7
Global para empresas pequenas	4470	308,37	0,0	3,6	4,8	317,86	6,1	1,7
Empresas grandes e médias para todo o mundo	2882	162,67	-0,1	2,3	1,7	176,55	2,7	2,1
Empresas grandes e médias – mundo	2456	290,02	-0,1	2,2	1,0	422,29	2,7	2,1
Global para todos os tamanhos, exceto o Reino Unido	6847	270,88	-0,1	2,3	1,2	280,49	2,7	1,9
Global para todos os tamanhos, exceto para os Estados Unidos	5130	286,09	0,3	3,3	2,8	300,22	4,9	2,4
Global para todos os tamanhos, exceto para o Japão	6009	269,86	0,1	2,9	1,4	280,74	3,1	2,1
Global para todos os tamanhos, exceto para o Bloco do Euro	6599	268,77	-0,1	2,2	1,8	278,37	3,2	1,9
Mercados desenvolvidos do mundo todo	1998	263,93	-0,1	2,1	0,8	274,15	2,4	2,0
Mercados desenvolvidos, todos os tamanhos	5832	268,56	-0,1	2,2	1,3	278,70	2,9	2,0
Mercados desenvolvidos, empresas grandes	726	255,96	-0,1	1,7	-0,2	266,22	1,5	2,1
Mercados desenvolvidos da Europa, empresas grandes	190	265,99	0,0	4,2	0,1	282,85	2,8	2,8
Mercados desenvolvidos da Europa, empresas médias	324	295,64	0,1	4,3	5,4	311,96	1,9	2,6
Mercados desenvolvidos da Europa, empresas pequenas	1038	328,74	0,0	4,4	8,2	346,06	10,5	2,4
Mercados desenvolvidos da Europa	514	169,25	0,1	4,2	1,1	189,96	3,7	2,8
América do Norte, empresas grandes	236	247,09	0,1	0,9	-0,9	255,02	0,4	1,9
América do Norte, empresas médias	471	291,59	0,4	3,9	4,6	298,90	5,6	1,4
América do Norte, empresas pequenas	1713	296,99	0,1	3,7	2,8	303,73	3,7	1,3
América do Norte	707	157,34	0,2	1,6	0,3	768,18	1,6	1,8
Todos os mercados desenvolvidos, exceto a América do Norte	1291	165,67	-0,4	2,7	1,4	183,29	3,7	2,4
Japão, empresas grandes	177	263,22	-1,5	-2,4	0,0	267,59	0,6	1,0
Japão, empresas médias	304	312,08	-7,2	-1,8	4,0	317,64	4,7	0,9
Japão, empresas pequenas	862	342,27	-1,1	-1,7	14,1	350,11	15,0	1,1,
Japão, empresas grandes e médias	481	104,17	-1,5	-2,3	0,8	119,82	1,4	1,0
Ásia/Pacífico, exceto o Japão, empresas grandes	301	292,81	-0,8	4,5	3,3	310,46	6,0	3,0
Ásia/Pacífico, exceto o Japão, empresas médias	567	312,86	-0,5	5,9	2,6	329,37	5,2	2,7
Ásia/Pacífico, exceto o Japão, empresas pequenas	134	293,42	-0,4	6,5	-0,8	308,59	1,6	2,8
Ásia/Pacífico, exceto o Japão	868	222,66	-0,8	4,8	3,2	252,05	5,9	3,0
Mercados emergentes, todos os tamanhos	1520	313,97	-0,2	6,9	4,9	330,23	7,3	2,7
Mercados emergentes, empresas grandes	312	308,92	-0,1	6,6	6,1	324,80	8,6	2,8
Mercados emergentes, empresas médias	572	318,95	-0,3	7,4	2,8	334,04	5,2	2,6
Mercados emergentes, empresas pequenas	636	297,77	-0,1	8,1	-0,4	312,24	1,9	2,5
Mercados emergentes, Europa	56	286,57	-0,1	10,0	16,0	312,50	18,2	2,6
América Latina, todos os tamanhos	177	379,87	0,2	6,5	13,3	402,75	15,9	3,2
África/Oriente Médio, todos os tamanhos	174	329,17	0,3	8,9	11,9	348,81	14,5	2,8
Reino Unido, todos os tamanhos	505	267,96	0,4	4,2	3,7	285,61	6,6	3,2
Estados Unidos, todos os tamanhos	2222	257,98	0,2	1,7	0,3	265,58	1,5	1,1
Europa, todos os tamanhos	1636	279,49	0,0	4,3	2,0	295,71	4,6	2,7
Bloco do Euro, todos os tamanhos	753	283,19	-0,1	4,4	-0,3	299,30	2,3	2,7

continua

TABELA 7.3 — Índice global de ações do *Financial Times* (continuação)

Setores industriais para todo o mundo	Número de ações	Índice em dólar americano	% por dia	% por mês	% do acumulado durante o ano	Retorno total	% do acumulado durante o ano	Rendimento bruto em dividendos
Recursos	**145**	**258,91**	**0,6**	**8,9**	**14,3**	**287,45**	**16,9**	**2,4**
Mineração	46	418,41	-0,2	4,9	0,0	469,45	1,9	2,0
Petróleo e gás natural	99	241,63	0,7	9,6	16,9	271,41	19,6	2,5
Indústrias de base	**330**	**265,22**	**0,0**	**3,1**	**3,1**	**294,58**	**5,2**	**2,3**
Produtos químicos	113	240,31	0,2	3,0	0,1	208,84	1,9	2,3
Construção & materiais de construção	111	272,38	-0,1	3,4	9,4	302,19	11,5	2,1
Recursos florestais e papel	37	265,80	0,1	0,8	-25,0	300,32	-0,1	2,9
Aço e outros metais	69	325,64	-0,2	5,7	4,8	356,65	7,0	2,1
Indústrias gerais	**285**	**166,76**	**-0,3**	**1,6**	**3,4**	**180,03**	**4,8**	**1,8**
Aeroespacial & defesa	24	195,54	0,5	2,4	70,4	212,20	12,0	7,9
Indústrias diversificadas	62	160,45	-0,3	1,7	7,4	175,27	9,2	2,1
Equipamentos eletro-eletrônicos	105	150,25	-7,2	0,6	-4,3	15918,00	-3,3	1,3
Engenharia e mecânica	94	252,94	0,2	23,0	1,3	274,84	2,7	7,7
Bens de consumo cíclico	**171**	**189,09**	**-0,3**	**1,2**	**1,4**	**204,90**	**2,8**	**1,8**
Automóveis e autopeças	79	200,01	-0,4	0,3	0,8	21815,00	2,4	1,9
Eletrodomésticos e tecidos	92	167,88	-0,2	3,0	2,6	179,44	3,7	1,6
Bens de consumo não-cíclico	**344**	**167,99**	**-0,1**	**-0,2**	**-14,0**	**203,90**	**0,0**	**2,9**
Bebidas	50	198,34	-0,1	-2,9	-5,2	215,50	-3,5	2,4
Produtores & processadores de alimentos	91	236,04	-0,4	-1,6	-2,3	260,02	-0,5	2,5
Saúde	71	226,42	1,0	4,5	3,9	234,52	4,4	0,5
Cuidados pessoais e produtos para uso doméstico	27	238,53	-0,3	-2,7	4,9	256,96	6,4	1,9
Medicamentos	90	155,00	-0,2	0,4	-3,0	166,17	-1,6	1,9
Indústria do fumo	15	293,79	-1,1	-3,6	-5,8	359,40	-2,0	5,3
Serviços cíclicos	**467**	**178,46**	**0,3**	**2,4**	**1,1**	**187,61**	**2,0**	**1,2**
Varejo em geral	105	240,55	0,3	2,6	50,0	251,41	6,0	1,1
Lazer e hotéis	60	168,59	0,7	4,5	11,8	177,00	13,0	1,5
Mídia e entretenimento	122	133,84	0,3	1,8	-7,0	140,66	-6,4	1,0
Serviços de apoio	64	155,50	0,2	1,5	-0,7	164,59	0,5	1,4
Transporte	716	236,21	0,3	2,4	5,6	253,74	7,1	1,7
Serviços não-cíclicos	**145**	**113,42**	**-0,3**	**23,0**	**0,4**	**123,30**	**2,3**	**2,4**
Varejos de alimentos e medicamentos	38	154,27	-0,1	1,6	-1,6	184,74	0,3	1,6
Serviços de telecomunicação	107	107,26	-0,3	2,5	0,9	717,05	2,9	2,5
Serviços de utilidade pública	**142**	**181,62**	**0,0**	**22,0**	**8,2**	**212,60**	**11,4**	**3,6**
Eletricidade	92	200,34	0,0	2,4	7,1	235,59	10,3	3,7
Outros serviços de utilidade pública	50	187,99	-0,1	3,7	10,3	219,60	13,6	3,5
Finanças	**612**	**197,19**	**0,0**	**21,0**	**1,6**	**219,19**	**3,9**	**2,8**
Bancos	258	223,52	0,3	2,3	1,1	254,23	3,9	3,3
Seguros	62	155,89	-0,5	1,3	0,0	166,04	1,3	1,6
Seguro de vida	33	153,80	0,0	4,5	7,7	171,56	10,0	2,6
Companhias de investimento	21	189,44	0,0	6,4	6,1	209,67	8,8	2,8
Imóveis	96	235,93	-0,6	1,7	13,2	272,69	16,2	3,5
Ramos especializados e outros serviços financeiros	142	174,39	-0,2	1,2	-0,6	185,60	0,6	1,6
Tecnologia da informação	**241**	**76,30**	**-1,0**	**14,0**	**-104,0**	**78,10**	**-10,4**	**0,7**
Equipamentos de tecnologia da informação	159	6,31	-1,4	1,4	-14,5	68,01	-14,0	0,7
Software e serviços de computação	82	106,98	-0,3	1,9	4,1	109,07	-3,7	0,6

www.ftse.com: em 22 de setembro de 2003, a FTSE lançou as séries do Índice Global FTSE de Ações. Estas contêm tanto os novos Índices Globais FTSE de ações de empresas pequenas quanto os ampliados, de empresas de todos os tamanhos e também dos Índices FTSE de Todo o Mundo, para todos os tamanhos. A Tabela foi atualizada com a inclusão dos novos índices e está relacionada às séries dos Índices Setoriais FTSE para Todo o Mundo. Para mais informações, visite o *site*: www.ftse.com/geis. © FTSE *International Limited* 2004. Todos os direitos reservados. FTSE, FT-SE e Footsie são marcas registradas da Bolsa de Valores de Londres e do *Financial Times* e são utilizadas pela FTSE International, sob licença. Para confirmar as mudanças dos componentes, acesse o *site* da FTSE. Fechamento de mercados em 24/09/2004: Egito, Israel e África do Sul.

Fonte: FTSE Global Equity Index Series, *Financial Times*, 27 set. 2004, p. 24. Reimpresso com a permissão de *Financial Times Limited.*

Índices da Morgan Stanley Capital International (MSCI) – Compreendem três índices internacionais, 19 nacionais e 38 índices setoriais internacionais. Eles consideram cerca de 1.673 empresas registradas nas bolsas de valores de 19 países com uma capitalização de mercado combinada que representa aproximadamente 60% do valor de mercado agregado das bolsas destes. Todos os índices são ponderados por valor de mercado. A Tabela 7.4 contém os países que fazem parte da MSCI, com seus números de ações e os valores de mercado.

Além de informar os índices em dólares americanos e na moeda local do país, há as seguintes informações sobre valores: (1) índice preço/valor patrimonial (P/BV), (2) índice preço/fluxo de caixa (lucro mais depreciação) (P/CE), (3) índice preço-lucro (P/E) e (4) taxa de dividendo (YLD). Esses índices ajudam a analisar diferentes níveis de avaliação entre países e, com o tempo, para países específicos.

Em particular, o índice do grupo Morgan Stanley, que cobre Europa, Austrália e Extremo Oriente (EAFE), serve de referência para contratos futuros e opções nas bolsas de Chicago (Chicago Mercantile Exchange e Chicago Board Options Exchange). Diversos índices de países do MSCI, o EAFE e um mundial são divulgados diariamente no *Wall Street Journal*, como mostrado na Tabela 7.5.

148 Investimentos

| **TABELA 7.4** | Cobertura de mercado pelos índices da Morgan Stanley Capital International em 30 de novembro de 2004 |

	PESOS BASEADOS NO PIB[a]			PESO COMO PORCENTAGEM DE ÍNDICE	
	Porcentagem EAFE	Empresas no índice	Capitalização de mercado em bilhões de dólares americanos	EAFE livre[b]	Mundo
Áustria	1,8	13	69,6	0,3	0,1
Bélgica	2,3	20	239,5	1,3	0,5
Dinamarca	3,4	20	137,8	0,8	0,3
Finlândia	2,0	19	198,2	1,8	0,6
França	10,7	57	1.412,7	9,4	3,9
Alemanha	14,8	47	1.056,1	6,8	2,8
Grécia	1,1	20	109,9	0,5	0,2
Irlanda	1,0	15	93,9	0,8	0,3
Itália	9,6	41	606,7	4,0	1,6
Países Baixos	3,2	26	508,9	4,8	1,9
Noruega	1,6	14	133,0	0,6	0,2
Portugal	0,9	10	67,2	0,4	0,1
Espanha	5,3	31	774,7	3,8	1,5
Suécia	1,9	44	353,6	2,5	1,0
Suíça	1,8	35	707,0	6,9	2,8
Reino Unido	10,8	121	2.560,0	25,2	10,3
Europa	69,1	563	9.118,0	69,5	28,5
Austrália	3,5	72	675,0	5,4	2,2
Hong Kong	1,0	37	402,5	1,7	0,7
Japão	25,4	344	3.492,2	22,3	9,1
Nova Zelândia	0,5	16	25,8	0,2	0,1
Cingapura	0,6	35	169,0	0,6	0,3
Pacífico	30,9	504	4.764,4	30,5	12,5
Pacífico, exceto o Japão	5,6	160	1.272,2	6,2	3,4
EAFE	100,0	1067	13.002,4	100,0	40,9
Canadá	—	90	1.083,7	—	2,9
Estados Unidos	—	51,6	14.816,4		51,3
Índice Mundial	—	1.673	29.782,5	—	100,0
União Monetária Européia	51,5	299	5.217,8	—	13,6
Europa, exceto o Reino Unido	58,2	412	6.549,2	—	18,1
Extremo Oriente	27,0	416	4.062,7	24,8	10,2
América do Norte	—	606	15.900,1		54,1
Índice Kokusai (Mundo, exceto o Japão)	—	1.329	29.453,7		90,9

[a] Os valores dos pesos em termos de PIB representam os pesos iniciais aplicáveis no primeiro mês. São utilizados exclusivamente nos índices "ponderados por PIB" da MSCI.

[b] A palavra "livre" indica que apenas ações que possam ser adquiridas por investidores estrangeiros são incluídas no índice. Se o número de empresas é o mesmo e o valor é diferente, isso significa que as ações disponíveis a estrangeiros têm preços distintos das ações domésticas.

Fonte: Morgan Stanley Capital International (New York: Morgan Stanley & Co., 2004).

Índice Mundial de Ações da Dow Jones – Em janeiro de 1993, a Dow Jones lançou seu Índice Mundial de Ações. Composto por mais de 2.200 empresas no mundo inteiro e organizado em 120 grupos setoriais, ele inclui 28 países e representa mais de 80% da capitalização combinada deles.[7] Além das 34 nações individuais mostradas na Tabela 7.6, os países são agrupados em três regiões: Ásia/Pacífico, Europa/África e Américas. Finalmente, o índice de cada país é calculado em sua própria moeda e também em dólares americanos, libras esterlinas, euros e ienes japoneses. Ele é divulgado diariamente no *Wall Street Journal* (edição doméstica), no *Wall Street Journal Europe* e no *Asian Wall Street Journal*. Semanalmente, em *Barron's*.

---

[7] "Journal Launches Index Tracking World Stocks." *The Wall Street Journal*, 5 jan. 1993. p. C1.

Índices de mercado de títulos **149**

TABELA 7.5 | Lista dos valores dos índices da Morgan Stanley Capital International

Índices MSCI

	23 de setembro	22 de setembro	% de variação em relação a dezembro de 2003
Estados Unidos	1039,0	1044,1	-0,6
Grã-Bretanha	1375,8	1384,1	2,0
Canadá	1063,0	1064,2	4,2
Japão	671,5	671,5	5,4
França	1204,1	1216,4	3,3
Alemanha	480,2	484,6	-2,4
Hong Kong	7065,8	7109,9	11,4
Suíça	722,3	730,4	1,1
Austrália	718,5	720,4	9,6
Índice Mundial	1042,2	1045,3	0,6
MSCI EAFE	1311,8	1313,0	1,8

Cálculos efetuados por Morgan Stanley Capital International Perspective, Genebra. Cada índice, calculado em moeda local, baseia-se no fechamento de 1969 e equivale, então, a 100.

Fonte: *The Wall Street Journal*, 27 set. 2004, p. C13. Copyright© 2004 *Dow Jones*. Reimpresso com permissão do *Copyright Clearance Center*.

TABELA 7.6 | Índices de países da Dow Jones

Índices de países da Dow Jones

Em termos de dólares americanos

18 de outubro de 2004, 17h15 – Horário da Costa Leste dos Estados Unidos

País	Índice	Variação	Variação %	Variação % acumulada no ano	País	Índice	Variação	Variação %	Variação % acumulada no ano
Austrália	238,24	-2,32	-0,96	+9,24	México	212,75	-0,35	-0,16	+21,18
Áustria	221,95	+1,53	+0,69	+34,36	Países Baixos	244,12	-0,11	-0,05	-2,29
Bélgica	264,55	+1,89	+0,72	+21,76	Nova Zelândia	208,79	-1,05	-0,50	+15,49
Brasil	413,93	+0,65	+0,16	+10,95	Noruega	198,20	+2,23	+1,14	+27,23
Canadá	264,39	-0,23	-0,09	+10,76	Filipinas	82,18	+0,32	+0,39	+26,99
Chile	238,52	+2,41	+1,02	+10,28	Portugal	176,86	+0,09	+0,05	+8,93
Dinamarca	277,09	-0,75	-0,27	+15,91	Cingapura	146,69	-0,90	-0,61	+10,13
Finlândia	748,47	-3,05	-0,41	-5,01	África do Sul	172,56	+1,21	+0,71	+20,05
França	220,81	+0,03	+0,01	+3,21	Coréia do Sul	114,20	+1,04	+0,92	+7,29
Alemanha	115,93	+14,00	+0,08	-2,15	Espanha	234,35	+0,88	+0,38	+5,63
Grécia	153,76	-14,00	-0,09	+10,90	Suécia	303,97	+0,89	+0,29	+16,31
Hong Kong	229,22	-0,85	-0,37	+5,73	Suíça	342,98	+1,05	+0,31	-0,56
Indonésia	63,73	-0,31	-0,48	+15,89	Taiwan	109,52	-1,00	-0,90	-3,35
Irlanda	381,31	+1,61	+0,42	+13,46	Tailândia	66,30	-0,08	-0,12	-17,09
Itália	182,96	+0,14	+0,08	+7,02	Reino Unido	185,43	-0,43	-0,23	+4,60
Japão	81,05	-0,42	-0,52	+4,33	Estados Unidos	263,94	+1,37	+0,52	+0,48
Malásia	112,42	-0,12	-0,11	+3,50	Venezuela	46,39	-0,70	-1,49	-14,81

Fonte: *The Wall Street Journal*, 19 out. 2004. p. C17. Copyright© 2004 *Dow Jones*. Reimpresso com permissão do *Copyright Clearance Center*.

Comparação dos Índices Mundiais de Ações – Como mostrado na Quadro 7.6, as correlações entre as três séries, desde 31 de dezembro de 1991, quando as DJs se tornaram disponíveis, indicam que os resultados com os vários índices mundiais de ações são bastante semelhantes.

Um resumo das características dos principais índices de preços de ações, ponderados por preço, por valor de mercado e com pesos iguais para os Estados Unidos e para os principais países, pode ser encontrado no Quadro 7.A, no apêndice deste capítulo. As principais diferenças residem no número de ações em cada índice e, mais importante, na *fonte* da amostra (ações da NYSE, da Nasdaq, todas as ações dos Estados Unidos ou de outro país, como o Reino Unido ou o Japão).

150 Investimentos

QUADRO 7.6	Correlações de variações porcentuais dos níveis de índices mundiais alternativos de ações, 31 de dezembro de 1991 a 31 de dezembro de 2003

	Dólares americanos
FT-MS:	0,997
FT-DJ:	0,996
MS-DJ:	0,994

Índices de mercado de títulos de renda fixa[8]

Os investidores sabem pouco a respeito dos diversos índices de mercado de títulos de renda fixa, uma vez que são relativamente novos e pouco divulgados. O conhecimento deles está se tornando cada vez mais importante em função do crescimento dos fundos de investimento de renda fixa e da conseqüente necessidade de se ter um conjunto confiável de indicadores de referência para uso na avaliação do desempenho desses fundos. Da mesma forma, como a execução de muitos de seus gestores não tem conseguido alcançar a do mercado agregado de títulos de renda fixa, cresceu o interesse em fundos indexados destes títulos, o que exige a montagem de um índice a ser acompanhado.

É importante destacar que é mais difícil criar e calcular um índice de títulos de renda fixa do que um de mercado de ações, por vários motivos. Em primeiro lugar, o universo dos títulos de renda fixa é muito maior do que o de ações, variando de obrigações do Tesouro americano até títulos de renda fixa inadimplentes. Em segundo, ele muda continuamente por causa das novas emissões, dos vencimentos dos títulos de renda fixa, do resgate antecipado e da amortização parcial desses títulos. Em terceiro lugar, a volatilidade de preços de títulos individuais de renda fixa e das carteiras destes varia, pois ela é afetada pela duração, que também se altera continuamente em função das mudanças de prazos de vencimento, cupons e taxas de mercado (veja Capítulo 12). Por fim, podem surgir problemas significativos para se determinar corretamente o preço de títulos individuais de renda fixa componentes de um índice (especialmente obrigações emitidas por empresas privadas e obrigações hipotecárias), em comparação com os preços correntes e contínuos de transação disponíveis para a maioria das ações utilizadas em índices.

Nossa próxima discussão será dividida em três subseções: (1) índices de títulos de renda fixa americanos de nível passível de investimento, incluindo títulos do Tesouro; (2) índices de títulos de renda fixa americanos de alto rendimento; e (3) índices globais de títulos de dívida pública. Todos eles fornecem taxas de retorno total para a carteira de títulos de renda fixa e são ponderados por valor de mercado. O Quadro 7.7 apresenta um resumo das características dos índices disponíveis para esses três segmentos do mercado de títulos de renda fixa.

ÍNDICES DE TÍTULOS DE RENDA FIXA DE NÍVEL PASSÍVEL DE INVESTIMENTO DOS ESTADOS UNIDOS

Como mostrado no Quadro 7.7, quatro companhias criaram e mantêm índices de títulos do Tesouro e outros de renda fixa possuidores de nível passível de investimento, ou seja, os títulos de renda fixa são classificados com *rating* BBB ou acima. Como demonstrado anteriormente, a relação entre os retornos desses títulos passíveis de investimento é forte (ou seja, a média das correlações é de aproximadamente 0,95), independentemente do segmento do mercado.

ÍNDICES DE TÍTULOS DE RENDA FIXA DE ALTO RENDIMENTO

Um dos segmentos de crescimento mais rápido no mercado de títulos de renda fixa dos Estados Unidos nos últimos 20 anos tem sido o de alto rendimento, que inclui os títulos que não são de nível passível de investimento, ou seja, são classificados nos níveis BB, B, CCC, CC e C. Em função desse crescimento, quatro companhias de investimento criaram índices relacionados a esse mercado. Um resumo das características desses índices pode ser encontrado no Quadro 7.7.

ÍNDICES GLOBAIS DE TÍTULOS DE DÍVIDA PÚBLICA

O mercado global de títulos de renda fixa tem apresentado crescimento significativo quanto a tamanho e importância nos últimos 15 anos. Ao contrário do mercado de títulos de alto rendimento, o segmento global é completamente dominado por títulos de dívida pública, pois poucos países (além dos Estados Unidos) têm um mercado de títulos de dívida privada. Novamente, várias grandes companhias de investimento elaboraram índices que refletem o desempenho do mercado global de títulos de renda fixa. Como mostrado no Quadro 7.8, eles possuem características semelhantes. Ao mesmo tempo, os tamanhos totais das amostras e os números de países inclusos são diferentes.

Índices compostos de títulos de renda fixa e ações

Depois dos índices de ações e dos títulos de renda fixa separados para países individuais, um passo natural é o desenvolvimento de um índice composto que meça o desempenho de todos os títulos de um determinado país. Com um índice composto,

---

[8] A discussão apresentada nesta seção se apóia bastante em REILLY, Frank K.; WRIGHT, David J. "Bond Market Indexes", In: FABOZZI, Frank J. (Ed.) *Handbook of Fixed Income Securities*. 7. ed. Chicago: Irwin Professional Publishing, 2005.

Nome do índice	Número de títulos	Prazo de vencimento	Tamanho das emissões	Ponderação	Cotação	Premissa quanto a reinvestimento	Subíndices disponíveis
Índices de títulos de renda fixa de nível passível de investimento dos Estados Unidos							
Lehman Brothers	5.000+	Acima de 1 ano	Acima de 100 milhões de dólares	Valor de mercado	Preço cotado por intermediários e determinado por modelos	Não	Governo, governo/empresas, empresas com lastro hipotecário, empresas com lastro em ativos
Merrill Lynch	5.000+	Acima de 1 ano	Acima de 50 milhões de dólares	Valor de mercado	Preço cotado por intermediários e determinado por modelos	Em títulos de renda fixa específicos	Governo, governo/empresas, empresas, obrigações hipotecárias
Ryan Treasury	300+	Acima de 1 ano	Todos os títulos do Tesouro	Valor de mercado e pesos iguais	Valor de mercado	Em títulos de renda fixa específicos	Tesouro
Smith Barney	5.000+	Acima de 1 ano	Acima de 50 milhões de dólares	Valor de mercado	Preço cotado por intermediários	Em letras do Tesouro com prazo de um mês	Índice amplo de títulos com nível passível de investimento, Tesouro e agências do governo, empresas, obrigações hipotecárias
U.S. High Índices de títulos de renda fixa de alto rendimento dos Estados Unidos-Yield Bond Indexes							
C. S. First Boston	423	Todos os prazos de vencimento	Acima de 75 milhões de dólares	Valor de mercado	Preço cotado por intermediários	Sim	Composto e por *rating*
Lehman Brothers	624	Acima de 1 ano	Acima de 100 milhões de dólares	Valor de mercado	Preço cotado por intermediários	Não	Composto e por *rating*
Merrill Lynch	735	Acima de 1 ano	Acima de 25 milhões de dólares	Valor de mercado	Preço cotado por intermediários	Sim	Composto e por *rating*
Smith Barney	299	Acima de 1 ano	Acima de 50 milhões de dólares	Valor de mercado	Preço cotado por intermediários	Sim	Composto e por *rating*
Índices globais de títulos de dívida pública							
Lehman Brothers	800	Acima de 1 ano	Acima de 200 milhões de dólares	Valor de mercado	Preço cotado por intermediários	Sim	Composto e 13 países, em moeda local e em dólares americanos
Merrill Lynch	9.736	Acima de 1 ano	Acima de 50 milhões de dólares	Valor de mercado	Preço cotado por intermediários	Sim	Composto e 9 países, em moeda local e em dólares americanos
J. P. Morgan	445	Acima de 1 ano	Acima de 100 milhões de dólares	Valor de mercado	Preço cotado por intermediários	Sim no índice	Composto e 11 países, em moeda local e em dólares americanos
Smith Barney	400	Acima de 1 ano	Acima de 250 milhões de dólares	Valor de mercado	Preço cotado por intermediários	Sim à taxa de curto prazo local	Composto e 14 países, em moeda local e em dólares americanos

Fonte: REILLY, Frank K., KAO, Wenchi; WRIGHT, David J. "Alternative Bond Market Indexes." *Financial Analysts Journal* 48, n. 3, p. 14-58, maio-jun. 1992,; REILLY, Frank K.; WRIGHT, David J. "An Analysis of High-Yield Bond Benchmarks." *Journal of Fixed Income* 3, n. 4, p. 6-24, mar. 1994; e REILLY, Frank K.; WRIGHT, David J. "Global Bond Markets: Alternative Benchmarks and Risk-Return Performance", não publicado, maio 2000.

152 Investimentos

os investidores podem examinar os benefícios de se diversificar em uma combinação de classes de ativos, como ações e títulos de renda fixa, além de diversificar nas classes de ações ou títulos de renda fixa. Há dois índices disponíveis.

Temos, primeiro, um índice ponderado por valor de mercado, denominado *Merrill Lynch-Wilshire Capital Markets Index* (ML-WCMI), que mede o desempenho em termos de retorno total dos mercados combinados de ações e títulos de renda fixa tributáveis dos Estados Unidos. Trata-se basicamente de uma combinação dos índices de renda fixa da *Merrill Lynch* e das ações ordinárias *Wilshire* 5000. Como tal, acompanha mais de dez mil ações e títulos de renda fixa e, em março de 2004, possuía cerca de 33% destes e 67% daquelas.

O segundo índice composto é o Brinson Partner Global Security Market Index (GSMI), que contém títulos de renda fixa e ações dos Estados Unidos e também ações não-americanas e títulos de renda fixa emitidos em outras moedas que não o dólar, além de uma alocação em caixa. A composição específica, em março de 2004, era de 40% em ações dos Estados Unidos, 25% em ações não-americanas, 24% em títulos americanos de renda fixa, e 11% destes não-americanos.

Embora relacionados aos valores relativos de mercado dessas classes de ativos, os pesos escolhidos foram obtidos com o uso de técnicas de otimização para identificar a carteira de classes de ativos globais disponíveis que correspondem ao grau de risco de um plano de pensão típico nos Estados Unidos. O índice é rebalanceado mensalmente em função dos pesos decorrentes da política de investimento.

Como o GSMI contém tanto títulos de renda fixa quanto ações americanas e internacionais, ele claramente representa a referência mais diversificada e disponível com um esquema de ponderação que se aproxima dos valores de mercado. Portanto, chega perto da teoricamente definida "carteira de mercado de ativos com risco", à qual se refere a literatura sobre o CAPM.[9]

Comparação de índices no tempo

Examinemos agora as variações de preços de diferentes índices em intervalos mensais.

CORRELAÇÕES ENTRE VARIAÇÕES MENSAIS DE PREÇO DE AÇÕES

O Quadro 7.8 contém uma lista dos coeficientes de correlação das porcentagens mensais de variação de preço de um conjunto de índices de mercado de ações dos Estados Unidos e fora destes com o índice S&P 500 para o período de 22 anos, que vai de 1980 a 2001. A maioria das diferenças nas correlações pode ser atribuída às diferentes amostras de empresas registradas nas várias bolsas de valores. Uma boa parte dos principais índices – exceto o Nikkei – é formada pelos ponderados por valor de mercado, os quais incluem muitas ações. Portanto, o procedimento de cálculo geralmente é semelhante e os tamanhos das amostras são grandes ou abrangem todas as ações negociadas. Assim, a principal diferença entre os índices está no fato de que as ações provêem de segmentos diversos do mercado de ações dos Estados Unidos ou de outros países.

Há uma alta correlação positiva (0,98-0,99) entre o S&P 500 e os demais índices abrangentes de ações dos Estados Unidos, a saber, Wilshire, NYSE e Russell. Todavia, há correlações mais baixas entre estes e os vários índices de estilo, como o *Russell Large-Cap* 1000 (0,886) ou o *Russell* 2000 *Small-Cap* (0,783).

As correlações entre o S&P 500 e os índices do Canadá, do Reino Unido, da Alemanha e do Japão ajudam a defender a idéia de que o investimento deve ter âmbito global. Especificamente, a correlação Estados Unidos–Toronto foi de 0,75, a Estados Unidos–*Financial Times*, 0,67 e as Estados Unidos–Japão (Nikkei e Tokyo SE) tiveram uma média de 0,38. Esses resultados de diversificação foram confirmados com as séries compostas internacionais – com o MSCI EAFE e com o Índice de Mercados Emergentes da IFC, e as correlações ficaram em torno de 0,54 e 0,39, respectivamente. Também confirmam os benefícios da diversificação global, já que essas baixas correlações reduziram a variância de uma carteira formada somente por ações dos Estados Unidos.

CORRELAÇÕES ENTRE ÍNDICES MENSAIS DE TÍTULOS DE RENDA FIXA

As correlações com os retornos mensais do índice de obrigações *Lehman Bros. Govt.*, no Quadro 7.8, consideram uma variedade de índices de títulos de renda fixa. As entre os índices de títulos de renda fixa de nível passível de investimento com prazo mais longo dos Estados Unidos variaram entre 0,94 e 0,98, confirmando, embora o *nível* das taxas de juros seja diferente em função do prêmio por risco, serem os fatores dominantes que determinam as taxas de retorno de títulos de renda fixa de nível passível de investimento com o tempo variáveis *sistemáticas* associadas às taxas de juros.

As correlações entre os títulos desse grau e as obrigações de alto rendimento mostram resultados significativamente mais baixos (0,49), causados pelas características de renda variável que possuem os títulos de alto rendimento.[10] Finalmente, as relações baixas e diversas entre os títulos de renda fixa de nível passível de investimento dos Estados Unidos e os títulos de dívida pública mundiais, excluindo os Estados Unidos (0,35), refletem efeitos de diferentes movimentos de taxas de juros e taxas de câmbio (os resultados de títulos públicos não-americanos são retornos medidos em dólares americanos). Novamente, esses resultados apóiam a idéia de que é útil diversificarem termos globais.

---

[9] A série do GSMI é utilizada em um estudo que examina o efeito de vários índices de referência sobre a estimativa da linha de mercado de títulos e dos betas de ações individuais. Veja REILLY, Frank K.; AKHTAR, Rashid A. "The Benchmark Error Problem with Global Capital Markets." *Journal of Portfolio Management* 22, n. 1, outono 1995.

[10] Para uma análise detalhada sobre esse tópico, veja REILLY, Frank K.; WRIGHT, David J. "The Unique Risk-return Characteristics of High-Yield Bonds." *The Journal of Fixed Income* 10, n. 1, outono 2001.

QUADRO 7.8	Coeficientes de correlação entre variações porcentuais mensais de preços de vários índices de ações e renda fixa, 1980-2001		
Índices de ações	**S&P 500**	**Índices de renda fixa**	**Índice _Lehman Brothers Govt._ de títulos de dívida pública**
Wilshire 5000	0,983	LB Aggregate Bonds	0,981
Índice composto da NYSE	0,993	LB Corporate Bonds	0,945
Russel 3000	0,992	LB High-Yield Bonds	0,489
Russel 1000	0,886	ML World Govt Bondsa	0,596
Russel 2000	0,783	ML World Govt Bonds w/o U.S.[a]	0,345
MSCI EAFE	0,538	Treasury Bill-30 dias	0,186
Toronto S.E. 300	0,753	Treasury Bil-6 meses[b]	0,561
Financial Times All-Share	0,667	Treasury Bil-2 anos[b]	0,917
Índice de Frankfurt (FAZ)	0,536		
Índice Nikkei	0,418		
Tokio S.E. Index	0,328		
Índice de Mercados Emergentes da IFC	0,392		
Índice Mundial M. S.	0,604		
Brinson GSMI	0,915		

Notas: [a] Com base apenas em dados de 1986 a 2001.
[b] Com base apenas em dados de 1981 a 2001.

Fonte: Adaptado de Frank. K. Reilly e David J. Wright, "An Analysis of Risk-Adjusted Performance for Global Market Assets." _Journal of Portfolio Management_ 30, n. 3 (primavera 2004), p. 63-77. Reimpresso com permissão do _Institutional Investor_.

RETORNOS MÉDIOS ANUAIS E RISCO DE TÍTULOS

O uso de índices de títulos para medir retornos e risco foi demonstrado na Tabela 3.10, que apresentou a média anual de variações de preços, ou seja, de taxas de retorno, bem como a medida de risco para um grande conjunto de índices de ativos. Como seria esperado, houve claras diferenças entre os índices em razão do uso de diversas classes de ativos (por exemplo, títulos de renda fixa _versus_ ações) e da utilização de amostras distintas nessas classes (como os resultados para as ações da NYSE _versus_ as da Nasdaq). Com igual importância, os resultados foram coerentes com o que se poderia esperar em um mundo avesso a risco, ou seja, houve uma relação positiva entre a taxa média de retorno de um ativo e sua medida de risco (por exemplo, os resultados de retorno e risco para letras do Tesouro _versus_ os para as ações do S&P 500).

Resumo

- Dados os diversos usos dos índices de mercado de títulos, é importante saber como eles são montados e como diferem. No uso de um dos muitos índices existentes para descobrir como está o "mercado", você precisa saber com qual deles está lidando para que possa selecionar o índice apropriado. Por exemplo, você está interessado apenas na NYSE ou você também pensa em considerar a Nasdaq? Além do mercado dos Estados Unidos, você deseja ações japonesas ou do Reino Unido ou quer examinar o mercado mundial como um todo?[11]
- Os índices também são utilizados como referência para avaliar o desempenho de carteiras.[12] Nesse caso, você

deve certificar-se de que o índice (referência) é compatível com seu universo de investimento. Se você investe em âmbito mundial, não deve julgar seu desempenho em relação ao DJIA, que é limitado a 30 ações _blue-chips_ dos Estados Unidos. Para uma carteira de títulos de renda fixa, o índice deve corresponder à sua filosofia de investimento. Finalmente, se ela contém tanto ações quanto títulos de renda fixa, você deve avaliar seu desempenho em relação a uma combinação apropriada de índices.

Os investidores precisam examinar vários índices de mercado para avaliar o desempenho de seus investimentos. A seleção dos que são apropriados para informação ou avaliação dependerá do quão instruído você estiver quanto à variedade deles. A base transmitida neste capítulo deve lhe ajudar a saber o que procurar e como tomar a decisão certa nessa área.

---

[11] Para uma discussão acessível sobre esse tópico, leia MERJOS, Anne. "How's the Market Doing? _Barron's._" 20 ago. 1990, p. 18-20, 27 e 28.

[12] O Capítulo 21 inclui uma discussão ampla da finalidade e da montagem de padrões de referência e considera o uso destes na avaliação do desempenho de carteiras.

Questões

1. Discuta brevemente vários usos de índices de mercado de títulos.
2. Que fatores principais devem ser considerados ao se montar um índice de mercado? Em outras palavras, que características diferenciam os índices?
3. Explique como um índice de mercado é ponderado por preços. Nesse caso, você esperaria que uma ação cotada a 100 dólares fosse mais importante do que uma a 25 dólares? Dê um exemplo.
4. Explique como calcular um índice ponderado por valor de mercado.
5. Explique como um índice ponderado por preços e um índice ponderado por valor de mercado são ajustados por desdobramentos de ações.
6. Descreva um índice de preços não ponderado e explique como você o montaria. Suponha uma variação de preço de 20% na GM (40 dólares por ação; 50 milhões delas em circulação) e na Coors Brewing (25 dólares por ação, 15 milhões em circulação). Que variação terá maior impacto nesse índice?
7. Se você correlacionasse variações porcentuais do índice Wilshire 5000 com o do índice composto da NYSE e da Nasdaq, você esperaria correlações diferentes? Por quê?
8. Há correlações elevadas entre as variações porcentuais mensais de preços dos diversos índices da NYSE. Discuta o motivo dessa semelhança: é por causa do tamanho da amostra, da fonte desta ou do método de cálculo?
9. Discuta a correlação de 0,82 entre os dois índices de preços de ações da Bolsa de Valores de Tóquio (TSE). Examine as correlações entre os índices da TSE e o S&P 500. Explique por que são diferentes.
10. Você ficou sabendo que o índice ponderado por valor de mercado Wilshire 5000 subiu 16% em um dado período, ao passo que o índice de mercado com pesos iguais Wilshire 5000 se elevou 23% durante o mesmo período. Discuta o significado dessa diferença de resultados.
11. Por que se alega que os índices de mercado de títulos de renda fixa são mais difíceis de ser construídos e mantidos do que os índices de mercado de ações?
12. Suponha o índice ponderado por valor de mercado *Wilshire* 5000 com um aumento de 5%, ao passo que o Merrill Lynch-Wilshire Capital Markets Index subiu 15% durante o mesmo período. O que significa essa diferença de resultados?
13. Imagine que o *Russell* 1000 tenha subido 8% no ano passado, enquanto o Russell 2000 aumentou 15%. Discuta a implicação desses resultados.
14. Com base no que você sabe a respeito do Índice Mundial *Financial Times* (FT), do Morgan Stanley Capital International World Stock Index e do Índice Mundial de Ações da *Dow Jones*, que nível de correlação você espera haver entre as suas taxas mensais de retorno? Relate os motivos de sua resposta com base nos fatores que afetam os índices.
15. Como você explicaria que o Índice ML de Títulos de Dívida de Alto Rendimento está mais fortemente correlacionado com o composto de ações da NYSE do que com o Agregado ML de Títulos de Renda Fixa?
16. Se o mandato de um gestor fosse aplicar em uma carteira amplamente diversificada de ações dos Estados Unidos, que dois ou três índices deveriam ser considerados referência apropriada? Por quê?

Investimentos on-line

Sugerimos anteriormente vários sites que oferecem aos usuários on-line uma noção das condições atuais do mercado na forma de índices de mercado com algum atraso (alguns deles disponibilizam preços de ações e índices em tempo real, mas somente a um custo para seus clientes). Aqui estão alguns outros:

http://www.bloomberg.com – É uma espécie de versão na Internet da "máquina Bloomberg" existente em muitos escritórios de corretagem. Oferece tanto notícias quanto dados atuais sobre uma ampla variedade de títulos e índices de mercado globais, inclusive gráficos históricos. O site contém informações sobre taxas de juros, *commodities* e moedas.

http://www.barra.com – A Barra fornece dados históricos que podem ser baixados sobre diversos índices S&P/Barra de ações, até mesmo os S&P 500, de empresas médias e pequenas, e também os de ações canadenses. Inclui informações sobre as características dos índices.

http://www.msci.com – A *Morgan Stanley Capital International* contém links de sites que oferecem dados de vários de seus índices de ações internacionais. Também há informações e gráficos sobre diversos índices de renda fixa.

http://www.barcap.com/euroidx/data/Summary.shtml e a página da *Barclays Capital*, **http://www.barcap.com**, têm dados sobre índices de mercado de títulos de renda fixa europeus.

http://www.datastream.com/product/investor/index.htm – Informações adicionais sobre o desempenho de índices de títulos de renda fixa globais podem ser encontradas nesta página do site da *Thomson Financial*.

http://www.dir.co.jp/InfoManage/dbi/menu.html – Dados sobre índices de títulos de renda fixa japoneses estão disponíveis no site do *Daiwa Institute of Research*.

Índices de mercado de títulos **155**

PROBLEMAS

1. Você recebe as seguintes informações em relação aos preços de uma amostra de ações:

Ações	Número de ações	PREÇO	
		T	T + 1
A	1.000.000	60	80
B	10.000.000	20	35
C	30.000.000	18	25

(a) Monte um índice *ponderado por preço* com essas três ações e calcule a variação porcentual do índice no período de T a T + 1.

(b) Monte um índice *ponderado por valor* com essas três ações e calcule a variação porcentual do índice no período de T a T + 1.

(c) Discuta brevemente a diferença de resultados entre os dois índices.

2. (a) Com os dados do Problema 1, monte um índice com pesos iguais, sendo 1.000 dólares aplicados em cada ação. Qual é a variação porcentual do patrimônio nessa carteira?

(b) Calcule a porcentagem de variação de preço de cada uma das ações do Problema 1. Calcule a média aritmética dessas variações porcentuais. Discuta como essa resposta pode ser comparada com a do item (a).

(c) Calcule a média geométrica das variações porcentuais do item (b). Discuta como esse resultado pode ser comparado com a resposta do item (b).

3. Para os últimos cinco dias úteis, tendo como base os valores do *Wall Street Journal*, calcule a porcentagem diária de variação de preço dos seguintes índices de ações:

(a) DJIA

(b) S&P 500

(c) Índice Composto da Nasdaq

(d) Índice de Ações FT-100

(e) Nikkei 225

Discuta as diferenças nos resultados entre os itens (a) e (b), (a) e (c), (a) e (d), (a) e (e), (d) e (e). O que dizem essas diferenças a respeito da diversificação dentro dos Estados Unidos *versus* a diversificação entre países?

4.

Empresa	PREÇO			AÇÕES		
	A	B	C	A	B	C
Dia 1	12	23	52	500	350	250
Dia 2	10	22	55	500	350	250
Dia 3	14	46	52	500	175[a]	250
Dia 4	13	47	25	500	175	500[b]
Dia 5	12	45	26	500	175	500

[a.] Desdobramento no fechamento do Dia 2.
[b.] Desdobramento no fechamento do Dia 3.

(a) Calcule um índice com a média *Dow Jones* para o período do dia 1 ao 5.

(b) Que efeitos tiveram os desdobramentos na determinação do índice do dia seguinte? (*Dica*: pense no peso de cada ação).

(c) De acordo com uma edição do *Wall Street Journal*, encontre o divisor que atualmente é utilizado para se calcular o DJIA. (Normalmente, esse valor pode estar nas páginas C2 e C3.)

5. Utilizando os dados de preço e volume do Problema 4,

(a) Calcule um índice como *Standard & Poor's* para o período do dia 1 ao 5, usando um índice inicial igual a 10.

(b) Identifique os efeitos dos desdobramentos sobre a determinação do índice do dia seguinte. (*Dica*: pense no peso de cada ação).

6. Com base nos seguintes preços de ações e informações sobre o número de ações em circulação, calcule os valores inicial e final de um índice ponderado por preço e um ponderado por valor de mercado.

	31 DE DEZEMBRO DE 2004		31 DE DEZEMBRO DE 2005	
	Preço	Ações em circulação	Preço	Ações em circulação
Ação K	20	100.000.000	32	100.000.000
Ação M	80	2.000.000	45	4.000.000[a]
Ação R	40	25.000.000	42	25.000.000

[a] Desdobramento de dois por um durante o ano.

(a) Calcule a variação porcentual do valor de cada índice.

(b) Explique a diferença de resultados entre os dois índices.

(c) Calcule a variação porcentual de um índice não ponderado e discuta por que esses resultados diferem dos obtidos para os outros índices.

EXERCÍCIOS COMBINADOS DE WEB E PLANILHA

1. Dados de desempenho de uma variedade de índices estão disponíveis em http://www.msci.com na seção "index tools". Baixe os dados de desempenho de dez índices à sua escolha. Calcule e compare seus retornos médios e os desvios-padrões de períodos de cinco anos. Faça um gráfico dos pares risco-retorno. A relação resultante parece ser crescente? Calcule as correlações entre os índices. Quais são mais correlacionados? E os menos?

2. (a) No decorrer de duas semanas, registre os preços de fechamento de dez das ações do DJIA, extraindo-os de um jornal ou de alguma fonte na internet, como Yahoo! Finance. Calcule e faça um gráfico de um índice ponderado por preços para essas ações. Qual foi a variação porcentual total do valor do índice ao longo das duas semanas?

(b) Encontre o número de ações em circulação nos sites dessas dez empresas, monte um índice ponderado por valor de mercado e faça um gráfico. Qual foi a variação porcentual total do valor do índice ao longo das duas semanas?

(c) Monte um índice com pesos iguais (às vezes, chamado de não ponderado) para essas dez ações. Faça um gráfico do índice e calcule a sua variação porcentual no decorrer de duas semanas.

(d) Compare e contraste as variações porcentuais e o comportamento dos gráficos no decorrer de duas semanas.

REFERÊNCIAS

FISHER, Lawrence; LORIE, James H. A *Half Century of Returns on Stocks and Bonds*. Chicago: University of Chicago Graduate School of Business, 1997.

IBBOTSON ASSOCIATES. *Stocks, Bonds, Bills and Inflation*. Chicago: Ibbotson Associates, anual.

LORIE, James H.; DODD, Peter; KIMPTON, Mary Hamilton. *The Stock Market: Theories and Evidence*. 2. ed. Homewood, IL: Richard D. Irwin, 1985.

REILLY, Frank K.; WRIGHT, David J. "Bond Market Indexes". In: FABOZZI, Frank J. (Ed.) *Handbook of Fixed Income Securities*, 7. ed. New York: McGraw-Hill, 2005.

GLOSSÁRIO

Índice de mercado de títulos – Um índice criado como uma medida estatística do desempenho de todo um mercado ou do segmento de um mercado com base em uma amostra de títulos do mercado ou do segmento de mercado.

Índice não ponderado – Um índice afetado igualmente pelo desempenho de cada título na amostra, independentemente de seu preço ou do valor de mercado. Também chamado de índice de pesos iguais.

Índice ponderado por preço – Um índice calculado pela média aritmética dos preços correntes dos títulos da amostra.

Índice ponderado por valor de mercado – Um índice calculado pelo valor total de mercado dos títulos da amostra. O valor de mercado é igual ao número de ações ou títulos de renda fixa em circulação vezes o preço de mercado do título.

APÊNDICE 7

Índices dos mercados de ações

158 Investimentos

QUADRO 7.A — Resumo dos índices dos mercados de ações

Nome do índice	Pesos/valoração	Número de lotes de ações	Fontes dos lotes
Índice Dow Jones de Empresas Industriais	Preço	30	NYSE, OTC
Índice Média Nikkei-Dow Jones	Preço	225	TSE
Índice S&P 400 de empresas industriais	Valor de mercado	400	NYSE, OTC
Índice S&P do Setor de Transportes	Valor de mercado	20	NYSE, OTC
Índice S&P de Empresas de Serviços Públicos	Valor de mercado	40	NYSE, OTC
Índice S&P de Instituições Financeiras Finanças	Valor de mercado	40	NYSE, OTC
Índice S&P 500 Composto	Valor de mercado	500	NYSE, OTC
NYSE			
Indústria	Valor de mercado	1.601	NYSE
Serviços públicos	Valor de mercado	253	NYSE
Transportes	Valor de mercado	55	NYSE
Finanças	Valor de mercado	909	NYSE
Composto	Valor de mercado	2.818	NYSE
Nasdaq			
Composto	Valor de mercado	5.575	OTC
Indústria	Valor de mercado	3.394	OTC
Bancos	Valor de mercado	375	OTC
Seguros	Valor de mercado	103	OTC
Outras instituições financeiras	Valor de mercado	610	OTC
Transportes	Valor de mercado	104	OTC
Telecomunicações	Valor de mercado	183	OTC
Computadores/Informática	Valor de mercado	685	OTC
Biotecnologia	Valor de mercado	121	OTC
Índice AMEX de Valor de Mercado	Valor de mercado	900	AMEX
Índice Dow Jones de mercado de ações patrimônio líquido da *Dow Jones*	Valor de mercado	2.300	NYSE, AMEX, OTC
Índice Valor de Patrimônio Líquido da Wilshire 5000 de Valor de Ações	Valor de mercado	5.000	NYSE, AMEX, OTC
Índices *Russell*			
3000	Valor de mercado	3.000	NYSE, AMEX, OTC
1000	Valor de mercado	As 1.000 maiores	NYSE, AMEX, OTC
2000	Valor de mercado	As 2.000 menores	NYSE, AMEX, OTC
Índices atuariais *Financial Times*			
Todas as ações	Valor de mercado	700	LSE
FT 100	Valor de mercado	As 100 maiores	LSE
Empresas pequenas	Valor de mercado	250	LSE
Empresas médias	Valor de mercado	250	LSE
Combinados	Valor de mercado	350	LSE
Bolsa de Valores Câmbio de Ações de Tóquio Índice de Preços (Topix)	Valor de mercado	1.800	TSE
Índices médios da Value Line			
Indústria	Iguais (média geométrica)	1.499	NYSE, AMEX, OTC
Serviços públicos	Iguais	177	NYSE, AMEX, OTC
Ferrovias	Iguais	19	NYSE, AMEX, OTC
Composto	Iguais	1.695	NYSE, AMEX, OTC
Índice de ações ordinárias do *Financial Times*	Iguais (média geométrica)	30	LSE
Índice Mundial Atuariais – FT – Actuaries	Valor de mercado	2.275	24 países, 3 regiões (lucros e moedas locais)
Índice Internacional (MSCI)	Valor de mercado	1.375	19 países, 3 internacionais, 39 indústrias internacionais (lucros em moedas locais)
Índice Mundial de Lotes de Ações da Dow Jones	Valor de mercado	2.200	13 países, 3 regiões, 120 setores (lucros em moedas locais)
Índice Global de Ações Euromoney-First Boston	Valor de mercado	—	17 países (lucros em moedas locais)
Índice mundial de ações Salomon-Russell Índice de Patrimônio Líquido	Valor de mercado	Russell 1.000 e S-R PMI de 600 lotes de ações não americanos	22 países (lucros em moedas locais)

Fonte: Compilado pelos autores.

Quadro 7.B	Índices de mercados de ações estrangeiras		

Nome do índice	Pesos	Número de lotes de ações	Histórico do índice
Índice ATX (Viena)	Valor de mercado	Todas as ações listadas	Ano-base 1967, em 1991, incluíndo lotes de ações (valor = 100)
Índice do mercado suíço	Valor de mercado	18	Ano-base 1988, ações das bolsas de Basiléia, Genebra e Zurique (valor = 500)
Índice geral de Estocolmo	Valor de mercado	Todas as ações listadas	Ano-base 1979, atualizado continuamente (valor = 100)
Índice de preços de ações da bolsa de Copenhagen	Valor de mercado	Todas as ações comercializadas	O preço da ação baseia-se na cotação média do dia
Índice composto da bolsa de Oslo (Suécia)	Valor de mercado	25	Ano-base 1972 (valor = 100)
Índice atuarial da bolsa de Johannesburgo	Valor de mercado	146	Ano-base 1959 (valor = 100)
Índice do mercado mexicano	Valor de mercado	Número variável, baseado em capitalização e liquidez	Ano-base 1978, retornos altos em dólares nos últimos anos
Índice MIB da Bolsa de Milão	Valor de mercado	Número variável, baseado em capitalização e liquidez	Mudança de base no início de cada ano (valor = 1.000)
Índice BEL-20 de Ações da Bélgica	Valor de mercado	20	Ano-base 1991 (valor = 1.000)
Índice Geral de Ações de Madri	Valor de mercado	92	Mudança de base no início de cada ano
Índice Hang Seng (Hong Kong)	Valor de mercado	33	Começou em 1969, representa 75% do mercado total
Índices Mundiais FT Atuariais – FT	Valor de mercado	2.212	Ano-base 1986
Índice 100 FT-SE 100 (Hong Kong)	Valor de mercado	100	Ano-base 1983 (valor = 1.000)
Índice CAC Geral de Ações (França)	Valor de mercado	212	Ano-base 1981 (valor = 100)
Índice Mundial da Morgan Stanley	Valor de mercado	1.482	Ano-base 1970 (valor = 100)
Índice Straits Times de Empresas Industriais de Cingapura	Valor de mercado	30	
Índice geral do mercado alemão (DAX)	Valor de mercado	30	Ano-base 1987 (valor = 1.000)
Índice Frankfurter Allgemeine Zeitung (FAZ) (Alemanha)	Valor de mercado	100	Ano-base 1958 (valor = 100)
Índices de Preços de Ações da Bolsa da Austrália	Valor de mercado	250	Lançado em 1979
Índice ISEQ de Dublin	Valor de mercado	Todas as ações comercializadas	Ano-base 1988 (valor = 1.000)
Índice HEX (Helsinki)	Valor de mercado	Varia com índices diferentes	A base muda diariamente
Bolsa de Valores de Jacarta	Valor de mercado	Todas as ações comercializadas	Ano-base 1982 (valor = 100)
Índice da Bolsa de Valores de Taiwan	Valor de mercado	Todas as ações listadas	Ano-base 1966 (valor = 100)
Índice Composto TSE 300 (Toronto)	Valor de mercado	300	Ano-base 1975 (valor = 1.000)
Índice Composto de Preços de Ações Composto da Coréia (KOSPI)	Valor de mercado (ajustado para participações *holdings* cruzadas)	Todas as ações listadas	Ano-base 1980 (valor = 100)

Fonte: Organizado pelos autores.

Parte 3

Mensuração e gestão de risco

8 Introdução à gestão de carteiras

9 Introdução aos modelos de precificação de ativos

10 Mercados eficientes de capitais

A esta altura, estamos preparados para discutir como analisar e avaliar diversos investimentos, o que requer estimativas de retornos esperados (fluxos de caixa) e o risco envolvido nos títulos. Entretanto, antes de podermos começar o processo de avaliação, precisamos compreender diversos resultados importantes da teoria de investimentos que têm influenciado a especificação e a mensuração de riscos. Os três capítulos desta parte fornecem a base necessária sobre risco e avaliação de ativos.

No Capítulo 8, apresentamos uma introdução à teoria de carteiras desenvolvida por Harry Markowitz, que propôs a primeira medida rigorosa de risco para os investidores e mostrou como se pode selecionar ativos alternativos com a finalidade de diversificar e reduzir esse risco em uma carteira. Markowitz também obteve uma medida nos títulos individuais, no contexto de uma carteira eficiente.

Posteriormente a esses resultados, William Sharpe e vários outros acadêmicos ampliaram o modelo teórico de carteiras de Markowitz com a construção de um modelo de formação de preços de equilíbrio de ativos que incluía uma medida alternativa de risco para todos estes ativos com risco. No Capítulo 9, fazemos uma discussão detalhada desses resultados e apresentamos uma explicação da medida de risco relevante decorrente deste modelo de avaliação, denominado *modelo de formação de preços de ativos* (*capital asset pricing model* – CAPM). Apresentamos o CAPM, neste momento tão adiantado, porque a medida de risco proposta tem sido bastante utilizada em vários exemplos de avaliação.

Também discutimos modelos alternativos de formação de preços de ativos no Capítulo 9.

No Capítulo 10, descrevemos o conceito de *mercados eficientes de capitais* (MEC), nos quais se imagina que os preços dos títulos reflitam o efeito de todas as informações. Discutimos por que os mercados devem ser eficientes, como se faz testes dessa hipótese, descrevemos os seus resultados vários e examinamos as implicações dos diversos resultados para os leitores envolvidos em análises técnica e fundamentalista, bem como em gestão de carteiras.

capítulo 8

Introdução à gestão de carteiras

Neste capítulo, responderemos às seguintes perguntas:

O que significa *aversão a risco* e que evidências indicam que os investidores geralmente são avessos a este?

Quais são os pressupostos básicos por trás da teoria de carteiras de Markowitz?

O que significa *risco* e quais são algumas de suas medidas utilizadas em investimentos?

Como calculamos a taxa esperada de retorno de um ativo com risco individual ou de uma carteira de ativos?

Como calculamos o desvio-padrão das taxas de retorno de um ativo com risco individual?

O que significa a *covariância* entre taxas de retorno e como é calculada?

Qual é a relação entre covariância e correlação?

Qual é a fórmula do desvio-padrão de uma *carteira* de ativos com risco e como difere de um ativo desse individual?

Dada a fórmula do desvio-padrão de uma carteira, por que e como a diversificamos?

O que acontece ao desvio-padrão de uma carteira quando mudamos a correlação entre os ativos desta?

O que é a fronteira eficiente de risco e retorno de ativos com risco?

É razoável que diferentes investidores selecionem carteiras divergentes no conjunto de carteiras da fronteira eficiente?

O que determina qual carteira da fronteira eficiente será selecionada por um investidor individual?

Um dos mais importantes avanços no campo dos investimentos nas últimas décadas foi o reconhecimento de que a criação de uma carteira ótima de investimentos não consiste simplesmente na combinação de vários títulos específicos individuais que possuam características desejáveis de risco e retorno. Especificamente, demonstrou-se que um investidor deve analisar a relação *entre* os investimentos para construir uma carteira ótima, que alcance os objetivos de investimento. O reconhecimento do que é indispensável ao se criar uma carteira é percebido no desenvolvimento da teoria desta.

Neste capítulo, explicamos a teoria de carteiras passo a passo. Apresentamos sua fórmula básica de risco para a combinação de vários ativos. Uma vez compreendida essa fórmula e suas implicações, você entenderá não apenas *por que* deve diversificar suas carteiras, mas também *como* se diversificar.

Alguns pressupostos básicos

Antes de apresentar a teoria de carteiras, precisamos esclarecer alguns de seus pressupostos gerais. Isso inclui não apenas o que significa uma *carteira ótima*, mas também o que queremos dizer com os termos *aversão a risco* e *risco*.

Um pressuposto básico da teoria de carteiras é o fato de que, como investidor, você deseja maximizar os retornos de seu conjunto total de investimentos para um dado nível de risco. Para lidar adequadamente com tal pressuposto, certas regras básicas devem ser fixadas. Primeiro, sua carteira deve *incluir todos os seus ativos e passivos*, não apenas suas ações ou mesmo seus títulos negociáveis, mas também itens como seu carro, sua casa e investimentos menos negociáveis, como moedas, selos, obras de arte, antiguidades e móveis. A gama completa deve ser considerada, já que os retornos de todos esses investimentos interagem, *e essa relação entre os retornos dos ativos na carteira é importante*. Conseqüentemente, uma boa carteira não é simplesmente uma coleção destes individualmente bons.

AVERSÃO A RISCO

A teoria de carteiras também supõe que os investidores são basicamente *avessos a risco*, o que significa que, diante de uma opção entre dois ativos com taxas de retorno iguais, eles selecionarão aquele com o nível mais baixo de risco. Uma evidência de que a maioria dos investidores é avessa a este é que eles compram vários tipos de seguros, até mesmo seguro de vida, de veículos e de saúde. A compra de seguro basicamente envolve o desembolso de uma quantidade certa de dinheiro para se resguardar contra gastos incertos e possivelmente maiores no futuro. Outra evidência de aversão a risco é a diferença entre os rendimentos prometidos (taxas exigidas de retorno) de títulos de dívida com graus distintos de risco de crédito. Especificamente, o rendimento prometido de títulos de dívida privada se eleva de AAA (a classe de risco mais baixo) para AA e A, e assim por diante, indicando que os investidores exigem uma taxa mais alta de retorno para aceitar um risco maior.

Isso não significa que todos sejam avessos a risco, ou que os investidores o sejam em relação a todas as aplicações financeiras. O fato é que nem todo mundo compra seguro para tudo. Algumas pessoas não o têm por escolha própria ou porque não podem pagar por isso. Além disso, compram seguros relacionados a alguns riscos, por exemplo, acidentes de carro ou doença, mas também compram bilhetes de loteria e apostam em corridas de cavalos ou cassinos, nos quais se sabe que os retornos esperados são negativos (o que significa que os participantes desejam pagar pela sensação de saber que há risco envolvido). Essa combinação de propensão/aversão a risco pode ser explicada por uma atitude em relação a este que depende da quantia envolvida. Os pesquisadores especulam que é o caso de indivíduos que gostam de jogar com pequenas quantias (em loterias ou caça-níqueis), mas compram seguro para se proteger contra grandes prejuízos, como incêndios ou acidentes.[1]

Embora reconhecendo tais atitudes, nossa suposição básica é de que a maioria dos investidores que aplicam grandes somas de dinheiro para montar uma carteira de investimentos é avessa a risco. Portanto, esperamos uma relação positiva entre o retorno e o risco esperados. Em particular, isso é também o que geralmente encontramos em termos de resultados históricos, ou seja, a maioria dos estudos encontra uma relação positiva entre as taxas de retorno de vários ativos e suas medidas de risco (como mostrado no Capítulo 3).

DEFINIÇÃO DE RISCO

Embora haja uma diferença nas definições específicas de *risco* e *incerteza*, para nossos fins e na maior parte da literatura financeira, os dois termos são utilizados indistintamente. Para a grande parte dos investidores, risco significa *a incerteza de resultados futuros*. Um conceito alternativo poderia ser *a probabilidade de um resultado adverso*. Em nossa discussão subseqüente sobre a teoria de carteiras, analisaremos diversas medidas de risco que são utilizadas quando esta é desenvolvida e aplicada.

A teoria de carteiras de Markowitz

No início dos anos 1960, a comunidade de investimentos falava sobre risco, mas não havia nenhuma medida específica para esse termo. Para se construir um modelo de carteiras, entretanto, os investidores precisavam quantificar sua variável de risco. O modelo básico foi desenvolvido por Harry Markowitz, que obteve a taxa de retorno esperada para uma carteira de ativos e uma medida esperada de risco.[2] Markowitz mostrou que a variância da taxa de retorno era uma medida apropriada do risco de uma carteira sob um conjunto razoável de hipóteses, e desenvolveu a fórmula para o cálculo da variância dela. Essa não apenas indicava a importância de se diversificar os investimentos para reduzir o risco total de uma carteira, mas também mostrava *como* diversificar eficientemente. Esse modelo se baseia em várias suposições quanto ao comportamento do investidor:

1. Os investidores consideram cada alternativa de investimento representada por uma distribuição de probabilidades de retornos esperados em um certo prazo de aplicação.
2. Os investidores maximizam a utilidade esperada de um período, e suas curvas de utilidade exibem utilidade marginal decrescente da riqueza.
3. Os investidores estimam o risco da carteira com base na variabilidade dos retornos esperados.
4. Eles baseiam suas decisões apenas no retorno e no risco esperados, de modo que suas curvas de utilidade são uma função apenas do retorno esperado e da variância desejada (ou do desvio-padrão) deste.
5. Para um dado nível de risco, eles preferem retornos mais altos a mais baixos. Da mesma forma, para um dado grau de retorno esperado, os investidores preferem menos a mais risco.

Com esses pressupostos, *um único ativo ou uma carteira deste será considerado eficiente se nenhum outro deles oferecer retornos esperados mais altos com o mesmo (ou menor) risco, ou menor risco com o mesmo (ou maior) retorno esperado.*

MEDIDAS ALTERNATIVAS DE RISCO

Uma das medidas de risco mais conhecidas é a *variância* ou o *desvio-padrão dos retornos esperados*.[3] Trata-se de uma medida estatística da dispersão dos retornos em torno do valor almejado, de modo que quanto maior mais dispersão. A idéia é de que, quanto mais dispersos são os retornos esperados, maior é a incerteza em relação aos retornos futuros.

Outra medida de risco é a *amplitude dos retornos*. Supõe-se significar uma amplitude maior de retornos esperados, destes mais baixo para o mais alto, maior incerteza e risco em relação aos retornos futuros esperados.

Em vez de utilizar medidas que analisam todos os desvios em torno das expectativas, alguns observadores acreditam que os investidores deveriam se preocupar apenas com retornos abaixo das expectativas, o que significa apenas desvios abaixo da média. Um exemplo é a *semivariância*. Uma extensão desta calcula apenas os retornos esperados *abaixo de zero*

---

[1] FRIEDMAN, Milton; SAVAGE, Leonard J. "The Utility Analysis of Choices Involving Risk." *Journal of Political Economy* 56, n. 3, 279-304, ago. 1948.
[2] MARKOWITZ, Harry. "Portfolio Selection." *Journal of Finance* 7, n. 1, 77-91, mar. 1952; MARKOWITZ, Harry. *Portfolio Selection – Efficient Diversification of Investments*. New York: John Wiley & Sons, 1959.
[3] Consideramos a variância e o desvio-padrão como uma única medida de risco, pois o desvio-padrão é a raiz quadrada da variância.

164 Investimentos

(ou seja, negativos), ou abaixo dos retornos de algum ativo específico, como letras do Tesouro, da taxa de inflação ou de algum ativo de referência. Essas medidas de risco implicitamente supõem que os investidores querem *minimizar os danos* causados por retornos inferiores a uma taxa-alvo. Se eles se contentassem com retornos acima de uma certa taxa-alvo, estes não seriam considerados ao se mensurar o risco.

Embora existam várias medidas potenciais de risco, utilizaremos a variância ou o desvio-padrão dos retornos porque (1) essa medida é intuitiva, (2) é uma medida de risco correta e amplamente reconhecida e (3) tem sido utilizada na maioria dos modelos teóricos de precificação de ativos.

Taxas esperadas de retorno

Calculamos a taxa esperada de retorno de um *investimento individual* como é mostrado no Quadro 8.1. O retorno esperado de um ativo com risco, com o conjunto deste possível e uma hipótese sobre as várias probabilidades, utilizados no exemplo, seria de 10,3%.

A taxa esperada de retorno de uma *carteira* de investimentos é simplesmente a média ponderada dessas taxas almejadas dos investimentos individuais nesta. Os pesos correspondem à proporção do investimento individual em relação ao valor total.

A de uma carteira hipotética com quatro ativos com risco é mostrada no Quadro 8.2. O retorno esperado desta seria de 11,5%. O efeito de se adicionar ou retirar qualquer investimento da carteira seria fácil de determinar; utilizaríamos os novos pesos baseados no valor e os retornos esperados de cada um dos investimentos. Podemos generalizar esse cálculo do retorno esperado E (R_{port}), da seguinte forma:

8.1

$$E(R_{cart}) = \sum_{i=1}^{n} w_i R_i$$

onde:

w_i = peso de um ativo individual na carteira, ou a porcentagem desta no ativo i

R_i = taxa de retorno esperada para o ativo i

Variância (desvio-padrão) dos retornos de um investimento individual

Conforme observado, utilizamos a variância ou o desvio-padrão dos retornos como medida de risco. Portanto, neste ponto, demonstramos como calcular esse desvio-padrão em um investimento individual. Posteriormente, após discutir alguns outros conceitos estatísticos, analisaremos a determinação deste em uma *carteira* de investimentos.

A variância, ou o desvio-padrão, é uma medida da alteração de taxas possíveis de retorno R_i, em torno da taxa de retorno esperada E(R_i), da seguinte forma:

8.2

$$\text{Variância} = \sigma^2 = \sum_{i=1}^{n} [R_i - E(R_i)]^2 P_i$$

onde: P_i = Probabilidade da taxa de retorno possível R_i

QUADRO 8.1	Cálculo do retorno esperado de um ativo individual	
Probabilidade	**Taxa possível de retorno (porcentagem)**	**Retorno esperado (porcentagem)**
0,35	0,08	0,0280
0,30	0,10	0,0300
0,20	0,12	0,0240
0,15	0,14	0,0210
		E(R) = 0,1030

QUADRO 8.2	Cálculo do retorno esperado de uma carteira de ativos com risco	
Peso (w_i) (porcentagem da carteira)	**Retorno esperado do título (R_i)**	**Retorno esperado da carteira (w_i x R_i)**
0,20	0,10	0,0200
0,30	0,11	0,0330
0,30	0,12	0,0360
0,20	0,13	0,0260
		E(R_{port}) = 0,1150

Introdução à gestão de carteiras **165**

QUADRO 8.3	Cálculo da variância para um ativo com risco				
Taxa de retorno possível (R_i)	**Retorno esperado $E(R_i)$**	**$R_i - E(R_i)$**	**$[R_i - E(R_i)]^2$**	**P_i**	**$[R_i - E(R_i)]^2 P_i$**
0,08	0,103	−0,023	0,0005	0,35	0,000185
0,10	0,103	−0,003	0,0000	0,30	0,000003
0,12	0,103	0,017	0,0003	0,20	0,000058
0,14	0,103	0,037	0,0014	0,15	0,000205
					0,000451

Variância $= \sigma^2 = 0,000451$
Desvio-padrão $= \sigma = 0,021237$

8.3
$$\text{Desvio-padrão} = \sigma = \sqrt{\sum_{i=1}^{n} [R_i - E(R_i)]^2 P_i}$$

O cálculo da variância e do desvio-padrão dos retornos do ativo com risco descrito no Quadro 8.1 é apresentado no Quadro 8.3.

VARIÂNCIA (DESVIO-PADRÃO) DOS RETORNOS DE UMA CARTEIRA

Dois conceitos básicos em estatística, covariância e correlação, devem ser entendidos antes de discutirmos a fórmula da variância da taxa de retorno de uma carteira.

Covariância de retornos – Discutimos o que visa medir a covariância de retornos, apresentamos a sua fórmula de cálculo, dando um exemplo. A *covariância* é uma medida do grau em que duas variáveis "movimentam-se juntas" em torno de seus valores médios individuais no tempo. Na análise de carteiras, geralmente estamos preocupados com a covariância de *taxas de retorno,* e não com preços ou alguma outra variável.[4] Sendo positiva, significa que as taxas de retorno de dois investimentos tendem a se mover na mesma direção em torno de suas médias individuais durante o mesmo período. Todavia, uma covariância negativa indica que as taxas de retorno de dois investimentos tendem a se mover em direções diferentes em torno de suas médias durante períodos específicos. A *magnitude* dela depende das variâncias das séries individuais de retorno e também da relação entre essas séries.

A Tabela 8.1 contém os valores mensais de fechamento de índices de ações (medidos pelo S&P 500) e obrigações (medidos pelo Índice de Obrigações do Tesouro da *Lehman Brothers*) dos Estados Unidos. Ambos são de retorno total, ou seja, o índice de ações inclui dividendos pagos e o de obrigações inclui juros acumulados, como discutido no Capítulo 7. Podemos utilizar esses dados para calcular as taxas de retorno mensais desses dois ativos durante o ano de 2003. Os Gráficos 8.1 e 8.2 contêm um gráfico das séries temporais de taxas mensais de retorno dos dois ativos durante esse ano. Embora elas tenham variado juntas durante alguns meses, em outros meses, isso se deu em direções opostas. A covariância fornece uma medida *absoluta* de quanto elas alteraram juntas no decorrer do tempo.

Para dois ativos, *i* e *j*, definimos a covariância das taxas de retorno por

8.4
$$\text{Cov}_{ij} = E\left\{ \left[R_i - E(R_i) \right] \left[R_j - E(R_j) \right] \right\}$$

Quando aplicamos essa fórmula às taxas mensais de retorno dos índices S&P 500 e de obrigações do Tesouro em 2003, ela se transforma em

$$\frac{1}{11} \sum_{i=1}^{12} \left[R_i - \bar{R}_i \right] \left[R_j - \bar{R}_j \right]$$

Observe que, quando aplicamos a fórmula 8.4 aos dados de uma amostra real, usamos a média desta ($\bar{R}$) como estimativa do retorno esperado e dividimos os valores por $(n - 1)$, e não por *n,* assim evita-se viés estatístico.

Como podemos perceber, se as taxas de retorno de um ativo estiverem acima (ou abaixo) de sua taxa média de retorno ($\bar{R}$) durante um dado período e os retornos do outro ativo estiverem igualmente acima (ou abaixo), então o *produto* desses desvios em torno da média será positivo. Se isso acontecer sistematicamente, a covariância dos retornos desses dois ativos será um valor positivo elevado. Entretanto, se a taxa de retorno de um dos títulos estiver acima de seu retorno médio enquanto o do outro título estiver abaixo, o produto será negativo. Se esse movimento contrário acontecer de forma sistemática, a covariância será um valor negativo elevado.

---

[4] Os retornos, evidentemente, podem ser medidos de diversas maneiras, dependendo do tipo de ativo. Por exemplo, poderíamos definir os retornos R_i como

$$R_i = \frac{VF - VI + FC}{VI}$$

onde VF é o valor final, VI é o valor inicial e FC é o fluxo de caixa durante o período.

TABELA 8.1	Cálculo das taxas mensais de retorno de obrigações e ações dos Estados Unidos	
	ÍNDICE DE AÇÕES S&P 500	OBRIGAÇÕES DO TESOURO (LEHMAN BROTHERS)
Data	Taxa de retorno mensal[a]	Taxa de retorno mensal[b]
Janeiro	−2,66	−0,30
Fevereiro	−1,52	1,72
Março	1,03	−0,42
Abril	8,28	0,47
Maio	5,33	2,88
Junho	1,28	−0,61
Julho	1,79	−4,39
Agosto	1,96	0,59
Setembro	−1,07	3,02
Outubro	5,56	−1,53
Novembro	0,93	0,13
Dezembro	5,18	0,89
$\bar{R}_{S\&P\,500}$	2,17	$\bar{R}_{LBTB}$ 0,20

[a] O retorno inclui dividendos pagos pelas ações do índice.
[b] O retorno inclui os juros acumulados das obrigações do índice.

Fonte: Center for Research in Security Prices e *Lehman Brothers*.

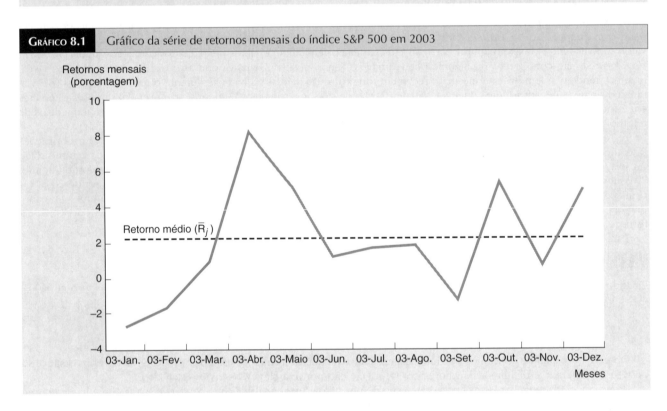

GRÁFICO 8.1 — Gráfico da série de retornos mensais do índice S&P 500 em 2003

O Quadro 8.4 contém as taxas mensais de retorno dos índices S&P 500 e de Obrigações do Tesouro da *Lehman Brothers*, em 2003, que foram calculadas na Tabela 8.1. Seria esperado que os retornos dos dois tivessem uma covariância razoavelmente baixa, em virtude das diferenças na natureza desses ativos. A média aritmética deles mensais foi:

$$(\bar{R}_i) = \frac{1}{11} \sum_{i=1}^{12} R_{it}$$

e

$$(\bar{R}_j) = \frac{1}{11} \sum_{j=1}^{12} R_{jt}$$

GRÁFICO 8.2 — Gráfico da série de retornos mensais do índice de obrigações do Tesouro da Lehman Brothers em 2003

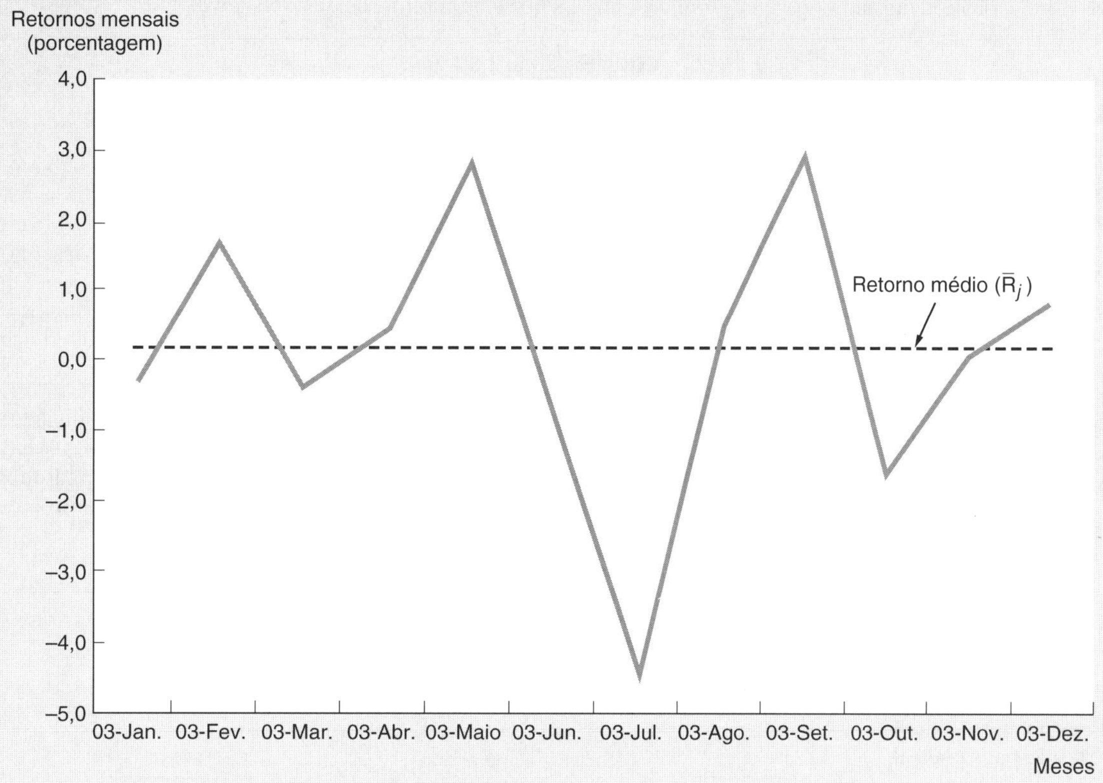

QUADRO 8.4 — Cálculo da covariância dos retornos do índice S&P 500 com o de obrigações do Tesouro da Lehman Brothers, em 2003

RETORNO MENSAL (%)

Data	S&P 500 (R_i)	Índice de Obrigações do Tesouro da Lehman Brothers (R_j)	S&P 500 $R_i - \bar{R}_i$	Índice de Obrigações do Tesouro da Lehman Brothers $R_j - \bar{R}_j$	$\left[\begin{array}{c} \text{S&P 500} \\ R_i - \bar{R}_i \end{array} \times \begin{array}{c} \text{Índice de Obrigações do Tesouro da Lehman Brothers} \\ R_j - \bar{R}_j \end{array} \right]$
Janeiro	−2,66	−0,30	−4,83	−0,50	2,44
Fevereiro	−1,52	1,72	−3,70	1,52	−5,61
Março	1,03	−0,42	−1,14	−0,62	0,71
Abril	8,28	−0,47	6,11	0,27	1,62
Maio	5,33	2,88	3,15	2,68	8,43
Junho	1,28	−0,61	−0,89	−0,81	0,73
Julho	1,79	−4,39	−0,38	−4,59	1,74
Agosto	1,96	0,59	−0,21	0,39	−0,08
Setembro	−1,07	3,02	−3,25	2,82	−9,15
Outubro	5,56	−1,53	3,38	−1,73	−5,87
Novembro	0,93	0,13	−1,25	−0,07	0,09
Dezembro	5,18	0,89	3,01	0,69	2,07
	$\bar{R}_i = 2,17$	$\bar{R}_j = 0,20$			Soma = 2,87

$$\text{Cov}_{ij} = -2,87/11 = -0,258$$

Arredondamos todos os valores ao centésimo de 1% mais próximo, e com isso pode haver pequenos erros de arredondamento. A taxa média de retorno mensal foi de 2,17% para o índice S&P 500 e 0,20% para as obrigações do Tesouro. Os resultados no Quadro 8.4 mostram que a covariância entre as taxas de retorno desses dois ativos foi:

$$Cov_{ij} = \frac{1}{11} \times -2,87$$
$$= -0,258$$

E-leituras interativas

Para mais explicações e um exemplo animado de correlação, visite: http://reillyxtra.swlearning.com.

A interpretação de um número como −0,258 é difícil; ele é alto ou baixo para uma covariância? Sabemos que a relação geral entre os dois ativos é negativa, mas não é possível ser mais específico. O Gráfico 8.3 contém um diagrama de dispersão com valores emparelhados de R_{it} e R_{jt} apresentados um contra o outro. Esse desenho mostra a natureza linear e a intensidade da relação. Não é de se surpreender que, em 2003, esta não tenha sido muito forte, já que durante quatro meses os dois ativos variaram em direção contrária, e em três desses quatro meses o tamanho da diferença foi tão grande que a covariância total atingiu um valor negativo pequeno.

Covariância e correlação – A covariância é afetada pela variabilidade dos dois índices de retorno individuais. Portanto, um número como −0,258, em nosso exemplo, poderia indicar uma relação negativa fraca se os dois índices individuais fossem voláteis, mas refletiria uma relação negativa forte se eles fossem estáveis. Obviamente, queremos "padronizar" essa medida de covariância. Conseguimos isso levando em consideração a variabilidade dos dois índices de retorno individuais, como é feito a seguir:

8.5
$$r_{ij} = \frac{Cov_{ij}}{\sigma_i \sigma_j}$$

onde:
r_{ij} = coeficiente de correlação de retornos
σ_i = desvio-padrão de R_{it}
σ_j = desvio-padrão de R_{jt}

GRÁFICO 8.3 Diagrama de dispersão dos retornos mensais dos índices S&P 500 e de obrigações do Tesouro da Lehman Brothers, em 2003

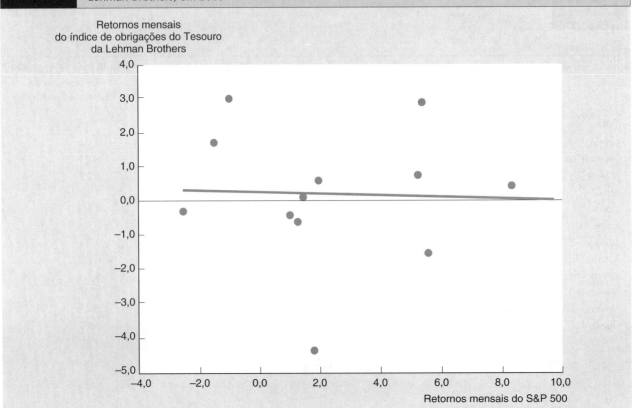

Padronizando a covariância pelo produto dos desvios-padrões individuais resulta no ***coeficiente de correlação*** r_{ij}, o qual só pode variar na faixa de -1 a $+1$. Um valor igual a $+1$ indicaria uma relação linear positiva perfeita entre R_i e R_j, significando que os retornos dos dois ativos se movem juntos e de maneira linear. Um valor igual a -1 indica uma relação negativa perfeita entre os dois índices de retorno, de forma que, quando a taxa deste de um ativo estiver acima de sua média, a do outro ativo estará abaixo e por uma quantidade semelhante.

Para se calcular essa medida padronizada da relação, precisamos determinar o desvio-padrão dos dois índices de retorno individuais. Já temos os valores de $R_{it} - (\overline{R}_i)$ e de $R_{jt} - (\overline{R}_j)$ no Quadro 8.4. Podemos elevar ao quadrado cada um desses valores e somá-los, como mostrado no Quadro 8.5, para calcular a variância de cada série de retornos (novamente dividimos por $(n - 1)$ para evitar viés estatístico).

$$\sigma_i^2 = \frac{1}{11}(119,15) = 10,83$$

e

$$\sigma_j^2 = \frac{1}{11}(43,5) = 3,95$$

O desvio-padrão de um índice é a raiz quadrada de sua variância, conforme segue:

$$\sigma_i = \sqrt{10,83} = 3,29$$
$$\sigma_j = \sqrt{3,95} = 1,99$$

Assim, com base na covariância entre os dois índices e nos desvios-padrões individuais, podemos calcular o coeficiente de correlação entre os retornos de ações ordinárias e obrigações do Tesouro em 2003:

$$r_{ij} = \frac{Cov_{ij}}{\sigma_i\sigma_j} = \frac{-0,258}{(3,29)(1,99)} = \frac{-0,258}{6,55} = -0,04$$

Obviamente, essa fórmula também significa que:

$$Cov_{ij} = r_{ij}\sigma_i\sigma_j = (-0,04)(3,29)(1,99) = -0,26 \text{ (diferença devida a arredondamento)}$$

DESVIO-PADRÃO DE UMA CARTEIRA

Como foi observado, uma correlação de $+1,0$ indica uma correlação positiva perfeita, e um valor igual a $-1,0$ significa que os retornos se moveram em direções completamente opostas. Um valor igual a zero revela que os retornos não tiveram nenhuma relação linear, ou seja, que eles foram estatisticamente não correlacionados. Isso *não* quer dizer que eles sejam

---

QUADRO 8.5	Cálculo do desvio-padrão dos retornos dos índices S&P 500 e de obrigações do Tesouro da Lehman Brothers, em 2003

	S&P 500		ÍNDICE DE OBRIGAÇÕES DO TESOURO DA LEHMAN BROTHERS	
Data	$R_i - \overline{R}_i$	$(R_i - \overline{R}_i)^2$	$R_j - \overline{R}_j$	$(R_j - \overline{R}_j)^2$
Janeiro	−4,83	23,34	−0,50	0,25
Fevereiro	−3,70	13,68	1,52	2,30
Março	−1,14	1,30	−0,62	0,39
Abril	6,11	37,29	0,27	0,07
Maio	3,15	9,93	2,68	7,16
Junho	−0,89	0,79	−0,81	0,66
Julho	−0,38	0,14	−4,59	21,11
Agosto	−0,21	0,05	0,39	0,15
Setembro	−3,25	10,55	2,82	7,93
Outubro	3,38	11,45	−1,73	3,01
Novembro	−1,25	1,56	−0,07	0,01
Dezembro	3,01	9,07	0,69	0,47
		Soma = 119,15		Soma = 43,50

Variância$_i$ = 119,15/11 = 10,83   Variância$_j$ = 43,5/11 = 3,95

Desvio-padrão$_i$ = $(10,83)^{1/2}$ = 3,29   Desvio-padrão$_j$ = $(3,95)^{1/2}$ = 1,99

170 Investimentos

independentes. O valor $r_{ij} = -0,04$ não é significativamente diferente de zero. Essa correlação negativa insignificante não é incomum para ações *versus* obrigações em intervalos curtos de tempo, como um ano.

Fórmula do desvio-padrão de uma carteira – Como já discutimos os conceitos de covariância e correlação, podemos considerar a fórmula do cálculo do desvio-padrão dos retornos de uma *carteira* de ativos, ou seja, nossa medida de risco de uma carteira. No Quadro 8.2, mostramos que a taxa de retorno esperada da carteira era a média ponderada dos retornos esperados dos ativos individuais nela contidos; os pesos eram a porcentagem do valor dela. Poderíamos supor que seria possível obter o desvio-padrão da carteira da mesma forma, ou seja, calculando a média ponderada dos desvios-padrões dos ativos individuais. Isso seria um engano. Markowitz obteve a fórmula geral deste em uma carteira da seguinte maneira:[5]

8.6
$$\sigma_{port} = \sqrt{\sum_{i=1}^{n} w_i^2 \sigma_i^2 + \sum_{i=1}^{n} \sum_{\substack{j=1 \\ i \neq j}}^{n} w_i w_j Cov_{ij}}$$

onde:

σ_{port} = desvio-padrão da carteira
w_i = pesos de um ativo individual na carteira, na qual os pesos são determinados pela proporção do valor desta
σ_i^2 = variância das taxas de retorno do ativo i
Cov_{ij} = covariância entre as taxas de retorno dos ativos i e j, onde $Cov_{ij} = r_{ij} \sigma_i \sigma_j$

Essa fórmula indica que o desvio-padrão de uma carteira de ativos é uma função da média ponderada das variâncias individuais (em que os pesos são elevados ao quadrado) *mais* as covariâncias ponderadas entre todos os seus ativos. Um aspecto muito importante é que ele envolve não apenas as variâncias dos ativos individuais, mas *também* inclui as covariâncias entre todos os pares de ativos individuais na carteira. Além disso, pode se demonstrar que, em uma carteira com um grande número de títulos, essa fórmula se reduz à soma das covariâncias ponderadas.

Impacto de um novo título em uma carteira. Embora na maior parte da discussão a seguir consideremos carteiras com apenas dois ativos (porque é possível mostrar o efeito em duas dimensões), também demonstraremos os cálculos para uma de três. Ainda assim é importante, neste momento, considerar o que acontece em uma carteira grande, com muitos ativos. Especificamente, o que ocorre com o seu desvio-padrão quando acrescentamos um novo título? Como mostrado pela fórmula, vemos dois efeitos. O primeiro é a variância dos retornos do próprio ativo, e o segundo é a covariância entre os retornos desse novo ativo e os de *cada outro que já esteja na carteira*. O peso relativo dessas várias covariâncias é substancialmente maior do que a variância específica do ativo; quanto mais deles houver, mais isso será verdade. Isso significa que o fator importante a ser considerado quando adicionamos um investimento a uma carteira que contém vários outros investimentos *não* é a variância do próprio título novo, mas *sua covariância média com todos os outros investimentos*.

Cálculo do desvio-padrão da carteira – Em razão dos pressupostos utilizados no desenvolvimento do modelo de carteiras de Markowitz, qualquer ativo ou carteira de ativos pode ser descrito por duas características: taxa de retorno esperada e desvio-padrão esperado dos retornos. Portanto, as seguintes demonstrações podem ser aplicadas a dois ativos *individuais*, a duas *carteiras* de ativos ou a duas *classes destes* com as características de retorno-desvio-padrão e os coeficientes de correlação indicados.

Risco e retorno iguais – correlações variáveis. Consideremos primeiro o caso em que ambos os ativos têm o mesmo retorno e desvio-padrão esperados. Como exemplo, supomos:

$$E(R_1) = 0,20, \quad E(\sigma_1) = 0,10$$
$$E(R_2) = 0,20, \quad E(\sigma_2) = 0,10$$

Para mostrar o efeito de covariâncias distintas, imaginemos diferentes níveis de correlação entre os dois ativos. Também supomos os dois ativos com pesos iguais na carteira ($w_1 = 0,50$; $w_2 = 0,50$). Portanto, o único valor que muda em cada exemplo é a correlação entre os seus retornos.

Agora, consideremos os seguintes cinco coeficientes de correlação e a covariância que eles produzem. Como $Cov_{ij} = r_{ij} \sigma_i \sigma_j$, a covariância será igual a $r_{1,2}(0,10)(0,10)$, já que o desvio-padrão de ambos os ativos é 0,10.

a. Para $r_{1,2} = 1,00$, $Cov_{1,2} = (1,00)(0,10)(0,10) = 0,01$
b. Para $r_{1,2} = 0,50$, $Cov_{1,2} = (0,50)(0,10)(0,10) = 0,005$
c. Para $r_{1,2} = 0,00$, $Cov_{1,2} = (0,00)(0,10)(0,10) = 0,000$
d. Para $r_{1,2} = -0,50$, $Cov_{1,2} = (-0,50)(0,10)(0,10) = -0,005$
e. Para $r_{1,2} = -1,00$, $Cov_{1,2} = (-1,00)(0,10)(0,10) = -0,01$

Agora, vejamos o que acontece com o desvio-padrão da carteira nessas cinco condições.
Quando aplicamos a fórmula geral da carteira com base na equação 8.6 a uma carteira de dois ativos, temos:

8.7
$$\sigma_{port} = \sqrt{w_1^2 \sigma_1^2 + w_2^2 \sigma_2^2 + 2 w_1 w_2 r_{1,2} \sigma_1 \sigma_2}$$

---

[5] Para o desenvolvimento detalhado dessa fórmula, veja MARKOWITZ. *Portfolio Selection.*

ou

$$\sigma_{\text{port}} = \sqrt{w_1^2\sigma_1^2 + w_2^2\sigma_2^2 + 2w_1w_2\text{Cov}_{1,2}}$$

Assim, no caso (a).

$$\sigma_{\text{cart (a)}} = \sqrt{(0,5)^2(0,10)^2 + (0,5)^2(0,10)^2 + 2(0,5)(0,5)(0,01)}$$

$$= \sqrt{(0,25)(0,01) + (0,25)(0,01) + 2(0,25)(0,01)}$$

$$= \sqrt{0,01}$$

$$= 0,10$$

Nesse caso, em que os retornos dos dois ativos são perfeita e positivamente correlacionados, o desvio-padrão da carteira é, de fato, a média ponderada dos desvios-padrões individuais. O ponto importante neste caso é que não extraímos nenhum benefício real pela combinação de dois ativos que sejam perfeitamente correlacionados; eles já são como único, porque seus retornos variam juntos.

Agora consideremos o caso (b), no qual $r_{1,2}$ é igual a 0,50.

$$\sigma_{\text{cart (b)}} = \sqrt{(0,5)^2(0,10)^2 + (0,5)^2(0,10)^2 + 2(0,5)(0,5)(0,005)}$$

$$= \sqrt{(0,0025) + (0,0025) + 2(0,25)(0,005)}$$

$$= \sqrt{0,0075}$$

$$= 0,0866$$

O único termo que se alterou em relação ao caso (a) é o termo final, $\text{Cov}_{1,2}$, que variou de 0,01 para 0,005. Como resultado, o desvio-padrão da carteira caiu 13%, de 0,10 para 0,0866. Observe-se que *o seu retorno esperado não mudou*, pois ele é simplesmente a média ponderada dos retornos individuais almejados; é igual a 0,20 nos dois casos.

Você deve ser capaz de confirmar, com seus próprios cálculos, que os desvios-padrões das carteiras (c) e (d) serão os seguintes:

(c) 0,0707
(d) 0,05

O caso final, em que a correlação entre os dois ativos é −1,00, indica os maiores benefícios possíveis da diversificação:

$$\sigma_{\text{cart (e)}} = \sqrt{(0,5)^2(0,10)^2 + (0,5)^2(0,10)^2 + 2(0,5)(0,5)(-0,01)}$$

$$= \sqrt{(0,0050) + (-0,0050)}$$

$$= \sqrt{0}$$

$$= 0$$

Neste caso, o termo da covariância negativa compensa exatamente os termos das variâncias individuais, deixando um desvio-padrão total da carteira igual a zero. *Esta seria livre de risco.*

O Gráfico 8.4 mostra um gráfico desse tipo de comportamento. A correlação perfeita negativa propicia um retorno médio combinado para os dois títulos, com o tempo, igual à média de cada um deles, assim os retornos da carteira não apresentam nenhuma variabilidade. Quaisquer retornos acima e abaixo da média de cada um dos ativos são *completamente compensados* pelo retorno do outro; com isso, não há *nenhuma variabilidade* nos retornos totais, ou seja, *nenhum risco* na carteira. Portanto, um par de ativos completa e negativamente correlacionados oferece os benefícios máximos da diversificação, eliminando completamente o risco.

O Gráfico 8.5 mostra a diferença na postura de risco e retorno em nossos cinco casos. Conforme observado, o único efeito da mudança de correlação é a alteração no desvio-padrão dessa carteira de dois ativos. A combinação destes que não são perfeitamente correlacionados *não* afeta o retorno esperado, mas *reduz* o risco da carteira (medido por seu desvio-padrão). Quando eventualmente obtemos uma combinação com correlação negativa perfeita, o risco é eliminado.

Combinação de ações com retornos e riscos diferentes. Vimos o que acontece quando apenas o coeficiente de correlação (covariância) entre os ativos é diferente. Agora, consideramos dois ativos (ou carteiras) com retornos esperados e desvios-padrões individuais distintos.[6] Mostraremos o que acontece quando variamos as correlações entre eles. Estamos supondo dois ativos com as seguintes características:

---

[6] Como foi observado, essas poderiam ser duas classes de ativos. Por exemplo, o ativo 1 poderia ser representado por obrigações de risco e retorno baixos, e o ativo 2 poderia ser representado por ações de risco e retorno mais altos.

Gráfico 8.4 Comportamento de retornos de dois ativos com correlação negativa perfeita no tempo

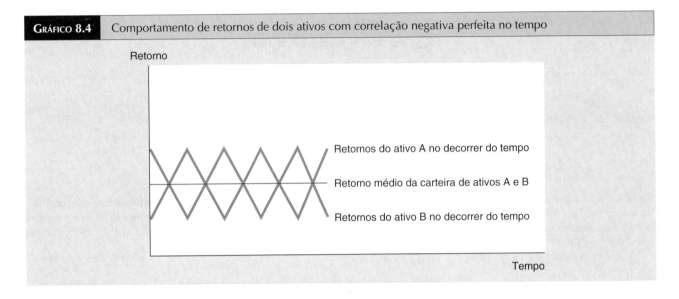

Gráfico 8.5 Gráfico de risco e retorno de carteiras com retornos e desvios-padrões iguais, mas correlações diferentes

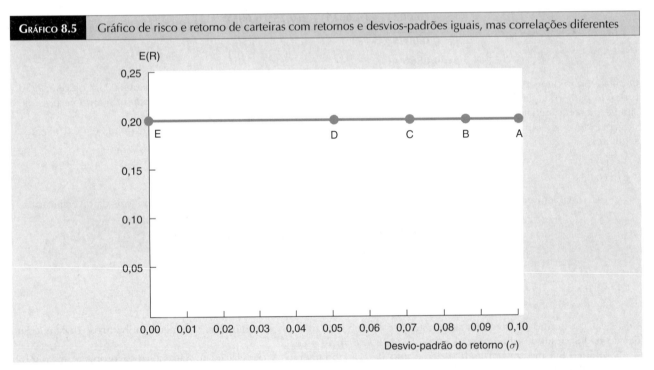

Ativo	$E(R_i)$	w_i	σ_i^2	σ_i
1	0,10	0,50	0,0049	0,07
2	0,20	0,50	0,0100	0,10

Utilizaremos o conjunto anterior de coeficientes de correlação, mas precisamos recalcular as covariâncias, porque, dessa vez, os desvios-padrões são diferentes. Os resultados são mostrados na tabela a seguir.

Caso	Coeficiente de correlação ($r_{1,2}$)	Covariância ($r_{1,2}\sigma_1\sigma_2$)
a	+1,00	0,0070
b	+0,50	0,0035
c	0,00	0,0000
d	−0,50	−0,0035
e	−1,00	−0,0070

Como estamos supondo os mesmos pesos em todos os casos (0,50 – 0,50), o retorno esperado em cada instância será:

$$E\ (R_{port}) = 0,50\ (0,10) + 0,50\ (0,20)$$
$$= 0,15$$

O desvio-padrão da carteira no caso (a) será

$$\sigma_{cart\ (a)} = \sqrt{(0,5)^2(0,07)^2 + (0,5)^2(0,10)^2 + 2(0,5)(0,5)(0,0070)}$$
$$= \sqrt{0,007225}$$
$$= 0,085$$

Novamente, com correlação positiva perfeita, o desvio-padrão da carteira é a média ponderada dos desvios-padrões dos ativos individuais:

$$(0,5)\ (0,07) + (0,5)\ (0,10) = 0,085$$

Como podíamos prever, mudar os pesos no caso de correlação positiva perfeita faz com que o desvio-padrão da carteira varie de forma linear. Esse será um ponto importante a ser lembrado quando discutirmos o modelo de formação de preços de ativos (CAPM) no próximo capítulo.

Nos casos (b), (c), (d) e (e), os desvios-padrões da carteira são os seguintes:[7]

$$\sigma_{cart\ (b)} = \sqrt{(0,001225) + (0,0025) + (0,5)(0,0035)}$$
$$= \sqrt{0,005475}$$
$$= 0,07399$$
$$\sigma_{cart\ (c)} = \sqrt{(0,001225) + (0,0025) + (0,5)(0,00)}$$
$$= 0,0610$$
$$\sigma_{cart\ (d)} = \sqrt{(0,001225) + (0,0025) + (0,5)(-0,0035)}$$
$$= 0,0444$$
$$\sigma_{cart\ (e)} = \sqrt{(0,003725) + (0,5) + (-0,0070)}$$
$$= 0,015$$

Observe-se que, nesse exemplo, com uma correlação negativa perfeita, o desvio-padrão da carteira não é zero. Isso acontece porque os diferentes exemplos têm pesos iguais, mas os desvios-padrões do ativo não são iguais.[8]

O Gráfico 8.6 mostra os resultados para os dois ativos individuais e a carteira desses dois, supondo variarem os coeficientes de correlação conforme estipulado nos casos (a) a (e). Como antes, o retorno esperado não muda porque as proporções sempre permanecem fixas em 0,50–0,50, de modo que todas as carteiras se situam na linha horizontal correspondente ao grau de retorno, R = 0,15.

Correlação constante com pesos variáveis. Se variássemos os pesos dos dois ativos com o coeficiente de correlação constante, geraríamos um conjunto de combinações que produziriam uma elipse começando no ativo 2, passando pelo ponto 0,50–0,50 e terminando no ativo 1. Podemos demonstrar isso com o caso (c), no qual o coeficiente de correlação igual a zero facilita os cálculos. Começamos com 100% no ativo 2 [caso (f)] e mudamos os pesos, como é feito a seguir, terminando com 100% no ativo 1 [caso (l)]:

Caso	w_1	w_2	$E(R_i)$
f	0,00	1,00	0,20
g	0,20	0,80	0,18
h	0,40	0,60	0,16
i	0,50	0,50	0,15
j	0,60	0,40	0,14
k	0,80	0,20	0,12
l	1,00	0,00	0,10

---

[7] Em todos os exemplos a seguir, pularemos algumas etapas, porque agora já sabemos que apenas o último termo muda. Incentivamos você a detalhar todas as etapas para garantir que está entendendo o procedimento de cálculo.

[8] Para ver provas de pesos iguais com variâncias iguais e encontrar os pesos apropriados para obter um desvio-padrão igual a zero, quando os desvios-padrões não são iguais, veja os apêndices do Capítulo 7, em REILLY, Frank K.; BROWN, Keith C. *Investment Analysis and Portfolio Management*. 7. ed. Mason: South-Western,© 2003). p. 235-6.

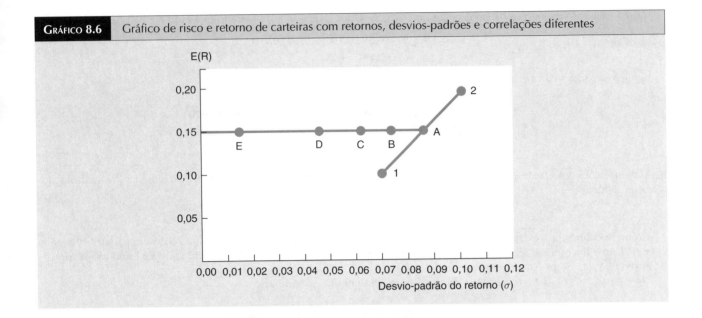

GRÁFICO 8.6 Gráfico de risco e retorno de carteiras com retornos, desvios-padrões e correlações diferentes

Já conhecemos o desvio-padrão (σ) da carteira (i). Nos casos (f), (g), (h), (j), (k) e (l), os desvios-padrões são:[9]

$$\sigma_{cart\,(g)} = \sqrt{(0,20)^2(0,07)^2 + (0,80)^2(0,10)^2 + 2(0,20)(0,80)(0,00)}$$
$$= \sqrt{(0,04)(0,0049) + (0,64)(0,01) + (0)}$$
$$= \sqrt{0,006596}$$
$$= 0,0812$$

$$\sigma_{cart\,(h)} = \sqrt{(0,40)^2(0,07)^2 + (0,60)^2(0,10)^2 + 2(0,40)(0,60)(0,00)}$$
$$= \sqrt{0,004384}$$
$$= 0,0662$$

$$\sigma_{cart\,(j)} = \sqrt{(0,60)^2(0,07)^2 + (0,40)^2(0,10)^2 + 2(0,60)(0,40)(0,00)}$$
$$= \sqrt{0,003364}$$
$$= 0,0580$$

$$\sigma_{cart\,(h)} = \sqrt{(0,80)^2(0,07)^2 + (0,20)^2(0,10)^2 + 2(0,80)(0,20)(0,00)}$$
$$= \sqrt{0,003536}$$
$$= 0,0595$$

Os vários pesos com uma correlação constante resultam nas seguintes combinações de retorno e risco:

Caso	w₁	w₂	E(R_i)	E(σ_{port})
f	0,00	1,00	0,20	0,1000
g	0,20	0,80	0,18	0,0812
h	0,40	0,60	0,16	0,0662
i	0,50	0,50	0,15	0,0610
j	0,60	0,40	0,14	0,0580
k	0,80	0,20	0,12	0,0595
l	1,00	0,00	0,10	0,0700

---

[9] Novamente, incentivamos o leitor a completar as etapas que pulamos nesses cálculos.

| GRÁFICO 8.7 | Gráficos de risco e retorno de carteiras com pesos diferentes quando $r_{i,j} = +1,00; +0,50; 0,00; -0,50; -1,00$ |

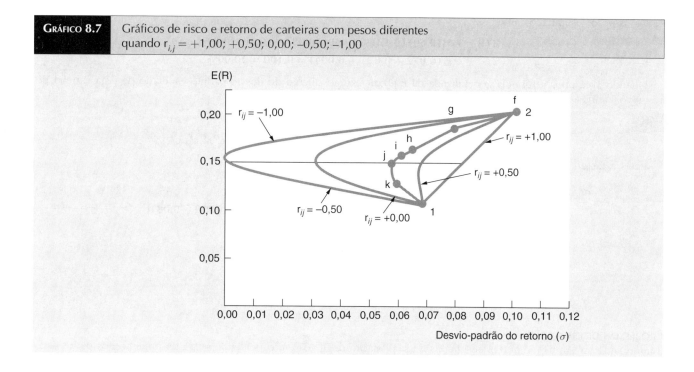

Uma dessas combinações é apresentada no Gráfico 8.7. Podemos construir uma curva completa simplesmente variando os pesos com incrementos menores.

Um resultado a ser destacado é: com correlações negativas, baixas ou nulas, é possível montar carteiras com *risco inferior ao de qualquer ativo individual*. Em nosso conjunto de exemplos em que $r_{ij} = 0,00$, isso ocorre nos casos (h), (i), (j) e (k). Essa capacidade de reduzir o risco é a essência da diversificação.

Conforme mostrado no Gráfico 8.7, supondo-se a relação normal de risco e retorno, na qual os ativos com risco maior (desvio-padrão maior) oferecem altas taxas de retorno, é possível para um investidor conservador experimentar *tanto* risco mais baixo *quanto* retorno mais alto diversificando um ativo de retorno mais alto e risco maior, levando em consideração que a correlação entre os dois ativos seja razoavelmente baixa. O Gráfico 8.7 mostra que, no caso em que usamos a correlação igual a zero, o investidor com baixo risco no ponto 1 – que teria um retorno de 10% e um risco de 7% – poderia *aumentar* o retorno para 14% *e* conseguir uma *queda* do risco para 5,8%, aplicando (diversificando) 40% da carteira no ativo 2, mais arriscado.

Conforme observado, os benefícios da diversificação dependem fundamentalmente da correlação entre os ativos. O gráfico mostra que há até algum benefício quando a correlação é de 0,50, em vez de zero.

Ele também mostra que a curvatura do gráfico depende da correlação entre os dois ativos ou carteiras. Com $r_{ij} = +1,00$, as combinações ficam sobre uma linha reta entre os dois ativos. Quando $r_{ij} = 0,50$, a curva fica à direita de $r_{ij} = 0,00$; quando $r_{ij} = -0,50$, ela fica à esquerda. Finalmente, quando $r_{ij} = -1,00$, o gráfico é formado por duas linhas retas que se tocam no eixo vertical (risco zero), com alguma combinação. É possível determinar o conjunto específico de pesos que produziriam uma carteira com risco zero. Nesse caso, eles são $w_1 = 0,412$ e $w_2 = 0,588$.

UMA CARTEIRA DE TRÊS ATIVOS

Uma demonstração do que ocorre com uma carteira de três ativos é útil porque ela mostra a dinâmica do processo dessa quando mais ativos são adicionados. Ela também mostra o rápido crescimento do volume de cálculos necessários, e é por isso que pararemos em três ativos!

Neste exemplo, combinamos três classes de ativos que temos discutido: ações, obrigações e equivalentes de caixa.[10] Pensemos as seguintes características:

Classes de ativos	$E(R_i)$	$E(\sigma_i)$	w_i
Ações	0,12	0,20	0,60
Obrigações	0,08	0,10	0,30
Equivalentes de caixa	0,04	0,03	0,10

As correlações são:

$$r_{S,B} = 0,25; \quad r_{S,C} = -0,08; \quad r_{B,C} = 0,15$$

---

[10] Os artigos sobre alocação de ativos, regularmente publicados no *Wall Street Journal*, geralmente se referem a essas três classes de ativos.

Dados os pesos estipulados, $E(R_{cart})$ é:

$$E\ (R_{cart}) = (0,60)\ (0,12) + (0,30)\ (0,08) + (0,10)\ (0,04)$$
$$= (0,072 + 0,024 + 0,004) = 0,100 = 10,00\%$$

Quando aplicamos a fórmula generalizada da Equação 8.6 ao cálculo do desvio-padrão esperado de uma carteira de três ativos, temos:

8.8
$$\sigma_{cart}^2 = (w_S^2\sigma_S^2 + w_B^2\sigma_B^2 + w_C^2\sigma_C^2)$$
$$+ (2w_Sw_B\sigma_S\sigma_Br_{S,B} + 2w_Sw_C\sigma_S\sigma_Cr_{S,C} + 2w_Bw_C\sigma_B\sigma_Cr_{B,C})$$

Pelas características estipuladas, o desvio-padrão dessa carteira(σ_{cart}) é igual a:

$$\sigma_{cart}^2 = [(0,6)^2\ (0,20)^2 + (0,3)^2\ (0,10)^2 + (0,1)^2\ (0,03)^2]$$
$$+ \{[2\ (0,6)\ (0,3)\ (0,20)\ (0,10)\ (0,25)] + [2\ (0,6)\ (0,1)\ (0,20)\ (0,03)\ (-0,08)]$$
$$+ [2\ (0,3)\ (0,1)\ (0,10)\ (0,03)\ (0,15)]\}$$
$$= [0,015309 + (0,0018) + (-0,0000576) + (0,000027)]$$
$$= 0,0170784$$
$$\sigma_{cart} = (0,0170784)^{1/2} = 0,1306 = 13,06\%$$

PROBLEMAS DE ESTIMAÇÃO

É importante ter em mente que os resultados dessa alocação de ativos em carteiras depende da precisão dos dados estatísticos utilizados. No exemplo atual, isso significa que para cada ativo (ou classe dele) considerado para inclusão na carteira, devemos estimar o retorno esperado e o desvio-padrão. Também devemos avaliar o coeficiente de correlação para o conjunto completo de ativos. O número de estimativas de correlação pode ser substancial, por exemplo, para uma carteira de 100 títulos, o número é 4.950 (ou seja, 99 + 98 + 97 + ...). A fonte potencial de erro decorrente dessas aproximações é chamada de *risco de estimação*.

Podemos reduzir o número de coeficientes de correlação que precisam ser estimados se os retornos das ações forem descritos por um modelo de mercado com um único índice, ou seja:

8.9
$$R_i = a_i + b_iR_m + \varepsilon_i$$

onde:

b_i = coeficiente de inclinação que relaciona os retornos do título i aos retornos do mercado de ações como um todo
R_m = retornos do mercado de ações como um todo

Se todos os títulos tiverem relações semelhantes com o mercado e for obtido um coeficiente de inclinação b_i para cada título, pode se demonstrar que o coeficiente de correlação entre dois títulos i e j será:

8.10
$$r_{ij} = b_ib_j\frac{\sigma_m^2}{\sigma_i\sigma_j}$$

onde:

σ_m^2 = variância dos retornos do mercado de ações como um todo

Isso reduz o número de estimativas de 4.950 para 100, ou seja, uma vez que tenhamos obtido uma estimativa do coeficiente de inclinação b_i para cada título, podemos calcular as estimativas de correlação. Lembre-se de que isso pressupõe que o modelo de mercado de índice único produz uma boa estimativa dos retornos de títulos.

A FRONTEIRA EFICIENTE

Se examinássemos diferentes combinações de dois ativos e construíssemos as curvas supondo todos os pesos possíveis, teríamos um gráfico como o do Gráfico 8.8. A curva envelope que contém a melhor de todas essas combinações possíveis é chamada de *fronteira eficiente*. Especificamente, esta representa o conjunto de carteiras que têm a taxa de retorno máxima para cada nível de risco ou o mínimo deste para cada grau de retorno. Um exemplo é mostrado no Gráfico 8.9. Cada carteira que fica na fronteira eficiente tem uma taxa de retorno mais alta para risco igual ou um mais baixo para uma taxa de retorno semelhante ao de algumas carteiras que estão abaixo da fronteira. Assim, diríamos que a carteira A, no Gráfico 8.9, *domina* a C, pois ela tem taxa de retorno igual, mas substancialmente menos risco. Da mesma forma, a B prevalece sobre a C porque tem igual risco, mas uma taxa de retorno esperada mais alta. Em razão dos benefícios da diversificação entre ativos imperfeitamente correlacionados, esperaríamos que a fronteira eficiente fosse composta por *carteiras* de investimentos, em vez de títulos individuais. Duas possíveis exceções surgem nos pontos finais, que representam o ativo com o retorno mais alto e aquele com o risco mais baixo.

| GRÁFICO 8.8 | Várias combinações de carteiras de ativos disponíveis |

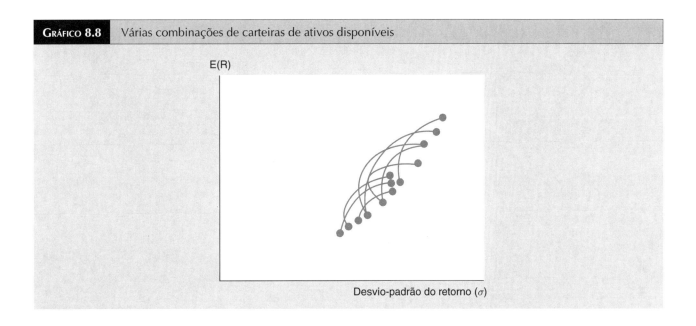

| GRÁFICO 8.9 | Fronteira eficiente de carteiras alternativas |

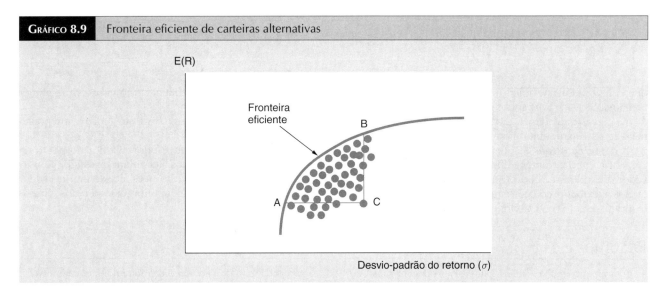

Como investidor, você terá como alvo um ponto ao longo da fronteira eficiente, com base em sua *função de utilidade*, que reflete sua atitude em relação a risco. Nenhuma carteira pode dominar qualquer outra nessa fronteira. Todas elas têm valores distintos de retorno e risco, com taxas daquele esperadas que crescem com este mais alto.

A FRONTEIRA EFICIENTE E A UTILIDADE DO INVESTIDOR

A curva no Gráfico 8.9 mostra que a inclinação da curva da fronteira eficiente diminui gradativamente à medida que avançamos para cima. Isso significa que, ao acrescentarmos incrementos iguais de risco enquanto nos movemos para cima nesta, temos incrementos decrescentes de retorno esperado. Para avaliar essa situação, calculamos a inclinação dessa fronteira da seguinte forma:

8.11
$$\frac{\Delta E\,(R_{cart})}{\Delta E\,(\sigma_{cart})}$$

As curvas de utilidade de um investidor individual especificam as compensações que ele está disposto a fazer entre retorno esperado e risco. Em conjunto com a fronteira eficiente, essas curvas de utilidade determinam que carteira *específica* naquela é melhor para um dado investidor. Dois deles escolherão a mesma carteira do conjunto eficiente apenas se suas curvas de utilidade forem idênticas.

O Gráfico 8.10 mostra dois conjuntos de curvas de utilidade com uma fronteira eficiente de investimentos. As curvas rotuladas de U_1, U_2 e U_3 valem para um investidor com forte aversão a risco. Essas curvas são bastante inclinadas, indicando

GRÁFICO 8.10 — Seleção de carteira ótima de ativos com risco

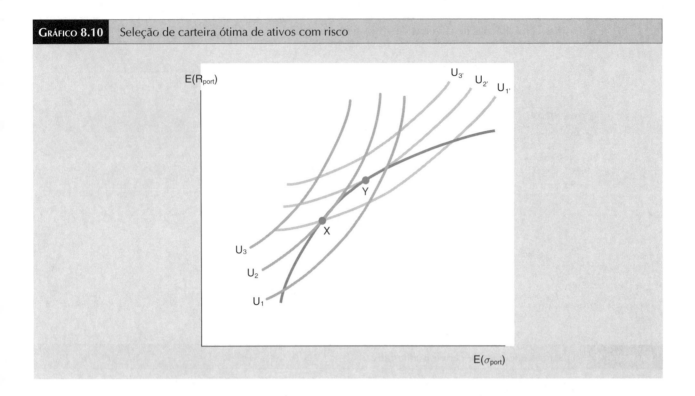

que o investidor não tolera muito risco adicional para obter mais retornos. Ele fica igualmente satisfeito com qualquer combinação E(R), E(σ) ao longo da curva específica de utilidade U_1.

As curvas rotuladas ($U_{3'}$, $U_{2'}$, $U_{1'}$) caracterizam um investidor menos avesso a risco. Esse está disposto a tolerar um pouco mais de risco para obter um retorno esperado mais alto.

A **carteira ótima** é aquela eficiente que oferece a utilidade mais alta para um dado investidor. Ela fica no ponto de tangência entre a fronteira eficiente e a curva U_1, com a utilidade mais alta possível. Esta mais alta de um investidor conservador está no ponto X do Gráfico 8.10, em que a curva U_2 apenas toca a fronteira eficiente. A mais alta de um investidor menos avesso a risco ocorre no ponto Y, que representa uma carteira da fronteira eficiente com retornos esperados e riscos mais altos que os da carteira em X.

Resumo

- O modelo básico de carteiras de Markowitz gera a taxa de retorno esperada de uma carteira de ativos e uma medida de risco esperado, que é o desvio-padrão da taxa de retorno almejada. Markowitz mostrou que esta em uma carteira é a média ponderada dos retornos esperados dos seus investimentos individuais. O desvio-padrão dela é uma função não apenas dos desvios-padrões dos investimentos individuais, mas *também* da covariância entre as taxas de retorno de todos os pares de ativos da carteira. Em uma carteira grande, essas covariâncias são fatores importantes.

- Diferentes pesos ou quantias aplicadas em vários ativos em uma carteira produzem uma curva de combinações possíveis. Os coeficientes de correlação entre ativos são o fator crítico a ser considerado na seleção de investimentos. Os investidores podem manter sua taxa de retorno ao mesmo tempo em que reduzem o nível de risco de sua carteira combinando ativos ou carteiras com correlação positiva baixa ou negativa.

- Supondo-se vários ativos e uma multiplicidade de curvas de combinações, a fronteira eficiente é a curva envelope que engloba todas as melhores combinações. Ela define o conjunto de carteiras que têm o retorno esperado mais alto para cada grau de risco ou o seu mínimo para cada nível de retorno. Por esse conjunto de carteiras dominantes, os investidores selecionam aquela que fica no ponto de tangência entre a fronteira eficiente e sua curva de utilidade mais alta. Como as funções de utilidade em relação a risco e retorno são diferentes, esse ponto e, portanto, a escolha de carteiras varia de investidor para investidor.

- A esta altura, você já sabe que uma carteira ótima é uma combinação de investimentos, cada um tendo características individuais desejáveis de retorno e risco que também se encaixam com base em suas correlações. Esse conhecimento mais aprofundado da teoria de carteiras deve levá-lo a refletir sobre a discussão anterior a respeito do investimento em âmbito global. Como muitos investimentos em ações e obrigações no exterior oferecem taxas de retorno superiores, em comparação com os títulos americanos, *e* têm baixas correlações com as carteiras de ações e obrigações dos Estados Unidos (como mostrado no Capítulo 7), a inclusão desses títulos estrangeiros em sua carteira deve ajudá-lo a reduzir o risco total desta e possivelmente aumentar sua taxa de retorno.

Questões

1. Por que a maioria dos investidores possui carteiras diversificadas?
2. O que é covariância e por que ela é importante na teoria de carteiras?
3. Por que a maioria dos ativos de mesmo tipo possui covariâncias positivas entre seus retornos? Você esperaria covariâncias positivas de retornos entre tipos *diferentes* de ativos, como retornos de letras do Tesouro, ações ordinárias da *General Electric* e imóveis comerciais? Por quê?
4. Qual é a relação entre covariância e coeficiente de correlação?
5. Explique o formato da fronteira eficiente.
6. Faça um gráfico adequadamente legendado da fronteira eficiente de Markowitz, descrevendo-a em termos precisos. Discuta o conceito de carteiras dominantes e dê o exemplo de uma delas em seu gráfico.
7. Suponha que você queira rodar um programa de computador para construir a fronteira eficiente com o seu conjunto viável de ações. Que informações você precisa fornecer ao programa?
8. Por que as curvas de utilidade dos investidores são importantes na teoria de carteiras?
9. Explique como um dado investidor escolhe uma carteira ótima. Essa escolha será sempre uma carteira diversificada ou ela pode ser representada por um único ativo? Explique sua resposta.
10. Imagine que você e um colega de negócios montem uma fronteira eficiente para um conjunto de investimentos. Por que vocês dois poderiam selecionar carteiras diferentes nela?
11. Faça um gráfico hipotético de uma fronteira eficiente de ações ordinárias dos Estados Unidos. No mesmo gráfico, desenhe uma, supondo também a inclusão de obrigações americanas. Finalmente, no mesmo gráfico, desenhe uma fronteira incluindo ações ordinárias e obrigações dos Estados Unidos e também de todo o mundo. Discuta as diferenças entre elas.
12. As ações L, M e N têm, cada uma, o mesmo retorno e desvio-padrão esperados. Os coeficientes de correlação para cada par dessas ações são:

    Coeficiente de correlação entre L e M = +0,8
    Coeficiente de correlação entre L e N = +0,2
    Coeficiente de correlação entre M e N = −0,4

    Dadas essas correlações, que carteira montada, a partir de qual dos pares dessas ações, terá o desvio-padrão mais baixo? Explique.
13. *Exame CFA Nível II*
    Uma carteira de três ativos tem as seguintes características.

Ativo	Retorno esperado	Desvio-padrão esperado	Peso
X	0,15	0,22	0,50
Y	0,10	0,08	0,40
Z	0,06	0,03	0,10

    O retorno esperado dela é:
    (a) 10,3%
    (b) 11%
    (c) 12,1%
    (d) 14,8% (2 minutos)
14. *Exame CFA Nível II*
    Um investidor está pensando em acrescentar outro investimento a uma dada carteira. Para alcançar os benefícios máximos de diversificação, ele deve adicionar, se possível, um investimento que tenha qual dos seguintes coeficientes de correlação com os outros investimentos contidos na carteira?
    (a) −1,0
    (b) −0,5
    (c) 0,0
    (d) +1,0 (1 minuto)

Investimentos on-line

Ao procurarem operar na fronteira eficiente, os gestores de carteiras tentam minimizar o risco para um certo nível de retorno, ou maximizá-lo a um determinado nível de risco. Programas de softwares – denominados "otimizadores" – são utilizados pelos gestores de carteiras para determinar a forma da fronteira eficiente, assim como para determinar algumas das carteiras nela localizadas. Além deles, os planejadores financeiros utilizam informações sobre retornos e desempenhos passados de gestores para fazer recomendações a seus clientes. Alguns sites interessantes são:

http://www.pionline.com – Este é o site da *Pensions & Investments*, um jornal para gestores financeiros. Itens do site incluem links de notícias de interesse para gestores, dados de desempenho da ePIPER sobre carteiras de ações, renda fixa, imóveis e globais de gestores financeiros e fundos de pensão. O site também contém vários links de organizações, como bancos centrais, consultores e vendedores de produtos relacionados à área de investimentos.

http://investmentnews.com – O *Investment News* é uma publicação-irmã da *Pensions & Investments*, com foco no consultor financeiro. O site inclui informações sobre planejamento financeiro, indústria de fundos de investimento, regulamentação, desempenho de ações e tendências do setor.

Um programa para a criação de fronteiras eficientes está disponível em empresas como Ibbotson Associates (**http://www.ibbotson.com**), Zephyr Associates (**http://www.styleadvisor.com**), Wagner Associates (**http://www.wagner.com**) e Efficient Solutions Inc. (**http://www.effisols.com**).

180 Investimentos

PROBLEMAS

1. Considerando o panorama econômico mundial para o próximo ano e as estimativas de vendas e lucros para a indústria farmacêutica, você espera que a taxa de retorno das ações da *Lauren Labs* varie entre −20% e +40%, com as seguintes probabilidades:

Probabilidade	Retornos possíveis
0,10	−0,20
0,15	−0,05
0,20	0,10
0,25	0,15
0,20	0,20
0,10	0,40

Calcule a taxa de retorno esperada $E(R_i)$ para a *Lauren Labs*.

2. Dados os seguintes valores de mercado de ações em sua carteira e suas taxas de retorno esperadas, qual é essa taxa em sua carteira de ações ordinárias?

Ação	Valor de mercado (em milhões de dólares)	$E(R_i)$
Phillips Petroleum	$15.000	0,14
Starbucks	17.000	−0,04
International Paper	32.000	0,18
Intel	23.000	0,16
Walgreen	7.000	0,12

3. A seguir vemos as taxas de retorno mensais da *Madison Corp.* e da *General Electric* durante um período de seis meses:

Mês	Madison Corp.	General Electric
1	−0,04	0,07
2	0,06	−0,02
3	−0,07	−0,10
4	0,12	0,15
5	−0,02	−0,06
6	0,05	0,02

Calcule o seguinte:
(a) Taxa média de retorno mensal $\overline{R}_i$ de cada ação
(b) Desvio-padrão do retorno de cada ação
(c) Covariância entre as taxas de retorno
(d) Coeficiente de correlação entre as taxas de retorno
Que nível de correlação você esperava? Como as suas expectativas se comparam à calculada? Essas duas ações ofereceriam uma boa chance de diversificação? Por quê?

4. Você está considerando dois ativos com as seguintes características:
$E(R_1) = 0,15$ $E(\sigma_1) = 0,10$ $w_1 = 0,5$
$E(R_2) = 0,20$ $E(\sigma_2) = 0,20$ $w_2 = 0,5$
Calcule a média e o desvio-padrão de duas carteiras, se $r_{1,2} = 0,40$ e −0,60, respectivamente. Faça um gráfico de risco e retorno com elas e explique sucintamente os resultados.

5. Dados os valores: $E(R_1) = 0,10$
$E(R_2) = 0,15$
$E(\sigma_1) = 0,03$
$E(\sigma_2) = 0,05$
Calcule os retornos e os desvios-padrões esperados de uma carteira de duas ações, na qual a ação 1 tem um peso de 60% nas seguintes condições:
(a) $r_{1,2} = 1,00$
(b) $r_{1,2} = 0,75$
(c) $r_{1,2} = 0,25$
(d) $r_{1,2} = 0,00$
(e) $r_{1,2} = −0,25$
(f) $r_{1,2} = −0,75$
(g) $r_{1,2} = −1,00$

6. Dados os valores: $E(R_1) = 0,12$
$E(R_2) = 0,16$
$E(\sigma_1) = 0,04$
$E(\sigma_2) = 0,06$
Calcule os retornos e os desvios-padrões esperados de uma carteira de duas ações, com um coeficiente de correlação de 0,70 nas condições.
(a) $w_1 = 1,00$
(b) $w_1 = 0,75$
(c) $w_1 = 0,50$
(d) $w_1 = 0,25$
(e) $w_1 = 0,05$
Faça um gráfico de retorno e risco com os resultados. Sem fazer cálculos, desenhe primeiro como seria a curva se o coeficiente de correlação fosse de 0,00 e depois de −0,70.

7. A seguir, apresentamos as variações mensais porcentuais de preço de quatro índices de mercado.

Mês	DJIA	S&P 500	Russell 2000	Nikkei
1	0,03	0,02	0,04	0,04
2	0,07	0,06	0,10	−0,02
3	−0,02	−0,01	−0,04	0,07
4	0,01	0,03	0,03	0,02
5	0,05	0,04	0,11	0,02
6	−0,06	−0,04	−0,08	0,06

Calcule o seguinte:
(a) Taxa média de retorno mensal de cada índice.
(b) Desvio-padrão de cada índice.
(c) Covariância entre as taxas de retorno dos seguintes índices:
    DJIA-S&P 500
    S&P 500-Russell 2000
    S&P 500-Nikkei
    Russell 2000-Nikkei
(d) Os coeficientes de correlação para as mesmas quatro combinações.
(e) Utilizando as respostas dos itens (a), (b) e (d), calcule o retorno esperado e o desvio-padrão de uma carteira composta com pesos iguais de (1) S&P e Russell 2000 e (2) S&P e Nikkei. Discuta as duas carteiras.

8. O desvio-padrão das ações da Shamrock Corp. é de 19%. O desvio-padrão das da Duke Co. é de 14%.
A covariância entre elas é igual a 100. Qual é a correlação entre elas?

EXERCÍCIO DA WEB

1. Leia e resuma os artigos iniciais das duas últimas edições de *Efficient Frontier*, que podem ser encontradas em **http://www.efficientfrontier.com**.

Exercícios de Planilha

1. Utilizando os índices disponíveis em http://www.barra.com, calcule as correlações entre os índices S&P 500, S&P MidCap 400 e S&P Small-Cap 600 nos últimos cinco anos. Para o par com a correlação mais alta, construa uma carteira com pesos iguais (ou seja, cada um dos dois índices recebe o peso de 0,50). Calcule o retorno médio e o desvio-padrão dela nos cinco últimos anos. Faça isso também com o par que possui a correlação mais baixa. Calcule a média ponderada dos desvios-padrões da carteira, ou seja, 0,50 × desvio-padrão do primeiro índice + 0,50 × desvio-padrão do segundo índice. Qual é a diferença entre esses desvios e a média ponderada deles? O que explica essa diferença?

2. Para um par de índices extraídos de http://www.msci.com, calcule o retorno e o desvio-padrão de carteiras com ponderações diferentes: 10%/90%, 20%/80%, 30%/70% etc. Faça um gráfico das combinações de retorno e risco.

3. Repita o Exercício 2, mas agora mude o coeficiente de correlação entre os dois índices. Use a fórmula para calcular o desvio-padrão da carteira utilizando os diversos pesos do exercício anterior e um coeficiente de correlação de:
   (a) −0,80.
   (b) −0,25.
   (c) 0,00
   (d) Como diferem os gráficos dos Exercícios 2 e 3?

4. O Excel pode ajudar na construção de fronteiras eficientes. Descubra como utilizar a função *Solver* do Excel (ela deve aparecer em Ferramentas, na barra desse programa. Se não aparecer, clique em Ferramentas e depois em Suplementos. Desça o cursor e selecione o item "Solver". Isso deve adicioná-lo à lista de opções do *menu* Ferramentas).

Referências

ELTON, Edwin J.; MARTIN, J. Gruber; BROWN, Stephen J. e GOETZMANN, William N. *Modern Portfolio Theory and Investment Analysis*. 6. ed. New York: John Wiley & Sons, 2003.

FARRELL JR., James L. *Portfolio Management*: Theory and Application. 2. ed. New York: McGraw-Hill, 1997.

MAGINN, John; TUTLE, Donald L. (Ed.). *Managing Investment Portfolios*: A Dynamic process. 2. ed. Patrocinado por The Institute of Chartered Financial Analysis. Boston: Warren, Gorham and Lamont, 1990.

MARKOWITZ, Harry. "Portfolio Selection". *Journal of Finance* 7, n. 1, mar. 1952.

MARKOWITZ, Harry. *Portfolio Selection*: Efficient Diversification of Investments. New York: John Wiley & Sons, 1959.

GLOSSÁRIO

Carteira ótima – A carteira eficiente com a utilidade mais alta para um dado investidor, encontrada no ponto de tangência entre a fronteira eficiente e a curva de utilidade mais alta desse investidor.

Coeficiente de correlação – Uma medida padronizada da relação entre duas séries, que varia de –1,00 a +1,00.

Covariância – Uma medida do grau pelo qual duas variáveis, como taxas de retorno de ativos de investimento, variam em conjunto em torno de suas respectivas médias no decorrer de um período.

Fronteira eficiente – A curva que define o conjunto de carteiras com a taxa de retorno máxima para cada nível de risco ou com o risco mínimo para uma dada taxa de retorno.

capítulo 9

Introdução aos modelos de precificação de ativos

Neste capítulo, responderemos às seguintes perguntas:

Quais são as hipóteses do modelo de formação de preços de ativos?

O que é um ativo livre de risco e quais são suas características em termos de retorno e risco?

Qual é a covariância e a correlação entre o ativo livre de risco e um ativo com risco ou uma carteira de ativos com risco?

Qual é o retorno esperado quando combinamos o ativo livre de risco e uma carteira de ativos com risco?

Qual é o desvio-padrão quando combinamos o ativo livre de risco e uma carteira de ativos com risco?

Quando combinamos o ativo livre de risco e uma carteira de ativos com risco na fronteira eficiente de Markowitz, como fica o conjunto de carteiras possíveis?

Dado o conjunto inicial de carteiras possíveis com um ativo livre de risco, o que acontece quando se acrescenta alavancagem financeira?

O que é carteira de mercado, que ativos estão incluídos e quais são os pesos relativos?

O que é linha de mercado de capitais (CML)?

O que significa diversificação completa?

Como medimos a diversificação de uma carteira individual?

O que é risco sistemático e risco não sistemático?

Dada a CML, o que é o teorema de separação?

Dada a CML, qual é a medida de risco relevante para um ativo com risco individual?

O que é linha de mercado de títulos (SML) e como difere da CML?

Por que o beta é considerado uma medida padronizada de risco sistemático?

Como a SML é utilizada para determinar a taxa de retorno esperada (exigida) de um ativo com risco?

Com base na teoria de carteiras de Markowitz, duas importantes teorias têm sido propostas para a construção de modelos de avaliação de ativos com risco, ou seja, de precificação de ativos, e eles são apresentados neste capítulo. Inicialmente, fazemos uma introdução dos modelos de precificação de ativos porque as medidas de risco decorrentes são elementos necessários para nossa discussão posterior sobre avaliação de ativos com risco. A maior parte de nossa apresentação aborda a teoria de mercado de capitais e o modelo de formação de preços de ativos (CAPM) que foi desenvolvido, quase simultaneamente, por três pessoas. Os modelos posteriores de avaliação de ativos consideram diversas variáveis que afetam a taxa de retorno exigida de um ativo. Discutiremos essas teorias e os modelos de precificação multifatoriais envolvidos.

Teoria de mercado de capitais: visão geral

Como a teoria de mercado de capitais apóia-se na de carteiras, começaremos do ponto em que nossa discussão da fronteira eficiente de Markowitz parou, no Capítulo 8. Partimos do pressuposto de que você tenha examinado o conjunto de ativos com risco e construído a fronteira eficiente agregada. Além disso, supomos que você (e todos os outros investidores) quer maximizar sua utilidade em termos de risco e retorno, e, então, escolherá carteiras de ativos com risco na fronteira eficiente, em pontos nos quais seus mapas de utilidade são tangentes à fronteira eficiente agregada, como foi mostrado no Gráfico 8.11. Quando você toma sua decisão de investimento dessa maneira, é chamado de *investidor eficiente no sentido de Markowitz.*

A teoria de mercado de capitais estende a teoria de carteiras ao acrescentar a importante suposição de que há um ativo livre de risco e considera a sua implicação para a avaliação de ativos. Isso conduz a um modelo de precificação de todos os ativos com risco. O produto final, o *modelo de formação de preços de ativos* (CAPM), permite que determinemos a taxa de retorno exigida de quaisquer ativos com risco. O CAPM é um modelo de fator único, ou seja, imagina-se que o risco de um ativo é determinado por uma única variável, seu beta.

Em especial, a suposição de que existe um ativo livre de riscos tem implicações importantes para as combinações alternativas de risco e retorno. Em nossa discussão, supomos uma carteira central de ativos com risco na fronteira eficiente, que chamamos de *carteira de mercado*. Iremos discuti-la, apontando o que ela significa em relação a tipos diferentes de risco.

Também consideraremos que tipos de risco são relevantes para um investidor que acredita na teoria do mercado de capitais. Após definirmos uma medida de risco que considere as implicações tanto da teoria de carteiras quanto da de mercado de capitais, consideraremos como

Introdução aos modelos de precificação de ativos **183**

determinar a taxa de retorno exigida de um investimento. Poderemos, então, comparar essa taxa à nossa estimativa da taxa de retorno esperada do ativo para o horizonte de aplicação, para determinar se o ativo está subavaliado ou superavaliado. Nessa discussão, demonstraremos como calcular a medida de risco implícita na teoria de mercado de capitais.

Por fim, discutiremos um conjunto de modelos de precificação de ativos alternativos que afirmam que a taxa de retorno exigida de um ativo de risco é uma função de *múltiplos* fatores. Mostraremos sucintamente como avaliar o risco de um ativo e determinar sua taxa de retorno exigida, utilizando modelos multifatoriais.

FUNDAMENTOS DA TEORIA DE MERCADO DE CAPITAIS

Quando tratamos de qualquer teoria em ciências, economia ou finanças, é necessário articular um conjunto de pressupostos que especifiquem como a teoria espera que seja o funcionamento do mundo. Isso permite aos teóricos se concentrar no desenvolvimento de uma teoria que explique como algumas facetas do globo terrestre responderão a mudanças no ambiente. A seguir, vemos as principais hipóteses subjacentes ao desenvolvimento da teoria de mercado de capitais.

Hipóteses da Teoria de Mercado de Capitais – Como a teoria de mercado de capitais se apóia no modelo de carteiras de Markowitz, ela exige os mesmos pressupostos, com alguns acréscimos:

1. Todos os investidores são eficientes no sentido de Markowitz, que querem atingir pontos situados na fronteira eficiente. A localização exata na fronteira eficiente e a carteira específica selecionada dependerão da função de utilidade em relação a risco e retorno do investidor individual.
2. Os investidores podem tomar ou fazer empréstimos de qualquer quantia de dinheiro a uma taxa de retorno livre de risco (RLR). Evidentemente, é sempre possível emprestar dinheiro à taxa nominal livre de risco comprando títulos livres de risco, como letras do Tesouro. Nem sempre é possível tomar emprestado à taxa livre de risco, mas veremos que supor uma taxa de captação de empréstimo mais alta não altera os resultados gerais.
3. Todos os investidores têm expectativas homogêneas, ou seja, eles estimam distribuições idênticas de probabilidades de taxas de retorno futuras. Mais uma vez, essa hipótese pode ser relaxada. Contanto que as diferenças de expectativas não sejam grandes, seus efeitos são mínimos.
4. Todos os investidores têm o mesmo horizonte de um período, que pode ser de um mês, seis meses ou um ano. O modelo será desenvolvido para um período único hipotético, e seus resultados poderiam ser afetados se fosse feita uma hipótese diferente. Horizontes distintos entre os indivíduos exigiriam que construíssem medidas de risco e definissem ativos livres de risco compatíveis com seus horizontes de aplicação.
5. Todos os investimentos são infinitamente divisíveis, o que significa que é possível comprar ou vender quantidades fracionárias de qualquer ativo ou carteira. Esse pressuposto permite que discutamos alternativas de investimento como curvas contínuas. A alteração dessa hipótese exerceria um impacto muito pequeno sobre a teoria.
6. Não há impostos ou custos de transação associados à compra ou venda de ativos. Esse é um pressuposto razoável em muitos casos. Nem os fundos de pensão nem os grupos religiosos são obrigados a pagar impostos, e os custos de transação para a maioria das instituições financeiras são menores do que 1%, no caso de muitos instrumentos financeiros. Novamente, o relaxamento dessa hipótese modifica os resultados, mas não muda a teoria básica.
7. Não há inflação ou alteração das taxas de juros, ou a inflação é perfeitamente prevista. Esse é um pressuposto inicial razoável e pode ser modificado.
8. Os mercados de capitais estão em equilíbrio. Isso significa que partimos da situação em que todos os investimentos estão adequadamente precificados, de acordo com seus níveis de risco.

Você pode achar que algumas dessas hipóteses não são realistas e se perguntar como uma teoria útil pode ser deduzida a partir delas. Nesse sentido, há dois aspectos importantes. Em primeiro lugar, como foi mencionado, o relaxamento de muitas dessas hipóteses teria apenas um efeito mínimo sobre o modelo e não alteraria suas principais implicações ou conclusões. Em segundo lugar, uma teoria nunca deve ser julgada com base em suas hipóteses, mas, sim, em termos de quão bem ela explica e ajuda a prever o comportamento do mundo real. Se essa teoria e o modelo que dela resulta ajudam a explicar as taxas de retorno de uma grande variedade de ativos com risco, ela é útil, mesmo que algumas de suas hipóteses não sejam realistas. O sucesso na explicação das relações no mundo real significa que as hipóteses questionáveis não devem ter importância para o objetivo final do modelo, que é explicar a formação de preços e taxas de retorno de ativos.

Desenvolvimento da Teoria de Mercado de Capitais – Após o desenvolvimento do modelo de carteiras de Markowitz, diversos autores consideraram as implicações de se supor a existência de um *ativo livre de risco*, ou seja, um ativo com *variância igual a zero*. Esse conceito é o fator principal que permitiu à teoria de carteiras se transformar na teoria de mercado de capitais. Como mostraremos, esse ativo teria correlação zero com todos os outros ativos com risco e ofereceria a *taxa de retorno livre de risco* (RLR). Ele ficaria no eixo vertical de um gráfico de carteiras.

Essa hipótese nos permite construir uma teoria generalizada de precificação de ativos sob condições de incerteza a partir da teoria de carteiras de Markowitz. Esse feito é geralmente atribuído a William Sharpe, pelo qual ele recebeu o prêmio Nobel, mas Lintner e Mossin desenvolveram teorias similares de maneira independente.[1] Conseqüentemente, a literatura também se refere ao modelo Sharpe-Lintner-Mossin (SLM) de precificação de ativos.

---

[1] SHARPE, William F. "Capital Asset Prices: A Theory of Market Equilibrium Under Conditions of Risk." *Journal of Finance* 19, n. 3, 425-442, set. 1964; LINTNER, John. "Security Prices, Risk and Maximal Gains from Diversification." *Journal of Finance* 20, n. 4, 587-615, dez. 1965; MOSSIN, J. "Equilibrium in a Capital Asset Market.". *Econometrica* 34, n. 4, 768-783, out. 1996.

184 Investimentos

ATIVO LIVRE DE RISCO

Conforme observado, a hipótese de existência de um ativo livre de risco na economia é fundamental para a teoria de precificação de ativos. Portanto, precisamos explicar o significado dele e mostrar o efeito sobre as medidas de retorno e risco quando esse ativo é combinado a uma carteira na fronteira eficiente de Markowitz.

Um ***ativo com risco*** é aquele cujos retornos futuros são incertos. Nos capítulos anteriores, medimos essa incerteza pela variância ou pelo desvio-padrão dos retornos. Como o retorno esperado de um ativo livre de risco é completamente certo, o desvio-padrão de seu retorno é zero ($\sigma_F = 0$). A taxa de retorno obtida em tal ativo deve ser a taxa de retorno livre de risco (RLR), que, como discutimos no Capítulo 2, deve equivaler à de crescimento esperada de longo prazo da economia, com um ajuste por liquidez a curto prazo. Vejamos agora o que acontece quando introduzimos esse ativo livre de risco no mundo de risco do modelo de carteiras de Markowitz.

Covariância com um ativo livre de risco – Lembre-se de que a covariância entre dois conjuntos de retornos é:

9.1

$$\mathrm{Cov}_{ij} = \frac{\sum_{i=1}^{n}\left[\mathbf{R}_i - \mathbf{E}(\mathbf{R}_i)\right]\left[\mathbf{R}_j - \mathbf{E}(\mathbf{R}_j)\right]}{n-1}$$

Como os retornos do ativo livre de risco são certos, $\sigma_F = 0$, o que significa $R_i = E(R_i)$ em todos os períodos. Assim, $[R_i - E(R_i)]$ também é igual a zero, e o produto dessa expressão por qualquer outra também o é. Conseqüentemente, a covariância do ativo livre de risco com qualquer ativo ou carteira de ativos com risco é sempre igual a zero. Da mesma forma a correlação entre qualquer ativo com risco j e o ativo livre de risco F, pois é igual a:

9.2

$$\mathbf{r}_{F,j} = \frac{\mathrm{Cov}_{F,j}}{\sigma_F \sigma_j}$$

Combinando um ativo livre de risco a uma carteira com risco – O que acontece com a taxa média de retorno e com os desvios-padrões deste quando combinamos um ativo livre de risco a uma carteira de ativos de risco, como aqueles situados na fronteira eficiente de Markowitz?

Retorno esperado. Assim como o retorno esperado de uma carteira de dois ativos com risco, a taxa de retorno esperada de uma carteira que inclui um ativo livre de risco é a média ponderada dos dois retornos:

9.3

$$E(R_{port}) = w_F(RFR) + (1 - w_F)E(R_j)$$

onde:

w_F = peso do ativo livre de risco ou proporção da carteira aplicada no ativo livre de risco
$E(R_j)$ = taxa de retorno esperada da carteira com risco j

Desvio-padrão. Deve ser recordado do Capítulo 8, que a variância esperada de uma carteira de dois ativos é:

9.4

$$E(\sigma_{port}^2) = w_1^2\sigma_1^2 + w_2^2\sigma_2^2 + 2w_1 w_2 r_{1,2}\sigma_1\sigma_2$$

Se substituirmos o título 1 pelo ativo livre de risco e o título 2 pela carteira de ativos com risco, a fórmula será:

9.5

$$E(\sigma_{port}^2) = w_F^2\sigma_F^2 + (1 - w_F)^2\sigma_j^2 + 2w_F(1 - w_F)r_{F,j}\sigma_F\sigma_j$$

Sabemos que a variância do ativo livre de risco é zero, ou seja, $\sigma_F^2 = 0$. Como a correlação entre o ativo livre de risco e qualquer ativo com risco j é zero, o fator $r_{F,j}$ na Equação 9.5 também deve ser igual a zero. Portanto, qualquer componente da fórmula da variância que tenha qualquer um desses termos será igual a zero. Quando fazemos esses ajustes, a fórmula passa a ser:

9.6

$$E(\sigma_{port}^2) = (1 - w_F)^2\sigma_j^2$$

O desvio-padrão da carteira é:

9.7

$$E(\sigma_{port}^2) = \sqrt{(1 - w_F)^2\sigma_j^2}$$
$$= (1 - w_F)\sigma_j$$

Portanto, o desvio-padrão de uma carteira que combina o ativo livre de risco com ativos com risco é a *proporção linear do desvio-padrão de uma carteira destes*.

A combinação risco-retorno. Como *tanto* o retorno esperado *quanto* o desvio-padrão do retorno de tal carteira são combinações lineares, um gráfico de retornos e riscos possíveis da carteira corresponde a uma linha reta que liga os dois ativos. O Gráfico 9.1 mostra um gráfico que descreve as possibilidades de carteiras quando um ativo livre de risco é combinado a várias com risco, na fronteira eficiente de Markowitz.

Podemos alcançar qualquer ponto ao longo da linha reta F-A, aplicando alguma parte da carteira no ativo livre de risco W_F e o restante $(1 - W_F)$ na carteira de ativos com risco situada no ponto A da fronteira eficiente. Esse conjunto de carteiras possíveis domina todas as carteiras de ativos com risco na fronteira eficiente abaixo do ponto A, pois algumas delas ao longo da linha F-A têm variância igual, mas taxa de retorno mais alta do que a carteira na fronteira eficiente original. Mais

| GRÁFICO 9.1 | Possibilidades de carteiras combinando o ativo livre de risco e carteiras de ativos com risco na fronteira eficiente |

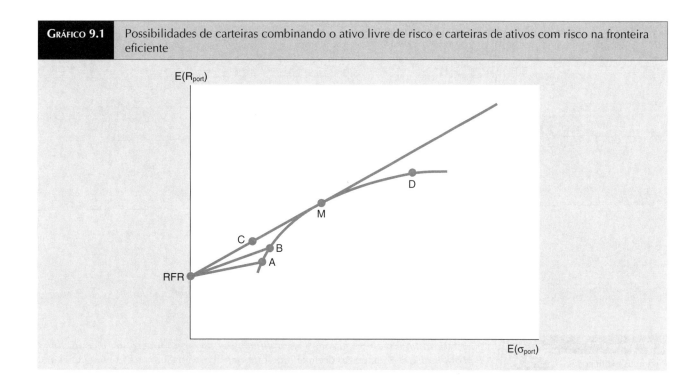

uma vez, podemos alcançar qualquer ponto ao longo da linha F-B investindo em alguma combinação entre o ativo livre de risco e a carteira de ativos com risco situada no ponto B. Novamente, essas combinações potenciais dominam todas as carteiras possíveis situadas na fronteira eficiente original abaixo do ponto B (incluindo-se a linha F-A).

Podemos traçar outras linhas a partir da F para a fronteira eficiente em pontos cada vez mais altos até que alcancemos o ponto em que a linha é tangente à fronteira, o que ocorre no ponto M do Gráfico 9.1. O conjunto de carteiras possíveis ao longo da linha F-M domina *todas* as carteiras abaixo do ponto M. Por exemplo, poderíamos alcançar uma combinação de retorno e risco entre a F e o ponto M (ponto C), aplicando metade da carteira no ativo livre de risco (ou seja, emprestando dinheiro à RLR) e a outra metade na carteira de ativos com risco do ponto M. Essa carteira C dominaria as carteiras abaixo dela nas linhas F-A e F-B.

Possibilidades de risco e retorno com alavancagem. Um investidor pode querer alcançar um retorno esperado mais alto do que o disponível no ponto M em troca da aceitação de um risco mais alto. Uma alternativa seria investir em uma das carteiras de ativos com risco, situadas na fronteira eficiente além do ponto M, como a que está no ponto D. Uma segunda saída é acrescentar *alavancagem* à carteira, tomando dinheiro *emprestado* à taxa livre de risco e investindo o produto do empréstimo na carteira de ativos com risco do ponto M. Que efeito essa alavancagem teria no retorno e no risco da carteira?

Se o investidor pega emprestado uma quantia igual a 50% do valor original à taxa livre de risco, W_F deixa de ser uma fração positiva, e passa para 50% negativo ($W_F = -0,50$). O efeito sobre o retorno esperado da carteira é:

$$E(R_{port}) = w_F(RFR) + (1 - w_F) E(R_M)$$
$$= -0,50(RFR) + [1-(-0,50)] E(R_M)$$
$$= -0,50(RFR) + 1,50 E(R_M)$$

O retorno aumentará de forma *linear* ao longo da linha F-M porque o retorno bruto cresce 50%, mas o investidor é obrigado a pagar juros à taxa RLR sobre o dinheiro que tomou emprestado. Por exemplo, suponha $E(RLR) = 0,06$ e $E(R_M) = 0,12$. O retorno da carteira alavancada seria:

$$E(R_{port}) = -0,50(0,06) + 1,5(0,12)$$
$$= -0,03 + 0,18$$
$$= 0,15$$

O efeito sobre o desvio-padrão dessa carteira é semelhante:

$$E(R_{port}) = (1 - w_F)\sigma_M$$
$$= [1 - (-0,50)]\sigma_M = 1,50\sigma_M$$

onde:
σ_M = desvio-padrão da carteira M

| GRÁFICO 9.2 | Montagem de linha de mercado de capitais com a hipótese de captação ou aplicação à taxa livre de risco |

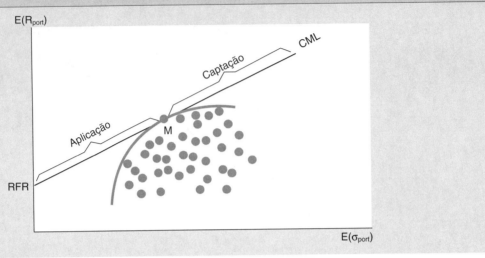

E-leituras interativas

Para mais explicações e um exemplo animado da linha de mercado de capitais, visite o site: http://reillyxtra.swlearning.com.

Portanto, *tanto o retorno quanto o risco aumentam de forma linear ao longo da linha F-M original*, e essa extensão domina tudo que está abaixo da linha na fronteira eficiente original. Assim, temos uma nova fronteira: a linha reta que vai da tangente de RLR ao ponto M. Essa é a **linha de mercado de capitais (CML)**, mostrada no Gráfico 9.2.

Em nossa discussão sobre a teoria de carteiras (Capítulo 8), verificamos que quando dois ativos são perfeitamente correlacionados, o conjunto de carteiras possíveis forma uma linha reta. Portanto, como a CML é uma linha reta, deduzimos que todas as carteiras situadas nela são perfeita e positivamente correlacionadas. Essa correlação positiva está de acordo com nossa intuição, já que todas essas carteiras na CML combinam a de ativos com risco M e o ativo livre de risco. Você também pode investir parte de sua carteira no ativo livre de risco (por exemplo, você *empresta dinheiro* à taxa RLR) e o restante na carteira de ativos com risco M, quanto *toma dinheiro emprestado* à taxa livre de risco e investe esses fundos na carteira de ativos com risco M. Em qualquer dos casos, toda a variabilidade vem desta. A única diferença entre as carteiras situadas na CML é a proporção da carteira de ativos com risco na carteira completa, ou seja, a carteira ótima de ativos com risco permanece a mesma, independentemente da meta de risco e retorno do investidor.

A CARTEIRA DE MERCADO

Como a carteira M está situada no ponto de tangência, ela possui a linha de carteiras possíveis mais alta, e todo mundo desejará investir na carteira M e tomar emprestado ou emprestar para ficar em algum ponto da CML (o ponto exato dependerá da preferência do investidor em relação a risco e retorno). Essa carteira deve, portanto, incluir *todos os ativos com risco*. Se um ativo com risco não estivesse nessa carteira na qual todos querem investir, não haveria demanda por ele, portanto ele não teria valor algum.

Como o mercado está em equilíbrio, também é necessário incluir todos os ativos nessa carteira na *proporção de seus valores de mercado*. Se, por exemplo, um ativo responder por uma dimensão mais alta da carteira M do que é justificado por seu valor de mercado, o excesso de demanda desse ativo aumentará seu preço até que seu valor de mercado relativo se torne coerente com sua proporção na carteira M.

Essa carteira que inclui todos os ativos com risco é chamada de **carteira de mercado**. Ela inclui não apenas ações ordinárias, mas *todos* os ativos com risco, como ações não-americanas, títulos de dívida americanos e não-americanos, opções, imóveis, moedas, selos, obras de arte e antiguidades. Como a carteira de mercado contém todos os ativos com risco, ela é **completamente diversificada**, o que significa que todo o risco específico dos ativos individuais dela é diversificado. Em particular, este (causado por fatores microeconômicos) de qualquer ativo isolado é contrabalançado pela variabilidade específica de todos os outros ativos da carteira.

Esse risco específico (diversificável) é também chamado de **risco não-sistemático**. Isso significa que apenas o **sistemático**, que é definido pela variabilidade de todos os ativos com risco causada por variáveis macroeconômicas, permanece na carteira de mercado. Esse risco, medido pelo desvio-padrão dos retornos da carteira referida, poderá mudar no decorrer do tempo, se e quando houver mudanças nas variáveis macroeconômicas que afetam a avaliação de todos os ativos com risco.[2] Exemplos disso seriam a variabilidade do crescimento da oferta monetária, a volatilidade das taxas de juros e a varia-

---

[2] Para uma análise de variações da volatilidade de retornos no mercado de ações e no mercado de títulos de renda fixa, veja SCHWERT, G. William. "Why Does Stock Market Volatility Change over Time?" *Journal of Finance* 44, n. 5, 1.115-1.153, dez. 1989; SPIRO, Peter S. "The Impact of Interest Rate Changes on Stock Price Volatility." *Journal of Portfolio Management* 16, n. 2, 63-68, inverno 1990; OFFICER, R. R. "The Variability of the Market Factor of the New York Stock Exchange." *Journal of Business* 46, n. 3, 434-453, jul. 1973; REILLY, Frank K., WRIGHT, David J.; CHAN Kam C. "Bond Market Volatility Compared to Stock Market Volatility." *Journal of Portfolio Management* 27, n. 1, 82-92, outono 2000.

GRÁFICO 9.3 — Número de ações em uma carteira e desvio-padrão do retorno da carteira

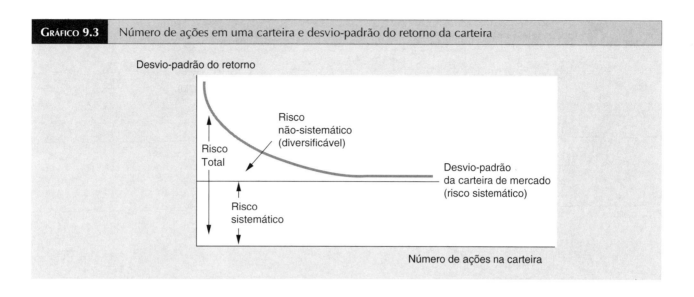

bilidade de fatores como produção industrial, lucros e fluxos de caixa das empresas. Discutiremos os modelos que levam em consideração os fatores micro e macroeconômicos mais adiante neste capítulo.

Como medir a diversificação – Todas as carteiras na CML são perfeita e positivamente correlacionadas, o que significa que se interagem com a carteira de mercado completamente diversificada M. Isso implica uma medida de diversificação completa.[3] Especificamente, uma carteira completamente diversificada teria uma correlação com a carteira de mercado igual a +1,00. Isso parece lógico, porque a diversificação completa significa a eliminação total de risco específico ou não sistemático. Uma vez que tenhamos eliminado todo esse tipo de risco, resta apenas o sistemático, que não pode ser diversificado. Portanto, carteiras completamente diversificadas teriam correlação perfeita com a carteira de mercado, porque ela possui apenas risco sistemático.

Diversificação e eliminação do risco não sistemático – Como foi discutido no Capítulo 8, o objetivo da diversificação é reduzir o desvio-padrão da carteira como um todo. Isso pressupõe correlações imperfeitas entre títulos.[4] Idealmente, à medida que adicionamos títulos, a covariância média da carteira cai. Uma pergunta importante é: quantos títulos devem ser incluídos para se chegar a uma carteira completamente diversificada? Para descobrir a resposta, devemos observar o que acontece à medida que aumentamos o tamanho de sua amostra, acrescentando títulos que apresentam alguma correlação positiva. A correlação típica entre os títulos americanos é de 0,5 a 0,6.

Um estudo examinou o desvio-padrão médio de diversas carteiras de ações selecionadas aleatoriamente com amostras de diferentes tamanhos.[5] Especificamente, os autores o calcularam aumentando os números, até chegarem a 20 ações. Os resultados indicaram um grande impacto inicial, com o qual os maiores benefícios da diversificação eram obtidos bem rapidamente. Especificamente, cerca de 90% do benefício máximo da diversificação era obtido com carteiras de 12 a 18 ações. O Gráfico 9.3 apresenta um gráfico desse efeito. Um estudo posterior comparou os benefícios de redução de riscos com a diversificação aos custos de transação adicionais, resultantes da inclusão de mais títulos.[6] Concluiu que uma carteira bem diversificada deve incluir pelo menos 30 ações quando o investidor toma dinheiro emprestado e 40 quando este empresta à taxa livre de risco.

Um ponto importante a ser lembrado é que, ao se acrescentar ações não perfeitamente correlacionadas com as já presentes na carteira, podemos reduzir o desvio-padrão total desta, mas *não podemos eliminar a variabilidade*. Esse desvio-padrão finalmente alcançará o nível da carteira de mercado, na qual teremos diversificado todos os riscos não sistemáticos, mas ainda teremos os de mercado ou sistemático. Não podemos eliminar a variabilidade e a incerteza dos fatores macroeconômicos que afetam todos os ativos com risco. Ao mesmo tempo (como discutido no Capítulo 3), podemos atingir um nível mais baixo de risco sistemático diversificando globalmente, já que alguns desses fatores no mercado americano (como a política monetária) não são correlacionados com variáveis de risco sistemático em outros países, por exemplo, Alemanha e Japão. Como resultado, se diversificarmos globalmente, acabaremos chegando a um grau de risco sistemático mundial, que estará a um nível mais baixo do que aquele com ações somente dos Estados Unidos.

---

[3] LORIE, James. "Diversification: Old and New." *Journal of Portfolio Management* 1, n. 2, 25-28, inverno 1975.
[4] A discussão do Capítulo 8 pode levar à conclusão de que títulos com correlação negativa seriam ideais. Embora isso seja teoricamente verdadeiro, é difícil encontrar esse tipo de ativo no mundo real.
[5] EVANS, John L.; ARCHER, Stephen H. "Diversification and the Reduction of Dispersion: An Empirical Analysis." *Journal of Finance* 23, n. 5, 761-767, dez. 1968.
[6] STATMAN, Meir. "How Many Stocks Make a Diversified Portfolio?." *Journal of Financial and Quantitative Analysis* 22, n. 3, 353-363, set. 1987.

GRÁFICO 9.4 — Opções de combinações ótimas de carteiras na CML

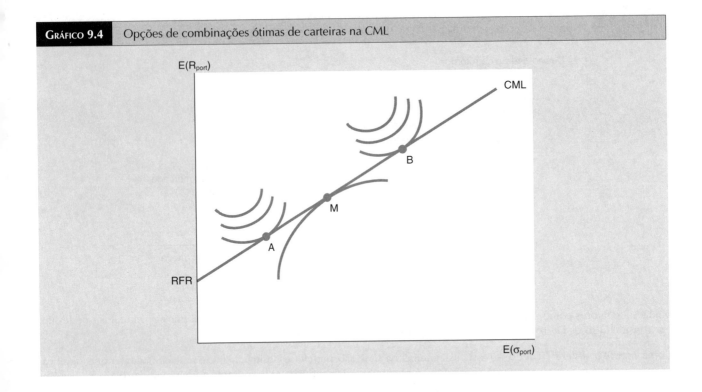

A CML e o Teorema de Separação – Vimos que a CML leva todos os investidores a investirem na mesma carteira de ativos com risco M. Os individuais deverão diferir apenas em termos de sua posição na CML, o que dependerá de suas preferências em relação a risco.

Por sua vez, o modo pelo qual chegam a um ponto da CML depende de suas *decisões de financiamento*. Se você é relativamente avesso a risco, você aplicará uma parte de sua carteira à RLR, comprando alguns títulos livres de risco e investindo o restante na carteira de mercado de ativos com risco. Por exemplo, você poderia aplicar na combinação de carteiras no ponto A do Gráfico 9.4. Em contraste, se quisesse aceitar mais risco, poderia tomar fundos emprestados à RLR e aplicar tudo (todo o seu capital e mais o que você tomou emprestado) na carteira de mercado de ativos com risco, montando-a no ponto B. Essa decisão de financiamento aumenta seu risco, mas também oferece retornos maiores. Como discutido anteriormente, como as carteiras na CML dominam as outras possíveis, ela passa a ser a fronteira eficiente, e os investidores decidem onde querem estar ao longo desta. Essa divisão entre a decisão de investimento e a de financiamento tem sido chamada de **teorema de separação**.[7] Especificamente, para estar em algum lugar da fronteira eficiente CML, você inicialmente decide investir na carteira ótima de mercado de ativos com risco M. Essa é sua decisão de *investimento*. Posteriormente, com base em suas preferências em termos de risco, você toma uma decisão separada de *financiamento*, pegando emprestado ou emprestando a fim de atingir sua posição de risco preferida na CML.

Uma medida de risco para a CML – Mostramos agora que a medida relevante de risco para ativos com risco é *sua covariância com a carteira de mercado M*, denominado risco sistemático. A importância dessa covariância fica evidente com base em dois pontos de vista.

Primeiro, na discussão do modelo de carteiras de Markowitz, observamos que o risco relevante a ser considerado quando acrescentamos um título a uma carteira é *sua covariância média com todos os outros ativos*. Neste capítulo, mostramos que *a única carteira relevante é a M*. Juntos, esses dois resultados significam que a única consideração importante para qualquer ativo com risco individual é sua covariância média com todos os ativos com risco na carteira M ou, simplesmente, *a covariância do ativo com a carteira de mercado*. Essa covariância, portanto, é a medida de risco relevante para um ativo com risco individual.

Em segundo lugar, como todos os ativos com risco individuais fazem parte da carteira M, podemos descrever suas taxas de retorno com o seguinte modelo linear:

9.8
$$R_{jt} = a_j + b_j R_{Mt} + \varepsilon$$

onde:

R_{jt} = retorno do ativo j no período t
a_j = termo constante para o ativo j
b_j = coeficiente de inclinação para o ativo j

---
[7] TOBIN, James. "Liquidity Preference as Behavior Towards Risk." *Review of Economic Studies* 25, n. 2, 65-85, fev. 1958.

R_{Mt} = retorno da carteira M no período t

ε = termo erro aleatório

A variância dos retornos de um ativo com risco poderia ser descrita assim:

$$\textbf{Var (R}_{jt}) = \textbf{Var (a}_j + \textbf{b}_j \, \textbf{R}_{Mt} + \varepsilon)$$

$$= \textbf{Var (a}_j) + \textbf{Var (b}_j \, \textbf{R}_{Mt}) + \textbf{Var } (\varepsilon)$$

$$= \textbf{0} + \textbf{Var (b}_j \, \textbf{R}_{Mt}) + \textbf{Var } (\varepsilon)$$

Observe-se que $\text{Var}(b_j R_{Mt})$ é a variância do retorno de um ativo em relação à variância do retorno da carteira de mercado, ou *variância sistemática ou risco sistemático*. Analogamente, $\text{Var}(\varepsilon)$ é a variância do retorno residual do ativo individual que não está ligado à carteira de mercado. Essa variância residual é a variabilidade que chamamos de *variância específica*, ou *risco específico*, ou não sistemático, porque decorre das características próprias do ativo. Portanto,

9.9

$$\textbf{Var (R}_{jt}) = \textbf{Variância sistemática} + \textbf{Variância não sistemática}$$

Sabemos que uma carteira completamente diversificada, como a de mercado, tem toda a sua variância não sistemática eliminada. Logo, esta (específica) não é relevante para os investidores, já que eles podem eliminá-la, e o fazem ao incluir um ativo na carteira de mercado. Portanto, eles não devem esperar receber retornos adicionais por correr esse risco específico. Apenas a variância sistemática é relevante, porque ela *não* pode ser diversificada, já que, como dissemos, é causada por fatores macroeconômicos que afetam todos os ativos com risco.

O modelo de formação de preços de ativos: retorno esperado e risco

E-leituras interativas

Para mais explicações e um exemplo animado do modelo de formação de preços de ativos, visite o site: http://reillyxtra.swlearning.com.

Até agora, consideramos como os investidores tomam suas decisões de montagem de carteiras, incluindo os efeitos significativos da existência de um ativo livre de risco. Essa existência resultou na construção de uma linha de mercado de capitais (CML), que se transformou na fronteira eficiente relevante. Como todos os investidores querem estar na CML, a covariância de um ativo com a carteira de mercado de ativos com risco surgiu como medida de risco relevante.

Agora que entendemos a medida referida, podemos usá-la para determinar uma taxa de retorno esperada, apropriada para um ativo com risco. Esse passo nos leva ao *modelo de formação de preços de ativos (CAPM)*, que é um modelo que indica quais deveriam ser as taxas de retorno esperadas ou exigidas de ativos com risco. Esse passo é importante porque nos ajuda a avaliar um ativo, fornecendo uma taxa de desconto para se utilizar em qualquer modelo de avaliação. Alternativamente, se já tivermos estimado a de retorno, poderemos compará-la à *exigida*, implícita no CAPM e determinar se o ativo está sub, sobre ou adequadamente avaliado.

Para conseguir isso, explicamos a criação de uma linha de mercado de títulos (SML), que representa graficamente a relação entre risco e taxa de retorno esperada ou exigida de um ativo. A equação dessa SML, com as estimativas de retorno de um ativo livre de risco e da carteira de mercado, pode gerar taxas de retorno esperadas ou exigidas para qualquer ativo em função de seu risco sistemático. Após explicar esse procedimento, demonstraremos também como calcular a variável risco sistemático de um ativo com risco.

A linha de mercado de títulos (SML)

Sabemos que a medida de risco relevante para um ativo com risco individual é a sua covariância com a carteira do mercado (Cov_{jM}). Portanto, desenhamos a relação de risco e retorno, como mostrado no Gráfico 9.5, com a variável de covariância sistemática (Cov_{jM}) como medida de risco.

O retorno da carteira de mercado (R_M) deve ser coerente com seu próprio risco, que é a covariância daquele consigo mesmo. Se você recordar a fórmula da covariância, verá que a covariância de qualquer ativo consigo mesmo é a sua variância, $\text{Cov}_{jj} = \sigma_j^2$. Por sua vez, a covariância do mercado consigo mesmo é a variância da taxa de retorno do mercado, $\text{Cov}_{MM} = \sigma_M^2$. Logo, a equação da linha de retorno e risco no Gráfico 9.5 é:

9.10

$$\textbf{E(R}_j) = \textbf{RFR} + \frac{\textbf{R}_M - \textbf{RFR}}{\sigma_M^2} \, (\textbf{Cov}_{jM})$$

$$= \textbf{RFR} + \frac{\textbf{Cov}_{jM}}{\sigma_M^2} \, (\textbf{R}_M - \textbf{RFR})$$

Definindo $\text{Cov}_{jM}/\sigma_M^2$ como beta (β_j), essa equação pode ser assim enunciada:

9.11

$$\textbf{E (R}_j) = \textbf{RFR} + \beta_j \, (\textbf{R}_M - \textbf{RFR})$$

O *beta* pode ser encarado como uma medida *padronizada* de risco sistemático. Especificamente, já sabemos que a covariância de qualquer ativo j com a carteira do mercado (Cov_{jM}) é a medida de risco relevante. Beta é uma medida padronizada de risco, pois relaciona a covariância de um ativo individual à variância da carteira do mercado. Como resultado,

GRÁFICO 9.5 — Gráfico da linha de mercado de títulos

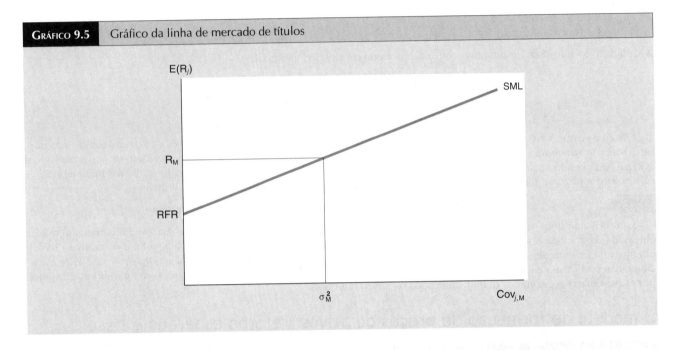

GRÁFICO 9.6 — Gráfico da SML com o risco sistemático normalizado

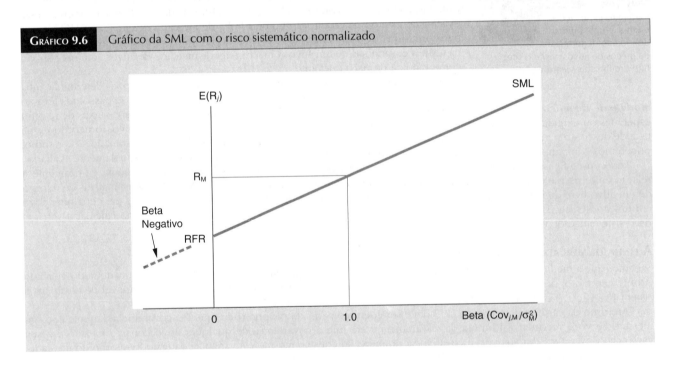

esta tem beta igual a 1. Portanto, se o β_j de um ativo estiver acima de 1,0, este terá risco sistemático normalizado mais alto do que o mercado, o que significa que ele é mais volátil do que a carteira de mercado como um todo.

Dada essa medida de risco sistemático padronizada, o gráfico da SML pode ser expresso pelo Gráfico 9.6. Trata-se do mesmo gráfico que o 9.5, exceto pelo fato de haver uma medida de risco diferente. Especificamente, o Gráfico 9.6 substitui a covariância do retorno de um ativo com a carteira do mercado como medida de risco pela avaliação padronizada de risco sistemático (beta) (a covariância de um ativo com a carteira de mercado dividida pela variância desta).

Determinação da taxa de retorno esperada de um ativo com risco – A Equação 9.11 e o Gráfico 9.6 nos dizem que a taxa de retorno esperada (exigida) de um ativo com risco é determinada pela RLR mais um prêmio por risco do ativo individual. Por sua vez, esse prêmio é determinado pelo risco sistemático do ativo (β_j) e pelo *prêmio por risco de mercado* (R_M – RLR) vigente. Para demonstrar o cálculo das taxas de retorno exigidas ou esperadas, consideramos como exemplo as seguintes ações, supondo que já calculamos os betas dessas ações:

Ação	Beta
A	0,70
B	1,00
C	1,15
D	1,40
E	−0,30

Imagine que esperamos que a RLR da economia seja de 6% (0,06) e que o retorno da carteira de mercado (R_M) seja de 12% (0,12). Isso implica um prêmio por risco de mercado de 6% (0,06). Com essas informações, a equação da SML produziria as seguintes taxas de retorno esperadas (exigidas) para essas cinco ações:

$$E (R_j) = RFR + \beta_j (R_M - RFR)$$

$$E (R_A) = 0,06 + 0,70 (0,12 - 0,06)$$

$$= 0,102 = 10,2\%$$

$$E (R_B) = 0,06 + 1,00 (0,12 - 0,06)$$

$$= 0,12 = 12\%$$

$$E (R_C) = 0,06 + 0,15 (0,12 - 0,06)$$

$$= 0,129 = 12,9\%$$

$$E (R_D) = 0,06 + 1,40 (0,12 - 0,06)$$

$$= 0,144 = 14,4\%$$

$$E (R_E) = 0,06 + (-0,30) (0,12 - 0,06)$$

$$= 0,06 - 0,018$$

$$= 0,042 = 4,2\%$$

Como fora dito, essas são as taxas de retorno esperadas (exigidas) que essas ações devem oferecer com base em seus riscos sistemáticos e na SML vigente.

A ação A tem um risco mais baixo do que o mercado como um todo, então não deveríamos esperar (exigir) que seu retorno fosse tão alto quanto o retorno da carteira de mercado de ativos com risco. Deveríamos esperar (exigir) que a ação A tivesse um retorno de 10,2%. A ação B tem risco sistemático igual ao do mercado (beta = 1,00), portanto sua taxa de retorno exigida também deveria ser semelhante ao retorno esperado da carteira de mercado (12%). As ações C e D têm risco sistemático maior do que o mercado, então deveriam oferecer retornos acima deste, condizentes com seu risco. Finalmente, a E tem beta *negativo* (o que, na prática, é bastante raro), por isso sua taxa de retorno exigida, se tal ação pudesse ser encontrada, ficaria abaixo da RLR.

Em equilíbrio, *todos* os ativos e *todas* as suas carteiras devem estar na SML, ou seja, devem ser precificados de forma que suas *taxas de retorno estimadas*, que são as efetivas de retorno no período de aplicação que nós esperamos, sejam compatíveis com seus níveis de risco sistemático. Qualquer título com uma taxa de retorno estimada que apareça acima da SML seria considerado subavaliado, uma vez que isso quer dizer que *estimamos* uma taxa de retorno para o título acima da *exigida*, com base em seu risco sistemático. Entretanto, os ativos com taxas de retorno estimadas que aparecessem acima da SML seriam considerados sobreavaliados. Essa posição relativa à SML significa que a taxa de retorno estimada está abaixo do que seria exigido, com base no risco sistemático do ativo.

Em um mercado eficiente em equilíbrio, não esperaríamos que nenhum ativo aparecesse fora da SML, pois, em equilíbrio, todas as ações deveriam oferecer retornos iguais às suas taxas exigidas no retorno de aplicação. Alternativamente, um mercado que seja "razoavelmente eficiente", mas não completamente, poderia apresentar erros de precificação de certos ativos, porque nem todo mundo estaria ciente de todas as informações relevantes para um ativo.

Como discutiremos no Capítulo 10, um investidor superior tem a capacidade de obter estimativas de valor de ativos sistematicamente superiores à avaliação pelo consenso do mercado. Como resultado, ele auferiria taxas melhores de retorno do que o investidor médio, depois de levado o risco em conta.

Identificação de ativos subavaliados ou sobreavaliados – Agora que sabemos como calcular a taxa esperada (exigida) de retorno de um ativo com risco específico utilizando a SML, podemos comparar esta à *estimada* do ativo para um horizonte específico de investimento, a fim de determinar se ele seria um investimento apropriado. Para fazer isso, precisamos de uma estimativa independente das perspectivas de retorno do título, com base em análises técnica ou fundamentalista que serão discutidas em capítulos posteriores. Continuamos por ora o exemplo com os cinco ativos discutidos anteriormente.

Suponha que analistas de um importante departamento fiduciário estejam acompanhando essas cinco ações. Com base em uma análise fundamentalista ampla, eles fornecem o preço esperado e as estimativas de dividendos que vemos na Tabela 9.1. Dadas essas projeções, podemos calcular as taxas de retorno estimadas e esperadas para esse período de aplicação.

A Tabela 9.2 resume a relação entre a taxa de retorno *exigida* de cada ação, com base em seu risco sistemático calculado anteriormente, e suas taxas *estimadas* (a partir da Tabela 9.1). Inserindo estas e os betas das ações na SML que especifica-

TABELA 9.1 — Estimativas de preço, dividendo e taxa de retorno

Ação	Preço corrente (P_j)	Preço esperado (P_{t+1})	Dividendo esperado (D_{t+1})	Taxa de retorno futura esperada
A	25	27	0,50	10,0%
B	40	42	0,50	6,2
C	33	39	1,00	21,2
D	64	65	1,10	3,3
E	50	54	—	8,0

TABELA 9.2 — Comparação entre taxa de retorno exigida e taxa de retorno estimada

Ação	Beta	Retorno exigido $E(R_j)$	Retorno estimado	Retorno estimado menos $E(R_j)$	Avaliação
A	0,70	10,2	10,0	−0,2	Adequadamente avaliada
B	1,00	12,0	6,2	−5,8	Sobreavaliada
C	1,15	12,9	21,2	8,3	Subavaliada
D	1,40	14,4	3,3	−11,1	Sobreavaliada
E	−0,30	4,2	8,0	3,8	Subavaliada

GRÁFICO 9.7 — Posição dos retornos estimados no gráfico da SML

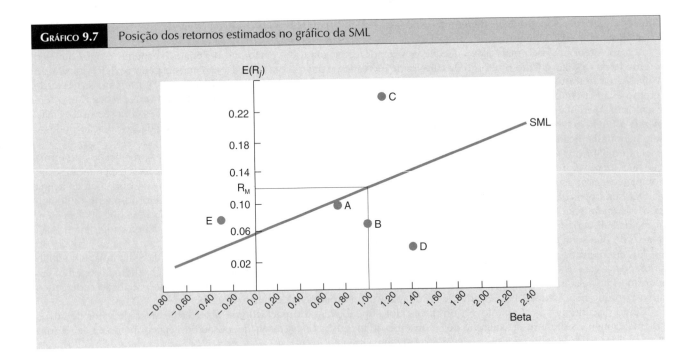

mos anteriormente, obtém-se o gráfico mostrado na Gráfico 9.7. A ação A está quase exatamente sobre a linha, por isso é considerada adequadamente avaliada, já que sua taxa de retorno estimada é quase igual à exigida.

As ações B e D são consideradas superavaliadas porque suas taxas de retorno estimadas para o próximo período estão abaixo do que um investidor poderia esperar (exigir) para o risco existente. Como resultado, elas aparecem abaixo da SML. Entretanto, espera-se que as ações C e E ofereçam taxas de retorno maiores do que exigiríamos com base em seus riscos sistemáticos, portanto elas aparecem acima da SML, indicando que são subavaliadas.

Supondo-se que você tenha confiado a seu analista a previsão de retornos estimados, você não faria nada em relação à ação A, mas compraria as ações C e E e venderia as B e D se as possuísse. Você poderia até mesmo vender as ações B e D a descoberto se preferisse táticas agressivas como essa.

| GRÁFICO 9.8 | Posição dos retornos estimados no gráfico da SML |

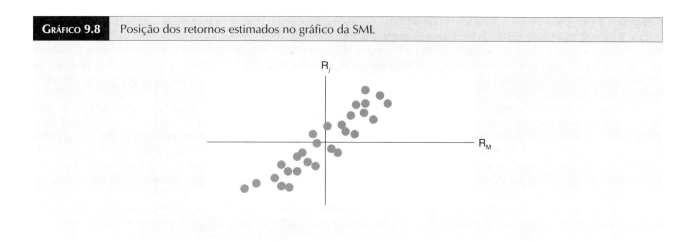

Cálculo do risco sistemático: a linha característica. O valor do risco sistemático de um ativo individual é obtido com base em um modelo de regressão, chamado de linha característica de ativo com a carteira do mercado:

| 9.12 | $$R_{jt} = \alpha_j + \beta_j R_{Mt} + \varepsilon$$ |

onde:
R_{jt} = taxa de retorno do ativo j no período t
R_{Mt} = taxa de retorno da carteira de mercado M no período t
α_j = termo constante ou intercepto da regressão, equivalendo a $R_j - \beta_j R_M$
β_j = risco sistemático (beta) do ativo j, igual a Cov_{jM}/σ_M^2
ε = termo de erro aleatório

A ***linha característica*** é a linha de regressão de melhor ajuste em um diagrama de dispersão de taxas de retorno do ativo com risco individual e da carteira de mercado de ativos com risco em um determinado período passado, como mostrado no Gráfico 9.8.

O impacto do intervalo de tempo. Na prática, o número de observações e o intervalo de tempo utilizado na regressão variam. A Value Line Investment Services calcula linhas características para ações ordinárias utilizando taxas semanais de retorno para os cinco anos mais recentes (260 observações), enquanto a maioria dos outros serviços financeiros usa taxas mensais (60 observações). O fato é que não há nenhum intervalo de tempo teoricamente correto para análise e devemos fazer uma compensação entre apontamentos suficientes para eliminar o impacto de taxas de retorno aleatórias e um prazo excessivamente longo, como 15 ou 20 anos, durante o qual a empresa em questão pode ter se alterado radicalmente. Deve ser lembrado que o que queremos realmente é o risco sistemático *esperado* do investimento em potencial em nosso horizonte de aplicação. Nessa análise, estamos examinando dados históricos para chegar a uma estimativa razoável do risco sistemático esperado do ativo.

Alguns estudos têm considerado o efeito do intervalo de tempo utilizado para calcular betas (mensalmente *versus* semanalmente). Statman conferiu a relação entre os betas semanais da *Value Line* (VL) e os mensais da *Merrill Lynch* (ML) e encontrou uma relação relativamente fraca.[8] Reilly e Wright analisaram os efeitos diferenciais de cálculo de retornos, do índice de mercado e do intervalo de tempo, e igualmente encontraram uma relação fraca entre os betas VL e ML.[9] Mostraram que a principal causa das diferenças significativas nos betas era a utilização de intervalos mensais *versus* semanais. Também descobriram que o efeito do intervalo dependia do porte das empresas. O intervalo semanal mais curto gerou um beta maior para as empresas grandes e um mais baixo para as pequenas. Os autores concluíram que o impacto do intervalo de tempo aumenta à medida que o porte da companhia diminui.

O efeito da *proxy* do mercado. Outra decisão significativa quando calculamos a linha característica de um ativo diz respeito ao índice a ser utilizado como *proxy* da carteira de mercado de todos os ativos com risco. A maioria dos pesquisadores utiliza o Índice Composto S&P 500, porque as ações desse índice abrangem uma grande proporção do valor total de mercado das ações dos Estados Unidos. Além disso, ele é um índice ponderado por valor, o que é coerente com o índice teórico de mercado. Mesmo assim, esse índice contém apenas ações americanas, a maioria delas registradas na NYSE. Lembre-se de que a carteira de mercado teoricamente correta *de todos os ativos com risco* deveria incluir ações e títulos de dívida dos Estados Unidos, ações e títulos de dívida não-americanos, imóveis, moedas, selos, obras de arte, antiguidades e quaisquer outros ativos com risco negociáveis de todo o mundo.[10]

---

[8] STATMAN, Meir. "Betas Compared: Merrill Lynch vs. Value Line." *Journal of Portfolio Management* 7, n. 2, 41-44, inverno 1981.
[9] REILLY, Frank K.; WRIGHT, David J. "A Comparison of Published Betas." *Journal of Portfolio Management* 14, n. 3, 64-69, primavera 1988.
[10] Há bastante discussão a respeito do índice do mercado utilizado e seu impacto sobre os resultados empíricos e a utilidade do CAPM. Esse assunto será discutido mais adiante e demonstrado na seção sobre o cálculo da linha característica de um ativo. O efeito da *proxy* do mercado também será considerado no Capítulo 21, quando discutiremos a avaliação do desempenho de carteiras.

Exemplos de cálculo de uma linha característica – Os exemplos a seguir mostram como calcular linhas características para a Microsoft, com base nas taxas mensais de retorno durante o ano de 2003.[11] Doze observações não são suficientes para fins estatísticos, mas devem servir como um bom exemplo. Demonstramos os cálculos utilizando duas *proxies* diferentes para a carteira de mercado. A primeira é a análise típica com o índice S&P 500. A segunda utiliza o Índice Mundial de Ações da Morgan Stanley Capital International (MSCI), o que nos permite demonstrar o efeito de uma *proxy* mais completa do mercado de ações.

As variações mensais de preço são calculadas utilizando-se os preços de fechamento do último dia de cada mês. Esses dados para a Microsoft, para o S&P 500 e para o Índice Mundial da MSCI estão na Tabela 9.3. O Gráfico 9.9 contém o gráfico das variações porcentuais de preço para a Microsoft e para o S&P 500. Como é mostrado na Tabela 9.3, durante esse período de 12 meses a Microsoft teve um beta de 0,32 em relação ao S&P 500, o que indica que durante esse período limitado ela foi menos arriscada do que o mercado como um todo, representado pelo S&P 500. A linha característica na Gráfico 9.9 mostra que há uma dispersão razoável em torno da linha característica, compatível com o coeficiente de correlação relativamente baixo de 0,22.

O cálculo da linha característica para a Microsoft com o Índice Mundial da MSCI como *proxy* do mercado está na Tabela 9.3, e os gráficos aparecem no Gráfico 9.10. A esta altura, é importante considerar qual seria a ligação esperada entre o beta comparado ao S&P 500 e o beta em relação ao Índice Mundial da MSCI. Isso exige a consideração dos dois componentes do beta: (1) a covariância entre as ações e o índice de mercado e (2) a variância dos retornos do índice deste. Destaque-se que não há respostas óbvias para o que aconteceria com qualquer uma das séries, porque geralmente seria esperado que ambos os componentes se alterassem. Especificamente, a covariância da Microsoft com o S&P500 geralmente será mais alta do que com o MSCI, porque estamos casando ações americanas com um índice de mercado americano, e não com um índice mundial de ações. Ao mesmo tempo, a variância dos retornos do Índice Mundial seria menor do que para o S&P 500, pois o índice mundial é uma carteira mais diversificada.

Independentemente de nossas expectativas, a direção da variação real do beta dependerá das variações relativas dos dois componentes. Os resultados empíricos nesse exemplo indicam um beta maior para a Microsoft, utilizando o índice mundial de ações como *proxy* do mercado (0,37 *versus* 0,32). A razão dessa diferença contraria o que é normalmente esperado. Especificamente, a covariância da Microsoft com o MSCI foi ligeiramente mais alta do que com o S&P 500 (4,62 *versus* 3,42), ao passo que a variância da série do MSCI foi maior (12,53) do que a variância do S&P 500 (10,82). Como resultado, o beta da Microsoft em relação ao MSCI foi de 0,37 (4,62/12,53), em comparação com um beta de 0,32 (3,42/10,82) em relação ao S&P 500.

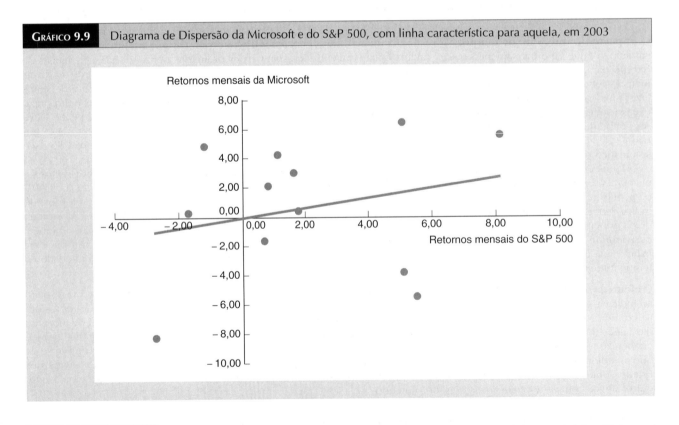

Gráfico 9.9 Diagrama de Dispersão da Microsoft e do S&P 500, com linha característica para aquela, em 2003

---

[11] Esses betas são calculados utilizando-se apenas as variações mensais de preço da Microsoft, do S&P 500 e do Índice Mundial da MSCI (no qual os dividendos não são incluídos). Isso é feito a título de simplificação, mas também se baseia em um estudo que indica que betas obtidos com e sem dividendos têm correlação de 0,99: SHARPE, William; COOPER, Guy M. "Risk-Return Classes of New York Stock Exchange Common Stocks". *Financial Analysts Journal* 28, n. 2, 35-43, mar.-abr. 1972.

	ÍNDICE			RETORNO (%)			S&P 500 $R_{S\&P\ 500} - (\overline{R}_{S\&P\ 500})$	MSCI World $R_{MSCI} - (\overline{R}_{MSCI})$	Microsoft $R_{MSFT} - (\overline{R}_{MSFT})$		
Data	S&P 500	MSCI World	Microsoft	S&P 500	MSCI World	Microsoft	(1)	(2)	(3)	(4)[a]	(5)[b]
02/dez	879,82	792,22	25,62								
03/jan	855,70	767,48	23,52	–2,74	–3,12	– 8,20	– 4,76	–5,44	– 8,85	42,12	48,15
03/fev	841,15	752,86	23,57	–1,70	–1,90	0,21	–3,72	– 4,22	– 0,44	1,63	1,86
03/mar	848,18	748,63	24,07	0,84	– 0,56	2,12	–1,18	–2,88	1,47	–1,74	– 4,24
03/abr	916,92	813,30	25,43	8,10	8,64	5,65	6,09	6,32	5,00	30,42	31,59
03/mai	963,59	857,65	24,47	5,09	5,45	–3,78	3,07	3,13	– 4,43	–13,60	–13,87
03/jun	974,51	871,07	25,50	1,13	1,56	4,21	– 0,89	– 0,76	3,56	–3,15	–2,69
03/jul	990,31	887,78	26,26	1,62	1,92	2,98	– 0,40	– 0,40	2,33	– 0,92	– 0,93
03/ago	1008,01	905,32	26,37	1,79	1,98	0,42	– 0,23	– 0,34	– 0,23	0,05	0,08
03/set	995,97	909,64	27,64	–1,19	0,48	4,82	–3,21	–1,84	4,16	–13,38	–7,67
03/out	1050,71	962,71	26,14	5,50	5,83	–5,43	3,48	3,51	– 6,08	–21,14	–21,36
03/nov	1058,20	976,02	25,71	0,71	1,38	–1,64	–1,31	– 0,94	–2,30	3,00	2,15
03/dez	1111,92	1036,32	27,37	5,08	6,18	6,46	3,06	3,86	5,80	17,75	22,40
Média $\overline{R}$				2,02	2,32	0,65			Total =	41,05	55,47
Desvio-padrão				3,29	3,54	4,64					

$Cov_{MSFT,S\&P} = 41,05/12 = 3,42$ $Var_{S\&P} = St.Dev._{S\&P}^2 = 3,39^2 = 10,82$ $Beta_{MSFT,S\&P} = 3,42/10,82 = 0,32$ $Alfa_{MSFT,S\&P} = 0,65 - (0,32 \times 2,02) = 0$

$Cov_{MSFT,MSCI} = 55,47/12 = 4,62$ $Var_{MSCI} = St.Dev._{MSCI}^2 = 3,54^2 = 12,53$ $Beta_{MSFT,MSCI} = 4,62/12,53 = 0,37$ $Alfa_{MSFT,S\&P} = 0,65 - (0,37 \times 2,32) = 0,21$

Coeficiente de correlação$_{MSFT,S\&P} = 3,42/(3,29 \times 4,64) = 0,224$ Coeficiente de correlação$_{MSFT,MSCI} = 4,62/(3,54 \times 4,64) = 0,281$

[a] – A coluna (4) é igual à coluna (1) multiplicada pela coluna (3).
[b] – A coluna (5) é igual à coluna (2) multiplicada pela coluna (3).

TABELA 9.3   Cálculo do beta da Microsoft com proxies alternativas do mercado

| **GRÁFICO 9.10** | Diagrama de Dispersão da Microsoft e do Índice Mundial da MSCI, com linha característica para a aquela, em 2003 |

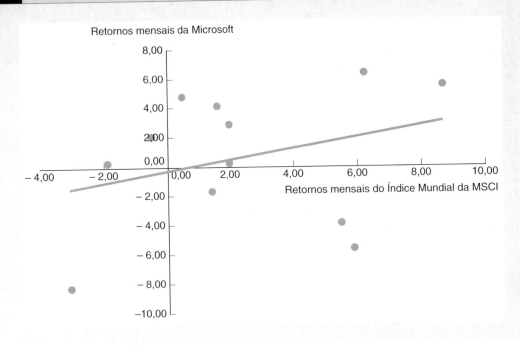

O fato de que os betas diferem é importante e reflete o problema potencial que pode ocorrer em um ambiente global, no qual é difícil selecionar a *proxy* apropriada para a carteira de mercado.[12]

Modelos multifatoriais de risco e retorno[13]

Consideramos agora uma extensão importante do paradigma de risco e retorno do CAPM. Este atribui a um único fator de risco a responsabilidade pela volatilidade (risco) inerente a um título individual ou a uma carteira deles. Aqui desenvolvemos a noção e a aplicação de ***modelos multifatoriais*** utilizados para explicar risco e retorno. Os muitos modelos desse tipo atualmente em uso diferem basicamente quanto ao modo pelo qual definem os fatores de risco e podem ser geralmente agrupados naqueles que utilizam definições de fatores *macroeconômicos* e os que especificam fatores *microeconômicos*. Examinaremos vários exemplos de diferentes enfoques multifatoriais para ilustrar as várias formas que eles podem assumir.

ESTIMAÇÃO DE RISCO COM MODELOS MULTIFATORIAIS

Quando chega a hora de colocar a teoria em prática, uma vantagem do enfoque do CAPM é a de que um fator único de risco (ou seja, o retorno excedente da carteira de mercado) é bem especificado. O desafio empírico em sua implantação com sucesso é estimar com precisão a carteira de mercado, um processo que exige a identificação do universo de investimento relevante. Conforme observado, entretanto, esse não é um problema trivial, já que uma *proxy* inadequadamente escolhida dessa carteira – por exemplo, utilizando o índice S&P 500 para representar o mercado quando se avalia uma carteira ou ação global – pode levar a julgamentos errôneos. Entretanto, também vimos que, supondo que um sucedâneo aceitável da carteira de mercado seja identificado (ou seja, R_M), o processo de estimação dos parâmetros do CAPM é simples e pode ser cumprido com a equação de regressão a seguir:

$$R_{jt} = \alpha_j + \beta_j R_{Mt} + \varepsilon_t$$

O primeiro modelo multifatorial desenvolvido foi a ***arbitrage pricing theory (APT)***. Um problema prático com a implantação da APT é o de que nem a identidade nem o número exato de fatores de risco subjacentes são desenvolvidos como parte da teoria, portanto os fatores de risco devem ser especificados de maneira arbitrária. Uma abordagem diferente ao desenvolvimento de um modelo empírico que captura a essência da APT se baseia na especificação direta da forma da relação a ser estimada. Isto é, em um modelo multifatorial, o investidor escolhe o número exato e a identidade dos fatores de risco na seguinte equação:

---

[12] Para uma demonstração desse efeito em uma amostra grande, veja REILLY, Frank K.; AKHTAR, Rashid A. "The Benchmark Error Problem with Global Capital Markets." *Journal of Portfolio Management* 22, n. 1, 33-52, outono 1995.
[13] Os autores agradecem a colaboração do Professor Keith Brown, da Universidade do Texas.

TABELA 9.4	Estimação de um modelo multifatorial com fatores de risco macroeconômicos						
Período	Constante	R_m	MP	DEI	UI	UPR	UTS
1958-84	10,71	–2,40	11,76	–0,12	–0,80	8,27	–5,91
	(2,76)	(–0,63)	(3,05)	(–1,60)	(–2,38)	(2,97)	(–1,88)
1958-67	9,53	1,36	12,39	0,01	–0,21	5,20	–0,09
	(1,98)	(0,28)	(1,79)	(0,06)	(–0,42)	(1,82)	(–0,04)
1968-77	8,58	–5,27	13,47	–0,26	–1,42	12,90	–11,71
	(1,17)	(–0,72)	(2,04)	(–3,24)	(–3,11)	(2,96)	(–2,30)
1978-84	15,45	–3,68	8,40	–0,12	–0,74	6,06	–5,93
	(1,87)	(–0,49)	(1,43)	(–0,46)	(–0,87)	(0,78)	(–0,64)

Fonte: Nai-fu Chen, Richard Roll e Stephen A. Ross, "Economic Forces and the Stock Market." *Journal of Business* 59, número 3 (abril de 1986). Reimpresso com permissão de *The University of Chicago Press.*

9.13
$$R_{jt} = \alpha_j + [\beta_{j1} F_{1t} + \beta_{j2} F_{2t} + \dots + \beta_{jk} F_{kt}] + \varepsilon_{jt}$$

onde F_{gt} é o retorno do fator g-ésimo de risco designado no período t, e R_{jt} é o retorno nominal do título j. A vantagem dessa abordagem, evidentemente, reside no fato de que o investidor sabe precisamente quantos e quais elementos precisam ser estimados para ajustar a equação de regressão. Assim, a maior desvantagem de um modelo multifatorial é que ele é elaborado com pouca orientação teórica quanto à verdadeira natureza da relação entre risco e retorno. Nesse sentido, o desenvolvimento de um modelo fatorial útil é tanto uma forma de arte quanto um exercício teórico.

MODELOS MULTIFATORIAIS NA PRÁTICA

Uma ampla variedade de especificações fatoriais empíricas tem sido empregada na prática. A característica de cada modelo alternativo que tem sido desenvolvido é de que se tenta identificar um conjunto de influências econômicas e ao mesmo tempo amplo o suficiente para capturar as principais nuanças do risco de investimentos, mas pequeno demais para garantir uma solução viável para o analista ou investidor. Duas abordagens gerais têm sido empregadas nesse processo de identificação de fatores. Em primeiro lugar, os fatores de risco podem ser *macroeconômicos* por natureza, ou seja, podem tentar capturar variações dos motivos pelos quais os fluxos de caixa de um ativo e os retornos do investimento podem mudar com o tempo (por exemplo, alterações da inflação ou do crescimento real do PIB). Mas os fatores de risco também podem ser identificados em um nível *microeconômico*, concentrando-se em características relevantes dos títulos em si, como o tamanho da empresa em questão ou alguns de seus índices financeiros. Alguns exemplos representativos de ambas as abordagens para o problema serão discutidos posteriormente.

Modelos de fatores de risco com bases macroeconômicas – Um modelo particularmente influente foi desenvolvido por Chen, Roll e Ross, que levantaram a hipótese de que os retornos dos títulos são governados por um conjunto de amplas influências econômicas, da seguinte maneira:[14]

9.14
$$R_{jt} = \alpha_i + (\beta_{j1} R_{Mt} + \beta_{j2} MP_t + \beta_{j3} DEI_t + \beta_{j4} UI_t + \beta_{j5} UPR_t + \beta_{j6} UTS_t) + \varepsilon_{jt}$$

onde:

R_M = retorno de um índice ponderado por valor das ações negociadas na NYSE
MP = taxa mensal de crescimento da produção industrial dos Estados Unidos
DEI = variação da inflação, medida pelo índice de preços ao consumidor dos Estados Unidos
UI = diferença entre os níveis real e esperado da inflação
UPR = variação inesperada do *spread* de crédito de obrigações (*rating* Baa – RLR)
UTS = deslocamento inesperado da estrutura de termo (RLR de longo prazo menos RLR de curto prazo).

Ao estimar esse modelo, os autores utilizaram uma série de retornos mensais de um grande conjunto de títulos do banco de dados do Center for Research in Security Prices (CRSP) ao longo do período de 1958 a 1984. A Tabela 9.4 mostra as sensibilidades estimadas aos fatores (com as estatísticas t correspondentes – entre parênteses).[15] Observem-se duas coisas sobre esses resultados. Primeiro, o significado econômico dos fatores de risco designados alterou-se radicalmente com o tempo. Por exemplo, os de inflação (DEI e UI) parecem ser relevantes apenas durante o período que vai de 1968 a 1977. Segundo, o parâmetro da *proxy* do mercado de ações nunca é significante, indicando que ela contribui pouco para a explicação, além das informações contidas em outros fatores macroeconômicos de risco.

---

[14] NAI-FU CHEN; ROLL, Richard; ROSS, Stephen A. "Economics Forces and the Stock Market." *Journal of Business* 59, n. 3, 383-404, abr. 1986.
[15] Na análise de regressão, é comum determinar se uma constante ou um coeficiente é estatisticamente significante, utilizando-se um teste t que gera uma estatística t. Se esta é aproximadamente igual a 2,00 ou mais alta, a constante ou o coeficiente são considerados "significantes".

198 Investimentos

Burmeister, Roll e Ross analisaram a capacidade preditiva de um modelo baseado em um conjunto diferente de fatores macroeconômicos.[16] Eles definem as seguintes cinco exposições a risco: (1) *risco de confiança*, com base em mudanças não previstas da disposição dos investidores para assumir riscos em investimentos; (2) *risco do horizonte de tempo*, representado pelas mudanças não previstas do prazo desejado pelos investidores para o recebimento de pagamentos; (3) *risco de inflação*, baseado em uma combinação dos componentes não projetados das taxas de inflação de curto e longo prazos; (4) *risco de ciclo econômico*, que representa alterações não estimadas do nível geral de atividade econômica; (5) *risco de market timing*, definido pela parte do retorno total do S&P 500 que não é explicada pelos outros quatro fatores macroeconômicos. Com os dados mensais até o primeiro trimestre de 1992, os autores estimaram prêmios por risco (ou seja, o "preço" de mercado deste) para estes fatores:

Fator de risco	Prêmio por risco
Confiança	2,59%
Horizonte de tempo	– 0,66
Inflação	– 4,32
Ciclo econômico	1,49
Market Timing	3,61

Compararam também as sensibilidades aos fatores de várias ações individuais e carteiras destas diferentes. O Gráfico 9.11 apresenta as estimativas dos betas aos fatores para (A) uma ação específica (Reebok International Ltd.) *versus* o índice S&P 500 e (B) uma carteira de empresas grandes *versus* uma de pequenas. Também está incluída nesses gráficos a exposição da carteira ou do título ao índice de risco composto BIRR, que serve para indicar qual posição tem o maior risco sistemático total. Essas comparações destacam como um modelo multifatorial pode ajudar os investidores a distinguirem a natureza deste que estão assumindo quando mantêm uma posição específica. Por exemplo, note-se que a Reebok tem uma exposição maior a todas as fontes de risco do que o S&P 500, sendo particularmente dramática a diferença incremental na exposição ao risco do ciclo econômico. Além disso, as empresas menores são mais expostas a este e ao risco de confiança do que as empresas maiores, mas são menos expostas ao de horizonte.

Modelos de fatores de risco com bases microeconômicas – Também é possível especificar o risco em termos microeconômicos, utilizando-se certas características da amostra subjacente de títulos. Destaca-se nessa *abordagem baseada em características* à construção de um modelo multifatorial o trabalho de Fama e French, que utilizam a seguinte forma funcional:[17]

9.15

$$(R_{jt} - RFR_t) = \alpha_j + (\beta_{j1} (R_{Mt} - RFR_t) + \beta_{j2} \, SMB_t + \beta_{j3} \, HML_t + \varepsilon_{jt}$$

onde, além do retorno excedente de uma carteira de mercado de ações, dois outros fatores de risco são definidos:[18]

SMB (isto é, *small minus big*, pequeno menos grande) é o retorno de uma carteira de ações de empresas pequenas menos o retorno de uma de grandes companhias.

HML (isto é, *high minus low*, alto menos baixo) é o retorno de uma carteira de ações de elevado quociente entre valores patrimonial e de mercado menos o de uma de baixo quociente entre esses valores.

Nessa especificação, SMB visa representar elementos de risco associados ao tamanho da empresa, e HML destina-se a distinguir diferenciais de risco associados a empresas de crescimento (ou seja, quociente baixo entre valores patrimonial e de mercado) e valor (ou seja, quociente alto). Como vimos anteriormente, essas são duas dimensões de um título – ou carteira deste – que tem demonstrado sistematicamente a sua importância na avaliação do desempenho de investimentos. Observe-se também que, sem os fatores SMB e HML, esse modelo simplesmente se reduz à forma do modelo de mercado de índice único com retornos excedentes.

Como parte de suas análises sobre o papel que SMB e HML desempenham no processo de geração de retornos, Fama e French examinaram o comportamento de uma amostra grande de ações agrupadas em carteiras de quintis segundo seu índice preço-lucro (P/E) em bases anuais, no período de julho de 1963 a dezembro de 1991. Os resultados, tanto para a versão de índice único quanto para a multifatorial do modelo nos dois quintis extremos, são mostrados na Tabela 9.5 (as estatísticas t dos coeficientes estimados são apresentadas entre parênteses). Há vários pontos importantes a se observar em relação a esses resultados. Em primeiro lugar, enquanto o beta previsto do modelo do fator referido indica que há diferenças substanciais entre ações com índices P/E baixos e altos (0,94 *versus* 1,10), essa diferença se reduz drasticamente na especificação multifatorial (1,03 *versus* 0,99). Isso revela que a carteira de mercado em um modelo de um fator único serve como *proxy* de algumas, mas não de todas as dimensões adicionais de risco proporcionadas por SMB e HML. Em segundo lugar, parece que as ações de P/E baixo tendem a ser positivamente correlacionadas com o prêmio de empresa pequena,

---

[16] BURMEISTER, Edwin; ROLL, Richard; ROSS, Stephen A. "A Practioner's Guide to Arbitrage Pricing Theory." In: PEAVY, John (Ed.). *A Practioner's Guide to Factor Models*. Charlottesville, VA: Research Foundation of the Institute of Chartered Financial Analysts, 1994.

[17] FAMA, Eugene F.; FRENCH, Kenneth R. "Common Risk Factors in the Returns on Stocks and Bonds." *Journal of Financial Economics* 33, n. 1, 3-56, jan. 1993.

[18] Discutiremos o fenômeno das empresas pequenas, o quociente valor patrimonial/valor de mercado e os índices preço-lucro (P/E) no próximo tópico e no Capítulo 10.

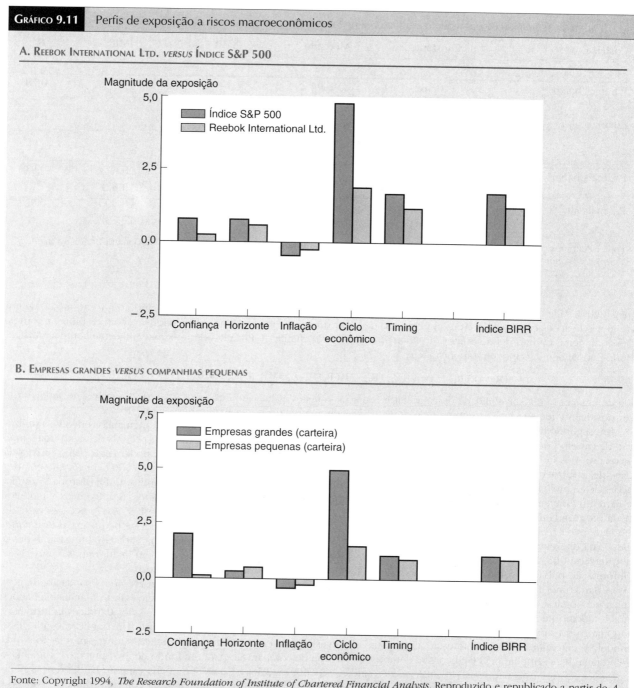

GRÁFICO 9.11 Perfis de exposição a riscos macroeconômicos

Fonte: Copyright 1994, *The Research Foundation of Institute of Chartered Financial Analysts*. Reproduzido e republicado a partir de *A Practioner's Guide to Arbitrage Pricing Theory* com permissão de The Research Foundation of the Association for Investment Management and Research. Todos os direitos reservados.

mas o contrário não é confiavelmente verdadeiro para as de alto P/E. Finalmente, aquelas tendem a ter altos índices de valor patrimonial/valor de mercado, ao passo que estas costumam apresentar valores baixos para o índice valor patrimonial/valor de mercado (isto é, parâmetros de HML estimados de 0,67 e 0,50, respectivamente). Não é surpresa verificar que os níveis relativos de P/E e valor patrimonial/valor de mercado são comumente empregados na prática para classificar ações de crescimento e valor.

Extensões de modelos de fatores de risco com base em características de empresas – Há outras abordagens interessantes ligadas às características para estimar um modelo multifatorial de risco e retorno. Três delas são descritas a seguir. Carhart amplia diretamente o modelo de três fatores de Fama-French, ao incluir um quarto fator de risco comum responsável pela tendência de que as empresas com retornos passados positivos (negativos) produzem retornos futuros positivos

TABELA 9.5 — Estimação de um modelo multifatorial de fatores de risco fundamentado em características de empresas

Carteira	Constante	Mercado	SMB	HML	R^2
MODELO DE ÍNDICE ÚNICO					
P/E mais baixo	0,46	0,94	—	—	0,78
	(3,69)	(34,73)			
P/E mais alto	–0,20	1,10	—	—	0,91
	(–2,35)	(57,42)			
MODELO MULTIFATORIAL					
P/E mais baixo	0,08	1,03	0,24	0,67	0,91
	(1,01)	(51,56)	(8,34)	(19,62)	
P/E mais alto	0,04	0,99	–0,01	–0,50	0,96
	(0,70)	(66,78)	(–0,55)	(–19,73)	

Fonte: Reimpresso de Eugene F. Fama e Kenneth R. French, "Common Risk Factors in the Returns on Stocks and Bonds". *Journal of Financial Economics* 33, número 1 (janeiro de 1993), com permissão de Elsevier Science.

(negativos).[19] Ele chama essa dimensão de risco adicional de *fator de momentum* e a estima tirando o retorno médio de um conjunto de ações com o melhor desempenho no decorrer do ano anterior, subtraindo-o daquelas com os piores retornos. Dessa maneira, Carhart define o fator de *momentum* – que ele chama de PR1YR – de uma maneira semelhante a SMB e a HML. Formalmente, o modelo que propõe é:

9.16
$$(R_{jt} - RFR_t) = \alpha_j + (\beta_{j1} (R_{Mt} - RFR_t) + \beta_{j2} SMB_t + \beta_{j3} HML_t + \beta_{j4} PR1YR_t + \varepsilon_{jt}$$

Ele demonstra que a sensibilidade típica ao fator (ou seja, o beta em relação a este), no caso de a variável de *momentum* ser positiva, e que sua inclusão no modelo de Fama-French aumenta o poder explicativo em até 15%.

Um segundo tipo de método com características de títulos para definir exposições a riscos sistemáticos envolve a utilização de carteiras de índices (ou seja, S&P 500 e Wilshire 5000) como fatores comuns. A intuição por trás dessa abordagem é: se os próprios índices são montados para enfatizar certas características de investimento, eles podem agir como *proxies* da exposição subjacente que determina os retornos delas. Exemplos disso incluem o índice *Russell 1000 Growth*, que enfatiza ações de empresas grandes com baixo quociente entre valores patrimonial e de mercado, ou o índice EAFE (Europa, Austrália e Extremo Oriente), que seleciona uma variedade de empresas sediadas fora dos Estados Unidos. É típico nesses modelos de fatores fundamentados em índices o trabalho de Elton, Gruber e Blake, que são quatro: o S&P 500; o índice agregado de obrigações da *Lehman Brothers*; o *Prudential Bache* da diferença entre ações de empresas grandes e pequenas; e *Prudential Bache* da diferença entre ações de crescimento e de valor.[20] Ferson e Schadt propuseram uma variação interessante dessa abordagem, que, além de utilizar índices de ações e obrigações como fatores de risco, também inclui outras variáveis de "informação pública", como a forma da curva de taxas de juros e índices de distribuição de lucros.[21]

A Barra, uma empresa líder em consultoria de investimentos e previsão de riscos, fornece um exemplo final da abordagem microeconômica à montagem de um modelo multifatorial. Na sua forma mais ampla, o modelo Barra de análise de ações nos Estados Unidos inclui, como fatores de risco, 13 variáveis baseadas em características e mais de 50 índices industriais.[22] O Quadro 9.1 apresenta uma breve descrição desses 13 fatores, que estão no centro da Barra. Uma aplicação útil desse modelo é entender em que ponto estão as "apostas" de investimento em uma carteira com gestão ativa, em relação a uma referência de desempenho. O Gráfico 9.12 demonstra esse tipo de comparação para um fundo de investimentos com ênfase em ações de empresas pequenas (POOL2) *versus* o índice S&P 500 (SAP500). Como se poderia esperar, há diferenças significativas entre o fundo e a referência em termos de fatores de risco associados ao tamanho da empresa (ou seja, o SIZ, e a não-linearidade de tamanho, SNL). Entretanto, também parece que o POOL2 contém ações de empresas mais alavancadas (LEV), com maior ênfase no *momentum* de lucros (MOM).

Conner analisou a capacidade do modelo Barra de explicar os retornos gerados por uma amostra de ações nos Estados Unidos no período de 1985 a 1993.[23] Curiosamente, descobriu que os índices setoriais, tomados em conjunto, proporcionavam quatro vezes o poder explicativo de qualquer fator único com base em características, seguidos em importância por

---

[19] CARHART, Mark M. "On Persistence in Mutual Fund Performance." *Journal of Finance* 52, n. 1, 57-82, mar. 1997.

[20] ELTON, Edwin J.; GRUBER, Martin J.; BLAKE, Christopher R. "The Persistence of Risk-Adjusted Mutual Fund Performance." *Journal of Business* 69, n. 2, 133-157, abr. 1996.

[21] FERSON, Wayne R.; SCHADT, Rudi W. "Measuring Fund Strategy and Performance in Changing Economic Conditions." *Journal of Finance* 51, n. 2, 425-462, jun. 1996.

[22] Uma descrição mais completa da abordagem Barra à análise de risco de investimento pode ser encontrada em Richard Grinwold e Ronald N. Kahn, Multiple-Factor Models for Portfolio Risk. In: PEAVY, John et al. *A Practitioner's Guide to Factor Models*. Charlottesville, VA: Research Foundation of the Institute of Chartered Financial Analysts, 1994.

[23] CONNOR, Gregory. "The Three Types of Factor Models: A Comparison of Their Explanatory Power." *Financial Analysts Journal* 51, n. 3, 42-46, maio-jun. 1995.

Quadro 9.1 Descrição dos fatores de risco com características da Barra

- **Volatilidade (VOL)** – Captura tanto as dimensões de longo quanto de curto prazos da variabilidade relativa dos retornos.
- **Momentum (MOM)** – Diferencia ações com retornos excedentes positivos e negativos no passado recente.
- **Tamanho (SIZ)** – Com base na capitalização relativa de mercado de uma empresa.
- **Não-linearidade de tamanho (SNL)** – Captura afastamentos da relação linear entre retornos e tamanho da empresa.
- **Atividade de negociação (TRA)** – Mede a negociação relativa de uma ação, com base na premissa de que as ações mais ativamente negociadas tendem mais a ser aquelas de maior interesse para os investidores institucionais.
- **Crescimento (GRO)** – Utiliza medidas históricas de crescimento e rentabilidade para prever o crescimento futuro dos lucros.
- **Taxa de Lucro (EYL)** – Combina índices lucro-preço correntes e históricos com previsões de analistas levando em consideração a premissa de que ações com taxas de lucro semelhantes produzem retornos iguais.
- **Valor (VAL)** – Com base na relação entre valor patrimonial e valor de mercado.
- **Variabilidade de lucros (EVR)** – Mede a variabilidade de lucros e fluxos de caixa, usando tanto valores históricos quanto previsões de analistas.
- **Alavancagem (LEV)** – Mede a alavancagem financeira relativa de uma empresa.
- **Sensibilidade cambial (CUR)** – Ligada à sensibilidade relativa do retorno da ação de uma empresa a variações do valor de uma cesta de moedas estrangeiras.
- **Taxa de dividendo (YLD)** – Calcula uma medida da taxa de dividendo prevista, utilizando os dividendos passados de uma empresa e o histórico do preço de sua ação.
- **Indicador de ausência de estimativa (NEU)** – Usa retornos para empresas fora do universo de ações para levar em conta dimensões de risco não capturadas por outros fatores.

Fonte: Barra

Gráfico 9.12 Decomposição pela Barra do risco de um Fundo de Ações de Empresas Pequenas versus o S&P 500

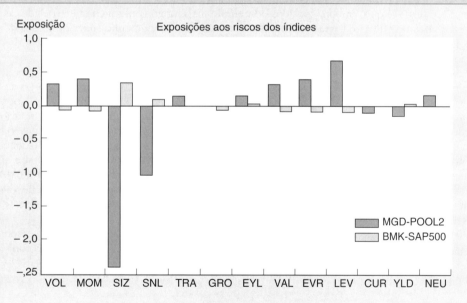

volatilidade, crescimento, taxa de dividendos e *momentum*. Em termos gerais, o modelo Barra explicava ligeiramente melhor a variabilidade dos retornos do que outros exemplos com os quais foi comparado, em parte por causa de seu grande número de fatores.

ESTIMAÇÃO DE RISCOS EM UM CENÁRIO MULTIFATORIAL: EXEMPLOS

Estimação de retornos esperados de ações individuais. Uma forma direta pela qual se pode empregar um modelo multifatorial é usá-lo para estimar o retorno esperado de uma posição em uma ação individual. Para executar essa tarefa, devemos dar os seguintes passos: (1) identificar um conjunto específico de G fatores comuns de risco, (2) estimar os prêmios por risco (F_j) para esses fatores, (3) estimar a sensibilidade (β_{ij}) da i-ésima ação a cada um destes e (4) calcular os retornos esperados, combinando os resultados dos passos anteriores de forma apropriada.

202 Investimentos

TABELA 9.6	Estimativas de prêmios por fatores de risco e sensibilidades a esses

A. Estimativas de prêmios por fatores de risco utilizando dados históricos

	Estimativa do prêmio por risco		
Fator de risco	**1996-2000**	**1981-2000**	**1928-2000**
Mercado	11,50%	9,09%	7,02%
SMB	−1,44	−1,10	3,09
HML	−5,40	4,48	4,39

B. Estimativas de regressão de sensibilidades a fatores de risco (julho de 1995 a junho de 2000)

Ação	**Mercado**	**SMB**	**HML**
INTC	0,615	−0,640	−1,476
	(1,63)	(−1,74)	(−2,55)
JPM	1,366	−0,387	0,577
	(7,15)	(−2,07)	(1,96)
WFMI	1,928	0,817	1,684
	(4,33)	(1,88)	(2,46)

Como exemplo desse processo, utilizaremos o modelo Fama-French discutido anteriormente. Isso resolve imediatamente o primeiro passo, designando os três seguintes fatores comuns de risco: o retorno excedente da carteira de mercado (R_M), o diferencial de retorno entre ações de grandes e pequenas empresas (SMB) e o diferencial de retorno entre ações de alto e baixo quociente entre valor patrimonial e valor de mercado (HML). O segundo passo normalmente é dado na prática com o uso de dados históricos de retorno para calcular os valores médios de cada um dos fatores de risco. Entretanto, é importante reconhecer que essas médias podem variar tremendamente, dependendo do período selecionado pelo investidor. Por exemplo, no modelo de três fatores, o painel A da Tabela 9.6 enumera os prêmios por risco médios anuais para três períodos diferentes: um de cinco anos, terminando até junho de 2000; um de 20 anos, até dezembro de 2000, e um de 73 anos, até esta data também.[24] Observe-se que, embora os dados do período mais longo confirmem que ações de empresas pequenas obtêm retornos mais altos do que as das grandes, e que as de valor têm desempenho superior ao das de crescimento (ou seja, há prêmios positivos por risco para os fatores SMB e HML), isso não é verdade no caso de períodos mais curtos. Em particular, nos cinco anos mais recentes, ocorreu o oposto em ambos os casos.

Para ilustrar os passos 3 e 4, estimamos as sensibilidades aos fatores de risco por análise de regressão para três ações diferentes, utilizando retornos mensais no período de julho de 1995 a junho de 2000. As três ações são da Intel (INTC), um grande fabricante de semicondutores; do JP Morgan Chase (JPM), banco internacional; e da Whole Foods Market (WFMI), um pequeno varejista de produtos alimentícios. Os betas estimados em relação aos fatores são indicados no painel B, acompanhados de suas estatísticas t entre parênteses, e permitem algumas comparações interessantes entre as três ações. Primeiro, os coeficientes positivos quanto ao fator mercado indicam que todas essas ações são positivamente correlacionadas com o movimento geral desse mercado. Os coeficientes para o fator SMB confirmam que o JPM e a INTC produzem retornos condizentes com ações de empresas grandes (ou seja, possuem exposições negativas ao fator SMB), e que a WFMI age como uma ação de empresa pequena. Finalmente, o JPM e a WFMI tendem mais para ações de valor (ou seja, com exposições positivas ao fator HML), ao passo que a companhia de tecnologia INTC pode ser considerada orientada para o crescimento.

Independentemente das estimativas específicas de riscos de fatores que sejam utilizadas, o retorno esperado de qualquer ação acima da taxa livre de risco (ou seja, o prêmio esperado por este) pode ser calculado graças à fórmula:

9.17

$$[E\,(R_j) - RFR] = \beta_{jM}\lambda_M + \beta_{jSMB}\,\lambda_{SMB} + \beta_{jHML}\lambda_{HML}$$

onde:

λ_M = Prêmio de risco do mercado para um período específico

λ_{SMB} = Prêmio de ação de empresa pequena para um período específico

λ_{HML} = Prêmio do quociente entre valor patrimonial e valor de mercado para um período específico

Com dados do período de 1996 a 2000 na Tabela 9.6, os retornos excedentes previstos das três ações são os seguintes:

$$\text{INTC: } [E\,(R) - RFR] = (0,615)\,(11,50) + (-0,640)\,(-1,44) + (-1,476)\,(-5,40)$$

$$= 15,96\%$$

---

[24] Os dados utilizados nesses cálculos estão disponíveis no *site* do Professor Kenneth French, no endereço: http://mbatuck.dartmouth.edu/pages/faculty/ken.french/.

$$\text{JPM: } [E(R) - RFR] = (1{,}366)(11{,}50) + (-0{,}387)(-1{,}44) + (-0{,}577)(-5{,}40)$$
$$= 13{,}15\%$$
$$\text{WFMI: } [E(R) - RFR] = (1{,}928)(11{,}50) + (0{,}817)(-1{,}44) + (-1{,}684)(-5{,}40)$$
$$= 11{,}90\%$$

Observe-se que, embora esses valores sejam altos em relação às normas históricas de prazos mais longos – especialmente o prêmio pelo risco do fator mercado –, refletem as condições vigentes no mercado de capitais naquele momento.

Resumo

- Os pressupostos da teoria de mercado de capitais partem do modelo de carteiras de Markowitz e incluem a consideração da taxa de retorno livre de risco. A correlação e a covariância de qualquer ativo com um ativo livre de risco são iguais a zero, de forma que qualquer combinação deste, ou uma carteira destes, gera funções lineares de retorno e risco. Portanto, quando combinamos o ativo livre de risco a qualquer ativo com risco na fronteira eficiente de Markowitz, obtemos um conjunto de carteiras possíveis representado por uma linha reta.
- A linha dominante de carteiras possíveis é aquela que é tangente em relação à fronteira eficiente. Ela é chamada de linha de mercado de capitais (CML), e todos os investidores devem buscar pontos situados ao longo desta que correspondam às suas preferências em termos de risco.
- Como todos os investidores querem investir na carteira de ativos com risco no ponto de tangência, essa carteira – chamada de carteira de mercado ou carteira M – deve conter todos os ativos com risco proporcionalmente aos seus valores relativos de mercado. Além disso, a decisão de investimento e a decisão de financiamento podem ser separadas porque, embora todos queiram investir nessa carteira, os investidores tomarão diferentes decisões de financiamento quanto a tomar emprestado ou emprestar com base em suas preferências individuais em termos de risco.
- O modelo de formação de preços de ativos (CAPM) relaciona risco a um único fator (beta). Dada a CML e a dominância da carteira de mercado, a medida de risco relevante para um ativo com risco individual é sua covariância com a carteira de mercado, ou seja, seu risco sistemático. Quando sua covariância é padronizada pela variância da carteira de mercado, temos a famosa medida beta de risco sistemático e uma linha de mercado de títulos (SML) que relaciona

Investimentos on-line

Os modelos de precificação de ativos mostram como as medidas de risco ou os fatores subjacentes de geração de retornos afetarão os retornos dos ativos. As estimativas obtidas com tais modelos são geralmente de propriedade restrita e fornecidas por seus provedores apenas após a compra de sua pesquisa. Evidentemente, os usuários sempre podem adquirir seus dados brutos em outros lugares (veja algumas de nossas discussões anteriores sobre a Internet) e fazer suas próprias estimativas de betas e de sensibilidades aos fatores.

http://www.valueline.com – A Value Line Investment Survey é há muito tempo a favorita dos investidores e muitas bibliotecas municipais e de faculdades e universidades a assinam. Ela é uma fonte popular para se encontrar betas de ações e contém informações úteis para pesquisadores e estudantes de investimentos on-line. Seu site disponibiliza artigos sobre investimentos, páginas de amostra e um diretório de produtos da Value Line Investment Survey, bem como os levantamentos de fundos de investimentos, opções, títulos conversíveis e outros dados.

http://www.barra.com – Para seus assinantes, o site da Barra oferece uma mina de ouro de dados e estudos analíticos. Os links fornecem informações sobre gestão de carteiras, dados de investimento, índices de mercado e pesquisa. A empresa oferece aos seus clientes dados, programas e consultoria, bem como serviços de gestão de carteiras de ações, títulos de renda fixa, moedas e outros instrumentos financeiros globais. Ela estima modelos de fatores múltiplos e suas amostras de ações globais e de países específicos proporcionam análises de risco para mais de 25 mil títulos negociados por todo o mundo, incluindo valores previstos e históricos de betas. Explore esse site para descobrir seus recursos em termos de dados, gráficos e tabelas.

http://www.stanford.edu/~wfsharpe/ – William F. Sharpe, o ganhador do prêmio Nobel de Economia em 1990 pelo desenvolvimento de seu modelo de formação de preços de ativos, tem uma página na Internet. Entre outros itens, os navegantes podem ler versões preliminares de um sofisticado livro-texto em andamento, alguns de seus artigos científicos publicados e estudos de caso escritos por ele. O site de Sharpe fornece retornos mensais de um grande número de fundos de investimentos, índices de ações e de títulos de renda fixa, além de conter links para outros sites financeiros.

gsb.uchicago.edu/fac/eugene.fama/ – Site de Eugene Fama, cujo trabalho empírico foi o primeiro a encontrar apoio – e depois falta de apoio – ao beta como medida de risco.

http://www.moneychimp.com – Esse é um site educacional informativo sobre investimentos que contém calculadoras de CAPM para estimar o retorno de uma ação e um "simulador de mercado" para mostrar o efeito da aleatoriedade sobre o retorno de uma carteira com o tempo.

204 Investimentos

a taxa de retorno esperada ou exigida de um ativo ao seu beta. Como todos os títulos individuais e carteiras devem estar nessa SML, podemos determinar o retorno esperado (exigido) de um título com base em seu risco sistemático (seu beta).

- Alternativamente, supondo-se que os mercados de títulos nem sempre são completamente eficientes, podemos identificar títulos subavaliados ou superavaliados, comparando nossa estimativa da taxa de retorno a ser obtida em um investimento à sua taxa de retorno esperada (exigida). Calculamos a variável de risco sistemático (beta) para um ativo de risco individual com um modelo de regressão que gera uma equação chamada de linha característica do ativo.

- Os modelos multifatoriais que determinam as taxas de retorno esperadas (exigidas) de uma carteira de ativos com risco consideram várias fontes de risco. Esses modelos podem ser agrupados naqueles que usam fatores macroeconômicos para medir riscos (por exemplo, produção industrial, variações de inflação, variações de *spreads* de crédito) e naqueles que consideram fatores microeconômicos (por exemplo, tamanho, crescimento das vendas e dos lucros, alavancagem financeira, variabilidade de lucros da empresa). Um modelo multifatorial popular considera um fator de mercado (como o CAPM), mas também o risco relacionado ao tamanho e ao crescimento da empresa.

QUESTÕES

1. Explique por que o conjunto de pontos entre o ativo livre de risco e uma carteira na fronteira eficiente de Markowitz é uma linha reta.
2. Desenhe e explique um gráfico que mostre o que acontece com a fronteira eficiente de Markowitz quando você combina um ativo livre de risco a diversas carteiras de ativos com risco alternativas nessa fronteira.
3. Trace a linha que vai de RLR e tangencia a fronteira eficiente e explique por que ela define o conjunto dominante de carteiras possíveis.
4. Discuta que ativos com risco estão na carteira M e por quê.
5. Discuta alavancagem e seu efeito sobre a CML.
6. Discuta e justifique uma medida de diversificação para uma carteira em termos da teoria de mercado de capitais.
7. Que variações você esperaria no desvio-padrão de uma carteira de ações aleatoriamente selecionadas entre 4 e 10; entre 10 e 20; entre 50 e 100 ações?
8. Discuta por que as decisões de investimento e financiamento são separadas quando há uma CML.
9. Dada a CML, discuta e justifique a medida relevante de risco para um título individual.
10. A teoria de mercado de capitais divide a variância dos retornos de um título em variâncias sistemática e não-sistemática, ou específica. Descreva cada um desses termos.
11. O modelo de formação de preços de ativos (CAPM) diz que existe risco sistemático e não-sistemático em um título individual. Qual é a variável de risco relevante e por que ela é relevante? Por que a outra variável de risco não é?
12. De que modo a SML difere da CML?
13. *Exame CFA Nível 1*
    Identifique e discuta brevemente *três* críticas do beta tal como usado no modelo de formação de preços de ativos (CAPM) (6 minutos).
14. *Exame CFA Nível 1*
    Explique brevemente se os investidores devem esperar um retorno mais alto aplicando na carteira A, *versus* a carteira B, de acordo com a teoria do modelo de formação de preços de ativos (CAPM). Imagine que ambas as carteiras sejam completamente diversificadas (6 minutos).

	Carteira A	Carteira B
Risco sistemático (beta)	1,0	1,0
Risco sistemático de cada título individual	Alto	Baixo

15. *Exame CFA Nível II*
    Você recentemente foi nomeado diretor de investimento de uma importante fundação de caridade. Seu grande fundo de doações está atualmente aplicado em uma carteira bastante diversificada de ações (60%) e títulos de renda fixa (40%). A entidade mantenedora da fundação é um grupo de pessoas de destaque, cujos conhecimentos de teoria e prática modernas de investimentos são superficiais. Você decide que uma discussão sobre princípios básicos de investimentos seria útil.

    (a) Explique os conceitos de *risco específico, risco sistemático, variância, covariância, desvio-padrão* e *beta*, e como eles se relacionam à gestão de investimentos (12 minutos).

    Você acredita que a adição de outras classes de ativos na carteira do fundo de doações melhoraria a carteira, reduzindo o risco e aumentando o retorno. Você está ciente de que condições deprimidas nos mercados imobiliários dos Estados Unidos estão oferecendo oportunidades de aquisição de imóveis em níveis de retorno esperados excepcionalmente altos em termos históricos. Você acredita que um investimento imobiliário nos Estados Unidos seria tão apropriado quanto oportuno, e decidiu recomendar que uma posição de 20% seja assumida por meio de fundos obtidos igualmente com vendas de ações e títulos de renda fixa.

    Discussões preliminares revelaram que diversos conselheiros da entidade mantenedora acreditam que imóveis são muito arriscados para serem incluídos na carteira. O presidente, entretanto, marcou uma reunião especial para uma discussão mais aprofundada sobre o assunto e pediu que você fornecesse informações que esclareçam a questão do risco.

    Para ajudá-lo, os seguintes dados de expectativas foram produzidos:

MATRIZ DE CORRELAÇÃO

Classe de ativo	Retorno	Desvio-padrão	Ações de empresas dos Estados Unidos	Obrigações dos Estados Unidos	Imóveis nos Estados Unidos	Letras do Tesouro dos Estados Unidos
Ações de empresas dos Estados Unidos	12,0%	21,0%	1,00			
Obrigações dos Estados Unidos	8,0	10,5	0,14	1,00		
Imóveis nos Estados Unidos	12,0	9,0	−0,04	−0,03	1,00	
Letras do Tesouro dos Estados Unidos	4,0	0,0	−0,05	−0,03	0,25	1,00

Introdução aos modelos de precificação de ativos **205**

(b) Explique o efeito *tanto* sobre o risco *quanto* sobre o retorno da carteira que resultaria da adição de investimentos em imóveis nos Estados Unidos. Inclua em sua resposta dois motivos para quaisquer mudanças que você espere ocorrer no risco da carteira. (Nota: *não* é necessário calcular o risco e o retorno esperado). (8 minutos)

(c) Sua compreensão da teoria de mercado de capitais lhe faz questionar a validade dos dados de retorno esperado e risco de imóveis nos Estados Unidos. Justifique seu ceticismo. (5 minutos)

16. *Exame de CFA Nível 1*

Quais das seguintes afirmações sobre a linha de mercado de títulos (SML) são *verdadeiras?*

(a) A SML fornece uma referência para a avaliação do desempenho esperado de um investimento.

(b) A SML leva todos os investidores a aplicar na mesma carteira de ativos com risco.

(c) A SML é uma representação gráfica da relação entre retorno esperado e beta.

(d) Ativos adequadamente avaliados se situam exatamente na SML.
   i. I e III apenas
   ii. II e IV apenas
   iii. I, II e IV apenas
   iv. I, III e IV apenas (2 minutos)

17. *Exame CFA Nível I*

Segundo a teoria de mercado de capitais, risco sistemático:

(a) refere-se à variabilidade de todos os ativos com risco causada por variáveis macroeconômicas e outras ligadas ao comportamento do mercado como um todo.

(b) é medido pelo coeficiente de variação dos retornos da carteira de mercado.

(c) corresponde a risco não-diversificável.
   i. apenas I
   ii. apenas II
   iii. apenas I e III
   iv. apenas II e III (2 minutos)

PROBLEMAS

1. Suponha que você espere que a taxa de inflação da economia seja igual a 3%, produzindo RLR de 6%, e retorno do mercado (R_M) de 12%.

(a) Desenhe a SML de acordo com essas premissas.

(b) Posteriormente, você espera que a taxa de inflação aumente de 3% para 6%. Que efeitos isso teria sobre RLR e R_M? Desenhe outra SML no gráfico do item (a).

(c) Desenhe uma SML no mesmo gráfico para refletir RLR de 9% e R_M de 17%. Como essa SML se diferencia daquela obtida no item (b)? Explique o que aconteceu.

2. Você espera RFR igual a 10% e retorno do mercado (R_M) de 14%. Calcule o retorno esperado (exigido) das seguintes ações e coloque-as em um gráfico da SML.

Ação	Beta	$E(R_j)$
U	0,85	
N	1,25	
D	–0,20	

3. Você pergunta a um corretor de ações o que é esperado pelo departamento de pesquisa da empresa em que ele trabalha para essas três ações no próximo ano. O corretor responde com as seguintes informações:

Ação	Preço corrente	Preço esperado	Dividendo esperado
U		0,85	
N		1,25	
D		–0,20	

Coloque suas estimativas de retorno no gráfico da SML do problema 2 e indique que atitudes você tomaria em relação a essas ações. Discuta suas decisões.

4. Selecione uma ação negociada na NYSE e colete seus preços de fim de mês nos últimos 13 meses para calcular 12 variações porcentuais mensais de preço, ignorando os dividendos. Faça isso também para a série do S&P 500. Prepare um gráfico dessas séries e desenhe uma linha característica de melhor ajuste (a linha que minimiza os desvios). Calcule a inclinação dessa linha a partir do gráfico obtido.

5. Dados os retornos obtidos no Problema 4, calcule o coeficiente beta utilizando a fórmula e as técnicas empre-

gadas na Tabela 9.3. Quantos produtos negativos você encontrou no cálculo da covariância? Como esse beta se compara com o calculado visualmente no Problema 4?

6. Procure os valores e calcule as variações porcentuais mensais para o FT World Index ou para o MSCI World Index.

(a) Calcule o beta de sua ação negociada na NYSE, utilizado no Problema 4, empregando um desses índices mundiais de ações como *proxy* da carteira de mercado.

(b) Como esse beta mundial se compara com o beta em relação ao S&P? Discuta a diferença.

7. Procure essa ação na Value Line e registre o valor do beta obtido pela VL. Como este se compara ao beta que você calculou utilizando o S&P 500? Discuta os motivos pelos quais eles poderiam ser diferentes.

8. Selecione uma ação negociada no mercado nacional da Nasdaq e faça um gráfico dos retornos nos últimos 12 meses em relação ao S&P 500. Calcule o coeficiente beta. Você esperava que essa ação tivesse um beta mais alto ou mais baixo do que a negociada na NYSE? Explique sua resposta com base nos dois componentes do beta.

9. Dados os retornos da ação negociada no mercado nacional da Nasdaq no Problema 8, faça um gráfico dos retornos desta em relação às taxas de retorno mensais do Índice Composto da Nasdaq e calcule o coeficiente beta. Este difere do calculado no Problema 8? Em caso afirmativo, como você explica isso? (Dica: analise os componentes específicos da fórmula do coeficiente beta. Como esses componentes diferem entre os Problemas 8 e 9?)

10. Usando os dados das questões anteriores, calcule o coeficiente beta do Índice Composto da Nasdaq em relação ao S&P 500. *A priori*, você esperaria um beta menor ou maior do que 1,00? Discuta suas expectativas e o resultado encontrado.

11. Com base em cinco anos de dados mensais, você obtém as seguintes informações para as empresas indicadas:

Empresa	a_j (intercepto)	σ_j	$r_{j,M}$
Intel	0,22	12,10%	0,72
General Motors	0,10	14,60	0,33
Anheuser Busch	0,17	7,60	0,55
Merck	0,05	10,20	0,60
S&P 500	0,00	5,50	1,00

206 Investimentos

(a) Calcule o coeficiente beta de cada ação.

(b) Supondo uma taxa livre de risco de 8% e um retorno esperado da carteira de mercado igual a 15%, calcule o retorno esperado (exigido) de cada ação e posicione-as na SML.

(c) Represente os seguintes retornos estimados para o próximo ano na SML e indique que ações estão subavaliadas ou sobreavaliadas.

12. Calcule o retorno esperado (exigido) de cada uma das seguintes ações quando a taxa livre de risco é igual a 0,08 e você espera que o retorno de mercado seja de 0,15.

Ação	Beta
A	1,72
B	1,14
C	0,76
D	0,44
E	0,03
F	− 0,79

13. Os valores abaixo são retornos históricos da Denise Computer Company:

Ano	Denise Computer	Índice de Mercado
1	37	15
2	9	13
3	−11	14
4	8	−9
5	11	12
6	4	9

Com base nessas informações, calcule o seguinte:

(a) O coeficiente de correlação entre a Denise Computer e o Índice de Mercado.

(b) O desvio-padrão para a empresa e o índice.

(c) O beta da Denise Computer Company.

14. *Exame CFA Nível II*

As seguintes informações descrevem a relação entre risco e retorno esperado para ações de dois concorrentes da WAH.

	Retorno esperado	Desvio-padrão	Beta
Ação X	12,0%	20%	1,3
Ação Y	9,0	15	0,7
Índice de mercado	10,0	12	1,0
Taxa livre de risco	5,0		

Utilizando apenas os dados apresentados anteriormente:

(a) Desenhe um gráfico e coloque as legendas apropriadas, identificando a Linha de Mercado de Títulos, e posicione as ações X e Y em relação a ela (5 minutos).

(b) Calcule os alfas *tanto* para a ação X *quanto* para a Y. Mostre seus cálculos (4 minutos).

(c) Suponha que a taxa livre de risco aumente para 7% com os outros dados da matriz anterior permanecendo inalterados. Escolha a ação que oferece o retorno ajustado por risco esperado mais alto e justifique sua escolha. Mostre seus cálculos (6 minutos).

15. *Exame CFA Nível II*

Um analista espera um retorno livre de risco de 4,5%, um retorno do mercado de 14,5% e os retornos das ações A e B que são mostrados na seguinte tabela:

INFORMAÇÕES SOBRE AS AÇÕES

Ação	Beta	Retorno estimado pelo analista
A	1,2	16%
B	0,8	14%

(a) Mostre em um gráfico:

i. em que as ações A e B ficariam na Linha de Mercado de Títulos (SML), se elas forem corretamente avaliadas de acordo com o modelo de formação de preços de ativos (CAPM).

ii. em que as ações A e B realmente se situam no mesmo gráfico, de acordo com os retornos estimados pelo analista e mostrados na tabela (6 minutos).

(b) Diga se as ações A e B estão subavaliadas ou sobreavaliadas, caso o analista use a SML na tomada de decisões estratégicas de investimento (4 minutos).

EXERCÍCIOS DA WEB

1. Obtenha estimativas de betas para as seguintes ações, utilizando os sites da NYSE, da Nasdaq, da Bloomberg e da Moneycentral para as empresas Microsoft (MSFT), ExxonMobil (XOM), McDonald's (MCD) e Apple (AAPL). Como se comparam as estimativas de betas entre esses sites? Que motivos poderiam existir para essas diferenças? **http://www.nyse.com:** insira o código da ação e clique em "Quick Quote". O beta está entre as informações ali apresentadas.

www.nasdaq.com: insira o código da ação e clique em "info quotes".

http://www.bloomberg.com: insira a cotação da ação e clique a seta. O beta está incluído nas informações da página de cotação exibida.

http://moneycentral.msn.com: vá para "Investing", insira o código da ação e clique em "Go", depois escolha "Company Report" na seção "Research". O beta (volatilidade) da empresa estará entre os dados do relatório.

2. Examine o site de Ken French e a lista de materiais que podem ser baixados: (**http://mba.tuck. dartmouth.edu/pages/faculty/ken.french/** e **http:// mba.tuck.dartmouth.edu/pages/faculty/ken.french/ data_library.html#Research**, respectivamente). Que informações você acha que seriam de interesse dos pesquisadores e profissionais liberais que estudam modelos de precificação de ativos?

3. Entre no site **http://www.morningstar.com** e localize o relatório da Fidelity Magellan (digite o código FMAGX).

Exercícios de planilha

1. Obtenha os retornos mensais do S&P 500 no site http://barra.com. Utilizando isso como retorno da carteira de mercado, encontre a estimativa do beta de:
   - (a) Small-Cap 600 no site da Barra.
   - (b) MidCap 400 no site da Barra.
   - (c) Índice S&P 500 de ações de valor no site da Barra.
   - (d) Índice S&P 500 de ações de crescimento no site da Barra.

2. Diversos sites de fundos de investimento, como **http://www.vanguard.com, http://www.fidelity.com** e **http://www.trowerprice.com**, fornecem retornos anuais ou trimestrais históricos para seus fundos de investimento. Usando o índice S&P 500 coletado no site da Barra como carteira de mercado, estime beta, alfa e R^2 para três fundos de investimento.

Referências

BRINSON, Gary P.; DIERMEIER, Jeffrey J.; SCHLARBAUM, Gary. "A Composite Portfolio Benchmark for Pension Plans." *Financial Analysts Journal* 42, n. 2, mar.-abr. 1986.

CHEN, F. N.; ROLL, Richard; ROSS, Steve. "Economic Forces and the Stock Market." *Journal of Business*, jul. 1986.

HANDA, Puneet; KOTHARI, S. P.; WASLEY, Charles. "The Relation Between the Return Interval and Betas: Implications of the Size Effect". *Journal of Financial Economics* 23, n. 1, jun. 1989.

REILLY, Frank K.; AKHTAR, Rashid A. "The Benchmark Error Problem with Global Capital Markets". *Journal of Portfolio Management* 22, n. 1, outono 1995.

GLOSSÁRIO

Ativo com risco – Um ativo com retornos futuros incertos.

Ativo livre de risco – Ativo cujos retornos apresentam variância nula.

Arbitrage Pricing Theory (APT) – Uma teoria preocupada com a obtenção de taxas de retornos esperadas (exigidas) de ativos com risco com base na relação sistemática do ativo com vários fatores de risco. Esse modelo multifatorial contrasta com o CAPM de fator único.

Beta – Uma medida padronizada de risco sistemático baseada na covariância de um ativo com a carteira de mercado.

Carteira completamente diversificada – Carteira em que todo o risco não sistemático é eliminado por meio de diversificação.

Carteira de mercado – Carteira que inclui todos os ativos com risco com pesos relativos iguais a seus valores proporcionais de mercado.

Linha característica – Linha de regressão de melhor ajuste em um diagrama de dispersão de taxas de retorno de um ativo com risco individual e da carteira de mercado de ativos com risco em um determinado período.

Linha de mercado de capitais (CML) – Linha que vai do intercepto que representa a taxa livre de risco e tangencia a fronteira eficiente original passa a ser a nova fronteira eficiente.

Modelo de formação de preços de ativos (CAPM) – Uma teoria preocupada com a obtenção de taxas de retorno esperadas (exigidas) de ativos de risco com base nos níveis de risco sistemático do ativo.

Modelo multifatorial – Um modelo da relação entre risco e retorno que considera fontes múltiplas tanto de risco macroeconômico quanto de microeconômico na determinação das taxas de retorno esperadas (exigidas) de uma carteira de ativos com risco.

Prêmio por risco de mercado – O retorno acima da taxa livre de risco que os investidores esperam do mercado como um todo como remuneração por risco sistemático.

Risco sistemático – A variabilidade dos retornos que é devida a fatores macroeconômicos que afetam todos os ativos com risco. Como afeta todos estes, ele não pode ser eliminado por meio de diversificação.

Risco não sistemático – Risco que é específico a um ativo, decorrente de suas características particulares (ou seja, de fatores microeconômicos). Pode ser eliminado em uma carteira diversificada.

Taxa de retorno estimada – A taxa de retorno que um investidor espera conseguir em um investimento específico durante um dado período futuro de aplicação.

Teorema de separação – A proposição de que a decisão de investimento, que envolve investir na carteira na linha de mercado de capitais, é separada da decisão de financiamento, que visa a um ponto específico da CML, com base nas preferências do investidor em relação a risco.

capítulo 10

Mercados eficientes de capitais

Neste capítulo, responderemos às seguintes questões:

O que significa dizer que os mercados de capitais são eficientes?

Por que os mercados de capitais *devem* ser eficientes?

Que fatores contribuem para um mercado eficiente?

Dada a hipótese geral de mercado eficiente (HME), quais são as três sub-hipóteses e quais são as implicações de cada uma delas?

Como testamos as três sub-hipóteses de mercado eficiente e quais são os resultados dos testes?

Para cada conjunto de testes, quais dos resultados apóiam a HME e quais indicam alguma anomalia a respeito da hipótese?

O que são finanças comportamentais e como se relacionam à HME?

Quais são alguns dos principais resultados das finanças comportamentais e suas implicações para a HME?

Quais são as implicações dos resultados dos testes de mercado eficiente para:
- a análise técnica?
- a análise fundamentalista?
- gestores de carteiras com analistas superiores?
- gestores de carteiras com analistas inferiores?

Um *mercado eficiente de capitais* é aquele em que os preços de títulos se ajustam rapidamente à chegada de novas informações, portanto os preços correntes dos títulos refletem todas as informações sobre estes. Algumas das pesquisas acadêmicas mais interessantes e importantes nos últimos 20 anos têm analisado se os nossos mercados de capitais são eficientes. Essa pesquisa ampla é indispensável porque seus resultados têm implicações significativas no mundo real para investidores e gestores de carteiras. Além disso, a questão de se esses mercados são eficientes é uma das áreas mais controvertidas na pesquisa sobre investimentos. Recentemente, uma nova dimensão foi acrescentada à controvérsia: a análise em rápida expansão sobre finanças comportamentais também têm pontos significativos quanto à questão referida.

Em razão de sua importância e da controvérsia, os investidores precisam entender o significado dos termos *mercados de capitais eficientes* e *hipótese de mercado eficiente* (*HME*). Nossas discussões anteriores indicaram como aqueles funcionam; então, agora, parece natural considerar o seu tópico em termos de como os preços reagem a novas informações. Os investidores precisam entender a análise realizada para testar a HME e os resultados de estudos que tanto apóiam quanto contradizem a hipótese. Finalmente, como as evidências gerais sobre a eficiência do mercado de capitais é mais bem descrita como natureza mista, eles necessitam estar cientes das implicações desses resultados ao analisar investimentos alternativos para a montagem de carteiras.

Primeiro, consideramos por que se espera que os mercados de capitais sejam eficientes e os fatores que contribuem para isso, no qual os preços dos títulos refletem as informações disponíveis. A seguir, descrevemos as três sub-hipóteses da HME e as conseqüências de cada uma delas. Em nossa análise subseqüente dos resultados de vários estudos dessas hipóteses, vemos resultados diversos: um grande volume de pesquisas apóia a HME, mas um número crescente de estudos, não. A seguir, discutimos o conceito de finanças comportamentais e examinamos os estudos que dizem respeito a mercados eficientes e suas implicações para a HME.

Finalmente, analisamos o que esses resultados significam para um investidor que usa as análises técnica ou fundamentalista, ou para o gestor de carteiras que tem acesso a analistas superiores ou inferiores. Concluímos com uma breve discussão das evidências de mercados eficientes em outros países.

Por que os mercados de capitais devem ser eficientes?

Conforme observamos anteriormente, em um mercado de capitais eficiente, os preços dos títulos ajustam-se rapidamente à chegada de novas informações, portanto os preços correntes dos títulos refletem completamente todas as informações disponíveis. Para ser absolutamente correto, isso é chamado de **mercado informacionalmente eficiente**. Embora a idéia de um mercado desses seja relativamente simples, normalmente não consideramos *por que* eles *devem* ser assim.

Existe um conjunto de três pressupostos dos quais decorre um mercado de capitais eficiente. O primeiro é que este exige *um grande número de participantes maximizadores de lucros que examinam títulos*, cada um independentemente dos outros. Em segundo lugar, *novas informações em relação aos títulos chegam ao mercado de uma maneira aleatória*, e o *timing* de um anúncio geralmente é independente de outros.[1] O terceiro pressuposto é particularmente crucial: *investidores maximizadores de lucros ajustam os preços de títulos rapidamente para refletir o efeito das novas informações*. Embora esse ajuste possa ser imperfeito, ele é não viesado. Especificamente, algumas vezes o mercado ajustará para mais, e outras vezes, para menos, mas não podemos prever qual ocorrerá em um dado período. Os preços dos títulos se acomodam rapidamente por causa da concorrência entre os muitos investidores maximizadores de lucros.

O efeito combinado de (1) informações chegando de maneira independente, aleatória e imprevisível e (2) vários investidores competindo e ajustando preços de ações rapidamente para refleti-las faz com que as variações de preço devam ser independentes e aleatórias. Assim, o processo de ajuste requer um grande número de investidores que analisam o impacto dessas novas informações sobre o valor de um título, comprando ou vendendo este até que seu preço se ajuste, refletindo as novas informações. Esse cenário significa que os mercados informacionalmente eficientes exigem análise e negociação de numerosos investidores concorrentes que provoquem um ajuste mais rápido de preços, melhorando o mercado. Retornaremos a essa questão da necessidade de negociação e atenção por parte do investidor quando discutirmos algumas anomalias da HME.

Finalmente, como os preços dos títulos se acertam a todas as novas informações, os preços desses títulos devem refletir todas as informações disponíveis publicamente. Portanto, os preços vigentes dos títulos devem refletir todas elas, incluindo o risco do título. Logo, em um mercado eficiente, *os retornos esperados implícitos no preço corrente do título devem repercutir seu risco*. Isso significa que os investidores que compram a esses preços informacionalmente eficientes devem receber uma taxa de retorno compatível com o risco percebido das ações. Em outras palavras, em termos do CAPM, todas as ações precisam estar situadas na SML, de maneira que suas taxas de retorno esperadas sejam condizentes com seu risco percebido.

Sub-hipóteses de mercado eficiente

A maioria dos primeiros trabalhos relacionados a mercados eficientes de capitais baseou-se na *hipótese de passeio aleatório*, que afirmava que as variações dos preços das ações ocorriam aleatoriamente. Esse trabalho acadêmico inicial continha análises empíricas amplas sem muita teoria por trás delas. Um artigo de Fama tentou formalizar a teoria e organizar as crescentes evidências empíricas.[2] Fama apresentou a teoria de mercado eficiente em termos de um *modelo de jogo justo*, argumentando que os investidores podem acreditar que um preço de mercado corrente reflete completamente todas as informações disponíveis sobre um título, e seu retorno esperado é compatível com seu risco.

Em seu artigo original, Fama dividiu a hipótese geral de mercado eficiente (HME) e os testes empíricos da hipótese em três sub-hipóteses, dependendo do conjunto de informações envolvido: (1) forma fraca, (2) forma semiforte e (3) forma forte.

Em artigo posterior, ele novamente dividiu os resultados empíricos em três grupos, mas transferiu resultados empíricos entre as categorias anteriores.[3] Portanto, na discussão a seguir, utilizaremos as categorias originais, mas organizaremos a apresentação de resultados de acordo com as novas.

HIPÓTESE DE MERCADO EFICIENTE NA FORMA FRACA

A *forma fraca da HME* pressupõe que os preços de ações atuais refletem completamente *todas as informações sobre o mercado de título*, até mesmo a série histórica de preços, taxas de retorno, volumes de negociação e outras informações geradas pelo mercado, como transações de lotes fracionários, negociações em bloco e transações por meio de especialistas de bolsa. De forma que ela supõe que os preços correntes de mercado já transmitam todos os retornos anteriores e quaisquer outros dados sobre o mercado de títulos, essa hipótese significa que as taxas destes não devem ter nenhuma relação com as de retorno futuras (ou seja, as taxas de retorno precisam ser independentes). Portanto, um investidor deve ganhar pouco comprando ou vendendo um título com base nas taxas anteriores de retorno ou em quaisquer outros dados passados de mercado.

HIPÓTESE DE MERCADO EFICIENTE NA FORMA SEMIFORTE

A *forma semiforte da HME* assevera que os preços dos títulos se ajustam rapidamente à divulgação de *toda informação pública*; ou seja, os preços correntes dos títulos refletem toda informação pública. A hipótese semiforte engloba a fraca, porque todos os dados de mercado considerados pela hipótese na forma fraca – como preços de ações, taxas de retornos e volumes negociados – são públicas. A informação pública também inclui todas as que não sejam de mercado, como anúncios de lucros e dividendos, índices preço-lucro (P/E), taxas de dividendo (D/P), índices valor patrimonial–valor

---

[1] Novas informações, por definição, devem ser não conhecidas anteriormente e imprevisíveis. Se fossem previsíveis, deveriam estar contidas no preço do título.

[2] FAMA, Eugene F. "Efficient Capital Markets: A Review of Theory and Empirical Work." *Journal of Finance* 25, n. 2, 383-417, maio 1970.

[3] FAMA, Eugene F. "Efficient Capital Markets: II." *Journal of Finance* 46, n. 5, 1575-1617, dez. 1991.

210 Investimentos

de mercado (VP/VM), desdobramentos de ações, notícias sobre economia e política. Essa hipótese dá a entender que os investidores que baseiam suas decisões em novas informações *públicas* importantes não devem obter lucros ajustados por risco acima da média após os custos de negociação, pois os preços dos títulos já repercutem todas elas.

HIPÓTESE DE MERCADO EFICIENTE NA FORMA FORTE

A *forma forte da HME* argumenta que os preços das ações refletem completamente *todas as informações advindas de fontes públicas ou privadas*. Isso quer dizer que nenhum grupo de investidores tem acesso monopolístico às informações relevantes para a formação de preços e deve ser capaz de sistematicamente obter taxas de retorno ajustadas por risco acima da média. A forma forte da HME engloba tanto a forma fraca quanto a semiforte da HME e amplia a hipótese de mercados eficientes – de que os preços se ajustam rapidamente à divulgação de novas informações públicas – pois pressupõe mercados perfeitos, nos quais todos os dados são isentos de custo e estão disponíveis a todos ao mesmo tempo.

Testes e resultados das hipóteses de mercado eficiente

Com essa introdução sobre os três componentes da HME e o que cada um deles significa em termos do efeito de diferentes conjuntos de informações sobre os preços de títulos, podemos considerar os testes utilizados para verificar se os dados apóiam as hipóteses. Como para a maioria delas, nas áreas financeira e econômica, as evidências sobre a HME não são claras. Alguns estudos têm apoiado as hipóteses e indicam que os mercados de capitais são eficientes. Outros têm revelado algumas *anomalias* em relação a elas, levantando questões a respeito de sua validade.

FORMA FRACA DA HME: TESTES E RESULTADOS

Os pesquisadores formularam dois grupos de testes para a forma fraca da HME. A primeira categoria envolve testes estatísticos de independência entre taxas de retorno. O segundo conjunto de estudos compara os resultados de risco e retorno para *regras de negociação* com as quais são tomadas decisões de investimento baseadas em informações passadas de mercado aos resultados de uma política única de compra e manutenção (em que o investidor compra ações no início de um período de teste e as mantém até o final).

Testes estatísticos de independência – Conforme discutido anteriormente, a HME diz que os retornos de títulos no decorrer do tempo devem ser independentes uns dos outros, pois as novas informações chegam ao mercado de maneira independente, imprevisível e aleatória, e os preços dos títulos acomodam-se rapidamente a elas. Dois importantes testes estatísticos têm sido empregados para verificar essa independência.

Primeiro, os **testes de autocorrelação** medem a significância da correlação positiva ou negativa dos retornos com o passar do tempo. A taxa de retorno no dia t está correlacionada com a taxa de retorno do dia $t - 12$, $t - 2$ ou $t - 3$?[4] Aqueles que acreditam que os mercados de capitais são eficientes devem esperar correlações insignificantes em todas essas combinações.

Os estudos que examinaram as seriais entre os retornos de ações em horizontes de curta duração (de 1 a 16 dias) quase sempre indicaram uma insignificante nos retornos destas com o tempo. Alguns estudos recentes que consideraram carteiras de ações de diferentes tamanhos têm indicado que a autocorrelação é mais forte para carteiras de empresas pequenas, em termos de valor de mercado. Portanto, embora os resultados mais antigos tendam a apoiar a hipótese, os estudos mais recentes põem isso em dúvida, uma vez que eles podem ser afetados pelos custos de transação de ações de empresas pequenas e pela falta de sincronização das negociações destas.

O segundo exame estatístico de independência é o **teste de seqüências**.[5] Dada uma série de variações de preço, cada uma delas recebe um sinal positivo (+), se for um aumento, ou um sinal negativo (-), se houver uma queda. O resultado é um conjunto de sinais positivos e negativos, como a seguir: +++−+−−++−−++.

Há uma seqüência quando duas variações consecutivas são iguais, ou seja, isso ocorre quando há duas ou mais variações de preço consecutivas, quer positivas, quer negativas. Quando o preço varia em uma direção diferente, como quando uma variação negativa de preço é seguida por uma positiva, a seqüência termina e uma nova pode ter início. Para o teste de independência, se compararia o número de seqüências em uma dada série com o contido em uma tabela de valores esperados do número de seqüências que deveria ocorrer em uma série aleatória.

Estudos que examinaram seqüências de preços de ações confirmaram a independência de variações destes com o tempo. Como o número efetivo de suas seqüências de séries caiu sistematicamente na faixa esperada para uma série aleatória, esses testes estatísticos ratificaram essa independência. Finalmente, diversos estudos que analisaram as variações de preços em *transações* individuais na NYSE encontraram correlações seriais significativas, mas essa dependência não podia ser utilizada para obter retornos ajustados por risco acima da média, após considerados os custos substanciais de transação.

Testes de regras de negociação – O segundo grupo de testes da forma fraca da HME se desenvolveu em resposta à afirmação de que os testes estatísticos de independência anteriores eram rígidos demais para identificar os comportamentos intrincados de preços examinados pelos analistas técnicos. Em resposta a essa objeção, os pesquisadores procuraram estudar regras técnicas de negociação alternativas por meio de simulação, mas os defensores da HME argumentam que eles

---

[4] Para uma discussão sobre testes de independência, veja ALBRIGHT, Christian. *Statistics for Business and Economics. New York*: MacMillan Publishing, 1987. p. 515-517.

[5] Para os detalhes de um teste de seqüências, veja ALBRIGHT. *Statistics for Business and Economics*, p. 695-699.

não obtêm lucros anormais acima de uma política de compra e manutenção utilizando qualquer regra de negociação que dependa unicamente de informações passadas de mercado.

Os apontamentos de regras de negociação compararam os resultados das simulações em termos de risco e retorno (incluindo os custos de transação) aos de uma política simples de compra e manutenção. Três grandes problemas podem prejudicar um estudo desses:

1. O pesquisador deve utilizar apenas *dados publicamente disponíveis* ao implantar a regra de negociação. Por exemplo, as atividades em 31 de dezembro podem não estar publicamente disponíveis até primeiro de fevereiro; com isso, não se pode incluir dados até então.
2. Ao se calcular os retornos de uma regra de negociação, o pesquisador deve *incluir todos os custos de transação* envolvidos na implantação de sua estratégia, pois a maioria dessas regras envolve muito mais transações do que uma política simples de compra e manutenção.
3. O pesquisador deve *ajustar os resultados por risco,* uma vez que uma regra de negociação pode simplesmente selecionar uma carteira de títulos de alto risco, os quais poderiam ter retornos mais altos.

Eles têm encontrado dois problemas operacionais ao realizar esses testes de regras específicas de negociação. Primeiro, algumas delas exigem uma interpretação deveras subjetiva dos dados para serem simuladas de maneira mecânica. Segundo, o número quase infinito de regras torna impossível testar todas elas. Como resultado, apenas as técnicas de negociação mais conhecidas têm sido examinadas.

Além disso, os estudos normalmente analisam regras de negociação relativamente simples (que muitos técnicos argumentam ser bastante ingênuas), e empregam dados facilmente disponíveis para as ações mais conhecidas e mais intensamente negociadas, principalmente nos mercados eficientes. Lembre-se do argumento de que *mais negociação de um título deve promover a eficiência de seu mercado.* Alternativamente, para títulos com relativamente poucos acionistas e pouca atividade de negociação, o mercado poderia ser ineficiente pelo fato de apenas alguns investidores estarem analisando o efeito de novas informações e negociando as ações para que o preço do título se deslocasse rapidamente para outro valor de equilíbrio. Portanto, o uso somente de ações ativas e intensamente negociadas poderia distorcer os resultados na direção de se concluir a favor da eficiência do mercado.

Resultados de simulações de regras específicas de negociação – Na técnica mais popular – as *regras de filtro –*, um investidor negocia ações quando a variação de preço excede um valor de filtro predeterminado. Por exemplo, quando utiliza um filtro de 5% pode vislumbrar uma ruptura positiva (ou negativa), se a ação subir (ou cair) 5% a partir de uma determinada base, sugerindo que o preço dela continue a subir (ou cair). Um investidor que usa a análise técnica compra (ou vende) a ação para se beneficiar da continuação esperada do aumento (ou declínio).

Os estudos que utilizaram filtros com variações entre 0,5% e 50% descobriram que filtros pequenos geram lucros acima da média *antes* de se levar em conta as despesas de corretagem. Entretanto, como filtros pequenos criam muitas transações e custos de negociação substanciais, ao serem consideradas as despesas de corretagem, os lucros se transformam em prejuízos. Alternativamente, as regras de negociação que utilizam filtros maiores não geram retornos acima daqueles com uma política simples de compra e manutenção.

Os pesquisadores têm simulado outras regras de negociação usando outros dados passados de mercado, como índices de altas e baixas, vendas a descoberto, posições a descoberto e atividades de especialistas.[6] Esses testes de simulação não têm produzido resultados claros, e a maioria dos estudos indica que essas regras geralmente não superam uma política de compra e manutenção com retornos ajustados por risco, após levadas em conta as despesas de corretagem, embora vários deles tenham apontado algum apoio a regras específicas. Portanto, grande parte das evidências de simulação de regras específicas de negociação tem sido favorável à forma fraca da HME, apesar de os resultados não serem unânimes.

Conclusões em relação à forma fraca da HME – Os resultados gerados pelos dois conjuntos de testes da hipótese na forma fraca são razoavelmente consistentes em termos de apoio. Entretanto, os resultados não são unânimes. Existe sempre a ressalva de que há algumas regras de negociação que são demasiadamente subjetivas para ser testadas, e existem, obviamente, as que não são reveladas.

FORMA SEMIFORTE DA HME: TESTES E RESULTADOS

Deve ser lembrado que a forma semiforte da HME diz que os preços dos títulos se ajustam rapidamente à divulgação de toda a informação pública, ou seja, os preços dos títulos refletem-nas completamente. Esses estudos tentam prever taxas futuras de retorno utilizando informação pública disponível, além das puras de mercado (como preços e volume de negócios), consideradas nos testes da forma fraca. Os estudos que têm testado a forma semiforte da HME podem ser divididos nos três seguintes conjuntos:

1. *Análise de séries temporais* de retornos ou *estudos de previsão destes.* Os defensores da HME argumentam que não seria possível prever retornos futuros utilizando as séries temporais de passados.
2. A *previsão de retornos em cross-section* para ações individuais com base em alguma informação pública, como tamanho, índices P/E ou índices P/VP.

---

[6] Discutiremos muitas dessas regras de negociação no Capítulo 16.

212   Investimentos

3. *Estudos de eventos.* Estes examinam quão rapidamente os preços de ações se ajustam a eventos econômicos específicos e significativos. Uma abordagem daí decorrente seria testar se é possível investir em um título após o anúncio público de um evento significativo e obter taxas de retornos anormais. Se os mercados fossem eficientes, isso não deveria ser possível, após levar em conta os custos de transação.

Ajuste por efeitos de mercado – Em qualquer desses testes, precisamos ajustar as taxas de retorno do título às do mercado como um todo durante o período considerado. Um retorno de 5% em uma ação na época de um anúncio nos diz pouco sobre o ocorrido com o mercado geral de ações e como estas normalmente agem nessas condições. Se o mercado tivesse experimentado um retorno de 10% durante esse período, o retorno de 5% poderia ser mais baixo do que o esperado.

Autores de estudos anteriores a 1970 geralmente supunham que as ações individuais deveriam experimentar retornos iguais aos do mercado como um todo. Portanto, o processo de ajuste por este simplesmente consistia em subtrair o retorno de mercado do título individual para calcular sua ***taxa de retorno anormal***, como a seguir:

10.1

$$RA_{it} = R_{it} - R_{mt}$$

onde:

RA_{it} = taxa média de retorno anormal do título i durante o período t
R_{it} = taxa média de retorno do título i durante o período t
R_{mt} = taxa média de retorno de um índice de mercado durante o período t

Se a ação tivesse um aumento de 5%, enquanto o mercado subia 10%, o retorno anormal da ação teria sido de menos 5%.

Desde os anos 1970, muitos autores têm ajustado as taxas de retorno de títulos por um valor diferente da taxa de retorno do mercado, pois o CAPM indicou que nem todas as ações variam pela mesma magnitude que o mercado, ou seja, algumas delas são mais voláteis do que o mercado e outras, menos. Portanto, devemos determinar uma *taxa de retorno esperada* para as ações com base na taxa de retorno do mercado *e* na relação das com o mercado (seu beta). Por exemplo, imagine que a ação A geralmente seja 20% mais volátil do que o mercado (ou seja, seu beta é 1,20). Se o mercado apresentar uma taxa de retorno de 10%, devemos esperar que essa ação tenha uma taxa de 12%. Logo, o retorno anormal dela é a diferença entre a sua taxa efetiva de retorno e a *taxa de retorno esperada*, como se vê a seguir:

10.2

$$RA_{it} = R_{it} - E(R_{it})$$

onde:

$E(R_{ij})$ = taxa de retorno esperada da ação i durante o período t, com base na taxa de retorno do mercado e na relação normal da ação com o mercado (seu beta)

Assim, se a ação A teve um retorno de apenas 5%, sua taxa de retorno anormal durante o período seria de menos 7%. No decorrer do período habitual a longo prazo, podemos esperar que os retornos anormais de uma ação tenham soma igual a zero. Especificamente, durante um período, os retornos podem ultrapassar as expectativas, e durante o próximo período eles podem ficar aquém destas.

Sintetizemos os três conjuntos de testes da forma semiforte da HME anteriormente enumerados. Em primeiro lugar, em *estudos de previsão de retornos*, os pesquisadores tentam prever a série de taxas futuras de retorno de ações individuais, ou para o mercado como um todo, utilizando informação pública. Por exemplo, é possível predizer retornos anormais dc mercado com base em informações públicas, como variações da taxa agregada de dividendos ou no *spread* de prêmio por risco de obrigações?

No segundo conjunto de estudos, eles tentam *prever retornos em cross-section* com informações públicas para predizer a distribuição de taxas de retornos futuras ajustadas por risco. Por exemplo, utilizam variáveis como índice preço-lucro (P/E), índice preço-lucro/taxa de crescimento (PEG), tamanho medido por valor de mercado, índice preço/valor patrimonial (P/VP) ou taxa de dividendos (D/P) para estimar quais ações terão retornos anormais positivos ou negativos no futuro. Finalmente, em *estudos de eventos*, os pesquisadores examinam as taxas desse retorno em um período imediatamente posterior ao anúncio de um evento econômico significativo – como um desdobramento de ações, uma proposta de fusão ou uma emissão destas/títulos de dívida – para determinar se um investidor pode conseguir taxas de retorno anormais aplicando após a divulgção de dados públicos significativos.

Em todos os três conjuntos de testes, a ênfase é na análise das taxas de retorno anormais que diferem dos valores esperados a longo prazo.

Resultados dos estudos de previsão de retornos – Os *testes de séries temporais* supõem que, em um mercado eficiente, as melhores estimativas de taxas *futuras* de retorno serão as *históricas* a longo prazo. A finalidade dos testes é determinar se alguma informação pública poderá oferecer estimativas superiores de retornos para um horizonte curto (de um a seis meses) ou longo (de um a cinco anos).

Os resultados desses estudos têm apontado para um sucesso limitado na previsão de retornos em horizontes curtos, mas as análises nos longos têm mostrado efeito contrário. Um exemplo importante é representado pelos estudos de taxas de dividendos. Depois de propor que a taxa agregada de dividendos (D/P) era uma *proxy* para o prêmio por risco de ações, os pesquisadores encontraram uma relação positiva significativa entre D/P e os retornos do mercado de ações a longo prazo.

Além disso, vários estudos têm considerado duas variáveis relacionadas à estrutura temporal de taxas de juros: (1) um *spread de inadimplência*, que é a diferença entre as taxas de obrigações privadas de risco mais alto e as de títulos privados a longo prazo com *rating* AAA, e (2) o *spread de prazo*, que é a diferença entre a taxa de títulos AAA a longo prazo e a taxa de letras do Tesouro com prazo de um mês. Essas variáveis têm sido utilizadas para predizer retornos de ações e obrigações.

A explicação desses resultados empíricos é a seguinte: quando as duas variáveis mais significativas – a taxa de dividendos (D/P) e o spread de inadimplência – são altas, isso significa que os investidores estão esperando ou exigindo um retorno alto em ações e obrigações. Em particular, isso acontece durante ambientes econômicos difíceis, quando eles percebem riscos mais altos nos investimentos e exigem uma taxa de retorno elevada. É sugerido que, se você investir durante esse período de aversão a risco, seus retornos posteriores serão superiores ao normal. Em contraste, quando esses valores são baixos, isso quer dizer que os investidores reduziram as taxas de retorno exigidas e os retornos futuros serão inferiores ao normal.

Relatórios de lucros trimestrais. Os estudos que tratam de relatórios trimestrais são considerados parte das análises de séries temporais. Esses estudos indagam se é possível prever os retornos futuros de uma ação com base em relatórios de lucros trimestrais publicamente disponíveis. O teste usual examinou empresas que passavam por variações de lucros trimestrais que diferiam do esperado. Os resultados geralmente indicaram retornos anormais durante as 13 ou 26 semanas *após* o anúncio de uma variação grande e não esperada do lucro, chamada de **surpresa de lucro**. Esses resultados sugerem que esta não reflete imediatamente nos preços dos títulos.

Uma análise ampla de Rendleman, Jones e Latané (RJL), utilizando uma amostra grande e dados diários de 20 dias antes de um anúncio de lucros trimestrais até 90 dias após este, indicou que 31% da reação total dos retornos das ações aconteciam antes do anúncio, 18% no dia dele e 51% depois.[7]

Vários autores afirmam que o motivo para a variação dos preços das ações está associado às *revisões de lucros* subseqüentes às surpresas de lucros e que contribuíram para que os preços apresentassem correlações positivas.

Em resumo, esses resultados indicam que o mercado não tem ajustado os preços de ações para refletir a divulgação de surpresas de lucros trimestrais tão rapidamente quanto o esperado pela forma semiforte da HME. Isso quer dizer que as surpresas e as revisões de lucros podem ser utilizadas para predizer retornos de ações individuais. Com o uso de informação pública, eles representam uma evidência contrária à HME.[8]

Um conjunto de estudos com base em calendário questionou se algumas regularidades nas taxas de retorno durante o ano civil permitiriam aos investidores estimar retornos de ações. Eles mencionam a anomalia de janeiro e trabalhos que consideram uma variedade de outras regularidades diárias e semanais.

A anomalia de janeiro. Há muitos anos, Branch propôs uma regra especial de negociação para aqueles interessados em se beneficiar da venda por motivos fiscais.[9] Os investidores (inclusive os institucionais) tendem a vender ações cujo preço tenha caído perto do fim do ano, para realizar perdas fiscais. Com o novo ano, a tendência é readquiri-las ou comprar outras que pareçam atraentes. Esse cenário gera uma baixa pressão sobre os preços das ações no fim de novembro e dezembro e uma pressão positiva no início de janeiro. Esse padrão sazonal é incompatível com a HME, pois deve ser eliminado por arbitradores que compram em dezembro e vendem no início de janeiro.

Um estudo cujos resultados não foram favoráveis à HME teve um volume de negociação em dezembro anormalmente alto para ações que caíram durante o ano anterior, e retornos anormais significativos em janeiro para as que obtiveram prejuízo. Concluiu-se, em função dos custos de transação: os arbitradores não parecem eliminar a anomalia de venda por motivos fiscais em janeiro. Exames posteriores mostraram que a maior parte do efeito janeiro estava concentrada na primeira semana de negociação, particularmente no primeiro dia do ano.

Muitos estudos têm fornecido evidências de um efeito de janeiro incompatível com a hipótese de venda por motivos fiscais, examinando o ocorrido nos países que não têm leis tributárias como as dos Estados Unidos nem um final de exercício em dezembro. Encontraram retornos anormais em janeiro, mas os resultados não podiam ser explicados pelas leis tributárias.

Em suma, apesar dos numerosos estudos, a anomalia de janeiro deixa tantas perguntas quanto respostas.[10]

Outros efeitos de calendário. Diversos outros efeitos de calendário têm sido averiguados, entres eles, um mensal, um em fim de semana/dia da semana e um intradiário. Um estudo encontrou um efeito mensal significativo, segundo o qual toda a alta acumulada do mercado ocorria na primeira metade dos meses de negociação.

Uma análise do efeito fim de semana descobriu que o retorno médio da segunda-feira havia sido significativamente negativo durante subperíodos de cinco anos e no tempo total. Em contrapartida, nos outros quatro dias, era positivo.

Um estudo decompôs o efeito segunda-feira (geralmente medido do fechamento da sexta-feira até o da segunda-feira) em um *efeito fim de semana* (do fechamento da sexta-feira à abertura da segunda-feira) e um *efeito de negociação na segunda-feira* (da abertura ao fechamento da segunda-feira). Foi mostrado que o resultado negativo da segunda-feira, descoberto em estudos anteriores, na verdade ocorre do fechamento de sexta-feira até a abertura de segunda, e, então, trata-se realmente

---

[7] RENDLEMAN JR., Richard J.; JONES, Charles P.; LATANÉ, Henry A. "Empirical Anomalies Based on Unexpected Earnings and the Importance of Risk Adjustments." *Journal of Financial Economics* 10, n. 3, 269-287, nov. 1982 e JONES, C. P.; RENDLEMAN JR., R J.; LATANÉ, H. A. "Earnings Announcements: Pre- and Post-Responses." *Journal of Portfolio Management* 11, n. 3, 28-32, primavera 1985.

[8] Estudos acadêmicos como esses que têm indicado a importância das surpresas de lucros levaram o *Wall Street Journal* a publicar uma seção sobre "surpresas de lucros", acompanhando os relatórios regulares de lucros trimestrais.

[9] BRANCH, Ben. "A Tax Loss Trading Rule." *Journal of Business* 50, n. 2, 198-207, abr. 1977. Esses resultados foram geralmente confirmados em BRANCH, Ben; CHANG, Kyun Chun. "Tax-Loss Trading: Is the Game Over or Have the Rules Changed?" *Financial Review* 20, n. 1, 55-69, fev. 1985.

[10] Um artigo que analisa esses e outros estudos é o de Donald B. Keim, "The CAPM and Equity Return Regularities." *Financial Analysts Journal* 42, n. 3, 19-34, maio-jun. 1986.

214 Investimentos

de um efeito fim de semana. Após se ajustar por este, o efeito de negociação na segunda-feira foi positivo e, posteriormente, foi mostrado que ele era em média positivo em janeiro e negativo em todos os outros meses.

Finalmente, para *empresas grandes*, o efeito negativo da segunda-feira ocorria antes da abertura do mercado (era um efeito fim de semana), ao passo que, para *empresas menores,* a maior parte dele acontecia durante o dia, na segunda-feira.

Previsão de retornos em **cross-section** – Supondo-se um mercado eficiente, *todos os títulos deveriam ter retornos ajustados por risco iguais,* porque os preços dos títulos deveriam refletir toda a informação pública que afetasse o risco de um título. Esses estudos testam se um investidor pode utilizar informação pública para prever quais ações estarão acima ou abaixo dos retornos médios ajustados por risco.

Eles também examinam medidas alternativas de tamanho ou qualidade para classificar ações em termos de retornos ajustados por risco. Destaque-se que todos esses testes envolvem uma *hipótese conjunta*, porque não consideram apenas a eficiência do mercado, mas também dependem do modelo de precificação de ativos que fornece a medida de risco. Especificamente, se um teste indica que é possível estimar os retornos ajustados por risco, esses resultados podem ocorrer porque o mercado não é eficiente *ou* porque a medida de risco é imperfeita, portanto os retornos ajustados por risco estão errados.

Índices preço-lucro (P/E). Diversos estudos examinaram a relação entre os índices preço-lucro históricos (P/E) e os retornos de ações. Essas de baixo P/E, provavelmente, superarão as de alto P/E, pois o mercado tende a superestimar o potencial de crescimento e o valor das empresas nessa situação, enquanto subestimam as de baixo crescimento e com P/E inferior. Uma relação consistente entre índices P/E e o desempenho anormal ajustado por risco subseqüente constitui-se em evidência contrária à forma semiforte da HME, porque isso significa que os investidores poderiam utilizar índices P/E publicamente disponíveis para calcular retornos futuros anormais.

As medidas de desempenho indicaram que ações de baixo P/E tinham resultados anormais ajustados por risco superiores em relação ao mercado, ao passo que as de alto índice P/E apresentavam resultados ajustados por significativamente inferiores.[11] Isso significa que os índices P/E publicamente disponíveis contêm informação valiosa em termos de retornos futuros, o que é incompatível com a eficiência semiforte do mercado.

Outro estudo examinou os índices P/E com ajustes por tamanho de empresa, efeitos setoriais e negociação infreqüente, e igualmente descobriu que os retornos ajustados por risco para ações no quintil mais baixo da distribuição desse índice foram superiores aos do mais alto.

Índices preço-lucro/taxa de crescimento (PEG). Na década passada, houve um aumento significativo na utilização de um índice preço-lucro de ações dividido pelo crescimento esperado dos lucros de uma empresa (chamado de índice PEG), como ferramenta de avaliação relativa, especialmente para ações de companhias de crescimento que têm índices P/E substancialmente acima da média. Os defensores do PEG imaginam a existência de uma relação inversa entre este e as taxas posteriores de retorno, isto é, eles esperam que as ações de índices PEG relativamente baixos (ou seja, menores do que 1) apresentem taxas de retorno acima da média, enquanto as com índices PEG relativamente altos (ou seja, excedendo 3 ou 4) terão taxas de retorno abaixo da média. Um estudo elaborado por Peters, utilizando um rebalanceamento trimestral, apoiou a hipótese de uma relação inversa.[12] Esses resultados seriam uma anomalia e não apoiariam a HME. Um estudo posterior de Reilly e Marshall supôs o rebalanceamento anual e dividiu a amostra com base em uma medida de risco (beta), no tamanho medido por valor de mercado e na taxa de crescimento esperada.[13] Exceto no caso de ações com betas baixos e taxas de crescimento esperadas também, os resultados não foram compatíveis com a hipótese de relação inversa entre o índice PEG e taxas de retorno posteriores.

Em suma, as conseqüências relacionadas à utilização do PEG para selecionar ações são mistas – diversos estudos que supuseram tanto um rebalanceamento mensal quanto trimestral apontaram a existência de uma anomalia, porque os autores utilizaram informações públicas e chegaram a taxas de retorno acima da média. Um relatório com rebalanceamento anual indicou que não há nenhuma relação consistente entre o índice PEG e as taxas posteriores de retorno.

O efeito tamanho. Diversos autores examinaram o impacto do tamanho (medido pelo valor total de mercado) sobre as taxas de retorno ajustadas por risco. Esses retornos para períodos ampliados (de 20 a 35 anos) revelaram que as empresas pequenas sistematicamente tinham retornos ajustados por risco significativamente maiores do que as grandes. Argumentou-se que era o tamanho, e não o índice P/E, que causava os resultados discutidos no item anterior, mas esse argumento foi questionado.

Lembre-se de que retornos anormais podem ocorrer porque os mercados são ineficientes ou por causa de o modelo de mercado fornecer estimativas incorretas de risco e retornos esperados.

Alega-se ser inadequadamente medido o risco das empresas pequenas, porque essas são negociadas com menos freqüência. Uma técnica alternativa de mensuração de risco confirmou que elas possuíam risco muito mais alto, mas, mesmo supondo-se um aumento de beta, não havia explicação para a grande diferença das taxas de retorno das empresas pequenas.

Um estudo que examinou o impacto dos custos de transação confirmou o efeito tamanho, mas também descobriu que as empresas com valor de mercado baixo têm preços de ações baixos. Como os custos de transação variam inversamente

---

[11] Discutiremos medidas compostas de desempenho no Capítulo 20.
[12] PETERS, Donald J. "Valuing a Growth Stock." *Journal of Portfolio Management* 17, n. 3, 49-51, primavera 1991.
[13] REILLY, Frank K.; MARSHALL, Dominic R. "Using P/E Growth Ratios to Select Stocks." Financial Association Meeting, out. 1999.

com o preço da ação, eles devem ser considerados em estudos sobre o efeito tamanho. Em outros estudos foi encontrada uma diferença significativa no custo total de transação porcentual para grandes empresas (2,71%) *versus* pequenas (6,77%). Essa divergência em relação à negociação freqüente pode ter um impacto significativo nos resultados. Com transações diárias, os efeitos originais de companhias menores são revertidos. A questão é que estudos sobre o efeito do tamanho devem considerar custos de transação realistas e especificar suas suposições sobre prazos de aplicação. Os que consideraram ambos os fatores em períodos longos demonstraram que o rebalanceamento não freqüente (uma vez por ano) é quase ideal. Os resultados de investimentos são melhores do que a simples compra e manutenção a longo prazo, e essa regra de negociação evita rebalanceamentos assíduos, os quais resultariam em custos altos de negociação.

Em resumo, as empresas pequenas tiveram desempenho superior ao das empresas grandes após considerar o risco e os custos de transação com rebalanceamento anual.

A maioria dos estudos sobre o efeito tamanho empregou grandes bancos de dados e períodos longos (mais de 50 anos), mostrando que esse fenômeno já existe há muitos anos. Outro examinou o desempenho ao longo de vários intervalos de tempo e concluiu que o *efeito empresa pequena não é estável*. Em boa parte dos períodos, encontrou-se a relação negativa entre tamanho e retorno, mas em outros intervalos – como o que vai de 1967 a 1975 – descobriu-se que as empresas grandes superaram as pequenas. Em particular, essa relação positiva se manteve durante as seguintes épocas: 1984-1987; 1989-1990; e 1995-1999. Um estudo feito por Reinganum reconhece essa instabilidade, mas afirma que o efeito empresa pequena ainda é um fenômeno a longo prazo.[14]

Em síntese, o tamanho da empresa é uma anomalia importante. Diversas tentativas de explicá-la indicam que as duas explanações mais fortes são as medidas de risco e os custos de transação elevados. Dependendo da freqüência da negociação, esses dois fatores podem responder por muito desse diferencial. Esses resultados apontam que o efeito tamanho deve ser considerado em qualquer estudo de evento que utilize longos intervalos e contenha uma amostra de companhias com valores de mercado significativamente diferentes.

Empresas ignoradas e atividade de negociação. Arbel e Strebel consideraram uma influência adicional além do tamanho – atenção ou desatenção.[15] Eles mediram a primeira em termos do número de analistas que regularmente acompanham ações e dividiram-nas em três grupos: (1) intensamente acompanhadas, (2) moderadamente acompanhadas e (3) ignoradas. Confirmaram o efeito empresa pequena, mas também descobriram um efeito empresa ignorada, causado pela ausência de informação e por interesse institucional limitado. O conceito de empresa ignorada foi constatado em todas as classes de tamanho. Resultados contrários são relatados por Beard e Sias, que não encontraram nenhuma evidência de prêmio por essa após levarem em conta diferenças de capitalização.[16]

Outro estudo analisou o impacto do volume de negociação, considerando a relação entre retornos, valor de mercado e atividade de negociação. Os resultados confirmaram a relação entre tamanho e taxas de retorno, mas não indicaram nenhuma diferença significativa entre os retornos médios das carteiras com atividade de negociação mais alta e mais baixa. Um estudo posterior levantou a hipótese de que as empresas com menos informação exigem retornos elevados. Utilizando o período de registro como *proxy* para informação, foi constatada uma relação negativa entre retornos e o período de registro após um ajuste pelo tamanho da empresa e o efeito de janeiro.

Índice valor patrimonial-valor de mercado (VP/VM). Esse índice relaciona o valor patrimonial (VP) das ações de uma empresa ao seu valor de mercado (VM). Rosenberg, Reid e Lanstein encontraram uma relação positiva significante entre os valores correntes desse índice e os retornos futuros de ações, e argumentaram que tal relação entre informações públicas neles disponíveis era uma evidência contrária à HME.[17]

Um forte apoio a esse índice foi fornecido por Fama e French, que avaliaram os efeitos conjuntos de beta, tamanho, índice P/E, alavancagem e índice VP/VM (chamado de BE/ME em seu trabalho) em uma *cross-section* de retornos médios.[18] Analisaram a relação hipotética positiva entre beta e retornos esperados e descobriram que ela se mantinha antes de 1969, mas desaparecia no período de 1963 a 1990. Entretanto, a relação negativa entre tamanho e retorno médio era significante por si só, mesmo após a inclusão de outras variáveis.

Além disso, descobriram uma relação positiva significante entre o índice VP/VM e o retorno médio, que persistia mesmo quando outras variáveis eram incluídas. O mais importante é que *tanto* o tamanho quanto o índice VP/VM são significativos quando incluídos juntos, e eles dominam outros índices. Especificamente, embora a alavancagem e o P/E tenham sido significativos por si sós, ou quando incluídos com o tamanho, essas variáveis se tornam insignificantes quando *tanto* o tamanho *quanto* o índice VP/VM são considerados.

Os resultados na Tabela 10.1 mostram o efeito separado e combinado das duas variáveis. Conforme mostrado, avançando-se ao longo da linha tamanho pequeno por valor de mercado, o índice VP/VM (BE/ME na tabela) captura forte variação de retornos médios (de 0,70% a 1,92%). Alternativamente, controlando-se pelo índice VP/VM sobra um efeito tamanho nos

---

[14] REINGANUM, Marc. R. "A Revival of the Small Firm Effect." *Journal of Portfolio Management* 18, n. 3, 55-62, primavera 1992.

[15] ARBEL, Avner; STREBEL, Paul. "Pay Attention to Neglected Firms!" *Journal of Portfolio Management* 9, n. 2, 37-42, inverno 1983.

[16] BEARD, Craig; SIAS, Richard. "Is There a Neglected-Firm Effect?" *Financial Analysts Journal* 53, n. 5, 19-23, set.-out. 1997.

[17] ROSENBERG, Barr; REID, Kenneth; LANSTEIN, Ronald. "Persuasive Evidence of Market Inefficiency." *Journal of Portfolio Management* 11, n. 3, 9-17, primavera 1985. Muitos estudos definem esse índice como "valor patrimonial sobre valor de mercado" (VP/VM) porque ele pressupõe uma relação positiva, mas a maioria dos profissionais o chama de índice de "preço/valor patrimonial" (P/VP). Obviamente, o conceito é o mesmo, mas o símbolo muda.

[18] FAMA, Eugene F.; FRENCH, Kenneth R. "The Cross-Section of Expected Stock Returns." *Journal of Finance* 47, n. 2, 427-465, jun. 1992.

216 Investimentos

| **TABELA 10.1** | Retornos mensais médios em carteiras formadas por tamanho e valor patrimonial sobre valor de mercado; ações escolhidas por ME (na vertical) e depois BE/ME (na horizontal); de julho de 1963 a dezembro de 1990 |

Em junho de cada ano *t*, as ações da NYSE, da AMEX e da Nasdaq que satisfazem os requisitos de dados de CRSP-COMPUSTAT são alocadas a dez carteiras por tamanho, utilizando os pontos de quebra da NYSE (ME), isso em cada decil. Classificadas em dez carteiras por BE/ME, usando-se os índices valor patrimonial/valor de mercado no ano $t-1$. BE/ME é o quociente entre o valor patrimonial de ações ordinárias mais os impostos diferidos no balanço de $t-1$ e o valor dessas ações em dezembro do ano $t-1$. Os retornos mensais de carteiras com pesos iguais são a seguir calculados de julho do ano *t* até junho do ano $t+1$.

O retorno médio mensal é a média da série dos retornos mensais das carteiras com pesos iguais (em porcentagem). A coluna "Todas" fornece a média simples dos retornos de carteiras por decis de tamanho. A linha "Todas" apresenta as médias dos retornos de carteiras de ações em cada grupo do índice BE/ME.

		CARTEIRAS POR VALOR PATRIMONIAL/VALOR DE MERCADO									
	Todas	Mínimo	2	3	4	5	6	7	8	9	Máximo
Todas	1,23	0,64	0,98	1,06	1,17	1,24	1,26	1,39	1,40	1,50	1,63
Empresas pequenas por valor de mercado	1,47	0,70	1,14	1,20	1,43	1,56	1,51	1,70	1,71	1,82	1,92
ME-2	1,22	0,43	1,05	0,96	1,19	1,33	1,19	1,58	1,28	1,43	1,79
ME-3	1,22	0,56	0,88	1,23	0,95	1,36	1,30	1,30	1,40	1,54	1,60
ME-4	1,19	0,39	0,72	1,06	1,36	1,13	1,21	1,34	1,59	1,51	1,47
ME-5	1,24	0,88	0,65	1,08	1,47	1,13	1,43	1,44	1,26	1,52	1,49
ME-6	1,15	0,70	0,98	1,14	1,23	0,94	1,27	1,19	1,19	1,24	1,50
ME-7	1,07	0,95	1,00	0,99	0,83	0,99	1,13	0,99	1,16	1,10	1,47
ME-8	1,08	0,66	1,13	0,91	0,95	0,99	1,01	1,15	1,05	1,29	1,55
ME-9	0,95	0,44	0,89	0,92	1,00	1,05	0,93	0,82	1,11	1,04	1,22
Empresas grandes por valor de mercado	0,89	0,93	0,88	0,84	0,71	0,79	0,83	0,81	0,96	0,97	1,18

Fonte: Extraído de Eugene. F. Fama e Kenneth French: "The Cross-Section of Expected Stock Returns", *Journal of Finance* 47, número 2 (junho de 1992): 446. Reimpresso com permissão de *Blackwell Publishing Ltd.*

retornos médios (os resultados para VP/VM elevado caem de 1,92% para 1,18% quando vamos de empresas pequenas a grandes). Esses resultados positivos para o índice VP/VM foram replicados com retornos de ações japonesas.

Em resumo, estudos que utilizam índices publicamente disponíveis para predizer *cross-sections* de retornos esperados de ações têm fornecido evidências fortes que conflitam com a forma semiforte da HME. Resultados significativos foram encontrados para o índice P/E, o tamanho medido por valor de mercado, empresas ignoradas e índice VP/VM. Embora o trabalho de Fama-French tenha indicado que a combinação ótima parece ser entre tamanho e índice VP/VM, um estudo de Jensen, Johnson e Mercer revela que essa combinação funciona apenas durante períodos de política monetária expansionista.[19]

Resultados de estudos de eventos – Lembre-se de que a intenção em estudos de eventos é examinar taxas anormais de retorno em torno de datas de informação econômica significativa. Aqueles que defendem a HME esperam que os retornos se ajustem rapidamente à divulgação de novos dados. Como resultado, os investidores não devem obter taxas de retorno anormais positivas se agirem após o anúncio. Em razão de limitações de espaço, apenas resumimos os resultados de alguns dos eventos mais populares.

A discussão dos resultados é organizada por evento ou tipo de informação pública. Especificamente, examinaremos as variações de preços e o potencial de lucro em torno de desdobramentos de ações, vendas de ofertas públicas iniciais, registros em bolsa, eventos mundiais ou econômicos inesperados, anúncios de mudanças contábeis significativas e acontecimentos empresariais. Destaque-se que os resultados da maioria desses estudos têm apoiado a forma semiforte da HME.

Estudos de desdobramentos de ações. Muitos investidores acreditam que os preços de ações que se desdobram terão seus níveis aumentados porque elas serão cotadas em valores mais baixos, o que aumentará a sua demanda. Todavia, aqueles que acreditam em mercados eficientes não esperam uma variação de valor, porque a empresa simplesmente emite ações adicionais e nada afeta fundamentalmente o valor da empresa.

O clássico estudo de FFJR partiu da hipótese de que não haveria nenhuma variação significativa de preço após um desdobramento, pois qualquer informação relevante (como o crescimento do lucro) que causasse o desdobramento já teria sido descontada.[20] Esse estudo analisou variações anormais de preços em torno da data do desdobramento das ações e dividiu a

---

[19] JENSEN, Gerald R.; JOHNSON, Robert R.; MERCER, Jeffrey M. "New Evidence on Size and Price-to-Book Effects in Stock Returns." *Financial Analysts Journal* 53, n. 6, 34-42, nov.-dez. 1997.

[20] FAMA, E. F. et al. "The Adjustment of Stock Prices to New Information." *International Economic Review* 10, n. 1, 1-21, fev. 1969.

Mercados eficientes de capitais **217**

sua amostra entre as que haviam aumentado ou não os seus dividendos. Ambos os grupos experimentaram variações anormais positivas de preço antes disso. As ações que se desdobravam, mas que *não* aumentavam seus dividendos, experimentavam *quedas* fora do comum de preço após o desdobramento, e no prazo de 12 meses perdiam todos os seus ganhos anormais acumulados. Mas com as ações que se desdobravam e também elevavam seus dividendos isso não acontecia.

Esses resultados apóiam a forma semiforte da HME, porque indicam que os investidores não podem obter ganhos com a informação de um desdobramento após o seu anúncio público. Eles foram confirmados pela maioria dos estudos posteriores, mas não por todos.

Em resumo, a maioria dos estudos não encontrou nenhum impacto positivo a curto ou longo prazo sobre os retornos de títulos em função de um desdobramento de ações, embora os resultados não fossem unânimes.

Ofertas públicas iniciais (IPOs). Nos últimos 20 anos, várias empresas fechadas foram a público vender algumas de suas ações ordinárias. Em virtude da incerteza a respeito do preço de oferta apropriado e do risco envolvido no *underwriting* dessas emissões, foi levantada a hipótese de que os *underwriters* tenderiam a subavaliar esses novos títulos.

Dada essa expectativa geral de subavaliação, os estudos nessa área geralmente têm considerado três conjuntos de perguntas: (1) Quão grande a subavaliação em média varia com o tempo e, em caso afirmativo, por quê? (2) Que fatores causam magnitudes distintas de subavaliação em emissões diferentes? (3) Quão rapidamente o mercado ajusta o preço à subavaliação?

A resposta à primeira pergunta é uma subavaliação média de quase 18%, mas ela varia com o tempo, conforme mostrado pelos resultados da Tabela 10.2. As principais variáveis que causam subavaliações distintas em diferentes emissões parecem ser: medidas diversas de risco, o tamanho da empresa, o prestígio do *underwriter* e o *status* dos auditores externos da empresa. Finalmente, no que diz respeito à pergunta que interessa diretamente à HME, os resultados indicam que o ajuste de preço acontece no prazo máximo de um dia após a oferta.[21] Portanto, parece que algumas subavaliações ocorrem em relação ao preço original da oferta, mas os únicos que se beneficiam com essa subavaliação são os investidores que recebem alocações da emissão original. Além disso, um estudo mais recente mostrou que os investidores institucionais ficavam com a maior parte (70%) dos lucros a curto prazo. Esse rápido ajuste inicial parece apoiar a forma semiforte da HME. Finalmente, há vários estudos que examinaram os retornos de IPOs a longo prazo, e os resultados indicam que os investidores que adquirem as ações após esse ajuste *não* obtêm retornos anormais.[22]

Registro em bolsa. Um evento econômico significativo para as ações de uma empresa é seu registro em uma bolsa nacional, especialmente na NYSE. Espera-se que esse registro aumente a liquidez das ações no mercado, aumentando também seu prestígio. Uma pergunta importante é: pode um investidor obter retornos anormais ao investir nas ações quando um novo registro é anunciado ou em torno do momento em que efetivamente este ocorre? Os resultados sobre os retornos anormais de tal investimento não são claros. Todos os relatórios concordam que: (1) os preços das ações aumentam antes de quaisquer anúncios de registro e (2) os preços das ações caem sistematicamente após o registro efetivo. A questão fundamental é: o que acontece entre o anúncio do pedido de registro e o registro efetivo (em um período de quatro a seis semanas)? Estudos recentes apontam para a existência de oportunidades de lucro imediatamente após o anúncio de que uma empresa está se candidatando ao registro, e existe a possibilidade de retornos excedentes a partir da queda de preços após o registro efetivo.[23] Assim, os estudos que têm examinado o impacto do registro sobre o risco dos títulos não encontraram nenhuma variação significativa do risco sistemático ou do custo de capital próprio da empresa.

Em síntese, esses estudos que fornecem alguma evidência de oportunidades de lucro a curto prazo a investidores que utilizam informação pública não apóiam a forma semiforte da HME.

Notícias econômicas e eventos mundiais inesperados. Os resultados de diversos estudos que examinaram a reação dos preços de títulos a notícias mundiais ou econômicas têm sido favoráveis à forma semiforte da HME. Uma análise da reação dos preços de ações a eventos mundiais inesperados – como o ataque cardíaco de Eisenhower, o assassinato de Kennedy e acontecimentos militares – constata que os preços se ajustaram às notícias antes da abertura do mercado ou antes da reabertura após o anúncio (geralmente, em casos como o do ataque ao World Trade Center, as bolsas são fechadas imediatamente por vários períodos, por exemplo, de um a quatro dias). Um estudo que examinou a reação a anúncios sobre oferta de moeda, inflação, atividade econômica real e taxa de desconto não observou nenhum impacto ou constatou um que não tivesse persistido além do dia do anúncio. Finalmente, em uma análise da reação de retornos horários de ações e do volume de negociação a anúncios *inesperados* sobre oferta de moeda, preços, produção industrial e taxa de desemprego, descobriu-se que tais anúncios proporcionaram um impacto sobre os preços de ações que se refletia em cerca de uma hora.

Anúncios de mudanças contábeis. Vários estudos têm analisado o impacto de anúncios de mudanças contábeis sobre os preços de ações. Em mercados eficientes, os preços dos títulos devem reagir rápida e previsivelmente àqueles. Um anúncio desse que afeta o valor econômico da empresa deveria causar uma variação rápida dos preços das ações. O que afeta

---

[21] Acerca dessa questão, veja MILLER, Robert E.; REILLY, Frank K. "An Examination of Mispricing, Returns, and Uncertainty for Initial Public Offerings." *Financial Management* 16, n. 2, 33-38, jan. 1987. Sobre a pesquisa a respeito desse tópico, veja IBBOTSON, Roger G.; SINDELAR, Jody L.; RITTER, Jay R. "The Market Problems with the Pricing of Initial Public Offerings." *Journal of Applied Corporate Finance* 7, n. 1, 66-74, primavera 1994.

[22] Isso está documentado em Jay R. Ritter, "The Long-Run Performance of Initial Public Offerings." *Journal of Finance* 46, n. 1, 3-27, mar. 1991; CARTER, Richard B.; DARK, Frederick; SINGH, Asah. "Underwritter Reputation, Initial Returns, and the Long-Run Performance of IPO Stocks." *Journal of Finance* 53, n. 1, 285-311, fev. 1998; LOUGHRAN, Thimothy; RITTER, Jay. "The New Issues Puzzle." *Journal of Finance* 50, n. 1, mar. 1995.

[23] Veja MCCONNELL, John J.; SANGER, Gary. "A Trading Strategy for New Listings on the NYSE." *Financial Analysts Journal* 40, n. 1, 38-39, jan.-fev. 1989.

218 Investimentos

Tabela 10.2	Número de ofertas, média dos retornos no primeiro dia e receita bruta em ofertas públicas iniciais de 1975 a 2000		
Ano	Número de ofertas[a]	Média dos retornos no primeiro dia, %[b]	Receita bruta em milhões de dólares[c]
1975	12	−1,5	262
1976	26	1,9	214
1977	15	3,6	127
1978	20	11,2	209
1979	39	8,5	312
1980	78	15,2	962
1981	202	6,4	2.386
1982	83	10,6	1.081
1983	523	8,8	12.047
1984	227	2,6	3.012
1985	215	6,2	5.488
1986	464	6,0	16.195
1987	322	5,5	12.160
1988	121	5,6	4.053
1989	113	7,8	5.212
1990	111	10,5	4.453
1991	287	11,7	15.765
1992	396	10,0	22.198
1993	503	12,6	29.232
1994	412	9,7	18.103
1995	464	21,1	28.866
1996	664	16,7	41.916
1997	483	13,7	33.216
1998	318	20,1	34.856
1999	491	69,0	65.471
2000	385	55,5	66.100
1975-79	112	5,7	1.124
1980-89	2.348	6,8	62.596
1990-99	4.129	20,9	294.076
2000	385	55,5	66.100
TOTAL	6.974	17,8	423.896

[a] O número de ofertas exclui as IPOs com preço de oferta inferior a 5 dólares, ADRs, ofertas com melhores esforços, ofertas de *units*, ofertas baseadas na Regra A (pequenas emissões, com captação inferior a 1,5 milhão de dólares na década de 1980), fundos de investimento em imóveis (REITs), sociedades limitadas e fundos fechados.
[b] Os retornos no primeiro dia são calculados pela porcentagem de variação entre o preço de oferta e o primeiro preço de fechamento de mercado.
[c] Os dados de receita bruta são da *Securities Data Co.* e excluem as opções de distribuições de ações adicionais, mas incluem a cota internacional, caso exista. Não foi efetuado ajuste algum por inflação.

Fonte: Reimpresso com permissão de Jay R. Ritter, Universidade da Flórida.

os lucros divulgados, mas não tem nenhuma importância econômica, não deveria afetá-los. Por exemplo, quando uma empresa muda seu método de contabilidade de depreciação para fins externos, de acelerada para linear, a empresa deve apresentar um aumento dos lucros divulgados, mas não há nenhuma conseqüência econômica. Uma análise das variações dos preços de ações em torno dessa mudança contábil apoiou a HME porque (1) não houve nenhuma variação positiva de preço após a mudança; e (2) houve algumas variações negativas do preço porque as empresas que fazem tal mudança geralmente estão indo mal.

Durante períodos de inflação elevada, muitas empresas mudam seu método de avaliação de estoques, de PEPS (primeiro a entrar, primeiro a sair) para UEPS (último a entrar, primeiro a sair), o que causa uma queda dos lucros divulgados, mas beneficia a empresa porque reduz seus lucros tributáveis, portanto suas despesas de imposto. Os defensores da hipótese de mercado eficiente esperariam variações positivas de preço em razão da economia de impostos; os resultados dos estudos existentes confirmam essa expectativa.

Conseqüentemente, estes apóiam a HME porque indicam que os mercados de títulos reagem rapidamente a mudanças contábeis e ajustam os preços de títulos de acordo com o esperado, com base no verdadeiro valor (ou seja, os analistas são capazes de levantar o véu da contabilidade e avaliar os títulos pelos eventos econômicos relevantes).[24]

Eventos empresariais. Eventos empresariais financeiros, como fusões e aquisições, reorganizações e várias ofertas de títulos (ações ordinárias, debêntures simples e conversíveis) têm sido examinados no que se refere a duas perguntas gerais: (1) Qual é o impacto de mercado desses eventos? (2) Quão rapidamente o mercado se ajusta aos preços dos títulos?

Em relação à reação a esses eventos, as reações de preços de ações são coerentes com o impacto econômico subjacente da operação. Por exemplo, a reação a fusões é quando as ações da empresa que estão sendo adquiridas sobem em função do prêmio oferecido pela empresa compradora, ao passo que as ações desta geralmente caem, em virtude da preocupação por terem pago bem caro pela empresa. Da mesma forma, as evidências indicam um ajuste razoavelmente rápido. Os estudos relacionados a decisões de financiamento foram revistos por Smith[25]. Aqueles que tratam de fusões e reorganizações são discutidos por Jensen e Warner[26].

Conclusões em relação à forma semiforte da HME – Está claro que as evidências de testes da forma forte da HME não são claras. A hipótese recebe apoio quase unânime de inúmeros estudos de eventos dos mais variados tipos, incluindo desdobramentos de ações, ofertas públicas iniciais, eventos mundiais e notícias econômicas, mudanças contábeis e uma diversidade de acontecimentos empresariais financeiros. Os únicos resultados que não são evidentes parecem vir dos estudos sobre registro de ações em bolsa.

Entretanto, os vários estudos de previsão de taxas de retorno no tempo ou de retornos de *cross-sections* de ações têm fornecido evidências contrárias à eficiência semiforte. Isso inclui séries temporais de prêmios por risco, padrões determinados por calendário e surpresas de lucros trimestrais. Analogamente, os resultados de previsores em *cross-sections*, como tamanho, índice VP/VM (quando a política monetária é expansionista), índices P/E e empresas ignoradas têm apontado ineficiências de mercado.

FORMA FORTE DA HME: TESTES E RESULTADOS

A forma forte da HME diz que os preços das ações refletem completamente *todas as informações*, sejam públicas ou privadas. Isso significa que nenhum grupo de investidores tem acesso a *informações privadas* que lhes permitiram obter lucros acima da média sistematicamente. Essa hipótese extremamente rígida exige não apenas que os preços das ações se ajustem rapidamente a novas informações públicas, mas também que nenhum grupo tenha acesso a informações privadas.

Testes da forma forte da HME têm analisado os retornos, no decorrer do tempo, de diferentes grupos de investimento identificáveis para determinar se qualquer grupo tem conseguido retornos ajustados por risco sistematicamente acima da média. Um grupo desse tipo deve ter acesso a importantes informações privadas ou à capacidade de agir com dados públicos antes de outros investidores, isso indica que os preços dos títulos não estavam se ajustando rapidamente a *todas* as informações novas.

Os investigadores testaram essa forma da HME analisando o desempenho dos seguintes quatro principais grupos de investidores: (1) *insiders empresariais*, (2) *especialistas de bolsas de valores*, (3) *analistas de títulos* da Value Line e outras empresas, e (4) *gestores profissionais de recursos*.

Insiders empresariais – Eles são obrigados a relatar mensalmente à SEC suas transações (de compra e venda) com as ações da empresa da qual são *insiders*. Estes incluem os principais dirigentes da empresa, membros do conselho de administração e os detentores de pelo menos 10% de ações de qualquer classe. Em torno de seis semanas após o período de informação, esses dados de negociações por *insiders* são divulgados ao público pela SEC. Eles têm sido usados para identificar como os *insiders* empresariais têm negociado e determinar se compraram, em média, antes de variações positivas anormais de preços e venderam, em média, antes de períodos ruins de mercado para suas ações.[27] Esses estudos geralmente têm indicado que os *insiders* empresariais obtiveram lucros sistematicamente acima da média, especialmente em transações de compra. Isso significa que muitos deles possuíam informações privadas das quais extraíram esses retornos com as operações das ações de sua empresa.

Além disso, um estudo inicial descobriu que investidores *externos* que negociassem da mesma forma que os *insiders* – com base nas transações anunciadas por estes – obtiveram retornos ajustados por risco excedentes (após as corretagens). Entretanto, uma análise posterior concluiu que o mercado eliminava essa ineficiência quando eram considerados todos os custos de transação.

De uma maneira geral, esses resultados fornecem apoio misto à HME, pois vários estudos indicam que os *insiders* obtêm retornos anormais, embora outros apontem não ser mais possível para os que não são *insiders* utilizar essas informações para conseguirem retornos excedentes. É importante observar: em razão do interesse do investidor nesses dados como

---

[24] Para uma análise de estudos sobre este assunto, veja BERNARD, V. e THOMAS, J. "Evidence That Stock Prices Do Not Fully Reflect the Implications of Current Earnings for Future Earnings." *Journal of Accounting and Economics,* 305-341, dez. 1990.

[25] SMITH JR., Clifford. W. "Investment Banking and the Capital Acquisition Process." *Journal of Financial Economics* 15, n. 1-2, 3-29, jan.-fev. 1986.

[26] JENSEN, Michael C.; WARNER, Jerald B. "The Distribution of Power Among Corporate Managers, Shareholders, and Directors." *Journal of Financial Economics* 20, n. 1-2, 3-24, jan.-mar. 1988.

[27] Estudos sobre este assunto incluem CHOWDHURY, M., HOWE, J. S. e LIN, J. C. "The Relation Between Aggregate Insider Transactions and Stock Market Returns." *Journal of Financial and Quantitative Analysis* 28, n. 3, 431-437, set. 1993 e PETTIT, R. R.; VENKATESH, P. C. "Insider Trading and Long-Run Return Performance." *Financial Management* 24, n. 2, 88-103, verão 1995.

220 Investimentos

resultado de pesquisas acadêmicas, o *Wall Street Journal* atualmente publica uma coluna mensal intitulada *Inside Track*, na qual discute as principais transações realizadas por *insiders*.

Especialistas de bolsas de valores – Diversos estudos têm constatado que os especialistas têm acesso monopolístico a certas informações importantes sobre ordens com limite não executadas e deveriam ser capazes de obter retornos acima da média com elas. Essa expectativa geralmente é apoiada pelos dados. Primeiro, os especialistas em geral ganham dinheiro porque normalmente vendem ações a preços mais altos do que seu preço de compra. Além disso, aparentemente ganham dinheiro quando compram ou vendem após anúncios inesperados e quando negociam grandes blocos de ações. Um artigo no *Wall Street Journal* confirmou essa crença; ele afirmava que os especialistas estavam fazendo mais negócios como distribuidores e que haviam alcançado um retorno de 26% sobre seu capital durante o ano 2000.[28]

Analistas de títulos – Vários testes têm considerado a possibilidade de identificar um conjunto de analistas capazes de selecionar ações subavaliadas. A análise envolve determinar se, após a divulgação de uma seleção de ações por um analista, é possível obter um retorno anormal significativo por aqueles que seguem essas recomendações. Esses estudos e aqueles que discutem o desempenho de gestores de recursos são mais realistas e relevantes do que os que consideraram *insiders* de empresas e especialistas de bolsa, porque aqueles são profissionais de investimento em tempo integral, sem nenhuma vantagem óbvia, exceto ênfase e treinamento. Se existe alguém capaz de selecionar ações subavaliadas, são esses profissionais. Em nossa discussão sobre esses testes, examinamos inicialmente as classificações da *Value Line* e depois verificamos os retornos que os investidores obtêm quando seguem as recomendações de analistas individuais.

O enigma da Value Line. A Value Line (VL) é uma empresa de serviços de consultoria muito conhecida, que publica informações financeiras de aproximadamente 1.700 ações. Nessa relação, existe uma classificação de *timing* que indica a expectativa da Value Line em relação ao desempenho das ações ordinárias de uma empresa no decorrer dos 12 meses seguintes. Uma classificação igual a 1 indica uma expectativa de desempenho mais favorável possível e 5 é a pior. Esse sistema, iniciado em abril de 1965, atribui números com base em quatro fatores:

1. Uma classificação de lucros e preço de cada título em relação a todos os outros.
2. Um fator de *momentum* de preço.
3. Variações relativas de lucros trimestrais ano a ano.
4. Um fator de "surpresa" de lucro trimestral (lucros trimestrais efetivos em comparação com os estimados pela VL).

As empresas são classificadas com base em um *escore* composto. As 100 primeiras e últimas recebem as classificações 1 e 5, respectivamente, as 300 seguintes, de cima para baixo, e as 300 seguintes, de baixo para cima, são classificadas em 2 e 4, e as restantes (aproximadamente 900) recebem a classificação 3. Elas são atribuídas a cada semana com base nos dados mais recentes. Em especial, todos os utilizados para examinar os quatro fatores consistem em informação publicamente disponível.

Muitos anos após o início da classificação, a Value Line alegou que as ações classificadas como 1 superavam significativamente o mercado e que as ações classificadas como 5 tinham um desempenho bastante abaixo deste (os dados de desempenho não incluem dividendos, mas também não são ajustados por corretagens). Vários estudos anteriores sobre o enigma da *Value Line* indicam que há informação contida nas classificações da VL (especialmente nas classes 1 e 5), e nas mudanças de classificação (especialmente de 2 para 1). Além disso, a maioria das evidências recentes revela que o mercado é razoavelmente eficiente, porque os ajustes anormais parecem se completar até o dia +2. Uma análise de resultados de estudos indica um ajuste mais rápido às classificações nos últimos anos. Além disso, apesar de variações estatisticamente significativas de preços, há evidências crescentes de que não é possível obter retornos anormais por esses anúncios, após considerar custos de transação realistas. Uma das evidências mais fortes a esse respeito é o fato de que o Centurion Fund da Value Line, que se concentra em investir em ações de classificação 1, teve um desempenho sistematicamente inferior ao do mercado no decorrer da década passada.

Recomendações de analistas. Existem evidências favoráveis à existência de analistas superiores que aparentemente possuem informações privadas. Elas são proporcionadas por dois estudos, nos quais os autores descobriram que os preços de ações mencionados na coluna "Heard on the Street", do *Wall Street Journal*, tinham variações significativas no dia em que a coluna é publicada. Um estudo feito por Womach constatou que os analistas parecem ter habilidade tanto de *timing* de mercado quanto de escolha de ações, principalmente quando se trata de recomendações de venda relativamente raras.[29]

Gestores profissionais de recursos – Os estudos que envolvem gestores profissionais de recursos são mais realistas e amplamente aplicáveis do que as análises de *insiders* e especialistas, porque eles geralmente não têm acesso monopolístico a novas informações importantes, sendo profissionais altamente treinados que trabalham em tempo integral na gestão de investimentos. Portanto, se deve haver algum conjunto "normal" de investidores capaz de conseguir lucros acima da média, deve ser este grupo. Da mesma forma, se algum *não-insider* pudesse ter a capacidade de extrair informações internas, seria o gestor profissional de recursos, pois ele faz entrevistas freqüentes com administradores de empresas.

A maioria dos estudos sobre o desempenho dos gestores de recursos tem examinado fundos de investimento, uma vez que há dados de desempenho prontamente disponíveis para estes. Recentemente, tornaram-se disponíveis dados dos depar-

---

[28] IP, Greg. "If Big Board Specialists Are an Anachronism, They're a Profitable One." *The Wall Street Journal*, 12 mar. 2001. p. A1, A10.
[29] WOMACH, Kent L. "Do Brokerage Analysts' Recommendations Have Investment Value?" *Journal of Finance* 51, n. 1, 137-167, mar. 1996.

TABELA 10.3	Taxas anualizadas de retorno para universos de ações e índices de referência Russell/Mellon nos Estados Unidos para períodos encerrados em 31 de dezembro de 2003						
	1 ano	2 anos	3 anos	4 anos	5 anos	8 anos	10 anos
Medianas do Universo de Ações nos Estados Unidos							
Contas de ações	30,0	1,0	–2,3	–2,2	2,2	10,6	11,8
Contas orientadas para ações	30,3	1,0	–2,4	–2,5	2,7	10,7	11,8
Combinação de ações	29,6	0,9	–2,3	–2,2	1,2	10,1	11,5
Combinações especiais de ações	47,0	11,3	13,0	14,0	13,6	13,5	14,1
Ações de valor	31,1	5,0	3,7	6,0	5,8	11,3	12,6
Contas orientadas pelo mercado	29,3	0,7	–2,7	–3,0	1,2	10,5	11,7
Contas de ações de empresas médias	38,6	6,5	4,6	7,4	9,4	13,1	13,8
Ações de crescimento	29,1	–2,8	–9,0	–9,9	–1,6	9,9	10,6
Contas de ações de empresas pequenas	45,7	10,4	10,8	11,6	13,3	13,4	13,9
Medianas do Universo de Fundos de Investimento							
Fundos de investimento balanceados	18,6	2,6	0,3	0,6	2,6	7,3	7,8
Fundos de ações	–1,7	–8,4	–6,6	–3,3	–0,3	8,4	8,9
Índices de Referência							
Índice Russell 1000 de Crescimento	29,75	–3,27	–9,36	–12,82	–5,11	6,97	9,21
Índice Russell 1000	29,89	0,88	–3,78	–4,79	–0,13	9,41	11,00
Índice Russell 1000 de Valor	30,03	4,81	1,22	2,64	3,56	10,76	11,88
Índice Russell 2000 de Crescimento	48,54	1,78	–2,03	–7,59	0,86	3,61	5,43
Índice Russell 2000	47,25	8,21	6,27	3,86	7,13	8,78	9,47
Índice Russell 2000 de Valor	46,03	13,73	13,83	16,01	12,28	13,06	12,70
Índice Russell 2500	45,51	9,37	6,58	6,00	9,40	11,15	11,74
Índice Russell 3000	31,06	1,40	–3,08	–4,19	0,37	9,25	10,77
Índice Russell de Empresas Médias	40,06	8,35	3,47	4,65	7,23	11,54	12,18

Fonte: "Annualized Rates of Return for Russell/Mellon U.S. Equity Universes during Alternate Periods Ending December 31, 2003" de Russell/Mellon. Reimpresso com permissão de Russell/Mellon. "Benchmark Indexes during Alternative Periods Ending December 31, 2003" da Frank Russell Company. Reimpresso com permissão do Russell Investment Group, Tacoma, WA.

tamentos fiduciários de bancos, companhias de seguro e consultores de investimento. Os estudos originais sobre fundos de investimento indicavam que a maioria deles não alcançava o desempenho da política de compra e manutenção.[30] Quando foram examinados retornos ajustados por risco *sem* considerar os custos de corretagem, um pouco mais da metade dos gestores de recursos se saiu melhor do que o mercado como um todo. Mas quando eles, as taxas de entrada e os custos de gestão foram considerados, aproximadamente dois terços dos fundos de investimentos *não* alcançaram o desempenho do mercado como um todo. Também se descobriu que os fundos individuais tinham desempenho bastante variável.

Agora que é possível obter dados de desempenho para planos de pensão e fundos de doações, diversos estudos têm documentado que os desempenhos de planos de pensões e desses fundos também não conseguem alcançar o do mercado como um todo.

Os valores apresentados na Tabela 10.3 dão uma visão geral desses resultados em períodos recentes. Esses dados são coletados por *Russell/Mellon Analytical Services* como parte de seu serviço de avaliação de desempenho. Essa tabela contém as taxas médias de retorno de diversos grupos de investimentos comparados com um conjunto de índices da *Russell*, inclusive o seu mais amplo, o *Russell 3000*.[31] Esses resultados mostram que todos os universos de ações, com exceção de um, sempre superam o índice *Russell 3000* em todos os períodos. Entretanto, este supera os universos de fundos de investimento em períodos de cinco anos ou mais, mas não em períodos de três anos ou menos. Portanto, nesses intervalos, os resultados obtidos por gestores financeiros são mistos no que se refere à forma forte da HME.

Conclusões em relação à forma forte da HME

– Os testes da forma forte da HME têm gerado resultados mistos. Os resultados para dois grupos especiais de investidores (*insiders* de empresas e especialistas de bolsas de valores) não apoiaram a hipótese porque ambos os grupos aparentemente têm acesso monopolístico a informações importantes e as utilizam para obter retornos acima da média.

---

[30] Analisaremos esses estudos e outros sobre este tópico no Capítulo 19.

[31] Os resultados para esses clientes individuais possuem um viés para cima porque consideram apenas os clientes mantidos (por exemplo, se uma empresa ou um banco realiza um trabalho mau e o cliente o abandona, esses resultados não são incluídos).

222 Investimentos

Testes visando determinar se existem analistas com informações privadas se concentraram nas classificações da Value Line e em publicações de recomendações feitas por analistas. Os resultados das classificações da Value Line têm variado no tempo e atualmente tendem a apoiar a HME. Especificamente, os ajustes a classificações e suas mudanças são bastante rápidos, e parece que negociar com base nesses dados não gera lucros depois de considerados os custos de transação. Alternativamente, as recomendações de analistas individuais parecem conter informações significativas.

Finalmente, o desempenho recente dos gestores profissionais de recursos dá apoio misto à forma forte da HME. A maioria dos estudos realizados sobre o desempenho dos gestores de recursos antes de 2000 tem indicado que esses investidores, muito preparados e de tempo integral, não podem superar sistematicamente uma política simples de compra e manutenção em termos ajustados por risco. Entretanto, os resultados mais recentes na Tabela 10.3 mostram que cerca de metade dos universos de fundos excede o índice amplo *Russell 3000*, enquanto os resultados de fundos de ações apóiam a HME em períodos longos. Como os gestores de recursos se assemelham à maioria dos investidores que não têm acesso a informações internas, estes últimos resultados são considerados mais relevantes para a hipótese. Portanto, há apoio misto para a forma forte da HME aplicada à maioria dos investidores.

Finanças comportamentais

Nossa discussão até agora tem lidado com a teoria financeira convencional, com o modo com que essa vê o funcionamento dos mercados de capitais e como testa, nesse contexto teórico, se os mercados de capitais são informacionalmente eficientes. Entretanto, nos anos 1990, um novo ramo da economia financeira foi acrescentado. As *finanças comportamentais* levam em conta como diversos traços psicológicos afetam a forma pela qual indivíduos ou grupos agem como investidores, analistas e gestores de carteiras. Conforme observado por Olsen, os defensores das finanças comportamentais reconhecem que o modelo financeiro convencional de comportamento racional e maximização de lucros pode ser verdadeiro de acordo com os limites específicos, mas afirmam que esse é um modelo *incompleto,* já que não considera o comportamento individual.[32] Especificamente, as finanças comportamentais

> procuram entender e predizer implicações sistemáticas, para o mercado financeiro, de processos psicológicos de decisão... as finanças comportamentais se preocupam com a implicação de princípios econômicos e psicológicos para a melhoria da tomada de decisões financeiras.[33]

Embora se admita que atualmente não há nenhuma teoria unificada de finanças comportamentais, a ênfase tem sido a de identificar anomalias de carteiras que possam ser explicadas por vários traços psicológicos de indivíduos ou grupos, ou apontar casos nos quais seja possível alcançar taxas de retorno acima da média explorando os vieses de analistas ou gestores de carteiras.

EXPLICAÇÃO DOS VIESES

Ao longo do tempo, tem sido observado que os investidores possuem inúmeros vieses que afetam negativamente o desempenho de seus investimentos. Os defensores das finanças comportamentais têm sido capazes de explicar vários deles com base em características psicológicas. Um importante viés documentado é a propensão dos investidores para segurar ativos "perdedores" por tempo demasiadamente longo e vender ativos "ganhadores" com rapidez excessiva.[34] Aparentemente, os investidores temem o prejuízo muito mais do que valorizam os ganhos. Isso é explicado pela *teoria do prospecto*, que afirma que a utilidade depende dos desvios em relação a pontos de referência mutáveis, e não à riqueza absoluta.

Outro viés é o excesso de confiança nas previsões, o que faz com que os analistas superestimem taxas de crescimento de empresas com essa característica e enfatizem demasiadamente as notícias boas, ignorando as negativas. Eles geralmente acreditam que as ações de empresas de crescimento sejam "boas" ações. Isso é também chamado de *viés de confirmação*, no qual os investidores procuram por informações que apóiem suas opiniões e decisões prévias. Como resultado, eles avaliam incorretamente as ações dessas empresas, em geral, populares.

Um estudo de Brown examinou o efeito dos *investidores geradores de ruído* (não-profissionais sem nenhuma informação especial) sobre a volatilidade dos fundos de investimento fechados. Quando existe uma mudança de sentimento no mercado, eles mudam suas posições significativamente, o que aumenta os preços e a volatilidade desses títulos durante o horário de negociação.[35] Analogamente, Clark e Statman descobriram que esses investidores tendem a seguir os redatores de boletins de investimento, que por sua vez tendem a "seguir a manada". Esses redatores e "a manada" quase sempre estão errados, o que contribui para o excesso de volatilidade.[36]

Há também o *viés de escalada*, que faz com que os investidores apliquem mais dinheiro em um ativo malsucedido, pelo qual se sentem responsáveis, do que em um ativo bem-sucedido.[37] Isso leva a uma prática de investimento relativamente popular de "baixar a média" de um investimento que tenha perdido valor desde a compra inicial, em vez de considerar a venda das ações caso esta tenha sido um erro. O raciocínio é: se foi uma "boa compra" a 40 dólares, a 30 dólares trata-se

---

[32] OLSEN, Robert A. "Behavioral Finance and its Implications for Stock-Price Volatility." *Financial Analysts Journal* 54, n. 2, 10-18, mar.-abr. 1998.

[33] Ibid., p. 11.

[34] Isso é discutido em SCOTT, J., STUMPP, M. e XU, P. "Behavioral Bias Valuation and Active Management." *Financial Analysts Journal* 55, n. 4, 49-57, jul.-ago. 1999.

[35] BROWN, Gregory. "Volatility, Sentiment, and Noise Traders." *Financial Analysts Journal* 55, n. 2, 82-90, Mar-Apr. 1999.

[36] CLARK, R.G.; STATMAN, M. "Bullish or Bearish." *Financial Analysts Journal* 54, n. 3, 63-72, maio-jun. 1998.

[37] SHEFRIN, Hersh. "Behavioral Corporate Finance." *Journal of Applied Corporate Finance* 14, n. 3, 113-124, out. 2001.

de uma pechincha. Claramente, a solução do investidor é reavaliar as ações para ver se alguma notícia ruim importante deixou de ser percebida na avaliação inicial (portanto, deve-se vender a ação e aceitar o prejuízo), ou confirmar a avaliação inicial e adquirir mais da "pechincha". O fator psicológico difícil é buscar seriamente a notícia ruim e considerar seus efeitos sobre a avaliação.[38]

INVESTIMENTO DE FUSÃO

De acordo com Charles M. C. Lee, o ***investimento de fusão*** é a integração de dois elementos da avaliação de investimentos – valor fundamental e sentimento do investidor.[39] No modelo formal de Robert Shiller, o preço de mercado de títulos é obtido com os dividendos esperados descontados por um prazo infinito (seu valor fundamental), mais um termo que indica a demanda por parte de investidores geradores de ruído, refletindo o sentimento do investidor.[40] É alegado que quando os investidores geradores de ruído são otimistas, os preços das ações são mais altos do que o normal ou mais altos do que é justificado pelos fundamentos. Nesse modelo combinado de precificação por investimento de fusão, estes farão uma análise fundamentalista, mas também considerarão o sentimento do investidor em termos de "modas" e "modismos". Durante alguns períodos, o seu sentimento torna-se bastante fraco, e os investidores geradores de ruído ficam inativos, de forma que a avaliação fundamentalista domina os retornos de mercado. Em outros momentos, quando o sentimento do investidor é forte, os investidores geradores de ruído ficam muito ativos e os retornos de mercado são mais fortemente influenciados. Tanto investidores quanto analistas devem estar cientes desses efeitos duplos sobre o mercado como um todo, os vários setores econômicos e as ações individuais.

Além de defender o reconhecimento dos dois componentes do investimento de fusão, resultados de outros estudos têm documentado que a avaliação fundamentalista pode ser o fator dominante, mas leva muito mais tempo para se firmar – cerca de três anos. Para produzir algumas estimativas de alteração do sentimento do investidor, Lee propõe diversas medidas, mais especificamente, recomendações dos analistas, *momentum* de preço e elevado giro de negócios. Alterações significativas nessas variáveis no caso de uma ação indicarão um movimento desta de atraente a ignorada ou vice-versa.

Implicações de mercados eficientes de capitais

Tendo examinado os resultados de inúmeros estudos relacionados a diferentes facetas da HME, podemos agora considerar o que isso significa para investidores individuais, analistas financeiros, gestores de carteiras e instituições. No geral, os resultados de muitos estudos indicam que os mercados de capitais são eficientes em termos de diversos conjuntos de informações. Ao mesmo tempo, as pesquisas revelam um número substancial de casos nos quais o mercado não consegue se ajustar rapidamente a dados divulgados publicamente. Com esses resultados mistos em relação à existência desses mercados, é importante que as implicações sejam consideradas.

A discussão a seguir leva em conta as implicações de ambos os conjuntos de evidências. Especificamente, dados os resultados que apóiam a HME, consideramos quais técnicas não funcionarão e o que faremos se não pudermos superar o mercado. Entretanto, por causa das evidências que não são favoráveis à HME, discutimos que informações e vieses psicológicos devem ser relevantes ao se tentar obter resultados superiores em investimentos por meio da avaliação de títulos e da gestão de carteiras ativas.

MERCADOS EFICIENTES E ANÁLISE TÉCNICA

Os pressupostos da análise técnica chocam-se diretamente com a noção de mercados eficientes. Uma premissa básica da análise técnica é de que os preços das ações variam de acordo com tendências persistentes.[41] Os analistas técnicos acreditam que, quando novas informações chegam ao mercado, elas não se tornam disponíveis imediatamente a todos, mas geralmente se disseminam de profissionais informados ao público investidor agressivo e só depois à grande massa de investidores. Além disso, eles afirmam que os investidores não analisam as informações e agem imediatamente. Esse processo leva tempo. Portanto, esses analistas apostam na hipótese de que os preços das ações se deslocam a um novo equilíbrio após a divulgação de novas informações de maneira gradual, o que causa tendências persistentes de variação de preços.

Os analistas técnicos acreditam que investidores ágeis podem desenvolver sistemas para detectar o início de um deslocamento para um novo equilíbrio, denominado *ruptura*. Com isso, esperam comprar ou vender a ação imediatamente após essa ruptura para tirar proveito do ajuste gradual de preço.

A crença nesse padrão de ajuste de preços contradiz diretamente os defensores da HME, que crêem que os preços dos títulos se ajustam a novas informações muito rapidamente. Esses defensores da HME não argumentam, todavia, que os preços se encaixam perfeitamente, o que significa que há chances de ajuste excessivo ou insuficiente. Ainda assim, como isso é incerto em determinado momento, um investidor não é capaz de obter lucros anormais com os erros de ajuste.

Se o mercado de capitais é eficiente na forma fraca, como indicado pela maioria dos resultados, então os preços refletem completamente todas as informações relevantes de mercado. Nesse caso, os sistemas técnicos de negociação que dependem apenas de dados de negócios passados não podem ter nenhum valor. Quando as informações se tornam públicas, o ajuste

---

[38] Para uma apresentação ampla deste tópico, veja SHEFRIN, Hersh. *Beyond Greed and Fear: Understanding Behavioral Finance and the Psychology of Investing*. Boston: Harvard Business School Press, 1999.

[39] LEE, Charles M. C. "Fusion Investing." In: *Equity Valuation in a Global Context*, uma conferência patrocinada pelo AIMR, 2003.

[40] SHILLER, Robert J. "Stock Prices and Social Dynamics." *Brookings Papers on Economic Activity*, v. 2, 457-510, 1984.

[41] O Capítulo 16 contém uma ampla discussão da análise técnica.

224 Investimentos

de preços já ocorreu. Portanto, uma compra ou venda que utilize uma regra técnica de negociação não deve gerar retornos anormais após serem levados em consideração o risco e os custos de transação.

MERCADOS EFICIENTES E ANÁLISE FUNDAMENTALISTA

Conforme observado anteriormente, os analistas fundamentalistas acreditam que, a qualquer momento, existe um valor intrínseco básico para o mercado como um todo, para os diversos setores ou para os títulos individuais, e que esses valores dependem de fatores econômicos subjacentes. Portanto, os investidores devem determinar o valor intrínseco de um ativo em um determinado momento, examinando as variáveis que determinam o valor, como lucros ou fluxos de caixa correntes e futuros, taxas de juros e variáveis de risco. Caso o preço de mercado vigente difira suficientemente do valor intrínseco estimado para cobrir os custos de transação, o investidor deve tomar a providência apropriada: comprar, se o preço de mercado estiver substancialmente abaixo do valor intrínseco, e vender, se ele estiver acima. Os investidores que se dedicam à análise fundamentalista acreditam que o preço de mercado e o valor intrínseco ocasionalmente diferem, mas, no fim, eles reconhecem a discrepância e a corrigem.

Um investidor que faz um trabalho superior de *estimação* de valores intrínsecos pode tomar decisões sistematicamente superiores de *timing* do mercado (alocação de ativos) ou adquirir títulos subavaliados e obter retornos acima da média. A análise fundamentalista envolve a do mercado como um todo, análises setoriais, empresas e gestão de carteiras. Os resultados divergentes gerados pela pesquisa sobre a HME têm implicações importantes para todos esses componentes.

Análise do Mercado como um todo com Mercados Eficientes de Capitais

– No Capítulo 13, defendemos fortemente que a análise de valor intrínseco deve começar com a do mercado como um todo. Ainda assim, a HME diz que um investidor que examina apenas os eventos econômicos *passados* não é capaz de superar uma política de compra e manutenção, pois o mercado se ajusta rapidamente aos conhecidos. As evidências indicam que o mercado passa por variações de preços a longo prazo, mas, para tirar proveito dessas variações em um mercado eficiente, o investidor deve fazer um trabalho superior de *estimação* das variáveis relevantes que causam essas variações nesse prazo. Em outras palavras, este quando utiliza apenas dados *históricos* para estimar valores futuros e investe com base nessas estimativas *não* obtém retornos ajustado por risco superiores.

Análises setoriais e de empresas com mercados eficientes de capitais

– Como será discutido no Capítulo 13, a ampla distribuição de retornos de diferentes setores e empresas justifica claramente a realização de análises setoriais e de empresas. Mais uma vez, a HME não diz que tais análises sejam desprovidas de valor, mas, sim, que um investidor deve (1) compreender as variáveis relevantes que afetam as taxas de retorno e (2) fazer um trabalho superior de *estimação de valores futuros* para essas variáveis de avaliação relevantes. Para demonstrar isso, Malkiel e Cragg desenvolveram um modelo com um excelente trabalho de explicação das variações passadas de preços de ações utilizando dados históricos. Quando ele foi empregado para projetar variações *futuras* de preços de ações com dados *passados* de empresas, entretanto, os resultados foram sistematicamente inferiores aos de uma política de compra e manutenção.[42] Isso significa que, mesmo com um bom modelo de avaliação, não se pode selecionar ações que ofereçam retornos superiores, valendo-se apenas de dados passados. A questão é que a maioria dos analistas está ciente dos diversos modelos de avaliação bem especificados, de modo que o fator que diferencia os analistas superiores dos inferiores é a capacidade de *estimar* os dados usados pelos modelos.

Outro estudo mostrou que a diferença crucial entre as ações que tiveram o melhor e o pior desempenho de preços durante um determinado ano foi a relação entre os lucros esperados pelos analistas profissionais e os efetivos (ou seja, foram as *surpresas de lucros*). Especificamente, os preços de ações aumentaram se os lucros efetivos superaram substancialmente os esperados, e caíram quando os lucros efetivos não alcançaram os níveis esperados. Assim, se um investidor for capaz de fazer um trabalho superior de projeção de lucros e suas expectativas *diferirem do consenso*, ele terá um desempenho superior em termos de seleção de ações.[43] Assim, há dois fatores necessários para que alguém se torne um analista superior: você deve fazer estimativas *corretas* e deve ser *diferente* do consenso. Se você apenas estiver certo, mas não for diferente, você terá predito o consenso e este estava correto, o que significa que não há nenhuma surpresa e nenhuma variação anormal de preços.

O esforço para ser um analista superior reserva uma boa notícia e algumas sugestões. Essa está relacionada aos testes da forma forte, que indicaram a provável existência de analistas superiores. Foi mostrado que as classificações da Value Line continham valor informacional, ainda que não fosse possível lucrar com o trabalho desses analistas após os custos de transação. De forma semelhante, os ajustes de preços em decorrência da publicação de recomendações de analistas apontam igualmente para a existência de analistas superiores. A questão é que há apenas alguns deles, eles são em número limitado, e *não* é uma tarefa fácil estar no meio desse grupo seleto. Em especial, eles devem fazer um trabalho superior de *estimação* das variáveis de avaliação relevantes e *prever surpresas de lucros.*

As sugestões para os envolvidos em análise fundamentalista baseiam-se em estudos que consideraram a *cross-section* de retornos futuros. Conforme observado, esses estudos indicaram que índices P/E, tamanho e índices VP/VM eram capazes de diferenciar padrões de retornos futuros, com tamanho e índice VP/VM parecendo ser a combinação perfeita. Portanto, esses fatores devem ser considerados ao se selecionar um universo ou analisar empresas. Além disso, as evidências sugerem que as empresas que são ignoradas devem receber consideração adicional. Embora tenha sido demonstrado que esses

---

[42] MALKIEL, Burton G.; CRAGG, John G. "Expectations and the Structure of Share Prices." *American Economic Review 60*, n. 4, 601-617, set. 1970.

[43] Este é um ponto importante salientado por FOGLER, H. Russell. "A Modern Theory of Security Analysis." *Journal of Portfolio Management* 19, n. 3, 6-14, primavera 1993.

índices e essas características são úteis para isolar ações superiores em uma amostra grande, nossa sugestão é de que eles sejam mais bem utilizados para gerar uma amostra viável para análise pelo universo total (por exemplo, selecionar 200 ações para análise, partindo de um universo de 3.000). A seguir, as 200 ações devem ser rigorosamente avaliadas, utilizando-se as técnicas discutidas neste livro.

Como avaliar analistas ou investidores – Para se determinar se uma pessoa é um analista ou investidor superior, deve-se examinar o desempenho de vários títulos recomendados por eles no decorrer do tempo, em relação ao de um conjunto de ações aleatoriamente selecionadas da mesma classe de risco. As suas seleções de ações devem superar *sistematicamente* as selecionadas aleatoriamente. A exigência de resultado sistemático é crucial, porque uma carteira construída aleatoriamente superará o mercado durante metade do tempo.

Conclusões sobre a análise fundamentalista – Um texto sobre investimentos pode indicar as variáveis relevantes que devem ser analisadas e descrever as técnicas importantes de análise, mas estimar de fato as variáveis relevantes é tanto arte e produto de trabalho duro quanto ciência. Se as estimativas pudessem ser feitas com base em alguma fórmula mecânica, poderíamos programar um computador para fazê-lo, e não haveria necessidade de analistas. Portanto, o analista superior e o investidor bem-sucedido devem saber que variáveis são relevantes para o processo de avaliação e devem ser capazes de fazer um trabalho superior de *estimação* dessas variáveis. Alternativamente, alguém poderia ser superior se tivesse a capacidade de interpretar o impacto ou estimar o efeito de alguma informação pública de maneira mais eficaz do que outras pessoas.

MERCADOS EFICIENTES E GESTÃO DE CARTEIRAS

Conforme observado, os estudos têm indicado que a maioria dos gestores profissionais de recursos não é capaz de superar uma política de compra e manutenção depois de feito um ajuste por risco. Uma explicação desse desempenho geralmente inferior talvez seja a inexistência de analistas superiores e o fato de que os custos de pesquisa e negociação empurram o resultado de análise meramente adequada para a faixa inferior. Outra explicação, que preferimos e conta com apoio empírico dos resultados com as recomendações da Value Line e de analistas, é a de que as empresas de gestão de recursos empregam tanto analista superior quanto inferior, e os ganhos com as recomendações de alguns desse primeiro são contrabalançados pelos custos e pelos resultados pobres advindos do segundo.

Isso suscita a pergunta: uma carteira deve ser gerida ativa ou passivamente? O ponto da discussão subseqüente é: a decisão sobre como gerir a carteira (ativa ou passivamente) deve depender do fato de se o gestor tem ou não acesso a analistas superiores. Um gestor de carteiras com estes ou um investidor que acredita que tem tempo e conhecimento para ser superior pode geri-las ativamente, tentando identificar tendências importantes de mercado ou procurando títulos subavaliados, fazendo os negócios apropriados. Em contrapartida, se não tiver acesso a analistas superiores ou o tempo ou a capacidade de ser um investidor superior, a pessoa deve gerir passivamente sua carteira e supor que todos os títulos estejam adequadamente precificados com base em seus níveis de risco.

Gestão de carteiras com analistas superiores – Um gestor de carteiras com acesso a analistas superiores com idéias e capacidades analíticas especiais deve seguir as recomendações desses. Esses devem fazer sugestões de investimentos para certa proporção da carteira, e o seu gestor deve garantir que as preferências de risco do cliente sejam respeitadas.

Além disso, os analistas superiores devem ser incentivados a concentrar seus esforços em ações de empresas médias que possuem a liquidez exigida pelos gestores de carteiras institucionais. Mas, como elas não recebem a atenção dada às ações mais negociadas, os mercados dessas ações negligenciadas podem ser menos eficientes do que o mercado de ações de empresas grandes e bem conhecidas.

Lembre-se de que é esperado que os mercados de capitais sejam eficientes porque muitos investidores recebem novas informações e analisam seus efeitos sobre os valores dos títulos. Se o número de analistas que acompanham as diversas ações difere de uma ação para outra, seria possível imaginar a existência de diferenças em termos da eficiência de seus mercados. Novas informações sobre ações mais negociadas são bem difundidas e rigorosamente examinadas, de modo que os preços desses títulos devem se ajustar rapidamente para refletir os novos dados. As empresas de nível mediano recebem menos publicidade e menos analistas as acompanham, portanto se pode esperar que os seus preços se ajustem menos rapidamente. Logo, a possibilidade de encontrar títulos temporariamente subavaliados entre essas ações ignoradas é maior. Mais uma vez, de acordo com os resultados de estudos em *cross section*, esses analistas superiores devem prestar atenção especial ao índice VP/VP, ao tamanho das empresas que estão sendo analisadas e ao ambiente da política monetária.

Gestão de carteiras sem analistas superiores – Um gestor de carteiras que não tenha acesso a analistas superiores deve agir da seguinte forma: primeiro, deve *medir as preferências em relação ao risco* do seu cliente. A seguir, deve montar uma carteira de acordo com esse nível de risco, aplicando certa proporção em ativos com risco e o restante em um livre de risco, como foi discutido no Capítulo 9.

A carteira de ativos com risco deve ser *completamente diversificada* em termos globais, para que acompanhe sistematicamente o mercado mundial. Nesse contexto, diversificação apropriada significa eliminar toda a variabilidade não sistemática (específica). Em nossa discussão anterior, foi estimado que cerca de 20 títulos são necessários para que se consiga a maioria dos benefícios (mais de 90%) de uma carteira completamente diversificada. Mais de 100 ações são indispensáveis para a diversificação completa. Para decidir quantos títulos realmente incluir em uma carteira global, o seu gestor deve equilibrar os benefícios adicionais da diversificação global completa com os custos de pesquisa das ações adicionais.

Investimentos

Finalmente, o gestor deve *minimizar os custos de transação*. Se a carteira for completamente diversificada e estiver estruturada para o nível de risco desejado, custos de transação excessivos que não gerem retornos adicionais diminuirão a taxa de retorno esperada. Há três fatores envolvidos na minimização dos custos totais de transação.

1. *Minimizar impostos.* Os métodos para se atingir esse objetivo variam, mas ele deve receber atenção prioritária.
2. *Reduzir o giro de negociação.* Negociar apenas para liquidar parte da carteira ou para manter um determinado nível de risco.
3. Ao negociar, *minimizar os custos de liquidez*, negociando ações relativamente líquidas. Para conseguir isso, emita ordens com limite para comprar ou vender diversas ações a preços que se aproximem da cotação do especialista, ou seja, a preço de compra ou vendê-las a preço de venda. As ações compradas ou vendidas primeiro devem ser as mais líquidas de todas; todas as outras ordens devem ser retiradas.

Em suma, um gestor que não tenha acesso a analistas superiores deve fazer o seguinte:

1. Determinar e quantificar as preferências em relação a risco.
2. Montar a carteira apropriada de ativos com risco, dividindo a carteira total entre ativos com risco e os livres de risco.
3. Diversificar-se completamente em âmbito global para eliminar todos os riscos não-sistemáticos.
4. Manter o nível especificado de risco, rebalanceando a carteira quando necessário.
5. Minimizar os custos totais de transação.

Motivação e uso de fundos indexados e fundos negociados em bolsa – Como indicado anteriormente, mercados eficientes de capitais e a falta de analistas superiores significam que muitas carteiras devem ser geridas *passivamente*, de forma que seu desempenho acompanhe o do mercado como um todo, minimizando os custos de pesquisa e negociação. Em resposta a essa demanda, diversas instituições introduziram *fundos de mercado*, também chamados de *fundos indexados*, ou seja, carteiras de títulos montadas para replicar a composição, portanto o desempenho de uma série de índices de mercado selecionados.

Em particular, esse conceito de fundos indexados de mercado de ações tem sido estendido a outras áreas de investimento, e foi ampliado com a introdução dos fundos negociados em bolsa (ETFs).[44] Os fundos indexados de títulos de renda fixa procuram emular os índices de mercado desta discutidos no Capítulo 4. Além disso, alguns desses fundos se concentram em segmentos específicos do mercado, como os indexados de títulos de dívida internacionais, de ações de países específicos e de ações de empresas pequenas dos Estados Unidos e do Japão. Quando os gestores de carteiras decidem que querem uma determinada classe de ativos, eles freqüentemente recorrem a fundos indexados ou ETFs. A utilização de ambos é menos onerosa em termos de pesquisa e corretagens e, em quase todos os períodos, esses fundos podem oferecer um desempenho igual ou superior ao proporcionado pela maioria dos gestores ativos de carteiras.

Perspectivas proporcionadas pelas Finanças Comportamentais – Conforme observado anteriormente, as principais contribuições dos pesquisadores em finanças comportamentais são explicações de algumas das anomalias constatadas em pesquisas acadêmicas anteriores e oportunidades de se conseguir taxas de retornos anormais ao se atuar com base em alguns dos vieses profundamente arraigados dos investidores. Claramente, suas constatações apóiam a noção de que ações de empresas em crescimento geralmente não são de fato de crescimento, porque os analistas confiam excessivamente em sua capacidade de prever taxas de crescimento futuro e eventualmente fazem avaliações que valorizam completamente ou supervalorizam o aumento futuro. As pesquisas em finanças comportamentais também dão sustentação à noção de investimento contrário, confirmando o sentido de "mentalidade de manada" dos analistas nas recomendações de ações – ou nas estimativas trimestrais de lucros – e dos redatores de jornais. Além disso, é importante que nos recordemos dos vieses de aversão a perdas e escalada, que fazem com que os investidores ignorem as notícias ruins e mantenham ações perdedoras por tempo demasiadamente longo e, em alguns casos, adquiram quantidades adicionais de ações perdedoras para baixar a média de custo. Finalmente, devemos reconhecer que a avaliação delas é uma combinação entre valor fundamental e sentimento do investidor.

Resumo

- A eficiência dos mercados de capitais tem implicações para a análise de investimentos e para a gestão de uma carteira. Os mercados de capitais devem ser eficientes porque vários investidores racionais, maximizadores de lucros, reagem rapidamente à divulgação de novas informações. Se os preços refletem os novos dados, eles são estimativas não enviesadas do valor intrínseco verdadeiro do título, e deve haver uma relação consistente entre o retorno de um investimento e seu risco.

- A forma fraca da HME diz que os preços das ações refletem completamente todas as informações de mercado, de modo que qualquer regra de negociação que utilize dados passados para prever retornos futuros não tem nenhum valor. A maioria dos estudos tem apoiado sistematicamente essa hipótese.
- A forma semiforte da HME afirma que os preços dos títulos se ajustam rapidamente à divulgação de toda e qualquer informação pública.

---

[44] KOSTOVETSKY, Leonard. "Index Mutual Funds and Exchange-Traded Funds." *Journal of Portfolio Management* 29, n. 4, 80-92, verão 2003; GASTINEAU, G. L. "Exchange-Traded Funds: An Introduction." *Journal of Portfolio Management* 27, n. 3, 88-96, primavera 2001.

- Os testes dessa hipótese examinam as oportunidades de predição de taxas de retorno futuras ou envolvem estudos de eventos que analisam se os investidores podem obter lucros negociando com base em informações públicas. Os resultados dos testes dessa hipótese não têm sido claros. Em quase todos os estudos de eventos, apóiam sistematicamente a hipótese na forma semiforte, ao passo que outros, que examinam a capacidade de predição de taxas de retorno, geralmente não.
- A forma forte da HME diz que os preços dos títulos refletem todas as informações. Isso significa que ninguém possui informação privada, de modo que nenhum grupo deve ser capaz de conseguir retornos acima da média de maneira sistemática. Estudos de *insiders* de empresas e especialistas de bolsas de valores não são favoráveis à hipótese em sua forma forte. Um exame de recomendações feito por analistas indicou a existência de informação privada. Entretanto, o desempenho dos gestores profissionais de recursos foi favorável à forma forte da HME, pois seu investimento ajustado por risco foi tipicamente inferior aos resultados alcançados com as políticas de compra e manutenção.
- Na década passada, a pesquisa em finanças comportamentais tem alegado que o modelo teórico convencional de finanças é incompleto, pois não considera as implicações dos traços psicológicos das pessoas, que explicam muitas anomalias e a existência de diversos vieses. Esses podem levar a um desempenho inferior dos analistas e dos gestores de carteiras e podem ser explorados na obtenção de retornos excedentes.
- Dados esses resultados mistos, é importante considerar as implicações para analistas técnicos ou fundamentalistas e para os gestores de carteiras. Todas as formas de análise fundamentalista são úteis, mas são de difícil implantação porque exigem a capacidade de *estimar valores econômicos futuros*. Uma análise superior é possível, mas requer projeções desse nível, também, sendo necessário que os gestores avaliem constantemente as consultorias de investimentos.
- Sem acesso ao assessoramento de analistas superiores, os investidores devem gerir suas carteiras como um fundo indexado ou ETF. Entretanto, os analistas superiores devem concentrar seus esforços em empresas médias e ignoradas, nas quais há uma probabilidade mais alta de se descobrir ações mal avaliadas. As análises deveriam se concentrar no índice P/E de uma empresa, no seu tamanho e no ambiente monetário.
- Este capítulo contém boas e más notícias. A boa notícia é que a prática da análise de investimentos e gestão de carteiras não é uma arte que se perdeu para o grande computador no céu. Profissões viáveis ainda esperam por aqueles dispostos a aumentar seus esforços e são capazes de aceitar as pressões. A notícia ruim é que muitas pessoas brilhantes e esforçadas, com muitos recursos, tornam o jogo duro. De fato, esses concorrentes criaram um mercado razoavelmente eficiente de capitais, no qual é extremamente difícil para a maioria dos analistas e gestores de carteiras alcançar resultados superiores.

Questões

1. Discuta o motivo pelo qual se espera que o mercado de capitais seja eficiente. Que fator você examinaria para avaliar a eficiência do mercado de duas ações distintas?
2. Defina e discuta a forma fraca da HME. Descreva os dois conjuntos de testes utilizados para examinar a forma fraca da HME.
3. Defina e discuta a forma semiforte da HME. Descreva os dois conjuntos de testes utilizados para examiná-la.
4. O que significa o termo *taxa de retorno anormal*?
5. Descreva como se calcula a taxa de retorno anormal de uma ação em um período em torno de um evento econômico. Dê um exemplo resumido com beta igual a 1,40.
6. Suponha que você queira testar a HME comparando regras de negociação alternativas a uma política de compra e manutenção. Discuta os três enganos comuns que podem enviesar os resultados contra a HME.
7. Descreva os resultados de um estudo que tenha sido favorável à forma semiforte da HME. Discuta a natureza

Investimentos on-line

Os preços de mercado de capitais refletem notícias correntes com grande rapidez. Todavia, um gestor de carteiras não deve ignorar as notícias apenas porque os preços se ajustam rapidamente. Elas contêm informação que um gestor pode utilizar para estruturar carteiras e atualizar possíveis cenários.

Várias fontes de notícias estão disponíveis na Internet. Algumas dessas, como **http://www.bloomberg.com**, **http://nwes.ft.com** e **http://online.wsj.com**, foram enumeradas em capítulos anteriores. Outros sites são:

http://finance.yahoo.com – Contém links para vários sites de notícias, informações, comentários e assuntos ligados a finanças.

http://money.cnn.com – Este é o site da rede financeira do canal de notícias a cabo (Cable News Network) e da revista *Money*. O da CNN é: **http://www.cnn.com**.

http://moneycentral.msn.com – O site do canal de TV a cabo da CNBC mudou para esse endereço.

http://www.foxnews.com, **http://www.abcnews.go.com**, **http://www.cbsnews.com** e **http://www.msnbc.msn.com** são as URLs de notícias da Fox, ABC, CBS e NBC, respectivamente. Meir Statman (**http://lsb.scu.edu/finance/faculty/Statman/**) e Richard Thaler (**http://gsb.www.uchicago.edu/fac/richard.thaler/research/**) são dois dos principais pesquisadores na área de finanças comportamentais. Essas páginas contêm links para suas pesquisas.

228 Investimentos

do teste e especificamente por que os resultados foram favoráveis à hipótese.

8. Descreva os resultados de um estudo que *não* tenha sido favorável à forma semiforte da HME. Discuta a natureza do teste e especificamente por que não foram favoráveis à hipótese.

9. Em muitos dos testes da HME, trata-se realmente de uma "hipótese conjunta". Discuta o significado desse conceito e que hipóteses conjuntas estão sendo testadas.

10. Defina e discuta a forma semiforte da HME. Por que alguns observadores afirmam que a hipótese semiforte realmente exige um mercado perfeito além de um mercado eficiente? Seja específico.

11. Discuta como você testaria a forma forte da HME. Por que esses testes são relevantes? Dê um breve exemplo.

12. Descreva os resultados de um estudo que *não* tenha sido favorável à forma forte da HME. Discuta o teste e especificamente por que os resultados relatados não apoiaram a hipótese.

13. Relate os resultados de um estudo que tenha apoiado a forma forte da HME. Questione o teste e especificamente por que esses resultados apoiaram a hipótese.

14. Descreva o objetivo geral das finanças comportamentais.

15. Por que os defensores das finanças comportamentais argumentam que a teoria financeira convencional é incompleta?

16. Qual é a implicação da HME para a utilização da análise técnica?

17. Qual é a implicação da HME para a utilização da análise fundamentalista? Discuta especificamente o que ela *não* implica.

18. Em um mundo de mercados eficientes de capitais, o que você precisa fazer para ser um analista superior? Como você testaria se um analista é superior?

19. Discuta que conselhos você daria a seus analistas superiores em termos dos conjuntos de empresas a analisar e das variáveis que devem ser consideradas na análise.

20. Como um gestor de carteiras sem analistas superiores deveria gerir sua carteira?

21. Descreva os objetivos de um fundo indexado. Discuta o argumento de que os fundos indexados são a resposta definitiva em um mundo com mercados eficientes de capitais.

22. Em uma reunião social, você encontra o gestor de carteiras do departamento fiduciário de um banco local. Ele lhe confidencia que tem seguido as recomendações dos seis analistas do departamento durante um longo período e descobriu que dois são superiores, dois são medianos e dois são claramente inferiores. Como você recomendaria que ele gerisse sua carteira?

23. *Exame CFA Nível 1*
    (a) Enumere e defina sucintamente as *três* formas da hipótese de mercado eficiente. (6 minutos)
    (b) Discuta o papel de um gestor de carteiras em um mercado perfeitamente eficiente. (9 minutos)

24. *Exame CFA Nível II*
    Tom Max, analista quantitativo da TMP, elaborou um modelo de construção de carteiras com o qual está entusiasmado. Para criá-lo, Max fez uma lista das ações atualmente incluídas no índice S&P 500 e obteve o fluxo de caixa anual das operações, o preço e os dados de retorno total de cada ação nos últimos cinco anos. No final de cada ano, esse universo foi dividido em cinco carteiras com pesos iguais, cada uma com 100 ações, sendo a seleção baseada unicamente nas classificações por preço e fluxo de caixa das ações individuais. Calculou-se a seguir o retorno anual médio de cada carteira.

    Durante esse período de cinco anos, os retornos totais de carteiras relacionados ao quociente mais baixo entre preço e fluxo de caixa atingiram um valor anualizado de 19% ou 3,1 pontos porcentuais acima do retorno de 15,9% do índice S&P 500. Max também observou que a carteira com preço-fluxo de caixa mais baixo teve um beta de 0,91, abaixo do mercado, portanto, no decorrer desse mesmo período.

    (a) Comente brevemente a utilização que Max fez do beta como um indicador de risco de carteira à luz dos recentes testes acadêmicos de seu poder explanatório no que se refere a retornos de ações. (5 minutos)
    (b) Você está familiarizado com a literatura sobre anomalias e ineficiências de mercado. Com essa base, discuta a utilização que Max fez de um modelo de fator único (preço-fluxo de caixa) em sua pesquisa. (8 minutos)
    (c) Identifique e descreva brevemente *quatro* preocupações específicas em relação aos procedimentos de teste de Max e a concepção do modelo. (Os aspectos já discutidos em suas respostas aos itens (a) e (b) *não* podem ser utilizados para responder o item (c). (12 minutos)

25. *Exame CFA Nível III*
    (a) Explique sucintamente o conceito de *hipótese de mercado eficiente* (HME) e cada uma de suas três formas: *fraca, semiforte e forte* e discuta brevemente o grau no qual as evidências empíricas existentes apóiam cada uma das três formas da HME. (8 minutos)
    (b) Discuta sucintamente as implicações da hipótese de mercado eficiente para a política de investimento aplicada à:
        i. análise técnica na forma gráfica e
        ii. análise fundamentalista. (4 minutos)
    (c) Explique brevemente *dois* importantes papéis ou responsabilidades dos gestores de carteiras em um ambiente de mercado eficiente. (4 minutos)
    (d) Discuta de forma rápida se a alocação ativa de ativos entre países poderia superar sistematicamente um índice de mercado mundial. Relate as implicações de *integração versus segmentação* dos mercados financeiros internacionais e sua relevância para a diversificação de carteiras, mas ignore a questão da seleção de ações. (6 minutos)

Mercados eficientes de capitais **229**

PROBLEMAS

1. Calcule as taxas de retorno anormais das seguintes ações durante o período t (ignore as diferenças em termos de risco sistemático).

Ação	R_{it}	R_{mt}
B	11,5%	4,0%
F	10,0	8,5
T	14,0	9,6
C	12,0	15,3
E	15,9	12,4

R_{it} = Retorno da ação i no período t
R_{mt} = Retorno do mercado como um todo no período t

2. Calcule as taxas de retorno anormais das cinco ações do Problema 1, supondo as seguintes medidas de risco sistemático (betas):

Ação	β_i
B	0,95
F	1,25
T	1,45
C	0,70
E	−0,30

3. Compare os retornos anormais dos Problemas 1 e 2 e debata o motivo da diferença encontrada em cada caso.
4. Levante o volume negociado diário das seguintes ações para um período de cinco dias.
   - Merck
   - Anheuser Busch
   - Intel
   - McDonald's
   - General Electric

   Selecione aleatoriamente cinco ações da NYSE e examine seu volume diário de negociação nos mesmos cinco dias.
   (a) Quais são os volumes diários médios nas duas amostras?
   (b) Você espera que essa diferença tenha algum impacto sobre a eficiência dos mercados nas duas amostras? Por quê?

EXERCÍCIOS NA INTERNET

1. Undiscovered Managers (http://www.undiscoveredmanagers.com) é um grupo de fundos de investimento que utiliza os conceitos de finanças comportamentais para gerir suas carteiras.
   (a) Comente o desempenho de seus fundos em relação a seus índices de referência. Os números de desempenho, quando comparados aos dos índices, revelam que os princípios das finanças comportamentais oferecem uma forma superior de investimento? Por quê?
   (b) Os índices de referência especificados na seção "desempenho" são apropriados para os fundos? Por quê?
   (c) O site contém artigos de pesquisa em finanças comportamentais. Leia um dos artigos e resuma a pesquisa em uma ou duas páginas. Que implicações têm os resultados para a hipótese de mercado eficiente?

2. O site http://finance.yahoo.com oferece informações sobre anúncios de lucros e surpresas destes recentes. Clique em *Today's Markets*, depois em *Earnings*, na seção *Today's Events*. Selecione as três ações com as maiores surpresas de lucros (positivas ou negativas). Na página principal, insira os códigos de negociação de cada uma das ações e gere um gráfico de preços. Este reflete a antecipação das surpresas de lucros pelo mercado? Ou só o mercado reagiu após as notícias?

3. O que é um "número sussurrado"? Qual é a relação entre esses números, os anúncios de lucros e a reação dos preços de ações? Veja sites como http://earningswhispers.com e http://www.whispernumber.com.

REFERÊNCIAS

BALL, Ray. "The Theory of Stock Market Efficiency: Accomplishments and Limitations." *Journal of Applied Corporate Finance* 8, n. 1, primavera 1995.

BARRY, Christopher B.; BROWN, Stephen J. "Differential Information and the Small Firm Effect." *Journal of Financial Economics* 13, n. 2, jun. 1984.

BASU, Senjoy. "Investment Performance of Common Stocks in Relation to Their Price-Earnings Ratios: A Test of the Efficient Market Hypothesis." *Journal of Finance* 32, n. 3, jun. 1977.

BERKOWITZ, Stephen A.; FINNEY, Louis D.; LOGUE, Dennis. *The Investment Performance of Corporate Pension Plans*. New York: Quorum Books, 1988.

BERNARD, Victor. "Capital Markets Research in Accounting During the 1980's: A Critical Review." In: FRECKA, Thomas J. (Ed.) *The State of Accounting Research as We Enter the 1990's*. Urbana: University of Illinois Press, 1989.

BERNARD, Victor L.; THOMAS, Jacob K. "Post-Earnings-Announcements Drift: Delayed Price Response or Risk Premium?" *Journal of Accounting Research* 27, 1989. Suplemento.

FAMA, Eugene F. "Efficient Capital Markets: II." *Journal of Finance* 46, n. 5, dez. 1991.

FISHER, Kenneth; STATMAN, Meir. "A Behavioral Framework for Time Diversification." *Financial Analysts Journal* 55, n. 3, maio-jun. 1999.

HUBERMAN, Gur; KANDEL, Shmuel. "Market Efficiency and Value Line's Record." *Journal of Business* 63, n. 2, abr. 1990.

IBBOTSON, Roger G.; SINDELAR, Jody; RITTER, Jay R. "Initial Public Offerings." *Journal of Applied Corporate Finance* 1, n. 3, verão 1988.

JAIN, Prem C. "Response of Hourly Stock Prices and Trading Volume to Economic News." *Journal of Business* 61, n. 2, abr. 1988.

KEIM, Donald B. "Size-Related Anomalies and Stock Return Seasonality." *Journal of Financial Economics* 12, n. 1, jun. 1983.

KEIM, Donald B.; STAMBAUGH, Robert F. "Predicting Returns in Stock and Bond Markets." *Journal of Financial Economics* 17, n. 2, dez. 1986.

LEV, Baruch. "On the Usefulness of Earnings and Earning Research: Lessons and Directions from Two Decades of Empirical Research." *Journal of Accounting Research* (Suplemento, 1989).

LOUGHRAN, Timothy; RITTER, Jay. "The New Issues Puzzle." *Journal of Finance* 50, n. 1, mar. 1995.

MALKIEL, Burton G. *A Random Walk Down Wall Street.* New York: Norton, 2000.

MILLER, Robert E.; REILLY, Frank K. "Examination of Mispricing, Returns, and Uncertainty for Initial Public Offerings." *Financial Management* 16, n. 2, jan. 1987.

NOFSINGER, John R. *The Psychology of Investing.* 2. ed. New Jersey: Pearson Prentice Hall, 2005.

OU, J.; PENMAN, S. "Financial Statement Analysis and the Prediction of Stock Returns." *Journal of Accounting and Economics*, nov. 1989.

SHEFRIN, Hersh. *Beyond Greed and Fear: Understanding Behavioral Finance and the Psychology of Investing.* Boston: Harvard Business School Press, 1999.

SHEFRIN, Hersh; STATMAN, Meir. "Behavioral Capital Asset Pricing Theory." *Journal of Financial and Quantitative Analysis*, n. 3, set. 1995.

WOOD, Arnold S. (Ed.). *Behavioral Finance and Decision Theory in Investment Management.* Charlottesville, VA: Association for Investment Management and Research, 1995.

GLOSSÁRIO

Anomalias – Relações de preços de títulos que parecem contradizer uma hipótese respeitada; nesse caso, o mercado eficiente.

Finanças comportamentais – Ramo da economia financeira que considera a maneira como os traços psicológicos afetam o modo pelo qual indivíduos ou grupos agem como investidores.

Hipótese de mercado eficiente na forma forte – Crença de que os preços de títulos refletem completamente todas as informações, tanto de fontes privadas quanto públicas.

Hipótese de mercado eficiente na forma fraca – Crença de que os preços de títulos refletem completamente todas as informações de mercado de títulos.

Hipótese de mercado eficiente na forma semiforte – Crença de que os preços de títulos refletem completamente todas as informações publicamente disponíveis, incluindo dados sobre transações com títulos e notícias de empresas, econômicas e políticas.

Investimento de fusão – Investimento que reconhece a influência dupla do valor fundamental de um título e do sentimento do investidor.

Mercado eficiente de capitais eficiente – Mercado no qual os preços dos títulos refletem rapidamente todas as informações sobre os títulos.

Mercado informacionalmente eficiente – Um termo mais técnico empregado para descrever um mercado eficiente de capitais e que enfatiza o papel da informação.

Regra de filtro – Regra de negociação que recomenda a realização de transações com títulos quando as variações de preços superam uma porcentagem predeterminada.

Regra de negociação – Uma fórmula para se decidir a respeito de transações correntes com base em dados históricos.

Surpresas de lucros – Anúncio de lucros de empresas que diferem das expectativas correntes dos analistas.

Taxa de retorno anormal – Magnitude pela qual o retorno de um título difere da taxa de retorno esperada de mercado, dada a taxa de retorno deste e sua relação com o título.

Taxa esperada de retorno – Retorno que os cálculos dos analistas indicam que um título deveria oferecer, com base nas taxas de retorno do mercado durante o período e na relação do título com o mercado.

Teste de autocorrelação – Teste da hipótese de mercado eficiente na forma fraca mediante a comparação de variações de preços de títulos com o tempo, para verificar a existência de padrões previsíveis de correlação.

Teste de seqüências – Teste da hipótese de mercado eficiente na forma fraca que verifica a existência de tendências que persistem por mais tempo, em termos de variações de preços negativas ou positivas, do que seria esperado em uma série aleatória.

Parte 4

Avaliação: revisão e aplicações a títulos de renda fixa

11 Uma introdução à avaliação

12 Análise de títulos de renda fixa

No quesito entusiasmo do investidor, os títulos de renda fixa estão quase no fim da lista; são as ações que atraem a atenção tanto da mídia impressa como televisiva. A percepção de que os títulos de renda fixa são chatos e não são um componente muito importante do mercado de capitais é bem difundida – pergunte a qualquer investidor com menos de 60 anos ou a um estudante de finanças na universidade. Isso é surpreendente, quando se considera que, nos Estados Unidos e na maioria dos outros países, o valor total do mercado de títulos de renda fixa é semelhante ao do mercado de ações. Por exemplo, nos Estados Unidos, no fim do ano de 2003, o valor de mercado de todos os títulos de renda fixa emitidos publicamente era de mais de 21 trilhões de dólares, ao passo que o de todas as ações chegava a 23 trilhões de dólares. Em termos globais, aquele era de quase 45 trilhões de dólares.[1]

Os títulos de renda fixa também ofereceram taxas de retorno baixas e pouco empolgantes. Embora isso possa ter ocorrido há 50 ou 60 anos, certamente não tem sido o caso nos últimos 20 anos. Especificamente, de 1980 a 2001, a taxa média de retorno composta de uma carteira agregada de títulos de renda fixa atingiu cerca de 10% ao ano (incluindo 32,64% em 1982, outros seis anos nos quais os retornos ultrapassaram 14%, e apenas dois anos de retornos negativos pequenos). Isso pode ser comparado a um retorno médio anual do índice *Wilshire 5000* de aproximadamente 14%.[2] A questão é que existem oportunidades significativas de investimento em títulos de renda fixa para investidores individuais ou institucionais.

No Capítulo 3, fizemos uma discussão básica de títulos de renda fixa e fornecemos uma visão geral dos seus mercados globais. Também discutimos diversos instrumentos novos de dívida privada desenvolvidos nos Estados Unidos, como títulos lastreados em ativos, de dívida com cupom igual a zero e de dívida com altas taxas de rendimento. Todos esses instrumentos estão sendo ou serão um dia utilizados ao redor do mundo. Nesta seção, continuamos neste mesmo caminho, começando no Capítulo 11, em que fazemos uma apresentação do tópico geral da avaliação de ativos, incluindo a avaliação de títulos de renda fixa sem opções, como precursor do Capítulo 12 (e a avaliação de ações ordinárias como precursora do Capítulo 15, na Parte 3). Discutimos os dois dados mais importantes no processo de avaliação, bem como os vários enfoques e modelos utilizados, para obter o valor intrínseco de um ativo para a tomada de decisões de investimento seguras.

No Capítulo 12, abordamos a análise de títulos de renda fixa com mais detalhes. Debatemos as várias medidas de taxas de retorno para títulos de renda fixa, fatores que afetam os rendimentos destes e as influências sobre a volatilidade dos seus retornos, incluindo a sua duração e a sua convexidade.

O fato de havermos dedicado diversos capítulos para o estudo de títulos de renda fixa atesta a importância desse tópico e das pesquisas amplas que têm sido feitas nessa área. Nos últimos 15 anos, talvez tenha havido mais avanços em relação à avaliação e à gestão de carteiras de títulos de renda fixa do que de ações. Esse crescimento na teoria e na prática destes títulos não diminui a importância das ações, mas certamente aumenta a importância daqueles. Além disso, esse crescimento do tamanho e da sofisticação do mercado de títulos de renda fixa significa que há inúmeras oportunidades de carreira no campo da renda fixa, inclusive a negociação desses títulos, a análise de crédito e a gestão de carteiras tanto nacionais como internacionais.

---

[1] LYNCH, Merrill. "Size and Structures of the World Bond Market." New York: Merrill Lynch, maio 2004.
[2] REILLY, Frank K.; WRIGHT, David J. "Analysis of Risk-Adjusted Performance of Global Market Assets." *Journal of Portfolio Management* 30, n. 3, 63-77, primavera 2004.

capítulo 11

Uma introdução à avaliação

Neste capítulo, responderemos às seguintes perguntas:

Ao avaliarmos um ativo, quais são os dados necessários?

Depois de termos avaliado um ativo, qual é o processo de decisão de investimento?

Quais são as duas abordagens principais ao processo de tomada de decisão de investimento?

Quais são as particularidades e a lógica da abordagem de cima para baixo em três estágios?

Como determinamos o valor de um título de renda fixa?

O que causa uma variação do valor de um título de renda fixa?

Como determinamos o valor de ações preferenciais?

Quais são as duas abordagens básicas de avaliação de ações ordinárias?

Em quais condições é melhor utilizar a abordagem do valor presente de fluxos de caixa para se avaliar as ações de uma empresa?

Quando é apropriado utilizar as técnicas de avaliação relativa para se avaliar as ações de uma empresa?

Quais são as técnicas mais importantes de avaliação de fluxos de caixa descontados?

Qual é a lógica do modelo de dividendos descontados (MDD)?

Qual é o efeito das hipóteses do MDD ao se avaliar o crescimento de uma empresa?

Como aplicamos o MDD na avaliação de uma empresa que deve ter um crescimento temporário acima do normal?

Como aplicamos o valor presente de fluxos de caixa operacionais e de fluxos livres de caixa à técnica de avaliação de ações?

Como aplicamos a abordagem de avaliação relativa?

Quais são os principais índices de avaliação relativa?

De acordo com o MDD, quais são os fatores que determinam o índice preço/lucro de ações?

Quais as duas variáveis gerais que precisam ser estimadas em qualquer abordagem de avaliação?

Como estimamos os principais dados para os modelos de avaliação de ações: (1) a taxa de retorno exigida e (2) a taxa de crescimento esperado de lucros, fluxos de caixa e dividendos?

O objetivo deste capítulo é fornecer bases para o tema geral da avaliação como um prelúdio tanto à avaliação de títulos de renda fixa (Capítulo 12) à de ações ordinárias (Capítulo 15). Por conseguinte, iniciamos com alguns tópicos bastante gerais: O que determina o valor de um ativo? Qual é o melhor processo e como tomamos uma decisão de investimento? A seguir, aplicamos esses conceitos de avaliação aos títulos de renda fixa, às ações preferenciais e às ordinárias. No item final, enfatizamos as estimativas das variáveis que determinam o valor: a taxa de retorno exigida e os fluxos de caixa futuros esperados do ativo.

O que determina o valor de um ativo?

A esta altura, você já deve estar familiarizado com o conceito de que *o valor de um ativo gerador de rendimentos ou um ativo financeiro é o valor presente dos fluxos de caixa futuros esperados do ativo*. Nesse conceito, existem dois dados necessários para se obter um valor específico para um ativo: (1) uma taxa de desconto utilizada para calcular o valor presente dos fluxos de caixa e (2) uma estimativa da série futura de fluxos de caixa.

- **Taxa de desconto.** Observamos, no início deste livro, que um investimento é uma aplicação de fundos por um período a fim de gerar uma taxa de retorno que recompense o investidor (1) pelo tempo durante o qual os fundos são aplicados, (2) pela taxa de inflação esperada durante aquele período e (3) pela incerteza dos fluxos de caixa futuros. Essa taxa de retorno é a *exigida* do investidor e, portanto, é a *taxa de desconto* apropriada para se utilizar ao estimar o valor de um ativo. Os dois primeiros componentes dessa taxa de retorno seriam iguais para qualquer investimento, logo são os componentes da *taxa nominal livre de risco*. Por isso, o terceiro componente, que requer a estimação do *prêmio por risco exigido* afeta mais intensamente a taxa de desconto.

- **Estimativa da série futura de fluxos de caixa.** A dificuldade de se estimar os fluxos de caixa futuros pode variar muito, já que os ativos variam de obrigações governamentais resgatáveis apenas no vencimento, nas quais esses fluxos são contratuais e virtualmente garantidos (isto é, eles são livres de risco de crédito) até ações ordinárias de alto risco de empresas de exploração de petróleo com fluxos de caixa bastante incertos.

O cálculo do valor de um ativo é o mesmo para um título de dívida do governo, para uma unidade imobiliária, para uma ação ordinária de primeira linha ou para uma de risco muito alto. Entretanto, embora o processo de avaliação sempre envolva o cálculo do valor presente dos fluxos de caixa futuros, as taxas de desconto serão diferentes, pois a incerteza destes é distinta. Da mesma forma, os fluxos de caixa futuros também serão diferentes, não apenas em virtude da natureza do ativo (por exemplo, título de renda fixa *versus* ação ordinária), mas também porque os analistas diferem em termos dos seus métodos de estimação. Em função dessas diferenças nas taxas de desconto e nas estimativas de fluxos de caixa futuros, dois analistas podem obter duas estimativas muito diferentes do valor do mesmo ativo.

Uma vez que um valor de um ativo tenha sido estimado, o ***processo de decisão de investimento*** é bastante simples – simplesmente comparamos o seu *valor intrínseco* ao *preço de mercado* vigente, e

Se o valor intrínseco estimado > preço de mercado → COMPRE

Se o valor intrínseco estimado < preço de mercado → NÃO COMPRE
(ou venda se você o tiver)

Em outras palavras, se você acredita que um ativo vale mais do que o preço que deve pagar por ele, você deve comprá-lo. Se o seu valor estimado é menor que o seu preço atual, deve considerá-lo caro e não deve comprá-lo ou, se o possuir, deve vendê-lo.

O processo de avaliação

Iniciamos nossa investigação da avaliação de títulos discutindo o ***processo de avaliação***, ou seja, a parte de decisão de investimento na qual estimamos o valor de um ativo. Há duas abordagens gerais a esse processo: (1) a abordagem de cima para baixo em três estágios e (2) a abordagem de baixo para cima e avaliação e escolha de ações. Ambas podem ser implantadas tanto por fundamentalistas como por analistas técnicos. A diferença entre as duas é a importância que se dá à economia e ao setor de atividade na avaliação de uma empresa e suas ações.

Os defensores da ***abordagem de cima para baixo em três estágios*** acreditam que tanto o efeito da economia e do mercado quanto o setorial exercem impacto significativo sobre os retornos totais de ações individuais. Entretanto, aqueles que empregam a ***abordagem de baixo para cima e a escolha de ações*** argumentam que é possível descobrir as que estejam subavaliadas quanto ao seu preço de mercado, e que elas oferecerão retornos superiores, *independentemente* das perspectivas de mercado e setoriais.

Ambas as abordagens têm inúmeros defensores, e os defensores delas têm sido muito bem-sucedidos.[1] Neste livro, defendemos e apresentamos a abordagem de cima para baixo em três estágios, por causa de sua lógica e sua sustentação empírica. Embora acreditemos que um gestor de carteiras ou um investidor possa ter sucesso na utilização da abordagem de baixo para cima, cremos que ela seja mais difícil, pois esta última abordagem ignora informações substanciais provenientes do mercado e do setor da empresa. É de se salientar que ambas as abordagens empregam iguais modelos e técnicas de avaliação durante esta fase.

UMA VISÃO GERAL DO PROCESSO DE AVALIAÇÃO DE CIMA PARA BAIXO

Embora saibamos que o valor de um título é essencialmente determinado por sua qualidade e por seu potencial de lucro, também acreditamos que o ambiente econômico e o desempenho do setor de uma empresa influenciam o valor de um título e sua taxa de retorno. Em virtude da importância desses fatores econômicos e setoriais, apresentamos primeiro uma visão geral do processo de avaliação que descreve essas influências e explica como podem ser incorporadas à análise do valor de títulos. Posteriormente, descrevemos a teoria de valor e enfatizamos os fatores que afetam o valor dos títulos.

Os psicólogos indicam que o sucesso ou o fracasso de um indivíduo pode ser causado tanto por seu ambiente familiar, econômico e social quanto por seus dotes genéticos. Estendendo essa idéia à avaliação de títulos, devemos considerar o meio econômico e setorial de uma empresa durante o processo de avaliação. Independentemente das qualidades ou dos recursos de uma empresa e de sua administração, o ambiente econômico e setorial terá uma influência primordial no sucesso de uma empresa e na taxa de retorno obtida por suas ações.

Como exemplo disso, suponha que você possua ações da empresa mais forte e bem-sucedida de fabricação de móveis e acessórios residenciais. Se possuir as ações durante uma expansão econômica forte, as vendas e os lucros da empresa aumentarão e sua taxa de retorno deverá ser bastante alta. Mas, se possuir as mesmas ações durante uma grave recessão econômica, as vendas e os lucros dessa empresa (e, talvez, da maioria ou de todas as empresas do mesmo setor) provavelmente sofrerão uma queda, e o preço de suas ações ficará estável ou cairá. Por conseguinte, ao avaliar o valor futuro de um título, é necessário analisar o panorama da economia como um todo e do setor específico daquela empresa.

O processo de avaliação é como o dilema de quem nasceu primeiro: se o ovo ou a galinha. Começamos a analisar a macroeconomia e os vários setores antes das ações individuais ou iniciamos com os títulos individuais e gradualmente combinamos essas empresas em departamentos e na economia como um todo? Por motivos discutidos no próximo item, argumentamos que a discussão deve partir de uma análise das economias agregadas e dos mercados gerais de títulos, prosseguindo para diferentes setores com uma perspectiva global. Apenas após uma análise completa de um setor global estaremos em condições de avaliar adequadamente os títulos emitidos por empresas individuais nos melhores setores. Assim, recomendamos um processo de avaliação, de cima para baixo em três estágios, no qual primeiro examinamos a influência da economia geral sobre todas as empresas e os mercados de títulos, depois analisamos as perspectivas de vários setores globais com as

---

[1] Para o histórico e o processo de seleção de um legendário praticante da escolha de ações, veja Robert G. Hagstrom Jr. *The Essential Buffett*, New York: John Wiley & Sons, 2001; ou Roger Lowenstein. *Buffett: the Making of an American Capitalist*, New York: *Random House*, 1995.

Quadro 11.1 — Visão geral do processo de investimento

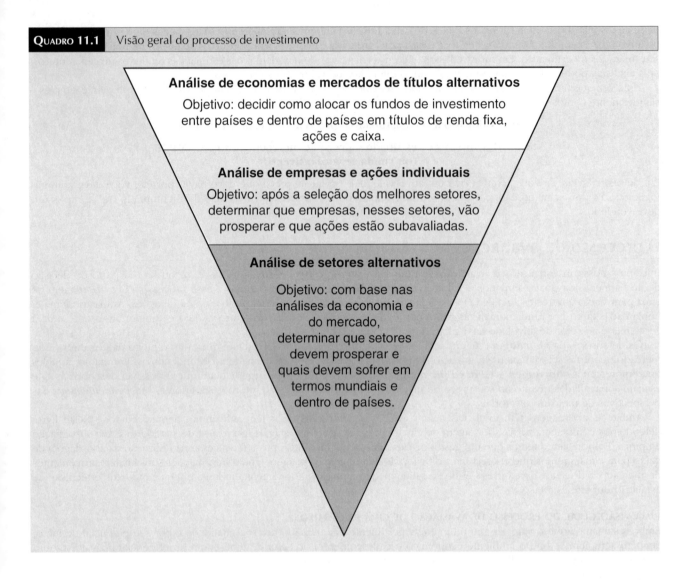

melhores possibilidades nesse contexto econômico e, finalmente, voltamo-nos para a análise de empresas individuais nas seções preferidas e às ações ordinárias dessas empresas. O Quadro 11.1 indica o procedimento recomendado.

Por que um processo de avaliação em três estágios?

INFLUÊNCIAS ECONÔMICAS GERAIS

Medidas de política fiscal e monetária implantadas por vários órgãos de governos nacionais influenciam as economias agregadas dos respectivos países. As condições econômicas resultantes influenciam todos os setores e empresas nas economias.

Iniciativas de política fiscal, como créditos fiscais ou cortes de impostos, podem estimular os gastos, ao passo que impostos adicionais sobre a renda, a gasolina, os cigarros e as bebidas alcoólicas podem desencorajá-los. Aumentos ou diminuições nos gastos do governo com defesa, seguro-desemprego ou programas de recolocação profissional ou com rodovias também influenciam a economia geral. Todas essas políticas influenciam o ambiente de negócios das empresas que dependem diretamente deles. Além disso, sabemos que os gastos governamentais têm um forte *efeito multiplicador*. Por exemplo, os aumentos na área de construção de estradas elevam a demanda de equipamentos e materiais de construção. Como resultado, além dos operários de construção, os empregados desses setores que fornecem equipamentos e materiais passam a ter mais para gastar com bens de consumo, o que aumenta a demanda por bens de consumo e afeta outro conjunto de fornecedores.

A política monetária produz mudanças similares na economia. Uma política monetária restritiva que reduza a taxa de crescimento da oferta de moeda reduz a de fundos para capital de giro e para a expansão de todas as empresas. Alternativamente, uma política monetária restritiva que tenha como alvo as taxas de juros as aumentaria no mercado e, por conseguinte, os custos das empresas, e tornaria mais caro para as pessoas financiar hipotecas imobiliárias e comprar outros bens duráveis, como automóveis e eletrodomésticos. A política monetária afeta, portanto, todos os segmentos de uma economia e a relação desta com outras economias.

Qualquer análise econômica requer a consideração da inflação. Como já discutimos, esta causa diferenças entre taxas de juros reais e nominais e mudanças no comportamento de gasto e poupança de consumidores e empresas. Além disso, variações inesperadas da taxa de inflação dificultam o planejamento das empresas, o que inibe o crescimento e a inovação. Além do impacto sobre a economia nacional, diferenças em termos de inflação e taxas de juros influenciam a balança comercial dos países e a taxa de câmbio entre suas moedas.

Além das ações de política fiscal e monetária, eventos como guerras, ataques terroristas, revoltas políticas em países estrangeiros ou desvalorizações monetárias internacionais produzem mudanças no ambiente empresarial que aumentam a incerteza sobre as expectativas de vendas e de lucros e, assim, crescem o prêmio por risco exigido pelos investidores. Por exemplo, em 11 de setembro de 2001, o ataque terrorista ao *World Trade Center* teve um impacto significativo sobre a economia americana e afetou outros países, possivelmente retardando a recuperação da recessão durante aquele período.

Em suma, é difícil imaginar qualquer setor ou empresa que possa evitar o impacto de eventos macroeconômicos que afetam a economia como um todo. Como os eventos econômicos agregados exercem um efeito profundo sobre todos os setores e empresas a eles ligadas, esses fatores macroeconômicos devem ser considerados antes que aqueles sejam analisados. Além disso, o desempenho futuro de um departamento depende do panorama econômico *e* da sua relação esperada com a economia durante uma fase particular do ciclo econômico.

Influências setoriais

A segunda etapa do processo de avaliação consiste em identificar os setores que prosperarão ou sofrerão a longo prazo ou durante o ambiente econômico esperado de curto prazo. Exemplos de condições que afetam setores específicos são greves nos principais países produtores, cotas ou tarifas de importação e exportação e escassez ou excesso de oferta mundial de um recurso, ou ainda regulamentações impostas pelo governo sobre um determinado setor.

Setores distintos reagem a mudanças econômicas em pontos diferentes do ciclo econômico. Por exemplo, as empresas geralmente aumentam os gastos de capital quando operam à capacidade plena no pico do ciclo econômico. Por conseguinte, os setores que fornecem equipamentos e maquinaria geralmente são afetados no final dele. Além disso, setores distintos reagem de maneira diferente ao ciclo econômico. Os cíclicos, como os de aço e automóveis, geralmente têm um desempenho melhor do que a economia agregada durante as fases de expansão, mas sofrem mais durante as recessões. Entretanto, os setores não-cíclicos, como os de venda de alimentos no varejo, não teriam uma queda significativa durante uma recessão, mas também não experimentariam um crescimento forte durante uma expansão econômica.

Outro fator que terá um efeito diferencial sobre os setores é a demografia. Por exemplo, é amplamente reconhecido que a população dos Estados Unidos está envelhecendo; os *baby boomers* estão chegando a quase 60 anos de idade e há um grande grupo de cidadãos acima de 65 anos. Esses dois grupos apresentam uma forte demanda de segundas residências e assistência médica, bem como nos setores relacionados a esses segmentos (por exemplo, os de móveis para residências e produtos farmacêuticos).

As empresas que vendem em mercados internacionais podem se beneficiar ou sofrer com mudanças econômicas no exterior. Um setor que possui um mercado mundial significativo pode experimentar baixa demanda em seu mercado nacional, mas se beneficiar do crescimento do mercado internacional. Como exemplo disso, boa parte do crescimento da Coca-Cola e da Pepsi, bem como de cadeias de *fast-food,* como McDonald's e Burger King tem decorrido da expansão internacional na Europa e no Leste da Ásia.

Em geral, as perspectivas de um setor determinarão quão bom ou ruim será o desempenho de uma empresa individual. Poucas empresas têm desempenho bom em um setor ruim, de modo que até mesmo a melhor empresa deste é uma má oportunidade de investimento. Por exemplo, vendas e lucros fracos no setor de equipamentos agrícolas em 2001 e 2002 tiveram um impacto negativo sobre a *Deere and Co.*, uma empresa bem administrada e provavelmente a melhor companhia do ramo. Muito embora a *Deere* tenha tido desempenho melhor do que outras empresas (algumas faliram), seus lucros e o desempenho de suas ações ainda ficaram bastante abaixo do ocorrido anteriormente, e a empresa teve um desempenho ruim em comparação com o das companhias da maioria dos outros setores.

Particularmente, mesmo os gestores de recursos que essencialmente se preocupam com a seleção de ações consideram a análise setorial importante, pois ela determina o risco econômico de uma empresa em função da volatilidade das vendas e da alavancagem operacional, e a rentabilidade de uma empresa é afetada pelo ambiente de competição em seu setor.

Análise de empresas

Após determinar que as perspectivas de um setor são boas, um investidor pode analisar e comparar o desempenho de empresas individuais no setor como um todo, utilizando índices financeiros e valores de fluxos de caixa. Como vamos discutir no Capítulo 14, muitos daqueles são válidos apenas quando comparados à atuação dos seus setores.

A análise de empresas procura identificar a melhor em um setor promissor. Isso envolve o exame do desempenho passado de uma empresa, mas, acima de tudo, o exame de suas perspectivas. Após entendermos a empresa e suas perspectivas, podemos determinar seu valor e assim compará-lo ao preço das ações da empresa para decidir se elas ou seus títulos de renda fixa são bons investimentos.

O objetivo é selecionar ações subavaliadas em um setor desejável e incluí-las em uma carteira com base em sua relação (correlação) com todos os outros ativos da carteira. Como discutiremos com mais detalhes no Capítulo 15, a melhor ação para fins de investimento pode não ser necessariamente emitida pela melhor empresa, pois a ação desta pode estar superavaliada, o que a torna um mau investimento. Não é possível saber se um título está subavaliado ou superavaliado até que tenhamos analisado a empresa, estimado seu valor intrínseco, comparando-o ao preço do mercado das suas ações.

236 Investimentos

O processo de três estágios funciona?

Embora a lógica do processo de investimentos de três estágios seja atraente, você poderia se perguntar quão bem esse processo funciona na prática. Diversos estudos acadêmicos têm indicado que a maior parte das variações dos *lucros* de uma empresa individual poderia ser atribuída às de lucros agregados e às do setor da empresa, sendo as que abrangem as dos lucros agregados mais importantes. Os resultados têm demonstrado sistematicamente que o ambiente econômico exerce um efeito significativo sobre os lucros das companhias.

Os estudos também têm encontrado uma relação entre os preços agregados de ações e várias séries econômicas, apoiando a idéia de que há uma relação entre preços de ações e expansões e recessões da economia.[2] Além disso, um exame da relação entre as *taxas de retorno* do mercado de ações como um todo, setores alternativos e ações individuais mostram que a maior parte das variações dos retornos de ações individuais pode ser explicada por alterações das taxas de retorno do mercado de ações como um todo e dos setores destas. Embora a importância do efeito do mercado tenha caído com o tempo e a importância do efeito setorial variado entre os setores, o efeito combinado mercado-setor sobre a taxa de retorno de ações individuais ainda é importante.[3]

Os resultados que apóiam o processo de avaliação em três estágios são compatíveis com a nossa discussão no Capítulo 2 de que a decisão mais importante é a decisão de alocação de ativos.[4] Esta especifica: (1) que proporção de sua carteira será aplicada na economia de cada país; (2) dentro de cada país, como você dividirá seus ativos entre ações, títulos de renda fixa e outros ativos; e (3) suas seleções de setor, com base no desempenho setorial esperado no ambiente econômico projetado.

Dado o processo de três estágios, precisamos considerar a teoria de avaliação, que nos permite calcular os valores estimados para o mercado, para setores alternativos e para ações individuais.

Revisão dos componentes da avaliação

A teoria da avaliação diz que o valor de um ativo é aquele presente de fluxos de caixa futuros esperados. Por sua vez, os dois componentes exigidos para o cálculo do valor são: (1) a taxa de retorno exigida (taxa de desconto) do investimento e (2) a série de fluxos de caixa esperados.

Taxa de retorno exigida

Incerteza de fluxos de caixa – Como mencionamos anteriormente, a taxa de retorno exigida de um investimento é determinada (1) pela taxa de retorno livre de risco real da economia, mais (2) a taxa esperada de inflação durante o prazo de aplicação, mais (3) o prêmio por risco, determinado pelas incertezas dos retornos (fluxos de caixa). O fator que causa diferenças nas taxas de retorno exigidas é o prêmio por risco do investimento, que depende da incerteza dos retornos ou fluxos de caixa do investimento. Podemos identificar as fontes de incerteza dos retornos por meio das características internas de um ativo ou de fatores determinados pelo mercado. Nos Capítulos 2 e 3, subdividimos as características internas de uma empresa em risco econômico (RE), risco financeiro (RF), risco de liquidez (RL), risco de taxa de câmbio (RC) e risco-país (RP). Os fatores determinados no mercado são o risco sistemático do ativo, seu beta ou seu risco sistemático, como especificado por fatores múltiplos, conforme discutido no Capítulo 9.

Série de fluxos de caixa

Uma estimativa dos fluxos de caixa esperados de um investimento engloba não apenas a magnitude, como também a forma, a distribuição no tempo e a incerteza dos fluxos de caixa, que afetam a taxa exigida de retorno.

Forma do retorno – Os fluxos de caixa de um investimento podem assumir muitas formas, incluindo-se fluxos de caixa de lucros, dividendos, pagamentos de juros ou devolução do principal durante um período. Consideraremos diversas técnicas de avaliação que utilizam formas diferentes de retorno. Como exemplo disso, um modelo de avaliação de ações ordinárias calcula o valor presente dos fluxos de caixa operacionais de uma empresa, e outro modelo estima o valor presente dos pagamentos de dividendos. Como os fluxos de caixa podem assumir muitas formas, devemos considerar todas elas para avaliar um investimento adequadamente.

> **E-leituras interativas**
>
> Para mais explicações e um exemplo animado do valor do dinheiro no tempo, visite: http://reillyxtra.swlearning.com.

Distribuição no tempo e taxa de crescimento dos fluxos de caixa – Um valor preciso de um título deve incluir uma estimativa do momento de ocorrência e da magnitude dos fluxos de caixa futuros. Como o dinheiro tem valor no tempo, devemos conhecer a sua distribuição e estimar a taxa de crescimento dos fluxos de caixa de um investimento.

---

[2] Veja Geoffrey Moore e John P. Cullity. "Security Markets and Business Cycles." In: LEVINE, Summer N. (Ed.). *The Financial Analysts Handbook*. 2. ed. (*Homewood, IL:* Dow Jones-Irwin, 1988).

[3] Para um estudo que documenta o impacto da economia e do setor, mas que aponta a importância do crescimento do efeito do setor global, veja S. Cavaglia, C. Brightman e M. Aked. "The Increasing Importance of Industry Factors." *Financial Analysis Journal* 56, n. 5, 41-54, set.-out. 2000.

[4] Uma aplicação desses conceitos vê-se em Abby J. Cohen. "Economic Forecasts and the Asset Allocation Decision." In: *Economic Analysis for Investment Professionals*, Charlottesville: VA: AIMR, nov. 1996.

PROCESSO DE DECISÃO DE INVESTIMENTO: UM EXEMPLO

Conforme observado anteriormente, para chegarmos ao retorno exigido de um investimento, devemos estimar o valor intrínseco deste à taxa exigida de retorno e depois compará-lo ao preço vigente de mercado. Ilustraremos com um exemplo.

Suponha que você tenha lido sobre um produtor de calçados esportivos cujas ações sejam negociadas na NYSE. Utilizando um dos modelos de avaliação que vamos discutir e fazendo estimativas de fluxos de caixa futuros, você estima que o valor intrínseco das ações da empresa, utilizando sua taxa de retorno exigida, seja de 20 dólares por ação. Após a estimação desse valor, você consulta o jornal e vê quais delas estão atualmente sendo negociadas a 15 dólares. Você deveria querer comprá-las, porque acredita que elas valem 20 dólares e pode comprá-las a 15 dólares. Entretanto, se o preço atual de mercado fosse de 25 dólares, não iria querer comprá-las porque, com base em sua avaliação, elas estariam superavaliadas. Você não apenas não iria querer comprar as ações, como também deveria vendê-las, se elas estivessem em sua carteira, porque, com base neste preço, não obteria sua taxa de retorno exigida. Faria melhor se vendesse essas ações e reinvestisse os recursos em outro ativo que oferecesse pelo menos sua taxa de retorno exigida.

Visão geral da avaliação

E-leituras interativas

Para mais explicações e um exemplo animado de avaliação de títulos de dívidas visite: http://reillyxtra.swlearning.com.

AVALIAÇÃO DE TÍTULOS DE RENDA FIXA

O cálculo do valor de títulos de renda fixa é relativamente fácil, porque a magnitude e a distribuição dos seus fluxos de caixa no tempo são conhecidas. Um título de renda fixa tipicamente promete:

1. Pagamentos de juros a cada seis meses, iguais à metade da taxa de cupom vezes o valor de face do título.
2. O pagamento do principal na data de vencimento do título.

Como exemplo disso, em 2006, um título de dívida de 10.000 dólares com vencimento em 2021, com cupom de 10%, pagaria 500 dólares a cada seis meses em seus 15 anos de vida. Além disso, o emissor do título promete pagar o principal de 10.000 dólares no vencimento referido. Por conseguinte, supondo que o emissor do título não seja inadimplente, o investidor sabe quais pagamentos (fluxos de caixas) serão feitos e quando.

Com base na teoria de avaliação, o valor do título de renda fixa é dado pelo valor presente dos pagamentos de juros, que podemos reconhecer como uma anuidade de 500 dólares a cada seis meses por 15 anos, e o valor presente do pagamento do principal, que, neste caso, é o valor presente de 10.000 dólares nesse tempo. A única incógnita para esse ativo (imaginando que o devedor não fique inadimplente) é a taxa de retorno exigida que seria utilizada para descontar a série prevista de retornos (fluxos de caixa). Se a taxa nominal livre de risco vigente é de 9% e o investidor exige um prêmio por risco de 1% sobre esse título de dívida, pois há alguma probabilidade de inadimplência, a taxa de retorno exigida é igual a 10%.

E-leituras interativas

Para mais explicações e um exemplo animado de anuidade, visite: http://reillyxtra.swlearning.com.

O presente atual dos pagamentos de juros é uma anuidade com 30 períodos (15 anos a cada seis meses), à metade do retorno exigido (5%):[5]

$$\$\ 500 \times 15{,}3725 = \$\ 7.686$$

(Valor presente dos pagamentos de juros a 10%)

O valor presente do principal é igualmente descontado a 5% para 30 períodos:[6]

$$\$\ 10.000 \times 0{,}2314 = \$\ 2.314$$

(Valor presente do pagamento do principal a 10%)

Podemos resumir da seguinte maneira:

$$\text{Valor presente dos pagamentos de juros } \$\ 500 \times 15{,}3725 = \$\ 7.686$$
$$\text{Valor presente do pagamento do principal } \$\ 10.000 \times 0{,}2314 = \underline{\$\ 2.314}$$
$$\text{Valor total do título de renda fixa a 10\%} = \$\ 10.000$$

Esta é a quantia que um investidor deveria estar disposto a pagar por esse título de renda fixa, supondo que a taxa de retorno exigida de um título pertencente a essa classe de risco seja de 10%. Se o preço de mercado do título estiver acima desse valor, o investidor não deverá comprá-lo, pois o rendimento prometido até o vencimento a este preço mais alto seria menor do que a taxa de retorno exigida pelo investidor. Observe-se que o valor do título de renda fixa é igual ao seu valor ao par, o que sempre será verdadeiro se a taxa de retorno exigida (a taxa de desconto) for igual à taxa de cupom. O que os cálculos demonstram é que esta relação ocorre em função da matemática dos cálculos do valor de um ativo.

Alternativamente, suponha que outro investidor exija um prêmio por risco de 3%, além da taxa nominal livre de risco de 9%. Isso significa um retorno exigido de 12% para esse título. Por conseguinte, os fluxos de caixa esperados são os mesmos, mas eles seriam descontados a 12%. O valor recalculado seria:

---

[5] Os fatores de anuidade e valor presente estão contidos no Apêndice C, ao final do livro.
[6] Se utilizarmos capitalização anual, isso seria 0,239 em vez de 0,2314. Utilizamos capitalização semi-anual porque é coerente com os pagamentos de juros e utilizada na prática.

$$\$\ 500 \times 13{,}7648 = \$\ 6.882$$

$$\$\ 10.000 \times 0{,}1741 = \underline{\$\ 1.741}$$

Valor total do título de renda fixa a 12% = \$ 8.623

Este exemplo mostra que um investidor que deseja uma taxa de retorno mais alta não pagará tanto por um ativo; ou seja, a mesma série de fluxos de caixa tem um valor mais baixo para esse investidor. Como antes, este é comparado ao preço de mercado do título para determinar se é apropriado aplicar nele.

Finalmente, suponha que um terceiro investidor espere uma taxa mais baixa de inflação; nesse caso, sua taxa nominal livre de risco é de apenas 6%. Esse investidor quer um prêmio por risco de 2%, o que significa uma taxa de retorno exigida para esse título de dívida de 8%. Para testar sua compreensão da avaliação do título de dívida, você deve calcular o valor do título utilizando uma taxa de desconto nesta porcentagem (o valor calculado deve ser 11.729 dólares). Esse exemplo mostra que o investidor que tem uma taxa de retorno exigida mais baixa pagará mais por esse ativo; essa mesma série de fluxos de caixa vale mais para esse investidor.

Ao considerar os cálculos precedentes, observe dois pontos importantes. Em primeiro lugar, o *valor* de um título de renda fixa varia inversamente à *taxa de desconto*. Em segundo, para uma dada variação da taxa de desconto (por exemplo, de 1%), a variação de valor será diferente, dependendo das características do título. Discutiremos este ponto importante no Capítulo 12.

AVALIAÇÃO DE AÇÕES PREFERENCIAIS

E-leituras interativas

Para mais explicações e um exemplo animado de perpetuidade, visite: http://reillyxtra.swlearning.com.

O titular de ações preferenciais recebe uma promessa de pagamento de um dividendo fixo, geralmente a cada trimestre, por um período infinito. A ação preferencial é uma *perpetuidade*, porque não tem vencimento. Como aconteceu no caso de um título de renda fixa, os pagamentos estipulados são feitos em datas específicas, embora o emissor dessas ações não tenha a mesma obrigação legal de pagar os investidores que têm os emissores de títulos de dívida. Os pagamentos são feitos apenas após a empresa efetuar os débitos devidos dos juros de títulos de dívida. Uma vez que essa obrigação legal limitada aumenta a incerteza dos retornos, os investidores devem exigir uma taxa mais alta deste de ações preferenciais de uma empresa do que de seus títulos de dívida. Embora esse diferencial de retorno exigido deva existir em teoria, geralmente não há na prática, por causa do tratamento fiscal dado aos dividendos pagos às empresas. Como foi descrito no Capítulo 3, 80% dos dividendos preferenciais entre empresas são isentos de impostos, fazendo com que as alíquotas efetivas destes sobre dividendos sejam de aproximadamente 6,8%, supondo-se uma alíquota de imposto de renda de pessoa jurídica de 34%. Esta vantagem fiscal estimula a demanda por ações preferenciais por parte das empresas. Em função disso, o rendimento dessas ações geralmente tem ficado abaixo do rendimento dos títulos de dívida emitidos pelas empresas de qualidade mais alta.

Como as ações preferenciais são perpetuidades, seu valor é simplesmente o dividendo anual estipulado dividido pela taxa de retorno exigida das ações preferenciais (k_p), como se vê a seguir:

11.1

$$V = \frac{\text{Dividendo}}{k_p}$$

Se uma ação preferencial tiver um valor par de 100 dólares e um dividendo de 8 dólares por ano, em função da taxa de inflação esperada, da incerteza do pagamento de dividendos e da vantagem fiscal para as empresas que investem nessa ação, a sua taxa de retorno exigida é de 9%. Por conseguinte, o valor delas é de:

$$V = \frac{\$8}{0{,}09}$$

$$= \$88{,}89$$

Dado este valor estimado, se o preço atual de mercado for de 95 dólares, o investidor provavelmente decidirá contra a sua compra, porque as ações estão superavaliadas em relação ao seu valor intrínseco estimado. Entretanto, se o preço for de 80 dólares, o investidor provavelmente as comprará. Da mesma forma, dado o preço de mercado das ações preferenciais, podemos calcular seu rendimento prometido. Supondo-se um preço atual de mercado de 85 dólares, este será:

$$k_p = \frac{\text{Dividendo}}{\text{Preço}} = \frac{\$8}{\$85{,}00} = 0{,}0941$$

AVALIAÇÃO DE AÇÕES ORDINÁRIAS: DUAS ABORDAGENS

Em virtude da complexidade e da importância da avaliação de ações ordinárias, diversas técnicas para executar esta tarefa têm sido desenvolvidas com o tempo. Elas se encaixam em uma de duas abordagens gerais: (1) as técnicas de avaliação de fluxos de caixa descontados, nas quais o valor das ações é estimado com base no valor presente de alguma medida de fluxo de caixa, incluindo dividendos, fluxos de caixas operacional e livre; e (2) as técnicas de avaliação relativa, nas quais o valor de uma ação é estimado com base em seu preço atual em relação às variáveis consideradas significativas para a avaliação, como lucro, fluxo de caixa, valor patrimonial ou vendas. O Quadro 11.2 fornece uma apresentação visual das abordagens alternativas e das técnicas específicas.

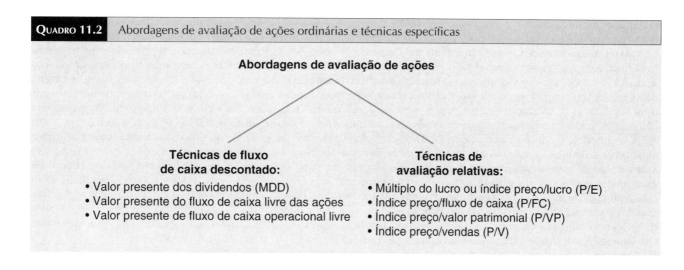

QUADRO 11.2 Abordagens de avaliação de ações ordinárias e técnicas específicas

Um ponto importante é que *ambas as abordagens e todas essas técnicas de avaliação têm vários fatores comuns*. Em primeiro lugar, todas elas são significativamente afetadas pela *taxa de retorno exigida* pelo investidor, porque essa taxa se transforma na taxa de desconto ou é um componente importante desta. Em segundo lugar, todas as abordagens de avaliação são afetadas pela *taxa de crescimento estimada da variável* utilizada na técnica de avaliação – por exemplo, dividendos, lucros, fluxo de caixa ou vendas. Como foi observado na discussão sobre mercado eficiente, essas duas variáveis críticas precisam ser *estimadas*. Como resultado disso, diferentes analistas que utilizem as mesmas técnicas de avaliação obterão estimativas distintas do valor de uma ação, porque as farão de forma diferente, com variáveis críticas.

A discussão a seguir sobre técnicas de avaliação de ações considera os modelos específicos e os pontos fortes e fracos, teóricos e práticos de cada um deles. Em especial, nossa intenção é apresentar essas duas abordagens como complementares, e *não* como competitivas, ou seja, você deve aprender e utilizar as duas.

Por que e quando utilizar a avaliação de fluxos de caixa descontados – As técnicas de avaliação de fluxos de caixa descontados são escolhas óbvias para a avaliação, pois elas são a síntese da descrição do valor, ou seja, o valor presente dos fluxos de caixa esperados. A principal diferença entre as técnicas alternativas é o modo pelo qual alguém especifica o fluxo de caixa – qual é a sua medida utilizada.

A medida mais clara e direta de fluxo de caixa são os *dividendos*, porque eles vão diretamente ao investidor, o que significa que devemos utilizar o *custo de capital próprio* como taxa de desconto. Entretanto, essa técnica de dividendos é difícil de ser aplicada a empresas que não os pagam durante períodos de crescimento elevado ou atualmente os pagam muito limitados, porque dispõem de alternativas de investimento com altas taxas de retorno. Assim, uma vantagem é a de que a forma reduzida do modelo de desconto de dividendos (MDD) é muito útil quando se discute a avaliação de uma entidade estável e madura, em que a hipótese de crescimento relativamente constante a longo prazo é apropriada.

A segunda medida de fluxo de caixa é o *fluxo de caixa livre do capital próprio*, que é uma medida de fluxos disponíveis ao acionista após os pagamentos a titulares de dívidas e após permitir a realização de gastos para manter a base de ativos da empresa. Como esses são fluxos de caixa disponíveis aos acionistas, a taxa de desconto apropriada é o *custo de capital próprio* da empresa.

A terceira especificação de fluxo de caixa é o *fluxo de caixa livre operacional*, geralmente descrito por estes depois dos custos diretos (custo dos produtos vendidos e despesas GAV – gerais, administrativas e de venda) e antes de quaisquer pagamentos aos fornecedores de capital. Como estamos lidando com os fluxos de caixa disponíveis a todos os fornecedores de capital, a taxa de desconto empregada é o *custo médio ponderado de capital* da empresa (WACC). Esse é um modelo muito útil quando se comparam empresas com estruturas diferentes de capital, porque assim determinamos o valor total da empresa e depois subtraímos o valor das dívidas para chegarmos ao valor de seu capital próprio.

Além de serem teoricamente corretos, esses modelos oferecem muita flexibilidade em termos de variações de receitas e despesas, que acarretam variação das taxas de crescimento com o tempo. Uma vez que você tenha entendido como calcular cada medida de fluxo de caixa, pode estimá-lo e construir uma demonstração projetada para cada ano, ou então prever as taxas gerais de crescimento dos valores alternativos de fluxos de caixa (como será demonstrado com o MDD).

Uma dificuldade potencial com essas técnicas de fluxo de caixa é que elas dependem muito de dois dados importantes – (1) as taxas de crescimento dos fluxos de caixa (tanto a *taxa* quanto a *duração* do período de crescimento) e (2) a estimativa da taxa de desconto. Como demonstraremos em diversos casos, uma pequena alteração de qualquer um desses valores pode ter um impacto significativo sobre o valor estimado. Esse é um fato crítico a ser levado em conta quando se utiliza qualquer modelo teórico: praticamente todo mundo conhece e utiliza os mesmos moldes de avaliação, então, os *dados* são críticos – GIGO: *garbage in, garbage out!*[7]

---

[7] Uma paródia com os métodos de contabilização de estoques (FIFO e LIFO), indicando literalmente que, "se entra lixo, sai lixo", ou seja, se os dados de entrada são de má qualidade, o resultado final da análise também só pode ser igual. (N.R.T.)

240 Investimentos

Por que e quando utilizar a avaliação relativa – Quando são usados modelos de avaliação de fluxos de caixa descontados, é possível obter valores intrínsecos substancialmente acima ou abaixo dos preços vigentes, dependendo de como se ajustam os dados estimados ao ambiente existente. Com esse enfoque, isso é, ao mesmo tempo, um benefício e um problema. Uma vantagem das técnicas de avaliação relativa é que elas fornecem informação sobre como o mercado está *atualmente* avaliando as ações em diversos níveis, ou seja, em relação ao mercado como um todo, aos vários setores e a ações individuais nesses setores. Em seguida a este capítulo, que apresenta os fundamentos dessas duas abordagens, demonstraremos o uso de índices de avaliação relativa para o mercado como um todo, para um setor em relação ao mercado e para uma empresa individual também em relação ao mercado como um todo, a seu setor e a outras ações de seu setor.

A boa notícia é que essa abordagem de avaliação relativa fornece informação sobre como o mercado está avaliando atualmente os títulos. A má notícia é que ela fornece informação sobre a avaliação corrente. A questão é que ela faz isso, mas *não* diz se essas avaliações são corretas; *todas elas* em um dado momento poderiam ser muito altas ou baixas. Por exemplo, suponha que o mercado se torne significativamente superavaliado (como em 1999 e no início de 2000). Dado esse ambiente de mercado, se compararmos o valor de um setor ao mercado muito superavaliado, poderemos argumentar que um setor está sendo subavaliado em relação ao mercado. Infelizmente, nosso julgamento pode estar errado em razão da referência utilizada, ou seja, podemos comparar um setor corretamente avaliado a um mercado *muito* superavaliado. Obviamente, poderíamos fazer a mesma comparação errônea de uma ação com um setor superavaliado.

Em outras palavras, as técnicas de avaliação relativa são apropriadas em duas situações:

1. Você tem um bom conjunto de ativos de entidades comparáveis, ou seja, empresas comparáveis que são semelhantes em termos de setor, tamanho e, esperamos, de risco.
2. O mercado como um todo e o setor da empresa não estão recebendo alguma avaliação extrema, ou seja, eles não estão sendo seriamente subavaliados ou superavaliados.

Que abordagem é preferível? – Agora que já apresentamos as duas abordagens, uma pergunta natural é: qual delas devemos utilizar? A resposta é: *ambas*! Embora essa resposta possa não parecer muito satisfatória, ela se baseia em nossa visão de que a avaliação de ações é extremamente difícil e, por conseguinte, você deve utilizar *todas* as ferramentas disponíveis ao tentar tomar uma decisão segura. A boa notícia relacionada a essa decisão é que os *principais dados* (ou seja, a taxa de retorno exigida [taxa de desconto] e a série de fluxos de caixa futuros estimados) *que determinam a avaliação final são basicamente os mesmos nas duas abordagens*. Evidentemente, o analista que fizer melhor essas estimativas conseguirá gerar as melhores avaliações e será um analista superior.

Nos próximos itens, descreveremos cada uma das técnicas de avaliação de ações mostradas no Quadro 11.2. Nos capítulos seguintes, haverá demonstrações dessas técnicas, nas quais será dada ênfase à estimação dos dados críticos descritos acima.

Técnicas de avaliação de fluxos de caixa descontados

Todas essas técnicas de avaliação se baseiam no modelo básico de avaliação, que afirma que o valor de um ativo é o valor presente dos seus fluxos de caixa esperados, ou seja:

11.2

$$V_j = \sum_{t=1}^{n} \frac{FC_t}{(1+k)^t}$$

onde:

V_j = valor da ação j
n = prazo do ativo
FC_t = fluxo de caixa no período t
k = taxa de desconto, isto é, a taxa de retorno exigida pelo investidor do ativo j, determinada pela incerteza (risco) dos fluxos de caixa da ação

Como observado, os fluxos de caixa específicos utilizados serão diferentes nessas técnicas. Variam de dividendos (o modelo mais conhecido) ao fluxo de caixa livre do capital próprio e ao fluxo de caixa livre operacional. Começamos com uma apresentação do modelo de valor presente dos dividendos, chamado de modelo de dividendos descontados (MDD), porque é intuitivamente atraente e é o mais conhecido. Além disso, sua abordagem geral é semelhante à dos outros exemplos existentes de fluxos de caixa descontados.

E-leituras interativas

Para mais explicações e um exemplo animado do modelo de desconto de dividendos, visite: http://reillyxtra. swlearning.com.

O MODELO DE DIVIDENDOS DESCONTADOS (MDD)

O *modelo de dividendos descontados (MDD)* pressupõe que o valor de uma ação ordinária é o valor presente de todos os dividendos futuros:[8]

---

[8] Este modelo foi inicialmente proposto publicamente por J. B. Williams. *The Theory of Investment Value.* Cambridge: MA: Harvard, 1938. Ele foi posteriormente reapresentado e ampliado por Myron J. Gordon. *The Investment, Financing, and Valuation of the Corporation.* Homewood, IL: Irwin, 1962.

$$\textbf{11.3} \qquad V_j = \frac{\textbf{D}_1}{(1+k)} + \frac{\textbf{D}_2}{(1+k)^2} + \frac{\textbf{D}_3}{(1+k)^3} + ... + \frac{\textbf{D}_\infty}{(1+k)^\infty}$$

$$= \sum_{t=1}^{n} \frac{\textbf{D}_t}{(1+k)^t}$$

onde:

V_j = valor da ação ordinária j
D_t = dividendo no período t
k = taxa de desconto ou taxa de retorno exigido da ação j

Uma questão óbvia é: o que acontece quando as ações não são mantidas por um período infinito? Uma venda da ação no final do ano 2 implicaria a seguinte fórmula:

$$V_j = \frac{\textbf{D}_1}{(1+k)} + \frac{\textbf{D}_2}{(1+k)^2} + \frac{\textbf{SP}_{j2}}{(1+k)^2}$$

Em outras palavras, o valor é igual aos dois pagamentos de dividendos durante os anos 1 e 2, mais o preço de venda (PV) da ação j no final do ano 2. O preço de venda esperado desta (PV_{j2}) é simplesmente o valor de todos os pagamentos de dividendos subseqüentes:

$$SP_{j2} = \frac{\textbf{D}_3}{(1+k)} + \frac{\textbf{D}_4}{(1+k)^2} + ... + \frac{\textbf{D}_\infty}{(1+k)^\infty}$$

Se PV_{j2} for descontado ao presente por $1/(1 + k)^2$, a equação será:

$$PV\,(SP_{j2}) = \frac{\dfrac{\textbf{D}_3}{(1+k)} + \dfrac{\textbf{D}_4}{(1+k)^2} + ... + \dfrac{\textbf{D}_\infty}{(1+k)^\infty}}{(1+k)^2}$$

$$= \frac{\textbf{D}_3}{(1+k)^3} + \frac{\textbf{D}_4}{(1+k)^4} + ... + \frac{\textbf{D}_\infty}{(1+k)^\infty}$$

que é simplesmente uma extensão da equação original. A qualquer momento em que a ação é vendida, seu valor (ou seja, o preço de venda naquele momento) é igual àquele presente de todos os dividendos futuros. Quando o valor final for descontado de volta ao presente, voltaremos ao modelo original de dividendos descontados.

E quanto às ações que não pagam dividendos? Novamente, o conceito é o mesmo, exceto que alguns dos pagamentos iniciais desses são iguais a zero. Em especial, há a expectativa de que, *em algum momento*, a empresa começará a pagá-los. Se os investidores não tivessem essa expectativa, ninguém estaria disposto a comprar o título. Seu valor seria nulo. Uma empresa cujas ações não pagam dividendos correntes está reinvestindo seu capital em projetos muito lucrativos em lugar de pagá-los, de maneira que suas séries de lucros e dividendos serão maiores e crescerão rapidamente no futuro. Neste caso, aplicaríamos o MDD da seguinte forma:

$$V_j = \frac{\textbf{D}_1}{(1+k)} + \frac{\textbf{D}_2}{(1+k)^2} + \frac{\textbf{D}_3}{(1+k)^3} + ... + \frac{\textbf{D}}{(1+k)^\infty}$$

onde:

$D_1 = 0;\ D_2 = 0$

Neste caso, o investidor espera que, quando a empresa começar a pagar dividendos no período 3, haverá um valor inicial elevado, e estes aumentarão mais rapidamente do que aqueles de uma ação comparável que os tenha pago desde o início. Esta tem valor em razão desses dividendos *futuros*. Como pode ser muito difícil estimar quando uma empresa iniciará o pagamento deles, a maioria dos analistas não aplica esse modelo quando ela não os está pagando.

Por curtos períodos de aplicação, como um ou dois anos, o MDD mostraria que o valor é aquele presente de vários pagamentos de dividendos mais o valor presente de um preço final que refletiria todos os pagamentos de dividendos futuros. No caso de períodos de aplicação mais longos, utilizamos o modelo de prazo infinito, que é aplicado amplamente em finanças corporativas e pode indicar que fatores afetam o índice preço/lucro.

MDD com prazo infinito – O modelo de dividendos descontados de prazo infinito supõe que os investidores estimam pagamentos de dividendos futuros para um número infinito de períodos. É desnecessário dizer que essa é uma tarefa dificílima! Precisamos fazer algumas hipóteses simplificadoras sobre esse fluxo de dividendos futuros para tornar o modelo viável. A hipótese mais fácil é a de que aquele crescerá a uma taxa constante para sempre. Essa é certamente uma hipótese heróica em muitas situações, mas quando ela é válida nós podemos utilizar o modelo para avaliar ações individuais, bem como o mercado como um todo e diversos setores. Ele é generalizado como segue:

242 Investimentos

11.4
$$V_j = \frac{D_0(1+g)}{(1+k)} + \frac{D_0(1+g)^2}{(1+k)^2} + \ldots + \frac{D_0(1+g)^n}{(1+k)^n}$$

onde:

V_j = valor da ação j
D_0 = pagamento de dividendos no período corrente
g = taxa de crescimento constante dos dividendos
k = taxa de retorno exigido da ação j (taxa de desconto)
n = número de períodos, que supomos ser infinito

No apêndice deste capítulo, mostramos que, com certas suposições, esse exemplo de taxa de crescimento constante para sempre pode ser reduzido à seguinte expressão:

11.5
$$V_j = \frac{D_1}{k-g}$$

Você provavelmente reconhecerá essa fórmula como aquela que é largamente utilizada em finanças corporativas para estimar o custo de capital próprio da empresa, ou seja, $k = D/V + g$.

Ao utilizar esse modelo para fins de avaliação, devemos estimar (1) a taxa exigida de retorno, k, e (2) a taxa de crescimento constante esperado dos dividendos, g. Após estimar g, é uma tarefa simples estimar D_1, porque ele é igual ao dividendo corrente, D_0, vezes $(1 + g)$.

Considere o exemplo de uma ação com um dividendo corrente de 1 dólar por ação. Você acredita que, a longo prazo, os lucros e dividendos desta empresa crescerão a 6%; portanto, sua estimativa de g é 0,06, o que significa que o valor esperado de D_1 é igual a \$ 1,06 (\$ 1,00 × 1,06). A longo prazo, dadas as suas expectativas de risco dessa ação, você fixa sua taxa exigida de retorno dessa ação em 10%; sua estimativa de k é igual a 0,10. Resumindo as estimativas relevantes:

$$g = 0,06$$
$$k = 0,10$$
$$D_1 = \$1,06\ (\$1,00 \times 1,06)$$
$$V = \frac{\$1,06}{0,10 - 0,06}$$
$$= \frac{\$1,06}{0,04}$$
$$= \$26,50$$

Uma pequena alteração de qualquer uma das estimativas originais exercerá um efeito forte sobre V, como é mostrado nos seguintes exemplos:

1. Para um aumento de k: $g = 0,06$; $k = 0,11$; $D_1 = \$ 1,06$

$$V = \frac{\$1,06}{0,11 - 0,06}$$
$$= \frac{\$1,06}{0,05}$$
$$= \$21,20$$

2. Para um aumento de g: $g = 0,07$; $k = 0,10$; $D_1 = \$ 1,07$

$$V = \frac{\$1,07}{0,10 - 0,07}$$
$$= \frac{\$1,07}{0,03}$$
$$= \$35,67$$

Esses exemplos mostram que uma variação de apenas 1%, tanto de g quanto de k, produz uma grande diferença no valor estimado da ação. A relação crítica que determina o valor desta é a *diferença entre a taxa de retorno exigida* (k) e a *taxa de crescimento esperado dos dividendos* (g). O que quer que cause uma queda dessa diferença provocará um aumento do valor calculado, ao passo que qualquer aumento da diferença o diminuirá.

MDD com prazo infinito e empresas em crescimento – Como observado no apêndice, o MDD de prazo infinito baseia-se nas seguintes hipóteses:

1. Os dividendos crescem a uma taxa constante.
2. A taxa constante de crescimento continuará para sempre.

3. A taxa de retorno exigida (k) *é maior do que a taxa de crescimento para sempre* (g). Caso contrário, o modelo fornecerá resultados sem sentido, pois o denominador torna-se negativo.

Qual será o efeito dessas hipóteses, se quisermos utilizar este modelo para avaliar ações de empresas em crescimento, como Dell, Intel, Microsoft, Pfizer e Wal-Mart? **As empresas em crescimento** são as que têm as oportunidades e a capacidade de obter taxas de retorno em seus investimentos que estão sistematicamente acima do exigido.[9] Lembre-se de que a taxa de retorno exigida de uma empresa é seu custo médio ponderado de capital (WACC). Um exemplo pode ser a Intel, que tem um WACC de aproximadamente 10%, mas que obtém atualmente cerca de 20% sobre seu capital investido. Portanto, consideraríamos a Intel como uma empresa em crescimento. Para aproveitar essas oportunidades, essas companhias em crescimento geralmente retêm uma proporção elevada dos seus lucros para reinvestimento, e seus lucros acabam crescendo mais rapidamente do que os da empresa típica. Como discutiremos no Capítulo 14, o crescimento sustentável de uma empresa é uma função da sua taxa de retenção e do seu retorno sobre o patrimônio líquido (ROE, *return on equity*).

O padrão de crescimento dos lucros dessas empresas em crescimento é incompatível com as hipóteses do MDD de prazo infinito. Antes de mais nada, este tipo de MDD supõe que os dividendos crescerão a uma taxa constante por um prazo infinitamente longo. Essa hipótese raramente é válida para companhias que atualmente crescem a taxas acima da média. Como exemplo, tanto a Intel quanto a Wal-Mart aumentam a taxas acima de 15% ao ano por vários anos. É improvável que elas possam mantê-las tão altas, por causa da incapacidade de continuar a obter os ROEs implícitos nesse crescimento por um período infinito em uma economia em que outras empresas competirão com elas em virtude dessas taxas altas de retorno.

Em segundo lugar, durante os períodos em que essas empresas experimentam taxas extraordinariamente altas de crescimento, suas taxas provavelmente superaram as exigidas de retorno. Não há nenhuma relação automática entre crescimento e risco; uma empresa de crescimento elevado não é necessariamente considerada de alto risco; pelo contrário, quando tem uma *taxa constante* alta, possui, em geral, menor risco (menos incerteza) do que uma empresa de baixo crescimento com um padrão de lucros instáveis.

Avaliação com crescimento temporário acima do normal – Algumas empresas passam por períodos de taxas extraordinariamente elevadas de crescimento por alguns períodos finitos. O MDD de prazo infinito não pode ser utilizado para avaliar essas reais empresas, porque essas condições de crescimento elevado são temporárias e, dessa forma, incompatíveis com as suposições de aumento constante do MDD. Entretanto, podemos utilizá-lo para complementar a avaliação de uma empresa com crescimento temporariamente acima do normal.

Uma companhia não pode manter permanentemente uma taxa de crescimento mais alta do que a exigida de retorno, porque os competidores eventualmente entrarão nesse mercado lucrativo, o que reduzirá suas margens de lucro e, por conseguinte, seu ROE e sua taxa de crescimento. Assim, após alguns anos de crescimento excepcional – ou seja, um período temporário acima do normal – espera-se que essa taxa caia. Eventualmente, almeja-se que ela se estabilize em um nível constante, compatível com as suposições do MDD de prazo infinito.

Para determinar o valor de uma empresa com crescimento temporário acima do normal, devemos combinar os modelos anteriores. Durante os anos iniciais de crescimento excepcional, devemos examinar cada ano individualmente. Se é esperado que a empresa tenha dois ou três estágios de crescimento acima do normal (mas com taxas decrescentes), devemos examiná-los a cada ano. Quando a taxa de crescimento eventualmente se estabiliza em um nível abaixo da de retorno exigida, podemos calcular o valor remanescente da empresa utilizando o MDD, pois se imagina um crescimento constante. Finalmente, descontamos esse valor total ao presente. A técnica tende a se tornar clara quando se examina o seguinte exemplo.

Suponha que a *Bourke Company* tenha um dividendo atual D_0 de 2 dólares por ação. A seguir vemos as taxas anuais de crescimento esperadas dos dividendos:

Ano	Taxa de crescimento dos dividendos
1-3	25%
4-6	20
7-9	15
De 10 anos em diante	9

A taxa exigida de retorno da ação (o custo do capital próprio da empresa) é de 14%. Dessa forma, a equação do valor será:

$$V_i = \frac{2,00\,(1,25)}{1,14} + \frac{2,00\,(1,25)^2}{(1,14)^2} + \frac{2,00\,(1,25)^3}{(1,14)^3}$$

$$+ \frac{2,00\,(1,25)^3\,(1,20)}{(1,14)^4} + \frac{2,00\,(1,25)^3\,(1,20)^2}{(1,14)^5}$$

---

[9] Empresas em crescimento são discutidas em Ezra Salomon. *The Theory of Financial Management*. Nova York: Columbia University Press, 1963; e em Merton Miller e Franco Modigliani, "Dividend Policy, Growth, and the Valuation of Shares." *Journal of Business* 34, n. 4, 411-433, (out. 1961). Também discutiremos as empresas em crescimento no Capítulo 15.

244 Investimentos

$$+\frac{2,00\,(1,25)^3\,(1,20)^3}{(1,14)^6}+\frac{2,00\,(1,25)^3\,(1,20)^3\,(1,15)}{(1,14)^7}$$

$$+\frac{2,00\,(1,25)^3\,(1,20)^3\,(1,15)^2}{(1,14)^8}+\frac{2,00\,(1,25)^3\,(1,20)^3\,(1,15)^3}{(1,14)^9}$$

$$+\frac{\dfrac{2,00\,(1,25)^3\,(1,20)^3\,(1,15)^3\,(1,09)}{(0,14-0,09)}}{(1,14)^9}$$

Podemos tomar essa equação bastante assustadora e colocá-la em uma tabela que indique o dividendo estimado para cada ano com base nas taxas de crescimento especificadas e o fator de desconto para cada ano, supondo uma taxa de 14%, conforme mostrado na Tabela 11.1. Os cálculos indicam que o valor total dessa ação é 94,36 dólares. Observe-se que o grosso do valor estimado da ação é por causa do valor do dividendo regular, começando no ano 10, quando se supõe que este terá crescimento constante a 9% ao ano. Como antes, compararíamos esta estimativa de valor intrínseco ao preço de mercado da ação ao decidir se devemos comprá-la. A parte difícil da avaliação é estimar as taxas de crescimento acima do normal e determinar *por quanto tempo* cada uma dessas durará.

VALOR PRESENTE DOS FLUXOS DE CAIXA LIVRES OPERACIONAIS

Neste modelo, obtemos o valor da empresa como um todo, porque descontamos os fluxos de caixa livres operacionais antes do pagamento de juros aos credores, mas após deduzir os fundos necessários para manter a base de ativos da empresa (gastos de capital). Como descontamos esse fluxo da empresa, utilizamos o seu custo médio de capital ponderado (WACC) como taxa de desconto. Assim, para se estimar o valor do seu capital próprio, uma vez estimado o valor da empresa como um todo, subtraímos o das dívidas. O valor da empresa como um todo, portanto, é:

11.6

$$V_j = \sum_{i=1}^{n} \frac{FCLO_t}{(1+WACC_j)^t}$$

onde:

V_j = valor total da empresa j

n = número de períodos, que se supõe ser infinito

$FCLO_t$ = fluxo de caixa livre operacional da empresa no período t. A especificação do fluxo de caixa livre operacional será discutida no Capítulo 15.

$WACC_j$ = custo médio ponderado de capital da empresa j. O cálculo do WACC da empresa será discutido no Capítulo 15.

Como no processo utilizado com o MDD, é possível visualizar esse modelo como aquele que exige estimativas para um prazo infinitamente longo. Entretanto, se estivermos lidando com uma empresa madura, na qual seus fluxos de caixa operacionais já alcançaram um estágio de crescimento estável, podemos empregar a forma reduzida, utilizada no MDD de crescimento constante e prazo infinito, conforme mostrado a seguir:

TABELA 11.1	Cálculo do valor da ação de uma empresa com crescimento temporário acima do normal		
Ano	**Dividendo**	**Fator de desconto (a 14%)**	**Valor Presente**
1	$ 2,50	0,8772	$ 2,193
2	3,12	0,7695	2,401
3	3,91	0,6750	2,639
4	4,69	0,5921	2,777
5	5,63	0,5194	2,924
6	6,76	0,4556	3,080
7	7,77	0,3996	3,105
8	8,94	0,3506	3,134
9	10,28	0,3075[b]	3,161
10	11,21		
	$ 224,20[a]	0,3075[b]	68,941
		Valor Total =	$ 94,355

[a] Valor do fluxo de dividendos a partir do ano 10 (ou seja, $ 11,21/(0,14 − 0,09) = $ 224,20).
[b] O fator de desconto é o do nono ano, pois a avaliação dos fluxos subseqüentes é feita no final do ano 9 para refletir o dividendo a partir do 10.

$$\boxed{11.7} \qquad \mathbf{V}_j = \frac{\mathbf{FCLO}_1}{\mathbf{WACC}_j - \mathbf{g}_{\mathbf{FCLO}}}$$

onde:

FCLO_1 = fluxo de caixa livre operacional no período 1, igual a $\text{FCLO}_0 (1 + g_{\text{FCLO}})$

g_{FCLO} = taxa de crescimento constante do fluxo de caixa livre operacional a longo prazo

Alternativamente, supondo-se que a empresa esteja em um período de crescimento real, e se espere que ela experimente várias taxas de crescimento de FCLO distintas, essas estimativas podem ser divididas em três ou quatro estágios, conforme demonstrado com o modelo de crescimento temporário de dividendos acima do normal. Igual ao modelo de dividendos descontados, devemos estimar a *taxa* de crescimento e a *duração* deste para cada um dos seus períodos acima do normal, como mostrado a seguir:

Ano	Taxa de crescimento do FCLO
1-4	20%
5-7	16
8-10	12
De 11 anos em diante	7

Portanto, os cálculos estimariam os FCLOs específicos para cada ano até o ano 10 com base nas taxas de crescimento previstas. Em seguida, utilizaríamos a estimativa do modelo de crescimento infinito quando a sua taxa alcançasse a estabilidade após o ano referido. Como observado, após determinar o valor V_j da empresa como um todo, devemos subtrair o valor de todos os itens não incluídos no capital próprio, ou seja, contas a pagar, dívidas financeiras, impostos diferidos e ações preferenciais para chegar ao valor estimado do capital próprio total da empresa. Esse cálculo será demonstrado no Capítulo 15.

VALOR PRESENTE DOS FLUXOS DE CAIXA LIVRES DO CAPITAL PRÓPRIO

A terceira técnica de fluxos de caixa descontados trata dos fluxos "livres" do capital próprio, que seria obtido *após* estes terem sido ajustados pelos pagamentos de dívidas (juros e principal). Além disso, eles antecedem os pagamentos de dividendos ao acionista ordinário. Eles são chamados de "livres", porque representam o que sobra após o cumprimento de todas as obrigações com outros fornecedores de capital (dívidas e ações preferenciais) e após gerar os fundos necessários para manter a base de ativos da empresa (como no método do fluxo de caixa livre operacional).

Em particular, como estes são fluxos de caixa disponíveis aos titulares do capital próprio, a taxa de desconto utilizada é o custo de capital próprio (k) da empresa, e não o seu WACC:

$$\boxed{11.8} \qquad \mathbf{V}_j = \sum_{t=1}^{n} \frac{\mathbf{FCLC}_t}{(1 + k_j)^t}$$

onde:

V_j = valor das ações da empresa j

n = número de períodos, que se supõe ser infinito

FCLC_t = fluxo de caixa livre do capital próprio no período t. A especificação do fluxo de caixa livre do capital próprio será discutida no Capítulo 15.

Mais uma vez, a forma pela qual um analista implantaria esse modelo geral depende da posição da empresa em seu ciclo de vida. Ou seja, se é esperado que a empresa tenha crescimento estável, os analistas podem utilizar uma adaptação do modelo de crescimento com prazo infinito. Entretanto, se é esperado que a empresa tenha um período de crescimento temporário acima do normal, os analistas podem utilizar o modelo de crescimento em diversos estágios, como no processo utilizado com os dividendos e o fluxo de caixa livre operacional.

Técnicas de avaliação relativa

Em contraste às várias técnicas de fluxos de caixa descontados, que procuram estimar um valor específico para uma ação com base em suas taxas de crescimento estimadas e em suas taxas de desconto, as técnicas de avaliação relativa implicitamente afirmam que é possível determinar o valor de uma entidade econômica (ou seja, o mercado, um setor ou uma empresa) comparando-a a entidades semelhantes em diversas relações que comparam o preço de sua ação a variáveis relevantes que afetam o valor de uma ação, como lucro, fluxo de caixa, valor patrimonial e faturamento. Discutiremos, portanto, os seguintes índices de avaliação relativa: (1) preço/lucro (P/E), (2) preço/fluxo de caixa (P/FC), (3) preço/valor patrimonial (P/VP), preço/vendas (P/V) e valor da entidade/EDITDA (VE/EBITDA). Começamos com o índice P/E, também denominado múltiplo do lucro, pois é o índice de avaliação relativa mais popular. Além disso, demonstraremos que ele pode ser diretamente relacionado ao MDD de uma maneira a indicar as variáveis que o afetam.

246 Investimentos

Modelo do múltiplo do lucro

Conforme observado, muitos investidores preferem estimar o valor da ação ordinária com um **modelo do múltiplo do lucro**. O raciocínio por trás dessa abordagem retoma o conceito básico de que o valor de qualquer investimento é o valor presente de retornos futuros. No caso de ações ordinárias, estes que os investidores têm o direito de receber são os lucros líquidos da empresa. Logo, um modo pelo qual os investidores podem estimar o valor é determinando quantos dólares eles estão dispostos a pagar por um dólar de lucro esperado (tipicamente representado pelo lucro estimado por ação para o período seguinte de 12 meses). Por exemplo, se estão dispostos a pagar dez vezes o lucro esperado, eles avaliariam uma ação em que eles esperassem obter 2 dólares por ação, durante o ano seguinte, a 20 dólares. Calculamos o múltiplo corrente do lucro, também chamado de *índice preço-lucro (P/E)*, da seguinte maneira:

11.9

$$\text{Múltiplo do lucro} = \text{Índice Preço-Lucro}$$

$$= \frac{\text{Preço corrente de mercado}}{\text{Lucro esperado nos próximos 12 meses}}$$

> **E-leituras interativas**
>
> Para mais explicações e um exemplo animado do índice preço-lucro, visite: http://reillyxtra.swlearning.com.

Este cálculo indica a atitude corrente dos investidores em relação ao valor de uma ação. Os investidores devem decidir se eles concordam com o índice P/E vigente (ou seja, se o múltiplo do lucro) com base em como ele se compara ao índice P/E do mercado como um todo, do setor da empresa e de empresas e ações semelhantes.

Para decidirmos se um determinado índice P/E é muito alto ou baixo, devemos considerar o que o influencia no decorrer do tempo. Por exemplo, com o passar deste, esse índice do mercado de ações como um todo, como representado pelo S&P, tem variado aproximadamente 6 vezes o lucro para cerca de 30 vezes o lucro.[10] O MDD de prazo infinito pode ser utilizado para indicar as variáveis que deveriam determinar o valor do índice P/E, conforme é mostrado a seguir:[11]

11.10

$$P_i = \frac{D_1}{k - g}$$

Se dividirmos ambos os lados da equação por E_1 (lucro esperado nos próximos 12 meses), o resultado é

11.11

$$\frac{P_i}{E_1} = \frac{D_1/E_1}{k - g}$$

Assim, o índice P/E futuro é determinado por

1. O índice de pagamento de dividendos *esperado* (dividendos divididos pelos lucros).
2. A taxa de retorno exigida *estimada* da ação (k).
3. A taxa de crescimento esperada dos dividendos da ação (g).

A título de exemplo disso, se supusermos que uma ação tem um índice esperado de pagamento de dividendos de 50%, uma taxa de retorno exigida de 12% e uma de crescimento esperado dos dividendos de 8%, temos a seguinte equação para o índice P/E futuro da ação:

$$D/E = 0,50; \; k = 0,12; \; g = 0,08$$

$$P/E = \frac{0,50}{0,12 - 0,08} = \frac{0,50}{0,04} = 12,5$$

Novamente, uma pequena diferença tanto em k ou g, ou ambos, exerce um forte impacto sobre o múltiplo do lucro, como é mostrado nos três exemplos a seguir:

1. Para um k mais alto:

$$P/E = \frac{0,50}{0,13 - 0,08} = \frac{0,50}{0,05} = 10$$

2. Para um g mais alto e o k original:

$$P/E = \frac{0,50}{0,12 - 0,09} = \frac{0,50}{0,03} = 16,7$$

---

[10] Quando se calculam os índices P/E históricos, a prática é utilizar os lucros dos últimos 12 meses em vez dos lucros esperados. Embora isso influencie o nível, é suficiente para indicar as variações do índice P/E no tempo. Embora seja aceitável utilizar esses índices históricos que recorrem a lucros passados para fins de comparação histórica, acreditamos fortemente que as decisões de investimento devem enfatizar também os futuros, que utilizam os lucros esperados.

[11] Nesta formulação do modelo, utilizamos P em vez de V (ou seja, o valor é representado pelo preço estimado da ação). Embora os fatores que determinem o P/E sejam os mesmos para empresas em crescimento, esta fórmula não pode ser usada para estimar um valor específico, pois muitas dessas empresas não pagam dividendos, e as hipóteses sobre $(k - g)$ não são válidas.

3. Para um *k* mais baixo e um *g* mais alto:

$$P/E = \frac{0,50}{0,11 - 0,09} = \frac{0,50}{0,02} = 25$$

Como antes, a *diferença entre k e g é o principal determinante da magnitude do índice P/E*. Embora o índice de pagamento de dividendos exerça um certo impacto, geralmente estamos nos referindo ao índice desejado de distribuição de uma empresa a longo prazo, o que tipicamente é bastante estável e tem efeito reduzido em termos de variações do P/E de um ano para outro.

Após estimar o múltiplo do lucro, nós o aplicamos para o ano seguinte (E_1), a fim de chegar a um valor estimado. Por sua vez, E_1 baseia-se no lucro do ano corrente (E_0) e na taxa de crescimento esperado do lucro. Utilizando essas duas estimativas, calculamos um valor estimado da ação e comparamos esse valor estimado a seu preço de mercado.

Considere as seguintes estimativas para uma empresa ilustrativa:

$$\text{D/E} = 0,50;\ k = 0,12;\ g = 0,09;\ E_0 = \$\ 2,00;$$

Com elas, calculamos um múltiplo de lucro futuro de

$$P/E = \frac{0,50}{0,12 - 0,09} = \frac{0,50}{0,03} = 16,7$$

Dado o lucro corrente (E_0) de 2 dólares e uma taxa *g* de 9%, podemos esperar que E_1 seja de 2,18 dólares. Portanto, estimamos o valor intrínseco da ação da seguinte maneira

$$V = 16,7 \times \$\ 2,18$$
$$= \$\ 36,41$$

Como sempre, comparamos esse valor intrínseco estimado da ação ao seu preço corrente de mercado para decidir se devemos investir nela. Esta estimativa de valor exige que você calcule o lucro futuro (E_1) e um índice P/E com base em expectativas de *k* e *g*. Discutiremos um pouco mais sobre estas no Capítulo 15.

MODELO DO ÍNDICE PREÇO/FLUXO DE CAIXA

O crescimento da popularidade deste índice de avaliação relativa pode ser atribuído à preocupação com a tendência de algumas empresas para manipular o seu lucro por ação, enquanto os valores de fluxos de caixa são geralmente menos passíveis de manipulação. Além disso, conforme observado, eles são importantes na avaliação fundamentalista (na qual se calcula o valor presente de fluxos de caixa) e são de importância crítica quando se faz análise de crédito, na qual "caixa é rei". O índice preço/fluxo de caixa é calculado da seguinte maneira:

11.12
$$P/FC_j = \frac{P_t}{FC_{t+1}}$$

onde:

$\quad P/FC_j$ = índice preço/fluxo de caixa da empresa *j*
$\qquad P_t$ = preço da ação no período *t*
$\quad FC_{t+1}$ = fluxo de caixa esperado por ação da empresa *j*

As variáveis que afetam este índice de avaliação são semelhantes às do P/E. Especificamente, as principais variáveis devem ser: (1) a taxa de crescimento esperado da variável utilizada de fluxo de caixa, e (2) o risco da ação, indicado pela incerteza ou pela variabilidade das séries destes com o tempo. A sua medida específica utilizada dependerá da natureza da empresa e de qual especificação de fluxo de caixa (por exemplo, operacional ou livre) é a melhor medida de desempenho para o seu setor. Um índice apropriado também pode ser afetado pela estrutura de capital da empresa.

MODELO DO ÍNDICE PREÇO/VALOR PATRIMONIAL

O índice preço/valor patrimonial (P/VP) tem sido largamente utilizado há muitos anos pelos analistas do setor bancário, como medida de valor relativo. O patrimonial de um banco geralmente é considerado um bom indicador do valor intrínseco, porque a maioria dos ativos bancários, como títulos de renda fixa e empréstimos, tem valor igual ao contábil. Este índice ganhou em termos de popularidade e credibilidade como técnica de avaliação relativa de todos os tipos de empresas em função de um estudo de Fama e French, que indicou haver uma relação inversa significativa entre os índices P/VP e as taxas de retorno excedente de uma *cross section* de ações.[12] A relação P/VP é especificada da seguinte forma:

11.13
$$P/VP_j = \frac{P_t}{VP_{t+1}}$$

onde:

$\quad P/VP$ = índice preço/valor patrimonial da empresa *j*

---

[12] FAMA, Eugene; FRENCH, Kenneth. "The Cross Section of Expected Returns." *Journal of Finance* 47, n. 2 (jun. 1992). Discutimos este estudo no Capítulo 10.

P_t = preço da ação no período t

VP_{t+1} = valor patrimonial estimado no final do ano por ação da empresa j

Como ocorre com outros índices de avaliação relativa, é importante comparar o preço corrente ao valor patrimonial esperado para o final do ano. A dificuldade é que ele geralmente não está disponível. Podemos estimá-lo para o final do ano com base na taxa de crescimento histórica das séries ou utilizar a taxa de crescimento implícita na fórmula de crescimento sustentável: g = (ROE) (Taxa de retenção).

Os fatores que determinam a magnitude do índice P/VP são uma função da relação entre ROE e o custo de capital próprio da empresa, pois o índice seria igual a 1 se eles fossem iguais, ou seja, se a empresa obtivesse retornos semelhantes ao custo de capital próprio. Em contraste, se o ROE é muito superior, ela seria considerada uma empresa em crescimento e os investidores desejariam pagar um prêmio pela ação acima de seu valor patrimonial.

MODELO DO ÍNDICE PREÇO/VENDAS

O índice preço/vendas (P/V) tem uma história volátil. Era o modelo favorito de Phillip Fisher, um gestor de recursos bastante famoso no fim dos anos 1950, do seu filho e de outras pessoas.[13] Ultimamente, ele vem sendo recomendado por Martin Leibowitz, um gestor de carteiras de títulos de renda fixa e ações muito admirado.[14] Esses defensores consideram esse índice relevante por dois motivos. Em primeiro lugar, eles acreditam que o crescimento forte e consistente das vendas é uma exigência para uma empresa em crescimento. Embora reconheçam a importância de uma margem de lucro acima da média, alegam que *o processo de crescimento deve começar com as vendas*. Em segundo lugar, considerados os vários dados do balanço patrimonial e da demonstração do resultado, as vendas estão sujeitas a menos manipulação do que a maioria dos outros itens. O índice P/V específico é:

11.14

$$P/V_j = \frac{P_t}{V_{t+1}}$$

onde:

P/V_j = índice preço/vendas da empresa j

P_t = preço da ação no período t

V_{t+1} = vendas esperadas por ação da empresa j

Novamente, é importante comparar o preço atual da ação às suas vendas *esperadas* da empresa, o que pode ser difícil de obter para muitas delas. Duas ressalvas devem ser feitas quanto ao índice preço/vendas. Em primeiro lugar, este índice de avaliação relativa varia muito de setor para setor. Por exemplo, as vendas por ação de empresas de comércio varejista, como Kroger ou Wal-Mart, são geralmente muito mais altas do que as das empresas de informática ou microcircuitos. O segundo ponto refere-se à margem de lucro nas vendas. A questão é que os estabelecimentos varejistas de alimentos têm vendas altas por ação, causando um índice P/V baixo, que é considerado bom até que alguém perceba que essas empresas possuem baixas margens de lucro líquido. Assim, recomenda-se que as análises de avaliação relativa que utilizam o índice P/V sejam feitas com empresas dos mesmos setores ou semelhantes.

IMPLANTAÇÃO DA TÉCNICA DE AVALIAÇÃO RELATIVA

Conforme observado, a técnica de avaliação relativa considera vários índices de avaliação – como P/E e P/VP – com a finalidade de obter o valor de uma ação. Para se implantar adequadamente esta técnica, é essencial comparar os vários índices, mas também reconhecer que a análise precisa ir além disso, fazendo um esforço para se compreender que fatores afetam cada um dos índices de avaliação e, dessa forma, saber por que eles devem ser diferentes. O primeiro passo é compará-lo (por exemplo, o índice P/E) de uma empresa ao índice comparável do mercado, do setor da ação e de outras ações para verificar como se relacionam, ou seja, são semelhantes aos outros P/Es ou sistematicamente superiores ou inferiores? Além de conhecer a relação geral com o mercado, o setor e os competidores, a análise verdadeira envolve entender *por que* o índice tem este tipo de relação ou por que ele *não* deveria tê-la e quais são as implicações dessa divergência. Especificamente, o segundo passo é explicá-la. Para isso, precisamos entender que fatores determinam o índice específico de avaliação e depois compará-los a uma ação com os mesmos fatores do mercado, do setor e das outras ações.

Para ilustrar este processo, suponha-se que você queira avaliar a ação de uma empresa farmacêutica e decide empregar o P/E como técnica de avaliação relativa. Você compara os índices P/E dessa empresa com o tempo (por exemplo, nos últimos 15 anos) aos índices semelhantes para as ações do S&P, do setor farmacêutico e dos competidores. Imaginemos que os resultados dessa comparação indiquem que os P/Es da empresa estão sistematicamente acima de todos os outros conjuntos. A questão óbvia (por quê?) o leva à segunda parte da análise: saber se os fatores fundamentais que afetam o índice P/E (ou seja, a taxa de crescimento da empresa e a de retorno exigida) justificam o P/E mais alto. Um cenário positivo seria o de que a empresa tivesse uma taxa de crescimento histórica e esperada que estivesse substancialmente acima de todos os padrões possíveis de comparação e tivesse uma taxa de retorno exigida mais baixa em função de um beta inferior.

---

[13] FISHER, Phillip A. *Common Stock and Uncommon Profits*. ed. rev. Woodside, CA: PSR Publications, 1984; FISHER, Kenneth L. *Super Stocks*. Homewood, IL: Dow Jones-Irwin, 1984 e SENCHAK JR., A. J.; MARTIN, John D. "The Relative Performance of the PSR and PER Investment Strategies." *Financial Analysts Journal* 43, n. 2, p. 46-56, (mar.-abr. 1987).

[14] LEIBOWITZ, Martin L. *Sales Driven Franchise Value*. Charlottesville, VA: The Research Foundation of the Institute of Chartered Financial Analysts, 1997.

Essa análise indicaria que o índice P/E mais alto seria justificado; a única questão que precisa ser considerada é quão mais alto ele deveria ser. Alternativamente, um cenário negativo ocorreria se a empresa que tivesse um índice P/E alto possuísse uma taxa de crescimento esperado igual ou inferior à do setor e à dos competidores, e se seu k exigido fosse mais alto do que estes. Isso indicaria uma ação que deveria ter um P/E mais baixo, significando que ela está superavaliada em termos dos fatores fundamentais que o determinam.

Estimação dos dados: taxa exigida de retorno e taxa esperada de crescimento das variáveis de avaliação

Esta parte trata da estimação de dois dados críticos para o processo de avaliação (independentemente de que abordagem ou técnica esteja sendo utilizada): a taxa exigida de retorno (k) e a de crescimento (g) esperada do lucro e de outras variáveis de avaliação, ou seja, valor patrimonial, fluxo de caixa, vendas e dividendos.

TAXA EXIGIDA DE RETORNO

A taxa de retorno nominal exigida de um investimento será a taxa de desconto na maioria dos modelos de fluxos de caixa e afeta todas as técnicas de avaliação relativa. A única diferença na taxa de desconto está entre o valor presente dos dividendos e as técnicas de valor presente do fluxo de caixa livre, que utilizam a taxa de retorno exigida do capital próprio (k), e do valor presente do fluxo operacional, que utiliza o custo médio ponderado de capital (WACC), na qual o custo de capital próprio é um dado importante para se estimar o WACC da empresa.

Lembre-se de que três fatores influenciam a taxa exigida de retorno para um investidor:

1. A taxa livre de risco real da economia (RRLR)
2. A taxa esperada de inflação (I)
3. Um prêmio por risco (PR)

Taxa livre de risco real da economia – Conforme discutido no Capítulo 1, esta é a taxa mínima absoluta que um investidor deveria exigir. Ela depende de dois fatores: primeiro, da taxa de crescimento real da economia nacional do investidor, pois o capital investido deveria crescer pelo menos tão rápido quanto a economia, e, em segundo lugar, essa taxa pode ser afetada durante períodos curtos pelos apertos ou folgas temporários nos mercados de capitais.

Taxa esperada de inflação – Os investidores estão interessados em taxas reais de retorno que lhes permitam aumentar sua taxa de consumo. Assim, se os investidores esperam uma dada taxa de inflação, eles aumentariam sua taxa de retorno livre de risco nominal exigida (RNLR) para refletir qualquer inflação esperada, como a seguir:

11.15
$$\text{NRFR} = [1 + \text{RRFR}]\,[1 + \text{E(I)}] - 1$$

onde:

E(I) = taxa esperada de inflação

Considere o seguinte exemplo: a taxa de crescimento real do PIB a longo prazo nos Estados Unidos é de aproximadamente 2,5% (0,025) e espera que isso continue. Além disso, você leu vários relatórios que indicam que o consenso quanto à taxa de inflação esperada nos próximos cinco anos (seu horizonte de investimento) é de 3,0% (0,030). Assim seu RNLR seria:

$$\text{NRFR} = [(1 + 0{,}025)\,(1 + 0{,}030)] - 1$$
$$= 1{,}05575 - 1$$
$$= 0{,}05575 = 5{,}575\%$$

Como se trata de uma estimativa, você provavelmente a arredondaria para 5,6%. Alternativamente, algumas pessoas simplesmente somariam os dois valores e utilizariam 5,5% (0,025 + 0,030). Nesse ponto, a matemática exata não é tão importante quanto a compreensão dos dois componentes e do fato de que este RNLR é a taxa-base para todos os investimentos. Dos dois componentes, a taxa de inflação esperada é a estimativa mais difícil em função da sua volatilidade.

Prêmio por risco – O prêmio por risco (PR) gera diferenças nas taxas exigidas de retorno de investimentos alternativos que variam de obrigações governamentais a títulos de dívida privada e ações ordinárias. O PR também explica a diferença em termos de retornos esperados entre títulos do mesmo tipo. Por exemplo, esse é o motivo pelo qual os títulos de dívida privada com diferentes *ratings* (Aaa, Aa ou A) possuem rendimentos distintos e as ações ordinárias possuem múltiplos de lucro muito diferentes, a despeito de expectativas de crescimento semelhantes.

Vale ressaltar que os investidores demandam um prêmio por risco em virtude da incerteza dos retornos esperados de um investimento, principalmente da dispersão destes. Diversos fatores internos influenciam a volatilidade dos retornos de uma empresa, como seus riscos econômicos, financeiros e de liquidez. Os títulos de empresas estrangeiras ou nacionais com vendas e lucros significativos no exterior (por exemplo, Coca-Cola e McDonald's) possuem fatores de risco adicionais, incluindo os riscos de taxa de câmbio e país (político).

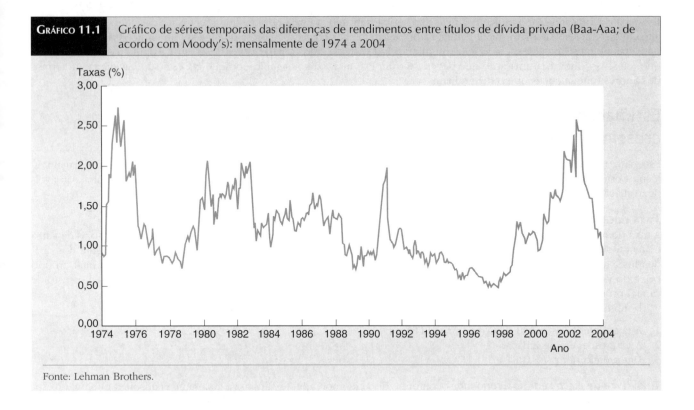

GRÁFICO 11.1 Gráfico de séries temporais das diferenças de rendimentos entre títulos de dívida privada (Baa-Aaa; de acordo com Moody's): mensalmente de 1974 a 2004

Fonte: Lehman Brothers.

Variações do prêmio por risco. Como os vários títulos possuem padrões de retornos diferentes e oferecem garantias distintas aos investidores, é de se esperar que seus prêmios por risco sejam diferentes. Os que forem iguais podem *variar*. Por exemplo, o Gráfico 11.1 mostra a diferença entre os rendimentos até o vencimento de títulos de dívida privada com *rating* Aaa e títulos de dívida privada com *rating* Baa de 1974 até 2004. Esta distinção de rendimentos é uma medida do prêmio por risco para investir em títulos de dívida de risco mais alto (Baa) comparados aos de baixo risco (Aaa). Como mostrado, a diferença variou de aproximadamente 0,40% a 2,69% (menos da metade de 1% a quase 3%). Essa variação do prêmio por risco no tempo acontece porque os investidores percebem uma alteração do nível de risco dos títulos de dívida Baa, em comparação com os títulos Aaa, ou há uma alteração da magnitude de retorno que os investidores exigem para aceitar o mesmo diferencial de risco. Seja qual for o caso, esta variação do prêmio por risco para um conjunto de ativos corresponde a uma alteração da inclinação da linha de mercado de títulos (SML) (veja o Capítulo 9).

TAXAS ESPERADAS DE CRESCIMENTO

Após chegar a uma taxa exigida de retorno, precisamos estimar a taxa de crescimento dos fluxos de caixa, dos lucros e dos dividendos, pois os modelos de avaliação de ações ordinárias dependem muito das boas estimativas de crescimento (g) dessas variáveis a fim de se calculá-los. O procedimento inicial que aqui descrevemos é semelhante à apresentação futura no Capítulo 14, no qual utilizaremos índices financeiros para medir o potencial de crescimento de uma empresa. A seguir, discutiremos o uso de taxas históricas como dado de estimação.

Estimação do crescimento a partir dos fundamentos – A taxa de crescimento dos dividendos é determinada pela taxa de crescimento dos lucros e pela proporção de lucros distribuída pela forma de dividendos (o índice de distribuição). A curto prazo, estes podem crescer mais rápida ou lentamente do que os lucros caso a empresa mude seu índice de distribuição. Especificamente, se o crescimento dos lucros de uma empresa for de 6% ao ano e ela, de forma sistemática, distribuir exatamente 50%, os dividendos da empresa também crescerão àquela porcentagem ao ano. Alternativamente, se o crescimento dos lucros de uma empresa for de 6% ao ano e a empresa aumentar seu índice de distribuição, então, durante o período em que o índice de distribuição elevar, os dividendos crescerão mais rápido do que os lucros. Todavia, se a empresa reduz seu índice de distribuição, os dividendos aumentarão de forma mais lenta do que os lucros por um dado lapso. Como há um limite para o tempo durante o qual essa diferença entre as taxas de crescimento pode persistir, a maioria dos investidores supõe que o índice de distribuição a longo prazo é razoavelmente estável. Portanto, a análise dessa taxa dos dividendos geralmente se concentra na de crescimento dos lucros das ações. Além disso, como mostraremos no Capítulo 15, este é o principal fator determinante dos fluxos de caixa operacionais ou dos livres da empresa.

Quando uma empresa retém lucros e adquire ativos adicionais, se ela obtém uma taxa positiva de retorno nesses ativos adicionais, os lucros totais da empresa aumentam, pois sua base de ativos é maior. O quão rapidamente os lucros de uma empresa aumentarão depende (1) da proporção de lucros que ela retém e reinveste em novos ativos e (2) da taxa de retorno obtida nestes. Especificamente, a taxa de crescimento (g) dos lucros (ou seja, do lucro por ação) sem nenhum financiamento externo é igual à porcentagem de lucros líquidos retidos (a taxa de retenção, que é igual a 1 − índice de distribuição) multiplicado pela taxa de retorno do patrimônio líquido.

11.16

$$\mathbf{g = (Taxa\ de\ Retenção) \times (Retorno\ sobre\ o\ Patrimônio\ Líquido)}$$
$$\mathbf{= TR \times ROE}$$

Portanto, uma empresa pode aumentar sua taxa de crescimento elevando sua taxa de retenção (reduzindo seu índice de distribuição) e aplicando esses fundos adicionais ao seu ROE. Também a empresa pode manter sua taxa de retenção e aumentar seu ROE. Por exemplo, se uma empresa retém 50% dos lucros líquidos e sempre obtém um ROE de 10%, estes crescerão a uma taxa de 5% ao ano:

$$\mathbf{g = TR \times ROE}$$
$$\mathbf{= 0{,}50 \times 0{,}10}$$
$$\mathbf{= 0{,}05}$$

Entretanto, se a empresa aumentar sua taxa de retenção para 75% e investir esses fundos adicionais em projetos internos que rendem 10%, sua taxa de crescimento aumentará para 7,5%:

$$\mathbf{g = 0{,}75 \times 0{,}10}$$
$$\mathbf{= 0{,}075}$$

Se, em vez disso, a empresa continuar a reinvestir 50% dos seus lucros, mas obtém uma taxa de retorno mais alta nesses investimentos, digamos 15%, ela pode igualmente aumentar sua taxa de crescimento, como se segue:

$$\mathbf{g = 0{,}50 \times 0{,}15}$$
$$\mathbf{= 0{,}075}$$

Decomposição do ROE – Embora a taxa de retenção seja uma decisão gerencial, as variações do ROE de uma empresa resultam de alterações de seu desempenho operacional ou de sua alavancagem financeira. Como será discutido no Capítulo 14, podemos decompor o ROE em três elementos:

11.17

$$\mathbf{ROE = \frac{Lucro\ líquido}{Vendas} \times \frac{Vendas}{Ativos\ totais} \times \frac{Ativos\ totais}{Patrimônio\ líquido}}$$
$$\mathbf{= \frac{Margem\ de}{lucro\ líquido} \times \frac{Giro\ do}{ativo\ total} \times \frac{Alavancagem}{financeira}}$$

Essa decomposição nos permite atentar para três índices que determinam o ROE de uma empresa. Como se trata de uma multiplicação, um aumento em qualquer um deles causará um aumento do ROE. Os dois primeiros refletem o desempenho operacional, e o terceiro indica uma decisão financeira da companhia.

O primeiro índice operacional, que é a margem de lucro líquido, indica a lucratividade da empresa sobre as suas vendas. Ele varia para algumas empresas e é muito sensível ao ciclo econômico. Para as que estão em crescimento, este é um dos primeiros índices a cair, porque o aumento da competição eleva a oferta de bens ou serviços e força reduções de preços, o que leva a margens de lucro mais baixas. Além disso, durante uma recessão, estas diminuem em função de cortes de preços ou em conseqüência das porcentagens mais altas de custos fixos em razão de vendas menores.

O segundo componente, o giro do ativo total, é o último indicador de eficiência operacional e reflete os ativos e as exigências de capital da empresa. Embora esse índice varie muito de um setor a outro, ele é um excelente indicador de eficiência operacional da gestão.

O produto desses dois primeiros componentes (margem de lucro e giro do ativo total) é igual ao retorno sobre os ativos (ROA) da empresa; isso reflete o seu desempenho operacional antes do impacto do seu financiamento.[15]

O componente final, ativo total/patrimônio líquido, não mede desempenho operacional, e sim a alavancagem financeira. Especificamente, indica como os administradores decidiram financiar a empresa. Por sua vez, essa decisão gerencial quanto ao financiamento dos ativos pode contribuir para um ROE mais alto, mas também traz implicações de risco financeiro para o acionista.

Conhecendo essa decomposição do ROE, os analistas devem examinar os resultados anteriores e as expectativas para a empresa e produzir *estimativas* dos três componentes e, assim, uma do ROE de uma empresa. Esta última, com a taxa esperada de retenção da empresa indica seu potencial de crescimento futuro. Finalmente, é importante observar que, quando se estima o crescimento, é necessário calcular não apenas a sua *taxa*, como também a sua *duração* (ou seja, por quanto tempo a empresa pode sustentá-la). Evidentemente, quanto mais alta a taxa de crescimento, mais importante se torna a estimativa da sua duração para o valor final da ação.

Estimação do crescimento com base em dados passados – Embora tenhamos um forte viés a favor do uso dos fundamentos para estimar o crescimento futuro, o que envolve a estimação dos componentes do ROE, também acreditamos que é

---

[15] No Capítulo 13, discutiremos um estudo que analisa por que e como os vários setores diferem em termos de retorno dos ativos e dos dois componentes.

necessário utilizar todas as informações disponíveis para fazer esta estimativa crítica. Portanto, recomendamos que os analistas também considerem a taxa de crescimento histórico de vendas, lucros, fluxo de caixa e dividendos neste processo.

Embora estes cálculos para o mercado, para um setor e para uma empresa sejam demonstrados em capítulos posteriores, a discussão a seguir considera algumas sugestões de cálculos alternativos. Em termos do período saliente, "mais é melhor" desde que você reconheça que "o recente é relevante". Especificamente, cerca de 20 anos de observações anuais seria o ideal, mas é importante considerar subperíodos e um completo, ou seja, 20 anos, dois períodos de dez anos e quatro períodos de cinco anos indicariam a taxa geral de crescimento e também a ocorrência de quaisquer *alterações* da taxa de crescimento em tempos recentes.

A medida específica pode ser obtida utilizando-se uma ou mais das três técnicas seguintes: (1) média aritmética ou geométrica de variações porcentuais anuais, (2) modelos de regressão linear e (3) modelos de regressão *log-linear*. Independentemente das técnicas de mensuração utilizadas, encorajamos fortemente a elaboração de um gráfico de séries temporais das variações porcentuais anuais.

A técnica da média aritmética ou geométrica envolve o cálculo da variação porcentual anual e a determinação, em seguida, de ambas as médias desses valores para diferentes períodos. Como mencionado no Capítulo 2, a média aritmética sempre terá um valor mais alto do que a geométrica (exceto quando os valores anuais forem constantes), e a diferença entre elas aumenta com a volatilidade. Conforme observado anteriormente, geralmente preferimos esta, pois ela fornece a taxa média anual de crescimento composta.

O modelo de regressão linear é um bom complemento do gráfico de séries temporais e é o seguinte:

11.18
$$LPA_t = a + b_t$$

onde:

LPA_t = lucro por unidade de tempo no período t
t = ano t, onde t vai de 1 a n
b = coeficiente que indica a variação média absoluta da série durante o período

Essa linha de regressão, sobreposta ao gráfico de séries temporais, fornece uma visão das variações do crescimento absoluto.

O modelo *log-linear* considera que a melhor descrição da série seria em termos de uma taxa de *crescimento constante*. Este modelo é:

11.19
$$LPA_t = a + b_t$$

onde:

$\ln(LPA_t)$ = logaritmo natural do lucro por ação no período t
b = coeficiente que indica a variação porcentual média da série durante o período.

A análise dessas taxas passadas de crescimento – tanto visualmente, com um gráfico de séries temporais, quanto por meio de cálculos – dá uma visão importante sobre a tendência das taxas de crescimento, bem como sobre a variabilidade dessas taxas com o tempo.

Resumo

- Os investidores querem selecionar investimentos que lhes ofereçam uma taxa de retorno que compense seu tempo, a taxa esperada de inflação e o risco envolvido. A teoria da avaliação, segundo a qual o valor de um investimento é obtido utilizando-se a taxa exigida de retorno, pode ajudar significativamente nessa seleção. Tanto a abordagem de cima para baixo em três estágios quanto à de baixo para cima com seleção de ações aos processos de decisão de investimento podem oferecer retornos positivos anormais caso o analista seja superior. Entretanto, a

Investimentos on-line

Diversos sites que discutimos nos capítulos anteriores contêm calculadoras financeiras. Inserindo os dados necessários, os usuários podem determinar se é melhor comprar ou alugar um carro, calcular retornos e determinar quanto dinheiro eles terão se os fundos forem investidos a uma certa taxa de retorno com o passar do tempo. Os sites aqui enumerados contêm calculadoras financeiras que podem ser úteis aos investidores e aos planejadores financeiros.

http://www.financenter.com

http://www.jamesko.com/FinCalc

http://www.numeraire.com

http://www.moneychimp.com

abordagem de cima para baixo – na qual consideramos inicialmente a economia e o mercado como um todo, e depois examinamos setores em âmbito global e finalmente as empresas individuais, determinando o valor das suas ações – é preferível.

- A teoria da avaliação pode ser aplicada a uma variedade de investimentos, incluindo títulos de renda fixa e ações ordinárias. Como a avaliação destas é mais complexa e difícil, sugerimos dois enfoques (valor presente dos fluxos de caixa e avaliação relativa) e diversas técnicas para cada um destes. Em especial, *não* acreditamos que eles sejam concorrentes, e recomendamos que *ambos* sejam utiliza-

dos. Embora seja sugerido o uso de modelos diferentes de avaliação, a regra de decisão de investimento é sempre igual: se o valor intrínseco estimado deste é maior do que o preço de mercado, você deve comprá-lo; se o valor intrínseco estimado de um investimento é menor do que seu preço de mercado, você não deve investir nele e, caso o possua, deve vendê-lo.

- Os fatores necessários, quando se estima o valor de uma ação com qualquer abordagem, são a taxa exigida de retorno de um investimento e a taxa de crescimento do lucro, do fluxo de caixa, ou dos dividendos.

Questões

1. Discuta a diferença entre as abordagens de cima para baixo e de baixo para cima. Qual é a hipótese básica que gera a diferença entre as duas abordagens?
2. Qual é o benefício de se analisar o mercado e o setor antes do título individual?
3. Discuta por que você não esperaria que todos os setores tivessem uma relação semelhante com a economia. Dê um exemplo de dois setores que têm relações diferentes com esta.
4. Discuta por que estimar o valor de um título de renda fixa é mais fácil do que estimar o valor de uma ação ordinária.
5. Você esperaria que a taxa exigida de retorno para um investidor americano em ações ordinárias dos Estados Unidos seria idêntica à taxa exigida de retorno de ações ordinárias do Japão? Que fatores a determinariam nesses países?
6. Dados os fatores que apontam o valor de um ativo, por que há uma ênfase na estimação da taxa de crescimento de lucros, fluxos de caixa e dividendos?
7. Quais são as duas facetas do crescimento que devem ser consideradas ao se estimar o crescimento? Dê um exemplo.

8. Quais são os três componentes da taxa exigida de retorno de um investimento? Quais dos três distinguem um investimento do outro? Por que isso é verdade?
9. Com relação ao processo de decisão de investimento, é dito que se o valor intrínseco de um ativo é inferior ao seu preço de mercado, você não deveria comprar o ativo, e se o possuir, deveria vendê-lo. Discuta a lógica desta decisão de venda.
10. Dê um exemplo de uma ação para a qual seria apropriado utilizar a forma reduzida do MDD em sua avaliação, e discuta por que você sente que ela é apropriada, e outro em que não seria apropriado utilizar o MDD.
11. Dê um exemplo e discuta uma ação que tenha crescimento temporário acima do normal, e para a qual não seja apropriado (necessário) utilizar o MDD modificado.
12. Quando utilizamos o termo *crescimento acima do normal*, por que nos referimos a ele como "temporário"?
13. Em que condições seria ideal utilizar um ou vários dos índices de avaliação relativa para avaliar uma ação?
14. Discuta um cenário no qual seja apropriado utilizar uma das técnicas de valor presente de fluxos de caixa para fins de avaliação.
15. Discuta por que as duas abordagens de avaliação (valor presente de fluxos de caixa e índices de avaliação relativa) são concorrentes ou complementares.

Problemas

1. Qual é o valor de um título de renda fixa com cupom de 9%, cujo valor par é de 10.000 dólares e vence daqui a dez anos, caso você queira obter um retorno de 7%? Utilize capitalização semestral.
2. Qual seria o valor do título do Problema 1 se você quisesse uma taxa de retorno de 11%?
3. Um título de dívida privada com *rating* AA tem um valor par de 1.000 dólares, cupom de 8% e prazo de vencimento de 20 anos. Se sua taxa de retorno exigida desse título de dívida é de 10%, qual é o valor dele para você? Se o título é atualmente avaliado em 950 dólares (95% do par), você o compraria?
4. Se você possuísse o título do Problema 3, o que faria? Se esse título fosse rebaixado por uma agência de *rating* para A, o que aconteceria com o preço de mercado do título? (Não é necessário nenhum cálculo.) Discuta o motivo da variação de preço.
5. A ação preferencial da *Clarence Radiology Company* tem um valor par de 100 dólares e uma taxa de dividendo de 9 dólares. Você exige uma taxa de retorno de 11% dessa

ação. Qual é o preço máximo que pagaria por ela? Você o compraria se o preço de mercado fosse de 96 dólares?
6. A Baron Basketball Company (BBC) teve um lucro de 10 dólares por ação e pagou um dividendo de 6 dólares por ação no ano passado. No próximo ano, espera que a BBC tenha lucro de 11 dólares e mantenha seu índice de distribuição. Suponha que espere vender a ação por 132 dólares daqui a um ano. Sabendo-se que você exige 12% de retorno, quanto estaria disposto a pagar por ela?
7. Dados os lucros e os pagamentos de dividendos esperados no Problema 6, se você estimasse um preço de venda de 110 dólares e exigisse 8% de retorno nesse investimento, quanto estaria disposto a pagar?
8. A longo prazo, você espera que os dividendos da BBC do Problema 6 cresçam a 8%, e exige um retorno de 11%. Utilizando o MDD de prazo infinito, quanto pagaria por essa ação?
9. Com base em novas informações em relação à popularidade do basquete, você revê sua estimativa de crescimento para a BBC no Problema 6 para 9%. Qual é o índice P/E máximo que aplicaria à BBC, e qual é o preço máximo que pagaria pela ação?

10. A *Shamrock Dogfood Company* (SDC) tem pago regularmente 40% dos seus lucros em dividendos. O retorno sobre o patrimônio líquido da empresa é de 16%. O que você estimaria como a taxa de crescimento de seus dividendos?

11. Dado o baixo risco no setor de alimentos para cães, sua taxa de retorno exigida na SCD (Problema 10) é de 13%. Que índice P/E você aplicaria aos lucros da empresa?

12. Que índice P/E você aplicaria se soubesse que a SCD (Problema 10) decidiu aumentar seu índice de distribuição para 50%? (Dica: esta alteração tem mais de um efeito.)

13. Discuta três maneiras pelas quais uma empresa pode aumentar seu ROE. Dê um exemplo para ilustrar sua discussão.

14. A *Sophie Silk Company* (SSC) tem uma margem de lucro de 4%, um giro de ativos de 2,5 vezes, uma taxa de retenção de 90%, e ativo total/patrimônio líquido de 2,2. A empresa lucrou 1,75 dólar por ação este ano.
    (a) Quanto você espera que a SSC lucre no próximo ano?
    (b) O que você estimaria como o dividendo da empresa no próximo ano?
    (c) Suponha um custo de capital próprio (*k*) de 12% e utilize o MDD para determinar o P/E e o valor da ação.
    (d) Que outros modelos de avaliação deveriam ser utilizados para obter o valor da ação da Sophie? Por quê? (Não é necessário nenhum cálculo.)

15. É amplamente conhecido que as cadeias de mercearias têm baixas margens de lucro; em média, elas obtêm cerca de 1% nas vendas. Como você explica o fato de que seu ROE é de aproximadamente 12%? Isso parece lógico?

16. Calcule uma média de cinco anos recentes para os seguintes índices de três empresas de sua escolha (tente selecionar empresas bem distintas):
    (a) Taxa de retenção.
    (b) Margem de lucro líquido.

(c) Giro do patrimônio líquido.
(d) Giro do ativo total.
(e) Ativo total/patrimônio líquido.
Com base nesses índices, explique que empresa teria a maior taxa de crescimento de lucros.

17. Você está lendo sobre a *Madison Computer Company* (MCC), que atualmente retém 90% dos seus lucros (que foram de 5 dólares por ação este ano). Ela gera um ROE de quase 30%. Supondo uma taxa de retorno exigida de 14%, quanto você pagaria pela MCC, com base no modelo do múltiplo do lucro? Discuta sua resposta. O que você pagaria pela *Madison Computer* se sua taxa de retenção fosse de 60% e seu ROE fosse de 19%? Mostre sua análise.

18. O último dividendo anual da *Gentry Can Company* (GCC), de 1,25 por ação, foi pago ontem e isso manteve sua taxa anual histórica de crescimento de 7%. Você planeja comprar a ação hoje porque acredita que a taxa de crescimento do dividendo aumentará para 8% nos próximos três anos e o preço de venda da ação será de 40 dólares por ação no final desse período.
    (a) Quanto você estaria disposto a pagar pela ação da GCC, caso pretendesse um retorno de 12%?
    (b) Qual é o preço máximo que estaria disposto a pagar pela ação da GCC se acreditasse que a taxa de crescimento de 8% pudesse ser mantida indefinidamente e exigisse um retorno de 12%?
    (c) Se a taxa de crescimento de 8% for alcançada, qual será o preço no final do terceiro ano, supondo as mesmas condições do item (b)?

19. No *Federal Reserve Bulletin*, encontre o rendimento médio de títulos de dívida com *ratings* AAA e BBB no mês mais recente. Calcule o prêmio por risco (em pontos-base) dos títulos de dívida BBB em relação aos AAA. Debata como esses valores se comparam aos mostrados no Gráfico 11.1.

REFERÊNCIAS

ARZAC, Enrique R. *Valuation for Mergers, Buyouts, and Restructuring*. Nova York: Wiley, 2005.

BHATIA, Sanjiv, (Ed.). *Global Equity Investing*. Anais de seminário promovido pela Association of Investment Management and Research. Charlottesville, VA: AIMR, 1995.

BILLINGSLEY, Randall. (Ed.). *Corporate Financial Decision Making and Equity Analysis*. Anais de seminário promovido pela Association of Investment Management and Research. Charlottesville, VA: AIMR, 1995.

COPELAND, T. E., KOLLER, Tim; MURRIN, Jack. *Valuation: Measuring and Managing the Value of Companies*. 3. ed. New York: John Wiley & Sons, 2001.

CORNELL, Bradford. *Corporate Valuation*. Burr Ridge, IL: Irwin Professional Publishing, 1993.

DAMODARAN, Aswath. *Damodaran on Valuation*. New York: John Wiley & Sons, 1994.

_____. *Investment Valuation*. New York: John Wiley & Sons, 1996.

FARRELL, James L. "The Dividend Discount Model: a Primer." *Financial Analysts Journal* 41, n. 6 (nov.-dez. 1985).

GREENWALD, B. C. N.; KAHN, J.; SONKIN, P. D., BIEMA, M. van. *Value Investing*. New York: John Wiley & Sons, 2001.

HELFERT, Erich A. *Techniques of Financial Analysis*. 10. ed. Burr Ridge, IL: Irwin McGraw-Hill, 2000.

HIGGINS, Robert C. *Analysis for Financial Management*. 5. ed. Chicago: Richard D. Irwin, 2000.

LEVINE, Summer N. (Ed.). *The Financial Analysts Handbook*. 2. ed. Homewood, IL: Dow Jones-Irwin, 1988.

PALEPU, Krishna; BERNARD, Victor; HEALY, Paul. *Business Analysis and Valuation*. Cincinnati, OH: South-Western Publishing, 1996.

SHARPE, William; SHERRERD, Katrina (Ed.). *Quantifying the Market Risk Premium Phenomenon for Investment Decision Making*. Anais de seminário promovido pela Association of Investment Management and Research. Charlottesville, VA: AIMR, 1989.

SQUIRES, Jan. (Ed.) *Equity Research and Valuation Techniques*. Anais de seminário promovido pela Association of Investment Management and Research. Charlottesville, VA: AIMR, 1997.

_____. *Practical Issues in Equity Analysis*. Anais de seminário promovido pela Association of Investment Management and Research. Charlottesville, VA: AIMR, 2000.

STOWE, J. D., ROBINSON, T. R.; PINTO, J. E.; MCLEAVEY, D. W. *Analysis of Equity Investments*: Valuation. Charlottesville, VA: AIMR, 2002.

SULLIVAN, Rodney N. (Ed.). *Equity Analysis Issues, Lessons, and Techniques*. Anais de seminário promovido pela Association of Investment Management and Research. Charlottesville, VA: AIMR, 2003.

WHITMAN, Martin J. *Value Investing*. New York: John Wiley & Sons, 1999.

GLOSSÁRIO

Abordagem de baixo para cima com seleção de ações – Uma abordagem à avaliação de títulos na qual são previstas tendências por meio de uma análise de fatores microeconômicos ou específicos da empresa.

Abordagem de cima para baixo em três estágios – Uma abordagem à avaliação de títulos na qual as tendências são previstas com base na análise em três estágios de fatores macroeconômicos, das perspectivas do setor e com a análise e avaliação da empresa.

Empresa em crescimento – Uma empresa que tem oportunidades e a capacidade de obter taxas de retorno em seus investimentos sistematicamente acima da taxa exigida de retorno.

Índice preço/lucro (P/E) – O número pelo qual o lucro esperado por ação é multiplicado para se estimar o seu valor; também chamado de *múltiplo do lucro.*

Modelo de dividendos descontados (MDD) – Uma técnica para estimar o valor de uma ação pelo valor presente de todos os dividendos futuros.

Modelo do múltiplo do lucro – Uma técnica para estimar o valor de uma ação por um múltiplo do lucro esperado por cada uma desta.

Perpetuidade – Uma anuidade pagável para sempre; uma ação preferencial sem data de vencimento.

Processo de avaliação – Parte do processo de decisão de investimento, na qual o valor intrínseco de um ativo é obtido utilizando-se estimativas da taxa exigida de retorno (a taxa de desconto) e da série de fluxos de caixa, lucros e dividendos esperados.

Processo de decisão de investimento – Comparação do valor intrínseco estimado de um ativo ao seu preço de mercado para se determinar se é recomendável investir ou não.

APÊNDICE 11

Desenvolvimento do modelo de dividendos descontados com crescimento constante (MDD)

O modelo básico de dividendos descontados é:

$$P_0 = \frac{D_1}{(1+k)^1} + \frac{D_2}{(1+k)^2} + \frac{D_3}{(1+k)^3} + \dots + \frac{D_n}{(1+k)^n}$$

onde:

P_0 = preço corrente
D_i = dividendo esperado no período i
k = taxa exigida de retorno do ativo j

O modelo supõe:

- Taxa de crescimento constante
- Prazo infinito
- Retorno exigido do investimento (k) superior à taxa esperada de crescimento (g)

Se a taxa de crescimento (g) for constante,

$$P_0 = \frac{D_0(1+g)^1}{(1+k)^1} + \frac{D_0(1+g)^2}{(1+k)^2} + \dots + \frac{D_0(1+g)^n}{(1+k)^n}$$

Isso pode ser escrito da seguinte maneira:

$$P_0 = D_0 \left[\frac{(1+g)}{(1+k)} + \frac{(1+g)^2}{(1+k)^2} + \frac{(1+g)^3}{(1+k)^3} + \dots + \frac{(1+g)^n}{(1+k)^n} \right]$$

Multiplicando ambos os lados da equação por $\dfrac{1+k}{1+g}$, temos:

$$\left[\frac{(1+g)}{(1+k)} \right] P_0 = D_0 \left[1 + \frac{(1+g)}{(1+k)} + \frac{(1+g)^2}{(1+k)^2} + \dots + \frac{(1+g)^{n-1}}{(1+k)^{n-1}} \right]$$

Subtraindo a equação anterior desta equação, temos:

$$\left[\frac{(1+k)}{(1+g)} - 1 \right] P_0 = D_0 \left[1 - \frac{(1+g)^n}{(1+k)^n} \right]$$

$$\left[\frac{(1+k) - (1+g)}{(1+g)} \right] P_0 = D_0 \left[1 - \frac{(1+g)^n}{(1+k)^n} \right]$$

Supondo $k > g$, quando $n \to \infty$, o termo entre colchetes, no lado direito da equação, tende a 1, deixando:

$$\left[\frac{(1+k) - (1+g)}{(1+g)} \right] P_0 = D_0$$

Isso pode ser simplificado para:

$$\left[\frac{(1+k-1-g)}{(1+g)} \right] P_0 = D_0$$

que equivale a:

$$\left[\frac{k-g}{(1+g)} \right] P_0 = D_0$$

E isso é igual a:

$$(k - g)P_0 = D_0(1 + g)$$
$$D_0(1 + g) = D_1$$

portanto:

$$(k - g)P_0 = D_1$$
$$P_0 = \frac{D_1}{k - g}$$

capítulo 12

Análise de títulos de renda fixa

Neste capítulo, responderemos às seguintes perguntas:

Que tipos distintos de rendimentos de títulos de renda fixa são importantes para os investidores?

Como são calculados os seguintes rendimentos principais de títulos de renda fixa: rendimento corrente, rendimento até o vencimento, rendimento até a primeira data de resgate antecipado e rendimento realizado composto (no horizonte de investimento)?

Que fatores afetam o nível dos rendimentos de títulos de renda fixa em um dado momento?

Que forças econômicas causam variações dos rendimentos de títulos de renda fixa no tempo?

Quando os rendimentos se alteram, quais são as características de um título de renda fixa que explicam a ocorrência de variações diferentes dos preços de títulos distintos de renda fixa?

O que é a duração de um título de renda fixa, como é calculada e que fatores a afetam?

O que é duração modificada e qual é a relação entre a duração modificada de um título de renda fixa e sua volatilidade?

O que é a convexidade de um título de renda fixa, que fatores a afetam e qual é seu efeito sobre a volatilidade desse título?

Em que condições é necessário considerar tanto a duração modificada quanto a convexidade ao se estimar a volatilidade de preço de um título de renda fixa?

Começamos este capítulo com diversas medidas de rendimentos de títulos de renda fixa. A seguir, para poder entender por que os valores e os rendimentos de títulos de renda fixa variam no tempo, revemos a estimação do valor de títulos de renda fixa, o que nos permite compreender e calcular as taxas de retorno esperadas destes, ou seja, seus rendimentos. Consideramos a seguir os fatores que influenciam o nível dos rendimentos dos títulos de dívida e as forças econômicas que causam suas variações no tempo. Discutimos várias características e cláusulas de escrituras que afetam os retornos exigidos e o valor de títulos, tais como prazo de vencimento, cupom, opção de resgate antecipado e fundos de amortização.

A partir dessa base, retornamos à discussão do valor de títulos de renda fixa e examinamos as características que causam variações diferentes do preço de um título de renda fixa. Veremos que, quando os rendimentos variam, os preços de títulos distintos de renda fixa não se alteram da mesma forma.

Uma compreensão dos fatores que afetam as variações de preços de títulos de renda fixa tem se tornado mais importante nas últimas décadas, pois a volatilidade do preço desses títulos aumentou consideravelmente. Antes de 1950, os rendimentos dos títulos de renda fixa eram razoavelmente baixos, tanto os rendimentos quanto os preços eram estáveis, os títulos de renda fixa eram considerados investimentos seguros e a maioria dos investidores em títulos de renda fixa pretendia mantê-los até o vencimento. Nas últimas décadas, o nível das taxas de juros elevou-se consideravelmente por causa da inflação. Além disso, as taxas de juros tornaram-se mais voláteis em razão das freqüentes alterações da taxa de inflação e da política monetária. Como resultado, as taxas de retorno dos títulos de renda fixa subiram e tornaram-se muito mais voláteis.

Fundamentos de avaliação de títulos de renda fixa

O valor de títulos de renda fixa pode ser descrito em termos tanto de valores monetários quanto das taxas de retorno que os títulos prometem sob algumas hipóteses. Neste item, recapitularemos resumidamente o modelo de valor presente, o qual calcula um valor específico do título de renda fixa, e descreveremos o modelo de rendimento, que calcula a taxa de retorno prometida com base no preço corrente do título.

QUADRO 12.1	Relação rendimento/preço de um título de renda fixa com cupom de 8% e prazo de 20 anos (valor par de 1.000 dólares

Rendimento exigido	Preço do título de renda fixa
2	$ 1.985,09
4	1.547,12
6	1.231,19
8	1.000,00
10	828,36
12	699,05
14	600,07
16	522,98

O MODELO DO VALOR PRESENTE

Anteriormente, vimos que o valor de um título de renda fixa (ou de qualquer ativo) é igual ao valor presente de seu fluxo de caixa esperado. Dessa forma, o valor de um título de renda fixa é o valor presente dos pagamentos semi-anuais de juros mais o valor presente do principal, geralmente encontrado utilizando-se um fator de desconto com uma única taxa de juros, ou seja, a taxa de retorno exigida do título. Podemos expressar isso com a seguinte fórmula de valor presente, que supõe capitalização semi-anual:[1]

12.1

$$P = \sum_{t=1}^{2n} \frac{C_i/2}{(1 + Y_m/2)^t} + \frac{P_p}{(1 + Y_m/2)^{2n}}$$

onde:

P = preço corrente de mercado do título de renda fixa
n = número de anos até o vencimento
C_i = pagamento anual de cupom do título i
Y_m = rendimento até o vencimento vigente no mercado para esse título de dívida
P_p = valor par do título de renda fixa

Curva de preço-rendimento – Quando conhecemos as características básicas de um título de renda fixa, em termos de cupom, prazo de vencimento e valor par, o único fator que determina seu valor (preço) é a taxa de desconto de mercado – sua taxa de retorno exigida. Como foi mostrado no Capítulo 11, à medida que aumentamos a taxa exigida, o preço diminui. Podemos demonstrar a relação específica entre o preço de um título de renda fixa e seu rendimento calculando o preço do título para diversos níveis de rendimentos, como mostrado no Quadro 12.1.

Um gráfico desta relação entre o retorno exigido (rendimento) do título de renda fixa e seu preço é chamado de ***curva de preço-rendimento***, como apareceu no Gráfico 12.1. Além de demonstrar que o preço varia inversamente com os rendimentos, o gráfico revela três outros pontos importantes:

1. Quando o rendimento está abaixo da taxa de cupom, o título é cotado com um ***prêmio*** sobre seu valor par.
2. Quando o rendimento está acima da taxa de cupom, o título é cotado com um ***desconto*** em relação a seu valor par.
3. A relação preço-rendimento não é uma linha reta; ao contrário, ela é *convexa*. À medida que o rendimento diminui, o preço aumenta a uma taxa crescente; quando o rendimento aumenta, o preço diminui a uma taxa decrescente. Esse conceito de curva convexa de preço-rendimento é denominado *convexidade* e será discutido com mais detalhes adiante.

O MODELO DE RENDIMENTOS

Em vez de determinar o valor de um título de renda fixa em dólares, os investidores freqüentemente avaliam os títulos em termos de ***rendimentos***, que são as taxas de retorno prometidas dos títulos de dívida sob certos pressupostos. Até aqui, utilizamos os fluxos de caixa e a taxa de retorno exigida para calcularmos um valor estimado do título de renda fixa, o qual foi então comparado a seu preço de mercado P. Para determinar um rendimento esperado, utilizamos o preço corrente de mercado P com os fluxos de caixa esperados e *calculamos o rendimento esperado do título de renda fixa*. Podemos expressar esta abordagem utilizando o modelo de valor presente da seguinte forma:

12.2

$$P = \sum_{t=i}^{n} C_t \frac{1}{(1 + Y)^t}$$

---

[1] Quase todos os títulos de renda fixa nos Estados Unidos pagam juros semi-anualmente, o que torna apropriado utilizar capitalização semestral, na qual dividimos a taxa de cupom anual pela metade e dobramos o número de períodos. Para sermos coerentes, também deveríamos utilizar capitalização semestral ao discutirmos o pagamento do principal de um título com cupom ou mesmo um título com cupom igual a zero. Todos os nossos cálculos de valor presente pressupõem capitalização semestral.

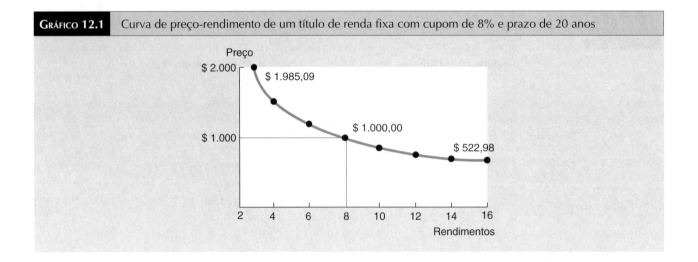

GRÁFICO 12.1 Curva de preço-rendimento de um título de renda fixa com cupom de 8% e prazo de 20 anos

onde:

P = preço corrente de mercado do título de renda fixa
C_t = fluxo de caixa recebido no período t
Y = taxa de desconto que descontará os fluxos de caixa de tal maneira que igualem o preço corrente de mercado do título

Este valor de Y indica o rendimento do título de renda fixa. Discutiremos vários rendimentos de títulos de renda fixa que decorrem de pressupostos alternativos do modelo de avaliação.

Ao abordarmos a decisão de investimento utilizando o rendimento do título de renda fixa em vez do valor monetário, precisamos levar em conta a relação entre o rendimento calculado do título calculado e nossa taxa de retorno exigida para o título. Se o rendimento calculado for igual ou superior à taxa de retorno exigida, devemos comprar o título; se o rendimento calculado for inferior à taxa exigida de retorno, não devemos comprar o título, e vendê-lo caso o tenhamos.

Essas abordagens à avaliação de títulos de renda fixa e à tomada de decisão de investimento são semelhantes às duas abordagens com as quais as empresas tomam decisões de investimento. De algum curso de finanças corporativas você deve se lembrar de que, com o método do valor presente líquido (VPL), calculamos o valor presente dos fluxos de caixa decorrentes do investimento proposto ao custo de capital e o subtraímos do custo do investimento para obtermos o valor presente líquido (VPL) do projeto. Se este VPL for positivo, devemos aceitar o investimento; se for negativo, devemos rejeitá-lo. Esta é basicamente a maneira pela qual comparamos o valor de um investimento a seu preço de mercado.

A segunda abordagem é o cálculo da *taxa interna de retorno (TIR)* de um projeto de investimento proposto. A TIR é a taxa de desconto que iguala o valor presente dos fluxos de saída de caixa de um investimento ao valor presente de seus fluxos de entrada. Comparamos esta taxa de desconto, ou TIR (que também é a taxa de retorno esperada do projeto), ao nosso custo de capital e aceitamos qualquer proposta de investimento com TIR igual ou superior ao custo de capital. Fazemos igual procedimento quando calculamos os preços de títulos de renda fixa com base em seu rendimento. Se o rendimento esperado do título é igual ou superior à taxa de retorno exigida do título, devemos investir nele; se o rendimento esperado é menor do que a taxa de retorno exigida do título, não devemos investir nele, mas, sim, vendê-lo, caso o possuirmos.

Cálculo dos rendimentos de títulos de renda fixa

Os investidores em títulos de renda fixa utilizam cinco medidas de rendimento para as seguintes finalidades:

Medida de rendimento	Finalidade
Taxa de cupom	Mede a taxa de cupom ou a porcentagem do par paga anualmente a título de juros
Rendimento corrente	Mede a taxa de rendimento corrente
Rendimento prometido até o vencimento	Mede a taxa de retorno esperada de um título de renda fixa mantido até o vencimento
Rendimento prometido até a primeira data de resgate antecipado	Mede a taxa de retorno esperada de um título de renda fixa mantido até a primeira data de resgate antecipado
Rendimento realizado (no prazo)	Mede a taxa de retorno esperada de um título de renda fixa que tende a ser vendido antes do vencimento. Considera hipóteses específicas de reinvestimento e um preço estimado de venda. Também pode medir a taxa de retorno efetiva de um título de renda fixa em um determinado período passado.

A taxa de cupom e os rendimentos correntes são basicamente descritivos. Os três últimos rendimentos decorrem do modelo de valor presente, descrito nas equações 12.1 e 12.2. Defendemos a utilização deles para a obtenção de valores precisos. Uma calculadora financeira ou um *software* de planilha podem ser utilizados para determinar os retornos exatos a partir de uma série de fluxos de caixa.

Para medir um rendimento realizado esperado (também chamado de *rendimento no prazo do investimento*), devemos estimar um preço de venda futuro do título. Depois da nossa apresentação dos rendimentos de títulos de renda fixa, apresentaremos o procedimento para encontrar esses preços.

TAXA DE CUPOM

A *taxa de cupom* mede simplesmente a renda anual que um investidor em um título de renda fixa recebe, expressa como porcentagem do valor par do título. É pouco útil para a determinação do retorno efetivo de um título de renda fixa, pois o preço do título pode diferir do par quando comprado ou vendido, caso o título seja vendido antes do vencimento.

RENDIMENTO CORRENTE

O *rendimento atual (RC)* significa, para um título de renda fixa, o mesmo que a taxa de dividendo representa para uma ação. Ele é calculado da seguinte maneira:

12.3
$$RC = \frac{C}{P}$$

onde:

RC = rendimento corrente de um título de renda fixa
C = pagamento anual de cupom do título de renda fixa
P = preço corrente de mercado do título de renda fixa

Como este rendimento mede aquele corrente do título como porcentagem de seu preço, ele é importante para os investidores preocupados com a obtenção de renda, que desejam obter fluxo de caixa corrente em suas carteiras de investimento, como é o caso de uma pessoa aposentada que vive da renda desta aplicação. O rendimento corrente é pouco útil para os investidores que estão interessados no retorno total, pois exclui o importante componente de ganho ou perda de capital.

RENDIMENTO PROMETIDO ATÉ O VENCIMENTO (Y_M)

O *rendimento prometido até o vencimento (Y_m)* é o dado de rendimento do título de renda fixa mais utilizado, pois indica a taxa de retorno composta *prometida* a um investidor que compra o título ao preço corrente, *caso duas hipóteses sejam válidas*. A primeira hipótese é a de que o investidor mantenha o título até o vencimento. Essa hipótese dá a esse rendimento seu nome mais curto, *rendimento até o vencimento*. A segunda hipótese está implícita no método de cálculo de valor presente, isto é, todos os fluxos de caixa do título são reaplicados ao rendimento até o vencimento calculado.

Para entender melhor, lembre-se de que a equação 12.2 relacionava o preço de mercado corrente do título de renda fixa ao valor presente de todos os fluxos de caixa da seguinte forma:

$$P = \sum_{t=i}^{n} C_t \frac{1}{(1+Y)^t}$$

Para calcular o Y_m de um título de renda fixa, determinamos a taxa Y que iguala o preço corrente P a todos os fluxos de caixa do título até o seu vencimento. Como foi observado, isso é parecido com o cálculo da taxa interna de retorno (TIR) de um projeto de investimento, o que subentende uma taxa de reinvestimento, pois ela desconta os fluxos de caixa. Ou seja, a equação pressupõe que *todos os fluxos de caixa intermediários (pagamentos de juros) são reinvestidos ao* Y_m *calculado*. É por esse motivo que ele é denominado Y_m *prometido*; o título de renda fixa oferecerá esse Y_m calculado somente *se* garantirmos suas condições:

1. Manter o título de renda fixa até o vencimento.
2. Reaplicar todos os fluxos de caixa intermediários à taxa Y_m calculada.

Por exemplo, se um título de renda fixa promete um Y_m nominal de 8%, devemos reinvestir a renda de cupons a 8% para conseguir esse retorno prometido. Se gastarmos (não reaplicarmos) os pagamentos de cupons ou não encontrarmos oportunidades de reaplicação desses pagamentos de cupom a taxas tão altas quanto o Y_m prometido, então, o rendimento efetivamente *realizado* que obteremos será menor do que o prometido até o vencimento. A renda auferida com a reaplicação dos pagamentos de juros intermediários é o que se chama de *juros sobre juros*.[2]

O impacto da hipótese de investimento (os ganhos com juros sobre juros) sobre o retorno realizado com o título varia diretamente com o cupom e o prazo de vencimento. Cupons mais altos e prazos mais longos de vencimento aumentam a perda de valor com a incapacidade de reinvestir ao Y_m. Essas condições aumentam a chance de reinvestimento.

O Gráfico 12.2 demonstra o impacto dos juros sobre juros no caso de um título a 8% e com prazo de 25 anos, comprado ao par com rendimento de 8%. Se investirmos 1.000 dólares hoje a 8% por 25 anos e reaplicarmos todos os pagamentos de cupons a 8%, teremos aproximadamente 7.100 dólares no final de 25 anos. Chamaremos a quantia que possuímos no

---

[2] Este conceito é desenvolvido em Sidney Homer e Martin L. Leibowitz. *Inside the Yield Book*. Englewood Cliffs, NJ: Prentice-Hall, 1972. cap. 1.

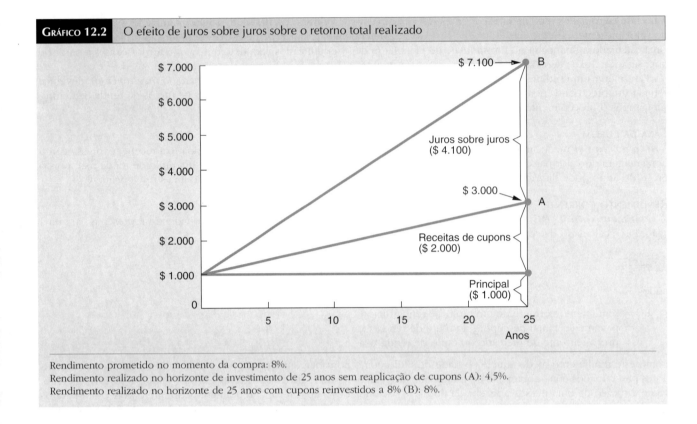

Gráfico 12.2 O efeito de juros sobre juros sobre o retorno total realizado

Rendimento prometido no momento da compra: 8%.
Rendimento realizado no horizonte de investimento de 25 anos sem reaplicação de cupons (A): 4,5%.
Rendimento realizado no horizonte de 25 anos com cupons reinvestidos a 8% (B): 8%.

término do nosso horizonte de investimento de valor da riqueza final. Para provar que teremos um valor de riqueza final de 7.100 dólares, procure o fator de juros compostos para 8% e 25 anos (que é igual a 6,8493), ou para 4% por 50 períodos (supondo capitalização semestral e é igual a 7,1073).

O Gráfico 12.2 mostra que esses 7.100 dólares são formados pelo retorno do principal de 1.000 dólares, 2.000 dólares de pagamentos de cupons no decorrer dos 25 anos (80 dólares por ano por 25 anos), e 4.100 dólares de juros sobre os pagamentos de cupons reaplicados a 8%. Se tivéssemos economizado, mas nunca reinvestíssemos nenhum dos pagamentos de cupons, teríamos um valor de riqueza final de apenas 3.000 dólares. Este valor, decorrente do investimento inicial de 1.000 dólares, proporciona um rendimento efetivo (realizado) até o vencimento de apenas 4,5%. Ou seja, a taxa que descontará 3.000 dólares a 1.000 dólares em 25 anos é igual a 4,5%. O reinvestimento dos pagamentos de cupons a alguma taxa entre 0 e 8% faria com que o valor da riqueza final ficasse acima de 3.000 dólares e abaixo de 7.100 dólares; assim, a taxa efetiva de retorno estaria entre 4,5% e 8%. Obviamente, se conseguíssemos reaplicar os pagamentos de cupons a taxas sistematicamente acima de 8%, a riqueza final ficaria acima de 7.100 dólares e a taxa de retorno realizada seria superior a 8%.

Curiosamente, em períodos de altas taxas de juros, ouvimos freqüentemente os investidores falar em "travar" rendimentos altos. Muitas dessas pessoas estão sujeitas à ilusão dos rendimentos – elas não percebem que a obtenção de rendimento prometido elevado exige que reapliquem todos os pagamentos de cupons aos mesmos rendimentos elevados. Por exemplo, se comprarmos um título de renda fixa com prazo de 20 anos e com um rendimento prometido até o vencimento de 15%, realizaremos efetivamente o rendimento de 15% apenas se reinvestirmos todos os pagamentos de cupons a essa porcentagem nos próximos 20 anos.

Cálculo do rendimento prometido até o vencimento – Podemos calcular o rendimento prometido até o vencimento utilizando o modelo de valor presente com capitalização semestral.[3] O modelo de valor presente na equação 12.4 é a técnica utilizada por profissionais de investimento:

12.4
$$P = \sum_{t=i}^{2n} \frac{C_t/2}{(1+Y/2)^t} + \frac{P_p}{(1+Y/2)^{2n}}$$

Todas as variáveis são descritas como anteriormente. Esta fórmula reflete a realização de pagamentos semestrais de juros. Ajustamos esses pagamentos semestrais duplicando o número de períodos (duas vezes o número de anos até o vencimento) e dividindo tanto o valor do cupom anual quanto a taxa de juros pela metade.

---

[3] Podemos calcular o Y_m prometido supondo capitalização anual, mas os profissionais utilizam capitalização semestral, porque os fluxos de caixa de juros são semestrais. Mesmo quando estes não são semestrais, os analistas de títulos de renda fixa utilizam essa suposição para calcular o rendimento. Portanto, todos os nossos cálculos empregam essa suposição.

Este modelo é mais complexo porque sua solução requer interação. A equação de valor presente é uma variante do cálculo da taxa interna de retorno (TIR), na qual queremos encontrar a taxa de desconto i que igualará o valor presente do fluxo de receitas de cupons (C_t) e do valor principal (par) ao preço corrente de mercado do título (P). Para um título a 8%, com prazo de 20 anos, cotado a 900 dólares, a equação nos dá um rendimento prometido semestral até o vencimento de 4,545%, que significa um Y_m nominal de 9,09%:[4]

$$900 = 40 \sum_{t=1}^{40} \left[\frac{1}{(1,04545)^t} \right] + 1.000 \left[\frac{1}{(1,04545)^{40}} \right]$$
$$= 40\,(18,2574) + 1.000\,(0,1702)$$
$$= 900$$

UMA PALAVRA SOBRE CÁLCULOS DE RENDIMENTOS

Cotamos o rendimento até o vencimento dos títulos de renda fixa que pagam os cupons semestrais de duas maneiras: como taxas nominais ou como taxas efetivas. O rendimento até o vencimento, cotado em termos nominais, é semelhante à taxa de retorno semestral do título multiplicada por dois:

$$Y_m \text{ nominal} = \text{Retorno semestral} \times 2$$

Um título de renda fixa com um retorno semestral de 4,545% tem um Y_m nominal de 4,545 $\times$ 2, ou 9,09%. O termo mais formal utilizado na prática para este rendimento é o ***rendimento equivalente de título de renda fixa*** (BEY, ***bond-equivalent yield***). Entretanto, quando alguém utiliza a convenção de dobrar o rendimento semestral, diz-se que está calculando a medida na *base equivalente de título de renda fixa*.

O segundo método, o ***rendimento efetivo até o vencimento***, considera o efeito da capitalização semestral período por período sobre o retorno anual: os juros auferidos em um período de seis meses rendem juros quando reaplicados em períodos posteriores. Ou seja, um título de renda fixa com 4,545% de retorno semestral tem um Y_m efetivo de:

E-leituras interativas

Para mais explicações e um exemplo animado de taxas de juros anuais efetivas, visite: http://reillyxtra.swlearning.com.

$$(1 + 0,04545)^2 - 1 = 0,0930 \ \text{ou} \ 9,30\%$$

Alternativamente, um título de renda fixa com um rendimento efetivo até o vencimento de 9,3% tem um retorno semestral de:

$$\sqrt{1 + 0,0930} - 1 = 0,04545 \ \text{ou} \ 4,545\%$$

Como os retornos podem ser cotados utilizando rendimentos equivalentes ou rendimentos efetivos, é importante saber como a taxa divulgada foi calculada.

Y_m *para um título de renda fixa com cupom igual a zero* – Em diversos exemplos discutimos a existência de títulos de renda fixa com cupom igual a zero e que têm apenas uma entrada de caixa na data de vencimento. Este único fluxo de caixa significa que o cálculo de Y_m é muito mais fácil, como é mostrado pelo exemplo a seguir.

Suponha um título de renda fixa com cupom igual a zero, vencendo daqui a dez anos com um valor de 1.000 dólares no vencimento, sendo negociado a 311,80 dólares. Como estamos lidando com um título de renda fixa com cupom igual a zero, há apenas um fluxo de caixa decorrente do pagamento do principal no vencimento. Dessa forma, precisamos simplesmente determinar a taxa de desconto que descontará 1.000 dólares de maneira a igualar ao preço corrente do mercado de 311,80 dólares em 20 períodos (dez anos de pagamentos semestrais). A equação é a seguinte:

$$\$311,80 = \frac{\$1.000}{(1 + Y/2)^{20}}$$

Portanto, a taxa de desconto é de 6% ao semestre, o que corresponde a um rendimento equivalente até o vencimento de 12%.

RENDIMENTO PROMETIDO ATÉ A PRIMEIRA DATA DE RESGATE ANTECIPADO (Y_c)

Embora os investidores utilizem o Y_m prometido para avaliar a maioria dos títulos de renda fixa, eles precisam estimar o retorno de certos títulos resgatáveis com uma medida diferente – o rendimento prometido ***até a primeira data de resgate antecipado (Y_c)***. Sempre que um título de renda fixa com uma cláusula de resgate estiver sendo negociado a um preço igual ou superior ao seu valor par, mais os juros de um ano, um investidor no título deverá avaliá-lo com Y_c em vez de Y_m.

---

[4] Em seu curso de finanças corporativas, você partiria de uma certa taxa (por exemplo, 9% ou 4,5% ao semestre) e calcularia o valor da série de fluxos. Neste exemplo, o valor ficaria acima de 900 dólares, e então você selecionaria uma taxa mais alta até que tivesse um valor presente da série de fluxos de caixa inferior a 900 dólares. Dadas as taxas de desconto acima e abaixo da taxa verdadeira, você faria cálculos adicionais ou interpolaria entre as duas taxas para chegar à taxa correta de desconto que lhe desse o valor de 900 dólares.

264 Investimentos

O motivo para isso é que o mercado utiliza a medida de rendimento mais conservadora ao avaliar um título de renda fixa. Quando os títulos estão sendo negociados em um *ponto de cruzamento* específico ou acima dele, que é aproximadamente igual ao valor par do título mais juros de um ano, o rendimento até a primeira data de resgate antecipado fornecerá normalmente a medida mais baixa de rendimento.[5] O preço no ponto de cruzamento é importante, pois quando o título se eleva a esse preço acima do par, o Y_m calculado torna-se baixo o suficiente para que se torne rentável ao emissor resgatar o título, financiando-o e vendendo um novo título de renda fixa à taxa vigente de juros de mercado[6]. Portanto, Y_c mede a taxa de retorno prometida que o investidor receberá ao manter este título até que ele seja liquidado na primeira data de resgate disponível, ou seja, no final do período de resgate diferido. Os investidores devem considerar o cálculo de Y_c para seus títulos após um período no qual vários títulos de alto rendimento e cupom elevado tenham sido emitidos. Em seguida a um período como esse, as taxas de juros cairão, os preços dos títulos de renda fixa subirão e os títulos de cupom elevado passarão a ter uma grande probabilidade de serem resgatados.

Cálculo do rendimento prometido até a primeira data de resgate antecipado – Para se calcular o Y_c pelo método de valor presente, ajustamos a sua equação semestral (equação 12.4) para chegarmos a:

12.5
$$P = \sum_{t=1}^{2nc} \frac{C_t/2}{(1+Y_c/2)^t} + \frac{P_c}{(1+Y_c/2)^{2nc}}$$

onde:

P = preço de mercado do título de renda fixa
C_t = pagamento anual de cupom
n_c = número de anos até a primeira data de resgate antecipado
P_c = preço de resgate antecipado do título de renda fixa

Suponha um título com cupom de 12% e prazo de 20 anos, sendo negociado a 115 (1.150 dólares), com prazo de cinco anos até a primeira data de resgate com um preço a 112 (1.120 dólares). De acordo com o método do valor presente, calculamos o rendimento semestral obtendo 5,01%. O rendimento equivalente (nominal) até o resgate antecipado será igual a $5,01 \times 2$ ou 10,02%. O rendimento Y_c até essa data, cotado na forma de rendimento efetivo, será de $(1 + 0,0501)^2 - 1$ ou 10,27%.

Como no caso de Y_m, o cálculo de Y_c depende de dois pressupostos: primeiro, do número de anos até a primeira data de resgate; segundo, que todos os fluxos de caixa sejam reinvestidos à taxa Y_c. Isso significa que os fluxos de caixa de cupons de 60 dólares no exemplo seriam reaplicados a uma taxa semestral de 5,01%.

RENDIMENTO REALIZADO (Y_R)

A última medida de rendimento de um título de renda fixa, o *rendimento realizado* (Y_R) (ou o *rendimento no prazo do investimento*), mede a taxa de retorno esperada de um título que um investidor espera vender antes de seu vencimento. Em termos de equação, ele tem um período de aplicação (hp) menor do que n. O rendimento realizado (no prazo do investimento) pode ser utilizado para estimar as taxas de retorno atingíveis em diversas estratégias de negociação. Esta é uma medida útil que exige diversas estimativas adicionais não exigidas pelas outras medidas de rendimento. Especificamente, o investidor precisa estimar (1) o preço de venda futuro esperado do título no fim do período de aplicação e (2) uma estimativa explícita da taxa de reinvestimento para os fluxos de cupons antes da venda. Esta técnica também pode ser utilizada para medir os rendimentos efetivos de um investidor após a venda de títulos de renda fixa.

Cálculo do rendimento realizado (no prazo do investimento) – Os rendimentos realizados são variações das equações de rendimento prometido (equações 12.4 e 12.5). A substituição de P_f e hp no modelo de valor presente fornece o seguinte modelo de rendimento realizado:

12.6
$$P = \sum_{t=1}^{2hp} \frac{C_t/2}{(1+Y_R/2)^t} + \frac{P_f}{(1+Y_R/2)^{2hp}}$$

onde:

C_t = pagamento anual de cupom
P_f = preço de venda futuro estimado do título de renda fixa
hp = período de aplicação do título em anos

Observe-se que os fluxos de cupons são implicitamente descontados ao rendimento composto realizado (no prazo do investimento). Em muitos casos, esta é uma suposição inadequada, porque as taxas de mercado disponíveis poderiam ser diferentes do rendimento realizado calculado (no prazo do investimento). Dessa forma, para obter uma estimativa realística do rendimento realizado esperado, também precisamos estimar a taxa esperada de reinvestimento durante o prazo do investimento, como será demonstrado.

---

[5] Para uma discussão a respeito do ponto de cruzamento, veja Homer e Leibowitz. *Inside the Yield Book.* cap. 4.
[6] Há literatura abundante sobre o refinanciamento de emissões de títulos de renda fixa, incluindo A. J. Kalotay, "On the Structure and Valuation of Debt Refundings." *Financial Management* 11, n. 1, 41-42, primavera 1982; e John D. Finnerty, "Evaluating the Economics of Refunding High-Coupon Sinking-Fund Debt." *Financial Management* 12, n. 1, 5-10, primavera 1983.

Cálculo de preços futuros de títulos de renda fixa

Os preços de títulos de renda fixa em dólares precisam ser calculados em duas situações: (1) ao se calcular o rendimento realizado (no prazo do investimento), necessitamos determinar o preço de venda futuro P_f de um título, caso ele seja vendido antes do vencimento ou na primeira data de resgate antecipado, e (2) quando os títulos são cotados com base em rendimentos prometidos, como ocorre com as obrigações municipais. Podemos converter facilmente uma cotação baseada em rendimentos a um preço em dólares utilizando a equação 12.1, que não exige interações (precisamos apenas calcular o valor de P). O cupom C_i é dado, isso ocorre com o valor par P_p, e com o Y_m prometido, que é utilizado como taxa de desconto.

E-leituras interativas

Para mais explicações e um exemplo animado de avaliação de títulos de renda fixa, visite o site: http://reillyxtra.swlearning.com.

Considere um título com cupom de 10%, prazo de 25 anos, com um Y_m prometido de 12%. Calcularíamos o seu preço da seguinte maneira:

$$P = \frac{100}{2} \sum_{t=1}^{50} \frac{1}{(1+0,120/2)^t} + 1000 \frac{1}{(1+0,120/2)^{50}}$$
$$= 50\,(15,7619) + 1000\,(0,0543)$$
$$= \$842,40$$

Neste exemplo, estamos determinando o preço corrente de mercado do título com base no Y_m corrente no mercado. Estes valores indicam o consenso de todos os investidores em relação ao valor desse título de renda fixa. Um investidor com uma taxa de retorno exigida para este título que difira do Y_m de mercado calcularia um valor diferente para o título.

Em contraposição com o preço corrente de mercado, precisamos calcular um preço futuro P_f quando queremos estimar o desempenho de títulos de renda fixa em termos de rendimento realizado esperado (no prazo do investimento). Os investidores ou gestores de carteira que negociam títulos de renda fixa sistematicamente em busca de ganhos de capital devem calcular o rendimento realizado esperado (no prazo do investimento) em vez do rendimento prometido. Eles calculariam P_f com o auxílio da seguinte variação da equação de valor de títulos de renda fixa:

12.7

$$P_f = \sum_{t=1}^{2n-2hp} \frac{C_i/2}{(1+Y_m/2)^t} + \frac{P_p}{(1+Y_m/2)^{2n-2hp}}$$

onde:

P_f = preço futuro de venda do título de renda fixa
P_p = valor par do título de renda fixa
n = número de anos até o vencimento
hp = período de aplicação no título de renda fixa (em anos)
C_i = pagamento anual de cupom do título de renda fixa i
Y_m = Y_m esperado de mercado no final do período de aplicação

A equação 12.7 é a versão do modelo de valor presente utilizada para calcular o preço esperado do título de renda fixa no final do período de aplicação (hp). O termo 2n – 2hp iguala o prazo do título até este vencimento, ou seja, o número de períodos de seis meses que restam após o título ser vendido. Portanto, a determinação de P_f baseia-se em quatro variáveis, duas que são conhecidas e duas que devem ser estimadas pelo investidor.

Especificamente, o cupom C_i e o valor par P_p são dados. Devemos prever a duração do prazo de aplicação e, com isso, o número de anos restantes até o vencimento no momento em que o título é vendido (n – hp). Também precisamos prever o Y_m de mercado esperado no momento da venda (i). Com base nessas informações, podemos calcular o preço futuro do título de renda fixa. A dificuldade real (e a fonte de erro potencial) na estimativa de P_f reside na previsão de hp e de Y_m em i.

Suponha que você tenha comprado o título com prazo de 25 anos e cupom de 10%, que acaba de ser discutido, a 842 dólares, prometendo um Y_m de 12%. Com base na análise da economia e no mercado de capitais, você espera que Y_m de mercado caia para 8% em cinco anos. Portanto, você deseja calcular o preço futuro P_f no final do ano 5 para estimar sua taxa de retorno esperada, supondo que esteja correto em sua avaliação do declínio das taxas de juros de mercado. Como foi observado, você estima o prazo de aplicação (cinco anos), o que significa um período restante de 20 anos e um Y_m de mercado de 8%. Um modelo semestral lhe daria o seguinte preço de venda futuro estimado (P_f):

$$P_f = 50 \sum_{t=1}^{40} \frac{1}{(1,04)^t} + 1000 \frac{1}{(1,04)^{40}}$$
$$= 50\,(19,7928) + 1000\,(0,2083)$$
$$= 989,64 + 208,30$$
$$= \$1.197,94$$

Utilizando esta estimativa do preço de venda, você calcularia o rendimento realizado (no prazo do investimento) desse título.

RENDIMENTO REALIZADO (NO PRAZO DO INVESTIMENTO) COM TAXAS DIFERENCIAIS DE REINVESTIMENTO

A equação 12.6 do rendimento realizado é a fórmula usual de valor presente com alterações de prazo de aplicação e preço final. Como tal, inclui a hipótese implícita de taxa de reinvestimento de que todos os fluxos de caixa são reaplicados à taxa i calculada. Podem existir casos nos quais tal hipótese implícita não seja apropriada, dadas as nossas expectativas de taxas de juros futuras. Imagine que as taxas de juros correntes de mercado sejam muito altas e que aplicamos em um título a longo prazo (por exemplo, um título com cupom de 14% e prazo de 20 anos) ao par para tirar proveito de uma queda esperada das taxas, de 14% a 10%, no decorrer de um período de dois anos. Calculando-se o preço futuro desse título (que será um título de 18 anos a um Y_m de 10%, o que significa um preço futuro de 1.339,95 dólares), utilizando a equação de rendimento realizado para estimar (no prazo do investimento) o Y_R, obtém-se a seguinte taxa de retorno realizada relativamente alta:

$$P = \$1.000$$

$$hp = 2 \text{ anos}$$

$$P_f = \sum_{t=1}^{36} \frac{70}{(1+0,05)^t} + \frac{\$1.000}{(1,05)^{36}}$$

$$= \$1.158,30 + \$172,65$$

$$= \$1.330,95$$

$$\$1.000 = \sum_{t=1}^{4} \frac{70}{(1+Y_R/2)^t} + \frac{1330,95}{(1+Y_R/2)^4}$$

$$Y_R = 27,5\%$$

Como foi observado, esse cálculo pressupõe que todos os fluxos de caixa são reaplicados ao Y_R calculado (27,5%). Entretanto, é improvável que durante um período em que as taxas de mercado estiverem caindo, de 14% para 10%, seja possível reaplicar cupons a 27,5%. É mais apropriado e realista prever explicitamente as taxas de reinvestimento e calcular os rendimentos realizados com base na *posição de patrimônio final*. Este procedimento é mais preciso e realista e é mais fácil, porque não exige iteração.

A técnica básica calcula o valor de todos os fluxos de caixa no final do prazo de *aplicação*, ou seja, o valor do patrimônio final do investidor. Comparamos este valor de patrimônio final ao nosso *valor de patrimônio inicial* para determinar a *taxa de retorno composta que iguala esses dois valores*. Acrescentando ao nosso exemplo anterior, suponha-se que temos os seguintes fluxos de caixa:

$$P = \textbf{1.000 dólares}$$

$$i = \textbf{pagamentos de juros de 70 dólares em 6, 12, 18 e 24 meses}$$

$$P_f = \textbf{1.330,95 dólares (valor final de mercado do título de renda fixa)}$$

O valor final dos quatro pagamentos de juros é determinado por nossas hipóteses em relação às taxas específicas de reinvestimento. Suponha que, cada pagamento seja reaplicado a uma taxa decrescente diferente que se mantém por seu prazo (ou seja, os três primeiros pagamentos de juros são reaplicados a taxas progressivamente mais baixas e o quarto pagamento de juros é recebido no final do prazo de *aplicação*).

$$i_1 \textbf{ a 13\% por 18 meses } = 70 \times (1 + 0,065)^3 = \$84,55$$

$$i_2 \textbf{ a 12\% por 12 meses } = 70 \times (1 + 0,06)^2 = 78,65$$

$$i_3 \textbf{ a 11\% por 6 meses } = 70 \times (1 + 0,055) = 73,85$$

$$i_4 \textbf{ não reaplicado } = 70 \times (1,0) = \underline{70,00}$$

$$\textbf{Valor futuro dos pagamentos de juros } = \$307,05$$

Assim, nosso valor de patrimônio final total é:

$$\$1.330,95 + \$307,05 = \$1.638,00$$

A taxa de retorno composta realizada (no prazo do investimento) é calculada comparando o nosso valor de patrimônio final (1,638 dólares) ao patrimônio inicial (1.000 dólares), determinando a taxa de juros que igualaria estes dois valores em um prazo de *aplicação* de dois anos. Para encontrá-la, calculamos o quociente entre os patrimônios final e inicial (1,638). Localizamos este quociente em uma tabela de valores futuros para quatro períodos (supondo capitalização semestral). A Tabela C.3, no final do livro, indica que Y_R está aproximadamente entre 12% (1,5735) e 14% (1,6890). Uma interpolação proporciona uma taxa semestral estimada de 13,16%, o que indica uma taxa anual equivalente de 26,32%. Usando uma calculadora ou um computador, calculamos $(1,638)^{1/4} - 1$. Isso se compara à estimativa de 27,5% quando supusemos uma taxa de reinvestimento implícita de 27,5%.

Este cálculo de rendimento realizado (no prazo do investimento) estipula especificamente as taxas de reinvestimento esperadas, em contraposição com a suposição de que a taxa de reinvestimento é igual ao rendimento realizado calculado. A hipótese efetiva quanto à taxa de reinvestimento pode ser muito importante.

Assim, as etapas do cálculo de um rendimento realizado esperado (no prazo de investimento) Y_R são as seguintes:

1. Calcular o valor futuro no horizonte de investimento de todos os pagamentos de cupons reaplicados às taxas estimadas.
2. Calcular o preço de venda esperado do título no final do prazo esperado de investimento com base em sua estimativa do rendimento exigido até o vencimento naquele momento.
3. Somar os valores das etapas 1 e 2 para chegar ao valor de patrimônio final total.
4. Calcular o quociente entre os valores de patrimônios final e inicial (o preço de compra do título). Dados este quociente e o prazo do investimento, calcular a taxa de juros compostos que produzirá esse quociente durante o prazo de investimento.

$$\left(\frac{\textbf{Valor de patrimônio final}}{\textbf{Valor de patrimônio inicial}} \right)^{1/2n} - 1$$

5. Se todos os cálculos supõem capitalização, dobrar a taxa de juros obtida na etapa 4 para obter o Y_R equivalente.

AJUSTES DE RENDIMENTOS DE TÍTULOS DE RENDA FIXA ISENTOS DE IMPOSTO

Obrigações municipais, títulos do Tesouro e obrigações de muitas agências governamentais possuem uma característica em comum: sua renda de juros é parcial ou completamente isenta de imposto. Essa isenção afeta a avaliação de títulos tributáveis, em contraste com títulos não-tributáveis. Embora possamos ajustar cada equação de valor presente pelos efeitos tributários, isso não é necessário para nossos objetivos. Podemos aproximar o efeito de tal ajuste, entretanto, calculando o rendimento tributável equivalente, que é uma das medidas mais freqüentemente citadas de desempenho de obrigações municipais.

O *rendimento equivalente integralmente tributável* (FTEY, ou *fully taxable equivalent yield*) ajusta o cálculo do rendimento prometido em função do fato de que um título é isento de imposto. Para calcular o FTEY, determinamos o rendimento prometido de um título isento de imposto utilizando uma das fórmulas de rendimento e ajustamos o calculado para refletir a taxa de retorno que seria obtida em um título integralmente tributável. Isso é medido da seguinte maneira:

12.8

$$FTEY = \frac{\textbf{Retorno anual isento de imposto}}{1 - T}$$

onde:

T = valor e tipo de isenção de imposto (ou seja, alíquota marginal de imposto do investidor)

Por exemplo, se o rendimento prometido de um título isento de imposto é de 6% e a alíquota marginal de imposto do investidor é de 30%, então, o FTEY é:

$$FTEY = \frac{\textbf{0,06}}{\textbf{1} - \textbf{0,30}} = \frac{\textbf{0,06}}{\textbf{0,70}}$$
$$= \textbf{0,0857} = \textbf{8,57\%}$$

A equação do FTEY tem algumas limitações. Ela é aplicável somente a títulos de renda fixa ao par ou a obrigações com cupons correntes, tais como novos títulos, pois a medida considera somente a renda de juros e ignora ganhos de capital. Portanto, não podemos usá-la para títulos negociados a uma variação significativa do valor par (prêmio ou desconto).

O que determina as taxas de juros?

Agora que aprendemos a calcular vários rendimentos de títulos de renda fixa, a pergunta que surge é: o que causa as diferenças e as variações no tempo? As taxas de juros de mercado produzem esses efeitos porque as taxas de juros divulgadas na mídia são simplesmente os Y_m's vigentes dos títulos que estão sendo discutidos. Por exemplo, quando se ouve na televisão que a taxa de juros dos títulos do governo a longo prazo caiu de 6,40% para 6,30%, isso quer dizer que o preço desse título específico aumentou de tal maneira que o Y_m calculado ao preço anterior era igual a 6,40, mas o Y_m calculado ao novo preço mais alto é de 6,30%. Os rendimentos e as taxas de juros são os mesmos; elas são termos diferentes que se referem ao mesmo conceito.

Já discutimos a relação inversa entre preços dos títulos de renda fixa e taxas de juros. Quando estas caem, os preços dos títulos sobem; quando as taxas aumentam, os preços dos títulos caem. É natural perguntar qual dessas é a força motriz, os preços ou as taxas de juros dos títulos de renda fixa. Essas são variações simultâneas, e é possível imaginar que *qualquer* um dos fatores seja a causa. A maioria dos profissionais provavelmente vê as variações de taxas de juros como causa, porque utilizam constantemente as taxas de juros para descrever as variações. Usam-nas porque essas taxas são comparáveis entre os títulos, pois o preço de um título de renda fixa não depende apenas da taxa de juros, mas também de suas características específicas, incluindo cupom e prazo de vencimento. A questão aqui é: quando se altera a taxa de juros (rendimento) de um título de renda fixa, você ao mesmo tempo altera seu preço na direção oposta. Mais adiante neste capítulo discutiremos a relação rendimento-preço específica de títulos individuais e demonstraremos que esta relação varia entre títulos de renda fixa em função de seu cupom e seu prazo de vencimento.

Para um investidor que espera maximizar os retornos do investimento em títulos de renda fixa, é necessário entender as taxas de juros e o que as faz variar. Portanto, recapitularemos nossa discussão anterior dos seguintes tópicos: o que faz as taxas

268 Investimentos

de juros de mercado subir e cair, por que os títulos de renda fixa alternativos têm taxas de juros diferentes, e por que as diferenças entre taxas (*spreads* de rendimento) de títulos distintos variam no tempo. Para conseguir isso, começamos com uma discussão geral sobre os fatores determinantes das taxas de juros, e depois consideramos a *estrutura temporal destas* (indicada pelas curvas de rendimentos), que relaciona as taxas de juros de um conjunto de títulos de renda fixa comparáveis aos seus prazos de vencimento. A estrutura temporal é importante porque ela reflete o que os investidores esperam que aconteça às taxas de juros no futuro e também dita sua atitude corrente em relação ao risco. Finalmente, examinamos os *spreads de rendimentos*, que medem as diferenças destes entre títulos de renda fixa alternativos.

PREVISÃO DE TAXAS DE JUROS

Como discutido, a capacidade de prever taxas de juros e suas variações é crucial na aplicação bem-sucedida em títulos de renda fixa. Apresentações posteriores consideram os principais fatores determinantes das taxas de juros, mas por enquanto é importante lembrar de que elas *são os preços de fundos passíveis de empréstimo*. Como qualquer preço, são determinadas pela oferta e pela demanda por esses fundos. De um lado, os investidores estão querendo ofertar fundos a preços baseados em suas taxas exigidas de retorno para um tomador específico de empréstimos. De outro, os tomadores de empréstimos demandam os fundos para cobrir déficits orçamentários (no caso do governo), para investir em projetos (empresas), ou para adquirir bens duráveis (carros, eletrodomésticos) ou residências (indivíduos).

Embora os fornecedores e os tomadores de empréstimos considerem alguns fatores fundamentais como determinantes das curvas de oferta e de demanda, os preços desses fundos (ou seja, as taxas de juros) também são afetados a curto prazo por eventos que alteram essas curvas. Alguns exemplos incluem as emissões importantes de títulos da dívida pública, que afetam a demanda de fundos, ou alterações significativas da política monetária implantada pelo Fed e que afetam a oferta de dinheiro.

Nosso tratamento da previsão das taxas de juros reconhece a necessidade de estar ciente dos determinantes básicos das taxas de juros e de monitorar esses fatores. Também reconhecemos que previsões detalhadas de taxas de juros representam uma tarefa complexa, e o melhor é deixá-la para os economistas profissionais. Portanto, nossa meta como investidores em títulos e gestores de carteiras de títulos de renda fixa é monitorar o comportamento esperado e corrente das taxas de juros. Deveríamos tentar avaliar continuamente os principais fatores que afetam o comportamento destas, mas também confiar em outros, como empresas de consultoria econômica, bancos ou companhias de investimentos, no que diz respeito a análises detalhadas de questões, por exemplo, o RLR real e a taxa de inflação esperada.[7] Esta é precisamente a maneira pela qual opera a maioria dos gestores de carteira de títulos de renda fixa.

FATORES FUNDAMENTAIS DETERMINANTES DAS TAXAS DE JUROS

Como mostrado no Gráfico 12.3, as taxas médias de juros de títulos de dívida a longo prazo (10 anos) do governo dos Estados Unidos no período de 1998 a 2003 flutuaram entre 4,50% e 6,55%. O nível das taxas de juros nos Estados Unidos esteve sempre acima das taxas da Área do Euro e quase sempre acima das taxas do Reino Unido. Como resultado do baixo crescimento de sua economia e dos problemas de seu setor financeiro, as taxas dos títulos de renda fixa no Japão ficaram sistematicamente abaixo de 2% durante o período de seis anos, pois se tentou utilizar as taxas mais baixas para superar sua recessão.

Os investidores em títulos de renda fixa precisam entender *por que* estas diferenças acontecem e *por que* as taxas de juros variam dessa maneira. O acompanhamento dos fatores nacionais e internacionais no tempo pode fornecer informações a respeito do comportamento das taxas de juros e expectativas quanto a variações futuras das taxas de juros. Alguns destes fatores serão examinados no restante desta seção.

Como sabemos, os preços dos títulos de renda fixa podem aumentar muito em períodos nos quais as taxas de juros de mercado caem, e alguns investidores nesses títulos obtêm retornos atraentes. Entretanto, alguns investidores têm sofrido perdas significativas em diversos períodos em que as taxas de juros sobem. Uma análise casual do Gráfico 12.3, que abrange um período de seis anos, indica a necessidade de monitorá-las. Basicamente, os fatores que fazem as taxas de juros (Y) aumentar ou cair são descritos pelo seguinte modelo:

12.9

$$Y = RLR + I + PR$$

onde:

RLR = taxa real de juros livre de risco
I = taxa esperada de inflação
PR = prêmio por risco

Esta relação deveria ser familiar, em vista de nossa discussão no Capítulo 2. A equação 12.9 é uma expressão simples, porém completa do comportamento das taxas de juros. Uma tarefa mais difícil é estimar o comportamento *futuro* de variáveis como crescimento real, inflação esperada e incerteza econômica. Nesse sentido, as taxas de juros, tanto quanto os preços das ações, são de previsão extremamente difícil, em qualquer grau de precisão.[8] Alternativamente, podemos visualizar a fonte

---

[7] Exemplos de publicações sobre o mercado de títulos de renda fixa e previsões de taxas de juros incluem as da Merrill Lynch, *Fixed Income Weekly* e *World Bond Market Monitor*, da Goldman, Sach's, *Financial Market Perspectives*, e da Morgan Stanley, *U.S. and the Americas Investment Perspectives*.
[8] Para uma visão geral da previsão das taxas de juros, veja W. David Woolford, "Forecasting Interest Rates." In: FABOZZI, Frank J. (Ed.). *Handbook of Fixed-Income Securities*. 7. ed. New York: McGraw-Hill, 2005.

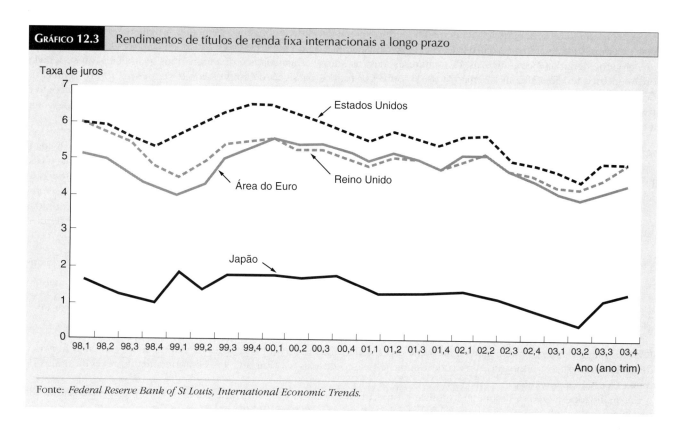

Gráfico 12.3 Rendimentos de títulos de renda fixa internacionais a longo prazo

Fonte: *Federal Reserve Bank of St Louis, International Economic Trends.*

de variações delas em termos das condições econômicas e das características dos títulos que determinam a taxa exigida de retorno (ou seja, o rendimento) de um título de renda fixa:

$$Y = f\,(\text{Forças econômicas} + \text{características do título})$$
$$= (RLR + I) + PR$$

Esta versão reorganizada da equação 12.9 ajuda a isolar os fatores determinantes das taxas de juros.[9]

Efeito dos fatores econômicos – A taxa real de juros livre de riscos RLR é o custo econômico do dinheiro, ou seja, o custo de oportunidade necessário para remunerar os indivíduos pelo adiamento do consumo. Como foi discutido anteriormente, é basicamente determinada pela taxa real de crescimento da economia, e por efeitos de curto prazo associados à facilidade e à dificuldade de obtenção de dinheiro no mercado de capitais.

A taxa esperada de inflação é a outra influência econômica sobre as taxas de juros. Acrescentamos o nível esperado de inflação I ao RLR real para calcular o RLR nominal, que é uma taxa de mercado como a taxa corrente das letras do Tesouro. Dada a estabilidade do RLR real, está claro que a maioria das variações das taxas de juros de títulos públicos, nos seis anos mostrados no Gráfico 12.3, aconteceu em função de variações da inflação esperada. Além do risco de taxa de câmbio e risco específico do país (que discutiremos logo a seguir), diferenças de taxas de inflação entre as nações têm um impacto importante sobre seus níveis de taxas de juros.

Resumindo, uma maneira de estimar o RFR nominal é começar com a taxa de crescimento real da economia, ajustar pela facilidade ou dificuldade de obtenção de dinheiro a curto prazo no mercado de capitais, e depois ajustar essa taxa real de juros pela taxa esperada de inflação.

Outra abordagem para estimar a taxa nominal ou as variações da taxa é a visão macroeconômica, na qual a oferta e a demanda de fundos passíveis de empréstimo são os fatores determinantes econômicos fundamentais de Y. Quando a oferta de fundos passíveis de empréstimo aumenta, o nível das taxas de juros cai, mas outros fatores permanecem iguais. Diversos deles influenciam a oferta de fundos. As políticas monetárias impostas pelo Fed exercem um impacto significativo sobre a oferta de moeda. O comportamento de poupança dos investidores dos Estados Unidos e de fora deles também afeta a oferta de fundos. Os investidores de fora dos Estados Unidos transformaram-se em uma influência mais forte sobre a oferta de fundos passíveis de empréstimo nos Estados Unidos durante os últimos anos, como tem sido demonstrado pelas compras significativas de títulos deste país por investidores de fora. É amplamente reconhecido que esse aumento de compras estrangeiras acrescentou à oferta de fundos investidos em títulos de dívida dos Estados Unidos e os beneficiou em relação à redução das taxas de juros e do custo de capital.

---

[9] Para uma análise ampla do comportamento das taxas de juros, veja James C. Van Horne. *Financial Market Rates and Flows*. 6. ed. Upper Saddle River, NJ: Prentice-Hall, 2001.

270 Investimentos

As taxas de juros sobem quando a demanda de fundos passíveis de empréstimo aumenta. A demanda de fundos passíveis de empréstimo é afetada pelas necessidades de capital e custeio do governo dos Estados Unidos, das agências federais, dos governos estaduais e municipais, das empresas, das instituições financeiras e dos indivíduos. Os déficits ou superávits orçamentários federais afetam a demanda do Tesouro por fundos passíveis de empréstimo.[10] Da mesma forma, o nível da demanda de fundos para compra de residências, automóveis e eletrodomésticos pelo consumidor afeta as taxas, tal como o faz a demanda das empresas de fundos para aproveitar oportunidades de investimento. O total de todos os grupos determina a demanda e a oferta agregadas de fundos passíveis de empréstimo e o nível de RLR nominal.

Impacto das características dos títulos de dívida – A taxa de juros de uma emissão específica de títulos de dívida é influenciada não apenas por todos esses fatores que afetam o RLR nominal, mas também por suas características específicas. Essas influenciam o prêmio por risco do título, RP. As forças econômicas que determinam o RLR nominal afetam todos os títulos (ou seja, são fatores sistemáticos), ao passo que as características de emissão são específicas a títulos individuais, setores de mercado ou países. Assim, as diferenças nos rendimentos de títulos de empresas e títulos do Tesouro não são causadas pelas forças econômicas, e sim pelas características diferentes dos títulos, que causam diferenças nos prêmios por risco.

Os investidores em títulos de renda fixa separam o prêmio por risco em quatro componentes:

1. A qualidade de crédito do título, determinada por seu risco de inadimplência, em comparação com outros títulos de dívida.
2. O prazo de vencimento do título, o qual pode afetar a volatilidade do preço e do rendimento.
3. As cláusulas contratuais, incluindo garantias, condições de resgate antecipado e cláusulas de fundos de amortização.
4. Risco de títulos estrangeiros, incluindo riscos de câmbio e de país.

Entre os quatro fatores, a qualidade de crédito e o prazo de vencimento têm o impacto mais forte sobre o prêmio por risco de títulos domésticos, enquanto o risco de câmbio e o risco de país são importantes componentes do risco de títulos de renda fixa não-americanos.

A qualidade de crédito de um título reflete a capacidade do emissor de realizar o serviço das obrigações existentes de pagamento. Esta informação é capturada em grande parte pelos *ratings* emitidos pelas empresas de classificação de risco de crédito de títulos de dívida. Como resultado, títulos com *ratings* distintos têm rendimentos diferentes. Por exemplo, as obrigações classificadas em AAA possuem risco mais baixo de inadimplência do que as obrigações BBB, e assim podem oferecer um rendimento inferior.

Em especial, as diferenças de prêmio por risco entre títulos de dívida de níveis distintos de qualidade têm variado muito com o passar do tempo, dependendo das condições econômicas vigentes. Quando a economia passa por uma recessão ou um período de incertezas econômicas, o desejo por qualidade aumenta, e os investidores fazem subir os preços dos títulos com *ratings* mais altos, o que reduz suas taxas. Isso é chamado de *spread de qualidade de crédito*. Também tem sido dito que este *spread* é influenciado pela volatilidade das taxas de juros.[11] Esta variabilidade do prêmio por risco no tempo foi demonstrada e discutida nos Capítulos 2 e 11.

O prazo de vencimento também influencia o prêmio por risco, pois ele afeta o nível de incerteza de um investidor, bem como a volatilidade do preço do título. No próximo item, discutiremos a relação positiva típica entre o prazo de vencimento de um título e sua taxa de juros.

As cláusulas contratuais indicam o oferecimento de garantias em um título de dívida, a possibilidade de resgate antecipado e cláusulas de fundo de amortização. As garantias oferecem proteção ao investidor em caso de inadimplência do emissor, porque este recebe direitos sobre algum conjunto de ativos na eventualidade de liquidação.

As cláusulas de resgate antecipado indicam quando um emissor pode comprar de volta o título antes de seu vencimento. Ele é resgatado antecipadamente por um emissor quando as taxas de juros caem; portanto, isso geralmente não é vantajoso para o investidor, que é forçado a reaplicar o dinheiro recebido a uma taxa de juros mais baixa. Assim, maior proteção contra o resgate antecipado do título reduz o prêmio por risco. A importância da proteção contra o resgate antecipado para um investidor aumenta durante os períodos de taxas de juros altas. Quando este compra um título com um cupom elevado, ele demanda proteção contra o resgate antecipado do título quando as taxas caem.[12]

Um fundo de amortização reduz o risco do investidor e causa um rendimento mais baixo por diversos motivos. Primeiro, um fundo de amortização reduz o risco de inadimplência, porque exige que o emissor resgate a dívida sistematicamente. Em segundo lugar, compras do título pelo emissor para cumprir as exigências de fundo de amortização fornecem um suporte de preço ao título, pois são adições à demanda. Essas compras pelo emissor também contribuem para um mercado secundário mais líquido para o título em função do aumento dos negócios. Finalmente, a cláusula de fundo de amortização exige que

---

[10] Historicamente, o orçamento dos Estados Unidos tem apresentado déficits que têm aumentado o estoque da dívida do Tesouro. No período de quatro anos, entre 1998 e 2001, o orçamento teve um superávit, e a dívida do Tesouro foi recomprada. Voltou-se a um déficit em 2002 e as perspectivas atuais de longo prazo não são promissoras, como é exposto em William C. Dudley e Edward F. McKelvey. "The U.S. Budget Outlook: A Surplus of Deficits." Goldman Sachs Global Economics, 31 mar. 2004.

[11] DIALYNAS, Chris P.; EDINGTON, David H. "Bond Yield Spreads: A Postmodern View." *Journal of Portfolio Management* 19, n. 1, 68-75, outono 1992.

[12] MARSHALL, William; YAWITZ, Jess B. "Optimal Terms of the Call Provision on a Corporate Bond." *Journal of Financial Research* 3, n. 3, 203-211, outono 1980.

| GRÁFICO 12.4 | Curva de rendimentos de títulos do Tesouro |

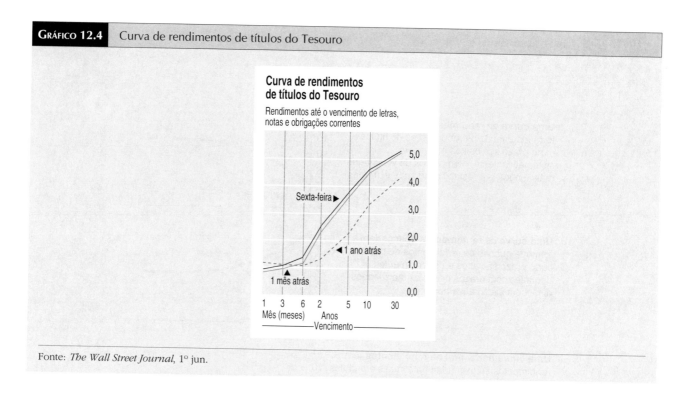

Fonte: *The Wall Street Journal*, 1º jun.

o emissor resgate o título antes de chegar sua data de vencimento, o que causa uma redução do prazo médio do título. A diminuição desse prazo tende a reduzir o prêmio por risco do título, assim como um mais curto reduziria o rendimento.[13]

Sabemos que as taxas de câmbio de moedas estrangeiras variam no tempo e que isso aumenta o risco do investimento global. Existem diferenças de variabilidade das taxas de câmbio entre países porque os balanços comerciais e as taxas de inflação variam de um país para outro. Balanças comerciais e taxas de inflação mais voláteis em uma nação tornam as suas taxas de câmbio mais voláteis, o que aumenta a incerteza quanto às taxas de câmbio futuras. Esses fatores aumentam o prêmio por risco de taxa de câmbio.

Além de variações contínuas das taxas de câmbio, os investidores estão sempre preocupados com a estabilidade política e econômica de um país. Se os investidores se sentem inseguros com o ambiente político e o sistema econômico de um país, eles aumentam o prêmio por risco exigido.

ESTRUTURA TEMPORAL DAS TAXAS DE JUROS

A ***estrutura temporal das taxas de juros*** (ou a *curva de rendimentos*, como é mais popularmente conhecida) é uma função estática que relaciona o prazo de vencimento ao rendimento até o vencimento para uma amostra de *títulos de renda fixa em um dado momento*. Portanto, ela representa uma *cross section* dos rendimentos de uma categoria de títulos de dívida que são comparáveis em todos os quesitos, exceto o prazo de vencimento. Especificamente, a qualidade dos títulos deve ser uniforme, e o ideal é que o investidor conte com títulos com cupons e cláusulas de resgate antecipado semelhantes. Podemos construir curvas de rendimento diferentes para títulos do Tesouro, de agências governamentais, obrigações municipais de qualidade superior, títulos de concessionárias de serviços de utilidade pública com *rating* AAA etc. A precisão da curva de rendimentos dependerá da comparação dos títulos incluídos na amostra.

A título de exemplo, o Gráfico 12.4 apresenta curvas de rendimento de uma amostra de obrigações do Tesouro americano. Baseia-se em dados de rendimento até o vencimento de um conjunto de títulos comparáveis do Tesouro, obtidos em uma publicação como o *Federal Reserve Bulletin* ou o *Wall Street Journal*. Esses rendimentos prometidos foram colocados no gráfico, e sua curva traçada representa a configuração geral das taxas.

Naturalmente, nem todas as curvas de rendimentos têm a mesma forma que as do Gráfico 12.4. O motivo do exemplo é indicar que, embora as curvas individuais de rendimento sejam estáticas, seu comportamento no tempo é bastante fluido. Por exemplo, no Gráfico 12.4, durante um período de quatro semanas, de 28 de abril a 28 de maio de 2004, houve um aumento muito pequeno das taxas ao longo da curva de rendimentos. Entretanto, houve um crescimento substancial das taxas em comparação com um ano antes – cerca de 150 pontos-base em cinco anos e 100 pontos-base nos títulos com prazos de vencimento de dez e 30 anos.

Além disso, a forma da curva de rendimentos pode passar por grandes alterações, de acordo com um dos quatro padrões mostrados no Gráfico 12.5. A curva de rendimentos ascendente é a mais comum e tende a vigorar quando as taxas

---

[13] Para uma discussão adicional sobre fundos de amortização, veja Edward A. Dyl e Michael D. Joehnk, "Sinking Funds and the Cost of Corporate Debt." *Journal of Finance* 34, n. 4, 887-893, set. 1979; e A. J. Kalotay, "Sinking Funds and the Realized Cost of Debt." *Financial Management* 11, n. 1, 43-54, primavera 1982.

GRÁFICO 12.5 Tipos de curvas de rendimentos

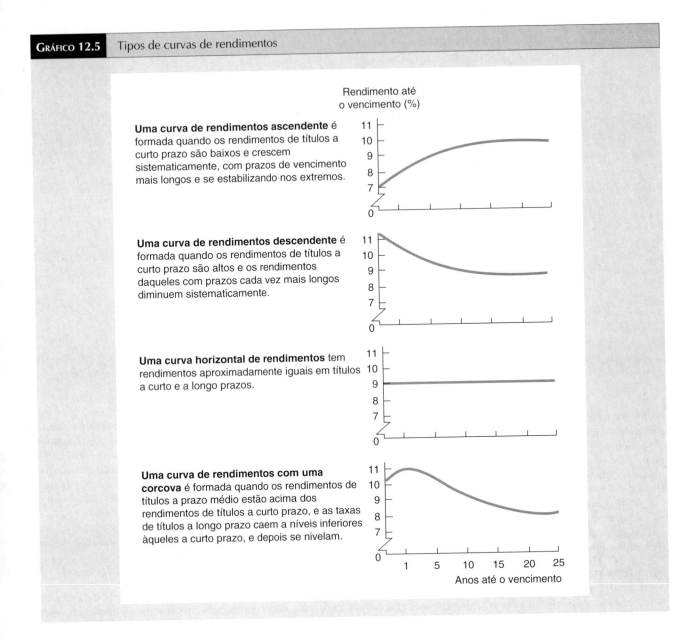

de juros estão em níveis baixos ou modestos. A descendente tende a ocorrer quando as taxas são relativamente altas. Já a horizontal raramente existe em qualquer período. A curva de rendimentos com a corcova vigora quando se espera que taxas extremamente altas caiam a níveis mais normais. A inclinação da curva tende a se nivelar nos títulos com prazo de mais de 15 anos.

Três teorias principais tentam explicar por que a estrutura temporal assume formas diferentes: as hipóteses de expectativas, da preferência por liquidez e de segmentação de mercado.

E-leituras interativas

Para mais explicações e um exemplo animado da hipótese de expectativas, visite o site: http://reillyxtra.swlearning.com.

Hipótese de expectativas – De acordo com a hipótese de expectativas, a forma da curva de rendimentos resulta das expectativas em relação às taxas de juros pelos participantes do mercado. Especificamente, ela diz que *qualquer taxa de juros de longo prazo simplesmente corresponde à média geométrica das taxas de juros esperadas para o prazo de um ano, a vigorar durante o prazo de vencimento do título*. Em essência, a estrutura temporal envolve uma série de taxas de juros de prazo médio e longo, cada uma refletindo a média geométrica das taxas de juros correntes e esperadas para títulos de um ano. Em tais condições, a taxa de equilíbrio a longo prazo é a que o investidor espera receber por meio de investimentos sucessivos em títulos de curto prazo durante o prazo de vencimento do título a longo prazo.

A teoria das expectativas pode explicar curvas de rendimentos de qualquer forma. Expectativas de taxas a curto prazo crescentes no futuro causarão uma curva de rendimentos ascendente; expectativas de taxas de curto prazo decrescentes no futuro farão com que as taxas a longo prazo fiquem abaixo das taxas a curto prazo, e a curva de rendimentos será descendente. Explicações semelhantes são responsáveis por curvas de rendimento horizontais ou com corcovas. Considere o seguinte exemplo utilizando médias aritméticas:

$_tR_1 = 5\ 1/2\%$ – **taxa de juros de um ano vigente agora (período t)**

$_{t+1}R_1 = 6\%$ – **taxa de juros de um ano esperada para daqui a um ano (período t + 1)**

$_{t+2}R_1 = 7\ 1/2\%$ – **taxa de juros de um ano esperada para daqui a dois anos a (período t + 2)**

$_{t+3}R_1 = 8\ 1/2\%$ – **taxa de juros de um ano esperada para daqui a três anos a (período t + 3)**

Utilizando esses valores e a taxa conhecida de um título com o prazo de um ano, calculamos as taxas de títulos com prazos de dois, três ou quatro anos (R_2, R_3 e R_4), como se segue:

$$_tR_1 = 5\ 1/2\%$$

$$_tR_2 = (0,055 + 0,06)/2 = 5,75\%$$

$$_tR_3 = (0,055 + 0,06 + 0,075)/3 = 6,33\%$$

$$_tR_4 = (0,055 + 0,06 + 0,075 + 0085)/4 = 6,88\%$$

Neste exemplo (que utiliza a média aritmética como aproximação da média geométrica), a curva de rendimentos tem inclinação positiva, porque atualmente os investidores esperam taxas de curto prazo futuras acima destas atuais. Este não é o método formal de construção da curva de rendimentos. Ao contrário, ela é construída como demonstrado no Gráfico 12.4, com base nos rendimentos prometidos vigentes de títulos com prazos diferentes de vencimento.

A hipótese de expectativas tenta explicar *por que* a curva de rendimentos tem inclinação positiva, negativa, possui uma corcova ou é horizontal, dizendo quais são as expectativas implícitas nas curvas de rendimentos por meio de formas diferentes. Há evidências razoavelmente substanciais e convincentes de que a hipótese de expectativas é uma explicação adequada da estrutura temporal. Em razão da evidência que a apóia, de sua relativa simplicidade e do apelo intuitivo da teoria, a hipótese de expectativas da estrutura temporal das taxas de juros é amplamente aceita.

Além dos apoios teórico e empírico, também é possível apresentar um cenário no qual as *ações do investidor causarão a curva de rendimentos postulada pela teoria*. A hipótese de expectativas estima uma curva de rendimentos descendente quando se espera que as taxas de juros caiam no futuro, em vez de subirem. Alguém poderia esperar tal cenário no fim de uma expansão da economia, quando as taxas geralmente são altas em razão da forte demanda, e as taxas de curto prazo também o são em função das medidas tomadas pelo Fed para diminuir as pressões inflacionárias (pois este concentra seu aperto monetário na extremidade a curto prazo da curva de rendimentos). Em um caso como esse, os títulos a longo prazo seriam considerados investimentos atraentes por duas razões. Em primeiro lugar, os investidores iriam querer travar os rendimentos mais altos (que não se espera serem tão altos no futuro). Em segundo lugar, iriam querer capturar o aumento dos preços dos títulos (na forma de ganhos de capital) que acompanhará uma queda das taxas, e os títulos a longo prazo, que são mais voláteis (como será explicado a seguir), oferecerão um ganho de capital maior. De acordo com raciocínio semelhante, os investidores evitarão os títulos a curto prazo ou os venderão e reaplicarão os fundos em títulos a longo prazo, que serão então mais atraentes. O ponto é que as ações do investidor com base em suas expectativas reforçam a forma descendente da curva de rendimentos e aumentam os preços dos títulos a longo prazo (forçando os rendimentos a diminuir), ao mesmo tempo em que evitam ou vendem títulos a curto prazo (e com isso os seus preços caem, e seus rendimentos se elevam). Ao mesmo tempo, ocorre uma ação confirmatória pelos ofertantes de títulos de renda fixa. Especificamente, os emissores públicos ou privados evitarão vender títulos a longo prazo às altas taxas vigentes atuais, preferindo esperar até que estas diminuam. Nesse meio tempo, emitirão títulos a curto prazo caso precisem de fundos, enquanto esperam que as de longo prazo fiquem mais baixas. Dessa forma, neste tipo de mercado observaremos um aumento da demanda e um declínio da oferta, o que causará um aumento de preço e uma diminuição dos rendimentos dos títulos a longo prazo. O oposto ocorrerá no mercado a curto prazo. Haverá uma demanda mais fraca destes títulos e um aumento da oferta deles. Como resultado, os preços dos títulos a curto prazo diminuem e os seus rendimentos aumentam. Essas transferências entre longo e curto prazos continuarão até que ocorra o equilíbrio ou mudem as expectativas.

Hipótese de preferência por liquidez – A teoria da preferência por liquidez diz que os títulos a longo prazo devem oferecer retornos mais altos do que as obrigações a curto prazo porque os investidores estão dispostos a aceitar rendimentos mais baixos para aplicar em obrigações deste tipo de vencimento para evitar a volatilidade mais alta de preço dos títulos de vencimento a longo prazo. Outra maneira de interpretar a hipótese de preferência por liquidez é dizer que os fornecedores de empréstimos preferem emprestar a curto prazo, e para induzi-los a emprestar a longo prazo, devem ser oferecidas taxas mais altas.

A teoria da preferência por liquidez diz que a incerteza faz com que os investidores prefiram títulos de curto prazo a títulos com prazos de vencimento mais longo, pois os títulos a curto prazo podem ser facilmente convertidos em quantidades previsíveis de caixa, caso eventos imprevisíveis ocorram. Esta teoria argumenta que a curva de rendimentos deve ter inclinação positiva e que qualquer outra forma deve ser vista como uma aberração temporária.

Essa teoria geralmente é encarada como uma extensão da hipótese de expectativas, pois o argumento formal da preferência por liquidez diz que o prêmio por liquidez implícito nos rendimentos de títulos de prazos de vencimento mais longos

GRÁFICO 12.6 — Efeitos combinados das hipóteses de expectativas e da preferência por liquidez

Painel (a). Estrutura temporal ascendente, mostrando os efeitos combinados do prêmio por liquidez e de expectativas de taxas de juros futuras mais altas.

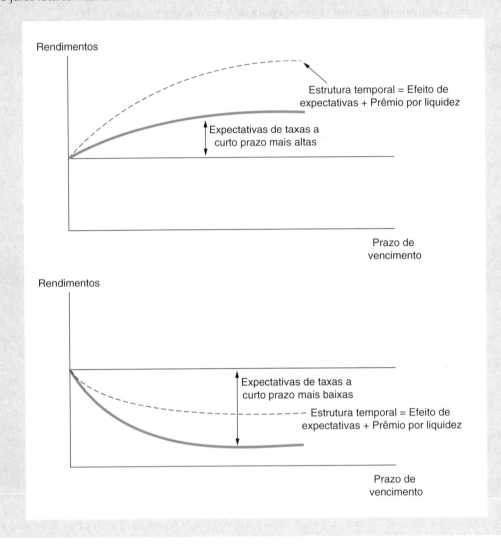

deveria ser acrescentado à taxa esperada futura implícita na hipótese de expectativas, para se obter os rendimentos a longo prazo. Especificamente, o prêmio por liquidez remunera o investidor em títulos de longo prazo pela incerteza adicional causada pela maior volatilidade dos títulos de longo prazo de vencimento.

A combinação desta noção de prêmio por risco com a hipótese de expectativas explica melhor o comportamento da estrutura temporal do que somente a hipótese de expectativas. A estrutura temporal deve ter inclinação positiva presumivelmente em razão do efeito do prêmio por risco proposto pela preferência por liquidez, como é visto no painel (a) do Gráfico 12.6. A estrutura temporal pode vir a ter uma inclinação negativa, contudo se forem esperadas reduções substanciais das taxas futuras, como no painel (b).

É um fato histórico que a curva de rendimentos apresenta um claro viés para cima, o que significa que uma combinação da teoria das expectativas e da teoria da preferência por liquidez pode explicar precisamente a forma da curva de rendimentos do que apenas uma das teorias. Especificamente, as taxas efetivas a longo prazo tendem sistematicamente a ficar acima do que é previsto simplesmente pela hipótese pura de expectativas. Este viés sistemático indica a existência de um prêmio por liquidez.

Hipótese de segmentação de mercado – Uma terceira teoria que procura explicar a forma da curva de rendimentos é a hipótese de segmentação de mercado, que goza de grande aceitação entre os profissionais de mercado. Também conhecida como *teoria do hábitat preferido*, *teoria institucional* ou *teoria da pressão de hedging*, esta hipótese diz que as instituições financeiras tendem a estruturar suas políticas de investimento de acordo com fatores como suas obrigações tributárias e a estrutura e os tipos de prazos de vencimento de seus passivos. Por exemplo, já que os bancos comerciais estão sujeitos a alíquotas regulares de imposto e seus passivos são geralmente representados por depósitos à vista e a prazo, de curto e médio prazos, portanto eles têm uma propensão a investir em obrigações municipais de curto a médio prazo. Esta teoria diz que a forma da curva de rendimentos é, em última análise, uma função dessas políticas de investimento das principais instituições financeiras.

Em sua forma mais forte, a teoria da segmentação de mercado diz que as preferências dos investidores e dos tomadores de empréstimos em relação a prazos de vencimento são tão fortes que os investidores nunca compram títulos fora de sua faixa preferencial de prazo de vencimento para tirar proveito de diferenciais de rendimento. Como resultado, as faixas de curto e longo prazos do mercado de títulos de renda fixa são efetivamente segmentadas, e os rendimentos para um segmento particular dependem da oferta e da demanda *dentro* de tal segmento dos prazos de vencimento.

Implicações da estrutura temporal no que se refere à negociação de títulos – Informações sobre prazos de vencimento podem ajudar os investidores a formular expectativas de rendimentos simplesmente observando a forma da curva de rendimentos. Se esta estiver caindo fortemente, a evidência histórica indica que as taxas de juros provavelmente diminuirão no futuro. Os defensores da teoria das expectativas diriam que seria preciso examinar apenas a curva de rendimentos vigente para prever a direção das taxas de juros no futuro.

Com base nessas teorias, os investidores em títulos de renda fixa utilizam a curva de rendimentos vigente para prever as formas das curvas de rendimento futuras. Utilizando esta previsão e o conhecimento das taxas de juros correntes, os investidores podem determinar a volatilidade esperada dos rendimentos por faixa de prazo de vencimento. Por sua vez, os segmentos desses prazos que sofrem as maiores variações de rendimento oferecem ao investidor o maior potencial de valorização de títulos.[14]

SPREADS DE RENDIMENTOS

Outra técnica que pode ser utilizada como ajuda para a realização de bons investimentos ou negócios lucrativos com títulos de renda fixa é a análise de *spreads de rendimentos*, que são as diferenças de rendimentos prometidos entre títulos ou segmentos do mercado em qualquer momento. Essas distinções de rendimentos são específicas a títulos ou segmentos determinados do mercado de títulos de renda fixa.

Há quatro *spreads* principais de rendimentos:

1. *Segmentos* distintos do mercado de títulos de renda fixa podem ter rendimentos diferentes. Por exemplo, títulos puros de dívida pública terão rendimentos mais baixos do que os de dívida de agências governamentais; e os títulos de dívida pública terão rendimentos muito mais baixos do que os de dívida privada.
2. Os títulos de dívida de *setores* distintos do mesmo segmento de mercado podem ter rendimentos diferentes. Por exemplo, as diferenças de rendimento entre títulos privados com *rating* AAA e títulos privados com *rating* BBB representam um *spread* muito popular a ser considerado, e os rendimentos de títulos de alto rendimento com vários *ratings* (BB, B, CCC), *versus* os dos títulos do Tesouro com prazo de dez anos seguidos de perto, como também o são os *spreads* entre os títulos de dívida de empresas industriais com *rating* AAA e os títulos de dívida de concessionárias de serviços de utilidade pública também com *rating* AAA.
3. *Cupons* ou *tempos de emissão* diferentes em um determinado segmento ou setor do mercado podem causar *spreads* de rendimentos. Exemplos incluiriam títulos de dívida pública com cupom corrente *versus* títulos de dívida pública com descontos substanciais, ou títulos de dívida de empresas industriais com *rating* AA emitidos recentemente *versus* títulos de dívida de empresas industriais com *rating* AA emitidos há algum tempo.
4. Títulos com *prazos de vencimento* diferentes em um dado segmento ou setor do mercado também podem causar diferenças de rendimentos. Você verá *spreads* de prazos de vencimento entre títulos a curto e longo prazos de agências governamentais, e entre obrigações municipais com prazo de três anos e prazo de 25 anos, ou entre títulos do Tesouro com prazo de um ano e títulos do Tesouro com prazo de 30 anos.

As diferenças entre esses títulos causam *spreads* de rendimentos que podem ser negativos ou positivos. O mais importante é que *a magnitude ou a direção de um spread de rendimento pode variar no tempo*. Essas variações oferecem oportunidades de lucro. Dizemos que os *spreads* se estreitam sempre que as diferenças de rendimentos se tornam menores, e se ampliam quando as diferenças aumentam. A Tabela 12.1 contém dados de uma variedade de *spreads* de rendimentos passados que demonstram a magnitude destes e a ocorrência de algumas grandes alterações no período de seis anos. As duas alterações mais interessantes durante esse período envolveram o *spread* entre longo prazo e curto prazo (n. 1) e o *spread* entre os títulos com *rating* CCC e os de créditos a empresa com *rating* BB (n. 7).

Os investidores em títulos de renda fixa avaliam as variações de *spreads* de rendimentos porque essas variações afetam o comportamento dos preços dos títulos de dívida e seu desempenho comparativo no que diz respeito aos retornos. Os que se interessam por essa técnica precisam identificar (1) qualquer *spread* normal de rendimentos que se espere ficar anormalmente amplo ou estreito em resposta a uma alteração prevista das taxas de juros de mercado ou (2) um *spread* de rendimentos extraordinariamente amplo ou estreito que se espere voltar ao normal. Uma estimativa correta de uma variação em qualquer direção proporcionará oportunidades de lucro.

---

[14] HOURDOUVELIS, Gikas A. "The Predictive Power of the Term Structure During Recent Monetary Regimes." *Journal of Finance 43*, n. 2, 339-356, jun. 1988.

276 Investimentos

TABELA 12.1	Médias de *spreads* de rendimentos selecionados (em pontos de base)						
Comparações		**1998**	**1999**	**2000**	**2001**	**2002**	**2003**
1. Títulos públicos a longo prazo – títulos públicos a curto prazo		67	111	12	215	343	371
2. Títulos privados a longo prazo e *rating* Aaa – títulos públicos a longo prazo		65	69	125	116	111	95
3. Títulos privados a longo prazo e *rating* Aaa – obrigações municipais a longo prazo e *rating* Aaa		146	152	180	177	178	164
4. Obrigações municipais a longo prazo e *rating* Baa – obrigações municipais de longo prazo e *rating* Aaa		17	24	54	62	51	71
5. Empresas concessionárias de serviços de utilidade pública – empresas industriais		–10	–16	–12	19	106	18
6. Instituições financeiras – empresas industriais		31	39	44	85	44	60
7. Títulos privados a longo prazo e *rating* CCC – títulos privados a longo prazo e *rating* BB		601	871	1205	1587	1445	859

Nota: os *spreads* de rendimentos são iguais ao rendimento do primeiro título menos o do segundo título – por exemplo, o rendimento de títulos públicos a longo prazo menos o rendimento de títulos públicos a curto prazo.

Fontes: Federal Reserve Bank of St. Louis, Merrill Lynch Fixed Income Research.

Análises econômicas e de mercado ajudariam a desenvolver essas expectativas de potencial de variação de um *spread* de rendimentos. Para tirar proveito dessas variações, é preciso conhecer os *spreads* históricos e ter a capacidade de *estimar* não apenas variações futuras no mercado como um todo, mas também saber por que e quando os *spreads* específicos se modificarão.[15]

O que determina a volatilidade dos preços de títulos de renda fixa?

Até aqui, ficamos conhecendo os rendimentos alternativos de títulos de renda fixa, como calculá-los, o que determina os rendimentos dos títulos (as taxas de juros), e o que faz com que eles variem. Agora que sabemos por que os rendimentos variam, podemos logicamente perguntar: qual é o efeito dessas variações de rendimentos sobre os preços e as taxas de retorno de diferentes títulos de renda fixa? Já discutimos a relação inversa entre as variações de rendimentos e preços de títulos de renda fixa, e por isso podemos discutir agora os *fatores específicos que afetam a magnitude da variação de preço para uma dada variação de rendimento* em títulos de renda fixa distintos.

O fato é que uma dada variação das taxas de juros pode causar alterações porcentuais de preço muito diferentes para títulos de renda fixa diversos. Entender o que causa essas diferenças entre as variações porcentuais de preço ajudará na decisão de seleção de títulos. Para maximizar a taxa de retorno recebida com uma previsão correta de queda das taxas de juros, por exemplo, precisamos saber que títulos de renda fixa serão os mais beneficiados com a variação de rendimentos.

Em toda essa seção, discutiremos a respeito das variações de preços dos títulos de renda fixa ou da volatilidade dos preços dos títulos de renda fixa como se fossem sinônimos. Uma variação do preço de um título de renda fixa é medida pela mudança porcentual do preço do título, calculado como se vê a seguir:

12.10
$$\text{Variação porcentual do preço do título de renda fixa} = \frac{\text{PFT}}{\text{PIT}} - 1$$

onde:

PFT = preço final do título de renda fixa
PIT = preço inicial do título de renda fixa

A ***volatilidade do preço de títulos de renda fixa*** também é medida em variações de preços de títulos. Um título de renda fixa com elevada volatilidade de preço é aquele que sofre grandes variações porcentuais de preço para uma dada variação de rendimentos.

A volatilidade do preço de títulos de renda fixa é influenciada muito mais do que apenas pelo comportamento dos rendimentos. Malkiel utilizou o modelo de avaliação de títulos de renda fixa para demonstrar que o preço de mercado de um título de renda fixa é uma função de quatro fatores: (1) seu valor par, (2) seu cupom, (3) o número de anos que faltam

---

[15] Para um artigo que identifica quatro determinantes dos *spreads* relativos e sugere cenários para as suas variações, veja Chris P. Dialynas e David H. Edington, "Bond Yield Spreads: A Postmodern View." *Journal of Portfolio Management* 19, n. 1, 68-75, outono 1992.

para seu vencimento e (4) a taxa de juros vigente de mercado.[16] As provas matemáticas de Malkiel mostraram as seguintes relações entre as variações de rendimentos (taxas de juros) e o comportamento dos preços de títulos de renda fixa:

1. Os preços de títulos de renda fixa variam inversamente com os rendimentos (taxas de juros) dos títulos.
2. Para uma dada variação de rendimentos (taxas de juros), os títulos de renda fixa com prazo de vencimento mais longo apresentam as maiores variações de preços; portanto, a volatilidade do preço de um título de renda fixa está *diretamente* relacionada ao prazo de vencimento.
3. A volatilidade do preço (variação porcentual do preço) aumenta a taxas decrescentes com o aumento do prazo de vencimento.
4. As variações de preço que resultam de aumentos ou diminuições equivalentes de rendimentos em termos absolutos *não* são simétricas. Uma diminuição de rendimento eleva mais o preço de um título de renda fixa do que a redução de preço causada por um aumento de rendimento da mesma magnitude.
5. Títulos com cupons mais altos apresentam oscilações porcentuais menores de preços para uma dada variação de rendimentos; portanto, a volatilidade do preço de um título de renda fixa está *inversamente* relacionada ao seu cupom.

Homer e Leibowitz mostraram que o nível absoluto dos rendimentos no mercado também afeta a volatilidade dos preços dos títulos de renda fixa.[17] Quando o nível dos rendimentos correntes se eleva, aumenta a volatilidade dos preço dos títulos de renda fixa, *supondo-se uma variação porcentual constante dos rendimentos no mercado.* É importante observar que se supusermos isso, a variação em pontos de base será maior quando as taxas forem altas. Por exemplo, uma variação de 25% das taxas de juros, quando as taxas estiverem a 4%, será uma variação de 100 pontos de base; a mesma variação de 25%; quando as taxas estiverem a 8%, será uma variação de 200 pontos de base. Na discussão sobre a duração dos títulos de renda fixa, veremos que essa diferença em relação a variação em pontos de base é importante.

O EFEITO DO PRAZO DE VENCIMENTO

A Tabela 12.2 demonstra o efeito do prazo de vencimento sobre a volatilidade do preço. Em todas as quatro classes de vencimentos, supomos um título de renda fixa com um cupom de 8% e variações das taxas de desconto (Y_m nominal) entre 7% e 10%. A única diferença entre os quatro casos é dada pelos prazos de vencimento dos títulos. A demonstração envolve o cálculo do valor de cada título a um rendimento de 7% e a um rendimento de 10%, observando-se a variação porcentual de preço. Como é mostrado, essa variação de rendimento faz com que o preço do título com prazo de um ano caia apenas 2,9%, enquanto o título com prazo de 30 anos cai quase 29%. Evidentemente, o título de prazo mais longo sofreu a maior volatilidade de preço.

Além disso, a volatilidade de preço cresce a taxas decrescentes com o prazo de vencimento. Quando o prazo de vencimento dobra de dez para 20 anos, a variação porcentual de preço aumenta menos de 50% (de 18,5% para 25,7%). Uma variação semelhante ocorre quando passamos de 20 anos para 30 anos. Assim, esta tabela demonstra as três primeiras de nossas relações preço-rendimento: o preço de um título de renda fixa está inversamente relacionado ao rendimento, a volatilidade, ao prazo de vencimento, e a volatilidade do preço de um título de renda fixa cresce a taxas decrescentes com o prazo de vencimento.

Também é possível demonstrar a quarta relação com essa tabela. Utilizando o título com prazo de 20 anos, se calculássemos a variação porcentual do preço relacionada a um aumento de taxas (por exemplo, de 7% a 10%), obteríamos a resposta correspondente – uma diminuição de 25,7%. Entretanto, se calculássemos o efeito de uma *diminuição* dos rendimentos de 10% para 7% sobre o preço, obteríamos 34,7% de aumento ($ 1.115 *versus* $ 828). Isso demonstra que os preços variam mais em resposta a uma diminuição de taxas (de 10% a 7%) do que a um aumento comparável (de 7% a 10%).

| TABELA 12.2 | Efeito do prazo de vencimento sobre a volatilidade do preço de títulos de renda fixa |

	VALOR PRESENTE DE UM TÍTULO DE RENDA FIXA COM CUPOM DE 8% (VALOR PAR DE 1.000 DÓLARES)							
Prazo de vencimento	**1 ano**		**10 anos**		**20 anos**		**30 anos**	
Taxa de desconto (YTM nominal)	7%	10%	7%	10%	7%	10%	7%	10%
Valor presente dos juros	$ 75	$ 735	$ 569	$ 498	$ 858	$ 686	$ 1.005	$ 757
Valor presente do principal	934	907	505	377	257	142	132	54
Valor total do título de renda fixa	$ 1.009	$ 980	$ 1.074	$ 875	$ 1.115	$ 828	$ 1.137	$ 811
Variação porcentual do valor total	−2,9		−18,5		−25,7		−28,7	

---

[16] MALKIEL, Burton G. "Expectations, Bond Prices, and the Term Structure of Interest Rates." *Quarterly Journal of Economics* 76, n. 2, 197-218, maio 1962.

[17] HOMER, Sidney; LEIBOWITZ, Martin L. *Inside the Yield Book.* Englewood Cliffs, NJ: Prentice-Hall, 1972.

O EFEITO DO CUPOM

A Tabela 12.3 mostra o efeito do cupom. Nesse conjunto de exemplos, todos os títulos de renda fixa têm o mesmo prazo de vencimento (20 anos) e sofrem a mesma variação de Y_m nominal (de 7% a 10%). A tabela mostra a relação inversa entre a taxa de cupom do título de renda fixa e a volatilidade de seu preço: o título com o menor cupom (o título com cupom igual a zero) sofreu a maior variação porcentual de preço, de quase 45%, *versus* 24% de variação para o título de renda fixa com cupom de 12%.

O EFEITO DO NÍVEL DE RENDIMENTO

A Tabela 12.4 mostra o efeito do nível de rendimento. Nesses exemplos, todos os títulos de renda fixa têm o mesmo prazo de vencimento de 20 anos e o mesmo cupom de 4%. Nos primeiros três casos, o Y_m nominal varia em uma proporção constante de 33,3% (de 3% para 4%, de 6% para 8% e de 9% para 12%). Observe-se que a primeira variação é de 100 pontos de base, a segunda é de 200 pontos de base e a terceira é de 300 pontos. Os resultados nas primeiras três colunas confirmam a afirmativa de que, quando os rendimentos mais altos variam por uma *porcentagem constante*, a variação do preço do título de renda fixa é maior.

A quarta coluna mostra que, se supusermos uma *variação constante dos rendimentos em termos de pontos de base*, obteremos os resultados opostos. Especificamente, uma variação de 100 pontos de base dos rendimentos de 3% a 4% causa uma variação de preço de 14,1%, enquanto a mesma variação de 100 pontos de base de 9% a 10% resulta em outra de preço de apenas 11%. Portanto, neste caso de uma variação constante das taxas sobre os pontos de base, há uma relação inversa, ocorrendo uma variação maior de preço quando os rendimentos são mais baixos. Portanto, o efeito do nível de rendimento pode ser diferente, dependendo de se a variação é constante em termos porcentuais ou é constante em termos de pontos de base.

Em suma, a volatilidade do preço de um título de renda fixa para uma dada variação do rendimento depende do prazo de vencimento do título de renda fixa, de seu cupom, do nível dos rendimentos (dependendo do tipo de variação dos ren-

TABELA 12.3   Efeito do cupom sobre a volatilidade do preço de um título de renda fixa

	VALOR PRESENTE DE UM TÍTULO DE RENDA FIXA COM PRAZO DE 20 ANOS (VALOR PAR DE 1.000 DÓLARES)							
	Cupom de 0%		**Cupom de 3%**		**Cupom de 8%**		**Cupom de 12%**	
Taxa de desconto (YTM nominal)	7%	10%	7%	10%	7%	10%	7%	10%
Valor presente dos juros	$ 0	$ 0	$ 322	$ 257	$ 858	$ 686	$ 1.287	$ 1.030
Valor presente do principal	257	142	257	142	257	142	257	142
Valor total do título de renda fixa	$ 257	$ 142	$ 579	$ 399	$ 1.115	$ 828	$ 1.544	$ 1.172
Variação porcentual do valor total	−44,7		−31,1		−25,7		−24,1	

TABELA 12.4   Efeito do nível de rendimento sobre a volatilidade do preço do título de renda fixa

	VALOR PRESENTE DE UM TÍTULO DE RENDA FIXA COM CUPOM DE 4% E PRAZO DE 20 ANOS (VALOR PAR DE 1.000 DÓLARES)							
	(1)		**(2)**		**(3)**		**(4)** Variação de 100 pontos de base dos rendimentos altos	
	Rendimento baixo		**Rendimentos intermediários**		**Rendimentos altos**			
Taxa de desconto (YTM nominal)	3%	4%	6%	8%	9%	12%	9%	10%
Valor presente dos juros	$ 602	$ 547	$ 462	$ 396	$ 370	$ 301	$ 370	$ 343
Valor presente do principal	562	453	307	208	175	97	175	142
Valor total do título de renda fixa	$ 1.164	$ 1.000	$ 769	$ 604	$ 545	$ 398	$ 545	$ 485
Variação porcentual do valor total	−14,1		−21,5		−27,0		−11,0	

Análise de títulos de renda fixa **279**

dimentos) e da direção dessa variação. Entretanto, embora tanto o nível quanto a direção da variação afetem a volatilidade do preço, eles não podem ser usados na montagem de estratégias de negociação. Quando os rendimentos mudam, as duas variáveis que o investidor ou o gestor de carteiras pode controlar e que exercem um efeito importante sobre a volatilidade do preço de um título de renda fixa são o cupom e o prazo de vencimento.

ALGUMAS ESTRATÉGIAS DE NEGOCIAÇÃO

Sabendo que o cupom e o prazo de vencimento são as principais variáveis que influenciam a volatilidade do preço de um título de renda fixa, podemos montar algumas estratégias para maximizar as taxas de retorno quando as taxas de juros variam. Especificamente, se esperamos uma *queda* importante das taxas de juros, sabemos que os preços de títulos de renda fixa aumentarão, e queremos assim montar uma carteira de títulos de renda fixa com o *máximo de volatilidade de preço* para aproveitar ao máximo as variações de preço (ganhos de capital) com a variação das taxas de juros. Nessa situação, a discussão anterior em relação ao efeito do prazo de vencimento e do cupom indica que deveríamos tentar montar uma carteira de títulos com prazo longo de vencimento e cupons baixos (idealmente, um título com cupom igual a zero). Uma carteira com tais títulos de renda fixa (títulos com cupom igual a zero a longo prazo) deveria sofrer a maior valorização de preço possível para uma certa queda de taxas de juros de mercado.

Todavia, se esperamos um *aumento* das taxas de juros de mercado, sabemos que os preços de títulos de renda fixa cairão e queremos uma carteira com *volatilidade mínima de preço* para minimizar as perdas de capital causadas pelo aumento das taxas. Então, dadas essas expectativas, mudaríamos nossa carteira para que contivesse títulos a curto prazo de vencimento com cupons altos. Essa combinação deveria oferecer a volatilidade mínima de preço para um aumento das taxas de juros de mercado.

MEDIDA DE DURAÇÃO

Como a volatilidade do preço de um título de renda fixa varia inversamente com seu cupom e diretamente com seu prazo de vencimento, é necessário determinar a melhor combinação dessas duas variáveis para alcançarmos nosso objetivo. Este esforço seria beneficiado com uma medida composta que considere tanto o cupom quanto o prazo de vencimento. Felizmente, esta, que trata da *duração* de um título, foi desenvolvida há quase 70 anos por Macaulay.[18] Macaulay mostrou que a duração de um título de renda fixa era uma medida mais adequada das características temporais dos fluxos de caixa deste título do que o prazo de vencimento deste, pois a duração considera tanto o reembolso do capital no vencimento quanto a magnitude e a distribuição no tempo dos pagamentos de cupons antes do fim do prazo de vencimento. A duração é definida pelo *prazo médio ponderado de recuperação integral do principal e dos pagamentos de juros sobre o valor presente*. Usando capitalização anual, a duração D é:

E-leituras interativas

Para mais explicações e um exemplo animado da hipótese de expectativas, visite o site: http://reillyxtra. swlearning.com.

12.11

$$D = \frac{\sum_{t=1}^{n} \frac{C_t(t)}{(1+Y_m)^t}}{\sum_{t=1}^{n} \frac{C_t}{(1+Y_m)^t}} = \frac{\sum_{t=1}^{n} \left[t \times VP(C_t)\right]}{P}$$

onde:

t = período no qual ocorre o pagamento de cupom ou principal
C_t = pagamento de juros ou principal que ocorre no período t
Y_m = rendimento até o vencimento do título de renda fixa
VP = valor presente de cada um dos fluxos de caixa anuais
P = preço de mercado corrente do título de renda fixa

O denominador na equação 12.11 é o preço de um título de renda fixa determinado pelo modelo de valor presente. O numerador é o valor presente de todos os fluxos de caixa *ponderados pelo prazo de recebimento de cada um deles*. O exemplo seguinte, que demonstra os cálculos específicos para dois títulos, ilustra o procedimento e esclarece algumas das propriedades da duração. Considere os seguintes dois exemplos de títulos de renda fixa:

	Título de renda fixa A	Título de renda fixa B
Valor de face	$ 1.000	$ 1.000
Prazo de vencimento	10 anos	10 anos
Cupom	4%	8%

Supondo pagamentos anuais de juros e um rendimento efetivo de 8% até o vencimento para os dois títulos de renda fixa, a duração é calculada como mostrado na Tabela 12.5. A duração calculada por meio do desconto dos fluxos de caixa usando o rendimento até o vencimento do título é chamada de *duração de Macaulay*.

---

[18] MACAULAY, Frederick R. *Some Theoretical Problems Suggested by the Movements of Interest Rates, Bond Yields, and Stock Prices in the United States Since 1856*, New York: National Bureau of Economic Research, 1938.

280 Investimentos

TABELA 12.5	Cálculo da duração (supondo-se rendimento de mercado de 8%)

TÍTULO DE RENDA FIXA A

(1) Ano	(2) Fluxo de caixa	(3) VP a 8%	(4) VP do fluxo de caixa	(5) VP como % do preço	(6) (1) × (5)
1	$ 40	0,9259	$ 37,04	0,0506	0,0506
2	40	0,8573	34,29	0,0469	0,938
3	40	0,7938	31,75	0,0434	0,1302
4	40	0,7350	29,40	0,0402	0,1608
5	40	0,6806	27,22	0,0372	0,1860
6	40	0,6302	25,21	0,0345	0,2070
7	40	0,5835	23,34	0,0319	0,2233
8	40	0,5403	21,61	0,0295	0,2360
9	40	0,5002	20,01	0,0274	0,2466
10	1.040	0,4632	481,73	0,6585	6,5850
Soma			$ 731,58	1,0000	8,1193

Duração = 8,12 anos

TÍTULO DE RENDA FIXA B

1	$ 80	0,9259	$ 74,07	0,0741	0,0741
2	80	0,8573	68,59	0,0686	0,1372
3	80	0,7938	63,50	0,0635	0,1906
4	80	0,7350	58,80	0,0588	0,1906
5	80	0,6806	54,44	0,0544	0,2720
6	80	0,6302	50,42	0,0504	0,3024
7	80	0,5835	46,68	0,0467	0,3269
8	80	0,5403	43,22	0,0432	0,3456
9	80	0,5002	40,02	0,0400	0,3600
10	1.080	0,4632	500,26	0,5003	5,0030
Soma			$ 1.000,00	1,0000	7,2470

Duração = 7,25 anos

Características da duração de Macaulay – O exemplo da Tabela 12.5 mostra diversas características da duração de Macaulay. Em primeiro lugar, a duração de um título de renda fixa com cupom será sempre menor do que seu prazo de vencimento, porque a duração leva em conta o valor desses pagamentos intermediários.

Segundo, *há uma relação inversa entre cupom e duração*. Um título de renda fixa com um cupom maior terá duração menor, porque muitos dos fluxos de caixa totais ocorrem mais cedo sob a forma de pagamentos de juros. Como mostrado na Tabela 12.5, o título com cupom de 8% tem uma duração mais curta do que o título com cupom de 4%.

Um título sem pagamentos de cupom (um título com cupom igual a zero ou um título com desconto puro, como uma letra do Tesouro) terá uma duração de Macaulay *igual* ao seu prazo de vencimento. Na Tabela 12.5, se supusermos um único pagamento no vencimento, veremos que a duração será igual ao prazo de vencimento, pois o único fluxo de caixa ocorre no ano final (data de vencimento).

Em terceiro lugar, *geralmente há uma relação positiva entre o prazo de vencimento e a duração*, mas a duração cresce a taxas decrescentes com o prazo. Assim, todos os outros fatores sendo iguais, um título com prazo de vencimento mais longo terá quase sempre uma duração maior. Observe-se que a relação não é direta, porque à medida que o prazo de vencimento aumenta, o valor presente do principal perde valor.

Como é mostrado no Gráfico 12.7, a forma da curva duração-prazo de vencimento depende do cupom e do rendimento até o vencimento. Para um título com cupom igual a zero, a curva é uma linha reta, indicando que a duração equivale ao prazo de vencimento. Entretanto, a curva para um título com cupom baixo negociado com um desconto substancial (em virtude de um YTM elevado) se inclinará para baixo com prazos longos de vencimento, o que significa que, sob tais condições, o título com prazo mais longo terá duração menor.

E, em quarto lugar, todos os outros fatores sendo iguais, há uma *relação inversa entre YTM e duração*. Um rendimento mais alto até o vencimento para um título de renda fixa reduz sua duração. Como exemplo disso, na Tabela 12.5, se o

GRÁFICO 12.7 Duração *versus* prazo de vencimento

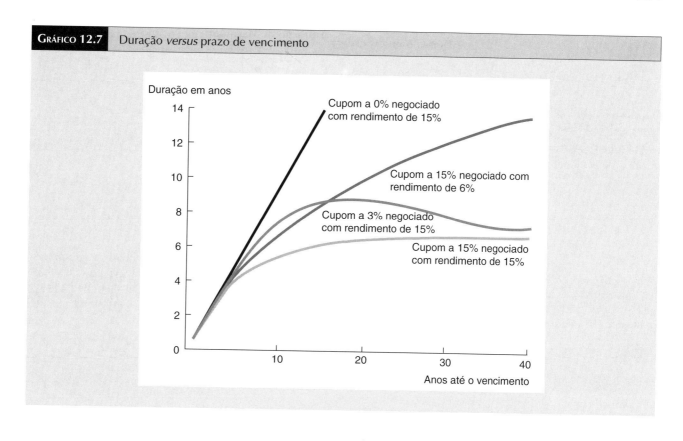

rendimento até o vencimento tivesse sido de 12% em vez de 8%, as durações seriam de aproximadamente 7,75 e 6,80 em vez de 8,12 e 7,25.[19]

Finalmente, fundos de amortização e cláusulas de resgate antecipado podem ter um efeito importante sobre a duração de um título de renda fixa. Eles podem acelerar os fluxos de caixa totais de um título, e com isso reduzir significativamente sua duração.[20] Entre esses dois fatores, o que causa a maior incerteza é a opção de resgate antecipado, pois é difícil estimar quando ela será exercida. Trataremos desse aspecto mais adiante.

Um resumo das características da duração de Macaulay é:

- A duração de um título com cupom igual a zero será *igual* ao seu prazo de vencimento.
- A duração de um título com cupom será sempre menor do que seu prazo de vencimento.
- Há uma relação *inversa* entre cupom e duração.
- Geralmente, há uma relação *positiva* entre o prazo de vencimento e a duração. Observe que a duração cresce a taxas decrescentes com o prazo de vencimento. Além disso, a duração de um título com desconto substancial cairá com prazos longos de vencimento (mais de 20 anos).
- Há uma relação *inversa* entre rendimento até o vencimento e duração.
- Fundos de amortização e cláusulas de resgate antecipado podem causar uma queda forte na duração de um título de renda fixa em conseqüência de seu resgate (vencimento) antecipado.

A medida de duração de Macaulay pode ser útil aos investidores em títulos de renda fixa porque combina as propriedades em relação a prazo de vencimento e cupom ao medir o fluxo de caixa do título no tempo. Essa medida da distribuição temporal dos fluxos de caixa é superior à medida do prazo de vencimento, que considera apenas quando o principal é reembolsado na data de vencimento.

DURAÇÃO E VOLATILIDADE DO PREÇO DE UM TÍTULO DE RENDA FIXA

A duração é mais do que uma medida superior da distribuição temporal dos fluxos de caixa de um título de renda fixa. Uma medida ajustada da duração, chamada *duração modificada*, pode ser usada como aproximação da volatilidade do preço de um título de renda fixa sem opções:[21]

---

[19] Essas propriedades são discutidas e demonstradas em Frank K. Reilly e Rupinder Sidhu, "The Many Uses of Bond Duration." *Financial Analysts Journal 36*, n. 4, 58-72, jul.-ago. 1980.
[20] Um exemplo do cálculo de duração com um fundo de amortização pode ser encontrado em Reilly e Sidhu, "The Many Uses of Bond Duration".
[21] Deve ser salientado neste ponto que, com a duração modificada, estamos medindo a sensibilidade do preço do título à taxa de juros, o que significa que essa duração é uma estimativa da variação porcentual do preço para uma variação de 100 pontos de base do rendimento.

282 Investimentos

12.12
$$\text{Duração modificada} = \frac{\text{Duração de Macaulay}}{\left(1 + \dfrac{Y_m}{m}\right)}$$

onde:

m = número de pagamentos por ano
Y_m = rendimento nominal até o vencimento

A título de exemplo, um título de renda fixa com uma duração de Macaulay de dez anos, rendimento nominal até o vencimento de 8% e pagamentos semestrais teria uma duração modificada de:

$$D_{mod} = \frac{10}{1 + (0,08/2)}$$
$$= \frac{10}{1,04} = 9,62$$

Tem sido mostrado, tanto teórica quanto empiricamente, que as alterações de preços de título de renda fixa *variam proporcionalmente* com a duração modificada *para pequenas variações de rendimentos.*[22] Especificamente, como é mostrado na equação 12.3, uma estimativa da variação porcentual do preço do título equivale à variação do rendimento multiplicada pela duração modificada. Também é igual à variação porcentual esperada do preço em função de uma variação de 100 pontos de base do rendimento.

12.13
$$\frac{\Delta P}{P} \times 100 = -D_{mod} \times \Delta Y_m$$

onde:

ΔP = variação do preço do título de renda fixa
P = preço inicial do título de renda fixa
D_{mod} = duração modificada do título de renda fixa
ΔY_m = variação do rendimento em pontos de base dividida por 100 (Por exemplo, se as taxas de juros subirem de 8,00 a 8,50%, $\Delta Y_m = 50/100 = 0,50$).

O sinal negativo indica que a variação do preço ocorre na direção oposta da variação da taxa de juros (ou seja, quando as taxas de juros caem, os preços sobem, e vice-versa).

Considere um título com D = 8 anos e $Y_m = 0,08$. Suponha-se que seja esperado que o Y_m do título caia 75 pontos (por exemplo, de 8% para 7,25%). O primeiro passo é calcular a duração modificada do título:

$$D_{mod} = \frac{8}{1 + (0,08/2)}$$
$$= \frac{8}{1,04} = 7,69$$

A variação porcentual estimada do preço do título utilizando a equação 12.13, é:

$$\%\Delta P = -(7,69) \times \frac{-75}{100}$$
$$= (-7,69) \times (-,75)$$
$$= 5,77$$

Isso indica que o preço do título deveria subir aproximadamente 5,77% em resposta ao declínio de 75 pontos de base de Y_m. Se o preço do título de renda fixa, antes da diminuição das taxas de juros era igual a 900 dólares, o preço após essa diminuição deveria ser aproximadamente igual a 900 dólares × 1,0577 = 951,93 dólares.

A duração modificada sempre terá um sinal negativo para um título de renda fixa não resgatável antecipadamente em vista da relação inversa entre as variações de rendimento e as de preço do título. Além disso, lembre-se de que essa formulação fornece uma *estimativa* ou *aproximação* da variação porcentual do preço do título. Na próxima seção, sobre convexidade, mostraremos que a fórmula que inclui apenas a duração modificada fornece uma estimativa exata da variação porcentual do preço somente para pequenas variações dos rendimentos.

Estratégias de negociação usando a duração – Sabemos, a partir da discussão anterior sobre a relação entre duração modificada e volatilidade do preço de um título de renda fixa, que o título com duração mais longa proporciona a varia-

---

[22] Uma prova generalizada disso está em Michael H. Hopewell e George Kaufman, "Bond Price Volatility and Term to Maturity: A Generalized Respecification." *American Economic Review 63*, n. 4, 749-753. set. 1973. A importância da especificação "para pequenas variações de rendimentos" ficará clara quando discutirmos a convexidade.

TABELA 12.6	Médias de *spreads* de rendimentos selecionados (em pontos de base)			
	TAXAS DE CUPOM			
Anos até o vencimento	**0,02**	**0,04**	**0,06**	**0,08**
1	0,995	0,990	0,985	0,981
5	4,756	4,558	4,393	4,254
10	8,891	8,169	7,662	7,286
20	14,981	12,980	11,904	11,232
50	19,452	17,129	16,273	15,829
100	17,567	17,232	17,120	17,064
∞	17,167	17,167	17,167	17,167

Fonte: FISHER, L.; WEIL, R. L. "Coping with the Risk of Interest Rate Fluctuations: Returns to Bondholders from Naive and Optimal Strategies." *Journal of Business 44*, n. 4, 418, out. 1971. Copyright© 1971. Reimpresso com permissão de The University of Chicago Press.

ção máxima de preço. A Tabela 12.6 demonstra as várias maneiras de se alcançar um determinado nível de duração. A medida de duração tem se tornado cada vez mais popular, porque ela especifica convenientemente o fluxo de caixa no tempo de um título, considerando tanto o cupom quanto o prazo de vencimento. A seguinte discussão indica que um investidor ativo em títulos de renda fixa também pode usar essa medida para estruturar uma carteira para tirar proveito das variações de rendimentos no mercado.

Caso esperemos uma *queda* das taxas de juros, devemos *aumentar* a duração média de nossa carteira de títulos de renda fixa para obter volatilidade máxima de preço. Alternativamente, se esperamos um *aumento* das taxas de juros, devemos *reduzir* a duração média de nossa carteira para minimizar nossa redução de preço. Particularmente, a maioria dos gestores de carteiras de títulos de renda fixa especifica suas metas de duração em relação às suas carteiras de referência. Por exemplo, quem espera taxas de juros mais baixas fixa uma meta de duração em 1,10 da duração de referência. Já o gestor que espera um aumento de taxas reduz a duração da carteira para 0,90 da duração da carteira de referência, de forma que a sua carteira seria menos volátil do que a referência. Observe-se que a duração da carteira é a média ponderada por valor de mercado das durações dos títulos individuais na carteira.

CONVEXIDADE DO TÍTULO DE RENDA FIXA

A duração modificada nos permite estimar as variações de preço de um título de renda fixa em função de uma variação de taxas de juros. A equação 12.13, todavia, é precisa apenas para *pequenas variações* dos rendimentos de mercado. Veremos que a precisão da estimativa da variação de preço se deteriora com variações maiores dos rendimentos, pois o cálculo de duração modificada especificado na equação 12.13 é uma aproximação *linear* da variação de preço de um título de renda fixa, que, de fato, segue uma função *curvilinear*. Para entender o efeito dessa convexidade, devemos considerar a relação preço-rendimento para títulos alternativos.[23]

Relação preço-rendimento de títulos de renda fixa – Como o preço de um título de renda fixa é o valor presente de seus fluxos de caixa a uma taxa de desconto particular, se conhecermos seu cupom, seu prazo de vencimento e tivermos um rendimento de um título de renda fixa, podemos calcular seu preço em determinado momento. A *curva de preço-rendimento* fornece um conjunto de preços para um título com prazo de vencimento e cupom específicos em um determinado momento, para uma faixa de rendimentos até o vencimento (taxas de desconto). Como exemplo disso, a Tabela 12.7 enumera os preços calculados de um título de renda fixa com prazo de 20 anos e cupom de 12%, supondo rendimentos nominais de 1% a 12%. Por exemplo, a tabela mostra que se descontando os fluxos desse título de 20 anos e 12% a um rendimento de 1% gera-se um preço de 2.989,47 dólares; descontando esses mesmos fluxos a 10%, obtém-se um preço de 1.171,59 dólares. O gráfico desses preços em relação aos rendimentos que os produziram no Gráfico 12.8 indica que a relação preço-rendimento desse título não é uma linha reta, e sim uma curva, ou seja, é convexa.

Três pontos são importantes sobre a relação preço-rendimento:

1. A relação pode ser aplicada a um único título de renda fixa, uma carteira desses títulos ou a qualquer série de fluxos de caixa futuros.
2. A relação convexa preço-rendimento será distinta para diversos títulos de renda fixa ou outras séries de fluxos de caixa, dependendo da natureza desta série, ou seja, seu cupom e seu prazo de vencimento. Como exemplo disso, a relação preço-rendimento de um título de curto prazo e cupom elevado será quase uma linha reta (ou seja, não muito convexa), pois o preço não varia muito em função de uma variação de rendimento (por exemplo, o título de dívida com prazo de

---

[23] Para uma discussão mais ampla deste tópico, veja Mark L. Dunetz e James M. Mahoney, "Using Duration and Convexity in the Analysis of Callable Bonds." *Financial Analysts Journal 44*, n. 3, 53-73, maio-jun. 1988.

| TABELA 12.7 | Relações preço-rendimento para títulos de renda fixa alternativos |

A. TÍTULO DE RENDA FIXA COM PRAZO DE 20 ANOS E CUPOM DE 12%		B. TÍTULO DE RENDA FIXA COM PRAZO DE 3 ANOS E CUPOM DE 12%		B. TÍTULO DE RENDA FIXA COM PRAZO DE 3 ANOS E CUPOM DE 12%	
Rendimento	Preço	Rendimento	Preço	Rendimento	Preço
1,0%	$ 2.989,47	1,0%	$ 1.324,30	1,0%	$ 741,37
2,0	2.641,73	2,0	1.289,77	2,0	550,45
3,0	2.346,21	3,0	1.256,37	3,0	409,30
4,0	2.094,22	4,0	1.224,06	4,0	304,78
5,0	1.878,60	5,0	1.192,78	5,0	227,28
6,0	1.693,44	6,0	1.162,52	6,0	169,73
7,0	1.533,88	7,0	1.133,21	7,0	126,93
8,0	1.395,86	8,0	1.104,84	8,0	95,06
9,0	1.276,02	9,0	1.077,37	9,0	71,29
10,0	1.171,59	10,0	1.050,76	10,0	53,54
11,0	1.080,23	11,0	1.024,98	11,0	40,26
12,0	1.000,00	12,0	1.000,00	12,0	30,31

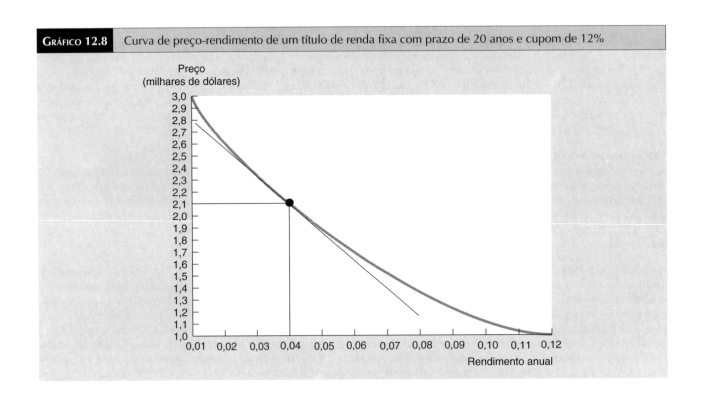

GRÁFICO 12.8 — Curva de preço-rendimento de um título de renda fixa com prazo de 20 anos e cupom de 12%

três anos e cupom de 12% da Tabela 12.7). Entretanto, a relação preço-rendimento de um título a longo prazo e cupom baixo apresentará uma curvatura forte (ou seja, será fortemente convexa), como foi mostrado pelo título com prazo de 30 anos e cupom zero na Tabela 12.7. Essas diferenças de convexidade são mostradas no Gráfico 12.9. A natureza curva da relação preço-rendimento é chamada de *convexidade* do título de renda fixa.

3. Como foi mostrado pelo Gráfico 12.8, por causa da convexidade da relação preço-rendimento, à medida que o rendimento aumenta, a velocidade à qual o preço do título se reduz se torna mais lenta. Isso ocorre quando os rendimentos caem, a uma velocidade à qual o preço do título se eleva, tornando-se cada vez maior. A convexidade, portanto, é uma característica desejável.

GRÁFICO 12.9 Curvas de preço-rendimento de títulos de renda fixa alternativos

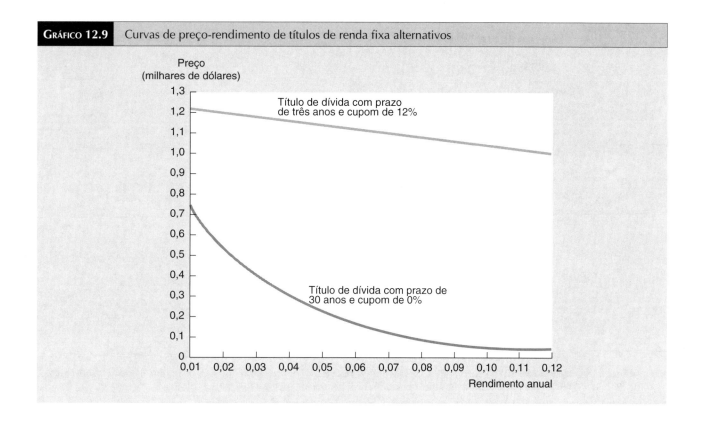

Dada essa curva de preço-rendimento, a duração modificada é a variação porcentual do preço em função de uma variação de 100 pontos de base do rendimento, como é mostrado a seguir:[24]

12.14
$$D_{mod} = \frac{dP/dY}{P}$$

Observe-se que a linha dP/dY é tangente à curva de preço-rendimento em um *dado rendimento*, como mostrado no Gráfico 12.10. A inclinação dessa linha no ponto de tangência é a duração modificada do título a esse rendimento. Para pequenas variações deste (ou seja, de y* para y_1 ou y_2), essa linha reta tangente fornece uma boa estimativa das variações efetivas de preço. Todavia, no caso de variações maiores dos rendimentos (de y* para y_3 ou y_4), a linha reta estimará o novo preço do título em um valor menor do que o preço efetivo mostrado pela curva de preço-rendimento. Essa subestimação ocorre por causa do fato de que a linha de duração modificada é uma estimativa linear de uma relação curvilinear. Especificamente, a estimativa que utiliza apenas a duração modificada *subestimará* o *aumento* real de preço causado por uma diminuição de rendimento, e *superestimará* a *queda* efetiva do preço causada por um aumento de rendimentos. Esse gráfico, que demonstra o efeito de convexidade, também mostra que as variações de preço *não* são simétricas quando os rendimentos aumentam ou diminuem. Como mostrado, quando as taxas diminuem, há um erro maior de preço do que quando elas aumentam, porque, quando os rendimentos diminuem, os preços se *elevam* a taxas *crescentes*, mas, quando eles se elevam, os preços *declinam* a taxas *decrescentes*.

Determinantes de convexidade – A convexidade é uma medida da curvatura da relação preço-rendimento. Matematicamente, a convexidade é a segunda derivada de preço em relação ao rendimento (d^2P/dY^2) dividida pelo preço. Especificamente, a convexidade é a variação porcentual em dP/dY em função de uma dada variação de rendimento:

12.15
$$\text{Convexidade} = \frac{d^2P/dY^2}{P}$$

A convexidade é uma medida do quanto a curva de preço-rendimento de um título se afasta da aproximação linear da curva. Como indicado nas Ilustrações 12.8 e 12.10 para títulos *não-resgatáveis antecipada*, a convexidade é sempre um número positivo, significando que uma curva de preço-rendimento se situa acima da linha (tangente) de duração modificada. O Gráfico 12.9 mostra a relação preço-rendimento para dois títulos com cupons e vencimentos bastante diferentes. (Os rendimentos e os preços estão contidos na Tabela 12.7).

Esses gráficos demonstram a seguinte relação entre esses fatores e a convexidade de um título de renda fixa:

- Há uma relação *inversa* entre cupom e convexidade (rendimento e prazo de vencimento constantes).

---
[24] Em termos matemáticos, a duração modificada é a primeira derivada da função preço-rendimento em relação ao rendimento.

GRÁFICO 12.10 — Aproximação do preço utilizando a duração modificada

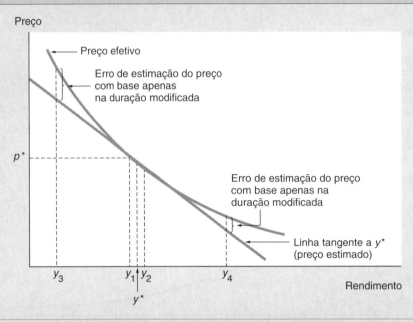

Fonte: "Measuring Interest Rate Risk", Tabela 5.11, p. 104. In: FABOZZI, Frank. *The Handbook of Fixed Income Securities*, 6. ed. Copyright© 2001, 1997, 1995, 1987, 1983 por The McGraw-Hill Companies. Reimpresso com permissão.

- Há uma relação *direta* entre prazo de vencimento e convexidade (rendimento e cupom constantes).
- Há uma relação *inversa* entre rendimento e convexidade (cupom e prazo de vencimento constantes). Isso significa que a curva de preço-rendimento é mais convexa em seu segmento de rendimentos mais baixos (trecho superior esquerdo).

Portanto, um título com cupom elevado e a curto prazo, como um título com prazo de três anos e cupom de 12%, tem convexidade baixa – ele é quase uma linha reta. Em contraposição, o título com prazo de 30 anos e cupom igual a zero tem convexidade elevada.

Investimentos on-line

A avaliação de títulos de renda fixa envolve a matemática dos títulos, a estrutura temporal de taxas de juros e as características dos títulos que aumentam o seu rendimento (como a cláusula de resgate antecipado) ou reduzem o seu rendimento (como a cláusula de opção de venda). Os títulos de dívida são normalmente mais fáceis de avaliar do que as ações, porque o seu prazo de vencimento e os seus fluxos de caixa são determinados, e porque as taxas de desconto podem ser lidas diretamente na estrutura temporal. Apesar disso, a avaliação de um título de renda fixa pode se tornar bem complicada, caso o título contenha opções ou atributos complexos. Não é surpreendente que os comentários sobre o mercado de títulos de renda fixa geralmente se concentrem nas tendências das taxas de juros e nos fatores que podem afetar favorável ou desfavoravelmente a qualidade de crédito.

http://www.bonds-online.com – Talvez a melhor fonte de informações sobre o mercado de títulos de renda fixa na Internet. Inclui preços, rendimentos e comentários de mercado sobre títulos do Tesouro, títulos de dívida privada, obrigações municipais e de certificados de poupança emitidos pelo governo dos Estados Unidos. Contém diversos links para sites de interesse dos investidores em títulos de renda fixa.

http://www.bondmarkets.com – A página da Bond Market Association disponibiliza informações sobre o mercado, produtos de interesse para os que negociam títulos de renda fixa, links e pesquisas.

http://www.bondcalc.com – Esse site discute um software de precificação de títulos de renda fixa. Inclui uma descrição de análises básicas e sofisticadas de títulos de renda fixa.

http://www.bondtrac.com – Esse site fornece muitos dados de título de renda fixa aos assinantes. Contém links para várias páginas do mercado de renda fixa, incluindo sites de obrigações municipais, títulos emitidos por empresas privadas e por agências governamentais. Também inclui um glossário de termos de renda fixa e descrições de seus vários títulos, incluindo os emitidos pelo Tesouro, por empresas privadas, *strips*, títulos indexados à inflação, títulos lastreados em empréstimos hipotecários, entre outros.

Análise de títulos de renda fixa **287**

Efeitos de duração modificada-convexidade – Em síntese, a variação do preço de um título de renda fixa resultante de uma variação de rendimentos pode ser atribuída a duas fontes: a duração modificada do título e sua convexidade. O efeito relativo desses dois fatores sobre a variação de preço dependerá das características do título (sua convexidade) e da magnitude da variação do rendimento. Por exemplo, se estivermos estimando uma variação de preço para uma variação de 300 pontos de base do rendimento no caso de um título com prazo de 30 anos e cupom igual a zero, o efeito de convexidade será relativamente grande, pois esse título terá convexidade elevada, e uma variação de 300 pontos de base no rendimento é relativamente grande. Todavia, se estivermos tratando de uma variação dos rendimentos de apenas 10 pontos de base, o efeito de convexidade será mínimo, pois será uma variação pequena. De forma semelhante, esse efeito seria relativamente mínimo, para uma variação maior de rendimento, se estivéssemos preocupados com um título de baixa convexidade (cupom elevado e prazo curto de vencimento), uma vez que sua relação preço-rendimento é quase uma linha reta.

Concluindo, a duração modificada pode ser usada para estimar uma variação porcentual de preço *aproximada* do título para uma dada variação das taxas de juros, mas ela só é uma boa estimativa quando as variações de rendimentos são pequenas. Devemos considerar também o efeito da convexidade quando estivermos lidando com variações grandes ou quando o título tiver convexidade elevada. Os investidores a vêem como algo desejável. Dados dois títulos com durações idênticas, eles preferem aquele que possui maior convexidade. O título de renda fixa com maior convexidade proporcionará um aumento maior de preço se as taxas caírem, e uma perda menor de preço se elas aumentarem.

Duração e convexidade de títulos de renda fixa com opções embutidas

A discussão e a apresentação feitas até aqui em relação à duração de Macaulay, às durações modificadas e à convexidade referiram-se a títulos de dívida sem opções. Um título resgatável antecipadamente é diferente, porque ele dá ao emissor uma opção de compra do título sob certas condições e de resgatá-lo com fundos gerados de uma nova emissão vendida com uma taxa mais baixa. Os observadores chamam isso de uma *opção embutida*. Observamos anteriormente que a duração de um título pode ser seriamente afetada por uma opção de compra embutida caso as taxas de juros caiam significativamente abaixo da taxa de cupom do título. Em um caso como esse, o emissor provavelmente resgatará o título, o que alterará bastante o prazo, o vencimento e a duração do título. Uma discussão completa do que acontece com a duração e a convexidade dos títulos com opções de compra ou venda embutidas está além do escopo deste livro.[25]

Resumo

- O valor de um título de renda fixa equivale ao valor presente de todos os fluxos de caixa futuros pagos ao investidor. Os fluxos de caixa para um investidor conservador em títulos de renda fixa incluem pagamentos periódicos de juros e o retorno do principal; os fluxos de caixa para o investidor agressivo incluem pagamentos periódicos de juros e o ganho ou a perda de capital quando um título é vendido antes de seu vencimento. Os investidores em títulos de renda fixa podem maximizar suas taxas de retorno estimando com precisão o nível das taxas de juros e, o mais importante, as variações das taxas de juros e dos *spreads* de rendimentos.

- As cinco medidas de rendimento de títulos de renda fixa são a taxa de cupom, o rendimento corrente, o rendimento prometido até o vencimento, o rendimento prometido até a data de resgate antecipado e o rendimento realizado (no prazo do investimento). O Y_m e as equações de Y_c prometidos incluem uma suposição implícita de juros sobre juros ou reinvestimento de cupons. No cálculo do rendimento realizado (no prazo do investimento), o investidor estima a taxa de reinvestimento e pode fazer isso também com o preço futuro de venda do título. Os determinantes fundamentais das taxas de juros são a taxa real livre de risco, a taxa de inflação esperada e o prêmio por risco.

- A curva de rendimentos (ou estrutura temporal de taxas de juros) mostra a relação entre os rendimentos de um conjunto de títulos de renda fixa comparáveis e seus prazos de vencimento. As curvas de rendimentos possuem quatro formatos básicos. Três teorias procuram explicar a forma da curva de rendimentos: a hipótese de expectativas, a hipótese de preferência por liquidez e a hipótese de segmentação de mercado.

- É importante entender o que causa variações das taxas de juros e também como essas variações de taxas afetam os preços dos títulos de renda fixa. Diferenças de volatilidade do preço de títulos de renda fixa decorrem principalmente de diferenças de rendimento, cupom e prazo de vencimento. A medida de duração incorpora o cupom, o prazo de vencimento e o rendimento em uma medida que fornece uma estimativa da resposta do preço de um título a variações das taxas de juros. Como a duração modificada fornece uma estimativa linear da função curvilinear de preço-rendimento, os investidores devem considerar a duração modificada com a convexidade de um título de renda fixa quando estimam as variações de preços em conseqüência de alterações grandes dos rendimentos e/ou ao negociar títulos que possuem convexidade elevada. A exposição neste capítulo se concentrou nos títulos de renda fixa livres de opções. Há diferenças importantes quando se lida com títulos de dívida que possuem opções de compra e venda embutidas.

---

[25] Para uma discussão destes tópicos, veja REILLY, Frank K.; BROWN, Keith. *Investment Analysis and Portfolio Management*. 7. ed. Mason, OH: South-Western, 2003. cap. 16; FABOZZI, Frank J. *Fixed Income Analysis*, New Hope, PA: Frank J. Fabozzi Associates, 2000; FABOZZI, Frank J. Gerald W. Buetow Jr.; JOHNSON, Robert R. "Measuring Interest Rate Risk." In: FABOZZI, Frank J (Ed.). *Handbook of Fixed Income Securities*. 6. ed. New York: McGraw-Hill, 2001.

288 Investimentos

Questões

1. Por que a equação de valor presente parece ser mais útil para o investidor em títulos de renda fixa do que para o investidor em ações ordinárias?
2. Que hipóteses importantes são feitas ao se calcular o rendimento prometido no vencimento? Quais são as hipóteses do cálculo do rendimento prometido até a primeira data de resgate?
3. (a) Defina as variáveis incluídas no seguinte modelo:

$$Y = RLR + I + PR$$

   (b) Suponha que a empresa cujos títulos de dívida você está analisando não tenha possibilidade de obter lucro no ano corrente. Discuta que fator será afetado por essa informação.
4. Discutimos três hipóteses para explicar a estrutura temporal das taxas de juros. Qual delas parece ser a que melhor explica as várias formas da curva de rendimentos? Defenda sua escolha.
5. *Exame CFA Nível 1*
   (a) Explique a *estrutura temporal das taxas de juros*. Explique a base teórica de uma curva de rendimentos ascendente (8 minutos).
   (b) Explique as circunstâncias econômicas sob as quais você esperaria ver uma curva invertida de rendimentos (7 minutos).
   (c) Defina a taxa "real" de juros (2 minutos).
   (d) Discuta as características do mercado de títulos do Tesouro dos Estados Unidos. Compare-o ao mercado de títulos de dívida privada com *rating* AAA. Comente as oportunidades que podem existir em mercados de títulos de renda fixa que sejam menos eficientes (8 minutos).
   (e) Nos últimos anos, *spreads* de rendimentos razoavelmente amplos entre títulos de dívida privada com *rating* AAA e títulos do Tesouro vigoraram de vez em quando. Discuta as possíveis razões para isso (5 minutos).
6. *Exame CFA Nível III*
   Como gestor de carteiras de um fundo de pensão de grande porte, você recebeu ofertas dos seguintes títulos de renda fixa:

	Cupom	Prazo de vencimento	Preço	Preço de resgate antecipado	Rendimento até o vencimento
Edgar Corp. (título novo)	14,00%	2012	$ 101\frac{3}{4}$	$ 114	13,75%
Edgar Corp. (título novo)	6,00	2012	$48\frac{1}{8}$	103	13,60
Edgar Corp. (título emitido em 1982)	6,00	2012	$48\frac{7}{8}$	103	13,40

   Supondo que você espere a ocorrência de uma queda das taxas de juros ao longo dos próximos três anos, identifique e justifique quais desses títulos você selecionaria (10 minutos).
7. Você espera que as taxas de juros caiam no decorrer dos próximos seis meses.
   (a) Dada a sua previsão de taxas de juros, diga que tipos de títulos de renda fixa você desejaria ter em sua carteira, no que se refere à duração. Explique seus motivos para essa escolha.
   (b) Você precisa escolher entre os seguintes três conjuntos de títulos de renda fixa não-resgatáveis antecipa-

damente. Em cada caso, selecione o título de dívida que seria melhor para a sua carteira, dada a sua previsão de taxas de juros e a estratégia sugerida no item (a). Em cada caso, discuta brevemente porque você selecionou o título.

		Prazo de vencimento	Cupom	Rendimento até o vencimento
Caso 1:	Título A	15 anos	10%	10%
	Título B	15 anos	6%	8%
Caso 2:	Título C	15 anos	6%	10%
	Título D	10 anos	8%	10%
Caso 3:	Título E	12 anos	12%	12%
	Título F	15 anos	12%	8%

8. No presente momento, você espera a ocorrência de uma queda das taxas de juros e deve escolher entre duas carteiras de títulos de renda fixa com as seguintes características.

	Carteira A	Carteira B
Prazo médio de vencimento	10,5 anos	10,0 anos
Y_m médio	7%	10%
Duração modificada	5,7 anos	4,9 anos
Convexidade modificada	125,18	40,30
Condições de resgate antecipado	Não-resgatáveis antecipadamente	Resgate antecipado diferido, variando de 1 a 3 anos

Selecione uma das carteiras e discuta três fatores que justificariam sua seleção.
9. *Exame CFA Nível 1*
   Bill Peters é o diretor de investimentos de um fundo de pensão com ativos no valor de 60 milhões de dólares. Ele está preocupado com as grandes variações de preços ultimamente ocorridas no mercado dos títulos de renda fixa do fundo. Disseram a Peter que esse comportamento de preços é natural, em vista do comportamento recente dos rendimentos de mercado. Para lidar com o problema, o gestor de renda fixa do fundo acompanha a exposição à volatilidade de preços com um monitoramento próximo das durações dos títulos. Ele acredita que a volatilidade de preço pode ser mantida em um nível razoável enquanto a duração da carteira seja mantida em torno de 7 ou 8 anos.

   Discuta os conceitos de duração e convexidade e explique como cada um se encaixa na relação preço-rendimento. Na situação descrita, explique por que o gestor de renda fixa teria usado tanto a duração quanto a convexidade para monitorar a exposição da carteira de títulos à volatilidade de preço (15 minutos).
10. *Exame CFA Nível I*
    Um analista de títulos de renda fixa está analisando um título emitido por uma empresa, com *rating* AA e prazo de 20 anos. O título é não-resgatável antecipadamente e seu cupom é de 7,50%. O analista calcula tanto o rendimento convencional até o vencimento quanto o retorno no prazo de aplicação desse título, a saber:

Rendimento até o vencimento:	8,00%
Retorno no prazo de aplicação:	8,96%

    Supondo que o título seja mantido até o vencimento, explique por que essas duas medidas de retorno diferem uma da outra (5 minutos).

11. *Exame CFA Nível I*

Qual das seguintes afirmativas é correta?

O rendimento até o vencimento de um título de renda fixa:

(a) está abaixo da taxa de cupom quando o título é negociado com desconto e acima da taxa de cupom quando o título é negociado com prêmio.

(b) é a taxa de juros que torna o valor presente dos pagamentos igual ao preço do título.

(c) baseia-se na hipótese de que todos os pagamentos futuros recebidos são reinvestidos à taxa de cupom.

(d) baseia-se na hipótese de que todos os pagamentos futuros recebidos são reinvestidos às taxas futuras de mercado.

12. *Exame CFA Nível I*

Qual das afirmativas a seguir sobre a estrutura temporal de taxas de juros é *verdadeira?*

(a) A hipótese de expectativas indicará uma curva horizontal de rendimentos se as taxas futuras a curto prazo previstas forem superiores às taxas a curto prazo correntes.

(b) A hipótese de expectativas diz que a taxa a longo prazo é igual à taxa a curto prazo prevista.

(c) A teoria do prêmio de liquidez indica que, se todos os outros fatores são iguais, os títulos com prazos de vencimento mais longos terão rendimentos mais baixos.

(d) A teoria de segmentação de mercado diz que os tomadores e os fornecedores de empréstimos preferem segmentos particulares da curva de rendimentos.

13. A volatilidade do preço de títulos de renda fixa normalmente é mais alta para títulos do que com características em cupom, duração e prazo de vencimento?

14. Em que circunstâncias o rendimento até o vencimento e o rendimento corrente serão iguais?

15. Qual dos seguintes títulos tem maior duração?

(a) Prazo de vencimento de nove anos e cupom de 8%.

(b) Prazo de vencimento de nove anos e cupom de 12%.

(c) Prazo de vencimento de 16 anos e cupom de 8%.

(d) Prazo de vencimento de 16 anos e cupom de 12%.

16. Qual é a relação entre a duração de Macaulay e o prazo de vencimento de um título com cupom igual a zero?

PROBLEMAS

1. Há quatro anos, sua empresa emitiu títulos com prazo de 25 anos e valor par de 1.000, com uma taxa de cupom de 7% e um prêmio de resgate antecipado de 10%.

(a) Se esses títulos forem resgatados agora, qual será o rendimento *aproximado* até a data do resgate para os investidores que originalmente os compraram ao par?

(b) Se esses títulos forem resgatados agora, qual será o rendimento *corrente* até a data do resgate para os investidores que originalmente os compraram ao par? Cote ambos em termos de taxa anual nominal e efetiva.

(c) Sendo a taxa corrente de juros de 5% e imaginando que os títulos não fossem resgatáveis antecipadamente, a que preço cada título seria negociado?

2. Suponha que você tenha comprado um título com valor de 1.000 dólares, cupom de 8%, pagamentos semestrais e prazo de 25 anos, cotado a 1.012,50 dólares tendo agora 12 anos remanescentes até o vencimento. Calcule:

(a) Seu rendimento até o vencimento (nominal *e* efetivo)

(b) Seu rendimento até o resgate antecipado caso o título seja resgatável em três anos com um prêmio de 8%

3. Calcule a duração de um título com valor par de 1.000 dólares e cupom de 8%, que vence em 3 anos, sabendo que o Y_m do título é igual a 10% e os juros são pagos semestralmente.

(a) Calcule a duração modificada desse título.

(b) Suponha que o Y_m do título caia de 10% a 9,5%. Calcule uma estimativa da variação de preço.

4. Dois anos atrás você adquiriu um título ao valor par de 1.000 dólares, cupom igual a zero, com prazo de dez anos a um Y_m nominal de 12%. Recentemente, você vendeu esse título a um Y_m nominal de 8%. Usando capitalização semestral, calcule o rendimento no prazo da aplicação desse investimento em termos anuais.

5. Um título da Edgar Corporation tem as seguintes características:

Prazo de vencimento – 12 anos

Cupom – 10%

Rendimento até o vencimento – 9,50%

Duração de Macaulay – 5,7 anos

Convexidade – 48

Não-resgatável antecipadamente

Calcule a variação aproximada de preço desse título utilizando apenas sua duração, supondo que seu rendimento até o vencimento aumentou 150 pontos de base. Discuta (sem cálculos) o impacto da inclusão do efeito da convexidade no cálculo.

6. *Exame CFA Nível I*

A Philip Morris emitiu títulos de dívida que fazem pagamentos semestrais com as seguintes características:

Cupom – 8%

Rendimento até o vencimento – 8%

Prazo de vencimento – 15 anos

Duração de Macaulay – 10 anos

(a) Calcule a duração modificada utilizando as informações anteriores (5 minutos).

(b) Explique por que a duração modificada é uma medida melhor do que o prazo de vencimento para se calcular a sensibilidade do título a variações das taxas de juros (5 minutos).

(c) Identifique a direção da variação da duração modificada se:

i. o cupom do título fosse de 4%, e não de 8%.

ii. o prazo de vencimento do título fosse de sete anos e não de 15 anos (5 minutos).

(d) Defina convexidade e explique como a duração modificada *e* a convexidade são utilizadas para fazer uma aproximação da variação porcentual de preço do título, dada uma variação de taxas de juros (5 minutos).

7. *Exame CFA Nível I*

Os títulos de dívida da Zello Corporation com um valor par de 1.000 dólares estão sendo negociados a 960 dólares, vencem em cinco anos e têm uma taxa anual de cupom de 7%, e os pagamentos são feitos semestralmente.

(a) Calcule:

i. o rendimento corrente;

ii. o rendimento até o vencimento (à porcentagem inteira mais próxima, ou seja, 3%, 4%, 5% etc.); e

iii. o rendimento no prazo do investimento (também chamado de retorno total) para um investidor com um prazo de aplicação de três anos e taxa de reinvestimento de 6% ao longo do período. No final de três anos, os títulos com cupom de 7% e com dois anos remanescentes seriam negociados a esta mesma porcentagem.

Apresente seus cálculos (9 minutos).

(b) Cite *um* defeito importante de *cada uma* das medidas de rendimento de renda fixa a seguir:

   i. rendimento corrente;

   ii. rendimento até o vencimento; e

   iii. rendimento no prazo do investimento (também chamado de rendimento realizado ou retorno total – 6 minutos).

8. Um título com prazo de vencimento de dez anos tem rendimento até o vencimento de 12% e duração de Macaulay de sete anos. Se o rendimento do mercado cair 100 pontos de base, qual será a variação esperada do preço do título?

EXERCÍCIOS DA WEB

1. Vá à página http://www.bloomberg.com/markets; o site contém informações sobre rendimentos de títulos de dívida pública para certo número de países. Compare o *spread* horizontal (entre prazos) para os títulos de diferentes nações. Qual deles tem a curva de rendimentos mais inclinada? E a menos inclinada? O que nos dizem os *spreads* sobre a situação dos mercados de títulos de renda fixa nesses países?

2. Vá ao site do *St. Louis Federal Reserve Bank* (http://www.stlouisfed.org). Clique o link que o levará ao FRED, o Federal Reserve Economic Database (Banco de Dados Econômicos do Fed), que contém uma variedade de dados de taxas de juros que podem ser coletados. Como tem se comportado no tempo o *spread* de rendimentos entre os títulos de dívida privada e os do Tesouro? Quando houve uma fuga para maior qualidade? O que estava acontecendo com a inclinação da curva de rendimentos nesses períodos?

3. O site da revista *SmartMoney* (http://www.smartmoney.com) possui material inovador em sua seção de títulos de renda fixa. No Economy, clique no link "Living Yield Curve" e observe o comportamento da curva de rendimentos no tempo. Os períodos de curvas inclinadas foram seguidos por altas de taxas de juros e os períodos de curvas invertidas de rendimentos foram seguidos por quedas de taxas de juros? O que isso significa para a hipótese de expectativas da estrutura temporal das taxas de juros?

EXERCÍCIOS EM PLANILHA

1. Dados a taxa de cupom, o rendimento até o vencimento, o prazo de vencimento e o valor par, calcule o preço dos seguintes títulos de renda fixa:

  (a) Taxa de cupom de 8%, rendimento até o vencimento de 10%, prazo de vencimento de dez anos e valor par de 1.000 dólares

  (b) Taxa de cupom de 6%, rendimento até o vencimento de 6,5%, prazo de vencimento de cinco anos e valor par de 5.000 dólares

  (c) Taxa de cupom de 4%, rendimento até o vencimento de 3,3%, prazo de vencimento de 15 anos e valor par de 1.000 dólares

2. Use os preços calculados no Exercício 1 e a função TIR para estimar os rendimentos até o vencimento dos três títulos.

3. Crie uma tabela que liste os fluxos de caixa de um título de renda fixa. Use-a para calcular o preço do título e as durações dos títulos no Exercício 1. Estime a variação de preço dos títulos caso seus rendimentos até o vencimento variem + 1% e – 1%.

4. Monte uma planilha mostrando o efeito de juros sobre juros para um investidor em títulos de renda fixa. Suponha um título com valor par de 1.000 dólares e uma taxa de cupom de 8%, com pagamentos anuais. Todos os juros são reinvestidos a 8%. Após dez anos,

  (a) Qual é o valor total dos fundos aplicados?

  (b) Quanto de juros teria sido recebido sob a suposição de juros simples?

  (c) Quanto de juros teria sido recebido e reaplicado ao longo do tempo?

  (d) Que proporção do retorno total em dólares deve-se a juros sobre juros?

REFERÊNCIAS

FABOZZI, Frank J. *Fixed Income Analysis for the Chartered Financial Analyst Program.* 2. ed. New Hope, PA: Frank J. Fabozzi Associates, 2004.

_____. *Bond Markets, Analysis and Strategies.* 5. ed. Upper Saddle River, NJ: Pearson Prentice-Hall, 2004.

KRITZMAN, Mark. "What Practitioners Need to Know About Duration and Convexity." *Financial Analysts Journal* 48, n. 6, nov.-dez. 1992.

SUNDARESAN, Suresh. *Fixed Income Markets and Their Derivatives.* 2. ed. Mason, OH: South-Western Publishing, 2002.

TUCKMAN, Bruce. *Fixed Income Securities.* New York: John Wiley & Sons, 1995.

VAN HORNE, James C. *Financial Market Rates and Flows.* 6. ed. Upper Saddle River, NJ: Prentice-Hall, 2001.

GLOSSÁRIO

Convexidade – Uma medida do grau pelo qual a curva de preço-rendimento de um título se afasta de uma linha reta. Essa característica afeta as estimativas da volatilidade de preço de um título de renda fixa.

Curva preço-rendimento – Relação entre o retorno exigido (rendimento) de um título de dívida e seu preço. Fornece um conjunto deste para valores específicos de prazo de vencimento e cupom do título em um dado momento, utilizando uma faixa de rendimentos até o vencimento (taxas de desconto).

Desconto – Ocorre quando um título de renda fixa é negociado a um preço inferior ao par porque seu Y_m está acima de sua taxa de cupom.

Duração – Uma medida composta da distribuição temporal dos fluxos de caixa de um título de renda fixa, considerando seu cupom e seu prazo de vencimento.

Duração modificada – Uma medida da duração de Macaulay ajustada para ajudar a estimar a volatilidade de preço de um título de renda fixa.

Estrutura temporal das taxas de juros – Relação entre prazo de vencimento e rendimento até o vencimento para uma amostra de títulos comparáveis em um dado momento. Popularmente conhecida como *curva de rendimentos*.

Ilusão de rendimento – A expectativa errônea de que um título de renda fixa garantirá seu rendimento declarado até o vencimento, sem o reconhecimento da hipótese implícita de reinvestimento de cupons no cálculo de Y_m.

Juros sobre juros – Renda de um título de renda fixa graças ao reinvestimento de pagamentos de cupom.

Ponto de cruzamento – O preço ao qual se torna rentável para um emissor resgatar um título de renda fixa antecipadamente. Acima desse preço, o rendimento até a data de primeiro resgate é a medida de rendimento apropriada.

Prêmio – Ocorre com um título negociado a um preço superior ao par porque seu Y_m está abaixo de sua taxa de cupom.

Rendimento – Taxa de retorno prometida de um investimento sob certas hipóteses.

Rendimento corrente (CY) – Um rendimento de títulos de renda fixa medido pelo quociente entre sua renda corrente (seu cupom) e seu preço de mercado.

Rendimento efetivo até o vencimento – Uma das convenções para a cotação de rendimentos até o vencimento de títulos que pagam cupons semestrais. Se você fornece o rendimento efetivo até o vencimento, você capitaliza a taxa de retorno semestral do título.

Rendimento equivalente de título de renda fixa (BEY) – Uma das convenções para a cotação de rendimentos até o vencimento de títulos de dívida que pagam cupons semestrais. Se você fornecer o BEY, ele será igual à taxa de retorno semestral do título multiplicada por dois.

Rendimento equivalente integralmente tributável (FTEY) – Um rendimento de um título de renda fixa isento de imposto que é ajustado por seus benefícios fiscais a fim de permitir comparações com os títulos tributáveis.

Rendimento prometido até a primeira data de resgate antecipado (Y_c) – O rendimento de um título de renda fixa, caso seja mantido até a primeira data disponível de resgate antecipado, com o reinvestimento de todos os pagamentos de cupom à taxa Y_c.

Rendimento prometido até o vencimento (Y_m) – A medida mais utilizada do rendimento de um título de renda fixa, que indica completamente a taxa de retorno composta desse título comprado ao preço de mercado e mantido até o vencimento com o reinvestimento de todos os pagamentos de cupom à taxa Y_m.

Rendimento realizado (no prazo do investimento) – O rendimento composto esperado de um título de renda fixa que é vendido antes de seu vencimento, supondo um preço de venda e o reinvestimento de todos os fluxos de caixa a uma taxa explícita.

***Spread* de rendimento** – A diferença entre os rendimentos prometidos de diversos títulos de renda fixa ou segmentos de mercado em um dado momento.

Taxa de cupom – Mede a renda anual que um investidor em um título de renda fixa recebe, expressa como porcentual do valor par do título.

Taxa interna de retorno (TIR) – A taxa de desconto que iguala o valor presente das saídas de caixa de um investimento ao valor presente das entradas de caixa.

Valor de patrimônio final – A quantia total obtida com uma aplicação em um título de renda fixa em sua data de vencimento, incluindo o principal, os pagamentos de cupons e a renda obtida com o reinvestimento dos pagamentos de cupons.

Volatilidade de preço de títulos de renda fixa – Variações porcentuais de preço de títulos de renda fixa no tempo.

Parte 5

Títulos de renda variável: avaliação e gestão

13 Análise econômica e setorial

14 Análises de demonstrações financeiras

15 Análise de empresas e avaliação de ações

16 Análise técnica

Até aqui, examinamos as finalidades do investimento, a importância da decisão apropriada de alocação de ativos e os vários instrumentos de investimento disponíveis em termos globais. Também fornecemos uma visão geral das características institucionais dos mercados de capitais e dos principais avanços na teoria de investimentos, em termos de teoria de carteiras, formação de preços de ativos e mercados eficientes de capitais. Além disso, consideramos a teoria e a prática de avaliação de títulos de renda fixa, e estamos preparados para aplicar os mesmos princípios a títulos de renda variável. A avaliação é o coração do processo de investimento e leva à montagem de uma carteira compatível com nossos objetivos de risco e retorno.

Começaremos no Capítulo 13 com uma discussão sobre as abordagens genéricas de estimação do valor intrínseco de um título, a qual se inicia com uma visão dos mercados globais e de quais economias e setores serão mais propícios para aplicações no prazo

de investimento. Analisamos os fatores que afetam a taxa de crescimento econômico a longo prazo e também aqueles que causam afastamentos dessa mesma taxa de crescimento a curto prazo. Revisamos diversas ferramentas de previsão econômica, incluindo relações antecipadas entre previsões econômicas e setoriais, e fatores que afetam a atratividade de um setor para fins de investimento, incluindo mudanças estruturais na economia, a estrutura competitiva e o estágio no ciclo de vida do setor.

A principal fonte de informações em relação a uma ação ou a um título de dívida é representada pelas demonstrações financeiras da empresa específica, as quais serão abordadas no Capítulo 14, seguindo uma discussão ampla dos índices financeiros utilizados para responder importantes perguntas sobre a liquidez, o desempenho operacional, o perfil de risco e o potencial de crescimento de uma empresa.

No Capítulo 15, aplicaremos os princípios básicos de avaliação a ações

ordinárias. Antes da demonstração dos modelos de avaliação, discutimos a importante diferença entre uma empresa e sua ação, ou seja, em muitos exemplos, a ação ordinária muito boa pode *não* ser um bom investimento. Usamos a seguir as duas abordagens gerais para avaliá-la: as técnicas de avaliação de fluxos de caixa descontados e as diversas técnicas de avaliação relativas, em uma empresa ilustrativa.

No Capítulo 16, trataremos da análise técnica, uma alternativa à abordagem fundamentalista discutida nos capítulos precedentes. Em vez de tentar estimar o valor com base em diversas variáveis externas, o analista técnico alega ser o mercado o seu melhor gerador de estimativas. Portanto, ele acredita que é possível projetar movimentos futuros dos preços de ações com base nas variações anteriores destes ou outros dados passados do mercado de ações. Discutimos e demonstramos várias técnicas utilizadas por analistas técnicos para os mercados dos Estados Unidos e do resto do mundo.

capítulo 13

Análise econômica e setorial

Neste capítulo, responderemos às seguintes perguntas:

Quais são as abordagens genéricas de análise de títulos?

Quais são os componentes do Produto Interno Bruto (PIB) e o que eles podem nos dizer sobre as perspectivas de um setor?

Como os fatores econômicos internacionais afetam a economia dos Estados Unidos?

Quais são os determinantes importantes do crescimento de uma economia a longo prazo?

Quais são as principais influências determinantes do crescimento de uma economia a curto prazo?

Quais indicadores podem ser utilizados para prever variáveis econômicas?

O que é análise de expectativas?

Como o mercado de ações está relacionado à atividade econômica?

Por que um analista deve estudar tanto as variações cíclicas quanto as estruturais ao analisar um setor?

Quais são as cinco forças competitivas básicas que determinam a intensidade da concorrência em um setor e, assim, sua taxa de retorno sobre o capital?

O que é o ciclo de vida de um setor e quais são os seus estágios?

Quais são algumas fontes de informações sobre setores?

A análise da economia – onde estamos e para onde vamos – deve ser o primeiro componente da análise de títulos. Por meio do estudo da situação geral da economia nacional e internacional, podemos identificar melhor os fatores e as tendências que afetarão os setores e as empresas no futuro e tomar decisões adequadas de compra e venda de títulos.

A análise econômica pode parecer difícil, porque os principais economistas divergem a respeito de alguns pontos de teoria e recomendações de política econômica. Apesar disso, existe acordo suficiente para ajudar os que desejam comprar e vender títulos e gerir carteiras. Neste capítulo, evitaremos discutir a teoria, pois concentraremos nossa atenção na prática da previsão econômica e em seu papel na gestão de carteiras e na seleção de títulos.

Lembre-se de que o conceito de valor presente diz que o valor de um ativo hoje é a soma dos seus fluxos de caixa esperados, descontados até a uma taxa de desconto k. Para um fluxo de caixa simples de um único período, temos

13.1 Preço = Valor presente dos fluxos de caixa esperados
$$= \frac{E(CF_1)}{1+k}$$

Esta equação nos mostra qual deve ser o foco da análise econômica e setorial: ajudar o analista a determinar os fluxos futuros de caixa esperados e as taxas de desconto para eles. Precisamos ampliar nosso entendimento do nível dos fluxos de caixa futuros, seu crescimento e a duração deste no tempo. No que diz respeito às taxas de desconto, as condições e o papel da política monetária serão importantes para a análise, assim como as expectativas do investidor para o risco futuro.

Portanto, a análise econômica útil deve fornecer bases para estimar tendências de fluxos de caixa, de taxas de juros e fazer a análise de prêmios por risco. Isso pode envolver análises de expectativas quanto a crescimento, inflação, alterações demográficas, ambiente político e concorrência setorial na economia.

A economia global afeta a nacional; em economias grandes como a dos Estados Unidos, o oposto também pode ser verdade. A flutuação das taxas de câmbio afeta os preços e as vendas de produtos importados e exportados. A demanda crescente de bens pelos consumidores pode levar a aumentos de importações. Condições financeiras atraentes no exterior podem fazer com que os dólares destinados a investimento se transfiram para outros países. Dessa maneira, as vendas e a rentabilidade das empresas e dos setores não estão necessariamente vinculadas apenas a seus mercados domésticos.

Relação entre análise econômica e mercados eficientes

Nossa discussão sobre mercados eficientes de capitais no Capítulo 10 pode ter levado algumas pessoas a acreditar que as tentativas de superar os índices de mercado em termos ajustados por risco é um exercício fútil. Mas talvez possamos conseguir um desempenho superior ajustado por risco ao concentrar nossa análise em algumas das anomalias mais evidentes, descobertas em pesquisas sobre mercados eficientes. As empresas menores, as com baixos índices preço/lucro, com baixos índices VP/VM, com surpresas de lucro e as companhias negligenciadas e não acompanhadas intensamente pelos analistas de Wall Street podem oferecer aos investidores ou analistas amadores uma oportunidade de focar seus esforços de pesquisa e superar os índices de mercado.

Outra implicação da hipótese de mercado eficiente é a de que o consenso de mercado quanto às expectativas sobre a economia, as empresas e as tendências das taxas de juros está incorporado nos preços dos ativos. *Dessa forma, para um analista obter retornos ajustados por risco acima da média, ele deve ter expectativas bem fundamentadas e geralmente corretas que diferem do consenso do mercado.* Talvez uma abordagem disciplinada à análise de informações – uma que retire as emoções as quais, às vezes, cegam a tomada adequada de decisões – pode promover a formação de tais expectativas. Discutiremos esse método, a análise de expectativas, mais adiante neste capítulo.

Nosso estudo anterior sobre mercados eficientes de capitais forneceu uma dose de realismo: identificar títulos subavaliados não é fácil. Entretanto, neste e nos próximos capítulos forneceremos as ferramentas básicas que os analistas utilizam para tentar identificar títulos com preços incorretos. A utilização dessas ferramentas para analisar ações (e títulos de renda fixa) pode levar a retornos superiores.

Abordagens genéricas de análise de títulos

ENFATIZAR O PASSADO

Há duas abordagens básicas úteis à avaliação de títulos. Uma delas é geralmente voltada para o passado. Especificamente, os investidores selecionam títulos para compra ou venda examinando dados, tendências e relações passadas e supõem que o futuro será um prolongamento do passado. Defensores desse ponto de vista podem tentar explorar as anomalias do mercado usando filtros quantitativos para montar carteiras (por exemplo, comprar apenas ações de baixo P/E ou com valores baixos de mercado), ou podem utilizar a análise técnica, que discutiremos mais detalhadamente no Capítulo 16.

ENFATIZAR O FUTURO

A segunda abordagem é voltada para o futuro. Nesta, embora seus usuários possam recorrer a algumas informações históricas, eles se concentram principalmente na determinação das prováveis tendências futuras e investem de acordo com estas. Como demonstrado no Capítulo 11, os investidores podem adotar um enfoque de cima para baixo ou um de baixo para cima para investir.

Neste livro, enfatizamos o enfoque de cima para baixo que foi mostrado na Figura 11.1, no Capítulo 11. Neste, examinamos inicialmente a macroeconomia de um país e estimamos suas tendências prováveis. Dessa análise surgem implicações para diferentes setores da economia. Ao combinar a análise econômica com a setorial, identificamos candidatos à compra que estão bem posicionados para tirar proveito das tendências esperadas; aquelas empresas que sofrerão no ambiente econômico/setorial são candidatas à venda. Os setores que esperamos ter um desempenho melhor do que outros, nas condições econômicas esperadas, devem receber ***pesos acima do normal*** em uma carteira, ou seja, a proporção das aplicações no setor deve ser maior do que seu peso em termos de valor de mercado na carteira de referência (como o S&P 500). Os setores que se espera que tenham um desempenho insatisfatório com base nas previsões da economia deve receber ***pesos abaixo do normal***.[1]

De uma perspectiva de carteira global, a alocação de ativos em um país em uma carteira global será afetada por suas perspectivas econômicas. Se uma recessão fosse iminente em um país, esperaríamos haver um impacto negativo sobre os preços de seus títulos, exceto possivelmente os daqueles com presença global. Essa nação deveria receber peso inferior em uma carteira. Além disso, dadas essas expectativas pessimistas, quaisquer fundos investidos no país seriam direcionados a setores de baixo risco da economia. (Por exemplo, muitos gestores de carteiras escolheram pesos baixos para o mercado de ações do Japão, em relação a seu peso no índice EAFE, em vista dos problemas econômicos continuados daquele país no fim dos anos 1990 e início de 2000.) Entretanto, um que possua uma economia boa e perspectivas otimistas para seu mercado de ações deveria receber peso acima do normal em uma carteira global.

ANÁLISE DE MERCADO

Há muitos dados disponíveis sobre o desempenho de ações dos Estados Unidos em cenários econômicos distintos. Por exemplo, a Tabela 13.1 apresenta os índices preço-lucro médios do índice S&P 500 em faixas distintas de inflação. A tabela mostra que as ações têm índices P/E mais altos quando as taxas de inflação são mais baixas; inversamente, uma inflação

---

[1] Uma boa pergunta é: se é esperado que alguns setores tenham um desempenho insatisfatório, por que investir neles, afinal? Ainda desejamos manter uma presença de investimento por dois motivos: primeiro, há o conceito de diversificação. Nenhuma previsão econômica será inteiramente correta. Mesmo na análise de cenários sabemos que existe um deles mais provável ou esperado e outros com probabilidade mais baixa. No caso de nossa previsão estar incorreta, desejamos ter algumas exposições a um conjunto diversificado de setores. Em segundo lugar, os custos de transação e os de realocação aumentarão os gastos com mudanças substanciais da composição da carteira. Os custos, em conjunto com os benefícios da diversificação, levar-nos-ão a manter uma alocação com peso inferior nesses setores.

TABELA 13.1 — Índices preço-lucro sob várias condições inflacionárias

Inflação	P/E médio do índice S&P 500
Menos de 3,5%	16,2
Menos de 4,5%	15,3
4,5-5,5%	15,6
5,5-6,5%	12,1
6,5-7,5%	10,0
Maior do que 7,5%	8,6

Fonte: Copyright © 1997, Association for Investment Management and Research. Reproduzido e republicado de "Economic Forecasts and the Asset Allocation Decision", por Abby Joseph Cohen de *Economic Analysis for Investment Professionals*, p. 24-34, com permissão do *CFA Institute*. Todos os direitos reservados.

mais alta resulta em índices P/E mais baixos. Um motivo para um índice P/E elevado é a expectativa de maior crescimento de lucros.[2] No entanto, há estudos que constataram que essas expectativas não são realizadas. Em anos seguintes a índices P/E elevados, o crescimento alto dos lucros não tem ocorrido e os preços das ações, em média, têm caído.[3]

O inverso do índice P/E é o índice E/P, que representa o lucro médio por dólar aplicado na ação. Esta medida, chamada de **taxa de lucro**, é freqüentemente usada em pesquisas financeiras, pois permite comparações a uma taxa de juros, a qual representa os juros recebidos por dólar aplicado em títulos de renda fixa. Quando a taxa de lucro é baixa, ações com risco são alternativas insatisfatórias para títulos de renda fixa. Desde 1959, sempre a diferença entre a taxa de lucro e a das letras do Tesouro de três meses tem sido inferior a zero (ou seja, estas superam a de lucro), o retorno médio anual do índice S&P 500 foram desanimadores, −2,13%.

O estado da economia também tem implicações para outras categorias de ativos. O Gráfico 13.1 apresenta o desempenho, em termos de retornos, de ações de grandes e pequenas empresas nos 12 meses após o término de uma recessão. Há dois motivos pelos quais as empresas menores geralmente têm desempenho superior ao de empresas grandes após uma recessão. Antes de mais nada, elas são menos diversificadas do que as empresas grandes e, por causa disso, obtêm ganhos substanciais relativos de lucros quando a economia se recupera. Em segundo lugar, as empresas menores tendem a ser mais alavancadas; portanto, quando os ganhos de vendas ocorrem, o efeito sobre os lucros é ampliado. Portanto, quando os analistas predizem o final de uma recessão, a história significa que as ações de empresas menores são investimentos relativamente atraentes.

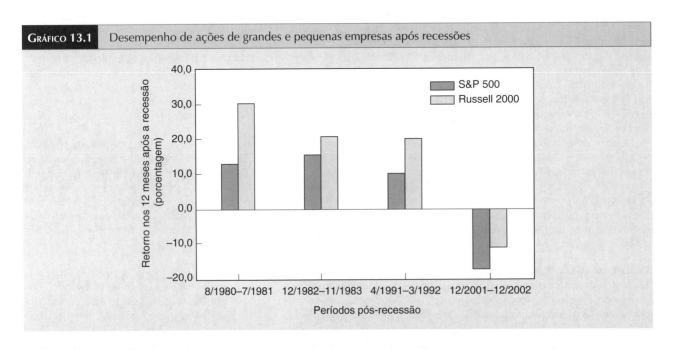

GRÁFICO 13.1 — Desempenho de ações de grandes e pequenas empresas após recessões

---

[2] Lembre-se do modelo básico de crescimento de dividendos, $P_0 = D_0(1 + g)/(k - g)$. Dividindo cada lado pelo lucro "E", temos uma estimativa do índice P/E: P/E = índice de pagamento de dividendos/$(k - g)$. Taxas esperadas mais altas de crescimento resultarão em índices P/E mais elevados.
[3] CAMPBELL, John Y.; SHILLER, Robert J. "Valuation Ratios and the Long-Run Stock Market Outlook." *Journal of Portfolio Management* 24, n. 2, 11-26, 1998; SHEN, Pu. "The P/E Ratio and Stock Market Performance." *Federal Reserve Bank of Kansas City Economic Review*, 23-36, publicação trimestral 2000.

Os retornos de títulos de renda fixa comportam-se diferentemente durante e após as recessões. Os títulos de alta qualidade, como os de dívida pública, geralmente têm bom desempenho durante uma recessão e não tão bom nos 12 meses depois desta. Nas últimas dez recessões (de 1948 até hoje), o retorno médio anual de títulos de dívida pública a longo prazo foi de 11%; nos 12 meses após cada uma dessas recessões, eles geraram apenas 3% de retornos anuais. Os títulos de dívida privada de alto rendimento (emitidos por empresas de alto risco), entretanto, desempenham brilhantemente nos 12 meses após uma recessão (com retorno médio anual de 12,5%), mas nem tanto durante esta. O motivo para essas diferenças deve-se à qualidade do investimento e ao fluxo de caixa que sustenta os títulos. No caso dos títulos de dívida pública, seus bons retornos durante uma recessão decorrem da queda das taxas de juros, que geralmente ocorre nesses momentos. Já os de alto rendimento são como ações de empresas pequenas, pois, quando a economia começa a se recuperar, seus emissores obtêm ganhos relativamente maiores de vendas, lucros e fluxo de caixa, e os preços dos títulos de dívida de alto rendimento elevam-se, em função da percepção menor de risco de inadimplência.

Uma rápida revisão de conceitos econômicos

Geralmente, uma discussão sobre macroeconomia tem pelo menos dois componentes: (1) a economia nacional e (2) como esta é afetada pela economia internacional.

ATIVIDADE ECONÔMICA NACIONAL

As pessoas que fazem previsões econômicas procuram determinar as tendências de variáveis econômicas importantes, tais como o Produto Interno Bruto (PIB), a inflação e as taxas de juros. O PIB é a soma total dos bens e serviços produzidos nas fronteiras de uma nação em um ano. Para ser útil aos analistas de investimentos, as suas estimativas precisam ser decompostas em seus componentes, para que os analistas possam obter previsões setoriais de crescimento. Variáveis econômicas, por exemplo, renda, taxas de juros e de câmbio exercem efeitos distintos sobre os seus componentes.

O PIB tem cinco componentes principais: gastos de consumo, gastos de investimento, gastos do governo, bens e serviços produzidos internamente para exportação e produção de bens e serviços consumidos no processo de distribuição de importações ao consumidor doméstico. Os *gastos de consumo* representam compras feitas por famílias e consumidores em geral, e compreende cerca de dois terços do PIB. Variações dos gastos de consumo são afetadas por variações de renda, pelo sentimento do consumidor e pelos impostos. Os relacionados aos *de investimento* são principalmente feitos por empresas em seus ativos. São afetados por fatores como expectativas de vendas futuras e taxas de juros. Os *gastos do governo* incluem os planos orçamentários governamentais. A *atividade de importação e exportação* abrange gastos relevantes à expedição de bens para dentro ou para fora da economia nacional, sendo afetada pelas taxas de câmbio e pela força ou fraqueza das economias tanto dos Estados Unidos quanto de outros países.

Esses componentes de PIB podem ser subdivididos um pouco mais para que forneçam detalhes adicionais a respeito de perspectivas de crescimento de setores. Por exemplo, os gastos de consumo têm três componentes principais: gastos com bens de consumo duráveis (como refrigeradores, automóveis e televisores), bens de consumo não-duráveis (como alimentos e medicamentos) e serviços. O primeiro é sensível ao estágio do ciclo econômico, expectativas e renda. O segundo, por sua natureza, é menos sensível a essas influências. Os gastos de consumo também são divulgados por categoria de gasto; isso fornece uma melhor subdivisão pelas várias categorias para fins de análise. Por exemplo, a Tabela 13.2 mostra que as três principais categorias de gastos de consumo em 2003 foram assistência médica, habitação e alimentação.

Os gastos de investimento também têm diversos componentes. Incluem investimentos não-residenciais gastos em prédios e equipamentos utilizados nas operações de uma empresa, bem como residenciais, como compras de imóveis, que são sensíveis a influências demográficas, aos níveis das taxas de juros e de renda. Outro componente é o investimento em estoques de empresas. Diferentemente dos dois primeiros, este pode ser positivo ou negativo, dependendo de se as empresas os estão aumentando ou reduzindo.

Os gastos do governo também têm diversos componentes: federais, estaduais e municipais. Os federais também podem ser divididos em vários itens, incluindo gastos de defesa e não-bélicos.

Com base nisso, vemos que uma previsão de crescimento de 5% do PIB no próximo ano é uma informação importante, mas para fins de investimento seria mais valioso conhecer as principais causas desse crescimento. Por exemplo, este ocorrerá em virtude dos gastos de consumo no mercado de bens duráveis, construção de residências, residencial ou acumulação de estoques pelas empresas? Conhecer a fonte do crescimento identificará os setores merecedores de um exame mais detalhado para possível investimento. Evidentemente, se o mercado já antecipou este crescimento, os índices P/E e os preços das ações já poderão refletir este otimismo.

POLÍTICAS ECONÔMICAS DOMÉSTICAS

O governo federal e o Fed utilizam instrumentos de políticas monetária e fiscal em seu esforço para direcionar a economia. Por causa de seus efeitos sobre a taxa de juros e o crescimento econômico, a política monetária e fiscal pode afetar o comportamento do mercado financeiro e os níveis de preço.

A *política monetária* envolve a utilização do poder do Fed para afetar a oferta de moeda e a atividade econômica agregada. Muitos economistas acreditam que a taxa de crescimento da oferta de moeda possui implicações amplas para o crescimento econômico futuro e os níveis futuros de inflação. Por isso, a maioria dos gestores de investimentos está interessada nas variações da taxa de crescimento da oferta de moeda e no *status* atual da política monetária. Muitos analistas

298 Investimentos

TABELA 13.2 Decomposição dos gastos de consumo pessoal, 2003			
	2003	**2000**	**Variação porcentual**
Gastos de consumo pessoal	$ 7.919,1	$ 6.728,4	17,7
Bens duráveis	$ 967,0	$ 819,6	18,0
Veículos automotores e autopeças	432,2	346,8	24,6
Móveis e equipamentos para residências	345,1	307,3	12,3
Outros	189,7	165,5	14,6
Bens não-duráveis	$ 2.262,2	$ 1.989,6	13,7
Alimentos	1.094,2	957,5	14,3
Vestuário e calçados	317,3	319,1	–0,6
Gasolina, óleo combustível e outros bens de energia	212,7	183,3	16,0
Outros	637,9	529,8	20,4
Serviços	$ 4.689,9	$ 3.919,2	19,7
Habitação	1.216,4	958,8	26,9
Gastos com operações domésticas	428,3	385,7	11,0
Transporte	294,1	272,8	7,8
Assistência médica	1.342,3	996,5	34,7
Lazer	325,7	256,2	27,1
Outros	1.083,1	1.049,3	3,2

Fonte: http://www.bea.doc.gov

são "observadores do Fed" e procuram extrair informações dos pronunciamentos e de seus dados que poderiam indicar possíveis variações futuras do crescimento da oferta de moeda, das taxas de juros e da de inflação.

O Fed dispõe de três instrumentos básicos para aplicar sua política monetária:

1. Operações de mercado aberto, nas quais se compram ou se vendem títulos do governo
2. Determinação da taxa de redesconto (a taxa de juros que os bancos pagam quando tomam emprestado do Fed)
3. A fixação de reservas compulsórias para os bancos

As **operações de mercado aberto** são as ferramentas mais freqüentemente utilizadas na política monetária. O termo *mercado aberto* significa simplesmente que o Fed comprará ou venderá títulos (geralmente letras do Tesouro) de qualquer participante do mercado, em vez de, por exemplo, negociar apenas com o Tesouro dos Estados Unidos. Talvez você se lembre, em algum curso de macroeconomia de que as **reservas compulsórias** determinam a proporção dos fundos depositados, os quais devem ser mantidos em reserva em um banco. Quando o Fed compra ou vende títulos do governo no mercado aberto, as reservas passíveis de empréstimo de um banco se alteram. Posteriormente, através de um processo multiplicador, os depósitos (e a oferta de moeda) no sistema bancário dos Estados Unidos se modificarão. Os analistas financeiros e de mercado observam ansiosamente o valor da oferta de moeda, divulgado semanalmente na imprensa financeira, para antever a política do Fed e seu desejo de retardar ou acelerar a economia. O efeito das operações de mercado aberto também pode ser avaliado por meio das variações da **taxa de fundos federais**, a taxa de juros que os bancos cobram uns dos outros nos empréstimos interbancários a curto prazo. Muitos observadores do Fed prevêem a política monetária e as tendências de taxas de juros futuras observando a taxa de fundos federais; é considerada um melhor indicador da política do Fed do que os anúncios da **taxa de redesconto**.

A **política fiscal** envolve a utilização de gastos do governo e de poderes de tributação para influenciar a economia. Tanto a legislação tributária quanto os gastos do governo afetam as rendas disponíveis de consumidores e empresas, bem como o nível de demanda agregada na economia. Muitos analistas acreditam que os esforços para reduzir o déficit orçamentário federal nos anos 1990 ajudaram a contribuir para as taxas de juros mais baixas e a alta do mercado de ações. Algumas pessoas acreditam que cortes da alíquota de imposto sobre ganhos de capital auxiliam a estimular investimentos em ações, por causa do aumento dos retornos depois de impostos.

A ECONOMIA GLOBAL

Com o desenvolvimento do comércio e das finanças globais, os analistas que elaboram previsões precisam considerar os efeitos de fatores internacionais sobre as economias nacionais. Como muitas empresas são afetadas pela concorrência global, as análises de cima para baixo em muitos casos devem começar com um exame do crescimento econômico *global*, em vez de partir apenas do crescimento da economia doméstica.

As influências globais podem exercer diversos efeitos sobre estas. A saúde das economias estrangeiras afeta os setores domésticos e as exportações dos Estados Unidos. Se as economias estrangeiras estiverem passando por uma fase de crescimento, as exportações americanas provavelmente aumentarão, e as empresas voltadas para a exportação prosperarão. Esses mesmos setores sofrerão reduções de atividade se as economias domésticas entrarem em recessão.

Os movimentos voltados à criação de um comércio mais livre, com a eliminação de tarifas, cotas e outras restrições comerciais entre os países, geralmente são um sinal positivo para o crescimento econômico. Embora alguns setores domésticos possam ter um desempenho melhor do que outros a curto prazo, em geral, o comércio livre ajuda a ampliar os mercados e contribui para o crescimento econômico.

O comércio é afetado pelas variações das taxas de câmbio. Portanto, uma análise de setores globais precisa examinar as previsões de crescimento doméstico e também as tendências das taxas de câmbio. Uma **taxa de câmbio** é o preço de uma moeda em relação a outra, como ¥ 110/$ (110 ienes por dólar) ou € 1.10/$ (1,10 euro por dólar). Se o dólar americano se fortalecer contra uma moeda estrangeira (significando que um dólar americano pode comprar mais unidades de moedas estrangeiras), as importações de produtos daquela nação podem aumentar, porque os seus bens ficam mais baratos em termos de dólares americanos. Por exemplo, se supusermos uma taxa de câmbio de 105 ienes por dólar, um carro que custa ¥ 2.100.000 no Japão custará $ 20.000 nos Estados Unidos. Se o dólar se fortalecer para 110 ienes, esse mesmo carro poderá ser vendido por $ 19.091 e oferecer a mesma receita que era obtida antes em ienes. Um fortalecimento do dólar ajuda a tornar as importações menos dispendiosas em termos de dólares americanos; à medida que isso aumenta a demanda por bens importados, os setores nacionais concorrentes podem sofrer. Além disso, como isso pode reduzir os preços de produtos importados, um fortalecimento do dólar americano pode diminuir as taxas de inflação nos Estados Unidos.

Existe um efeito simétrico quando uma moeda fica mais forte, a outra necessariamente se torna mais fraca. Por exemplo, um dólar mais forte significa que se gastam mais ienes para comprar um dólar americano; assim, os bens manufaturados dos Estados Unidos se tornam mais caros para o consumidor japonês, a menos que os produtores americanos reduzam seus preços. Por sua vez, o Japão importará menos e os Estados Unidos exportarão menos, e a rentabilidade dos setores com grandes exportações para aquela nação diminuirá.

Eventos globais também afetam as taxas de juros no país de origem do investidor. Lembre-se de que no Capítulo 3 (Equação 3.1) foi visto que a relação entre os retornos do investidor americano em dólares e os em moeda estrangeira era dada por:

13.2 $$1 + \text{retorno em dólares americanos} = (1 + \text{retorno em moeda estrangeira})\left(\frac{\text{taxa de câmbio corrente}}{\text{taxa de câmbio inicial}}\right)$$

ou

$$1 + \text{retorno em dólares americanos} = (1 + \text{retorno em moeda estrangeira})$$
$$(1 + \text{variação da taxa de câmbio})$$

onde a taxa de câmbio é definida por quantidade da moeda nacional por unidade da moeda estrangeira, como dólares americanos por peso ou por euros para um investidor dos Estados Unidos. Para um estrangeiro, o retorno de um investimento neste país será:

13.3 $$(1 + \text{retorno em moeda estrangeira}) = \frac{1 + \text{retorno em dólares americanos}}{1 + \text{variação na taxa de câmbio}}$$

Assim como um investidor americano exigirá taxas de juros nominais mais altas ao enfrentar expectativas inflacionárias mais elevadas (o efeito Fisher), os investidores estrangeiros desejarão retornos maiores em seus investimentos americanos ao enfrentar uma queda do dólar. Suponha que as taxas atuais de juros na Europa sejam de 6% e que os europeus esperem que o dólar se enfraqueça, indo de $ 0.90/euro a $ 0.945/euro (uma queda de 5%). Para determinar que taxa de juros americana dará aos investidores europeus o mesmo retorno de 6% que eles podem receber em sua economia de origem, usamos a Equação 13.3 para obter o retorno em dólares americanos:

$$(1 + 0,06) = \frac{1 + \text{retorno em dólares americanos}}{1 + 0,05}$$

ou

$$1 + \text{retorno em dólares americanos} = (1 + 0,06)\,(1 + 0,05) = 1,113 \text{ ou } 11,3\%$$

Se é esperado que o dólar americano caia 5%, o investidor cuja moeda de origem é o euro exigirá uma taxa de juros nos Estados Unidos de 11,3% para que lhe seja atraente aplicar em títulos americanos. Assim, um dólar em queda exerce uma pressão para cima sobre as taxas de juros dos Estados Unidos e torna a obtenção de empréstimos mais cara para o governo americano, as empresas e os indivíduos nos Estados Unidos. O efeito das flutuações da taxa de câmbio sobre as taxas de juros americanas tem abrangência virtualmente total, desde as taxas pagas pelas letras do Tesouro até as taxas de empréstimos com hipotecas residenciais.

De acordo com esta visão, chamada de *paridade de taxas de juros*, os países cujas moedas se enfraquecerem terão taxas de juros domésticas mais altas. O Gráfico 13.2 mostra que essa relação hipotética tem ocorrido em vários países diferentes.

GRÁFICO 13.2 Variações acumuladas de taxas de câmbio contra o dólar americano *versus* variações acumuladas da taxa de juros de curto prazo; 20 países, 1995 – 2003

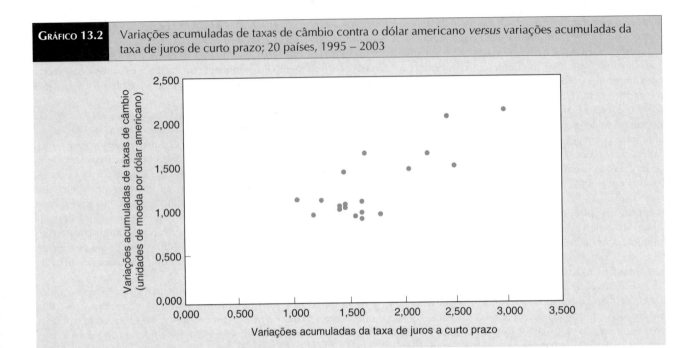

Influências sobre a economia e os mercados de títulos

Diversos fatores afetam o crescimento futuro real da economia, ou seja, o aumento da produção após a remoção dos efeitos da inflação. Neste item, discutimos os fatores que influenciam as expectativas de crescimento a longo e curto prazos.

INFLUÊNCIAS SOBRE AS EXPECTATIVAS A LONGO PRAZO

A trajetória de crescimento da economia a longo prazo é determinada por fatores de oferta. O crescimento está limitado a longo prazo pelos limites da tecnologia, pelo tamanho e pela produtividade da força de trabalho e pela disponibilidade de recursos e incentivos adequados para se expandir. O Quadro 13.1 enumera esses fatores. Alterações positivas ou negativas nesses fatores podem levar a variações do crescimento econômico futuro.

Outra maneira, talvez mais simples, de visualizar as perspectivas de crescimento é concentrar a atenção em componentes específicos da produção real, da seguinte forma:

13.4 Produção real = População × Taxa de participação na força de trabalho × Número médio de horas trabalhadas por semana × Produtividade da mão-de-obra

A população multiplicada pela proporção da população que está na força de trabalho equivale ao número de trabalhadores na economia; multiplicando isso pelo número médio de horas trabalhadas por semana, obtém-se o número total de horas de trabalho em um período semanal. A produtividade da mão-de-obra é definida por hora de trabalho; assim, as horas totais, multiplicadas por aquela, resultam na produção da economia.

Quando nos concentramos no crescimento econômico a longo prazo, não estamos interessados nos *níveis* das variáveis no lado direito da Equação 13.4, mas, em vez disso, em suas *variações* no tempo. São as variações, ou o crescimento, da população, da participação na força de trabalho, da semana de trabalho e da produtividade da mão-de-obra que nos levarão ao *crescimento* da produção real no tempo. Assim, vemos que as alterações demográficas e as melhorias tecnológicas exercem um efeito importante sobre as tendências de crescimento de uma economia. Os setores que atendem as partes globais de crescimento mais alto e economias de crescimento mais rápido devem ser beneficiados nos anos seguintes. O livre comércio estimulará o crescimento econômico e permitirá às nações desenvolvidas que atendam as necessidades econômicas das nações em desenvolvimento.

Desvios em relação à tendência a longo prazo da economia causarão ciclos econômicos. O crescimento a curto prazo acima da tendência dá a impressão de um *boom* econômico, manifesta-se pela maior produção, gastos mais altos, e talvez indícios de inflação. Um crescimento mais lento ou negativo a curto prazo causa recessões identificadas pelo crescimento lento ou negativo da produção e por aumento do desemprego.

INFLUÊNCIAS SOBRE AS EXPECTATIVAS A CURTO PRAZO

As oscilações da demanda, em relação às restrições de oferta a longo prazo, criam flutuações do PIB real, conhecidas como *ciclos econômicos*. Quando a demanda é superior à oferta, há inflação; quando a demanda é inferior, podem ocorrer um aumento do desemprego e uma recessão. Portanto, a previsão econômica a curto prazo deve se preocupar com as fontes de demanda ou as variações da oferta para prever tendências futuras nas variáveis econômicas.

QUADRO 13.1	Fundamentos das expectativas de crescimento a longo prazo

EFEITO DA MÃO-DE-OBRA

População
Taxa de participação na força de trabalho
    Força de trabalho
    Porcentagem empregada
        Força de trabalho
        Horas trabalhadas por empregado
            Horas totais trabalhadas
            Treinamento nas empresas
            Educação

EFEITO DO CAPITAL

Estoque de capital (líquido)
    Capital empregado
    Tecnologia/P&D (Pesquisa e Desenvolvimento)
    Utilização da capacidade

FATORES CONTRIBUINTES

    Composição setorial (indústria *versus* serviços)
    Expectativas de paz
    Disponibilidade de energia
    Estabilidade econômica
    Concorrência estrangeira
    Incentivos
        Regulamentação
        Composição dos impostos
        Participação do governo na produção

Fonte: First Chicago Investment Advisors, tal como relatado em Jeffrey J. Diermeier, "Capital Market Expectations: The Macro Factors", em *Managing Investment Portfolios: A Dynamic Process*, 2. ed., editado por John L. Maginn e Donald L. Tuttle (Boston: Warren, Gorham e Lamont, 1990), páginas 5-32. Reimpresso com permissão de Jeffrey J. Diermeier.

Liquidez e política monetária – As empresas devem ter acesso a fundos a fim de tomar emprestado, aumentar seu capital e investir em seus ativos. Se a política monetária for muito restritiva, as fontes de capital se tornarão escassas, e a atividade econômica ficará mais lenta ou diminuirá. Uma falta de liquidez também pode ocorrer caso os bancos ajustem suas práticas de empréstimo.

Nesse sentido, a liquidez é a disponibilidade de fundos para investir. Esta surge no mercado de ações sempre que os investidores vendem outros ativos ou usam reservas de caixa para aplicar em ações. Pode vir tanto de investidores domésticos quanto de estrangeiros, se a economia e o mercado de ações forem relativamente atraentes para fins de investimento.

Algumas medidas populares de liquidez incluem a diferença entre o crescimento da oferta de moeda (usando uma medida como M2 ou MZM[4]) e o crescimento do PIB; uma redução da diferença entre a taxa de notas promissórias comerciais e a taxa das letras do Tesouro[5]; e as variações da taxa de fundos federais.[6] Alguns analistas utilizam anúncios públicos de mudanças da taxa de redesconto como *proxy* de uma política monetária "expansionista" ou "restritiva". Estudos têm mostrado que os retornos das ações são mais altos e exibem menos volatilidade em estágios expansionários do que nos restritivos da política monetária. Os retornos de obrigações do Tesouro são, em média, mais altos naqueles, enquanto os retornos das letras do Tesouro geralmente são mais altos quando o Fed está sendo restritivo.[7]

---

[4] M2 equivale a M1 (geralmente, moeda, cheques de viagem e outros depósitos movimentáveis por meio de cheques) mais os depósitos de poupança (incluindo as contas de depósito de mercado monetário), depósitos a prazo de pequenas denominações (menos de 100.000 dólares) e cotas de fundos de mercado monetário de instituições de varejo (fundos com investimentos iniciais inferiores a 50.000 dólares). MZM (*money, zero maturity*) equivale a M2 menos os depósitos em prazo com pequenas denominações mais fundos institucionais de mercado monetário (fundos com investimentos iniciais acima de 50.000 dólares).

[5] WHITELAW, Robert F. "Time Variations and Covariations in The Expectation and Volatility of Stock Market Returns." *Journal of Finance* 49, 515-541, 1994; BERNANKE, Ben S.; BLINDER, Alan S. "The Federal Funds Rate and the Channels of Monetary Transmission, *American Economic Review* 82, 901-921, 1992; FRIEDMAN, Benjamin M.; KUTTNER, Kenneth N. "Money, Income, Prices, and Interest Rates." *American Economic Review* 82, 472-492, 1992.

[6] THORBECKE, Willem. "On Stock Market Returns and Monetary Policy." *Journal of Finance* 52, 635-654, 1997.

[7] JENSEN, Gerald R.; JOHNSON, Robert R.; MERCER, Jeffrey M. *The Role of Monetary Policy in Investment Management*, Charlottesville, VA; Research Foundation of AIMR, 2000. Uma boa revisão de vários fatores é apresentada em David A. Becher, Gerald R. Jensen e Jeffrey M. Mercer, "Monetary Policy Indicators as Predictors of Stock and Bond Returns", trabalho preliminar não publicado, 2004.

302 Investimentos

Política fiscal – A política fiscal afeta a demanda a curto prazo. Os gastos do governo podem afetar diretamente os setores econômicos e as regiões geográficas. Outras coisas mantidas constantes, alguns economistas acreditam que aumentos acima do esperado dos gastos do governo elevam a demanda a curto prazo, enquanto o crescimento mais lento do que o esperado pode prejudicá-la. Mudanças de legislação tributária influenciam os incentivos para poupar, trabalhar e investir e podem assim afetar tanto as expectativas a curto prazo como a oferta a longo prazo.

Efeitos reais – Os efeitos reais diferem dos monetários, pois eles influenciam as operações e a produção de bens e serviços. Alguns economistas teóricos afirmam que as flutuações econômicas podem ser atribuídas a choques reais aleatórios na economia. Exemplos destes incluem eventos políticos importantes, como embargos, declarações de guerra e de paz, avanços tecnológicos, mudanças de códigos tributários e greves de trabalho de longa duração. Embora o efeito desses choques possa se concentrar em uma determinada indústria ou em um setor, os efeitos multiplicadores podem ampliar seus efeitos expansionários ou recessivos por toda a economia.

Inflação – Embora a inflação seja basicamente um fenômeno monetário, às vezes choques externos ao sistema (como escassez de matéria-prima) podem causar aumentos, ainda que temporários, da taxa de inflação. Esta geralmente ocorre quando a demanda econômica a curto prazo supera o limite da oferta a longo prazo. Como tal, a inflação geralmente é vista como um indício de que o fim de uma expansão econômica está próximo. Um aumento de sua taxa esperada fará com que as taxas de juros nominais subam, como previsto pelo efeito Fisher. A inflação nos Estados Unidos pode elevar o preço de nossas exportações, reduzindo assim as vendas ao exterior, enquanto faz importações parecerem um pouco mais competitivas em termos de preços. Ela acrescenta uma camada de incerteza aos negócios futuros e às decisões de investimento, o que por sua vez eleva os prêmios por risco. Não é surpreendente que muitos estudos encontrem correlações negativas entre a taxa de inflação de um país e os retornos em seu mercado de ações a curto prazo.[8]

Taxas de juros – Em geral, aumentos de taxas de juros – quer causados pela inflação, por política do Fed, por prêmios por risco crescentes ou por outros fatores – levarão à redução dos empréstimos e a uma desaceleração da economia. Taxas de juros crescentes geralmente também fazem com que os preços das ações caiam por vários outros motivos. Em primeiro lugar, quando elas se elevam, a de retorno exigida pelo investidor em ações também aumenta, fazendo com que os preços caiam. Em segundo lugar, elas também fazem com que os rendimentos de títulos de renda fixa pareçam mais atraentes em relação às taxas de dividendos de ações.

Reduções das taxas reais de curto prazo significam custos de financiamento mais baixos. Isso é favorável a empresas com proporcionalmente mais dívidas com taxas flutuantes e empresas pequenas que têm poucas alternativas de financiamento. Maiores *spreads* entre títulos com *ratings* AAA e BB (ou AAA e títulos do Tesouro) indicam preocupações do investidor com o risco de crédito das empresas grandes. Uma curva de rendimento muito inclinada (taxas de curto prazo muito mais baixas do que taxas de longo prazo) favorecerá as empresas com proporcionalmente mais dívidas de curto prazo; geralmente, essas serão companhias de menor porte.

Influências internacionais – Um crescimento real rápido em outros países pode criar picos de demanda de produtos exportados pelos Estados Unidos, levando ao crescimento de setores sensíveis às exportações e do PIB geral. Entretanto, a imposição de barreiras comerciais e cotas, um aumento do fervor nacionalista e de restrições cambiais pode dificultar o livre fluxo de moeda, bens e serviços, além de prejudicar o setor de exportações da economia americana. Dessa forma, uma economia forte nos Estados Unidos pode, às vezes, ajudar economias que passam por uma recessão por meio da importação de seus produtos, e vice-versa.

Resumo das influências de curto prazo – Diversas influências são exercidas sobre a demanda a curto prazo. As variações na demanda, em relação ao crescimento da oferta a longo prazo, resultam em ciclos econômicos e flutuações concomitantes de fluxos de caixa, taxas de juros e prêmios por risco. Como parte do enfoque de cima para baixo, os analistas de investimentos devem examinar as tendências e influências sobre a demanda a curto prazo. Essas influências podem então ser avaliadas visando estimar sua influência sobre diferentes setores da economia e investimentos.

Algumas ferramentas de previsão

Apesar de algumas das dificuldades práticas na elaboração de previsões sistematicamente precisas, há alguns indícios econômicos gerais que nos oferecem alguma noção das tendências econômicas futuras sem exigir que sejamos especialistas em economia.

INDICADORES DE INFLAÇÃO

Os investidores querem predizer tendências inflacionárias por dois motivos. Primeiro, a inflação geralmente se eleva antes do início de uma queda da atividade econômica. Segundo, a inflação é um grande destruidor de riqueza: os fluxos de principal e renda fixa perdem poder aquisitivo e valor quando o nível de preços sobe.

Um indicador de tendências futuras da inflação são as ações realizadas pelo Fed. O crescimento rápido da oferta de moeda *relativamente* à taxa real de crescimento da economia geralmente é um precursor da inflação; um crescimento lento

---

[8] Veja, por exemplo, ERB, Claude B.; HARVEY, Campbell R.; VISKANTA, Tadas E. "Inflation and World Equity Selection." *Financial Analysts Journal*, 28-42, nov.-dez. 1995 e as referências ali contidas.

da oferta de moeda geralmente significa que ela não deve ser uma preocupação. Portanto, os analistas ficarão de olho em medidas da taxa de crescimento da oferta de moeda, como M2, e nas variações de reservas livres como indicadores de crescimento corrente e futuro daquela.

Outro indicador é representado pelos preços de *commodities*; os proponentes da inflação de custos ou da inflação de demanda os encaram como o primeiro indicador de tendências inflacionárias. As *commodities* utilizadas nesses índices incluem produtos agrícolas, como trigo, cereais, gado e açúcar, bem como minerais, alumínio e cobre. Diversos índices de preços de matérias-primas têm conquistado popularidade como indicadores de inflação. O *Journal of Commerce* publica um índice de preços de 18 matérias-primas de uso industrial (por exemplo, alumínio e chumbo). O *Commodity Research Bureau* compila índices de preços de mercado à vista e futuros de *commodities* para previsão de tendências de preços destes, embora sejam mais voltados ao mercado de cereais. O índice de *commodities* da Goldman Sachs também pode ser utilizado para medir tendências futuras de preços; sua desvantagem é que aproximadamente 50% do índice são afetados pelos preços do petróleo.[9]

Se as taxas de juros seguem o efeito Fisher, aumentos de taxas de letras do Tesouro a curto prazo podem ser um precursor da inflação. Diferenças entre as taxas de juros de títulos do Tesouro e as relativamente novas letras indexadas à inflação, emitidas pelo Tesouro, podem dar uma indicação das expectativas do mercado em relação à inflação futura.

Os economistas também podem ser uma fonte de conhecimento a respeito de tendências inflacionárias. O *Philadelphia Federal Reserve Bank* publica as pesquisas *Livingston*, nas quais os economistas são convidados a prever a inflação futura. Duas vezes ao ano, em janeiro e em julho, o *Wall Street Journal* publica sua própria sondagem de economistas que igualmente estimam níveis futuros de preços.

DIFERENÇAS ENTRE TAXAS DE JUROS A CURTO E LONGO PRAZOS

Alguns estudos têm constatado que o acompanhamento da diferença entre taxas de juros a curto e longo prazos dos títulos do governo (o chamado *spread* de prazo de vencimento) é um previsor útil da tendência da atividade econômica. Em geral, as taxas de juros a longo prazo superam as taxas de curto prazo, gerando uma curva ascendente de rendimentos. Alega-se prever a inexistência de diferença ou a existência de uma diferença negativa entre as taxas de juros de dez anos e três meses uma recessão da economia. Entre 1955 e 2004, os Estados Unidos passaram por nove recessões; todas essas se seguiram a um diferencial de taxa de juros entre títulos a longo e curto prazos que era igual a zero ou negativo. Quando esse *spread* de prazo de vencimento se tornou novamente positivo, o crescimento econômico voltou.

INDICADORES ECONÔMICOS CÍCLICOS

Os indicadores adiantados são conjuntos de variáveis econômicas cujos valores alcançam picos e vales antes da atividade econômica agregada (medida pelo PIB real). Por exemplo, o setor de habitação é um indicador adiantado. Geralmente, se o mercado de habitações se eleva, espera-se que após uma curta defasagem a economia geral o acompanhe, pois o aumento da demanda de habitação estimulará maior demanda de materiais de construção, empregados e bens duráveis como mobília para residências. A defasagem decorre do tempo que transcorre desde a primeira evidência de aumento da demanda de habitação (ou seja, um acréscimo da construção de novas residências) e um efeito perceptível sobre a atividade econômica em geral.

A *Conference Board* publica um índice de dados econômicos formado por dez indicadores econômicos adiantados (IEA) no ciclo econômico (enumerados no Quadro 13.2) e um *índice composto de indicadores econômicos adiantados*. O *Economic Cycle Research Institute*, outra organização privada, criou um índice de 11 indicadores econômicos adiantados, bem como um "Índice Adiantado a Longo Prazo" e um "Índice Adiantado de Curto Prazo". O Gráfico 13.3 mostra o desempenho dos indicadores econômicos adiantados da *Conference Board* e do ECRI no tempo.

A abordagem de previsão baseada no uso de indicadores adiantados não exige nenhuma hipótese sobre as causas do comportamento da economia. Ao contrário, trata-se de um procedimento empírico que se apóia em padrões estatisticamente determinados de relação entre variáveis econômicas, que são usados a seguir para prever pontos de inflexão da atividade econômica como um todo. Como esta abordagem se baseia em relações passadas para determinar o índice incluído, ela, às vezes, fornece sinais incorretos. Além disso, não há nenhuma relação entre as variações do indicador adiantado e a intensidade e duração de expansões ou recessões.

Assim como o indicador adiantado nos ajuda a ver para onde estamos indo, o *índice coincidente de indicadores econômicos da Conference Board* nos mostra onde nós estamos. Como o IEA, o índice coincidente é composto por variáveis econômicas cujas tendências mudam de direção aproximadamente no mesmo momento em que o ciclo econômico atinge seu pico ou seu vale. O *índice de indicadores econômicos atrasados* da Board revela por onde a economia passou. É composto por uma variedade de índices econômicos, como a taxa de desemprego, cujos valores acompanham o comportamento da atividade econômica geral, mas com uma defasagem de vários meses. As variáveis econômicas que compreendem os indicadores coincidentes e atrasados são enumeradas no Quadro 13.2.

As estatísticas econômicas divulgadas pelo governo representam outra fonte de informações úteis sobre as tendências econômicas correntes, particularmente em relação a vários setores econômicos. Essas estatísticas são publicadas regularmente no *Wall Street Journal* e em outros periódicos de negócios.

---

[9] Há alguma evidência de que no tempo os indicadores individuais podem não ter um bom desempenho como indicadores de inflação, mas que combinações de indicadores produzem previsões razoavelmente precisas. Veja CECCHETTI, Stephen G.; CHU, Rita S.; STEINDEL, Charles. "The Unreliability of Inflation Indicators." *Current Issues in Economics and Finance*, 6, n. 4, abr. 2000: *Federal Reserve Bank* de Nova York; STOCK, James H.; WATSON, Mark W. "Forecasting Inflation." *Journal of Monetary Economics* 44, n. 2, 293-335, out. 1999.

QUADRO 13.2 — Séries econômicas incluídas nos indicadores da *Conference Board*

INDICADOR ADIANTADO

1. Número semanal médio de horas trabalhadas na indústria
2. Média semanal de pedidos iniciais de seguro-desemprego
3. Valor real de novas encomendas industriais de bens de consumo e matéria-prima
4. Índice de expectativas dos consumidores
5. Índice de preços de 500 ações ordinárias
6. Novas encomendas industriais de bens de capital, excluindo setor de defesa, em dólares de 1992
7. Índice de início de construção de novas residências privadas, autorizada por licenças municipais de construção
8. Desempenho de fornecedores (porcentagem de empresas que recebem entregas mais tarde do que a média dos setores)
9. Oferta real de moeda, M2
10. *Spread* de taxas de juros, obrigações do Tesouro com prazo de dez anos menos a taxa de fundos federais

INDICADOR COINCIDENTE

1. Número de empregados nas folhas de pagamento de empresas não-agrícolas
2. Renda pessoal menos transferências, em dólares de 1992
3. Índice de produção industrial
4. Vendas da indústria e do comércio, em dólares de 1992

INDICADOR ATRASADO

1. Duração média do desemprego
2. Quociente entre estoques e vendas da indústria e do comércio
3. Variação porcentual no custo unitário de mão-de-obra na produção da indústria
4. Taxa básica média de juros bancários
5. Saldos de empréstimos ao comércio e à indústria
6. Quociente entre saldos de crédito a consumidor e renda pessoal
7. Variação do índice de preços ao consumidor (taxa de inflação) de serviços

GRÁFICO 13.3 — Indicadores adiantados da *Conference Board* e do *Economic Cycle Research Institute*

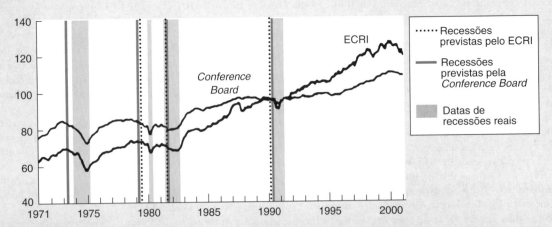

OBSERVAÇÕES: as previsões da *Conference Board* não eram feitas na ocasião, mas, sim, quando teriam previsto a recessão com base em um padrão criado desde esta última; o ECRI não fazia previsões de recessão antes de 1979.

Fonte: Economic Cycle Research Institute: *The Conference Board*.

Fonte: *The Wall Street Journal*, 19 abr. 2001, p. A2. Copyright © 2001 Dow Jones. Reimpresso com permissão do Copyright Clearance Center.

MODELOS ECONOMÉTRICOS

Os modelos econométricos constituem a mais sofisticada das ferramentas de previsão. Baseados na teoria econômica e na matemática, eles especificam as relações estatísticas entre variáveis econômicas. Seu número de equações varia de umas poucas a muitas centenas.

Os modelos mais complexos permitem que os computadores simulem o comportamento das variáveis econômicas e setoriais por alguns anos futuros. Eles podem ser utilizados para estimar virtualmente o impacto de qualquer ocorrência econômica importante, incluindo variações do preço do petróleo, efeitos de remoção de barreiras comerciais e desvalorizações de moedas. Os modelos econométricos também são úteis para gerar previsões do mercado doméstico e de classes de ativos que, por sua vez, podem ser utilizadas na alocação de ativos em uma carteira global.

Riscos na previsão econômica[10]

A previsão econômica não é uma tarefa fácil. Até mesmo os economistas profissionais e os estrategistas de mercado podem discordar e realmente discordam, às vezes, em relação à direção da economia. Há diversos motivos para essa situação. O primeiro podemos chamar de "pensamento de massa". Lembre-se de que em nossa discussão inicial sobre o segredo de investir com sucesso mencionamos que, para obter retornos ajustados por risco sistematicamente acima da média, nossas expectativas (previsões) *devem diferir* do consenso de mercado, e que nossas previsões *devem estar corretas* com mais freqüência do que incorretas. Infelizmente, a psicologia do ser humano, sendo como é, dificulta escapar da opinião de consenso de outros profissionais. Além disso, ao fazerem previsões econômicas próximas das de outros economistas, os analistas podem mais facilmente fugir de críticas caso suas estimativas estejam incorretas.

Outro motivo é que muitos analistas são míopes. Eles afirmam que o futuro será como o passado recente – o que é uma grande maneira de perder pontos de inflexão e oportunidades de lucro na economia e nos mercados financeiros. Por exemplo, vários analistas nos anos 1970 estavam presos ao hábito de crescimento dos anos 1960; já os dos anos 1980 ainda estavam preocupados com a inflação dos anos 1970. Muitos analistas no fim dos anos 1980 haviam se esquecido do risco e estavam mal-acostumados com taxas de juros decrescentes e preços crescentes das ações; o *crash* de outubro de 1987 e o *minicrash* de outubro de 1989 ajudaram a refrescar suas memórias em relação ao risco. Os mercados otimistas dos anos 1990 escalaram um muro de medo enquanto os investidores viam avaliações cada vez mais altas e temiam outro *crash* como o de 1987. Finalmente, as pessoas concluíram que tínhamos uma "nova economia" e que podiam avaliar empresas com outras tecnologias usando múltiplos P/E estratosféricos, ao mesmo tempo em que ignoravam as empresas da "velha economia", que estavam obtendo lucros. Caíram na realidade em março de 2000, quando as ações das empresas de tecnologia declinaram vertiginosamente, e os investidores perceberam que uma economia com crescimento mais lento significava que as previsões de vendas não seriam alcançadas. A lição? O que acontecer no futuro será baseado nos *eventos desse tempo*, não em simples extrapolações do passado.

Um terceiro motivo pode ser o de que os economistas e outros produtores de previsões ficam soterrados pela quantidade de dados estatísticos disponíveis. Previsões insatisfatórias podem resultar de não se ver a floresta por causa das árvores. Além disso, pode haver problemas nos dados fornecidos pelo governo, que freqüentemente são de natureza preliminar, sendo mais tarde atualizados ou revistos.

Finalmente, as previsões econômicas baseiam-se nas hipóteses do autor das previsões em relação ao que o Fed, o Congresso e outros líderes nacionais farão. Entretanto, as políticas monetária e fiscal, os choques reais e os fatores políticos são de difícil previsão.

Análise de expectativas

Para ajudar a ampliar a utilidade das previsões econômicas, sugerimos uma combinação de abordagens quantitativas e qualitativas no desenvolvimento de um enfoque *disciplinado* à previsão econômica. O conceito subjacente é o de que as previsões e o processo de análise deveriam considerar (1) o ambiente atual, (2) os pressupostos do analista por trás de suas estimativas e (3) um procedimento de monitoramento de dados e eventos para que se possa identificar mudanças no ambiente ou violações dos pressupostos do analista. Esse processo é chamado de *análise de expectativas*. A idéia básica é *identificar e monitorar os pressupostos e as variáveis fundamentais* em todo o enfoque de cima para baixo.

Por exemplo, o primeiro estágio na análise de cima para baixo é prever tendências econômicas, políticas e demográficas gerais. Nesse processo, o analista precisará formular algumas hipóteses sobre políticas fiscal e monetária, iniciativas políticas importantes e relações com parceiros comerciais, entre outros itens. No fim desse processo, ele deve ter estimado variáveis econômicas importantes e identificado os principais pressupostos adotados, e quais variáveis importantes ou efeitos devem ser monitorados no tempo, em virtude de sua importância para a previsão.

O segundo estágio da análise de cima para baixo é relacionar a previsão macroeconômica a setores da economia, ou seja, como variarão os componentes do PIB (consumo, investimento, gastos do governo e exportações líquidas) e seus subcomponentes mudarão? O que é diferente (ou semelhante) a respeito desse período em comparação com períodos anteriores nesse estágio do ciclo econômico ou durante esse período de aumento (ou queda) da inflação (ou das taxas de juros, ou das expectativas do consumidor etc.)? O analista deve identificar as hipóteses básicas que orientam as análises e monitorar as principais variáveis com o passar do tempo.

---

[10] Nossa discussão nesta seção está baseada em D. Bostian, "The Nature of Effective Forecasts." In: BAKER, H. Kent (Ed.). *Improving the Investment Decision Process – Better Use of Economic Inputs in Securities Analysis and Portfolio Management*. Charlottesville, VA: AIMR, 1992.

306 Investimentos

O terceiro estágio consiste em relacionar a previsão macro e setorial com ramos específicos de atividade. Fatores microeconômicos e de concorrência no setor (elasticidades-preço, posicionamento competitivo, tendências tecnológicas etc.) devem ser examinados no contexto do macroambiente suposto. Os analistas setoriais devem identificar tanto as tendências macro e micro quanto as influências que são especificamente relevantes para seu setor de especialização e monitorá-las no tempo.

Finalmente, as análises econômicas e setoriais são aplicadas à empresa individual, como veremos no Capítulo 15. Como nos estágios anteriores, o analista precisa identificar as hipóteses básicas no enfoque de cima para baixo que são mais importantes em apoio às suas recomendações quanto a empresas individuais. Essas hipóteses importantes sobre a economia, o setor e a empresa devem ser monitoradas por causa da possibilidade de ocorrência de mudanças que afetem as recomendações.[11]

EXEMPLOS DE ANÁLISE DE EXPECTATIVAS

Ocasionalmente, o *Wall Street Journal* e outros periódicos e sites de negócios revêem o estado da economia e as expectativas de desempenho futuro do mercado de ações. Muitas vezes, eles apresentam duas ou mais visões do estado atual da economia e do mercado de ações. A leitura dessas visões diferentes fornece exemplos que nos permitem identificar as hipóteses e idéias básicas do autor das previsões. Essa leitura nos proporciona uma visão de setores nos quais podemos considerar a realização de investimentos. Além disso, isso nos diz que notícias os investidores devem monitorar para determinar se as hipóteses do autor das previsões estão sendo respeitadas ou se estão sendo violadas. O Quadro 13.3 destaca alguns exemplos de visões de estrategistas em relação ao mercado de ações nos últimos anos.

Embora a análise de expectativas possa envolver modelos quantitativos,[12] o conhecimento do analista reside na identificação das principais variáveis determinantes das análises e no conhecimento de quais perguntas devem ser feitas e que números e eventos precisam ser observados de perto. Uma abordagem disciplinada como a análise de expectativas pode ajudar a atenuar alguns dos problemas práticos como o de pensamento de grupo ou a extrapolação simples, que são comuns na elaboração de previsões. Além disso, impõe disciplina ao processo de análise de investimentos, pois retira parte da emoção das decisões de compra e venda; se uma hipótese é violada, a recomendação necessita ser reexaminada, independentemente de em que os analistas acreditam sobre a atratividade de uma ação.

Análise setorial

Examinaremos o segundo estágio do processo de avaliação de cima para baixo: a análise setorial.[13] O ambiente econômico não é formado apenas pela macroeconomia (fatores nacionais e globais, como taxas de câmbio, inflação, taxas de juros,

QUADRO 13.3	Pressupostos econômicos a serem monitorados	
Pessimistas	Otimistas
INÍCIO DE 2001	
PERSPECTIVAS ECONÔMICAS[a]	**PERSPECTIVAS ECONÔMICAS**[b]
Os lucros das empresas cairão; o fundo da queda da economia ainda não foi atingido. Os cortes de taxas pelo Fed têm ocorrido com muito atraso. Há uma fraqueza geral na economia americana em virtude da capacidade excessiva dos setores de tecnologia e telecomunicações e ao endividamento excessivo do consumidor.	O Fed está cortando as taxas de juros para estimular a economia; a recuperação está logo à frente. Os excessos da "bolha" de ações de tecnologia foram removidos. Estamos passando por um período difícil de transição, com risco dramático de queda dos preços das ações. Os lucros das empresas devem aumentar.
SUGESTÃO DE INVESTIMENTO	**SUGESTÃO DE INVESTIMENTO**
Espere quedas adicionais das ações de tecnologia, com a perda de mais ar da bolha. Os títulos de renda fixa pelas perspectivas insatisfatórias para as ações e pela possibilidade de declínio das taxas de juros.	Ações de tecnologia; dê peso acima do normal às ações como classe de ativo.
	(continua)

---

[11] Os espectadores do programa "Louis Rukeyser's Wall Street" (na MSNBC) conhecem a análise de expectativas, embora não com esse nome durante a transmissão. Freqüentemente, após os convidados discutirem o que eles recomendam para compra, um dos participantes da mesa-redonda pergunta o que mudaria sua posição em relação a essa escolha. Isto é a análise de expectativas – saber por que um ativo é recomendado para compra e saber o que pode mudar sua opinião sobre sua atratividade.

[12] Para uma revisão quantitativa das relações entre a economia, o mercado de ações e os setores, veja Frank K. Reilly e Keith C. Brown, *Investment Analysis and Portfolio Management*, 8. ed. Mason, OH: South-Western, 2006.

[13] Como se preocupa com expectativas, a análise destas é relevante tanto para os analistas que usam o enfoque de cima para baixo quanto os que usam o enfoque de baixo para cima. A análise de baixo para cima concentra-se basicamente nos fatores microeconômicos e específicos das empresas que fazem com que o investimento seja um candidato atraente para compra (ou seja, tem uma boa história por trás dele). Os analistas que usam o enfoque de baixo para cima enfatizam condições e variáveis microeconômicas fundamentais; os analistas que adotam o enfoque de cima para baixo examinam tanto os fatores macro quanto os fatores microeconômicos. Entretanto, os dois tipos de analistas precisam identificar e monitorar as condições e variáveis importantes para a decisão de investimento.

QUADRO 13.3	Pressupostos econômicos a serem monitorados (continuação)

Pessimistas	Otimistas

INÍCIO DE 2002[c]

PERSPECTIVAS ECONÔMICAS

A política do Fed pode não gerar uma virada; os índices P/E ainda estão acima das médias históricas, apesar das perdas do mercado nos últimos anos. Os consumidores gastaram demasiadamente e há muita dívida para que haja uma recuperação da economia.	Há expectativas de recuperação econômica e crescimento dos lucros das empresas que impulsionem o mercado de ações. Espera-se que a recuperação da economia comece no primeiro trimestre do ano. A inflação provavelmente será baixa, ajudada pela queda dos preços do petróleo.

SUGESTÃO DE INVESTIMENTO

Atribua peso acima do normal a títulos do Tesouro e obrigações negociadas com rendimentos altos em relação a títulos do Tesouro. Terão desempenho relativamente bom em uma economia lenta ou em queda.	Considere ações de empresas cíclicas e de pequeno porte, que provavelmente liderarão uma recuperação do mercado. Os títulos de dívida, que se beneficiarão de quedas adicionais da inflação, também são boas possibilidades.

INÍCIO DE 2003[d]

PERSPECTIVAS ECONÔMICAS

Pessimismo sobre o crescimento dos lucros das empresas, efeitos negativos de preocupações geopolíticas sobre a economia.	Crescimento de lucros mais rápido do que o esperado, nenhuma/pouca variação de taxas de juros. Ambiente de política fiscal e monetária estimulante. Pessimismo sobre o Iraque, escândalos contábeis nas empresas e lucros decrescentes.

SUGESTÃO DE INVESTIMENTO

Reduza o peso de ações, aumente a alocação em obrigações. Dê ênfase à compra de ações de empresas de alta qualidade com dividendos elevados.	Aumente a alocação em ações. Dê preferência a ações de empresas grandes em detrimento de empresas pequenas por enquanto. Concentre-se em ações defensivas; evite as ações de tecnologia, que ainda estão se recuperando do *crash* no setor que começou na primavera do ano 2000.

INÍCIO DE 2004

PERSPECTIVAS ECONÔMICAS[e] / **PERSPECTIVAS ECONÔMICAS[f]**

A diminuição do crescimento do lucro reduzirá ou sustará o crescimento dos gastos de capital e da criação de empregos.	As taxas de juros não mudarão em comparação com os níveis de 2003; o crescimento dos lucros e dos gastos de capital continuará.

SUGESTÃO DE INVESTIMENTO

Compre ações de empresas que produzem bens de consumo estável.	Considere ações das empresas de tecnologia e produtores do "cinturão de ferrugem", pois o ciclo de crescimento econômico prossegue. Para os investidores de títulos de renda fixa, pense em comprar títulos que ofereçam proteção melhor contra a inflação: títulos de dívida de alto rendimento ou de mercados emergentes e TIPS.

[a] Ken Brown, "Points of View: Economists See Darker Future Than Strategists." *The Wall Street Journal*, 13 mar. 2001, p. C1, C2; Cassell Bryan-Low, "Bulls Remain Uncowed Amid Market's Slide." *The Wall Street Journal*, 16 jan. 2001, p. C12; E. S. Browning, "Is This Really a Bear Market or Some Other Animal?" *The Wall Street Journal*, 16 jan. 2001, p. C1.

[b] Ibid.

[c] As duas perspectivas baseiam-se em comentários de E. S. Browning em "Floating on the Winds of Uncertainty." *The Wall Street Journal*, 2 jan. 2002, p. R1, R6; Gregory Zuckerman, "Bonds Outperformed Stocks Again in Banner Year for Debt Markets." *The Wall Street Journal*, 2 jan. 2002, p. R6.

[d] Reproduzido de <http://www.usatoday.com/money/markets/2002-01-02-stratpack.htm>.

[e] Richard Bernstein, Merrill Lynch; reproduzido de <http://www.usatoday.com/money/markets/us/2004-01-02-bear_x.htm>.

[f] Reproduzido de <http://www.usatoday.com/money/markets/us/2003-12-19-intro-story_x.htm>.

políticas fiscal e monetária). A análise econômica pode e deve também se aprofundar na estrutura competitiva – a microeconomia – dos setores.

Um *setor* é um conjunto de empresas que fazem produtos semelhantes, utilizados por consumidores para fins similares. Podemos definir um setor de maneira ampla ou restrita, dependendo dos propósitos da análise. Por exemplo, "o setor de computadores" inclui uma variedade de áreas específicas: *software*, *hardware* e instrumentos periféricos, bem como computadores pessoais, servidores e computadores *mainframe*. O sistema de classificação[14] do governo federal (*North American Industry Classification System*, NAICS) atribui números aos setores, variando de um único algarismo para classes amplas (agricultura, por exemplo) até sete algarismos para produtos específicos. Para fins práticos, a maioria das análises setoriais é realizada em nível de dois, três ou quatro algarismos. Por exemplo, o código "44" do NAICS representa o comércio varejista; "446" é o código dos estabelecimentos comerciais de saúde e cuidados pessoais, "4461" é uma subcategoria destes, e "44611" representa estabelecimentos como farmácias e drogarias.

Relação entre economia e setor

As tendências econômicas podem afetar, e de fato isso acontece, o desempenho de um setor. Para examinar as relações entre as expectativas de um analista da economia e o desempenho esperado de um setor, podemos utilizar a análise de expectativas para medir as implicações de novas informações para nossas análises econômica e setorial originais.

As tendências econômicas podem assumir duas formas básicas: *variações cíclicas* da economia, que decorrem dos pontos altos e baixos do ciclo econômico, e *mudanças estruturais*, que são desprovidas desse comportamento. Estas ocorrem quando a economia está passando por uma alteração importante em sua organização (por exemplo, de uma economia industrial para uma economia de serviços) ou do modelo pelo qual funciona (por exemplo, uma alteração tecnológica).

O desempenho de um setor está relacionado ao estágio do ciclo econômico. O que torna a análise setorial desafiadora é que cada ciclo econômico é diferente, e aqueles que examinam apenas o passado correm o risco de não perceber as tendências correntes e em formação que determinarão o desempenho futuro do mercado. A prática de mudar um setor durante um ciclo econômico é o que se chama de *estratégia de rotação*. Quando se deseja determinar que setores serão beneficiados no próximo estágio do ciclo, os investidores podem aplicar a análise de expectativas.

A Figura 13.1 apresenta um gráfico estilizado dos setores que tipicamente têm um bom desempenho em diferentes estágios do ciclo econômico. No fim de uma recessão, as ações de instituições financeiras começam a subir à medida que os investidores começam a prever uma recuperação. Eles estimam que os lucros dos bancos aumentarão com a recuperação da economia e da demanda de empréstimos. As ações de corretoras também podem ser investimentos atraentes; suas vendas e seus lucros aumentarão com a negociação de títulos pelos investidores e a venda de novas ações e títulos de dívida pelas empresas durante a recuperação econômica. Estas escolhas de setores pressupõem que a recessão terminará logo, sendo seguida por notícias econômicas positivas, incluindo aumentos da demanda de empréstimos, construção de residências e ofertas de títulos.

Após a economia ter atingido seu ponto mínimo e começar sua recuperação, as ações de empresas produtoras de bens duráveis de consumo geralmente serão investimentos atraentes. Elas incluem setores que produzem bens de consumo caros, por exemplo, carros, computadores pessoais, refrigeradores, cortadores de grama e máquinas para limpeza de neve. Esses

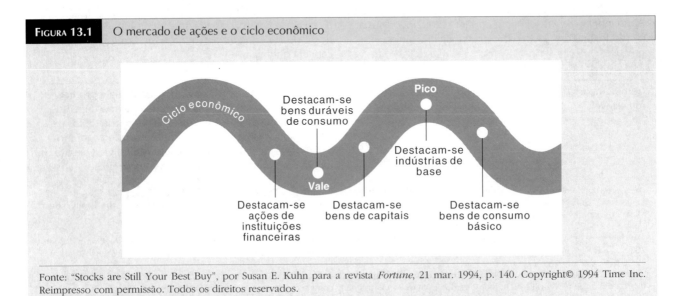

FIGURA 13.1 O mercado de ações e o ciclo econômico

Fonte: "Stocks are Still Your Best Buy", por Susan E. Kuhn para a revista *Fortune*, 21 mar. 1994, p. 140. Copyright© 1994 Time Inc. Reimpresso com permissão. Todos os direitos reservados.

---

[14] Atualmente, o governo procede à eliminação do sistema SIC (Standard Industrial Classification) e introduzindo o NAICS; a transição deverá se completar em breve. O NAICS é uma atualização do SIC, desenvolvido nos anos 1930 com uma orientação industrial e por produto. O NAICS inclui muitos setores novos, que não estavam presentes no SIC (como lojas de conveniência, hospedarias com café da manhã e muitos setores novos de produtos eletrônicos, *software* e serviços de telecomunicação), e é mais orientado a processos, e não a produtos em suas classificações setoriais. O número de categorias setoriais amplas no NAICS é duas vezes maior que o do SIC, ou seja, ele aumenta de 10 a 20. A maioria das mudanças ocorre nos setores de serviços. Para mais informações, veja *http://www.census.gov/epcd/www/pdf/naicsdat.pdf*

setores representam investimentos atraentes porque uma economia em recuperação aumenta a confiança do consumidor e a renda pessoal. A demanda reprimida de itens caros para o consumidor, atrasada durante a recessão, pode ser satisfeita na recuperação seguinte.

Assim que as empresas finalmente reconhecem que a economia está se recuperando e que os níveis correntes de consumo são sustentáveis, elas começam a pensar em modernização, renovação ou compra de novos equipamentos para satisfazer o crescimento da demanda, reduzir custos, ampliar mercados ou oferecer melhores serviços aos consumidores. Dessa forma, os setores de bens de capital passam a ser investimentos atraentes. Exemplos deles incluem a produção de equipamentos pesados, fabricação de máquinas e ferramentas industriais e a produção de aviões.

Tradicionalmente, no pico do ciclo econômico, a taxa de inflação aumenta quando a demanda começa a superar a oferta. Os setores de materiais básicos, que transformam matéria-prima em produtos acabados, passam a ser os favoritos dos investidores. Esses setores abrangem os de petróleo, ouro, alumínio e madeira. Como a inflação não exerce grande influência sobre o custo de extração ou acabamento desses produtos, os preços mais altos permitem a esses setores obter margens de lucro maiores.

Em uma recessão, alguns setores geralmente têm desempenho melhor do que outros. Bens de consumo básico, como medicamentos, alimentos e bebidas, tendem a ter melhor desempenho do que outros setores, pois as pessoas ainda gastam dinheiro com essas necessidades. Como resultado, esses setores "defensivos" geralmente mantêm seus valores durante as quedas do mercado.

Se uma economia doméstica fraca significa uma moeda fraca, os setores com grande intensidade de exportação tenderão a se beneficiar, uma vez que seus produtos se tornarão mais competitivos em termos de custo nos mercados estrangeiros. Os setores mais atraentes serão aqueles com mercados amplos nas economias em crescimento.

Além das estratégias de rotação de setor, estratégias de *rotação de capitalização* podem ser atraentes para alguns investidores, ou seja, girar entre ações de empresas pequenas, médias e grandes. Por exemplo, um fortalecimento do dólar americano geralmente será mais prejudicial para ações de empresas grandes do que para ações de empresas pequenas, pois estas têm maior presença estrangeira e maior volume de vendas no exterior. Taxas de juros reais baixas favorecerão as pequenas empresas mais do que as grandes, pois as menores geralmente utilizam mais capital de terceiros e mais dívidas com taxas de juros flutuantes do que as companhias maiores.

Geralmente, os investidores não devem aplicar com a situação corrente da economia em mente, pois um mercado eficiente já terá incorporado as notícias econômicas correntes aos preços dos títulos. Em vez disso, os investidores devem prever as variáveis econômicas importantes com um horizonte de três a seis meses, aplicando de acordo com essas previsões, ao mesmo tempo monitorando as condições variáveis básicas.

Influências estruturais sobre a economia e os setores

Há outras influências, além das econômicas, que fazem parte do ambiente das empresas. Tendências sociais e mudanças tecnológicas, bem como os ambientes políticos e regulatórios, também afetam as perspectivas de fluxos de caixa e risco de diferentes setores.

INFLUÊNCIAS SOCIAIS

As mudanças sociais afetam a economia e os setores relevantes de várias maneiras. Alterações na composição da população, em escolhas de estilo de vida e nos valores sociais podem levar ao surgimento e à queda de setores, produtos e estratégias de empresas privadas independentemente da taxa de crescimento econômico geral.

Entre os censos de 1990 e 2000 dos Estados Unidos, a população americana cresceu aproximadamente 14%. O grupo de faixa etária com crescimento mais rápido, ao longo daquela década, foi o grupo entre as idades de 34 e 54 anos, que cresceu 30%, enquanto o grupo de pessoas de 20 a 34 anos diminuiu cerca de 5%.[15] Quase 13% dos americanos atualmente têm 65 anos ou mais, e espera-se que esse número alcance 70 milhões em 2030. Esta mudança de distribuição etária traz implicações para os setores de serviços financeiros e assistência de saúde – e até mesmo para o setor varejista, pois as pessoas mais velhas têm preferências e hábitos de compra diferentes dos mais jovens. A alteração do perfil etário dos americanos também tem implicações para a disponibilidade de recursos, ou seja, pode haver insuficiência de trabalhadores no nível de entrada, levando a um aumento dos custos de mão-de-obra.

Em termos de estilo de vida familiar, no censo de 2000, apenas 24% dos lares eram do tipo família "tradicional" americana com um marido, uma esposa e filhos menores de 18 anos. O segmento de lares com filhos e chefiados por mulheres solteiras cresceu 25% desde 1990. O acréscimo das taxas de divórcio, das famílias com duas carreiras, do deslocamento da população para fora das cidades e a computadorização da educação e do entretenimento continuarão a influenciar vários setores, incluindo os de habitação, cuidados infantis, automóveis, conveniências e compra por catálogo, serviços e entretenimento doméstico.

De maneira semelhante, as mudanças de valores da sociedade e da visão dos problemas podem levar a alterações nas taxas de participação na força de trabalho, na educação e nos padrões de consumo. Esses, por sua vez, podem exercer efeitos negativos ou positivos sobre os diferentes setores da economia.

Por exemplo, alterações nas vendas a varejo ao longo do tempo e entre regiões dos Estados Unidos devem-se sobretudo a mudanças na população e na renda *per capita*. Contudo, isso oferece pouca ajuda a um analista que estude o setor

---

[15] Anônimo, "Census 2000: The New Demographics." *The Wall Street Journal*, 15 maio 2001, p. B1.

310 Investimentos

varejista de vestuário ou a indústria de drogarias e farmácias. Mais úteis são os exames que têm constatado que diferentes fatores sociais influenciam as vendas dos vários subsetores do varejo.[16] Por exemplo, foi descoberto que jovens solteiros gastam mais dinheiro em lojas de móveis e restaurantes e menos em drogarias. As famílias com crianças gastam mais dinheiro virtualmente em todas as categorias de lojas, mas não em restaurantes, em comparação com outros tipos de famílias. Também tem sido observado que o grau de mobilidade em uma região, medido pela propriedade relativa de automóveis, está estatisticamente associado a níveis mais altos de gastos com vestuário, mercadorias em geral, lojas de departamentos e de variedades, mas não tem efeito algum sobre as vendas em lojas de móveis e drogarias. Outro fator é o aumento das compras pela Internet, o que exige que os varejistas tenham "tijolos e cliques" – tanto uma presença física ("tijolos") quanto na Internet ("cliques").

Essas variáveis dizem respeito ao lado da demanda do varejo. Foi observada a existência de influências no lado da oferta sobre os gastos por família no comércio varejista. Fatores como variedade, qualidade e volume de serviço têm sido apontados como conducentes a gastos mais altos com compras no varejo, embora a magnitude do efeito varie com o tipo de estabelecimento desse setor.

TECNOLOGIA

Tendências tecnológicas podem afetar a competitividade do produto de um setor e seus processos de fabricação e distribuição. As transformações nesse sentido têm incentivado gastos de capital em equipamento tecnológico à medida que as empresas tentam utilizar microprocessadores e *softwares* como forma de obter vantagem competitiva.

Por exemplo, no setor varejista os principais estabelecimentos já utilizam bastante tecnologia. A leitura ótica de códigos de barras e a identificação por freqüência de rádio (RFID) aceleram o processo de pagamento e permitem à empresa rastrear o estoque. A utilização de cartões de crédito pelos consumidores faz com que a empresa possa rastrear as compras do consumidor e enviar anúncios de vendas sob medida. O Intercâmbio Eletrônico de Dados (EDI) permite ao varejista comunicar-se eletronicamente com os fornecedores para solicitar novos produtos para estoque e pagar suas contas e a transferência eletrônica de fundos, movimentá-los rápida e facilmente entre os bancos locais e suas matrizes. Alguns especialistas prevêem o "comércio de relacionamento", em que os bancos de dados de clientes permitirão conexões mais próximas entre os estabelecimentos varejistas e as necessidades do consumidor.[17]

POLÍTICA E REGULAMENTAÇÃO

Como as mudanças políticas refletem os valores sociais, a tendência de hoje pode transformar-se na lei, na regulamentação ou no imposto de amanhã. O analista setorial precisa projetar e avaliar as transformações relevantes para o setor em estudo. Além disso, deve considerar o efeito das leis e da regulamentação sobre o futuro do setor.

As patentes, por exemplo, oferecem um monopólio legal aos fabricantes de medicamentos para ajudá-los a recuperar os custos de P&D (pesquisa e desenvolvimento) e oferecem às empresas incentivos à inovação. Quando as patentes de medicamentos vencem, cópias genéricas podem ser legalmente vendidas. Os consumidores e as redes de drogarias logo obterão economias significativas, pois se espera que os genéricos sejam responsáveis por mais de 55% de todas as receitas em 2004, acima dos 47% em 1999 e dos 35% em 1992.

Algumas regulamentações e leis baseiam-se em um raciocínio econômico. Por causa da posição das concessionárias de serviços públicos como monopólios naturais, suas tarifas devem ser revistas e aprovadas pelas agências reguladoras[18]. A agência responsável pela fiscalização de alimentos e medicamentos nos Estados Unidos (*Food and Drug Administration*) protege os consumidores por meio do exame dos novos medicamentos. Preocupações com a segurança do público e do trabalhador levaram à criação da Consumer Product Safety Commission (Comissão de Segurança de Produtos de Consumo), da Environmental Protection Agency (Agência de Proteção Ambiental) e de leis como a OSHA.

As mudanças de regulamentação, às vezes, removem obstáculos à competição. Novos mercados e tecnologias ajudaram a aprovar a Lei Gramm-Leach-Bliley, que reverteu a regulamentação anterior que havia separado setores da indústria de serviços financeiros – bancos comerciais, seguros e bancos e serviços de investimento.

O setor do comércio varejista é afetado por vários fatores políticos e regulamentares. Um deles é a lei do salário mínimo, que estipula o valor mínimo a ser pago aos trabalhadores. Um segundo fator é representado pelos custos de assistência de saúde. Esse seguro, pago pelo empregador, afeta de maneira dramática os custos de mão-de-obra (e com isso o incentivo para que se utilizem trabalhadores em meio período) de setores que fazem uso intensivo desta como o comércio varejista. Em terceiro lugar, como os bens precisam antes de mais nada ser entregues às lojas, a regulamentação que influencia o custo de transporte por avião, navio ou caminhão atinge os custos dos varejistas. Finalmente, tendências no sentido de mercados internacionais abertos podem ajudá-los, pois a eliminação ou a redução de tarifas e cotas permitirá a eles oferecer bens importados a preços mais baixos, expandindo assim seu marketing internacional.

---

[16] INGENE, Charles A. (Ed.). "Using Economic Data in Retail Industry Analysis", in: *The Retail Industry – General Merchandisers and Discounters, Specialty Merchandisers, Apparel Specialty, and Food/Drug Retailers*. Charlottesville, VA: AIMR, 1993. p. 18-25.

[17] STEIDTMANN, Carl E. "General Trends in Retailing." In: INGENE, Charles A. (Ed.). *The Retail Industry – General Merchandisers and Discounters, Specialty Merchandisers, Apparel Specialty, and Food/Drug Retailers*. Charlottesville, VA: AIMR, 1993. p. 6-9.

[18] A tecnologia pode mudar os monopólios naturais. Mencionamos anteriormente que algumas empresas geram sua própria energia elétrica. O avanço da tecnologia fez com que a AT&T perdesse seu monopólio no início dos anos 1980. Uma ação antitruste aberta contra a IBM nos anos 1960 foi posteriormente suspensa porque a mudança da tecnologia de informática e o crescimento da concorrência tornaram essa ação inócua. Em meados e no fim dos anos 1990, diversos estados permitiram que as companhias de energia elétrica, antes vistas como monopólios naturais, competissem por clientes em alguns mercados usados como teste. A ação antitruste do governo americano contra a Microsoft deixou de ser uma demanda de dissolução da empresa, em parte por causa dos avanços tecnológicos contínuos em *hardware* e *software*.

| FIGURA 13.2 | Forças determinantes da concorrência em um setor |

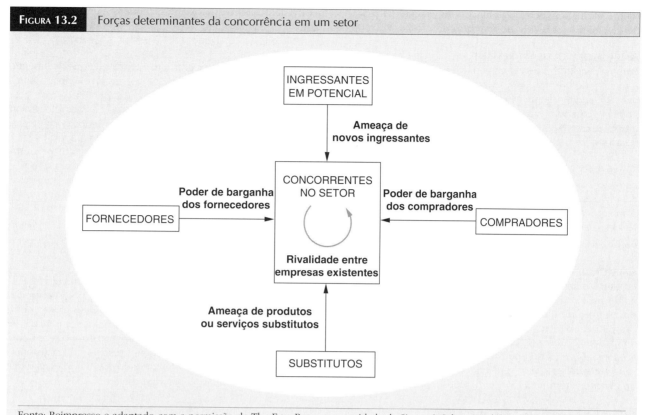

Fonte: Reimpresso e adaptado com a permissão de The Free Press, uma unidade de Simon & Schuster Adult Publishing Group, a partir de PORTER, Michael E. *Competitive Strategy: Techniques for Analyzing Industries and Competitors.* Copyright© 1980, 1998.

Estrutura competitiva de um setor

O conceito de **estratégia competitiva** de Porter diz respeito à busca de uma posição competitiva favorável por uma empresa em um setor.[19] A rentabilidade potencial de uma empresa é fortemente influenciada pela rentabilidade inerente a seu setor. Conseqüentemente, os analistas setoriais precisam determinar a estrutura competitiva de seu setor e examinar os fatores que apontam a posição competitiva relativa das empresas no setor.

Porter acredita que o **ambiente competitivo** de um setor – a intensidade da concorrência entre as empresas – determina a capacidade de estas sustentarem taxas de retorno acima da média sobre o capital investido. Como foi visto na Figura 13.2, ele sugere que cinco forças competitivas determinem a intensidade da concorrência:

1. Rivalidade entre os concorrentes existentes.
2. Ameaça de novos ingressantes.
3. Ameaça de produtos substitutos.
4. Poder de barganha dos compradores.
5. Poder de barganha dos fornecedores.

RIVALIDADE ENTRE OS CONCORRENTES EXISTENTES

O analista setorial deve examinar em cada setor os níveis da concorrência de preços e de outras formas (por exemplo, propaganda, alegações de qualidade, garantias, serviço e conveniência) de concorrência entre as empresas domésticas e estrangeiras ao longo do tempo. A rivalidade cresce quando muitas empresas de tamanhos relativamente iguais competem em uma área. O crescimento lento faz com que os concorrentes lutem por fatias de mercado e também aumentem a concorrência. Custos fixos elevados estimulam o desejo de operar a plena capacidade, o que pode levar a cortes de preço e a uma concorrência mais intensa. Por fim, barreiras de saída, representadas por instalações especializadas ou acordos trabalhistas, manterão as empresas em um setor, apesar de taxas médias de retorno baixas ou negativas.

Por exemplo, o departamento de drogarias tem desfrutado de ganhos de vendas, mas com menos concorrentes e margens de lucro menores. Os planos de assistência administrada de saúde têm sido um fator determinante dessa tendência. As lojas estão utilizando estratégias de segmentação, serviços ampliados ao cliente e variedade mais ampla de produtos

---

[19] PORTER, Michael E. *Competitive Strategy: Techniques for Analyzing Industries and Competitors*, New York: Free Press, 1980; PORTER, Michael. Industry Structure and Competitive Strategy: Keys to Profitability, *Financial Analysts Journal* 36, n. 4 (jul.-ago. 1980); e PORTER, Michael. *Competitive Advantage:* Creating and Sustaining Superior Performance. New York: Free Press, 1985.

312 Investimentos

(como alimentos, bens sazonais e terapias alternativas (não-medicamentosas) e artigos "nutracêuticos") em uma tentativa de diversificar para fora do mercado de receitas de reduzida margem de lucro.

AMEAÇA DE NOVOS INGRESSANTES

Embora um setor possa atualmente conter poucos concorrentes, novas empresas podem entrar no setor a qualquer momento. A fixação de preços correntes baixos em relação aos custos mantém a ameaça de novos ingressantes em nível baixo. Outras barreiras à entrada incluem a necessidade de investir vultosos recursos financeiros para competir eficazmente no setor, economias de escala, canais amplos de distribuição e altos custos de substituição de produtos ou marcas (por exemplo, trocar um sistema telefônico ou de computação). Finalmente, a política governamental pode restringir a entrada de novas empresas, quer impondo exigências de licença, quer criando limitações de acesso a matérias-primas (como madeira e carvão).

Os supermercados e as lojas no varejo, como o Wal-Mart, que têm farmácias em suas unidades ou vendem produtos farmacêuticos no balcão, são ingressantes relativamente novos no setor de drogarias. Algumas redes de farmácia estão reagindo com a abertura de departamentos ampliados para venda de alimentos. Outro tipo novo é formado pelas empresas envolvidas no ramo de atendimento de receitas pelo correio. Embora muitas redes também façam isso, novos ingressantes, como a *Veterans Administration* (Administração dos Veteranos de Guerra) e a *American Associaton of Retired Persons* (AARP, Associação Americana de Pessoas Aposentadas), juntas, respondem por mais da metade de todos os pedidos pelo correio. Agora também existem muitos sites na Internet em que os produtos de drogarias podem ser obtidos.

AMEAÇA DE PRODUTOS SUBSTITUTOS

Produtos substitutos limitam o potencial de lucro de um setor, restringindo os preços que as empresas podem cobrar. Embora quase tudo tenha um substituto, os analistas devem determinar o quão próximo é este em termos de preço e função do produto de um setor. Por exemplo, no setor de alimentos, os consumidores constantemente fazem substituições entre carne bovina, carne de porco, frango e peixe, ou podem optar por serem vegetarianos. No setor de drogarias, a ameaça de um produto substituto é, na verdade, a possibilidade de surgimento de um sistema substituto de entrega mais conveniente ao consumidor. Os supermercados, outras lojas de varejo, vendas por catálogo e a Internet têm crescido como sistemas substitutos de entrega, oferecendo aos consumidores muitas maneiras de comprar os itens demandados. A maioria das redes de drogarias tem reagido com opções ampliadas de entrega, desde correio até pedidos pela Internet.

PODER DE BARGANHA DO COMPRADOR

Quando oferecem preços mais baixos ou demandam maior qualidade ou mais serviços, os compradores influenciam a rentabilidade do setor e barganham entre os concorrentes. Quando compram volume elevado em relação às vendas de um fornecedor, os compradores tornam-se poderosos. Estes se preocupam mais com o custo dos itens que representam uma porcentagem significativa dos custos totais da empresa. Além disso, eles podem afetar a estrutura competitiva de um setor caso decidam integrar-se verticalmente e começar a se abastecer dos produtos internamente, em vez de comprá-los de um fornecedor existente.

No setor de drogarias, os prestadores de serviços de assistência médica administrada detêm o poder de barganha do comprador. Como pagantes em nome de terceiros, suas políticas quanto a taxas de reembolso de medicamentos vendidos sob receita têm reduzido os lucros nas vendas desses produtos pelas drogarias. O setor está reagindo a isso e procura diversificar sua base de produtos a fim de atenuar o impacto dos grandes prestadores de serviços desse tipo de assistência sobre as suas vendas totais.

PODER DE BARGANHA DOS FORNECEDORES

Os fornecedores podem alterar os retornos futuros caso aumentem os preços ou reduzam a qualidade ou os serviços oferecidos. Eles (que podem incluir os fornecedores de matéria-prima e outros insumos, como os sindicatos de trabalhadores) são mais poderosos quando são pouco numerosos e mais concentrados do que a área à qual eles vendem, e se fornecem recursos críticos para os quais existem poucos substitutos. Como no caso do poder de barganha dos compradores, eles podem mudar a estrutura competitiva de um setor ao decidir integrar-se verticalmente para a frente a fim de fazer o produto final.

Os fornecedores dos produtos principais do setor de drogarias são as empresas farmacêuticas. As companhias desse setor têm historicamente sido seguidoras de preços de mercado; elas têm procurado cortar os custos e aumentar a eficiência para manter sua rentabilidade enquanto os preços de produtos farmacêuticos foram se elevando e os reembolsos pelas empresas de assistência administrada caíram. Algumas drogarias buscam o apoio da Justiça por meio de ações contra diversas empresas farmacêuticas, alegando práticas discriminatórias de fixação de preços.

Para resumir, um investidor pode analisar essas forças competitivas para determinar a intensidade da concorrência em um setor e avaliar seu potencial de lucro a longo prazo. Os analistas devem examinar cada um desses fatores para cada departamento e montar um perfil dessas forças relativas. É importante atualizar periodicamente essa análise, pois a estrutura competitiva de um setor pode mudar e, com certeza, isso acontecerá com o tempo.

Análise do ciclo de vida do setor

Outra maneira de prever as vendas do setor é observá-lo ao longo do tempo e dividir seu desenvolvimento em estágios. O número destes nesta *análise do ciclo de vida do setor* pode variar; um modelo de cinco estágios incluiria os seguintes pontos:

1. Desenvolvimento pioneiro
2. Crescimento rápido
3. Crescimento maduro
4. Estabilização e amadurecimento do mercado
5. Desaceleração do crescimento e declínio

O Gráfico 13.4 mostra a trajetória de crescimento das vendas em cada estágio. A escala vertical reflete os níveis de vendas, e a horizontal representa diferentes períodos. Para estimar as vendas do setor, um analista deve prever a duração de cada um.

Além das estimativas de vendas, esta análise do ciclo de vida de um setor também pode fornecer uma visão do risco, de margens de lucro e do crescimento deste. A série da margem de lucro geralmente alcança seu máximo no início do ciclo total, e depois se nivela e cai com a atração de concorrentes, pelo sucesso inicial do setor.

Para ilustrar a contribuição dos estágios do ciclo de vida às estimativas de vendas, descreveremos essas fases e suas características identificáveis sucintamente. O estágio corrente do crescimento de um setor pode ser determinado pela comparação de suas características com os seguintes fatores.

DESENVOLVIMENTO PIONEIRO

Este estágio começa após algum tipo de quebra tecnológica ou mercadológica. O mercado do produto ou serviço do setor durante esse período é pequeno, e as empresas incorrem em custos de desenvolvimento importantes. O fluxo de caixa geralmente é negativo, pois é reinvestido para financiar o crescimento, e geralmente são usadas fontes de financiamento externas. Em função do futuro incerto do setor e da incerteza quanto à possível concorrência, é difícil identificar "vencedores" nessa fase.

CRESCIMENTO RÁPIDO

Durante este estágio, desenvolve-se um mercado para o produto ou serviço, e a demanda torna-se substancial. O número limitado de empresas no setor defronta-se com pouca concorrência, e as empresas individuais podem ter volume substancial de pedidos em carteira. As margens de lucro são altas, pois seus altos níveis atraem novos participantes; no embate competitivo daí decorrente, algumas empresas serão forçadas a sair do setor. Com o tempo, este construirá sua capacidade produtiva enquanto as empresas existentes e os novos participantes tentaram satisfazer o excesso de demanda. O crescimento alto das vendas e as margens elevadas de lucro, que aumentam à medida que as empresas se tornam mais eficientes, fazem com que os lucros do setor e das empresas aflorem. Algumas delas emergem como líderes, tanto em termos de oferta de produtos quanto de participação no mercado. Essas companhias podem ser atraentes para fins de investimento – se suas ações não estiverem superavaliadas. Algumas delas podem começar a pagar pequenos dividendos.

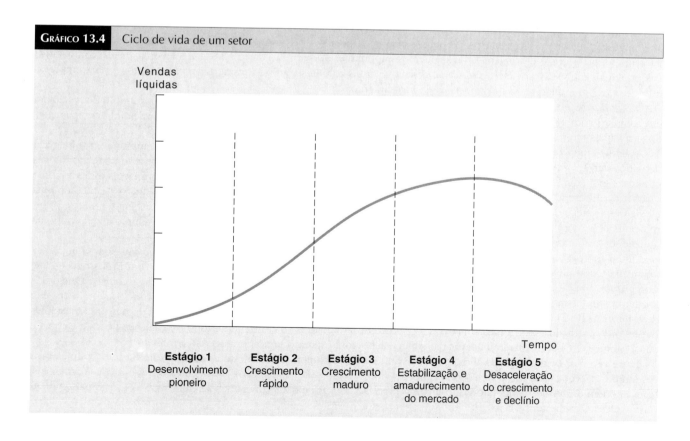

GRÁFICO 13.4 Ciclo de vida de um setor

CRESCIMENTO MADURO

Nesse ponto, o sucesso no segundo estágio já satisfez a maior parte da demanda pelos bens ou serviços do setor. A ampla base de vendas pode manter o crescimento futuro das vendas acima do normal, mas ele não mais se acelerará. As margens de lucro se estabilizam e começam a declinar a níveis normais, enquanto o aumento rápido das vendas e as altas margens de lucro no passado continuam a atrair concorrentes ao setor. Os dividendos elevam-se dos baixos níveis desse estágio.

ESTABILIZAÇÃO E AMADURECIMENTO DO MERCADO

Durante esta fase, que geralmente é a mais longa, a taxa de crescimento do setor se iguala à de crescimento da economia agregada ou do segmento desta do qual ele faz parte. O mercado do produto está saturado. Os investidores podem estimar facilmente o crescimento, porque as vendas estão fortemente correlacionadas com um índice econômico (como os gastos de consumo). Embora as vendas aumentem como a economia, o crescimento do lucro varia de empresa para empresa, pois a capacidade de gestão se altera entre elas. A concorrência produz margens reduzidas de lucro e as taxas de retorno do capital (por exemplo, retornos sobre ativos e sobre patrimônio líquido) eventualmente são iguais ou ligeiramente inferiores ao grau competitivo. Dividendos mais generosos podem ser pagos, pois as empresas do setor passam a ter dificuldades para encontrar oportunidades atraentes de reinvestimento.

DESACELERAÇÃO DO CRESCIMENTO E DECLÍNIO

Neste estágio de ciclo de vida, o crescimento das vendas do setor diminui por causa de alterações da demanda ou em virtude do crescimento de substitutos. As margens de lucro continuam a ser apertadas e algumas empresas as obtêm baixas ou até têm prejuízos. As que ainda são lucrativas podem apresentar taxas baixas de retorno do capital. Um exemplo atual de um setor que está nessa fase é o de cigarros nos Estados Unidos, por causa de um novo clima social e político, ou seja, uma alteração da demanda.

O ciclo de vida de um departamento pode ser fortificado em qualquer estágio por inovações de produtos que atraem novos consumidores ou que convençam os existentes a comprar o novo artigo. Os patins tradicionais de rodas foram substituídos por patins em linha e levaram a uma crescente popularização do hóquei de rua em algumas comunidades. As bicicletas foram modificadas, tornando-se mais leves e duráveis. O setor de jogos foi revigorado com o advento de sistemas computadorizados de entretenimento de elevada qualidade gráfica. Antigamente encontrados apenas em academias, equipamentos menores e duráveis de exercício agora são encontrados em muitas residências.

Fontes de informação setorial

Uma pesquisa cuidadosa é necessária para que se faça adequadamente uma análise setorial. Discutiremos diversas fontes importantes de informação sobre setores, oferecendo listas adicionais no item Investimentos On-line.

A *Standard & Poor's Industry Survey* cobre os 50 principais setores domésticos. A cobertura em cada área é dividida em uma análise básica e uma corrente. A primeira examina as perspectivas a longo prazo de um setor específico com base em tendências históricas e problemas. Os segmentos importantes do setor são destacados, e é feita uma análise comparativa das principais empresas do setor. A corrente discute eventos recentes e fornece estatísticas para o setor e para empresas específicas, com avaliações das perspectivas de investimento.

O *Standard & Poor's Analysts Handbook* contém itens selecionados de balanço patrimonial e demonstração de resultado, em conjunto com índices financeiros dos grupos de setores da S&P. Esses índices permitem a realização de comparações dos principais fatores do comportamento de preços de ações do grupo.

A *Value Line Industry Survey* integra a *Value Line Investment Survey*. Os relatórios das 1.700 empresas incluídas são divididos em 91 setores e atualizados por cada um deles. Em seu fichário, a avaliação do setor precede os relatórios das empresas individuais. O relatório do setor contém estatísticas sintéticas dos ativos, lucros e seus principais índices, como os que são apresentados para cada companhia. Um índice setorial de preços de ações também é incluído, bem como uma tabela que fornece dados comparativos de todas as empresas individuais do setor, sendo classificadas em termos de oportunidade, segurança e vigor financeiro. A discussão considera os principais pontos que afetam a área e conclui com uma recomendação de investimento.

Outras fontes valiosas de informações setoriais incluem as associações comerciais, as revistas especializadas, a imprensa financeira, os arquivos de dados de empresas da SEC e de médias setoriais, disponíveis em *Dun and Bradstreet*, no *IRS Corporation Source Book of Statistics of Income*, em publicações do *Bureau* do Censo Estados Unidos (como o Censo dos Produtores Industriais, ou *Census of Manufactures*, ou o Censo do Comércio Varejista, *Census of Retail Trade*) e o *Bureau* de Estatísticas do Trabalho (*Labor Statistics*) (como o Índice de Preços no Atacado). As ferramentas de pesquisa existentes na Internet, produzidas por fontes confiáveis, oferecem oportunidades adicionais de estudo de características de setores e concorrentes. O Quadro 13.4 enumera várias referências setoriais para o ramo do comércio varejista.

Entre as fontes de dados mais valiosas, estão as entrevistas de campo com os gestores de empresas do setor, os membros de equipes de venda, clientes, fornecedores, líderes sindicais, consultores técnicos e dirigentes de associações comerciais. Como podem dar visões contraditórias, o analista precisa verificar cuidadosamente as referências e as fontes para montar uma avaliação coerente.

QUADRO 13.4	Referências setoriais para o comércio varejista	
Publicação	**Freqüência de publicação**	**Conteúdo**
Chain Store Age http://www.chainstoreage.com	Mensal	Informação de *merchandising*, técnicas operacionais, material de treinamento e notícias setoriais para executivos da administração central e gerentes de lojas.
Drug Store News http://www.drugstorenews.com	Bimensal	Notícias nacionais e artigos sobre o setor de drogarias.
Drug Topics http://www.drugtopics.com	Semestral	Notícias nacionais e artigos sobre o setor de drogarias.
MMR (Mass Market Retailers) http://www.massmarketretailers.com	Quinzenal	Apresenta matérias sobre comerciantes de grandes volumes, redes de drogarias e supermercados.
Progressive Grocer http://www.progressivegrocer.com	Mensal	Inclui artigos sobre tendências do setor, empresas e estatísticas.
Supermarket News http://www.supermarketnews.com	Semanal	Cobre o setor em geral, com destaques financeiros e cronologia semanal das principais empresas.

Investimentos on-line

A Internet contém muitas fontes de informações econômicas e de mercado financeiro. Muitos bancos comerciais, empresas de pesquisa, bancos de investimento, corretoras de ações e agências do governo publicam dados, análises ou comentários em seus websites.

FONTES DO GOVERNO DOS ESTADOS UNIDOS

Não deve ser surpreendente descobrir que a principal fonte sobre a economia americana é o governo federal, que produz uma variedade de publicações sobre o tópico.

O *Federal Reserve Bulletin* (http://federalreserve.gov/pubs/bulletin) é uma publicação mensal do *Board of Governors* do *Federal Reserve System*. Essa é a fonte básica de quase todos os dados monetários. Além disso, ele contém dados de mercados financeiros, incluindo taxas de juros e algumas estatísticas do mercado de ações; dados de finanças de empresas, incluindo lucros, ativos e passivos de empresas; estatísticas não-financeiras amplas de produção, força de trabalho e PNB; e uma seção importante de finanças internacionais.

A *Survey of Current Business* (http://www.bea.doc.gov/bea/pubs.htm) é uma publicação mensal do Departamento de Comércio dos Estados Unidos que fornece detalhes sobre a renda nacional e dados de produção. Ela talvez seja a melhor fonte de informações detalhadas correntes sobre todos os segmentos do PIB e da renda nacional. Também contém assuntos de produção industrial em vários segmentos da economia.

A *Economic Indicators* (Indicadores Econômicos) (http://www.gpoacess.gov/indicator/browse.html) é uma publicação mensal elaborada para o Joint Economic Commitee pelo Council of Economic Advisers. Contém dados mensais e anuais de produto, renda, gastos, empregos, produção, preços, moeda e crédito, finanças federais e economias internacionais.

O *Quarterly Financial Report (QFR)* (http://www.census.gov/csd/qfr) é preparado pela *Federal Trade Comission* e contém estatísticas agregadas da posição financeira das empresas americanas. Com base em uma amostragem trimestral ampla, o QFR apresenta demonstrações estimadas de resultado e lucros retidos, balanços patrimoniais e índices financeiros e operacionais relacionados a todas companhias industriais. A publicação também inclui dados de empresas comerciais e de mineração. Os dados estatísticos são classificados por setor e pelo seu tamanho.

Todo mês de janeiro, o presidente dos Estados Unidos prepara o *Economic Report of the President* (http://www.gpoaccess.gov/eop), que ele apresenta ao Congresso. O relatório indica o que aconteceu no ano anterior e discute o ambiente corrente e o que o presidente aponta como principais problemas econômicos a serem enfrentados pelo país, a fim de encarar o ano seguinte. Um apêndice contém tabelas estatísticas relacionadas a renda, emprego e produção. As tabelas tipicamente disponibilizam dados anuais desde os anos 1940 e em alguns casos desde 1929.

O *Statistical Abstract of the United States* (http://www.census.gov/statab/www/), publicado anualmente desde 1978, é o resumo padrão das estatísticas sobre a organização econômica, política e social dos Estados Unidos. Preparado pelo U.S. Bureau of Census, ele é projetado para servir como referência conveniente e como guia a outras fontes e publicações estatísticas.

PUBLICAÇÕES DOS BANCOS FEDERAIS DE RESERVA

O Sistema Federal de Reserva (http://www.federalreservebanks.org) é dividido em 12 distritos; cada um de seus bancos tem um departamento de pesquisa que produz relatórios periódicos. Uma fonte notável de análises e dados é o *St. Louis Federal Reserve Bank* (http://www.stlouisfed.org), que publica boletins estatísticos que contém dados nacionais e internacionais amplos (http://research.stlouisfed.org/fred2). O site do *Philadelphia Fed* inclui acesso às Livingston Surveys e às Surveys of Professional Forecasters (http://www.phil.frb.org/econ/index.html); ambos fornecem pareceres de economistas profissionais sobre tendências econômicas futuras.

DADOS ECONÔMICOS NÃO-AMERICANOS

Além dos dados sobre a economia americana, informações sobre outros países nos quais você poderia pensar em investir também são importantes. A seguir, enumeraremos algumas das fontes disponíveis.

A *Economic Intelligence Unit* (http://www.eiu.com) publica 83 análises trimestrais separadas e um suplemento anual que cobre as condições econômicas e de negócios, além de perspectivas para 160 nações. Para cada uma delas, as análises consideram a economia, o comércio e as finanças, as tendências de investimentos e dos gastos de consumo, com comentários sobre o ambiente político. As tabelas apresentam dados sobre a atividade econômica e o comércio exterior.

A Organização para a Cooperação e Desenvolvimento Econômicos – OECD (http://www.oecd.org) publica pesquisas semestrais que mostram as tendências e as políticas recentes, além de avaliar as perspectivas a curto prazo de cada país. Um volume anual, Historical Statistics, contém as variações porcentuais anuais nos últimos 20 anos.

A revista *The Economist* (http://www.economist.com) prepara relatórios por país, os quais contêm amplas estatísticas econômicas e demográficas de mais de 100 nações. De maior importância é uma discussão minuciosa que analisa de forma crítica o ambiente econômico e político corrente no país e considera as perspectivas futuras. Você pode assinar os relatórios para uma lista selecionada de países ou para todos eles. Os relatórios são atualizados duas vezes por ano.

O *United Nations Statistical Yearbook* (http://unstats.un.org/unsd) é um livro básico de referência que contém estatísticas econômicas amplas sobre todos os países associados às Nações Unidas (população, construção, produção industrial e assim por diante). O *United Nations Yearbook of International Trade Statistics* é um relatório anual com estatísticas de importação em um período de quatro anos para cada um dos 166 países. Os dados de *commodities* são fornecidos por código. O United Nations Yearbook of National Accounts Statistics é uma fonte abrangente de dados de contas nacionais, com estatísticas detalhadas de 155 países, envolvendo produto nacional e gastos de consumo, rendas nacional e disponível para um período de 12 anos.

A *Eurostatistics*, uma publicação mensal do Statistical Office of the European Communities (Luxemburgo) (http://europa.eu.int), contém estatísticas para a análise econômica a curto prazo de dez países da Comunidade Européia e dos Estados Unidos. Geralmente, inclui dados de seis anos de produção industrial, emprego e desemprego, comércio exterior, preços, salários e finanças.

A *International Financial Statistics*, uma publicação mensal (com um anuário) do Fundo Monetário Internacional (http://www.imf.org), é uma fonte essencial de estatísticas financeiras correntes, como taxas de câmbio, posição no fundo, liquidez internacional, estatísticas monetárias e bancárias, taxas de juros (incluindo LIBOR), preços e produção.

O *International Monetary Fund Balance of Payments Yearbook* (http://www.imf.org) é uma publicação em duas partes. A primeira parte contém dados detalhados de balanço de pagamentos de mais de 110 países, e a segunda parte, totais mundiais dos componentes e agregados de balanços de pagamentos.

http://www.morganstanley.com – O website da Morgan Stanley inclui o Fórum Econômico Global. Este é uma compilação de relatórios submetidos por economistas de todo o mundo e é atualizado diariamente. Os relatórios anteriores estão disponíveis em um arquivo. Esse site realiza atualizações diárias dos índices MSCI de mercados internacionais.

http://www.globalinsight.com – O website da Global Insight fornece informações e links sobre a economia global e notícias de setores.

http://www.whitehouse.gov/fsbr/esbr.html – Esta é a Seção de Divulgação de Estatísticas Econômicas do site da Casa Branca. Inclui links e dados produzidos por determinadas agências do governo federal.

http://worldbank.org – O site do Banco Mundial fornece dados globais úteis e artigos sobre uma variedade de tópicos de política econômica e investimento no exterior.

SETORES

A web pode ajudar os pesquisadores a encontrar informações sobre um setor, mas muitas análises e muitos estudos setoriais estão disponíveis on-line apenas para clientes registrados e pagantes de empresas de pesquisa, bancos de investimento e corretoras. Você provavelmente não encontrará dados atualizados de Porter gratuitos na Internet, pelo menos não para uma quantidade grande de departamentos. Em vez disso, em buscas na Internet por informações de setores, você poderá explorar os sites de concorrentes em um setor e também de associações comerciais por meio de palavras-chave, usando termos e frases relevantes ao setor que você deseja estudar.

Como usamos como exemplo o setor de distribuição de produtos farmacêuticos no varejo neste capítulo, incluímos na lista seguinte diversos sites relevantes para esse setor.

http://www.lf.com – Este é o site da Lebhar-Friedman, Inc., um produtor e fornecedor de informações sobre varejistas.

http://www.nacds.org – Patrocinado pela National Association of Chain Drug Stores (Associação Nacional de Redes de Drogarias), esta página contém muitos dados importantes para redes de drogarias, desde vendas de diferentes categorias de produtos até números projetados de receitas médicas. Também disponibiliza notícias e links de outros sites.

http://www.healthcaredistribution.org – Da Healthcare Distribution Management Association, tem links de assuntos sobre assistência administrada de saúde, políticas públicas, informações para farmácias, consumidores, imprensa, fabricantes, analistas e investidores; e também de diversos outros sites relacionados.

http://retailindustry.about.com – Uma parte do site *about.com* contém links para outros sites que tratam do setor varejista.

http://www.valuationsources.com – Contém links de fontes de informações setoriais e dados para a economia como um todo. Aquelas são segmentadas por código SIC.

Análise econômica e setorial **317**

Resumo

- A análise econômica deve dar ao analista uma noção dos fatores determinantes dos valores de ativos, ou seja, o nível de taxas de juros, os prêmios por risco de ativos e os fluxos de caixa destes. Em um mercado eficiente, seria difícil encontrar ativos com valores intrínsecos diferentes aos dos preços correntes de mercado. Para ser bem-sucedido, um analista deve ter noções que difiram do consenso de mercado e deve estar certo com freqüência suficiente para superar o mercado em termos ajustados por risco ao longo do tempo.

- Os analistas usam muitos conceitos e ferramentas de previsão para identificar tendências a longo e a curto prazos na economia, que depois relacionam às condições do setor e da empresa na análise de cima para baixo. Essas ferramentas funcionam melhor quando combinadas com julgamentos subjetivos e a experiência em um processo disciplinado que identifica e monitora as hipóteses básicas e as variáveis de um analista no tempo. Isso ajudará o analista a determinar quando vender os títulos possuídos atualmente e quando estes, previamente evitados, devem ser considerados para compra.

- Os setores são afetados por eventos e tendências na economia. A elevação ou a queda do ciclo econômico fará com que alguns setores pareçam alternadamente atraentes ou não-atraentes para fins de investimento. As flutuações de variáveis econômicas, por exemplo, inflação, taxas de juros ou de câmbio podem afetar o potencial de investimento de um setor, independentemente do estágio no ciclo econômico.

- Outras influências estruturais afetam os setores. Fatores sociais mutáveis, como características demográficas, estilos de vida e valores podem fazer isso aos setores além do efeito do ciclo econômico. De forma semelhante, mudanças tecnológicas e políticas e do ambiente de regulamentação também podem afetar as perspectivas de um setor. Ao longo do processo de análise setorial, o analista precisa identificar e monitorar as hipóteses básicas e as variáveis que orientam a previsão.

- Uma parte importante da análise setorial é o exame de cinco fatores que determinam o ambiente competitivo de um setor que, por sua vez, afeta sua rentabilidade a longo prazo. Além disso, o estágio do ciclo de vida de um setor pode afetar os desejos de se investir no momento presente.

- Os analistas podem ter acesso a uma pletora de informações sobre um setor por uma variedade de fontes. Uma pesquisa abrangente fornecerá os detalhes necessários para uma análise competente.

Questões

1. De que maneira o que você aprendeu sobre mercados eficientes e análises de avaliação pode ajudá-lo no processo de exame de ações usando o enfoque de cima para baixo?

2. Por que é importante fazer previsões de PIB setorial?

3. Descreva como as variações da taxa de câmbio afetam as exportações, as importações e as taxas de juros americanas.

4. Que fatores afetam as taxas de câmbio no tempo?

5. Qual é o efeito esperado de cada um dos eventos a seguir sobre as taxas de câmbio do dólar americano?
   (a) A taxa de inflação dos Estados Unidos aumenta em relação às taxas de outras economias.
   (b) As taxas de juros sobem na Alemanha.
   (c) O Fed aumenta as taxas de juros.
   (d) Os Estados Unidos entram em uma recessão.
   (e) O Fed compra dólares americanos no mercado de câmbio.

6. Descreva como as políticas monetária e fiscal afetam a economia.

7. Que fatores influenciam as expectativas de crescimento econômico a longo prazo? Explique seu efeito sobre a economia.

8. Que fatores influenciam as expectativas de crescimento econômico a curto prazo? Explique seu efeito sobre a economia.

9. Descreva os vários indicadores de tendências de inflação. Como diferem uns dos outros?

10. Defina indicadores econômicos adiantados, coincidentes e atrasados. Dê um exemplo de um índice econômico de cada categoria e discuta por que você pensa que o índice pertence a essa categoria específica.

11. É relativamente fácil determinar o efeito de uma variação de taxas de juros sobre o preço de um título de renda fixa. Entretanto, alguns observadores alegam ser mais difícil estimar o efeito de tal variação sobre ações ordinárias. Discuta esse ponto de vista.

12. Quais são os riscos de previsão da economia?

13. O que é análise de expectativas?

14. *Exame CFA Nível II*
    O Conselho de Administração da *Evergreen Pension Fund* pediu à consultora Whitney Hannah que examine dois enfoques de previsão das tendências econômicas: métodos econométricos e consenso.
    (a) Discuta se os enfoques econométrico e de consenso à previsão de tendências econômicas são diferentes ou semelhantes em relação:
        i. Ao papel dos dados históricos
        ii. Ao número de analistas refletido na previsão
        iii. À natureza das hipóteses sobre as relações econômicas futuras (6 minutos)
    (b) Diga e discuta se os enfoques econométrico e de consenso à previsão das tendências econômicas tendem mais a ser distorcidos:
        i. Por pensamento coletivo
        ii. Pela incapacidade de testar a sensibilidade
        iii. Pela simultaneidade
        iv. Pela mineração de dados (8 minutos)
    (c) Diga e discuta se os enfoques econométrico e de consenso à previsão das tendências econômicas tendem mais a possuir os seguintes pontos fortes:
        i. Capacidade de identificar pontos de inflexão nas tendências
        ii. Facilidade de construção
        iii. Capacidade de captar influências múltiplas de mercado (6 minutos)

15. Alguns observadores têm afirmado que as diferenças de desempenho entre empresas em um setor limitam a utilidade da análise setorial. Discuta essa afirmação.

16. De que maneira as variações cíclicas na economia diferem das mudanças estruturais? Como cada uma delas afeta a análise setorial?

318 Investimentos

17. Discuta alguns exemplos das alterações estruturais que podem afetar um setor.

18. Você acredita que a recessão atual está por terminar. Como você ajustaria uma carteira de ações para tirar proveito de sua previsão?

19. Como gestor de carteiras de ações, você acredita que a fase atual de crescimento do ciclo econômico persistirá no próximo ano. Um amigo seu, que gera uma carteira em uma empresa concorrente, acredita que o ciclo econômico já atingiu seu pico e que uma recessão começará em breve. Como poderia a composição de suas carteiras diferir uma da outra?

20. Identifique um setor que provavelmente seja capaz de ter um bom desempenho e um que não o seja em cada uma das seguintes situações:
    (a) Inflação crescente
    (b) Reformas na área de assistência de saúde impõem controles de preço à indústria farmacêutica
    (c) As taxas de juros caem
    (d) O dólar se fortalece em relação a outras moedas
    (e) O preço do petróleo sobe
    (f) A idade média da população americana está crescendo

21. De que maneira a demografia, os estilos de vida e os valores sociais afetam a análise setorial?

22. Você está analisando um setor no quarto estágio de seu ciclo de vida. Como você reagiria se suas análises econômico-setoriais estimassem que as vendas por ação nesse setor cresceriam 20%? Discuta seu raciocínio.

23. Diga em que estágio do ciclo de vida do setor você gostaria de descobrir uma empresa. Justifique sua escolha.

24. Discuta um exemplo do impacto de uma das cinco forças competitivas sobre a rentabilidade de um setor.

25. *Exame Simulado de CFA – Nível I*
    Quais das seguintes alternativas são características do estágio de amadurecimento do ciclo de vida de um setor?
    (a) Vendas com crescimento lento
    (b) Um ambiente altamente competitivo
    (c) Muitos concorrentes novos entram no mercado
    (d) Os preços tendem a ser uma arma competitiva importante
    (e) Ocorrem avanços tecnológicos

26. *Exame CFA – Nível II*
    Katherine Cooper preparou um relatório sobre o ramo de componentes óticos para redes. Ela começou sua pesquisa analisando as condições de competição no setor.

    Uma das empresas dominantes é a Rubylight Inc. Veremos a seguir um trecho da Carta do Presidente no relatório anual:

    Rubylight Inc.
    Relatório Anual de 2000
    Trecho da Carta do Presidente
    O número de referência precedente a cada frase deve ser utilizado em sua resposta.

    [1] A Rubylight Inc. teve um ano excepcional em 2000. [2] Os resultados em praticamente cada aspecto da empresa superaram nossas expectativas. [3] As vendas da Rubylight subiram 73% em relação ao exercício fiscal de 1999, para 135 milhões de dólares, representando o crescimento anual mais forte das vendas na história da empresa. [4] Nossa margem bruta permaneceu constante, quando comparada ao ano anterior, em respeitáveis 67%. [5] Fomos capazes de manter nossas margens apesar de um aumento do custo de matéria-prima direta, graças a uma melhoria do composto de produtos e de aumentos de preços. [6] O mercado de capitais nos recompensou por este desempenho financeiro superior; o preço da ação da empresa fechou o ano em um nível jamais atingido. [7] Temos uma equipe excelente aqui na Rubylight, merecedora de mais elogios por seu desempenho.

    [8] Os pedidos em carteira (encomendas não atendidas) aumentaram 39%. [9] Isso ocorreu em função principalmente da incapacidade de nosso fornecedor de enviar dois circuitos integrados de aplicação específica ("ASIC"), que são críticos para o desempenho superior do produto da Rubylight. [10] Embora o projeto de ASIC pertença à Rubylight, os circuitos integrados devem ser fabricados em instalações especializadas, das quais existem apenas duas em todo o mundo. [11] A natureza fortemente capital-intensiva dessas instalações nos impede de fabricar os circuitos integrados por nós mesmos. [12] Faltas de componentes eletrônicos e tempo de processamento são fenômenos mundiais que também atingiram nosso principal concorrente.

    [13] Um dos imperativos estratégicos no setor de componentes óticos é fazer com que estes sejam incorporados aos projetos de produtos de seus clientes, o que se chama de "o projeto vence", fazendo com que seja muito oneroso para o cliente substituir os componentes. [14] No início do ano, anunciamos a nomeação do Dr. Brian Richards como diretor-chefe de Tecnologia. [15] O Dr. Richard é um dos pioneiros do departamento de interruptores óticos e tem várias patentes a seu crédito. [16] Ele e sua excelente equipe em nosso Departamento de Pesquisa e Desenvolvimento continuam a trabalhar em conjunto com nossos clientes para garantir vitórias de projetos na próxima geração de produtos.

    [17] Na área da concorrência, presenciamos alguns acontecimentos interessantes no último ano. [18] Nosso principal concorrente tem dado ênfase à montagem de um sistema de distribuição no mercado europeu. [19] Esse concorrente parece deixar a América do Norte e o Extremo Oriente, que são nossas bases mais sólidas. [20] Entretanto, temos visto várias novas empresas surgirem no mercado norte-americano. [21] Elas têm sido capazes de atrair financiamento de capital de risco em volume significativo, o que lhes dá uma capacidade maior de desenvolvimento de reconhecimento de marca do que as empresas ingressantes conseguiram no passado.

    [22] Na área de tecnologia, os avanços recentes da tecnologia de mecânica microeletrônica têm prometido uma melhoria dramática no desempenho de produtos. [23] Tipicamente, as empresas novas têm se concentrado nessa tecnologia.

    Nomeie cada uma das forças competitivas enfrentadas pela Rubylight, usando o modelo de cinco forças de Porter. Determine se cada força competitiva é favorável ou desfavorável à Rubylight. Selecione, para cada força competitiva, apenas duas frases da Carta do Presidente que apóie se a força competitiva é favorável ou desfavorável à Rubylight.

    Observação: nenhuma frase pode ser selecionada mais de uma vez; apenas os números de referência desta são necessários em sua seleção (16 minutos).

PROBLEMAS

1. Qual é o nível esperado das taxas de juros americanas, com base nas seguintes condições?
   (a) A variação esperada da taxa de câmbio é de 4%; a taxa de juros internacional é igual a 9%.
   (b) A variação esperada da taxa de câmbio é de −4%; a taxa de juros internacional é igual a 9%.
   (c) A variação esperada da taxa de câmbio é de 2,5%; a taxa de juros internacional é igual a 18%.
   (d) A variação esperada da taxa de câmbio é de −1,3%; a taxa de juros internacional é igual a 5%.

2. A taxa atual de inflação é de 3%, e os títulos de renda fixa a longo prazo rendem 8%. Você estima que a taxa de inflação subirá para 6%. O que você espera que aconteça com os rendimentos dos títulos de renda fixa a longo prazo? Calcule o efeito dessa variação da inflação sobre o preço de um título de renda fixa com cupom de 8% e prazo de 15 anos.

3. Disseram-lhe que uma empresa de investimento projeta um retorno de 10% no próximo ano para o mercado de ações dos Estados Unidos, ao mesmo tempo em que se espera que as ações na Europa dêem aos investidores um retorno de 13%.
   (a) Supondo que todos os riscos, exceto o de taxa de câmbio, sejam iguais, e que você espere que esta de euro/dólar americano vá de 1,20 para 1,10 durante o ano, diga onde você investiria e por quê.
   (b) Diga onde e por que você investiria, se fosse esperado que a taxa de câmbio variasse de 1,20 para 1,30.

4. Prepare uma tabela que mostre a variação porcentual, em cada um dos últimos dez anos (a) do Índice de Preços ao Consumidor (todos os itens), (b) do PIB nominal, (c) do PIB real (em dólares constantes) e (d) do deflator do PIB. Explique quanto do crescimento nominal foi causado pelo crescimento real e pela inflação. As perspectivas para o próximo ano são, em algum aspecto, diferentes do que aconteceu no ano passado? Discuta.

5. *Exame CFA – Nível I*
   Imagine que você seja um analista fundamentalista que acompanhe o setor automobilístico para uma corretora de grande porte. Identifique e explique sucintamente a relevância de *três* séries, indicadores ou dados econômicos que seriam relevantes para o setor e para a análise de empresas. (12 minutos)

6. Índices de Mercados Internacionais de Ações são publicados semanalmente por *Barron's* no item intitulado *Market Laboratory/Stocks*. Consulte a última edição disponível dessa publicação e a edição de um ano antes para encontrar as seguintes informações:
   (a) O valor de fechamento de cada índice em datas específicas, em relação ao máximo de cada ano.
   (b) Nomeie os países com mercados em baixa e os com mercados em alta.
   (c) Para os dois períodos, calcule a variação anual em relação ao preço inicial. Com base nisso e na amplitude desses valores, que mercados parecem ser mais voláteis?

7. Usando uma fonte de dados financeiros como *Barron's* ou o *Wall Street Journal*:
   (a) Faça um gráfico das variações porcentuais semanais do Índice S&P 400 (no eixo vertical) contra as semanais comparáveis de oferta de moeda medida por M2 (eixo horizontal) nas últimas dez semanas. Você notou uma correlação positiva, negativa ou nula? (Os agregados monetários costumam estar defasados em relação aos mercados de ações.)

   (b) Examine a relação entre as variações porcentuais semanais do índice S&P 400 e do índice Dow Jones nos últimos dez anos. Faça um gráfico das variações porcentuais semanais de cada índice, colocando o S&P no eixo horizontal e o Dow Jones no vertical. Discuta seus resultados do ponto de vista de sua relação com a diversificação. Faça uma comparação semelhante entre os índices S&P 400 e Nikkei e debata os resultados.

8. Selecione três setores do S&P Analysts Handbook com diferentes fatores determinantes da demanda. Para cada setor, indique que série econômica você usaria para ajudá-lo a prever o crescimento do setor. Discuta por que as séries econômicas selecionadas são relevantes para esse setor.

9. Faça um diagrama de dispersão para um dos setores do Problema 8 que mostre as vendas por ação da área e as observações da série econômica sugeridas por você. Faça isso para os últimos dez anos usando as informações disponíveis no S&P Analysts Handbook. Com base nos resultados de seu diagrama de dispersão, discuta se essas séries estão fortemente relacionadas às vendas.

10. Usando o S&P Analysts Handbook, calcule as médias das seguintes variáveis do S&P 400 e do setor de sua escolha nos últimos dez anos.
    (a) Multiplicador preço-lucro
    (b) Taxa de retenção
    (c) Retorno sobre o patrimônio líquido
    (d) Giro do patrimônio líquido
    (e) Margem de lucro líquido
    (Observação: cada uma dessas medidas é um quociente, portanto tome cuidado ao calcular as médias.) Comente brevemente sobre as diferenças entre seu setor e o S&P 400 em termos de cada uma das variáveis.

11. Em que ponto do ciclo de vida está situado seu setor? Justifique sua resposta.

12. Avalie sua área em termos dos cinco fatores que determinam a estrutura competitiva de um setor. Discuta suas expectativas quanto à rentabilidade a longo prazo.

13. Informações setoriais podem ser encontradas no *Market Laboratory/Economic Indicators* da Barron's. Usando edições dos últimos seis meses, faça um gráfico da tendência dos seguintes itens:
    (a) Produção automobilística
    (b) Estoques da indústria automobilística (nacionais e importados)
    (c) Produção de papel de imprensa
    (d) Estoques de papel de imprensa
    (e) Estoques das empresas
    Que conclusões preliminares esses dados apóiam em relação ao ambiente econômico corrente?

14. *Exame CFA – Nível II*
    A Universal Auto é uma grande empresa multinacional sediada nos Estados Unidos. Para fins de divulgação de dados por segmento, a empresa informa que atua em dois ramos: a produção de veículos automotores e serviços de processamento de informações.

    O ramo de veículos automotores é de longe o maior dos segmentos da Universal. Ele envolve basicamente a produção doméstica de carros de passeio nos Estados Unidos, mas também inclui operações de fabricação de caminhões de pequeno porte nesse país e a produção de carros de passeio em outros. Este segmento da Universal tem apresentado resultados operacionais fracos por vários anos, incluindo um prejuízo elevado em 1992. Embora a empresa não os decomponha de suas operações no ramo de carros de passeio no mercado doméstico, acredita-se que essa parte é a principal responsável pelo fraco desempenho de seu segmento de veículos automotores.

A Idata, o segmento de serviços de processamento de informações da Universal, foi criada há cerca de 17 anos. O negócio revelou ser possuidor de crescimento forte, estável, que tem sido integralmente interno; nenhuma aquisição foi feita.

Um relatório de pesquisa sobre a Universal Auto recentemente foi escrito por Paul Adam, um candidato à CFA. Em um trecho de seu relatório de pesquisa, ele diz:

Com base em nossa premissa de que a Universal será capaz de aumentar os preços de carros de passeio significativamente nos Estados Unidos em 1993, projetamos uma elevação multibilionária dos lucros em dólares...

(a) Discuta o conceito de ciclo de vida de um setor descrevendo cada uma de suas cinco fases (8 minutos).

(b) Identifique em que ponto cada um dos dois ramos básicos da Universal, carros de passeio e processamento de informações, está nesse ciclo (2 minutos).

(c) Discuta como a fixação de preços de produtos pode variar entre os dois ramos da Universal, dada a posição de cada ramo no ciclo de vida do setor (4 minutos).

O relatório de pesquisa de Adam prosseguia da seguinte maneira:

Com uma recuperação da economia já a caminho, a expansão esperada do lucro deve levar a um preço muito mais alto das ações da Universal Auto. *Recomendamos fortemente a sua compra.*

(d) Discuta a abordagem do ciclo econômico para o *timing* de um investimento. (Sua resposta deve descrever providências a serem tomadas *tanto* para ações *quanto* para títulos de renda fixa, em pontos distintos de um ciclo econômico típico – 6 minutos).

(e) Supondo que a asserção de Adam esteja correta – que uma recuperação da economia já esteja a caminho – avalie a oportunidade de sua recomendação de compra da Universal Auto, uma ação cíclica, com base na abordagem do ciclo econômico ao *timing* do investimento (6 minutos).

15. *Exame CFA – Nível II*

Pat Johnson, CFA, é um analista de ações que acompanha a indústria de brinquedos. Johnson concluiu que os dois principais fatores macroeconômicos que afetam as vendas domésticas nominais do setor de brinquedos nos Estados Unidos (em milhões de dólares, VENDAS$_t$) são:

- a população (em milhões) de crianças de 3 a 14 anos de idade (CRIANÇAS$_t$), e
- o PIB nominal *per capita* em dólares americanos (PIB$_t$).

Usando dados mensais, Johnson obtém os seguintes resultados de regressão (estatísticas *t* entre parênteses):

$$\text{VENDAS}_t = 62,10 + 87,50 \ \text{CRIANÇAS}_t + 0,1974 \ \text{PIB}_t$$
$$\qquad\quad (2,49) \quad (2,02) \qquad\qquad (3,03)$$

Número de observações:	30
R^2 não ajustado:	0,9699
Estatística *F*:	112,64
Erro-padrão múltiplo:	13,31
Correlação entre CRIANÇAS e PIB:	0,25 ($t = 0,75$)

(a) Avalie o grau de ajuste da equação de regressão (4 minutos).

(b) Calcule, com base na equação de regressão,

i. o valor previsto do "volume nominal de vendas do setor", caso o PIB nominal *per capita* (PIB$_t$) esperado seja de 500 dólares e a população esperada de crianças de 3 a 14 anos (CRIANÇAS$_t$), igual a 100 milhões;

ii. o intervalo aproximado de confiança de 95% para as vendas nominais previstas. Mostre seus cálculos (6 minutos).

Os resultados de Johnson são avaliados pela economista-chefe da empresa, Susan Yost, CFA. Yost diz que os resultados poderiam ser melhorados com a eliminação dos efeitos da inflação sobre VENDAS$_t$ e PIB$_t$.

(c) Justifique a afirmação de Yost (4 minutos).

Exercícios da web

1. Uma medida popular de liquidez é a diferença entre o crescimento da oferta de moeda (usando uma medida como M2 ou MZM) e o crescimento do PIB. Obtenha dados sobre essas medidas na Internet e discuta como a relação entre elas tem afetado o comportamento do mercado de ações nos últimos meses.

2. Examine a tendência das taxas de juros a curto prazo (por exemplo, fundos federais, letras do Tesouro de 90 dias etc.) ao longo das últimas dez semanas. Há alguma correlação entre essas taxas a curto prazo? Estime a correlação entre cada taxa de curto prazo e as variações porcentuais da oferta de moeda na definição M1. Faça uma regressão com estas como variável independente e as taxas de curto prazo como variável dependente. O que mostra a sua análise?

3. Obtenha uma cópia da Tabela B 95 na versão da Internet do último *Economic Report of the President* (Relatório Econômico do Presidente). Encontre o retorno médio do S&P 500 desde 1959 para os anos nos quais a diferença entre a taxa de lucro e a de letras do Tesouro com prazo de três meses é (a) menor do que zero (significando que a taxa das letras do Tesouro supera a de lucro); (b) inferior a 1%.

4. Utilize a Internet para localizar dados de indicadores de inflação. Avalie o quão bem eles têm indicado tendências inflacionárias.

5. Por meio de uma busca na Internet, identifique duas posições antagônicas a respeito do ambiente de mercado e da economia a curto prazo. Explique as duas posições e as recomendações de investimento daí resultantes. Que premissas ou expectativas distintas têm seus defensores?

EXERCÍCIOS EM PLANILHA

1. Obtenha dados, em fontes impressas ou na Internet, sobre o PIB e seus componentes desde 1985 e faça um gráfico destes principais quanto a gastos do produto (consumo, investimento, governo e exportações líquidas) como porcentagem do PIB total de cada ano. Discuta o que o gráfico indica sobre o comportamento dos gastos ao longo do tempo. Qual é o coeficiente de correlação entre PIB e gastos de consumo?

2. Observemos mais de perto o comportamento dos gastos de consumo. Colete dados sobre os componentes destes desde 1985. Faça um gráfico como porcentagem do PIB e do consumo agregado. Descreva o comportamento dos componentes ao longo do tempo. Supondo as proporções observadas em 2003, em quantos dólares os gastos com bens duráveis aumentariam se o PIB crescesse um ponto porcentual?

3. Descreva as variações dos componentes dos gastos de investimento desde 1985.

REFERÊNCIAS

BAKER, H. Kent. Improving the Investment Decision Process: Better Use of Economic Inputs. In: *Securities Analysis and Portfolio Management.* Charlottesville, VA: AIMR, 1992.

BALOG, James. *The Health Care Industry.* Charlottesville, VA: AIMKent, Ed. R, 1993.

BHATIA, Sanjiv (Ed.). *The Media Industry.* Charlottesville, VA: AIMR, 1996.

BILLINGSLEY, Randall S. (Ed.). *The Telecommunications Industry.* Charlottesville, VA: AIRM, 1994.

HYMAN, Leonard S. (Ed.). *Deregulation of the Electric Utility Industry.* Charlottesville, VA: AIMR, 1997.

INGENE, Charles A. (Ed.). *The Retail Industry*: General Merchandisers and Discounters, Specialty Merchandisers, Apparel Specialty, and Food/Drug Retailers. Charlottesville, VA: AIMR, 1993.

JENSEN, Gerald R.; JOHNSON, Robert R.; MERCER, Jeffrey M. *The Role of Monetary Policy in Investment Management.* Charlottesville, VA: The Research Foundation of AIMR, 2000.

MORLEY, Alfred C. (Ed.). *The Financial Services Industry – Banks, Thrifts, Insurance Companies, and Securities Firms.* Charlottesville, VA: AIMR, 1992.

PETRIE, Thomas A. (Ed.). *The Oil and Gas Industries.* Charlottesville, VA: AIMR, 1993.

PORTER, Michael E. *Competitive Strategy*: Techniques for Analyzing Industries and Competitors. New York: Free Press, 1980.

PORTER, Michael E. *Competitive Advantage*: Creating and Sustaining Superior Performance. New York: Free Press, 1985.

SHERRERD, Katrina F. (Ed.). *Economic Analysis for Investment Professionals.* Charlottesville, VA: AIMR, 1997.

GLOSSÁRIO

Ambiente competitivo – O nível de intensidade da concorrência entre as empresas de um setor, determinado pelo exame de cinco forças competitivas.

Análise de expectativas – Abordagem de previsão que inclui uma análise do ambiente atual, dos pressupostos do analista e um procedimento de monitoramento de dados e eventos para identificar mudanças do ambiente ou violações dos pressupostos do analista.

Análise do ciclo de vida do setor – Uma análise que se preocupa com o estágio de desenvolvimento de um setor.

Estratégia competitiva – A busca de uma posição competitiva favorável por uma empresa favorável em um setor que afeta a avaliação das perspectivas deste.

Exigência de reserva – Quociente entre reservas compulsórias e depósitos totais em um banco.

Índice coincidente de indicadores econômicos – Um índice formado por um conjunto de variáveis econômicas cujos valores atingem picos e vales praticamente ao mesmo tempo que a economia como um todo.

Índice de indicadores econômicos adiantados – Índice formado por um conjunto de variáveis econômicas cujos valores alcançam picos e vales antes da economia como um todo.

Índice de indicadores econômicos atrasados – Índice composto por um conjunto de variáveis econômicas cujos valores alcançam picos e vales após a economia como um todo.

Modelo econométrico – Uma estimativa estatística de relações matemáticas entre variáveis econômicas propostas pela teoria econômica.

Mudança estrutural – Um tipo de tendência econômica resultante de uma alteração importante na organização ou na forma de funcionamento de uma economia.

Operações de mercado aberto – A ferramenta de política monetária mais freqüentemente usada, com a qual o Conselho Federal da Reserva compra ou vende títulos de qualquer participante do mercado.

Peso abaixo do normal – Situação em que uma carteira, por uma razão qualquer, inclui quantidade de uma classe de títulos abaixo do que seria justificado simplesmente pelo valor relativo de mercado.

Peso acima do normal – Situação em que uma carteira, por uma razão qualquer, inclui quantidade de uma classe de títulos acima do que seria justificado simplesmente pelo valor relativo de mercado.

Política fiscal – A aplicação de poderes de gasto e tributação pelo governo.

Política monetária – O uso do poder do Conselho Federal de Reserva para afetar a oferta de moeda e a atividade econômica agregada.

Produto Interno Bruto (PIB) – Soma dos bens e serviços produzidos nos limites de um país. Os cinco maiores componentes do PIB são os gastos de consumo, os gastos de investimento, as despesas governamentais, exportações e importações.

Setor – Conjunto de empresas que fazem produtos semelhantes, usados por consumidores para finalidades similares.

Taxa de câmbio – O preço da moeda de um país em termos da de um outro.

Taxa de fundos federais – Taxas de juros que os bancos cobram uns dos outros por empréstimos a curto prazo.

Taxa de lucro – Quociente entre lucro por ação e preço; inverso do índice P/E.

Taxa de redesconto – A taxa de juros à qual os bancos podem tomar empréstimos do Conselho Federal de Reserva.

Variação cíclica – Um tipo de tendência econômica, resultante dos altos e baixos do ciclo econômico.

capítulo 14

Análises de demonstrações financeiras

Neste capítulo, responderemos às seguintes perguntas:

Quais são as principais demonstrações financeiras fornecidas pelas empresas e que informações específicas estão contidas em cada uma delas?

Por que usamos índices financeiros para examinar o desempenho de uma empresa, e por que é importante analisá-lo relativamente quanto à economia e ao setor de uma empresa?

Quais são as principais categorias de índices financeiros e que perguntas são respondidas pelos índices dessas categorias?

Que índices específicos nos ajudam a determinar a liquidez interna, o desempenho operacional, o perfil de risco e o potencial de crescimento de uma empresa?

Como a análise DuPont pode ajudar a avaliar os retornos passado e futuro do patrimônio líquido de uma empresa?

O que é um balanço patrimonial ou uma demonstração de resultado de qualidade?

Por que a análise de demonstrações financeira é realizada, se os mercados são eficientes e se preocupam com o futuro?

Quais são os principais índices financeiros usados pelos analistas nas seguintes áreas: avaliação de ações, estimativa e avaliação de risco sistemático, previsão de *ratings* de crédito de títulos de dívida e previsão de falência?

Objetivo deste capítulo

Você provavelmente já notou que este é um capítulo bastante longo, com várias demonstrações e diversos índices financeiros. O motivo desta ampla discussão de como analisar demonstrações financeiras é o de que a nossa meta final (como foi observado anteriormente) é montar uma carteira de investimentos que ofereça taxas de retorno compatíveis com o risco da carteira. Por sua vez, para determinar as taxas esperadas de retorno de diferentes ativos, devemos *estimar o valor futuro* de cada ativo, pois um componente importante da taxa de retorno é a variação do valor do ativo no decorrer do tempo. Portanto, o cerne de um investimento é a *avaliação*. Embora consideremos vários modelos de avaliação de ações ordinárias no próximo capítulo, você já sabe que o valor de qualquer ativo gerador de rendimentos é o valor presente dos fluxos de caixa esperados do ativo. Dessa forma, como foi observado nos capítulos anteriores, para se estimar o valor de um ativo precisamos prever a taxa de desconto deste (a taxa de retorno exigida) e seus fluxos de caixa esperados. A principal fonte de informações necessárias para se fazer essas duas estimativas é o conjunto de demonstrações financeiras da empresa. Para se fazer uma estimativa da taxa de retorno exigida, precisamos entender os riscos operacionais e financeiros da empresa. Para estimar os fluxos de caixa futuros, precisamos entender a composição destes, bem como o que contribuirá para o crescimento deles a curto e a longo prazos. As demonstrações financeiras, os riscos operacional e financeiro e as análises da composição e do crescimento do fluxo de caixa são os tópicos deste capítulo. Em outras palavras, um de seus objetivos básicos é ajudá-lo a entender como estimar as variáveis dos modelos de avaliação.

As demonstrações financeiras também são a principal fonte de informação quando se decide emprestar dinheiro a uma empresa (investir em seus títulos de dívida) ou comprar *warrants* ou opções de ações de uma empresa. Neste capítulo, apresentaremos primeiro as principais demonstrações financeiras de uma empresa e discutiremos por que e como os índices financeiros são úteis. Também forneceremos exemplos de cálculo de índices que refletem a liquidez interna, o desempenho operacional e as análises de risco e de crescimento. Além disso, trataremos de quatro áreas importantes de investimento nas quais os índices financeiros têm sido efetivamente empregados.

Nossa empresa ilustrativa neste capítulo é a Walgreen Co., a maior rede de drogarias no varejo dos Estados Unidos. Ela opera 4.227 drogarias em 44 estados deste país e em Porto Rico. As mercadorias gerais são responsáveis por 26% e os produtos farmacêuticos geram aproximadamente 62% das vendas totais. A empresa lidera seu setor (drogarias no varejo) em vendas, lucro e crescimento de lojas. A meta da empresa é ser o varejista mais conveniente e tecnologicamente avançado na área de assistência de

324 Investimentos

saúde dos Estados Unidos. Ela se orgulha muito do crescimento estável de suas vendas e seus lucros, que têm se refletido no desempenho brilhante das ações, por exemplo, os dividendos têm aumentado em cada um dos últimos 28 anos e, desde 1980, a ação foi desdobrada dois por um, sete vezes.

Principais demonstrações financeiras

As demonstrações financeiras destinam-se a fornecer informações sobre os recursos disponíveis à administração, como esses recursos foram financiados, e o que a empresa conseguiu com eles. Os relatórios anuais e trimestrais aos acionistas da empresa incluem três demonstrações financeiras obrigatórias: o balanço patrimonial, a demonstração de resultado e a demonstração de fluxos de caixa. Além disso, os relatórios que devem ser submetidos à Securities and Exchange Comission (SEC) (por exemplo, os relatórios 10-K e 10-Q) contêm informações detalhadas sobre a empresa, como informações sobre acordos de empréstimo e dados sobre linhas de produtos e desempenho de subsidiárias. As informações contidas nas demonstrações financeiras básicas podem ser usadas para calcular índices financeiros e para analisar as operações da empresa para determinar que fatores afetam seus lucros, os fluxos de caixa e as características de risco.

PRINCÍPIOS DE CONTABILIDADE GERALMENTE ACEITOS

Dentre os elementos usados para elaborar as demonstrações financeiras estão os ***princípios de contabilidade geralmente aceitos (GAAP)***, que são estipulados pelo Financial Accounting Standards Board (FASB). O FASB reconhece que seria impróprio que todas as empresas usassem princípios de contabilidade idênticos e restritivos. Um certo grau de flexibilidade e escolha é necessário, porque os setores e as empresas dentro destes diferem uns dos outros em termos de seus ambientes operacionais. Assim, o FASB permite às empresas escolherem os padrões de contabilidade que melhor refletem a prática da empresa. Do lado negativo, ela pode permitir às firmas parecerem mais saudáveis do que elas realmente são.[1] Dada essa possibilidade, o analista financeiro deve analisar rigorosamente as informações financeiras disponíveis para separar aquelas empresas que *parecem* atraentes das que realmente estão em boa forma financeira.

Felizmente, o FASB exige que as demonstrações financeiras incluam notas explicativas indicando que princípios contábeis foram usados pela empresa. Como estes freqüentemente diferem entre as empresas, as notas explicativas ajudam o analista financeiro a ajustar as demonstrações financeiras das empresas para que o analista possa comparar melhor "maçãs com maçãs".

BALANÇO PATRIMONIAL

O ***balanço patrimonial*** mostra que recursos (ativos) a empresa controla e como ela os tem financiado. Especificamente, ele indica os ativos fixos e circulantes disponíveis à empresa *em um determinado momento* (no fim do exercício fiscal anual ou no final de um trimestre). Na maioria dos casos, a empresa é proprietária desses ativos, mas algumas empresas alugam ativos a longo prazo. A forma pela qual a empresa tem financiado a aquisição destes é indicada por sua combinação de passivos circulantes (contas a pagar ou empréstimos de curto prazo), por seus passivos de longo prazo (títulos de dívida com juros fixos e arrendamentos) e pelo patrimônio líquido dos proprietários (ações preferenciais, ordinárias e lucros retidos).

O balanço patrimonial da Walgreen na Tabela 14.1 representa o *estoque* de ativos e a sua combinação de fontes de financiamento no final dos exercícios fiscais anuais da Walgreen em 31 de agosto de 2001, 2002 e 2003.

DEMONSTRAÇÃO DE RESULTADO

A ***demonstração de resultado*** contém informações sobre o desempenho operacional da empresa durante *um período* (um trimestre ou um ano). Em contraste com o balanço patrimonial, que se refere a um momento específico, ela indica o *fluxo* de vendas, despesas e lucros durante um período. A demonstração de resultado da *Walgreen* nos anos de 2001, 2002 e 2003 aparece na Tabela 14.2. Concentramos nossa atenção nos resultados das operações depois do imposto como o valor relevante do lucro líquido. Para a *Walgreen*, trata-se tipicamente do lucro líquido, pois a empresa geralmente não tem qualquer receita ou despesa extraordinária.

DEMONSTRAÇÃO DOS FLUXOS DE CAIXA

Nossa discussão anterior sobre avaliação indica que os fluxos de caixa são dados críticos. Portanto, os contadores agora exigem que as empresas forneçam tais informações. A ***demonstração dos fluxos de caixa*** integra os dados do balanço patrimonial e da demonstração de resultado, mostrando os efeitos dos fluxos de lucro sobre os fluxos de caixa de uma empresa (com base nas duas últimas demonstrações de resultado) e das variações no balanço patrimonial (com base nos dois últimos balanços patrimoniais anuais), que também exercem efeitos sobre os fluxos de caixa. Os analistas podem usar os valores deste para estimar o valor de uma empresa e para avaliar o risco e o retorno dos títulos de dívida e das ações da empresa.

A demonstração dos fluxos de caixa tem três seções: fluxos de caixa de atividades operacionais, fluxos de caixa de atividades de investimento e fluxos de caixa de atividades de financiamento. O total desses fluxos das três seções corresponde à variação líquida da posição de caixa da empresa, que deve ser igual à diferença entre os saldos de caixa nos balanços patrimoniais no final e no início de um período. As demonstrações dos fluxos de caixa da Walgreen para os anos de 2001, 2002 e 2003 aparecem na Tabela 14.3.

---

[1] O fiasco recente que envolve a Enron salienta este ponto muito claramente. Para uma discussão geral sobre este tópico, veja Nanette Byrnes e David Henry, "Confused About Earnings?" *Business Week*, p. 77-84, 26 nov. 2001; David Henry, "The Numbers Game." *Business Week*, p. 100-110, 14 maio 2001; Mike McNamee et al., "Accounting in Crises." p. 44-48, *Business Week*, 28 jan. 2002.

Análises de demonstrações financeiras **325**

TABELA 14.1	Balanço patrimonial consolidado da Walgreen Co. e de suas subsidiárias (em milhões de dólares), nos exercícios encerrados em 31 de agosto de 2001, 2002 e 2003		
	2003	**2002**	**2001**
Ativos			
Ativos circulantes			
Caixa e equivalentes de caixa	$ 1.017	$ 450	$ 17
Contas a receber, menos provisões	1.018	955	798
Estoques	4.203	3.645	3.482
Outros ativos circulantes	121	117	96
Total de ativos circulantes	6.358	5.167	4.394
Imóveis, instalações e equipamentos, valor bruto	6.362	5.918	5.503
Menos depreciação e amortização acumulada	1.422	1.327	1.158
Imóveis, instalações e equipamentos, valor líquido	4.940	4.591	4.345
Outros ativos não circulantes	108	121	95
Ativos totais	$ 11.406	$ 9.879	$ 8.834
Passivos e patrimônio líquido			
Passivos circulantes			
Empréstimos de curto prazo	$ 0	$ 0	$ 441
Parcelas de dívidas de longo prazo vencendo a curto prazo	0	0	0
Fornecedores	2.077	1.836	1.547
Total de despesas acumuladas e outros passivos	1.238	1.018	938
Despesas acumuladas e outros passivos	0	0	0
Imposto de renda a recolher	106	101	87
Total de passivos circulantes	3.421	2.955	3.012
Imposto de renda diferido	228	177	137
Dívidas de longo prazo, menos parcelas com vencimento a curto prazo	0	0	0
Outros passivos não circulantes	562	517	478
Ações preferenciais, valor par de $ 0,0625; 32 milhões ações autorizadas; nenhuma emitida			
Patrimônio dos acionistas ordinários			
Ações ordinárias, valor par de $ 0,078125; 3,2 bilhões de ações autorizadas; 1.024.908.276 emitidas e em circulação em 2003 e 2002	80	80	80
Ágio na venda de ações	698	748	597
Lucros retidos	6.418	5.402	4.531
Patrimônio líquido total	7.196	6.230	5.207
Total de passivos e patrimônio líquido de acionistas ordinários	$ 11.406	$ 9.879	$ 8.834

Fonte: Reimpresso com autorização da *Walgreen Co.*

Fluxos de caixa de atividades operacionais – Esta seção da demonstração enumera as fontes e os usos de caixa resultantes das operações normais de uma empresa. Em geral, o fluxo de caixa líquido das operações é calculado pelo resultado líquido divulgado na demonstração de resultado, incluindo as variações dos itens de capital de giro líquido (ou seja, contas a receber, estoques etc.), mais os ajustes de receitas não recebidas e despesas não desembolsadas (tal como depreciação), ou seja:

14.1

> **Fluxo de caixa de atividades operacionais**
>
> = **lucro líquido + receitas não recebidas e despesas não desembolsadas**
>
> + **variações de itens de capital de giro líquido**

De acordo com nossa discussão anterior, o saldo de caixa não está incluído nos cálculos dos fluxos de caixa das operações. Deve ser observado que a Walgreen tem sido capaz de gerar fluxos de caixa sistematicamente elevados nas operações, mesmo depois de se levar em conta os aumentos sistemáticos de contas a receber e estoques exigidos pelo crescimento da empresa.

326 Investimentos

TABELA 14.2	Demonstração de resultado consolidado da Walgreen Co. e suas subsidiárias (em milhões de dólares, exceto dados por ação); Exercícios encerrados em 31 de agosto de 2001, 2002 e 2003		
	2003	**2002**	**2001**
Receita operacional líquida	$ 32.505	$ 28.681	$ 24.623
Custo das mercadorias vendidas	23.706	21.076	18.049
Lucro bruto	8.799	7.605	6.574
Despesas de venda, de ocupação e administrativas	6.951	5.981	5.176
Resultado operacional (LAJI)	1.848	1.624	1.398
Receita financeira	11	7	5
Despesa financeira	0	0	3
Outras receitas	30	6	22
Resultado operacional antes do imposto de renda	1.889	1.637	1.423
Provisão para pagamento de imposto de renda	713	618	537
Lucro líquido divulgado	1.176	1.019	886
Lucro (prejuízo) líquido divulgado	1.176	1.019	886
disponível aos acionistas ordinários por ação	$ 1.14	$ 0,99	$ 0,86
Dividendo por ação ordinária	$ 0.16	$ 0,15	$ 0,14
Número médio de ações ordinárias em circulação (milhões)	1.032	1.032	1.029

Fonte: Reimpresso com autorização da *Walgreen Co.*

Fluxos de caixa de atividades de investimento – Uma empresa faz investimentos tanto em seus ativos fixos quanto nos não circulantes e em ações de outras empresas (que podem ser subsidiárias ou *joint ventures* da matriz. Esses valores são incluídos na conta de "investimentos" do balanço patrimonial). Aumentos e reduções dessas contas não circulantes são considerados atividades de investimento. O fluxo de caixa das atividades de investimento é a variação do valor bruto de instalações e equipamentos, mais a variação do saldo da conta de investimentos. As variações são positivas quando representam uma fonte de fundos (por exemplo, a venda de algum equipamento e/ou instalação); caso contrário, são negativas. As variações monetárias dessas contas são calculadas usando os dois balanços patrimoniais mais recentes da empresa. A maioria delas (incluindo a Walgreen) tem fluxos de caixa de investimento negativos, em função de gastos significativos de capital.

Fluxos de caixa de atividades de financiamento – As entradas de caixa são geradas por aumentos de notas a pagar e de passivos de longo prazo e contas de patrimônio líquido, como emissões de ações e de títulos de dívida. Os usos de financiamento (fluxos de saída) incluem diminuições dos saldos de tais contas (ou seja, o pagamento de passivos ou recompras de ações ordinárias). Os pagamentos de dividendos são um fluxo de saída de caixa financeiro significativo.

Os fluxos de caixa totais das atividades operacionais, de investimento e de financiamento correspondem ao aumento ou à diminuição líquida do saldo de caixa de uma empresa. A sua demonstração fornece um detalhamento dos fluxos de caixa que não aparecem no balanço patrimonial e na demonstração de resultado.

MEDIDAS DE FLUXO DE CAIXA

Há diversas medidas de fluxo de caixa que um analista pode usar para determinar a saúde básica de uma empresa.

Fluxo de caixa tradicional – A medida tradicional de fluxo de caixa é igual a lucro líquido mais os gastos de depreciação e impostos diferidos. Mas, como acabamos de ver, também é necessário fazer ajustes em função de variações de ativos e passivos operacionais (circulantes) que usam ou geram caixa. Essas variações podem aumentar ou diminuir o fluxo de caixa estimado pela medida tradicional deste: lucro líquido mais despesas não desembolsadas.

A tabela abaixo compara os dados dos fluxos de caixa das operações (Tabela 14.3) com os valores do fluxo de caixa tradicional da Walgreen de 2001 a 2003.

	O fluxo de caixa tradicional é igual a lucro líquido + depreciação + variação de imposto diferido	Fluxo de caixa de operações conforme a demonstração dos fluxos de caixa
2003	1.581	1.492
2002	1.349	1.474
2001	1.202	719

TABELA 14.3	Demonstração consolidada de fluxos de caixa da Walgreen Co. e de suas subsidiárias (em milhões de dólares), para os exercícios encerrados em 31 de agosto de 2001, 2002 e 2003		
	2003	**2002**	**2001**
Fluxo de caixa de atividades operacionais:			
Lucro Líquido	$ 1.176	$ 1.019	$ 886
Ajustes para reconciliar o lucro líquido ao fluxo de caixa líquido gerado pelas atividades operacionais:			
Efeito cumulativo de mudanças contábeis	0	0	0
Depreciação e amortização	346	307	269
Imposto de renda diferido	59	23	47
Economia de imposto de renda com os planos de distribuição de ações aos funcionários	24	57	67
Outros ajustes do lucro líquido	29	(9)	2
Variações de ativos e passivos operacionais em operações regulares:			
(Aumento) diminuição de estoques	(558)	(163)	(652)
(Aumento) diminuição de contas a receber	(57)	(171)	(177)
(Aumento) diminuição de outros ativos circulantes	0	0	0
Aumento (diminuição) de fornecedores	241	290	183
Aumento (diminuição) de despesas acumuladas e outros passivos	178	75	82
Imposto de renda	5	14	(5)
Outros ativos e passivos operacionais	48	31	17
Fluxos de caixa líquidos de atividades operacionais	$ 1.492	$ 1.474	$ 719
Fluxos de caixa de atividades de investimentos			
Aumentos de imóveis, instalações e equipamentos	(795)	(934)	(1.237)
Vendas de imóveis, instalações e equipamentos	85	368	44
Proventos líquidos de seguros de vida possuídos pela empresa	8	14	59
Vendas (compras) líquidas de títulos negociáveis	0	0	0
Fluxos de caixa líquidos de atividades de investimento	$ (702)	$ (552)	$ (1.135)
Fluxos de caixa de atividades de financiamento:			
(Pagamentos) recebimentos de empréstimos de curto prazo	0	(441)	441
Pagamentos de dividendos em dinheiro	(152)	(147)	(141)
(Custos) receitas de planos de distribuição de ações aos funcionários	(67)	111	126
Outros	(3)	(12)	(7)
Fluxos de caixa líquidos de atividades de financiamento	$ (222)	$ (489)	$ 419
Aumento (diminuição) líquido de caixa e equivalentes de caixa	567	433	4
Saldo de caixa e equivalentes de caixa no início do ano	450	17	13
Saldo de caixa e equivalentes de caixa no final do ano	$ 1.017	$ 450	$ 17

Fonte: Reimpresso com autorização da *Walgreen Co.*

Em dois dos três anos, o fluxo de caixa das operações foi inferior ao do tradicional estimado, por causa de vários ajustes necessários para se chegar ao fluxo de caixa das operações. Portanto, usando essa medida mais exata desses dois anos, os índices da Walgreen não teriam sido tão fortes. Para muitas empresas, isso é bastante típico, porque o efeito de variações do capital de giro freqüentemente é um fluxo de caixa muito negativo, em função dos aumentos necessários das contas a receber ou estoques para apoiar o crescimento das vendas (especialmente em empresas que estão crescendo rapidamente).

Fluxo de caixa livre – O *fluxo de caixa livre* ajusta o fluxo de caixa das operações para reconhecer que algumas atividades de investimento e financiamento são essenciais para a empresa. Supõe-se que esses gastos devem ser feitos antes que uma empresa possa usar seu fluxo de caixa para outras finalidades, como a redução de dívidas ou a recompra de ações ordinárias. Dois itens adicionais são considerados: (1) gastos de capital (um gasto de investimento) e (2) a venda de instalações e equipamentos (uma fonte de caixa com liquidações de ativos). Esses dois itens são usados para ajustar o fluxo de caixa das operações da Walgreen da seguinte maneira (alguns analistas apenas subtraem os gastos de capital, mas os analistas conservadores também subtraem os dividendos).

328 Investimentos

	Fluxo de caixa das operações	–	Gastos de capital	+	Venda de instalações e equipamentos	=	Fluxo de caixa livre
2003	1.492	–	795	+	85	=	781
2002	1.474	–	934	+	368	=	908
2001	719	–	1.237	+	44	=	(474)

Para empresas envolvidas em aquisições de controle alavancadas, o valor do fluxo de caixa livre é crítico, porque os novos proprietários geralmente querem usá-lo como fundos disponíveis para o resgate de dívidas existentes. Não é incomum que esse fluxo de uma empresa seja negativo. O fluxo de caixa livre da Walgreen era negativo em 2001, mesmo a empresa tendo elevado fluxo de caixa das operações, em função de pesados gastos de capital por causa da abertura de novas lojas. Em especial, esse valor do fluxo de caixa livre ou uma variante dele será usado em modelos posteriores de avaliação por fluxos de caixa.[2]

LAJIDA – O LAJIDA (lucro antes de juros, impostos, depreciação e amortização) é uma medida extremamente liberal de fluxo de caixa. Esta medida bastante generosa dos resultados operacionais não leva em consideração qualquer um dos ajustes observados anteriormente. Especificamente, ela reincorpora a depreciação e a amortização (como na medida tradicional), bem como as despesas financeiras e os impostos, mas não considera o efeito de variações dos itens de capital de giro (como aumentos de contas a receber e estoques) ou o impacto significativo dos gastos de capital. A tabela a seguir, que compara esta medida com outras três referentes ao fluxo de caixa da Walgreen, demonstra as grandes diferenças entre essas medidas.

Ano	LAJIDA	Fluxo de caixa tradicional	Fluxo de caixa das operações	Fluxo de caixa livre
2003	2.235	1.581	1.492	781
2002	1.944	1.349	1.474	908
2001	1.695	1.202	719	(474)

Alguns analistas têm utilizado o LAJIDA como *proxy* do fluxo de caixa e como métrica de avaliação semelhante ao lucro, ou seja, referem-se a múltiplos de LAJIDA, assim como outros analistas dizem respeito a múltiplos preço-lucro (P/E). No entanto, dado o que esta medida não considera, trata-se de uma prática muito questionável, que não é recomendada pelos autores.[3]

FINALIDADE DA ANÁLISE DE DEMONSTRAÇÕES FINANCEIRAS

A análise de demonstrações financeiras procura avaliar o desempenho da administração em diversas áreas importantes, incluindo rentabilidade, eficiência e risco. Embora analisemos necessariamente dados históricos, a meta última desta análise é fornecer subsídios que nos ajudem a projetar o desempenho futuro da administração, incluindo balanços patrimoniais projetados, demonstrações de resultado projetadas, fluxos de caixa e risco. É o desempenho *futuro esperado* da empresa que determina se devemos emprestar dinheiro a uma empresa ou investir nela.

Análises de índices financeiros

Os analistas usam índices financeiros porque os números isolados geralmente transmitem pouca informação. Por exemplo, saber que uma empresa teve um lucro líquido de 100 mil dólares não é algo muito informativo, a menos que também conheçamos o valor das vendas que o geraram (1 milhão de dólares ou dez milhões de dólares) e os ativos ou o capital aplicado pela empresa. Assim, os índices destinam-se a fornecer *relações* significativas entre os valores individuais nas demonstrações financeiras.

Como as principais demonstrações financeiras informam muitos itens individuais, é possível produzir um vasto número de índices possíveis, muitos dos quais terão pouco valor. Dessa forma, limitamos nosso exame aos índices relevantes e os agrupamos em categorias que forneçam informações sobre características econômicas importantes da empresa.

IMPORTÂNCIA DE ÍNDICES FINANCEIROS RELATIVOS

Assim como um único número isolado de uma demonstração financeira é de utilidade muito limitada, um índice financeiro individual tem pouco valor, exceto quando relacionado aos índices comparáveis de outras entidades. Ou seja, *apenas índices financeiros relativos são relevantes*. Portanto, é importante comparar o desempenho relativo de uma empresa com:

---

[2] Como mostraremos no próximo capítulo, pequenas modificações desse fluxo de caixa livre – como o do capital próprio (FCFE), o fluxo de caixa livre da empresa (FCFF) e o NOPLAT – são usados em modelos de avaliação e também no modelo de Valor Econômico Adicionado (EVA, ou Economic Value Added).

[3] Para uma discussão detalhada de problemas com o uso de LAJIDA, veja Pamela M. Stumpp, "Putting EBITDA in Perspective." *Moody's Investors Service* (jun. 2000).

Análises de demonstrações financeiras **329**

- A economia como um todo
- Seu setor ou seus setores
- Seus principais concorrentes dentro do setor
- Seu desempenho passado (análise de séries de tempo)

A comparação com a economia em geral é importante porque quase todas as empresas são influenciadas pelas flutuações econômicas. Por exemplo, não é razoável esperar um aumento da margem de lucro de uma empresa durante uma recessão; uma margem estável poderia ser encorajadora nessas condições. Entretanto, um aumento pequeno da margem de lucro da empresa durante uma forte expansão da economia pode ser um sinal de fraqueza. Assim, esta comparação ajuda os investidores a entender como uma empresa reage ao ciclo econômico e a *estimar* o desempenho futuro da empresa em ciclos econômicos posteriores.

Talvez a comparação mais significativa relaciona o desempenho de uma empresa ao de seu setor. Departamentos distintos afetam as empresas a eles pertencentes de maneiras diferentes, mas essa relação sempre é importante. O efeito do setor é mais forte nos setores com produtos homogêneos, como aço, borracha, vidro e madeira, pois todas as empresas dentro desses setores sofrem variações concomitantes de demanda. Além disso, elas empregam tecnologias e processos de produção bastante semelhantes. Por exemplo, mesmo uma empresa bem administrada que trabalhe com aço sofre uma redução de vendas e margens de lucro durante uma recessão. Nesse caso, a questão relevante não é se as vendas e as margens caíram, mas o quão ruim foi essa queda relativamente às outras empresas de aço. Além disso, os investidores devem examinar o desempenho de um setor em relação ao da economia para entender como o setor responde ao ciclo econômico.

Quando comparamos os índices financeiros de uma empresa aos índices setoriais, os investidores podem não querer usar a média do setor quando há uma variabilidade grande entre as empresas. Alternativamente, se acreditamos que uma companhia tem um componente especial, uma **análise em cross section**, na qual comparamos a empresa a subconjunto de empresas comparáveis do setor em termos de tamanho ou outras características, pode ser um procedimento apropriado. Por exemplo, podemos comparar o desempenho da Kroger ao de outras redes nacionais de venda de alimentos em vez de compará-la a redes regionais de venda de alimentos ou redes de alimentos especiais.

Outro problema prático na comparação de uma empresa com seu setor está ligado ao fato de que muitas delas atuam em vários setores. Podem ser feitas comparações impróprias quando uma empresa de vários setores é avaliada contra os índices de um único departamento. Para mitigar este problema, podemos usar uma análise em *cross section* comparando a empresa a um rival que opera em muitos dos mesmos setores. Alternativamente, podemos gerar índices médios setoriais compostos para a empresa. Para fazer isso, usamos o relatório anual da empresa ou o informe 10-K para identificar cada setor em que esta atua e a proporção das vendas totais dela em cada setor. O índice setorial composto seria um índice médio ponderado pelas proporções das vendas da empresa em cada setor.

Finalmente, a **análise de séries de tempo**, em que examinamos o desempenho relativo de uma empresa no decorrer do tempo para determinar se ela está progredindo ou declinando, é útil quando se estima o desempenho futuro. O cálculo da média de cinco ou dez anos de um índice sem a tendência no tempo pode levar a conclusões erradas. Por exemplo, uma taxa média de retorno de 10% pode resultar de taxas de retorno que subiram de 5% para 15% no decorrer do tempo ou de uma série que caiu de 15% para 5%. Obviamente, a diferença nas tendências destas séries teria um impacto importante sobre nossa estimativa para o futuro. Em termos ideais, poderíamos examinar a série de tempo de índices financeiros *relativos* de uma empresa em comparação com seu setor e a economia.

Cálculo de índices financeiros

Na discussão a seguir, dividimos os índices financeiros em cinco principais categorias que enfatizam as características econômicas importantes de uma empresa. As cinco características são:

1. Demonstrações financeiras de tamanho padronizado
2. Liquidez interna (solvência)
3. Desempenho operacional
    (a) Eficiência operacional
    (b) Rentabilidade das operações
4. Análise de risco
    (a) Risco operacional
    (b) Risco financeiro
    (c) Risco de liquidez externa
5. Análise de crescimento

Demonstrações financeiras de tamanho padronizado

As **demonstrações financeiras de tamanho padronizado** "normalizam" os itens do balanço patrimonial e da demonstração de resultado, permitindo uma comparação mais fácil de empresas de tamanhos diferentes. Um *balanço patrimonial* de tamanho comum apresenta todas as contas dos balanços como *percentagem dos ativos totais*. Uma *demonstração de resultado* de tamanho comum mostra todos os itens da demonstração como *percentual das receitas operacionais*. A Tabela 14.4 contém o balanço patrimonial de tamanho comum da Walgreen, e a Tabela 14.5 contém a demonstração de resultado de tamanho comum. Os índices de tamanho comum são úteis para se comparar rapidamente duas empresas

330 Investimentos

TABELA 14.4	Balanço patrimonial de tamanho comum da Walgreen Co. e de suas subsidiárias (em milhões de dólares). Exercícios encerrados em 31 de agosto de 1999, 2000, 2001, 2002 e 2003				
	2003	**2002**	**2001**	**2000**	**1999**
Ativos					
Ativos circulantes					
Caixa e equivalentes de caixa	8,92%	4,55%	0,19%	0,18%	2,40%
Contas a receber, menos provisões	8,92	9,67	9,04	8,65	8,24
Estoques	36,85	36,90	39,42	39,85	41,69
Outros ativos circulantes	1,06	1,18	1,09	1,30	2,21
Total de ativos circulantes	55,74	52,30	49,74	49,98	54,54
Imóveis, instalações e equipamentos, valor bruto	55,78	59,91	62,30	62,22	58,79
Menos depreciação e amortização acumuladas	12,47	13,43	13,11	13,96	14,88
Imóveis, instalações e equipamentos, valor líquido	43,31	46,48	49,19	48,26	43,91
Outros ativos não circulantes	0,95	1,22	1,07	1,77	1,54
Ativos Totais	100,00%	100,00%	100,00%	100,00%	100,00%
Passivos e patrimônio líquido					
Passivos circulantes					
Empréstimos de curto prazo	0%	0%	0%	0%	0%
Vencimentos correntes de dívidas de longo prazo	0	0	0	0	0
Fornecedores	18,21	18,59	17,51	19,20	19,14
Despesas a pagar e outros passivos	10,85	10,30	10,61	11,93	12,36
Total de despesas a pagar e outros passivos	—	—	—	—	—
Imposto de renda a recolher	0,93	1,02	0,98	1,30	1,07
Total de passivos circulantes	29,99	29,91	34,09	32,43	32,57
Imposto de renda diferido	2,00	1,79	1,55	1,43	1,27
Dívidas de longo prazo, menos parcelas vencendo no curto prazo	0	0	0	0	0
Outros passivos não circulantes	4,92	5,23	5,41	6,54	7,17
Ações preferenciais, com valor par de $ 0,0625; 32 milhões de ações autorizadas; nenhuma emitida.	0	0	0	0	0
Patrimônio líquido dos acionistas ordinários					
3,2 bilhões de ações autorizadas; emitidas e em circulação, 1.024.908.276 em 2003, 2002	0,70	0,81	0,90	1,11	1,33
Lucros retidos	6,12	7,58	6,75	5,17	4,38
Ágio na venda de ações	56,27	54,68	51,29	53,32	53,28
Total do patrimônio líquido	63,09	63,07	58,95	59,60	58,99
Total de passivos e patrimônio líquido	100,00%	100,00%	100,00%	100,00%	100,00%

Fonte: Reimpresso com autorização da *Walgreen Co.*

de tamanhos distintos e examinar tendências de uma única empresa no tempo. As demonstrações de tamanho comum também fornecem informação sobre a condição financeira da empresa, por exemplo, a proporção de ativos líquidos ou a proporção de passivos de curto prazo, e a porcentagem de vendas consumidas por custos de produção ou despesas financeiras. No caso da Walgreen, o balanço patrimonial de tamanho comum indica um pequeno declínio e depois um aumento da porcentagem de ativos circulantes (em virtude de um acréscimo do saldo de caixa), e outro seguido por um declínio da proporção do valor líquido de ativos fixos líquidos. Alternativamente, a demonstração de resultado de tamanho comum mostra que o custo dos produtos vendidos da Walgreen e seus gastos de venda e administração são bens estáveis de 1999 a 2003, em relação à receita operacional. Como resultado dessa estabilidade, a empresa obteve uma margem de lucro operacional praticamente constante, antes e depois do imposto de renda. A capacidade da Walgreen de obter um forte crescimento das vendas (cerca de 14% ao ano) e uma margem de lucro constante durante um período que incluiu uma recessão é muito impressionante.

Análises de demonstrações financeiras

TABELA 14.5 Demonstração de resultado de tamanho comum da Walgreen Co. e de suas subsidiárias, exercícios encerrados em 1999, 2000, 2001, 2002 e 2003

	2003	%	2002	%	2001	%	2000	%	1999	%
Receita operacional líquida	$ 32.505	100,00	$ 28.681	100,00	$ 24.623	100,00	$ 21.207	100,00	$ 17.839	100,00
Custo das mercadorias vendidas	23.703	72,93	21.076	73,48	18.049	73,30	15.466	72,93	12.979	72,75
Lucro bruto	8.799	27,07	7.605	26,52	6.574	26,70	5.741	27,07	4.860	27,25
Despesas de venda, ocupação e administrativa	6.951	21,38	5.981	20,85	5.176	21,02	4.517	21,30	3.845	21,55
Resultado operacional (LAJI)	1.848	5,69	1.624	5,66	1.398	5,68	1.224	5,77	1.015	5,69
Receitas financeiras	11	0,03	7	0,02	5	0,02	6	0,03	12	0,07
Despesas financeiras	0	0,00	0	0,00	3	0,01	0	0,00	0	0,00
Outras receitas	30	0,09	6	0,02	22	0,09	34	0,16	0	0,00
Resultado operacional antes do imposto de renda	1.889	5,81	1.637	5,71	1.423	5,78	1.263	5,96	1.027	5,76
Provisão para imposto de renda	713	2,19	618	2,16	537	2,18	486	2,29	403	2,26
Lucro líquido divulgado	1.176	3,62	1.019	3,55	886	3,60	777	3,66	624	3,50
Disponível aos acionistas ordinários	$ 1.176	3,62	$ 1.019	3,55	$ 886	3,60	$ 777	3,66	$ 624	3,50

Observação: as porcentagens podem não somar 100% em virtude de arredondamento.

Fonte: Reimpresso com autorização da Walgreen Co.

Avaliação da liquidez interna

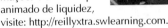

E-leituras interativas
Para obter mais informações e um exemplo animado de liquidez, visite: http://reillyxtra.swlearning.com.

Os **índices de liquidez interna (solvência)** destinam-se a indicar a capacidade da empresa de saldar compromissos financeiros futuros de curto prazo. Eles os comparam, tais como títulos a pagar ou contas a pagar, aos ativos circulantes ou aos fluxos de caixa disponíveis para o pagamento desses passivos.

ÍNDICES DE LIQUIDEZ INTERNA

Índice de liquidez corrente — Sem dúvida, a medida de liquidez mais conhecida é o índice de liquidez corrente, que examina a relação entre os ativos e os passivos circulantes, como vemos a seguir:

14.2
$$\text{Índice de liquidez corrente} = \frac{\text{Ativos circulantes}}{\text{Passivos circulantes}}$$

Para a Walgreen, os índices circulantes tiveram os seguintes valores (todos os índices são calculados usando milhares de dólares):

$$2003: \frac{6.358}{3.421} = 1,86$$

$$2002: \frac{5.167}{2.955} = 1,75$$

$$2001: \frac{4.394}{3.012} = 1,46$$

Esses índices de liquidez corrente tiveram um aumento considerável durante os três anos e são compatíveis com o índice de liquidez corrente "típico". Como sempre, é importante comparar esses valores com valores semelhantes para o setor da empresa e o mercado como um todo. Se os índices diferirem dos resultados do setor, precisaremos determinar qual poderia ser a explicação. (Discutiremos a análise comparativa em uma seção posterior.)

Índice de liquidez seca — Alguns observadores questionam o uso do ativo circulante total ao se medir a capacidade de uma empresa de pagar seus passivos circulantes, porque os estoques e alguns outros ativos desse tipo podem não ser muito líquidos. Eles preferem o índice de liquidez seca, que relaciona os passivos circulantes apenas aos ativos circulantes relativamente líquidos (caixa e contas a receber), da seguinte forma:

14.3
$$\text{Índice de liquidez seca} = \frac{\text{Caixa} + \text{Títulos negociáveis} + \text{Contas a receber}}{\text{Passivos circulantes}}$$

Os índices de liquidez seca da Walgreen foram:

$$2003: \frac{2.035}{3.421} = 0,59$$

$$2002: \frac{1.405}{2.955} = 0,48$$

$$2001: \frac{815}{3.012} = 0,27$$

Esses índices de liquidez seca ficaram abaixo da norma, mas cresceram no período de três anos. Como antes, devemos comparar esses valores em relação a outras empresas do setor e à economia como um todo.

Índice de caixa — O índice de liquidez mais conservador é o índice de caixa, que relaciona os saldos de caixa e títulos negociáveis de curto prazo de uma empresa aos seus passivos circulantes, como vemos a seguir:

14.4
$$\text{Índice de caixa} = \frac{\text{Caixa e Títulos negociáveis}}{\text{Passivos circulantes}}$$

Os índices de caixa da Walgreen foram:

$$2003: \frac{1.017}{3.421} = 0,30$$

$$2002: \frac{450}{2.955} = 0,15$$

$$2001: \frac{17}{3.012} = 0,01$$

Os índices de caixa foram bastante baixos em 2001, mas cresceram substancialmente durante 2002 e 2003, até chegarem a ser quase excessivos para um varejista de rápido crescimento com estoques financiados por contas a pagar aos seus fornecedores. Além disso, a empresa conta com linhas de crédito substanciais em vários bancos.

Giro de contas a receber – Além de se examinar o total de ativos circulantes, é útil analisar a qualidade (liquidez) das contas a receber, calculando a freqüência com a qual giram as contas a receber da empresa, o que pressupõe um prazo médio de recebimento. Quanto antes essas contas são pagas, mais depressa a empresa obtém os fundos para pagar seus próprios passivos circulantes. O giro de contas a receber é calculado da seguinte forma:

14.5
$$\text{Giro de contas a receber} = \frac{\textbf{Receita operacional líquida anual}}{\textbf{Saldo médio de contas a receber}}$$

O saldo médio de contas a receber é geralmente igual a saldo inicial de contas a receber mais saldo final, dividido por dois. Os índices de giro de contas a receber da Walgreen foram:

$$2003: \quad \frac{32.505}{(1.018 + 955)/2} = 32,95 \text{ vezes}$$

$$2002: \quad \frac{28.681}{(955 + 798)/2} = 32,72 \text{ vezes}$$

$$2001: \quad \frac{17}{3.012} = 0,01$$

Não podemos calcular o valor do giro para 2001 porque as tabelas usadas não incluem um saldo inicial de contas a receber em 2001 (ou seja, falta o saldo final de contas a receber em 2000).

Dados esses valores de giro anual de contas a receber, o prazo médio de recebimento é:

14.6
$$\text{Prazo médio de recebimento de contas a receber} = \frac{\textbf{365 dias}}{\textbf{Giro anual de contas a receber}}$$

Para a Walgreen:

$$2003: \quad \frac{365}{32,95} = 11,1 \text{ dias}$$

$$2002: \quad \frac{365}{32,72} = 11,2 \text{ dias}$$

Esses resultados indicam que a Walgreen atualmente recebe o pagamento de suas contas a receber em cerca de 11 dias em média. Para determinar se esses números de recebimento de contas são bons ou ruins, é essencial que eles sejam comparados à política de crédito da empresa e a números comparáveis de outras empresas do setor. O ponto é: o valor do prazo de recebimento de contas a receber varia muito de empresa para empresa (por exemplo, de dez a acima de 60), e varia principalmente em função do produto e do setor. Uma comparação dentro do setor indicaria a existência de prazos curtos semelhantes de recebimento em outras redes de drogarias, pois a maioria das vendas ocorre à vista. O motivo para o pequeno aumento do prazo de recebimento ao longo de vários anos está ligado ao fato de que houve uma mudança significativa nas vendas de produtos farmacêuticos: cerca de 90% das vendas desses produtos agora são terceirizadas (ou seja, são reembolsadas por empresas de assistência média administrada), o que causou o aumento das contas a receber.

O giro de contas a receber é um dos índices em que uma empresa *não quer se desviar muito da norma*. Em um setor no qual esta é de 40 dias, um prazo de recebimento de 80 dias indicaria pagamento lento pelos clientes, o que aumentaria o capital preso em contas a receber e a possibilidade de dívidas incobráveis. Portanto, a empresa deseja ficar em algum ponto abaixo da norma (por exemplo, 35 dias *versus* 45 dias), mas um valor *substancialmente* abaixo da norma (por exemplo, 20 dias) poderá indicar termos de crédito excessivamente rigorosos em relação ao concorrente, o que poderia ser prejudicial às suas vendas.

GIRO DE ESTOQUES

Também devemos examinar a liquidez do estoque com base no giro dos estoques da empresa e no prazo de processamento implícito. Esse pode ser calculado em relação às vendas ou ao custo dos produtos vendidos. O índice preferencial de giro é calculado em relação ao custo destes (CPV), o que não inclui o lucro implícito nas vendas.

14.7
$$\text{Giro de estoques} = \frac{\textbf{CPV}}{\textbf{Estoque médio}}$$

Para a Walgreen, os índices de giro de estoques foram:

$$2003: \quad \frac{23.706}{(4.203 + 3.645)/2} = 6,04 \text{ vezes}$$

$$2002: \quad \frac{21.076}{(3.645 + 3.482)/2} = 5,91 \text{ vezes}$$

334 Investimentos

Dados esses valores de giro, podemos calcular o prazo médio de processamento do estoque, como a seguir:

14.8
$$\text{Prazo médio de processamento do estoque} = \frac{365}{\text{Giro anual dos estoques}}$$

Para a Walgreen,

$$2003: \frac{365}{6,04} = 60,4 \text{ dias}$$

$$2002: \frac{365}{5,91} = 61,7 \text{ dias}$$

Embora esse pareça ser um giro baixo, é encorajador observar que o prazo de processamento de estoques é bastante estável e tem caído em um prazo mais longo. Ainda assim, é essencial examinar este índice de giro quanto a uma norma setorial e/ou ao concorrente principal da empresa. Em particular, esse índice também será afetado pelos produtos estocados pela rede – por exemplo, se uma rede de drogarias acrescentar itens de margem elevada de lucro, como cosméticos e bebidas alcóolicas, esses produtos podem ter um giro mais baixo.

Assim como ocorre com as contas a receber, uma empresa não deseja ter um valor de giro de estoque extremamente baixo e um prazo longo de processamento, porque isso significa que há capital preso no estoque e pode sinalizar a existência de um estoque obsoleto (especialmente para empresas de tecnologia avançada). Alternativamente, um giro anormalmente alto do estoque e um prazo curto de processamento poderiam significar a manutenção de um estoque inadequado, podendo levar a interrupções, pedidos não atendidos e atrasos de entregas aos clientes, o que poderia eventualmente exercer um efeito desfavorável sobre as vendas.

Ciclo de conversão de caixa – Uma medida muito usada de liquidez interna geral é o ciclo de conversão de caixa, que combina informações do giro de contas a receber, do giro do estoque e do giro de fornecedores. Existe imobilização de caixa nos ativos por certo número de dias. Especificamente, existe aplicação em contas a receber durante o prazo de recebimento e no estoque por um número de dias – o prazo de processamento de estoque. Ao mesmo tempo, a empresa recebe uma compensação dessa aplicação de capital de seus próprios fornecedores, que oferecem empréstimos livres de juros à empresa, ao carregarem contas a pagar pela empresa. Especificamente, o prazo de pagamento de fornecedores é igual a 365 dividido pelo índice de giro destes. Por sua vez, esse índice é:

14.9
$$\text{Índice de giro de fornecedores} = \frac{\text{Custo dos produtos vendidos}}{\text{Saldo médio de fornecedores}}$$

Para a Walgreen, os índices de giro de fornecedores foram:

$$2003: \frac{23.706}{(2.077 + 1.836)/2} = 12,1 \text{ vezes}$$

$$2002: \frac{21.076}{(1.836 + 1.547)/2} = 12,5 \text{ vezes}$$

14.10
$$\text{Índice de giro de fornecedores} = \frac{\text{Custo dos produtos vendidos}}{\text{Saldo médio de fornecedores}}$$

$$2003: \frac{365}{12,1} = 30,1 \text{ dias}$$

$$2002: \frac{365}{12,5} = 29,2 \text{ dias}$$

Dessa forma, o ciclo de conversão de caixa da Walgreen (com os seus componentes arredondados) é igual a:

Ano	Dias de recebimento de contas a receber	+	Dias de processamento do estoque	–	Prazo de pagamento de fornecedores	=	Ciclo de conversão de caixa
2003	11	+	60	–	30	=	41 dias
2002	11	+	62	–	29	=	44 dias

A Walgreen tem apresentado estabilidade em termos do número de dias para o recebimento de contas a receber, tem tido um pequeno crescimento no número de dias de processamento de estoque e está pagando seus fornecedores praticamente com a mesma velocidade. O resultado geral é uma pequena queda de seu ciclo de conversão de caixa. Embora este pareça ser muito bom (cerca de 41 dias), como sempre examinaremos a tendência de longo prazo da empresa e a compararemos com outras redes de drogarias.

Análises de demonstrações financeiras **335**

Avaliação do desempenho operacional

E-leituras interativas

Para obter mais explicações e um exemplo animado do desempenho operacional, visite: http://reillyxtra.swlearning.com.

Os índices de desempenho operacionais podem ser divididos em duas subcategorias: (1) *índices de eficiência operacional* e (2) *índices de rentabilidade das operações*. Os índices de eficiência examinam como a administração usa os ativos e o capital, medidos por dólares de receita gerada por várias categorias de ativos ou de capital. Os índices de rentabilidade analisam os lucros como porcentagem da receita e como porcentagem de ativos e capital empregados.

ÍNDICES DE EFICIÊNCIA OPERACIONAL

Giro do ativo total – O índice de giro do ativo total indica a eficácia com a qual a empresa usa sua base de ativos totais (ativos líquidos sendo iguais a ativos brutos menos a depreciação de ativos fixos). Ele é calculado da seguinte maneira:

14.11

$$\text{Giro do ativo total} = \frac{\text{Receita operacional líquida}}{\text{Saldo médio de ativos totais líquidos}}$$

Os valores do giro do ativo total da Walgreen foram:

$$2003: \frac{32.505}{(11.406 + 9.879)/2} = 3,05 \text{ vezes}$$

$$2002: \frac{28.681}{(9.879 + 8.834)/2} = 3,07 \text{ vezes}$$

Esse índice deve ser comparado ao de outras empresas do setor, porque ele varia muito entre setores. Por exemplo, os índices de giro de ativo total variam de menos de um, para os grandes setores capital-intensivos (aço, automóveis e indústria pesado), até dez em alguns ramos de comércio varejista ou prestação de serviços. Também podem ser afetados pelo uso de instalações arrendadas.

Novamente, devemos considerar uma *faixa* de valores de giro compatíveis com o setor. Estará havendo má administração se o giro do ativo for excessivamente alto em relação ao setor, porque isso pode significar que poucos ativos estão disponíveis para a realização de operações (vendas), ou isso poderia ter ocorrido em virtude do uso de ativos completamente depreciados e obsoletos. Também é mau ter um giro de ativos extremamente baixo, pois isso significa que a empresa está imobilizando capital excessivo em ativos, em comparação com as necessidades da empresa e seus concorrentes.

Além da análise da base de ativos da empresa, é interessante examinar a utilização de alguns ativos específicos, como contas a receber, estoques ou ativos fixos. Isso é especialmente importante caso a empresa tenha sofrido uma queda significativa do giro de seu ativo total, porque queremos conhecer a causa dessa queda, ou seja, quais foram os giros componentes (contas a receber, estoque e ativos fixos) que contribuíram para a queda. Já examinamos o giro das contas a receber e do estoque como parte de nossa análise de liquidez; agora analisaremos o giro do ativo fixo.

Giro do ativo fixo líquido – O índice de giro do ativo fixo líquido reflete a utilização de ativos fixos por parte da empresa. Ele é calculado da seguinte maneira:

14.12

$$\text{Giro do ativo fixo} = \frac{\text{Receita operacional líquida}}{\text{Saldo médio de ativos fixos líquidos}}$$

Os índices de giro do ativo fixo da Walgreen foram:

$$2003: \frac{32.505}{(4.940 + 4.591)/2} = 6,82 \text{ vezes}$$

$$2002: \frac{28.681}{(4.591 + 4.345)/2} = 6,42 \text{ vezes}$$

Esses índices de giro, que apontam um ligeiro aumento na Walgreen nos últimos anos, devem ser comparados aos dos concorrentes no setor e devem considerar o impacto de ativos arrendados (isso é especialmente importante nas empresas do comércio varejista). Novamente, um giro extremamente baixo significa a existência de capital preso em ativos fixos excessivos. Um índice de giro de ativo bastante alto pode indicar uma falta de capacidade de produção para atender a demanda de vendas, ou pode significar o uso de equipamentos e instalações velhos e completamente depreciados, e que podem ser obsoletos.[4]

Giro do patrimônio líquido – Além dos índices de giro de ativos específicos, é útil examinar o relacionado aos componentes de capital. Um desses índices de giro importantes é o giro do patrimônio líquido, calculado da seguinte maneira:

---

[4] Haverá uma análise de prazo mais longo desse índice de giro do ativo total na seção "Sistema DuPont", neste capítulo.

14.13

$$\text{Giro do patrimônio líquido} = \frac{\text{Receita operacional líquida}}{\text{Valor médio do patrimônio líquido}}$$

O patrimônio líquido inclui ações ordinárias e preferenciais, ágio na venda de ações e lucros totais retidos.[5] Esse índice difere do giro do ativo total, pois exclui os passivos circulantes e as dívidas a longo prazo. Assim, quando se examina essa série, devem-se considerar os índices de estrutura de capital da empresa, pois a empresa pode elevar seu índice de giro de patrimônio líquido aumentando sua proporção de capital de terceiros.

Os índices de giro do patrimônio líquido da Walgreen foram:

$$2003: \frac{32.505}{(7.196 + 6.230)/2} = 4,84 \text{ vezes}$$

$$2002: \frac{28.681}{(6.230 + 5.207)/2} = 5,02 \text{ vezes}$$

A Walgreen teve uma pequena queda nesse índice durante os últimos anos. Em nossa análise posterior do crescimento sustentável, examinamos as variáveis que afetam o índice de giro do patrimônio líquido para entender o que provocou quaisquer mudanças.

Após uma análise da eficiência operacional da empresa, o próximo passo é examinar sua rentabilidade em relação às vendas e ao capital.

ÍNDICES DE RENTABILIDADE DAS OPERAÇÕES

Existem duas facetas da rentabilidade: (1) a taxa de retorno sobre as vendas (margem de lucro) e (2) a porcentagem de lucro sobre o capital empregado. A análise de rentabilidade das vendas na verdade exige diversas margens parciais de lucro que consideram várias categorias de gastos. Essas margens componentes fornecem informação importante quanto à margem final de lucro líquido. Assim, se constatamos que uma empresa teve um aumento ou um decréscimo significativo de sua margem de lucro líquido, a análise dos componentes desta nos ajudará a determinar as causas específicas dessa variação. Portanto, discutiremos brevemente cada uma das margens, mas adiaremos os cálculos e os comentários sobre as tendências até discutirmos a demonstração de resultado de tamanho comum.

Margem de lucro bruto – O lucro bruto equivale à receita operacional líquida menos o custo dos produtos vendidos. A margem de lucro bruto é calculada da seguinte maneira:

14.14

$$\text{Margem de lucro bruto} = \frac{\text{Lucro bruto}}{\text{Receita operacional líquida}}$$

Esse índice descreve a estrutura básica de custos da empresa. Uma análise deste índice no tempo, em comparação com um dado comparável do setor revelará a posição relativa em termos de custo/preço da empresa. Como sempre, devemos comparar essas margens com os dados do setor e com os dos principais competidores. Particularmente, ela também pode ser afetada por uma alteração do composto de produtos da empresa, aumentando a ênfase em itens com margens de lucro menores ou maiores.

Margem de lucro operacional – O lucro (resultado) operacional é igual a lucro bruto menos despesas gerais, de venda e administração (GVA). Isso também é chamado de LAJI – lucro antes do imposto e dos juros.

14.15

$$\text{Margem de lucro operacional} = \frac{\text{Resultado operacional}}{\text{Receita operacional líquida}}$$

A variabilidade da margem de lucro operacional no tempo é um primeiro indicador do risco operacional da empresa.

Há duas deduções adicionais do resultado operacional – despesas financeiras e perdas cambiais líquidas. Após essas deduções, temos lucro antes do imposto de renda.

Alguns investidores somam de volta ao resultado operacional (LAJI) as despesas de depreciação da empresa e calculam uma margem de lucro com o resultado antes de despesas financeiras, imposto, depreciação e amortização (LAJIDA). Essa margem de lucro operacional alternativa tem sido usada por alguns analistas como uma *proxy* para o fluxo de caixa antes do imposto. [6]

Margem de lucro líquido – Esta margem relaciona o lucro líquido depois das vendas. No caso da Walgreen, isso é o mesmo que o resultado operacional depois do imposto, porque a empresa não tem quaisquer ajustes não-operacionais significativos. Ela é igual a:

14.16

$$\text{Margem de lucro líquido} = \frac{\text{Lucro líquido}}{\text{Receita operacional líquida}}$$

---

[5] Alguns investidores preferem considerar apenas o patrimônio líquido do *acionista ordinário*, o que não inclui as ações preferenciais.

[6] Embora essa medida de "fluxo de caixa" tenha se tornado cada vez mais popular, há um número maior de observadores preocupados, que dizem que essa medida não leva em conta os fluxos de saída de caixa necessários para cobrir itens de capital de giro (estudados em "Fluxo de caixa das operações") ou gastos de capital (estudados em "Fluxo de caixa livre"). Para uma discussão sucinta, veja Herb Greenberg, "Alphabet Dupe: Why EBITDA Falls Short." *Fortune*, p. 240-241, 10 jul. 2000.

Esse índice poderia ser calculado usando as vendas e os lucros das operações *regulares,* porque nossa análise procura adquirir conhecimento sobre expectativas *futuras.* Assim, não consideramos os lucros das operações descontinuadas, ganhos ou perdas com a venda dessas operações ou quaisquer receitas ou despesas não regulares.

Demonstração de resultado de tamanho comum – Como observado anteriormente, esses índices estão basicamente incluídos na demonstração de resultado de tamanho comum, que lista todos os itens de despesa e receita como porcentagem das vendas. Essa demonstração fornece informação útil em relação às tendências de valores de custos e margens de lucro.

A Tabela 14.5 mostrou uma demonstração de tamanho comum da Walgreen para o período de 1999 a 2003. Como foi observado anteriormente, quando a Tabela 14.5 foi apresentada, a característica mais marcante das várias margens de lucro da Walgreen (bruta, operacional e líquida) é a estabilidade significativa daquelas margens no tempo. Essa estabilidade é notável por duas razões: primeiro, a empresa teve um crescimento significativo das vendas durante esse período (cerca de 14% ao ano), e geralmente é um desafio controlar custos quando se cresce rapidamente. Em segundo lugar, esse intervalo de tempo incluiu as recessões econômicas de 2001 e 2002 (a recessão oficial aconteceu durante 2001, mas ela afetou várias empresas em 2002), e as margens de lucro e vendas da maioria das empresas foram negativamente atingidas por esse ambiente. Portanto, a estabilidade das margens de lucro da Walgreen é uma realização administrativa impressionante.

Além da análise de lucro sobre vendas, a medida final de desempenho da administração é o lucro sobre os ativos ou capital empregado na empresa. Diversos índices nos ajudam a avaliar essa relação importante.

Retorno sobre capital total – O índice de retorno sobre o capital total relaciona o lucro obtido pela empresa ao total do capital empregado (capital de terceiros, ações preferenciais e ordinárias). Portanto, o valor utilizado de lucro é o resultado líquido das atividades regulares (antes de quaisquer dividendos), *mais* os juros pagos sobre dívidas.

14.17
$$\text{Retorno sobre capital total} = \frac{\text{Lucro líquido} + \text{Despesas financeiras}}{\text{Valor médio do capital total}}$$

A Walgreen pagou juros pelo uso de capital de terceiros de longo e curto prazos. O valor bruto das despesas financeiras utilizado nesse índice difere do item despesas financeiras "líquidas" na demonstração de resultado, pois este é medido pelas despesas financeiras brutas menos receitas financeiras.

As taxas de retorno da Walgreen sobre o capital total foram:

$$2003: \quad \frac{1.176 + 0,2}{(11.406 + 9.879)/2} = 11,05\%$$

$$2002: \quad \frac{1.019 + 0,3}{(9.879 + 8.834)/2} = 10,89\%$$

Este índice mede a taxa de retorno da empresa sobre o capital total por ela empregado. Ele seria comparado ao índice de outras empresas do setor e à economia como um todo. Para a Walgreen, os resultados são estáveis, com um aumento durante os últimos anos.

Consideração das obrigações de arrendamento – Muitas empresas arrendam instalações (prédios) e equipamentos em vez de pegar emprestados os fundos e comprar os ativos – basicamente, essa é uma decisão entre arrendamento e empréstimo, pois o contrato daquele é uma obrigação, como um título de dívida. A contabilização dessa obrigação depende do tipo de arrendamento. Se for de *capital*, os valores do ativo e da obrigação serão incluídos no balanço patrimonial como um ativo e um passivo. Se for *operacional*, ele deverá ser registrado em notas explicativas, mas não especificamente incluído no balanço patrimonial.[7] Pelo fato de os arrendamentos operacionais serem uma forma de financiamento usada largamente por varejistas (como Walgreen, Sears e McDonald's) e por companhias aéreas, é necessário reconhecer essa obrigação, capitalizar os pagamentos futuros estimados do arrendamento e incluir esse valor no balanço patrimonial tanto como ativo quanto como um passivo a longo prazo. Nesta seção, discutimos como fazer isso e demonstramos o impacto significativo que esse ajuste pode ter sobre vários índices financeiros.

Capitalização de arrendamentos operacionais – A capitalização de arrendamentos envolve basicamente uma estimativa do valor presente dos pagamentos futuros de arrendamento exigidos de uma empresa. Portanto, um analista deve estimar: (1) uma taxa de desconto apropriada (geralmente, a taxa de capital de terceiros a longo prazo da empresa) e (2) as obrigações futuras de pagamento do arrendamento de uma empresa, tal como especificadas em notas explicativas.

Uma estimativa do valor descontado dos pagamentos futuros de arrendamento pode ser feita de duas maneiras: (1) por um múltiplo dos pagamentos mínimos vindouros ou (2) pelo valor descontado dos pagamentos futuros incluídos no relatório anual da empresa ao custo de capital de terceiros a longo prazo. A técnica tradicional do múltiplo multiplica o pagamento mínimo de arrendamento no ano t + 1 por 8. No caso da Walgreen, os pagamentos mínimos futuros de arrendamento no relatório anual do ano de 2003 foram os seguintes:

Anos em relação ao final do ano	1	2	3	4	5	Mais tarde
Pagamentos mínimos (em milhões de dólares)	1.188	1.219	1.188	1.149	1.082	13.490

---

[7] Uma discussão dos fatores técnicos que fazem com que um arrendamento seja capital *versus* operacional está além do escopo deste livro, mas o tema é abordado na maioria dos textos intermediários da área de contabilidade.

338 Investimentos

Com esses dados, a estimativa que usa a primeira técnica produziria um valor estimado de 8 × 1.188 milhão de dólares = 9,50 bilhões de dólares. Para se chegar a um valor estimado, usando a segunda técnica, precisamos calcular o custo de capital de terceiros de longo prazo da empresa e decidir como lidar com a quantia vultosa prevista para "mais tarde". Nossa estimativa do custo de capital de terceiros é igual a 5,60%, o que é condizente com a taxa vigente para títulos privados com *rating* AA e prazo de 20 anos. Para a quantia que vence mais tarde, precisamos fazer uma estimativa razoável do prazo exato desse pagamento em anos. Uma suposição liberal seria a de que o pagamento dessa quantia é parcelado uniformemente por 15 anos, com base no arrendamento típico de prédios por 20 anos (13.490 dólares/15 = 899,3 milhões de dólares por ano). Uma estimativa alternativa do prazo de parcelamento é obtida dividindo-se o pagamento da quantia no período $t + 6$ pelo pagamento em $t + 5$, o que implica um prazo estimado de (13.490/1,082 = 12,5). Se arredondarmos esse valor para 13 anos, teremos um pagamento anual de 1.037,7 milhões de dólares por ano, por 13 anos.

Se descontarmos a 5,60% todos os fluxos anuais e os fluxos posteriores no prazo de 15 anos, teremos uma estimativa da dívida de arrendamento de 11,80 *bilhões* de dólares. Um cálculo semelhante, usando o prazo de 13 anos, leva a uma estimativa da dívida de arrendamento no valor de 12,14 *bilhões* de dólares. Portanto, temos as seguintes três estimativas.[8]

Oito vezes o pagamento de arrendamento em t + 1 – $ 9,50 bilhões
Descontando os pagamentos de arrendamento, supondo um período de 15 anos – $ 11,80 bilhões
Descontando os pagamentos de arrendamento, supondo um período de 13 anos – $ 12,14 bilhões

Usaremos a estimativa tradicional de 9,50 bilhões de dólares, pois essa estimativa é razoavelmente próxima das estimativas obtidas por cálculo de valor presente. Além disso, é evidentemente mais simples estimar não apenas a dívida de arrendamento deste ano, como também as obrigações implícitas em anos anteriores e o componente de juros relacionado. Se acrescentarmos essa quantia (ou aquela estimada descontando os pagamentos futuros) tanto ao ativo fixo quanto ao exigível a longo prazo, teremos uma medida melhor dos ativos utilizados pela empresa e do financiamento dos ativos (reconhecimento de mais dívidas).

Juros implícitos em ativos arrendados. Ao se calcular o retorno do capital empregado (ROC), que considera esses ativos arrendados, também devemos acrescentar as despesas financeiras implícitas em arrendamentos. O componente de despesas financeiras destes geralmente é estimado por agências de classificação de títulos de dívida e por muitos outros analistas como equivalente a um terço do pagamento de arrendamento no ano t + 1 (em nosso exemplo, 1.188 milhão de dólares/3 = 396 milhões de dólares).

Uma alternativa a essa regra prática seria fazer uma estimativa específica com base no custo estimado de capital de terceiros da empresa (5,60%) e no valor presente estimado (VP) da obrigação de arrendamento, da seguinte forma:

Técnica de estimação	VP da obrigação de arrendamento (em bilhões de dólares)	Despesas financeiras a 5,60 por cento (em milhões de dólares)
Oito vezes a estimativa do aluguel	9,50	532
VP com prazo de 15 anos	11,80	661
VP com prazo de 13 anos	12,14	680

Nota-se que todas essas estimativas das despesas financeiras implícitas são substancialmente mais altas do que a estimativa baseada na regra prática de um terço, ou seja, 396 milhões de dólares. Novamente, a regra prática subestima a alavancagem financeira relacionada a essas obrigações de arrendamento.

Para calcular o ROC de 2002 e 2003, precisamos calcular o valor das obrigações de arrendamento e as despesas financeiras implícitas para os três anos (2001, 2002 e 2003), como fazemos a seguir:

Ano	Pagamentos de arrendamento no período t + 1 (em milhões de dólares)	Múltiplo	Estimativa do VP da obrigação de arrendamento (em bilhões de dólares)	Estimativa do componente de juros do arrendamento* (em milhões de dólares)
2003	$ 1.188	8	$ 9,50	$ 396
2002	898	8	7,18	299
2001	783	8	6,26	261

* Igual a um terço do pagamento de arrendamento por ano.

Acrescentando esses valores aos índices anteriores, obtém-se o seguinte retorno ajustado pelo arrendamento sobre o capital total:

$$2003: \frac{1.176 + 0,2 + 396}{(20.910 + 17.062)/2} = \frac{1.572,2}{18.986} = 8,28\%$$

$$2002: \frac{1.019 + 0,3 + 299}{(17.062 + 15.096)/2} = \frac{1.318,3}{16.079} = 8,20\%$$

---

[8] Particularmente, a estimativa de "oito vezes" sempre proporciona a estimativa mais baixa do valor da dívida, o que significa que esta regra prática tende a subestimar a alavancagem financeira dessas empresas e as despesas financeiras implícitas resultantes. Apesar disso, essa subestimação é insignificante, quando comparada à não-capitalização dessas obrigações de arrendamento.

Como foi mostrado, os valores de ROTC que incluem os ativos arrendados e a dívida de arrendamento são mais baixos (cerca de 8% *versus* 12%), mas ainda são bastante razoáveis, e a empresa obteve um aumento no decorrer dos dois anos.

Depreciação implícita nos ativos arrendados – Outro fator são as despesas implícitas de depreciação que seriam assumidas se esses não fossem ativos arrendados. Uma maneira de calcular esse valor é simplesmente usar o prazo típico de arrendamento ou o prazo médio ponderado. No caso da Walgreen, isso é razoavelmente claro, pois quase todos os arrendamentos são de prédios, em um prazo de 20 anos. Entretanto, se o valor não fosse claro, uma segunda alternativa seria usar a porcentagem média de depreciação como porcentagem dos valores dos ativos fixos líquidos no início do ano. No caso da Walgreen, para o ano de 2002, isso teria sido:

Depreciação: 346 milhões de dólares

Ativos fixos líquidos no final de 2002: 4.591milhões de dólares

Isso significa uma porcentagem de 0,075 (346/4.591), que é evidentemente mais alta do que os 5% sobre os prédios. Obviamente, a Walgreen tem muitos ativos que estão sendo depreciados em períodos mais curtos. Para esses cálculos, supomos uma vida útil de 20 anos, como a seguir:

Ano	Estimativa do VP da obrigação de arrendamento (em bilhões de dólares)	Estimativa da despesa de depreciação implícita em arrendamentos* (em milhões de dólares)
2003	9,50	475
2002	7,18	359
2001	6,26	313

* Supõe depreciação pelo método da linha reta ao longo de uma vida útil de 20 anos.

Estas despesas implícitas de depreciação devem ser incluídas nos índices que abrangem despesas de depreciação.

Retorno sobre o patrimônio líquido – O índice de retorno sobre o patrimônio líquido (ROE) é extremamente importante para o proprietário da empresa (o acionista ordinário), pois indica a taxa de retorno que a administração conseguiu obter sobre o capital fornecido pelos acionistas depois de levados em conta os pagamentos a todos os outros fornecedores de capital. Se considerarmos todo o capital próprio (incluindo as ações preferenciais), esse retorno será igual a:

14.18

$$\text{Retorno sobre o patrimônio líquido total} = \frac{\text{Lucro líquido}}{\text{Valor médio do patrimônio líquido total}}$$

Se estivermos nos referindo apenas ao patrimônio do acionista ordinário, o índice será:

14.19

$$\text{Retorno sobre o patrimônio do acionista ordinário} = \frac{\text{Lucro líquido} - \text{Dividendo preferencial}}{\text{Valor médio do patrimônio líquido do acionista ordinário}}$$

A Walgreen gerou um retorno sobre o patrimônio líquido do acionista ordinário de:

$$2003: \quad \frac{1.176 - 0}{(7.196 + 6.230)/2} = 17,52\%$$

$$2002: \quad \frac{1.019 - 0}{(6.230 + 5.207)/2} = 17,82\%$$

Esse índice reflete a taxa de retorno sobre o capital do acionista. Ela deve ser compatível com o risco econômico geral da empresa, mas também decorre do risco financeiro assumido pelo acionista ordinário, em razão dos direitos prioritários dos portadores de títulos de dívidas da empresa.

Sistema DuPont – A importância do ROE, como indicador de desempenho, faz com que seja desejável decompor o índice em diversos elementos que fornecem uma visão das causas do ROE de uma empresa e de quaisquer variações que ele sofre. Essa decomposição geralmente é chamada de *Sistema DuPont*. Em primeiro lugar, o retorno do patrimônio líquido (ROE) pode ser decomposto em dois índices que já discutimos – margem de lucro líquido e giro do patrimônio líquido.

14.20

$$\text{ROE} = \frac{\text{Lucro líquido}}{\text{Patrimônio líquido do acionista ordinário}} = \frac{\text{Lucro líquido}}{\text{Receita operacional líquida}} \times \frac{\text{Receita operacional líquida}}{\text{Patrimônio líquido do acionista ordinário}}$$

Essa decomposição é uma identidade, porque tanto multiplicamos quanto dividimos pela receita operacional líquida. Para mantê-la, o valor do patrimônio líquido usado é o valor do final de ano, em vez da média entre o valor do início e do

340 Investimentos

final do ano. Essa identidade revela que o ROE equivale à margem de lucro líquido vezes o giro do patrimônio líquido, o que significa que uma empresa pode aumentar seu retorno sobre este, usando seu patrimônio líquido mais eficientemente (aumentando seu giro) ou tornando-o mais rentável (aumentando sua margem de lucro líquido).

Como foi observado anteriormente, o giro do patrimônio líquido de uma empresa é afetado por sua estrutura de capital. Especificamente, ela pode aumentar seu giro do patrimônio líquido empregando uma proporção mais alta de capital de terceiros. Podemos ver esse efeito considerando o seguinte índice:

14.21

$$\frac{\text{Receita operacional líquida}}{\text{Patrimônio líquido do acionista ordinário}} = \frac{\text{Receita operacional líquida}}{\text{Ativo total}} \times \frac{\text{Ativo total}}{\text{Patrimônio líquido do acionista ordinário}}$$

Tal como na decomposição anterior, esta é uma identidade, pois multiplicamos e dividimos o índice de giro do patrimônio líquido pelo ativo total. Esta equação indica que este equivale ao *giro do ativo total* (uma medida de eficiência) vezes o quociente entre o *ativo total e o patrimônio líquido* (uma medida de alavancagem financeira). De modo específico, esse índice de alavancagem mede a proporção do ativo total financiado com capital de terceiros. *Todos os ativos precisam ser financiados por capital próprio ou por alguma forma de dívida* (exigível circulante ou exigível de longo prazo). Portanto, quanto mais alto é o quociente entre ativo e patrimônio líquido, mais alta é a proporção de capital de terceiros e patrimônio líquido. Um índice de ativo total por patrimônio líquido igual a 2, por exemplo, significa que para cada dois dólares de ativos há um dólar de patrimônio líquido, o que quer dizer que a empresa financiou metade de seus ativos com capital próprio e a outra metade com capital de terceiros. Da mesma forma, um quociente igual a 3 indica que apenas um terço dos ativos totais foi financiado com capital próprio e dois terços devem ter sido com capital de terceiros. Assim, uma empresa pode aumentar o giro de seu patrimônio líquido elevando o giro de seu ativo total (tornando-se mais eficiente) ou aumentando seu índice de alavancagem financeira (financiando ativos com uma proporção maior de capital de terceiros). Esse índice de alavancagem financeira também é chamado de multiplicador de alavancagem financeira, porque os dois primeiros índices (margem de lucro vezes o giro do ativo total) equivale ao retorno do ativo total (ROA), e ROA vezes o multiplicador de alavancagem financeira equivale ao ROE.

Combinando essas duas decomposições, vemos que o ROE de uma empresa é formado por três índices, da seguinte forma:

14.22

$$\frac{\text{Lucro líquido}}{\text{Patrimônio líquido do acionista ordinário}} = \frac{\text{Lucro líquido}}{\text{Receita operacional líquida}} \times \frac{\text{Receita operacional líquida}}{\text{Ativo total}} \times \frac{\text{Ativo total}}{\text{Patrimônio líquido do acionista ordinário}}$$

$$= \text{Margem de lucro} \quad \times \text{Giro do ativo total} \quad \times \text{Alavancagem financeira}$$

Como exemplo desse conjunto importante de relações, os valores na Tabela 14.6 indicam o que aconteceu ao ROE da Walgreen e aos seus componentes no período de 22 anos, de 1982 a 2003. Como observado, esses índices se baseiam nos valores de balanço patrimonial de fim de ano (ativos e patrimônio líquido), em lugar das médias entre dados iniciais e finais, de modo que diferirão de nossos cálculos de índices individuais.

Os resultados obtidos com o Sistema DuPont na Tabela 14.6 apontam diversas tendências significativas:

1. O índice de giro do ativo total permaneceu relativamente estável: variou na faixa de 2,79 a 3,31, com um pequeno declínio do índice a seu nível de 2,85 em 2003.
2. As séries de margem de lucro apresentaram um crescimento regular de 2,75 a um valor praticamente igual ao máximo de 3,62 em 2003.
3. O produto entre o giro do ativo total e a margem de lucro líquido é igual ao retorno sobre o ativo total (ROA), que teve um aumento de 9,09% a um máximo de 10,94% em 2000, seguindo um pequeno declínio para 10,31% em 2003.
4. O multiplicador de alavancagem financeira (ativo total/patrimônio líquido) sofreu uma queda de 2,06 para 1,59. Destaque-se que a maior parte dessa dívida é com fornecedores, que não paga juros. Na verdade, a empresa praticamente não tem dívidas que paguem juros, com exceção dos arrendamentos a longo prazo de drogarias que não aparecem formalmente no balanço patrimonial, mas foram discutidos e analisados no tópico anterior e serão estudados no item risco financeiro.
5. Finalmente, como resultado do ROA geralmente crescente e de uma queda clara da alavancagem financeira, o ROE da empresa teve uma queda geral relativamente pequena, começando em 18,73 e terminando em 16,34.

Sistema DuPont Ampliado. Alguns analistas empregam um *Sistema DuPont ampliado*, que fornece informações adicionais a respeito do efeito da alavancagem financeira sobre a empresa e também salienta o efeito do imposto de renda sobre seu ROE. O conceito e uso deste modelo é idêntico ao do Sistema DuPont básico, exceto para uma decomposição adicional de seus elementos.[9]

---

[9] Uma discussão mais ampla deste modelo está além de nosso escopo. Para uma demonstração detalhada, veja Frank K. Reilly; Keith Brown, *Investment Analysis and Portfolio Management*. 8. ed. Mason, OH: South-Western, 2006.

TABELA 14.6	Componentes do retorno sobre o patrimônio líquido da Walgreen Co.[a]				
Ano	(1) Ativo total/ receita operacional líquida	(2) Margem de lucro líquido (%)	(3)[b] Retorno sobre o ativo total	(4) Ativo total/ patrimônio líquido	(5)[c] Retorno sobre o patrimônio líquido (%)
1982	3,31	2,75	9,09	2,06	18,73
1983	3,29	2,96	9,72	2,04	19,84
1984	3,26	3,11	10,16	2,03	20,60
1985	3,29	2,98	9,79	2,00	19,58
1986	3,06	2,82	8,62	2,16	18,64
1987	3,14	2,42	7,60	2,19	16,63
1988	3,23	2,64	8,54	2,12	18,12
1989	3,20	2,87	9,18	2,04	18,74
1990	3,16	2,89	9,12	2,02	18,42
1991	3,21	2,90	9,31	1,94	18,04
1992	3,15	2,95	9,30	1,92	17,90
1993	3,27	2,67	8,74	1,84	16,07
1994	3,17	3,05	9,69	1,85	17,91
1995	3,20	3,09	9,86	1,81	17,85
1996	3,24	3,16	10,23	1,78	18,19
1997	3,18	3,26	10,37	1,77	18,35
1998	3,12	3,34	10,42	1,72	17,93
1999	3,02	3,50	10,57	1,70	17,91
2000	2,99	3,66	10,94	1,68	18,35
2001	2,79	3,60	10,03	1,70	17,01
2002	2,90	3,55	10,32	1,59	16,36
2003	2,85	3,62	10,31	1,59	16,34

[a] Os índices usam os dados de final de ano para ativo total e para o patrimônio líquido, em vez de médias anuais.
[b] A coluna (3) é igual à coluna (1) vezes a coluna (2).
[c] A coluna (5) é igual à coluna (3) vezes a coluna (4).

Análise de risco

A análise de risco examina a incerteza dos fluxos de lucro da empresa como um todo e das fontes individuais de capital (ou seja, capital de terceiros, ações preferenciais e ações ordinárias). A abordagem típica examina os principais efeitos que fazem com que os fluxos de lucro de uma empresa variem. Estes, mais voláteis, significam risco (incerteza) maior com o qual o investidor se defronta.

O risco total da empresa tem dois componentes internos: riscos operacional e financeiro. Discutimos inicialmente o conceito de risco operacional: como medi-lo, o que o provoca e como aferir suas causas individuais. A seguir, consideramos o risco financeiro e os diversos índices pelos quais o medimos. Seguindo esta análise dos fatores de risco interno de uma empresa, discutimos um fator de risco externo importante, o risco de liquidez externa, ou seja, a capacidade de comprar ou vender ações de uma empresa no mercado secundário de ações.

RISCO OPERACIONAL

Lembre-se de que o *risco operacional* é dado pela incerteza sobre o resultado operacional, que é fortemente influenciado pelo setor da empresa. Por sua vez, essa incerteza dos resultados operacionais (LAJI) é função de dois componentes: (1) a volatilidade das vendas e (2) a estrutura de custos da empresa sobre custos fixos e variáveis (sua alavancagem operacional). Discutiremos isso nos próximos itens. Por ora, consideramos os lucros de uma empresa siderúrgica, que provavelmente variarão mais do que os lucros de, digamos, uma rede de supermercados, porque (1) ao longo do ciclo econômico, as vendas de aço são mais voláteis do que as vendas de produtos de supermercados, e (2) os custos fixos de produção elevados de grandes empresas siderúrgicas (alavancagem operacional) fazem seus lucros operacionais variarem mais do que suas vendas.

342 Investimentos

O risco operacional geralmente é medido pela variabilidade do resultado operacional da empresa no tempo. Entretanto, a variabilidade dos resultados é medida pelo desvio-padrão normalizado da série histórica de resultados operacionais. Essas medidas de volatilidade são ajustadas por tamanho e pelo crescimento das vendas e dos lucros.[10]

Além de se medir o risco operacional geral, é muito útil examinar os dois fatores que contribuem para a variabilidade dos resultados operacionais: a variabilidade das vendas e a alavancagem operacional.

Variabilidade das vendas – A variabilidade das vendas é o primeiro determinante da variabilidade dos resultados. Os resultados operacionais devem ser tão voláteis quanto as vendas. A variabilidade das vendas é principalmente causada pelo setor de uma empresa e está basicamente fora do controle da administração. Por exemplo, as vendas de uma companhia em um setor cíclico, como a indústria siderúrgica ou automobilística, serão muito voláteis ao longo do ciclo econômico, se comparadas às vendas de uma empresa de um setor não-cíclico, como uma empresa de venda de alimentos no varejo ou de materiais para hospitais. Tal como no caso dos resultados operacionais, a variabilidade das vendas de uma empresa é geralmente medida pelo desvio-padrão normalizado das vendas durante os últimos cinco a dez anos.

Alavancagem operacional – A variabilidade dos resultados operacionais de uma empresa também depende da composição de seus custos de produção. Os custos totais de produção de uma empresa com nenhum custo fixo de produção variariam diretamente com as vendas, e os resultados operacionais seriam uma proporção constante destas. Em tal exemplo idealizado, a margem de lucro operacional da empresa seria constante e seus resultados operacionais teriam a mesma volatilidade relativa que suas vendas. Sendo realista, as empresas sempre têm alguns custos fixos de produção, como os de instalações, maquinaria ou pessoal relativamente permanente.

Os custos fixos de produção fazem os resultados operacionais variarem mais do que as vendas ao longo do ciclo econômico. Especificamente, durante períodos de atividade econômica fraca, os lucros caem em uma porcentagem maior do que as vendas, mas, durante uma expansão econômica, dá-se o inverso, eles aumentam, na mesma situação.

O emprego de custos fixos de produção é conhecido como ***alavancagem operacional***. Evidentemente, uma maior alavancagem operacional faz com que a série de resultados operacionais se torne mais volátil em relação à série de vendas.[11]

RISCO FINANCEIRO

E-leituras interativas

Para obter mais explicações e um exemplo animado de solvência, visite: http://reillyxtra.swlearning.com.

O ***risco financeiro***, como deve lembrar, corresponde à incerteza dos retornos devidos aos acionistas, por causa do uso de títulos de dívida com obrigações fixas de pagamento pela empresa. Quando esta vende títulos de dívida para obter capital, os pagamentos de juros exigidos precedem o cálculo dos lucros de ações ordinárias, e esses pagamentos de juros são obrigações fixas. Tal como ocorre com a alavancagem operacional, em épocas favoráveis os lucros líquidos disponíveis aos acionistas ordinários após os pagamentos de juros terão um aumento porcentual maior do que os resultados operacionais, ao passo que, em um período de atividade mais fraca, os lucros disponíveis aos acionistas cairão em uma porcentagem maior do que os resultados operacionais, em função da presença desses custos financeiros fixos. Obviamente, enquanto uma empresa aumenta a proporção de financiamento usando obrigações financeiras fixas (títulos de dívida), ela aumenta seu risco financeiro e também a possibilidade de inadimplência e falência.

Um ponto muito importante a ser lembrado é que o *nível aceitável de risco financeiro para uma empresa depende de seu risco operacional*. Se a empresa tem baixo risco operacional (a saber, resultados operacionais estáveis), os investidores desejarão aceitar um risco financeiro mais alto. Por exemplo, as empresas de comércio varejista de alimentos geralmente têm resultados operacionais estáveis no tempo, o que significa baixo risco operacional, e isso quer dizer que os investidores e as companhias de avaliação de risco de títulos de dívida permitirão que essas empresas tenham riscos financeiros *mais altos*.[12]

Em nossa análise, empregamos três conjuntos de índices para medir o risco financeiro, e *todos os três conjuntos* devem ser estudados. Em primeiro lugar, há índices de balanço patrimonial que apontam a proporção de capital obtido com a emissão de títulos de dívida em comparação com capital próprio. Em segundo lugar, há índices que consideram os lucros ou os fluxos de caixa disponíveis para o pagamento de encargos financeiros fixos. Em terceiro lugar, há índices que consideram os fluxos de caixa disponíveis e os relacionam ao valor contábil das dívidas existentes.

ÍNDICES DE PROPORÇÃO DE DÍVIDA (BALANÇOS PATRIMONIAIS)

Os índices de proporção de dívida mostram que proporção do capital da empresa é obtida com capital de terceiros, em comparação com outras fontes de capital, como ações preferenciais, ações ordinárias e lucros retidos. Uma proporção mais

---

[10] Está além do escopo deste texto discutir os detalhes de cálculo. Para uma discussão mais aprofundada deste tópico geral, veja Eugene Brigham e Louis C. Gapenski, *Financial Management: Theory and Practice*. 10. ed. Fort Worth, TX: Dryden, 2003. cap. 6, 10. Para uma discussão e demonstração detalhadas dos cálculos que ajustam por tamanho e crescimento, veja Frank K. Reilly e Keith Brown. *Investment Analysis and Portfolio Management*. 8. ed. Mason, OH: South-Western, 2006.

[11] Veja C. F. Lee, Joseph Finnerty e Edgar Norton. *Foundations of Financial Management*. Mason, OH: South-Western, 1997. cap. 5, para uma discussão mais aprofundada. Para cálculos detalhados, veja Frank K. Reilly e Keith Brown. *Investment Analysis and Portfolio Management*. 8. ed. Mason, OH: South-Western, 2006.

[12] Um apoio fornecido a esse índice específico é representado por um conjunto de tabelas publicadas pela *Standard & Poor's Credit Rating*, divisão que sugere índices exigidos específicos a serem considerados na atribuição de um dado *rating*. Nessas tabelas, os índices de risco financeiro exigidos diferem em função do risco operacional da empresa.

Análises de demonstrações financeiras **343**

alta de capital de terceiros, se comparado ao capital próprio, torna os lucros mais voláteis (ou seja, com mais alavancagem financeira) e aumenta a probabilidade de a empresa tornar-se inadimplente. Portanto, índices mais altos de proporção de dívidas denotam maior risco financeiro. A seguir, vemos os principais índices de proporção de dívida usados para medi-lo.

Índice exigível/ patrimônio líquido – O índice exigível/ patrimônio líquido é:

14.23
$$\text{Índice exigível/patrimônio líquido} = \frac{\text{Exigível total a longo prazo}}{\text{Patrimônio líquido total}}$$

O valor do exigível inclui todas as obrigações fixas de longo prazo, incluindo *debêntures* conversíveis subordinadas. O patrimônio líquido tipicamente é o valor contábil do patrimônio líquido e inclui ações preferenciais, ordinárias e lucros retidos. Alguns analistas preferem excluir ações preferenciais e considerar apenas o patrimônio líquido do acionista ordinário. O patrimônio líquido total é preferível, caso algumas das empresas que estejam sendo analisadas tenham ações preferenciais.

Em particular, os índices de endividamento podem ser calculados *com e sem impostos diferidos*. A maioria dos balanços patrimoniais inclui um valor de imposto diferido. Há controvérsia a respeito de se esses impostos devem ser tratados como um passivo ou como parte do capital permanente. Algumas pessoas argumentam que se o imposto diferido foi acumulado por causa da diferença entre depreciação acelerada e depreciação em linha reta, ele pode nunca ser pago. Ou seja, enquanto a empresa crescer e adicionar novos ativos, essa conta de imposto diferido total continuará aumentando. Mas se a conta for causada por diferenças no reconhecimento de lucro em contratos a longo prazo, haverá uma reversão e essa obrigação deverá eventualmente ser paga. Para resolver essa questão, o analista deve determinar o motivo da existência da conta de imposto diferido e examinar sua tendência a longo prazo.[13] Esse tipo de conta da *Walgreen* se deve a uma diferença de depreciação e tem tipicamente crescido com o passar do tempo.

Uma segunda consideração, ao se calcular índices de endividamento, é a existência de arrendamentos financeiros, como foi mencionado em uma seção anterior. Como observado, dada uma empresa como a Walgreen, com volume substancial de instalações arrendadas, é preciso incluir uma estimativa do valor presente do pagamento de arrendamentos como dívida de longo prazo.

Para mostrar o efeito desses dois itens significativos sobre o risco financeiro da Walgreen, definimos os índices de modo a incluir esses fatores, mas eles serão decompostos para que se possa identificar o efeito de cada um dos elementos da dívida total. Portanto, o índice exigível/ patrimônio líquido é:

14.24
$$\text{Índice exigível/patrimônio líquido} = \frac{\text{Exigível total a longo prazo}}{\text{Patrimônio líquido total}}$$
$$= \frac{\text{Passivos não circulantes} + \text{Impostos diferidos} + \text{VP das obrigações de arrendamento}}{\text{Patrimônio líquido total}}$$

Para a Walgreen, os índices exigível /patrimônio líquido foram:

$$\text{2003:} \quad \frac{562 + 228 + 9.504}{7.196} = \frac{10.294}{7.196} = 143,1\%$$

$$\text{2002:} \quad \frac{517 + 177 + 7.183}{6.230} = \frac{7.877}{6.230} = 126,4\%$$

$$\text{2001:} \quad \frac{478 + 137 + 6.262}{5.207} = \frac{6.877}{5.207} = 132,1\%$$

Esses índices mostram o impacto significativo da inclusão do valor presente dos pagamentos de arrendamento como parte da dívida a longo prazo, por exemplo, a proporção entre exigível e patrimônio líquido em 2003 foi de menos de 11%, sem as obrigações de arrendamento, a mais de 143%, quando os arrendamentos capitalizados são incluídos.

Índice exigível de longo prazo/capital total – O índice exigível de longo prazo/capital total mede a proporção de capital a longo prazo formada por capital de terceiros também a longo prazo. Isso é calculado da seguinte maneira:

14.25
$$\text{Índice exigível de longo prazo} - \text{Capital total} = \frac{\text{Exigível de longo prazo total}}{\text{Capital a longo prazo total}}$$

Os valores do exigível total de longo prazo são os mesmos utilizados anteriormente. O capital total a longo prazo incluiria todas as dívidas desse tipo, quaisquer ações preferenciais e o patrimônio líquido total. Os índices exigível de longo prazo/ capital total para a Walgreen foram:

---

[13] Para uma discussão mais aprofundada, veja Gerald I. White, Ashwinpaul C. Sondhi e Dov Fried. *The Analysis and Use of Financial Statements.* 3. ed. New York: John Wiley & Sons, 2001. p. 1.017-1.018.

Incluindo-se impostos diferidos e obrigações de arrendamento como dívidas a longo prazo

$$2003: \quad \frac{10.294}{10.294 + 7.196} = \frac{10.294}{17.490} = 58,9\%$$

$$2002: \quad \frac{7.877}{7.877 + 6.230} = \frac{7.877}{14.107} = 55,8\%$$

$$2001: \quad \frac{6.877}{6.877 + 5.207} = \frac{6.877}{12.084} = 56,9\%$$

Mais uma vez, esse índice, que inclui o valor presente das obrigações de arrendamento, mostra que uma porcentagem significativa do capital a longo prazo corresponde a obrigações de dívida, o que difere substancialmente de um índice sem as obrigações de arrendamento.

Índices exigível total/capital total – Em muitos casos, é útil comparar o exigível *total* com o capital *total*, o que se calcula da seguinte forma:

14.26

$$\frac{\textbf{Exigível total}}{\textbf{Capital total}} = \frac{\textbf{Passivo circulante + Exigível total de longo prazo}}{\textbf{Exigível total + Patrimônio líquido total}}$$

Esse índice é particularmente revelador para uma empresa que obtém volume significativo de capital por meio de empréstimos a curto prazo. Os índices exigível total/capital total da Walgreen foram:

Incluindo os impostos diferidos e as obrigações de arrendamento como dívidas de longo prazo:

$$2003: \quad \frac{3.421 + 10.294}{13.715 + 7.196} = \frac{13.715}{20.911} = 65,6\%$$

$$2002: \quad \frac{2.955 + 7.877}{10.832 + 6.230} = \frac{10.832}{17.062} = 63,5\%$$

$$2001: \quad \frac{3.102 + 6.877}{9.979 + 5.207} = \frac{9.979}{15.186} = 65,7\%$$

Esses índices, que mostram que cerca de 66% dos ativos da Walgreen são financiados com capital de terceiros, devem ser comparados aos dos concorrentes no setor, para avaliar sua compatibilidade com o risco operacional. Essa comparação também indicaria o quão alto esse índice poderia ser (ou seja, qual é a capacidade de endividamento não utilizada pela empresa).

Alguns observadores diriam que este índice é excessivamente conservador, porque inclui fornecedores e despesas a pagar, que são *passivos que não pagam juros*. Se esses passivos que não pagam juros, além dos impostos diferidos, forem excluídos do exigível e do capital total, o índice será reduzido da seguinte maneira:

14.27

$$\frac{\textbf{Exigível total com pagamento de juros}}{\textbf{Capital total}} = \frac{\textbf{Exigível total com pagamento de juros}}{\textbf{Capital total − Passivos sem pagamento de juros}}$$

Para a Walgreen:

$$2003: \quad \frac{562 + 9.504}{20.911 - 3.421} = \frac{10.066}{17.490} = 57,6\%$$

$$2002: \quad \frac{517 + 7.183}{17.062 - 2.955} = \frac{7.700}{14.107} = 54,6\%$$

$$2001: \quad \frac{478 + 6.262}{15.186 - 3.012} = \frac{6.740}{12.174} = 55,4\%$$

Mesmo que essas porcentagens de endividamento sejam mais baixas, elas ainda assim são muito altas, o que confirma a importância de se considerar o impacto das obrigações de arrendamento sobre o risco financeiro de empresas como a Walgreen, que empregam essa forma de financiamento.

ÍNDICES DE COBERTURA DE LUCROS E FLUXOS DE CAIXA

Além dos índices que indicam a proporção de dívidas no balanço patrimonial, os investidores estão muito atentos a índices que relacionam o *fluxo* de lucros ou de caixa disponíveis para saldar os compromissos de pagamento de juros e obrigações de arrendamento. Um índice mais alto desses fluxos, disponíveis em relação a encargos financeiros fixos, sinaliza um risco financeiro mais baixo.

Índice de cobertura de juros – O índice convencional de cobertura de juros é calculado da seguinte maneira:

14.28

$$\text{Cobertura de juros} = \frac{\text{Resultado antes de juros e impostos (LAJI)}}{\text{Juros de dívidas}}$$

$$= \frac{\text{Lucro líquido} + \text{Imposto de renda} + \text{Despesas financeiras}}{\text{Despesas financeiras}}$$

Este índice mostra quantas vezes os encargos fixos de juros são gerados, com base nos lucros disponíveis para pagar as despesas.[14] O índice de cobertura de juros mede o quanto os lucros poderiam cair antes de que se tornasse impossível pagar juros com os lucros correntes. Por exemplo, um índice de cobertura igual a cinco significa que os lucros poderiam cair 80% (1 menos 1/5), e a empresa ainda seria capaz de pagar seus encargos financeiros fixos. Mais uma vez, é necessário considerar o impacto das obrigações de arrendamento sobre esse índice, porque se apenas levarmos em conta as dívidas que pagam juros, as despesas financeiras serão de aproximadamente meio milhão de dólares, e o índice de cobertura será superior a 3 mil vezes. Entretanto, se reconhecermos as obrigações de arrendamento como dívida e usarmos o pressuposto das agências de avaliação de risco, de que um terço do pagamento de arrendamento no ano t + 1 equivale a juros (como foi calculado anteriormente), ele seria recalculado da seguinte maneira:

14.29

$$\frac{\text{Cobertura de encargos}}{\text{financeiros fixos}} = \frac{\text{Resultado antes de juros e impostos} + (1/3) \text{ do pagamento de arrendamento}_{t+1}}{\text{Despesas financeiras brutas de juros} + (1/3) \text{ do pagamento de arrendamento}_{t+1}}$$

Conseqüentemente, os índices de cobertura de encargos financeiros fixos da Walgreen foram iguais a:

$$2003: \quad \frac{1.175 + 713 + 396}{396} = \frac{2.284}{396} = 5,8 \text{ vezes}$$

$$2002: \quad \frac{1.019 + 618 + 299}{299} = \frac{1.936}{299} = 6,5 \text{ vezes}$$

$$2001: \quad \frac{886 + 537 + 261}{261} = \frac{1.684}{261} = 6,5 \text{ vezes}$$

Esses índices de cobertura de encargos financeiros fixos denotam um panorama substancialmente diferente do apresentado pelos índices de cobertura, que não consideram o impacto dessas obrigações de arrendamento. Ainda assim, esses índices de cobertura apontam para um risco financeiro razoável em uma empresa com risco operacional muito baixo.

A tendência dos índices de cobertura da Walgreen tem sido coerente com a tendência global dos índices de proporção de dívida. A questão é: os índices de proporção de dívida e os de fluxos de lucros nem sempre apresentam resultados coerentes, porque aqueles não são sensíveis a variações de lucros ou de taxas de juros das dívidas. Por exemplo, se estas subirem ou a empresa substituir dívidas antigas por novas, com uma taxa de juros mais alta, nenhuma alteração ocorrerá nos índices de proporção de dívida, mas o índice de cobertura de juros cairá. Além disso, este é sensível a um aumento ou uma queda dos lucros. Portanto, os resultados que usam índices de balanços patrimoniais e índices de cobertura podem ser distintos. Dada uma diferença entre os seus dois conjuntos, temos uma forte preferência pelos índices de cobertura que refletem a capacidade da empresa de saldar seus compromissos financeiros.

Há diversos índices alternativos que relacionam o fluxo de caixa das operações às despesas financeiras ou aos encargos fixos totais.

Índice de cobertura pelo fluxo de caixa – A motivação deste índice é a de que os lucros e o fluxo de caixa de uma empresa geralmente são significativamente diferentes (essas diferenças têm sido observadas e serão estudadas posteriormente). O valor de fluxo de caixa usado é o dado de fluxo de caixa de atividades operacionais contido em suas demonstrações. Como tal, ele inclui as despesas de depreciação, impostos diferidos e o impacto de todas as variações do capital de giro. Novamente, é apropriado especificar o índice dos encargos financeiros fixos totais, incluindo os arrendamentos, da seguinte maneira:

14.30

Cobertura de encargos financeiros fixos pelo fluxo de caixa

$$= \frac{\text{Fluxo de caixa de atividades operacionais} + \text{Despesas financeiras} + (1/3) \text{ das obrigações de arrendamento}}{\text{Despesas financeiras} + (1/3) \text{ das obrigações de arrendamento}}$$

Utilizamos os valores contidos na demonstração de fluxo de caixa porque estamos especialmente interessados em seu efeito.

---

[14] O dado de lucro líquido usado na análise é o resultado operacional depois do imposto, pois, mais uma vez, é importante excluir lucros e fluxos de caixa não recorrentes. A idéia é considerar apenas aqueles lucros que devem estar disponíveis no futuro (ou seja, lucros de operações regulares).

346 Investimentos

Os índices de cobertura pelo fluxo de caixa da Walgreen foram:

$$2003: \frac{1.492 + 0,2 + 396}{0,02 + 396} = \frac{1.888}{396} = 4,77 \text{ vezes}$$

$$2002: \frac{1.474 + 0,3 + 299}{0,03 + 299} = \frac{1.773}{299} = 5,93 \text{ vezes}$$

$$2001: \frac{719 + 3,4 + 261}{3,4 + 261} = \frac{983}{264} = 3,72 \text{ vezes}$$

Esses índices de cobertura não são espetaculares, mas são respeitáveis para uma empresa com um risco operacional baixo.

Índices fluxo de caixa/exigível de longo prazo – Diversos estudos têm usado um índice que relaciona o fluxo de caixa ao saldo de dívidas de uma empresa. Os índices fluxo de caixa/exigível são especiais, porque relacionam o *fluxo* de lucros mais despesas não desembolsadas ao *estoque* de dívida existente. Esses índices têm aparecido como variáveis significativas em diversos estudos de previsão de falências e classificações de risco de títulos de dívida (são citados na seção de referências deste capítulo). O dado de fluxo de caixa que usamos é o das atividades operacionais. Obviamente, quanto mais alta a proporção entre o fluxo de caixa e o exigível de longo prazo, mais forte é a empresa, ou seja, mais baixo tende a ser seu risco financeiro. Esse índice seria calculado da seguinte forma:

14.31

$$\frac{\textbf{Fluxo de caixa}}{\textbf{Exigível a longo prazo}}$$

$$= \frac{\textbf{Fluxo de caixa das atividades operacionais}}{\textbf{Valor contábil do exigível a longo prazo} + \textbf{Valor presente das obrigações de arrendamento}}$$

Para a Walgreen, os índices foram os apresentados a seguir. Novamente, eles supõem que os impostos diferidos e as obrigações de arrendamento estão incluídos como dívida a longo prazo.

$$2003: \frac{1.492}{228 + 9.504} = \frac{1.492}{9.732} = 15,3\%$$

$$2002: \frac{1.474}{177 + 7.183} = \frac{1.474}{7.360} = 20,0\%$$

$$2001: \frac{719}{137 + 6.262} = \frac{719}{6.399} = 11,2\%$$

O grande aumento porcentual em 2002 foi causado pelo crescimento do fluxo de caixa, em virtude de um aumento menor do estoque durante o ano (veja a Tabela 14.3).

Índices fluxo de caixa/exigível total – Os investidores também devem considerar os índices fluxo de caixa/exigível *total* para se certificar de que a empresa não teve um aumento significativo dos empréstimos a curto prazo.

14.32

$$\frac{\textbf{Fluxo de caixa}}{\textbf{Exigível total}} = \frac{\textbf{Fluxo de caixa das atividades operacionais}}{\textbf{Exigível total de longo prazo} + \textbf{Passivos circulantes que pagam juros}}$$

Para a Walgreen, esses índices foram:

$$2003: \frac{1.492}{9.732 + 3.421} = \frac{1.492}{13.153} = 11,3\%$$

$$2002: \frac{1.474}{7.360 + 2.955} = \frac{1.474}{10.315} = 14,3\%$$

$$2001: \frac{719}{6.399 + 3.012} = \frac{719}{9.411} = 7,6\%$$

Quando os comparamos aos que contêm apenas dívidas de longo prazo, eles refletem a proporção de passivos de curto prazo da empresa, por causa da contratação de empréstimos a curto prazo. Excluímos os pagamentos devidos a fornecedores, pois não rendem juros. No caso da Walgreen, isso eliminou praticamente todos os passivos circulantes. Como antes, é importante comparar esses índices de fluxo a índices semelhantes de outras empresas do setor e à economia como um todo, para se aferir o desempenho relativo da empresa.

Medidas alternativas de fluxo de caixa[15] – Como observado, muitos estudos anteriores que incluíram uma variável de fluxo de caixa usaram a medida tradicional. A exigência de que as empresas devem elaborar e publicar uma demonstração de fluxos de caixa aos acionistas tem despertado o interesse por outras medidas exatas de fluxo de caixa. A primeira medida

---

[15] Nas referências, é fornecida uma lista de estudos nos quais índices financeiros ou variáveis de fluxos de caixa são usadas para predizer falências ou *ratings* de títulos de dívida.

alternativa é o *fluxo de caixa das operações*, extraído diretamente da demonstração de fluxos de caixa, e é a que empregamos. Uma segunda medida alternativa corresponde ao *fluxo de caixa livre*, uma variante do fluxo de caixa das operações, ou seja, gastos de capital (menos fluxos de caixa com a venda de ativos) são também deduzidos, e alguns analistas também subtraem os dividendos. A tabela a seguir resume os valores da Walgreen obtidos anteriormente no capítulo:

				FLUXO DE CAIXA LIVRE		
Ano	Fluxo de caixa tradicional	Fluxo de caixa das operações	Gastos líquidos de capital	Antes de dividendos	Dividendos	Após os dividendos
2003	1581	1492	711	781	152	629
2002	1349	1474	566	908	147	761
2001	1202	719	1193	(474)	141	(615)

Como foi mostrado, a Walgreen apresenta um fluxo de caixa das operações forte e crescente, mesmo depois de consideradas as exigências significativas de capital de giro, mas a empresa possui fluxo de caixa livre pequeno ou negativo, em função dos gastos líquidos de capital exigidos pelo crescimento da empresa.

RISCO DE LIQUIDEZ EXTERNA

Definição de liquidez externa – No Capítulo 4, discutimos a liquidez externa como a capacidade de comprar ou vender um ativo rapidamente com pequena variação de preço em uma transação anterior, supondo a inexistência de qualquer informação nova. A GE e a Pfizer são exemplos de ações ordinárias líquidas, pois os investidores podem vendê-las rapidamente com pequena variação de preço sobre seus negócios anteriores. Os investidores talvez fossem capazes de vender ações pouco líquidas rapidamente, mas o preço seria significativamente diferente do preço anterior. O corretor poderia conseguir um determinado preço, mas levaria vários dias para isso.

Determinantes da liquidez externa – Os investidores precisam conhecer as características de liquidez dos títulos que atualmente possuem ou podem comprar, pois ela pode ser importante caso queiram alterar a composição de suas carteiras. Embora os principais determinantes da liquidez de mercado estejam refletidos nos dados de negociação nele mesmo, diversas variáveis internas da empresa são boas *proxies* destas variáveis. O determinante mais importante da liquidez externa é o número de ações ou o valor monetário delas negociadas (este varia com os níveis de preço). Uma atividade maior de negociação indica uma probabilidade maior de que alguém possa encontrar uma pessoa para assumir o outro lado de uma transação desejada. Uma medida muito boa, que geralmente está disponível, é o *giro dos negócios* (a porcentagem de ações existentes negociadas durante um determinado período), que indica a atividade relativa de negociação. Durante o ano de 2003, 835 milhões de ações da Walgreen foram negociadas, o que significa um giro anual de aproximadamente 81% (835 milhões/1.032 milhões). Isso se compara a um giro médio na NYSE de aproximadamente 95%. Outra medida da liquidez de mercado é o *spread* entre cotação de compra e venda, em que um *spread* menor indica uma liquidez maior. Além disso, certas variáveis da empresa são correlacionadas com essas variáveis de negociação:

1. Valor total de mercado dos títulos existentes (número de ações ordinárias vezes o preço do mercado por ação)
2. Número de proprietários de títulos

Diversos estudos têm mostrado que o principal determinante do *spread* entre preços de compra e de venda (além do próprio preço) é o valor monetário dos negócios.[16] Por sua vez, o valor monetário dos negócios totais está fortemente correlacionado com o valor de mercado dos títulos existentes e com o número de proprietários de títulos, pois, com mais ações existentes, há mais investidores para comprar ou vender a qualquer momento para diversas finalidades. A existência de compradores e vendedores numerosos garantem liquidez.

Podemos estimar o valor de mercado das ações existentes da Walgreen multiplicando o seu número médio durante o ano (ajustado por desdobramentos) pelo preço médio de mercado nesse período (igual ao preço máximo mais o preço mínimo, dividido por dois), como a seguir:[17]

$$2003: \ 1.032 \times \frac{36+27}{2} = \$ \ 32,51 \ \text{bilhões}$$

$$2002: \ 1.032 \times \frac{40+31}{2} = \$ \ 36,65 \ \text{bilhões}$$

$$2001: \ 1.029 \times \frac{45+31}{2} = \$ \ 39,10 \ \text{bilhões}$$

Esses valores de mercado colocariam a Walgreen na categoria de grande empresa, que geralmente começa com cerca de 5 bilhões de dólares. O número de acionistas da Walgreen é igual a 600 mil, incluindo mais de 650 instituições que possuem aproximadamente 56% das ações existentes. Essas cifras elevadas em termos de valor de mercado, número de acionistas, acionistas institucionais e giro de negociação indicam um mercado bastante líquido de ações da Walgreen, o que produz um risco de liquidez externa extremamente baixo.

---

[16] Estudos sobre este tópico foram discutidos no Capítulo 4.

[17] Esses preços de ações (para o ano civil) foram arredondados ao número inteiro de dólares mais próximo.

348 Investimentos

Análise do potencial de crescimento

E-leituras interativas

Para uma explicação e um exemplo animado do índice de crescimento, visite: http://reillyxtra.swlearning.com.

IMPORTÂNCIA DA ANÁLISE DE CRESCIMENTO

A análise do *potencial de crescimento sustentável* examina índices que mostram o quão rapidamente uma empresa pode crescer. A sua análise do potencial de crescimento é importante tanto para credores quanto para acionistas. Estes sabem que o valor da empresa depende do crescimento futuro de seus lucros, fluxos de caixa e dividendos. No capítulo seguinte, discutiremos vários modelos de avaliação baseados em fluxos de caixa alternativos, na taxa de retorno exigida da ação pelo investidor e no crescimento esperado dos fluxos de caixa da empresa.

Os credores também estão interessados no crescimento potencial de uma empresa, porque o sucesso futuro dela é o principal determinante de sua capacidade de pagamento de obrigações, e é influenciado por seu crescimento. Alguns índices de análise de crédito medem o valor contábil dos ativos de uma empresa sobre suas obrigações financeiras, supondo que a empresa possa vender esses ativos para pagar seus empréstimos em caso de inadimplência. Vender os ativos em uma liquidação forçada renderá tipicamente apenas cerca de dez a 15 centavos de dólar. Atualmente, é bem sabido que a análise mais relevante é a da capacidade de a empresa saldar suas obrigações enquanto suas operações prosseguem em andamento normal, afetada por seu crescimento potencial. Essa análise também é relevante para mudanças de classificações de risco de títulos de dívida.

DETERMINANTES DO CRESCIMENTO

O crescimento de uma empresa, como o de qualquer entidade econômica, incluindo a economia agregada depende:

1. Da quantidade de recursos retidos e reinvestidos na entidade
2. Da taxa de retorno obtida sobre os fundos reinvestidos

Quanto mais uma empresa reinveste, maior é seu potencial de crescimento. Para um dado nível de reinvestimento, uma empresa crescerá mais rapidamente se ela obtiver uma taxa mais alta de retorno sobre os fundos reinvestidos. Portanto, a taxa de crescimento dos lucros dos acionistas é função de duas variáveis: (1) o porcentual de lucros líquidos retidos (a taxa de retenção da empresa) e (2) a taxa de retorno sobre o capital próprio da empresa (o ROE da empresa), porque quando os lucros são retidos, eles passam a fazer parte do capital próprio da empresa.

14.33

$$\textbf{g} = \textbf{Porcentagem de lucros retidos} \times \textbf{Retorno sobre patrimônio líquido}$$

$$= \textbf{TR} \times \textbf{ROE}$$

onde:

g = taxa de crescimento potencial (ou seja, sustentável)
TR = taxa de retenção dos ganhos
ROE = retorno sobre patrimônio líquido da empresa

A taxa de retenção é uma decisão tomada pelo conselho de administração com base nas oportunidades de investimento disponíveis à empresa. A teoria diz que a empresa deveria reter lucros e reinvesti-los, se a taxa esperada de retorno sobre os investimentos superar o custo de capital da empresa.

Como discutido anteriormente sobre o Sistema DuPont, o ROE de uma empresa é uma função que possui três componentes:

- Margem de lucro líquido
- Giro do ativo total
- Alavancagem financeira (ativo total/patrimônio líquido)

Portanto, uma empresa pode aumentar seu ROE elevando sua margem de lucro, tornando-se mais eficiente (aumentando o giro de seu ativo total), ou aumentando sua alavancagem financeira (e seu risco financeiro). Como discutido, os investidores devem examinar e estimar cada um dos componentes ao estimar o ROE de uma empresa.

A análise do potencial de crescimento sustentável da Walgreen começa com a taxa de retenção (TR):

14.34

$$\text{Taxa de retenção} = 1 - \frac{\textbf{Dividendos declarados}}{\textbf{Resultado operacional após o imposto de renda}}$$

Os valores da TR da Walgreen foram:

$$2003: \quad 1 - \frac{0,16}{1,14} = 0,86$$

$$2002: \quad 1 - \frac{0,15}{0,99} = 0,85$$

$$2001: \quad 1 - \frac{0,14}{0,86} = 0,84$$

Análises de demonstrações financeiras **349**

	(1)	(2)	(3)[b]
TABELA 14.7	Componentes do crescimento e taxa implícita de crescimento sustentável da Walgreen Co.		
Ano	**Taxa de retenção**	**Retorno sobre patrimônio líquido[a]**	**Taxa de crescimento sustentável**
1982	0,72	18,73	13,49
1983	0,74	19,84	14,68
1984	0,74	20,60	15,24
1985	0,71	19,58	13,90
1986	0,70	18,64	13,05
1987	0,68	16,63	11,31
1988	0,71	18,12	12,87
1989	0,73	18,74	13,68
1990	0,72	18,42	13,26
1991	0,71	18,04	12,81
1992	0,71	17,90	12,71
1993	0,67	16,07	10,77
1994	0,70	17,91	12,54
1995	0,69	17,85	12,32
1996	0,71	18,19	12,91
1997	0,73	18,35	13,40
1998	0,75	17,93	13,44
1999	0,79	17,91	14,15
2000	0,82	18,35	15,05
2001	0,84	17,01	14,29
2002	0,85	16,36	13,91
2003	0,86	16,34	14,05

[a] Da Tabela 14.6.
[b] A coluna (3) é igual à coluna (1) vezes a coluna (2).

Os resultados históricos na Tabela 14.7 indicam que a taxa de retenção da Walgreen permaneceu relativamente estável acima de 70% durante o período de 22 anos, incluindo aumentos recentes acima de 80%.

A Tabela 14.6 contém os três componentes do ROE no período de 1982 a 2003. A Tabela 14.7 mostra os dois fatores que determinam o potencial de crescimento de uma empresa e a taxa de crescimento implícita nos últimos 22 anos. Em geral, a Walgreen teve um ligeiro declínio em seu potencial de crescimento durante os anos 1990, mas, desde 1995, a empresa tem tido uma taxa de crescimento potencial acima de 14%, o que é bastante coerente com seu desempenho atual.

A Tabela 14.7 reforça nossa compreensão da importância do ROE da empresa. A taxa de retenção da Walgreen permaneceu relativamente estável no decorrer do período, com um aumento nos últimos cinco anos. Mesmo assim, tem sido o ROE da empresa que tem principalmente determinado sua taxa de crescimento sustentável. Essa análise indica que a consideração importante é o *cenário a longo prazo dos componentes do crescimento sustentável*. Os investidores precisam *projetar* variações de cada um dos componentes do ROE e empregar essas projeções para estimar um ROE a ser usado no modelo de crescimento, juntamente com uma estimativa da taxa de retenção a longo prazo da empresa. Voltaremos a esses conceitos em numerosas ocasiões ao discutirmos a avaliação de ações. Essa análise detalhada de ROE é extremamente importante para empresas em crescimento, nas quais os ROEs estão significativamente acima da média da economia e, portanto, são vulneráveis à concorrência.

Análise comparativa de índices

Já discutimos a importância da análise comparativa, mas até agora nos concentramos na escolha e no cálculo de índices específicos. A Tabela 14.8 contém a maioria dos índices discutidos da Walgreen, do setor de drogarias no varejo (extraídos do S&P Analysts Handbook) e do S&P Industrials Index. A comparação de três anos deve fornecer alguma informação, embora geralmente seja preferível dados para um período de cinco a dez anos. Foi necessário fazer a comparação para o período de 2000 a 2002 porque os dados da Standard & Poor's para o setor e o mercado do ano de 2003 não estavam disponíveis no momento em que escrevíamos este texto.

TABELA 14.8 Resumo dos índices financeiros da Walgreen, do setor de drogarias, de acordo com a Standard & Poor's e do S&P Industrials Index, de 2000 a 2002

	2002			2002			2002		
	Walgreen	Drugstores	S&P Industrials	Walgreen	Drugstores	S&P Industrials	Walgreen	Drugstores	S&P Industrials
Liquidez interna									
Índice de liquidez corrente	1,75	1,81	1,36	1,46	1,58	1,29	1,54	1,53	1,19
Índice de liquidez seca	0,48	0,47	0,98	0,27	0,32	0,92	0,27	0,32	0,84
Índice de caixa	0,15	0,16	0,32	0,01	0,04	0,26	0,01	0,06	0,21
Giro de contas a receber	32,72	27,54	4,24	34,86	27,03	4,30	27,8	25,50	4,55
Prazo médio de recebimento	11,2	13,3	86,1	10,5	13,5	84,9	13,1	14,3	80,2
Capital de giro/vendas	0,06	0,09	0,11	0,05	0,08	0,09	0,06	0,08	0,08
Desempenho operacional									
Giro do ativo total	3,07	2,80	0,76	3,09	2,69	0,79	3,3	2,14	0,86
Giro do estoque (vendas)[a]	8,05	6,68	10,89	7,80	6,29	10,94	8,01	5,48	11,29
Giro do capital de giro	15,96	11,74	8,88	18,73	13,07	11,34	16,67	12,12	12,72
Giro do ativo fixo líquido	6,42	8,11	2,77	6,34	7,71	2,80	7,04	6,22	2,97
Giro do patrimônio líquido	5,02	5,05	2,38	5,22	4,99	2,32	5,50	5,14	2,63
Rentabilidade									
Margem de lucro bruto	26,52	—	—	26,7	—	—	27,1	—	—
Margem de lucro operacional	5,71	5,41	12,81	5,78	5,38	10,53	5,8	5,82	14,34
Margem de lucro líquido	3,62	3,29	7,07	3,55	2,81	4,89	3,7	2,87	8,17
Retorno do capital total[b]	0,89	9,54	6,85	11,15	9,01	5,41	11,9	7,74	8,72
Retorno do patrimônio líquido do acionista	17,82	16,64	16,80	18,76	15,86	11,33	20,1	17,49	21,51
Risco financeiro									
Exigível/patrimônio líquido[c]	126,43	17,82	139,93	132,07	16,91	113,60	140,67	15,79	106,58
Exigível de longo prazo/capital de longo prazo[b]	55,84	15,12	58,32	56,91	14,46	53,18	58,45	13,64	51,59
Exigível total/capital total[b]	63,49	42,17	69,81	65,71	45,70	66,09	66,11	45,33	65,98
Cobertura de juros	6,45	49,18	6,68	6,47	30,77	5,24	6,6	26,20	7,30
Fluxo de caixa/exigível de longo prazo[b]	24,09	194,24	36,78	15,37	231,48	37,78	16,32	266,13	58,03
Fluxo de caixa/exigível total[b]	17,19	28,12	17,11	10,45	25,49	16,92	11,77	27,76	23,25
Análise de crescimento[c]									
Taxa de retenção	0,85	0,86	0,72	0,84	0,81	0,58	0,82	0,84	0,76
Retorno do patrimônio líquido	16,36	15,37	17,84	17,01	13,14	11,02	18,35	13,38	20,60
Giro do ativo total	2,90	2,69	0,76	2,99	2,59	0,76	2,99	2,66	0,85
Ativo total/patrimônio líquido	1,59	1,73	3,30	1,68	1,88	2,96	1,68	1,83	2,95
Margem de lucro líquido	3,55	3,29	3,12	3,66	2,81	2,26	3,66	2,87	6,52
Taxa de crescimento sustentável	13,96	13,18	12,77	14,24	10,67	6,38	15,05	11,18	15,60

[a] Calculados com as receitas de venda, pois o custo das mercadorias vendidas não estava disponível para o setor e para o índice de mercado.

[b] Os índices da Walgreen incluem impostos diferidos e obrigações de arrendamento no exigível a longo prazo, o que não está disponível para o setor e para o mercado como um todo.

[c] Cálculos realizados com dados de fim de ano.

LIQUIDEZ INTERNA

Os três índices básicos (de liquidez corrente, de liquidez seca e de caixa) forneceram resultados mistos acerca da liquidez da Walgreen em comparação com o setor e o mercado. O índice de liquidez corrente é quase igual ao do setor e está acima do índice para o mercado. O prazo de recebimento de contas a receber da empresa é substancialmente inferior ao prazo para o mercado e está abaixo do prazo para o setor de drogarias. Como o prazo de recebimento tem permanecido relativamente estável, a diferença deve-se à política básica de crédito da empresa.

Em termos gerais, as comparações indicam uma liquidez interna razoavelmente forte. Um fator positivo adicional de liquidez é a capacidade de a empresa vender notas promissórias mercantis de qualidade elevada e obter linhas de crédito com vários dos principais bancos.

DESEMPENHO OPERACIONAL

Esta parte da análise considera os índices de eficiência (giro) e os índices de rentabilidade. A principal comparação é feita em relação ao setor. Os índices de giro da Walgreen ficaram sistemática e significativamente acima dos índices do setor de drogarias.

A comparação da rentabilidade das vendas não produziu resultados claros. As margens de lucro operacionais foram praticamente iguais às do setor, mas as margens líquidas superaram o desempenho deste. A forte margem de lucro operacional ocorreu apesar da taxa mais alta de crescimento do número de novas lojas em comparação à concorrência, e o fato de que as lojas novas exigem de 18 a 24 meses para alcançar a taxa "normal" de lucro da empresa.

O desempenho sobre o retorno do capital investido foi historicamente forte. O retorno total (inclusive os arrendamentos capitalizados) da Walgreen ficou sistematicamente acima tanto do mercado como um todo quanto do setor. Além disso, a Walgreen sempre alcançou ROEs mais altos do que seu setor e o mercado.

ANÁLISE DE RISCO

Os índices de risco financeiro da Walgreen, medidos na proporção de endividamento, foram sistematicamente inferiores aos índices do setor e do mercado, quando tanto os impostos diferidos quanto os arrendamentos capitalizados foram incluídos no exigível de longo prazo da Walgreen, mas não foi possível fazer um ajuste comparável para o mercado ou para o setor. Tal ajuste teria um impacto importante sobre seus resultados. De forma semelhante, os índices de risco financeiro que usam o fluxo de caixa da Walgreen ficaram abaixo do mercado e do setor. Essas comparações indicam que ela tem um nível razoável de risco financeiro, mas ele não preocupa muito, pois a empresa tem um risco operacional muito baixo, em vista do crescimento sistematicamente alto das vendas e do resultado operacional. Destaque-se que não se obteve índices comparativos específicos para risco operacional e liquidez externa. Apesar disso, em ambos os casos, a análise dos índices da Walgreen mostrou que a empresa apresentou níveis muito baixos de risco operacional e liquidez externa.

ANÁLISE DE CRESCIMENTO

A *Walgreen* tem, em geral, mantido uma taxa de crescimento sustentável acima de seu setor e do mercado como um todo, com base tanto em um ROE mais alto quanto em uma taxa de retenção sistematicamente mais alta.

Em suma, a Walgreen possui liquidez adequada, um bom histórico operacional, incluindo um histórico de crescimento muito sólido, o que significa baixo risco operacional, risco financeiro relativamente baixo, mesmo quando consideramos os arrendamentos de lojas, e claramente um crescimento acima da média. Seu sucesso como investidor dependerá de quão bem você usar esses dados históricos para fazer estimativas úteis de desempenho futuro para usar em um modelo de avaliação. Como foi observado anteriormente, todo mundo tem noções gerais dos modelos de avaliação, o que quer dizer que é o indivíduo que consegue obter as melhores *estimativa*s de variáveis relevantes de avaliação que obterá desempenho superior em termos ajustados por risco.

Análise de demonstrações financeiras não-americanas

Como já enfatizamos diversas vezes, sua carteira deve abranger outras economias e outros mercados, vários setores globais e muitas empresas estrangeiras nesses setores globais. Entretanto, como as convenções contábeis diferem entre países, as demonstrações financeiras não-americanas também serão diferentes daquelas discutidas neste capítulo e do que você verá em um curso típico de contabilidade. Embora esteja além do escopo deste texto discutir essas convenções alternativas de contabilidade em detalhes, nós o encorajamos a examinar a seção de referências intitulada: "Análise de demonstrações financeiras internacionais". Além disso, há uma discussão de algumas dessas diferenças em Reilly e Brown.[18]

A qualidade das demonstrações financeiras

Os analistas às vezes se referem à qualidade do lucro ou à qualidade do balanço patrimonial de uma empresa. Em geral, as **demonstrações financeiras de qualidade** são aquelas que refletem bem a realidade; truques contábeis e mudanças especiais não são usados para fazer a empresa parecer mais forte do que ela realmente é. Alguns fatores que levam a de-

---

[18] REILLY, Frank K.; BROWN, Keith. *Investment Analysis and Portfolio Management*. 8. ed., Mason, OH: South-Western, 2006. cap. 12.

352 Investimentos

monstrações financeiras de qualidade inferior foram mencionados anteriormente, quando discutimos a análise de índices. Outras influências sobre a qualidade são discutidas neste item.[19]

BALANÇO PATRIMONIAL

Um balanço patrimonial de alta qualidade geralmente reflete o uso conservador do exigível ou do endividamento. Portanto, o potencial de dificuldades financeiras resultantes da necessidade de realizar o serviço das dívidas é bastante reduzido. A utilização limitada de capital de terceiros também faz com que a empresa tenha capacidade não utilizada de obtenção de empréstimos, o que significa que ela pode fazer uso dessa capacidade não utilizada para fazer investimentos rentáveis.

Um balanço patrimonial de qualidade contém ativos com valores de mercado superiores ao seu valor contábil. A competência da administração e a existência de ativos intangíveis – como *goodwill*, marcas comerciais ou patentes – farão com que o valor de mercado dos ativos da empresa supere seu valor contábil. Em geral, como resultado da inflação e do uso do custo histórico na contabilidade, podemos esperar que o valor de mercado dos ativos supere os valores contábeis. Aparecem ativos supervalorizados nos livros contábeis quando a empresa possui ativos ultrapassados, e tecnologicamente inferiores; estoques obsoletos e ativos improdutivos, como um banco que não tenha dado baixa de empréstimos que não estão sendo pagos.

A presença de passivos fora do balanço patrimonial também prejudica a qualidade de um balanço patrimonial. Tais passivos podem incluir empreendimentos conjuntos e garantias de empréstimos ou avais a subsidiárias.[20]

DEMONSTRAÇÃO DE RESULTADO

Lucros de qualidade elevada são lucros *passíveis de repetição*. Por exemplo, decorrem de vendas a clientes que devem repetir operações com a empresa e de custos que não são artificialmente baixos em decorrência de reduções extraordinárias e temporárias de preços de fatores de produção. Itens especiais e não-recorrentes – como mudanças contábeis, fusões e vendas de ativos – devem ser ignorados ao se examinar os lucros. Flutuações não esperadas de taxas de câmbio, que são favoráveis à empresa, aumentando suas receitas ou diminuindo seus custos, também devem ser encarados como itens não-recorrentes.

Os lucros de qualidade elevada resultam do uso de princípios contábeis conservadores que não resultam em receitas superavaliadas ou custos subavaliados. Quanto mais próximos os lucros estão do fluxo de caixa, mais alta é a qualidade da demonstração de resultado. Suponha que uma empresa venda móveis em termos correntes, permitindo aos clientes que façam pagamentos mensais. Uma demonstração de resultado de qualidade mais alta reconhecerá a receita usando o princípio da "prestação"; ou seja, à medida que se receber o pagamento em dinheiro a cada mês, as vendas anuais refletirão apenas o caixa recebido com base nas vendas efetuadas durante o ano. Uma demonstração mais baixa reconhecerá 100% da receita no momento da venda, ainda que os pagamentos possam se estender por vários meses no ano seguinte.[21]

NOTAS EXPLICATIVAS

Um conselho: **leia as notas explicativas!** A finalidade delas (que podem incluir três ou mais páginas na maioria dos relatórios anuais) é fornecer informações sobre como a empresa lida com os itens de demonstração de resultado e balanço patrimonial. Embora as notas explicativas possam não revelar nada de que você precise saber (por exemplo, Enron), se você não as lê, não pode achar que domina toda a informação.

O valor da análise de demonstrações financeiras

As demonstrações financeiras, por sua natureza, são voltadas para o passado. Elas divulgam os ativos, os passivos e o patrimônio líquido da empresa em uma certa data (passada); informam as receitas, as despesas ou os fluxos de caixa durante um período (passado). Um mercado eficiente de capitais já terá incorporado essas informações passadas nos preços dos títulos; portanto, pode parecer, à primeira vista, que a análise de demonstrações financeiras de uma empresa e seus índices demonstram perda de tempo do analista.

O fato é que o oposto é verdade. A análise de demonstrações financeiras permite ao analista adquirir conhecimento a respeito da estratégia e das estruturas operacional e financeira de uma empresa. Isso, por sua vez, ajuda o analista a determinar os efeitos dos fatos *futuros* sobre os fluxos de caixa da empresa. A combinação do conhecimento da estratégia, alavancagens operacional e financeira da empresa com cenários macro e microeconômicos possíveis, é necessária para a determinação de um valor de mercado apropriado para as ações da empresa. A combinação da análise de dados históricos com os cenários futuros possíveis permite ao analista avaliar os riscos com que se defronta a empresa, e, em seguida, fazer uma previsão de retorno esperado com base nesses riscos. O resultado final do processo, como será detalhado em capítulos futuros, é a determinação do valor corrente da empresa pelos fluxos de caixa esperados, o qual é comparado ao preço do título. Em resumo, a análise detalhada dos resultados históricos permite uma estimação melhor dos fluxos de caixa esperados e, portanto, uma avaliação superior da empresa.

---

[19] Para uma discussão adicional, veja PALEPU, K. G.; HEALY, P. M.; BERNARD, Victor L. *Business Analysis and Valuation*. 3. ed., Mason, OH: South-Western, 2004. cap. 3.

[20] Para uma análise detalhada destes itens, veja Clyde P. Stickney, Paul Brown e James Wahlen. *Financial Reporting and Statement Analysis*. 5. ed., Mason, OH: South-Western, 2004. cap. 6.

[21] Para uma análise detalhada dos itens da demonstração de resultado, veja Clyde P. Stickney, Paul Brown e James Wahlen. *Financial Reporting and Statement Analysis*. 5. ed., Mason, OH: South-Western, 2004. cap. 5.

Usos específicos de índices financeiros

Além de medir o desempenho e o risco da empresa, os índices financeiros têm sido usados em quatro áreas principais de investimentos: (1) avaliação de ações, (2) identificação de variáveis internas da empresa que afetam o risco sistemático das ações (beta), (3) atribuição de *ratings* a títulos de dívidas e (4) previsão de insolvência (falência) de empresas.

MODELOS DE AVALIAÇÃO DE AÇÕES

Como discutiremos no próximo seguinte, a maioria dos modelos de avaliação tenta obter um valor com base em um dos vários modelos de valor presente de fluxos de caixa ou em índices de avaliação relativa apropriados para uma ação. Como será observado, todos os modelos de avaliação exigem uma estimativa da taxa esperada de crescimento do lucro, dos fluxos de caixa ou dos dividendos, e da taxa exigida de retorno da ação. Evidentemente, os índices financeiros podem ajudar na estimação desses dados críticos. A estimação da taxa de crescimento dos ganhos, dos fluxos de caixa ou dos dividendos emprega os índices discutidos na seção sobre taxa de crescimento potencial.

Ao se estimar a taxa de retorno exigida de um investimento (ou seja, o custo de capital próprio, k, ou o custo médio ponderado de capital, WACC), deve ser recordado que essas estimativas dependem do prêmio por risco do título, que é uma função do risco operacional, do risco financeiro e do risco de liquidez. O risco operacional geralmente é medido pela variabilidade do lucro; o risco financeiro é identificado pelos índices de endividamento ou pelos índices de lucro ou fluxo de caixa. Noções a respeito do risco de liquidez das ações podem ser obtidas a partir das medidas de liquidez externa que discutimos.

O modelo típico de avaliação empírica examina uma *cross section* de empresas e usa um modelo de regressão múltipla que relaciona um dos índices de avaliação relativa para as empresas da amostra a algumas das seguintes variáveis internas (as médias geralmente consideram os últimos cinco ou dez anos):[22]

Índices financeiros

1. Média de exigível/ patrimônio líquido
2. Média de cobertura de juros
3. Média de distribuição de dividendos
4. Média de retorno do patrimônio líquido
5. Média de taxa de retenção
6. Média de preço de mercado/ valor patrimonial
7. Média de preço de mercado/ fluxo de caixa
8. Média de preço de mercado/ vendas

Medidas de variabilidade

1. Coeficiente de variação do resultado operacional
2. Coeficiente de variação das vendas
3. Coeficiente de variação do lucro líquido
4. Risco sistemático (beta)

Variáveis sem índice

1. Média de taxa de crescimento do lucro

ESTIMAÇÃO DO RISCO SISTEMÁTICO

Como foi discutido no Capítulo 9, o modelo de formação de preços de ativos (CAPM) diz que a variável relevante de risco de um ativo deve ser seu risco sistemático, que é o seu coeficiente beta em relação à carteira de mercado formada por todos os ativos com risco. Em mercados eficientes, deve haver uma relação entre as variáveis internas de risco da empresa e as variáveis de risco determinadas pelo mercado, como beta. Vários estudos têm testado a relação entre o risco sistemático das ações (beta), e variáveis internas de empresas, escolhidas como reflexo dos riscos operacional e financeiro.[23] As variáveis significativas (geralmente médias de cinco anos) incluídas são mostradas a seguir:

Índices financeiros

1. Distribuição de dividendos
2. Exigível total/ativo total
3. Fluxo de caixa/exigível total
4. Cobertura de juros
5. Capital de giro/ativo total
6. Índice de liquidez corrente

---

[22] Uma lista de estudos nesta área aparece nas referências, no final deste capítulo.
[23] Idem.

354 Investimentos

Medidas de variabilidade

1. Coeficiente de variação do lucro líquido
2. Coeficiente de variação do resultado operacional
3. Coeficiente de variação da margem de lucro operacional
4. Beta do resultado operacional (resultado da empresa relacionado a resultados agregados)

Variáveis sem índice

1. Tamanho do ativo
2. Valor de mercado das ações existentes

ESTIMAÇÃO DE *RATINGS* DE TÍTULOS DE DÍVIDA

Como foi discutido no Capítulo 3, três serviços financeiros atribuem classificações de risco de crédito a títulos de dívida com base na capacidade da empresa emitente de saldar todas as obrigações relacionadas ao seu título de dívida. Um *rating* AAA ou Aaa indica qualidade elevada e quase nenhuma chance de inadimplência, ao passo que um *rating* C aponta que a empresa emitente do título de dívida já esteja inadimplente. Vários estudos têm usado índices financeiros para prever o *rating* atribuído a um título de dívida.[24] As principais variáveis financeiras consideradas nestes estudos foram:

Índices financeiros

1. Exigível de longo prazo/ativo total
2. Exigível total/capital total
3. Lucro líquido mais depreciação (fluxo de caixa)/exigível de longo prazo com preferência
4. Fluxo de caixa/exigível total
5. Resultado antes de juros e impostos (LAJI)/despesas financeiras (cobertura de encargos fixos)
6. Fluxo de caixa de operações mais despesas financeiras/despesas financeiras
7. Valor de mercado das ações/valor par de títulos de dívida
8. Resultado operacional líquido/vendas
9. Lucro líquido/patrimônio líquido (ROE)
10. Lucro líquido/ativo total (ROA)
11. Capital de giro/vendas
12. Vendas/patrimônio líquido (giro do patrimônio líquido)

Medidas de variabilidade

1. Coeficiente de variação das vendas
2. Coeficiente de variação do lucro líquido
3. Coeficiente de variação do retorno do ativo

Variáveis sem índice

1. Subordinação do título
2. Tamanho da empresa (ativos totais)
3. Tamanho da emissão
4. Valor par de todos os títulos de dívida da empresa publicamente negociados

PREVISÃO DE INSOLVÊNCIA (FALÊNCIA)

Os analistas sempre estiveram interessados no uso de índices financeiros para identificar as empresas que poderiam deixar de pagar uma dívida ou declarar falência.[25] O estudo típico examina uma amostra de empresas que declararam falência, em comparação com uma amostra de empresas do mesmo setor e de tamanho comparável que não tenham falido. A análise envolve examinar um número de índices financeiros que se espera sejam capazes de refletir a redução de liquidez por vários anos antes da falência. A meta é determinar que conjunto de índices pode prever corretamente que a empresa estará no grupo das falidas ou no grupo das não falidas. Os melhores modelos tipicamente classificam corretamente mais de 80% das empresas um ano antes da falência. Alguns dos índices financeiros incluídos em modelos bem-sucedidos foram:[26]

Índices financeiros

1. Fluxo de caixa/exigível total
2. Fluxo de caixa/exigível de longo prazo

---

[24] Uma lista de estudos nesta área aparece nas referências, no final deste capítulo.

[25] Uma lista de estudos sobre este tópico aparece nas referências, no final deste capítulo.

[26] Além dos diversos estudos que têm usado índices financeiros para prever *ratings* de títulos e falências, outros estudos também têm utilizado variáveis de fluxo de caixa ou uma combinação destes e de índices financeiros nessas previsões, e os resultados têm sido muito bons. Esses estudos são enumerados nas referências, no final deste capítulo. Os cinco índices assinalados com asterisco (*) são os utilizados no conhecido modelo de escore Z de Altman, publicado por Edward I. Altman, "Financial Ratios, Discriminant Analysis and the Prediction of Corporate Bankruptcy", *Journal of Finance* 23, n. 4, p. 589-609, set. 1968.

3. Vendas/ativo total*
4. Lucro líquido/ativo total
5. LAJI/ativo total*
6. Exigível total/ativo total
7. Valor de mercado das ações/valor contábil do exigível *
8. Capital de giro/ativo total*
9. Lucros retidos/ativo total*
10. Índice de liquidez corrente
11. Capital de giro/vendas

Limitações dos índices financeiros

É importante reforçar uma idéia anterior: você sempre deve considerar os índices financeiros *relativos*. Além disso, você deve estar atento a outras questões e limitações dos índices financeiros:

1. Os tratamentos contábeis das várias empresas são comparáveis? Como você sabe, com base em cursos anteriores de contabilidade, há diversos métodos geralmente aceitos para tratar vários itens contábeis, e as alternativas podem causar diferenças nos resultados para o mesmo evento. Portanto, você deve examinar o tratamento contábil dado a itens significativos e ajustar os valores em função das principais diferenças. Comparabilidade é uma consideração crítica ao se tratar de dados de empresas não-americanas.
2. Quão homogênea é a empresa? Muitas delas têm divisões que operam em diferentes setores, o que pode tornar difícil obter índices setoriais comparáveis.
3. Os resultados implícitos são consistentes? É importante montar um perfil completo da empresa e não depender somente de um conjunto de índices (por exemplo, índices de liquidez interna). Por exemplo, uma empresa pode ter problemas de liquidez a curto prazo, mas ser muito rentável – a rentabilidade eventualmente atenuará esses problemas.
4. O índice está em uma faixa razoável para o setor? Como foi observado em várias ocasiões, você geralmente deseja considerar uma *faixa* de valores apropriados para o índice, pois um valor que é muito alto ou muito baixo para o setor pode ser um problema.

Investimentos on-line

Muitas empresas negociadas em bolsa têm websites com informações financeiras. Algumas vezes, cópias completas do relatório anual da empresa e dos informes submetidos à SEC estão disponíveis em suas páginas. Já que o foco deste capítulo foi sobre as demonstrações financeiras da Walgreen, citamos agora alguns sites relevantes:

http://www.Walgreen.com – A home page da Walgreen. Informações financeiras estão disponíveis por meio de links desta página. Pelo menos quatro dos concorrentes da Walgreen têm websites com informações financeiras. Eles incluem:

http://www.cvs.com – A página da *CVS Pharmacy*.

http://www.riteaid.com – A página da *Rite Aid Corporation*.

http://www.longs.com – O website da web da *Longs Drug Stores*.

http://www.duanereade.com – A home page da *Duane Reade*, uma drogaria de Nova York.

Os seguintes bancos de dados com fins comerciais e patrocinados pelo governo estão disponíveis na rede:

http://www.www.sec.gov – A página da *Securities and Exchange Commission* permite acesso ao banco de dados EDGAR (para coleta de dados, análise e recuperação por meios eletrônicos). A maioria dos arquivos da SEC é acessível por meio do EDGAR, inclusive os informes submetidos a dados de remuneração de executivos e os informes 10-K e 10-Q.

http://www.hoovers.com – A Hoovers Online é uma fonte comercial de informações sobre empresas específicas, contendo demonstrações financeiras e desempenho de ações. Alguns dados estão disponíveis gratuitamente, inclusive um perfil da empresa, notícias, preços de ações e um gráfico do desempenho recente do preço delas. Contém links para várias fontes, incluindo um relatório anual sobre a empresa, os informes submetidos à SEC e as estimativas de lucro por ação da First Call.

http://www.dnb.com – A Dun & Bradstreet é uma empresa muito conhecida de coleta de informações financeiras. As empresas privadas usam seus serviços de relatórios de análise de crédito. Além disso, a D&B edita índices financeiros setoriais que são úteis na análise de ações e títulos de renda fixa.

356 Investimentos

Resumo

- A finalidade geral da análise de demonstrações financeiras é ajudar os investidores a tomarem decisões de investimento em títulos de dívida ou ações de uma empresa. Os índices financeiros devem ser examinados em relação à economia, ao setor da empresa, aos principais competidores da empresa e sobre o passado desta.
- Os índices específicos podem ser divididos em quatro categorias, dependendo da finalidade da análise: liquidez interna, desempenho operacional, análise de risco e análise de crescimento.
- Ao analisar as demonstrações financeiras de empresas não-americanas, os analistas devem considerar as diferenças de formato e os princípios contábeis que causam valores diferentes para índices específicos.

- Quatro aplicações importantes de índices financeiros são (1) avaliação de ações, (2) análise de variáveis que afetam o risco sistemático de uma ação (beta), (3) atribuição de *ratings* a títulos de dívida e (4) previsão de insolvência (falência).

Uma ressalva final: você pode imaginar vários índices financeiros para examinar quase toda relação possível. A meta não é ter o maior número de índices, mas limitar e agrupá-los de maneira que você possa examiná-los de uma forma que faça sentido. Isso envolve analisar os índices no tempo em relação à economia, ao setor ou ao passado. Você deve se concentrar em fazer comparações melhores com um número limitado de índices que ofereçam uma visão de questões de seu interesse.

Questões

1. Discuta sucintamente duas decisões que exigem a análise de demonstrações financeiras.
2. Por que os analistas usam índices financeiros em vez de números absolutos? Dê um exemplo.
3. Além de comparar o desempenho de uma empresa ao seu setor como um todo, discuta que outras comparações deveriam ser consideradas no setor.
4. Como uma joalheria e uma mercearia poderiam diferir em termos de giro do ativo e margem de lucro? Você esperaria que seu retorno total fosse diferente, supondo que o risco operacional seja idêntico? Discuta.
5. Descreva os componentes do risco operacional e discuta como os componentes afetam a variabilidade do resultado operacional (LAJI).
6. Quem você esperaria que tivesse um risco operacional maior: uma empresa siderúrgica ou uma rede de comércio de alimentos no varejo? Discuta essa expectativa sobre os componentes do risco operacional.
7. Ao examinar a estrutura financeira de uma empresa, você se preocuparia com o risco operacional dela? Por quê?
8. Dê um exemplo de como um índice de fluxo de caixa poderia diferir de um índice de endividamento. Supondo que esses índices fossem diferentes em uma empresa

(por exemplo, os índices de fluxo de caixa apontando um risco financeiro alto, enquanto o índice de endividamento apontasse um risco baixo), em que tipo de índice você acreditaria? Justifique sua escolha.
9. Por que a análise do potencial de crescimento é importante para o acionista ordinário? Por que é importante para o investidor em títulos de dívida da empresa?
10. Discuta os fatores gerais que determinam a taxa de crescimento de *qualquer* unidade econômica.
11. Uma empresa obtém 24% sobre o patrimônio líquido e possui baixo risco operacional e financeiro. Discuta se você espera que ela tenha uma taxa de retenção alta ou baixa, e por quê.
12. A Orange Company obteve 18% sobre o patrimônio líquido, enquanto a Blue Company, apenas 14%. Isso significa que a Orange crescerá mais rapidamente do que a Blue? Explique.
13. Sobre fatores determinantes da liquidez de mercado, por que os investidores consideram os imóveis um ativo relativamente ilíquido?
14. Discuta alguns fatores internos de uma empresa que ajudariam a determinar a sua liquidez de mercado.
15. Selecione uma das limitações da análise de índices, e diga por que você acha que ela é uma limitação importante.

Problemas

1. A Shamrock Vegetable Company apresenta os seguintes resultados:

Receita operacional líquida	$ 6.000.000
Ativo total líquido	4.000.000
Depreciação	160.000
Lucro líquido	400.000
Exigível de longo prazo	2.000.000
Patrimônio líquido	1.160.000
Dividendos	160.000

(a) Calcule o ROE da Shamrock diretamente. Confirme o resultado usando os três componentes.
(b) Usando o ROE calculado no item (a), qual é a taxa de crescimento sustentável esperada para a Shamrock?
(c) Supondo que a margem de lucro líquido da empresa subisse para 0,04, o que aconteceria ao ROE da Shamrock?

(d) Usando o ROE do item (c), qual seria a taxa de crescimento sustentável esperada? E se os dividendos fossem de apenas 40 mil dólares?
2. Três empresas tiveram os seguintes resultados durante um período recente:

	K	L	M
Margem de lucro líquido	0,04	0,06	0,10
Giro do ativo total	2,20	2,00	1,40
Ativo total/patrimônio líquido	2,40	2,20	1,50

(a) Obtenha o retorno do patrimônio líquido de cada empresa com base nos três componentes do Sistema DuPont.
(b) Dados os lucros e dividendos a seguir, calcule a taxa de crescimento sustentável estimada para cada empresa.

	K	L	M
Lucro/ação	2,75	3,00	4,50
Dividendo/ação	1,25	1,00	1,00

3. Dado o balanço patrimonial a seguir, preencha os espaços em branco com os valores dos índices em 2006 e discuta como esses resultados se comparam tanto com a média do setor quanto com o desempenho passado da Sophie Enterprises.

SOPHIE ENTERPRISES
BALANÇO PATRIMONIAL CONSOLIDADO
EXERCÍCIOS ENCERRADOS EM 31 DE DEZEMBRO DE 2005 E 2006

ATIVOS (EM MILHARES DE DÓLARES)

	2006	2005
Caixa	$ 100	$ 90
Contas a receber	220	170
Estoques	330	230
Total de ativos circulantes	650	490
Imóveis, instalações e equipamentos	1.850	1.650
Depreciação	350	225
Ativos imobilizados, valor líquido	1.500	1.425
Intangíveis	150	150
Total dos ativos	2.300	2.065

PASSIVOS E PATRIMÔNIO LÍQUIDO

	2006	2005
Fornecedores de contas a pagar	$ 85	$ 105
Notas promissórias bancárias de curto prazo	125	110
Parcela corrente de dívidas de longo prazo	75	—
Despesas a pagar	65	85
Total de passivos circulantes	350	300
Exigível de longo prazo	625	540
Impostos diferidos	100	80
Ações preferenciais (10%, valor par de 100 dólares)	150	150
Ações ordinárias (valor par de $ 2,100 mil emitidas)	200	200
Ágio na venda de ações	325	325
Lucros retidos	550	470
Patrimônio líquido	1.075	995
Total de passivos e patrimônio líquido	2.300	2.065

SOPHIE ENTERPRISES
DEMONSTRAÇÃO DE RESULTADO CONSOLIDADO
EXERCÍCIOS ENCERRADOS EM 31 DE DEZEMBRO DE 2005 E 2006

	2006	2005
Receita operacional líquida	$ 3.500	$ 2.990
Custo dos produtos vendidos	2.135	1.823
Despesas de vendas, gerais e administrativas	1.107	974
Resultado operacional	258	193
Despesas financeiras líquidas	62	54
Resultado das operações	195	139
Imposto de renda	66	47
Lucro líquido	129	91
Dividendos preferenciais	15	15
Lucro líquido disponível aos acionistas ordinários	114	76
Dividendos declarados	40	30

	Sophie 2006	Média da Sophie	Média do setor
Índice de liquidez corrente	_____	2,000	2,200
Índice de liquidez seca	_____	1,000	1,100

(continua)

	Sophie 2006	Média da Sophie	Média do setor
Giro de contas a receber	_____	18,000	18,000
Prazo médio de recebimento	_____	20,000	21,000
Giro do ativo total	_____	1,500	1,400
Giro de estoques	_____	11,000	12,500
Giro do ativo fixo	_____	2,500	2,400
Giro do patrimônio líquido	_____	3,200	3,000
Margem de lucro bruto	_____	0,400	0,350
Margem de lucro operacional	_____	8,000	7,500
Retorno do capital	_____	0,107	0,120
Retorno do patrimônio líquido	_____	0,118	0,126
Retorno do patrimônio líquido do acionista ordinário	_____	0,128	0,135
Índice exigível/patrimônio líquido	_____	0,600	0,500
Índice exigível/capital total	_____	0,400	0,370
Cobertura de juros	_____	4,000	4,500
Cobertura de encargos fixos	_____	3,000	4,000
Fluxo de caixa/exigível de longo prazo	_____	0,400	0,450
Fluxo de caixa/exigível total	_____	0,250	0,300
Taxa de retenção	_____	0,350	0,400

4. *Exame CFA – Nível I (Adaptado)*
   (A questão 4 está em duas partes, com um tempo total de 20 minutos para a sua resolução.)
   A fórmula DuPont define o retorno líquido do patrimônio líquido dos acionistas em função dos seguintes componentes:
   - margem operacional
   - giro do ativo
   - encargos de juros
   - alavancagem financeira
   - alíquota de imposto de renda
   Usando *apenas* os dados na tabela mostrada abaixo:
   (a) Calcule *cada um dos cinco* componentes enumerados acima para os anos de 2002 *e* 2006 e determine o retorno do patrimônio líquido (ROE) para os anos de 2002 *e* 2006, usando *todos os cinco* componentes. Mostre seus cálculos (15 minutos).
   (b) Discuta sucintamente o impacto das variações do giro do ativo e da alavancagem financeira sobre a variação do ROE de 2002 a 2006 (5 minutos).

	2006	2005
DADOS DA DEMONSTRAÇÃO DE RESULTADO		
Receitas	$ 542	$ 979
Resultado operacional	38	76
Depreciação e amortização	3	9
Despesas financeiras	3	0
Lucro antes do imposto	32	67
Imposto de renda	13	37
Lucro líquido depois do imposto	19	30
DADOS DO BALANÇO PATRIMONIAL		
Ativos fixos	$ 41	$ 70
Total dos ativos	245	291
Capital de giro	123	157
Exigível total	16	0
Patrimônio líquido	159	220

5. *Exame CFA – Nível II*
   Mike Smith, CFA, um analista da Blue River Investments, está pensando em comprar um título de dívida emitido

358 Investimentos

pela Montrose Cable Company. Ele coletou as seguintes informações de balanço patrimonial e demonstração de resultado dessa companhia, mostradas na Tabela 5-1. Ele também calculou os três índices apresentados na Tabela 5-2, que indicam que o título atualmente está classificado no nível "A", de acordo com os critérios internos de classificação de títulos de dívida de sua empresa, descritos na Tabela 5-4.

TABELA 5-1
MONTROSE CABLE COMPANY
EXERCÍCIO ENCERRADO EM 31 DE MARÇO DE 1999
(EM MILHARES DE DÓLARES)

Balanço patrimonial

Ativos circulantes	$ 4.735
Ativos fixos	43.225
Ativos totais	$ 47.960
Passivos circulantes	$ 4.500
Exigível de longo prazo	10.000
Passivos totais	$ 14.500
Patrimônio líquido	33.460
Total de passivos e patrimônio líquido	$ 47.960

Demonstração de resultado

Receita	$ 18.500
Despesas operacionais e administrativas	14.050
Resultado operacional	$ 4.450
Depreciação e amortização	1.675

(continua)

Despesas financeiras	942
Lucro antes do imposto de renda	$ 1.833
Imposto	641
Lucro líquido	$ 1.192

TABELA 5-2
ÍNDICES SELECIONADOS E DADOS DE PRÊMIO DE RISCO DE CRÉDITO DA MONTROSE

LAJIDA/despesas financeiras	4,72
Exigível de longo prazo/patrimônio líquido	0,30
Ativos circulantes/passivos circulantes	1,05
Prêmio de risco de crédito sobre títulos do Tesouro dos Estados Unidos	55 pontos de base

TABELA 5.3
ITENS FORA DO BALANÇO PATRIMONIAL DA MONTROSE

- A Montrose garantiu o exigível de longo prazo (somente o principal) de uma coligada não-consolidada. Essa obrigação tem um valor presente de 995 mil dólares.

- Ela vendeu 500 mil dólares de contas a receber com recurso a uma taxa de 8%.

- É arrendatária em um acordo de arrendamento operacional não-cancelável, com a finalidade de financiar equipamentos de transmissão. O valor presente dos pagamentos de arrendamento é de 6.144 mil dólares, usando uma taxa de juros de 10%. O pagamento anual será de um milhão de dólares.

TABELA 5-4
BLUE RIVER INVESTMENTS: CRITÉRIOS INTERNOS DE CLASSIFICAÇÃO DE TÍTULOS DE DÍVIDA E DADOS DE PRÊMIO DE RISCO DE CRÉDITO

Classificação de títulos de dívida	Cobertura de juros (LAJIDA/ despesas financeiras)	Alavancagem (exigível de longo prazo/ patrimônio líquido)	Índice de liquidez corrente (ativos circulantes/ passivos circulantes)	Prêmio de risco de crédito sobre títulos do Tesouro dos Estados Unidos (em pontos de base)
AA	5,00 a 6,00	0,25 a 0,30	1,15 a 1,25	30 bps
A	4,00 a 5,00	0,30 a 0,40	1,00 a 1,15	50 bps
BBB	3,00 a 4,00	0,40 a 0,50	0,90 a 1,00	100 bps
BB	2,00 a 3,00	0,50 a 0,60	0,75 a 0,90	125 bps

Smith decidiu considerar alguns dos itens fora do balanço patrimonial em sua análise de crédito, mostrados na Tabela 5-3. Especificamente, Smith deseja avaliar o impacto de cada um desses itens sobre cada um dos índices obtidos na Tabela 5-2.

(a) Calcule o efeito combinado dos *três* itens fora do balanço patrimonial, que são mencionados na Tabela 5-3, sobre cada um dos seguintes índices financeiros mostrados na Tabela 5-2.

    i. LAJIDA/despesas financeiras

    ii. Exigível de longo prazo/patrimônio líquido

    iii. Ativos circulantes/passivos circulantes (9 minutos)

O título está atualmente sendo negociado com um prêmio por risco de crédito de 55 pontos de base. Usando os critérios internos de classificação de títulos de dívida da Tabela 5-4, Smith quer avaliar se esse prêmio incorpora ou não o efeito dos itens que estão fora do balanço patrimonial.

(b) Diga e justifique se o prêmio por risco de crédito atual remunera pelo risco de crédito do título, com base nos critérios internos de classificação de títulos de dívida encontrados na Ilustração 5-4. (6 minutos)

6. *Exame CFA – Nível II*

Patricia Bouvier, CFA, é uma analista que acompanha a Telluride. Ao examinar o relatório anual da Telluride para o ano de 1999, Bouvier descobriu as seguintes notas explicativas:

Nota explicativa (1) – Durante o quarto trimestre de 1999, a Telluride mudou sua política contábil, deixando de tratar os gastos com software como despesas do período e passando a capitalizá-las. O valor capitalizado em 1999 foi de 15 milhões de dólares, incluindo 12 milhões, que haviam sido gastos durante os primeiros três trimestres do ano.

Nota explicativa (2) – Em 31 de dezembro de 1999, a Telluride lançou uma despesa de reestruturação de

Análises de demonstrações financeiras   **359**

20 milhões de dólares, dos quais 8 milhões se destinaram ao pagamento de desligamento de funcionários a ser dispensados em 2000, e 12 milhões de dólares se destinavam à baixa de ativos em 31 de dezembro de 1999.

Nota explicativa (3) – A Telluride arrendou ativos sob um contrato de arrendamento operacional que venceu em 31 de dezembro de 1999. A renovação dos termos do arrendamento exigiu que ela capitalizasse o arrendamento, cujo valor presente é de 50 milhões de dólares. O valor do pagamento mensal do arrendamento não se altera.

Indique, para *cada uma das três* notas explicativas, o efeito dos ajustes sobre os índices financeiros apresentados no modelo a seguir para:

   i. o ano de 1999
   ii. o ano de 2000 comparado com o ano de 1999, após os ajustes

Observação: suponha que todas as informações financeiras permaneçam inalteradas de 1999 a 2000, exceto as mencionadas nas notas explicativas anteriores.

Responda à questão 6 usando o seguinte modelo (18 minutos).

MODELO PARA A QUESTÃO 6

Índice	Efeito sobre o índice de 1999 (assinale uma alternativa)	Efeito sobre o índice de 2000, comparado ao índice ajustado de 1999 (assinale uma alternativa)
NOTA EXPLICATIVA (1)		
Fluxo de caixa operacional/ receita operacional líquida	Aumenta Diminui Nenhum efeito	Aumenta Diminui Nenhum efeito
Lucro líquido/receita operacional líquida	Aumenta Diminui Nenhum efeito	Aumenta Diminui Nenhum efeito
Receita operacional líquida/ ativos fixos líquidos	Aumenta Diminui Nenhum efeito	Aumenta Diminui Nenhum efeito
NOTA EXPLICATIVA (2)		
Fluxo de caixa operacional/ receita operacional líquida	Aumenta Diminui Nenhum efeito	Aumenta Diminui Nenhum efeito
Lucro líquido/receita operacional líquida	Aumenta Diminui Nenhum efeito	Aumenta Diminui Nenhum efeito
Receita operacional líquida/ ativos fixos líquidos	Aumenta Diminui Nenhum efeito	Aumenta Diminui Nenhum efeito

(continua)

Índice	Efeito sobre o índice de 1999 (assinale uma alternativa)	Efeito sobre o índice de 2000, comparado ao índice ajustado de 1999 (assinale uma alternativa)
NOTA EXPLICATIVA (3)		
Fluxo de caixa operacional/ receita operacional líquida	Aumenta Diminui Nenhum efeito	Aumenta Diminui Nenhum efeito
Lucro líquido/receita operacional líquida	Aumenta Diminui Nenhum efeito	Aumenta Diminui Nenhum efeito
Receita operacional líquida/ ativos fixos líquidos	Aumenta Diminui Nenhum efeito	Aumenta Diminui Nenhum efeito

7. *Exame CFA – Nível II*

Os candidatos devem usar as Ilustrações 7-1, 7-2 e 7-3 para responder à Questão 7.

Uma das empresas que Jones está analisando é a Mackinac Inc., uma empresa industrial sediada nos Estados Unidos. A Mackinac publicou suas demonstrações financeiras de junho de 2001, apresentadas nas Ilustrações 7-1, 7-2 e 7-3.

TABELA 7-1
MACKINAC INC.
DEMONSTRAÇÃO DO RESULTADO
DO ANO ENCERRADO EM 30 DE JUNHO DE 2001
(EM MILHARES DE DÓLARES, EXCETO DADOS POR AÇÃO)

Receita operacional líquida	$ 250.000
Custo dos produtos vendidos	125.000
Resultado operacional bruto	$ 125.000
Despesas de vendas, gerais e administrativas	50.000
Resultado antes de despesas financeiras, impostos, depreciação e amortização (LAJIDA)	$ 75.000
Depreciação e amortização	10.500
Resultado antes de despesas financeiras e imposto (LAJI)	$ 64.500
Despesas financeiras	11.000
Lucro antes do imposto de renda	$ 53.500
Imposto de renda	16.050
Lucro líquido	$ 37.450
Ações existentes	13.000
Lucro por ação (LPA)	$ 2,88

360 Investimentos

TABELA 7-2
MACKINAC INC.
BALANÇO PATRIMONIAL DE 30 DE JUNHO DE 2001
(EM MILHARES DE DÓLARES)

Ativos circulantes:

Caixa e equivalentes	$ 20.000	
Contas a receber	40.000	
Estoques	29.000	
Outros ativos circulantes	23.000	
Total de ativos circulantes		$ 112.000

Ativos não circulantes:

Imóveis, instalações e equipamentos	$ 145.000	
Menos: depreciação acumulada	(43.000)	
Imóveis, instalações e equipamentos, valor líquido	$ 102.000	
Investimentos	70.000	
Outros ativos não circulantes	36.000	
Total de ativos não circulantes		$ 208.000
Total de ativos		$ 320.000

Passivos circulantes:

Fornecedores	$ 41.000	
Dívidas de curto prazo	12.000	
Outros passivos circulantes	17.000	
Total de passivos circulantes		$ 70.000

Passivos não circulantes:

Dívidas de longo prazo	$ 100.000	
Total de passivos não circulantes		$ 100.000
Total de passivos		$ 170.000

Patrimônio líquido:

Patrimônio líquido de acionistas ordinários	$ 40.000	
Lucros retidos	110.000	
Patrimônio líquido total		$ 150.000
Total de passivos e patrimônio líquido		$ 320.000

TABELA 7-3
MACKINAC INC.
DEMONSTRAÇÃO DE FLUXO DE CAIXA
PARA O ANO ENCERRADO EM 30 DE JUNHO DE 2001
(EM MILHARES DE DÓLARES)

Fluxo de caixa de atividades operacionais:

Lucro líquido		$ 37.450
Depreciação e amortização		10.500

Variação do capital de giro:

(Aumento) diminuição de contas a receber	($ 5.000)	
(Aumento) diminuição de estoques	(8.000)	
Aumento (diminuição) de fornecedores	6.000	
Aumento (diminuição) de outros passivos circulantes	1.500	
Variação líquida do capital de giro		($ 5.500)
Fluxo líquido de caixa de atividades operacionais		$ 42.450

Fluxo de caixa de atividades de investimento:

Compra de imóveis, instalações e equipamentos	($ 15.000)	
Fluxo líquido de caixa de atividades de investimento		($ 15.000)

Fluxo de caixa de atividades de financiamento:

Variação de dívidas a pagar	$ 4.000	
Pagamento de dividendos em dinheiro	(22.470)	
Fluxo líquido de caixa de atividades de financiamento		($ 18.470)
Variação líquida de caixa e equivalentes de caixa		$ 8.980
Saldo de caixa no início do período		11.020
Saldo de caixa no final do período		$ 20.000

Jones está particularmente interessado no crescimento sustentável da Mackinac e nas fontes de retorno.

(a) Calcule a taxa de crescimento sustentável da Mackinac. Mostre seus cálculos.

Observação: use os dados de balanço patrimonial do fim de ano encerrado em 30 de junho de 2001, em vez de médias nos cálculos de índices (4 minutos).

(b) Nomeie *cada um dos cinco* componentes do *Sistema DuPont* ampliado e calcule o valor de *cada* componente para a Mackinac.

Observação: use os dados do balanço patrimonial do fim de ano encerrado em 30 de junho de 2001, em vez de médias nos cálculos de índices (10 minutos).

Exercícios na web

1. Visite o site EDGAR da SEC (acessível em http://www.sec.gov). Que informações estão disponíveis para ajudá-lo na análise das demonstrações financeiras? Que informações estão disponíveis em um informe 10-K? E em um informe 10-Q?

2. Visite o site http://www.fasb.org. Que problemas e alterações de demonstrações financeiras o Financial Accounting Standards Board está considerando?

Exercícios em planilha

1. As planilhas de cálculo são muito úteis no trabalho quando é preciso montar demonstrações financeiras de tamanho comum e calcular muitos índices, pois permitem processar dados financeiros brutos em um formato que possa ser usado por analistas. Monte uma planilha de cálculo para elaborar as demonstrações financeiras de tamanho comum e calcular os índices financeiros discutidos neste capítulo.

2. Suponha que o setor de drogarias seja composto por apenas cinco empresas: Walgreen, CVS, Duane Reed, Long's Drug Stores e Rite-Aid. Visite o site de cada empresa e obtenha dados de demonstrações financeiras para os três anos mais recentes, e lance os dados em uma planilha. Para cada ano, some as contas das cinco empresas para gerar um conjunto setorial de demonstrações financeiras. Use a planilha do Exercício 1 para calcular os índices da Walgreen e do "setor" em cada um dos últimos três anos. Use os recursos de confecção de gráficos de seu programa para criar outros que mostrem o comportamento dos índices da empresa e do setor. Como a Walgreen se compara aos índices de liquidez interna, desempenho operacional, análises de risco e de crescimento do setor?

Referências

Gerais

BEAVER, William H. *Financial Reporting: An Accounting Revolution*. Englewood Cliffs, NJ: Prentice-Hall 1989.

BERNSTEIN, Leopold A.; WILD, John J. *Financial Statement Analysis: Theory, Application, and Interpretation*. 6. ed. Homewood, IL: Irwin/McGraw-Hill, 1998.

FRECKA, Thomas J.; LEE, Cheng F. "Generalized Financial Ratio Adjustment Processes and Their Implications." *Journal of Accounting Research* 27, n. 1, primavera 1983.

FRIDSON, Martin; ALVAREZ, Fernando. *Financial Statement Analysis*. 3. ed. New York: John Wiley & Sons, 2002.

HECKEL, Kenneth S.; LIVNAT, Joshua. *Cash Flow and Security Analysis*. 2. ed. Burr Ridge, IL: Business One Irwin, 1996.

HELFERT, Erich A. *Techniques of Financial Analysis*. 10. ed. Nova York: McGraw-Hill, 2000.

HIGGINS, Robert C. *Analysis for Financial Management*. 5. ed. Chicago: Irwin, 1998.

LEV, Baruch; THIAGARAJAN, S. Ramu. "Fundamental Information Analysis." *Journal of Accounting Research* 37, n. 2, out. 1993.

PETERSON, Pamela P.; FABOZZI, Frank J. *Analysis of Financial Statements*. New Hope, PA: Frank J. Fabozzi Associates, 1999.

STICKNEY, Clyde P.; BROWN, Paul R.; Wahlen, James. *Financial Reporting and Statement Analysis*. 5. ed. Mason, OH: South-Western, 2004.

WHITE, Gerald I.; SONDHI, Ashwinpaul; FRIED, Dovi. *The Analysis and Use of Financial Statements*. 2. ed. Nova York: John Wiley & Sons, 1998.

Análises de demonstrações financeiras internacionais

CHOI, Frederick D. S.; CAROL, Ann Frost; MEEK, Gary. *International Accounting*. Englewood Cliffs, NJ: Prentice-Hall, 2000.

EVANS, Thomas G.; TAYLOR, Martin E.; HOLZMANN, Oscar. *International Accounting and Reporting*. Nova York: McMillan, 1985.

IQBAL, M. Zafar. *International Accounting: a Global Approach*. Cincinnati: South-Western, 2002.

RUESCHHOFF, Norlin; STRUPECK, David. "Equity Returns: Local GAAP *versus* US GAAP for Foreign Issuers from Developing Countries". *Journal of International Accounting* 33, n. 3 (primavera 2000).

SAUDAGARAN, Shakrokh. *International Accounting: A User Perspective*. Cincinnati: South-Western, 2001.

Índices financeiros e modelos de avaliação de ações

BABCOCK, Guilford. "The Concept of Sustainable Growth." *Financial Analysts Journal* 26, n. 3, maio-jun. 1970.

BEAVER, William; MORSE, Dale. "What Determines Price-Earnings Ratios?" *Financial Analysts Journal* 34, n. 4, jul.-ago. 1978.

COPELAND, Tom; KOLLER, Tim; MURRIN, Jack. *Valuation: Measuring and Managing the Value of Companies*. 3. ed. Nova York: John Wiley & Sons, 2000.

DAMODARAN, Aswath. *Damodaran on Valuation*. Nova York: John Wiley & Sons, 1994.

DANIELSON, M. G. "A Simple Valuation Model and Growth Expectations." *Financial Analysts Journal* 54, n. 3, maio-jun. 1998.

FAIRFIELD, Patricia M. "P/E, P/B and the Present Value of Future Dividends." *Financial Analysts Journal* 50, n. 4, jul.-ago. 1994.

FARRELL, James L. "The Dividend Discount Model: A Primer". *Financial Analysts Journal* 41, n. 6, nov.-dez. 1985.

HICKMAN, Kent; PETRY, Glenn. "A Comparison of Stock Price Predictions Using Court Accepted Formulas, Dividend Discount, and P/E Models." *Financial Management,* verão 1990.

KAPLAN, S. N.; RUBACK, R. S. "The Valuation of Cash Flow Forecasts: An Empirical Analysis." *Journal of Finance* 50, n. 4, set. 1995.

LEIBOWITZ, M. L.; KOGELMAN, S. "Inside the P/E Ratio: The Franchise Factor." *Financial Analysts Journal* 46, n. 6, nov.-dez. 1990.

PALEPU, Krishna G.; HEALY, Paul M.; BERNARD, Victor L. *Business Analysis and Valuation.* 3. ed. Mason, OH: South-Western, 2004.

PENMAN, S. H. "The Articulation of Price-Earnings Ratios and Market-to-Book Ratios and the Evaluation of Growth." *Journal of Accounting Research*, 34, n. 2, primavera 1996.

WILCOX, Jarrod W. "The P/B-ROE Valuation Model." *Financial Analysts Journal* 40, n. 1, jan-fev. 1984.

Índices financeiros e risco sistemático (beta)

BEAVER, William H.; KETTLER, Paul, SCHOLES, Myron. "The Association Between Market-Determined and Accounting-Determined Risk Measures." *Accounting Review* 45, n. 4, out. 1970.

GAHLON, James M.; GENTRY, James A. "On the Relationship Between Systematic Risk and the Degrees of Operating and Financial Leverage." *Financial Management* 11, n. 2, verão 1982.

MANDELKER, Gershon M.; RHEE, S. Ghon. "The Impact of the Degrees of Operating and Financial Leverage on the Systematic Risk of Common Stock." *Journal of Financial and Quantitative Analysis* 19, n. 1, mar. 1984.

ROSENBERG, Barr. "Prediction of Common Stock Investment Risk." *Journal of Portfolio Management* 11, n. 1, out. 1984.

ROSENBERG, Barr. "Prediction of Common Stock Betas." *Journal of Portfolio Management* 11, n. 2, inverno 1985.

Índices financeiros e *ratings* de títulos de dívida

CANTOR, R.; PACKER, F. "The Credit Rating Industry." *The Journal of Fixed Income* 5, n. 3, dez. 1995.

FISHER, Lawrence. "Determinants of Risk Premiums on Corporate Bonds." *Journal of Political Economy* 67, n. 3, jun. 1959.

FONS, Jerome S. "An Approach to Forecasting Default Rates." New York: Moody's Investors Services, ago. 1991.

GENTRY, James A.; WHITFORD, David T.; NEWBOLD, Paul. "Predicting Industrial Bond Ratings with a Probit Model and Funds Flow Components." *Financial Review* 23, n. 3, ago. 1988.

KAPLAN, Robert S.; URWITZ, Gabriel. "Statistical Models of Bond Ratings: A Methodological Inquiry." *Journal of Business* 52, n. 2, abr. 1979.

STANDARD and Poor's Corporation. "Corporate Ratings Criteria." 2000.

ZHOU, Chunsheng. "Credit Rating and Corporate Defaults." *Journal of Fixed Income* 11, n. 3, dez. 2001.

Índices financeiros e falência de empresas

ALTMAN, Edward I. "Financial Ratios, Discriminant Analysis, and the Prediction of Corporate Bankruptcy." *Journal of Finance* 23, n. 4, set. 1968.

ALTMAN, Eward, I. *Corporate Financial Distress and Bankruptcy.* 2. ed. New York: John Wiley & Sons, 1993.

ALTMAN, Edward I; HALDEMAN, Robert G.; NARAYANAN, P. "Zeta Analysis: A New Model to Identify Bankruptcy Risk of Corporations." *Journal of Banking and Finance* 1, n. 2, jun. 1977.

AZIZ, A.; LAWSON, G. H. "Cash Flow Reporting and Financial Distress Models: Testing of Hypothesis." *Financial Management* 18, n. 1, primavera 1989.

BEAVER, William H. "Financial Ratios as Predictors of Failure." *Empirical Research in Accounting: Selected Studies*, 1966. Suplemento do volume 4 do *Journal of Accounting Research*.

BEAVER, William H. "Market Prices, Financial Ratios, and the Prediction of Failure." *Journal of Accounting Research* 6, n. 2, out. 1968.

CASEY, Cornelius; BARTCZAK, Norman. "Using Operating Cash Flow Data to Predict Financial Distress: Some Extensions." *Journal of Accounting Research* 23, n. 1, primavera 1985.

DUMBOLENA, I. G.; SHULMAN, J. M. "A Primary Rule for Detecting Bankruptcy: Watch the Cash." *Financial Analysts Journal* 44, n. 5, set.-out. 1988.

GENTRY, James A.; NEWBOLD, Paul; WHITFORD, David. "Classifying Bankrupt Firms with Funds Flow Components." *Journal of Accounting Research* 23, n. 1, primavera 1985.

GENTRY, James A.; NEWBOLD, Paul; WHITFORD, David T. "Predicting Bankruptcy: If Cash Flow's Not the Bottom Line, What Is?" *Financial Analysts Journal* 41, n. 5, set. 1985.

GOMBOLA, M. F.; HASKINS, M. E.; KATZ, J. E.; WILLIANS, D. D. "Cash Flow in Bankruptcy Prediction." *Financial Management* 16, n. 4, inverno 1987.

HELWEGE, J.; KLEIMAN, P. "Understanding High Yield Bond Default Rates." *Journal of Fixed Income* 7, n. 1, jun. 1997.

JONSSON, J. G.; FRIDSON, M. S. "Forecasting Default Rates on High Yield Bonds." *Journal of Fixed Income* 6, n. 1, jun. 1996.

LARGAY, J. A.; STICKNEY, C. P. "Cash Flows Ratio Analysis and the W. T. Grant Company Bankruptcy." *Financial Analysts Journal* 36, n. 4, jul.-ago. 1980.

OHLSON, J. A. "Financial Ratios and the Probabilistic Predicton of Bankruptcy." *Journal of Accounting Research* 18, n. 2, primavera 1980.

REILLY, Frank K. "Using Cash Flows and Financial Ratios to Predict Bankruptcies." In: BOWMAN, Thomas A. (Ed.). *Analysing Investment Opportunities in Distressed and Bankrupt Companies.* Charlottesville, VA: The Institute of Chartered Financial Analysts, 1991.

GLOSSÁRIO

Alavancagem operacional – Uso de custos fixos de produção na estrutura de custos operacionais da empresa. O efeito dos custos fixos é ampliar o efeito de uma variação das vendas sobre o resultado operacional.

Análise de séries de tempo – Um exame dos dados de desempenho de uma empresa no decorrer de determinado período.

Análise em *cross section* – Um exame do desempenho de uma empresa em comparação com outras do setor, com características semelhantes à empresa que está sendo estudada.

Balanço patrimonial – Uma demonstração financeira que mostra que ativos a empresa controla em um dado momento e como ela financiou esses ativos.

Demonstração de resultado – Uma demonstração financeira que mostra o fluxo de vendas e lucros da empresa no transcurso de determinado período.

Demonstração de fluxos de caixa – Uma demonstração financeira que mostra os efeitos dos fluxos de lucros e das variações do balanço de uma empresa sobre o seu fluxo de caixa.

Demonstrações financeiras de qualidade – Um termo que os analistas usam para descrever demonstrações financeiras conservadoras e que representam um bom reflexo da realidade.

Demonstrações financeiras de tamanho comum – A normalização de itens do balanço patrimonial e da demonstração do resultado para permitir uma comparação mais fácil de empresas de tamanhos distintos.

Fluxo de caixa livre – Uma medida de fluxo de caixa que é igual ao fluxo de caixa das operações menos gastos de capital e dividendos (de acordo com alguns analistas).

Giro de negócios – A porcentagem de ações existentes negociadas durante um determinado período.

Índices de eficiência operacional – Índices que medem a utilização dos ativos e do capital de uma empresa.

Índices de liquidez interna (solvência) – Relações entre itens de dados financeiros que indicam a capacidade que a empresa tem de saldar seus compromissos financeiros a curto prazo.

Índices de rentabilidade operacional – Quocientes que medem a capacidade de uma empresa obter retornos em suas vendas.

Potencial de crescimento sustentável – Uma medida da velocidade com a qual uma empresa pode crescer com base na sua taxa de retenção (TR) e no seu retorno do patrimônio líquido (ROE).

Princípios de contabilidade geralmente aceitos (GAAP) – Princípios de contabilidade formulados pelo Financial Accounting Standards Board e usados na elaboração de demonstrações financeiras.

Risco financeiro – Variabilidade do lucro futuro, resultante da existência de custos financeiros fixos, como os pagamentos de juros. O efeito dos custos financeiros fixos é a ampliação do efeito das variações do resultado operacional sobre o lucro líquido ou sobre o lucro por ação.

Risco operacional – A variabilidade do resultado operacional decorrente das características do setor da empresa. Duas fontes de risco operacional são: a variabilidade das vendas e a alavancagem operacional.

Sistema DuPont – Um método de exame do ROE, consistindo em sua decomposição em três elementos.

Sistema DuPont ampliado – Um método de exame do ROE, com decomposição em cinco partes.

capítulo 15

Análise de empresas e avaliação de ações

Neste capítulo, responderemos às seguintes perguntas:

Por que é importante distinguir análise de empresas da análise de ações?

Qual é a diferença entre uma empresa de crescimento e uma ação de crescimento?

Como aplicamos a abordagem de avaliação por fluxo de caixa descontado?

Como aplicamos a abordagem de avaliação relativa?

Quais são algumas variáveis econômicas, setoriais e estruturais que devem ser consideradas na análise de empresas?

Que observações a respeito de uma empresa podem ser feitas pela análise de sua estratégia competitiva e de uma análise SWOT?

Como aplicamos as duas abordagens de avaliação e as diversas técnicas de avaliação à Walgreen?

Que técnicas podem ser usadas para se estimar os dados necessários aos diversos modelos de avaliação?

Que fatores consideramos quando estimamos o multiplicador de lucros de uma empresa?

Que duas estratégias competitivas específicas podem ser usadas por uma empresa para enfrentar o ambiente competitivo de seu setor?

Quando devemos pensar em vender uma ação?

Até aqui, tomamos duas decisões sobre nossos investimentos em mercados de ações. Em primeiro lugar, após analisar a economia e os mercados de ações de vários países, decidimos sobre a alocação de nossa carteira no que se refere a ações. Em segundo lugar, identificamos aqueles setores que parecem oferecer desempenho ajustado por risco acima da média durante nosso horizonte de investimento. Agora, precisamos responder à última pergunta do procedimento de análise fundamentalista: que ações dentro desses setores desejáveis estão subavaliadas? Especificamente, o valor intrínseco da ação está acima do seu preço de mercado, ou a taxa de retorno esperada da ação é igual ou superior à sua taxa de retorno exigida?

Começamos este capítulo com uma discussão da diferença entre análises de empresas e seleção de ações. A análise de empresas deve ser feita no contexto das condições setoriais e econômicas vigentes. Discutiremos algumas estratégias competitivas que podem ajudar as empresas a maximizar retornos no ambiente de competição de um setor e também vários métodos usados pelos analistas profissionais para estimar valores intrínsecos. A seguir, demonstraremos diversos modelos de fluxo de caixa e índices de avaliação relativa que podem ser usados para estimar o valor intrínseco de uma ação e, por meio disso, identificar ações subavaliadas. Também examinaremos os fatores que um investidor deve considerar ao decidir vender uma ação. Concluiremos com uma discussão das pressões e influências que afetam os analistas profissionais de ações.

Análise de empresas *versus* avaliação e seleção de ações

Este capítulo é intitulado *Análise de empresas e avaliação de ações*, e isso é feito para transmitir a idéia de que as ações ordinárias de boas empresas não são necessariamente bons investimentos. Como um passo final da análise, os investidores devem comparar o valor intrínseco de uma ação ao seu preço de mercado para determinar se ela deve ser comprada. As ações de uma empresa maravilhosa com uma gestão superior e com desempenho forte, medido pelo crescimento das vendas e dos lucros ou do fluxo de caixa, podem ter um preço tão alto que o seu valor intrínseco fica abaixo desse preço de mercado, ou seja, ela está superavaliada. Entretanto, a ação de uma empresa com menos sucesso, tal como representado pelo crescimento de suas vendas e seus lucros, pode ter um preço de mercado inferior a seu valor intrínseco. Neste caso, embora a empresa não seja tão boa, sua ação pode ser um investimento superior.

A confusão clássica sobre isso está relacionada à diferença entre empresas de crescimento e ações de crescimento. A ação de uma empresa

Análise de empresas e avaliação de ações **365**

de crescimento não é necessariamente uma ação de crescimento. O reconhecimento dessa diferença entre a qualidade da empresa e a atratividade da ação como investimento é crucial para que o processo de investimento seja bem-sucedido.

EMPRESAS DE CRESCIMENTO E AÇÕES DE CRESCIMENTO

Os observadores têm historicamente definido as empresas de crescimento como aquelas que obtêm aumentos de vendas e lucros sistematicamente acima da média. Essa definição tem algumas limitações, pois muitas delas poderiam se encaixar nessa categoria em função de certos procedimentos contábeis, de fusões ou outros eventos externos temporários.

Todavia, os teóricos de finanças definem uma *empresa de crescimento* como uma companhia com a capacidade gerencial e com oportunidades para fazer investimentos que geram taxas de retorno superiores à exigida da empresa[1]. Essa taxa de retorno exigida é o custo médio ponderado de capital da empresa (WACC). Como exemplo, uma empresa de crescimento poderia ser capaz de obter capital a um custo médio de 10% e ainda ter a capacidade de gestão e a oportunidade de investir esses fundos com taxas de retorno de 15% a 20%. Como resultado dessas oportunidades de investimento, as vendas e os lucros da empresa crescerão mais rapidamente do que os de empresas com risco semelhante e a economia em geral. Além disso, como a empresa de crescimento tem oportunidades de investimento acima da média, ela geralmente consegue reter uma proporção grande dos seus lucros para financiar esses projetos de investimento superiores (ou seja, elas têm baixos índices de pagamento de dividendos).

As ações de crescimento *não* são necessariamente ações de empresas de crescimento. Uma *ação de crescimento* é aquela que deve gerar uma taxa de retorno mais alta do que outras ações no mercado, com características semelhantes de risco. Ela alcança essa taxa de retorno superior, ajustada por risco, porque em algum momento o mercado a subavaliou em relação a outras ações. Embora esse mercado ajuste os preços das ações de uma maneira relativamente rápida e precisa para refletir novas informações, os dados disponíveis não são sempre perfeitos ou completos. Portanto, o uso de informações imperfeitas ou incompletas pela maioria dos analistas pode fazer com que uma determinada ação seja subavaliada ou sobreavaliada em um determinado momento.[2]

Se a ação está subavaliada, seu preço eventualmente deve subir para refletir seu valor fundamental verdadeiro quando a informação correta se tornar disponível. Durante esse período de ajuste de preços, o retorno realizado da ação superará o exigido de uma ação com o seu nível de risco e, durante esse período de ajuste, será considerada uma ação de crescimento. Esta não é necessariamente limitada a empresas de crescimento. Uma ação de crescimento futura poderá ser a ação de qualquer tipo de empresa; basta que ela seja subavaliada pelo mercado.

A questão é, se os investidores conseguem reconhecer uma empresa de crescimento e descontam seus lucros ou fluxos de caixa futuros adequadamente, o preço atual de mercado da ação desse tipo de empresa acaba refletindo seus fluxos de lucros ou de caixa futuros. Aqueles que adquirem a ação de uma empresa ao seu preço corrente de mercado recebem uma taxa de retorno condizente com o risco da ação, mesmo quando ocorre um crescimento superior de lucros. Em muitos casos, os investidores excessivamente ávidos tendem a superestimar a taxa de crescimento esperada dos lucros ou o período de crescimento dessa empresa e, dessa forma, superestimam o valor intrínseco da ação de uma empresa de crescimento. Os investidores que pagam o preço inflacionado da ação de uma empresa de crescimento obtêm uma taxa de retorno abaixo da exigida de retorno ajustada por risco, apesar do fato de que a empresa de crescimento alcança crescimento de vendas e lucros acima da média. Vários estudos que têm examinado o desempenho de ações para amostras de empresas de crescimento constatam que as ações destas apresentam um desempenho ruim, ou seja, elas geralmente não têm sido de crescimento.[3]

TIPOS DE EMPRESAS

Além de empresas de crescimento, os investidores e os analistas têm produzido outras denominações para as empresas, incluindo cíclicas, defensivas e até mesmo especulativas. Essas descrições se baseiam no comportamento das vendas, dos lucros e dos fluxos de caixa da empresa no tempo.

As vendas, os lucros e os fluxos de caixa da *empresa cíclica* são fortemente influenciados pela atividade econômica agregada. Exemplos seriam as empresas dos setores de siderurgia, automóveis ou maquinaria pesada. Estas têm desempenho muito bom nas fases de expansão econômica e mau durante as recessões na economia. Esse padrão de lucros voláteis tipicamente decorre do alto risco operacional da empresa (que inclui tanto a volatilidade substancial das vendas com o ciclo econômico quanto elevada alavancagem operacional).

As *empresas defensivas* são aquelas com vendas, lucros e fluxos de caixa que tendem a ser resistentes a mudanças causadas pelo ambiente econômico. Especificamente, elas tendem a apresentar baixo risco operacional, e por isso não obtêm sucesso acima do normal quando a economia se expande, ou a sofrer declínios importantes durante as recessões. Exemplos típicos seriam as concessionárias de serviços públicos, as redes de supermercados e drogarias, e as empresas de processamento de alimentos que atendem às necessidades básicas do consumidor.

Finalmente, as *empresas especulativas* apresentam vendas, lucros e fluxos de caixa extremamente incertos, não necessariamente relacionados ao desempenho da economia. Os exemplos principais seriam as companhias de exploração de

---

[1] SOLOMON, Ezra. *The Theory of Financial Management*. New York: Columbia University Press, 1963, 55-68; MILLER, Merton; MODIGLIANI, Franco. "Dividend Policy, Growth and the Valuation of Shares." *Journal of Business* 34, n. 4, 411-433, out. 1961.

[2] É mais provável que um analista encontre tais ações mal avaliadas fora do terço superior das empresas, para as quais as informações são rápida e amplamente difundidas e são examinadas por numerosos analistas; em outras palavras, faça sua busca em ações "negligenciadas".

[3] SOLT, Michael; STATMAN, Meir. "Good Companies, Bad Stocks." *Journal of Portfolio Management* 15, n. 4. 39-44, verão 1989; SHEFRIN, Hersh; STATMAN, Meir. "Making Sense of Beta, Size, and Book-to-Market." *Journal of Portfolio Management* 21, n. 2, 26-34, inverno 1995; CLAYMAN, Michelle. "In Search of Excellence: The Investor's Viewpoint." *Financial Analysts Journal* 43, n. 3, 54-63, maio-jun. 1987.

366 Investimentos

petróleo, que dependem de descobertas aleatórias, ou empresas de biotecnologia que estão tentando descobrir e patentear avanços médicos significativos. A avaliação dessas empresas é muito difícil em razão da extrema incerteza de seus fluxos de caixa.

Tipos de ações – existem apenas dois!

Conforme discutimos no Capítulo 7, alguns analistas e a maioria dos consultores defendem a descrição das ações como ações "de crescimento" ou "de valor", com base nos índices preço/lucro, preço/valor patrimonial, ou a política de dividendos da empresa. Mas é difícil determinar a qual categoria uma ação pertence; freqüentemente uma ação pode estar situada em ambas, dependendo do índice usado para classificar a ação. Há também a questão da relevância desses rótulos em termos de avaliação e de alocação de ativos. Além das categorias valor/crescimento, alguns analistas também desejam dividir o universo por tamanho, ou seja, empresas grandes, médias e pequenas, em função do valor total de mercado de suas ações ordinárias. Combinando as categorias de tamanho com as divisões entre crescimento e valor, é possível criar uma matriz de seis estilos, desde crescimento e tamanho grande a valor e tamanho pequeno.

Em contraposição a esta classificação "mecânica", os autores deste livro (e alguns acadêmicos e profissionais como Warren Buffett) afirmam que há apenas dois tipos relevantes de ações. Em primeiro lugar, há as ***ações subavaliadas*** em relação ao preço corrente de mercado, ou seja, o valor intrínseco da ação é superior ao seu preço de mercado. Essas são *ações de crescimento*, das quais se espera uma taxa de retorno excedente. Em segundo lugar, estão as ações *superavaliadas,* com valores intrínsecos inferiores ao seu preço de mercado; essas são ***ações sem crescimento***, das quais se espera uma taxa de retorno menor do que a exigida com base em seu risco.

Em outras palavras, o tipo de empresa *não* determina o tipo de ação. Há diversos tipos de companhias, e seu tipo afetará a série de fluxos de caixa, o que, por sua vez, determinará o valor intrínseco da ação. Uma vez este determinado (por qualquer técnica de avaliação), a única análise relevante será comparar esse valor intrínseco ao preço de mercado da ação. Essa comparação indicará se esta é uma ação de crescimento (subavaliada) ou sem crescimento (superavaliada). Qualquer tipo de empresa – de crescimento, cíclica, defensiva ou especulativa; grande ou pequena – pode ter uma ação que esteja subavaliada ou superavaliada em um dado momento. É importante reconhecer que *esse tipo de ação pode mudar com o tempo*, dependendo do preço de mercado da ação. Por exemplo, a de uma empresa de crescimento pode estar significativamente superavaliada e, assim, ser considerada uma ação sem crescimento. Mas, se o preço desta cair substancialmente por qualquer motivo, ao mesmo tempo em que seu valor intrínseco não muda, ela pode se tornar uma ação de crescimento (subavaliada). Logo, a avaliação de uma empresa de crescimento pode indicar a existência de uma ação de crescimento (subavaliada), mas se o preço de mercado aumentar substancialmente e seu valor intrínseco permanecer estável, ela poderá eventualmente se tornar uma sem crescimento (superavaliada).

Assim, afirmamos que os únicos tipos de ações relevantes são as de crescimento (subavaliadas) e sem crescimento (superavaliadas). Acreditamos ainda que a comparação entre o valor intrínseco da ação com seu preço de mercado é o que determina o tipo de ação.

A busca de verdadeiras ações de crescimento

Agora que já distinguimos as várias empresas e ações, podemos voltar ao objetivo principal – encontrar as verdadeiras ações de crescimento, que fornecerão taxas de retorno superiores às exigidas, ou seja, as ações que estão subavaliadas. Para encontrar essas verdadeiras ações de crescimento, usamos a teoria da avaliação apresentada no Capítulo 11. Assim que for feita uma rápida revisão da teoria básica de avaliação, consideraremos várias abordagens de aplicação dessa teoria à avaliação de ações ordinárias.

Breve revisão de avaliação

Lembre-se de que o valor de um ativo é o valor presente de seus retornos esperados. Especificamente, esperamos que um ativo proporcione um fluxo de resultados durante o período em que o possuímos. Para converter essa série de retornos estimados em um valor para o título, devemos descontar essa série a uma taxa de retorno exigida. Esse *processo de avaliação* exige estimativas (1) da série de retornos esperados e (2) da taxa de retorno exigida do investimento (ou seja, a de desconto).

Série de retornos esperados – Uma estimativa dos retornos esperados de um investimento abrange não apenas a magnitude, mas também a forma, o comportamento no tempo e a incerteza dos resultados, o que afeta a taxa exigida de retorno.

Forma dos retornos. Os retornos de um investimento podem assumir muitas formas, incluindo lucros, fluxos de caixa, dividendos, pagamentos de juros ou ganhos de capital (aumentos de valor) ao longo de um dado período. Consideraremos diversas técnicas de avaliação que usam formas distintas de retornos. Por exemplo, um modelo de avaliação de ações ordinárias aplica um múltiplo aos lucros de uma empresa, outro modelo calcula o valor presente dos fluxos de caixa operacionais da empresa, e um terceiro modelo estima o valor presente dos pagamentos de dividendos. Os retornos ou fluxos de caixa podem ocorrer em diversas formas, e devemos considerar todas elas para avaliar precisamente um investimento.

Comportamento no tempo e taxa de crescimento de retornos. Não podemos calcular um valor preciso de um título a menos que estimemos quando vamos receber os retornos ou fluxos de caixa. Como o dinheiro possui valor no tempo, precisamos conhecer o seu comportamento e a taxa de crescimento dos retornos de um investimento. Isso faz com que seja possível avaliar adequadamente a série de retornos de investimentos com comportamentos diferentes no tempo e taxas distintas de crescimento de retornos.

Taxa exigida de retorno

Incerteza de retornos. No Capítulo 2, vimos que a taxa exigida de retorno de um investimento é determinada (1) pela taxa de retorno real livre de risco da economia mais (2) a taxa esperada de inflação durante o prazo de aplicação, mais (3) um prêmio por risco determinado pela incerteza dos retornos. Todos os investimentos são afetados pelas taxas real livre de risco e de inflação, porque essas duas variáveis determinam a taxa nominal livre de risco. Portanto, o fator que causa diferenças nas taxas exigidas de retorno é o prêmio por risco. Por sua vez, este depende da incerteza dos retornos dos ativos.

Podemos identificar as fontes de incerteza de retornos por meio de características intrínsecas dos ativos ou por fatores determinados pelo mercado. Anteriormente, subdividimos as características intrínsecas em risco operacional (RO), risco financeiro (RF), risco de liquidez (RL), risco de taxa de câmbio (RTC) e risco-país (RP). As medidas de riscos determinadas pelo mercado são o risco sistemático do ativo, ou seja, seu beta ou seus fatores múltiplos de risco.

Processo de decisão de investimento – Como discutimos no Capítulo 11, o processo de decisão de investimento é relativamente simples: calcule o valor intrínseco do investimento usando a taxa exigida de retorno estimada e a taxa de crescimento esperada, e a seguir compare esse valor intrínseco calculado ao preço corrente de mercado.

Se o valor intrínseco estimado > preço de mercado, compre

Se o valor intrínseco estimado < preço de mercado, não compre, ou venda se você tiver a ação

Aplicação da teoria de avaliação – No Capítulo 11, abordamos os detalhes da teoria de avaliação com as técnicas de estimação dos dados exigidos pelos modelos de avaliação. No restante deste capítulo, apresentaremos uma aplicação detalhada dessa teoria na avaliação de nossa empresa-exemplo, a Walgreen. Começaremos com uma visão geral das ligações estruturais, setoriais e econômicas com a análise de empresas, seguida de uma discussão de estratégias competitivas empresariais e a muito útil análise SWOT da empresa.

Ligações econômicas, setoriais e estruturais com a análise de empresas

Começamos nossa discussão da abordagem de cima para baixo ao processo de investimento no Capítulo 11. A análise de empresas e de suas ações é a etapa final da abordagem de cima para baixo. Em vez de selecionar ações com base em fatores específicos da empresa (como acontece de baixo para cima), a análise de cima para baixo examina a situação atual e as perspectivas futuras dos setores domésticos e internacionais da economia. Com base nesse exame macroeconômico, identificam-se os setores que devem proporcionar retornos atraentes no ambiente futuro esperado. Após revisarmos essas macroanálises, voltaremos nossa atenção ao processo de análise de empresas em setores selecionados. Nossa discussão concentra-se nos dois principais elementos determinantes do valor intrínseco de uma ação: (1) o crescimento esperado dos fluxos de caixa da empresa (g), e (2) seu risco, que é o fator que afetará a sua taxa de retorno exigida, específica, a taxa de desconto (k).

Influências setoriais e da economia

Se as tendências econômicas forem favoráveis a um setor, a análise de empresas deverá enfatizar aquelas cujos setores estão bem posicionados para se beneficiarem das tendências da economia. Por exemplo, a expectativa de taxas de juros mais baixas e de forte crescimento econômico será benéfica a setores como os de habitação, equipamento pesado, bens duráveis e veículos automotores. Mas, para fins de investimento, as empresas mais atraentes desses setores serão aquelas que ocupam posições sólidas de liderança em inovação, qualidade e/ou custos mais baixos. Entretanto, uma empresa que tem perdido participação de mercado e tenha dificuldades para controlar os custos pode não ser tão atraente como candidata à compra.

As empresas com vendas ou lucros particularmente sensíveis às variáveis macroeconômicas também devem ser consideradas. Por exemplo, embora as vendas de veículos estejam associadas ao ciclo econômico e às oscilações do sentimento do consumidor, as vendas de automóveis de luxo e carros esportivos de margem elevada são ainda mais sensíveis a esses fatores. Portanto, as expectativas de rápido crescimento econômico podem ser benéficas a todos os fabricantes de veículos automotivos, principalmente aos que vendem à faixa mais alta do mercado. Se o dólar americano estiver se fortalecendo em relação às moedas européias, mas caindo em relação às do Círculo do Pacífico, será benéfico às empresas americanas exportar seus produtos para a Ásia, mas não para a Europa.

Além disso, os analistas de pesquisa precisam se familiarizar com os atributos de fluxo de caixa e risco de suas empresas. Em épocas de forte crescimento setorial, os candidatos mais atraentes para compra podem ser as companhias do setor com altos níveis de alavancagem tanto operacional quanto financeira, pois um aumento porcentual modesto da receita operacional pode ser multiplicado em um acréscimo porcentual muito maior de lucros e de fluxo de caixa para a empresa altamente alavancada. O fato é que nem todas as companhias de um setor são idênticas. Elas terão sensibilidades diversas às variáveis econômicas, por exemplo, crescimento econômico, taxa de juros e de câmbio, custos de fatores de produção, e terão estratégias competitivas distintas. Como cada empresa é diferente, um investidor deve examinar cada uma para determinar o que acontecerá com seu valor intrínseco, sob as condições econômicas atuais e esperadas.

368 Investimentos

Embora nossa discussão tenha indicado que todas as empresas de um setor serão afetadas pelas tendências futuras da economia, isso não necessariamente ocorre. Às vezes, embora más notícias impliquem dificuldades para um setor, determinadas companhias deste podem ter se posicionado, antecipando as dificuldades econômicas, ou têm uma base internacionalmente bem diversificada de receita. Por isso, elas podem ter um bom desempenho enquanto suas rivais sofrem com a recessão econômica. As ações de tais empresas podem se tornar atraentes quando os investidores são excessivamente pessimistas em relação às perspectivas de um setor e quando vendas maciças de *todas* elas levam a quedas incorretas dos preços de certas ações do setor.

INFLUÊNCIAS ESTRUTURAIS

Além das variáveis econômicas, outras tendências, como as sociais, tecnológicas e de regulamentação e política, podem exercer efeitos significativos sobre algumas empresas do setor. Algumas podem tentar tirar proveito de mudanças demográficas ou alterações dos gostos e estilos de vida do consumidor, ou podem investir em tecnologia como parte de uma estratégia para reduzir custos e melhorar o atendimento de seus consumidores. Elas podem ser capazes de crescer e ter sucesso, apesar de condições desfavoráveis no setor ou na economia. Por exemplo, a Wal-Mart tornou-se a varejista líder do país graças a uma gestão inovadora. A localização geográfica de muitas de suas lojas permitiu que se beneficiasse do aumento da população regional e de custos de mão-de-obra mais baixos. Sua estratégia, que tem enfatizado preços baixos todos os dias, é atraente para os consumidores. Além disso, os sistemas tecnologicamente avançados de estoques e emissão de pedidos e a logística de seu sistema de distribuição deram à Wal-Mart uma vantagem competitiva em relação a rivais menos tecnicamente progressistas.

No estágio inicial do ciclo de vida de um setor, as suas empresas originais podem refinar suas tecnologias e avançar na curva de aprendizagem. Ingressantes posteriores no setor podem beneficiar-se dessas ações iniciais e aprender com os erros dos líderes, e abocanhar fatias de mercado. Os investidores precisam estar cientes dessas estratégias quando avaliam as empresas e suas ações.

Eventos políticos e regulatórios podem criar oportunidades em um setor mesmo quando as influências econômicas parecem fracas. A desregulamentação dos serviços de transporte aéreo, de transporte por caminhões e nos serviços financeiros levou à criação de novas empresas e estratégias inovadoras. Fortes quedas de preços em seguida a más notícias setoriais podem ser uma boa oportunidade de compra para investidores com boas habilidades analíticas e de cabeça fria. O fato é que algumas ações podem merecer preços mais baixos depois de alguns eventos políticos ou regulatórios; mas, se o mercado também reduz os preços delas de boas empresas ou de empresas com pequena exposição às más notícias, então um analista astuto poderá identificar oportunidades de compra de ações subavaliadas de tal setor.

No final, embora a economia desempenhe um papel fundamental na determinação das tendências gerais de mercado e os grupos de setores sejam sensíveis às suas variáveis, outras mudanças estruturais podem contrabalançar os efeitos daquela, ou a gestão da empresa pode ser capaz de minimizar o impacto de eventos econômicos sobre a empresa. Os analistas familiarizados com as tendências setoriais e com as estratégias específicas das companhias podem fazer recomendações bem fundamentadas de compra e venda, independentemente das previsões da economia.

Análise de empresas

Nesta seção, discutiremos vários componentes analíticos. Quando considerarmos as estratégias competitivas das empresas, estaremos continuando nossa discussão (iniciada no Capítulo 13) da análise de Porter do ambiente competitivo de um setor. Posteriormente, atentaremos para a análise SWOT básica, na qual o objetivo é articular os pontos fortes e fracos, as oportunidades e as ameaças de uma empresa. Essas duas análises devem proporcionar uma visão completa da abordagem de sua *estratégica* geral. Com esse pano de fundo, estaremos em condições de aplicar diversos modelos fundamentais de avaliação.

ESTRATÉGIAS COMPETITIVAS DA EMPRESA

Ao descrevermos a competição dentro de setores no Capítulo 13, identificamos cinco forças competitivas que poderiam afetar a estrutura competitiva e o potencial de lucro de um setor: (1) a rivalidade existente, (2) a ameaça de novos participantes, (3) os substitutos em potencial, (4) o poder de barganha dos fornecedores e (5) o poder de barganha dos compradores. Depois de determinarmos a estrutura competitiva de um setor, precisaremos identificar a estratégia competitiva específica empregada por empresa e avaliar essas estratégias em relação à estrutura competitiva geral do setor.

A estratégia competitiva de uma empresa pode tanto ser *defensiva* quanto *ofensiva*. Uma **estratégia defensiva** envolve o posicionamento da empresa de maneira que suas capacidades a protejam contra o efeito das forças competitivas do setor. Exemplos disso são: os investimentos em ativos fixos e em tecnologia para reduzir os custos de produção ou para criar uma imagem forte de marca com despesas maiores de propaganda.

Uma **estratégia competitiva ofensiva** é aquela na qual a empresa tenta usar seus pontos fortes para afetar as forças competitivas do setor e melhorar sua posição relativa. Por exemplo, o domínio da Microsoft na área de programas para computadores pessoais deu-se por causa da capacidade desta de chegar antes dos concorrentes e de produzir programas de sistemas operacionais para uma grande parte do mercado de computadores pessoais. Analogamente, a Wal-Mart usou seu poder de compra para obter concessões de preço de seus fornecedores. Essa vantagem de custo, casada a um sistema superior de entrega às suas lojas, permitiu a essa empresa crescer contra concorrentes maiores e tornar-se líder do varejo nos Estados Unidos.

Os analistas devem saber que estratégias existem, identificar a estratégia de cada empresa e julgar se a estratégia desta é razoável para seu setor e, finalmente, avaliar o quão bem-sucedida ela é na implantação de sua estratégia.

Nos itens seguintes, discutiremos a posição competitiva e a estratégia de uma empresa. Os analistas devem decidir se a administração da companhia está se posicionando corretamente para tirar proveito das condições setoriais e econômicas. Sua opinião sobre as decisões da administração posteriormente se refletirão em suas estimativas futuras de fluxos de caixa, seu risco inerente (que determina sua taxa de desconto exigida) e, dessa forma, seu valor intrínseco.

Porter sugere duas estratégias competitivas principais: liderança de baixo custo e diferenciação.[4] Essas duas estratégias indicam como uma empresa decidiu lidar com as cinco forças competitivas que definem o ambiente de um setor. As estratégias disponíveis e as maneiras de implantá-las diferem de um para outro.

Estratégia de baixo custo (liderança de custo)

A empresa que adota a estratégia de baixo custo está determinada a tornar-se *a* produtora de baixo custo e, conseqüentemente, a líder de custos do setor. As vantagens variam de um setor para outro e podem incluir economias de escala, tecnologias exclusivas ou acesso preferencial a matérias-primas. Para se beneficiar da liderança de custos, a empresa deve conseguir cobrar preços próximos da média setorial, o que significa que ela deve se diferenciar tanto quanto as outras empresas. Se esta reduzir muito os preços, ela poderá sacrificar as taxas superiores de retorno disponíveis em virtude de seu baixo custo. A Wal-Mart tornou-se uma fonte de baixo custo graças à compra de mercadorias em grande volume e a operações de custo mais baixo. Por isso, a empresa cobra menos, mas ainda goza de margens de lucro maiores e retorno mais elevado sobre o capital em relação a seus concorrentes.

Estratégia de diferenciação

Com a estratégia de diferenciação, uma empresa procura ser especial em seu setor em uma área que seja importante para os compradores. Mais uma vez, as possibilidades de diferenciação variam amplamente de acordo com o setor. Por exemplo, uma empresa pode se diferenciar com base no sistema de distribuição (vender em lojas, por correio, pela Internet ou de porta em porta), ou usar alguma abordagem específica de *marketing* como preços altos, mas com qualidade e serviço excepcionais (por exemplo, Neiman Marcus, Tiffany, Bloomingdales e Burberry). Uma empresa que adota a estratégia de diferenciação obtém taxas de retorno acima da média apenas se o prêmio de preço atribuível à sua diferenciação superar o acréscimo de custo por ser especial. Dessa forma, ao analisar uma empresa que usa essa estratégia, deve-se determinar se o fator de diferenciação é realmente especial, se é sustentável, qual é o seu custo e se o prêmio de preço obtido com essa natureza especial é superior ao custo (por exemplo, se ela está conseguindo taxas de retorno acima da média em suas vendas e/ou seu capital).

Focalização de estratégia

Independentemente da estratégia escolhida, uma empresa deve determinar qual será o seu foco, selecionando segmentos do setor e adaptando sua estratégia para atender esses grupos específicos. Por exemplo, uma estratégia de liderança de custo poderia assumir a posição de produtor de baixo custo para um segmento caro do mercado. De forma semelhante, um foco de diferenciação envolveria visar a segmentos específicos. Por exemplo, empresas de calçados esportivos que desenvolveram calçados para segmentos esportivos específicos, como tênis, basquetebol, aeróbica ou para caminhar e escalar, em lugar de calçados apenas para corrida. Essas empresas pensaram que os participantes dessas atividades precisavam de sapatos com características diferentes daqueles desejados pelas pessoas que corriam. Igualmente importante, acreditaram que os participantes de atividades atléticas pagariam um prêmio por esses calçados especiais. Na análise de empresas, devemos determinar se essas possibilidades especiais existem, se estão sendo oferecidas por outra empresa e se podem ser precificadas com o fim de gerar retornos anormais para a empresa. O Quadro 15.1 mostra algumas das idéias de Porter a respeito das habilidades, dos recursos e dos requisitos organizacionais necessários para a formulação e uma estratégia bem-sucedida de uma estratégia de liderança de custo ou diferenciação.

Ao analisar uma companhia específica, devemos determinar que estratégia esta executa, para obter sucesso, e se ela pode ser mantida. Além disso, devemos avaliar a estratégia competitiva da empresa *no tempo*, pois as estratégias precisam se modificar quando um setor evolui; diferentes estratégias funcionam bem em fases distintas do ciclo de vida de um setor. Por exemplo, uma estratégia de diferenciação pode funcionar bem para uma empresa nos estágios de crescimento de um setor, mas, quando este amadurece, as empresas podem tentar a estratégia de baixo custo.

No processo de análise como um todo, identificamos o que a empresa faz bem, o que não faz, e em que está vulnerável em termos das cinco forças competitivas. Algumas pessoas chamam isso de processo de desenvolvimento da "história" de uma empresa. Essa avaliação nos habilita a determinar as perspectivas e os riscos com os quais esta se defronta. Em resumo, as forças competitivas do setor e a estratégia da empresa para lidar com elas representam a chave da estimação dos fluxos de caixa e dos riscos a longo prazo.

Análise swot

Outro enfoque de exame da posição competitiva de uma empresa e de sua estratégia é a ***análise SWOT***. Essa envolve o exame dos Pontos Fortes, dos Pontos Fracos, das Oportunidades e Ameaças (*Strengths, Weakenesses, Opportunities, Threats*) da empresa com a finalidade de avaliar as estratégias que ela adota para tirar proveito de suas vantagens competitivas ou

---

[4] PORTER, Michael E. *Competitive Strategy: Techniques for Analysing Industries and Companies*, New York: The Free Press, 1980; PORTER, Michael E. *Competitive Advantage: Creating and Sustaining Superior Performance*, New York: The Free Press, 1985.

370 Investimentos

QUADRO 15.1	Habilidades, recursos e requisitos organizacionais necessários para uma aplicação bem-sucedida de estratégias de diferenciação e liderança de custo

Estratégia genérica	Habilidades e recursos comumente exigidos	Requisitos organizacionais comuns
Liderança geral de custo	Investimento de capital e acesso a capital sustentado Habilidades de engenharia de processos Supervisão intensa de trabalho Produtos projetados para facilidade de fabricação Sistema de distribuição de baixo custo	Controle rígido de custos Relatórios freqüentes e detalhados de controle Organização e responsabilidades estruturadas Incentivos baseados no cumprimento de metas quantitativas estritas
Diferenciação	Capacidades fortes de *marketing* Engenharia de produtos Instinto criativo Forte capacidade de pesquisa básica Reputação organizacional de liderança de qualidade e tecnológica Longa tradição no setor ou combinação única de habilidades extraídas de outras empresas Cooperação forte dos canais de distribuição	Forte coordenação entre funções em pesquisa e desenvolvimento (P&D), desenvolvimento de produtos e *marketing* Medidas e incentivos subjetivos em lugar de medidas quantitativas Benefícios para atrair cientistas, funcionários e pessoas criativas altamente qualificadas

Fonte: Reimpresso e readaptado com a permissão de The Free Press, uma publicação de Simon & Schuster Adult Publishing Group, da obra *Competitive Strategy: Techniques for Analysing Industries and Competitors,* de Michael E. Porter, p. 40-41. Copyright© 1980, 1998 por The Free Press.

se defender contra seus pontos fracos. Os pontos fortes e fracos envolvem a identificação das capacidades *internas* existentes ou não na empresa. As oportunidades e ameaças incluem fatores *externos*, como forças competitivas, a descoberta e o desenvolvimento de novas tecnologias, mudanças de regulamentação governamental e tendências econômicas nacionais e internacionais.

Os *pontos fortes* de uma empresa lhe dão uma vantagem comparativa no mercado. Aqueles percebidos podem incluir bom serviço ao consumidor, produtos de alta qualidade, forte imagem de marca, fidelidade da clientela, P&D inovadores, liderança de mercado ou recursos financeiros fortes. Para que continuem a ser pontos fortes, devem ser desenvolvidos, mantidos e defendidos.

Os *pontos fracos* surgem quando os competidores contam com vantagens potencialmente aproveitáveis em relação à empresa. Uma vez identificados, a empresa pode selecionar estratégias para mitigá-los ou corrigi-los. Por exemplo, uma companhia que apenas é um produtor nacional em um mercado global pode fazer investimentos que lhe permitam exportar ou fabricar seus produtos no exterior. Alternativamente, uma empresa com recursos financeiros limitados se envolveria em empreendimentos conjuntos com empresas financeiramente mais fortes.

As *oportunidades* ou fatores ambientais que favorecem a empresa podem incluir um mercado crescente para os produtos desta, uma retração da concorrência, mudanças favoráveis de taxas de câmbio, ou ainda a identificação de um novo segmento de mercado ou produto.

As ameaças são fatores ambientais que podem impedir a empresa de atingir metas. Exemplos incluiriam uma legislação adversa iminente, um aumento da concorrência no setor, a ameaça de entrada de novos concorrentes, compradores ou fornecedores fazendo força para aumentar seu poder de barganha ou novas tecnologias que possam levar à ocupação do território do produto da empresa. Com o reconhecimento e o entendimento das oportunidades e ameaças, um investidor pode tomar decisões bem fundamentadas sobre como a empresa poderia explorar as oportunidades e reduzir as ameaças.

ATRIBUTOS FAVORÁVEIS ÀS EMPRESAS

Peter Lynch, o antigo gestor de carteiras do muito bem-sucedido Magellan Fund na *Fidelity Investments,* busca os seguintes atributos ao analisar empresas.[5]

1. O produto da empresa não é de moda passageira; é de um tipo que os consumidores continuarão a comprar com o passar do tempo.
2. A empresa tem alguma vantagem competitiva comparativa sustentável em relação aos rivais.
3. O setor ou produto da empresa tem potencial de estabilidade de mercado porque há pouca ou nenhuma necessidade de inovar ou criar melhorias em produtos, ou não teme que possa perder uma vantagem tecnológica. A estabilida-

---

[5] Veja seus dois livros: LYNCH, Peter. *One Up on Wall Street,* New York: Simon & Schuster, 1989; LYNCH, Peter. *Beating the Street.* New York: Simon & Schuster, 1993.

de de mercado significa menor potencial de entrada de concorrentes e necessidade limitada de investimentos substanciais ou despesas elevadas de P&D.

4. A empresa pode se beneficiar de reduções de custos (por exemplo, um fabricante de computadores que usa tecnologia de fornecedores para vender uma máquina mais rápida e menos cara).
5. A empresa recompra suas ações e/ou seus administradores (*insiders*) as estão comprando.

Estimação de valores intrínsecos para a *Walgreen*

Agora, que sabemos como analisar a economia, as forças estruturais, o setor, uma empresa e seus competidores, é chegada a hora de aplicar as técnicas de avaliação discutidas no Capítulo 11 para a Walgreen, a fim de estimarmos o valor intrínseco da ação ordinária da empresa. Se nossa estimativa de valor intrínseco superar o preço corrente de mercado da ação, devemos comprá-la. Se este preço superar nossa estimativa de valor intrínseco, devemos evitar comprar a ação, ou devemos vendê-la.

Em primeiro lugar, consideramos os **modelos de valor presente de fluxos de caixa (VPFC)**. A Tabela 15.1 contém dados históricos da Walgreen sobre as variáveis exigidas para os modelos VPFC.

VALOR PRESENTE DOS DIVIDENDOS

Como observado no Capítulo 11, a determinação do valor presente dos dividendos futuros é uma tarefa difícil. Portanto, os analistas aplicam uma ou mais hipóteses simplificadoras aos modelos de dividendos descontados (MDDs). A hipótese típica é a de que os dividendos da ação crescerão a uma taxa constante com o tempo. Embora pouco realista para empresas cíclicas ou de rápido crescimento, a hipótese de crescimento constante pode ser apropriada para algumas empresas maduras de crescimento lento. Há MDDs mais complexos para previsões de crescimento mais complicadas. Isso inclui modelos de dois estágios (um período de crescimento rápido seguido por um constante) e modelos de crescimento de três estágios (um período rápido seguido por um de diminuição das taxas de crescimento e depois um constante).

Para simplificar, discutiremos inicialmente o modelo de dividendo com crescimento constante. Como mostrado no Capítulo 11, quando os dividendos crescem a uma taxa constante, o preço de uma ação deve ser igual ao dividendo do próximo ano, D_1, dividido pela diferença entre a taxa de retorno exigida pelos investidores (k) e a taxa de crescimento dos dividendos (g):

| 15.1 |

$$\text{Valor intrínseco} = \frac{D_1}{(k-g)}$$

Com um crescimento constante dos dividendos, o dividendo do próximo ano deve ser igual ao corrente, D_0, aumentado pela taxa de crescimento constante deles: $D_1 = D_0 (1 + g)$. Como o dividendo corrente é conhecido, para estimar o valor intrínseco precisamos apenas saber dois parâmetros: a taxa de crescimento dos dividendos e a taxa de retorno exigida pelos investidores.

Estimativas de taxas de crescimento – Se a ação tem apresentado crescimento de dividendos relativamente constante nos últimos cinco ou dez anos, uma estimativa da taxa de crescimento constante consiste em usar a taxa de crescimento porcentual efetivo dos dividendos no decorrer desse período. A taxa média de crescimento anual composta (CAGR) é obtida da seguinte maneira:

| 15.2 |

$$\text{CAGR dos dividendos} = \sqrt[n]{\frac{D_n}{D_0}} - 1$$

No caso da Walgreen, o dividendo (D_0) de 1983 foi de \$0,02 por ação e o dividendo (D_{10}) de 2003 foi de \$0,16 por ação. A taxa média de crescimento dos dividendos foi:

$$\sqrt[20]{\frac{\$0,16}{\$0,02}} - 1 = 0,1096$$

ou seja, 10,96%. Evidentemente, é impróprio inserir cegamente as taxas passadas de crescimento em nossas fórmulas, pois, se fizermos isso, teremos perdido nosso tempo analisando influências econômicas, estruturais, setoriais e empresariais. Nossa análise pode ter indicado que se espera que o crescimento aumente ou diminua em virtude de fatores como mudanças de programas de governo, mudanças demográficas ou alterações do composto de produtos. Talvez seja necessário aumentar ou diminuir a taxa de crescimento observado no passado para incorporar nossas análises anteriores.

No Capítulo 14, ficamos conhecendo outras maneiras de calcular o crescimento. A taxa de crescimento sustentável

| 15.3 |

$$g = TR \times ROE$$

supõe que a empresa manterá um quociente constante entre exigível e patrimônio líquido ao financiar o crescimento dos ativos. Sabemos que o ROA pode ser expresso como produto da margem de lucro líquida da empresa e do giro do ativo total; o ROE é o produto da margem líquida, do giro do ativo total e do multiplicador de alavancagem financeira. Portanto,

| **Tabela 15.1** | Dados da Walgreen para aplicação de modelos alternativos de valor presente de fluxos de caixa (em milhões de dólares, exceto dados por ação) |

Ano	Dividendo por ação	Lucro líquido	Despesa de depreciação	Gastos de capital	Variação do capital de giro	Reembolso de principal	Novas emissões de títulos de dívida	FCFE	LAJI	Alíquota de imposto	FCFF	1 – alíquota de imposto	Tempo
1983	0,02	70	25	−71	−15	−3	0	6	147	45%	19,9	55%	1
1984	0,03	85	29	−68	−56	−3	0	−13	181	45%	4,6	55%	2
1985	0,03	94	34	−97	−61	−3	20	−13	209	46%	−11,1	54%	3
1986	0,03	103	44	−156	−72	−5	92	6	229	45%	−58,1	55%	4
1987	0,04	104	54	−122	−118	−4	5	−81	243	46%	−54,8	54%	5
1988	0,04	129	59	−114	49	−4	31	150	263	38%	157,1	62%	6
1989	0,05	154	64	−121	−97	−4	0	−4	301	37%	35,6	63%	7
1990	0,05	175	70	−192	−69	−4	0	−20	344	38%	22,3	62%	8
1991	0,06	195	84	−202	−129	−24	0	−76	381	38%	−10,8	62%	9
1992	0,07	221	92	−145	−32	−6	0	130	429	37%	185,3	63%	10
1993	0,08	245	105	−185	−28	−112	0	25	483	39%	186,6	61%	11
1994	0,09	282	118	−290	−58	−6	0	46	550	38%	111,0	62%	12
1995	0,10	321	132	−310	−104	−7	0	32	629	39%	101,7	61%	13
1996	0,11	372	147	−364	−116	0	2	41	725	39%	109,3	61%	14
1997	0,12	436	164	−485	34	−1	0	148	842	39%	226,6	61%	15
1998	0,13	511	189	−641	−143	0	0	−84	878	39%	−59,4	61%	16
1999	0,13	624	210	−696	−206	0	0	−68	1.028	39%	−64,9	61%	17
2000	0,14	777	230	−1.119	−140	0	0	−252	1.264	39%	−258,0	61%	18
2001	0,14	886	269	−1.237	−569	0	0	−651	1.426	38%	−652,9	62%	19
2002	0,15	1.019	307	−934	46	0	0	438	1.624	38%	429,4	62%	20
2003	0,16	1.176	346	−795	−191	0	0	536	1.848	38%	510,5	62%	21
Taxa de crescimento anual composta 1983-2003	10,96%	15,15%	14,04%	12,84%						13,49%		~17%	
Taxa de crescimento anual composta 1993-2003	7,18%	16,98%	12,67%	15,70%						14,36%		~11%	
Taxa de crescimento composta das vendas por ação 1993-2003	14,25%												
Taxa de crescimento composta VPA/Vendas por ação 1993-2003	17,50%												
ROE	16,34												

Análise de empresas e avaliação de ações **373**

a taxa de crescimento de uma empresa no futuro e seus componentes podem ser comparados aos de seus concorrentes, do setor e do mercado. Embora não haja necessariamente uma relação íntima entre o crescimento ano a ano dos ativos de uma empresa e seus fluxos de dividendos, esses cálculos dão uma visão que, combinada ao resto da análise de cima para baixo, pode ajudar a determinar se o crescimento dos dividendos aumentará ou diminuirá no futuro.

Para a Walgreen, o cálculo da taxa de crescimento usando os dados de 2003 é:[6]

$$\mathbf{g = TR \times ROE = 0,86 \times 0,1634}$$
$$\mathbf{= 0,1405 = 14,05\%}$$

A taxa de crescimento dos dividendos será influenciada pelo estágio do ciclo de vida em que está o setor, por mudanças estruturais e por tendências da economia. As análises econômica, setorial e de empresas proporcionam informações valiosas em relação às tendências futuras de crescimento dos dividendos. Os analistas que fazem perguntas durante as entrevistas a respeito dos planos da administração para expandir a empresa, diversificar-se em novas áreas ou mudar a política de dividendos podem obter informações úteis sobre a política de dividendos. Tirando a média do crescimento histórico dos dividendos (10,96%) e calculando a estimativa de crescimento sustentável acima (14,05%), obtém-se um valor de 12,51%. Para simplificar, usaremos a taxa de 13% para o g estimado, pois é compatível com os fundamentos e com o crescimento do lucro.

Estimativa da taxa exigida de retorno – Sabemos que a taxa de retorno exigida por um investidor tem dois componentes básicos: a taxa de juros nominal livre de risco e o prêmio por risco. Se o mercado é eficiente, com o tempo o retorno obtido pelos investidores deverá remunerá-los pelo risco do investimento.

Em especial, devemos calcular os prêmios por risco *futuros* ao determinar o valor intrínseco corrente da ação. Estimativas da taxa nominal de juros livre de risco estão disponíveis na análise inicial da economia na abordagem de cima para baixo. O prêmio por risco da empresa deve apoiar-se em outras informações resultantes da análise de cima para baixo da empresa, incluindo a avaliação de relações entre as demonstrações financeiras e os dados do mercado de capitais.

No Capítulo 14, examinamos índices que medem diversos aspectos do risco de uma empresa e de sua ação. Os riscos operacional, financeiro, de liquidez, de taxa de câmbio e o risco-país são componentes adicionais a serem considerados no contexto da análise de empresas, economia e setor. Essas medidas podem ser comparadas com as dos principais concorrentes da companhia, com as de seu setor e as do mercado como um todo. Essa comparação indicará se a empresa deve ter um prêmio por risco mais alto ou mais baixo do que as do mesmo setor, do mercado como um todo, ou em relação ao prêmio por risco histórico da própria empresa. As medidas de risco baseadas em dados contábeis usam dados históricos, ao passo que o exame de investimentos requer uma estimativa do futuro. Os investidores precisam incorporar à análise de risco qualquer informação levantada no processo de cima para baixo que possa levar a cálculos de risco superiores ou inferiores.

Para uma estimativa de risco baseada em dados de mercado, a linha característica da empresa é estimada por meio de uma regressão dos retornos da ação contra os do mercado. Sabemos que a inclinação dessa linha de regressão é o beta de ação, ou seja, a medida do risco sistemático. As estimativas da taxa livre de risco do próximo ano, do retorno do mercado a longo prazo e do beta da ação indicam a taxa exigida de retorno:

15.4	

$$\mathbf{E(R_{ação}) = E(RLR) + \beta_{ação}[E(R_{mercado}) - E(RLR)]}$$

Mais uma vez, essa estimativa de beta parte de dados históricos de mercado. Como o beta é afetado por alterações dos riscos operacional e financeiro, além de outros fatores, um investidor deve ajustar para cima ou para baixo o beta histórico ao fazer uma análise do futuro da empresa.

Para demonstrar a estimação da equação da taxa exigida de retorno da Walgreen, fizemos diversas hipóteses em relação aos componentes da linha de mercado de títulos (SML) discutida no Capítulo 9. A primeira diz respeito à taxa livre de risco nominal corrente (RLR), estimada em cerca de 5,0% – o rendimento atual até o vencimento de títulos de dívida pública de médio prazo. A taxa de retorno esperada do mercado de ações ($R_{mercado}$) depende do prêmio por risco esperado do mercado de ações. Há uma controvérsia significativa sobre a estimativa apropriada do prêmio por risco do mercado de ações, ou seja, as estimativas variam de um máximo de 8% (a média aritmética do prêmio por risco efetivo desde 1926) até um mínimo de 3%, que é o prêmio por risco sugerido em diversos estudos acadêmicos. Questionamos esses dois valores extremos e sugerimos usar um prêmio por risco de 4,5% (0,045). A estimativa final é o valor do risco sistemático da empresa (beta), geralmente obtido pelo modelo de regressão (linha característica) descrito no Capítulo 9.

15.5	

$$\mathbf{R_{WAG} = \alpha + \beta_{WAG}R_{mercado}}$$

onde:

R_{WAG} = taxa mensal de lucro da Walgreen

α = termo constante

β_{WAG} = coeficiente beta da Walgreen igual a $\dfrac{Cov_{WM}}{\sigma_m^2}$

$R_{mercado}$ = taxa mensal de retorno de uma *proxy* do mercado – tipicamente o índice S&P 500

---

[6] Esse valor de taxa de crescimento sustentável difere do apresentado no Capítulo 14, porque esse cálculo usa valores de fim de ano para o ROE, e no Capítulo 14 o patrimônio líquido considerado era uma média dos valores de início e fim de ano.

374 Investimentos

Quando rodamos essa regressão, usando taxas mensais de retorno para o período de cinco anos de 1999 a 2003 (60 observações), o coeficiente beta foi estimado em 0,90.

Juntando o RLR de 0,05 e o prêmio por risco do mercado de 0,045 obtém-se um retorno esperado do mercado ($R_{mercado}$) de 0,095. Combinando esse resultado com o beta da Walgreen de 0,90, chega-se à seguinte taxa de retorno esperada para a Walgreen:

15.6

$$E(R) = RFR + \beta_i (R_{mercado} - RFR)$$
$$= 0,05 + 0,90 \, (0,095 - 0,05)$$
$$= 0,05 + 0,90 \, (0,045)$$
$$= 0,05 + 0,040$$
$$= 0,09 = 9,0\%$$

Modelo do valor presente dos dividendos – A esta altura, defrontamo-nos com um problema: a intenção era usar o MDD básico que supõe uma taxa de crescimento constante por um período infinitamente longo. Lembre-se de que o modelo também exigia que k > g (a taxa de retorno exigida deve ser maior do que a taxa esperada de crescimento), o que não é verdade neste caso, porque k = 9% e g = 13% (veja a Tabela 15.1). Portanto, precisamos empregar um modelo de crescimento em dois ou três estágios. Em função da diferença bastante grande entre a taxa de crescimento atual de 13% e a taxa de crescimento constante a longo prazo, de 8%, parece razoável usar um modelo de três estágios que inclua um período de transição gradativa.

Supomos que as fases de crescimento são as seguintes:

g_1 = **sete anos (crescendo a 13% ao ano)**

g_2 = **cinco anos (durante esse período supõe-se que a taxa de crescimento caia 1% ao ano por cinco anos)**

g_3 = **crescimento constante a 8% para sempre**

Portanto, começando com 2004, quando se espera que o dividendo seja igual a $ 0,17, os pagamentos futuros de dividendos serão os seguintes (a taxa de crescimento está entre parênteses):

Ano	PERÍODO DE CRESCIMENTO ELEVADO			Ano	PERÍODO DE CRESCIMENTO DECLINANTE		
		Dividendo	VP a 9%			Dividendo	VP a 9%
2005	(13%)	0,19	0,17	2012	(12%)	0,45	0,23
2006	(13%)	0,22	0,18	2013	(11%)	0,50	0,23
2007	(13%)	0,25	0,19	2014	(10%)	0,55	0,23
2008	(13%)	0,28	0,20	2015	(9%)	0,60	0,23
2009	(13%)	0,31	0,20	2016	(8%)	0,64	0,23
2010	(13%)	0,35	0,21			Total	$ 1,15
2011	(13%)	0,40	0,22				
		Total	$ 1,37				

$$\text{Período de crescimento constante: } P_{2016} = \frac{0,64 \, (1,08)}{0,09 - 0,08} = \frac{0,69}{0,09 - 0,08} = \frac{0,69}{0,01} = \$\,69,00$$

O valor total da ação é a soma dos valores presentes das três séries de dividendos, descontados a 9%:

1. Valor presente dos dividendos no período de crescimento elevado $ 1,37
2. Valor presente dos dividendos no período de crescimento declinante   1,15
3. Valor presente dos dividendos no período de crescimento constante   24,53

Valor presente total dos dividendos $ 27,05

O valor estimado com base no MDD é inferior ao preço de mercado no meio do ano de 2004, que era de aproximadamente 36 dólares. Esse valor estimado também implica um índice P/E baixo, em vista dos lucros esperados em 2004, de cerca de 1 dólar e trinta centavos por ação (ou seja, cerca de 21 vezes os lucros), em comparação com o P/E do mercado então vigente, aproximadamente 18 vezes os lucros de 2004. Em uma seção posterior sobre técnicas de avaliação relativa, comparamos o P/E da Walgreen ao de seu setor e ao do mercado como um todo. Como será discutido, a Walgreen deve claramente ser negociada a um P/E superior ao do mercado.

Valor presente do fluxo de caixa livre para o capital próprio – Esta técnica se assemelha a um conceito de valor presente dos lucros, exceto pelo fato de que ela considera as despesas de capital necessárias para manter e expandir a empresa e a variação do capital de giro exigida em uma empresa em crescimento (ou seja, um aumento de contas a receber e estoques). A definição específica de fluxo de caixa livre para o capital próprio (FCFE) é

Lucro líquido + Despesa de depreciação – Despesas de capital
– Variação do capital de giro – Resgate do principal de dívidas
+ Novas emissões de títulos de dívida

Esta técnica procura determinar o fluxo de caixa disponível para os acionistas após os pagamentos a todos os outros fornecedores de capital e depois de assegurar o financiamento do crescimento continuado da empresa. Como estamos lidando com o fluxo de caixa disponível aos acionistas, a taxa de desconto usada é o custo de capital próprio da empresa (k), que estimamos em 9%.

Dados os valores correntes de FCFE, as formas alternativas do modelo são semelhantes àquelas disponíveis para o MDD, que por sua vez dependem das perspectivas de crescimento da empresa. Especificamente, se esta estiver em sua fase madura de crescimento constante, será possível usar um modelo similar ao MDD na forma reduzida:

15.7

$$\text{Valor} = \frac{\text{FCFE}_1}{k - g_{\text{FCFE}}}$$

onde:

FCFE = fluxo de caixa livre para o capital próprio no período 1
k = taxa exigida de retorno do capital próprio da empresa
g_{FCFE} = taxa de crescimento constante esperada do fluxo de caixa do capital próprio da empresa

Podemos ver na Tabela 15.1 que, durante o período de 1983 a 2003, o lucro líquido da Walgreen cresceu entre 15% e 17%, e que seu LAJI cresceu aproximadamente 14%. Essas taxas de crescimento superaram a taxa k da empresa de 9%. No caso do FCFE, precisamos considerar o efeito das despesas de capital em relação à depreciação e às variações do capital de giro, bem como os pagamentos de dívidas e as emissões de novos títulos. Os dados históricos na Tabela 15.1 mostram que a série de FCFE tem apresentado um histórico volátil, com uma taxa de crescimento superior a 20% em alguns períodos desde 1983, em contraposição a valores negativos no período de 1999 a 2002. A razão dessa variação dramática é evidente – as despesas bastante elevadas de capital, que cresceram a uma taxa de quase 13% no período como um todo, e os itens de capital de giro significativamente negativos (incluindo um problema especial com os estoques). A empresa voltou a fluxos de caixa positivos em 2003 graças a uma redução das taxas de crescimento do número de lojas – de um aumento líquido (novas lojas menos fechamentos) de 475 lojas por ano a aproximadamente 360 por ano. Discussões feitas com a administração indicam que essa redução do crescimento se deveu à falta de farmacêuticos no mercado. Enquanto a Walgreen continuava a acrescentar lojas, a taxa mais baixa de crescimento e a eliminação do problema de acumulação de estoques permitiram à empresa gerar fluxos de caixa positivos em 2002. Para o futuro, é estimado que em 2004 o FCFE será aproximadamente igual a 500 milhões de dólares, e o FCFF (fluxo de caixa livre da empresa) chegará a 550 milhões de dólares. Essa volatilidade torna apropriado usar uma taxa de crescimento conservadora de 12% depois de 2004 e supor que ela cairá a uma taxa constante de 7%. Portanto, o exemplo apresentado a seguir novamente usa um modelo de crescimento em três estágios com as seguintes características:

g_1 = **12% para os seis anos após 2004**

g_2 = **taxa de crescimento em declínio uniforme para 7% no prazo de cinco anos**

g_3 = **taxa de crescimento constante de 7% a longo prazo**

k = **9% de custo de capital próprio**

As estimativas específicas anuais de FCFE, começando com o valor corrente estimado de 500 milhões de dólares em 2004, aparecem a seguir:

PERÍODO DE CRESCIMENTO ELEVADO				PERÍODO DE CRESCIMENTO DECLINANTE			
Ano	Taxa de crescimento	Milhões de dólares	VP a 9%	Ano	Taxa de crescimento	Milhões de dólares	VP a 9%
2004	—	500	—	2011	11%	1.096	$ 600
2005	12%	560	$ 514	2012	10	1.205	605
2006	12	627	528	2013	9	1.314	605
2007	12	702	542	2014	8	1.419	599
2008	12	787	558	2015	7	1.518	588
2009	12	881	573			Total	$ 2.997
2010	12	987	589				
		Total	$ 3.304				

$$\text{Valor do período de crescimento constante} = \frac{\$\,1.625}{0,09 - 0,07} = \$\,81.250$$

$$\text{VP a 9\%} = \$\,31.484$$

376   Investimentos

O valor total da ação é a soma dos valores presentes das três séries de fluxos de caixa a 9%:

		Milhões de dólares
1.	Valor presente dos fluxos de caixa do período de crescimento elevado	3.304
2.	Valor presente dos fluxos de caixa do período de crescimento declinante	2.997
3.	Valor presente dos fluxos de caixa do período de crescimento constante	31.484
	Valor presente total do FCFE	$ 37.785

As ações existentes estimadas para o final de 2004 totalizavam 1.050 milhões. Dessa forma, o valor presente do FCFE por ação é de 35,99 dólares (36 dólares para simplificar), quase exatamente o preço de mercado no meio do ano de 2004 (fechamento de 35,65 dólares, tendo variado entre 29 e 37 dólares em 12 meses). Isso significa um P/E para a Walgreen, em relação ao lucro de 2004 (1,30 dólar), aproximadamente 28 vezes comparado ao lucro de 2005 (1,45 dólar), de quase 25 vezes. Esses índices se comparam a um múltiplo prospectivo do S&P 500 de 18 vezes. Esse diferencial é razoável, dado que a taxa de crescimento da empresa é muito mais alta e seu risco é inferior ao do mercado (beta = 0,90).

Valor presente do fluxo de caixa das operações – Também é chamado de *fluxo de caixa livre da empresa* por Damodaran e de *modelo de FCD da entidade* por Copeland, Koller e Murrin.[7] O objetivo é determinar um valor para a empresa como um todo e subtrair o valor de seus passivos para se chegar ao valor do patrimônio líquido. Particularmente, nessa técnica de avaliação, como estamos lidando com os fluxos de caixa disponíveis a todos os fornecedores de capital (tanto capital próprio quanto de terceiros), descontamos o fluxo de caixa livre das operações da empresa (FCO) ou seu fluxo de caixa livre (FCFF) ao custo médio ponderado de capital da empresa (WACC), em vez de usar seu custo de capital próprio.

O fluxo de caixa livre das operações, ou fluxo de caixa livre da empresa, é igual a:

LAJI(1 – alíquota de imposto) + Despesa de depreciação – Gastos de capital

– Variação do capital de giro – Variações de outros ativos

Este é o fluxo de caixa gerado pelas operações da empresa e disponível aos fornecedores de capitais próprios e de terceiros. Como observado, em virtude do fato de que este é um fluxo de caixa proveniente de *todos os fornecedores de capital*, ele é descontado ao WACC da empresa.

Mais uma vez, as especificações desse modelo de fluxo de caixa das operações são semelhantes às do MDD, ou seja, a especificação depende das perspectivas de crescimento da empresa. Supondo uma expectativa de crescimento constante, podemos usar o modelo na forma reduzida:

15.8
$$\text{Valor da empresa} = \frac{\text{FCFF}_1}{\text{WACC} - g_{\text{FCFF}}} \quad \text{ou} \quad \frac{\text{OFCF}_1}{\text{WACC} - g_{\text{OFCF}}}$$

onde:

FCFF_1 = fluxo de caixa livre da empresa no período 1
FCO_1 = fluxo de caixa livre das operações da empresa no período 1
WACC = custo médio ponderado de capital da empresa
g_{FCFF} = taxa de crescimento constante e perpétua do fluxo de caixa livre da empresa
g_{FCO} = taxa de crescimento constante e perpétua do fluxo de caixa livre das operações

Como observado na Tabela 15.1, a taxa composta de crescimento anual do fluxo de caixa das operações (também denominado fluxo de caixa livre da empresa), durante o período de 20 anos, foi bastante volátil, mas tem sido positivo durante os últimos dois anos, graças à redução do crescimento de novas drogarias e às necessidades menores de capital de giro. Uma medida alternativa de crescimento a longo prazo é o crescimento implícito na equação:

g = (TR) (ROIC)

onde:

TR = taxa média de retenção
ROIC = LAJI (1 – alíquota de imposto)/capital total

No caso da Walgreen, a taxa recente de retenção é de cerca de 80% e o ROIC de 2003 (supondo-se uma alíquota de imposto de 38%) é igual a:

15.9
$$\text{ROIC} = \frac{\text{LAJI (1 – alíquota de imposto)}}{\text{Capital total médio}} = \frac{(1.848)(0,62)}{(6.924 + 7.986)/2}$$

$$= \frac{1.146}{7.455}$$

$$= 0,1537 = 15,37\%$$

---

[7] DAMODARAN, Aswath. *Damodaran on Valuation*. New York: John Wiley & Sons, 1994. cap. 8; COPELAND, Tom; KOLLER, Tim; MURRIN, Jack. *Valuation: Measuring and Managing the Value of Companies*. 3. ed. New York: John Wiley & Sons, 2000. cap. 5.

Análise de empresas e avaliação de ações | **377**

(Observação: o capital total é igual ao patrimônio líquido mais exigível não circulante. A média é igual ao valor inicial mais o valor final dividido por dois. Os valores específicos usados são os das Ilustrações 14.1 e 15.2.)

Assim,

$$g = (0,80)(0,1537)$$
$$= 0,1230 = 12,30\%$$

Portanto, no cálculo subseqüente de avaliação começaremos com uma estimativa conservadora de crescimento de 12% para o FCFF.

Cálculo do WACC – Calculamos a taxa de desconto (ou seja, o WACC da empresa), utilizando a seguinte fórmula:

15.10
$$WACC = W_E k + W_D i$$

onde:

W_E = proporção de capital próprio no capital total
k = custo de capital próprio depois do imposto de renda (da SML)
W_D = proporção de capital de terceiros no capital total[8]
i = custo de capital de terceiros depois do imposto de renda[9]

Para a Walgreen,

$$W_E = 0,70; \quad k = 0,09; \quad W_D = 0,30; \quad i = (0,07)(1-0,38)$$
$$= 0,043$$

Logo:

$$WACC = (0,70)(0,09) + (0,30)(0,043)$$
$$= 0,063 + 0,013 = 0,076 = 7,6\%$$

Mais uma vez, para sermos conservadores, arredondaremos a estimativa do WACC e usaremos 8% em nossos cálculos.

Além disso, como a taxa esperada de crescimento do fluxo de caixa livre das operações é superior ao WACC da empresa, não podemos usar o modelo na forma reduzida, pois o crescimento constante a esta taxa relativamente alta é para sempre. Desse modo, empregamos o modelo de crescimento em três estágios, com hipóteses de duração de crescimento semelhantes às dos exemplos anteriores.

Em vista desses dados do crescimento recente e do WACC, as estimativas de crescimento para um modelo em três estágios são:

g_1 = **12% por seis anos**

g_2 = **taxa declinante uniformemente até 6% ao longo de seis anos**[10]

g_3 = **taxa de crescimento constante a longo prazo**

As estimativas específicas dos fluxos de caixa das operações futuros (ou FCFF) são apresentadas a seguir, começando com o valor estimado para 2004, de 550 milhões de dólares.

	PERÍODO DE CRESCIMENTO ELEVADO				PERÍODO DE CRESCIMENTO DECLINANTE		
Ano	**Taxa de crescimento**	**FCFF**	**VP a 8%**	**Ano**	**Taxa de crescimento**	**FCFF**	**VP a 8%**
2004	—	550	—	2011	(11%)	1.205	703
2005	(12%)	616	570	2012	(10%)	1.326	716
2006	(12%)	690	592	2013	(9%)	1.445	723
2007	(12%)	773	614	2014	(8%)	1.561	723
2008	(12%)	865	636	2015	(7%)	1.670	716
2009	(12%)	969	660	2016	(6%)	1.770	703
2010	(12%)	1.086	684			Total	$ 4.284
		Total	$ 3.756				

---

[8] A estimativa da proporção de capital de terceiros usada no WACC baseia-se no valor contábil das dívidas e inclui o valor dos pagamentos de arrendamento capitalizados, tratados como dívida e tal como calculados no Capítulo 14.

[9] Para esta estimativa, usamos a taxa corrente de juros de títulos de dívida de empresas com *rating* igual a A (7%) e a alíquota recente de imposto da Walgreen, de 38%.

[10] Esta hipótese de taxa de crescimento de 6% a longo prazo significa que não acreditamos que o FCFF possa crescer tão rapidamente quanto o FCFE. Dada uma taxa de crescimento inicial de 12% e uma taxa a longo prazo de 6%, a taxa de crescimento cairá a 0,01 ao ano.

$$\text{Valor do período de crescimento constante} = \frac{1.770 \times (1,06)}{0,08 - 0,06} = \$\,93.800$$

$$\text{VP a 8\%} = \$\,37.248$$

Portanto, o valor total da empresa é igual a:

	Milhões de dólares
1. Valor presente dos fluxos de caixa do período de crescimento elevado	\$ 3.756
2. Valor presente dos fluxos de caixa do período de crescimento declinante	4.284
3. Valor presente dos fluxos de caixa do período de crescimento constante	37.248
Valor presente total dos fluxos de caixa das operações (FCFF)	\$ 45.288

Lembre-se de que o valor do patrimônio líquido é o valor total da empresa (VP do fluxo de caixa livre das operações), menos o valor corrente de mercado do exigível, que por sua vez é dado pelo valor presente dos pagamentos das dívidas ao custo de capital de terceiros da empresa (0,07). Os valores são os seguintes:

Valor presente total do fluxo de caixa livre das operações	\$ 45.288
Menos valor do exigível	10.500
Valor do patrimônio líquido	34.788
Número de ações ordinárias	1.050 milhões
Valor do patrimônio líquido por ação	\$ 33,13

(Observação: o valor do exigível inclui uma estimativa do valor presente dos pagamentos mínimos de arrendamento da empresa no final de 2004.)

Mais uma vez, esse valor estimado se compara ao recente valor de mercado de quase 36 dólares. O valor de 33,13 dólares significa um P/E de cerca de 25,5 vezes os lucros estimados de 2004, de 1,30 dólar por ação.

Resumindo, as avaliações obtidas com as técnicas de valor presente de fluxos de caixa são:

Valor presente de dividendos	\$ 23,11
Valor presente de FCFE	36,00
Valor presente de fluxo de caixa livre das operações (ou, VP do FCFF)	33,13

Todos esses preços devem ser comparados ao preço corrente de mercado de 35,65 dólares, a fim de determinar a decisão de investimento.

Técnicas de avaliação relativa

Nesta seção, apresentamos os dados necessários para calcular diversos índices de avaliação relativa e demonstrar o uso dessas técnicas no caso da Walgreen, em comparação com o setor varejista de drogarias e o índice S&P 500.

A Tabela 15.2 contém os dados básicos necessários para se calcular os índices de avaliação relativa, e a Tabela 15.3 contém os quatro conjuntos de índices de avaliação relativa da Walgreen, de seu setor e do mercado como um todo. Essa tabela também contém uma comparação dos índices da empresa com os índices semelhantes do setor da empresa e do mercado. Ela ressalta as variações dos índices de avaliação relativa no tempo e ajuda a determinar se um índice corrente da empresa (Walgreen) é razoável com base nas suas características financeiras *versus* seu setor e o mercado. Como apoio a esta análise, quatro gráficos contêm as séries de tempo dos índices de avaliação relativa da empresa, de seu setor e do mercado. Quatro gráficos adicionais mostram a relação entre os índices de avaliação relativa: para a empresa em comparação com seu setor e com o mercado de ações.

Índice de preço/lucro – Este é o índice de avaliação relativa mais utilizado e documentado. Vimos no Capítulo 11 que o índice P/E pode ser obtido pelo MDD da seguinte maneira:

15.11

$$P/E_1 = \frac{D_1/E_1}{k - g}$$

Essa equação mostra que o índice P/E é afetado por duas variáveis básicas:

1. A taxa exigida de retorno do capital próprio da empresa (k)
2. A taxa esperada de crescimento dos dividendos da empresa (g)

Portanto, o objeto da análise é relacionar o risco e o crescimento esperado da empresa ao seu setor e ao mercado para determinar se o multiplicador dos lucros da empresa deve ser inferior ou superior ao de seu setor e ao do mercado.

TABELA 15.2 Dados de cálculo de índices de avaliação relativa: Walgreen, Setor Varejista de Drogarias, Índice S&P, 1992-2002

Ano	Walgreen					Retail Drug Industry					S&P Industrial Index				
	Preço médio	LPA	FC por ação	VP por ação	Vendas por ação	Preço médio	LPA	FC por ação	VP por ação	Vendas por ação	Preço médio	LPA	FC por ação	VP por ação	Vendas por ação
1992	4,69	0,22	0,39	1,25	7,54	89,56	4,52	5,80	33,59	162,55	490,34	20,82	51,11	201,12	617,41
1993	4,96	0,23	0,44	1,40	8,37	91,00	5,29	6,97	36,84	189,10	519,39	22,62	55,59	192,86	639,77
1994	5,06	0,29	0,50	1,60	9,32	91,27	4,73	6,08	38,69	202,91	535,90	35,17	69,56	211,51	672,04
1995	6,64	0,33	0,57	1,82	10,49	120,77	6,65	8,59	42,76	233,78	638,89	38,12	75,45	226,64	715,38
1996	9,10	0,38	0,65	2,08	11,85	158,78	8,73	11,01	44,28	265,94	796,69	41,74	80,76	240,07	736,65
1997	13,22	0,44	0,61	2,40	13,57	231,01	6,24	10,15	60,88	308,30	1.002,28	41,67	81,94	249,57	741,52
1998	22,50	0,54	0,73	2,86	15,43	368,63	8,96	13,25	68,07	343,36	1.278,87	40,79	83,16	265,27	738,82
1999	28,31	0,62	0,83	3,47	17,83	403,33	9,01	12,11	61,88	397,78	1.650,56	50,25	93,26	304,45	801,29
2000	33,91	0,76	1,00	4,19	21,05	385,22	11,69	14,36	69,34	337,40	1.702,23	53,85	98,54	332,81	838,78
2001	38,98	0,86	0,71	5,11	24,15	416,50	9,80	12,18	72,69	354,38	1.357,55	19,82	64,33	352,26	794,48
2002	35,71	0,99	1,44	6,08	27,98	348,15	13,26	15,57	85,75	400,24	1.136,17	22,57	61,43	313,56	790,86

380 Investimentos

TABELA 15.3					Índices de avaliação relativa: Walgreen, Setor Varejista de Drogarias, Índice S&P, 1992-2002					
		ÍNDICE PREÇO-LUCRO					ÍNDICE PREÇO-FLUXO DE CAIXA			
Ano	Walgreen	Setor varejista de drogarias	Empresa/ setor	Índice S&P	Empresa/ Mercado	Walgreen	Setor varejista de drogarias	Empresa/ setor	Índice S&P	Empresa/ Mercado
1992	21,32	19,81	1,08	23,55	0,91	12,03	15,44	0,78	9,59	1,25
1993	21,57	17,20	1,25	22,96	0,94	11,27	13,06	0,86	9,34	1,21
1994	17,45	19,29	0,90	15,24	1,15	10,12	15,01	0,67	7,70	1,31
1995	20,12	18,16	1,11	16,76	1,20	11,65	14,06	0,83	8,47	1,38
1996	23,95	18,19	1,32	19,09	1,25	14,00	14,42	0,97	9,86	1,42
1997	30,05	37,02	0,81	24,05	1,25	21,67	22,76	0,95	12,23	1,77
1998	41,67	41,14	1,01	31,35	1,33	30,82	27,82	1,11	15,38	2,00
1999	45,66	44,76	1,02	32,85	1,39	34,11	33,31	1,02	17,70	1,93
2000	44,62	32,95	1,35	31,61	1,41	33,91	26,83	1,26	17,27	1,96
2001	45,33	42,50	1,07	68,49	0,66	55,25	34,20	1,62	21,10	2,62
2002	36,07	26,26	1,37	50,34	0,72	24,83	22,36	1,11	18,50	1,34
Média	31,62	28,84	1,12	30,57	1,11	23,61	21,75	1,02	13,38	1,65
		PREÇO/VALOR PATRIMONIAL					ÍNDICE PREÇO-VENDAS			
Ano	Walgreen	Setor varejista de drogarias	Empresa/ setor	Índice S&P	Empresa/ Mercado	Walgreen	Setor varejista de drogarias	Empresa/ setor	Índice S&P	Empresa/ Mercado
1992	3,75	2,67	1,41	2,44	1,54	0,62	0,55	1,13	0,79	0,78
1993	3,54	2,47	1,43	2,69	1,32	0,59	0,48	1,23	0,81	0,73
1994	3,16	2,36	1,34	2,53	1,25	0,54	0,45	1,21	0,80	0,68
1995	3,65	2,82	1,29	2,82	1,29	0,63	0,52	1,23	0,89	0,71
1996	4,38	3,59	1,22	3,32	1,32	0,77	0,60	1,29	1,08	0,71
1997	5,51	3,79	1,45	4,02	1,37	0,97	0,75	1,30	1,35	0,72
1998	7,87	5,42	1,45	4,82	1,63	1,46	1,07	1,36	1,73	0,84
1999	8,16	6,52	1,25	5,42	1,50	1,59	1,01	1,57	2,06	0,77
2000	8,09	5,56	1,46	5,11	1,58	1,61	1,14	1,41	2,03	0,79
2001	7,63	5,73	1,33	3,85	1,98	1,61	1,18	1,37	1,71	0,94
2002	5,87	4,06	1,45	3,62	1,62	1,28	0,87	1,47	1,44	0,89
Média	5,60	4,09	1,37	3,70	1,49	1,06	0,78	1,32	1,34	0,78

O Gráfico 15.1 contém as três séries temporais de índices P/E para os anos de 1992 a 2002. O índice P/E usado é igual ao preço médio durante o ano t (a média de preço equivale à média entre o máximo e o mínimo do ano) dividido pelo lucro por ação durante o ano t. Esse é o chamado *P/E histórico*. Todas as três séries mostram uma tendência geral de crescimento, começando com 20 vezes os lucros e terminando-o entre 30 e 50 vezes. Em especial, o índice P/E da Walgreen estava inicialmente entre o de seu setor e o do mercado, e também esteve entre essas duas séries no final de 2002. Especificamente, como mostrado no Gráfico 15.2, o quociente entre empresa e setor foi de 1,08 (ou seja, o P/E da Walgreen correspondia a 108% do P/E do setor) para cerca de 1,37 (o P/E da Walgreen era 37% maior do que o P/E do setor). Entretanto, o quociente empresa/mercado caiu de aproximadamente 0,91 para 0,72. A pergunta que um analista deve fazer é se o risco relativo e a taxa esperada de crescimento da Walgreen justificam esse prêmio no P/E em relação ao seu setor e o desconto em seu P/E em relação ao mercado. Uma resposta rápida é a de que a Walgreen realmente merece um prêmio sobre o seu setor, porque ela tem uma taxa de crescimento mais alta do que a de qualquer um de seus concorrentes e é menos arriscada no que se refere a fundamentos ou risco de mercado. Alternativamente, podemos responder também que a Walgreen não merece ser negociada com desconto em relação ao mercado, pois ela está crescendo muito mais rapidamente e tem uma medida de risco mais baixa do que a do mercado. Observe-se que esse desconto se deve ao fato de que o P/E do mercado foi extraordinariamente alto (de 50 a 68 vezes) em 2001 e 2002.

Índice preço/fluxo de caixa – O índice preço/fluxo de caixa (P/FC) tem ficado cada vez mais importante e sido cada vez mais usado, porque muitos observadores argumentam que os fluxos de caixa de uma empresa são menos suscetíveis de manipulação do que seu lucro por ação, e porque eles são amplamente usados nos modelos de valor presente daqueles

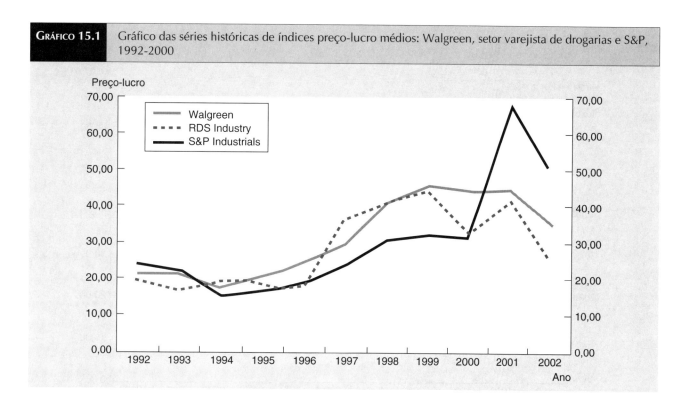

GRÁFICO 15.1 Gráfico das séries históricas de índices preço-lucro médios: Walgreen, setor varejista de drogarias e S&P, 1992-2000

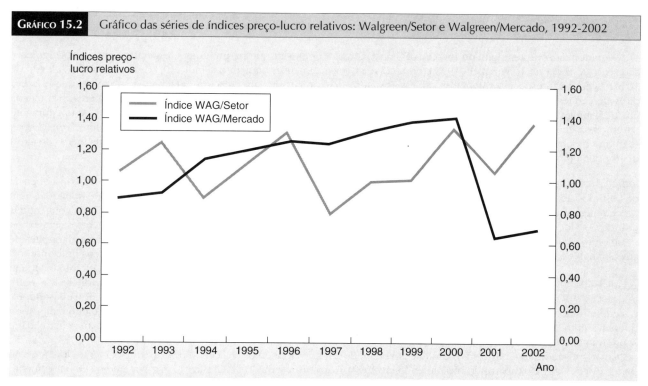

GRÁFICO 15.2 Gráfico das séries de índices preço-lucro relativos: Walgreen/Setor e Walgreen/Mercado, 1992-2002

discutidos anteriormente. Uma questão importante é: qual das diversas especificações de fluxo de caixa devemos empregar? Nesta análise, utilizamos a medida "tradicional" de fluxo de caixa, que é igual a lucro líquido mais a principal despesa não desembolsada (depreciação), pois essa medida de fluxo de caixa pode ser obtida tanto para o setor varejista de drogarias quanto para o mercado. Embora seja seguramente possível empregar qualquer outra das medidas de fluxo de caixa discutidas, uma demonstração que utiliza essa medida deve proporcionar uma comparação válida para fins de aprendizagem.[11]

---

[11] Em um mundo ideal, no qual todas as medidas de fluxo de caixa estivessem disponíveis, os autores prefeririam o "fluxo de caixa de operações" ou uma série de fluxo de caixa livre, mas ambos são difíceis de calcular para o setor e para o mercado e geralmente não estão disponíveis.

GRÁFICO 15.3 Gráfico das séries históricas de índices preço-fluxo de caixa médios: Walgreen, setor varejista de drogarias e S&P, 1992-2002

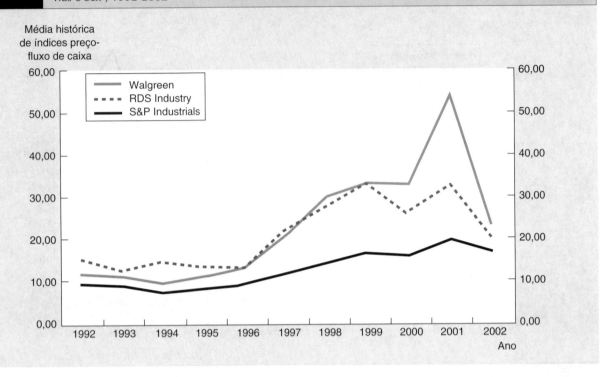

O gráfico da série temporal do índice P/FC no Gráfico 15.3 mostra que há um aumento geral no caso da Walgreen e seu setor de cerca de 10 vezes em 1992 e entre 22 e 24 vezes em 2002, enquanto o índice P/FC do mercado se elevou de 10 a 19 vezes. Em especial, embora os valores absolutos dos índices tenham crescido, o Gráfico 15.4 mostra que o índice da Walgreen teve um aumento geral de 0,78 a 1,11. De forma semelhante, a relação entre a empresa e o mercado começou em 1,25, atingiu um máximo de 2,62 e terminou em 1,34. Isso indica um crescimento geral do índice P/FC, e um aumento da empresa em relação ao seu setor e ao mercado como um todo. A questão para o investidor, entretanto, vem a ser a seguinte: o que aconteceu com a taxa de crescimento do fluxo de caixa da empresa e com o risco de seus fluxos de caixa que poderia justificar esses aumentos do índice P/FC relativo?

Índice preço/valor patrimonial – O índice preço/valor patrimonial (VM/VP) tem conquistado destaque em conseqüência dos estudos de Fama e French e de diversos autores posteriores.[12] O raciocínio é de que, se as empresas individuais têm procedimentos contábeis uniformes (por exemplo, entre as empresas de um mesmo setor), elas podem ser bem comparadas usando esse índice. Particularmente, essa medida de valor relativo pode ser usada para as empresas com lucros negativos ou mesmo fluxos de caixa negativos. Os investidores não devem tentar usar esse índice para empresas com níveis diferentes de ativos tangíveis, ou seja, não devem comparar uma empresa da indústria pesada a uma do setor de serviços utilizando-o.

Os índices VM/VP anuais da Walgreen, de seu setor e do mercado são mostrados no Gráfico 15.5. O Gráfico 15.6 contém o índice VM/VP da empresa em relação ao seu setor e ao mercado. A principal variável que pode causar diferenças entre índices VM/VP é o ROA da empresa em relação ao seu custo de capital (seu WACC). Supondo-se que a maioria das empresas em um setor tem WACCs comparáveis, o principal diferencial seria o ROA dessas empresas, porque, quanto maior for a diferença entre ROA e WACC, maior será o índice VM/VP justificado (isso indica que a empresa obtém mais rentabilidade sobre o total de seus ativos em relação a seu WACC).

Como mostrado no Gráfico 15.5, os índices VM/VP dos três componentes cresceram de aproximadamente de 2,5 – 3,50 para cerca de 4,0 – 6,0 (abaixo do pico atingido em 1999). Como apresentado no Gráfico 15.6, a Walgreen teve um aumento semelhante de seu índice VM/VP ao de seu setor – a proporção empresa/setor foi de 1,41 para 1,45. Essa proporção da Walgreen teve um pequeno aumento semelhante, de 1,54 a 1,62. Esses aumentos mínimos dos índices relativos são justificados pelos ROAs maiores da Walgreen se comparados com os de seu setor e o do mercado.

Índice preço/vendas – O índice preço/vendas (P/S) tem tido uma longa, mas geralmente ignorada existência, seguida por um recente renascimento. No final dos anos 1950, Phillip Fisher, em seu livro clássico, sugeriu esse índice como uma

---

[12] FAMA, Eugene F.; FRENCH, Kenneth R. "The Cross Section of Expected Stock Returns." *Journal of Finance* 47, n. 2, 427-450, jun. 1992; ROSENBERG, Barr; RAID, Kenneth; LANSTEIN, Ronald. "Persuasive Evidence of Market Inefficiency." *Journal of Portfolio Management* 11, n. 3, 9-17, primavera 1985; FAIRFIELD, Patricia. "P/E, P/B and the Present Value of Future Dividends." *Financial Analysts Journal* 50, n. 4, 23-31, jul.-ago. 1994.

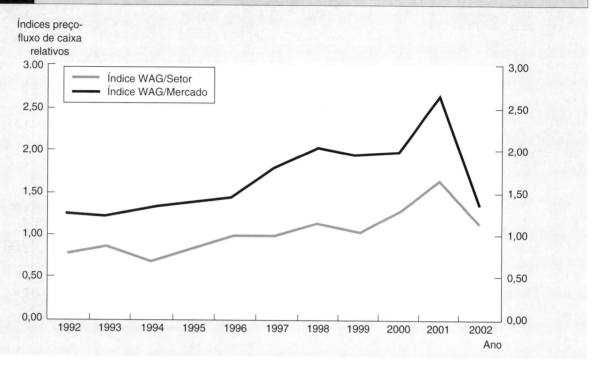

GRÁFICO 15.4 Gráfico das séries temporais dos índices preço-fluxo de caixa relativos: Walgreen/Setor e Walgreen/Mercado, 1992-2002

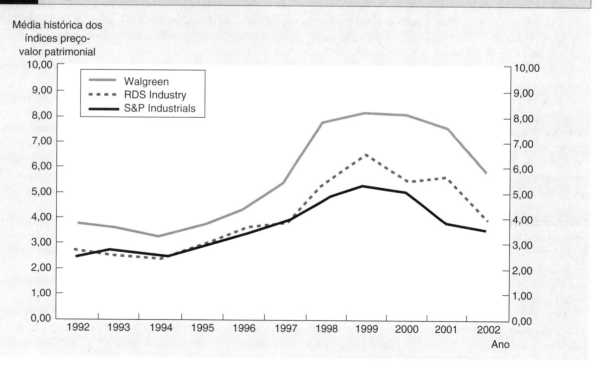

GRÁFICO 15.5 Gráfico das séries históricas de médias dos índices preço-valor patrimonial: Walgreen, setor varejista de drogarias e S&P 500, 1992-2002

ferramenta valiosa de análise de investimentos, incluindo ações de crescimento.[13] Posteriormente, seu filho, Kenneth Fisher, usou o índice como variável importante de seleção de ações em seu livro bastante conhecido[14]. Recentemente, o índice

---
[13] FISHER, Phillip A. *Common Stocks and Uncommon Profits*, Woodside, CA: PSR Publications, 1958, edição revista 1969, 1984.
[14] FISHER, Kenneth L. *Super Stocks*, Woodside, CA: Business Classics, 1984.

Gráfico 15.6 Gráfico das séries históricas de índices preço-valor patrimonial relativos

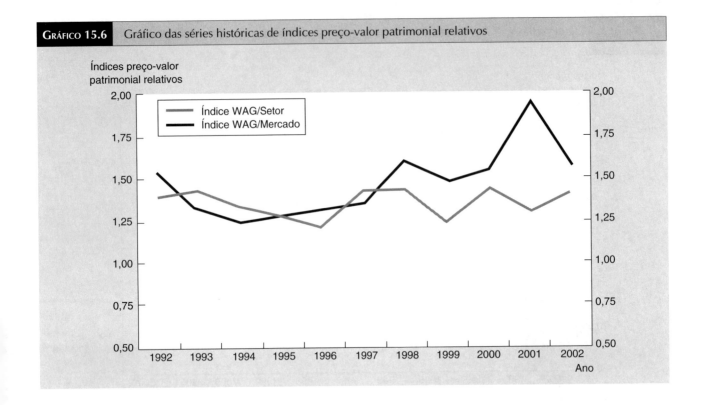

P/S foi recomendado como ferramenta valiosa em uma monografia do premiado autor Martin Leibowitz, e o índice recebeu a adesão de O'Shaughnessy em seu livro que comparou diversas técnicas de seleção de ações.[15] Leibowitz ressalta que o crescimento das vendas causa os lucros e os fluxos de caixa subseqüentes. Além disso, os indivíduos que se preocupam com a manipulação de dados contábeis revelam que as vendas são um dos números mais puros disponíveis. Esse índice é igual ao índice P/E vezes a margem líquida de lucro (lucro/vendas), o que significa que é fortemente influenciado pela margem de lucro da entidade que está sendo analisada. Sua composição também indica que sua utilização ideal ocorre ao se comparar empresas pertencentes ao mesmo setor. Em outras palavras, ele definitivamente *não* deve ser usado para comparar empresas de setores muito diferentes, como indústria pesada *versus* prestação de serviços.

Como mostrado na Tabela 15.4 e no Gráfico 15.7, o índice P/S da Walgreen teve um aumento de 0,62 para 1,28, em comparação com um crescimento moderado no setor de 0,55 para 0,87, e uma elevação no mercado de 0,79 a 1,44. Esse desempenho relativo da Walgreen está refletido no Gráfico 15.8, que mostra a trajetória dos índices relativos, vendo que a proporção empresa/setor subiu de 1,13 para 1,47, enquanto a proporção empresa/mercado obteve um pequeno aumento de 0,78 para 0,89. Tal como nas comparações anteriores, a pergunta relevante que o analista deve fazer é se a taxa de crescimento das vendas, o risco relacionado ao crescimento das vendas e a margem de lucro da Walgreen podem justificar um índice P/S muito mais alto do que o de seu setor.

Resumo dos índices de avaliação relativa — Note-se que todos os quatro índices de avaliação relativa subiram durante o período de 11 anos para a Walgreen, o seu setor e o mercado de ações como um todo. Os aumentos generalizados indicam que as mudanças são causadas por alterações de algumas variáveis agregadas da economia, como crescimento e fatores de risco econômicos. É interessante observar que Dudley e McKelvey, da Goldman Sachs & Co, argumentaram em 1997 que a economia americana passara por várias mudanças significativas durante as últimas duas décadas, que causaram uma alteração importante da natureza e do tempo das fases de expansão e contração da economia.[16]

Além desses aumentos gerais dos três segmentos (empresa, setor e mercado), a Walgreen obteve um aumento superior ao de seu setor em todos os seus índices. Em comparação com o mercado, os índices P/FC, VM/VP e P/S da empresa subiram mais do que os do mercado, embora tenha ficado atrás deste no que se refere ao índice P/E, pois este teve ascensão em 2001 e 2002. Se quisermos usar esses índices para determinar o valor relativo ou tomar uma decisão de investimento, devemos examinar os fatores básicos de avaliação para explicar essas diferenças.

---

[15] LEIBOWITZ, Martin L. *Sales-Driven Franchise Value*. Charlottesville, VA: The Research Foundation of Chartered Financial Analysis, 1997; O'SHAUGHNESSY, James P. *What Works on Wall Street*. New York: McGraw-Hill, 1997.
[16] William C. Dudley e Edward F. McKelvey, *The Brave New Business Cycle*, Nova York: Goldman Sachs & Co., out. 1997.

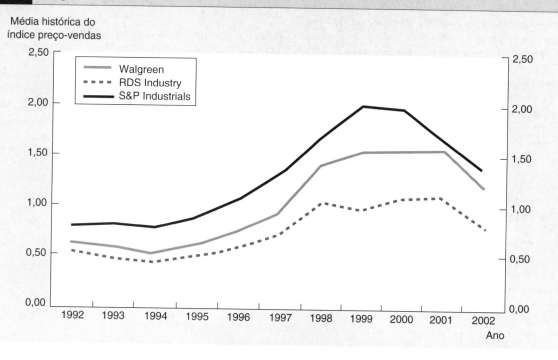

GRÁFICO 15.7 Gráfico de séries temporais da média histórica do índice preço-vendas: Walgreen, setor varejista de drogarias e S&P 500, 1992-2002

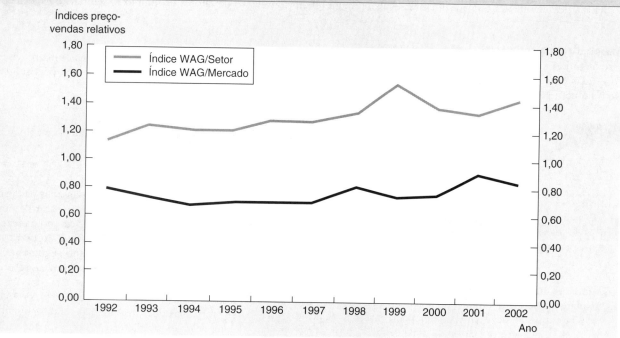

GRÁFICO 15.8 Gráfico de séries temporais dos índices preço-vendas relativos: Walgreen/Setor e Walgreen/Mercado, 1992-2002

Avaliação específica com o índice P/E

Além de considerar a avaliação relativa de uma empresa comparando diversos índices, os analistas também utilizam o índice P/E para determinar um valor específico para uma empresa. Essa avaliação é relativamente comum e exige que o analista estime o lucro por ação do próximo ano (LPA) e o multiplicador esperado do lucro da empresa (índice P/E). Como já o discutimos, agora consideraremos vários métodos de estimação do LPA EPS.

386 Investimentos

ESTIMATIVAS DO LUCRO POR AÇÃO

As estimativas do lucro podem ser obtidas com o uso de análises estatísticas ou avaliações subjetivas. Alguns estudos têm demonstrado que as séries temporais do lucro possuem certas propriedades, o que significa que os seus níveis futuros apresentam uma relação estatística com lucros anteriores.

O uso da *análise estatística* para estimar lucros é tanto mais uma arte quanto uma ciência. O analista deve determinar as variáveis independentes que aparecem no modelo, a técnica de estimação a ser empregada e a duração histórica com a qual a relação será estimada.

As *avaliações subjetivas* dependem do julgamento de muitos fatores, em vez de depender de uma fórmula matemática. As previsões da maioria dos analistas são subjetivas por natureza, embora várias resultem tanto de análises estatísticas quanto subjetivas. Uma relação estatística pode dar ao analista uma base que é a seguir ajustada para cima ou para baixo, a partir do conhecimento das influências quantitativas e qualitativas que afetam a empresa. O uso da abordagem subjetiva possui uma vantagem sobre o método estatístico, pois a mente humana é capaz de considerar implicitamente os dados obtidos de uma análise da economia, do setor e da empresa, ajustando-os adequadamente. É quase impossível desenvolver modelos estatísticos que incluam os efeitos das mudanças de ciclos de vida setoriais, de forças competitivas e de estratégias alternativas. Um modelo subjetivo exige que o analista conheça as premissas fundamentais e as variáveis significativas que geram a estimativa.

As estimativas de lucros podem ter uma orientação de cima para baixo ou de baixo para cima, ou uma mistura das duas. Uma previsão de cima para baixo relaciona (estatística ou subjetivamente) a sensibilidade dos lucros da empresa a variáveis macroeconômicas e setoriais. Com a previsão dessas variáveis econômicas e setoriais, e conhecendo a sensibilidade dos lucros da empresa em relação a elas, o analista pode prever uma estimativa do lucro.

Uma previsão de baixo para cima concentra-se na sensibilidade do lucro a variáveis específicas da empresa, como o crescimento das vendas e as variações da margem de lucro operacional ou da alíquota de imposto. As estimativas de valores futuros delas, combinadas ao conhecimento da sensibilidade do lucro, resultam em uma previsão deste. Se as vendas da empresa estiverem relacionadas a eventos econômicos e setoriais, será fácil combinar as abordagens de cima para baixo e de baixo para cima para se chegar a uma estimativa do lucro.

ABORDAGEM DE SÉRIES TEMPORAIS

Tipicamente, a abordagem de séries temporais relaciona o lucro por ação do período t aos lucros de períodos anteriores. O modelo diz que o lucro corrente está estatisticamente relacionado ao lucro do período anterior. Uma vez estimado esse modelo de séries temporais, o lucro para o período $t + 1$ pode ser previsto, inserindo os lucros dos períodos atual e anterior. O analista geralmente ajustará a estimativa resultante para refletir a previsão de fatores econômicos, setoriais e específicos da empresa.

ABORDAGEM DA MARGEM DE LUCRO NAS VENDAS

Esse método é uma abordagem direta de estimação do lucro líquido e do LPA. De acordo com essa técnica, uma previsão de vendas é multiplicada por uma estimativa da margem líquida (lucro líquido/vendas), resultando em uma previsão do lucro líquido. Assim, o lucro por ação será igual a:

$$\boxed{15.12} \quad EPS = \frac{\text{Previsão de vendas} \times \text{Margem de lucro líquido}}{\text{Número estimado de ações existentes}}$$

$$= \frac{\text{Lucro líquido}}{\text{Número estimado de ações existentes}}$$

A previsão de vendas pode ser feita com base em várias ferramentas estatísticas e subjetivas. Tendências passadas das vendas ou as taxas passadas de crescimento podem ser extrapoladas para o futuro; elas podem ser estimadas a partir de uma relação de regressão entre as vendas da empresa e variáveis setoriais ou econômicas; previsões de participação no mercado podem ser combinadas com previsões de vendas setoriais para gerar uma previsão das vendas da empresa. Se esta está no setor de varejo, as vendas podem ser estimadas multiplicando-se o número previsto de lojas para o ano seguinte pelo volume médio de vendas esperado por loja. O analista pode usar impressões obtidas com as análises econômica, setorial e de empresas para ajustar subjetivamente essas estimativas.

As margens de lucro líquido podem ser afetadas por diversos fatores. O desempenho interno da empresa deve ser revisto, incluindo as tendências gerais da empresa e a consideração de quaisquer problemas que possam afetar o desempenho futuro. As alavancagens operacional e financeira da empresa devem ser estimadas para mostrar a relação entre variações das vendas e a variabilidade do lucro. As margens de lucro da empresa devem ser historicamente revistas em comparação com as margens do setor para determinar se o desempenho passado da companhia é atribuível ao seu setor ou se é específico à empresa. Como sempre, essa análise de orientação histórica deve ser complementada por previsões do analista em relação a eventos futuros da economia, do setor e da empresa.

ABORDAGENS PURAMENTE SUBJETIVAS DE ESTIMAÇÃO DO LUCRO

Os métodos anteriores poderiam usar ferramentas estatísticas, subjetivas ou de ambos os tipos para estimar lucros. Apresentamos aqui duas análises inteiramente subjetivas de estimação de lucros.

Demonstração de resultado do ano anterior mais avaliações subjetivas – Uma previsão do lucro pode ser feita partindo da demonstração do resultado do ano anterior, adicionando-se uma breve revisão das variações passadas e de eventos futuros esperados. Como sempre, os analistas precisam identificar e monitorar as premissas fundamentais e as variáveis que determinam as vendas e a rentabilidade esperadas da empresa.

Por exemplo, o analista pode partir da receita bruta de vendas do ano imediatamente anterior. Uma revisão histórica dirá ao analista qual foi a taxa média de crescimento das vendas em algum período recente – digamos, os últimos dez anos. Ele pode então determinar as taxas máxima e mínima de crescimento das vendas com uma revisão de fatores econômicos, setoriais e empresariais que explicam a ocorrência de taxas boas e más de crescimento das vendas. Os motivos podem incluir uma expansão ou recessão da economia, ou a introdução de novos produtos pela empresa ou por seus concorrentes. Com base nesses saltos de crescimento das vendas, o analista avaliaria as influências favoráveis e desfavoráveis que se espera afetar a empresa, seu setor e a economia no próximo ano, a fim de gerar uma previsão do crescimento das vendas.

A margem de lucro operacional também pode ser avaliada partindo-se da média histórica e sua faixa de variação. O analista examinaria subjetivamente estratégias alternativas de fixação de preço que possam afetar a margem de lucro operacional. Esta, vezes a previsão de vendas, gera uma estimativa do resultado operacional da empresa.

A diferença entre o resultado operacional e o lucro líquido da empresa é afetada por outros resultados, despesas financeiras e pelo imposto de renda. Com base na leitura de notas explicativas e conversas com executivos, o analista pode estimar variações de outras fontes de resultado (como os lucros de subsidiárias ou ganhos com aplicações financeiras de curto prazo). As despesas financeiras serão afetadas pelas dívidas existentes e pelas taxas de juros esperadas. As expectativas quanto ao financiamento futuro da empresa podem ser estimadas a partir da previsão do fluxo de caixa livre para o ano seguinte; um fluxo de caixa negativo significa que a empresa precisará levantar recursos, dependendo de seus planos de gastos de capital. As obrigações tributárias da empresa podem ser estimadas analisando as alíquotas de imposto recentes, com quaisquer variações esperadas de alíquotas. O resultado operacional, mais os outros resultados, menos as despesas financeiras e os impostos, equivale ao lucro líquido estimado pelo analista.

Uma estimativa do número de ações existentes ao longo do próximo ano é baseada nos planos da empresa para emitir novas ações, forçar a conversão de títulos de dívida ou ações preferenciais conversíveis ou recomprar ações. O lucro por ação estimado deve ser igual à previsão subjetiva do analista em relação ao lucro líquido dividido pelo número estimado de ações existentes.

O analista também pode querer usar uma análise de cenários para estimar o lucro esperado por ação. Várias taxas de crescimento das vendas podem ser combinadas a uma faixa de margens de lucro operacional em cenários pessimista, neutro e otimista. Com a atribuição de probabilidades a cada cenário, o analista pode calcular uma estimativa do lucro esperado por ação.

Uso do consenso de analistas na estimação do lucro – Zacks e IBES são duas empresas de pesquisa de Wall Street que coletam sistematicamente estimativas de lucros feitas por analistas. Embora os específicos não sejam identificados, a Zacks e IBES divulgam a média dos lucros estimados por ação por aqueles que cobrem uma empresa, bem como a variância das estimativas em torno do consenso. Como essas estimativas de lucros são amplamente divulgadas e acompanhadas pelos investidores, é de se esperar que elas estejam refletidas nos preços correntes das ações.

Alguns analistas usam a estimativa de consenso e examinam a demonstração de resultado da empresa para verificar sua adequação. Se acreditam que a estimativa de consenso reflete expectativas excessivamente otimistas (ou pessimistas), eles separam a ação para análises adicionais.

Por exemplo, multiplicando a estimativa de consenso do lucro de uma empresa na IBES pelo número de ações existentes, chega-se a uma previsão do lucro líquido.[17] Combinando isso com uma estimativa da alíquota média de imposto de renda da empresa, o analista consegue prever o lucro da empresa antes do imposto. As despesas financeiras podem ser aproximadas usando os números do ano anterior e as variações de financiamento esperadas com base em notícias divulgadas pela empresa ou na análise do fluxo de caixa livre do ano anterior. Acrescentando as despesas financeiras ao lucro antes do imposto, atingimos a estimativa de consenso do resultado operacional da IBES.

Esse número deve ser comparado ao resultado operacional ocorrido no ano anterior. Se a diferença porcentual não puder ser explicada por um crescimento razoável das vendas ou por variações da margem de lucro operacional, o consenso de lucro da IBES pode estar errado, refletindo otimismo ou pessimismo excessivo por parte dos analistas. Nesse caso, esse profissional pode decidir se a empresa é um candidato à venda (caso o consenso da IBES seja muito otimista) ou à compra (caso o consenso da IBES seja bastante pessimista). A razão disso é que, se o consenso da IBES estiver incorreto, a surpresa negativa ou positiva de lucro daí resultante provocará uma forte variação do preço da ação, como discutido no Capítulo 10.

Importância das estimativas trimestrais

Uma vez que o analista tenha obtido uma estimativa das vendas e do lucro líquido para o ano seguinte também é essencial obter uma estimativa de cada um dos resultados trimestrais por dois motivos básicos. Em primeiro lugar, essa é uma maneira de confirmar a previsão anual, ou seja, as trimestrais necessárias para se chegar à anual parecem razoáveis? Se não parecerem, o analista precisará reavaliar a previsão anual. Em segundo lugar, a menos que as trimestrais confirmem a anual,

---

[17] Uma discussão sobre esse método é encontrada em Lawrence J. Haverty Jr., "Interpreting the Retail Numbers." In: INGENE, Charles (Ed.). *The Retail Industry: General Merchandisers and Discounters, Specialty Merchandisers, Apparel Specialty, and Food/Drug Retailers*, Charlottesville, VA: AIMR, 1993. p. 75-80.

388 Investimentos

o analista não estará em condições de determinar se os resultados efetivos posteriores representam uma surpresa positiva, negativa ou nenhuma surpresa. Além disso, se eles representarem uma surpresa em relação à sua estimativa, o analista vai querer saber qual o motivo – por exemplo, ele subestimou ou superestimou o crescimento das vendas ou isso se deu pelas diferenças entre a margem de lucro e as suas estimativas? Esse entendimento é necessário para que se faça uma *revisão das estimativas de lucros* que reflita as novas informações sobre a empresa. Com esses dados, o analista provavelmente revisaria cada uma de suas previsões trimestrais futuras para chegar a uma nova anual.

VISITAS À EMPRESA, ENTREVISTAS COM EXECUTIVOS E EXIGÊNCIAS DE DIVULGAÇÃO COMPLETA

Historicamente, os analistas de corretoras e os gestores de carteiras têm tido acesso a pessoas que não estão disponíveis ao pequeno investidor típico. Além disso, os analistas freqüentemente entravam em contato com o pessoal da empresa por telefone, em apresentações formais ou durante visitas às instalações da empresa. Embora as leis de *insider trading* restringissem a capacidade do analista de obter materiais informativos não disponíveis ao público, essas visitas facilitavam o diálogo entre a empresa e a comunidade de investidores. A função do analista era reunir informações sobre planos e estratégias da companhia para criar um mosaico que ajudasse o analista a entender as perspectivas como investimento, ou seja, para estimar o valor intrínseco da empresa.

A idéia foi sempre a de que eles seriam capazes de montar esse mosaico recorrendo a diversas fontes (incluindo a empresa, seus clientes, fornecedores e concorrentes) e transmitir esse dado ao mercado enviando relatórios de pesquisa aos clientes das corretoras e aos gestores de carteiras de fundos de investimento e de pensão. Essa maneira tradicional de fazer pesquisa foi alterada pela SEC em 2000, quando foram baixadas as diretrizes de Divulgação Justa (Fair Disclosure, ou FD), exigindo que toda divulgação de "informação relevante" fosse disponibilizada a todas as partes interessadas ao mesmo tempo. A intenção era de criar condições iguais de atuação, assegurando que os analistas profissionais não tivessem uma vantagem competitiva sobre os investidores não-profissionais. Por isso, muitas empresas não concordam em dar entrevistas aos analistas e somente fornecem informações em apresentações públicas amplas feitas pela Internet.

O impacto dessa exigência de FD a longo prazo não está claro sobre como as empresas se relacionarão com a comunidade de analistas profissionais. Um dos benefícios é que estes gastarão ainda mais tempo com fontes de dados além das empresas, por exemplo, sobre feiras, clientes, fornecedores e concorrentes para montar o mosaico.

Agora o analista deve conversar com outras pessoas além dos principais executivos das empresas. Visitar lojas e falar com os clientes fornecem visões além daquelas proporcionadas pela administração. Os principais clientes da empresa podem fornecer informações a respeito da qualidade do produto e da satisfação do cliente. Os fornecedores da empresa podem disponibilizá-las sobre elevações ou diminuições de pedidos e sobre a pontualidade dos pagamentos.

Tomada de decisão de investimento

Mais uma vez, a regra de decisão de investimento (observada no Capítulo 11 e no início deste) é:

Se o valor intrínseco estimado $>$ preço de mercado $\rightarrow$ compre

Se o valor intrínseco estimado $<$ preço de mercado $\rightarrow$ não compre ou venda, se você tiver a ação

Veja o raciocínio por trás dessa regra de tomada de decisão. Primeiro, se o valor intrínseco estimado é *igual* ao preço de mercado, e você compra a ação a esse preço e a mantém por algum tempo, *você receberá sua taxa exigida de retorno* k. Essa terá sido sua taxa de desconto, e, então, o valor da ação deve crescer a essa taxa com o passar do tempo. Por sua vez, se o valor intrínseco estimado estiver *acima* do preço de mercado, e você comprar a ação a esse preço, você receberá uma *taxa de retorno superior ao exigido*, ou seja, durante o período futuro não apenas receberá a taxa de retorno exigida implícita na taxa de desconto, mas também um ganho adicional de capital. Um valor intrínseco superior ao preço de mercado significa que você espera que a ação seja reavaliada, sendo corrigida pelo fato de que está subavaliada. Finalmente, se esse valor for *inferior*, e você comprar a ação a esse preço acima, você receberá uma *taxa de retorno inferior à sua taxa de retorno exigida*. Nesse caso, o mercado eventualmente reavaliará a ação, refletindo o fato de que está superavaliada. A regra de decisão de investimento estipula que você não deve comprar tal ação e, se você a possuir, você deve vendê-la e reaplicar o produto da venda em uma ação subavaliada.

Embora possamos determinar o valor intrínseco usando qualquer um dos modelos de avaliação que discutimos, o objetivo é sempre o mesmo: obter uma estimativa que reflita o valor intrínseco da ação. As abordagens são diferentes e recomendamos que você considere várias delas, mas os resultados geralmente devem estar de acordo uns com os outros. Valores intrínsecos substancialmente diferentes, gerados por modelos diversos de avaliação, devem ser raros, supondo-se que nossos dados de crescimento e risco nos modelos sejam semelhantes. É em razão disso que enfatizamos que duas estimativas críticas (risco e crescimento) são os fatores que determinam o valor intrínseco, independentemente do modelo.

CLASSIFICAÇÃO DE AÇÕES SUBAVALIADAS

Imagine que tenhamos identificado várias ações atraentes e subavaliadas, usando a regra básica de tomada de decisão. A questão agora é como classificamos nosso conjunto de ações, se temos uma restrição orçamentária e não podemos comprar todas as ações que queremos? O processo é bastante simples: classificamos com base no quociente de excedente de lucro – valor intrínseco sobre preço de mercado. Quanto maior esse quociente, maior é a porcentagem de subestimação e, portanto maior o potencial de lucro excedente. Por exemplo, se uma ação tem um preço de mercado de 40 dólares e um valor intrínseco estimado de 50 dólares, ela tem um quociente de excedente de lucro de 50/40 = 1,25 e deve ter um lucro excedente de 25% durante o período futuro quando o preço se ajustar ao seu valor intrínseco. Além disso, esse quociente determina a "margem de segurança" empregada por alguns analistas, ou seja, a diferença que eles desejam entre o valor intrínseco estimado por eles e o preço de mercado. Por exemplo, uma margem de segurança de 20% significa que o analista quer que o valor referido esteja, pelo menos, 20% acima do preço de mercado (em nosso exemplo, ele iria querer um valor intrínseco de pelo menos 48 dólares) antes de comprar uma ação cujo preço de mercado é de 40 dólares.

QUANDO VENDER

Nossa análise tem se concentrado em determinar se uma ação deve ser comprada. Na verdade, quando fazemos uma compra, uma pergunta posterior passa a ser importante: quando a ação deverá ser vendida? Muitas vezes, possuir uma ação por tempo demais leva a um lucro abaixo das expectativas ou inferior ao que estava disponível anteriormente. Por isso, quando as ações perdem valor logo após a compra, essa seria uma oportunidade de comprar mais ou a queda indica que a análise da ação foi incorreta?

A resposta à pergunta sobre quando se deve vender a ação é observada na pesquisa que inicialmente convenceu o analista a comprar a ação. O analista deve ter identificado as premissas e as variáveis fundamentais que determinam as expectativas em relação à ação. A análise desta não termina quando o valor intrínseco é calculado e o relatório de pesquisa é escrito. Uma vez identificados os fatores determinantes do valor, o analista deve monitorar e atualizar continuamente a sua base de conhecimento a respeito da companhia. Se e quando as premissas e as variáveis fundamentais mudarem (ou seja, se enfraquecerem), será necessário calcular novamente o seu valor intrínseco e possivelmente vender a ação à qual a aplicação foi feita.

A ação deve também ser avaliada com atenção quando o preço de mercado está próximo do valor intrínseco estimado. Quando a ação está razoavelmente bem precificada, pode ser hora de vendê-la, e investir novamente os fundos em outras ações subavaliadas. Em resumo, se a "história" para comprar a ação ainda parece ser verdadeira, de tal modo que seu valor intrínseco supera o preço de mercado, mantenha a ação. Se a "história" mudar, pode ser a hora de vendê-la.

Em resumo, se você sabe por que comprou a ação, você será capaz de perceber quando deve vendê-la. A chave do sucesso é manter sua disciplina e estar disposto a vender uma ação que está corretamente precificada, ainda que a empresa esteja tendo bom desempenho. Ela ainda pode ser uma empresa de crescimento, mas a ação não é, pois suas taxas futuras de retorno (com base no preço corrente) não superarão a taxa de retorno exigida.

Influências sobre os analistas

Os analistas de ações e os gestores de carteiras são, em sua maioria, indivíduos altamente treinados que possuem especialização em análise financeira e conhecimentos sobre seus setores. Um analista do setor de produção de *hardware* de computadores sabe tanto sobre as tendências do setor e os novos produtos que estão sendo lançados quanto qualquer pessoa que trabalhe no setor. Um analista de empresas farmacêuticas é capaz de determinar independentemente o potencial de mercado de artigos que estejam passando por testes e pelo processo de aprovação da Food and Drug Administration (FDA). Teoricamente, portanto, todos os clientes de corretores e gestores de carteiras que recebem o conselho especializado do analista devem ter êxito em seus investimentos. Na verdade, há diversos fatores que dificultam a obtenção de desempenho sistematicamente superior ao do mercado como um todo.

MERCADOS EFICIENTES

Como observado no Capítulo 10, é difícil superar um mercado eficiente, especialmente no caso de empresas analisadas freqüentemente e ativamente negociadas. Dados sobre a economia, o setor de uma empresa e sobre ela própria são examinados por numerosos analistas brilhantes, investidores e gestores de carteiras. Por causa da capacidade do mercado de analisar e absorver informações, os preços das ações geralmente se aproximam do valor justo de mercado. Os investidores buscam situações nas quais estas podem não ser corretamente avaliadas. Entretanto, com tantos participantes, é difícil encontrar ações subavaliadas com sucesso, freqüência e regularidade. O melhor lugar para o analista procurar ações atraentes não é entre as empresas conhecidas e ativamente negociadas que são avaliadas por dezenas de pesquisadores de Wall Street. As ações de companhias menores, aquelas não cobertas por vários analistas, ou aquelas que estão principalmente em mãos de investidores individuais, tendem a ser as melhores oportunidades para se encontrar alguma ineficiência. As ações de empresas menores às vezes são demasiadamente pequenas para analistas como restrições de tempo ou pequenas demais para compra por investidores institucionais.[18] Os preços de ações não investigadas por muitos analistas ("ações negligenciadas") podem não refletir todas as informações relevantes.[19]

PARALISIA CAUSADA POR ANÁLISE

A maioria dos analistas gasta a maior parte de seu tempo em uma busca incansável por um contato a mais ou outra informação. Essa preocupação pode tirar o foco dos analistas do resultado final, ou seja, a recomendação de investimento. Estes precisam desenvolver uma abordagem sistemática para coletar, monitorar e rever dados relevantes sobre tendências econômicas, forças competitivas setoriais e estratégia da empresa. Caso contrário, ficarão muito ocupados coletando-os e

---

[18] De acordo com as regras da SEC, os fundos de investimento não podem possuir mais de 10% das ações de uma empresa. Para alguns fundos grandes, essa restrição tornará o investimento resultante muito pequeno para ter qualquer impacto significativo sobre os retornos do fundo, por isso eles não se incomodam em considerar essas ações para compra.

[19] Informações sobre o número de analistas que cobrem uma ação estão disponíveis em empresas de pesquisa como IBES e Zacks.

buscando *todas* as respostas. Esse profissional deve avaliar a informação como um todo para identificar padrões que indiquem o valor intrínseco da ação, mas não buscar mais uma.

Como os mercados geralmente são eficientes, a visão de consenso sobre a empresa tipicamente está refletida no preço de sua ação. Como dissemos, para obter retornos acima da média, o analista deve ter expectativas que difiram do consenso e o analista deve estar certo. Portanto, eles precisam se concentrar em identificar o que está errado com o consenso de mercado ou que eventos ou fatores contribuiriam para suas mudanças, ou seja, eles devem tentar *estimar as surpresas de lucros*.

Forças que afetam o analista de *sell side*

Embora tais contatos não devam existir, às vezes ocorre comunicação entre a divisão de financiamento e a divisão de análise de ações de uma empresa. Se os funcionários da primeira estiverem assessorando uma empresa em uma oferta de ações ou títulos de dívida, será difícil para um analista do banco de investimento fazer uma avaliação negativa dela. Honorários de assessoria têm sido perdidos por causa de uma recomendação negativa. Apesar das tentativas de assegurar a independência dos analistas de ações, às vezes, há interferência da política da empresa.

O analista está em contato freqüente com os altos executivos da companhia em análise. Embora existam diretrizes a respeito do recebimento de presentes e favores, às vezes é difícil separar amizade pessoal e relacionamentos comerciais impessoais. Os executivos da empresa podem tentar convencer o analista de que um relatório pessimista está errado ou não considera completamente alguns eventos positivos recentes. Para mitigar esses problemas, um analista deve entrar em contato com o departamento de relações com investidores da empresa depois de mudar uma recomendação para explicar a nova visão. Em resumo, ele precisa manter sua *independência* e ter confiança em seu exame.

Resumo

- O processo de análise fundamentalista envolve a análise de uma empresa e a decisão de comprar sua ação ou não. Isso requer um exame separado da empresa e de sua ação ordinária. Uma boa companhia pode ter uma ação supervaliada, ou uma medíocre pode tê-la subavaliada.
- A teoria da avaliação é aplicável a uma variedade de investimentos, como foi discutido detalhadamente no Capítulo 11. Embora os analistas possam usar vários modelos diferentes de avaliação, a regra de decisão de investimento é sempre a mesma: se o valor intrínseco estimado do investimento for maior do que o preço de mercado, compre o investimento; se ele for menor do que o preço de mercado, não compre, venda-o se tiver.
- A análise de empresas decorre logicamente de nossa pesquisa anterior sobre influências econômicas, estruturais e setoriais. Aqui é importante determinar que estratégia competitiva – liderança de baixo custo ou diferenciação – a empresa tem adotado em resposta a diferentes pressões competitivas em seu setor. Também importante é o exame SWOT, que ajuda um analista a ter acesso aos pontos fortes e fracos internos de uma empresa e a suas oportunidades e ameaças externas. Além disso, uma revisão

Investimentos on-line

Muitos sites úteis já foram citados em capítulos anteriores, por exemplo, os de empresas individuais e o banco de dados EDGAR, da SEC, para informações específicas de empresas. Sites de bancos de investimento e corretoras também podem ser muito valiosos, embora possam cobrar pelo acesso às suas pesquisas publicadas sobre empresas diversas. Não obstante, muitos deles permitem aos usuários examinar informações gratuitas e dicas de investimento.

http://www.better-investing.com – A página da *National Association of Investment Clubs* fornece informações sobre empresas e idéias de investimento, além de recursos àqueles que estejam interessados em instalar seu próprio clube de investimentos.

http://www.fool.com – Essa é a página da Motley Fool; apesar do nome, esse é um site bastante conhecido e popular para os investidores. Ele é cheio de dados, artigos e recursos educacionais, notícias e idéias de investimento.

http://www.cfonews.com – A Corporate Financials Online oferece links para notícias sobre empresas selecionadas e publicamente negociadas.

http://www.zacks.com – No site da Zacks Investment Research, quando o usuário clica o símbolo de cotação da ação, a Zacks dá um link com um perfil da empresa, suas demonstrações financeiras, avaliações correntes por analistas, estimativas de consenso de lucro, e o número de analistas recomendando comprar bastante, comprar com moderação, manter, vender com moderação, e vender muito. Os links permitem ao usuário solicitar relatórios de corretoras. Fornece estimativas de crescimento do lucro agregado do índice S&P 500, do mercado e de diversos setores econômicos.

http://moneycentral.msn.com/investor/home.asp – Esse site oferece triagens de ações, gráficos de preços e links para estimativas de lucros e relatórios de analistas.

http://www.nyssa.org – A página da New York Society Analysts inclui muitos links para sites financeiros e fontes de informações de empresas e do mercado.

cuidadosa das demonstrações financeiras dá uma visão do potencial da companhia. Entrevistas com altos executivos e gestores de nível médio, fornecedores e clientes também podem proporcionar dados valiosos.

- Há duas abordagens básicas – valor presente de fluxos de caixa de índices de avaliação relativa – para se estimar o valor intrínseco de uma ação. Diversas técnicas estão disponíveis para essas três abordagens. Revimos e demonstramos como estimar os principais dados para essas técnicas e avaliamos os resultados, como aplicados à Walgreen.
- Após as análises terem sido completadas, o processo de decisão de investimento é idêntico ao que foi observado acima sobre a abordagem usada para estimar o valor intrínseco da ação. A seguir, após uma decisão de compra, o analista ainda deve monitorar continuamente as premissas e as variáveis usadas – a "história" da empresa pode mudar e a ação talvez tenha de ser vendida.
- Os analistas têm um trabalho difícil em virtude de diversos fatores. O mercado eficiente dificulta encontrar títulos realmente subavaliados, por causa dos esforços de numerosas análises brilhantes e diligentes. Além disso, a quantidade de informações disponível para um analista rever pode ser esmagadora. Finalmente, há conflitos inerentes de interesse no caso desses profissionais que trabalham em bancos de investimento.

Questões

1. Defina uma empresa de crescimento e uma ação especulativa.
2. Dê um exemplo de uma empresa de crescimento e discuta por que você a identifica como tal.
3. Dê um exemplo de uma ação cíclica e discuta por que você a designou assim. Ela é uma ação de uma empresa cíclica?
4. Uma empresa de biotecnologia está crescendo a uma taxa composta de mais de 21% ao ano. (Seu ROE é de cerca de 30%, e ela retém cerca de 70% de seus lucros.) A ação dessa empresa está cotada aproximadamente 65 vezes os lucros do próximo ano. Discuta se você consideraria esse caso como envolvendo uma empresa de crescimento e uma ação de crescimento.
5. Selecione uma empresa e, com base na leitura de seu relatório anual e de outras informações publicamente disponíveis, discuta sua estratégia competitiva (produtor de baixo custo ou diferenciação). A companhia tem tido sucesso ao implementar essa estratégia?
6. Discuta uma empresa que seja conhecida por ser um produtor de baixo custo em seu setor e considere o que permite a ela ser líder no que se refere a custos. Faça isso também para uma empresa conhecida pela diferenciação.
7. Disseram-lhe que uma empresa de crescimento tem um índice P/E de 12 vezes e uma taxa de crescimento de 15%, se comparado com o mercado como um todo, que tem uma taxa de crescimento de 8% e um índice P/E de 15 vezes. O que essa comparação significa em relação à empresa de crescimento? O que mais você precisa saber para comparar adequadamente esta com o mercado?
8. Selecione uma empresa e discuta as influências econômicas e setoriais que a afetem.
9. Escolha uma empresa e discuta seus pontos fortes e oportunidades. Como a empresa poderia lidar melhor com seus pontos fracos e ameaças?
10. Como um analista poderia determinar o valor de uma empresa que não paga nenhum dividendo e deve operar com prejuízo no próximo ano?
11. De que modo um investidor determina quando poderia ser a hora de vender um investimento?
12. Ser um bom estimador de lucro é garantia de sucesso no investimento em ações? Por quê?

Problemas

1. A *Lauren Kilt Company* tem apresentado uma taxa de crescimento de quase 14% ao ano em seu fluxo de caixa livre do capital próprio (FCFE), que no final de 2006 chegou a 150 milhões de dólares. A administração projeta (e você concorda com essa projeção) que a empresa deverá ter as seguintes taxas anuais de crescimento no futuro:

2007-2010	12%
2011-2012	10%
2013-2014	8%
2015 em diante	6%

A empresa tem 50 milhões de ações, e sua ação tem beta igual a 0,80. As notas do Tesouro com prazo de 10 anos oferecem atualmente um rendimento de 5% e o consenso é de que o prêmio por risco do capital próprio (PR) do mercado seja de 4%.

Usando um modelo de avaliação de fluxos de caixa com estágios múltiplos, determine o valor intrínseco da ação da Lauren e compare seu valor ao preço atual de mercado de 25 dólares por ação. Você a compraria?

2. Calcule o valor da Lauren Kilt mantendo as suposições do Problema 1, mas imagine que o beta da ação da empresa seja igual a 1,20. Você compraria a ação?

3. Calcule o valor da Lauren Kilt com as mesmas suposições do Problema 1, mas supondo que as taxas de crescimento estimadas sejam as seguintes:

2007-2010	10%
2011-2012	8%
2015 em diante	6%

4. Para confirmar a avaliação da Lauren Kilt, você decide avaliar a ação usando o fluxo de caixa livre das operações da empresa (igual a 200 milhões de dólares em 2006), que deve crescer à mesma taxa especificada no Problema 1 para o FCFE.

Para calcular o WACC da empresa, você usará o mesmo beta (0,80) e iguais expectativas de mercado. Além disso, você estima que o custo de capital de terceiros é de 7%, que as proporções deste e de capital próprio (em valores de mercado) são 75% de capital próprio e 25% de capital de terceiros (1 bilhão de dólares), e que a alíquota do imposto é de 35%.

392 Investimentos

Usando um modelo de avaliação de fluxos de caixa com estágios múltiplos, determine o valor intrínseco da ação da Lauren. Você a compraria a 25 dólares por ação?

5. Calcule o valor da Lauren Kilt com todas as suposições do Problema 4, exceto o beta, que se supõe ser igual a

1,10, o custo de capital de terceiros da empresa, igual a 8%, e com as seguintes taxas de crescimento:

2007-2012	10%
2013 em diante	6%

Você compraria a ação?

Exercícios da web

1. Visite um site citado na seção Investimentos on-line (ou algum outro de sua escolha) que ofereça as "melhores" ações para fins de investimento. Selecione quaisquer cinco ações desse tipo. Em qual das seis categorias de Lynch se encaixa cada empresa? Que motivos são oferecidos no site para inclusão em tal lista? Você concorda ou discorda de sua "história"? Por quê?

2. Selecione duas empresas do mesmo setor que paguem dividendos. Usando fontes da Internet, encontre e relate os seguintes dados: histórico recente de preços, dividendo corrente; relatórios e previsões de analistas; estimativa do lucro; taxa de crescimento do lucro; previsão de preço. Usando-os, que preços você estimaria para cada uma das empresas utilizando o modelo de crescimento constante

de dividendos? Como seus cálculos diferem das estimativas de preços oferecidas na Internet? Que suposições quanto a taxas de crescimento e desconto são necessárias para que a previsão de preços com base no modelo de dividendos descontados concorde com a previsão na Internet? Quão razoável é a previsão de preços da fonte nela encontrada?

3. Usando uma função de busca da Internet, tente encontrar modelos de previsão de lucros ou preços. Baixe e experimente qualquer um que esteja disponível na forma de planilha. No caso de modelos de previsão de lucros e de preços que são de acesso exclusivo, ou seja, são vendidos, que informações o site oferece sobre o procedimento pelo qual o modelo estima os lucros ou os preços das ações?

Exercícios em planilha

1. Neste capítulo, desenvolvemos vários modelos de estimação do valor intrínseco de uma ação. Monte uma planilha e as células de dados para que estimativas de preço possam ser calculadas de acordo com as diferentes técnicas.

2. Monte uma planilha para o modelo de crescimento em dois estágios. De que dados você necessita? Monte-a de tal maneira que ela gere estimativas de preço, supondo

um, dois,..., dez anos de crescimento acima do normal. Com as informações a seguir, mostre como a estimativa de preço varia em função de alterações das suposições:

Dividendo corrente: 2 dólares
Taxa de crescimento acima do normal: 18%
Duração do crescimento acima do normal: 5 anos
Taxa de crescimento normal: 5%
Taxa de desconto: 12%

Referências

BILLINGSLEY, Randall (Ed.). *Corporate Financial Decision Making and Equity Analysis.* Seminário realizado pela Association of Investment Management and Research. Charlottesville, VA: AIMR, 1995.

COPELAND, T. E.; KOLLER, Tim; MURRIN, Jack. *Valuation: Measuring and Managing the Value of Companies.* 3. ed. New York: John Wiley & Sons, 2000.

DAMODARAN, Aswath. *Damodaran on Valuation.* New York: John Wiley & Sons, 1994.

FARRELL, James L. "The Dividend Discount Model: A Primer." *Financial Analysts Journal* 41, n. 6, nov./dez. 1985.

FOGLER, H. Russell (Ed.). *Developments in Quantitative Investment Models.* Seminário realizado pela Association of Investment Management and Research, Charlottesville, VA: AIMR, 2001.

JOST, Kathryn. *Equity Valuation in a Global Context.* Seminário realizado pela Association of Investment Management and Research. Charlottesville, VA: AIMR, 2003.

PALEPU, Krishna; HEALY, Paul; BERNARD, Victor. *Business Analysis and Valuation.* 3rd edition. Mason, OH: South-Western, 2004.

SHARPE, William; SHERRERD, Katrina (Ed.). *Quantifying the Market Risk Premium Phenomenon for Investment Decision Making.* Seminário realizado pela Association of Investment Management and Research. Charlottesville, VA: AIMR, 1990.

SHERRERD, Katrina (Ed.) *Equity Research and Valuation Techniques.* Conferência realizada pela Association of Investment Management and Research. Charlottesville, VA: AIMR, 2002.

SQUIRES, Jan (Ed.) *Equity Research and Valuation Techniques.* Seminário realizado pela Association of Investment Management and Research. Charlottesville, VA: AIMR, 1998.

SQUIRES, Jan R. (Ed.) *Practical Issues in Equity Analysis.* Seminários realizados pela Association of Investment Management and Research. Charlottesville, VA: AIMR, 2000.

SULLIVAN, Rodney N. (Ed.) *Equity Analysis Issues, Lessons and Techniques.* Seminário realizado pela Association of Investment Management and Research. Charlottesville, VA: AIMR, 2003.

GLOSSÁRIO

Ações de crescimento – Uma ação com valor intrínseco superior a seu preço de mercado, o que significa que ela deve gerar uma taxa mais alta de retorno do que outras ações com características semelhantes de risco; uma ação *subavaliada*.

Ações sem crescimento – Uma ação com valor intrínseco inferior a seu preço de mercado, o que significa que ela deve gerar uma taxa mais baixa de retorno do que outras ações com características semelhantes de risco; uma ação *superavaliada*.

Análise SWOT – Um exame dos pontos fortes e fracos internos de uma empresa e de suas oportunidades e ameaças externas.

Empresa cíclica – Uma empresa cujos lucros aumentam e diminuem em função do nível geral de atividade econômica.

Estratégia competitiva defensiva – Uma estratégia competitiva com a qual a empresa se posiciona a fim de fazer com que suas capacidades lhe proporcionem as melhores medidas de reação ao efeito das forças competitivas do setor.

Empresa de crescimento – Uma empresa que sistematicamente tem as oportunidades e a capacidade de investir em projetos que ofereçam taxas de retorno superiores ao custo de capital. Por causa dessas oportunidades de investimento, ela retém uma elevada proporção dos lucros, e estes crescem mais rapidamente do que os da média das companhias em geral.

Empresa defensiva – Empresa cujos lucros futuros tendem a resistir a uma queda da atividade econômica.

Empresa especulativa – Uma empresa com um alto nível de risco financeiro ou operacional, ou ambos.

Estratégia competitiva ofensiva – Uma estratégia competitiva na qual a empresa usa seus pontos fortes para influenciar as forças competitivas no setor.

Modelos de valor presente de fluxos de caixa (VPFC) – Modelos de avaliação usados para determinar valores intrínsecos, por meio do desconto de fluxos de caixa alternativos ao custo de capital próprio ou ao custo médio ponderado de capital (WACC) da empresa. Os fluxos de caixa usados são o fluxo de caixa livre para o capital próprio (FCFE) ou o fluxo de caixa livre para a empresa (FCFF).

APÊNDICE 15

Fontes de informação para análise de empresas

Há material abundante disponível sobre ações ou títulos de dívida de empresas individuais. Fontes dessas publicações incluem empresas individuais; empresas de publicações comerciais, que produzem uma vasta gama de materiais; relatórios oferecidos por companhias de investimento; e diversas revistas que discutem os mercados financeiros em geral e dão opiniões sobre empresas individuais e suas ações ou títulos de dívida. Debatemos cada uma dessas fontes e publicações específicas. Saiba que muitas das descritas nos capítulos de análises econômica e setorial também incluem discussões de ações ou títulos de dívida individuais.

Informações geradas pela empresa

Uma fonte óbvia de informações sobre uma empresa é ela própria. Na verdade, para as companhias pequenas não há nenhuma outra fonte de informação, pois a negociação de suas ações não é suficiente para justificar a inclusão em publicações de serviços comerciais ou corretoras.

RELATÓRIOS ANUAIS

Toda empresa que tem ações publicamente negociadas deve elaborar e distribuir a seus acionistas um relatório anual das operações financeiras e de sua posição financeira corrente. Além de informações básicas, a maioria dos relatórios discute o que aconteceu durante o ano e fornece um perfil das perspectivas futuras. A maioria das empresas também publica relatórios financeiros trimestralmente, incluindo demonstrações resumidas de resultado de períodos intermediários e, às vezes, um balanço patrimonial. Esses relatórios podem ser obtidos diretamente na empresa. Para encontrar o endereço de uma, você pode consultar o volume 1 da Standard & Poor's Register of Corporations, Directors, and Executives, que contém uma lista em ordem alfabética, por nome de empresa, de aproximadamente 37 mil organizações.

PROSPECTO DE EMISSÃO DE TÍTULOS

Quando uma empresa quer vender títulos (títulos de dívida, ações preferenciais ou ordinárias) no mercado primário para captar novos recursos, a Securities and Exchange Commission (SEC) exige que ela faça seu registro, descrevendo os títulos que estão sendo oferecidos. Deve fornecer informações financeiras amplas, além do que é exigido em um relatório anual, bem como dados não-financeiros sobre operações e pessoal. Uma versão condensada do documento de registro, chamada de *prospecto*, é publicada pela empresa que administra o lançamento de títulos e contém a maioria das informações relevantes. Cópias de um prospecto de uma oferta real podem ser obtidas com o *underwriter* ou a própria empresa. Os bancos de investimento freqüentemente anunciam os lançamentos de títulos em publicações como *The Wall Street Journal, Barron's* ou *Financial Times.*

RELATÓRIOS EXIGIDOS PELA SEC

Além dos documentos de registro, a SEC exige três informes *periódicos* das empresas com títulos negociados pelo público. Em primeiro lugar, o formulário 8-K é submetido mensalmente, relatando qualquer ação que afete as dívidas, o patrimônio líquido, a quantidade de ativos, os direitos de voto ou outras mudanças que poderiam ter algum impacto significativo sobre a ação.

Em segundo lugar, o formulário 9-K é um relatório não-auditado, submetido a cada seis meses, com receitas, despesas, vendas brutas e itens especiais. Tipicamente contém informações mais amplas do que os informes trimestrais.

Finalmente, o formulário 10-K é uma versão anual do 9-K, mas é ainda mais abrangente. A SEC exige que as empresas indiquem em seus relatórios anuais que uma cópia de seu 10-K esteja disponível na empresa mediante solicitação e sem ônus.

Publicações comerciais

Numerosos serviços de consultoria fornecem informações sobre o mercado como um todo e sobre ações individuais. A seguir damos uma lista parcial.

PUBLICAÇÕES DA STANDARD & POOR'S

Standard & Poor's Corporation Records é um conjunto de sete volumes. Os seis primeiros contêm informações básicas sobre todos os tipos de sociedades (industriais, financeiras), organizadas em ordem alfabética. Os volumes são encadernados e atualizados ao longo do ano. O sétimo contém notícias diárias com dados recentes sobre todas as empresas apresentadas em todos os volumes.

Os Standard & Poor's Stock Reports são relatórios abrangentes, com duas páginas, sobre numerosas empresas com ações negociadas na NYSE, na AMEX e na Nasdaq. Incluem previsões de vendas e lucros a curto prazo, eventos recentes, principais itens de demonstração de resultado e balanço, e gráficos das variações de preços de ações. São organizados em volumes ligados por bolsa, sendo revistos a cada três ou quatro meses.

Standard & Poor's Stock Guide é uma publicação mensal que contém, em formato compacto, dados financeiros pertinentes de mais de 5 mil ações ordinárias e preferenciais. Uma seção separada cobre as cotas de mais de 400 fundos de investimento. Para cada ação, o guia fornece informações sobre variações de preços (históricas e recentes), dividendos, lucros, posição financeira, participações de investidores institucionais e classificações sobre estabilidade dos lucros e de dividendos. É uma referência rápida e útil para quase todas as ações ativamente negociadas.

Standard & Poor's Bond Guide é uma publicação mensal que contém os dados financeiros e estatísticas comparativas mais pertinentes de uma ampla lista de títulos de dívida, que inclui títulos de dívida nacionais e estrangeiros (cerca de 3.900 títulos), 200 títulos de dívida pública de outros países e cerca de 650 títulos de dívida conversíveis.

The Outlook é uma publicação semanal da Standard & Poor's Corporation que aconselha investidores a respeito do ambiente geral do mercado e grupos específicos de ações ou setores (por exemplo, ações com dividendos elevados, ações com índices P/E baixos, títulos de dívida com rendimentos elevados, ações que provavelmente aumentarão seus dividendos). Dados semanais de índices de ações para 88 grupos setoriais e outras estatísticas de mercado também estão incluídos.

Os Daily Stock Price Reports são publicados trimestralmente pela Standard & Poor's, com volumes individuais para a NYSE, a AMEX e a Nasdaq. Cada edição trimestral é dividida em duas partes. A Parte 1, "Major Technical Indicators of the Stock Market" (Principais indicadores técnicos do mercado de ações), é dedicada aos indicadores de mercado amplamente acompanhados como guias técnicos do mercado de ações e inclui séries de indicadores de preços, séries de volume e dados de mercado fracionário e vendas a descoberto. A Parte 2, "Daily and Weekly Stock Action" (Comportamento diário e semanal das ações), fornece informações diárias de preços máximo, mínimo e de fechamento, e volume negociado, além de dados mensais de vendas a descoberto de ações individuais, negócios realizados por *insiders*, uma média móvel de preços com prazo de 200 dias, e uma série semanal de força relativa. Os livros da NYSE e da AMEX estão disponíveis desde 1962; os livros da Nasdaq começaram em 1968.

Publicações da Moody's

O Moody's Industrial Manual assemelha-se ao serviço de dados da Standard & Poor's, exceto pelo fato de que é organizado por tipo de sociedade (industrial, serviços de utilidade pública, e assim por diante). Os dois volumes são publicados uma vez por ano e cobrem empresas industriais negociadas na NYSE, na AMEX e nas bolsas regionais. Uma seção concentra-se em empresas industriais internacionais. Como em todos os manuais da Moody's, um volume de notícias cobre os eventos ocorridos após a publicação do manual básico.

O Moody's OTC Industrial Manual é semelhante ao Moody's Industrial Manual das empresas negociadas em bolsa, mas é limitado às ações negociadas na Nasdaq.

A Moody's também tem manuais para diversos setores. O Moody's Public Utility Manual fornece informações sobre serviços de utilidade pública, incluindo energia elétrica e gás, transmissão de gás, telefonia e abastecimento de água. O Moody's Transportation Manual cobre o setor de transportes, incluindo estradas de ferro, linhas aéreas, empresas de navegação, ferrovias elétricas, linhas de ônibus e caminhão, oleodutos, as empresas de pontes e as empresas de locação de automóveis e caminhões. O Moody's Bank and Finance Manual cobre o campo dos serviços financeiros representados por bancos, agências de crédito do governo dos Estados Unidos, todos os ramos de seguros, empresas de investimento, companhias imobiliárias, fundos de investimento imobiliário e empresas financeiras diversas.

O Moody's Municipal and Government Manual contém dados do governo dos Estados Unidos, todos os estados, agências estaduais, mais de 13.500 governos municipais e algumas informações excelentes sobre governos estrangeiros e organizações internacionais.

O Moody's International Manual fornece dados financeiros sobre aproximadamente 3 mil das mais importantes empresas estrangeiras.

Publicações da Value Line

A Value Line Investment Survey é publicada em duas partes. O volume I contém informações históricas básicas sobre 1.700 empresas, incluindo várias medidas analíticas de estabilidade de lucros, taxas de crescimento, um fator de segurança para ações ordinárias e uma classificação sobre fator *timing*. Vários estudos têm examinado a utilidade dessa classificação para fins de investimento. Esses estudos foram discutidos no Capítulo 10.

A *Investment Survey* também inclui *projeções* detalhadas de dois anos para as empresas dadas e *estimativas* de desempenho para o prazo de três anos. Por exemplo, em 2006 ela incluía projeções de lucros para 2006, 2007 e 2008/2010. O segundo volume contém um serviço mensal de consultoria geral de investimentos e recomenda ações individuais para compra ou venda.

O Value Line Special Situations Service é publicado 24 vezes ao ano. Auxilia o investidor experiente que está disposto a correr riscos elevados com a esperança de obter ganhos excepcionais de capital. Cada edição discute as recomendações anteriores e apresenta de oito a dez novas ações para exame.

Relatórios de corretoras

Muitas corretoras elaboram relatórios sobre empresas individuais e seus títulos. Alguns desses relatórios contêm apenas informações básicas, mas outros fazem recomendações específicas.

Fontes de dados computadorizadas

Além das numerosas fontes de dados impressas, algumas empresas de serviços financeiros têm montado fontes de dados computadorizadas. Limitações de espaço restringem a discussão apenas às principais fontes.

Compustat é um banco computadorizado de dados financeiros desenvolvido pela Standard & Poor's e atualmente controlado por uma subsidiária, a Investors Management Services. As fitas da Compustat contêm 20 anos de dados de aproximadamente 2.400 empresas industriais negociadas em bolsa, 1.000 negociadas na Nasdaq, 175 empresas de serviços de utilidade pública, 120 bancos e 500 companhias canadenses. As fitas trimestrais contêm 20 anos de dados financeiros trimestrais de mais de 2 mil empresas industriais e 12 anos de informações trimestrais de bancos e empresas de serviços de utilidade pública. Os dados financeiros nas fitas anuais incluem quase todos os itens possíveis do balanço e da demonstração de resultado de cada empresa, bem como informações de mercado de ações (preço da ação e volume negociado).

A Value Line Data Base contém dados financeiros e de mercado históricos anuais e trimestrais de 1.600 empresas industriais e financeiras, começando em 1954. Também fornece dados trimestrais desde 1963. Além de dados históricos, fornece estimativas de dividendos e de lucros para o ano seguinte, bem como a opinião da Value Line em relação à estabilidade do preço da ação e o *timing* do investimento.

As University of Chicago Stock Price Tapes são um conjunto mensal e diário de fitas de preços de ações desenvolvido pelo Center for Research in Security Prices (CRSP) da Graduate School of Business, da Universidade de Chicago. As fitas mensais contêm preços de fins de mês, desde janeiro de 1926 até nossos dias (atualizadas anualmente), para cada ação negociada na NYSE. Os preços de ações são ajustados por desdobramentos, bonificações e quaisquer outras alterações de capital. O CRSP acrescentou dados mensais da AMEX com início em julho de 1962 ao arquivo mensal da NYSE, criando o atual arquivo mensal NYSE/AMEX com informações sobre aproximadamente 6.100 títulos.

A fita diária de preços de ações contém o máximo, o mínimo e o fechamento de cada dia, e dados de volume desde julho de 1962 para cada ação negociada na NYSE e na AMEX (aproximadamente 5.600 títulos). Em 1988, o CRSP montou seu próprio arquivo de dados históricos da Nasdaq com séries diárias de preços, volumes e informações sobre capitalização e distribuições a acionistas para mais de 9.600 ações ordinárias nele negociadas desde 14 de dezembro de 1972. Essas fitas são atualizadas anualmente.

O Media General Data Bank, compilado pela Media General Financial Services, Inc., inclui dados correntes de preço e volume, mais as principais informações financeiras das 2 mil principais empresas. Além disso, contém dez anos de dados diários de preço e volume para mais de 8 mil títulos. Finalmente, inclui os de preço e volume para os principais índices de mercado.

As ISL Daily Stock Price Tapes são preparadas pela Interactive Data Corporation. Contêm as mesmas informações que os Daily Stock Price Records, publicados pela Standard & Poor's.

capítulo 16

Análise técnica*

Neste capítulo, responderemos às seguintes perguntas:

Como difere a análise técnica da análise fundamentalista?

Quais são os pressupostos subjacentes à análise técnica?

Que pressuposto importante causa uma divergência entre a análise técnica e a hipótese de mercado eficiente?

Quais são as principais vantagens da análise técnica?

Quais são os principais desafios na análise técnica?

Qual é a lógica das principais regras de opinião contrária usadas pelos analistas técnicos?

Que regras são usadas pelos analistas técnicos que querem "seguir o dinheiro esperto"?

O que é a amplitude das medidas de mercado e o que ela pretende indicar?

Quais são os três tipos de movimentos de preço postulados na Teoria Dow e como são usados?

Por que o volume de negócios é importante e como os analistas técnicos o utilizam?

O que é nível de suporte e nível de resistência. Como são usados?

De que modo os analistas técnicos usam linhas de média móvel para detectar mudanças de tendências?

Qual é o raciocínio por trás da linha de força relativa?

Qual a diferença entre gráficos de barras e de ponto e figura?

Quais são algumas aplicações da análise técnica nos mercados de títulos estrangeiros?

Como é usada a análise técnica na análise de títulos de renda fixa?

Ontem o mercado reagiu ao anúncio de um grande aumento das posições a descoberto na NYSE.

Embora o mercado tenha caído hoje, isso não foi considerado um comportamento pessimista em virtude do volume pequeno.

O mercado caiu hoje após três dias de aumento por causa da realização de lucros pelos investidores.

Declarações como essas e outras semelhantes aparecem diariamente na imprensa financeira. Todas têm como base alguma das várias regras de negociação técnica. Os *analistas técnicos* as criam a partir da observação dos movimentos anteriores do mercado como um todo e de ações individuais. A filosofia por trás da análise técnica contrasta fortemente com a hipótese de mercado eficiente por nós estudada, que diz que o desempenho passado não exerce influência alguma sobre o desempenho ou os valores de mercado futuros. Ela também diverge do que aprendemos sobre análise fundamentalista, a qual envolve a tomada de decisões de investimento com base no exame da economia, de um setor e das variáveis de empresas que levam a uma estimativa do valor intrínseco deste, a seguir comparada ao preço corrente de mercado. Em contraste com a hipótese de mercado eficiente ou aquela análise mencionada, a *técnica* envolve o exame de dados passados de mercado, como preços e volumes de negociação, o que leva a uma estimativa das tendências futuras de preços e, por conseguinte, a uma decisão de investimento. Enquanto os analistas fundamentalistas usam dados econômicos, geralmente separados dos mercados de ações ou títulos de renda fixa, o analista técnico utiliza os *dados do próprio mercado* porque "este é seu melhor previsor". Portanto, a análise técnica é um método alternativo de tomada de decisões de investimento e resposta às seguintes perguntas: que títulos deve um investidor comprar ou vender? Quando devem ser feitos esses investimentos?

Os analistas técnicos não vêem nenhuma necessidade de estudar as diversas variáveis econômicas, setoriais e de empresas individuais para chegar a uma estimativa do valor futuro, pois acreditam que as variações anteriores de preço sinalizam as futuras. Eles também acreditam que uma mudança da tendência do preço pode predizer uma alteração futura de variáveis fundamentais, por exemplo, lucros e risco, antes que ela seja percebida pela maioria dos analistas fundamentalistas. Os analistas técnicos estão certos? Muitos investidores que recorrem a essas técnicas alegam ter obtido taxas superiores de retorno em bastantes investimentos. Além disso, muitos responsáveis por boletins de mercado baseiam suas recomendações nesse exame técnico. Por fim, até mesmo as principais firmas de investimento que empregam muitos analistas fundamentalistas

---

* Richard T. McCabe, analista-chefe de mercado da Merrill Lynch Capital Markets, contribuiu com comentários e materiais úteis para a elaboração deste capítulo.

398 Investimentos

também empregam os que são técnicos, como os consultores de investimentos. Muitos profissionais da área e investidores individuais acreditam em regras de negociação técnica e as usam para tomar suas decisões de investimento. Por conseguinte, quer sejam adeptos da análise técnica ou defensores da hipótese de mercado eficiente, os investidores ainda precisam compreender a filosofia básica e a lógica por trás das abordagens da análise técnica. Assim, começaremos este capítulo com uma avaliação da filosofia básica subjacente a esta, considerando as vantagens e seus possíveis problemas. Finalmente, apresentaremos regras alternativas de negociação técnica aplicáveis tanto a mercados de títulos dos Estados Unidos quanto a de estrangeiros.

Hipóteses subjacentes à análise técnica

Os analistas técnicos baseiam as decisões de negociação em exames de dados passados de volume e preço para determinar as tendências anteriores de mercado pelas quais estimam o comportamento futuro do mercado como um todo e de títulos individuais. Diversas hipóteses levam a essa visão das variações de preços. Alguns aspectos dessas hipóteses são controversos, levando os analistas fundamentalistas e os defensores de mercados eficientes a questionar sua validade. Realçamos esses aspectos em nossa lista.

1. O valor de mercado de qualquer bem ou serviço é determinado exclusivamente pela interação da oferta e da demanda.
2. A oferta e a demanda são governadas por inúmeros fatores racionais e irracionais. Nesses fatores estão incluídos as variáveis econômicas usadas pelo analista fundamentalista, e também opiniões, estados de espírito e palpites. O mercado pondera todos esses valores contínua e automaticamente.
3. Desconsiderando as flutuações menores, *os preços de títulos individuais e o valor geral do mercado tendem a variar de acordo com as tendências, as quais persistem durante períodos consideráveis.*
4. As tendências correntes alteram-se como forma de reação às mudanças das relações de oferta e demanda. Essas alterações, independentemente do motivo, *podem ser detectadas mais cedo ou mais tarde no comportamento do próprio mercado.*[1]

As duas primeiras hipóteses são quase universalmente aceitas tanto por analistas técnicos quanto por aqueles que não são. A maioria das pessoas que já tenha feito um curso básico de economia concordaria que, em qualquer momento, o preço de um título (ou de qualquer bem ou serviço) é determinado pela interação da oferta com a demanda. Além disso, grande parte dos observadores admitiria que a oferta e a demanda são regidas por muitas variáveis. A única diferença de opinião poderia ser quanto à influência dos fatores irracionais. Certamente, todos estariam de acordo que o mercado pondera continuamente todos esses fatores.

Em contraste, existe uma diferença de opinião em relação à hipótese quanto à *velocidade do ajuste* de preços de ações às mudanças de oferta e demanda. Os analistas técnicos esperam que os preços das ações variem segundo tendências que persistem por longos períodos, pois acreditam que as novas informações *não* chegam ao mercado em um momento específico, mas, em vez disso, entram nele *ao longo de um determinado período*. Esse padrão de acesso a dados ocorre por causa da existência de diferentes fontes, ou porque determinados investidores os recebem, ou percebem as mudanças de fundamentos antes de outros. Como vários grupos – desde *insiders* até profissionais bem informados ou investidores médios – recebem as informações e compram ou vendem um título em função delas, seu preço varia gradativamente em direção ao novo equilíbrio. Entretanto, os técnicos não esperam que o ajuste de preços seja tão abrupto como esperam os analistas fundamentalistas e os defensores de mercados eficientes; em vez disso, eles almejam um *ajuste gradual do preço* para refletir o fluxo gradativo de informações.

O Gráfico 16.1 mostra esse processo, pelo qual novas informações causam uma diminuição do preço de equilíbrio de um título, mas o seu ajuste não é rápido. Ele ocorre na forma de uma tendência que persiste até que a ação atinja seu novo equilíbrio. Os analistas técnicos procuram o início de um movimento desde um valor antigo a um novo, sem tentar prever qual será esse novo valor de equilíbrio. Eles buscam o começo de uma alteração a fim de que possam entrar logo na festa e beneficiar-se do movimento em direção ao novo preço de equilíbrio, comprando se a tendência for de alta, ou vendendo se for de baixa. Obviamente, se houver um ajuste rápido de preços aos novos dados (como é esperado por aqueles que acreditam em um mercado eficiente), a festa seria tão curta que os investidores não poderiam aproveitá-la.

Vantagens da análise técnica

Embora os analistas técnicos compreendam a lógica da análise fundamentalista, eles enxergam diversos benefícios em sua própria abordagem. A maioria deles admite que um analista fundamentalista com boas informações, boa capacidade analítica e um senso aguçado do impacto delas sobre o mercado deve obter retornos acima da média. Entretanto, essa afirmação merece algumas ressalvas. De acordo com os analistas técnicos, é importante reconhecer que os fundamentalistas poderão obter retornos superiores *somente* se eles obtiverem novos dados antes de outros investidores e os processarem *correta* e *rapidamente*, mas eles não acreditam que isso possa acontecer tão facilmente.

Além disso, também alegam que uma vantagem importante do seu método é que ele *não depende muito de demonstrações financeiras* – a principal fonte de informações sobre o desempenho passado de uma empresa ou um setor. Como

---

[1] Essas hipóteses são sintetizadas em LEVY, Robert A. "Conceptual Foundations of Technical Analysis." *Financial Analysts Journal* 22, n. 4, 83, jul.-ago. 1966.

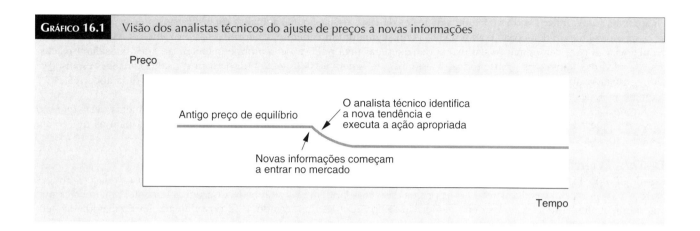

GRÁFICO 16.1 Visão dos analistas técnicos do ajuste de preços a novas informações

vimos nos Capítulos 14 e 15, o analista fundamentalista examina essas demonstrações para ajudar a projetar características futuras de retorno e risco de setores ou títulos individuais. Os analistas técnicos argumentam que existem diversos problemas importantes nas demonstrações financeiras.

1. Carecem de uma grande quantidade de informações necessárias aos analistas de títulos, como informações relacionadas a vendas, lucros e capital utilizado por linha de produtos e cliente.
2. De acordo com os Princípios Contábeis Geralmente Aceitos (GAAP), as empresas podem escolher entre diversos procedimentos de divulgação de despesas, ativos ou passivos. Em especial, eles podem produzir valores muito diferentes de despesas, lucro, retornos sobre ativos e sobre patrimônio líquido, dependendo de se a empresa é conservadora ou agressiva. Conseqüentemente, um investidor pode ter dificuldade para comparar as demonstrações de duas companhias de um mesmo setor, e ainda mais problemas para comparar seus setores distintos.
3. Muitos fatores psicológicos e outras variáveis não quantificáveis não aparecem nas demonstrações financeiras. Exemplos disso incluem treinamento e lealdade de funcionários, boa vontade do cliente e a atitude geral do investidor quanto a um setor. As atitudes do investidor podem ser importantes quando estes ficam preocupados com o risco de restrições ou impostos sobre produtos, como fumo ou álcool, ou quando as empresas fazem negócios em países que têm risco político significativo.

Como os analistas técnicos suspeitam das demonstrações financeiras, eles consideram vantajoso não depender delas. Será mostrado que a maioria dos dados usados pelos analistas técnicos, como preços de títulos, volumes e outras informações sobre negociação, provém do próprio mercado de ações.

Além disso, um analista fundamentalista deve processar novas informações correta e *rapidamente* para obter outro valor intrínseco para a ação ou o título de renda fixa antes que outros investidores o façam. Já os técnicos, entretanto, apenas precisam reconhecer de forma rápida uma variação no sentido de um novo valor de equilíbrio, *independentemente do motivo*, ou seja, eles não precisam saber nada sobre um evento específico e determinar o efeito do evento sobre o valor da empresa e suas ações.

Por fim, suponha que um analista fundamentalista determine que um dado título está subavaliado ou superavaliado muito antes de outros investidores. Ele ainda precisa determinar quando fazer a compra ou a venda. Idealmente, a taxa mais alta de retorno seria obtida se a transação fosse feita logo antes da alteração do valor de mercado. Por exemplo, imagine que, com base em seu exame de fevereiro, você espere que uma empresa divulgue lucros substancialmente mais altos em junho. Embora você pudesse comprar a ação naquele mesmo mês, seria bom esperar até maio, aproximadamente; dessa forma, seus fundos não ficariam presos por três meses adicionais, mas você poderia relutar em esperar tanto tempo. Como a maioria dos analistas técnicos não investe até que a mudança para um novo equilíbrio se realize, eles argumentam ter uma probabilidade maior de conseguir o *timing* ideal do que os fundamentalistas.

Desafios à análise técnica

Aqueles que duvidam do valor da análise técnica nas decisões de investimento questionam a utilidade dessa técnica em duas áreas. Primeiro, duvidam de algumas de suas hipóteses básicas. Em segundo lugar, eles questionam algumas regras específicas de negociação técnica e sua utilidade a longo prazo. Nesta seção, consideramos esses desafios.

Desafios às hipóteses da análise técnica

O principal desafio à análise técnica baseia-se nos resultados de testes empíricos da hipótese de mercado eficiente (HME). Como foi discutido no Capítulo 10, para que as regras de negociação técnica gerem retornos superiores ajustados por risco após serem levados em conta os custos de transação, o mercado precisaria ser lento em termos de ajustamento dos preços à chegada de novas informações, ou seja, ele precisaria ser ineficiente. Isso é que se chama de hipótese de mercado

400 Investimentos

eficiente na forma fraca. Os dois conjuntos de testes da HME nesta são: (1) a análise estatística dos preços para determinar se os preços variaram de acordo com tendências ou seguiram um caminho aleatório, e (2) o exame de regras específicas de negociação para determinar se seu uso poderia superar uma política de compra e manutenção após considerar os custos e o risco das transações. Quase todos os estudos que testam a HME nesse tipo de forma, usando análises estatísticas, têm constatado que os preços não variam segundo tendências, de acordo com os testes estatísticos de autocorrelação e seqüências. Esses resultados apóiam a HME.

Em relação à análise de regras específicas de negociação, como discutido no Capítulo 10, há inúmeras delas que são técnicas e que não foram ou não podem ser testadas. Ainda assim, a grande maioria dos resultados para as que foram testadas apóia a HME.

DESAFIOS ÀS REGRAS DE NEGOCIAÇÃO TÉCNICA

Um desafio óbvio à análise técnica consiste na colocação de que os padrões passados de preços ou as relações antigas entre variáveis específicas de mercado e os preços das ações podem não se repetir. Conseqüentemente, uma técnica que anteriormente tenha funcionado poderia perder viradas posteriores do mercado. Essa possibilidade leva a maioria dos técnicos a adotar várias regras de negociação e a buscar um consenso entre todas elas para prever o comportamento futuro do mercado.

Outros críticos argumentam que muitos padrões de preços se transformam em profecias que se auto-realizam. Por exemplo, suponha que muitos analistas esperem que uma ação negociada a 40 dólares cada ação passe para 50 dólares ou mais, caso se eleve acima do seu padrão atual e "rompa" seu canal em 45 dólares. Tão logo alcance esta quantia, muitos analistas técnicos comprarão, fazendo com que o preço se eleve a 50 dólares, exatamente como previsto. Na verdade, alguns deles podem emitir ordens com limite a fim de comprar a ação nesse ponto de ruptura. Nessas condições, o aumento provavelmente será apenas temporário e o preço voltará ao seu equilíbrio verdadeiro.

Outro problema com a análise técnica é que o sucesso de uma regra específica de negociação incentivará muitos investidores a adotarem-na. Argumenta-se que essa popularidade e a concorrência resultante neutralizarão a técnica. Se muitos deles se concentrarem em uma regra específica de negociação técnica, alguns tentarão se antecipar ao padrão do preço e destruirão o padrão histórico esperado ou eliminarão as oportunidades de lucro para a maioria dos participantes, fazendo com que o preço se altere mais rapidamente do que era previsto. Por exemplo, suponha que se torne público que os analistas técnicos que empregam dados de vendas a descoberto tenham obtido taxas de retorno elevadas. Com base nessa informação, outros provavelmente começarão a usar esses dados e assim acelerarão as variações de preços de ações após alterações de dados de vendas a descoberto. Conseqüentemente, essa regra de negociação lucrativa poderá deixar de ser lucrativa após a reação dos primeiros investidores.

Além do mais, como veremos ao examinarmos regras específicas de negociação, *todas elas exigem um grau elevado de julgamento subjetivo*. Dois analistas técnicos que examinem um mesmo padrão de preço podem chegar a interpretações bastante diferentes sobre o que aconteceu, portanto tomariam decisões distintas de investimento. Isso significa que o uso de várias técnicas não é completamente mecânico e muito menos óbvio. Finalmente, como discutiremos em relação a diversas regras de negociação, *os valores de referência que sinalizam decisões de investimento podem se alterar com o passar do tempo*. Assim, em alguns casos, os analistas técnicos ajustam os valores especificados que provocam decisões de investimento, como forma de adaptação ao novo ambiente. Em outros casos, regras de negociação têm sido abandonadas porque não funcionam mais.

Regras e indicadores de negociação técnica

Para exemplificar as regras específicas de negociação técnica, o Gráfico 16.2 apresenta um ciclo típico de preços de ações, que poderia ser um exemplo para o mercado de ações como um todo ou uma ação individual. O gráfico mostra um pico e um vale, com canais de tendências de alta e de baixa, e indicações de quando um analista técnico gostaria de operar, em termos ideais.

O gráfico começa com o final de um mercado em queda que termina em um *vale*, seguido por uma tendência de alta que rompe o **canal** do **de baixa**. A confirmação de que a tendência de baixa foi revertida seria um sinal para compra. O analista técnico compraria ações que apresentassem esse padrão de comportamento.

O analista esperaria, então, o surgimento de um **canal de tendência de alta**. Enquanto o preço das ações ficasse neste, o analista técnico manteria a(s) ação(ões). Idealmente, eles querem vender no **pico** do ciclo, mas só conseguem identificar um pico depois que a tendência muda.

Se as ações (ou o mercado) começarem a ser negociadas em um padrão horizontal, elas necessariamente romperão com sua tendência de alta. Nesse ponto, alguns analistas técnicos venderiam, mas a maioria seguraria as ações para ver se elas teriam um período de consolidação para depois romper com o **canal de tendência horizontal** em alta e começar a subir de novo. Alternativamente, se elas não rompessem com o canal em baixa, esse analista tomaria esse fato como um sinal de venda e esperaria um canal de tendência de queda. O próximo sinal de compra viria após o vale, quando o preço fosse rompido com o canal de queda e estabelecesse uma tendência de alta. Consideraremos estratégias para detectar essas alterações de tendências e a importância do volume nessa análise logo em seguida.

Há inúmeras regras de negociação técnica e uma ampla variedade de interpretações para cada uma delas. Quase todos os analistas técnicos observam regras alternativas e decidem por uma compra ou venda com base em um *consenso* dos sinais, pois a concordância completa de todas elas é algo raro. A seguir, quando se trata das diversas técnicas bem conhe-

GRÁFICO 16.2 Ciclo típico de mercado de ações

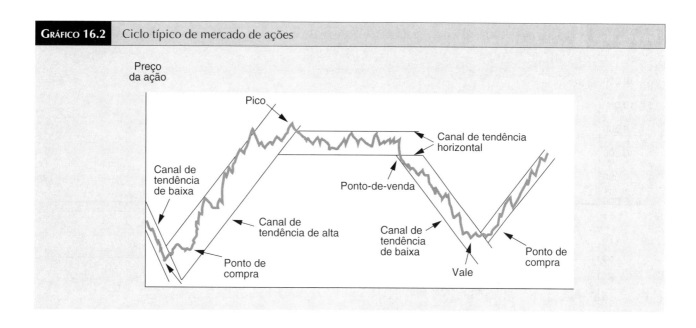

cidas, classificamos as regras em quatro grupos, com base nas atitudes dos analistas técnicos. O primeiro inclui regras de negociação usadas por analistas que gostam de negociar contra a massa, usando sinais de opinião contrária. O segundo tenta imitar os investidores astutos, ou seja, o "dinheiro esperto". O terceiro abrange indicadores técnicos populares que não são facilmente classificados. Finalmente, o quarto grupo inclui técnicas puras de preço e volume, até mesmo a famosa Teoria Dow.

REGRAS DE OPINIÃO CONTRÁRIA

Muitos analistas técnicos se valem de regras de negociação técnica que supõem que a maioria dos investidores está errada à medida que o mercado se aproxima de picos e vales. Portanto, esses técnicos tentam identificar quando grande parte deles está muito otimista ou pessimista para assim negociar na direção oposta.

Posições de caixa de fundos de investimento – Os fundos de investimento mantêm parte de sua carteira em caixa por vários motivos. Um deles é que precisam de caixa para liquidar cotas entregues por cotistas. Outro motivo é ligado à possibilidade de que novas aplicações ainda não tenham sido feitas com novos recursos. E um terceiro é a possibilidade de que o gestor da carteira esteja pessimista quanto ao mercado e queira aumentar a posição defensiva de caixa do fundo.

Os índices de caixa dos fundos de investimento, como porcentagem dos ativos totais das carteiras (os *índices de caixa* ou *de ativos líquidos*), são divulgados pela imprensa e incluem os dados mensais da *Barron's*.[2] Essa porcentagem de caixa tem variado nos últimos anos: no mínimo, 4% para um máximo de 11%, embora pareça haver uma tendência de queda na série.

Os analistas técnicos que adotam o enfoque de opinião contrária acreditam que esses fundos geralmente estão errados nos picos e vales. Portanto, esperam que eles tenham uma elevada proporção de caixa perto de uma queda do mercado – momento no qual deveriam estar completamente investidos para aproveitar a alta iminente do mercado. Quando este está no pico, esses analistas técnicos esperam que os fundos de investimento estejam quase totalmente investidos, com uma baixa proporção de caixa, mas deveriam vender ações e realizar lucros. Por conseguinte, os analistas técnicos que usam o enfoque de opinião contrária verificam quando a posição de caixa dos fundos de investimento está se aproximando de um dos extremos para agir em contrário aos fundos de investimento. Especificamente, tenderiam a comprar quando o índice de caixa se aproximasse aos 11% e a vender quando este chegasse perto dos 4%.

Um raciocínio alternativo é de que um saldo elevado de caixa é um indicador otimista em função do potencial de compra. Independentemente do motivo para a existência de um grande saldo de caixa, esses analistas técnicos acreditam que os recursos em caixa serão aplicados e farão os preços das ações subirem. Alternativamente, um baixo índice de caixa significaria que as instituições compram bastante e ficam com um poder de compra reduzido.

Saldos credores em contas de corretagem – Os saldos credores surgem quando os investidores vendem ações e deixam as receitas com seus corretores, esperando que sejam reinvestidas logo. As quantias são divulgadas pela SEC e pela NYSE na *Barron's*. Como os analistas técnicos vêem esses saldos credores como poder de compra, uma queda deles é vista como um indicador de baixa, uma vez que sinaliza um poder menor de compra à medida que o mercado se aproxima de um pico. Um aumento dos saldos credores já indica uma elevação do poder de compra e é um sinal de alta.

---

[2] *Barron's* é uma das principais fontes de vários indicadores de análise técnica. Para uma discussão clara dos dados relevantes e seu uso, veja ZWEIG, Martin E. *Understanding Technical Forecasting*. New York: Dow Jones & Co., 1987.

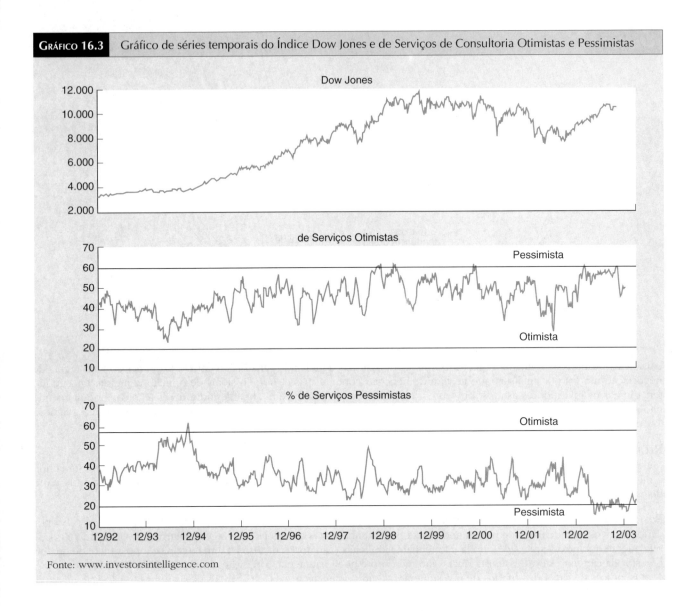

GRÁFICO 16.3 Gráfico de séries temporais do Índice Dow Jones e de Serviços de Consultoria Otimistas e Pessimistas

Fonte: www.investorsintelligence.com

Opiniões de consultorias de investimentos – Muitos analistas técnicos acreditam que se uma grande proporção dos serviços de consultoria de investimentos adota uma posição pessimista, isso sinaliza a aproximação de um vale e o início de uma alta do mercado. Como a maioria dos serviços de consultoria costuma seguir tendências, o número de pessimistas geralmente é maior quando os vales se aproximam. Essa regra de negociação é especificada em termos da porcentagem de serviços de consultoria que estão otimistas/pessimistas, dado o número de serviços que expressam alguma opinião.[3] Uma proporção pessimista de 60% ou otimista de 20% indica um vale importante (de alta), ao passo que uma proporção otimista de 60% ou pessimista de 20% sugere uma alta do mercado importante (indício de queda). O Gráfico 16.3 mostra séries temporais do DJIA, com os índices de expectativa de baixa e alta. Em meados de 2004, ambos estavam próximos dos limites de uma atitude pessimista ou exatamente neles.

Volume no mercado de balcão versus ***volume na NYSE*** – Esse índice de volume de negociação é considerado uma medida de atividade especulativa e, geralmente, atinge seu máximo nos picos de mercado. A interpretação do índice tem se alterado, ou seja, as regras decisórias se modificaram. Especificamente, em meados da década de 1990, a regra de decisão era expressa em termos de porcentuais específicos – 112% representavam um volume elevado de negociação especulativa e sinal de um mercado com excesso de compra, enquanto 87% correspondiam a um volume baixo dessa negociação e um mercado com excesso de venda. O problema era que as porcentagens continuavam aumentando em função do crescimento mais rápido do volume de negociação no mercado de balcão e do domínio deste por ações de grandes empresas. Decidiu-se posteriormente que se detectaria o excesso de atividade especulativa, utilizando-se a *direção* do índice de volume como guia. Por exemplo, se esse índice estivesse aumentando, ele sinalizaria um ambiente especulativo baixista.

---

[3] Esse índice é montado por Investors Intelligence, Larchmont, NY 10538. Richard McCabe, da Merrill Lynch, usa essa série como um de seus "Indicadores do Sentimento do Investidor".

Análise técnica **403**

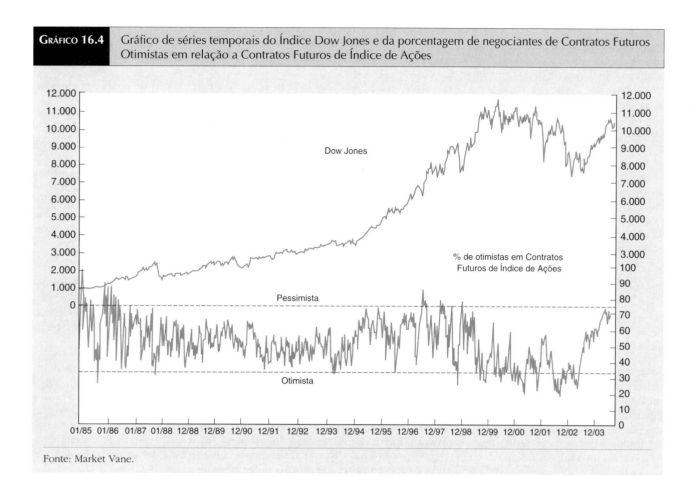

GRÁFICO 16.4 Gráfico de séries temporais do Índice Dow Jones e da porcentagem de negociantes de Contratos Futuros Otimistas em relação a Contratos Futuros de Índice de Ações

Fonte: Market Vane.

Quociente entre opções de venda e opções de compra na Chicago Board Options Exchange (CBOE) – Os analistas técnicos que adotam o enfoque de opinião contrária usam opções de venda, o que garante ao titular o direito de vender ações a um preço especificado por um determinado período, como sinais de uma atitude pessimista. Um quociente mais alto entre opções de venda e de compra indica uma atitude baixista generalizada entre os investidores, que os analistas técnicos consideram ser um indicador de alta.

Esse quociente oscila entre 0,60 e 0,40 e, em geral, tem sido substancialmente inferior a 1, porque os investidores tendem a ser otimistas e evitar vendas a descoberto ou compras de opções de venda. A regra atual de decisão diz que um quociente entre opções de venda e de compra de 0,60 – ou seja, 60 opções de venda são negociadas para cada 100 opções de compra – aponta que, na maioria das vezes, os investidores são pessimistas, e então isso é considerado uma indicação de alta, ao passo que um quociente relativamente baixo entre opções de venda e de compra, de 0,40 ou menos, é visto como um indicador de baixa.

Negociantes de contratos futuros otimistas em contratos futuros de índice de ações – Outra medida de opinião contrária relativamente nova é a porcentagem de especuladores em contratos futuros de índice de ações que são otimistas em relação a ações, com base em uma sondagem de negociantes individuais de contratos futuros. Esses analistas técnicos considerariam haver um sinal de baixa quando mais de 70% dos especuladores estiverem otimistas, e um sinal de alta quando esse quociente baixar para 30% ou menos. O Gráfico 16.4 mostra que, em meados de 2004, esse indicador estava no seu limite superior, o que é um sinal de baixa.

Como já mostramos, os analistas técnicos que adotam o enfoque de opinião contrária utilizam diversas medidas de como a maioria dos investidores aplica, e estas os levam a tomar a direção oposta. Geralmente, empregam várias dessas séries para gerar um consenso em relação às atitudes dos investidores.

SEGUIR O DINHEIRO ESPERTO

Alguns analistas técnicos criaram um conjunto de indicadores e regras correspondentes que crêem funcionar como sinais do comportamento dos investidores inteligentes e sofisticados. Discutiremos três deles.

Índice de Confiança – Publicado pela *Barron's*, o Índice de Confiança é o quociente entre o rendimento médio calculado por esta com dez títulos de dívida privada de *rating* elevado e o rendimento da média de 40 títulos de dívida estimado pela

404 Investimentos

Dow Jones.[4] Esse índice mede a diferença em termos de margem de rendimentos entre títulos de dívida de qualidade alta e uma amostra grande destes. Como os rendimentos dos títulos de dívida de *rating* alto devem sempre ser mais baixos do que os da maioria dos títulos de dívida, essa relação deveria se aproximar de 100, à medida que a margem entre os dois conjuntos de títulos de dívida se reduzisse.

Os analistas técnicos acreditam que essa relação é um indicador de alta, pois, durante períodos de confiança elevada, os investidores estão dispostos a aplicar em títulos de dívida de qualidade mais baixa em busca de maior rendimento, o que causa uma diminuição geral quanto à média deles em relação ao rendimento dos de *rating* elevado. Por conseguinte, essa relação entre rendimentos – o Índice de Confiança – subirá. Entretanto, quando os investidores estão pessimistas, eles evitam aplicar em títulos de dívida de baixa qualidade, o que aumenta a margem de rendimento entre a média destes e os títulos de qualidade elevada, o que, por sua vez, faz com que o Índice de Confiança diminua.

Infelizmente, essa interpretação supõe que alterações da margem entre os rendimentos são causadas quase exclusivamente por variações da demanda do investidor por títulos de dívida de qualidades diferentes. Na verdade, as divergências em termos de rendimento freqüentemente se alteram em razão de variações da oferta de títulos de dívida. Por exemplo, uma emissão vultosa do tipo de alto *rating* pela AT&T poderia causar um aumento temporário dos rendimentos dos títulos de alta qualidade, reduzindo a margem entre rendimentos e aumentando o Índice de Confiança sem que houvesse qualquer alteração nas atitudes dos investidores. Esse tipo de variação pode gerar um falso sinal de uma transformação do grau de confiança.

Margem de rendimentos entre notas do Tesouro e Eurodólar – Uma medida popular da atitude ou confiança do investidor em bases globais é a diferença entre os rendimentos de notas do Tesouro e as taxas de Eurodólar. Acredita-se que, em momentos de crise internacional, essa margem se amplia, pois o dinheiro esperto acorre ao porto seguro representado pelas notas do Tesouro americano, o que causa um declínio dessa relação a um nível mínimo. O mercado de ações geralmente cai em seguida.

Saldos devedores em contas de corretagem (dívida de margem) – Os saldos devedores em contas de corretagem representam empréstimos tomados (dívida de margem) por investidores bem informados com seus corretores. Assim, esses saldos indicam a atitude de investidores sofisticados que realizam transações com margem. Logo, um aumento dos saldos devedores significa que esses investidores sofisticados estão comprando, o que é visto como um sinal de alta, ao passo que uma diminuição dos saldos devedores indicaria a realização de vendas e seria um sinal de baixa.

Dados mensais sobre dívida de margem são publicados em *Barron's*. Infelizmente, esse índice não inclui os empréstimos que os investidores fazem em outras fontes, por exemplo, bancos. Além disso, como se trata de um valor absoluto, os analistas técnicos procurariam identificar variações da tendência da tomada de empréstimos.

INDICADORES DE *MOMENTUM*

Além dos sinais de opinião contrária e de dinheiro esperto, existem diversos indicadores do *momentum* geral do mercado que são usados para se tomar decisões quanto ao mercado agregado.

Amplitude do mercado – A amplitude do mercado mede o número de títulos que sobem em um determinado dia e o número de títulos que caíram. Ela ajuda a explicar a causa de uma mudança de direção de um índice de mercado composto, como o Dow Jones. Como discutimos no Capítulo 7, a maioria dos índices de mercado de ações é fortemente influenciada pelas ações de grandes empresas, pois estes são ponderados por valor de mercado. Desse modo, esse índice pode ter um aumento enquanto a maioria dos títulos individuais pode não subir, o que significa que a maioria das ações não está participando da alta do mercado. Essa divergência pode ser detectada examinando-se os dados de altas e baixas de todas as ações da bolsa, com seu índice geral.

O índice de altas e baixas geralmente é um índice cumulativo de altas ou baixas líquidas. Especificamente, todos os dias os principais jornais publicam o número de títulos da NYSE que subiram, caíram ou ficaram inalterados. Os valores de uma amostra de cinco dias, como seriam publicados em *Barron's,* são apresentados na Tabela 16.1. Esses dados, com as variações do Dow Jones na parte inferior da tabela, indicam uma forte alta do mercado, pois o índice estava subindo e o de altas líquidas era elevado, sinalizando que a alta do mercado tinha uma base ampla. Mesmo os resultados do dia 3, quando o mercado caiu 15 pontos, eram animadores, pois a queda foi pequena e as ações individuais ficaram divididas quase meio a meio, o que apontou um ambiente razoavelmente uniforme.

Ações acima de sua média móvel de 200 dias – Os analistas técnicos freqüentemente calculam médias móveis de um índice para determinar sua tendência geral. Para examinar ações individuais, a ***média móvel*** de 200 dias para os preços tem se mostrado bastante popular. Com base nesses índices de média móvel para várias ações, a Media General Financial Services calcula quantas delas são atualmente negociadas acima desse índice, e isso é usado como um indicador geral do sentimento do investidor. O mercado é considerado em *excesso de compra* e sujeito a uma correção negativa quando mais de 80% das ações estão sendo negociadas acima de sua média móvel de 200 dias. Em contrapartida, se menos de 20% delas estiverem sendo negociadas acima dessa média, o mercado é visto com *excesso de venda*, o que significa que os investidores devem esperar uma correção positiva. Como mostrado no Gráfico 16.5, em meados de 2004, a porcentagem de ações negociadas acima da média móvel estava corrigindo sua posição anterior de excesso de compra e foi considerada neutra.

---

[4] Dados históricos desse índice podem ser encontrados em *Dow Jones Investor's Handbook*, Princeton, NJ: Dow Jones Books, anual. Os valores correntes são publicados em *Barron's*.

TABELA 16.1	Altas e baixas diárias na Bolsa de Valores de Nova York					
Dia		1	2	3	4	5
Títulos negociados		3.608	3.641	3.659	3.651	3.612
Altas		2.310	2.350	1.558	2.261	2.325
Baixas		909	912	1.649	933	894
Sem alteração		389	379	452	457	393
Altas líquidas (altas menos baixas)		+1.401	+1.438	−91	+1.328	+1.431
Altas líquidas acumuladas		+1.401	+2.839	+2.748	+4.076	+5.507
Variações do Dow Jones		+40,47	+95,75	−15,25	+108,42	+140,63

Fontes: Bolsa de Valores de Nova York e *Barron's*.

GRÁFICO 16.5 — Porcentagem de Ações Ordinárias da NYSE acima de sua média móvel de 200 dias

Fonte: *Where the Indicators Stand*, maio de 2004. Reimpresso e adaptado com permissão de Merrill Lynch, Pierce, Fenner & Smith Incorporated. Qualquer reprodução ou redistribuição é estritamente proibida. Copyright© 2004.

TÉCNICAS DE PREÇO E VOLUME DE AÇÕES

Na introdução a este capítulo, examinamos um gráfico hipotético de preços de ações que apresentava picos e vales do mercado com canais de tendência de alta e de baixa, bem como as rupturas dos canais que sinalizam novas tendências de preço ou reversões das tendências. Embora os padrões de preço sejam importantes, a maioria das regras de negociação técnica considera tanto as variações dos preços das ações quanto dos volumes correspondentes.

Teoria Dow — Qualquer discussão de análise técnica usando dados de preço e de volume deve partir de um exame da Teoria Dow, porque ela foi um dos primeiros trabalhos sobre este tópico e continua sendo a base de muitos indicadores técnicos.[5] Dow caracterizou o comportamento dos preços de ações com tendências semelhantes aos movimentos da água. Postulou três tipos de variações de preços no tempo: (1) tendências principais que são como as marés do oceano, (2) tendências intermediárias parecidas com as ondas, e (3) variações de curta duração que são como pequenas ondulações. Os seguidores da Teoria Dow tentam detectar a direção da tendência principal de preço (maré) e reconhece que os movimentos intermediários (ondas) podem ocasionalmente andar na direção oposta. Reconhecem que uma forte alta de mercado não ocorre diretamente para cima, mas inclui pequenas quedas de preço porque alguns investidores decidem realizar lucros.

O Gráfico 16.6 mostra o padrão otimista típico. O analista técnico esperaria que cada recuperação atingisse um novo pico acima do pico anterior, e esse aumento de preço seria acompanhado por um volume elevado de negócios. Alternativamente, cada reversão de realização de lucros que se segue a um aumento para um novo pico deve apresentar um vale acima do anterior, com um volume relativamente baixo de negócios durante as reversões de realização de lucros. Quando esse padrão de variações de preço e de volume se modifica, a tendência principal pode entrar em um período de consolidação (uma tendência horizontal) ou em uma reversão importante.

Importância do volume — Como observado, os analistas técnicos observam as variações de volume com as de preços, como um indicador de alterações da oferta e da demanda. Uma alteração de preço em uma direção significa que o efeito líquido sobre ele é naquela direção, mas a variação de preço por si só não indica a amplitude do excesso de demanda ou de oferta. Então, o analista técnico busca um aumento de preço com volume elevado em relação ao volume normal de

---

[5] Um estudo que discute e corrobora a Teoria Dow é David A. Glickstein e Rolf E. Wubbels, "Dow Theory Is Alive and Well." *Journal of Portfolio Management* 9, n. 3, 28-32, primavera 1983.

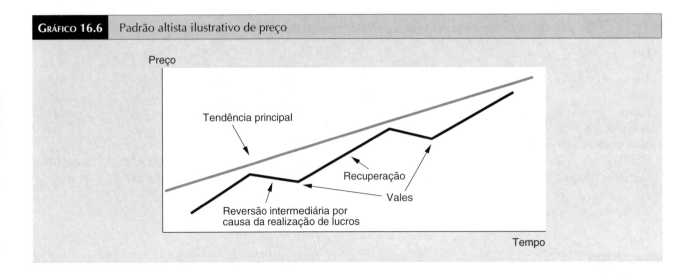

GRÁFICO 16.6 Padrão altista ilustrativo de preço

negociação da ação como indicador de atividade otimista. Inversamente, uma queda de preço com volume elevado é um sinal de baixa. Um padrão geralmente de alta ocorreria quando os aumentos de preço são acompanhados por um volume elevado e há pequenas reversões de preço com um volume pequeno de negócios.

Os analistas técnicos também usam um quociente entre volumes em alta e em baixa, como indicador de *momentum* de curto prazo para o mercado de ações como um todo. Diariamente, as bolsas de valores anunciam o volume de negócios com ações que subiram, dividido pelo volume de negócios de ações que caíram. Esses dados são publicados diariamente no *Wall Street Journal* e semanalmente em *Barron's*. Esse quociente é usado como indicador de *momentum* do mercado. Especificamente, os analistas técnicos acreditam que um valor de 1,75 ou mais indica uma posição de excesso de compra, um sinal de baixa. Alternativamente, um valor de 0,75 ou menos supostamente reflete uma posição de excesso de venda, e isso é considerado um sinal de alta.

Níveis de suporte e de resistência – Um **nível de suporte** é a faixa de preço na qual o analista técnico esperaria um aumento significativo da demanda de uma ação. Geralmente, um nível de suporte surge após esta apresentar esse crescimento de preço e ter havido realização de lucros. Esses analistas raciocinam que, em algum preço abaixo do pico recente, os investidores que não o compraram durante o primeiro aumento (esperando que houvesse uma pequena reversão) entrarão no mercado. Quando o preço alcança esse preço de suporte, a demanda aumenta e aquele e o volume começam a subir novamente.

Um **nível de resistência** é a faixa de preço na qual o analista técnico espera um aumento da oferta de ações e uma reversão do preço. Um nível de resistência surge após uma queda prolongada de um preço mais alto, ou seja, a sua queda leva alguns investidores que adquiriram as ações a um preço mais alto a buscar uma oportunidade para vendê-las perto dos seus pontos de equilíbrio. Portanto, as ofertas possuídas por esses investidores estão causando um *excesso de oferta potencial* no mercado. Quando o preço atinge o preço-alvo definido por eles, este chega ao mercado e ocorre uma queda de preços com um volume elevado. Também é possível visualizar uma tendência ascendente de níveis de suporte e resistência para uma ação. Por exemplo, uma alta dos preços de suporte corresponderia a um conjunto de preços mais altos aos quais os investidores, com o tempo, perceberiam o aumento de preço e aproveitariam a oportunidade para comprar quando houvesse uma realização de lucros. Nesse último caso, haveria uma sucessão de níveis cada vez mais altos de suporte no decorrer do tempo.

O Gráfico 16.7 contém os preços diários de ações da Gillette (G) com linhas de resistência e suporte. Os gráficos mostram um padrão de alta, já que a Gillette teve fortes aumentos de preços durante esse período. No momento, o grau de resistência está em torno de 44 e está subindo, enquanto o nível de suporte está em torno de 40 dólares e também se eleva. O analista técnico otimista esperaria que os preços futuros subissem de acordo com esse canal. Se os preços caíssem abaixo da linha de suporte, isso seria considerado um sinal de baixa, ao passo que um aumento acima do preço de resistência de 44 dólares seria um sinal de alta.

Linhas de média móvel – Anteriormente, discutimos como os analistas técnicos usam uma média móvel de preços passados de ações como indicador da tendência de longo prazo e como examinam os atuais quanto a essa tendência em busca de sinais de mudança. Também já observamos que uma média móvel de 200 dias é uma medida relativamente popular para ações individuais e para o mercado como um todo. Assim, acrescentamos sua linha de preço de 50 dias e consideramos a ocorrência de volumes altos.

O Gráfico 16.8 apresenta os preços diários extraídos do *site* Yahoo! Inc. para a ação da Pfizer Inc. (PFE) no ano encerrado em 4 de junho de 2004. Ele também contém linhas de média móvel (MA) de 50 e 200 dias. Como visto, as linhas MA visam refletir a tendência geral do índice de preços com o de MA mais curto (de 50 dias *versus* 200 dias), refletindo tendências mais curtas. Duas comparações que envolvem este último são consideradas importantes. A primeira comparação é dos preços específicos com o índice MA mais curto de 50 dias. Se a tendência geral dos preços de uma ação ou do mercado

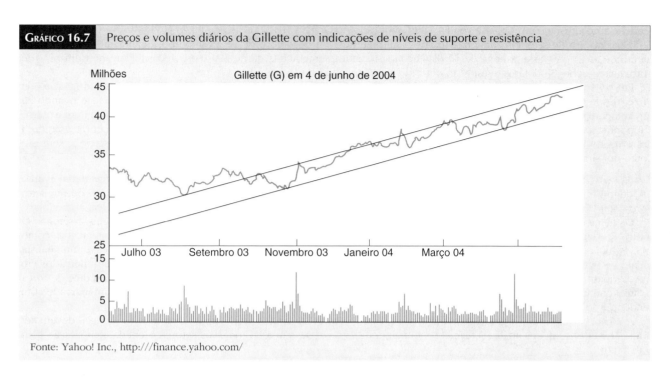

Gráfico 16.7 Preços e volumes diários da Gillette com indicações de níveis de suporte e resistência

Fonte: Yahoo! Inc., http:///finance.yahoo.com/

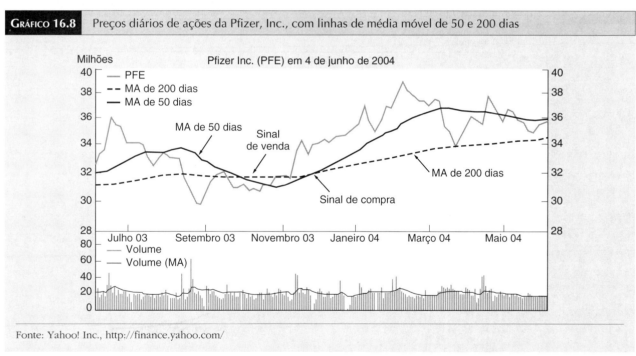

Gráfico 16.8 Preços diários de ações da Pfizer, Inc., com linhas de média móvel de 50 e 200 dias

Fonte: Yahoo! Inc., http://finance.yahoo.com/

como um todo tem sido para baixo, a linha de média móvel geralmente estará acima dos preços correntes. Se eles se invertem e rompem a linha de média móvel *de baixo para cima*, acompanhados de um volume elevado de negociação, muitos analistas técnicos considerariam isso uma mudança *positiva* e especulariam que essa ruptura poderia sinalizar uma reversão da tendência de queda. Entretanto, se o preço de uma ação estivesse subindo, a linha de média móvel também estaria se elevando, mas ficaria abaixo dos preços correntes. Se estes rompessem essa linha *de cima para baixo*, acompanhados de um volume elevado de negociação, isso seria considerado um padrão de baixa que possivelmente sinalizaria uma reversão da tendência de alta a longo prazo.

A segunda comparação é entre as linhas MA de 50 e 200 dias. Especificamente, quando essas duas linhas se cruzam, isso sinaliza uma mudança da tendência geral. Se a linha MA de 50 dias cruzar a MA de 200 dias de baixo para cima com um bom volume, isso será um indicador de alta (sinal de compra), porque sinaliza uma reversão da tendência de negativa para positiva. Quando a linha de 50 dias cruza a linha de 200 dias de cima para baixo, isso aponta uma mudança a uma tendência negativa e é um sinal de venda. Como mostrado no Gráfico 16.8, no caso da Pfizer (PFE), houve um cruzamento de baixa no fim de setembro de 2003, mas isso foi revertido em dezembro desse mesmo ano, quando houve um cruzamento de alta. Após este, a linha de 50 dias ficou sistematicamente acima da de 200 e os preços alcançaram um pico de aproximadamente 38 dólares, e estavam perto de 36 dólares no fim do período.

Em suma, para uma tendência de *alta*, a linha MA de 50 dias deve estar acima da de 200, como tem sido o caso da Pfizer desde dezembro de 2003. Em especial, se essa distância positiva se torna muito grande (o que acontece quando há um aumento rápido e repentino de preço), um analista técnico poderia considerar isso um indicador de que há um excesso temporário de compra da ação, o que, a curto prazo, é um indicador de baixa. Este tipo de tendência ocorre quando a linha MA de 50 dias está sempre abaixo da outra linha. Se a distância se torna grande no lado da queda, isso pode ser visto como um sinal de uma ação com excesso de venda, o que é um indicador de alta a curto prazo.

Força relativa – Os analistas técnicos acreditam que, uma vez iniciada uma tendência, ela continuará até que algum evento importante mude a direção. Para eles, isso também ocorre em termos de desempenho *relativo*. Se uma ação ou um setor apresentar desempenho superior ao do mercado, isso continuará.

Os técnicos calculam ***índices de força relativa (RS)***, semanal ou mensalmente, para ações individuais e setores. O índice RS é igual ao preço de uma ação ou um índice setorial dividido pelo valor de algum índice desse mercado, como o S&P 500. Se esse quociente aumenta, isso mostra que a ação ou o setor supera o mercado geral de ações, e um analista técnico esperaria que esse desempenho superior continuasse. Índices de força relativa funcionam tanto em mercados em queda quanto os em alta. No em queda, se o preço de uma ação cair menos do que a do mercado, seu índice de força relativa continuará subindo. Os analistas técnicos acreditam que se este ficar estável ou aumentar durante um mercado com tendência de baixa, ela deverá ter um bom desempenho na alta subseqüente.

A *Merrill Lynch* publica gráficos de força relativa para setores. O Gráfico 16.9 explica como esses gráficos devem ser lidos. Além disso, alguns analistas técnicos montam gráficos de ações em relação a seus setores, além da comparação com o mercado.

GRÁFICO 16.9 Como ler gráficos de setores

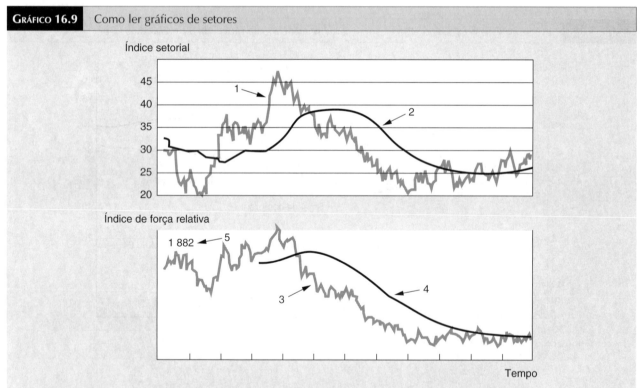

Os gráficos de setores, neste relatório, apresentam os seguintes elementos:

1. Um gráfico de linha dos fechamentos semanais do Índice de Setores da Standard & Poor's nos últimos nove anos e meio, vendo-se a escala à esquerda.
2. Uma linha de média móvel de 75 semanas do Índice de Setores da Standard & Poor's.
3. Uma linha de força relativa do Índice de Setores da Standard & Poor's comparada ao Índice Composto da Bolsa de Valores de Nova York.
4. Uma média móvel de força relativa para 75 semanas.
5. Uma medida de volatilidade que indique o valor máximo pela qual o índice teve desempenho superior (ou inferior) ao Índice Composto da NYSE durante o período apresentado.

Fonte: *Technical Analysis of Industry Groups.* Reimpresso com permissão de Merrill Lynch, Pierce, Fenner & Smith Incorporated. Qualquer outra reprodução ou redistribuição é estritamente proibida. Copyright© 2002.

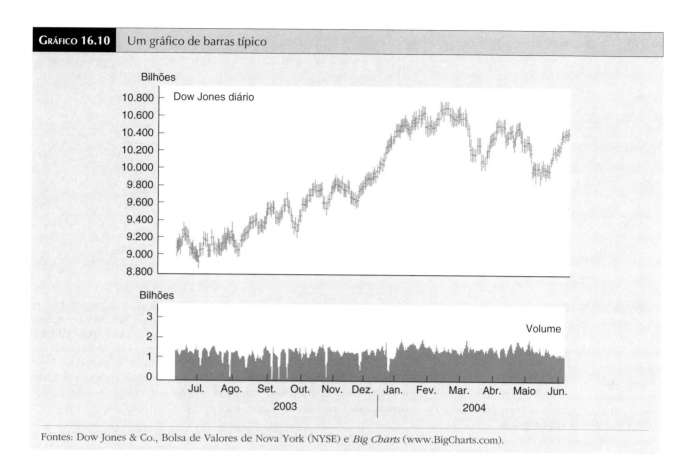

GRÁFICO 16.10 Um gráfico de barras típico

Fontes: Dow Jones & Co., Bolsa de Valores de Nova York (NYSE) e *Big Charts* (www.BigCharts.com).

Gráficos de barras – Os analistas técnicos usam gráficos que mostram séries de tempo diárias, semanais ou mensais de preços de ações. Para um dado intervalo, o analista técnico faz um gráfico dos preços máximos e mínimos e liga os dois pontos verticalmente de maneira a formar uma barra. Em geral, ele também traçará uma pequena linha horizontal que cruze essa barra vertical para indicar o preço de fechamento. Finalmente, quase todos os gráficos de barras incluem o volume de negócios na sua parte inferior, para que o analista técnico possa relacionar os movimentos de volume e preço. Um gráfico de barras típico, no Gráfico 16.10, mostra dados do Índice Dow Jones extraídos do *Wall Street Journal*, com valores de volumes da NYSE.

Gráficos de indicadores múltiplos – Até agora, apresentamos gráficos que tratam de apenas uma técnica de negociação, como as linhas de média móvel ou as regras de força relativa. No mundo real, é bastante comum que os gráficos técnicos contenham diversos indicadores que podem ser usados com as duas linhas MA (de 50 e 200 dias) e a linha RS, já que podem fornecer apoio adicional à análise. Os analistas técnicos incluem tantos indicadores de volume e preço quanto seja razoável em um gráfico e, a seguir, com base no desempenho de *vários* indicadores técnicos, tentam chegar a um consenso a respeito da variação futura de uma ação.

Gráficos de ponto e figura – Outro gráfico popular entre os analistas técnicos é o de ponto e figura. Ao contrário do gráfico de barras, que tipicamente inclui todos os preços finais e volumes para indicar alguma tendência, o de ponto e figura inclui apenas variações significativas de preço, independentemente do momento em que ocorrem. O analista técnico determina que intervalo de variação de preço deve ser registrado como significativo (um ponto, dois pontos e assim por diante) e quando devem ser assinaladas reversões de preços.

Para demonstrar como um analista técnico usaria um gráfico desse tipo, suponha que queiramos fazer um gráfico de uma ação volátil que atualmente seja negociada a 40 dólares. Por causa da sua volatilidade, qualquer coisa inferior a uma alteração de preço de dois pontos não é significativa, e referente a uma reversão de quatro pontos, significando um movimento na direção oposta, não é muito importante. Assim, montaríamos um gráfico semelhante ao da Tabela 16.2, que começa em 40 e progride com incrementos de dois pontos. Se a ação subir para 42, colocaremos um X no espaço acima de 40 e nada mais faríamos até que a ação subisse para 44 ou caísse para 38 (uma reversão de quatro pontos do seu máximo de 42). Se caísse para 38, deslocaríamos uma coluna para a direita, indicando uma mudança de direção e iniciaríamos de novo em 38 (preenchendo os espaços em 42 e 40). Se o preço da ação caísse para 34, colocaríamos um X em 36 e outro em 34. Se a ação subisse a seguir para 38 (outra reversão de quatro pontos), passaríamos à próxima coluna e começaríamos em 38, indo para cima (preenchendo 34 e 36). Se ela fosse para 46, preencheríamos mais Xs, como mostrado, e aguardaríamos outros aumentos ou uma reversão.

TABELA 16.2	Exemplo de gráfico de ponto e figura

50									
48									
46			X						
44			X						
42	X	X	X						
40	X	X	X						
38		X	X						
36		X	X						
34		X	X						
32									
30									

Dependendo de quão rapidamente os preços sobem e descem, esse processo poderia levar de dois a seis meses. Dados esses valores, o analista técnico procuraria determinar tendências, como no gráfico de barras. Como sempre, o analista técnico ficaria em busca de rupturas para níveis de preço mais baixos ou mais altos. Um longo movimento horizontal com muitas reversões, mas com nenhuma tendência importante para cima ou para baixo, seria considerado um *período de consolidação*, no qual a ação está se transferindo entre compradores e vendedores, e vice-versa, sem nenhum consenso forte a respeito de sua direção. Uma vez que haja uma ruptura e a ação se desloque para cima ou para baixo após um período de consolidação, os analistas técnicos passam a antecipar uma variação importante, já que os negócios anteriores teriam aberto caminho para isso. Em outras palavras, quanto mais longa for essa fase, maior será a variação posterior quando houver finalmente uma ruptura.

Os gráficos de ponto e figura fornecem um registro compacto das variações porque consideram apenas as alterações significativas de preço da ação que está sendo analisada. Portanto, alguns analistas técnicos argumentam que é mais fácil trabalhar com eles e fornecem visões mais claras dos movimentos dos preços.

Análise técnica de mercados estrangeiros

Nossa discussão concentrou-se até agora nos mercados norte-americanos, mas os analistas descobriram que essas técnicas também se aplicam aos estrangeiros. A Merrill Lynch, por exemplo, elabora publicações separadas de análise técnica para países individuais, como Japão, Alemanha e Reino Unido, e também um resumo de todos os mercados mundiais. Os exemplos que se seguem mostram que, ao analisarmos os não-americanos, várias técnicas se limitam a dados de preço e volume, e não nas informações mais detalhadas do mercado dos Estados Unidos. O motivo é que os dados detalhados disponibilizados para o mercado americano pela SEC, pelas bolsas de valores, pelo sistema da Nasdaq e por vários serviços de investimento nem sempre estão disponíveis em outras nações.

ÍNDICES DE MERCADOS DE AÇÕES ESTRANGEIROS
O Gráfico 16.11 mostra a série diária do Índice Nikkei do Japão. Esse gráfico apresenta a tendência geral descendente do mercado japonês de ações no período de maio de 1999 a abril de 2003, seguido por uma forte reversão e pelo aumento dos preços destas até 2004. Na análise escrita, o analista de mercado da Merrill Lynch estimou níveis de suporte e de resistência para o índice da Bolsa de Valores do Japão e comentou sobre as perspectivas desse mercado a médio prazo.

A Merrill Lynch publica gráficos semelhantes para dez outros países, comparando e classificando-os de acordo com o desempenho de ações e da moeda local.

ANÁLISE TÉCNICA DAS TAXAS DE CÂMBIO ESTRANGEIRAS
Em várias ocasiões já discutimos a importância das variações de taxas de câmbio estrangeiras para as taxas de retorno de títulos estrangeiros. Por causa da importância dessas relações, os negociantes de títulos de dívida e ações nos mercados mundiais examinam os dados de séries temporais de diversas moedas, como a libra esterlina. Também analisam as margens entre moedas, como a diferença entre o iene japonês e a libra esterlina. Por fim, tipicamente examinariam a série da taxa de câmbio do dólar americano ponderada pela participação no comércio internacional, que teve um enfraquecimento significativo em 2003 e em 2004.

Análise técnica de mercados de títulos de dívida

Até agora, enfatizamos o uso da análise técnica nos mercados de ações. Essas técnicas também podem ser aplicadas ao mercado de títulos de dívida. A teoria e os fundamentos da análise técnica destes são os mesmos empregados no mercado

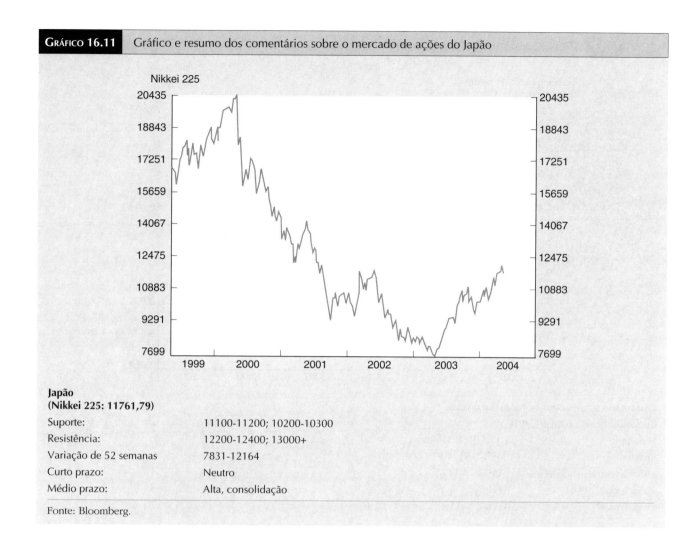

GRÁFICO 16.11 Gráfico e resumo dos comentários sobre o mercado de ações do Japão

Japão
(Nikkei 225: 11761,79)

Suporte:	11100-11200; 10200-10300
Resistência:	12200-12400; 13000+
Variação de 52 semanas	7831-12164
Curto prazo:	Neutro
Médio prazo:	Alta, consolidação

Fonte: Bloomberg.

de ações, e muitas das mesmas regras de negociação são utilizadas. Uma diferença importante é: geralmente não é possível considerar o volume de negócios, uma vez que a maioria dos títulos de dívida é negociada em balcão, no qual esse volume não é divulgado.

A Gráfico 16.12 demonstra o uso das técnicas dessa análise aplicadas a séries de rendimentos de títulos de dívida. Especificamente, o gráfico contém uma série de rendimentos de títulos globais construída com base em um composto de sete países. Os rendimentos caíram sistematicamente até atingirem um vale em junho de 2003, seguindo uma forte recuperação. Um gráfico técnico como esse fornece uma visão muito útil para o gestor de carteiras de títulos globais de dívida interessado em ajustar sua carteira.

| GRÁFICO 16.12 | Títulos globais de dívida (rendimentos de 10 anos) |

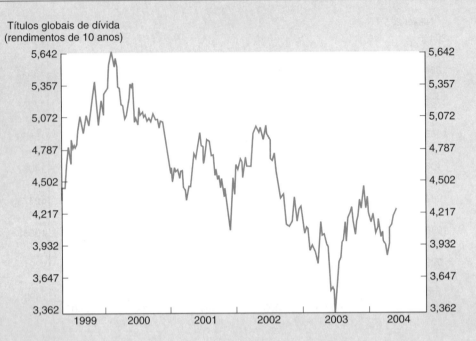

Comentário sobre os títulos globais de dívida

Composto de sete países: 4,29%

Suporte:	3,87-3,79; 3,36%
Resistência:	4,39-4,49; 4,63%-4,66%
Variação de 52 semanas	3,36%-4,49%
Médio prazo:	Alta
Longo prazo:	Alta

Fonte: *The Global Technician*, maio de 2004. Reimpresso e adaptado com permissão da Merrill Lynch, Pierce, Fenner & Smith Incorporated. Qualquer outra reprodução ou redistribuição é estritamente proibida. Copyright© 2004.

Investimentos on-line

Por sua natureza, a análise técnica utiliza gráficos e tabelas. Muitos websites oferecem essas ferramentas; algumas são gratuitas, mas alguns dos sites para usuários mais sofisticados cobram pelo acesso. A seguir, relacionamos alguns deles:

http://www.mta-usa.org – A *Market Technicians Association* é um grupo de grafistas profissionais cujo objetivo é aprimorar a análise técnica e educar os investidores sobre seu papel. O grupo patrocina a certificação de analistas com o título de *Chartered Market Technician* (CMT). O site contém grupos de notícias, links de investimentos, fontes de treinamento e educação, um periódico e uma variedade de gráficos de análise técnica.

http://www.bigcharts.marketwathc.com – Este site oferece, gratuitamente, gráficos históricos e intradiários e cotações de preços. Seu banco de dados inclui ações, fundos de investimento e índices. Os usuários podem descobrir quais delas tiveram o maior aumento (ou redução) em termos de preço e volume, e quais estão atingindo novos, máximos ou mínimos, a cada 52 semanas. Outros recursos incluem gráficos de *momentum*, ações com as maiores posições vendidas a descoberto e uma variedade de outros dados de interesse para os analistas técnicos.

http://www.equis.com/ – Uma empresa da *Reuters*, a *Equis* vende software usado por analistas técnicos do mercado. Seu site contém links para downloads gratuitos, educação e informações sobre análise técnica.

http://www.investools.com – A página da INVESTools oferece notícias, relatórios, dados e links para uma variedade de gráficos, links para boletins de investimentos e opiniões emitidas por consultores.

http://www.stockmaster.com – Este site fornece gráficos básicos de ações, incluindo gráficos de preço e volume.

Resumo

- Vários investidores acreditam nos princípios da análise técnica e os utilizam. O fato é que as grandes casas de investimento fornecem apoio amplo à análise técnica, e grande parte da discussão relacionada aos mercados de títulos na mídia baseia-se em uma visão técnica do mercado.
- Suas respostas a duas questões principais separam os analistas técnicos e os defensores da hipótese de mercado eficiente. Primeiro, no processo de disseminação de informações, todos as recebem ao mesmo tempo? Segundo, quão rapidamente os investidores ajustam os preços dos títulos de modo a refletir os novos dados? Os analistas técnicos acreditam que as notícias levam tempo para ir do *insider* ou do especialista até chegar ao investidor individual. Também acreditam que os ajustes de preço não são instantâneos. Conseqüentemente, afirmam que os referentes aos títulos variam segundo tendências persistentes, portanto é possível usar tendências passadas de preço e informações de volume com outros indicadores de mercado para determinar as suas tendências futuras.
- As regras de negociação técnica enquadram-se em quatro categorias gerais: regras de opinião contrária, táticas de seguir o dinheiro esperto, indicadores de *momentum* e técnicas de preço e volume. Essas técnicas e regras de negociação podem ser aplicadas tanto a mercados nacionais quanto a estrangeiros. Também podem ser usadas para analisar taxas de câmbio e determinar o sentimento prevalecente no mercado de títulos de dívida.
- A maioria dos analistas técnicos emprega vários indicadores e tenta obter um consenso para guiar sua decisão de comprar, vender ou simplesmente nada fazer.[6]

QUESTÕES

1. Os analistas técnicos acreditam que podemos usar variações passadas de preços para prever as futuras. Como eles justificam essa crença?
2. Os analistas técnicos argumentam que os preços de ações variam de acordo com as tendências que persistem por longos períodos. O que os analistas técnicos acreditam que acontece no mundo real para causar essas tendências?
3. Discuta sucintamente os problemas relacionados à análise fundamentalista que são considerados vantagens da análise técnica.
4. Discuta algumas das desvantagens da análise técnica.
5. Se a posição de caixa dos fundos de investimento aumentasse até se aproximar de 10%, um analista técnico consideraria essa posição de caixa um sinal de alta ou de baixa? Apresente dois motivos que poderiam induzir o analista técnico a pensar dessa maneira.
6. Imagine uma queda significativa dos saldos credores de empresas de corretagem. Discuta por que um analista técnico consideraria isso um sinal de baixa.
7. Se o índice de sentimento pessimista calculado com as opiniões de serviços de consultoria aumentasse para 61%, por que um analista técnico consideraria isso um sinal de baixa ou de alta? Discuta a questão.
8. Por que um aumento dos saldos devedores é visto como um sinal de alta?
9. Descreva a Teoria Dow e seus três componentes. Que componente é mais importante? Qual é o motivo para uma reversão intermediária?
10. Descreva um padrão de preço e volume baixista e debata por que ele é assim considerado.
11. Discuta a lógica por trás do cálculo da amplitude do índice de mercado. Como é usada para identificar um pico nos preços das ações?
12. Em um período de dez dias de negociação, o índice de altas líquidas acumuladas cai de 1.572 para 1.053. Nesse mesmo período de tempo, o Índice Dow Jones sobe de 11.200 para 12.100. Como analista técnico, discuta o que esse conjunto de eventos significaria para você.
13. Explique o raciocínio por trás de um nível de suporte e um nível de resistência.
14. Qual é a finalidade do cálculo de uma linha de média móvel para uma ação? Descreva um padrão otimista usando uma linha de média móvel e o volume de negócios com ações de cinqüenta dias. Discuta por que esse padrão é otimista.
15. Supondo um gráfico de preço e volume de ações que também contém uma linha MA de 50 dias e uma linha de 200 dias, descreva um padrão pessimista com estas duas e discuta por que se trata de um padrão pessimista.
16. Explique como você construiria um índice de força relativa para uma ação individual ou um setor. O que significaria dizer que uma ação teve boa força relativa em um mercado em baixa?
17. Discuta por que a maioria dos analistas técnicos segue diversas regras técnicas e procura chegar a um consenso.

---

[6] Uma análise que utiliza vários indicadores está em Jerome Baesel, George Shows e Edward Thorp, "Can Joe Granville Time the Market?", *Journal of Portfolio Management* 8, número 3 (primavera de 1982): 5-9.

414 Investimentos

PROBLEMAS

1. Selecione uma ação negociada na NYSE e confeccione um gráfico de barras com máximo, mínimo e fechamento diários que inclua seu volume de negócios em dez pregões.
2. Calcule o índice de força relativa das ações do Problema 1 em relação ao índice S&P 500. Prepare uma tabela que inclua todos os dados e indique os cálculos, neste formato:

Preço de fechamento		Índice de força relativa
Dia	Ação	S&P 500 Preço de ação/S&P 500

3. Trace o índice de força relativa calculado no Problema 2 em seu gráfico de barras. Discuta se a força relativa das ações é um sinal de alta ou de baixa.
4. Atualmente, a ação da Charlotte Art Importers está sendo negociada a 23 dólares. Embora você esteja um pouco em dúvida quanto à análise técnica, você quer saber o que os analistas técnicos que usam gráficos de ponto e figura acham dessa ação. Você decide anotar variações de um ponto e reversões de três pontos. Você coleta as seguintes informações históricas de preços:

Data	Preço	Data	Preço	Data	Preço
4/1	$23^1/_2$	4/18	33	5/3	27
4/4	$28^1/_2$	4/19	$35^3/_8$	5/4	$26^1/_2$
4/5	28	4/20	37	5/5	28
4/6	28	4/21	$38^1/_2$	5/6	$28^1/_4$
4/7	$29^3/_4$	4/22	36	5/9	$28^1/_8$
4/8	$30^1/_2$	4/25	35	5/10	$28^1/_4$
4/11	$30^1/_2$	4/26	$34^1/_4$	5/11	$29^1/_8$
4/12	$32^1/_8$	4/27	$33^1/_8$	5/12	$30^1/_4$
4/13	32	4/28	$32^7/_8$	5/13	$29^7/_8$

Desenhe o gráfico de ponto e figura usando *Xs* para variações positivas e *Os* para negativas. Como um analista técnico as avaliaria? Discuta por que você esperaria que um analista técnico comprasse, vendesse ou mantivesse a ação com base nesse gráfico.

5. Suponha os seguintes fechamentos diários para o Índice Dow Jones:

Dia	Dow Jones	Dia	Dow Jones
1	12.010	7	12.220
2	12.100	8	12.130
3	12.165	9	12.250
4	12.080	10	12.315
5	12.070	11	12.240
6	12.150	12	12.310

(a) Calcule uma média móvel de quatro dias para os dias 4 a 12.
(b) Suponha que o índice no dia 13 feche a 12.300. Isso sinalizaria uma decisão de compra ou de venda?

6. A linha de altas e baixas acumuladas, divulgada pela *Barron's* no final do mês, é 21.240. Na primeira semana do mês seguinte, o relatório diário para a bolsa é:

Dia	1	2	3	4	5
Títulos negociados	3.544	3.533	3.540	3.531	3.521
Altas	1.737	1.579	1.759	1.217	1.326
Baixas	1.289	1.484	1.240	1.716	1.519
Inalterados	518	470	541	598	596

(a) Calcule a linha diária de altas e baixas líquidas para cada um dos cinco dias.
(b) Calcule a linha de altas e baixas acumuladas para cada dia e o valor final no fim de semana.

EXERCÍCIOS DA WEB

1. Visite o site da *Market Technicians Association* (**http://www.mta-usa.org**). Que qualificações alguém deve ter antes de receber o título de *Chartered Market Technician* (CMT)?
2. Ao longo deste livro, mencionamos muitos websites com gráficos de ações, moedas e índices de preços. Usando seu conhecimento dos indicadores, o que eles calculam para o mercado de ações como um todo (representado pelo índice S&P 500)? E para ações como Intel, Microsoft, Wendy's, Walgreen e K-Mart?
3. Existem diversos indicadores técnicos que não podemos discutir neste único capítulo. Procure na Internet informações, explicações e gráficos para ferramentas como "gráficos de castiçais" e "faixas de Bollinger".

REFERÊNCIAS

BENNING, Carl J. "Prediction Skills of Real-World Market Timers." *The Journal of Portfolio Management* 23, n. 2, inverno 1997.

BLUME, Lawrence; EASLEY, David; O'HARA, Maureen. "Market Statistics and Technical Analysis: The Role of Volume." *Journal of Finance* 49, n. 1, mar. 1994.

BROWN, David P.; JENNINGS, Robert H. "On Technical Analysis." *The Review of Financial Studies* 2, n. 4, out. 1989.

COLBY, Robert W.; MAYERS, Thomas A. *The Encyclopedia of Technical Market Indicators*. Homewood, IL: Dow Jones-Irwin, 1988.

DEMARK, Thomas R. *The New Science of Technical Analysis*. New York: John Wiley & Sons, 1994.

EDWARDS, R. D.; MAGGE JR., John Magee. *Technical Analysis of Stock Trends*. 6. ed. Boston: New York Institute of Finance, 1992.

FARINELLA, Joseph A.; GRAHAM, Edward; MCDONALD, Cynthia. "Does High Short Interest Lead Underperformance?" *Journal of Investing* 10, n. 2, verão 2001.

JAGADEESH, Narasimhan. "Evidence of Predictable Behavior of Security Returns." *Journal of Finance* 45, n. 3, jul. 1990.

LO, Andrew W.; MACKINLEY, A. Craig. *A Non-Random Walk Down Wall Street*. Princeton, NJ: Princeton University Press, 1999.

LO, Andrew W.; MAMASKY, Harry; WANG, Jiang. "Foundations of Technical Analysis: Computational Algorithms, Statistical Inference, and Empirical Implementation." *Journal of Finance* 55, n. 4, ago. 2000.

MEYERS, Thomas A. *The Technical Analysis Course*. Chicago: Probus, 1989.

PRING, Martin J. *Technical Analysis Explained*. 3. ed. New York: McGraw-Hill, 1991.

PRUITT, Stephen; WHITE, Robert. "The CRISMA Trading System: Who Says Technical Analysis Can't Beat the Market?" *Journal of Portfolio Management* 14, n. 3, primavera 1988.

SHAW, Alan R. Market Timing and Technical Analysis. In: LEVINE, Sumner N. (Ed.) *The Financial Analysts Handbook*. 2. ed. Homewood, IL: Dow Jones-Irwin, 1988.

SWEENEY, Richard J. "Some New Filter Rule Tests: Methods and Results." *Journal of Financial and Quantitative Analysis* 23, n. 3, set. 1988.

ZWEIG, Martin E. *Winning on Wall Street*. New York: Warner Books, 1986.

GLOSSÁRIO

Análise técnica – A estimação de variações futuras, estimativa de movimentos futuros de preços de títulos com base nas variações anteriores de movimentos dos preços e volumes anteriores.

Canal de tendência de alta – A faixa definida pelo preço de um título à medida que sobe.

Canal de tendência de baixa – A faixa definida pelo preço de um título à medida que cai.

Canal de tendência horizontal – A faixa definida pelo preço de um título à medida que mantém um nível relativamente constante.

Índice de força relativa (RS) – O quociente entre o preço de uma ação ou o valor de um índice setorial e um índice de mercado, denotando desempenho em relação ao mercado como um todo.

Média móvel – A média continuamente recalculada dos preços de um título em um período, normalmente de 200 dias, para servir como uma indicação da tendência geral de preços e também como preço de referência.

Nível de resistência – Um preço ao qual um analista técnico esperaria que um aumento substancial da oferta de uma ação revertesse uma tendência de alta.

Nível de suporte – Um preço no qual um analista técnico espera um aumento substancial significativo do preço e do volume de uma ação para reverter uma tendência de queda que seja causada pela obtenção de lucros.

Pico – Ápice de um mercado em alta, quando os preços param de subir e começam a cair.

Vale – A culminação de um mercado em baixa, quando os preços param de cair e começam a subir.

Parte 6
Derivativos

17 Introdução aos derivativos

18 Derivativos: análise e avaliação

Até agora, examinamos ações e títulos de renda fixa que possuem valor porque os ativos subjacentes que representam possuem valor. Se esses ativos reais não conseguem gerar fluxos futuros de caixa, as ações e os títulos de dívida de uma empresa não teriam nenhum valor hoje.

Um desenvolvimento importante, nos últimos 30 anos, foram a criação e o crescimento de novos mercados e instrumentos, além dos títulos de renda fixa e das ações. Esse crescimento ocorreu nos *derivativos*, assim chamados porque *derivam* seu valor de um ativo financeiro subjacente tal como a ação ordinária de uma empresa. Esses instrumentos criam uma faixa mais ampla de oportunidades de risco e retorno para os investidores. No Capítulo 17, fazemos uma descrição desses instrumentos e seus mercados, incluindo os princípios fundamentais que determinam seus preços.

No Capítulo 18, aprofundamo-nos mais na análise e na avaliação dos derivativos, particularmente em contratos futuros e opções. Discutimos como os preços destes seriam determinados nos mercados. Examinamos a precificação de opções com algum detalhe, incluindo a sensibilidade dos seus preços a diversos fatores, como o prazo de vencimento e a volatilidade de preços. Examinamos dois modelos: o binomial e o Black-Scholes. Além disso, consideramos estratégias sofisticadas de investimento e possibilidades de arbitragem com derivativos. Como os títulos de dívida conversíveis e resgatáveis antecipadamente possuem características semelhantes às de opções, também revemos como estas embutidas podem afetar a precificação de títulos de renda fixa.

capítulo 17

Introdução aos derivativos

Neste capítulo, responderemos às seguintes perguntas:

Quais são as características básicas dos contratos a termo, dos contratos futuros e das opções?

Por que existem derivativos? Como eles ajudam a satisfazer necessidades do investidor e aumentar a eficiência do mercado?

Quais são as semelhanças e diferenças entre os contratos a termo e os futuros?

Que terminologia usamos para descrever as opções?

O que mostra um diagrama de resultados?

Quais são os riscos e possíveis retornos de posições com opções, como compra e venda de opções de compra; compra e venda de opções de venda; posições compradas e vendidas em *spreads*, *straddles*, *strangles* ou *butterfly spreads*?

Quais são as relações entre os preços de opções de venda, de compra, e contratos futuros?

O valor de um ***derivativo*** é determinado ou extraído do valor de outro veículo de investimento, chamado de ativo ou título subjacente. No Capítulo 3, descrevemos sucintamente as opções e os contratos futuros, que formam a base de grande parte das negociações com derivativos. O crescimento incrível do uso destes e a controvérsia ocasional que eles geram fazem deles tão importantes que nós precisamos entendê-los e conhecer seu papel em nossos mercados financeiros. Neste capítulo, apresentamos os instrumentos derivativos básicos – contratos a termo, futuros e opções – e descrevemos suas características, sua precificação e algumas estratégias selecionadas de investimento.

Os ***contratos a termo*** são acordos entre duas partes, o comprador e o vendedor, para que o primeiro compre um ativo do segundo em uma data futura específica e a um preço estipulado no acordo. Não há qualquer transferência de dinheiro entre o comprador e o vendedor quando o contrato a termo é aberto e, portanto, este em si não é um ativo, mas apenas um acordo. Os contratos a termo são criados no mercado de balcão. Os ***contratos futuros*** são parecidos com os contratos a termo, pois representam um acordo entre um comprador e um vendedor para a troca de uma quantia estipulada por um ativo em uma data futura especificada. Diferentemente dos contratos a termo, os contratos futuros são negociados em bolsa e estão sujeitos a um processo diário de liquidação, o qual será descrito com mais detalhes posteriormente. As ***opções*** são instrumentos que dão a seus titulares o direito, mas não a obrigação, de comprar ou vender algo a um preço fixo, seja em uma data específica ou a qualquer tempo até uma data certa. De forma diversa dos contratos a termo ou futuros, o possuidor de uma opção não é obrigado a completar o acordo caso a transação não seja de seu interesse; é daí que vem o nome "opção".[1]

Na linguagem de derivativos, o comprador e o vendedor de um contrato, às vezes, são chamados de ***contrapartes*** da transação com derivativos.

---

[1] Outro tipo de derivativo, chamado de *swap*, é um acordo entre dois investidores para trocar uma série de fluxos de caixa com o tempo. Por exemplo, alguém, que toma um empréstimo a uma taxa fixa de juros e que acredita que as taxas de juros cairão, entra em um acordo de *swap* no qual pagará uma taxa flutuante de juros à outra parte, e essa outra parte lhe pagará uma taxa de juros fixa. O volume efetivo de caixa que troca de mãos se baseia no *principal nocional*. Os fluxos de caixa de juros são iguais à taxa de juros de uma parte vezes o valor nocional. O principal nocional nunca é pago a ninguém; sua finalidade é ser um fator de escala para se determinar a magnitude dos pagamentos de juros no acordo de *swap*. Uma parte que paga uma taxa fixa de 0,5% ao mês com um valor nocional de 100 milhões de dólares faz pagamentos mensais de 500 mil dólares; sendo o principal nocional de 1 bilhão de dólares ao mês, os pagamentos são de 5 milhões de dólares. Também existem *swaps* de renda variável. Em um *swap* de renda variável, por exemplo, um gestor de carteiras pagará mensalmente o retorno do S&P500 a outra parte que, por sua vez, pagará um retorno porcentual fixo ao gestor de carteiras. Em um mercado com tendência de baixa, tal *swap* pode proteger uma carteira contra uma queda de valor, mas ao custo de sacrificar o potencial de valorização da carteira.

Diz-se que o comprador de um contrato tem uma *posição comprada* no contrato. O vendedor, ou lançador do contrato, tem uma *posição vendida*.

Embora seus nomes sejam diferentes, contratos a termo, contratos futuros e opções têm características gerais semelhantes. Em primeiro lugar, todos especificam o ativo subjacente ao contrato e a sua quantidade a ser negociada. Em segundo lugar, especificam um prazo de vigência do contrato. A transação deve ser completada, ou a opção exercida na data de vencimento do contrato, ou antes disso. Em terceiro lugar, permitem ao comprador do contrato fixar o preço da transação; chamamos isso de *preço de exercício*. Se o comprador exerce a opção, ou quando o contrato a termo ou futuros é executado, a negociação ocorre ao preço de exercício especificado no contrato. Em quarto lugar, o lucro ou perda neste depende da relação entre o *preço de mercado* do ativo (ou o *à vista*) e o preço de exercício no momento em que o contrato é executado ou vence.

Por que existem derivativos?

A maior parte dos ativos – por exemplo, ações, títulos de renda fixa, ouro ou imóveis – é negociada no **mercado à vista**, ou físico. Os mercados primário e secundário, que examinamos anteriormente no texto, são exemplos de mercados à vista. Neles, os negócios ocorrem e há transferência de caixa, bem como da propriedade do ativo, entre comprador e vendedor.

Às vezes, pode ser desvantajoso fazer uma transação imediatamente com a promessa de que a troca entre ativo e caixa ocorrerá em uma data. Como ilustração disso, um gestor de carteiras pode prever o recebimento de fluxos de caixa dos investidores no fim do mês, mas talvez queira comprar títulos com preços atraentes agora, pois teme que seus preços subam no futuro. O tesoureiro de uma empresa pode querer fixar as taxas de juros de captação de empréstimos hoje, com medo de que elas aumentem no futuro. Um fazendeiro pode querer fixar preços atraentes para o milho em julho, embora sua colheita não venha ocorrer se não daqui a vários meses.

Com o passar do tempo, derivativos como opções, contratos a termo e contratos futuros têm evoluído e acabaram atendendo a essas necessidades econômicas desejáveis. Eles ajudam a transferir risco daqueles que não querem assumi-lo àqueles que estão dispostos a fazê-lo. Também ajudam a formar os preços à vista e fornecem informações adicionais ao mercado. Por fim, a evolução dos mecanismos de negociação de derivativos tem feito com que, em muitos casos, pode ser menos oneroso, tanto em termos de comissões quanto de investimento exigido, aplicar em derivativos do que no mercado físico. Nas seções a seguir, discutimos cada um desses benefícios.

TRANSFERÊNCIA DE RISCO

Os investidores que querem reduzir sua exposição a um preço à vista flutuante podem fazê-lo usando derivativos. De maneira semelhante, os investidores ou especuladores que estão dispostos a aumentar (ou "alavancar") sua exposição ao risco podem fazê-lo por meio de negócios apropriados com derivativos. Por exemplo, o fazendeiro que quer reduzir seu risco pode se proteger travando o preço do trigo que será entregue na colheita. Ele faz isso negociando um contrato a termo ou futuro com alguém que está disposto a assumir o risco de flutuação do preço à vista. O comprador do contrato pode ser um especulador ou um processador de grãos que acredita que o trigo será vendido a um preço à vista mais alto no futuro e então concorda em comprá-lo no futuro ao preço atual.

As opções permitem ao seu possuidor decidir não exercê-las caso a transação não seja vantajosa. Assim, elas podem ser usadas para controlar riscos, limitando perdas enquanto protegem as oportunidades de lucro.

FORMAÇÃO DE PREÇOS

Os especuladores negociam nos mercados de derivativos porque acreditam que o ativo está incorretamente avaliado, com base em sua análise e suas informações. Como os especuladores trazem dados adicionais ao mercado, os preços dos ativos subjacentes e seus contratos futuros e opções correspondentes devem refletir mais precisamente os valores intrínsecos dos ativos.

Os preços de derivativos também fornecem informações que podem ser analisadas como ajuda na tomada de decisões. Por exemplo, alguns investidores usam preços de contratos futuros como a melhor estimativa do mercado para preços à vista futuros. A função de formação de preços aumenta a eficiência do mercado, pois os participantes, tanto nos mercados à vista quanto no de derivativos, negociam com base nas informações e análises que possuem.

REDUÇÃO DO CUSTO DE INVESTIMENTO

Com o desenvolvimento dos mercados de derivativos, as comissões geralmente têm se tornado mais baixas do que no mercado físico correspondente. A liquidez deste mercado também é ampliada pela negociação de derivativos por muitos *hedgers* e especuladores. Os investidores podem facilmente apostar na direção do mercado de ações comprando um único contrato futuro, o que representará todo um índice. Os gestores de carteiras podem ajustar rapidamente as exposições a riscos de suas carteiras a *commodities*, moedas, ações ou taxas de juros a um custo mais baixo usando contratos futuros em vez de fazer negócios nos mercados à vista. Ao contrário de uma transação no mercado à vista, os contratos de derivativos de *commodity* não exigem que o comprador pague para armazená-la. Além disso, as margens exigidas são menores nas transações com contratos futuros do que no mercado à vista.

Embora possam parecer esotéricos e intimidadores à primeira instância, os derivativos desempenham um papel econômico importante na alocação de riscos, na formação de preços e na facilitação de transações. Como outros veículos de investimentos, o uso impróprio ou descuidado dos derivativos pode levar a perdas grandes. Ao se assumir uma posição

Contratos a termo

E-leituras interativas

Para mais explicações e um exemplo animado de contratos a termo, veja o site: http://reillyxtra.swlearning.com.

Um *contrato a termo* é um acordo entre duas partes para trocar um ativo a um preço especificado, em uma data certa. Como é um contrato, o comprador é obrigado a comprar o ativo e o vendedor é obrigado a vender ao preço predeterminado (o preço de exercício) na data especificada (a data de vencimento). Diz-se que o comprador do contrato está *comprado a termo*; o vendedor, *vendido a termo*.

Os contratos a termos são negociados em balcão e geralmente não são padronizados, o que significa que assim que o comprador e o vendedor negociam termos aceitáveis, eles podem criar seu próprio contrato a termo com virtualmente qualquer *commodity*. Entretanto, essa flexibilidade tem uma desvantagem importante: os *contratos a termo não são líquidos*. Se um comprador (ou vendedor) deseja sair de um contrato a termo, ele precisa encontrar outra parte para comprá-lo. Outro problema potencial com os contratos a termo é o risco de crédito ou de inadimplência. O contrato pode não ser executado como foi previsto caso o comprador não consiga arrumar o caixa necessário para comprar o ativo, ou se o vendedor cometer fraude ao não entregá-lo para venda.

O lucro ou a perda em um contrato a termo está diretamente ligado à relação entre o preço efetivo de mercado do ativo subjacente e o de exercício contido no contrato. O valor de um contrato a termo é realizado somente na data em que vence; nenhum pagamento é feito no início do contrato e não há nenhuma transferência de caixa antes do seu vencimento.

Como foi mostrado no Gráfico 17.1, se o preço de mercado se eleva acima do preço de exercício, o comprador ganha (e o vendedor perde, porque o ativo é vendido ao preço inferior ao valor corrente); se o preço cai abaixo do preço de exercício, o comprador perde (e o vendedor ganha, porque o ativo é vendido a um preço superior ao seu valor corrente). Suponha que um processador de cereais compre um contrato a termo de um fazendeiro para entrega de cereais em outubro ao preço de 3 dólares o alqueire. O Gráfico 17.1 mostra o perfil de resultados para o processador de cereais com sua posição comprada a termo (a seta cheia). Se o preço de mercado à vista em outubro for de 3 dólares o alqueire, o processador ficará empatado, pois o preço à vista será equivalente ao preço a termo anteriormente fixado. Se aquele, em outubro, for de 4 dólares o alqueire, o processador ganhará 1 dólar por cada um, comprando cereais com valor de mercado de 4 dólares ao

GRÁFICO 17.1 Perfis de resultados de posições compradas e vendidas em um contrato a termo

Um agricultor e um processador de cereais fazem um contrato a termo que obriga o agricultor a vender cereais ao processador a um preço de exercício de $ 3 por alqueire.

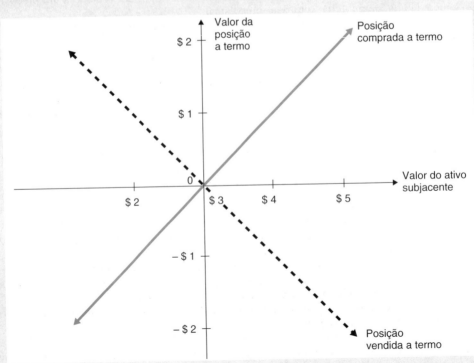

preço a termo de 3 dólares. Os lucros do processador crescem dólar por dólar quando o preço à vista está acima do preço a termo de 3 dólares. Inversamente, as suas perdas crescem dólar por dólar quando o preço à vista cai abaixo do preço a termo de 3 dólares. Por exemplo, se o preço à vista em outubro é de apenas 2 dólares, o processador perde 1 dólar por alqueire; ele é obrigado a comprar cereais com um valor de mercado de 2 dólares ao preço a termo de 3 dólares.

A situação inverte-se para o fazendeiro, que está vendido a termo (seta tracejada). Quando o preço de mercado à vista em outubro está acima de 3 dólares o alqueire, ele sofre uma *perda de oportunidade*, pois é obrigado a vender seu cereal a 3 dólares o alqueire. Por exemplo, se o preço de mercado é de 4 dólares, ele tem uma perda de oportunidade de 1 dólar. Inversamente, para preços à vista em outubro abaixo de 3 dólares, o fazendeiro obtém um *lucro de oportunidade* dólar por dólar.

O diagrama do Gráfico 17.1 é um *perfil de resultados*; ele mostra os lucros e as perdas de um investimento. O perfil de resultados de uma posição comprada a termo é semelhante à da propriedade direta do ativo subjacente; aumentos de preços tornam o proprietário do ativo mais rico. De maneira semelhante, o perfil de resultados de uma posição vendida a termo se parece com o da venda a descoberto do ativo subjacente.

O amplo mercado existente de contratos a termo de moedas permite às empresas e instituições financeiras fazerem contratos a termo como proteção contra os riscos de variação de taxas de câmbio. O mercado à vista de moedas é uma rede informal de instituições financeiras que negociam grandes volumes de moedas por telefone ou cabo. O Quadro 17.1 apresenta as cotações à vista de moedas que aparecem no *Wall Street Journal*. A maioria das principais moedas dos países capitalistas está incluída, embora muitas dessas moedas não flutuem livremente com outras. Nesses casos, as taxas de câmbio são estabelecidas por decisão do governo ou pelo banco central do país, que intervém para manter a taxa de câmbio em um dado nível. Observe-se que estão incluídas as cotações à vista e diversas taxas a termo para a maioria dos parceiros comerciais importantes dos Estados Unidos.

QUADRO 17.1 Taxas de câmbio à vista e a termo

Taxas de Câmbio

28 de julho de 2004

As taxas médias de câmbio abaixo valem para negócios de pelo menos $ 1 milhão entre bancos, cotadas às 4 horas da tarde pelo da zona leste segundo a *Reuters* e outras fontes. As transações no varejo correspondem a menos unidades de moedas estrangeiras por dólar.

País	Valores equivalentes em dólares americanos		Moeda por dólar americano		País	Valores equivalentes em dólares americanos		Moeda por dólar americano	
	Quarta-feira	Terça-feira	Quarta-feira	Terça-feira		Quarta-feira	Terça-feira	Quarta-feira	Terça-feira
Argentina (Peso)-y	0,3362	0,3366	2,9744	2,9709	Noruega (Coroa)	0,1427	0,1418	7,0077	7,0522
Austrália (Dólar)	0,6991	0,6993	1,4304	1,4300	Paquistão (Rúpia)	0,01718	0,01714	58,207	58,343
Bahrein (Dinar)	2,6526	2,6525	0,3770	0,3770	Peru (Novo sol)	0,2922	0,2923	3,4223	3,4211
Brasil (Real)	0,3275	0,3265	3,0534	3,0628	Filipinas (Peso)	0,01787	0,01781	55,960	56,148
Canadá (Dólar)	0,7522	0,7506	1,3294	1,3323	Polônia (Zloty)	0,2732	0,2725	3,6603	3,6697
A termo com prazo de 1 mês	0,7518	0,7502	1,3301	1,3330	Rússia (Rublo)-a	0,03438	0,03437	29,087	29,095
A termo com prazo de 3 meses	0,7512	0,7496	1,3312	1,3340	Arábia Saudita (Rial)	0,2667	0,2666	3,7495	3,7509
A termo com prazo de 6 meses	0,7504	0,7488	1,3326	1,3355	Cingapura (Dólar)	0,5786	0,5797	1,7283	1,7250
Chile (Peso)	0,001562	0,001552	640,20	644,33	Eslováquia (Coroa)	0,03003	0,03014	33,300	33,179
China (Renminbi)	0,1208	0,1208	8,2781	8,2781	África do Sul (Rand)	0,1596	0,1582	6,2657	6,3211
Colômbia (Peso)	0,0003810	0,0003779	2624,67	2646,20	Coréia do Sul (Won)	0,0008565	0,0008587	1167,54	1164,55
República Tcheca (Coruna)					Suécia (Coroa)	0,1306	0,1308	7,6570	7,6453
Taxa comercial	0,03803	0,03794	26.295	26.357	Suíça (Franco)	0,7832	0,7831	1,2768	1,2770
Dinamarca (Coroa)	0,1620	0,1620	6,1728	6,1728	A termo com prazo de 1 mês	0,7840	0,7838	1,2755	1,2758
Equador (Dólar americano)	1,0000	1,0000	1,0000	1,0000	A termo com prazo de 3 meses	0,7855	0,7854	1,2731	1,2732
Egito (Libra)-y	0,1612	0,1610	6,2023	6,2100	A termo com prazo de 6 meses	0,7881	0,7880	1,2689	1,2690
Hong-Kong (Dólar)	0,1282	0,1282	7,8003	7,8003	Taiwan (Dólar)	0,02941	0,02934	34,002	34,083
Hungria (Forint)	0,004878	0,004861	205,00	205,72	Tailândia (Baht)	0,02412	0,02420	41,459	41,322
Índia (Rúpia)	0,02163	0,02165	46.232	46.189	Turquia (Lira)	0,00000067	0,00000067	1492537	1492537
Indonésia (Rúpia)	0,0001098	0,0001100	9107	9091	Reino Unido (Libra esterlina)	1,8229	1,8217	0,5486	0,5489
Israel (Shekel)	0,2209	0,2213	4,5269	4,5188	A termo com prazo de 1 mês	1,8178	1,8164	0,5501	0,5505
Japão (Iene)	0,008953	0,009012	111,69	11,96	A termo com prazo de 3 meses	1,8085	1,8071	0,5529	0,5534
A termo com prazo de 1 mês	0,008965	0,009024	111,54	11,82	A termo com prazo de 6 meses	1,7952	1,7937	0,557	0,5575
A termo com prazo de 3 meses	0,008991	0,009051	111,22	11,49	Emirados Árabes Unidos (Dirrã)	0,2723	0,2723	3,6724	3,6724
A termo com prazo de 6 meses	0,009043	0,009104	110,58	109,84	Uruguai (Peso) Financeiro	0,034	0,0341	29412	29,326
Jordânia (Dinar)	1,4104	1,4104	0,7090	0,7090	Venezuela (Bolívar)	0,000521	0,000521	1919,39	1919,39
Kuwait (Dinar)	3,3929	3,3921	0,2947	0,2948					
Líbano (Libra)	0,0006606	0,0006606	1513,78	1513,78	DES	1,4565	1,4682	0,6866	0,6811
Malásia (Ringgit)-b	0,2632	0,2632	3,7994	3,7994	Euro	1,2046	1,2049	0,8302	0,8299
Malta (Lira)	2,8367	2,8366	0,3525	0,3525					
México (Peso)									
Taxa flutuante	0,0874	0,0871	11,4377	11,4877					
Nova Zelândia (Dólar)	0,6282	0,6283	1,5918	1,5916					

Os Direitos Especiais de Saque do Fundo Monetário Internacional (DES) baseiam-se nas taxas de câmbio das moedas dos Estados Unidos, da Grã-Bretanha e do Japão. Fonte: Fundo Monetário Internacional.

a – Banco Central da Rússia.   b – Taxa do governo.   y – Taxa flutuante.

Fonte: *The Wall Street Journal*, 29 jul. 2004, p. C12. Copyright© 2004 Dow Jones. Reimpresso com permissão do Copyright Clearance Center.

422 Investimentos

Por exemplo, no dia 28 de julho de 2004, o preço à vista da libra esterlina era igual a $ 1,8229, o que significa que 1 milhão de libras esterlinas é equivalente a £ 1.000.000 ($ 1,8229/£) = $ 1.822.900. Na terceira coluna, a mesma cotação está invertida, ou seja, expressa em unidades da moeda do Reino Unido por dólar americano; $ 1 milhão equivale a $ 1.000.000 (£ 0,5486/$) = £ 548.600. No mesmo dia, a taxa a termo de um mês para a libra era de $ 1,8178, o que significa que alguém poderia ter entrado em um acordo para comprar £ 1.000.000 em um mês ao preço de $ 1.817.800. Naturalmente, essas cotações não devem ser interpretadas como precisas, porque se baseiam em uma amostra de bancos e representam grandes transações. Além do mais, o *spread* entre oferta de compra e oferta de venda não aparece nessas cotações.

Contratos futuros

Um *contrato futuro* é muito parecido com um contrato a termo em muitos aspectos, por exemplo, quando obriga o titular a comprar o ativo subjacente a um preço especificado (o preço de exercício ou futuro) em um dia determinado. O perfil de resultados de posições compradas (vendidas) em contratos futuros é idêntico ao de resultados de posições compradas (vendidas) de contratos a termo mostrado no Gráfico 17.1. Os contratos futuros, entretanto, possuem dois aspectos importantes que os distinguem dos contratos a termo.

Em primeiro lugar, os contratos futuros têm *menos risco de liquidez* porque são negociados nas principais bolsas de futuros. Eles possuem termos e condições padronizados, que envolvem aspectos como qualidade e quantidade do ativo subjacente e datas de vencimento. Essa padronização permite que os contratos futuros sejam comprados e vendidos em mercados secundários, tal como as ações ordinárias. Alguém que compre (ou venda) um contrato futuro pode anular sua obrigação vendendo (ou comprando) o tipo idêntico de contrato.

Em segundo lugar, os contratos futuros têm *menos risco de crédito* ou inadimplência do que os contratos a termo. Os compradores e vendedores de contratos futuros são obrigados a depositar fundos – a **margem inicial** – em uma conta de margem à ordem da câmara de compensação da bolsa. A exigência de margem inicial geralmente é de 3% a 6% do valor do contrato. Os fundos são aumentados ou reduzidos da conta de margem diariamente, refletindo as variações diárias de preço do contrato futuro (no final de cada dia de negociação, um comitê especial da bolsa determina o preço aproximado de fechamento, chamado de **preço de ajuste** para cada um desse contrato). Assim, os contratos futuros são liquidados em caixa diariamente por meio desse processo conhecido como por *marcação a mercado*. Como no caso de ações ordinárias, se a conta de margem de um investidor cai a um valor muito baixo, atinge-se o limite da margem de manutenção e o investidor deve aplicar fundos adicionais na conta de margem ou ter sua posição fechada.

Portanto, em vez de comprar ou vender contratos futuros de um investidor específico, a bolsa de futuros transforma-se na contraparte de todas as transações. Caso um investidor deixe de pagar o que deve, a bolsa, e não um investidor específico, cobre quaisquer perdas. Entretanto, o ajuste diário de contas por intermédio da marcação a mercado e as exigências de manutenção de margem ajudam a impedir que o déficit de um investidor cresça sem controle, até o vencimento do contrato.

Os mercados futuros são regulamentados pela *Commodity Futures Trading Commission* (CTFC), que supervisiona as bolsas e aprova a negociação de novos contratos. Na data de vencimento, caixa ou ativos podem ser trocados entre as contrapartes. Os contratos futuros de produtos agrícolas são liquidados com mercadorias (com os ativos), enquanto os contratos financeiros – contratos futuros de índices de ações ou taxas de juros –, em dinheiro. Não-agricultores podem participar dos mercados futuros de produtos agrícolas; eles apenas precisam fechar seus contratos antes do vencimento para impedir que sejam obrigados a fazer ou receber entregas.

O Quadro 17.2 enumera as bolsas globais de contratos futuros e fornece alguns detalhes a seu respeito. A Chicago Board of Trade (CBOT) continua sendo a maior bolsa de futuros, mas é rivalizada pela *Chicago Mercantile Exchange* (CME). Embora a CBOT se especialize em cereais, seu principal contrato atualmente é o bem-sucedido contrato futuro de títulos de dívida do Tesouro dos Estados Unidos, lançado em 1977, e que tradicionalmente tem tido o maior volume de todos os contratos futuros. Originalmente, a CME especializou-se em contratos futuros de gado, mas a maior parte de seu volume atual vem de numerosos contratos futuros bem-sucedidos de moedas estrangeiras, índices de ações e eurodólar. A terceira maior bolsa é a New York Mercantile Exchange (Nymex), especializada em contratos futuros de produtos de energia, como petróleo bruto, gasolina e óleo para calefação. As negociações da Nymex explodiram nos últimos anos, uma vez que seus contratos permitem às empresas que se protejam contra a volatilidade elevada do mercado de produtos de energia.

Como parte de sua função de *marketing*, as bolsas de contratos futuros desenvolvem contratos para ativos importantes que elas acreditam que atenderão necessidades de vários negociantes e investidores. Nos últimos anos, teve início a negociação de dois novos contratos futuros que podem ser de interesse para investidores individuais e institucionais. Um deles, denominado futuros "mini" S&P 500, permite a negociação de contratos futuros com um décimo do valor do contrato futuro regular do S&P 500. O segundo permite a negociação de contratos futuros referenciados no valor do índice Dow Jones, um dos mais conhecidos índices de mercado de ações do mundo.

O Quadro 17.3 apresenta uma amostra da página de cotação de contratos futuros do *Wall Street Journal*. Por exemplo, um contrato futuro de milho é negociado na Chicago Board of Trade (CBT no *Wall Street Journal*), em unidades de 5.000 alqueires. O preço é cotado em centavos de dólar por alqueire. O contrato de setembro de 2005 (na sexta linha da coluna à esquerda) abriu a 251 centavos por alqueire, teve uma cotação máxima de 251 centavos e uma cotação mínima de 248 centavos. O preço de ajuste, que é aproximadamente igual ao preço de fechamento e corresponde ao preço ao qual os contratos são marcados a mercado, foi de 248 centavos por alqueire. O preço de ajuste caiu 3 centavos em relação ao dia anterior. Durante o prazo do contrato de setembro de 2005, sua cotação máxima foi 299 e sua cotação mínima foi 248. Os números de contratos em aberto era igual a 4.329. No final das cotações de cada mercadoria havia informações resumidas de volume geral, volume no dia anterior e o número total de contratos futuros em aberto.

Quadro 17.2 — Bolsas globais de contratos futuros

Chicago Board of Trade (CBOT) – Conhecida como "The Board of Trade". A maior e mais antiga bolsa de futuros do mundo. A principal bolsa de contratos futuros de *commodities* agrícolas e um importante mercado para a negociação de futuros financeiros, particularmente os referenciados em títulos do Tesouro de médio e longo prazos.

Chicago Mercantile Exchange (CME) – Conhecida como "The Merc". A segunda maior bolsa de contratos futuros. Originalmente especializada em contratos futuros de gado, agora negocia mais contratos futuros de índices de ações, taxas de juros e moedas estrangeiras por meio de suas subsidiárias, Index and Option Market e International Monetary Market.

Commodity Exchange (Comex) – Chamada de Comex, é o principal mercado de contratos futuros de metais.

Eurex US – Uma bolsa eletrônica para a negociação de contratos futuros de títulos de dívida do Tesouro. Faz parte de uma bolsa global, a Eurex, que facilita a negociação de vários derivativos em euro.

Kansas City Board of Trade (KCBT) – Especializada em cereais e com um pequeno volume de contratos futuros de índices de ações. Foi a primeira bolsa a oferecer negociação desses contratos.

London International Financial Futures Exchange (LIFFE) – Oferece negociação de contratos futuros, opções e *swaps* de taxas de juros e ações, e *commodities* selecionadas, incluindo cacau, açúcar e trigo.

Marché à Terme International de France (MATIF) – Propicia a negociação de contratos futuros de *eurobonds* de longo, médio e curto prazos; alguns contratos futuros de índices de ações; e *commodities*.

MidAmerica Commodity Exchange (MCE) – Conhecida como "The MidAm". Negocia versões reduzidas de muitos dos contratos da Board of Trade e da Mercantile Exchange de Chicago.

Minneapolis Grain Exchange (MGE) – Pequeno volume de negociação de contratos futuros de cereais.

New York Board of Trade (NYBOT) – Negocia cacau, café, açúcar, algodão e outras mercadorias.

New York Futures Exchange (NYFE) – Conhecida como "NYFE" (pronuncia-se 'náif'), foi criada na Bolsa de Valores de Nova York. Especializa-se em contratos futuros de índices de ações e tem um pequeno volume de negociação de índices de contratos futuros de *commodities* e de títulos do Tesouro.

New York Mercantile Exchange (NYMEX) – Conhecida como "NYMEX", é o principal mercado de contratos futuros de energia.

Philadelphia Board of Trade (PBT) – Criada na Bolsa de Valores de Filadélfia, tem um pequeno volume de negociação de contratos futuros de moedas. Permite a negociação de opções de índices setoriais de mineração de ouro e prata, serviços petrolíferos, bancos e serviços de utilidade pública.

Twin Cities Board of Trade (TCBT) – Criada na Bolsa de Cereais de Mineápolis, tem um pequeno volume de negociação de contratos futuros de moedas.

A coluna superior à direita do quadro contém os contratos futuros de índices de ações. Por exemplo, os do S&P 500 são negociados na CME e seu preço é igual a 250 vezes o valor do índice. O contrato de dezembro abriu a 1.086,00, o que significa que o valor do contrato realmente foi de $ 250 x 1.086,00 ou $ 271.500. A máxima durante o dia foi de 1.098,50, a mínima foi de $ 1.082,40, e o preço de ajuste foi de 1.095,90, 3,00 acima do dia anterior. No final dos registros do S&P 500, vemos informações sobre o volume negociado de contratos futuros, contratos em aberto e o valor do índice S&P 500, que fechou a 1.095,42 no dia anterior.

O trecho inferior da coluna à direita no quadro apresenta informações sobre contratos futuros de taxas de juros. Por exemplo, o contrato de obrigações do Tesouro da Board of Trade corresponde a $ 100.000 em termos de valor de face de obrigações do Tesouro, e a cotação é feita em 32 avos de 100% do valor. O preço de ajuste do contrato de dezembro é 105 20/32, 3/32 a mais do que no dia anterior. Isso representa um preço efetivo de (105 20/32) × $ 100.000 = $ 105.625. A última coluna à direita no quadro fornece o número de contratos em aberto, e a linha no final do conjunto de informações sobre contratos futuros de obrigações do Tesouro indica volumes negociados e o número de contratos em aberto em relação ao total dos contratos.

A Chicago Mercantile Exchange possibilita a negociação de contratos futuros referenciados em moedas dos principais parceiros comerciais dos Estados Unidos. O mercado de futuros de moedas é bastante ativo, embora ele seja menor do que o mercado a termo de moedas em balcão. Há negociação atualmente de ienes japoneses, dólares canadenses, libras esterlinas, francos suíços, dólares australianos, pesos mexicanos e euro. A negociação mais ativa ocorre com contratos de ienes e euros.

O Quadro 17.4 apresenta uma amostra das cotações do *Wall Street Journal* no caso de contratos futuros de moedas. Por exemplo, um contrato de ienes corresponde a um lote de 12,5 milhões de ienes, sendo o preço de ajuste desse contrato para março de 2005 igual a 0,9067. Entretanto, como há muitos ienes por dólar, é compreensível que duas casas decimais precedam o preço. Assim, o preço efetivo é $ 0,009067 por iene. Para um contrato integral, o preço é ¥ 12.500.000 × $ 0,009067/ ¥ = $ 113.337,5.

424 Investimentos

Quadro 17.3 Preços de alguns contratos futuros

Quarta-feira, 28 de julho de 2004

Futuros de cereais e oleaginosas

	Preço de abertura	Máximo	Mínimo	Ajuste	Variação	Desde o lançamento Máximo	Desde o lançamento Mínimo	Contratos em aberto
Milho (CBT)-5,000 alq.; centavos por alqueire								
Setembro	222,00	223,25	217,50	218,50	–3,75	341,00	217,50	148,945
Dezembro	230,25	231,75	225,50	226,75	–4,00	341,50	225,50	310,364
Março/05	239,00	240,00	234,25	235,50	–3,75	342,00	234,25	59,766
Maio	245,00	245,25	240,50	241,50	–3,75	344,00	240,50	22,039
Julho	250,00	250,25	245,00	246,25	–3,75	342,00	245,00	18,805
Setembro	251,00	251,00	248,00	248,00	–3,00	299,00	248,00	4,329
Dezembro	254,00	254,00	251,50	252,25	–2,25	288,50	235,00	11,703
Volume estimado 61.555; Volume na terça-feira 64.700; Contratos em aberto 576.695, +2.308.								
Aveia (CBT)-5,000 alq.; centavos por alqueire								
Setembro	127,25	127,50	125,25	125,75	–2,00	190,00	123,25	2,633
Dezembro	135,00	135,25	133,25	133,25	–2,50	193,00	131,00	6,483
Março/05	140,00	140,25	139,75	140,25	–2,75	191,00	138,15	697
Volume estimado 624; Volume na terça-feira 759; Contratos em aberto 9.915, –265.								
Soja (CBT)-5.000 alq.; centavos por alqueire								
Agosto	662,00	666,00	625,00	627,00	–38,50	1026,00	521,00	18,325
Setembro	604,00	608,75	580,50	582,50	–26,50	904,50	528,00	14,248
Novembro	594,25	597,75	575,00	575,75	–21,25	802,00	483,00	108,095
Janeiro/05	600,00	601,00	583,00	583,50	–19,50	800,00	573,00	10,530
Março	607,00	607,00	590,00	590,75	–20,25	787,00	570,00	6,066
Maio	609,00	609,00	594,50	595,25	–18,25	775,00	594,50	5,450
Julho	609,00	611,00	598,00	598,00	–16,00	773,00	598,00	2,075
Agosto	600,00	600,00	596,00	596,00	–9,00	712,00	596,00	25
Volume estimado 65.605; Volume na terça-feira 73.583; Contratos em aberto 166.302, +578.								
Farelo de soja (CBT)-100 toneladas; $ por toneladas								
Agosto	212,70	212,70	197,50	198,80	–13,90	326,00	154,00	14,606
Setembro	200,00	200,00	188,00	188,80	–11,20	299,50	154,00	21,656
Outubro	182,10	184,00	178,00	178,80	–7,40	257,00	150,50	19,269
Dezembro	184,50	184,80	177,00	177,90	–6,90	252,00	150,00	46,336
Janeiro/05	183,00	184,00	177,50	178,50	–6,80	249,50	161,50	8,139
Março	186,00	186,10	180,00	181,80	–6,70	245,50	168,50	6,889
Maio	186,50	188,50	182,50	182,80	–6,00	242,00	182,50	6,439
Julho	191,30	191,50	186,00	188,00	–4,50	239,00	172,00	5,080
Agosto	189,00	189,50	187,00	188,00	–4,00	231,00	185,00	1,802
Volume estimado 37.657; Volume na terça-feira 39.725; Contratos em aberto 133.006, +801.								
Óleo de soja (CBT)-60,000 toneladas; centavos por toneladas								
Agosto	24,24	24,24	23,23	23,25	–0,99	34,52	19,05	12,275
Setembro	23,42	23,47	22,60	22,64	–0,94	33,45	19,01	17,592
Outubro	22,71	22,76	22,00	22,03	–0,86	30,85	19,00	15,727
Dezembro	22,20	22,20	21,40	21,49	–0,68	29,55	18,98	60,429
Janeiro/05	22,00	22,05	21,48	21,50	–0,61	29,20	21,48	9,814
Março	21,95	22,05	21,50	21,58	–0,52	28,66	21,50	8,057
Maio	22,03	22,03	21,55	21,80	–0,30	27,50	2L55	5,897
Julho	22,04	22,04	21,60	21,73	–0,30	27,42	21,60	4,233
Agosto	22,00	22,00	21,55	21,70	–0,15	26,65	21,55	1,127
Volume estimado 32.617; Volume na terça-feira 34.945; Contratos em aberto 138.162, –239.								
Arroz com casca (CBT)-2.000 quintal*; centavos por quintal								
Setembro	720,00	740,00	713,00	713,00	–5,50	955,00	688,00	1,099
Novembro	725,00	738,00	708,00	708,00	–9,00	944,00	690,00	1,816
Janeiro/05	728,00	728,00	728,00	728,00	–12,00	959,00	720,00	556
Volume estimado 392; Volume na terça-feira 221; Contratos em aberto 3.847, +41.								
Trigo (CBT)-5,000 alq.; centavos por alqueire								
Setembro	321,00	322,00	314,00	314,75	–6,50	432,50	314,00	87,664
Dezembro	335,00	336,00	327,00	327,50	–7,50	440,00	327,00	51,445
Março/05	345,00	347,50	339,00	339,25	–7,25	441,50	339,00	11,840
Maio	351,00	351,00	344,50	345,25	–5,75	430,00	344,50	724
Julho	353,00	353,00	350,00	350,00	–3,00	400,00	342,00	2,552
Volume estimado 23.311; Volume na terça-feira 16.312; Contratos em aberto 154.277, –401.								
Trigo (KC)-5,000 alq.; centavos por alqueire								
Setembro	349,50	350,50	342,50	343,00	–7,25	437,50	330,50	35,749
Dezembro	361,00	361,50	354,00	354,50	–6,50	444,00	341,00	28,384
Março/05	371,00	371,00	363,50	364,00	–6,75	443,00	363,50	6,991
Maio	373,00	373,00	368,50	368,50	–4,50	428,00	368,50	1,010
Julho	370,00	370,00	367,50	368,50	–3,50	405,00	365,00	554
Volume estimado 13.510; Volume na terça-feira 6.917; Contratos em aberto 72.104, +664.								
Trigo (MPLS)-5,000 alq.; centavos por alqueire								
Setembro	370,00	370,25	361,00	361,00	–9,00	453,50	346,00	13,794
Dezembro	376,50	377,25	370,00	370,00	–7,00	457,00	355,00	14,122
Março/05	383,75	383,75	378,00	378,00	–6,25	453,00	378,00	3,312
Maio	384,00	385,50	382,75	384,50	–3,50	440,00	382,75	634
Julho	386,00	386,00	384,50	384,50	–3,50	419,00	384,50	63
Volume estimado 9.285; Volume na terça-feira 4.508; Contratos em aberto 31.940, +820.								

* Abreviatura de *centum weight* = quintal, 50802 kg. (N.T.)

Contratos futuros de índices

	Preço de abertura	Máximo	Mínimo	Ajuste	Variação	Rendimento	Variação	Contratos em aberto
DJ Industrial Average (CBT)-$10 x índice								
Setembro	10062	10133	9975	10110	48	10557	9835	40.437
Dezembro	10030	10120	9980	10107	48	10575	8440	371
Volume estimado 11.349; Volume na terça-feira 8.164; Contratos em aberto 40.808, –161.								
Índice à vista: Máximo 10146,86; Mínimo 9994,22; Fechamento 10117,07, +31,93.								
Mini DJ Industrial Average (CBT)-$5 x índice								
Setembro	10061	10134	9975	10110	48	10629	9840	48.861
Volume na quarta-feira 105.733; Contratos em aberto 48.945, +156.								
DJ-AIG Commodity Index (CBT)-$100 x índice								
Agosto	...	...	...	460,2	4,3	485,0	449,4	2.886
Volume estimado 0; Volume na terça-feira 0; Contratos em aberto 2.886, unch.								
Índice à vista: Máximo 147.050; Mínimo 144.121; Fechamento 145.746, +1.405.								
S&P 500 Index (CME)-$250 x índice								
Setembro	109580	109840	108100	109520	270	116080	78100	576.363
Dezembro	108600	109850	108240	109590	300	116010	78100	13.757
Volume estimado 41.751; Volume na terça-feira 40.253; Contratos em aberto 590.945, +1.457.								
Índice à vista: Máximo 1098,84; Mínimo 1082,17; Fechamento 1095,42, +59.								
Mini S&P 500 (CME)-$50 x índice								
Setembro	109575	109575	109525	109520	270	114850	107500	584.465
Volume na quarta-feira 803.233; Contratos em aberto 632.008, –10.108.								
S&P Midcap 400 (CME)-$500 x índice								
Setembro	572,50	573,50	564,75	571,25	–2,15	616,50	508,70	13.543
Volume estimado 424; Volume na terça-feira 407; Contratos em aberto 13.543, –97.								
Índice à vista: Máximo 574,02; Mínimo 565,22; Fechamento 571,02, –3,00.								
Nasdaq 100 (CME)-$100 x índice								
Setembro	138450	139500	136150	138500	–550	156500	136000	70.777
Volume estimado 14.056; Volume na terça-feira 12.979; Contratos em aberto 73.072, +753.								
Índice à vista: Máximo 1387,62; Mínimo 1360,27; Fechamento 1374,84, –16,66.								
Mini Nasdaq 100 (CME)-$20 x índice								
Setembro	1384,5	1386,0	1384,5	1385,0	–5,5	1528,5	1360,0	228.151
Volume na quarta-feira 428.512; Contratos em aberto 233.013, +3.001.								
GSCI (CME)-$250 x índice mais próximo								
Agosto	...	...	...	304,40	4,00	308,50	279,45	16.480
Volume estimado 322; Volume na terça-feira 47; Contratos em aberto 16.480, +6.								
Índice à vista: Máximo 305,28; Mínimo 300,32; Fechamento 304,95, +5,08.								

Futuros de taxas de juros

	Preço de abertura	Máximo	Mínimo	Ajuste	Variação	Rendimento	Variação	Contratos em aberto
Obrigações do Tesouro (CBT)-$100.000; pontos 32 avos de 100%								
Setembro	106-16	106-28	106-05	106-26	3	114-30	101-24	517.124
Dezembro	105-13	105-20	105-00	105-20	3	113-07	100-24	18.169
Volume estimado 292.509; Volume na terça-feira 357.491; Contratos em aberto 535.533, +10.056.								
Notas do Tesouro (CBT)-$100.000; pontos 32 avos de 100%								
Setembro	109-17	09-275	09-115	09-265	5,5	15-095	106-13	1.392.182
Dezembro	08-115	08-195	108-07	08-195	5,5	13-045	105-14	50.328
Volume estimado 899.198; Volume na terça-feira 870.279; Contratos em aberto 1.442.701, +64.902.								
Notas do Tesouro de 5 anos (CBT)-$100.000; pontos 32 avos de 100%								
Setembro	08-235	109-00	108-20	08-305	4,5	112-15	106-29	1.186.864
Volume estimado 520.849; Volume na terça-feira 399.990; Contratos em aberto 1.287.718, +34.675.								
Notas do Tesouro de 2 anos (CBT)-$200.000; pontos 32 avos de 100%								
Setembro	105-08	05-117	105-07	05-115	2,5	106-01	04-187	191.177
Volume estimado 29.485; Volume na terça-feira 23.643; Contratos em aberto 191.577, –251.								
Fundos Federais de 30 dias (CBT)-$5.000.000; 100 - média diária.								
Julho	...	...	...	98,740	...	98,970	97,750	124.453
Agosto	98,57	98,58	98,57	98,58	...	98,94	98,37	211.048
Setembro	98,42	98,43	98,41	98,43	,01	98,90	98,14	74.132
Outubro	98,25	98,26	98,24	98,26	,01	98,85	98,24	79.329
Novembro	98,04	98,06	98,03	98,05	,01	98,96	97,74	68.218
Dezembro	97,87	97,88	97,83	97,86	...	98,93	97,55	38.638
Janeiro/05	97,77	97,78	97,77	97,78	,01	98,30	97,47	12.121
Volume estimado 38.473; Volume na terça-feira 42.111; Contratos em aberto 609.719, +5.461.								
Swaps de Taxas de Juros de 10 anos (CBT)-$100.000; pontos 32 avos de 100%								
Setembro	106-05	106-18	106-03	106-17	3	108-16	103-19	51.838
Volume estimado 1.202; Volume na terça-feira 687; Contratos em aberto 51.838, –52.								
Índice de Notas Municipais de 10 anos (CBT)-$1.000 x índice								
Setembro	100-14	100-28	100-14	100-25	2	102-00	97-25	2.483
Volume estimado 74; Volume na terça-feira 536; Contratos em aberto 2.483, –69.								
Índice: Fechamento 101-15; Rendimento 4.815.								
Libor de 1 mês (CME)-$3.000.000; pontos de 100%								
Agosto	98,39	98,40	98,39	98,39	...	1,61	...	183.713
Setembro	98,20	98,20	98,20	98,20	...	1,80	...	29.899
Outubro	98,06	98,07	98,06	98,07	,01	1,93	–,01	252.910
Novembro	97,83	97,83	97,82	97,83	,01	2,17	–,01	98.653
Volume estimado 11.746; Volume na terça-feira 6.669; Contratos em aberto 571.014, +174.								

Fonte: *The Wall Street Journal*, 29 de julho de 2004, p. C12. Copyright© 2004 Dow Jones. Reimpresso com permissão do Copyright Clearance Center.

Quadro 17.4 — Preços de contratos futuros de moedas

	Abertura	Máximo	Mínimo	Ajuste	Variação	Desde o lançamento Máximo	Mínimo	Contratos em aberto
Yene japonês (CME)-¥12.500.000; $ por ¥								
Setembro	0,9038	0,9042	0,8952	0,8968	−0,0055	0,9705	0,8575	96.721
Dezembro	0,9035	0,9073	0,9004	0,9013	−0,0055	0,9740	0,8800	10.441
Março/05	0,9060	0,9060	0,9060	0,9067	−0,0055	0,9762	0,8873	5
Volume estimado 12.902; Volume na terça-feira 28.442; Contratos em aberto 107.170, −117.								
Dólar canadense (CME)-CAD 100.000; $ por CAD								
Setembro	0,7500	0,7536	0,7466	0,7522	0,0028	0,7815	0,6505	69.921
Dezembro	0,7471	0,7530	0,7462	0,7515	0,0028	0,7800	0,6940	4.585
Março/05	0,7500	0,7505	0,7472	0,7510	0,0028	0,7775	0,7150	785
Junho	0,7515	0,7515	0,7515	0,7505	0,0028	0,7760	0,7150	562
Volume estimado 8.649; Volume na terça-feira 16.068; Contratos em aberto 75.905, −308.								
Libra esterlina (CME)-£62.500; $ por £								
Setembro	1,8135	1,8182	1,8076	1,8153	0,0016	1,8712	1,6330	66.824
Dezembro	1,7940	1,8040	1,7940	1,8009	0,0016	1,8648	1,6850	428
Volume estimado 9.914; Volume na terça-feira 21.625; Contratos em aberto 67.259, −2.860.								
Franco suíço (CME)-CHF 125.000; $ por CHF								
Setembro	0,7846	0,7874	0,7822	0,7847	0,0002	0,8209	0,7110	39.908
Dezembro	0,7888	0,7888	0,7859	0,7872	0,0002	0,8260	0,7264	138
Volume estimado 10.253; Volume na terça-feira 21.291; Contratos em aberto 40.111, +430.								
Dólar australiano (CME)-AUD 100.000; $ por AUD								
Setembro	0,6964	0,6987	0,6915	0,6960	0,0009	0,7780	0,5756	28.008
Dezembro	0,6865	0,6906	0,6865	0,6899	0,0009	0,7705	0,6150	278
Volume estimado 4.830; Volume na terça-feira 14.268; Contratos em aberto 28.377, −4.755.								
Peso mexicano (CME)-MXN 500.000; $ por MXN								
Agosto	...	...	...	0,08732	00050	0,08760	0,08730	400
Setembro	0,08650	0,08720	0,08630	0,08682	00050	0,08935	0,08370	38.161
Dezembro	0,08505	0,08530	0,08505	0,08552	00050	0,08855	0,08270	1.350
Volume estimado 5.126; Volume na terça-feira 17.647; Contratos em aberto 40.408, −3.562.								

Fonte: *The Wall Street Journal*, 29 jul. 2004, p. C12. Copyright© 2004 Dow Jones. Reimpresso com permissão do Copyright Clearence Center.

O uso dos contratos de futuros em carteiras de investimentos é generalizado entre os gestores profissionais. As entradas de caixa de uma carteira de ações podem ser usadas na compra de contratos futuros do S&P 500, para impedir que o fluxo de caixa dilua a exposição da carteira em ações. Por causa do uso de margens, apenas uma fração das entradas de caixa precisa ser aplicada para manter a exposição apropriada em ações na carteira. Quando as ações desejáveis para aplicação tiverem sido selecionadas, as posições em contratos futuros serão vendidas e o excedente de caixa será aplicado nos títulos selecionados. Contratos futuros podem ser utilizados em uma estratégia de indexação e para ajustar rapidamente a alocação de ativos na carteira. Contratos futuros de ações e títulos de renda fixa podem ser negociados imediatamente para fazer com que uma carteira se direcione à classe desejada de ativos. Com o passar do tempo, as posições em ativos podem ser liquidadas, sendo comprados novos títulos quando as posições em contratos futuros estiverem sendo desfeitas.

Opções

Como foi descrito anteriormente, uma *opção* dá ao investidor o direito de comprar ou vender um ativo a um preço fixo em uma data específica ou antes dela. Uma opção que dá esse direito é chamada de *opção de compra*, ao passo que uma opção que dá o direito de vender é denominada *opção de venda*. Os compradores de opções (de venda ou de compra) são chamados de *comprados* e os vendedores (ou lançadores de opções), *vendidos*.

O preço pago pela opção propriamente dita é chamado de ***prêmio da opção***. O preço ao qual o ativo subjacente pode ser adquirido ou vendido é o *preço de exercício*. Por exemplo, se uma opção de compra de ações tem um preço de exercício de 45 dólares, isso significa que essa opção de compra permite ao possuidor da opção comprar as ações a 45 dólares cada uma. Se o preço corrente de mercado da ação subjacente é igual a 50 dólares, a opção de compra tem um valor intrínseco de 5 dólares, e isso permite ao seu titular pagar 45 dólares por algo com valor de mercado de 50 dólares. Se o preço da ação subjacente for igual a 40 dólares, o valor intrínseco da opção de compra será nulo; ela não terá valor algum, e o seu titular optará por não exercê-la, pois faz pouco sentido pagar 45 dólares (o preço de exercício) por algo cujo valor no mercado à vista é 40 dólares. Em geral, se V é o preço da ação subjacente, e X, o preço de exercício, o valor intrínseco da opção de compra será:

17.1
$$\text{Valor intrínseco de uma opção de compra} = \text{Max } [0, V - X]$$

ou seja, o máximo entre zero e o valor da ação subjacente menos o preço de exercício.

Suponha que uma opção de venda permita a seu titular vender a ação por 45 dólares cada uma. Se o preço atual de mercado subjacente for igual a 40 dólares, a opção de venda terá um valor intrínseco de 5 dólares, pois permitirá ao seu titular vender por 45 dólares um ativo cujo valor de mercado é de apenas 40 dólares. Se o preço da ação subjacente for

426 Investimentos

QUADRO 17.5	Terminologia importante de opções
Termo	**Definição**
Opção de compra	Direito de comprar um ativo a um preço específico em uma data estipulada, ou antes disso.
Opção de venda	Direito de vender um ativo a um preço específico em uma data estipulada, ou antes disso.
Prêmio da opção	Preço pago pelo investidor para comprar uma opção.
Preço de exercício	Preço ao qual um ativo subjacente pode ser comprado ou vendido.
Data de vencimento	Data na qual termina o direito de exercício de uma opção.
Lançar uma opção	Vender uma opção.
No dinheiro	O preço de exercício é igual ao preço do ativo subjacente no mercado à vista.
Dentro do dinheiro	A opção tem valor intrínseco positivo; negociar ao preço de exercício é mais atraente para o titular da opção do que negociar ao preço de mercado do ativo subjacente. No caso de opções de compra, o preço do ativo à vista é superior ao de exercício; é mais barato comprar o ativo com este preço. Já, no caso de opções de venda, o do ativo à vista é inferior ao preço de exercício; ganha-se mais vendendo com este.
Fora do dinheiro	A opção não tem valor intrínseco algum; a negociação ao preço à vista é mais atraente para o titular da opção do que negociar ao preço de exercício. No caso de opções de compra, o preço do ativo no mercado à vista é inferior ao de exercício; é mais barato comprar o ativo ao preço à vista. No caso de opções de venda, o preço do ativo à vista à superior ao preço de exercício; ganha-se mais vendendo o ativo com o primeiro caso.

igual a 50 dólares, o valor intrínseco da opção de venda será igual a zero; ela não terá valor algum, e o titular decidirá não exercê-la, pois faz pouco sentido vender um ativo por 45 dólares (o preço de exercício) quando ele pode ir ao mercado à vista e vendê-lo a 50 dólares. Em geral, o valor intrínseco de uma opção de venda é:

17.2
$$\text{Valor intrínseco de uma opção de venda} = \text{Max } [0, X - V]$$

ou seja, o máximo entre zero e o valor do preço de exercício menos o preço da ação subjacente.

Tanto para opções de compra quanto para opções de venda, uma opção *no dinheiro* tem um preço de exercício aproximadamente igual ao preço da ação. Uma opção *dentro do dinheiro* possui valor intrínseco. Uma opção *fora do dinheiro* não tem valor intrínseco algum e não será exercida porque o seu titular pode comprar a ação por menos no mercado (no caso de uma opção de compra fora do dinheiro) ou vendê-la por mais (no caso de uma opção de venda fora do dinheiro). Entretanto, uma opção fora do dinheiro pode mais tarde ficar dentro, e vice-versa, antes do vencimento. Na realidade, poucas opções são exercidas; as opções dentro do dinheiro geralmente são liquidadas antes da data de vencimento, dando ao titular um lucro correspondente à diferença entre o prêmio pago pela opção e o prêmio recebido quando ela é vendida.

A data na qual a opção vence, ou seja, a última data em que ela pode ser exercida é a *data de vencimento*. Tratando-se de opções negociadas em bolsa, as datas de vencimento geralmente são especificadas em termos de um determinado mês, e o momento neste é igualmente especificado como o sábado seguinte à terceira sexta-feira do mês. Assim, uma opção de julho venceria no sábado seguinte à terceira sexta-feira de julho. Entretanto, fora de bolsa, as opções podem ser criadas por quaisquer duas partes e podem ter qualquer data desejada de vencimento. As opções negociadas em bolsa geralmente são bastante líquidas, de maneira que podem ser vendidas antes do vencimento.

Algumas opções permitem ao titular o seu exercício apenas na data de vencimento. Essas são chamadas de *opções européias*. Aquelas que permitem ao titular o exercício a qualquer tempo, incluindo a data de vencimento, são denominadas *opções americanas*. Esses nomes não têm nenhuma relação com a geografia; tanto as opções européias quanto americanas são amplamente negociadas em bolsas e mercados de balcão no mundo inteiro.

O Quadro 17.5 apresenta um resumo de termos relacionados a opções. O Quadro 17.6 resume algumas das principais distinções entre contratos a termo, futuros e opções.

BOLSAS DE OPÇÕES

Em 1973, a CBOT, então, a maior bolsa de contratos futuros, criou uma bolsa separada, a Chicago Board Options Exchange (CBOE). Desde então, têm surgido outras bolsas de opções, incluindo a American, a de Filadélfia, a de Boston, a do Pacífico e a International Security Exchange. As opções negociadas em bolsa oferecem aos participantes um número de características inexistentes nos mercados de opções em balcão. Em bolsa, as opções são negociadas em um mercado central com regulamentação, vigilância, divulgação e capacidade de descoberta de preço. A Clearing Corporation garante cada opção do CBOE; há mecanismos semelhantes em outras bolsas. Assumindo a posição contrária em cada negócio, a *Clearing Corporation* elimina todo o risco da contraparte e permite aos compradores e aos vendedores de opções encerrarem suas posições no mercado a qualquer momento fazendo uma transação contrária.

Quadro 17.6 — Diferenças entre contratos a termo, contratos futuros e opções

Contrato a termo	Definição	Opção
Obrigação de negociar na data T e a um preço estipulado	Obrigação de negociar na data T e a um preço estipulado	Opção de negociar na data T a um preço estipulado
Negociado em balcão	Negociado em bolsa	Negociada em bolsa
Prazos sem padronização	Prazos padronizados	Prazos padronizados
Mercado secundário pobre (sem liquidez)	Líquido (varia de um contrato a outro)	Líquida (varia de uma opção a outra)
Liquidação ocorre no vencimento	Liquidação diária (marcação a mercado)	Liquidação diária
Fechar posição comprada com a venda de contrato idêntico a outra parte ou ao vendedor original	Fechar posição comprada vendendo o contrato em bolsa	Fechar posição de compra vendendo a opção em bolsa
Exposto a risco de crédito/inadimplência pela contraparte	Nenhum risco de crédito/inadimplência	Nenhum risco de crédito/inadimplência
Posição pode gerar lucro ou perda	Posição pode gerar lucro ou perda	Perdas podem ser limitadas ao se decidir por não exercer a opção

Além disso, as opções negociadas em bolsa têm datas de vencimento e preços de exercício padronizados. As opções disponíveis possuem preços de exercício que cercam o preço corrente da ação. Os preços de exercício geralmente são fixados a intervalos de cinco dólares. Com a variação do preço de uma ação, opções adicionais com novos preços de exercício são lançadas. Os contratos também são padronizados em lotes de 100 ações por opção. São feitos ajustes por desdobramentos de ações de bonificações, que podem gerar lotes fracionários de opções.

Antes da criação de bolsas de opções, os compradores e vendedores destas opções em balcão precisavam ficar presos às suas posições até a data de vencimento. A Clearing Corporation e a padronização dos contratos viabilizaram o surgimento de um mercado secundário de opções.

O Quadro 17.7 apresenta opções de índices negociadas em diversas bolsas. Essas opções têm um apelo especial porque envolvem posições em um mercado ou setor como um todo, em lugar de ações individuais.

O Quadro 17.8 apresenta uma amostra da página de cotações de opções do *Wall Street Journal*. Consideremos a compra de uma opção de compra da Microsoft. Sob o nome da Microsoft, notamos o preço de fechamento da ação da empresa no dia anterior: 28,48 dólares. Perto do nome da Microsoft, nas segunda e terceira colunas, estão os preços de exercício e as datas de vencimento das opções da empresa. As quarta e quinta colunas fornecem o volume de negociação no dia e o último preço (ou prêmio) de negociação de opções de compra; as sexta e sétima colunas indicam o volume de negociação e o último preço (ou prêmio) ao qual uma opção de venda foi negociada. Quando vemos a anotação "..." nas colunas de opções de compra ou de venda, isso indica que a opção não foi negociada naquele dia. Examine a última negociação da opção de compra da Microsoft com vencimento no dia 30 de janeiro: o prêmio da opção é igual a 0,95 centavos de dólar por ação. Como cada contrato envolve 100 opções de compra, o prêmio total da opção custa 95 dólares.

Quadro 17.7 — Exemplos de opções negociadas em bolsa

Ações	Setores de mercado
Índices:	Índice de ouro
Dow Jones Industrial Average	Índice de internet
NYSE	Índice de petróleo
Russell 2000	Índice de tecnologia
Nasdaq 100	Taxas de juros:
S&P 500	Letras do Tesouro com prazo de 13 semanas
Japão	Notas do Tesouro com prazo de 5 anos
México	Notas do Tesouro com prazo de 10 anos
	Commodities:
	Milho
	Trigo

428 Investimentos

| QUADRO 17.8 | Cotações de opções de ações |

Ano	Opção/ preço de exercício	Vencimento	Opção de compra		Opção de venda	
			Volume	Fechamento	Volume	Fechamento
MerrLyn	50	Agosto	3.812	1,40	371	1,05
50.36	55	Setembro	1.032	0,35	1	5,10
50.36	55	Outubro	892	0,85	12	5,20
MetLife	35	Agosto	1.480	0,70	...	...
MicrochpT	30	Agosto	2.097	0,60	42	2
MicronT	12	Agosto	2.881	1,55	1	0,10
13.52	13	Agosto	1.618	0,85	121	0,35
13.52	14	Agosto	716	0,35	149	0,85
13.52	14	Setembro	1.266	0,65	75	1,15
13.52	17,50	Janeiro	3.092	0,45	40	4,30
Microsoft	25	Outubro	425	3,50	65	0,20
28.48	27,50	Agosto	7.543	1	2.080	0,20
28.48	27,50	Setembro	221	1,40	655	0,50
28.48	27,50	Janeiro	893	2,15	1.042	1,20
28.48	30	Agosto	2.026	0,10	878	1,75
28.48	30	Setembro	1.011	0,25	1.462	1,90
28.48	30	Outubro	957	0,45	176	2
28.48	**30**	**Janeiro**	**1.802**	**0,95**	**10.048**	**2,50**
28.48	32,50	Janeiro	7.292	0,35	115	4,30
MidwyGm	10	Agosto	94	1,55	617	0,10
Mohawk	65	Agosto	...	...	1.000	0,15
MorgStan	50	Agosto	3.656	1,10	247	1,15
49.90	50	Janeiro	122	3,60	1.592	3,80
49.90	55	Outubro	502	0,65	...	...
49.90	60	Outubro	505	0,15	...	...
Motorola	16	Agosto	678	0,60	431	0,55
MultimGm	20	Agosto	...	...	1.831	0,35
24.54	22,50	Agosto	20	2,85	475	0,85
Mylan	15	Agosto	7.974	0,60	1.259	0,75
14.83	15	Setembro	1.591	0,80	63	0,95
NCR	50	Setembro	407	0,55	...	...
NTL Inc	50	Setembro	670	4,60	...	...
Nabors	45	Agosto	2.948	1,80	65	0,70

Fonte: *The Wall Street Journal*, 30 de julho de 2004. Copyright© 2004 Dow Jones. Reimpresso com permissão do Copyright Clearance Center.

O fato de que os prêmios de opções são pequenos em comparação ao preço de mercado da ação pode levar a ganhos (ou perdas) porcentuais grandes sobre o capital investido pelo comprador da opção. Isso é chamado de *alavancagem* pelos investidores em opções. Verifiquemos o que acontece quando o preço da ação subjacente aumenta antes do vencimento da opção. Suponha-se que se compre a opção de compra de 30 de janeiro, mencionada anteriormente, a 95 centavos por ação, e que a ação da Microsoft suba para 31,33 dólares na data de vencimento da opção, ou seja, um aumento de 10%. O retorno do acionista seria idêntico a esse aumento, isto é, 10%. Entretanto, o valor intrínseco da opção de compra na data de vencimento seria de $ 1,33 – a saber, $ 31,33 menos o preço de exercício de $ 30. O investimento de 95 centavos por ação cresceu a um valor de $ 1,33 por ação, o que representa um retorno porcentual de ($ 1,33 – $ 0,95)/$ 0,95 = 40%, bem acima do retorno porcentual do investidor na ação.

E se o preço da ação da Microsoft caísse 10%, de modo que na data de vencimento a opção de compra estivesse fora do dinheiro? O acionista teria uma perda de 10% em seu investimento. Entretanto, o titular da opção teria uma perda de 100%; sua opção vence fora do dinheiro, sem valor algum.[2] A alavancagem da opção é evidente: como um prêmio relativa-

---

[2] Ignoramos comissões e impostos para simplificar o exemplo.

GRÁFICO 17.2 — Lucro do comprador de opções de compra

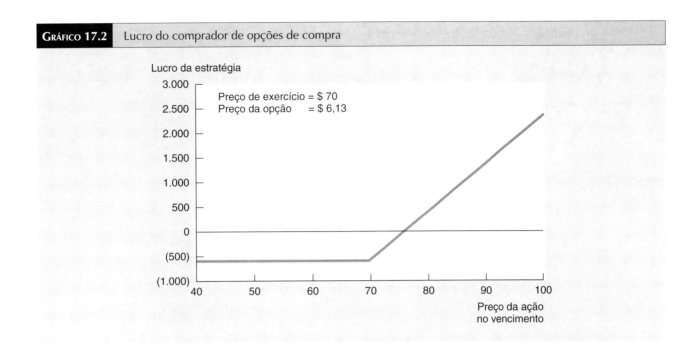

mente pequeno controla muito valor, suas pequenas variações na ação podem resultar em grandes alterações porcentuais em uma posição com opções.

ESTRATÉGIAS DE NEGOCIAÇÃO DE OPÇÕES

Os investidores aprenderam rapidamente que a negociação de opções aumenta bastante o número e a complexidade das estratégias de investimento. Não tentaremos discutir todas elas, e limitaremos nossa discussão às principais alternativas. Levamos em conta explicitamente os prêmios das opções, pois consideramos os lucros e as perdas de várias posições.

Para as estratégias de negociação de opções que examinaremos, iremos supor que as seguintes opções estão disponíveis para negociação:

Preço de exercício (por ação)	Prêmio de opção de compra (por ação)	Prêmio de opção de venda
70	6,13	2,25
75	3,50	4,75

Suponhamos que o preço da ação seja igual a 73,25 dólares e, para simplificar, ignoraremos impostos e comissões e trataremos as opções como se fossem européias. Além disso, vamos imaginar que todas as estratégias são mantidas até o vencimento. Embora isso não seja exigido e geralmente não seja feito, não poderemos entender como avaliar estratégias de negociação encerradas antes do vencimento sem um conhecimento melhor da teoria de precificação de opções.

Compra de opções de compra – Os investidores compram opções de compra porque esperam que os preços das ações subjacentes aumentem durante o período antes do vencimento da opção. Se isso ocorrer, a compra de uma opção poderá gerar um retorno elevado com um pequeno investimento.

Considere a compra da opção de compra com um preço de exercício de 70 dólares (ou seja, a opção de compra a 70). Pagaríamos 100 × $ 6,13 ou $ 613,00 por essa opção de compra. O lucro total da posição comprada na opção de compra pode ser assim enunciado:

17.3 Lucro com a posição comprada em opção de compra = Max [0, V − X] − prêmio da opção de compra

Se o preço da ação terminar em 68 dólares, o lucro será Max [0,68 − 70] − 6,13 = −6,13, ou seja, uma perda de 6,13 dólares por opção. Se o preço da ação encerrar o período em 75 dólares, o lucro será igual a Max [0,75 − 70] − 6,13 = −1,13, ou seja, uma perda de 1,13 dólar por opção. Teríamos lucro igual a zero se o seu preço no vencimento fosse de 70 dólares (o de exercício) + 6,13 dólares (o prêmio da opção de compra), ou seja, 76,13 dólares.

O Gráfico 17.2 demonstra esses resultados na forma de um diagrama de resultados que incorpora o custo inicial do prêmio da opção. As perdas com a estratégia de compra de opções de compra são limitadas ao prêmio da opção, 613,00 dólares por contrato. Não há limite existente no lado superior, uma vez que o preço da ação pode se elevar sem limite algum. Os investidores precisam ser cuidadosos ao interpretar os possíveis lucros e perdas com opções. A atração de lucros potencialmente grandes com perdas limitadas em termos absolutos deve ser considerada à luz do fato de que os lucros substanciais ocorrem muito raramente, ao passo que perdas pequenas acontecem muito freqüentemente.

GRÁFICO 17.3 — Lucros do vendedor de opções de compra descobertas

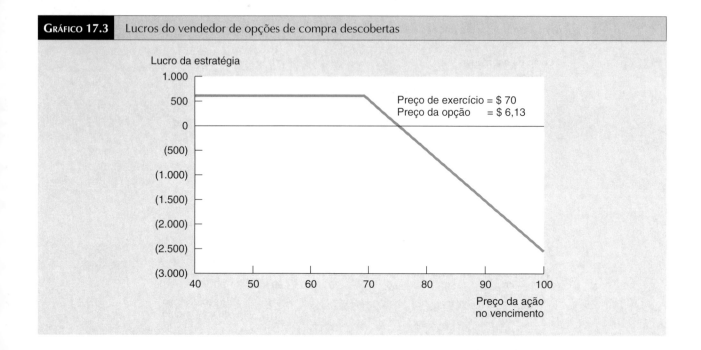

Suponhamos que tivéssemos escolhido a opção que estava fora do dinheiro, com preço de exercício de 75 dólares, e pago um prêmio de apenas 3,50 dólares. Essa opção teria limitado nossa perda total a 350 dólares. Entretanto, o preço da ação precisaria subir a 78,50 dólares (75 dólares do preço de exercício + 3,50 dólares do prêmio da opção de compra) no vencimento antes de podermos obter algum lucro.

As compras de opções de compra podem fazer parte de uma estratégia fiscal prudente para alguns investidores. Por exemplo, suponha que um gestor de carteiras possua ações cujo valor tenha caído, mas ele ainda gosta das perspectivas das ações a longo prazo. A estratégia é a seguinte: perto do fim do ano civil (geralmente perto do fim de novembro), o gestor pode comprar uma opção de compra que vence em algum momento no ano seguinte, digamos, em janeiro. Trinta e um dias[3] após a compra da opção de compra, mas antes do fim do exercício fiscal, o gestor pode vender as ações, gerando com isso uma perda de capital que pode ser usada para compensar quaisquer ganhos de capital e reduzir os impostos. Antes do vencimento da opção em janeiro, ele pode exercê-la e reestabelecer uma posição nas ações ao preço de exercício baixo.

Venda de opções de compra – Consideremos agora os lucros do indivíduo que vendeu, ou lançou, a opção de compra a 70. Quando uma opção de compra é vendida, o lançador recebe o prêmio, que, nesse caso, é igual a 6,13 dólares (ou, adequadamente, $ 6,13 × 100 ações ou $ 613,00). Supõe-se não ter o vendedor as ações, esta transação é uma venda de opção sem cobertura, por motivos que logo ficarão evidentes.

O vendedor da opção de compra *deverá* o valor Max [0, V – X] no vencimento, pois pode ser obrigado a comprar as ações ao seu preço de mercado, V, e vendê-las a X. Se o preço das ações for substancialmente superior ao preço de exercício, o vendedor da opção poderá ter uma perda grande.

O Gráfico 17.3 fornece um gráfico dos lucros do vendedor, que você deve reconhecer simplesmente como idêntico ao Gráfico 17.2 invertido. O vendedor da opção poderá ganhar uma quantia máxima igual ao prêmio de 613,00 dólares, que será obtida se ela vencer fora do dinheiro. A perda do vendedor é potencialmente ilimitada.[4]

O risco de perdas ilimitadas explica por que chamamos essa opção de estratégia de lançamento sem cobertura. Entretanto, se o lançador possuir as ações, esta será uma **venda coberta de opções de compra**. Nesse caso, se a opção de compra for exercida, o lançador dessa opção coberta não precisará comprar as ações no mercado. Ele simplesmente entregará as que possui, efetivamente vendendo-as ao preço de exercício. Portanto, as perdas desembolsadas são mínimas, além de um custo de oportunidade caso a opção vença dentro do dinheiro (ou seja, o lançador da opção de compra vende as ações a um preço abaixo do valor corrente de mercado).

O lucro do lançador de opções de compra cobertas pode ser decomposto em duas partes: o lucro com o lançamento da opção de compra e o lucro com as ações possuídas. O lucro da primeira é:

---

[3] Qualquer compra e venda de títulos semelhantes é chamada de *wash sale* (transação fictícia), e o código tributário americano não concede nenhuma vantagem fiscal – como a dedução de perdas de capital para compensar ganhos deste – resultantes de uma transação fictícia. É por causa disso que o investidor não pode vender as ações a um preço reduzido e imediatamente comprá-las. Contudo, o uso de opções de compra ajuda a preservar o preço atualmente reduzido da ação até que a opção vença, permitindo-lhe evitar o problema da transação fictícia.

[4] Evidentemente, o vendedor poderá ser arruinado. Por esse motivo, o corretor do vendedor geralmente exigirá que o vendedor deposite margem em dinheiro. Outra maneira de reduzir o risco de desastre é exigir que o vendedor possua as ações, uma estratégia que examinaremos a seguir.

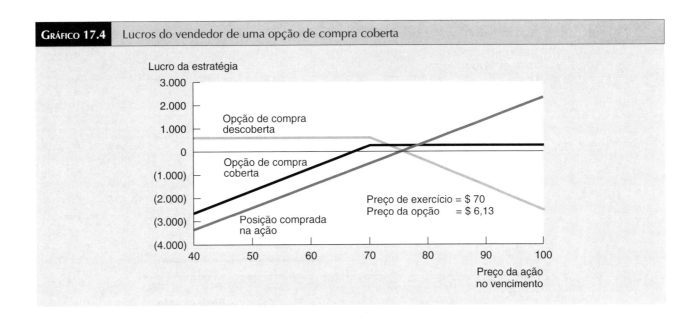

Gráfico 17.4 — Lucros do vendedor de uma opção de compra coberta

17.4   Lucro com a venda de opção de compra = -Max [0, V – X] + Prêmio da opção de compra

O lucro com as ações é igual ao valor corrente, V, menos o preço original que o investidor pagou pelas ações caso a opção de compra vença fora do dinheiro, ou o preço de exercício menos o original de compra das ações, caso a opção de compra vença dentro do dinheiro.

O Gráfico 17.4 apresenta os lucros do lançador da opção de compra coberta; tanto gráfica quanto aritmeticamente, são iguais aos lucros combinados de suas estratégias constituintes, a posição comprada nas ações mais uma opção de compra descoberta. Se a ação cair, o lançador da opção de compra coberta ficará com o prêmio e com as ações; enquanto isso o prêmio proporcionou proteção contra a perda de valor das ações. Para cima, porém, os ganhos do lançador da opção de compra coberta são limitados, porque as ações precisam ser vendidas ao preço de exercício, independentemente de quanto valham no mercado.

Os lançadores de opções de compra cobertas são considerados negociantes inteligentes de opções, pois eles se aproveitam do otimismo excessivo do público quanto aos possíveis movimentos dos preços das ações. Caso o público seja de fato excessivamente otimista, um lançador de opções de compra cobertas poderá coletar os prêmios, sabendo que é pouco provável que as ações subam bastante para justificar o prêmio. Muitos lançadores vêem isso como uma oportunidade para gerar renda com ações de pouca variabilidade.

Compra de opções de venda – Há diversos motivos importantes para se adquirir uma opção de venda de ações. O mais óbvio é o de que um investidor espere que uma ação específica caia, para assim lucrar com essa queda. Comprar opções de venda oferece duas vantagens em relação à venda de ações a descoberto: (1) as perdas são limitadas ao prêmio de venda e (2) são evitadas as exigências onerosas de margem das vendas a descoberto. Além disso, as opções de venda podem servir como proteção quando você possui uma ação e não quer vendê-la no momento, embora acredite que ela possa cair a curto prazo. Nesse caso, você pode comprar uma opção de venda da ação que possui como proteção contra uma queda; se a ação de fato cair, você compensará essa queda com um aumento do valor dessa opção.

Considere a estratégia de compra de uma opção de venda a 70 por 2,25 dólares. A opção de venda valerá Max [0, X – V] no vencimento. Portanto, o lucro com a compra da opção de venda pode ser expresso da seguinte maneira:

17.5   Lucro com a posição comprada em opção de venda = Max [0, X – V] – Prêmio da opção de venda

Suponhamos que o preço da ação termine em 60 dólares. A ação cotada a este valor pode ser vendida a 70 dólares, gerando um lucro líquido de 10 dólares - 2,25 dólares = 7,75 dólares por ação, ou 775 dólares por contrato. Se a ação terminar em 80 dólares, ela vencerá sem valor, e o titular da opção de venda perderá o prêmio de 225 dólares. O Gráfico 17.5 mostra os lucros do comprador de opção de venda e que a perda do titular desta é limitada a um prêmio de 225 dólares. Os lucros são limitados porque o preço de uma ação nunca pode cair abaixo de zero. Se a empresa for à falência, a ação poderá teoricamente cair a zero e o comprador da opção de venda ficaria com 70 dólares - 2,25 dólares = 67,75 dólares por opção ou 6.775 dólares no total. Naturalmente, esse caso extremo é bastante improvável.

Uma das estratégias mais atraentes que emprega opções de venda é chamada de ***opção de venda protetora***. Isso envolve a compra de uma opção de venda acompanhada por uma posição comprada de uma ação. Se o preço desta cair abaixo do preço de exercício, o valor crescente da opção de venda contrabalançará a queda do seu preço. Como na opção de compra coberta, o lucro dessa estratégia pode ser decomposto em lucro com a ação mais lucro com a opção de venda.

GRÁFICO 17.5 Lucros do comprador de opções de venda

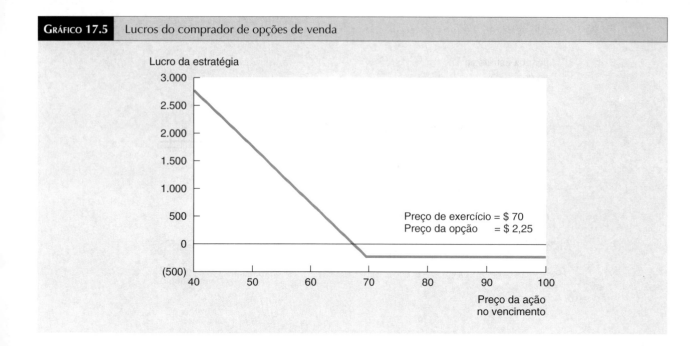

O Gráfico 17.6 representa graficamente os retornos de uma opção de venda protetora combinando o diagrama de resultados da compra de uma ação com uma posição comprada na opção de venda. Observe que o diagrama de resultados de opção de venda protetora se assemelha ao da posição comprada em opção de compra do Gráfico 17.2. Na verdade, ela, às vezes, é chamada de **opção de compra sintética**, porque o titular da opção de venda protetora tem perdas limitadas e ganhos ilimitados. Portanto, duas estratégias distintas de negociação de opções resultam em pagamentos semelhantes, independentemente do preço da ação no vencimento. Voltaremos a esse ponto interessante em nossa discussão sobre paridade de opções de compra e de venda mais adiante, neste mesmo capítulo.

A opção de venda protetora também é um exemplo clássico de como se pode segurar (proteger) uma posição em ações. O proprietário delas pode ser visto como alguém que possui um ativo sujeito à perda de valor. Alguns investidores poderiam se interessar em comprar seguro que limitasse perdas com o ativo. A opção de venda faz o papel desse seguro. Pagando o prêmio positivo inicial, o segurador (o lançador da opção de venda) compromete-se a absorver todos os decréscimos de preço da ação abaixo do preço de exercício. Se o preço desta subir, a opção de venda vencerá sem valor, o que equivale a uma apólice de seguro que vence sem que haja pagamento de indenização.

Venda de opções venda – O vendedor ou lançador de opções de venda, como o lançador de opções de compra, obtém um lucro que pode ser expresso simplesmente por –1 vezes o lucro do comprador de opções de venda. O vendedor destas

GRÁFICO 17.6 Lucros do comprador de opção de venda protetora

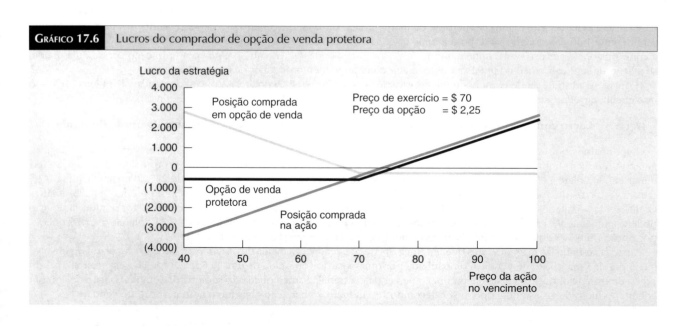

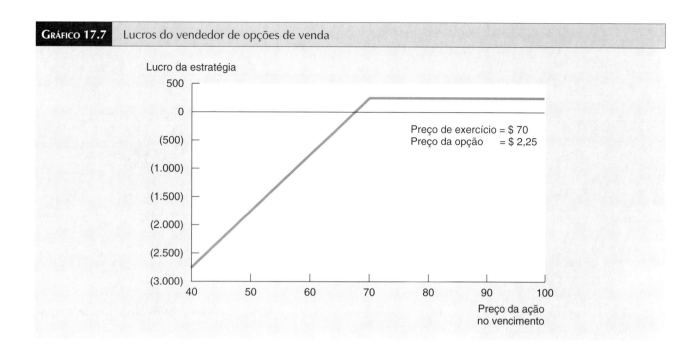

Gráfico 17.7 Lucros do vendedor de opções de venda

recebe um prêmio inicial em troca de sua disposição de comprar a ação no vencimento ao preço de exercício. Os lucros do vendedor de opções de venda são limitados. Suas perdas (como os lucros do comprador), embora limitadas, poderão ser bastante grandes se o preço da ação tiver uma queda expressiva.

O Gráfico 17.7 mostra os lucros do vendedor de opções de venda. Comparando-os ao Gráfico 17.5, vemos que essas duas ilustrações são imagens espelhadas uma da outra.

Spreads de opções – Em vez de simplesmente comprar ou vender uma opção de compra, um investidor pode fazer as duas coisas usando um *spread*. Existem dois tipos básicos destes. Em primeiro lugar, o **spread de preço** (também chamado de *spread vertical*) envolve a compra de opções de compra de uma ação, com uma certa data de vencimento e um determinado preço de exercício, e a venda de opções de compra da mesma ação com a mesma data de vencimento, mas a um preço de exercício diferente (por exemplo, comprar Ford com vencimento em outubro a 20 e vender com vencimento em outubro a 30). O segundo tipo, um **spread de prazo** (também denominado *spread horizontal*) envolve a compra e a venda de opções da mesma ação com o mesmo preço de exercício, mas com diferentes datas de vencimento (por exemplo, comprar Ford para outubro a 30 e vender Ford para janeiro a 30). Os *spreads* de opções difusas podem ser para atingir diversas metas de investimento.

Spreads de alta. Você poderia considerar uma estratégia de *spread de alta* se estivesse geralmente otimista quanto à ação subjacente, mas desejava ser conservador. Suponha que você esteja otimista quanto às perspectivas da ação da Ford, atualmente negociada, digamos, a 22 dólares, e quer fazer um *spread* de preço. Imagine também que a opção da Ford para outubro a 20 vale 7, ao passo que uma opção para outubro a 30 está cotada a 2.

Como você está otimista, você compraria a opção mais cara da Ford, com vencimento em outubro a 20, e venderia a opção mais barata, com vencimento em outubro a 30. O custo líquido de 5 (500 dólares) é a sua perda máxima possível. Se suas expectativas estiverem corretas e a ação subir de 22 dólares para 35 dólares, a opção de outubro a 20 valerá cerca de 15, seu valor intrínseco, enquanto a opção de outubro será negociada a aproximadamente 5. Encerrando as duas posições, você obterá um lucro de 500 dólares, como a seguir:

Outubro a 20: comprado a 7, vendido a 15 = ganho de 8
Outubro a 30: vendido a 2, comprado a 5 = perda de 3
Total   = ganho de 5

Se a ação caísse muito, sua perda máxima seria de 500 dólares (seu custo inicial), muito embora ambas as opções vencessem sem valor. Seu ganho máximo também seria de 500 dólares. A algum preço alto da ação, a diferença entre os valores das opções seria igual a 10, o que lhe daria um lucro bruto de 1.000 dólares, menos o custo inicial de 500 dólares. O diagrama de resultados dessa estratégia de negociação de opções é apresentado no Gráfico 17.8.

Spreads de baixa. Suponha, entretanto, que você esteja pessimista em relação a uma determinada ação e quer agir com uma estratégia conservadora. Você poderia fazer um *spread de baixa* vendendo a opção mais cara e comprando a opção mais barata. Você venderia por 7 as opções da Ford de outubro a 20 e compraria as opções de outubro a 30 por 2, gerando um ganho imediato de 500 dólares.

Gráfico 17.8 — Diagrama de resultados de um *spread* de alta

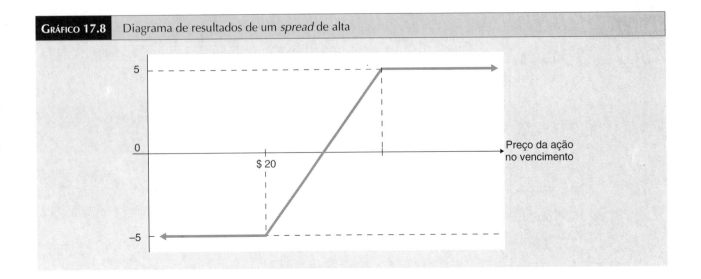

Se você estiver correto e a ação da Ford cair abaixo de 20, as duas opções vencerão sem valor e você terá o lucro de 500 dólares. Logo, se a ação subir para 35, os resultados serão os seguintes:

Outubro a 20: vendido a 7, comprado a 15 = perda de 8
Outubro a 30: comprado a 2, vendido a 5 = ganho de 5
Total = perda de 5

A perda de 500 dólares compara-se favoravelmente à perda potencial de 800 dólares ou mais se o *spread* não tivesse compensado parcialmente o movimento adverso. Quando o preço da ação é alto, a diferença entre os preços das duas opções é igual a 10, de modo que sua perda máxima é de 500 dólares, ou seja, uma perda bruta de 1.000 dólares menos um ganho de 500 dólares na transação original. Esse diagrama de resultados é apresentado no Gráfico 17.9.

Os *spreads* com opções permitem várias outras transações em potencial para se criar quase qualquer conjunto possível de combinações de risco e retorno. Sempre inventivos, os negociadores de opções têm denominado certas estratégias de *straddles*, *strangles*, e *spreads borboleta*.

Straddle — Um *straddle* é uma combinação de uma opção de compra e uma opção de venda com a mesma data de vencimento e o mesmo preço de exercício, próximo do valor corrente do título subjacente. A compra de um *straddle* (compra da opção de compra e da opção de venda) é usada quando um investidor espera uma grande variação do preço do título subjacente, mas não sabe se este subirá ou cairá. Uma posição vendida em um *straddle* (lançar uma opção de compra e lançar uma opção de venda) ocorre quando um investidor acredita que o preço do título subjacente não variará muito. O Gráfico 17.10 mostra os diagramas de resultados de *straddles*.

Strangle — Um *strangle* é semelhante a um *straddle*. Um *strangle* é uma combinação de uma opção de compra e uma opção de venda com a mesma data de vencimento, mas com preços de exercício *diferentes*. O investidor comprará opções de

Gráfico 17.9 — Diagrama de resultados de um *spread* de baixa

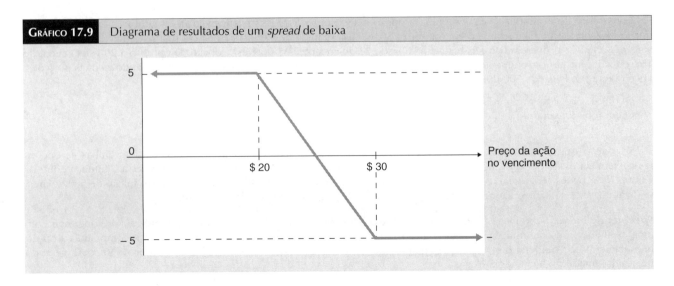

Introdução aos derivativos **435**

GRÁFICO 17.10 Diagramas de resultados de posições compradas e vendidas em *straddles*

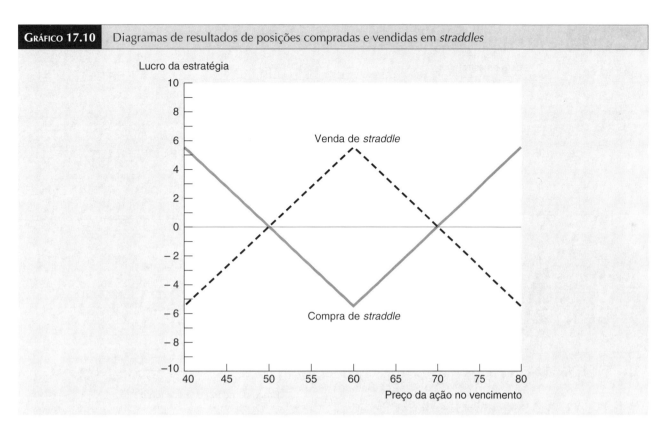

GRÁFICO 17.11 Diagramas de resultados de posições compradas e vendidas em *strangles*

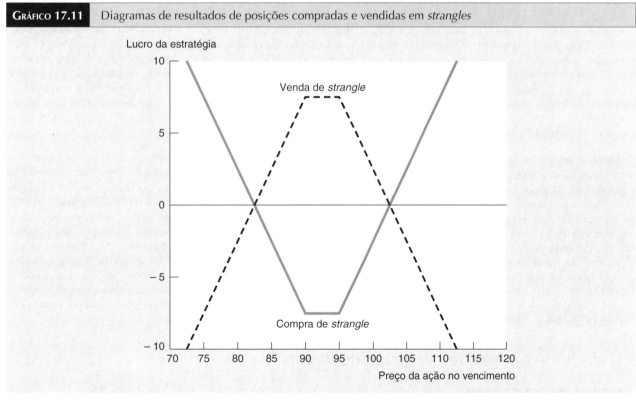

compra e de venda fora do dinheiro, ou seja, uma opção de compra com preço de exercício acima do preço corrente do título subjacente e uma opção de venda com preço de exercício abaixo do preço corrente do título subjacente. A motivação para a montagem de uma posição em um *strangle* assemelha-se à de um *straddle*, embora a faixa na qual o preço do título subjacente pode variar antes que a posição gere um lucro (compra de *strangle*) ou uma perda (venda de *strangle*) é mais ampla do que a do *straddle*. O Gráfico 17.11 apresenta o diagrama de resultados do *strangle*.

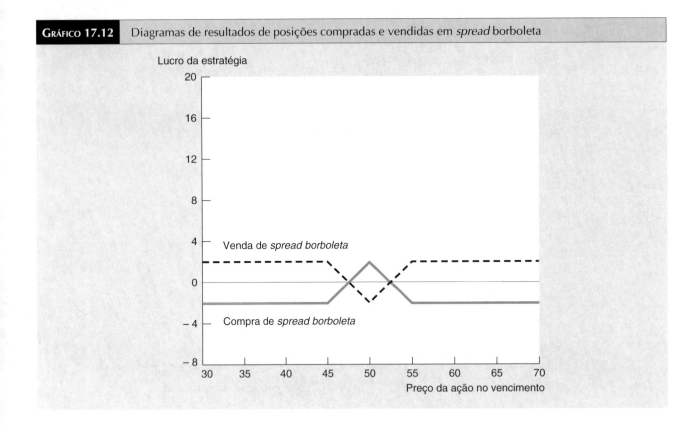

GRÁFICO 17.12 Diagramas de resultados de posições compradas e vendidas em *spread* borboleta

Spread *borboleta* – O risco de uma posição em um *straddle* ou *strangle* ocorre caso o preço do título subjacente fique em uma faixa estreita (compra de *straddle* ou *strangle*) ou varie muito (venda de *straddle* ou *strangle*). Um *spread borboleta* reduz a exposição a risco, bem como o potencial de rentabilidade dessas estratégias de negociação. A compra de um *spread borboleta* envolveria a compra de uma opção de compra com preço de exercício baixo, a com preço de exercício alto, e a venda de duas opções de compra com um preço entre esses dois. A venda de um *spread borboleta* envolveria as posições contrárias, ou seja, a venda ou o lançamento de opções de compra com um preço de exercício baixo e um alto, e a compra de duas opções de compra com um preço intermediário. O Gráfico 17.12 apresenta os diagramas de resultados de *spreads borboleta*.

Retorno esperado e risco – Uma análise dos diagramas de resultados indicará níveis distintos de retornos possíveis e riscos com as diferentes estratégias de negociação de opções. As estratégias de menor risco (em termos de potencial de variabilidade de retornos) são os *spreads borboleta*, os *spreads* de alta e os *spreads* de baixa. As estratégias que oferecem proteções contra perdas com potencial de participação nos movimentos favoráveis de preço dos títulos subjacentes incluem as compras: de uma opção de compra, de uma opção de venda, de um *straddle* e a de um *strangle*. As estratégias de geração de rendimentos incluem o lançamento de opções de compra, o lançamento de opções de venda e estratégias de opções de compra cobertas, mas cada uma delas apresenta potencial de grandes perdas, caso o preço do título subjacente varie contra a posição. As estratégias mais arriscadas, em termos de potencial de perda, são as vendas de *straddles* curtos, as vendas de *strangles* e os lançamentos de opções de compra e de venda descobertas. A estratégia que deve ser usada depende da finalidade da posição (por exemplo, fazer *hedging*, gerar renda extra ou tirar proveito de uma variação esperada do preço do título subjacente), das expectativas do investidor sobre a direção e a volatilidade futura dos preços, e das preferências do investidor, incluindo, naturalmente, as suas preferências quanto a risco.

Paridade de opções de compra e de venda

E-leituras interativas
Para mais explicações e um exemplo animado de paridade de opções de compra e de venda, veja o site: http://reillyxtra.swlearning.com.

Na verdade, os preços das opções de compra e de venda não são completamente independentes uns dos outros. Eles se relacionam entre si por meio de um conceito conhecido como **paridade de opções de compra e de venda**. A intuição básica por trás desse conceito é: se duas carteiras tiverem o mesmo valor em alguma data futura T, os preços delas deverão ser os mesmos de hoje. Haverá arbitragem se isso não for verdade, pois os investidores comprarão a carteira subavaliada e venderão aquela que estiver superavaliada até que seus preços sejam equivalentes.

Consideremos quatro títulos: uma opção de compra e uma opção de venda (cada uma com um preço de exercício de 50 dólares, sobre a mesma ação), uma ação e um título de dívida livre de risco com cupom igual a zero e valor par de 50 dólares. As duas opções e o título de dívida vencem no mesmo dia T. Suponhamos que seja montada uma carteira A com a opção de venda, uma B com a opção de compra e o título de dívida sem cupom, livre de risco e com valor par de 50 dólares.

Sabemos que os valores das opções dependem do valor da ação, V, no vencimento e no preço de exercício da opção, X. Examinaremos essas duas carteiras em duas situações: primeiro com o preço V da ação abaixo do preço de exercício (50 dólares) no vencimento; e depois com V acima de X (50 dólares) no vencimento. Esses resultados são mostrados no Gráfico 17.13.

No primeiro caso, V (digamos 40 dólares) é menor ou igual a X (50 dólares). Na carteira A, a opção de venda vence dentro do dinheiro e vale X − V; a ação tem preço igual a V. O valor da carteira A no vencimento da opção é de 50 dólares − 40 dólares (valor da opção de venda) + V (valor da ação, 40 dólares); a soma é igual a 50 dólares. Na carteira B, a opção de compra está fora do dinheiro e vence sem valor. O valor desta será igual a zero (valor da opção de compra) + 50 dólares (valor par do título de dívida vencido), o que soma 50 dólares. Assim, se o preço da ação for inferior a este valor, quando as opções vencerem, os valores das carteiras A e B serão ambos iguais a 50 dólares.

No segundo caso, V (digamos, 60 dólares) será superior a X (50 dólares). A opção de venda vence fora do dinheiro e tem valor nulo. A ação está cotada a V. O valor da carteira A, no vencimento da opção, é igual a zero (valor da opção de venda) + V (valor da ação, 60 dólares), o que dá 60 dólares. Na carteira B, a opção de compra vence dentro do dinheiro, com um valor de 60 dólares − 50 dólares = 10 dólares. Portanto, o valor da carteira B será neste último valor − 50 dólares (valor da opção de compra) + 50 dólares (valor par do título de dívida vencido), o que soma 60 dólares. Vemos assim que, se o preço da ação for superior a 50 dólares, quando as opções vencerem, os valores das carteiras A e B serão iguais a V. Como ambas têm o mesmo valor no período T, as duas carteiras devem ter o mesmo preço hoje. Assim, o valor da carteira A deve ser igual ao da B:

> **17.6** **Preço da ação + Prêmio de opção de venda**
>
> **= Prêmio da opção de compra + Preço do título de dívida com desconto, isento de risco**

Esse resultado realmente não é de todo surpreendente. Lembre-se de que vimos antes que os diagramas de resultado dos Gráficos 17.6 (opção de venda protetora) e 17.7 (opção de compra) são idênticos. É isso que a relação na equação 17.6 representa algebricamente. O lado esquerdo da equação da estratégia é a opção de venda protetora: comprada na ação e comprada na opção de venda. O lado direito representa uma posição comprada na opção de compra, com o volume extra de caixa aplicado em um título sem risco (o volume extra de caixa corresponde à diferença entre o preço da ação e o prêmio da opção de compra). A arbitragem garantirá que o valor de uma estratégia de opção de venda protetora estará em paridade com a da posição comprada na opção de compra.

Reorganizando a equação 17.6, podemos determinar o preço apropriado de uma opção de venda como função dos preços da opção de compra, da ação e do título de dívida com desconto e livre de risco.

> **17.7** **Prêmio da opção de venda = Prêmio da opção de compra**
>
> **+ Título de dívida com desconto e livre de risco − Preço da ação**

O desenho de um diagrama de resultados de uma combinação da compra de opção de compra com uma posição vendida a descoberto da ação indica resultados que lembram os da posição comprada em opção de venda; a compra de uma opção

GRÁFICO 17.13	Valores das carteiras A e B na data de vencimento da opção, tempo T

	VALOR NA DATA DE VENCIMENTO, INSTANTE T			
	Preço da ação <	**Preço de exercício**	**Preço da ação** >	**Preço de exercício**
Carteira				
A				
Uma ação		V		V
Uma opção de venda		X − V		0
		X		V
B				
Uma opção de compra		0		V − X
Título de dívida com desconto e isento de risco		X		X
		X		V

de compra e a venda a descoberto da ação é uma *opção de venda sintética*. De forma semelhante, podemos determinar o preço de uma opção de compra pelos valores dos outros três ativos. Também podemos estimar o preço da ação usando informações sobre os preços das opções de compra e venda e do título de dívida de desconto isento de risco:

17.8   **Preço da ação = Prêmio da opção de compra − Prêmio da opção de venda**

+ Título de dívida com desconto e livre de risco

Isso mostra que o diagrama de resultados de uma posição comprada da ação decorre da combinação dos resultados de uma posição comprada em uma opção de compra e uma posição vendida em uma opção de venda.

Os preços de contratos futuros também são relacionados aos preços de opções de compra e de venda. Para ver isso intuitivamente, verifique que o diagrama de resultados de posições compradas de contratos futuros é idêntico ao de posições compradas do ativo subjacente. Isso também vale para posições vendidas de contratos futuros e seu ativo subjacente. Examinaremos a avaliação de contratos futuros no Capítulo 18.

Resumo

- Os derivativos estão crescendo em termos de importância e popularidade. Os a termo, futuros e as opções são usados de uma variedade de formas, tanto por investidores quanto por empresas. Podem ser usados para controlar o risco por meio de *hedging*, para gerar rendimentos por meio do lançamento de opções de venda e de compra, ou para obter ganhos de capital.

- Os contratos a termo são os derivativos mais antigos; eles representam uma obrigação assumida por seu titular, no sentido de comprar o ativo subjacente na data estipulada (data de vencimento), ou antes dela, a um preço especificado (preço de exercício). O ganho ou a perda com um contrato a termo realiza-se na sua data de vencimento. O seu valor aumenta e diminui com os

Investimentos on-line

Uma boa maneira de aprender mais sobre os elementos básicos de contratos futuros e opções é visitando alguns websites relacionados a derivativos. Alguns sites interessantes de bolsas de opções e futuros incluem:

http://www.cboe.com – O site da Chicago Board Options Exchange apresenta uma visão geral da bolsa e as opções de ações, índices e as opções de longo prazo e flexíveis. Dados de mercado, inclusive cotações, estão disponíveis. Fornece materiais educacionais para iniciantes e discussões de estratégias de investimento. Inserindo alguns dados, os usuários podem calcular o valor teórico de uma opção, usando a calculadora de opções do site.

http://www.cbot.com – O site da Chicago Board of Trade, a maior bolsa mundial de contratos futuros, dá uma visão geral da bolsa, fornece um dicionário de termos de negócios, e cotações e gráficos de preços. O site disponibiliza relatórios agrícolas do governo (muitas mercadorias são negociadas na CBOT) e relatórios meteorológicos (o clima afeta o rendimento das mercadorias).

http://www.cme.com – O site da Chicago Mercantile Exchange fornece informações semelhantes às das outras bolsas: notícias, cotações, informações sobre produtos e recursos educacionais. O da Merc apresenta lições baseadas em estratégias com derivativos e até mesmo uma *Introduction to hand signals* (Introdução aos sinais com as mãos), utilizados pelos operadores de pregão.

http://www.eurexus.com – A página da filial americana da Eurex, com sede na Europa, um mercado eletrônico de negociação de derivativos que oferece 21 horas diárias de negociação de contratos futuros de títulos do Tesouro ao mundo inteiro.

http://www.iseoptions.com – A International Securities Exchange é uma bolsa integralmente eletrônica de opções. Ela facilita a negociação de opções e índices de ações. O site fornece informações sobre preços, calculadoras de opções, educação e uma descrição de sua estrutura básica de intermediários formadores de preços.

http://www.liffe.com – LIFFE quer dizer London International Financial Futures and Options Exchange (Bolsa Internacional de Contratos Futuros e Opções de Ativos Financeiros de Londres). É a principal bolsa de derivativos na Europa. O site contém informações para negociações no mercado monetário, com títulos de renda fixa, ações, índices e mercadorias.

http://www.schaeffersresearch.com – O site do Investment Research Institute auxilia o público investidor. Ele fornece consultoria sobre recursos de negociação de opções, mas também contém vários recursos educacionais valiosos (e gratuitos). Ele revê os fundamentos de opções e estratégias de negociação de opções (das mais simples às mais complexas). Dá aos usuários um comentário diário sobre o mercado de opções, uma previsão de mercado e as cotações gratuitas de opções. Esse site é útil para aqueles que querem ter uma noção de como os negociantes e investidores usam opções.

Introdução aos derivativos · 439

acréscimos e decréscimos do valor do ativo subjacente. Moedas estrangeiras são os ativos subjacentes de muitos contratos a termo.

- Os contratos futuros também representam uma obrigação de seu comprador, no sentido de comprar o ativo subjacente em um dia estipulado, a um preço previamente determinado. Particularmente, a liquidez dos contratos futuros é ampliada pela padronização dos contratos. O risco de crédito também é reduzido, pois os compradores e vendedores daqueles contratos devem depositar margem. Por meio do processo de marcação a mercado, a variação diária do valor da posição de um investidor é somada ou subtraída da margem na conta. Se o saldo desta ficar muito baixo, uma chamada de margem será emitida.
- Uma distinção importante entre opções e contratos futuros deve-se ao fato de que uma opção confere a seu titular o *direito*, e não a obrigação, de comprar um ativo (no caso de opções de compra) ou vender um ativo (no caso de opções de venda). Essa característica permite aos compradores limitarem suas perdas, caso o preço do ativo subjacente varie contrariamente à sua posição. Há várias estratégias de negociação disponíveis aos investidores em opções, inclusive a compra e a venda de opções de compra e de venda, o lançamento de opções de compra cobertas e o uso de opções de venda protetoras.
- Os investidores podem usar as estratégias de negociação de opções como posições descobertas ou para proteger as posições existentes de investimento. Há muitas possibilidades de retorno esperado e risco entre as diferentes estratégias de negociação de opções.
- As opções de compra, de venda e o mesmo ativo subjacente terão preços relacionados uns com os outros; isso é chamado de paridade entre opções de compra e de venda. A arbitragem entre os mercados à vista, o futuro e o de opções garantirá que a paridade de opções de compra e de venda se mantenha quase perfeita com o tempo.

QUESTÕES

1. De que maneira as opções se assemelham a contratos a termo? Como diferem?
2. Como diferem os contratos a termo dos contratos futuros? Como se assemelham?
3. Identifique os preços máximos e mínimos de opções de compra e de venda e explique por que eles são os máximos e mínimos.
4. Se o preço de uma ação e de uma opção de venda superasse o preço de uma opção de compra e o de um título de renda fixa livre de risco com valor de face igual ao preço de exercício das opções, que tipo de transação você faria? Explique.
5. O que é um derivativo? Por que um investidor desejaria possuir ou vender um derivativo em vez do ativo subjacente?
6. Por que os contratos futuros têm menor risco de crédito ou inadimplência do que os contratos a termo?
7. Discuta as maneiras pelas quais um gestor de carteiras pode usar contratos futuros.
8. Por que só há contratos futuros e opções disponíveis para um limitado conjunto de ativos?
9. No caso de opções lançadas sobre a mesma ação e ao mesmo preço de exercício, o preço de uma opção americana seria maior, menor ou igual ao preço de uma opção européia? Explique.
10. É mais arriscado emitir opções de compra cobertas ou descobertas? Explique.
11. Compare e contraste as seguintes estratégias com opções de compras: de uma opção de compra, de um *straddle*, de um *strangle*, e de um *spread borboleta*.
12. Quando um investidor poderia usar *spread* de preço de alta ou de baixa em lugar de um *spread borboleta*?
13. Em que sentido a compra de opções de compra pode ajudar a reduzir as possíveis obrigações fiscais da carteira de um investidor?
14. *Exame CFA – Nível II*
    Os preços atuais de opções de compra de ações da *Furniture City* estão contidos na tabela a seguir. Revendo esses preços Jim Smith, CFA, observa discrepâncias entre os vários preços de opções e relações básicas de precificação de opções.

Preços de fechamento das opções de compra de ações da Furniture City

30 de maio de 1998
Mês de vencimento

Fechamento	Preço de exercício	Junho	Julho	Agosto	Setembro
$119^1/_2$	110	$8^7/_8$	$12^1/_2$	$15^1/_2$	$18^1/_2$
$119^1/_2$	120	$1^1/_2$	$3^3/_4$	$3^1/_2$	$4^1/_4$
$119^1/_2$	130	1	$2^1/_4$	$2^7/_8$	$5^1/_2$

Identifique *três diferentes* discrepâncias evidentes entre os preços na tabela. Identifique qual das relações básicas de preço de opções é violada por *cada* discrepância.

[Observação: o fato de que as opções não são todas negociadas sempre ao mesmo tempo que a ação subjacente *não* deve ser identificado como uma discrepância.] (12 minutos)

15. *Exame CFA – Nível I*
    A Michelle Industries emitiu uma nota com prazo de cinco anos, sem cupom, denominada em francos suíços por SFr 200 milhões. Os proventos foram convertidos em dólares americanos para a compra de equipamentos nos Estados Unidos. A empresa quer proteger esta exposição cambial e está considerando as seguintes alternativas:
    (a) opções de compra de francos suíços no dinheiro
    (b) contratos a termo de francos suíços
    (c) contratos futuros de francos suíços
    Faça um contraste entre as características essenciais de *cada* um desses *três* derivativos, avaliando a adequação deles ao objetivo de proteção da Michelle, incluindo tanto vantagens quanto desvantagens (15 minutos).

16. *Exame CFA – Nível II*
    Linda Morgan está avaliando as estratégias com opções que lhe permitirão lucrar com fortes variações de preços de ações, para cima e para baixo. Ela acredita que uma combinação entre compra de opção de venda e compra de opção de compra, com a mesma data de vencimento e o mesmo preço de exercício (*straddle*), faria com que ela alcançasse seus objetivos.
    Informações de preços da ação e de opções da Apex são fornecidas a seguir:

440 Investimentos

Preços correntes de mercado de opções e ações da APEX

Ações da APEX: 50 dólares

Opção de compra com preço de exercício de 50 dólares vencendo em dezembro: 4 dólares

Opção de venda com preço de exercício de 50 dólares, vencendo em dezembro: 3 dólares

Não há nenhum custo de transação ou imposto

(a) Faça um diagrama de resultados líquidos na data de vencimento do *straddle*, usando as informações fornecidas. Calcule e identifique o seguinte no diagrama:
 i. Perda máxima
 ii. Pontos de equilíbrio da posição (10 minutos)
(b) Morgan está considerando uma estratégia de custo mais baixo que lhe permita lucrar com grandes variações do preço da ação.

Preços correntes de mercado de opções e ações da APEX

Ações da APEX: 50 dólares

Opção de compra com preço de exercício de 55 dólares vencendo em dezembro: 2,50 dólares

Opção de venda com preço de exercício de 45 dólares, vencendo em dezembro: 2,00 dólares

Não há nenhum custo de transação ou imposto

(c) Desenhe um diagrama de resultados líquidos no vencimento da estratégia alternativa com opções usando as informações anteriores. Calcule e identifique o seguinte no diagrama:
 i. Perda máxima
 ii. Os pontos de equilíbrio da posição (10 minutos)

PROBLEMAS

1. O preço atual da ação é 56. Encontre o limite inferior dos preços de opções, supondo os seguintes preços de exercício:
 (a) Compra a 55
 (b) Compra a 60
 (c) Venda a 55
 (d) Venda a 60
2. Encontre o valor das seguintes opções no vencimento, caso o preço da ação nesse momento seja 41.
 (a) Compra a 40
 (b) Compra a 45
 (c) Venda a 40
 (d) Venda a 45
3. Usando as informações do Quadro 17.1, quão mais, ou menos, caro é comprar francos suíços por meio de um contrato a termo de um mês, em vez de comprar francos no mercado à vista? E no mercado a termo de três meses? E no mercado a termo de seis meses? Refaça esses cálculos, dessa vez usando o iene japonês.
4. Responda às seguintes perguntas, usando os dados de preços de contratos futuros do Quadro 17.3.
 (a) Qual é o valor em dólar dos contratos futuros de milho de julho de 2005 ao preço de ajuste?
 (b) Suponha que a margem inicial exigida seja de 5% do valor do contrato. Quanto você deve depositar em uma conta de margem desse contrato, caso o compre ao preço de ajuste?
 (c) Suponha que o contrato vença ao preço de 275 centavos por alqueire. Qual é o seu retorno em termos porcentuais?
5. Responda às seguintes perguntas, usando os dados de preços de contratos futuros do Quadro 17.3.
 (a) A anotação ao lado da cotação do contrato futuro do Índice S&P Midcap 400 diz que o seu valor é igual a 500 dólares vezes o índice. Suponha que a margem inicial seja de 10%. Quanta margem você deve depositar para comprar o contrato de setembro ao preço de ajuste?
 (b) Compare o retorno de seu investimento em contratos futuros com o de um investimento no índice à vista, se o contrato de setembro vencer a 600. O valor de mercado do índice à vista é indicado na última linha de cotações do Índice Midcap.
 (c) Compare o retorno de seu investimento em contratos futuros com o retorno do investimento no índice à vista, supondo que o contrato de setembro vença a 530.

6. As cotações de opções da IBM aparecem no Quadro 17.9.
 (a) Qual foi o preço de fechamento da ação da IBM?
 (b) Que opções estão dentro do dinheiro? E fora do dinheiro?
 (c) Qual é o retorno em dólares da opção de compra de agosto a 105, se você a comprou e o preço da ação da IBM na data de vencimento é de 100 dólares? 105 dólares? 110 dólares?
 (d) Qual é o retorno em dólares da opção de venda de setembro a 110, se você a comprou e o preço da ação da IBM na data de vencimento é de 105 dólares? E 110? E 115?
7. Responda ao seguinte, usando os dados de opções da Microsoft que aparecem no Quadro 17.9:
 (a) Qual é o valor do prêmio de prazo entre as opções de compra de setembro e janeiro a 60? E das opções de venda?
 (b) Qual é o valor intrínseco das opções de compra e venda de outubro a 65? E as opções de compra e de venda de janeiro a 70?
 (c) Que arbitragem os investidores fariam se a opção de compra a 55 estivesse cotada a 7,25?
 Que arbitragem os investidores fariam se a opção de venda de setembro a 65 estivesse cotada a 0,50?
8. Faça o seguinte usando os dados de opções da Microsoft que aparecem no Quadro 17.9.
 (a) Desenhe o diagrama de resultados para a compra de uma opção de compra de outubro a 60.
 (b) Desenhe o diagrama de resultados com o lançamento de uma opção de compra descoberta, usando a opção de compra de outubro a 60.
 (c) Desenhe o diagrama de resultados com o lançamento de uma opção de compra coberta, usando a opção de venda de janeiro a 65.
9. Faça o seguinte utilizando os dados de opções da Microsoft exibidas no Quadro 17.8:
 (a) Desenhe o diagrama de resultados para a compra de uma opção de venda com vencimento em janeiro e preço de exercício igual a 65.
 (b) Desenhe o diagrama de resultados de uma estratégia com opção de venda protetora usando a opção de venda com vencimento em janeiro e preço de exercício igual a 65.
 (c) Desenhe o diagrama de resultados para a venda da opção de venda com vencimento em janeiro e preço de exercício igual a 65.
10. Usando os dados do Quadro 17.9, calcule o seguinte:
 (a) O retorno em dólares de um *spread* de alta formado com a compra de uma opção de compra de setembro

Introdução aos derivativos **441**

QUADRO 17.9	Dados ilustrativos de opções

			OPÇÃO DE COMPRA		OPÇÃO DE VENDA					OPÇÃO DE COMPRA		OPÇÃO DE VENDA	
Opção	Preço de exercício	Venci-mento	Volume	Fecha-mento	Volume	Fecha-mento	Opção	Preço de exercício	Venci-mento	Volume	Fecha-mento	Volume	Fecha-mento
Intel	30	Ago	16058	0,35	16108	0,55	Microsoft	55	Set	35	9,60	394	0,65
29,78	30	Set	7741	1,65	12241	1,70	63,20	55	Out	...	...	5205	1,40
29,78	30	Out	370	2,35	193	2,30	63,20	60	Ago	329	3,70	2242	0,20
29,78	32,50	Ago	6987	0,05	3798	2,75	63,20	60	Set	55	5,40	7018	1,75
29,78	32,50	Set	1426	0,70	14521	3,50	63,20	60	Out	25	6,70	3431	2,75
29,78	35	Out	553	0,65	49	5,80	63,20	60	Jan	211	9,00	2404	4,70
29,78	35	Jan	492	1,70	49	6,30	63,20	65	Ago	8573	0,30	7730	2,00
29,78	50	Jan	400	0,15	2000	22,00	63,20	65	Set	2968	2,30	949	3,80
							63,20	65	Out	451	3,70	2450	4,70
IBM	95	Out	...	...	403	2,00	63,20	65	Jan	1266	6,20	4762	6,70
105,01	100	Ago	10822	5,20	2010	0,15	63,20	70	Ago	579	0,05	3288	7,10
105,01	100	Set	1042	7,20	1077	1,60	63,20	70	Set	23523	0,75	152	7,30
105,01	100	Out	10	9,80	690	3,40	63,20	70	Out	1429	1,75	273	7,70
105,01	105	Ago	1200	1,00	1448	1,00	63,20	70	Jan	474	4,10	179	9,70
105,01	110	Ago	682	0,10	273	5,90	63,20	75	Set	397	0,20	...	...
105,01	110	Set	211	1,60	557	6,20	63,20	75	Out	2901	0,80	36	12,00
105,01	115	Set	4639	0,65	11	10,10	63,20	75	Jan	2091	2,55	13	13,30

da IBM a 110 e a venda de uma opção de compra de setembro a 115, caso o preço no vencimento seja igual a 95 dólares, 105 dólares, 115 dólares, 125 dólares.

(b) O retorno em dólares de um *spread* de alta formado com a compra de uma opção de compra de setembro da IBM a 115 e a venda de uma opção de compra de setembro a 110, caso o preço no vencimento seja igual a 95 dólares, 105 dólares, 115 dólares, 125 dólares.

10. Usando os dados do preço da ação, do prêmio da opção de compra e do prêmio da opção de venda das opções de outubro da Intel a 30 (extraídos do Quadro 17.9), use a paridade de opções de compra e de venda para estimar o preço de um título de renda fixa sem cupom e sem risco.

11. Suponha que o título apropriado de renda fixa, sem cupom e livre de risco tenha um valor par de 34,24. Usando o preço da ação e o prêmio da opção de compra de janeiro da Intel a 35 (ver Quadro 17.9), qual seria o prêmio da opção de venda?

12. Uma opção de venda de uma ação tem preço de exercício de 35 dólares e está cotada a 2 dólares por ação. Uma opção de compra com o mesmo preço de exercício está cotada a 4 dólares. Qual é a perda máxima por ação do lançador de uma opção de venda descoberta e o lucro máximo por ação deste em uma opção de compra descoberta?

13. Um investidor compra 200 ações a 43 dólares por unidade e vende opções de compra de todas elas, com um preço de exercício de 45 dólares para um prêmio de 3 dólares por ação. Ignorando dividendos e custos de transação, qual é o lucro máximo que o investidor pode obter, se esta posição for mantida até o seu vencimento?

14. Um investidor compra uma opção de compra de agosto da ExxonMobil a 80 por 5 dólares e uma opção de venda de agosto a 80 por 1,25 dólar.

(a) Qual é o nome dessa estratégia de negociação de opções?

(b) Determine o resultado em dólares, caso o preço da ExxonMobil na data de vencimento seja de 65 dólares, 75 dólares, 85 dólares e 95 dólares.

15. Um investidor compra uma opção de compra da McDonald's com vencimento em junho e preço de exercício de 40 dólares pagando um prêmio de 8 dólares; ele também compra uma opção de compra de junho a 50 com um prêmio de 2,50 dólares. Além disso, ele lança duas opções de compra de junho da McDonald's a 45 e recebe o prêmio total de 3,75 dólares por unidade.

(a) Qual é o nome dessa estratégia de negociação de opções?

(b) Qual é o resultado em dólares, se, no vencimento em junho, o preço da ação da McDonald's estiver em 30 dólares, depois 35 dólares, 42,50 dólares, 45 dólares, 47,50 dólares, 50 dólares e 60 dólares?

16. Um investidor compra uma opção de compra de setembro da Coca-Cola a 60 por 6 dólares e uma opção de venda de setembro a 50 por 0,25 centavos.

(a) Como é chamada essa estratégia de negociação de opções?

(b) Determine o resultado em dólares caso o preço da Coca-Cola na data de vencimento seja igual a 40 dólares, 45 dólares, 50 dólares, 55 dólares, 60 dólares e 70 dólares.

442 Investimentos

EXERCÍCIOS NA WEB

1. Seu supervisor na Amijo Financial Institution quer que você investigue a possibilidade de usar contratos futuros de taxas de juros de futuros de *bunds*, *bobls* e *schatz*[5] para proteger a Amijo de alguns riscos externos. Como esses futuros são algumas das variedades de contratos negociados na CBOT, veja o site **http://www.cbot.com** e analise-os. Especificamente, o que é *negociado* quando contratos futuros de *bunds*, *bobls* e *schatz* são comprados ou vendidos? Como é feita a entrega? Qual é o preço de ajuste subjacente a esses contratos futuros e como é calculado?

2. Explique as diferenças entre a Chicago Board of Trade (**http://www.cbot.com**), a Chicago Board Options Exchange (**http://www.cboe.com**) e a Chicago Mercantile Exchange) (**http://www.cme.com**). Que tipos de recursos educacionais são oferecidos por cada organização adicional?

3. Dois tipos de opções negociadas na CBOE são as opções FLEX e LEAPS. Com base em informações encontradas no site, escreva um parágrafo explicando o que é cada uma dessas opções.

4. Que novos produtos de opções e contratos futuros têm sido lançados nos últimos tempos pelas bolsas de opções e de futuros? Como os novos contratos poderiam ajudar os investidores?

5. Localize, pesquisando na Internet, empresas que ofereçam contratos a termo em moedas e produtos agrícolas.

EXERCÍCIOS EM PLANILHA

1. Monte uma planilha usando operadores lógicos para determinar o valor intrínseco de (a) uma opção de compra e (b) uma opção de venda.

2. Monte uma planilha para determinar, para níveis diferentes de preços de ações, o valor intrínseco das seguintes posições compradas e vendidas com opções.
   (a) *Spread* de alta e de baixa
   (b) *Straddle*
   (c) *Strangle*
   (d) *Spread borboleta*

3. Monte uma planilha para estimar os retornos (em função de diferentes preços finais da ação) (a) da compra da ação; (b) da compra de opções de compra; (c) da compra da ação mais compra de opções de venda (uma estratégia de opção de venda protetora). Usando um preço de compra da ação de 45 dólares e um preço de exercício de 50 dólares, estime os retornos de cada uma dessas três estratégias, supondo que o preço final da ação fique na faixa de 35 dólares a 65 dólares. (Dica: Calcule os retornos a incrementos de 5 dólares do preço da ação.)

4. Amplie a planilha do Exercício 3 e estime o retorno porcentual médio e o desvio-padrão; suponha que todos os preços na faixa de 35 dólares a 65 dólares têm a mesma probabilidade de ocorrência.

REFERÊNCIAS

BURNS, Terence (Ed.) *Derivatives in Portfolio Management*. Charlottesville, VA: AIMR, 1998.

CHANCE, Don M. *Analysis of Derivatives for the CFA® Program*. Charlottesville, VA: CFA Institute, 2003.

CLARKE, Roger C. *Options and Futures: A Tutorial*. Charlottesville, VA: *The Research Foundation of the Institute of Chartered Financial Analysts*, 1992.

DUBOSKY, David A. *Options and Financial Futures: Valuation and Uses*. New York: McGraw-Hill, 1992.

KOLB, Robert W. *Futures, Options, and Swaps*. 3. ed. Malden, MA: Balckwell Publishers, 2000.

STOLL, Hans R.; Robert E. Whaley. *Futures and Options: Theory and Applications*. Cincinnati: South-Western, 1993.

---

[5] *Bunds, bobls* e *schatz* são termos que designam títulos emitidos pelo governo alemão. Há um termo oficial mais longo para Bobls – Bundesobligationen –, assim como para Schatze: Bundesschatzanweisungen. (N.T.)

GLOSSÁRIO

Contraparte – Nome usado para designar os investidores em posições com derivativos.

Contrato a termo – Um acordo entre dois negociantes para a entrega de um ativo em uma data futura predeterminada a um preço estipulado.

Contrato futuro – Um acordo entre um negociante e a câmara de compensação envolvendo a troca de um ativo, em uma data futura padronizada, pelo pagamento de um preço estipulado.

Derivativo – Um título cujo valor é determinado pelo valor de ativo, ou seja, deriva do valor do título subjacente.

Margem inicial – Fundos que os compradores e os vendedores de contratos futuros devem depositar em uma conta na câmara de compensação de uma bolsa.

Mercado à vista – Mercado no qual ocorre transferência de propriedade de caixa e de ativos entre comprador e vendedor.

Opção – Instrumento de investimento que dá ao titular o direito de comprar ou vender algo a um preço fixo, em uma data específica ou a qualquer tempo até uma data determinada.

Opção americana – Uma opção que permite ao titular o exercício da opção a qualquer tempo, incluindo o dia de vencimento.

Opção de compra coberta – Venda de uma opção contra a ação que você possui.

Opção de compra descoberta – Venda de uma opção de compra de ações que você não possui; você precisará adquiri-las caso o titular da opção queira comprar a ação.

Opção de compra sintética – Outro nome da opção de venda protetora; é chamada assim porque o diagrama de resultados de uma opção de venda protetora se parece com o de uma opção de compra.

Opção de venda protetora – Estratégia com opções de venda que envolve a compra de uma opção de venda acompanhada por uma posição comprada na ação.

Opção de venda sintética – Uma posição semelhante à de uma opção de venda, que resulta da venda da ação a descoberto, juntamente com a compra da opção de compra da mesma ação.

Opção dentro do dinheiro – Uma opção com um preço de exercício favorável em relação ao preço de mercado da ação; seu valor intrínseco é positivo.

Opção européia – Uma opção que permite ao titular o exercício da opção somente no dia de vencimento.

Opção fora do dinheiro – Uma opção com um preço de exercício desfavorável em relação ao preço de mercado da ação subjacente; seu valor intrínseco é negativo.

Opção no dinheiro – Uma opção com preço de exercício aproximadamente igual ao preço de mercado da ação subjacente; seu valor intrínseco é igual a zero.

Paridade de opções de compra e de venda – Relação entre opções de compra e venda do mesmo ativo subjacente com o mesmo preço de exercício.

Preço de ajuste – Preço aproximado de fechamento dos contratos futuros, determinado por uma comissão especial da bolsa ao final de cada pregão.

Preço de exercício – Preço de transação especificado em um contrato de opção.

Prêmio de opção – Preço pago por uma opção.

***Spread* de preço** – Compra e venda simultânea de opções idênticas, exceto por seus preços de exercício.

***Spread* de prazo** – Compra e venda simultânea de opções idênticas, exceto por suas datas de vencimento.

capítulo 18

Derivativos: análise e avaliação

Neste capítulo, responderemos às seguintes perguntas:

Qual a relação entre os preços à vista e os preços de contratos futuros?

O que é risco de base?

O que é negociação programada e arbitragem de índice de ações? Como podem os contratos futuros ser usados na proteção ou especulação com variações de *spreads* das curvas de rendimentos?

Por que os investidores querem aplicar em opções de contratos futuros?

Que fatores influenciam o preço de uma opção?

Como calculamos o preço de uma opção de compra usando o modelo binomial de precificação?

Como usamos o modelo Black-Scholes de precificação de opções?

Como características semelhantes a opções afetam o preço de um título de dívida?

Neste capítulo, abordaremos a análise avançada de derivativos, discutindo conceitos de avaliação de contratos futuros, risco de base e aplicações populares de estratégias com contratos futuros, como arbitragem de índice e especulação com *spreads* na curva de rendimentos. Também examinaremos o uso de opções de contratos futuros, um exemplo de um "derivativo de derivativo" que está ficando cada vez mais popular. Como a seguir estudaremos a avaliação de opções, analisaremos os fatores que afetam os seus preços e a sua estimação, usando os modelos Black-Scholes e binomial de precificação de opções. Finalmente, examinaremos títulos assemelhados a opções, por exemplo, títulos de dívida com cláusula de resgate antecipado, *warrants* e títulos conversíveis. Embora eles já existam há muitos anos, o crescimento do conhecimento e da popularidade de opções puras ampliou o uso e a avaliação desses títulos e tem levado a outras inovações.

Questões de avaliação de contratos futuros

Quando uma *commodity* pode ser comprada tanto no mercado à vista (ou físico) quanto no futuro, um investidor tem duas maneiras de realizar essa compra, de modo que ele venha a tê-la, digamos, seis meses mais tarde: comprá-la agora no mercado à vista e mantê-la por seis meses, ou comprar um contrato futuro para entrega seis meses depois. Digamos que o preço corrente do ouro à vista seja S_0 e que o à vista esperado daqui a seis meses seja S_6. Qual é o preço apropriado para um contrato futuro de ouro hoje para entrega nessa data? Para responder a essa pergunta, vamos comparar os preços de uma posição em contratos futuros e no mercado à vista no momento 0 e em qualquer data futura T, usando uma técnica já empregada no Capítulo 17 para examinar a paridade de opções de compra e venda.

MODELO DE CUSTO DE CARREGAMENTO

A primeira estratégia é comprar ouro hoje (instante 0) pelo preço à vista S_0. Os fundos necessários são iguais a S_0, e a posição valerá S_T na data T. A segunda estratégia é abrir uma posição comprada de contratos futuros de ouro hoje, instante 0, exigindo que o investidor compre ouro a um preço futuro $F_{0,T}$ na data T. O investidor precisa reservar fundos suficientes na data 0 para que possa pagar o preço futuro $F_{0,T}$ quando o contrato vencer. O investidor não precisa reservar esse preço integral; em vez disso, ele pode investir uma quantia menor em títulos livres de risco de maneira que, com os juros, ele tenha a quantia necessária na data T. Sendo a taxa livre de risco de um período igual a r_f, ele precisará investir uma quantia igual a $F_{0,T}/(1 + r_f)^T$ para ter os fundos necessários. Para resumir, os fluxos de caixa dessas duas estratégias são os seguintes:

Estratégia	Fluxo de caixa no instante 0	Valor do ouro no instante T
Comprar ouro	$- S_0$ (fluxo de saída igual ao preço corrente do ouro no mercado à vista)	S_T (preço de mercado do ouro no instante T)
Comprar contratos futuros **Contrato vencendo no instante T**	$- F_{0,T}/(1 + r_f)^T$ (fluxo de saída igual aos fundos investidos para comprar ouro no instante T ao preço do contrato futuro)	S_T (qualquer que seja o preço do contrato futuro o valor do ouro será igual ao seu preço à vista no instante T)

Como qualquer estratégia resulta no mesmo valor S_T para a carteira, seus valores no instante 0 devem também ser idênticos; se não fosse assim, a arbitragem por investidores faria com que os valores se igualassem. Isso significa que o fluxo de saída de caixa da estratégia de "comprar ouro" deve ser igual ao fluxo de saída de caixa da estratégia de "comprar contratos futuros".

$$S_0 = \frac{F_{0,T}}{(1 + r_f)^T}$$

ou, alternativamente,

18.1
$$F_{0,T} = S_0 (1 + r_f)^T$$

Esse é o *modelo de custo de carregamento* para determinar os preços de contratos futuros. Nesse caso, o custo de carregar (ou possuir) ouro é a renda sacrificada de juros do investimento de fundos no título livre de risco. Para outras mercadorias, o custo de carregamento pode incluir despesas de armazenagem (como no caso de cereais, por exemplo, trigo e milho), bem como os custos de seguro.

Suponha que o preço do ouro seja 300 dólares por onça e que a taxa de juros mensal livre de risco seja 0,25%. Usando a equação 18.1, podemos determinar qual deve ser o preço de um contrato futuro de ouro para entrega deste seis meses depois:

$$F_{0,T} = S_0 (1 + r_f)^T = \$ \, 300 \, (1 + 0,0025)^6 = \$ \, 304,53 \text{ por onça}$$

Suponhamos que o preço corrente de contratos futuros de ouro seja 310 dólares por onça em contratos com prazo de seis meses. Os arbitradores podem fixar um lucro livre de risco (ignorando as comissões), pegando emprestado para comprar ouro ao preço à vista de 300 dólares e vendendo um contrato futuro de seis meses. Os arbitradores pagariam 304,53 dólares após seis meses para restituir o empréstimo (300 dólares mais seis meses de juros a 0,25% mensalmente) e receber 310 dólares com a venda de ouro por meio do contrato futuro, obtendo um lucro líquido livre de risco de 5,47 dólares por onça. Entretanto, a forte demanda por ouro no mercado à vista e a forte pressão de venda de contratos futuros de ouro resultariam em ajustes rápidos destes preços e os de contratos futuros, para eliminar a oportunidade de arbitragem. Esse é um exemplo de eficiência do mercado, com os mercados à vista e de futuros trabalhando em conjunto para eliminar preços anômalos.

Imagine que um gestor de carteiras queira ampliar sua aplicação em barras de ouro no decorrer dos próximos nove meses. Suponhamos que existam contratos futuros de seis e nove meses, além do mercado à vista. Isso significa que o gestor conta com várias maneiras de aumentar sua alocação em ouro: (a) comprar no mercado à vista e manter o ouro por nove meses; (b) comprar um contrato futuro com prazo de seis meses e depois manter o ouro comprado por três meses; ou (c) comprar um contrato futuro com prazo de nove meses e aceitar a entrega do ouro após esse prazo.

Qual deve ser a relação de preços entre os contratos futuros de seis e nove meses? Vimos que a diferença entre os preços à vista e o do contrato de seis meses é o custo de carregamento desse período. Pela mesma lógica, a diferença entre os preços dos contratos futuros de seis e nove meses será simplesmente o custo de carregamento do ouro no decorrer de três meses:

$$F_{0,9} = F_{0,6} (1 + r_f)^{9-6} = F_{0,6} (1 + r_f)^3$$

Portanto, a relação entre o preço à vista, o preço do contrato de seis meses e o preço do contrato de nove meses é:

$$F_{0,9} = S_0 (1 + r_f)^9 = F_{0,6} (1 + r_f)^3$$

IMPERFEIÇÕES DE MERCADO

O mundo real contém imperfeições de mercado, nem todos os ativos financeiros e mercadorias têm os custos baixos de armazenagem e a ausência de fluxos de rendimento do ouro. Entretanto, podemos ajustar o modelo de custo de carregamento para levar em consideração algumas implicações desse mundo.

446 Investimentos

Custos de armazenagem – No caso de mercadorias físicas, a posse da mercadoria exige que ela seja armazenada e segurada. O custo de carregamento, nesse caso, incluirá os custos de armazenamento e seguro (AS) por período, bem como o custo dos juros sacrificados, que poderiam ter sido obtidos com a aplicação dos fundos. A equação 18.1 passa a ser:

18.2
$$F_{0,T} = S_0 \, (1 + r_f + SI)^T$$

Fluxos de caixa da posse do ativo – Alguns ativos, quando possuídos, oferecem fluxos de caixa que beneficiam o proprietário. Por exemplo, os juros dos títulos de dívida ou os dividendos de ações fazem com que a posse de ativos seja mais atraente do que a titularidade de um contrato futuro. Para incluir o benefício do fluxo de caixa periódico decorrente da posse do ativo, que é perdido (que chamaremos de *d*), no modelo do custo de carregamento, devemos reduzir este por *d*:

18.3
$$F_{0,T} = S_0 \, (1 + r_f + SI - d)^T$$

Custos de transação – Muitos mercados têm um *spread* entre preço de compra e preço de venda. Um negociante ou intermediário compra unidades a um preço de oferta (mais baixo) e as vende a um preço de demanda (mais alto). Além disso, as comissões de negociação aumentam o preço líquido para os compradores e reduzem as receitas líquidas dos vendedores. Portanto, o efeito dos custos de transação é aumentar o preço efetivo dos contratos futuros para os seus compradores e abaixá-los para os seus vendedores. Isso gera uma faixa de preços possíveis de contratos futuros, pois tanto os compradores quanto os vendedores de contratos futuros são obrigados a comissão e/ou o *spread*. Se o preço de mercado do contrato futuro ficar nessa faixa, não será possível fazer arbitragem com lucro. Se o preço se elevar acima ou cair abaixo da faixa, a arbitragem poderá ser lucrativa e se realizará para que se restaure um preço apropriado para o contrato futuro. Sendo CT igual aos custos de transação como porcentagem do preço à vista, a faixa dos preços de negociação do contrato futuro será:

18.4
$$S_0 \, (1 - TC) \, (1 + r_f + SI - d)^T \leq F_{0,T} \leq S_0 \, (1 + TC) \, (1 + r_f + SI - d)^T$$

BASE

A diferença entre um preço à vista e um preço futuro é chamada de ***base***. Mais precisamente, a base no instante *t* entre o preço à vista S_t e um contrato futuro que vence nesse instante é:

18.5
$$B_{t,T} = S_t - F_{t,T}$$

Quando o contrato futuro vence na data T, o seu preço $F_{t,T}$ deve ser idêntico ao preço à vista S_T. Os participantes do mercado futuro chamam esse processo de ***convergência***. Isso significa que, à medida que nos aproximamos do instante T, a base vai para zero. Entre o momento em que o contrato futuro é comprado e o instante T, a diferença entre o preço à vista e o preço do contrato futuro pode variar; isso é conhecido como ***risco de base***. Esse risco é especialmente importante para os *hedgers*, que esperam se desfazer de sua posição em contratos futuros antes do vencimento (instante T), pois a base pode não se aproximar do preço à vista de uma maneira suave e previsível. Os especuladores às vezes apostam na direção da base, assumindo posições com o objetivo de lucro, caso esperem que ela se amplie ou estreite.

O gráfico da esquerda no Gráfico 18.1 mostra o comportamento dos preços do ouro no mercado futuro e no mercado à vista. O comportamento da base é medido no lado direito do gráfico. Os preços à vista e futuro variam de maneira bastante próxima um do outro, mas o processo não é suave. A base flutua com o passar do tempo dependendo das condições do mercado, das taxas de juros e das expectativas de fluxos de caixa de outros ativos.

Algumas evidências indiretas indicam que a minimização do risco de base é a meta primordial da maioria dos *hedgers* nos mercados futuros. Por exemplo, o crescimento dos produtos de mercado de balcão para auxiliar as instituições a gerirem o risco de taxa de juros, a despeito da existência de produtos como opções e contratos futuros negociados em bolsa, é uma resposta que visa à criação de soluções customizadas de gestão de risco para atender necessidades específicas de *hedging*.[1]

Aplicações avançadas de contratos futuros de ativos financeiros

Os gestores de carteiras utilizam contratos futuros para "investir" imediatamente as entradas de caixa até que os contratos futuros sejam vendidos, e as entradas, aplicadas em títulos especificamente selecionados. Os gestores também usam os contratos futuros para alterar uma alocação de ativos. Comprando e vendendo os contratos futuros apropriados, pode-se provocar uma alteração imediata de exposição e dar tempo ao gestor para vender posições, com prudência, a fim de criar posições novas. Nesta seção, examinaremos outras estratégias que usam contratos futuros de ativos financeiros.

ARBITRAGEM DE ÍNDICE DE AÇÕES

Os contratos futuros de índices de ações são liquidados financeiramente; ou seja, no vencimento, um saldo apropriado de caixa é entregue, e não um pacote de certificados de ações. Estratégias de *hedging* podem ser aplicadas para uma gama

---

[1] Keith C. Brown; Donald J. Smith. *Interest Rate and Currency Swaps: A Tutorial*, Charlottesville, VA: Research Foundation of the Institute of Chartered Financial Analysts, 1995.

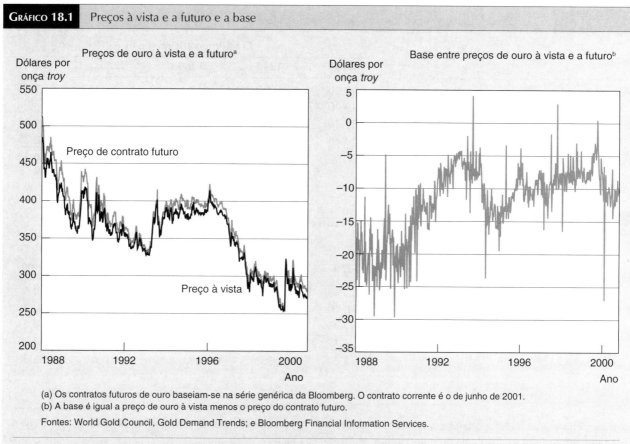

GRÁFICO 18.1 Preços à vista e a futuro e a base

(a) Os contratos futuros de ouro baseiam-se na série genérica da Bloomberg. O contrato corrente é o de junho de 2001.
(b) A base é igual a preço de ouro à vista menos o preço do contrato futuro.
Fontes: World Gold Council, Gold Demand Trends; e Bloomberg Financial Information Services.

Fonte: Federal Reserve Bank of Cleveland, *Economic Trends*, Nov. 2000. Disponível em: http://www.clevelandfed.org/Research/Et2000/1100/Html/gold.htm.

ampla de posições em ações, desde carteiras diversificadas a ações individuais. A proteção de uma ação individual com um contrato futuro de índice é feita em uma tentativa de isolar a parcela não sistemática do risco desse título. Além disso, os futuros de índices de ações freqüentemente são usados para converter carteiras inteiras de ações em posições livres de risco sintéticas, com a finalidade de explorar um desajuste de preços entre a ação nos mercado à vista e futuro. Essa estratégia é chamada de **arbitragem de índice de ações**, e é um exemplo de uma classe mais ampla de esquemas de negociação apoiados por computador, conhecida como *negociação programada*.

Para ilustrar, usaremos a equação 18.3 para um período (T = 1). Como os custos de armazenagem de ações são nulos, e como compras e vendas entre arbitradores negociando tanto nos mercados de ações quanto no mercado futuro devem garantir que os lucros sejam iguais a zero, o preço a futuro fixado na data 0 será:

18.6
$$F_{0,T} = S_0 + S_0(r_f - d)$$

Tal como no caso do modelo do custo de carregamento, o preço a futuro seria fixado abaixo do nível do índice à vista se $(r_f - d) < 0$. Ou seja, o contrato futuro de índice será cotado abaixo do nível corrente do preço da ação sempre que os dividendos recebidos com a posse da ação superem o custo de captação de empréstimos.

Para ver como essa relação de paridade ajuda a fixar o nível apropriado do preço do contrato futuro do índice de ações, suponha que uma "cota" do índice S&P 500 possa ser comprada por 1.250,00; além disso, que a taxa de dividendo e a taxa livre de risco para um prazo de aplicação de seis meses sejam iguais a 1,5% e 2,5%, respectivamente. Em tais condições, o preço do contrato futuro do S&P 500 com prazo de seis meses seria $F_{0,0.5} = 1.250 + 1.250\,(0,025 - 0,015) = 1.262,50$. Agora, suponha que seja montada uma posição vendida de *hedge* com a compra (1) do índice a 1.250,00 e (2) a venda do contrato futuro a 1.262,50. Se a posição for mantida até o vencimento, o lucro nesta data, em vários níveis do S&P, irá se comportar como é mostrado na Tabela 18.1. Observe que o lucro líquido permanece constante, independentemente do nível do índice na data de vencimento, desde que o preço de paridade entre contrato futuro e mercado à vista se mantenha nesse exemplo.

Implementação de uma estratégia de arbitragem de índice – E se a condição de paridade entre o índice de ações e o preço do contrato futuro deste não estiver sendo obedecida? Especificamente, suponha que no exemplo anterior o preço corrente do contrato futuro do S&P 500 com prazo de seis meses seja igual a 1.265,50 (ou seja, $F_{0,T} > S_0 + S_0(r_f - d)$). Nesse

448 Investimentos

TABELA 18.1	Exemplo de arbitragem de índice de ações – sem lucro				
	O S&P no vencimento é:				
	1220	**1240**	**1260**	**1280**	**1300**
Lucro líquido com contrato futuro	42,50	22,50	2,5	–17,50	–37,50
Lucro líquido com índice	–30,00	–10,00	10,00	30,00	50,00
Custo dos empréstimos captados	–31,25	–31,25	–31,25	–31,25	–31,25
Dividendo	18,75	18,75	18,75	18,75	18,75
Lucro líquido	0,00	0,00	0,00	0,00	0,00

TABELA 18.2	Exemplo de arbitragem de índice de ações – com lucro livre de risco				
	O S&P no vencimento é:				
	1220	**1240**	**1260**	**1280**	**1300**
Lucro líquido com contrato futuro	45,50	25,50	5,50	–14,50	–34,50
Lucro líquido com índice	–30,00	–10,00	10,00	30,00	50,00
Custo dos empréstimos captados	–31,25	–31,25	–31,25	–31,25	–31,25
Dividendo	18,75	18,75	18,75	18,75	18,75
Lucro líquido	3,00	3,00	3,00	3,00	3,00

caso, poderíamos executar a seguinte transação de arbitragem: (1) vender o contrato futuro do índice de ações a 1.265,50; (2) tomar emprestado a 2,5% para comprar o índice de ações a 1.250,00; e (3) manter a posição até o vencimento, recebendo 18,75 em dividendos e depois vendendo a ação para restituir o empréstimo. O lucro líquido no vencimento seria igual a 1.265,50 – 1.250,00 – 1.250,00 (0,025 – 0,015) = 3,00, independentemente do valor do índice do S&P 500 no vencimento. A Tabela 18.2 demonstra isso. Essa estratégia é livre de risco (ou seja, o preço de venda das ações e os dividendos eram conhecidos antecipadamente) e nenhuma parte de nosso capital próprio foi usada; esse é um lucro de arbitragem.

Essa é a *arbitragem de índice de ações*, que é possível sempre que o preço do contrato futuro do índice é fixado em um nível suficientemente diferente do valor teórico de $F_{0,T}$ para cobrir os custos de negociação. Por exemplo, se o nível de $F_{0,T}$ fosse realmente inferior a $S_0 + S_0 (r_f - d)$, a estratégia anterior poderia ser revertida: (1) comprar o contrato futuro do índice de ações a $F_{0,t}$; (2) emprestar a r_f e vender o índice de ações a descoberto a S_0; e (3) cobrir a posição na data de vencimento do contrato futuro. Na verdade, a arbitragem de índice é uma forma muito popular de negociação. O Quadro 18.1 informa que, na semana observada, aproximadamente 12% de todas as negociações programadas auxiliadas por computador usaram essa estratégia. Além disso, esse tipo de negociação foi responsável por cerca de metade do volume de negociações na Bolsa de Valores de Nova York. Ambos esses totais podem ser bem maiores nas datas de vencimento de contratos (ou seja, nos chamados dias de tripla bruxaria, perto da terceira sexta-feira do mês de vencimento do contrato).

SPREAD DE CONTRATOS FUTUROS DE NOTAS/OBRIGAÇÕES (NOB)

Freqüentemente, os especuladores no mercado de títulos de dívida fazem previsões de variações da forma geral da curva de rendimentos, mas se sentem menos seguros quanto à direção efetiva das variações futuras das taxas. Suponha-se, por exemplo, que um especulador pense que uma curva com inclinação positiva se achatará. Uma maneira de investir em tal situação é assumindo posições compradas e vendidas de contratos que representam diferentes pontos da curva de rendimentos. Isso é conhecido como estratégia de *spread de notas sobre obrigações do Tesouro (NOB)*.

Se a curva de rendimentos se tornar horizontal, os preços dos títulos de dívida a longo prazo aumentarão em relação aos das notas de prazo intermediário. Os especuladores desejarão comprar contratos de obrigações a longo prazo e vendidos em contratos de notas.

Suponha que em meados de fevereiro você observe as cotações mostradas na tabela (com seus rendimentos implícitos até o vencimento) para contratos futuros de obrigações e notas do Tesouro vencendo em junho. (Lembre-se de que os títulos do Tesouro são cotados em 32 avos; 103-02 corresponde a 103 2/32 do par. O par é de 100.000 dólares.)

Contrato	Preço de ajuste	Preço em dólares	Rendimento implícito
Obrigação do Tesouro de 6% com prazo de 20 anos	103-02	$ 103.062,5	5,70
Nota do Tesouro de 6% com prazo de 10 anos	104-02	$ 104.062,5	5,42

Quadro 18.1 — Estatísticas de negociação programada

Negociação Programada

NOVA YORK – A atividade de negociação programada na semana encerrada em 23 de julho foi responsável por 51%, ou seja, uma média de 770,5 milhões de ações por dia, do volume da Bolsa de Valores de Nova York. As empresas de corretagem executaram negociação programada de 552,5 milhões de ações adicionais diariamente fora da NYSE, com 4,6% do total geral em mercados estrangeiros. A negociação programada é a compra ou venda simultânea de pelo menos 15 ações diferentes com um valor total de pelo menos 1 milhão de dólares.

Do total programado na NYSE, 12% envolveram arbitragem de índices de ações. Nessa estratégia, os negociantes deslocam-se rapidamente entre ações e opções e contratos futuros de índices de ações com o objetivo de capturar diferenças transitórias de preço. Mais 0,1% envolve estratégias com produtos relacionados a derivativos. A arbitragem de índice pode ser executada somente de uma maneira estabilizadora quando o índice Dow Jones varia pelo menos 200 pontos em relação a seu fechamento anterior.

Cinqüenta e dois (52) por cento da negociação programada foi executada por empresas em nome de seus clientes, enquanto 46%, para suas próprias carteiras, ou seja, em negociações como principais. Dois por cento (2%) adicionais foram designados como facilitação para o cliente, em que as empresas usam as posições como principais para facilitar negociações de clientes.

Dentre as cinco empresas mais ativas da semana em geral, a UBS Securities da UBS AG e o Credit Suisse First Boston do Credit Suisse Group executaram a maioria de suas negociações programadas como principais para suas próprias carteiras. A Morgan Stanley e a Deutsche Bank Securities do Deutsche Bank AG realizaram a maior parte de sua atividade de negociação programada como agentes para clientes. A Lehman Brothers dividiu quase igualmente as suas atividades entre sua carteira própria e as de seus clientes.

Negociação programada na NYSE
Volume em milhões de ações na semana encerrada em 23 de julho de 2004

PRINCIPAIS 15 EMPRESAS	ARBITRAGEM DE ÍNDICE	RELACIONADAS A DERIVATIVOS*	OUTRAS ESTRATÉGIAS	TOTAL
UBS Securities	....	....	603,4	603,4
Morgan Stanley	17,4	1,2	573,5	592,1
Deutsche Bank Securities	102,5	....	335,4	437,9
Credit Suisse First Boston	13,2	....	292,5	305,7
Lehman Brothers	....	....	291,0	291,0
Goldman Sachs Group	1,6	....	241,6	243,2
Merrill Lynch	....	....	226,3	226,3
RBC Capital Markets	124,0	....	43,7	167,7
CIBC World Markets	51,3	....	91,3	142,6
Nomura Securities	78,9	....	39,9	118,8
Salomon Smith Barney	....	....	102,7	102,7
Bear Stearns	13,7	....	84,7	98,4
J.P. Morgan	....	....	90,8	90,8
Banc of America Sec.	....	....	83,5	83,5
Interactive Brokers	....	....	60,7	60,7
TOTAL GERAL	**460,0**	**1,2**	**3391,2**	**3852,4**

* Outras estratégias relacionadas a derivativos além de arbitragem de índice.

Fonte: Bolsa de Valores de Nova York.

Fonte: *The Wall Street Journal*, 30 de julho de 2004, página C6. Copyright© 2004 Dow Jones. Reimpresso com permissão do Copyright Clearance Center.

Observe que sua expectativa de que a curva de rendimentos se tornará horizontal é idêntica à visão de que a diferença de 28 (0,0570 − 0,0542) pontos de base entre os contratos de prazos mais longos e mais curtos diminuirá. Se você também acha que isso ocorrerá em meados de junho, a estratégia apropriada seria (1) comprar um contrato futuro de obrigações do Tesouro, e (2) vender um contrato futuro de notas do Tesouro. O lucro líquido dessa posição conjunta, quando você liquidar os dois contratos, é dado pela soma dos lucros da posição comprada de obrigações do Tesouro com a posição vendida de suas notas, ou seja:

Lucro com a posição comprada de obrigações do Tesouro + Lucro com a posição vendida de notas do Tesouro

(Preço de obrigações do Tesouro para junho − $ 103.062,5)

+ ($ 104.062,5 − Preço de notas do Tesouro para junho)

Para ver o que essa posição combinada pagaria se sua visão estivesse correta, suponha que a curva de rendimentos se torne horizontal, de maneira que ambos os títulos oferecessem 6% de rendimento no momento em que você liquidasse suas posições em junho.

Nesse caso, ambos os contratos futuros serão negociados ao par, de modo que seu lucro líquido será:

$$(\$\,100.000 - \$\,103.062,5) + (\$\,104.062,5 - \$\,100.000)$$

$$= (-\,3.062,50) + (\$\,4.062,50) = \$\,1.000$$

450 Investimentos

Isso significa que você perdeu $ 3.062,50 na posição comprada no contrato de obrigações do Tesouro, mas ganhou $ 4.062,50 em sua posição vendida no contrato de suas notas, gerando um lucro líquido de $ 1.000 com o *spread* NOB.

Outras apostas que envolvem *spreads* são possíveis com contratos futuros. O do tipo TED (Treasury-Eurodollar ou Tesouro/Eurodólar) permite aos especuladores assumirem posições quando eles acreditam que os *spreads* de crédito vão aumentar ou diminuir. Os contratos futuros de letras do Tesouro as têm isenta de risco, como ativo subjacente. Os futuros de eurodólar baseiam-se nas taxas LIBOR de três meses (90 dias), as quais contém algum risco de crédito. Se os participantes do mercado estiverem esperando uma ampliação do *spread* de crédito, como em uma "fuga para a qualidade", quando os investidores ficam muito avessos a risco, esses participantes assumem uma posição comprada no *spread* TED, adquirindo contratos futuros de letras do Tesouro e vendendo os de eurodólar. Inversamente, quando esperam um estreitamento do *spread* de crédito, vendem o *spread* TED a descoberto, por meio de uma venda de contratos futuros de letras do Tesouro e comprando contratos futuros de eurodólar.

Opções de contratos futuros

As **opções de contratos futuros** oferecem aos investidores alternativas adicionais de proteção ou especulação. Suponhamos que haja uma opção de compra de contratos futuros do índice S&P 500 com um preço de exercício de 1.080. Se a opção for exercida, o titular da opção de compra assumirá uma posição comprada no contrato futuro de março a esse valor, o que equivale a comprar o contrato futuro a 1.080. Supondo que quando a opção é exercida, o preço do contrato futuro é 1.085, o titular da opção de compra recebe uma posição a 1.080, e este contrato futuro é imediatamente marcado a mercado a 1.085, o que dá a ele a opção de compra a um crédito de 5. Como de costume, deve-se depositar margem sobre contratos futuros. O lançador da opção de compra abre uma posição vendida de contratos futuros a 1.080, que é marcada a mercado a 1.085, e 5 são cobrados do lançador. O exercício de uma opção de venda cria uma posição vendida de contratos futuros para o seu titular e uma posição comprada para o lançador.

Alguns dos contratos têm opções que vencem ao mesmo tempo em que o contrato futuro; outros que vencem até um mês antes. As opções e o contrato futuro subjacente são negociados juntos na bolsa de mercadorias, em contraposição às opções de ações, que não são negociadas lado a lado com as ações subjacentes. Essa negociação facilita a execução das transações de arbitragem entre as opções e os contratos futuros, o que torna o mercado mais eficiente. Além disso, como há opções de contratos futuros de mercadorias, mas não destas próprias, essas opções permitem aos investidores assumir posições em opções com base em variações esperadas dos preços delas.

O Quadro 18.2 contém uma amostra de cotações de opções de contratos futuros, extraídas do *Wall Street Journal*. As cotações são agrupadas por tipo de instrumento (produto agrícola, taxa de juros e índice). Abaixo do nome do ativo subjacente aparece um indicador do tamanho do contrato. Por exemplo, um contrato de S&P 500 é cotado a 250 dólares vezes o prêmio. O prêmio da opção de compra a 1.100 com vencimento em setembro é 22,30. Portanto, o preço total pago por esse contrato de opção de compra é: 22,30 dólares x 250 = 5.575 dólares. Este permite a compra de contratos futuros do S&P 500 para setembro a 1.100. O preço do contrato futuro não é indicado, mas pode ser encontrado nas páginas que contém preços de contratos futuros, geralmente localizadas perto das cotações de opções de futuros. Nesse exemplo, o contrato futuro do S&P para setembro estava sendo negociado a 1.095,20, o que significa que a opção de compra desse contrato futuro estava fora do dinheiro.

Os contratos futuros de obrigações do Tesouro negociados na Chicago Board of Trade baseiam-se em uma obrigação do Tesouro subjacente "suposta", com prazo de 20 anos e cupom de 6%. Muitas obrigações do Tesouro com prazos e cupons diferentes podem ser efetivamente entregues, no entanto, porque os contratos futuros de obrigações do Tesouro representam um exemplo de "entrega de cesta". Um resumo desse contrato americano é mostrado a seguir:

Bolsa	*Chicago Board Trade*
Unidade do contrato	Obrigação do Tesouro dos Estados Unidos, valor par de 100.000 dólares, cupom nominal de 6%
Objeto de entrega	Qualquer obrigação do Tesouro dos Estados Unidos com prazo de pelo menos 15 anos restantes até a data de resgate antecipado ou vencimento, dependendo de qual for a mais próxima
Liquidação	Com a entrega de 100.000 dólares, em termos de valor par, correspondentes a obrigações do Tesouro aceitáveis, o vendedor recebe o preço de liquidação do contrato vezes um fator de entrega para as obrigações entregues, mais quaisquer juros acumulados
Limite diário de variação de preço	2 pontos (2.000 dólares por contrato)
Meses de entrega	Março, junho, setembro e dezembro

Os contratos futuros de obrigações do Tesouro têm uma variação máxima de preço, ou "limite de variação" de 2 pontos por dia, o que representa 2.000 dólares por contrato. Se o preço do contrato futuro subir ou cair mais de 2 pontos, a negociação é suspensa e nenhuma transação além do limite pode ser completada. As transações com contratos futuros também exigem margem de ambos os lados do mercado (compra e venda), exigindo depósitos iniciais quando cada transação for executada e uma margem de manutenção, caso variações adversas do mercado façam com que a margem caia abaixo de um nível de manutenção.

Derivativos: análise e avaliação

QUADRO 18.2 Cotações de opções de futuros

COTAÇÕES DE OPÇÕES DE FUTUROS

Quarta-feira, 28 de julho de 2004

Preço final ou de liquidação de contratos selecionados. O volume e o número de contratos de opções ou futuros em aberto no mercado são os totais dos meses do contrato.

Cereais e oleoginosas

Milho (CBT) – 5.000 alq.; centavos por alqueire

Preço de exercício	Opções de compra			Opções de venda		
Preço	Set	Out	Dez	Set	Out	Dez
200	19,625	...	28,250	1,250	...	1,875
210	12,125	...	20,500	3,625	...	4,125
220	6,625	...	14,375	8,125	...	8,000
230	3,500	...	9,875	15,000	...	13,125
240	2,000	...	6,750	23,500	...	20,000
250	1,125	...	4,750	32,625	...	28,000

Volume estimado 22.68

Terça-feira 20.263 opções de compra 8.824 opções de venda
Contratos em aberto na terça-feira 440.116 opções de compra 251.542 opções de venda

Soja (CBT) – 5.000 alq.; centavos por alqueire

Preço	Set	Out	Nov	Set	Out	Nov
540	...	...	54,750	10,500	15,000	19,000
560	39,500	39,000	43,625	17,000	...	28,000
580	28,750	29,500	34,000	26,250	34,000	38,000
600	20,250	21,500	27,000	37,750	46,000	51,000
620	14,000	...	21,000	51,500	...	65,000
640	10,000	11,500	16,500	67,250	...	80,250

Volume estimado 24.695

Terça-feira 13.513 opções de compra 8.338 opções de venda
Contratos em aberto na terça-feira 134.246 opções de compra 112.500 opções de venda

Farelo de soja (CBT) 100 toneladas; $ por tonelada

Preço	Set	Out	Dez	Set	Out	Dez
180	...	9,50	11,25	5,50	10,70	13,25
185	...	...	9,50	7,75	13,75	16,55
190	...	6,35	7,85	10,25	17,40	19,85
195	...	5,00	6,45	13,40	21,10	23,45
200	5,50	4,00	5,30	16,70	25,25	27,25
205	...	...	...	...	...	...

Volume estimado 4.531

Terça-feira 1.870 opções de compra 878 opções de venda
Contratos em aberto na terça-feira 21.336 opções de compra 30.455 opções de venda

Óleo de soja (CBT) 60.000 libras; centavos por libra

Preço	Set	Out	Dez	Set	Out	Dez
215	...	...	...	...	0,650	...
220	...	...	...	0,450	0,900	1,530
225	...	...	0,850	...	1,200	1,860
230	0,560	...	...	0,900	1,550	2,230
235	...	...	...	1,250	1,900	2,610
240	0,300	0,350	0,510	1,650	2300	3,010

Volume estimado 3.075

Terça-feira 2.176 opções de compra 1.109 opções de venda
Contratos em aberto na terça-feira 33.031 opções de compra 30.431 opções de venda

Trigo (CBT) – 5.000 alq.; centavos por alqueire

Preço	Set	Out	Nov	Set	Out	Nov
290	...	...	...	1,000	...	...
300	17,625	...	...	2,875	...	5,000
310	11,250	...	...	6,500	...	8,500
320	6,750	...	20,375	11,875	...	13,000
330	4,000	...	15,875	19,250	...	18,375
340	2,250	8,000	12,375	27,500	...	24,875

Volume estimado 5.573

Terça-feira 2.456 opções de compra 494 opções de venda
Contratos em aberto na terça-feira 71.069 opções de compra 40.251 opções de venda

Trigo (KC) – 5.000 alq.; centavos por alqueire

Preço	Set	Out	Nov	Set	Out	Nov
320	...	...	2,875	...	...	2,875
330	...	...	...	2,500	...	...
340	9,125	...	23,125	6,125	...	8,750
350	4,875	...	17,750	11,875	8,000	13,250
360	2,375	...	13,250	19,375	13,375	18,750
370	1,125	4,875	9,625	28,125	20,250	25,125

Volume estimado 1.561

Terça-feira 279 opções de compra 150 opções de venda
Contratos em aberto na terça-feira 17.917 opções de compra 14.886 opções de venda

Taxa de juros

Preço de exercício	Opções de compra		Opções de venda	

Obrigações do Tesouro (CBT)
$ 100.000; pontos e 64 avos de 100%

Preço	Set	Out	Dez	Set	Out	Dez
105	2.23	2-03	...	0-35	1-27	2-14
106	1-44	1-33	...	0-56	1-57	2-45
107	1-08	1-06	...	1-20	2-29	3-16
108	0-45	0-49	...	1-57	3-08	3-55
109	0-26	0-32	...	2-38	3-56	4-33
110	0-14	0-21	...	3-26	4-43	5-16

Volume estimado 55.302

Terça-feira 33.298 opções de compra 39.663 opções de venda
Contratos em aberto na terça-feira 354.443 opções de compra 315.927 opções de venda

Notas do Tesouro (CBT)
$ 100.000; pontos e 64 avos de 100%

Preço	Set	Out	Dez	Set	Out	Dez
108	2-07	1-38	...	0-18	0-63	1-15
109	1-24	1-04	...	0.35	1-29	1-45
110	0-52	0.42	...	0-62	2-03	...
111	0-27	0-25	...	1-37	2-50	...
112	0-12	0-14	...	2-23	...	...
113	0-05	0-08	0-13	3-16	...	...

Volume estimado 284.764

Terça-feira 75.238 opções de compra 122.232 opções de venda
Contratos em aberto na terça-feira 1.068.420 opções de compra 1.304.148 opções de venda

Notas do Tesouro de 5 anos (CBT)
$ 100.000; pontos e 64 avos de 100%

Preço	Set	Out	Dez	Set	Out	Dez
10750	1-39	1-06	1-30	0-10	0-40	...
10800	1-13	0-53	1-13	0-16	0-55	...
10850	0-55	0-38	0-61	0-26	1-08	...
10900	0-37	0-26	0-48	0-40	1-28	...
10950	0-22	0-18	0-37	0-57	...	...
11000	0-13	0-11	0-28	1-16	...	...

Volume estimado 136.005

Terça-feira 7.810 opções de compra 98.461 opções de venda
Contratos em aberto na terça-feira 300.707 opções de compra 621.806 opções de venda

Eurodólar (CME)
Milhões de dólares; pontos de 100%

Preço	Ago	Set	Out	Ago	Set	Out
9775	0,270	0,275	0,042	0,000	0,005	0,257
9800	0,050	0,070	0,015	0,030	0,050	...
9825	0,005	0,012	0,005	0,235	0,242	...
9850	0,000	0,002	...	0,480	0,482	...
9875	0,000	0,000	...	0,730	0,730	...
9900	...	...	...	...	0,980	...

Volume estimado 764.552

Terça-feira 260.082 opções de compra 278.523 opções de venda
Contratos em aberto na terça-feira 6.042.161 opções de compra 5.031.245 opções de venda

Índice

Preço de exercício	Opções de compra		Opções de venda	

Dow Jones (CBOT)
100 dólares vezes o prêmio

Preço	Ago	Set	Out	Ago	Set	Out
99	27,25	35,25	...	6,00	14,25	...
100	19,75	28,50	...	8,75	17,60	24,75
101	13,50	22,50	...	12,50	21,50	...
102	8,50	17,00	23,80	17,25	26,00	...
103	4,75	12,50	...	23,75	31,40	...
104	2,75	8,50	...	37,40	...	...

Volume estimado 426

Terça-feira 237 opções de compra 37 opções de venda
Contratos em aberto na terça-feira 3.366 opções de compra 5.251 opções de venda

Índice S&P 500 (CME)
250 dólares vezes o prêmio

Preço	Ago	Set	Out	Ago	Set	Out
1085	21,60	31,10	...	11,10	20,60	28,50
1090	18,30	28,00	...	12,80	22,50	...
1095	15,30	25,10	...	14,80	24,60	...
1100	12,60	22,30	30,70	17,10	26,80	34,80
1105	10,20	19,70	...	19,70	29,20	...
1110	8,10	17,30	...	22,60	31,80	...

Volume estimado 8.986

Terça-feira 8.276 opções de compra 9.022 opções de venda
Contratos em aberto na terça-feira 101.403 opções de compra 226.550 opções de venda

Fonte: *The Wall Street Journal*, 29 de julho de 2004, p. C12. Copyright© 2004 Dow Jones. Reimpresso com permissão do Copyright Clearance Center.

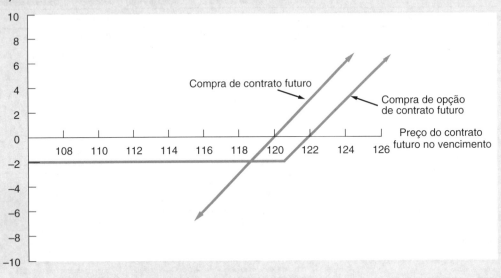

GRÁFICO 18.2 Gráficos comparativos de lucro e prejuízo com as estratégias alternativas
Alternativa A: o investidor compra contrato futuro de obrigações do Tesouro com vencimento em junho a 120
Alternativa B: o investidor compra opção de compra de contrato futuro de obrigações do Tesouro com preço de exercício de 120 a 2

Para ser aceitável, com a finalidade de entrega, uma obrigação do Tesouro deve ter pelo menos 15 anos remanescentes antes de ser resgatável ou vencer, dependendo do que ocorrer primeiro. As obrigações do Tesouro entregues devem ter um valor par de 100.000 dólares. A obrigação escolhida para entrega será aquela que for "a mais barata para entrega", ou seja, a com o preço mais baixo e que atenda aos critérios anteriormente citados.

Os contratos futuros de obrigações do Tesouro sobem e caem com o valor do título subjacente. Uma opção de compra de um contrato futuro de obrigações do Tesouro, entretanto, limita as perdas ao tamanho do prêmio dessa opção. O Gráfico 18.2 mostra o comportamento do contrato futuro e da sua opção. Esta limita as perdas, mas os lucros são menores do que os do contrato futuro, por um valor igual ao prêmio da opção.

Outro benefício da opção de compra, diferentemente do contrato futuro efetivo do ativo financeiro está ligado ao fato de que não se exige margem de manutenção. Uma vez pago o prêmio da opção, não importa o quão adversamente varie o preço do contrato futuro; ainda assim, o seu titular tem a chance de que o preço se recupere e haja lucro. Não há nenhuma necessidade de fornecer capital adicional em circunstâncias adversas. Esse não é o caso do proprietário de um contrato futuro; uma margem adicional é constantemente exigida quando o preço varia de maneira desfavorável.

Avaliação de opções de compra e de venda

Assim como existem formas de avaliar contratos futuros, há técnicas sofisticadas para determinar os valores de opções. Examinaremos agora os fatores que afetam o valor de um contrato de opção. Depois, apresentaremos o modelo binomial de precificação de opções como uma das maneiras de estimar seus preços. A seguir, ampliaremos nossa discussão para, incluindo a fórmula mais complexa de Black-Scholes de precificação, avaliar opções.

Usamos cinco fatores para calcular o valor de uma opção americana de compra ou de venda, supondo que a ação não pague dividendos: (1) o preço da ação, (2) o preço de exercício, (3) o prazo de vencimento, (4) a taxa de juros e (5) a volatilidade da ação subjacente. Podemos permitir a presença de dividendos por meio de um cálculo adicional. Inicialmente, descreveremos rapidamente como cada um desses fatores está relacionado ao valor de uma opção de compra; em seguida, ao valor de uma opção de venda.

Preço da ação – O valor de uma opção de compra está positivamente ligado ao preço da ação subjacente. Com um dado preço de exercício, o preço da ação determina se a opção está dentro do dinheiro e, dessa forma, possui valor intrínseco, ou se está fora do dinheiro e tem apenas o valor do tempo ou um valor especulativo.

Preço de exercício – O valor de uma opção de compra está inversamente relacionado ao seu preço de exercício. Para um dado preço da ação, um preço de exercício mais baixo aumenta o valor de uma opção de compra da ação. Por exemplo,

TABELA 18.3	Relações de precificação de opções		
		Opção de compra	Opção de venda
Preço da ação		+	−
Preço de exercício		−	+
Prazo de vencimento		+	+
Taxa de juros		+	−
Volatilidade da ação subjacente		+	+

consideremos uma ação negociada a 70 dólares. Uma opção de compra com um preço de exercício a 50 dólares certamente teria mais valor do que uma opção de compra com um preço de exercício a 60 dólares. A primeira opção está dentro do dinheiro por 20 dólares, a segunda, por somente 10 dólares.

Prazo de vencimento – O valor de uma opção depende muito do seu prazo de vencimento. Todos os demais fatores sendo iguais, um prazo mais longo até o vencimento aumenta o valor de uma opção, porque prolonga o período durante o qual há possibilidade de lucro. A opção mais longa permite ao investidor aproveitar todos os benefícios de uma opção mais curta por um período mais longo.

Taxa de juros – Um investidor pode usar fundos para comprar 100 ações de uma empresa ou comprar uma opção de compra e investir a diferença em títulos livres de risco. Uma taxa de juros de mercado mais alta aumenta o benefício de se usar as opções de compra. Isso cria uma relação positiva entre a taxa de juros de mercado e o valor da opção de compra.

Volatilidade do preço da ação subjacente – Para opções de compra de uma ação, o valor de uma opção tem relação positiva com a volatilidade da ação subjacente. Isso acontece porque volatilidade maior implica potencial maior de valorização; a proteção da opção no lado inferior, que limita a perda máxima, também vale mais.

FATORES DE AVALIAÇÃO E OPÇÕES DE VENDA

Como observado, os mesmos cinco fatores determinam o valor de opções de venda, embora várias das relações sejam diferentes. Primeiro, o valor de uma opção de venda está *inversamente* relacionado ao preço da ação subjacente, tudo o mais permanecendo igual. Isso acontece porque o valor intrínseco de uma opção de venda é a diferença entre o preço de exercício e preço da ação; o primeiro, dentro do dinheiro, supera o segundo. Entretanto, o valor da opção de venda está *positivamente* direcionado ao preço de exercício.

A relação entre o valor da opção de venda com o fator prazo de vencimento é direta, tal como na opção de compra. Novamente, o raciocínio é: o vencimento mais distante oferece mais tempo para que o valor da opção de venda aumente. O efeito da taxa de juros sobre o valor de uma opção de venda é *negativo*, pois comprar uma opção de venda é como proteger a venda da ação, pois o investidor recebe os proventos da venda no futuro. Portanto, estamos lidando com o valor presente dos proventos futuros, e uma taxa de juros mais alta reduz o valor presente desses proventos. Finalmente, o efeito da volatilidade do preço da ação sobre o valor da opção de venda é idêntico ao que ocorre na opção de compra. Uma volatilidade mais alta de preço aumenta o valor da opção de venda, pois eleva a probabilidade de que a opção de venda esteja dentro do dinheiro. Essas relações estão resumidas no Quadro 18.3.

Modelo binomial da precificação de opções

Qual é o preço apropriado de um contrato de opção? Há modelos complicados de precificação de opções, mas inicialmente examinaremos a precificação de opções em um contexto simples. Simplificamos a análise supondo que um ativo hoje (que supomos ser uma ação) pode ter somente dois preços possíveis daqui a um ano. Queremos criar uma carteira perfeitamente coberta de opções de compra de ações. Ou seja, a carteira terá um valor conhecido, independentemente de qual dos dois preços da ação ocorra daqui a um ano. E, se a carteira tem um valor conhecido, ela é um investimento sem risco; os investidores descontarão o valor conhecido usando a taxa de juros livre de risco para determinar o preço atual da carteira.

O raciocínio fundamental por trás do processo é trivial e pode ser ilustrado de maneira bastante simples. Suponha que tenhamos acabado de comprar uma ação da WYZ Corp. por 50 dólares. Não se espera que as ações paguem dividendos durante o prazo planejado para mantê-las, e estimamos que em um ano o preço da ação aumente 30%, indo para 65 dólares, ou caia 20%, indo para 40 dólares. Podemos resumir isso assim:

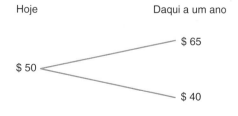

Suponha ainda que podemos comprar ou vender uma opção de compra de ações da WYZ com um preço de exercício a 52,50 dólares. Se essa for uma opção européia, que vença exatamente daqui a um ano, ela terá os seguintes possíveis valores no vencimento:

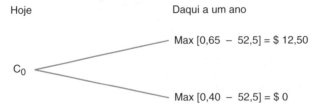

Embora não saibamos que opção de compra vale hoje, sabemos qual valerá no vencimento, dada a nossa previsão de preços futuros da ação da WYZ. O problema é calcular o quanto ela deve valer hoje (ou seja, C_0).

Esse problema pode ser resolvido em três passos. Em primeiro lugar, criamos uma **carteira de hedge** formada pela compra de uma ação e algum número de opções de compra para que a posição combinada seja livre de risco, ou seja, que o valor da carteira no futuro seja igual, quer a ação suba ou caia. Em segundo, usamos a taxa de juros livre de risco (provavelmente a taxa de letras do Tesouro) para trazer o valor futuro da carteira *hedge* ao presente. Em terceiro lugar, utilizando a informação obtida (preço da ação, valor presente e futuro da carteira e o número de opções de compra na carteira de *hedge*), calculamos o preço de uma opção de compra. Apliquemos esse procedimento para obter o valor da opção de compra anterior.

Passo 1: Estimar o número de opções de compra necessárias. Em um ano teremos duas possibilidades: o preço da ação da WYZ sobe para 65 dólares e cada opção de compra tem valor intrínseco de 12,50 dólares, ou o preço da ação cai para 40 dólares e as opções não têm nenhum valor intrínseco, ou seja, seu valor é igual a zero. Nossa carteira de ações e opções de compra terá os seguintes valores:

Valor da carteira, se o preço da ação subir: $ 65 + (*n*) ($ 12,50)
Valor da carteira, se o preço da ação cair: $ 40 + (*n*) ($ 12,50)

Estimando-se *n*, o número de opções de compra a ser lançado, é preciso que a carteira *hedge* tenha o mesmo valor, independentemente se o preço da ação sobe ou desce:

Valor da carteira, se o preço da ação subir = Valor da carteira, se o preço da ação cair

$$\$\, 65 + (n)\,(\$\, 12{,}50) = \$\, 40 + (n)\,(\$\, 0) = \$\, 40$$

Calculando *n*, temos:

$$n = \frac{\$\, 40 - \$\, 65}{\$\, 12{,}50} = -2{,}0$$

Note-se que esse número tem tanto *direção* quanto *magnitude*. O sinal negativo indica que as opções de compra devem ser vendidas para proteger uma posição comprada de ações. Além disso, dado que a faixa de valores possíveis da opção de compra (ou seja, 12,5 – 0 = 12,5) é apenas metade da variação da ação da WYZ (ou seja, 65 – 40 = 25), duas vezes mais opções devem ser vendidas em relação ao número de ações na carteira *hedge*. Assim, a criamos livre de risco, comprando uma ação e vendendo duas opções de compra.

O valor de 1/n é chamado de **relação de hedge**. Nesse exemplo, a relação de *hedge* é ½ ou 0,50, indicando que a carteira deve ter uma ação para cada duas opções de compra vendidas (ou meia ação para cada uma delas).

O custo da carteira *hedge* hoje é o preço de uma ação da WYZ, 50 dólares, menos os prêmios recebidos com a venda de duas opções de compra:

Valores da carteira *hedge* hoje:

$$\$\, 50 - (2{,}00)\,(C_0)$$

Passo dois: Determinar o valor presente da carteira *hedge*. No segundo passo, supomos que os mercados de capitais estejam isentos de possibilidades de arbitragem. Isso significa que todos os investimentos fora de risco são avaliados de maneira a render a taxa livre de risco. No primeiro passo, ficamos sabendo que o valor da carteira *hedge* é igual a 40 dólares em um ano, quer o preço da ação suba ou caia; como o valor é conhecido, não há risco. Para achar o valor da carteira e da opção de compra, descontamos os 40 dólares ao presente usando a taxa livre de risco:

Valor da carteira hoje = valor presente de 40 dólares

$$\$\, 50 - (2{,}00)\,(C_0) = \frac{\$\, 40}{(1 + \text{RLR})^T}$$

onde:

RLR = taxa livre de risco anual
T = prazo de vencimento (ou seja, um ano)

Há dois valores desconhecidos nessa fórmula: C_0 e RLR. Encontrar uma estimativa desejável para RLR raramente é problema; podemos usar como *proxy* o rendimento até o vencimento de títulos do Tesouro americano com o prazo apropriado. Por exemplo, se o rendimento da letra do Tesouro com prazo de um ano for de 8%, a fórmula de C_0 poderá ser resolvida da seguinte forma:

$$\$\,50 - 2(C_0) = \frac{\$\,40}{1,08} = \$\,37,04$$

Passo 3: Calcular o preço de uma opção de compra. O passo final é uma continuação do passo 2, ou seja, resolve-se a equação do valor de C_0, o preço da opção de compra:

$$C_0 = \frac{\$\,50 - \$\,37,04}{2} = \$\,6,48$$

Esses 6,48 dólares representam o valor fundamental de uma opção de compra da ação da WYZ com prazo de um ano, dado o seu preço vigente de mercado, nossa previsão dos valores futuros da ação e a taxa livre de risco. A única incógnita é: nossa previsão dos valores futuros da ação, ou seja, 65 dólares e 40 dólares. O valor da opção de compra variará se a diferença entre os preços previstos aumentar ou diminuir (ou, em outras palavras, se o preço da ação ficar mais ou menos volátil). Finalmente, lembre-se de que o preço corrente da ação é 50 dólares e que o preço de exercício da opção é de 52,50 dólares. Como a opção de compra está atualmente fora do dinheiro, o preço da opção de compra corresponde a um prêmio de tempo, pois seu valor intrínseco é nulo.

GENERALIZAÇÃO DO PROCESSO

Não é realista supor apenas dois valores possíveis para o preço futuro da ação da WYZ. Para melhorar a precisão desse processo, podemos expandir a previsão dos preços da ação na data de vencimento, permitindo mais possibilidades. Por exemplo, o que ocorre se, além de 65 dólares e 40 dólares, incluirmos uma previsão de 50,99 dólares?

A solução envolve dividir o prazo de um ano até o vencimento em dois subintervalos de seis meses, cada um permitindo que o preço posteriormente se eleve ou caia. O Gráfico 18.3 mostra como aplicamos isso à ação da WYZ. Antes que o seu preço possa chegar a 65 dólares em um ano, ele deve primeiro subir para 57,01 dólares no primeiro período de seis meses, antes de se elevar uma segunda vez para seu valor final de 65 dólares. Aqui se prevê que cada aumento de preço é de 14%. De forma semelhante, o extremo mais baixo de 40 dólares pode ser alcançado apenas por duas variações consecutivas do preço para baixo, em cada uma, perdendo 10,6%. Contudo, existem dois caminhos diferentes para o preço de 50,99 dólares no meio: uma variação para cima seguida de uma para baixo, ou uma variação para baixo seguida de uma para cima.

Assim que inserirmos todos os preços da ação, encontraremos o valor da opção de compra, trabalhando do futuro para o presente. Se, por exemplo, começando em um preço de seis meses de 57,01 dólares, as variações de preço no subperíodo restante serão de:

A variação do valor da opção de compra correspondente a essa parte superior da árvore de preços da ação é:

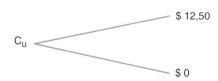

Usamos o símbolo C_u como o valor da opção de compra após o preço da ação ter subido (variado para cima) uma vez. Usando-se essa notação, C_{uu} (o valor da opção após dois aumentos de preço consecutivos) equivaleria a 12,50 dólares, e C_{ud} (o valor após uma subida, seguido por um movimento de descida do preço) seria igual a zero.

Utilizando o preço de exercício da opção de 52,50 dólares, podemos empregar nosso processo em três passos:

1. **Número de opções de compra necessárias:**

   Valor da carteira, se o preço da ação subir = Valor da carteira, se o preço da ação cair

   $$\$\,65 + (n)\,(\$\,12,50) = \$\,50,99 + (n)\,(\$\,0) = \$\,50,99$$

GRÁFICO 18.3 Árvore de preços previstos da ação com três preços possíveis na data de vencimento

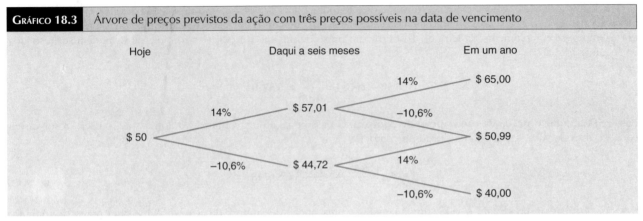

Calculando n, temos:

$$n = \frac{\$50,99 - \$65}{\$12,50} = -1,12$$

2. O valor presente da carteira de *hedge*:

Como o valor da carteira *hedge* vale 50,99 dólares daqui a seis meses, precisamos descontar 50,99 dólares ao presente usando a taxa livre de risco:

Valor da carteira hoje – Valor presente de 50,99 dólares

$$\$57,01 - (1,12)(C_u) = \frac{\$50,99}{(1+\text{RFR})^T}$$

onde agora a taxa livre de risco é uma taxa de seis meses. Com uma taxa anual de 8%, a taxa de seis meses é $1,08 - 1 = 0,0392$ ou 3,92%.

Simplificando, temos:

$$\$57,01 - (1,12)(C_u) = \frac{\$50,99}{1,0392} = \$49,07$$

3. O preço de uma opção de compra:

Resolvendo a equação do valor C_u, obtemos:

$$C_u = \frac{\$57,01 - \$49,07}{1,12} = \$7,09$$

Agora, podemos calcular o valor da opção correspondente ao preço de uma ação de 44,72 dólares (ou seja, C_d) usando o mesmo procedimento de três passos com as árvores do preço da ação e da opção truncadas da seguinte maneira:

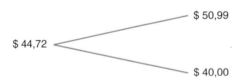

A variação do valor da opção de compra, com base nessa parte inferior da árvore do preço da ação, é:

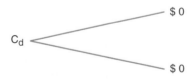

Observe-se que nesse caso a opção de compra com certeza ficará fora do dinheiro na data de vencimento, daqui a seis meses. Ou seja, dada essa previsão dos preços possíveis da ação, se a ação da WYZ cair para 44,72 dólares após um subperíodo, mesmo uma recuperação posterior para 50,99 dólares (ou seja, um movimento de alta no segundo subperíodo) deixará o preço da ação abaixo do de exercício da opção de compra (52,50 dólares). Assim, fica claro que C_d deve ser igual a zero; qualquer título para o qual seja certo que não terá valor no futuro também deve ter valor nulo hoje.

Esses cálculos intermediários são necessários; C_0 não pode ser determinado antes de se determinar C_u e C_d. Com esses valores em mãos, a parte relevante da árvore do preço da ação tem dois ramos iniciais:

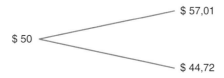

Os valores da opção de compra, nessa parte da árvore do preço da ação, são:

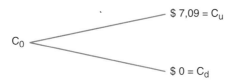

Aplicando mais uma vez o processo de três passos, estimamos o valor da opção de compra hoje, C_0:

1. **Número de opções de compra necessárias:**

    Valor da carteira, se o preço da ação subir = Valor da carteira, se o preço da ação cair

    $$\$\,57{,}01 + (n)\,(\$\,7{,}09) = \$\,44{,}72 + (n)\,(\$\,0) = \$\,44{,}72$$

    Calculando n, temos:

    $$n = \frac{\$\,44{,}72 - \$\,57{,}01}{\$\,7{,}09} = -1{,}73$$

    Portanto, a carteira *hedge* sem risco exige que o investidor venda 1,73 opção de compra para cada ação comprada ou, alternativamente, compre 0,58 ação (1/1,73) para cada uma desta.

2. **Valor presente da carteira *hedge*:**

    Posto que o valor da carteira *hedge* seja igual a 44,72 dólares seis meses mais tarde, precisamos descontar 44,72 dólares ao presente, usando a taxa livre de risco. Lembre-se de que a taxa livre de risco para o prazo de seis meses nesse exemplo é de 3,92%, logo teremos:

    Valor da carteira hoje = Valor presente de 44,72 dólares

    $$\$\,50 - (1{,}73)\,(C_0) = \frac{\$\,44{,}72}{1{,}0392} = \$\,43{,}03$$

3. **Preço de uma opção de compra:**

    $$C_0 = \frac{\$\,50 - \$\,43{,}03}{1{,}73} = \$\,4{,}03$$

Esses valores iniciais, intermediários e finais da opção estão resumidos no Gráfico 18.4.

Dois resultados interessantes podem ser observados graças a essa expansão de dois para três valores possíveis do preço de ação. Em primeiro lugar, o acréscimo de um terceiro preço final possível da ação teve o efeito de reduzir o valor da opção, na data 0, de 6,48 dólares para 4,03 dólares. Embora essa redução seja uma conseqüência de se escolher um terceiro preço da ação (ou seja, 50,99 dólares), que fez a opção ficar fora do dinheiro (se fosse selecionado um valor mais próximo de 65,00 dólares C_0 teria aumentado), deve-se salientar uma vez mais que o processo de avaliação de opções depende, de maneira crítica, da previsão de preços da ação pelo investidor. Em segundo lugar, observe-se que a relação de *hedge* se altera com as variações do preço da ação antes da data de vencimento. Ou seja, a composição de uma carteira *hedge* sem risco deve ser rebalanceada após cada variação de preço de ações. Por exemplo, partindo da posição vendida inicial de opções de compra de 1,73 por ação comprada, uma alta da ação da WYZ de 50,00 dólares para 57,01 dólares exige a compra de 0,61 (1,73 − 1,12) opções de volta. Portanto, a reaplicação da posição livre de risco com opções de compra e ações é um processo dinâmico que demanda rebalanceamentos e reajustes.

Esse processo de avaliação pode se tornar ainda mais preciso à medida que mais valores de preços finais da ação estejam incluídos na previsão. Naturalmente, quando isso acontece, o número de cálculos e o número de subperíodos necessários também aumentam. Conseqüentemente, embora o método de avaliação de três passos seja bastante flexível, há uma compensação entre realismo e volume de cálculos exigidos.

Aplicamos o primeiro passo do nosso processo de três passos com freqüência suficiente para que o leitor perspicaz tenha sido capaz de observar um atalho no cálculo. Podemos calcular a relação de *hedge* no primeiro passo do seguinte modo:

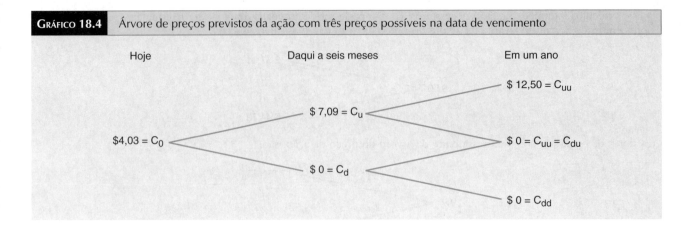

Gráfico 18.4 Árvore de preços previstos da ação com três preços possíveis na data de vencimento

$$\text{Relação de } hedge = \frac{C_u - C_d}{S_u - S_d}$$

ou seja, a diferença entre os valores da opção de compra (C) no final do subperíodo dividida pela diferença entre os preços da ação (S). Nos exemplos anteriores, C_d era sempre zero, mas isso nem sempre acontece. Por exemplo, se tivéssemos usado um preço intermediário de 54 dólares em vez de 50,99 dólares no Gráfico 18.3, o valor intrínseco de C_{ud} ou C_{du} teria de ser 54 dólares − 52,50 dólares = 1,50 dólar. A relação de *hedge* seria então:

$$\text{Relação de } hedge = \frac{C_u - C_d}{S_u - S_d} = \frac{\$12,50 - \$1,50}{\$65,00 - \$54,00} = \frac{\$11,00}{\$11,00} = 1,00$$

Assim, a carteira *hedge* teria 1,00 ação para cada opção de compra lançada, ou inversamente, 1/1,00 ou 1,00 opção de compra lançada para cada ação comprada.

Uma dificuldade com esse processo é a exigência de que o investidor especifique preços futuros potenciais da ação em todos os subperíodos demandados pela previsão. Isso pode ser uma tarefa muito pesada, à medida que o número possível de preços no vencimento cresce cada vez mais com o prazo de vencimento do contrato.[2] Para simplificar, como fizemos em nossos exemplos, podemos supor que a variação de preço em cada subperíodo tenha uma subida e uma queda.[3] Também podemos concentrar nossas estimativas em como os preços da ação variam de um subperíodo para o seguinte, e não em seus valores absolutos. Ou seja, partindo de um preço conhecido hoje de uma ação, estimamos o subperíodo seguinte: (1) um mais a variação porcentual associada a um movimento de subida (u) e (2) um mais a variação porcentual associada a um movimento de queda (d). Além disso, para limitar o número de previsões exigidas, supomos também que os mesmos valores de (u) e (d) se aplicam a cada movimento de subida e queda de preço em todos os subperíodos posteriores. Com esses pressupostos, precisamos apenas prever três coisas: u, d e o número total de subperíodos. Essas simplificações constituem a essência do **modelo binomial de precificação de opções**. É um modelo discreto, usando previsões distintas de preço da ação e intervalos definidos para os subperíodos (como nos seis meses de nosso exemplo) a fim de examinar o comportamento do preço de uma opção no decorrer do tempo. Um modelo mais completo – o modelo *Black-Scholes* de precificação de opções – permite variações contínuas do preço da ação em qualquer número de períodos ao se estimar o valor corrente de uma opção de compra.

Fórmula Black-Scholes de precificação de opções

E-leituras interativas

Para mais explicações e um exemplo animado da fórmula Black-Scholes de precificação de opções, veja o site: http://reillyxtra.swlearning.com.

Black e Scholes desenvolveram uma fórmula para determinar o valor de opções americanas de compra em um artigo clássico publicado em 1973.[4] Mais tarde, Merton refinou essa fórmula com pressupostos menos restritivos.[5]

---

[2] Como vimos em nossos exemplos, um intervalo (digamos, de um ano) exige previsões de dois preços finais da ação, e dois intervalos (de seis meses cada um) exigem estimativas de três. Usar três intervalos de quatro meses exige quatro estimativas finais do preço da ação; quatro intervalos de três meses, cinco.
[3] Por esse motivo, esse desenvolvimento analítico faz parte de uma metodologia de avaliação mais conhecida como *modelo de precificação de opções de dois estados*. Veja Richard J. Rendleman Jr. e Brit J. Bartter. "Two-State Option Pricing." *Journal of Finance* 34, n. 5, 1093-1110, dez. 1979; e John C. Cox, Stephen A. Ross e Mark Rubinstein, "Option Pricing: A Simplified Approach." *Journal of Financial Economics* 1, n. 3, 229-264, set. 1979.
[4] BLACK, Fischer; SCHOLES, Myron. "The Pricing of Options and Corporate Liabilities." *Journal of Political Economy* 81, n. 2, 637-654, maio/jun. 1973. Para uma apresentação dos antecedentes do modelo, veja Fischer, Black. "How We Came Up with the Option Formula." *Journal of Portfolio Management* 15, n. 2, 4-8, inverno 1989.
[5] MERTON, Robert C. "The Theory of Rational Option Pricing." *Bell Journal of Economics and Management Science* 4, n. 3, 141-183, ago. 1973.

Embora a fórmula pareça bastante proibitiva, é possível observar quase todos os dados exigidos diretamente no mercado. Além disso, embora os cálculos sejam bastante difíceis, numerosos programas disponíveis para computadores e calculadoras portáteis podem acelerar o processo.

A fórmula básica de avaliação de Black-Sholes e Merton é[6]

18.7

$$P_c = P_s[N(d_1)] - X(e^{-rt})[N(d_2)]$$

onde:

P_c = valor de mercado da opção de compra
P_s = preço corrente de mercado da ação subjacente
$N(d_1)$ = probabilidade de que um valor extraído ao acaso da distribuição normal padronizada seja menor do que d_1, definido abaixo
X = preço de exercício da opção de compra
r = taxa corrente de juros de mercado anual, para notas promissórias mercantis de qualidade superior
t = prazo restante para o vencimento, em anos (90 dias = 0,25)
$N(d_2)$ = probabilidade de que um valor extraído ao acaso da distribuição normal padronizada seja menor do que d_2, definido abaixo

Os valores de d_1 e d_2 são assim definidos:

$$d_1 = \frac{\ln(P_s/X) + (r + 0,5\sigma^2)t}{\sigma(t)^{1/2}}$$

$$d_2 = d_1 - [\sigma(t)^{1/2}]$$

onde:

$$\ln\left(\frac{P_s}{X}\right) = \text{logaritmo natural de} \left(\frac{P_s}{X}\right)$$

σ = desvio-padrão da taxa anual de retorno da ação subjacente

Observe-se que se tanto $N(d_1)$ quanto $N(d_2)$ são próximos de um, a fórmula fornece um valor para o prêmio da opção de compra que é igual a (preço da ação – preço de exercício), ou seja, o valor intrínseco da opção quando está dentro do dinheiro. $N(d_1)$ é de especial significado; ele mede a sensibilidade do prêmio da opção de compra a uma variação do preço da ação subjacente (ou seja, a variação do prêmio daquela por dólar de variação do preço desta). Se $N(d_1)$ for igual a 0,25, isso quer dizer que 1 dólar de variação do preço da ação subjacente causará uma variação de 0,25 centavos de dólar no prêmio da opção de compra, ou precisaremos de quatro opções de compra (cada uma sofrendo uma variação de valor de 25 centavos) para proteger completamente uma ação. Assim, o recíproco de $N(d_1)$ nada mais é que a relação de *hedge*, que mostra quantas opções de compra são necessárias para proteger uma ação.

Implementação da fórmula Black-Scholes

Embora a fórmula pareça bastante complicada, quase todos os dados exigidos são observáveis. Os principais dados são o preço corrente da ação (P_s), o preço de exercício (X), a taxa de juros de mercado (r), o prazo de vencimento (t), e o desvio-padrão dos retornos anuais (σ). Uma vez determinados esses valores, uma calculadora programável ou uma planilha eletrônica pode facilitar os cálculos. Por exemplo, as seguintes funções do Excel facilitam esse processo:

"exp" para os termos que sejam potência de e
"Dist.norm" para determinar a rentabilidade de se ter um valor menor do que d_1 e d_2
"ln" para se obter logs naturais
"raiz" para tirar raízes quadradas

Com essas funções, o valor da opção de compra pode ser estimado em apenas algumas linhas de uma planilha em Excel. O passo inicial seria calcular o valor de d_1. O segundo seria calcular d_2. O terceiro seria encontrar as probabilidades normais usando a função "Dist.norm"; a seguir, calcula-se diretamente o valor da opção de compra. Os exercícios em planilha no final deste capítulo lhe darão a prática necessária para fazer isso.

Usando-se a paridade de opções de compra e de venda (veja Capítulo 17), podemos usar o valor calculado da opção de compra para estimar o valor da opção de venda:

Prêmio da opção de venda = Prêmio da opção de compra

+ Valor de título de renda fixa sem cupom e livre de risco – Preço da ação

---

[6] BLACK, Fischer; SCHOLES, Myron. "The Pricing of Options and Corporate Liabilities." *Journal of Political Economy* 81, n. 2, 637-654, maio/jun. 1973; MERTON, Robert C. "The Theory of Rational Option Pricing." *Bell Journal of Economics and Management Science* 4, n. 3, 141-183, ago. 1973.

Quadro 18.3 Cálculos do valor de uma opção

A. Cálculo do valor da opção

$$d_1 = \frac{\ln(36/40) + [0,10 + 0,5\,(0,4)^2]\,0,25}{0,4\,(0,25)^{1/2}}$$

$$= \frac{-0,1054 + 0,045}{0,2}$$

$$= -0,302$$

$$d_2 = -0,302 - [0,4\,(0,25)^{1/2}]$$

$$= -0,302 - 0,2$$

$$= -0,502$$

$$N(d_1) = 0,3814$$

$$N(d_2) = 0,3079$$

$$P_0 = P_s[N(d_1)] - X(e^{-rt})[N(d_2)]$$

$$= (36)\,(0,3814) - (40)\,(e^{-0,025})\,(0,3079)$$

$$= 13,7304 - (40)\,(0,9753)\,(0,3079)$$

$$= 13,7304 - 12,0118$$

$$= 1,7186$$

B. Cálculo do valor da opção

$$d_1 = \frac{\ln(36/40) + [0,10 + 0,5\,(0,5)^2]\,0,25}{0,5\,(0,25)^{1/2}}$$

$$= \frac{-0,1054 + 0,05625}{0,25}$$

$$= -0,1966$$

$$d_2 = -0,1966 - [0,5\,(0,25)^{1/2}]$$

$$= -0,1966 - 0,25$$

$$= -0,4466$$

$$N(d_1) = 0,4199$$

$$N(d_2) = 0,3275$$

$$P_0 = (36)\,(0,4199) - (40)\,(e^{-0,025})\,(0,3275)$$

$$= 15,1164 - (40)\,(0,9753)\,(0,3275)$$

$$= 15,1164 - 12,7764$$

$$= 2,34$$

Ou, usando os símbolos matemáticos, teremos:

$$\textbf{Valor da opção de venda } (P_p) = P_c + Xe^{-rt} - P_s$$

que também pode ser facilmente calculado em uma planilha.

Dos cinco dados necessários à fórmula Black-Scholes, a única variável que não é observável é a volatilidade das variações de preço, medida pelo desvio-padrão dos retornos (σ); ela precisa ser estimada. Há diversas maneiras de se calcular o nível apropriado do desvio-padrão. Antes de mais nada, o conhecimento da volatilidade dos preços anteriores deve ser útil, mas a de uma ação varia com o passar do tempo. Em segundo lugar, podemos (subjetivamente ou por modelagem quantitativa) considerar fatores que a afetam, como os setoriais ou variáveis internas da empresa (mudanças de riscos operacional, financeiro ou de liquidez). Em terceiro lugar, usando o modelo *Black-Scholes* e os valores conhecidos utilizados no modelo (preço da ação, preço de exercício, prazo de vencimento, taxa livre de risco e preço de mercado da opção), podemos encontrar a estimativa de desvio-padrão feita pelo mercado. Essa estimativa é chamada de *volatilidade implícita*, pois é o valor de σ que iguala o preço de mercado da opção ao preço dado pela equação.[7-8]

Outra variável exige alguma atenção: a taxa de juros. Devemos usar uma taxa que corresponda ao prazo da opção. A taxa de juros de notas promissórias mercantis de alta qualidade é cotada diariamente no *Wall Street Journal* para vencimentos em 30, 60, 90 e 240 dias.

Para demonstrar a aplicação da fórmula, consideremos um exemplo com as seguintes variáveis:

$$P_s = \$\,36$$
$$X = \$\,40$$
$$r = 0,10 \text{ (taxa de notas promissórias mercantis de alta qualidade com prazo de 90 dias)}$$
$$t = 90 \text{ dias } (0,25 \text{ ao ano})$$
$$\sigma \text{ histórico} = 0,40$$
$$\sigma \text{ esperado} = 0,50 \text{ (os analistas esperam um aumento da volatilidade da ação em razão de uma emissão de novos títulos de dívida)}$$

O Quadro 18.3 detalha os cálculos para esta opção usando tanto a medida histórica quanto a medida esperada de volatilidade. Estes resultados indicam a importância de se estimar a volatilidade do preço das ações. Um aumento de 25%

---

[7] As volatilidades implícitas de diversos índices de mercado são estimadas e divulgadas minuto a minuto pela Chicago Board Options Exchange. O VIX (abreviatura de Volatility Index, ou Índice de Volatilidade) é uma média ponderada de oito opções contidas no S&P 500. Representa a volatilidade implícita de uma opção hipotética da OEX (S&P 500), no dinheiro e com vencimento 30 dias corridos mais tarde. O VNX é idêntico ao VIX, exceto pelo fato de que representa a volatilidade implícita do índice Nasdaq 100 (NDX).

[8] Desse ponto de vista, o parâmetro do desvio-padrão no modelo de precificação de opções é semelhante ao rendimento até o vencimento nos modelos de precificação de títulos de renda fixa. Igualando o preço observado de mercado de um título de renda fixa para o valor presente de seus pagamentos de cupons e valor de face quando se calcula a taxa de juros, estamos estimando o rendimento determinado pelo mercado até o vencimento de um título de renda fixa.

da volatilidade (0,50 *versus* 0,40) causa um aumento de 36% do valor da opção. Levando-se em conta que todo o resto é observável, esta variável é que distinguirá as estimativas.

Títulos assemelhados a opções

Contratos de opção podem ser negociados em bolsas, como a Chicago Board Options Exchange ou no mercado de balcão. Entretanto, vários títulos com características semelhantes a opções também são negociados no mercado. Exemplos incluem os títulos de dívida que podem ser resgatados antecipadamente e vendidos de volta ao emissor (títulos de dívida com uma opção de compra e uma opção de venda, respectivamente, incluídos como parte da oferta de títulos de dívida), *warrants* (que, quando são emitidos, geralmente são anexados a uma emissão de títulos de dívida ou ações), e títulos conversíveis, por exemplo, *debêntures* ou ações preferenciais que podem ser convertidos em um determinado número de ações ordinárias.

Títulos de dívida resgatáveis e vendáveis à empresa

Os títulos de dívida resgatáveis antecipadamente dão ao emissor a opção de recomprar os títulos a um preço de resgate (geralmente igual ao par mais o cupom de um ano), em vez de esperar até que os títulos vençam. A opção de compra não é atraente para os investidores, pois a opção tenderá a ser exercida logo após as taxas de juros terem caído, quando o emissor estiver interessado em substituir a dívida de cupom mais alto por uma dívida de cupom mais baixo. Para tornar os títulos mais atraentes aos investidores, o emissor oferecerá os títulos a um preço inferior ou oferecerá uma taxa de cupom mais alta do que a de dívidas simples. Com o passar do tempo, um título resgatável antecipadamente será tipicamente negociado a um preço não superior ao seu preço de resgate. Isso efetivamente impõe um teto ao preço do título. A diferença entre este, resgatável, e o de outro título semelhante, mas, sem essa opção, refletirá o valor da opção de compra. Isso é demonstrado no Gráfico 18.5.

Embora não tão comuns, os títulos de dívida que podem ser vendidos de volta também têm sido emitidos por empresas. Diferentemente dos títulos resgatáveis, nos quais o emissor detém a opção de compra, nesse caso são os investidores que possuem o direito de venda. Eles podem vender os títulos de dívida de volta ao emissor e receber um preço estipulado pelos títulos. Geralmente, há dois tipos de eventos que acionam a capacidade que os obrigacionistas têm de vender os títulos ao emissor, e ambos estão relacionados a eventos que normalmente reduziriam a qualidade do título em termos de risco de crédito. Um deles é a ocorrência de um "evento designado", estipulado no prospecto de emissão, como uma fusão ou aquisição alavancada. O segundo tipo de título, que pode ser vendido de volta à empresa, permite que os investidores o vendam em quaisquer circunstâncias que resultem em redução da classificação de seu risco abaixo de um dado nível. Por exemplo, a opção de venda pode ser ativada quando o *rating* do título caia a níveis de *junk bond*, ou seja, BB ou menos. Tal como no caso de um título de dívida resgatável antecipadamente, o valor da opção de venda para o investidor equivale à diferença de preços entre o título que pode ser vendido e o simples com *rating* e prazo de vencimento semelhantes.

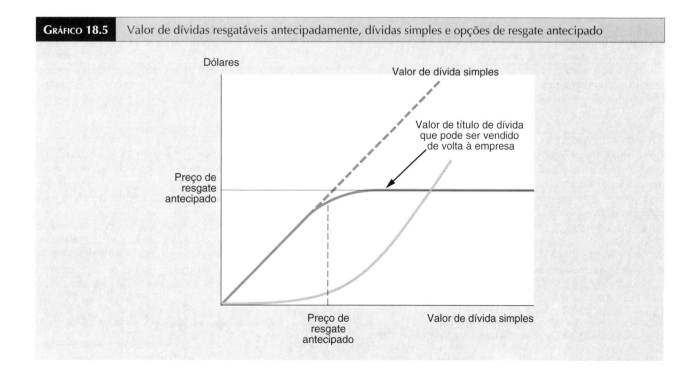

GRÁFICO 18.5 Valor de dívidas resgatáveis antecipadamente, dívidas simples e opções de resgate antecipado

462 Investimentos

E-leituras interativas

Para mais explicações
e um exemplo animado
de warrants, visite:
http://reillyxtra.swlearning.com.

WARRANTS

Um *warrant* é uma opção de comprar um número predeterminado de ações ordinárias a um preço específico a qualquer tempo durante o prazo do *warrant*. Embora essa definição seja bastante semelhante à definição de uma opção de compra, ela tem diversas diferenças importantes. Em primeiro lugar, quando originalmente emitido, o prazo de um *warrant* geralmente é muito mais longo do que o de uma opção de compra. Embora os mercados organizados de opções tenham introduzido as opções de longo prazo (LEAPS), esta tipicamente negociada em bolsa possui um prazo de vencimento que varia de três a nove meses. Entretanto, um *warrant* geralmente tem um prazo original de vencimento de pelo menos dois anos, e a maioria está entre cinco e dez anos. Alguns são muito mais longos, incluindo até mesmo alguns *warrants* perpétuos.

Uma segunda diferença importante é que eles geralmente são emitidos pela empresa que emite a ação na qual o *warrant* está referenciado. Como resultado disso, quando o *warrant* é exercido, o investidor compra a ação da empresa, e os proventos da venda correspondem a novos fundos para a empresa emissora.[9]

Considere o seguinte exemplo hipotético. A Becking Corporation vai emitir 10 milhões de dólares em títulos de dívida, mas sabe que nos próximos cinco anos também necessitará de mais 5 milhões de dólares de capital próprio além dos lucros retidos esperados. Uma maneira de tornar a emissão de títulos de dívida mais atraente, e também possivelmente vender as ações necessárias, é anexar *warrants* aos títulos de dívida. Para simplificar, faremos a suposição de que eles sejam de tipo europeu, ou seja, não podem ser exercidos antes do vencimento.[10] Sendo as ações ordinárias da Becking negociadas atualmente a 45 dólares, a empresa pode decidir emitir *warrants* com prazo de cinco anos, permitindo ao seu titular adquirir ações ordinárias da empresa a um preço de exercício de 50 dólares. Como a empresa deseja levantar 5 milhões de dólares de capital próprio, ela precisa emitir *warrants* de 100 mil ações (5 milhões de dólares/50 dólares). Para captar 10 milhões de dólares de recursos de terceiros, a empresa precisará vender 10 mil títulos (a 1.000 dólares de valor par). Se cada *warrant* permite ao proprietário comprar uma ação (ou seja, o **índice de conversão de warrants** é igual a um), o número deles anexados a cada título de dívida será 10 (100 mil ações/10 mil títulos de dívida).

Avaliação de warrants – O valor de um *warrant* é determinado como se fosse uma opção de compra. Existem dois componentes do valor de um *warrant* que são semelhantes aos da opção de compra: seu valor intrínseco e seu valor especulativo (ou temporal).

Valor intrínseco. O valor intrínseco de um *warrant* é a diferença entre o preço de mercado da ação ordinária e o de exercício, como a seguir:

18.8

Valor intrínseco = (Preço de mercado da ação ordinária – Preço de exercício do *warrant*)

× Número de ações especificadas pelo *warrant*

Considere uma empresa que tenha *warrants* que vençam em 2008 e permitam a seu titular comprar duas ações a 17 dólares por ação. A ação ordinária atualmente é negociada a 21 dólares e o *warrant* está avaliado em 10 dólares. O *warrant* tem um valor intrínseco de 8 dólares: (21 dólares – 17 dólares) × 2 = 8 dólares. Como o preço de mercado do *warrant* (10 dólares) está acima de seu valor intrínseco (8 dólares), este tem um valor especulativo de 2 dólares.

De forma semelhante a uma opção de compra, a alavancagem de um *warrant* é uma consideração importante. Como exemplo, suponha que uma ação seja negociada a 48 dólares e o *warrant* nela referenciado, com um preço de exercício de 50 dólares, esteja sendo negociado a 3 dólares. Ele não tem valor intrínseco algum, porque seu preço de exercício está acima do de mercado. O preço de 3 dólares representa um valor especulativo. Se a ação subisse 15%, para 55 dólares, o *warrant* aumentaria pelo menos 5 dólares, seu novo valor intrínseco. Portanto, um aumento de 15% do preço da ação faria com que o preço do *warrant* subisse pelo menos 67%, de 3 dólares para 5 dólares. Qualquer valor especulativo elevaria o seu preço ainda mais.

TÍTULOS CONVERSÍVEIS

Um **título conversível** confere a seu detentor o direito de converter um tipo de título em uma quantidade prefixada de outro (geralmente ações ordinárias), quando o investidor decidir fazer a conversão. Os títulos conversíveis possuem algumas características de um título de dívida e outras características daquele em que são convertidos. As emissões de títulos conversíveis geralmente são subordinadas às outras dívidas da empresa. Como os *warrants*, eles geralmente são oferecidos para atrair investidores a uma emissão de títulos de dívida.

Como exemplo de um título conversível típico, considere uma emissão oferecida pela Amoco, que vencerá no ano de 2013, pagando um cupom de 7% e 3/8%, duas vezes por ano, em primeiro de março e primeiro de setembro. Seu valor de face é igual a 1.000 dólares e pode ser convertido em 19,048 ações ordinárias da *Amoco Corporation*. Este valor, 19,048, é o **índice de conversão**. Alternativamente, quando o valor de face de 1.000 dólares é dividido pelo índice de conversão de 19,048, ele gera 52,50 dólares, o que é chamado de **preço de conversão**. Um título conversível pode ser entendido

---

[9] Embora a maioria dos *warrants* existentes tenha sido emitida dessa maneira, nos últimos anos um número cada vez maior de *warrants* de empresas e governos estrangeiros são referenciados em outros títulos ou índices.

[10] A maioria dos *warrants* emitidos por empresas que são referenciados em suas próprias ações próprias é do tipo americano, sendo exercidos antecipadamente caso dividendos suficientemente altos sejam pagos.

Derivativos: análise e avaliação **463**

como um título de dívida simples mais uma opção de compra anexada, que neste caso permite ao detentor deste comprar 19,048 ações simplesmente o entregando.

A emissão de títulos de dívida conversíveis é atraente para uma empresa por diversos motivos. Adicionando o direito de conversão, uma empresa pode freqüentemente obter uma *taxa de juros mais baixa* em suas dívidas. Se o valor das ações ordinárias da empresa posteriormente subir e os títulos forem convertidos em ações ordinárias, a empresa reduzirá sua alavancagem financeira e obterá financiamento com capital próprio.

Os títulos conversíveis proporcionam aos investidores um potencial de valorização das ações ordinárias e um piso de títulos de dívida. Se o preço da ação subir, o título de dívida conversível sofrerá um aumento de valor em função da valorização da ação na qual pode ser convertido. Ele tem uma proteção para baixo, pois, independentemente do que aconteça com a ação, o preço do título de dívida não cairá abaixo do seu valor como título de dívida simples. Além disso, o título conversível geralmente possui rendimento corrente superior ao da ação subjacente. Suponha que a Amoco pague dividendos de 2,20 dólares por ação. O seu título de dívida é conversível em 19,048 ações, o que significa que os dividendos totais da ação seriam de $19,048 \times 2,20$ dólares $= 41,91$ dólares. Entretanto, o título de dívida paga uma taxa de juros de 7 e $^3/_8$, o que gera 73,75 dólares.

Avaliação de conversíveis[11] – O valor do título conversível como título de dívida é chamado de ***valor de título de dívida*** ou ***valor de investimento*** (também denominado ***valor mínimo***, ou ***piso***). Para determiná-lo, devemos especificar o rendimento exigido do título como se ele não oferecesse nenhum direito de conversão. Uma maneira simples (mas nem sempre viável) de fazer isso é identificar um título de dívida não-conversível com características semelhantes emitido pela empresa. Suponhamos que um título simples comparável da Amoco seja o seu título com cupom de 8 e $^5/_8$ e vencimento em 2016, e que este está avaliado em 110, para um rendimento de 7,72%. Arredondemos essa taxa e suponhamos que o título conversível, se fosse um título de dívida simples, rendesse 7,70%, com prazo de vencimento de 20 anos. Usando essas suposições, o valor do título de dívida no título conversível da Amoco com cupom de 7 e $^3/_8$ seria aproximadamente igual a 950 dólares. Comparando esse valor de título de dívida ao preço corrente de mercado do título conversível (cerca de 1.215 dólares), temos o seguinte *prêmio de investimento*:

$$\frac{1.215,00 - 950,00}{1.215,00} = 21,81\%$$

Essa é uma medida do risco de desvalorização, supondo que o rendimento do título de dívida não mudaria caso o desempenho da empresa piorasse. Mas, se o preço da ação cair substancialmente por causa de uma ameaça imaginada de falência, o rendimento exigido do título de dívida se elevaria e seu valor de investimento cairia.

O ***valor de conversão*** ou ***valor como título de renda variável*** do título de dívida (também chamado de ***paridade***) é o valor das ações ordinárias que o investidor recebe quando converte o título de dívida. O valor de conversão equivale ao produto entre o índice de conversão de 19,048 e o preço corrente da ação. Se a Amoco estava sendo negociada a 57, o valor de conversão seria de $19,048 \times 57$ dólares $= 1.085,74$ dólares. Obviamente, este está linearmente relacionado ao preço da ação.

O valor do título de dívida conversível deve pelo menos ser igual ao valor de conversão ou ao valor como título de dívida, qualquer que seja o maior deles. Assim, podemos afirmar:

18.9   **Preço mínimo do título conversível = Max [valor como título de dívida, valor de conversão]**

Nesse caso, o valor mínimo é o valor de conversão de 1.085,74, que supera o valor do título de dívida, de 950 dólares.

Em função do valor especulativo da opção de conversão, o valor de mercado do título conversível deve ser superior a seu valor mínimo, exceto na data de vencimento. Esse valor acima do mínimo é chamado de ***prêmio de conversão*** e é calculado da seguinte maneira:

18.10 $$\text{Prêmio de conversão} = \frac{\text{Preço de mercado} - \text{Valor mínimo}}{\text{Valor mínimo}}$$

Se o título conversível da Amoco estiver sendo negociado a 1.215 dólares, o prêmio de conversão será:

$$\frac{\$ 1.215,00 - \$ 1.085,74}{\$ 1.085,74} = 11,91\%$$

Isso indica que o valor da opção acrescenta 12% ao valor mínimo do título de dívida.

Outra medida útil para um título conversível é o ***preço de paridade de conversão***. Isso é definido assim:

18.11 $$\text{Preço de paridade de conversão} = \frac{\text{Preço de mercado do título de dívida conversível}}{\text{Índice de conversão}}$$

---

[11] Examinamos questões de avaliação no contexto de títulos de dívida conversíveis; os conceitos também podem ser aplicados à análise de ações preferenciais conversíveis.

GRÁFICO 18.6 Valor de um título de dívida conversível

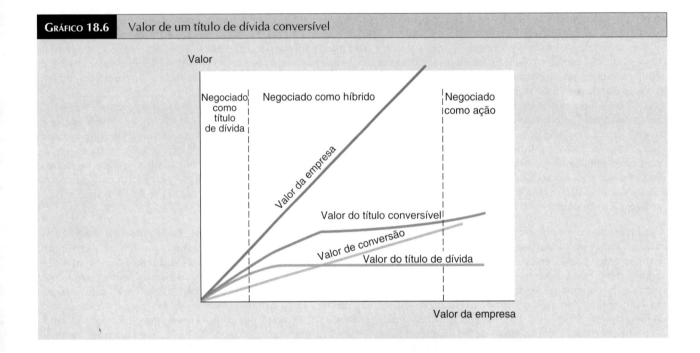

Para a Amoco, isso representa:

$$\frac{\$1.215,00}{19,048} = \$63,79$$

O preço de paridade de conversão indica que se o título de dívida fosse comprado e imediatamente convertido, o preço efetivo pago pelas ações ordinárias seria de 63,79 dólares, contra o preço corrente da ação de 57 dólares.

O Gráfico 18.6 representa graficamente os fatores envolvidos no valor de um título de dívida conversível. Há um limite superior desse valor; ele não pode ser negociado a um preço superior ao valor dos ativos da empresa. Portanto, o valor do título conversível deve estar abaixo da linha de 45 graus. Note-se que a linha do valor como título de dívida é relativamente horizontal em uma ampla faixa de valores da empresa – estes não aumentam o valor como título de dívida porque os investidores recebem apenas os pagamentos prometidos. Entretanto, para valores mais baixos da empresa, o valor como título conversível cai à medida que a falência se torna provável. O valor de conversão cresce diretamente com o valor da empresa. O gráfico mostra que, para valores baixos, o valor como título de dívida será o valor mínimo do título como conversível; para valores altos, o valor de conversão será o valor mínimo como título conversível. Finalmente, a linha do valor como título conversível mostra que, quando o valor da empresa é baixo, este se comporta como um título de dívida simples, sendo negociado com um prêmio irrelevante sobre o valor como título de dívida. De forma alternativa, quando os valores da empresa são altos, o título conversível é visto como uma ação, sendo negociado a um prêmio irrelevante sobre o valor de conversão. Na faixa média relativamente ampla, o título conversível será negociado como um título híbrido que se comporta em parte como um título de dívida simples e em parte como uma ação.

Arbitragem de conversão – Uma das maneiras de se negociar explicitamente a opção de conversão com o título de dívida é fazer uma arbitragem de conversão. Comprando-se o título de dívida conversível e vendendo a ação da empresa a descoberto, com uma relação apropriada de *hedge*, os investidores podem tentar isolar o valor da opção de conversão. Aumentos do preço da ação resultarão em variações compensatórias à medida que o valor do título de dívida conversível subir e a posição vendida em ações perder valor; o oposto será verdadeiro se o preço da ação cair. Se um investidor pensa que o título de dívida conversível está sendo subavaliado em relação à opção de conversão, a arbitragem de conversão pode ser uma maneira de capturar parte da subavaliação esperada do título de dívida ao mesmo tempo em que se faz o *hedge* da posição completa com uma posição vendida na ação. Outra fonte de retorno dessa estratégia corresponde a fluxos de rendimentos. O título de dívida conversível pagará mais em cupons do que o dividendo da ação. Além disso, os proventos de vendas da ação a descoberto podem ser aplicados em títulos seguros e render juros.

Fontes de informações sobre títulos conversíveis – Informações sobre muitos títulos de dívida conversíveis estão disponíveis em livros de referência sobre títulos comuns de dívida, como *Standard & Poor's Bond Guide* e *Mergent Bond Record*. *Value Line Convertibles* também fornece informações sobre títulos conversíveis, bem como *warrants*.

Resumo

- Na avaliação de contratos futuros, o modelo de custo de carregamento é utilizado na determinação de preços dos contratos. As imperfeições do mercado – tais como custos de estocagem, fluxos de caixa decorrentes da posse do ativo, e custos de transação – precisam ser incluídas na relação de avaliação de contratos futuros.

- O conceito de arbitragem é usado de muitas maneiras na precificação de derivativos. O modelo de custo de carregamento usa a arbitragem para gerar um preço apropriado de um contrato futuro. Aplicações avançadas destes para *hedging*, especulação ou aproveitamento de oportunidades de arbitragem incluem a arbitragem de índices de ações e do *spread* NOB de contratos futuros.

- As opções de contratos futuros são úteis a investidores que desejam participar do mercado futuro, mas buscam a proteção que as opções fornecem contra perdas. Com elas, a perda é limitada ao preço (prêmio) da opção e o investidor não é submetido à marcação diária a mercado.

- Há cinco fatores essenciais para a avaliação de opções de compra e de venda. São eles: o preço da ação, o preço de exercício, o prazo de vencimento, a taxa de juros e a volatilidade da ação subjacente.

- O modelo binomial de precificação de opções é uma maneira simplificada de estimar preços de opções. O modelo supõe que o preço da ação sobe ou cai por uma dada porcentagem em intervalos de tempo consecutivos.

- O modelo Black-Scholes de precificação de opções é uma ferramenta poderosa para se estimar preços de opções de compra (e, por meio da paridade de opções de compra e venda, os preços de opções de venda). Calculadoras financeiras especializadas e planilhas eletrônicas podem ser utilizadas para estimar os preços de opções ou para usar aqueles de mercado de opções para determinar o valor da volatilidade implícita no mercado.

- Muitos títulos – tais como títulos de dívida resgatáveis antecipadamente ou que podem ser vendidos de volta ao emissor, *warrants* e títulos conversíveis – têm características de opções. Os títulos de dívida resgatáveis antecipadamente ou que podem ser vendidos ao emissor contêm opções embutidas. As empresas emissoras podem exercer a opção de compra resgatando um título de dívida a um preço estipulado de compra (ou de exercício). O investidor pode exercer a opção de venda, vendendo os títulos de dívida de volta ao emissor ao preço de exercício, caso ocorram certos eventos específicos. *Warrants* são opções emitidas por empresas e assemelham-se a opções regulares de compra, exceto pelo fato de que tendem a ter um prazo original de vencimento mais longo e também pelo fato de que, quando são exercidos, o número de ações das empresas aumenta. Os títulos conversíveis conferem ao investidor o direito de converter um tipo de título em uma quantidade estipulada de outro. Os dois modelos mais populares de títulos conversíveis são as *debêntures* conversíveis e as ações preferenciais conversíveis.

- Os conversíveis podem ser precificados com o emprego de alguns princípios derivados da teoria de opções.

- Todos os instrumentos derivativos proporcionam oportunidades adicionais de investimento. A análise e a avaliação desses instrumentos são complexas, mas ampliam as combinações possíveis de risco e retorno e não devem ser ignoradas ao se montar carteiras globais diversificadas.

Investimentos on-line

A avaliação de títulos de dívida, um instrumento de financiamento e investimento relativamente simples, pode tornar-se tão complexa quanto a de ações quando contêm opções implícitas, como cláusulas de conversão, *warrants* ou resgate antecipado. Vários websites podem ajudá-lo a aprender mais sobre essas aplicações avançadas de derivativos.

http://www.calamos.com – A *Calamos Asset Management Inc.* especializa-se em pesquisa, investimento e gestão de títulos conversíveis. Notícias, análises e atualizações de mercado estão disponíveis nesse site.

http://www.optionscentral.com – A *Options Clearing Corporation* emite e garante todos os contratos de opção negociados em bolsa nos Estados Unidos.

http://optionetics.com – Essa página oferece informações gratuitas e pagas aos visitantes, incluindo análises de preço e de volume de contratos de opção de ações.

http://www.nfa.futures.org/ – A página da *National Futures Association* representa uma associação setorial cuja finalidade é manter a integridade do mercado. Contém links de material educativo para o investidor, informações de treinamento e questões de regulamentação.

http://www.cftc.gov – O website da *Commodities Futures Trading Commission* cobre a regulamentação dos mercados futuros e opções de mercadorias nos Estados Unidos. A agência protege os participantes do mercado contra manipulação, práticas comerciais abusivas e fraude. Trata-se de uma excelente fonte de informações sobre leis, regulamentos e bolsas.

466 Investimentos

Questões

1. *Exame CFA Nível II*
   Quatro fatores afetam o valor de um contrato futuro de um índice de ações. Três desses fatores são o preço corrente do índice de ações, o prazo que falta até a data de vencimento (entrega) do contrato e os dividendos do índice de ações. Identifique o quarto fator e explique como e por que as variações desse fator afetam o valor do contrato futuro (5 minutos).

2. Explique o que quer dizer *custo de carregamento*. Como ele afeta a avaliação de contratos futuros?

3. Mostre como a arbitragem pode ser usada para determinar o preço adequado de um contrato futuro.

4. Como os custos de armazenagem, seguros e os fluxos de rendimentos (como dividendos e juros) afetam o preço de um contrato futuro? Os preços de mercado ainda podem ser afetados pela arbitragem em vista dessas variáveis adicionais?

5. Como os custos de transação, como *spreads* de oferta e demanda e comissões afetam a avaliação de contratos futuros e a capacidade de arbitragem, caso o preço de um contrato futuro difira de seu valor de acordo com o custo de carregamento?

6. O que é base? O que acontece com ela quando o vencimento do contrato futuro se aproxima?

7. *Exame CFA Nível II*
   Mike Lane terá 5 milhões de dólares para investir, em cinco anos, em títulos de dívida do Tesouro dos Estados Unidos com prazo de três meses a contar de hoje. Lane crê que as taxas de juros cairão durante os próximos três meses e quer tirar proveito das taxas de juros vigentes, protegendo-se contra uma queda das taxas de juros. Ele tem fundos suficientes para pagar os custos de abertura e manutenção de uma posição no mercado futuro.

   (a) Descreva que providência Lane deve tomar em relação ao uso de contratos futuros de notas do Tesouro dos Estados Unidos com prazo de cinco anos para se proteger contra a queda de taxas de juros (5 minutos).

   Suponha que já se passaram três meses e, apesar das expectativas de Lane, as taxas no mercado à vista e no mercado a termo para o prazo de cinco anos subiram 100 pontos de base em comparação com as taxas observadas três meses antes.

   (b) Discuta o efeito das taxas de juros mais altas sobre o valor da posição no mercado futuro aberta por Lane no item (a) (4 minutos).

   (c) Discuta como o retorno da posição protegida de Lane difere do retorno que ele poderia obter agora se não tivesse feito o *hedge* do item (a) (4 minutos).

8. Afirma-se comumente que é mais fácil realizar arbitragem de índices de ações quando o contrato futuro destes está acima de seu nível teórico do que quando está abaixo desse valor. Que realidades institucionais fazem com que essa afirmação seja verdadeira? Descreva os passos necessários à execução da operação de arbitragem em ambas as circunstâncias. Na faixa em que a afirmação é válida, o que ela diz a respeito da capacidade do mercado futuro de índices de ações de permanecer eficiente?

9. Explique sucintamente o que é uma opção de contrato futuro.

10. Se existem contratos futuros e contratos de opção, que finalidade econômica é preenchida com a existência de opções de contratos futuros?

11. Supondo-se que o ativo subjacente de um contrato futuro se valoriza 15%, seria melhor para você possuir um contrato futuro ou uma opção deste? Que instrumento você preferiria ter, se o ativo caísse 20%?

12. Que fatores afetam o preço de uma opção? Explique como cada um deles afeta o seu prêmio.

13. Qual é a finalidade da carteira *hedge* no modelo binomial de precificação de opções?

14. O que é relação de *hedge*? Interprete o significado de um *hedge* de 1,5; de 0,60.

15. Se o desvio-padrão do retorno de uma ação aumenta, o que acontece com o valor de suas opções de compra e de venda? Se o beta da ação aumenta, o que acontece com o valor de suas opções de compra e de venda?

16. Como pode ser estimada a volatilidade implícita?

17. Que ajustes devem ser feitos ao modelo Black-Scholes de precificação de opções quando a ação paga dividendos?

18. Quem possui a opção de compra em um título de dívida resgatável antecipadamente? Tudo o mais permanecendo constante, o que deveria valer um título de dívida com esse em comparação com um título de dívida não resgatável antecipadamente? Quem possui a opção de venda em um título de dívida que pode ser vendido de volta à empresa emissora? Como os investidores avaliariam esses títulos de dívida em comparação com os títulos de dívida que não podem ser vendidos de volta à empresa emissora?

19. Quais são as principais diferenças entre um *warrant* e uma opção de compra?

20. Identifique e discuta os fatores que afetam o valor de um *warrant*.

21. Que condição deve existir no vencimento para que o titular de um *warrant* decida exercê-lo?

22. As *debêntures* da *Baron Corporation* estão classificadas no nível Aa pela Moody's e são negociadas a uma taxa de 9,30%. Os títulos de dívida conversíveis subordinados da empresa estão classificados em A pela Moody's e são negociados a 8,20%. Explique como esse fenômeno pode ocorrer.

23. Descreva o que é o potencial de valorização de títulos de dívida conversíveis. Como eles também oferecem proteção contra perdas?

24. O que é arbitragem de conversão? Por que ela é feita?

25. Suponha que o valor de conversão de um título de dívida conversível está substancialmente acima do valor par. Por que o detentor do título de dívida continuaria a mantê-lo em vez de convertê-lo?

Problemas

1. O preço à vista do ouro é de 275 dólares a onça. A taxa de letras do Tesouro é de 0,33% ao mês. Qual é o preço apropriado do contrato futuro de ouro com prazo de três meses?

2. Usando as informações do Problema 1, calcule os preços de contratos futuros prevendo entrega de ouro em três, seis, nove e 12 meses.

3. Os contratos futuros de trigo estão sendo negociados a 305 (centavos por alqueire), com prazo de seis meses. Sabendo-se que a armazenagem e o seguro do trigo custam de ½%, em conjunto, qual seria o preço corrente do trigo no mercado à vista?

4. O que seria uma faixa não arbitrável de preços de trigo no Problema 3, se a comissão de compra ou venda de trigo fosse de 0,75%?

5. Suponha que o preço de mercado do ouro seja igual a 275 dólares. Qual é o valor da base para cada um dos preços de contratos futuros calculados no Problema 2? No caso de um contrato futuro de três meses, qual será o valor da base após três meses?

6. Você é um negociante de cacau que estima a compra de 75 toneladas métricas daqui a três meses. Você está supondo que o preço do cacau subirá, e assim assume uma posição comprada de contratos futuros. Como os contratos futuros de cacau não vencem a cada mês, você compra um com prazo de quatro meses. Cada contrato se refere a dez toneladas métricas; você decide comprar sete contratos. No momento em que você monta seu *hedge*, o preço do contrato futuro é de 1.028 dólares por tonelada, e o preço à vista é de 1.005 dólares. Três meses mais tarde, o preço efetivo do cacau no mercado à vista sobe para 1.039 por tonelada e o preço do contrato futuro sobe a 1.045 dólares.
   (a) Determine o preço efetivo ao qual você comprou o cacau. Como você explica a diferença entre quantidades nas posições à vista e de *hedge*?
   (b) Como variou a base no período em que você manteve os contratos? Descreva a natureza do risco de base desse *hedge* de compra.

7. *Exame CFA Nível II*
   Donna Doni, CFA, quer tirar proveito das possíveis ineficiências do mercado futuro. O índice de ações TOBEC está valendo 185,00 à vista hoje. Os contratos futuros do TOBEC são liquidados financeiramente e os seus valores subjacentes são determinados multiplicando-se o valor do índice por 100 dólares. A taxa corrente de juros livre de risco é de 6% ao ano.
   (a) Calcule o preço teórico do contrato futuro que vence daqui a seis meses, usando o modelo do custo de carregamento. Mostre seus cálculos (4 minutos).
   O custo total da transação (ida e volta) de negociação de contratos futuros é igual a 15,00 dólares.
   (b) Calcule o limite inferior do preço do contrato futuro que vence daqui a seis meses. Mostre seus cálculos (6 minutos).

8. *Exame CFA Nível II*
   Joan Tam, CFA, acredita ter identificado uma oportunidade de arbitragem para uma mercadoria, em vista do que é indicado pelas informações abaixo:

Preço da mercadoria e informações sobre taxas de juros

Preço da mercadoria à vista	$ 120
Preço de contrato futuro da mercadoria com vencimento daqui a um ano	$ 125
Taxa de juros para prazo de um ano	8%

   (a) Descreva a transação necessária para tirar vantagem dessa oportunidade específica de arbitragem (6 minutos).
   (b) Calcule o lucro de arbitragem (3 minutos).
   (c) Descreva *duas* imperfeições de mercado que poderiam limitar a capacidade de Tam de implantar essa estratégia de arbitragem (6 minutos).

9. Um banco de investimento dedica-se à arbitragem de índice de ações em sua carteira própria e em nome de clientes. Em um dado dia, o índice S&P 500 está em 1.060,23, ao mesmo tempo em que o contrato futuro para entrega em 90 dias está cotado a 1.083,56. Se a taxa de juros anualizada de 90 dias for de 8% e a taxa anualizada de dividendos for de 2%, poderia haver negociação programada envolvendo a arbitragem de índices de ações? Em caso afirmativo, descreva as transações que seriam executadas e calcule o lucro que seria obtido por "unidade" do índice S&P 500 usado na transação.

10. Considere as seguintes cotações em meados de outubro de contratos futuros de obrigações e notas do Tesouro que vencem em dezembro.

Contrato	Preço de ajuste
Obrigação do Tesouro a 6% com prazo de 20 anos	103-25
Nota do Tesouro a 6% com prazo de 20 anos	104-15

   Você acredita que a curva de rendimentos ficará mais íngreme daqui a alguns meses. Suponha que a taxa de obrigações com prazo de 20 anos aumente para 8%, enquanto o rendimento das obrigações com prazo de dez anos sobe para 7%.
   (a) Quanto dinheiro você ganha ou perde no *spread* NOB?
   (b) Quanto dinheiro você ganha ou perde, caso a curva de rendimento se achate e fique horizontal, com ambos os títulos rendendo 7%?

11. Supondo-se que as probabilidades de que o preço de uma ação aumente ou diminua sejam iguais, calcule a probabilidade de se estar em cada um dos ramos das árvores de preços da ação com dois, três, quatro ou cinco subintervalos. (Dica: A Ilustração 18.8 apresenta uma árvore com dois subintervalos.) Diz-se que o modelo binomial de precificação de opções tende à hipótese de normalidade no modelo Black-Scholes de precificação de opções quando o número de subintervalos aumenta. Essa aproximação parece razoável?

12. Use o modelo binomial de precificação de opções para calcular o valor de uma opção de compra com preço de exercício de 24 dólares, sabendo-se que a ação é negociada atualmente a 20 dólares e é igualmente provável que tenha um aumento ou uma queda de 21% no próximo ano. Use a taxa livre de risco para o prazo de um ano, que é igual a 4%.

13. Calcule o valor da opção de compra do Problema 12, se (examine cada uma dessas mudanças separadamente):
   (a) O preço de exercício é de 22 dólares.
   (b) O prazo de vencimento é de 6 meses.
   (c) A taxa livre de risco é de 8% ao ano.

14. Use o modelo binomial de precificação de opções para calcular o valor de uma opção de compra que vence daqui a um ano. Seu preço de exercício é igual a 24 dólares. A ação está atualmente cotada a 20 dólares e há probabilidades iguais de subir ou cair 10% em cada período de seis meses. Após um ano, o preço da ação será igual a 16,20, 19,80, ou 24,20 dólares. Use a taxa livre de risco de 4% ao ano.

15. Use o modelo binomial de precificação de opções para calcular o valor de uma opção de compra que vence daqui a um ano. Seu preço de exercício é de 24 dólares. A ação é atualmente negociada a 20 dólares e há probabilidades iguais de subir ou cair 10% no primeiro período de seis meses. Após um ano, o preço da ação será de 16,20, 21, ou 24,20 dólares. Use a taxa livre de risco de 4% ao ano.

16. Calcule por Black-Scholes o preço de uma opção de compra de uma ação cuja cotação atual é de 50 dólares e tem volatilidade esperada de 60% (0,60). O preço de exercício da opção é igual a 55 dólares e a opção vence daqui a dois meses (sessenta dias). A taxa livre de risco é de 2% (0,02) para esse período.

17. Qual é o preço apropriado da opção de venda correspondente no Problema 16?

468 Investimentos

18. Qual é o preço de uma opção de compra de uma ação cuja cotação atual é de 24 dólares e tem volatilidade histórica de 25%, mas espera-se que essa volatilidade suba para 40%? A opção vence daqui a três meses (noventa dias) e tem preço de exercício de 20 dólares. A taxa livre de risco é de 1% (0,01).

19. Qual é o preço apropriado da opção de venda, seguindo o Problema 18?

20. Uma empresa tem 100 mil ações avaliadas a 40 dólares por unidade. Ela não tem nenhuma dívida. A empresa emite 10 mil *warrants*, cada um permitindo a compra de uma ação ao preço de 50 dólares. Os *warrants* vencem daqui a cinco anos e atualmente estão cotados a dois dólares.
   (a) Estime o valor intrínseco deles.
   (b) Determine o seu valor especulativo e discuta a justificativa para esse valor.
   (c) Suponha que o preço da ação aumente 50%. Qual será o aumento mínimo do valor do *warrant*?

21. A Harley Corporation tem *debêntures* subordinadas conversíveis a 8% em sua estrutura de capital. Os títulos vencem daqui a 10 anos. O titulo tem *rating* A e seu rendimento atual até o vencimento é de 5%. O rendimento atual de títulos de dívida não conversíveis com o mesmo *rating* é de 10%. Esse título de dívida é conversível em 21 ações ordinárias e é resgatável a 106 do par, o qual equivale a 1.000 dólares. A ação ordinária da empresa, cujo valor par é igual a dez dólares, é negociada atualmente a 54 dólares.
   (a) Qual é o valor desse título de dívida conversível como título de dívida simples, supondo pagamentos de juros semestrais?
   (b) No momento atual, qual seria o valor de conversão desse título de dívida?
   (c) No momento atual, qual seria o valor mínimo desse título de dívida?
   (d) No momento atual, poderia a Harley Corporation livrar-se dessa *debênture* conversível? Em caso afirmativo, discuta especificamente como isso se daria.

22. *Exame de CFA Nível II*
   Singh também está analisando um título de dívida conversível. As características do título e das ações ordinárias subjacentes são fornecidas a seguir:

Características do título de dívida conversível e das ações subjacentes

Características do título de dívida conversível

Valor par	$ 1.000
Taxa de cupom anual (pagamento anual)	6,5%
Índice de conversão	22
Preço de mercado	105% do par
Valor como título de dívida simples	99% do par

Características das ações subjacentes

Preço corrente de mercado	40 dólares por ação
Dividendo anual em dinheiro	1,20 dólar por ação

(a) Calcule:
   i. o valor de conversão do título de dívida
   ii. o preço de conversão de mercado do título de dívida (6 minutos)
(b) Determine se o valor de um título de dívida conversível resgatável antecipadamente aumentará, diminuirá ou permanecerá inalterado em resposta a *cada* uma das seguintes mudanças, e justifique cada uma de suas respostas com *um* motivo:
   i. um aumento da volatilidade do preço da ação
   ii. um aumento da volatilidade da taxa de juros (6 minutos)

23. A Extractive Industries tem *debêntures* (com valor par de 1.000 dólares) que são conversíveis em ações ordinárias da empresa ao preço de 25 dólares. Os títulos conversíveis pagam cupom de 11% e vencem daqui a dez anos. Os juros são pagos semestralmente, e a *debênture* conversível é resgatável antecipadamente mediante o pagamento de um prêmio correspondente aos juros de um ano.
   (a) Calcule o valor de conversão, sendo o preço da ação 20 dólares.
   (b) Calcule o valor de conversão, sendo o preço da ação 28 dólares.
   (c) Calcule o valor do título de dívida simples, supondo que títulos de dívida não conversíveis com risco e prazo de vencimento equivalentes estejam rendendo 12% ao ano, compostos semestralmente.
   (d) Suponha que o preço da ação seja igual a 28 dólares. O título conversível está sendo negociado a 1.225 dólares. Calcule o preço de paridade de conversão.
   (e) Usando as informações do item (d), calcule o prêmio de conversão.

24. Sentada perto de Dan, em um almoço na empresa, Rachel explicou: "Eu comprei American Desk a 20 dólares a ação e ela está indo para 40 dólares". Dan disse: "Você teria feito melhor se tivesse comprado *warrants* da American, como eu fiz".
   (a) Por que Dan disse isso?
   (b) O preço de exercício dos *warrants* da American Desk é de 18 dólares. Dan comprou os *warrants* por 4 dólares cada um, quando o preço da ação da American Desk era 20 dólares. Cada *warrant* permite a Dan comprar uma ação da American. Supondo que o valor temporal original de 2 dólares do *warrant* tenha caído para 1 dólar, qual é o preço atual do *warrant*?
   (c) Calcule o ganho porcentual de Rachel.
   (d) Calcule o ganho porcentual de Dan quando o preço da ação é igual a 40 dólares e o valor temporal do *warrant* é de 1 dólar.

Exercícios da web

1. O website *http://www.pmpublishing.com* contém dados abundantes sobre opções negociadas. Clique na seção da página principal que trata de volatilidade e depois selecione as opções do S&P 500 da *Chicago Mercantile Exchange*. Interprete as informações ali contidas sobre volatilidades implícitas.

2. Viste o site *http://www.business.com/directory/financial_services/investment_banking_and_brokerage/sales_and_trading/calculators/options/* e avalie pelo menos três das calculadoras de opções oferecidas. Todas dão as mesmas respostas para os dados que você insere? Compare o desempenho de calculadoras de preços de opções pelos modelos binomial e Black-Scholes. Como diferem suas estimativas quando os valores da volatilidade são baixos e altos?

3. A Calamos Asset Management Inc. é uma das principais empresas em termos de pesquisa, investimento e gestão de títulos conversíveis. Estude seu website, *http://www.calamos.com*, e resuma suas visões do ambiente atual de mercado para títulos conversíveis.

Derivativos: análise e avaliação **469**

EXERCÍCIOS EM PLANILHA

1. Que dados são necessários para precificar opções de compra? Monte uma planilha que lhe permita inserir os valores necessários em células separadas e lhe permita estimar preços de opções de compra usando o modelo Black-Scholes (BSOPM).

2. (a) Usando a planilha montada no Exercício 1, calcule o valor da seguinte opção de compra: $P_s = 75$ dólares; $X = 70$ dólares; $r = 5\%$ (ou 0,05); $t = 90$ dias (ou 0,25 dias); $\sigma = 0,30$. (b) Altere os dados, um por vez, e recalcule o preço da opção de compra para verificar as informações da Ilustração 18.7. Após cada novo cálculo, volte aos valores originais dos dados e calcule novamente, usando a mudança seguinte de variável. Use esses valores como novos dados: $P_s = 85$ dólares; $X = 73$ dólares; $r = 0,07$; $t = 0,33$ anos; $\sigma = 0,50$.

3. Amplie sua planilha do Exercício 1 incluindo o cálculo do preço de uma opção de venda, usando a relação de paridade de opções de compra e venda para calcular o preço da opção de venda correspondente. Repita os itens (a) e (b) do Exercício 2.

4. Monte uma planilha que lhe auxilie no processo de tentativa e erro para encontrar a volatilidade implícita em uma opção. Essa planilha exigirá os dados básicos do BSOPM, mas também exigirá a inclusão do preço corrente de mercado da opção (que pode ser obtido em um jornal ou em notícias sobre um mercado na Internet).

Por meio de tentativa e erro, insira valores diferentes do desvio-padrão até que a estimativa de preço por BSOPM esteja muito próxima do preço real de mercado. O desvio-padrão resultante será a estimativa de volatilidade implícita.

5. Monte uma planilha para avaliar títulos de dívida conversíveis, usando valores para os seguintes dados em células distintas: valor par, taxa de cupom, número de anos até o vencimento, preço corrente de mercado do título conversível, rendimento até o vencimento como título de dívida simples, fator de conversão, preço corrente da ação ordinária, dividendos por ação ordinária. Use a planilha para calcular as seguintes informações: preço do título conversível, dividendo anual da ação ordinária, rendimento anual de cupom, estimativa do preço como título de dívida simples, valor de conversão, prêmio de conversão, preço de paridade de conversão. Estime esses valores para um título de dívida conversível com 1.000 dólares de valor par, cupom de 8% e prazo de vencimento de 15 anos. O preço corrente do título conversível é igual a 1.050 dólares. Se não fosse conversível, seu rendimento até o vencimento seria de 8,30%. O fator de conversão é igual a 15, sendo o preço corrente da ação ordinária de 65 dólares. A ação paga dividendos trimestrais de 50 centavos por ação.

6. Como precisaria ser alterada a planilha do Exercício 5 para a realização de uma análise de ações preferenciais conversíveis?

REFERÊNCIAS

BENNINGA, Simon. *Financial Modelling*. 2. ed. Cambridge, MA: MIT Press, 2000.

BHATTACHARYA, Mihir; Yu Zhu. "Valuation and Analysis of Convertible Securities." In: FABOZZI, Frank J.; FABOZZI, Dessa (Ed.) *The Handbook of Fixed Income Securities*. 4. ed. Chicago: Irwin, 1995.

BLACK, Fischer; SCHOLES, Myron. "The Pricing of Options and Corporate Liabilities." *Journal of Political Economy* 81, n. 2, maio-jun. 1973.

BURNS, Terence E. *Derivatives in Portfolio Management*. Charlottesville, VA: AIMR, 1998.

CAROW, Kenneth A.; ERWIN, Gayle R.; MCCONNELL, John J. "A Survey of U.S. Corporate Financing Innovations: 1970-1997." *Journal of Applied Corporate Finance* 12, n. 1, 55-69, primavera 1999.

HULL, John. *Fundamentals of Futures and Options Markets*. 4. ed. Englewood Cliffs, NJ: Prentice-Hall, 2001.

INGERSOLL, Jonathan E. Jr. "A Contingent Claims Valuation of Convertible Securities." *Journal of Financial Economics* 4, n. 4, maio 1977.

KOLB, Robert W. *Futures. Options, and Swaps*. 3. ed. Boston: Blackwell Publishers, 2000.

GLOSSÁRIO

Arbitragem de índices de ações – Compra e venda de ações e contratos futuros de ações para tirar proveito de erros de precificação entre os mercados à vista e futuros.

Base – Diferença entre o preço à vista e o preço de um contrato futuro.

Carteira *hedge* – Uma carteira criada mediante a combinação de títulos e derivativos de maneira que seu valor em uma data futura seja conhecido e não dependa dos movimentos do mercado.

Convergência – No vencimento de um contrato futuro, o preço do contrato deve ser igual ao preço à vista.

Índice de conversão – Número de ações ordinárias pelas quais um título conversível pode ser trocado.

Índice de conversão de *warrants* – O número de ações que podem ser compradas por *warrant*.

Modelo binomial de precificação de opções – Um modelo discreto que usa previsões distintas de preços e define subperíodos para examinar o comportamento do preço de uma opção em função do tempo.

Opções sobre futuros – Um contrato de opção no qual o título subjacente é um contrato futuro.

Paridade (ou paridade de conversão) – Veja valor como ação.

Preço de conversão (ou de exercício) – O preço ao qual as ações ordinárias podem ser obtidas por meio da entrega do instrumento conversível ao valor par.

Preço de paridade de conversão – O valor de mercado de um título de dívida conversível, dividido pelo número de ações em que ele pode ser convertido (seu índice de conversão).

Prêmio de conversão – Excedente do valor de mercado do título conversível em relação a seu valor como ação, caso fosse imediatamente convertido em ações ordinárias. Geralmente expresso como porcentagem do valor como ação.

Relação de *hedge* – O número de títulos possuídos por unidade de derivativo em uma carteira *hedge*.

Risco de base – Risco que decorre da variabilidade da base com o passar do tempo.

***Spread* de notas sobre obrigações (NOB)** – Compra e venda de contratos futuros de notas e obrigações do Tesouro para tirar proveito de variações esperadas da inclinação da curva de rendimentos.

Título conversível – Um título que dá a seu portador o direito de converter um tipo de título em uma quantidade estipulada de outro a critério do investidor.

Valor como ação – O valor de um título conversível, se convertido em ações ordinárias ao preço atual de mercado da ação. Também chamado de valor de paridade ou valor de conversão.

Valor como título de dívida – Veja valor de investimento.

Valor de conversão – Veja valor como ação.

Valor de investimento – O preço ao qual um título conversível deveria ser negociado se fosse um instrumento de dívida simples. Também denominado *valor como título de dívida ou valor mínimo*.

Valor mínimo – Veja valor de investimento.

Warrant – Uma opção de compra de um número prefixado de ações ordinárias de uma empresa a um preço estipulado, a qualquer tempo durante o prazo do *warrant*.

Parte 7

Aplicações de gestão de carteiras

19 Gestão de carteiras de ações

20 Gestão de carteiras de renda fixa

21 Avaliação da gestão de carteiras

Reunindo o que aprendemos sobre análise de ações, análise de títulos de renda fixa, teoria de carteiras e derivativos, nesta parte examinaremos a gestão prática de carteiras. No Capítulo 19, discutiremos as gestões ativa e passiva de carteiras de ações. Consideraremos diversos estilos de investimento, como valor, crescimento, empresas grandes e pequenas. Também mostraremos o uso de opções e contratos futuros na gestão de carteiras de ações e o efeito dos impostos sobre as decisões desta.

No Capítulo 20, empregaremos nosso conhecimento de fundamentos e análise de obrigações para examinar a gestão de carteiras de renda fixa, a qual tem três principais estratégias. Consideraremos cada uma delas detalhadamente. O primeiro conjunto consiste em estratégias passivas, que incluem uma estratégia simples de compra e manutenção ou uma estratégia de indexação. O segundo conjunto consiste em estratégias de gestão ativa, que envolve um dos seguintes seis pontos: previsão de taxas de juros, análise de avaliação, análise de crédito, análise de *spreads* de rendimentos, *swaps* de títulos de renda fixa e gestão de núcleo com algum acréscimo. O terceiro conjunto abrange estratégias de casamento de fundos, incluindo carteiras dedicadas, carteiras de imunização clássica e técnicas de casamento de prazos. Também vamos rever o uso de derivativos na gestão de carteiras de renda fixa.

A etapa final do processo de gestão de recursos é a avaliação do desempenho do gestor de carteiras quanto às metas e aos objetivos do cliente. Assim, vamos abordar novamente, com exemplos, diversos métodos de avaliação de desempenho ajustado por risco. Como é necessário um padrão apropriado de referência que reflita os objetivos de risco e retorno do cliente para avaliar adequadamente o desempenho de uma carteira, discutiremos as características de uma com boa referência, relacionando as questões sobre os padrões desta para carteiras tributáveis e isentas de impostos, exemplificando como a análise de atribuição pode ser usada tanto em carteiras de ações quanto nas de renda fixa, para se determinar a origem do seu desempenho superior ou inferior.

capítulo 19

Gestão de carteiras de ações

Neste capítulo, responderemos às seguintes perguntas:

Quais são os dois estilos genéricos de gestão de carteiras de ações?

Quais são as três técnicas de montagem de uma carteira indexada passiva?

Quais são as três estratégias genéricas usadas pelos gestores de carteiras ativas de ações?

Como difere o objetivo de um gestor de carteiras passivas de ações do objetivo de um gestor de carteiras ativas?

Que estilos de investimento podem ser adotados pelos gestores de carteiras?

De que maneira os investidores podem usar informações sobre o estilo de um gestor de carteiras?

Que competências deve ter um bom gestor de carteiras de valor? E um de carteiras de crescimento?

Como podem ser usados contratos futuros e opções para gerir uma carteira de ações?

Que estratégias podem ser usadas para gerir a carteira de um investidor tributável de uma maneira eficiente do ponto de vista fiscal?

Nos capítulos anteriores, examinamos como se deve analisar setores de empresas, como estimar o valor intrínseco de uma ação e como a análise técnica pode ajudar na seleção de ações. Algumas de suas carteiras são construídas sobre uma ação de cada vez. As equipes de pesquisa analisam a economia, os setores e as empresas; avaliam as estratégias e as vantagens competitivas destas e recomendam ações individuais para compra ou para venda. Outras carteiras de ações usam métodos quantitativos. Os computadores examinam relações entre ações e os setores do mercado em uma tentativa de identificar ações subavaliadas. Vários filtros numéricos e modelos fatoriais ajudam a montar carteiras de ações com certos atributos, como quociente P/E baixo, quociente valor patrimonial/preço baixo ou ações cujos retornos são fortemente correlacionados com variáveis econômicas, por exemplo, taxas de juros. Seus programas detectam padrões de negociação que permitem aos gestores de carteiras emitir ordens de compra e venda com base em variações passadas de preços. Armados com as relações de precificação geradas pelos computadores entre os mercados, os gestores emitem ordens de arbitragem de pequenas diferenças de preços entre ações, opções e contratos futuros.

Os gestores de carteiras podem modificar os perfis de retornos destas por meio de contratos futuros e de opções. Aqueles dos principais índices, bem como as opções de índices, grupos setoriais selecionados ou ações individuais ajudam os gestores de carteiras a alterar a exposição de uma carteira a risco sistemático ou não sistemático.

Introdução

Os estilos de gestão de carteiras de ações situam-se em uma das duas seguintes categorias: passiva ou ativa.[1] Posteriormente, forneceremos suas definições tradicionais.

---

[1] Algumas pessoas argumentam que há estilos híbridos de gestão ativa/passiva de carteiras de ações, mas esses estilos geralmente refletem filosofias de gestão ativa. Um exemplo disso é a indexação ampliada, que procura oferecer retornos acima dos de um índice específico, mediante investimento em ações cujas características gerais (como P/E, taxa de dividendo, beta, pesos setoriais e assim por diante) são próximas das do índice. Duas estratégias básicas de indexação ampliada são (a) uma estratégia de ênfase, na qual a carteira contém um peso acima do normal de algumas ações ou setores, em função de crença em desempenho superior em termos de retornos por parte do gestor da carteira, e (b) estratégias baseadas em derivativos, como o uso de exposição a futuros combinada com investimentos em letras do Tesouro com prazo de um ano, títulos do Tesouro com prazos mais curtos ou notas promissórias comerciais. Veja RIEPE, Mark W. "Are Enhanced Index Mutual Funds Worthy of Their Name?" *Journal of Investing* 7, n. 2, 6-15, verão 1998; e MATTHEW, Stephen K. Bosu; HARLESS, Robert W. "Gone Fishing: Some Hard Facts and Straight Talk on Enhanced Indexing." *Derivatives Quarterly* 4, n. 1, 66-75, outono 1997.

Gestão de carteiras de ações **473**

A **gestão passiva de carteiras de ações** é uma estratégia de compra e manutenção. Geralmente, o gestor adquire ações de maneira que os retornos da carteira acompanhem os de um índice com o passar do tempo. Há rebalanceamento ocasional com o reinvestimento de dividendos, pois há fusão de empresas ou as ações são retiradas do índice visado, enquanto outras são adicionadas. Em particular, a carteira é montada não para superar esse índice, mas para igualar seu desempenho, e o gestor é julgado pela maneira como faz isso.

A **gestão ativa de carteiras de ações** tenta superar o desempenho de um padrão passivo de referência, em termos ajustados por risco.[2] Uma **carteira de referência** é aquela passiva, cujas características médias (em termos de beta, taxa de dividendo, ponderação setorial, tamanho de empresas e assim por diante) correspondem aos objetivos de risco e retorno do cliente e serve como base de avaliação do desempenho de um gestor ativo.

Nos próximos tópicos, examinaremos mais detalhadamente os mecanismos de gestões passiva e ativa de carteiras de ações.

Estratégias de gestão passiva

A finalidade da gestão passiva de carteiras de ações é a montagem de uma carteira que replique o desempenho de um índice. A palavra-chave é *replicação*. Um gestor genuinamente passivo merece sua remuneração construindo uma carteira que acompanhe de perto o desempenho de um índice estipulado que satisfaça as necessidades e atinja os objetivos do cliente. Qualquer tentativa do gestor de obter melhor desempenho do que o índice selecionado viola a premissa passiva da carteira e deve ser causa de demissão. Na realidade, uma carteira indexada passiva pode ter desempenho ligeiramente inferior ao do índice visado, após a dedução das taxas e comissões dos retornos brutos.

No Capítulo 10, apresentamos diversos motivos para se investir em uma carteira dessas em nossa discussão sobre eficiência do mercado. No Capítulo 7, descrevemos muitos índices de mercado diferentes. Os nacionais dos Estados Unidos incluem o S&P 500, 400 e 100, o índice da Value Line e o Wilshire 4000. O *Wall Street Journal* publica os valores diários dos índices de bolsas de valores, da Nasdaq e de diversos setores. Há índices de ações de empresas pequenas (Russell, 2000), ações de valor ou crescimento (Russell Growth Index e Russell Value Index), para numerosas regiões do mundo (como o índice EAFE), bem como para regiões menores e países individuais. À medida que o investimento passivo tem se tornado cada vez mais popular, os gestores de recursos têm criado fundos indexados para quase todas as principais categorias do mercado.

Algumas carteiras passivas não se baseiam em um índice publicado. Podem ser montadas carteiras "customizadas" ou **fundos de integralização**, para complementar carteiras ativas que não cobrem o mercado completamente. Por exemplo, suponha que um fundo de pensão contrate três gestores ativos para investir parte do dinheiro do fundo. Um gestor enfatiza ações de empresas pequenas dos Estados Unidos; o segundo aposta apenas nos países da região do Pacífico e o terceiro aplica em ações dos Estados Unidos com quociente P/E baixo. Para garantir a diversificação adequada, o fundo de pensão pode querer aplicar passivamente os recursos restantes em um fundo de integralização. Nesse caso, o padrão especializado de referência deste incluiria ações de empresas grandes e médias dos Estados Unidos; com quocientes P/E normais e altas; e internacionais, fora da região do Pacífico. Ele compararia o desempenho desse fundo a um padrão que tivesse as características das ações não cobertas pelos gestores ativos.

As três técnicas básicas de montagem de uma carteira indexada passiva são a replicação completa, a amostragem e a otimização ou programação quadrática. A primeira e mais óbvia é a técnica de **replicação completa**. Nessa técnica, todos os títulos do índice são adquiridos em proporção a seus pesos no índice. Ela ajuda a assegurar um acompanhamento próximo, mas pode não dar certo por dois motivos: em primeiro lugar, a compra de muitos títulos aumenta os custos de transação; em segundo, o reinvestimento de dividendos resulta em comissões altas quando muitas empresas pagam dividendos pequenos em pontos diferentes no ano.

A segunda técnica procura lidar com esses problemas. Com a **amostragem**, o gestor de uma carteira tenta adquirir uma amostra representativa das ações que formam o índice de referência. Estas, com pesos maiores no índice, são compradas de acordo com seus pesos no índice; os títulos menores são adquiridos de maneira a fazer com que suas características agregadas (distribuição setorial, taxa de dividendo, e assim por diante) se aproximem do resto do padrão de referência subjacente. Com menos ações distintas para comprar, o investidor pode assumir posições maiores nos títulos necessários, levando a comissões proporcionalmente mais baixas. O reinvestimento de fluxos de caixa de dividendos torna-se menos problemático, uma vez que menos títulos precisam ser comprados para rebalancear a carteira. A desvantagem da amostragem é: os retornos da carteira não acompanharão o índice tão de perto quanto a replicação completa; haverá algum **erro nisso**.[3]

O Gráfico 19.1 calcula o erro de acompanhamento que ocorre em uma técnica de amostragem. Por exemplo, a replicação completa do S&P 500 não o teria (teoricamente). À medida que amostras menores são usadas para replicar o desempenho do S&P, o erro potencial de acompanhamento aumenta (ele pode ser positivo ou negativo, pois a amostra pode ter desempenho superior ou inferior ao do índice em um período qualquer). Por conseguinte, os gestores que usam essa técnica devem ponderar os custos (erro de acompanhamento) e os benefícios (gestão mais fácil, corretagens mais baixas) do uso de amostras menores.

---

[2] A avaliação do desempenho de uma carteira ajustada por risco é o tema do Capítulo 21.

[3] Em um dado período (um mês ou um trimestre), a diferença entre o retorno de uma carteira indexada e o retorno do índice é o chamado erro de acompanhamento. Podemos calcular a média do erro médio de acompanhamento no tempo (dado pela soma dos erros dos períodos dividida pelo número de observações) e o desvio-padrão do erro de acompanhamento.

GRÁFICO 19.1 Erro de acompanhamento esperado entre o Índice S&P 500 e carteiras que contêm menos de 500 ações

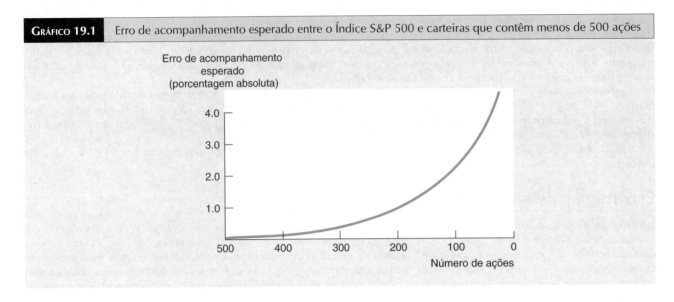

Com a terceira técnica que os gestores usam para montar uma carteira passiva – **otimização ou programação quadrática** – são fornecidos dados históricos de variações de preço e correlações entre títulos a um programa de computador que determina a composição da carteira que minimiza o erro de acompanhamento da carteira de referência. A desvantagem dessa técnica é que ela depende de correlações históricas; se essas variarem com o passar do tempo, seu desempenho poderá deixar de seguir o índice de perto.

A **técnica de aplicação pelo custo médio** é um método popular de investimento para muitos investidores passivos. Em vez de tentar prever o momento em que ocorrerão altas e baixas no mercado, os gestores que adotam essa estratégia aplicam uma mesma quantia em cada período. Com a técnica do custo médio, o gestor compra menos ações com essa quantia constante quando os preços delas são altos e mais quando os preços caem. Essa abordagem disciplinada de aplicação impede que os investidores comprem ações em quantidade excessiva quando estão demasiadamente otimistas, após uma alta de preços. Entretanto, a compra de mais ações quando os preços estão baixos posicionará a carteira para tirar proveito de ganhos atraentes caso aqueles ressurjam.

A título de exemplo simples, imagine que possamos investir 3.000 dólares de uma só vez em ações ou 1.000 dólares por mês nos próximos três meses. Se o preço da ação for igual a 10 dólares, nossos 3.000 dólares comprarão 300 ações. O Quadro 19.1 mostra os efeitos do uso da técnica do custo médio em quatro cenários. No primeiro cenário, os preços au-

QUADRO 19.1 Técnica de aplicação por custo médio versus aplicação integral

APLICAÇÃO POR CUSTO MÉDIO						APLICAÇÃO INTEGRAL	
1.000 DÓLARES INVESTIDOS EM $t = 1, 2, 3$						3.000 DÓLARES INVESTIDOS EM $t = 1$ (PREÇO = $10)	
	$t = 1$	$t = 2$	$t = 3$	Número total de ações	Valor de mercado em $t = 3$	Número de ações	Valor de mercado em $t = 3$
Cenário 1: Preço crescente							
Preço da ação	$10	$15	$20				
Número de ações	100	66,67	50	216,67	216,67 × $20 = $4.333,40	300	300 × $20 = $6.000
Cenário 2: Preço decrescente							
Preço da ação	$10	$7	$5				
Número de ações	100	142,86	200	442,86	442,86 × $5 = $2.214,30	300	300 × $5 = $1.500
Cenário 3: Elevação e depois queda do preço da ação							
Preço da ação	$10	$15	$10				
Número de ações	100	66,67	100	266,67	266,67 × $10 = $2.666,70	300	300 × $10 = $3.000
Cenário 4: Queda e depois elevação do preço da ação							
Preço da ação	$10	$5	$10				
Número de ações	100	200	100	400	400 × $10 = $4.000	300	300 × $10 = $3.000

mentam; no segundo, os preços caem. Nos cenários 3 e 4, estes se elevam ou caem antes de voltarem a seu nível original. Mais ações são compradas com o passar do tempo nos cenários 2 e 4, e a carteira construída com a técnica de custo médio tem desempenho superior ao da de uma única aplicação de todo o dinheiro disponível. Em um mercado que inicialmente sobe (cenários 1 e 3), a técnica de custo médio tem desempenho inferior ao da aplicação de uma só vez.

Essa técnica é uma estratégia atraente para impedir tentativas de estimar o comportamento do mercado ou para impedir a aplicação de grandes somas em um momento inoportuno. Seu desempenho é melhor quando o mercado cai em algum momento após o investimento inicial. Como o mercado não sobe sempre, a técnica de custo médio é uma estratégia preferida de investimento por muitos investidores individuais.[4]

Estratégias de gestão ativa

A meta da gestão ativa de carteiras de ações é a montagem de uma carteira que gere retornos superiores, ajustados por risco, aos de uma passiva de referência, depois dos custos de transação. Uma questão importante para os gestores ativos e seus clientes é a seleção de uma referência apropriada (às vezes, chamada de carteira "normal").[5] A carteira de referência precisa refletir as qualidades médias da estratégia de carteira do cliente. Portanto, o desempenho de uma carteira ativamente gerida e formada principalmente por ações de empresas pequenas com quocientes P/E baixos (porque o cliente especificou essa estratégia) não deveria ser comparado a um índice geral de mercado como o S&P 500. Uma estratégia melhor é montar uma *especializada*, que reflita as características médias da carteira gerida ativamente e a tolerância a risco do cliente. Por exemplo, um primeiro passo na montagem de uma carteira de referência normal nesse exemplo seria incluir, com pesos iguais, todas as ações com capitalização de mercado abaixo de 1 bilhão de dólares e quocientes P/E abaixo de 80% deste do índice S&P 500. Existem bancos de dados computadorizados que permitem aos gestores construir essas carteiras passivas de referência e monitorar os retornos com o passar do tempo.

A tarefa de um gestor ativo de ações não é fácil. Se os custos de transação totalizam 1,5% ao ano dos ativos da carteira, esta necessita obter um retorno de 1,5 ponto porcentual acima da carteira passiva de referência apenas para acompanhá-la. Se a estratégia do gestor envolve atribuir pesos maiores a certos setores com base na expectativa de aumentos de preços, o risco da carteira ativa será maior que o da passiva de referência, e com isso seu retorno precisará superar a referência por uma margem ainda mais ampla para compensar essa diferença. Portanto, os gestores ativos devem superar duas dificuldades em relação à carteira de referência: custos mais altos de transação e, com toda probabilidade, riscos maiores.

Uma condição de sucesso é a *consistência* dos gestores em sua área de especialização. Os mercados giram e os estilos de investimento entram e saem de moda. Uma política de investimento bem-sucedida no longo prazo exige que os gestores mantenham sua filosofia de investimento e sua postura quando os mercados estão em baixa. Outra condição é minimizar a atividade de negociação na carteira. As tentativas de prever variações de preço no curto prazo podem resultar no desaparecimento de lucros por causa de comissões crescentes (e impostos, caso sejam realizados ganhos de capital em uma carteira sujeita a imposto).

Os gestores de carteiras globais podem aplicar a análise econômica discutida no Capítulo 13 para identificar países cujos mercados de ações estão potencialmente subavaliados ou superavaliados. Com isso, a carteira global pode ter um peso maior ou menor desses países em relação à carteira global de referência com base na previsão de seu potencial de retorno pelo gestor ativo. Ou os gestores globais podem rever a carteira de um ponto de vista setorial, em vez de um ponto de vista nacional. Cada vez mais analistas estão empregando essa estratégia à medida que as empresas e a competição se tornam mais globais.[6] Por exemplo, a Caterpillar e a Komatsu competem globalmente na indústria de equipamento pesado; a Boeing e a Airbus, na indústria de produção de aeronaves. A evidência de que o mercado automobilístico é global está em todas as ruas.

Os gestores de carteiras globais preocupam-se com as tendências econômicas globais, forças competitivas setoriais e pontos fortes e estratégias das empresas. Eles aplicam suas análises de demonstrações financeiras (Capítulo 14), setores (Capítulo 13) e empresas (Capítulo 15) em um contexto global, e não nacional, a fim de identificar setores e empresas subavaliados.

Os gestores usam três estratégias genéricas em seus esforços para adicionar valor às suas carteiras de ações em comparação com a carteira de referência:

- Rotação de setores: transferência de fundos entre setores distintos (ações de empresas financeiras, bens de consumo cíclicos, bens duráveis e assim por diante).
- Investimento em estilos: focalizando em um estilo específico (capitalizações alta e baixa, valor, crescimento e assim por diante), buscando adicionar valor em comparação com a carteira de referência do estilo escolhido.

---

[4] Pessoas que sofrem deduções na folha de pagamento e cujos valores são aplicados em produtos de seguro, anuidades variáveis e planos 401(k) ou outros planos de previdência são usuários automáticos da técnica de aplicação pelo custo médio; as quantias fixas são aplicadas periodicamente a cada período de pagamento.

[5] Discutimos no Capítulo 21 a montagem de carteiras de referência.

[6] HOPKINS, Peter J. B.; MILLER, C. Hayes. Country, Sector, and Company Factors In: *Global Equity Portfolios*, Charlottesville, VA: Research Foundation of the Association for Investment Management and Research, 2001; HECKMAN, Leila; NARAYANAN, Singanallur R., PATEL, Sandeep A. "Country and Industry Importance in European Returns." *Journal of Investing* 10, n. 1, 27-34, primavera 2001.

476 Investimentos

- Seleção de ações: examinando ações individuais na tentativa de comprar quando esta estiver em baixa e vendê-la alta, independentemente de setor ou estilo. Muitas vezes, os que enfatizam a seleção de ações baseiam suas escolhas em temas econômicos ou de mercado amplos, como dados demográficos que indiquem o envelhecimento da população, crescimento do comércio mundial ou tecnologia. Em certo sentido, todas as estratégias de gestão ativa envolvem algum aspecto de seleção de ações.

Nos tópicos a seguir, examinaremos mais de perto as estratégias de rotação de setores e investimento em estilos. Para rever as técnicas e a filosofia de seleção de ações, releia os Capítulos 13 ao 16.

ROTAÇÃO DE SETORES

Uma *estratégia de rotação de setores*, usada pelos gestores que investem em ações domésticas, envolve posicionar a carteira para tirar proveito do próximo movimento do mercado. Freqüentemente, isso significa enfatizar ou dar peso maior (em relação ao que existe na carteira de referência) a certos setores de atividade em resposta à próxima fase esperada do ciclo econômico. O Gráfico 13.4 contém sugestões de como os praticantes da rotação de setores podem posicionar suas carteiras para tirar proveito das tendências do mercado de ações durante o ciclo econômico.

A palavra "setor" também pode se referir a diferentes atributos de ações. A rotação de setores também pode significar a atribuição de peso acima do normal a ações com certas características, como as de empresas pequenas ou grandes, as de P/E alto ou baixo ou as classificadas como de valor ou de crescimento.

A existência de bancos de dados computadorizados tem encorajado o uso de triagens computadorizadas e outros métodos quantitativos de avaliação de ações. Por meio de computadores, alguns gestores investem em ações com certas características, em vez de examiná-las individualmente para determinar se estão subavaliadas. Outros afunilam a lista de milhares de ações a umas poucas administráveis que possam ser examinadas por meios analíticos mais tradicionais. As ações podem ser selecionadas com base em muitas características das empresas ou dos seus preços. Por exemplo, os programas podem gerar uma lista de ações de valor que tenham tido um retorno de pelo menos 20% sobre o patrimônio líquido e dividendos estáveis ou crescentes nos últimos dez anos.

Algumas estratégias quantitativas mais complicadas são semelhantes à rotação de setores. Os modelos fatoriais, iguais aos usados na APT, podem identificar ações cujos lucros ou preços sejam sensíveis a variáveis econômicas, como taxas de câmbio, inflação, taxas de juros ou sentimento do consumidor. De posse dessas informações, os gestores podem direcionar as carteiras, negociando aquelas mais sensíveis à previsão econômica do analista. Eles podem tentar melhorar o desempenho relativo da carteira em uma recessão, comprando ações que sejam *menos* sensíveis à previsão pessimista do analista.

Alguns gestores de carteiras com orientação quantitativa utilizam uma abordagem de investimento *long-short*. Nessa abordagem, as ações passam por um número de filtros e recebem uma classificação. As que são colocadas no alto desta são compradas; as que se situam na parte inferior são vendidas a descoberto. Essa estratégia pode ser neutra em relação ao mercado como um todo, pois o valor da posição comprada pode se aproximar do valor da posição vendida. Espera-se que o desempenho de ações no alto da classificação supere o das ações classificadas na parte inferior, independentemente do que aconteça com o mercado como um todo, em uma faixa de variação estreita.

Como os gestores sabem que esses e outros modelos quantitativos têm o potencial de oferecer retornos ajustados por risco acima da média? A resposta é que eles esperam que o futuro seja semelhante ao passado. Essas estratégias quantitativas têm sido *testadas com dados passados*, o que significa usar computadores para examinar a composição e os retornos de carteiras com base em dados históricos para determinar se a estratégia teria funcionado com sucesso no passado. O risco desse procedimento de teste é: não há garantia de que as relações existentes no passado se mantenham no futuro.

Os gestores ativos também usam programação quadrática para resolver o problema de otimização da fronteira eficiente de Markowitz. O otimizador utiliza as expectativas do gestor a respeito de retornos, risco e correlações para selecionar carteiras que ofereçam a relação ótima entre risco e retorno. Técnicas de programação linear ajudam a construir carteiras que maximizam um objetivo (como o retorno esperado) ao mesmo tempo em que satisfazem restrições lineares que envolvam itens como beta da carteira, taxa de dividendo e diversificação.

INVESTIMENTO POR ESTILOS

A maioria dos gestores de carteiras segue um estilo de investimento. O *investimento por estilos* consiste em montar carteiras de maneira a capturar uma ou mais características de ações. Embora tenha existido uma variedade de formas há muitos anos, ele teve apoio mais recente na literatura sobre anomalias de mercados eficientes. Pesquisas que tendem a indicar a possibilidade de retornos ajustados por risco acima da média com ações de empresas pequenas, P/E baixo e outras oportunidades semelhantes levam alguns gestores a se concentrarem em segmentos do mercado, esperando conseguir retorno acima do normal.

Há uma variedade de estilos de investimento. Alguns de seus gestores gostam de ações de empresas grandes, ou seja, aquelas nos níveis mais altos de capitalização de mercado. Esses gestores se concentram nas ações que compõem o índice S&P 500 e procuram superá-lo, dando pesos acima do normal aos setores que esperam ter bom desempenho e pesos abaixo aos setores com estimativa de desempenho inferior. Outros deles preferem as ações de empresas pequenas. Eles acreditam que, pelo fato de essas serem menos analisadas do que as companhias grandes, o mercado pode não ser tão eficiente. Também porque podem se concentrar nas empresas pequenas para tirar proveito da alegada anomalia conhecida como "efeito empresa pequena", no qual se constata que os retornos delas têm mais do que compensado o seu risco sistemático com o tempo. Outros podem enfatizar ações de empresas médias. Esses gestores acreditam que tanto as empresas grandes quanto

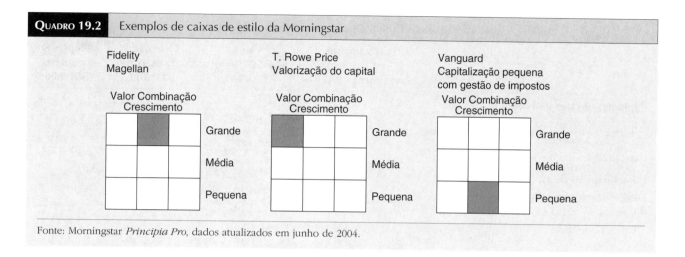

Quadro 19.2 Exemplos de caixas de estilo da Morningstar

Fonte: Morningstar *Principia Pro*, dados atualizados em junho de 2004.

as pequenas já são bem reconhecidas, têm atraído muitos investidores em busca de retornos mais altos, portanto ambas são mercados eficientes. Entretanto, esperam que existam ineficiências na faixa mediana, ignorada pelo mercado.

Ainda outros gestores colocam-se no terreno de ações de valor ou crescimento. As *ações de valor* são aquelas que parecem estar subavaliadas porque seu quociente preço/valor patrimonial ou preço/lucro está baixo ou sua taxa de dividendos é alta em comparação com o resto do mercado. As *ações de crescimento*, de acordo com a terminologia popular, são aquelas de empresas que gozam de aumentos do lucro por ação acima da média e geralmente têm quocientes preço/lucro e preço/valor patrimonial assim também. São semelhantes a estas as estratégias de *momentum de lucro* e de *momentum de preço*. O mercado, às vezes, parece premiar as ações de empresas cujos lucros têm tido crescimento estável, acima da média ou cujos preços estão se elevando por causa de otimismo do mercado.

Alguns gestores juntam estilos nas faixas de capitalização (grande, média e pequena) e valor-crescimento, criando várias combinações possíveis: valor-empresas grandes, crescimento-empresas grandes, valor-empresas pequenas, crescimento-empresas pequenas e valor-empresas médias, crescimento-empresas médias. A análise de fundos de investimento da *Morningstar*, que vimos no Capítulo 4, tem utilizado uma caixa de estilos 3 x 3 para mostrar graficamente aos investidores em que ponto um dado fundo se situa nas faixas de capitalização e valor-crescimento. O Quadro 19.2 fornece um exemplo.

Nem todos os gerentes se encaixam em uma dessas categorias; a exposição de sua carteira a ações de empresas grandes ou pequenas, de valor ou crescimento, pode variar com o passar do tempo. Alguns gestores podem enfatizar um estilo, enquanto outros podem viesar uma carteira a somente um deles. Há muitos índices que servem de base para a avaliação do desempenho desses vários estilos de investimento.[7]

O Quadro 19.3 exemplifica as características dos quatro principais. As ações de valor geralmente têm capitalizações menores do que as de crescimento (colunas 1 e 2), mas seu perfil é muito diferente daquele dos fundos típicos de ações de empresas pequenas (colunas 2 e 4). As de valor têm índices P/E e P/B significativamente inferiores aos das ações de crescimento, enquanto sua taxa de dividendo é muito mais alta. Como esperado, a elevação do crescimento dos lucros é mais alta nas ações de crescimento, e estas tipicamente se situam em setores como tecnologia e saúde. As ações de valor tendem mais a envolver empresas dos departamentos de energia e serviços financeiros.

Distinções entre ações de empresas grandes e pequenas são evidentes na categoria tamanho. As ações de empresas pequenas têm algumas características das de valor em termos de P/E, P/B e quocientes preço/vendas, mas com algumas exceções. Sua distribuição setorial não é significativamente diferente da distribuição de ações de empresas grandes. Elas tipicamente se situam em setores de tecnologia, saúde, bens de consumo cíclico e serviços financeiros. Portanto, uma carteira de crescimento ou valor, ou de qualquer estilo, não é tão bem diversificada quanto à de mercado. Uma carteira formada segundo algum estilo conterá algum risco não-sistemático, que não será eliminado por meio de diversificação. Um investidor nesse estilo deve estar disposto a assumir essa exposição a risco, e a declaração de política de investimento deverá refleti-lo.

Os dados mostram que os retornos das ações de empresas pequenas e grandes parecem variar, às vezes, em ciclos, como as de valor e de crescimento. O Gráfico 19.2A mostra a diferença anual entre um índice de crescimento e um de valor; as importâncias positivas mostram momentos em que o fator crescimento superou o fator valor. O Gráfico 19.2B exibe as diferenças anuais entre um índice de ações de empresas grandes e um de companhias pequenas; os valores positivos indicam quando aquelas obtiveram retornos mais altos. Com o passar do tempo, um estilo tem desempenho superior e depois apresenta desempenho inferior. As tentativas de se estimar qual será o melhor estilo dependem de previsões do ciclo econômico. As empresas cujo crescimento de lucros o acompanha podem compreender muitas das ações de valor. O momento ideal para comprá-las é quando a economia está próxima do fundo desse ciclo e se prepara para a próxima fase de expansão. As ações de crescimento, no entanto, têm padrões e lucros que decorrem da capacidade dessas empresas de gerar sua própria demanda, independentemente do estado geral da economia. Com sensibilidade limitada ao estado do

---

[7] BROWN, Melissa R.; MOTT, Claudia E. "Understanding the Differences and Similarities of Equity Style Indexes." In: COGGIN, T. Daniel; FABOZZI, Frank J.; ARNOTT, Robert D. (Ed.). *The Handbook of Equity Style Management*. 2. ed. New Hope, PA: Frank J. Fabozzi Associates, 1997. p. 21-53.

478 Investimentos

QUADRO 19.3	Comparação de carteiras de crescimento, valor, empresas grandes e pequenas			
	Crescimento S&P 500/ Crescimento BARRA	Valor S&P 500/Valor BARRA	Orientado para mercado S&P 500	Empresas pequenas S&P 600
Capitalização (em milhões)				
Capitalização máxima	$ 341.961	$ 290.443	$ 341.961	$ 3.136
Capitalização mínima	$ 887	$ 919	$ 887	$ 64
Capitalização média ponderada	$ 116.449	$ 67.277	$ 91.840	$ 1.077
Características de avaliação				
Preço/lucro (excluindo valores negativos)	25,39	16,25	19,89	20,76
Preço/valor patrimonial	5,36	2,14	3,05	2,29
Taxa de dividendo	1,52	2,20	1,86	0,93
Preço/vendas	2,35	1,18	1,57	1,03
Preço/fluxo de caixa livre	27,47	15,23	20,82	20,23
Características de crescimento				
Taxa de crescimento implícita (% média de 5 anos)	18,13	8,08	13,21	10,17
Setores econômicos (porcentagem)				
Matérias-primas básicas	3,70	4,43	4,06	6,96
Energia	0,94	11,52	6,24	5,28
Bens de consumo não-cíclico	14,99	2,32	8,65	2,94
Bens de consumo cíclico	10,58	5,93	8,26	14,82
Serviços para o consumidor	1,77	8,53	5,15	6,32
Indústria	3,36	3,10	3,23	6,54
Serviços de utilidade pública	0,12	4,85	2,48	3,43
Transporte	1,47	1,63	1,55	3,13
Saúde	22,63	4,34	13,48	11,39
Tecnologia	27,67	8,50	18,08	16,96
Telecomunicações	0,67	5,78	3,23	0,31
Serviços comerciais	4,11	2,87	3,49	7,19
Serviços financeiros	7,99	36,19	22,11	14,74

Fonte: *www.barra.com*, dados atualizados em 30/06/2004.

ciclo econômico, os gestores de carteiras podem pensar em vender ações de valor e comprar as de crescimento, à medida que a economia se aproxima do pico de uma expansão, tornando provável uma queda no futuro.[8]

O ESTILO IMPORTA?

Os gestores de recursos costumavam preocupar-se com categorias amplas, por exemplo, ações ou renda fixa. Atualmente, há muitas especializações entre os gestores de investimentos. Aplicar de acordo com certo estilo tem diversas implicações para os gestores de carteiras e seus clientes.[9]

Em primeiro lugar, a escolha de um gestor em termos de alinhamento a um estilo de investimento transmite informação aos clientes em potencial e presentes sobre o foco, a área de especialização e os métodos de avaliação de ações do investidor. As operações e os sistemas de um gestor com ênfase em crescimento devem se preocupar com a sustentabilidade e a possibilidade de superação das tendências anteriores de lucro. Aquelas se concentram principalmente nas ações cujos preços parecem estar "deprimidos" por um mercado ignorante ou pessimista.

Em segundo lugar, o estilo de um gestor pode ser usado para medir seu desempenho em relação a um padrão de referência. Os padrões de estilos indicam as características de uma carteira não gerida, em termos de risco e retorno. Abordaremos mais a respeito de avaliação de desempenho no Capítulo 21.

---

[8] Uma discussão sobre a substituição entre ações de valor e de crescimento vinculada ao ciclo econômico pode ser encontrada em CASE, Douglas W. e CURIMANO, Steven, "Historical Tendencies of Equity Style Returns and the Prospects for Tactical Style Allocation." In: KLEIN, Robert A.; LEDERMAN, Chicago (Ed.). *Equity Style Management*. Chicago: Irwin, 1995, p. 259-287.

[9] Para uma discussão mais completa, veja TRZCINKA, Charles "Is Equity Style Management Worth the Effort? Some Critical Issues for Plan Sponsors." In: COGGIN, T. Daniel; FABOZZI, Frank J.; ARNOTT, Robert D. (Ed.). *The Handbook of Equity Style Management*. 2. ed. New Hope, PA: Frank J. Fabozzi Associates, 1997. p. 301-312.

GRÁFICO 19.2 — Desempenho relativo de estilos com o tempo

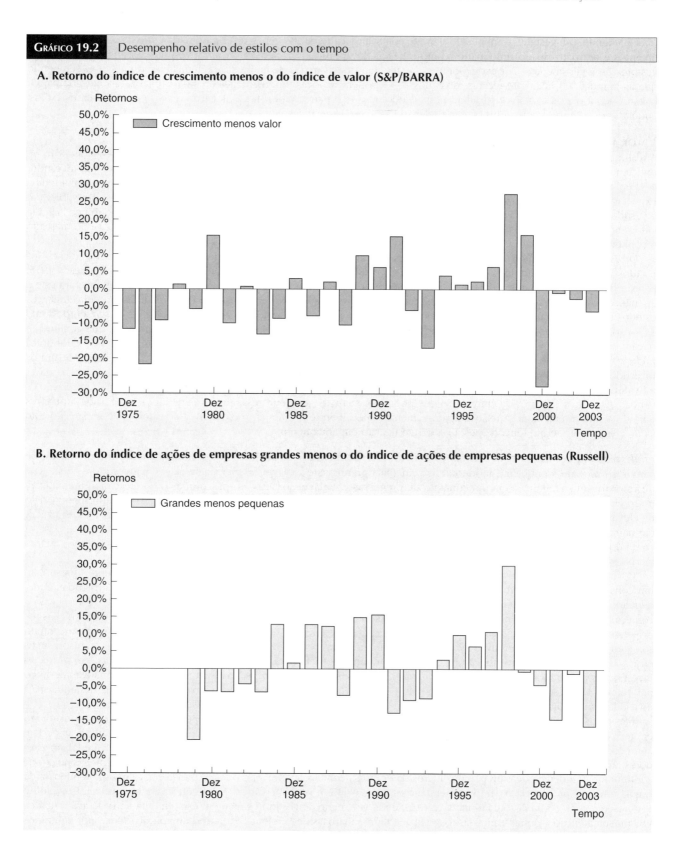

A. Retorno do índice de crescimento menos o do índice de valor (S&P/BARRA)

B. Retorno do índice de ações de empresas grandes menos o do índice de ações de empresas pequenas (Russell)

Em terceiro lugar, a identificação do estilo permite a um investidor selecionar gestores que diversificarão adequadamente a carteira como um todo. Por exemplo, ele poderia escolher um gestor de cada estilo: crescimento, valor, empresas grandes e empresas pequenas. Os fundos de integralização podem ajudar a eliminar qualquer viés ou desvio de estilo não desejado da carteira resultante. Um investidor que não presta atenção ao estilo ao escolher um gestor pode acabar com uma carteira com peso excessivo em um estilo em detrimento de outros.

480 Investimentos

Finalmente, o investimento por estilo permite controlar a carteira que venha a ser partilhada entre os gestores de investimentos e um patrocinador informado (como o gestor de um fundo de pensão ou um investidor abastado) que contrata gestores de investimentos. Por exemplo, um que acredite que as ações de empresas pequenas terão melhor desempenho que as grandes, do início até meados dos anos 2000, poderá realocar fundos de gestores de capitalização elevada para a baixa. O controle da carteira é partilhado no sentido de que o patrocinador faz a alocação macro entre diferentes estilos, enquanto os gestores contratados fazem a seleção das ações específicas.

Valor *versus* crescimento

A distinção entre investimento em valor e crescimento pode ser percebida mais nitidamente concentrando-se a atenção no quociente preço/lucro, e considerando o processo de raciocínio de um gestor representativo de cada estilo.[10] Um investidor com ênfase em crescimento preocupa-se com o componente lucro do quociente P/E. Ele busca empresas que tenham uma expectativa rápida de lucro. Se o índice P/E permanecer constante e houver crescimento deste, o preço da ação subirá e o investidor será beneficiado. Entretanto, o investidor com ênfase em valor se atenta ao componente preço do índice P/E. Ele almeja ações baratas, em comparação com seu potencial, com um índice P/E excessivamente baixo. Nesse caso, o mercado reconhecerá a subavaliação, o preço se elevará e o investidor será beneficiado.

Os estudos indicam que, a longo prazo, as ações de valor oferecem retornos superiores às de crescimento, média.[11] Nos Estados Unidos, por exemplo, o índice de valor S&P/BARRA tem tido um retorno médio aritmético de 15,7% desde 1975; já o do índice de crescimento teve um resultado médio de 14,3%, com um desvio-padrão bem mais alto (19,2% para este e apenas 15,4% para aquele). Diversos motivos podem ser apresentados para esse resultado empírico. Em primeiro lugar, os estudos têm concentrado sua atenção nos retornos antes do imposto de renda de ações de valor e de crescimento. Como os investidores se preocupam com os retornos após o imposto de renda, eles exigem seu prêmio daquelas, que geralmente pagam dividendos mais altos e menores ganhos de capital esperados do que estas. Em segundo lugar, a ação de valor típica pode apresentar baixo nível de conforto para os investidores. Más notícias, contratempos ou um futuro incerto levam os investidores a considerá-la mais arriscadas e menos desejáveis. Isso resulta em um prêmio por risco mais alto para as ações de valor. As percepções negativas dos investidores sobre uma ação de valor podem levar a um pessimismo em relação às vendas e aos lucros futuros da empresa, o que pode, por sua vez, gerar surpresas positivas de lucros e retornos superiores quando a situação melhora. A relação aparentemente superior entre risco e retorno de ações de valor, em comparação com as de crescimento, é um tema de pesquisa e investigação em andamento.

Análise de expectativas e investimento em valor/crescimento – Os analistas que recomendam ações a um gestor de carteiras precisam identificar e monitorar as principais premissas e variáveis associadas a elas. Os investidores em ações de valor focam sua atenção em um conjunto de premissas e variáveis básicas, ao passo que os de crescimento enfatizam outro elemento. Para examinarmos crescimento e valor mais de perto, consideremos o Gráfico 19.3, que representa o ciclo de elevação e queda de expectativas quanto aos lucros de uma empresa ao longo do tempo. Esse é um desenho estilizado; ele nada nos diz a respeito da duração relativa dos vários estágios. Na verdade, essa é específica para cada empresa. É tarefa do analista e do gestor de carteiras tomar decisões sobre o ponto em que as empresas estão nesse ciclo e por quanto tempo poderão permanecer em sua posição atual, ou se deslocarão para a outra.

Os investidores que são conhecidos como *contrários* (1) aplicam em ações superadas, que geralmente apresentam um consenso de previsões fracas de lucro. Elas são pouco atraentes e geralmente vistas como aplicações arriscadas e inadequadas. Algumas dessas empresas realmente estão em má situação; outras eventualmente dão sinais de recuperação e começam a transmitir boas notícias a respeito de seus mercados, vendas e lucros. Após algumas boas notícias iniciais, os investidores que costumavam ignorar a empresa começam a prestar atenção nela. Os analistas quantitativos que concentram sua atenção em surpresas positivas de lucros também começam a examiná-la (2). Se os lucros continuarem a crescer, mais e mais investidores prestarão atenção na companhia e pensarão nela para fins de inclusão em suas carteiras. Em breve, os investidores passarão a se sentir otimistas quanto à empresa. Com o tempo, os analistas revisarão as estimativas de lucro para cima (3). As surpresas de lucro continuam. O *momentum* de crescimento dos lucros atrai a atenção de ainda mais investidores e analistas, que, então, declaram ser a ação de crescimento (4).

Mas todas as coisas boas chegam ao fim; em algum momento, a ação da empresa é "torpedeada" por um desapontamento em termos de lucros. Estes ainda podem ser altos, mas talvez não sejam tanto quanto os analistas esperavam, pois podem até mesmo cair (5). Alguns investidores a venderão. No futuro, os lucros podem se recuperar e fazer com que tais investidores pareçam tolos, ou então a empresa pode permanecer no ciclo, mas agora na sua parte inferior. As surpresas negativas continuam; a tendência de elevação dos lucros da empresa começa a se nivelar ou a se transformar em uma tendência de queda. Surgem problemas na empresa, em sua estratégia ou em seus mercados. Após certo tempo, o pessimismo sobre ela cresce e o preço da ação continua a cair (6). Cada vez menos investidores mantêm esta em alta consideração; muitos voltam sua atenção a outras empresas. Logo, a ação ignorada passa novamente a um tipo de aplicação feita por contrários (1), os quais ficam esperando uma recuperação que pode ou não ocorrer.

---

[10] Veja CHRISTOPHERSON, Jon A.; WILLIAMS, C. Nola. "Equity Style: What It Is and Why It Matters." In: COGGIN, T. Daniel; FABOZZI, Frank J.; ARNOTT, Robert D. (Ed.). *The Handbook of Equity Style Management*. New Hope, PA: Frank J. Fabozzi Associates, 1995.

[11] CAPAUL, Carlo; ROWLEY, Ian; SHARPE, William F. "International Value and Growth Stock Returns." *Financial Analysts Journal*, 27-36, jan.-fev. 1993; UMSTEAD, David. "International Equity Style Management." In: KLEIN, Robert; LEDERMAN, Jess (Ed.). *Equity Style Management*. Chicago, IL: Irwin, 1995. p.118-140; e LAKONISHOK, J.; SHLEIFER, A.; VISHNY, R. "Contrarian Investment, Extrapolation, and Risk." *Journal of Finance* 40, n. 5, 1541-1578, dez. 1994.

| **GRÁFICO 19.3** | Ciclo de expectativas de lucros |

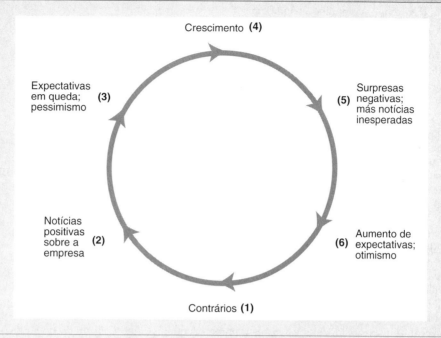

Fonte: Copyright© 1993, *Association for Investment Management and Research*. Reproduzido e republicado de BERNSTEIN, Richard. "The Earnings Expectations Life Cycle." *Financial Analysts Journal*, 90-93, mar.-abr. 1993, com permissão do CFA Institute. Todos os direitos reservados.

| **GRÁFICO 19.4** | Ciclo de expectativas de lucros e estilo de investimento |

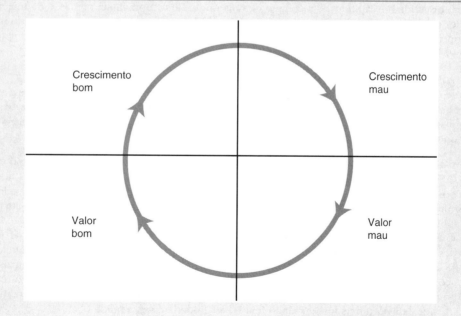

Fonte: Copyright© 1993, *Association for Investment Management and Research*. Reproduzido e republicado de BERNSTEIN, Richard. "The Earnings Expectations Life Cycle." *Financial Analysts Journal*, 90-93, mar.-abr. 1993. Com permissão do CFA Institute. Todos os direitos reservados.

A visão de expectativas apresentada no Gráfico 19.4 tem implicações para os tipos de ações que geram resultados bem-sucedidos com ênfase em valor ou crescimento com o tempo. Uma habilidade que separa um bom gestor de carteiras, que prioriza o valor, de um ruim, é saber quando comprar uma ação. Comprá-la muito cedo resulta em mau desempenho,

482 Investimentos

pois as más notícias continuam. Mas um gestor com ênfase em valor que escolhe o momento certo para comprar goza dos benefícios de uma série cada vez maior de boas notícias sobre uma empresa e da elevação do preço da ação, e outros investidores "seguem a corrente", comprando-a também.

Uma capacidade que separa um gestor de carteiras bem-sucedido, com ênfase em crescimento, de um mau, é saber quando vender. Os gestores menos sucedidos permanecem otimistas a respeito da empresa ou acreditam que as más notícias em breve serão substituídas por boas. Eles tipicamente mantêm suas ações por tanto tempo que os lucros obtidos anteriormente se reduzem ou desaparecem. Esses gestores que se consideram investidores em crescimento ou valor precisam dispor de sistemas ou processos para monitorar as principais variáveis relativas a seus investimentos atuais e potenciais de maneira que possam, em média, comprar e vender nos momentos apropriados.

Derivativos na gestão de carteiras de ações

Os riscos sistemático e não sistemático de carteiras de ações podem ser modificados com o uso de contratos futuros e opções. As combinações nelas e em outros ativos podem ser ajustadas com derivativos de renda variável. Além disso, é possível que as entradas e saídas de caixa sejam protegidas por meio de estratégias apropriadas com derivativos. Vender contratos futuros ou comprar opções de venda são alternativas atraentes para vendas a descoberto para gestores com estratégias *long-short*.

MODIFICAÇÃO DE RISCOS E RETORNOS DE CARTEIRAS: UMA REVISÃO

Como discutido nos Capítulos 17 e 18, os contratos futuros e as opções podem afetar a distribuição de retorno e risco de uma carteira. Em geral, há uma relação dólar por dólar entre as variações do preço do ativo-objeto e do preço do contrato futuro correspondente. De fato, comprar (vender) futuros é idêntico a subtrair (acrescentar) caixa à carteira. A sua compra tem como efeito o aumento da exposição ao ativo; já a venda diminui a exposição da carteira. Imagine que o Gráfico 19.5A represente a distribuição de probabilidades dos retornos desta. A compra de contrato futuro do ativo subjacente à carteira aumenta a sua exposição (ou sensibilidade) a variações de preço daquele. Como é mostrado no Gráfico 19.5B, a distribuição dos retornos alarga-se, indicando uma variância maior de retornos. A venda de contratos futuros tem como efeito a diminuição da sensibilidade da carteira ao ativo subjacente. O Gráfico 19.5C mostra o efeito dessa venda sobre a carteira; a variância dos retornos cai, gerando sua distribuição mais estreita.

Como é indicado pelo Gráfico 19.5A-C, os contratos futuros têm um impacto simétrico sobre os retornos da carteira; seu impacto sobre o potencial de alta ou de baixa desses é idêntico. Isso deixa de ser verdade quando são utilizadas as opções.

A possibilidade de se fazer ou não uma opção significa que esta não exerce um impacto simétrico sobre os retornos. Por exemplo, como discutido no Capítulo 17, a compra de uma opção de compra limita perdas; a de uma opção de venda quando o investidor possui o ativo subjacente tem o efeito de controlar o risco de perda, como mostrado no Gráfico 19.5E. A venda de uma opção de compra coberta, entretanto, tolhe o nível superior dos retornos sem afetar o potencial de perda, como no Gráfico 19.5F. A venda de uma opção de venda exerce o mesmo efeito.

USO DE DERIVATIVOS PARA CONTROLAR OS FLUXOS DE CAIXA DA CARTEIRA

Independentemente da forma pela qual a carteira é gerida, se ativa ou passivamente, os contratos futuros e as opções podem ajudar a controlar as entradas e saídas de caixa da carteira. Na realidade, a maioria das opções utilizadas para modificar o risco desta envolve opções cujo ativo-objeto é outro derivativo – um contrato futuro. Elas são chamadas de opções de contratos futuros ou opções sobre contratos futuros, já discutidos no Capítulo 18.

Cobertura de entradas de caixa – A composição dos ativos de um fundo altera-se quando são recebidos fluxos de caixa dos investidores. O efeito de entradas acumuladas de caixa é reduzir a exposição da carteira às ações, uma vez que uma proporção maior dos ativos da carteira está em caixa. O gestor que faz aplicações apressadas no mercado corre um risco maior de comprar títulos inadequados. Além disso, compras substanciais podem levar a comissões relativamente elevadas e a uma pressão sobre os preços das ações compradas.

Uma estratégia melhor é usar parte das entradas de caixa para comprar contratos futuros de índice de ações de maneira que o valor total desses seja aproximadamente igual à magnitude da entrada de caixa. Alternativamente, o gestor poderia comprar opções de compra. Se fizesse isso, o dinheiro seria imediatamente aplicado com comissões mais baixas, e o impacto sobre os preços, menor do que se se tivesse comprado ações diretamente. Uma vez comprados os contratos futuros, o gestor teria tempo para decidir que ativos adquirir, e as compras menores ao longo do tempo reduziriam a pressão sobre os preços. À medida que essas compras fossem sendo feitas, eles poderiam ser vendidos.

Cobertura de saídas de caixa – Uma retirada planejada substancial de uma carteira geralmente é acompanhada pela venda de títulos com o passar do tempo, de maneira que, quando chega a data da retirada, os fundos necessários ficam disponíveis para transferência. Como em um depósito de caixa, a venda de títulos causa um aumento em seus saldos, reduzindo assim a exposição da carteira de ações. Uma estratégia possível para contrabalançar o efeito de uma posição maior em caixa é adquirir contratos futuros ou opções de compra à medida que os títulos são vendidos. O efeito líquido é manter a exposição total dessa carteira enquanto ocorre a acumulação de caixa. Na data de retirada, os contratos podem ser vendidos e as operações da carteira não serão perturbadas.

Gestão de carteiras de ações **483**

| **Gráfico 19.5** | Distribuições de lucros |

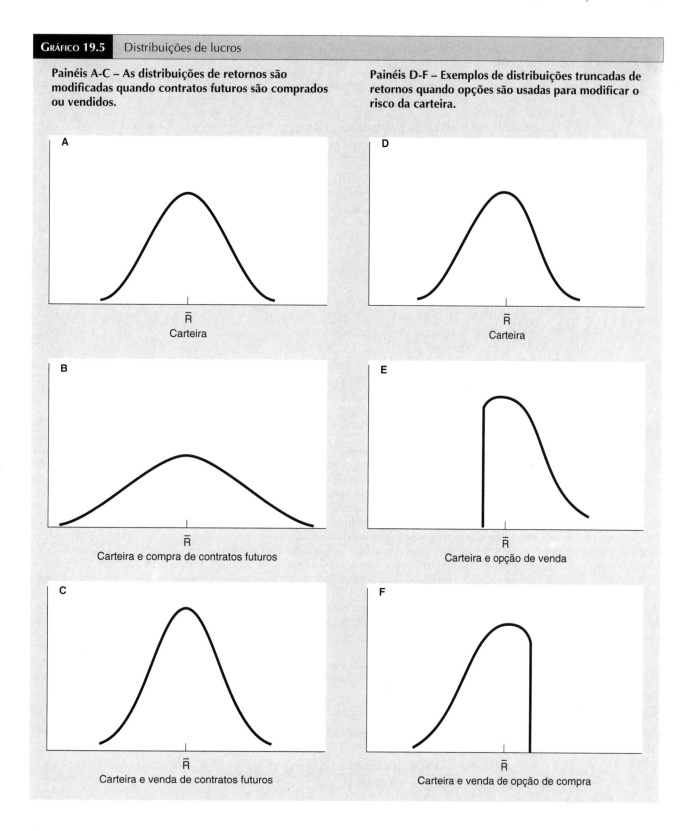

Painéis A-C – As distribuições de retornos são modificadas quando contratos futuros são comprados ou vendidos.

Painéis D-F – Exemplos de distribuições truncadas de retornos quando opções são usadas para modificar o risco da carteira.

A — Carteira
B — Carteira e compra de contratos futuros
C — Carteira e venda de contratos futuros
D — Carteira
E — Carteira e opção de venda
F — Carteira e venda de opção de compra

Contrato futuro do índice Standard & Poor's 500

Damos atenção a contratos futuros nessa visão geral, porque eles e as opções de futuros são as ferramentas de derivativos que os gestores de carteiras geralmente usam.[12]

O Quadro 19.4 enumera os vários contratos futuros de ativos financeiros negociados em bolsa. Embora uma revisão completa desses diversos contratos esteja além de nossa discussão atual, usaremos o do índice S&P 500 da *Chicago Mercantile*

---

[12] Além de futuros, opções e opções de futuros, os *swaps* são outro derivativo útil na gestão de carteiras.

484 Investimentos

Quadro 19.4	Alguns contratos futuros de ativos financeiros selecionados disponíveis nas bolsas dos Estados Unidos (junho de 2004)

Tipo de contrato	Bolsa
Obrigações do Tesouro	CBOT
Notas do Tesouro com prazos de seis e meio a dez anos	CBOT
Notas do Tesouro com prazo de cinco anos	CBOT
Notas do Tesouro com prazo de dois anos	CBOT
Taxa dos fundos federais com prazo de 30 dias	CBOT
Índice de obrigações municipais	CBOT
Depósitos em eurodólar com prazo de um mês	CME
LIBOR de um mês	CME
Euroiene	CME
Índice Dow Jones de empresas industriais	CBOT
Índice S&P 500	CME
Índice Mini S&P 500	CME
Índice MidCap S&P 400	CME
Índice Nikkei 225	CME
Nasdaq 100	CME
Mini-Nasdaq 100	CME
Russell 2000	CME
Russell 1000	NYBOT
Índice Composto da NYSE	NYBOT

Exchange como exemplo. Como ocorre com qualquer contrato futuro, seus compradores devem depositar fundos em uma conta-margem. Os requisitos de margem inicial são de 6.000 dólares para os que compram com finalidades especulativas e 2.500 dólares para os que compram com propósitos de cobertura. Os *hedgers* devem apresentar provas de propriedade corrente de uma carteira de ações cujo valor de mercado se aproxima daqueles dos contratos futuros negociados.

O valor do contrato futuro do S&P 500 é igual a 250 dólares vezes o valor do índice, de modo que cada variação de um ponto do índice leva a uma alteração de 250 dólares no valor do contrato. Quando ele vence, a entrega ou a liquidação do contrato *não* é feita em ações das quinhentas empresas do índice, mas em caixa. A cada dia o contrato é marcado a mercado, o que significa que sua variação de valor é somada ou subtraída da conta-margem dos investidores. Quando estes encerram sua posição, ou quando o contrato futuro vence, eles recebem os fundos em suas contas. A diferença entre estes, quando elas são encerradas, e o depósito de margem inicial representam lucro ou perda, o que equivale à variação do valor desse contrato no período de aplicação.

Há uma exceção. Se os fundos da conta-margem dos investidores se tornarem muito baixos em razão de variações desfavoráveis de preço, estes receberão uma chamada de margem. A margem de manutenção exige que o saldo da conta seja aumentado para pelo menos 2.500 dólares para os especuladores e 1.500 dólares para os *hedgers* que usam os contratos futuros do índice S&P 500.

Antes de discutirmos como os gestores de carteiras usam contratos futuros do S&P 500, precisamos debater como eles determinam o número apropriado destes, os quais serão comprados ou vendidos, ou seja, a *relação de hedge*. Examinaremos dois cenários.

Determinação de quantos contratos devem ser negociados para cobrir um depósito ou uma retirada – Como foi discutido, os contratos futuros podem ajudar a manter a exposição desejada em ações quando a carteira sofre uma entrada ou uma saída de caixa. O número de contratos futuros a serem negociados será igual a:

$$\frac{\text{Fluxo de caixa}}{\text{Valor de um contrato}} \times \text{Beta da carteira}$$

Em nosso exemplo, o valor de um contrato é igual a seu preço vezes 250 dólares. Caso o preço do contrato futuro do S&P 500 seja igual a 1.100,00 dólares, seu valor será de 275.000 dólares.

Imagine que o beta do futuro do índice subjacente seja 1,0. Para determinar a carteira beta a ser usada na fórmula da relação de *hedge*, estimamos uma regressão entre os retornos da carteira e os do índice subjacente:

19.1

$$R_{\text{carteira}} = \alpha + \beta\,(R_{\text{indice}})$$

A estimativa resultante do coeficiente de inclinação é a volatilidade relativa dos retornos da carteira em comparação com os do índice subjacente. Multiplicamos o número de contratos pelo beta para que o valor da posição de contratos futuros varie de acordo com o valor dela.

Dada a existência de diversos contratos futuros de índices de ações no Quadro 19.4, uma maneira de determinar qual deles é melhor para uma carteira específica consiste em examinar o coeficiente de determinação (R^2) ao se estimar a equação 19.1 com diferentes índices. O índice com o R^2 mais alto é aquele que melhor acompanha as variações da carteira com o tempo, o que indica que pode ser o índice mais apropriado. Geralmente, o R^2 será maior para carteiras bem diversificadas.

Por exemplo, se um gestor de carteiras de renda variável receber hoje uma entrada de caixa de 5 milhões de dólares, o beta da carteira, medido em relação ao índice S&P 500, será igual a 1,15. Se o preço do contrato futuro for 1.100, o valor do contrato será de 275.000 dólares. O número de contratos futuros do S&P 500 que devem ser comprados para proteger essa entrada é:

$$\frac{\$5 \text{ milhões}}{\$275.000} \times 1,15 = 20,91 \text{ contratos}$$

Como não existem contratos fracionários, os gestores geralmente arredondam esse número ao número inteiro mais próximo; nesse caso, o gestor compraria 21 contratos para proteger a entrada de caixa. Estes serão vendidos com o passar do tempo, à medida que os 5 milhões de dólares de caixa forem aplicados em ações.

Determinação de quantos contratos devem ser negociados para ajustar o beta da carteira – No Capítulo 9, aprendemos que o beta de uma carteira de ações equivale à média ponderada dos betas de seus componentes. Esse conceito vale também para determinar quantos contratos futuros devem ser comprados ou vendidos para aumentá-lo.

Suponha que uma carteira de ações com 25 milhões de dólares tenha 22,5 milhões de dólares aplicados em ações e 2,5 milhões de dólares investidos em letras do Tesouro. A parte formada por ações tem beta igual a 0,95. Suponha que esperemos um aumento dos preços das ações, de modo que queremos aumentar o beta total da carteira para 1,10. Como vimos, vamos imaginar que o valor do contrato futuro é 275.000 dólares. Supõe-se geralmente que o beta do saldo de caixa ou das letras do Tesouro é igual a zero, portanto pode ser ignorado na análise.

Atualmente, o peso das ações na carteira é de 22,5 milhões de dólares/25 milhões de dólares, ou 0,90; o seu beta é 0,95. O beta dos contratos futuros é igual a 1,0. O peso destes na carteira deve ser ($F \times 275.000$)/$25 milhões, onde F representa o número de contratos a serem negociados. Como o beta visado para a carteira como um todo é 1,10, a média ponderada dos componentes desta deve ser igual a 1,10:

$$1,10 = \qquad 0,90 \times 0,95 \qquad + \qquad F \times \frac{\$275.000}{\$25 \text{ milhões}} \times 1,0$$

Beta desejado	**Contribuição da carteira de ações ordinárias**	**Contribuição dos contratos futuros**

Calculando F, descobrimos que 22,27 contratos devem ser comprados para se alcançar o beta desejado. Arredondando ao número inteiro mais próximo, devemos comprar 22 contratos.

Se estimarmos um mercado em queda e quisermos reduzir o beta da carteira para 0,80, o número de contratos futuros exigido será determinado da seguinte maneira:

$$0,80 = \qquad 0,90 \times 0,95 \qquad + \qquad F \times \frac{\$275.000}{\$25 \text{ milhões}} \times 1,0$$

Beta desejado	**Contribuição da carteira de ações ordinárias**	**Contribuição dos contratos futuros**

Calculando F, encontramos a resposta: –5,00. O sinal negativo indica que devem ser vendidos contratos futuros para reduzir o beta a 0,80. Venderemos cinco deles para obter a carteira desejada. Note-se: contratos de opções *não podem* ser facilmente usados para ajustar o beta de uma carteira, pois têm um efeito assimétrico sobre a distribuição de retornos desta.

USO DE DERIVATIVOS NA GESTÃO PASSIVA DE CARTEIRAS DE AÇÕES

Como uma estratégia passiva de investimento geralmente é uma estratégia de compra e manutenção que procura replicar um índice de mercado de ações, os gestores passivos não procurarão mudar o beta de uma carteira com base em uma previsão econômica. Entretanto, um gestor passivo deve gerir as entradas e saídas de caixa sem prejudicar a capacidade da carteira de acompanhar seu índice visado. O exemplo anterior sobre a proteção de uma entrada ou saída de caixa é diretamente aplicável à gestão passiva de carteiras. Em vez de aplicar toda e qualquer entrada de caixa no índice ou em seu subgrupo, o gestor pode comprar um número apropriado de contratos futuros para manter a estrutura da carteira e reduzir seu erro de acompanhamento em relação ao índice, enquanto determina onde investir os fundos. De forma semelhante, saídas esperadas de caixa podem ser protegidas, liquidando parte da carteira com o passar do tempo enquanto se mantém a sua exposição ao mercado por meio do uso de contratos futuros.

Opções só podem ser usadas até certo ponto na gestão passiva. Quando o rebalanceamento de caixa é imperfeito e um fundo indexado tem peso elevado em um setor ou em ações individuais em relação a seu índice, é possível vender opções de compra de empresas ou grupos setoriais para corrigir os pesos da carteira.

USO DE DERIVATIVOS NA GESTÃO ATIVA DE CARTEIRAS DE AÇÕES

A gestão ativa freqüentemente procura ajustar o risco sistemático, o não sistemático de uma carteira, ou ambos. Como discutimos, o risco sistemático é a exposição de uma carteira a flutuações de preço causadas por variações no mercado de

486 Investimentos

ações como um todo. O risco não sistemático inclui a exposição da carteira a setores ou empresas em proporções diferentes do índice de referência.

Modificação do risco sistemático – O risco sistemático de uma carteira de ações é a sensibilidade do seu valor às variações do índice de referência, sendo medida pelo seu beta. Se for esperada uma alta do mercado, os gestores ativos de desejarão aumentá-lo; se for esperada uma queda do mercado, eles desejarão reduzi-lo.

Tradicionalmente, quando se espera uma alta do mercado, os gestores ativos vendem ações com betas baixos e compram as com altos, para elevar o beta médio ponderado da carteira. Entretanto, o uso de contratos futuros oferece uma maneira mais rápida e barata de elevar ou diminuir o beta de uma carteira com menos perturbação das suas características.[13]

É possível vender contratos futuros para que o valor da carteira inteira não seja afetado por variações do mercado durante seu prazo. Isso é obtido vendendo-se um número suficiente deles para que o beta da carteira se iguale a zero. Para ilustrar isso, pense em uma carteira de 25 milhões de dólares com 22,5 milhões de dólares aplicados em ações e o restante em letras do Tesouro. A carteira tem beta igual a 0,95 e as letras do Tesouro têm beta nulo. O beta do contrato futuro é 1,0, e o valor desse contrato é de 275.000 dólares. Para determinar o seu número exigido, para que sejam vendidos a fim de igualar o beta da carteira a zero, precisamos resolver a seguinte equação:

$$0,00 = \qquad 0,90 \times 0,95 \qquad + \qquad F \times \frac{\$275.000}{\$25 \text{ milhões}} \times 1,0$$

Beta desejado   **Contribuição da**   **Contribuição**
                  carteira de ações ordinárias   **dos contratos futuros**

Encontramos F no valor de –77,73, o que significa que devemos vender 78 contratos futuros para tornar a carteira neutra em relação ao mercado. Fixando o seu beta igual a zero, o retorno obtido na carteira deve se aproximar do retorno de um ativo livre de risco, como letras do Tesouro de curto prazo. Um gestor ativo que for capaz de identificar títulos mal avaliados ou subavaliados poderá gerar retornos extraordinários.

Modificação do risco não sistemático – Também há oportunidades de controle do risco não sistemático de uma carteira de ações. Há contratos futuros e opções deles para um número limitado de setores, ao passo que existem opções para muitos componentes do mercado de ações. Também há contratos de opção de índices de mercado como o S&P 100 e o S&P 500; para grupos de ações, por exemplo, bens de consumo e bens cíclicos; e para setores selecionados, como tecnologia, petróleo, bancos, serviços de utilidade pública, produtos farmacêuticos e semicondutores. Podem ser negociadas opções em torno de 1.400 ações individuais. Portanto, mesmo quando não existem opções de setores, os gestores de carteiras podem comprar ou vender opções de ações individuais do setor para modificar sua exposição.

Um gestor pode comprar opções de compra quando espera uma alta do mercado, de um setor ou de um grupo de ações individuais. Os prêmios mais baixos de opções de compra podem proporcionar mais alavancagem do que a compra de contratos futuros, e as opções permitem a obtenção de maior precisão ao se visar a setores do mercado do que um índice completo. A perda máxima nessas estratégias é limitada ao prêmio de compra.

De forma semelhante, os gestores podem comprar opções de venda de contratos futuros de um índice, um setor ou um grupo de ações quando espera uma queda de valor. Podem ser lançadas opções de compra do mercado e de subconjuntos deste quando se estimam quedas de valor ou valores estáveis. O lançamento de opções de venda do mercado e de seus subsetores pode gerar rendimentos quando eles esperam que seus valores permaneçam estáveis ou se elevem.

Modificação das características de uma carteira global de ações – Como observado, as carteiras globais representam posições tanto em títulos quanto em moedas. Os contratos de opções e futuros das principais moedas permitem ao gestor gerir os riscos de cada um deles separadamente. Os contratos futuros e as opções de contratos futuros de moedas podem ajudar a modificar a exposição cambial sem afetar as aplicações efetivas presentes nas carteiras. Por exemplo, ele que está otimista em relação a ações européias, mas que acha que o euro está atualmente supervalorizado em relação ao dólar americano, pode comprar os títulos europeus e a seguir ajustar a exposição cambial total da carteira por meio de opções e contratos futuros de moedas.

Considere o seguinte exemplo. Uma carteira de ações tem o equivalente a 30 milhões de dólares aplicados: 12 milhões de dólares nos Estados Unidos; 9 milhões de dólares no Japão; o restante no Reino Unido. Portanto, a alocação atual nos vários países e moedas é: 40% nos Estados Unidos, 30% no Japão e 30% no Reino Unido. O gestor acredita que o iene esteja superavaliado e espera que a libra se fortaleça. Dadas essas previsões, ele deseja reduzir a exposição ao iene em 4,5 milhões de dólares (ou –15% da carteira), e aumentar a exposição da libra em 4,5 milhões de dólares (ou +15 pontos porcentuais). Em outras palavras, a *alocação desejada em moedas* é: 40% no dólar americano, 15% no iene japonês e 45% na libra esterlina.

O rebalanceamento cambial tradicional da moeda exigia o da alocação por países, mas o gestor perdia a oportunidade de participar de mercados de títulos que acreditava estarem subavaliados. Além disso, esse rebalanceamento de títulos era caro e demorado. Um cenário como esse faria com que ele ignorasse o que presumivelmente faz melhor: identificar mercados e títulos subavaliados. Em vez disso, era forçado a tomar decisões com base em previsões cambiais.

---

[13] Essa é uma vantagem importante. Se os gestores ativos acreditam que têm habilidade para identificar títulos mal avaliados ou subavaliados, eles podem querer continuar mantendo esses títulos apesar de previsões de um movimento adverso do mercado.

Com o uso de derivativos, o gestor pode manter a exposição desejada por país enquanto modifica a exposição cambial. Suponha que a taxa de câmbio entre dólar e libra no mercado futuro seja £1 = $1,44. Como o contrato futuro de libras exige a entrega de £62.500, o valor de um contrato é 1,44 $/£ × £ 62.500 = $90.000. Caso a taxa de câmbio iene/dólar no mercado futuro esteja em iene 1 = $0,00835 e o contrato de iene exija a entrega de 12,5 milhões de ienes, o valor futuro deste é igual a 0,00835 $/iene × 12,5 milhões de ienes = $104.375.

Se o gestor quiser reduzir a exposição da carteira ao iene em 4,5 milhões de dólares, ele deverá vender $ 4.500.000/ $ 104.375 = 43,11 (arredondados para 43) contratos de futuros de iene. Ele poderá aumentar a exposição da carteira à libra esterlina em 4,5 milhões de dólares comprando $ 4.500.000/$90.000 = 50 contratos futuros de libras esterlinas.

Após essas transações, a alocação de títulos nesses países permanecerá como antes: 40% nos Estados Unidos, 30% no Japão, 30% no Reino Unido. Mas, graças ao *hedging* cambial, a exposição da carteira ao iene (supostamente superavaliado) será de apenas 15%, ao passo que a exposição à libra (presumivelmente subavaliada) será de 45%. O uso de derivativos permitiu ao gestor da carteira alterar as exposições cambiais de uma maneira mais rápida e menos onerosa do que realocando ações pelos países, ao mesmo tempo em que mantém sua exposição desejada em títulos subavaliados.

Carteiras tributáveis

A maioria das discussões sobre investimentos é feita no contexto de contas isentas de impostos, como IRAs e planos 401(k). Mas, para muitos indivíduos – e para os planejadores e consultores financeiros que procuram gerir seus investimentos –, os impostos existem na realidade. Para as empresas, o volume de fundos investidos em contas tributáveis supera o das isentas de tributação.[14] No caso de clientes privados (tributáveis), os impostos são os principais gastos a ser geridos e minimizados, ultrapassando de longe as comissões e os custos de transação. O efeito combinado dos impostos estaduais e federais corresponde a cerca de 20% dos ganhos de capital e talvez seja mais do que o dobro dos rendimentos recebidos. O Gráfico 19.6 mostra o efeito dos impostos sobre a fronteira eficiente. Quando são usados dados após o imposto, a fronteira eficiente desloca-se para baixo e para a esquerda. O deslocamento para baixo é óbvio, pois os investidores obtêm retornos mais baixos após o pagamento de impostos. O deslocamento para a esquerda ocorre porque o código tributário dos Estados Unidos permite que as perdas de capital sejam deduzidas dos seus ganhos, de modo que a variação dos retornos no tempo se reduz.

Os impostos trazem muitas complicações para o processo de alocação de ativos e gestão de carteiras. Em primeiro lugar, os planos de se tomar a carteira corrente de um cliente e realocar os ativos para que se situem em uma fronteira eficiente gerarão impostos sobre ganhos de capital e reduzirão o patrimônio do cliente. Qualquer processo de realocação de carteiras precisa considerar os ganhos de capital não realizados e provavelmente resultará em uma compensação entre (a) venda de ativos e o pagamento de impostos sobre ganhos de capital, e (b) reinvestimento de ativos para obter uma relação melhor entre risco e retorno esperado. Em função de considerações fiscais, a carteira resultante provavelmente ficará em algum ponto entre a fronteira eficiente ideal e a carteira atual.

Em segundo lugar, a necessidade de rebalanceamento periódico da carteira e recolocar a alocação de volta à sua meta causará eventos tributários.

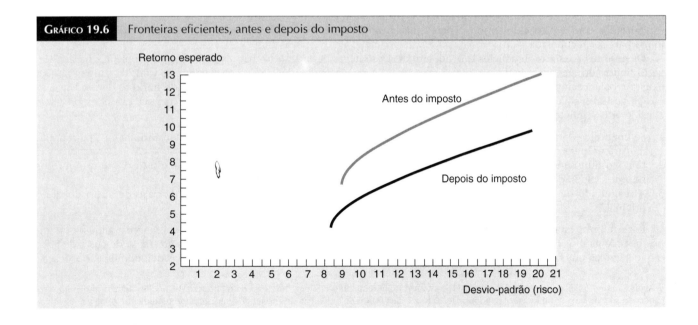

Gráfico 19.6 — Fronteiras eficientes, antes e depois do imposto

---

[14] ARNOTT, Robert D.; BERKIN, Andrew L. e YE, Jia. "The Management and Mismanagement of Taxable Assets." *Journal of Investing* 10, n. 1, 15-21, primavera 2001.

| **Gráfico 19.7** | Carteira inicial *versus* carteira diversificada, com pagamento de imposto sobre ganhos de capital com a carteira inicial |

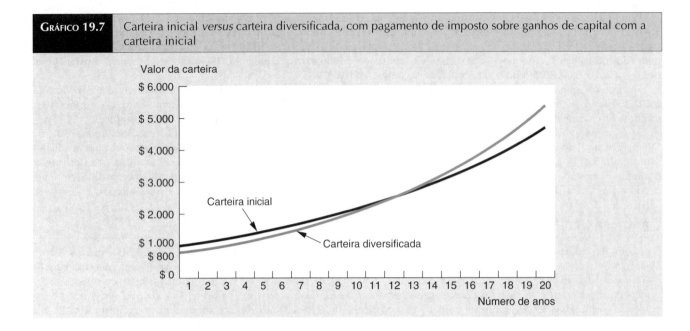

Em terceiro lugar, a otimização de média-variância de Markowitz é modelo de um único período, sendo indiferente ao horizonte de aplicação do investidor. A decisão ótima de gestão de carteiras, entretanto, dependerá do fato de que os direitos do investidor sobre sua riqueza são finitos. Por exemplo, para se saber se o cliente deve se diversificar saindo de uma ação com base de custo baixa, é preciso saber qual é a sua expectativa de vida. Se esta não é longa, fazer a diversificação e pagar impostos sobre ganhos de capital podem não ser uma boa decisão, uma vez que as ações podem ser transferidas a seus herdeiros gradativamente, significando que o valor de mercado na data de falecimento passa a ser a base do custo para os herdeiros. Para uma expectativa mais longa de vida, a compensação entre as conseqüências tributárias da venda e retornos potenciais com o reinvestimento em ativos diversificados pode fazer com que a diversificação seja uma solução adequada.[15]

Para perceber as implicações fiscais para uma carteira, considere o seguinte exemplo. Imagine que o fundador de uma empresa tenha aplicado 100% em uma única ação com base de custo igual a zero e que tenha sido mantida por muitos anos. Se o retorno esperado futuro da ação for de 8% ao ano, para manter os números simples, o valor da ação deve ser igual a 1.000 dólares. Se a vendesse hoje, pagaria uma alíquota de imposto sobre ganhos de capital de 20% e reinvestiria o restante (800 dólares) em uma carteira diversificada, cujo retorno esperado é de 10% ao ano. Seriam necessários 12,2 anos até que o valor futuro da carteira diversificada chegasse a equivaler ao valor futuro esperado da carteira de uma única ação.[16] O Gráfico 19.7 mostra o crescimento de ambas as carteiras. Apesar de os retornos 25% mais altos (10% *versus* 8%) serem capitalizados com o passar do tempo, a perda inicial de patrimônio causada por esse imposto ainda exigirá um período longo para ser recuperada.

Os gestores passivos ou aqueles que adotam uma estratégia de indexação não estão imunes a problemas fiscais. Um gestor indexado que acompanhe um índice de estilo observará uma tendência de crescimento do valor da carteira, a qual exigirá rebalanceamento e a realização de ganhos de capital com retornos mais baixos depois do imposto de renda.

Os gestores ativos enfrentam uma dificuldade ainda maior em termos do custo fiscal de negociação. Eles precisam considerar o seguinte raciocínio:

1. Se um título é vendido com lucro, há pagamento de imposto sobre os ganhos de capital, deixando menos patrimônio na carteira para reinvestir em outra ação.
2. O novo título a ser comprado precisa possuir uma vantagem em termos de retorno esperado (a diferença entre os retornos esperados dos títulos novo e antigo) para recuperar o custo do imposto.
3. A magnitude de sua vantagem depende da duração esperada do prazo de aplicação e da base de custo do título original.

Por exemplo, imagine que o retorno esperado de um título possuído atualmente seja de 8% ao ano e a alíquota de imposto sobre ganhos de capital seja de 20%. O valor corrente do título é de 100 dólares. Este tem uma base de custo de 50%, o que significa que o preço de compra foi de 50% de seu preço atual de mercado. Estamos considerando duas opções:

---

[15] Alguns autores adicionariam uma quarta consideração. A carteira ótima indicada pelo processo de otimização de média-variância pode não ser a carteira ideal para um investidor sujeito a tributação. Talvez inclua títulos de renda fixa de alto rendimento, gerando rendimento tributável, ou ativos com desvios-padrões ilusoriamente baixos, tais como imóveis ou *hedge funds* com rendimentos pouco voláteis. É necessário recorrer a software especial e dar atenção especial aos dados utilizados para que situações complicadas como essa sejam devidamente analisadas.
[16] Isso pode ser modelado em uma planilha com gráficos mostrando o crescimento composto de cada alternativa. Também pode ser resolvido matematicamente encontrando-se o valor de n, o número de anos, tal que o valor de 1.000 dólares composto a 8% ao ano equivalha ao valor de 800 dólares compostos a 10% ao ano: 1.000 dólares$(1 + 0,08)^n$ = 800 dólares$(1 + 0,10)^n$. Usando logaritmos, a solução para n é igual a 12,16 anos.

Opção 1: continuar a manter o título por mais um ano, obter um retorno esperado de 8%, e, então, vender o título e pagar o imposto sobre ganhos de capital.

Opção 2: vender o título, pagar o imposto sobre ganhos de capital e reinvestir a quantia resultante em outro um ano antes de vendê-lo e pagar esse imposto da segunda compra.

De que taxa esperada de retorno precisamos na opção 2 para ter os mesmos dólares depois do imposto se continuássemos a manter o título original? Na opção 1, com uma base de custo de 50%, nosso preço original de compra era de 50 dólares. Se nós o possuímos, esperamos que seu valor de 100 dólares cresça a 108 dólares após um ano. Nesse momento, vendemos o título e, supondo que todos os retornos sejam ganhos de capital, o recebimento depois do imposto será de 108 dólares – ($ 108 – $ 50) × 0,20 = $ 96,40.

Na opção 2, vendemos o título hoje por 100 dólares e reinvestimos o valor recebido. Este, com a venda do título depois do imposto, é $ 100 – ($ 100 – $ 50) × 0,20 = $ 90. Investimos os 90 dólares (que agora passam a ser a base de custo) em outro investimento. O retorno mínimo esperado do novo investimento não deve nos deixar em pior situação do que com o valor da opção 1, de $ 96,40 após um ano, depois do imposto. Queremos encontrar o valor P que faça com que o valor depois do imposto, da reaplicação de 90 dólares equivalha a 96,40 dólares:

$$\text{Preço} - \text{imposto} = \$96,40$$
$$P - (P - \$90) \times 0,2 = \$96,40$$

onde supomos que apenas o imposto sobre ganhos de capital seja relevante e o valor deste seja (P – $ 90) × 0,20. Calculando o preço P, vemos que o preço mínimo será igual a $ 98 dólares; isso representa um retorno de $ 98/90 – 1 = 8,89% em um ano.

Portanto, com esse prazo de aplicação e todo o retorno em forma de ganhos de capital, precisamos esperá-lo de 8,89% antes de pensarmos em vender um título com uma base de custo de 50% e cujo retorno esperado é de 8%. Se for usado um prazo de aplicação de dois anos, o retorno anual mínimo esperado de reaplicação do resultado da venda será de 8,85%.[17]

Em geral, quanto mais longo o prazo de aplicação esperado, menor será a vantagem necessária em termos de seu retorno. Além disso, quanto mais baixa for a base de custo original do título, maior será o imposto pago sobre ganhos de capital caso seja vendido, sendo necessária uma vantagem maior em termos de retorno esperado para que a transação seja rentável.

ESTRATÉGIAS DE INVESTIMENTO EFICIENTES EM TERMOS FISCAIS

Mesmo os investidores "medianos" se tornarão mais atentos aos impostos em razão das regras da SEC que exigem que os fundos de investimento divulguem os retornos depois do imposto com base em um conjunto de hipóteses. Há várias estratégias bem conhecidas para gestão de carteiras visando minimizar os impostos sobre ganhos de capital.[18] Em primeiro lugar, como ganhos de capital não realizados não são tributados, uma estratégia de compra e manutenção pode adiá-los. Isso funciona melhor quando os retornos são compostos ao longo de certo número de anos. Em segundo, estratégia de realização ou compensação de perdas para fins fiscais tira proveito de leis que permitem a compensação entre ganhos e perdas de capital. O gestor de investimentos pode vender títulos com prejuízos não realizados para compensar ganhos de capital realizados.[19] Podem ser usadas opções para manter alguma exposição à ação vendida. Por exemplo, pense em uma ação que tenha caído para 60 dólares para um investidor que a vende para compensar um ganho de capital com outro título. O investidor pode vender uma opção de venda da ação com preço de exercício de 65 dólares e vencendo mais de 30 dias mais tarde; digamos que ele recebe um prêmio de 6 dólares.[20] Se o preço da ação permanecer abaixo de 65 dólares, a opção de venda será exercida e ele comprará a ação de volta a um preço efetivo de 59 dólares (65 dólares de preço de exercício menos os 6 dólares de prêmio recebido). Os riscos dessa estratégia são duplos: se o preço despencar, o preço efetivo de 59 dólares para o investidor poderá ser mais alto do que o preço corrente de mercado. Se o preço se elevar, ele terá de pagar um preço muito mais alto para reestabelecer a posição.

Em terceiro lugar, podem ser usadas opções para ajudar a converter um ganho de capital de curto prazo em um de longo prazo, para conseguir um tratamento fiscal mais favorável. Um investidor pode fazer isso lançando uma opção de compra no dinheiro ou fora do dinheiro. O preço de exercício passa a ser um preço máximo de venda, caso o da ação continue subindo, mas o prêmio da opção proporcionará um piso para o caso de queda, contanto que esta não seja muito severa, a combinação entre a ação e a posição em opções permitirá ao investidor preservar alguns lucros para tratamento, como ganhos de capital de longo prazo.

Em quarto lugar, temos um método chamado de contabilidade de custo por lote, no qual os investidores especificam que ações devem ser vendidas. Para minimizar os impostos, o investidor ou o gestor do fundo seleciona os títulos com a base de custo mais alta. A quinta estratégia pode não ser apropriada para todos os investidores; ela sugere comprar ações de crescimento e fazer com que a carteira enfatize a valorização do capital em detrimento da obtenção de rendimentos.

---

[17] A posse do título atual por dois anos adicionais propicia um valor esperado de 100 dólares (1,08)(1,08) = 116,64 dólares; vender o investimento e pagar imposto sobre a base de custo de 50 dólares deixa 103,31 dólares após o imposto. Vender o título hoje e reinvestir os 90 dólares recebidos depois deste exige que o título tenha um preço esperado de 106,64 dólares ao final de dois anos [que é a solução de P – (P – 90 dólares) × 0,2 = 103,31]. Isso equivale a um retorno médio anual de $\sqrt{(106,64 \text{ dólares} / 90 \text{ dólares})} - 1 = 8,85\%$.

[18] Essa discussão se baseia em HILL, Joanne M. "Equity Derivative Strategies." In: BURNS, Terence E. (Ed.) *Investment Counseling for Private Clients.* Charlottesville, VA: AIMR, 1999; LEVITT, Robert. "Searching for an Answer." *Dow Jones Asset Management,* 59-61, jul.-ago. 1999.

[19] Com o passar do tempo, será cada vez mais difícil implantar essa estratégia. A carteira se tornará cada vez mais concentrada e terá maior risco não sistemático à medida que as ações ganhadoras aumentarem ou mantiverem seu valor, enquanto os títulos perdedores são vendidos.

[20] A demora de 30 dias é necessária antes da recompra das ações para impedir que se caracterize uma *wash sale*. Se isso acontecer, será considerado que a venda original não terá ocorrido para fins fiscais, e a perda de capital será glosada.

Resumo

- As carteiras passivas de ações procuram acompanhar os retornos de um índice de referência consolidado, como o S&P500 ou algum outro índice que atenda às necessidades do investidor. Já as ativas procuram adicionar valor em relação à sua referência por meio de *timing* do mercado ou procurando comprar ações subavaliadas.
- Os gestores usam diversos métodos de montagem e gestão de uma carteira passiva, inclusive replicação completa, amostragem e otimização quadrática. As estratégias de gestão ativa incluem rotação de setores, uso de modelos fatoriais, triagens quantitativas e métodos de programação linear.
- Os estilos de investimento incluem crescimento, valor, empresas grandes e pequenas. O investimento por estilo procura tirar proveito de possíveis anomalias ou pontos fortes do gestor de carteiras. A sua identificação com um dado estilo transmite informação a clientes em potencial e ajuda a identificar as carteiras de referência apropriadas. Levando em consideração que existem modelos de alocação de ativos, alguns passaram a desenvolver modelos para prever quando um estilo será superior a outro. Um gestor com ênfase em valor preocupa-se com a melhor época para comprar títulos subavaliados; um gestor com ênfase em crescimento preocupa-se com a determinação das épocas apropriadas para vender títulos antes de serem prejudicados por notícias ruins ou desapontadoras.
- Os derivativos são usados tanto por gestores ativos quanto passivos na gestão de carteiras de ações. Contratos futuros podem ser usados para proteger o patrimônio contra o impacto de entradas e saídas de caixa, para manter uma carteira passiva completamente aplicada e para ajudar a minimizar o erro de acompanhamento, e para alterar o beta de uma carteira com gestão ativa. As opções podem ser empregadas para modificar o seu risco não sistemático. Finalmente, os derivativos podem ser utilizados na gestão das exposições cambiais de carteiras globais de ações.
- As questões fiscais são uma consideração importante em muitas carteiras. Os seus gestores usam estratégias de negociação e com derivativos para minimizar a perda de patrimônio em função de impostos e para conseguir uma carteira mais próxima de uma fronteira eficiente, oferecendo retornos mais altos e risco menor.

Questões

1. Por que a utilização de estratégias de gestão passiva de carteiras cresceu com o passar do tempo?
2. O que queremos dizer com uma estratégia de indexação, e qual é a justificativa para essa estratégia? Como ela poderia diferir de outra carteira passiva?
3. Por que poderia ser mais difícil construir um índice de mercado de títulos de renda fixa do que um índice de mercado de ações?
4. Descreva diversas técnicas de montagem de uma carteira passiva.
5. Que relações de compensação são importantes ao se montar uma carteira por replicação completa? E pelo método de amostragem?
6. Descreva brevemente três técnicas que são consideradas estratégias de gestão ativa de carteiras.
7. Discuta três estratégias que os gestores ativos podem adotar para tentar adicionar valor às suas carteiras.
8. Por causa de expectativas inflacionárias, você espera que as ações de empresas de recursos naturais, como empresas mineradoras e petrolíferas, tenham bom desempenho

Investimentos on-line

A gestão de carteiras de ações é do tipo "como fazer" – ela combina o que sabemos sobre seleção de ações e teoria de carteiras com a prática de montagem, monitoramento e atualização de carteiras de ações para satisfazer as necessidades de clientes individuais ou institucionais. Diversos gestores profissionais de recursos descrevem seus serviços na Internet. Aqui está uma amostra:

http://www.russell.com – A página da Frank Russell and Company na Internet contém descrições sobre muitos serviços da Russell. De especial interesse para nós são os links dos seus índices, incluindo os de diversos estilos, para os Estados Unidos e vários outros países.

http://www.panagora.com – O website da *PanAgora Asset Management* contém sua filosofia de investimento, dados de desempenho e características de seus fundos de investimento, e artigos de pesquisa sobre tópicos de gestão de investimentos assinados por membros de sua equipe.

http://www.firstquadrant.com – A *First Quadrant* é líder na aplicação de técnicas quantitativas de investimento na gestão de carteiras de ações. A seção de produtos deste site fornece uma descrição de sua visão quantitativa da gestão de estilo. Outras seções permitem aos usuários pedir cópias de monografias de pesquisa e artigos publicados pelo pessoal da *First Quadrant*.

http://www.wilshire.com – A *Wilshire Associates, Inc.* oferece índices, consultoria e outros serviços aos investidores. Essa página fornece *links* de informações sobre seus índices (o Wilshire 5000 é uma referência largamente usada para representar o mercado geral de ações dos Estados Unidos). O *site* dá uma descrição de cada índice da Wilshire, incluindo informações úteis como as características fundamentais de cada índice e dados que podem ser baixados.

nos próximos três ou seis meses. Sendo um gestor ativo de carteiras, descreva os diversos métodos que você poderia usar para tirar proveito dessa previsão.

9. Como os custos de negociação e as eficiências de mercado afetam o gestor ativo? Como ele poderia tentar superar esses obstáculos com sucesso?

10. *Exame CFA – Nível III*

A Global Advisors Company (GAC) é uma empresa consultora de investimentos registrada na SEC, envolvida exclusivamente na gestão de carteiras de títulos internacionais. Após muita pesquisa sobre a evolução da economia e os mercados de capitais de Otunia, um país em desenvolvimento, a GAC decidiu incluir um investimento no mercado de ações desse local em seu Fundo Composto de Mercado. Entretanto, ela ainda não decidiu se investirá ativamente ou por meio de indexação. Foi solicitada sua opinião sobre a decisão entre gestão ativa e indexação. Apresenta-se a seguir um resumo dos resultados de pesquisas realizadas pela empresa:

> A economia de Otunia é razoavelmente bem diversificada, com setores agrícolas e de recursos naturais, indústrias (tanto de bens de consumo quanto de bens duráveis), e com um setor financeiro em crescimento. Os custos de transação nos mercados de títulos são relativamente elevados em Otunia por causa de comissões altas e dos "impostos sobre selos" cobrados pelo governo na negociação de títulos. Os padrões contábeis e as normas de divulgação são bastante detalhados, resultando em ampla disponibilidade pública de informações confiáveis sobre o desempenho financeiro das empresas.
>
> Os fluxos de entrada e saída de capitais de Otunia, e sua propriedade estrangeira de títulos são estritamente regulamentados por uma agência do governo nacional. Os procedimentos de liquidação, de acordo com essas regras de propriedade geralmente causam longas demoras no fechamento de negócios feitos por não-residentes. Os altos funcionários do setor financeiro do governo estão trabalhando para desregulamentar os fluxos de capitais e a propriedade estrangeira, mas o consultor da GAC para assuntos políticos acredita que o sentimento isolacionista pode impedir a ocorrência de muito progresso real a curto prazo.

(a) Discuta brevemente quatro aspectos do ambiente de Otunia que favoreçam o investimento com gestão ativa e quatro que estimulem a indexação.

(b) Faça uma recomendação se a GAC deveria investir em Otunia ativamente ou por meio de indexação, justifique-a com base nos fatores identificados no item (a). (20 minutos)

11. O que é um estilo de investimento? Como as ações de valor diferem das de crescimento?

12. Explique como a identificação de estilo é um componente importante da relação entre cliente e gestor de carteiras.

13. *Exame CFA Nível III*

Pesquisas empíricas recentes indicam que carteiras de ações de valor (relação baixa entre preço e valor patrimonial), ao contrário de ações de crescimento (relação alta entre preço e valor patrimonial), tanto nos mercados dos Estados Unidos quanto em mercados estrangeiros, resultam em maiores retornos ajustados por risco. Critique a hipótese de mercado eficiente à luz dessas constatações.

14. Alguns estudos sugerem que os investidores em ações de valor obtenham retornos ajustados por risco superiores aos de investidores em ações de crescimento. Isso significa que eles deveriam sempre se concentrar em ações de valor e nunca em outros estilos?

15. *Exame CFA Nível III*

O clube de investimentos de Betty Black quer comprar a ação da New Soft Inc. ou a ação da Capital Corp. Black preparou a tabela apresentada abaixo. E lhe foi pedido que a ajude a interpretar os dados, com base em sua previsão de uma economia saudável e de um mercado forte nos próximos 12 meses.

	NewSoft Inc.	Capital Corp.	Índice S&P 500
Preço atual	$30	$32	n/a
Setor	Software para computador	Bens de capital	n/a
Índice P/E (atual)	25 x	14 x	16 x
Índice P/E (média de 5 anos)	27 x	16 x	16 x
Índice P/VP (atual)	10 x	3 x	3 x
Índice P/VP (média de 5 anos)	12 x	4 x	2 x
Beta	1,5	1,1	1,0
Taxa de dividendo	0,3%	2,7%	2,8%

As ações da New Soft têm índices preço-lucro (P/E) e preço/valor patrimonial (P/VP) mais altos do que a Capital Corp. Identifique e discuta brevemente três razões pelas quais a disparidade desses índices pode não significar que as ações da NewSoft estão superavaliadas em relação às da Capital Corp. Responda a questão em termos dos dois índices, e suponha qual das três não tenha havido nenhum evento extraordinário que afete qualquer empresa. (6 minutos)

16. Quais são as características de um bom gestor de carteiras de ações de valor? E de um bom de ações de crescimento?

17. Como os fundos de integralização são usados com investimentos em estilos?

18. *Exame CFA Nível III*

Os contratos futuros e as suas opções podem ser usados para modificar risco.

(a) Identifique a distinção fundamental entre um contrato futuro e uma opção de contrato futuro e explique sucintamente a diferença quanto ao modo pelo qual ambos modificam o risco de uma carteira.

(b) O risco ou volatilidade de um ativo individual pode ser reduzido com o lançamento de uma opção de compra coberta referenciada nesse ativo ou com a compra de uma opção de venda do ativo. Explique a diferença em termos do grau segundo o qual cada uma dessas duas estratégias com opções modifica o risco de um ativo individual. Em sua resposta, descreva o efeito de cada uma delas sobre as possibilidades de lucro e prejuízo com o ativo.

19. O que é uma relação de *hedge*? Por que ela é útil?

20. É possível imunizar uma carteira de ações de maneira que seu valor não seja afetado por variações do mercado como um todo? Por que ou por que não?

21. Por que poderia uma carteira, após o imposto, ficar abaixo e à esquerda de uma fronteira eficiente antes do imposto?

22. Deveria uma carteira pouco diversificada de um cliente tributado ser rebalanceada e reaplicada de maneira a se situar em uma fronteira eficiente? Por que ou por que não?

492 Investimentos

23. Você esperaria que um gestor com ênfase em valor ou um gestor com ênfase em crescimento tivesse retornos mais altos depois do imposto com o passar do tempo? Explique.
24. Discuta três complicações que os impostos produzem para a alocação de ativos e para o processo de gestão de carteiras.

25. Um gestor de carteiras ativamente geridas está pensando em vender a ação A e comprar a B. Que fatores deve considerar antes de executar as operações?
26. Descreva quatro estratégias distintas de investimento que sejam eficientes em termos fiscais.
27. Como podem ser usadas opções para converter uma situação de ganho de capital a curto prazo em uma situação de ganho a longo prazo?

PROBLEMAS

1. Você possui uma carteira cujo valor de mercado é 50 milhões de dólares e tem beta (medido em relação ao S&P 500) igual a 1,2. Se o mercado subir 10%, que valor você esperará que a sua carteira tenha?
2. Dados os retornos mensais a seguir, quão bem a carteira passiva acompanhou o índice S&P 500, usado como padrão de referência? Calcule R^2, alfa e beta da carteira.

Mês	Retorno da carteira	Retorno do índice S&P 500
Janeiro	5,0%	5,2%
Fevereiro	–2,3	–3,0
Março	–1,8	–1,6
Abril	2,2	1,9
Maio	0,4	0,1
Junho	–0,8	–0,5
Julho	0,0	0,2
Agosto	1,5	1,6
Setembro	–0,3	–0,1
Outubro	–3,7	–4,0
Novembro	2,4	2,0
Dezembro	0,3	0,2

3. Usando os dados de retornos de ativos fornecidos no Capítulo 3 (Tabela 3.9), que porcentagem do prêmio por risco de ações é consumido por custos de negociação de 1,5%? Se os retornos tiverem distribuição normal, qual será a probabilidade de que um gestor ativo possa conseguir um retorno que supere esses custos?
4. Resolva o seguinte, algebricamente:
   (a) O investimento de uma carteira em uma ação com base de custo igual a zero é de 1 milhão de dólares. O retorno esperado depois do imposto é de 6%. Um consultor apresentou ao proprietário uma alternativa: vender as ações, pagar o imposto de 20% sobre ganhos de capital e reinvestir o resultado em um conjunto de títulos com retorno de 8% depois do imposto. Quanto tempo será necessário até que o valor composto do novo investimento igual e o valor composto do investimento atual caso as ações não fossem vendidas?
   (b) Suponha agora que parte do retorno da nova carteira esteja na forma de rendimentos em dinheiro; isso reduzirá o retorno efetivo após o imposto para 7,5%. Imagine que todos os rendimentos e ganhos de capital sejam reinvestidos. Quanto tempo levará para o valor composto da nova carteira se igualar ao do investimento antigo?
   (c) Suponha agora que a parcela de rendimento no retorno seja mantida e gasta pelo investidor. Portanto, o retorno anual composto da nova carteira será de apenas 6,5%. Quanto tempo será necessário para que a nova carteira se iguale ao valor da atual?
5. Você vende uma ação com prejuízo para compensar um ganho de capital em outro título. Você vende a ação por 50 dólares. Uma opção de venda com preço de exercício de 55 dólares tem prêmio de 6 dólares. Uma opção de compra com preço de exercício de 45 dólares é negociada a 7 dólares. Explique o que o investidor faria para manter sua exposição à ação vendida. Que preço efetivo seria pago se esta fosse comprada novamente 31 dias ou mais tarde ao preço de 43 dólares? E 50 dólares? E 57 dólares?
6. Se você administrar ativamente uma carteira de 100 milhões de dólares, 95% aplicados em ações com um beta de 1,05, seu padrão de referência passivo será o índice S&P 500. O seu valor atual é 1010,50.
   (a) Você prevê uma entrada de caixa de 3 milhões de dólares na próxima semana, proveniente de um fundo de pensão. Quantos contratos futuros você deveria comprar ou vender para mitigar o efeito dessa entrada sobre o desempenho da carteira?
   (b) Em vez de uma entrada de caixa, suponha que você estivesse esperando uma saída de 8 milhões de dólares. Quantos contratos futuros você compraria ou venderia para atenuar o efeito dessa saída sobre o desempenho da carteira?
7. Você administra a carteira descrita no Problema 6. Quantos contratos futuros do S&P 500 você deve comprar ou vender para:
   (a) aumentar o beta da carteira para 1,15?
   (b) aumentar o beta da carteira para 1,30?
   (c) reduzir o beta da carteira para 0,95?
   (d) reduzir o beta da carteira a zero?
8. Você possui uma carteira de ações que vale 1,5 milhão de dólares e com beta igual a 1,3. O valor atual do índice S&P 500 é 985,37.
   (a) Qual é o valor de um contrato futuro do S&P 500 negociado na Chicago Mercantil e Exchange?
   (b) Quantos contratos futuros você deve comprar ou vender para proteger completamente o valor da carteira contra uma queda esperada do mercado?
   (c) Suponha que o mercado, medido pelo S&P 500, caia 10% no curso dos próximos meses. Dada a resposta ao item (b):
      (i) Qual é o lucro ou prejuízo em sua posição de contratos futuros?
      (ii) Qual é o lucro ou prejuízo esperado de sua carteira de ações (não protegida)?
      (iii) Qual é o impacto total da queda do mercado sobre sua carteira protegida?
   (d) Suponha que o mercado, medido pelo S&P 500, suba 10% no curso dos próximos meses. Dada a resposta ao item (b):
      (i) Qual é o lucro ou prejuízo em sua posição de contratos futuros?
      (ii) Qual é o lucro ou prejuízo esperado de sua carteira de ações (não protegida)?
      (iii) Qual é o impacto total da queda do mercado sobre sua carteira protegida?
9. Você possui uma carteira de ações que vale 2,3 milhões de dólares e tem beta igual a 1,1. O valor atual do índice S&P 500 é 1051,73.

(a) Qual é o valor de um contrato futuro do S&P 500 negociado na Chicago Mercantil e Exchange?

(b) Quantos contratos futuros você deve comprar ou vender para proteger completamente o valor da carteira contra uma queda esperada do mercado?

(c) Imagine que o mercado, medido pelo índice S&P 500, caia 10% nos próximos meses, mas sua carteira, em função do risco não sistemático, caia 13%. Dada a resposta ao item (b):

   (i) Qual é o lucro ou prejuízo em sua posição de contratos futuros?

   (ii) Qual é o lucro ou prejuízo esperado de sua carteira de ações (não protegida)?

   (iii) Qual é o impacto total da queda do mercado sobre sua carteira protegida? Por que esse número não é mais próximo de zero?

(d) Pense que o mercado, medido pelo índice S&P 500, suba 10% nos próximos meses, enquanto sua carteira de ações se valoriza 15%. Dada a resposta ao item (b):

   (i) Qual é o lucro ou prejuízo em sua posição de contratos futuros?

   (ii) Qual é o lucro ou prejuízo esperado de sua carteira de ações (não protegida)?

   (iii) Qual é o impacto total da queda do mercado sobre sua carteira protegida? Por que esse número não é mais próximo de zero?

10. *Exame CFA Nível III*

Alex Andrew gere uma carteira de ações de empresas grandes dos Estados Unidos, no valor de 95 milhões de dólares, e estima atualmente que o mercado de ações cairá em breve. Andrew prefere evitar os custos de transação fazendo vendas, mas quer proteger 15 milhões de dólares do valor atual da carteira usando contratos futuros do S&P 500.

Como ele reconhece que sua carteira não acompanhará o índice S&P 500 exatamente, ele estima uma equação de regressão dos retornos de sua carteira contra os de contratos futuros do S&P 500 no ano anterior. Essa análise de regressão indica um beta minimizador de risco de 0,88, com um R^2 de 0,92.

DADOS DO CONTRATO FUTURO

Preço do contrato futuro do S&P 500	1.000
Índice S&P 500	999
Multiplicador do Índice S&P 500	250

Calcule o número de contratos futuros exigidos para se proteger 15 milhões de dólares da carteira de Andrew usando os dados acima. Indique se a proteção (*hedge*) deve ser representada por uma compra ou uma venda. Mostre seus cálculos. (6 minutos)

11. *Exame CFA Nível III*

Dinah Kees, diretora financeira da *Murphy Corporation*, está revendo um relatório de medidas de desempenho do plano de pensão de benefícios definidos da Murphy. Ela observa que a *Artic Asset Management* (Artic), uma grande gestora de carteiras de ações de valor e grandes empresas dos Estados Unidos, tem tido um desempenho significativamente abaixo do S&P 500 no ano corrente e nos períodos correspondentes ao último ano e aos últimos três anos.

O quadro a seguir identifica fatores incluídos no relatório de avaliação de desempenho.

FATORES DE AVALIAÇÃO DE DESEMPENHO

Retorno da carteira da Artic	p
Retorno do índice S&P 500	M
Retorno do índice mundial da Salomon, exceto os Estados Unidos	E
Retorno do índice de valor Russell 1000	B
Retorno do índice de crescimento Russell 2000	X
Taxa de retorno livre de risco	R

(a) Construa uma fórmula, usando fatores contidos no quadro acima, para medir a contribuição do *estilo* ao desempenho relativo da Artic.

(b) Construa uma fórmula, utilizando fatores contidos no quadro acima, para medir a contribuição *da seleção de ações* ao desempenho relativo da Artic. (6 minutos)

12. Sam possui 500 ações da FAB; seu preço atual é 45 dólares, e ele comprou essas ações a 20 dólares. Ele espera que a ação tenha um aumento médio de preço de 7% no futuro próximo, sem dividendos. Ele espera que a alíquota média de imposto sobre ganhos de capital seja de 20%.

(a) Que retorno ele precisará obter, se vender as ações da FAB, reinvestir o resultado e vender o novo investimento um ano mais tarde?

(b) Que retorno ele precisará obter, se o prazo de aplicação no novo investimento for de cinco anos?

13. Uma colega de Sam, Marcia, comprou ações da FAB antes que Sam o fizesse, quando o preço da ação estava a 12 dólares.

(a) Que retorno ela precisará obter, se vender suas ações da FAB, reinvestir o resultado e vender o novo investimento daqui a um ano?

(b) Que retorno ela precisará obter, se o prazo de aplicação no novo investimento for de cinco anos?

14. Usando suas respostas dos Problemas 12 e 13, discuta o impacto da ampliação do prazo de aplicação e da base de custo sobre o retorno do investimento subseqüente?

15. Com os dados do Problema 12, imagine que o retorno esperado de Sam na ação da FAB seja agora de 14%. As respostas dos itens (a) e (b) do Problema 12 também dobram? Por que sim ou por que não?

16. Refaça os itens (a) e (b) do Problema 12, supondo que a alíquota média do imposto sobre ganhos de capital seja de 10%. Quão sensíveis são as respostas a uma alteração da alíquota média de imposto sobre ganhos de capital?

EXERCÍCIOS DA WEB

1. Há uma variedade de dados disponíveis no site da Barra (*http://www.barra.com*). Os dados de índices da Barra podem ser baixados no endereço *http://barra.com/Research/DownloadMonthlyReturns.aspx*. Há informações disponíveis para retornos de diversos índices de valor e de crescimento. Calcule a média e o desvio-padrão de cada índice deste e compare-os ao índice "simples" (S&P 400, Midcap 400, Smallcap 500).

2. Encontre e visite o site de um gestor com ênfase em crescimento e de um gestor com ênfase em valor. Quais são suas visões atuais do mercado e suas estratégias atuais de investimento? Compare seu desempenho ao dos índices da BARRA.

3. O Professor Ken French (de Fama e French) tem um site pessoal: http://mba.tuck.dartmouth.edu/pages/faculty/ken.french/. Que informações estão disponíveis em sua biblioteca de dados? Por que eles poderiam ser interessantes para o gestor de uma carteira de ações?

494 Investimentos

4. O site do Dimensional Fund Advisors é *http://www.dfaus. com*. Explique suas estratégias de investimento em ações e como se relacionam à HME e à idéia de investimento em estilos. Como o DFA monta seus índices? Descreva as entrevistas efetuadas com Eugene Fama e outros pesquisadores acadêmicos bastante conhecidos que estão disponíveis nele.

5. Vá ao site da Vanguard (*http://www.vanguard.com*) e obtenha os dados de retornos anuais (ou trimestrais) de seus fundos indexados de ações. Compare seus retornos antes e depois do imposto. Há alguma diferença em termos de eficiência fiscal entre seus fundos de empresas grandes e os fundos de companhias pequenas? Entre os fundos de crescimento e os fundos de valor? Explique por que poderia haver alguma diferença.

EXERCÍCIOS EM PLANILHA

1. Suponhamos que o fundador de uma empresa tenha investido 100% de seu patrimônio em uma única ação com uma base de custo igual a zero e a manteve por muitos anos. Imaginemos que o seu retorno esperado futuro seja de 8% ao ano e, para simplificar os números, imaginemos que o seu valor seja de 1.000 dólares. Se ele fosse vender a ação hoje, pagaria 20% de imposto sobre ganhos de capital e reinvestiria o resultado (800 dólares) em uma carteira diversificada com a expectativa de conseguir 10% de retorno anualmente. Quanto tempo seria necessário para que o valor de uma carteira diversificada se igualasse ao valor esperado da carteira de uma única ação? Represente no mesmo gráfico os valores em dólares de cada carteira em função do tempo.

2. Um empresário possui 2 milhões de dólares em ações de sua empresa. O retorno esperado dessa carteira de uma única ação é igual a 6% ao ano, após o imposto. Espera-se que uma carteira bem diversificada tenha retorno de 8% depois do imposto. Se for necessário pagar imposto sobre ganhos de capital de 20% quando o empresário vender suas ações e aplicar em uma carteira diversificada, quanto tempo será preciso antes que o valor dela se iguale ao valor esperado da carteira de uma única ação? Represente no mesmo gráfico os valores em dólares de cada carteira em função do tempo.

3. Suponha no Exercício 2 que 1,5% do retorno da carteira diversificada corresponda a rendimentos distribuídos em dinheiro. Em função da renda do empresário, esse fluxo de caixa é tributado a uma alíquota mais alta do que os retornos da carteira. Imagine que isso reduza o retorno da carteira depois do imposto para 7,5% ao ano. Em tais condições, quanto tempo será necessário até que o valor

da carteira diversificada se iguale ao esperado da carteira de uma única ação?

4. Suponha no Exercício 2 que parte do retorno da carteira diversificada corresponda a rendimentos de 1,5% ao ano. Em vez de reaplicar, o empresário consome esses rendimentos. Isso reduzirá o retorno depois do imposto que é reinvestido na carteira a 6,5%. Quanto tempo será imprescindível até que o valor da carteira diversificada se compare ao valor da carteira de uma única ação?

5. Uma empresa obteve crescimento elevado nos últimos anos, mas suas perspectivas a curto prazo são nebulosas. Você tem 800.000 dólares aplicados nessa ação, com uma base de custo de 100.000 dólares. A alíquota média de imposto sobre ganhos de capital é de 20%. Você acredita que o retorno da ação depois do imposto será de –5% em cada um dos próximos dois anos; a seguir, ela terá um retorno depois do imposto de +5%. Você está pensando em vender a posição e aplicar em uma carteira com retorno esperado de 6% depois do imposto pelo futuro previsível. Calcule o patrimônio que você terá em cada uma das posições ao longo do tempo. A operação faz sentido econômico se seu horizonte é de dois anos? De cinco anos? De dez anos?

6. A ação de sua empresa ainda tem um futuro promissor. Os analistas esperam que renda 10% ao ano, depois do imposto, nos próximos quatro anos, e depois gere uma taxa anual mais facilmente sustentável de 6% depois do imposto. Preocupado com o risco de sua posição não diversificada, você também considera vender a posição e aplicar em uma carteira cujo retorno esperado depois do imposto é de 8% ao ano. Sabendo que sua posição vale 1,2 milhão de dólares com uma base de custo igual a zero, compare o valor do patrimônio de cada carteira em função do tempo.

REFERÊNCIAS

BHATIA, Sanjiv (Ed.). *Global Equity Investing*. Charlottesville, VA: AIMR, May 1996.

BURNS, Terence E. (Ed.). *Derivatives in Portfolio Management*. Charlottesville, VA: AIMR, 1998.

COGGIN, Daniel T.; FABOZZI, Frank J.; ARNOTT, Robert D. (Ed.). *The Handbook of Equity Style Management*. 3. ed. Hoboken, NJ: John Wiley & Sons, 2003.

JOST, Kathryn Dixon. (Ed.). *Investment Counseling for Private Clients III*. Charlottesvillle, VA: AIMR, 2001.

JOST, Kathryn Dixon (Ed.). *Investment Counseling for Private Clients IV*. Charlottesville, VA: AIMR, 2002.

JOST, Kathryn Dixon (Ed.). *Equity Portfolio Management*. Charlotesville, VA: AIMR, 2002.

KLEIN, Robert A.; LEDERMAN, Jess (Ed.). *Equity Style Management*. Chicago: Irwin Professional Publishing, 1995.

MAGINN, John L.; TUTLE, Donald L. (Ed.). *Managing Investment Portfolios*. 2. ed. Boston, MA: Warren, Gorham e Lamont, 1990.

SQUIRES, Jan (Ed.). *Value and Growth Styles in Equity Investing*. Charlottesville, VA: AIMR, 1995.

GLOSSÁRIO

Ações de crescimento – Ações de empresas que estão obtendo lucros por ação acima da média e geralmente possuem índices preço/lucro e preço/valor patrimonial acima da média.

Ações de valor – Ações que parecem estar subavaliadas porque seu índice preço/lucro ou seu índice preço/valor patrimonial é muito baixo, ou sua taxa de dividendo é alta em comparação ao restante do mercado.

Amostragem – Uma técnica de montagem de carteira indexada passiva em que o gestor obtém uma amostra representativa das contidas no índice de referência.

Backtest – Um método de testar um modelo quantitativo, no qual o computador é usado para examinar a composição e os retornos de uma carteira com base em dados históricos a fim de determinar se a estratégia selecionada teria funcionado no passado.

Carteira de referência – Uma carteira passiva cujas características médias (em termos de beta, taxa de dividendo, composição setorial, tamanho da empresa e assim por diante) são semelhantes aos objetivos de risco e retorno do cliente e serve de base para avaliar o desempenho de um gestor ativo.

Estratégia de custo médio – Uma estratégia passiva de investimento em que quantias iguais de fundos são investidas em cada período.

Estratégia de rotação de setores – Uma estratégia ativa que envolve a compra de ações de setores de atividade específicos ou com características próprias (baixo índice P/E, crescimento e valor), das quais se espera uma elevação de preço superior à do mercado como um todo.

Erro de acompanhamento – A diferença entre os retornos de carteiras geridas passivamente e os do índice que se procura imitar.

Fundo de integralização – Um índice especializado, usado para formar a base de uma carteira passiva cuja finalidade seja oferecer diversificação à carteira total de um cliente, excluindo aqueles segmentos nos quais os gestores ativos do cliente investem.

Gestão ativa de carteiras de ações – Uma tentativa pelo gestor de superar, em termos ajustados por risco, uma carteira de referência passiva.

Gestão passiva de carteiras de ações – Uma estratégia de compra e manutenção a longo prazo, de maneira que os retornos acompanhem um índice no tempo.

Investimento em estilos – Uma estratégia de investimento que envolve a montagem de carteiras capturando uma ou mais características de ações.

Momentum **de lucros** – Uma estratégia em que as carteiras são montadas com ações de empresas com lucros crescentes.

Momentum **de preço** – Uma estratégia de gestão de carteiras em que o investidor adquire ações que tenham obtido aumentos de preços acima do mercado.

Otimização quadrática – Uma técnica em que as correlações históricas são usadas para se montar uma carteira na qual se procura minimizar o erro de acompanhamento de um índice.

Replicação completa – Uma técnica de montagem de uma carteira indexada passiva em que todos os títulos do índice são comprados proporcionalmente a seus pesos no índice.

capítulo 20

Gestão de carteiras de renda fixa

Neste capítulo, responderemos às seguintes perguntas:

Quais são as três principais estratégias de gestão de carteiras de renda fixa?

Quais são as duas estratégias específicas de gestão passiva de carteiras?

Quais são as seis estratégias de gestão ativa de carteiras?

O que queremos dizer com técnicas de casamento de fluxos de caixa e quais são as quatro estratégias específicas?

Como são usados os contratos futuros como proteção contra depósitos ou retiradas em uma carteira de renda fixa?

Como são usados os contratos futuros para alterar o risco sistemático (por exemplo, a duração) de uma carteira com gestão ativa?

Quais são algumas das vantagens gerais do uso de derivativos na gestão de carteiras de renda fixa?

A gestão bem-sucedida de carteiras de renda fixa envolve muito mais do que o domínio de um grande volume de informação técnica. Tal informação é útil somente quando ajuda a gerar retornos ajustados por risco mais altos. Neste capítulo, deslocaremos o foco das dimensões técnicas da gestão de carteiras de renda fixa para a dimensão estratégica, também importante. Inicialmente, discutimos várias estratégias de gestão de carteiras. A seguir, examinaremos como o uso de derivativos pode auxiliar os gestores de carteiras de renda fixa.

Introdução

As estratégias de gestão de carteiras de renda fixa podem ser divididas em três grupos:

1. Estratégias passivas
   (a) Compra e manutenção
   (b) Indexação
2. Estratégias ativas
   (a) Previsão de taxas de juros
   (b) Análise de avaliação
   (c) Análise de crédito
   (d) Análise de taxas e *spreads*
   (e) *Swaps* de títulos de renda fixa
   (f) Núcleo-mais
3. Técnicas de casamento de fluxos de caixa
   (a) Imunização clássica ("pura")
   (b) Carteira dedicada pura de casamento de fluxos de caixa
   (c) Dedicação com reinvestimento
   (d) Casamento de prazos

Discutiremos cada uma dessas alternativas porque elas são todas viáveis para determinadas carteiras com necessidades e perfis de risco distintos. Antes da década de 1960, somente as estratégias passiva e ativa estavam disponíveis, e a maioria das carteiras de renda fixa era gerida com base em compra e manutenção. O período referido e o início dos anos 1970 presenciaram o aumento do interesse em estratégias ativas alternativas. O ambiente de investimento, desde o final deste ano, tem sido caracterizado por períodos com níveis recorde de inflação e taxas de juros, taxas de inflação e de juros decrescentes, taxas de retorno extremamente voláteis nos mercados de títulos de renda fixa, a introdução de muitos instrumentos financeiros novos em resposta ao aumento da volatilidade dos retornos, e o desenvolvimento de diversas técnicas novas de financiamento ou de técnicas de gestão de carteiras com derivativos para atender às novas necessidades de clientes institucionais. Várias dessas novas técnicas de gestão tornaram-se possíveis em razão da redescoberta do conceito de *duração*.

Estratégias de gestão passiva

Os gestores empregam duas estratégias específicas de gestão passiva. A primeira é uma ***técnica de compra e manutenção*** na qual o gestor seleciona uma carteira de títulos de renda fixa com base nos objetivos e restrições do cliente com a intenção de mantê-los até o vencimento. Na segunda estratégia, a ***indexação***, o objetivo é montar uma que acompanhe o desempenho de um índice específico de renda fixa, como o índice Lehman Brothers de obrigações governamentais.

Estratégia de compra e manutenção

A estratégia mais simples de gestão de carteiras é a de compra e manutenção dos títulos até o vencimento. Bem conhecida dos investidores em títulos de renda fixa, essa estratégia envolve a identificação destes com as características desejadas em termos de qualidade, níveis de cupom, prazo de vencimento e cláusulas importantes, como uma cláusula de resgate antecipado. As compensações incluem o fato de que os investidores reconhecem que os títulos de agências governamentais geralmente oferecem retornos adicionais em comparação com os do Tesouro, com pequeno sacrifício de qualidade, que os títulos de concessionárias de serviços de utilidade pública geralmente oferecem retornos mais altos do que os de empresas industriais com risco de crédito semelhante e que diversas opções implícitas afetam o risco e o rendimento efetivo de um título. Desse modo, os gestores que adotam a política de compra e manutenção usam seu conhecimento dos mercados e das características dos títulos para selecionar ativos de renda fixa apropriados a uma carteira.

Os gestores que adotam essa estratégia não consideram a negociação ativa para fins de obtenção de retornos atraentes, mas em vez disso buscam veículos cujos vencimentos (ou duração) se aproximam do horizonte de aplicação estipulado a fim de reduzir preço e risco de reinvestimento. Uma estratégia de compra e manutenção modificada abrange a aplicação em um título com a intenção de mantê-lo até o fim do prazo de aplicação, ao mesmo tempo em que se buscam ativamente oportunidades de negociação visando a posições mais desejáveis.[1]

Estratégia de indexação

Como discutido no Capítulo 10, quando se tratou de mercados eficientes de capitais, muitos estudos empíricos têm demonstrado que a maioria dos gestores de recursos não consegue alcançar o desempenho, em termos de risco e retorno, de índices de ações ordinárias ou títulos de renda fixa. Por isso, muitos clientes optam por indexar alguma parte de suas carteiras de renda fixa a um índice selecionado de mercado de renda fixa como os índices da Lehman Brothers, da Merrill Lynch ou da Salomon Brothers. Em tal caso, o gestor de carteiras não é avaliado com base em risco e retorno comparativamente a um índice, mas em termos de quão perto a carteira acompanha o índice. Especificamente, a análise de desempenho envolve o exame do ***erro de acompanhamento***, ou seja, a diferença entre as taxas de retorno da carteira e a do índice.

Quando o gestor adota uma estratégia de indexação, a escolha do índice apropriado de mercado é crítica para se atender à necessidade de coerência, com as preferências do cliente em termos de risco e retorno, e a declaração de política de investimento. Isso exige que o gestor esteja familiarizado com todas as características do índice[2] que podem mudar com o passar do tempo. Por exemplo, os estudos têm mostrado que o mercado sofrera mudanças significativas em termos de composição, prazo de vencimento e duração de 1975 até 2000.[3]

Estratégias de gestão ativa[4]

Os gestores podem escolher um conjunto de seis estratégias de gestão ativa, desde a previsão de taxas de juros, que envolve o uso de estimativas econômicas, a análises de avaliação e de crédito, que exigem detalhes dos títulos de renda fixa e das empresas. A análise de taxas e *spreads* e os *swaps* de títulos de renda fixa demandam exames econômicos e de mercado. A gestão núcleo-mais de títulos de renda fixa combina a gestão passiva de parte da carteira com a gestão ativa dos demais segmentos do mercado nos quais o gestor acredita que pode conseguir retornos acima do normal.

Previsão de taxas de juros

A ***previsão de taxas de juros*** talvez seja a estratégia mais arriscada de gestão ativa, pois envolve fazer mudanças na carteira com base em previsões incertas de taxas de juros futuras. Como discutido no Capítulo 12, a idéia é preservar capital por meio da redução da duração da carteira quando se espera que as taxas de juros aumentem e conseguir bons ganhos de capital, aumentando a duração da carteira quando se prevê uma queda das taxas de juros.

---

[1] Se essa estratégia fosse muito modificada, ela se transformaria em uma estratégia ativa.

[2] Um artigo que descreve um par de índices e discute como suas características afetam seu desempenho em ambientes diferentes de taxas de juros é o de Chris P. Dialynas, "The Active Decisions in the Selection of Passive Management and Performance Bogeys." In: FABOZZI, Frank J. (Ed.) *The Handbook of Fixed-Income Securities*. 6. ed. New York: McGraw-Hill, 2001.

[3] Um artigo que descreve os principais índices analisa a relação entre eles e também examina como mudou o mercado de títulos de renda fixa é o de Frank K. Reilly e David J. Wright, Bond Market Indexes. In: FABOZZI, Frank J. (Ed.) *The Handbook of Fixed-Income Securities*. 6. ed. New York: McGraw-Hill, 2001.

[4] Para discussão adicional deste tópico, veja H. Gifford Fong, "Bond Management: Past, Current, and Future." In: FABOZZI, Frank J (Ed.). *The Handbook of Fixed-Income Securities*. 6. ed. New York: McGraw-Hill, 2001. Outra fonte interessante é Dwight D. Churchill (Ed.) *Fixed-Income Management:* Techniques and Practices. Charlottesville, VA: AIMR, 1994.

Quando os gestores almejam uma queda de taxas, a liquidez da carteira é importante; eles devem ser capazes de liquidar a posição rapidamente quando o declínio das taxas tiver sido completado. Por conseguinte, eles prefeririam títulos de alta qualidade, como os do Tesouro, de agências governamentais ou privados, classificados de AAA a Baa. Outro motivo para o uso destes é: quanto mais alta a qualidade de uma obrigação, mais sensível é seu valor às variações de taxas de juros.

Obviamente, a mudança da duração da carteira em antecipação a variações de taxas gera risco. Quando as durações são encurtadas em face de um aumento esperado de taxas, um risco possível é o de que a variação prevista da taxa esteja errada e a carteira fique posicionada para obter ganhos de capital caso as taxas caiam. Além disso, os retornos provenientes de rendimentos geralmente são mais baixos nos títulos de prazos mais curtos, de modo que uma estratégia de menor duração também leva a uma renda de cupons mais baixa para a carteira.

As alterações da carteira provocadas por previsões de queda de taxas também são muito arriscadas. Ao se ampliar o período, seu valor poderia cair fortemente, caso as taxas aumentassem em vez de declinarem como previsto. Além disso, se houver previsão de queda das taxas no momento em que a curva de taxas de juros estiver invertida, o gestor sacrificará rendimentos correntes ao substituir títulos de cupom elevado pelos com duração maior e que oferecem taxas mais baixas.

Para evitar o risco de que se tenha uma carteira com duração inteiramente curta ou longa, montada para tirar proveito de uma previsão específica de taxas de juros, alguns gestores preferem assumir uma posição neutra, distribuindo as durações de suas aplicações com a adoção de estratégias de *escada* e *halteres*, como no Gráfico 20.1.

A **estratégia de escada** aplica valores iguais dos recursos da carteira em uma grande variedade de prazos de vencimento. Os títulos vencidos são reaplicados naqueles que têm prazos mais longos. Para reduzir o risco de reinvestimento, a renda obtida com o recebimento de cupons é reinvestida em toda a gama de prazos de vencimento. Com essa estratégia, os aumentos e as quedas das taxas de juros são compensados ao longo do ciclo econômico, levando a retornos menos arriscados quando comparados a uma tática totalmente concentrada no curto ou no longo prazos.

Na **estratégia de halteres**, cerca de metade dos fundos é aplicada em títulos de duração curta e o restante é investido nos de duração longa. Isso combina o potencial de alto retorno e alto rendimento dos títulos de longo prazo com os aspectos de risco mais baixo e liquidez maior que possuem os títulos de prazos mais curtos. Essa estratégia é particularmente apropriada quando se espera um aumento das taxas de curto prazo e a manutenção ou queda das taxas de longo prazo (ou seja, quando se almeja que a estrutura temporal de taxas de juros se torne horizontal).

ANÁLISE DE AVALIAÇÃO

Com a **análise de avaliação**, o gestor de carteiras procura selecionar títulos com base em seu valor intrínseco. Por sua vez, o valor de um título depende dos fluxos de caixa de cupons, das taxas de juros de mercado e de características como a possibilidade de resgate antecipado, a existência de um fundo de amortização e sua classificação em termos de risco de crédito. O valor médio atribuído a essas características no mercado pode ser estimado examinando-se os dados do mercado de renda fixa ou estimando modelos de regressão múltipla. Como exemplo disso, a classificação de um título ditará um certo *spread* ou diferencial de rendimento em relação aos títulos comparáveis do Tesouro; um prazo mais longo pode valer alguns pontos-base adicionais se comparado com títulos com prazos mais curtos (ou seja, o *spread* de vencimento); uma determinada cláusula de resgate diferido pode justificar um rendimento mais baixo do que com um título atualmente resgatável. Dadas todas as características do título e de seu impacto médio sobre a taxa, podemos determinar a taxa exigida e, por conseguinte, o valor intrínseco implícito do título. Depois disso, para um número de títulos de renda fixa, compararíamos seus valores obtidos aos preços vigentes no mercado para determinar quais deles estão subavaliados ou superavaliados. A estratégia seria comprar os títulos subavaliados e ignorar ou vender os superavaliados. O sucesso na análise de avaliação resulta do entendimento das características subjacentes, que são importantes na avaliação, e da capacidade de estimar com precisão o valor dessas características com o tempo.

Uma dificuldade na implantação da análise de avaliação é de que o preço que o mercado está disposto a pagar por determinadas características muda com o tempo. Por exemplo, o valor de uma opção de compra ou de venda variará com a volatilidade da taxa de juros, e o *spread* de risco de crédito entre classes de *rating* se alterará dramaticamente com o

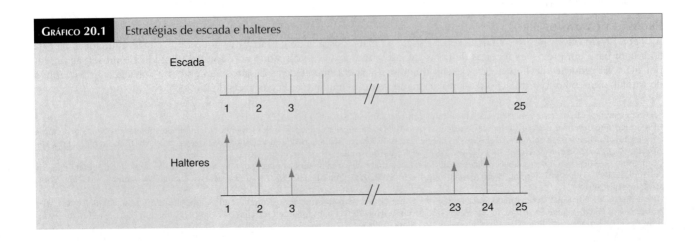

GRÁFICO 20.1 Estratégias de escada e halteres

tempo; depende, é claro, do ambiente econômico geral (por exemplo, o *spread* de risco de crédito aumenta em períodos de recessão e incerteza econômica).

ANÁLISE DE CRÉDITO

Uma ***estratégia de análise de crédito*** abrange o exame detalhado do emissor de um título com o objetivo de determinar alterações esperadas de seu risco de inadimplência. Assim, ela é semelhante em escopo e detalhes a uma análise de ações. A de crédito envolve tentativas de projetar variações de *ratings* atribuídos aos títulos de dívida pelas três agências de classificação.[5] Essas mudanças de classificação são afetadas por alterações internas na entidade (por exemplo, variações de índices financeiros importantes) e também no ambiente externo (na indústria da empresa e na economia). Em períodos de forte expansão econômica, mesmo as companhias financeiramente fracas podem ser capazes de sobreviver e até prosperar. Entretanto, em recessões econômicas severas, elas normalmente podem achar difícil ou impossível saldar suas obrigações financeiras. Por conseguinte, as alterações de *rating* têm apresentado um comportamento cíclico forte – geralmente as reclassificações para baixo se elevam nas recessões e diminuem quando a economia se expande.

Para empregar a análise de crédito como uma estratégia de gestão, o gestor precisa *projetar* as transformações de *rating* antes de seu anúncio pelas agências de classificação. Há estudos que mostram que o mercado de títulos de renda fixa se ajusta rapidamente às mudanças de classificação – especialmente quando há redução de *ratings*. Portanto, o gestor deve adquirir títulos que venham a ser reclassificados para cima e vender ou evitar os que devem ser reclassificados para baixo.

ANÁLISES DE TAXAS E *SPREADS*

Como discutido no Capítulo 12, a análise de *spreads* pressupõe relações normais entre as taxas de títulos de setores alternativos (por exemplo, o *spread* entre títulos de empresas industriais de alta e baixa qualidades, entre títulos de companhias industriais e de concessionárias de serviços de utilidade pública). Portanto, o gestor de uma carteira de renda fixa monitoraria essas relações e, quando uma relação anormal surgisse, executaria várias trocas de setor. O fator crucial é desenvolver os fundamentos para se conhecer a relação normal entre taxas e avaliar a liquidez necessária para se comprar ou vender os títulos exigidos com rapidez suficiente para tirar proveito da anormalidade supostamente temporária. A ***análise de taxas e spreads*** difere da de avaliação, pois esta examina muitas influências específicas dos títulos sobre taxas, ao passo que aquela se concentra somente na diferença de taxas entre setores específicos.

As variações de *spreads* estão relacionadas ao ambiente econômico. Por exemplo, os de risco de crédito ampliam-se em períodos de incerteza econômica e recessão, uma vez que os investidores exigem prêmios maiores por risco (ou seja, *spreads* maiores) nos títulos de maior risco. Entretanto, os *spreads* diminuem em períodos de confiança e expansão da economia.

SWAPS DE TÍTULOS DE RENDA FIXA

Os ***swaps de títulos de renda fixa*** envolvem a venda de um título (freqüentemente o denominado S, pois pode ser vendido) e a compra simultânea de outro (chamado de P, já que pode ser comprado) com atributos semelhantes, mas com possibilidades de um retorno maior.[6] Os *swaps* podem ser executados para aumentar rendimentos correntes, para aumentar a taxa de retorno até o vencimento, para tirar vantagem de variações de taxas de juros ou do realinhamento de *spreads*, para aumentar a qualidade de uma carteira, ou para fins fiscais.

Os dados exigidos para a análise de *swaps* incluem as taxas de juros e os preços correntes dos títulos S e P, bem como predições de taxas de juros futuras. As informações necessárias também incluem um horizonte chamado de *work-out time*, (prazo de realização) durante o qual ocorrerá a variação prevista de taxas de juros. Os prazos típicos de realização vão de seis meses a um ano. A análise de *swaps* examina os três componentes do retorno do título (rendimento de cupons, juros obtidos com o reinvestimento de rendimentos do título e a variação do preço) no prazo de realização para determinar se o título S ou o título P oferece retornos melhores, dada a previsão de taxas de juros. Naturalmente, as comissões e os impostos pagos com a venda de um título e a compra de outro também devem figurar na análise, usando preços líquidos de comissões.

O estudo também deve examinar os vários tipos de risco em que os *swaps* estão expostos. Um óbvio é que o mercado varie contra você enquanto o *swap* existir. Em outras palavras, as taxas de juros podem ter um comportamento diferente do previsto, movendo-se para cima quando, na verdade, era esperado que caíssem, ou os *spreads* podem deixar de reagir da maneira estimada.

Outro risco é: o título P pode não ser um substituto verdadeiro do S; por exemplo, o título pode ser reclassificado para cima enquanto o *rating* do título P permanece inalterado. Nesse caso, mesmo que as expectativas e as formulações das taxas de juros sejam corretas, é possível o *swap* tornar-se insatisfatório porque se escolheu o título errado.

Finalmente, pode haver um problema quando o prazo de realização é mais longo do que o previsto, e nesse caso o retorno obtido com a venda do título S e a compra do P poderia ser inferior ao esperado. Esses riscos podem ser avaliados com o uso de uma variedade de pressupostos quanto às taxas de juros e aos prazos de realização para comparar o retorno adicional do *swap* a esses riscos.

---

[5] Para uma discussão da análise de crédito que adota este enfoque, veja HOWE, Jane Tripp. "Credit Analysis for Corporate Bonds." In: FABOZZI, Frank J. (Ed.) *The Handbook of Fixed-Income Securities*. 6. ed. New York: McGraw-Hill, 2001.

[6] Os *swaps* de títulos de renda fixa que ora discutimos não devem ser confundidos com os de taxas de juros. Estes envolvem um acordo em que as duas partes concordam em trocar os fluxos de caixa de juros, geralmente envolvendo uma parte com taxa de juros fixa e a outra com uma taxa variável ou flutuante.

Os símbolos S e P correspondem, respectivamente, a *sell* (vender) e *purchase* (comprar). (N.R.T.)

500 Investimentos

> **QUADRO 20.1** *Swap* puro de ampliação de taxas
>
> **Swap puro de ampliação de taxas**: um *swap* de títulos de dívida que envolve a troca de um título de dívida com cupom baixo por um título de dívida com cupom mais alto, de qualidade e prazo de vencimento semelhantes, com o intuito de ampliar o rendimento corrente até o vencimento.
>
> Exemplo:
> Título atual: prazo de 30 anos, *rating* Aa, cupom de 10%, cotado a 874,12, com uma taxa de 11,5%.
> Título candidato ao *swap*: prazo de 30 anos; *rating* Aa, cupom de 12%, cotado a 1.000 dólares, com essa mesma taxa. Fornecemos a seguir a análise para o prazo de um ano. Para simplificar, imaginemos que o pagamento do próximo cupom semi-anual ocorrerá daqui a seis meses. Os fluxos de caixa são reinvestidos a uma taxa de 12%.
>
> | | Título S | Título P |
> |---|---|---|
> | Investimento em dólares | $874,12 | $1.000,00 |
> | Rendimento de cupons | 100,00 | 120,00 |
> | Juros com o reinvestimento de um cupom | 3,00 | 3,60 |
> | Valor do principal no final do ano | 874,66 | 1.000,00 |
> | Valor total resultante no final do ano | 977,66 | 1.123,60 |
> | Rendimento composto realizado | 11,85% | 12,36% |
>
> Valor do *swap*: 57,0 pontos-base em um ano (utilizando as hipóteses sobre taxas de juros)

Nos subitens seguintes, consideraremos três dos *swaps* de títulos de dívida mais populares.[7]

Swap *puro de ampliação de taxas* – A ampliação pura de taxas envolve a troca de um título com cupom baixo por um comparável de cupom mais alto para conseguir um aumento automático e instantâneo dos rendimentos correntes e da taxa de retorno até o vencimento. Um risco inerente a esse tipo de *swap* é que o mercado possa precificar os títulos de formas distintas por causa de uma alteração esperada de *rating* de um dos títulos. Outro risco é a probabilidade mais alta de que este de cupom mais elevado seja resgatado antecipadamente no caso de uma queda das taxas de juros.

Um exemplo de um *swap* puro de ampliação de taxa seria o de um investidor que possuísse atualmente um título com prazo de 30 anos, taxa de 10% e que estivesse classificado como Aa, negociado à taxa de 11,50%. Suponha-se que estivesse disponível uma obrigação comparável com prazo de 30 anos, classificada como Aa, cupom de 12% e negociada a essa mesma taxa. O investidor informaria (e realizaria) uma perda contábil se o título original fosse comprado ao par, mas seria capaz de aumentar o rendimento atual e o rendimento até o vencimento ao mesmo tempo, caso a nova obrigação fosse mantida até o vencimento, como no Quadro 20.1.

O investidor não precisa prever variações de taxas, e o *swap* não estará baseado em nenhum desequilíbrio de *spreads* entre taxas. O objetivo é simplesmente buscar rendimentos mais altos. A qualidade e o prazo de vencimento permanecem os mesmos, assim como ocorre com os outros fatores, exceto o cupom.

Como exemplo do risco deste *swap*, considere-se a situação em que a taxa de 12% do título candidato à troca é correta, pois o mercado espera que o título seja rebaixado de Aa para A. Imagine que isso ocorra e que no final de um ano o título candidato à troca tenha *rating* A e seja negociado à taxa de 12,5%. Nesse caso, os cálculos de retorno desse título serão os seguintes:

	Título P
Investimento em dólares	$1.000,00
Rendimento de cupons	120,00
Juros do reinvestimento de um cupom	3,60
Valor do principal no final do ano (negociado à taxa de 12,5%)	961,15
Valor acumulado total no fim do ano	$1.084,65
Rendimento composto realizado	8,47%

A taxa composta realizada de 8,47% está bem abaixo do esperado para o título S apresentado no Quadro 20.1. Portanto, alguma análise de crédito precisa ser feita antes de que os *swaps* sejam completados, para garantir que a qualidade de crédito dos títulos seja semelhante.

Swap *de substituição* – O *swap* de substituição é efetuado para explorar um erro aparente de precificação relativa de dois títulos que sejam idênticos quanto à taxa de cupom, ao *rating* e ao prazo de vencimento. Trata-se de uma operação sujeita

---

[7] Para informações adicionais sobre esses e outros tipos de *swaps* de títulos de dívida, veja HOMER, Sidney; LEIBOWITZ, Martin L. *Inside the Yield Book*. Princeton Bloomberg Press, 2004.

Gestão de carteiras de renda fixa **501**

QUADRO 20.2 | Um *swap* de substituição

***Swap* de substituição**: realizado para tirar proveito de anomalias temporárias de mercado em termos de *spreads* entre taxas de títulos equivalentes quanto a cupom, qualidade e prazo de vencimento.

Exemplo:

Título atual: *Rating* Aa, cupom de 12%, prazo de 30 anos, negociado a 1.000 dólares, com taxa de 12%.

Título candidato ao *swap*: *Rating* Aa, cupom de 12%, prazo de 30 anos, cotado a 984,08 dólares, com taxa de 12,2%, que acreditamos que cairá, igualando a taxa de 12% do título atualmente possuído.

	Título S	Título P
Investimento em dólares	$1.000,00	$984,08
Rendimento de cupons	120,00	120,00
Juros com o reinvestimento de um cupom	3,60	3,60
Valor do principal no final do ano	1.000,00	1.000,00
Valor total resultante no final do ano	1.123,60	1.123,60
Rendimento composto realizado (prazo de realização de um ano)	12,36%	14,18%

Valor do *swap*: 182 pontos-base em um ano

---

a risco consideravelmente maior do que o *swap* puro de ampliação e taxa, pois esse tipo de erro pode persistir por causa de diferenças de qualidade percebidas pelo mercado antes das agências de classificação de títulos de dívida.

Por exemplo, um investidor poderia possuir um título com prazo de 30 anos e cupom de 12%, que estivesse rendendo a essa porcentagem (o título S), e lhe fosse oferecido um título comparável, com cupom de 12% e prazo de 30 anos, negociado a 12,20% (o título P). Como esse título tem taxa mais alta, porém o mesmo cupom e igual prazo de vencimento, ele será negociado a um preço mais baixo do que o valor corrente do título S.

Assim, o desequilíbrio em termos de *spread* entre taxas seria corrigido em um prazo curto, com a taxa do título P caindo para 12% e seu preço subindo. Entretanto, a distinção entre as taxas poderá persistir se, apesar de seus *ratings* de crédito, a qualidade dos títulos não for realmente idêntica. O prazo de realização exercerá um efeito importante sobre o diferencial de retorno observado. Mesmo que a taxa não seja corrigida até o vencimento, 30 anos mais tarde o investidor obterá um pequeno aumento da taxa realizada (aproximadamente dez pontos-base). Todavia, se a correção tiver lugar em um ano, o retorno diferencial realizado será muito maior; veja no Quadro 20.2.

Outra possibilidade é: o valor do título P permanece constante enquanto a taxa de 12% do título S *sobe* para 12,2%. Nesse caso, evita-se uma perda de valor com o título S com a execução do *swap*. O Quadro 20.2 dá uma análise básica, mas uma mais completa consideraria diferentes cenários para aferir o risco e o potencial de retorno da transação.

Swap *fiscal* – É popular entre os investidores individuais, pois é um procedimento relativamente simples, o qual não envolve nenhuma projeção de taxas de juros e poucos riscos. Os motivos dos investidores para fazer *swaps* fiscais comumente incluem dispositivos da legislação tributária e ganhos de capital realizados em suas carteiras. Suponha que um investidor tenha adquirido 100 mil dólares em títulos de dívida emitidos por empresas, e depois de dois anos vendera os títulos por 150 mil dólares, gerando um ganho de capital de 50 mil dólares. Uma maneira de eliminar a obrigação tributária decorrente deste é vender um título que tenha uma perda de capital de longo prazo comparável.[8] Um investimento de longo prazo no valor de 100 mil dólares, e o de mercado corrente de 50 mil dólares, poderia entrar no *swap* para gerar uma perda de capital neste mesmo valor. Equilibrando a perda de capital com o ganho comparável, os impostos sobre a renda do investidor seriam reduzidos.

As obrigações municipais são vistas como candidatos particularmente atraentes a *swaps* fiscais, porque o rendimento isento de imposto pode ser aumentado e a perda de capital (que é sujeita à tributação estadual e federal normal) pode ser usada para reduzir o imposto devido sobre os seus ganhos. O dinheiro economizado com a redução desse imposto pode então ser utilizado para aumentar o rendimento da carteira, como no Quadro 20.3.

Uma ressalva importante é: você *não pode fazer* swaps *com títulos idênticos*, como vender as obrigações de Nova York a 4%, como no Quadro 20.3, para gerar uma perda e depois comprar de volta essas mesmas obrigações em igual porcentagem. Se o mesmo título for comprado em 30 dias, o Internal Revenue Service considerará a transação uma **venda artificial** e glosará a perda. É mais fácil evitar essas vendas no mercado de títulos de renda fixa do que no de ações, uma vez que cada título de renda fixa, mesmo com cupons e prazos de vencimentos idênticos, é considerado distinto. De forma semelhante, é mais fácil encontrar esses títulos comparáveis com diferenças apenas modestas em termos de cupom, prazo de vencimento e qualidade. Os *swaps* fiscais são comuns nos fins de ano quando os investidores geram perdas de capital, pois a perda de capital deve ocorrer no mesmo exercício fiscal que o seu ganho. Esse procedimento difere de outras transações de *swaps* já que existe por causa da legislação tributária, e não em virtude de anomalias temporárias de mercado.

---

[8] Embora esta discussão trate de *swaps* fiscais que envolvem títulos de renda fixa, estratégias comparáveis podem ser usadas com outros tipos de investimentos.

502 Investimentos

| **QUADRO 20.3** | Um *swap* fiscal |

Swap fiscal: um *swap* que você realiza quando deseja compensar ganhos de capital por meio da venda de um título de dívida atualmente possuído e negociado com deságio em relação ao preço pago na compra. Fazendo um *swap* por um título de dívida com características tão próximas quanto possível, pode-se usar a perda de capital na venda do título de dívida para fins fiscais e ainda manter sua posição atual no mercado.

Exemplo: você possui atualmente dois conjuntos de títulos de dívidas. Um deles é formado por títulos emitidos por empresas e comprados por 100 mil dólares; seu valor atual de mercado é de 150 mil dólares. O segundo conjunto abrange obrigações municipais (emitidas pelo governo de Nova York, com prazo de 20 anos e cupom de 4%) compradas por 100 mil dólares com um valor atual de mercado de 50 mil dólares. O título candidato ao *swap* tem também este valor e foi emitido por Nova York, com prazo de 20 anos e cupom de 4,1%.

A. Venda de títulos emitidos por empresas e geração de ganho de capital de longo prazo $50.000
   Imposto devido sobre ganhos de capital, supondo alíquota de 20% ($50.000 x ,20) = $10.000
B. Venda de obrigações a 4% emitidas por N. Y., gerando perda de capital de longo prazo ($50.000)
   Redução de imposto devido sobre ganhos de capital (perda de $50.000 x ,20 = $10.000)
   Valor líquido do imposto devido sobre ganhos de capital $0
   Economia de imposto obtida $10.000
C. Conclusão de *swap* fiscal com a compra de obrigações a 4,1% de Nova York,
   usando o dinheiro obtido com a venda das obrigações a 4% de Nova York (por conseguinte,
   a quantia aplicada permanece praticamente a mesma)[a]
   Rendimento anual de juros isento de imposto – Obrigações a 4% de Nova York $4.000
   Rendimento anual de juros livre de imposto – Obrigações 4,1% de Nova York $4.100
   Aumento líquido do rendimento anual de juros, isento de imposto $100

[a] As obrigações a 4,1% emitidas por Nova York terão um aumento substancial de preço quando forem liquidadas no vencimento (pois foram compradas com deságio elevado), portanto, estarão sujeitas à incidência de impostos no futuro. O *swap* é montado para usar a perda de capital resultante para compensar ganhos de capital de outros investimentos. Ao mesmo tempo, seus fundos permanecem aplicados em um título quase idêntico à sua aplicação anterior, e você obtém um pequeno aumento tanto em termos de rendimento corrente quanto de rendimento até o vencimento. Como o *swap* fiscal não envolve nenhuma projeção em termos de prazo de realização, de variações de taxas de juros, e assim por diante, seu risco é mínimo. Sua principal preocupação deve ser evitar a realização de vendas consideradas artificiais.

GESTÃO DE RENDA FIXA PELO ENFOQUE NÚCLEO-MAIS

O sexto estilo de gestão ativa de carteiras é de fato um enfoque combinado. Na **gestão núcleo-mais renda fixa**, uma parte (o núcleo) significativa da carteira (por exemplo, de 70% a 75%) é gerida passivamente em um setor amplamente reconhecido, como os Setores Agregado ou de Empresas e Governo, dos Estados Unidos (a diferença entre esses dois departamentos é que o agregado inclui os setores rapidamente crescentes de títulos hipotecários e lastreados em ativos). É sugerido que esse núcleo da carteira seja gerido passivamente porque esses segmentos do mercado de renda fixa são tão eficientes que não vale a pena gastar tempo e dinheiro para tentar obter retornos extraordinários neles. O resto da carteira seria gerido ativamente em um ou mais setores adicionais, nos quais se acredita que haja uma probabilidade mais alta de se alcançar retornos anormais positivos, em razão de possíveis ineficiências. As principais áreas sugeridas para o *mais* de uma carteira incluem títulos de renda fixa de alto rendimento (obrigações HY), obrigações estrangeiras e dívidas de mercados emergentes. Eles são considerados bons candidatos à gestão ativa, pois geralmente apresentam taxas de retorno acima da média, mas, como têm um *risco total elevado*, medido pelo desvio-padrão de seus retornos, eles têm um risco sistemático relativamente baixo em relação à carteira geral de mercado de títulos de renda fixa, uma vez que têm correlações baixas com outros setores do mercado de renda fixa. Um exemplo seriam as obrigações HY, que têm desvios-padrões *muito altos,* mas têm correlação de apenas 0,30 com obrigações de qualidade elevada e/ou outros índices importantes de referência do mercado de renda fixa, de modo que possuem risco sistemático *muito baixo.*[9]

UMA PALAVRA SOBRE ESTILO

Assim como os gestores empregam diversos estilos de investimento nos mercados de ações (como vimos no Capítulo 19), os gestores adotam vários estilos de investimento nos mercados de renda fixa. Embora a análise de avaliação, o aproveitamento de *spreads* entre taxas, os *swaps* de títulos de renda fixa e o enfoque *núcleo-mais* possam adicionar retornos a uma carteira de títulos de renda fixa, seus dois principais determinantes são a duração e a qualidade geral do crédito. A estrutura temporal de taxas de juros ilustra o efeito do prazo de vencimento e da duração sobre a taxa de retorno até este; geralmente, os títulos de duração mais longa oferecem taxas mais altas até o vencimento. A qualidade do crédito reflete um prêmio por risco de inadimplência de um título de dívida; os de qualidade mais alta têm esses prêmios mais baixos e, conseqüentemente, taxas mais baixas do que os títulos de qualidade inferior.

A comparação do desempenho de um gestor de renda fixa ou a seleção de um deles exige o compartilhamento de informações sobre as características do estilo da carteira em termos de duração e qualidade do crédito. Faz pouco sentido avaliar

---

[9] Dois congressos da *Association for Investment Management and Research* (agora conhecida como CFA Institute) consideram esse conceito e discutem as áreas potenciais de gestão ativa. Veja: *Global Bond Management II: The Search for Alpha*. Charlottesville, VA: AIMR, ago. 2000 e *Core-plus Bond Management*. Charlottesville, VA: AIMR, mar. 2001.

Gestão de carteiras de renda fixa **503**

uma carteira de ações de empresas pequenas com base no S&P 500. Tampouco é apropriado comparar o desempenho de um gestor que aplica em títulos de dívida com rendimentos elevados a um índice de dívida privada de alta qualidade nem o desempenho daquele que enfatiza o trecho de curto prazo da estrutura temporal em relação a um padrão de referência de duração longa.

Técnicas de casamento de fluxos de caixa[10]

Como discutido anteriormente, um aumento da volatilidade da taxa de juros e das necessidades de muitos investidores institucionais têm levado ao crescimento do uso de técnicas de casamento de fluxos de caixa, que vão de carteiras dedicadas puras as que empregam a imunização.

ESTRATÉGIAS DE IMUNIZAÇÃO

A *imunização* procura gerar uma taxa específica de retorno (geralmente bem próxima da corrente de mercado) para um dado horizonte de aplicação, independentemente do que ocorra com as taxas de juros de mercado. Mesmo que as taxas de mercado aumentem ou caiam, o valor da carteira no final do horizonte de aplicação (ou seja, o valor final do patrimônio) deverá ser próximo de seu valor desejado em uma carteira imunizada. A imunização da carteira procura equilibrar os dois componentes do risco de taxa de juros: o de variação de preço e o de reinvestimento.

Componentes do risco de taxa de juros – Se a estrutura temporal de taxas de juros fosse *horizontal* e as de mercado nunca variassem entre a data da compra e a em que o título deve ser vendido ou resgatado, um gestor de carteira de renda fixa poderia adquirir um título de dívida com prazo de vencimento igual ao ***horizonte de aplicação desejado***, e o valor final do patrimônio seria igual ao patrimônio prometido, implícito na taxa prometida de retorno até o vencimento. Por exemplo, pensemos em um investidor que tivesse adquirido 1 milhão de dólares em títulos de dívida ao par, com prazo de dez anos e cupom de 8%. O valor do patrimônio no final do horizonte de aplicação de dez anos (supondo capitalização semestral) seria de 1.000.000 de dólares $\times$ $(1,04)^{20}$ = 1.000.000 de dólares $\times$ 2,1911 = 2.191.100. Isso é o mesmo que tomar cada pagamento de juros de 40 mil dólares a cada seis meses e compô-lo ao final do período a uma taxa nominal de 4% a cada seis meses, acrescentando o principal de 1 milhão de dólares no vencimento.

Infelizmente, no mundo real a estrutura temporal de taxas de juros tipicamente não é horizontal e o nível destas se altera constantemente. O seu *risco* é a incerteza relativa ao valor final do patrimônio da carteira, em vista das variações das taxas de juros de mercado entre o momento da compra e a data-alvo. Por sua vez, isso envolve dois componentes de risco: o de variação de preço e o de reinvestimento de cupons.

O *risco de variação de preço* ocorre porque a alteração das taxas de juros pode fazer com que o preço de mercado dos títulos de dívida se altere com o passar do tempo. Se as taxas subissem após a compra, aquele cairia, e se estas caíssem, o preço realizado aumentaria. A questão é, como não sabemos se as taxas subirão ou cairão, o preço futuro de um título de dívida antes do vencimento se torna incerto.

O *risco de reinvestimento* surge porque o cálculo da taxa de retorno até o vencimento implicitamente supõe que todos os fluxos de caixa associados a pagamentos de cupons serão reinvestidos à taxa prometida até o vencimento. Se as taxas de juros caírem após a compra do título, os fluxos de caixa dos cupons serão reinvestidos a taxas abaixo da prometida, e o patrimônio final será inferior ao esperado. Entretanto, se as taxas de juros aumentarem, eles serão reinvestidos a taxas acima da média e o patrimônio final ficará acima do esperado. Novamente, como não temos certeza do que acontecerá com as taxas de juros futuras, não sabemos quais serão as de reinvestimento.

Imunização clássica e risco de taxa de juros – Em especial, os riscos de variação de preço e de reinvestimento causados pela variação das taxas de juros exercem efeitos opostos sobre o valor final do patrimônio. Evidentemente, um gestor de carteiras de renda fixa que tenha uma data-alvo específica (ou seja, um horizonte de aplicação específico) procurará equilibrar esses dois efeitos de risco de taxas de juros. O processo que visa eliminar o risco de variação de taxa de juros é chamado de *imunização*.

Supondo uma curva de taxas de juros horizontal e que ocorram deslocamentos paralelos da curva quando as taxas de juros variam, uma carteira de títulos de renda fixa estará imunizada em relação ao risco de taxa de juros se a sua duração modificada for sempre igual ao horizonte desejado de aplicação. Por exemplo, se o horizonte de aplicação de uma carteira dessas for de oito anos, a *duração modificada* (veja a Equação 12.12) deverá ser de oito anos para imunizar a carteira. Para se atingir uma dada duração modificada, fixa-se a duração medida ponderada (com pesos iguais às proporções do valor total), que é fixada com o comprimento desejado e todos os fluxos de caixa subseqüentes são investidos em títulos para manter essa duração da carteira igual ao horizonte de investimento remanescente.[11]

---

[10] Uma visão geral dessas estratégias alternativas está em LEIBOWITZ, Martin L. "The Dedicated Bond Portfolio in Pension Funds – Part I: Motivation and Basics." *Financial Analysts Journal* 42, n. 1, 68-75, jan.-fev. 1986; e LEIBOWITZ, Martin L. "The Dedicated Bond Portfolio in Pension Funds – Part II: Immunization, Horizon Matching, and Contingent Procedures." *Financial Analysts Journal* 42, n. 2, 47-57, mar.-abr. 1986.

[11] Alguns pesquisadores têm apontado diversas especificações da medida de duração. A duração de Macaulay, que é usada ao longo deste livro, desconta todos os fluxos ao retorno até o vencimento vigente para o título que está sendo avaliado. Alternativamente, alguns têm definido a duração usando taxas de juros de um período posterior (taxas a termo) para descontar os fluxos futuros. Dependendo da forma da curva de taxas de juros, essas definições podem dar respostas distintas. Se a curva for horizontal, as duas definições calcularão durações iguais. Tem sido constatado que, exceto no caso de cupons elevados e prazos de vencimento longos, os valores de ambas as definições são semelhantes, e a definição de Macaulay é preferível porque é uma função da taxa de retorno até o vencimento do título. Isso significa que não precisamos prever as taxas a termo de um período ao longo do prazo de vencimento do título.

504   Investimentos

TABELA 20.1	O efeito de uma variação das taxas de mercado sobre um título (carteira): estratégias de prazo de venci-mento *versus* de duração

	RESULTADOS COM A ESTRATÉGIA DE PRAZO DE VENCIMENTO			RESULTADOS COM A ESTRATÉGIA DE DURAÇÃO		
Ano	Fluxo de caixa	Taxa de reinvestimento	Valor final	Fluxo de caixa	Taxa de reinvestimento	Valor final
1	80	0,08	$ 80,00	80	0,08	$ 80,00
2	80	0,08	166,40	80	0,08	166,40
2	80	0,08	259,71	80	0,08	259,71
4	80	0,08	360,49	80	0,08	360,49
5	80	0,06	462,12	80	0,06	462,12
6	80	0,06	596,85	80	0,06	596,85
7	80	0,06	684,04	80	0,06	684,04
8	$1.080	0,06	$1.805,08	$1.120,64[a]	0,06	$1.845,72

Relação entre patrimônios esperados = 1,8509 ou $1.850,90.

[a] O título poderia ser vendido ao seu valor de mercado de $1.040.64, que é o valor de um título com cupom de 8% e prazo de vencimento de dois anos, cotado à taxa de 6%.

Exemplo de imunização clássica. A Tabela 20.1 mostra o efeito de se tentar imunizar uma carteira ao igualar o horizonte de investimento e a duração dessa de renda fixa usando-se um único título de dívida. O horizonte de tempo de investimento do gestor da carteira é de oito anos, e o retorno atual até o vencimento de títulos com prazo de oito anos é de 8%. Portanto, se supusermos que não haja nenhuma alteração de taxas, o fator do valor final do patrimônio do investidor deve ser igual a $(1,08)^8$ ou 1.8509, com capitalização anual.[12] Como observado, esse também poderia ser o fator de valor final de uma carteira completamente imunizada.

O exemplo considera duas estratégias de carteira: (1) a ***estratégia de prazo de vencimento***, em que o gestor adquiriria um prazo de vencimento de oito anos, e (2) a ***estratégia de duração***, em que ele fixaria a duração da carteira em oito anos. Para a estratégia de vencimento, o gestor compra um título a 8% com este mesmo tempo; para a estratégia de duração, o gestor adquire um título de dívida com prazo de dez anos a 8%, que tenha uma duração de aproximadamente oito anos (8,12 anos), supondo um retorno até o vencimento de 8%. Supomos um único choque na estrutura de taxas de juros no final do ano 4, quando estas caem de 8% a 6% e aí permanecem até o ano 8.

Embora a estratégia de prazo de vencimento elimine o risco de variação de preço (porque o título vence no final do ano 8), o fator de valor final do patrimônio do título da estratégia de prazo de vencimento é inferior ao fator esperado de valor final do patrimônio por causa da insuficiência dos fluxos de caixa gerados por reinvestimentos após o ano 4.

A estratégia de duração de carteira tem um desempenho muito melhor em termos de atingir o fator desejado de valor final do patrimônio. Embora ela sofra uma perda de fluxos de caixa com o reinvestimento por causa da variação das taxas de mercado (como na estratégia de prazo de vencimento), essa perda é parcialmente contrabalançada por um aumento do valor final do título em razão da queda das taxas de mercado. Na estratégia de duração, o título original com prazo de dez anos, no final do ano 8, é negociado a 1.040,64 dólares, ou seja, o preço de um título com cupom de 8% e prazo de dois anos, negociado à taxa de 6%. Por causa do aumento do preço (ou seja, o risco de variação deste era positivo), isso ajuda a compensar a perda com o reinvestimento; o fator do valor final do patrimônio (1.845,72 dólares) da estratégia de duração fica muito mais próximo do patrimônio esperado (1.850,90 dólares) do que o da estratégia de vencimento (1.805,08 dólares).

Se as taxas de juros do mercado tivessem subido, a carteira com a estratégia de prazo de vencimento teria experimentado um excesso de rendimento com o reinvestimento, em comparação ao fluxo de caixa esperado, e o fator de valor final do patrimônio nessa estratégia teria sido superior ao esperado. Entretanto, na carteira com estratégia de duração, o excesso de fluxo de caixa gerado pelo reinvestimento nessas condições teria sido parcialmente compensado por uma queda do preço final do título (ou seja, ele teria sido vendido com um pequeno deságio quanto ao par, pois o risco de variação de preço teria sido negativo). Embora o fator de valor final do patrimônio na estratégia de duração tivesse sido mais baixo do que na estratégia de prazo de vencimento, ele teria sido mais próximo do fator esperado. A questão é que toda a finalidade da imunização é *eliminar a incerteza* associada a variações de taxas de juros, ao se fazer com que o patrimônio final se iguale ao esperado.

Aplicação da imunização clássica. Uma vez que você tenha entendido o raciocínio por trás da imunização (que significa contrabalançar os componentes do risco de taxa de juros) e também o princípio geral (de que você precisa igualar a duração modificada ao horizonte de investimento), você poderia concluir que a aplicação dessa estratégia é bastante simples. Você poderia até considerar que se trata de uma estratégia passiva; simplesmente para equiparar a duração modificada e o horizonte de investimento e você poderá ignorar a carteira até o final do horizonte. A seguir mostraremos que a imunização não é nem uma estratégia simples nem passiva.

---

[12] Usamos a capitalização anual para calcular o fator de valor final do patrimônio porque o exemplo usa observações anuais.

Uma carteira imunizada exige *rebalanceamento freqüente*; títulos de dívida, com as durações modificadas mais diversas, devem ser vendidos e comprados para manter a duração média ponderada da carteira aproximadamente igual ao horizonte remanescente.[13] Diversas características da duração fazem com que isso seja difícil.

Primeiro, não havendo nenhuma variação das taxas de juros de mercado, *a duração cai mais lentamente do que o prazo de vencimento*. Como exemplo, considere um título com uma duração modificada calculada em cinco anos, com uma taxa de mercado de 10%. Um ano mais tarde, a uma taxa de mercado nessa mesma porcentagem, sua duração modificada será de aproximadamente 4,2 anos, ou seja, embora o prazo de vencimento tenha diminuído um ano, a duração modificada se reduziu apenas 0,8 anos. Isso significa que, supondo-se que não haja nenhuma variação das taxas de mercado, o gestor da carteira deve rebalanceá-la a fim de reduzir sua duração modificada para quatro anos. Geralmente, isso não é muito difícil, porque seus fluxos de caixa podem ser aplicados em letras do Tesouro de curto prazo para encurtá-la.

Em segundo lugar, a *duração modificada muda com uma variação das taxas de juros de mercado*. No Capítulo 12, já discutimos a relação inversa entre taxas de mercado e duração – estas mais altas levam a uma duração mais baixa, e vice-versa. Por conseguinte, a duração modificada de uma carteira mudará imediatamente se as taxas de mercado variarem. Se isso ocorrer, o gestor precisará rebalanceá-la, caso a distância em relação a essa duração exigida se tornar muito grande.

Em terceiro lugar, a suposição de que, quando as taxas de mercado variam, elas alteram todas na mesma proporção e na mesma direção (há um deslocamento paralelo da curva de taxas de juros), é violada freqüentemente. Como exemplo, suponha que você possui uma carteira de títulos de dívida de curto e de longo prazos com uma duração média ponderada de seis anos (digamos, metade dos títulos de dívida tem duração de dois anos e a outra metade dos títulos de dívida, dez anos). Imagine que as taxas de curto prazo caiam e as de longo prazo aumentem (há um acréscimo da inclinação da curva de taxas de juros). Nesse caso, haveria uma queda significativa do preço dos títulos de longo prazo, mas também seria penalizado no reinvestimento, isso se você geralmente reinvestisse o fluxo de caixa líquido em títulos de curto prazo. Esse possível problema indica que você deveria acumular sua seleção de títulos para a carteira perto da duração modificada desejada. Por exemplo, uma com oito anos deveria ser composta por títulos com duração de sete a nove anos para evitar o risco de variação da estrutura temporal.

Finalmente, a aquisição dos títulos selecionados como idéias para uma carteira pode ser um problema. Por exemplo, há títulos de duração longa disponíveis? O preço é aceitável? Há títulos oferecidos à taxa de juros desejada? Em outras palavras, pode ser necessário paciência para obter os títulos de dívida ideais.

CARTEIRAS DEDICADAS

O termo *dedicação* refere-se a técnicas de gestão de carteiras de renda fixa usadas para gerar pagamentos que cubram um conjunto predeterminado de compromissos, como pagamentos mensais de pensões. Os responsáveis pela gestão desses compromissos querem que um gestor de recursos monte uma carteira de ativos cujos fluxos de caixa correspondam aos dos compromissos. Já discutimos duas maneiras pelas quais uma carteira dedicada pode ser criada.

Uma *carteira dedicada pura de casamento de fluxos de caixa* é a estratégia mais conservadora. Especificamente, o objetivo deste é a montagem de uma carteira de títulos de dívida que oferecerá uma série de pagamentos de cupons, fundos de amortização e de vencimentos de principal que se iguale exatamente à programação específica de compromissos. A meta é montar uma carteira que gere fundos suficientes antes de cada pagamento programado para garantir que o pagamento seja efetuado. Uma alternativa é encontrar títulos do Tesouro com cupom igual a zero, que corresponda exatamente a cada compromisso de pagamento. Esse casamento exato de fluxos de caixa é conhecido como *carteira passiva total*, porque é montada para que quaisquer receitas anteriores não sejam reinvestidas (ou seja, supõe uma taxa nula de reinvestimento).

A *dedicação com reinvestimento* é idêntica à técnica de casamento puro de fluxos de caixa, exceto que os prazos dos títulos e outros desses fluxos não precisam ser exatamente iguais aos da série de compromissos. Especificamente, quaisquer influxos que precedam os compromissos podem ser reinvestidos a uma taxa razoavelmente conservadora (digamos, a 3% em um ambiente em que as taxas de juros de mercado estão atualmente na faixa de 4% a 6%). Essa premissa permite ao gestor da carteira considerar um conjunto substancialmente mais amplo de títulos de dívida que podem ter características de retorno mais elevado. Além disso, ele conseguirá gerar um retorno mais alto para a carteira de ativos. Em conseqüência, o custo líquido da carteira será mais baixo.

Há problemas em potencial com ambas as estratégias de carteira dedicada. Por exemplo, ao selecionar títulos de dívida potenciais para esta, é crucial tomar cuidado com as possibilidades de resgate antecipado e pré-pagamento (refinanciamentos, resgates antecipados, fundos de amortização) em títulos de dívida específicos ou títulos lastreados em empréstimos hipotecários.

Embora a qualidade também seja uma preocupação legítima, talvez não seja necessário investir somente em títulos do Tesouro, caso o gestor da carteira faça diversificação em termos de indústrias e setores. Uma carteira diversificada de títulos de dívida privada com *rating* AA ou A pode proporcionar um retorno anual atual e total de 50 a 75 pontos-base acima dos títulos do Tesouro. Esse diferencial, em um período de 30 anos, pode afetar significativamente o custo líquido da cobertura de uma série de compromissos de pagamento.

---

[13] O título de dívida com cupom igual a zero é especial porque a duração deste é sempre igual a seu prazo de vencimento. Ele não tem *risco algum de reinvestimento*, pois não tem fluxos de caixa intermediários, e não possui *nenhum risco de variação de preço*, se seu prazo de vencimento for igual ao horizonte de investimento, pois receberemos o valor de face do título na data de vencimento. Os títulos com cupom igual a zero podem ser os instrumentos ideais para fins de imunização.

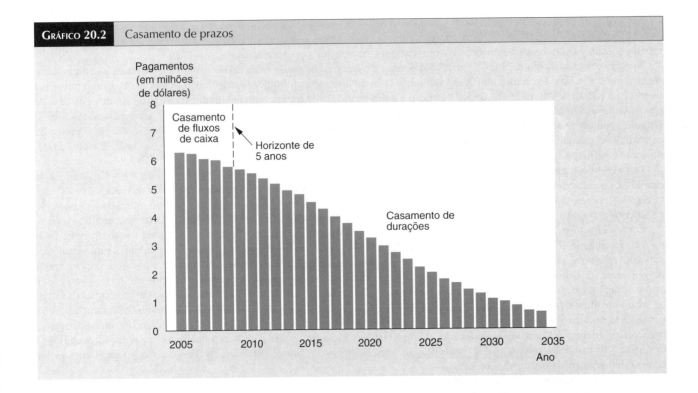

GRÁFICO 20.2 Casamento de prazos

CASAMENTO DE PRAZOS

O casamento de prazos combina dedicação em termos de casamento de fluxos de caixa e imunização. Como mostrado no Gráfico 20.2, a série de compromissos de pagamento é dividida em dois segmentos. No primeiro, a carteira é montada para garantir esse casamento dos compromissos (digamos, nos cinco primeiros anos). No segundo, os compromissos são cobertos por uma estratégia de casamento de durações baseada em princípios de imunização. Como resultado, o cliente tem a certeza do casamento de fluxos de caixa nos primeiros anos e a redução de custo e a flexibilidade de fluxos de caixa com casamento de durações daí por diante.

A técnica de combinação também ajuda a atenuar um dos problemas com a imunização clássica – a possibilidade de deslocamentos não-paralelos da curva de taxas de juros. A maioria dos problemas relacionados a deslocamentos não-paralelos está concentrada no segmento de curto prazo da curva de taxas de juros, pois é aí em que as mudanças mais severas de forma da curva ocorrem. Na estratégia de casamento de prazos, o segmento de curto prazo é administrado com o de fluxos de caixa, e essas modificações da curva deixam de ser preocupantes.

Uma decisão importante ao se usar a estratégia de casamento de prazos é a extensão do próprio horizonte de investimento. A compensação a ser considerada ao se tomar essa decisão é entre a segurança e a certeza proporcionadas pelo casamento de fluxos de caixa e o custo e a flexibilidade da imunização com base no casamento de durações. O gestor da carteira deve propor ao cliente um conjunto de horizontes alternativos com os custos e benefícios de cada um, permitindo ao cliente que tome a decisão.

Também é possível considerar a rolagem do segmento de casamento de fluxos de caixa no tempo. Especificamente, após o primeiro ano o gestor da carteira a reestruturaria para garantir o casamento de fluxos de caixa durante o sexto ano original, o que significa que haveria ainda um horizonte de cinco anos. A capacidade e o custo da rolagem do segmento desse casamento depende de variações das taxas de juros.

Uso de derivativos na gestão de carteiras de renda fixa

Os derivativos podem desempenhar um papel importante na gestão de carteiras de renda fixa. Seu uso pode modificar o perfil de risco e retorno desta e alterar a sua sensibilidade a variações das taxas gerais de juros ou das de alguns setores amplos. Os gestores de carteiras também os utilizam de outras maneiras – por exemplo, para reduzir o custo de negociação, para mudar alocações de ativos e manter a exposição do investimento de um fundo após uma entrada grande de caixa.

MODIFICAÇÃO DO RISCO E DO RETORNO DA CARTEIRA: UMA REVISÃO

Como vimos inicialmente no Capítulo 17, os contratos futuros e as opções podem afetar a distribuição de retorno e risco de uma carteira. Em grande parte, há uma relação dólar por dólar entre variações do preço do ativo-objeto e do preço dos contratos futuros correspondentes. Na verdade, comprar contratos futuros é idêntico a subtrair caixa da carteira, e vendê-los assemelha-se a acrescentar caixa a ela.

Como vimos no Gráfico 19.5B, no capítulo anterior, a compra de contratos futuros aumenta a exposição ao ativo-objeto e amplifica a variabilidade do retorno da carteira. A venda de contratos futuros (Gráfico 19.5C) reduz a sensibilidade dela às variações de preço do ativo-objeto e diminui a variabilidade do seu retorno. Além disso, os contratos futuros exercem um impacto simétrico sobre os retornos da carteira, pois seu impacto sobre os potenciais de retornos alto e baixo da carteira é idêntico. Isso ocorre por força da relação íntima entre as variações de preço de um contrato futuro e as variações de preço do ativo-objeto.

Como o titular decide exercer ou não uma opção, as opções não têm um impacto simétrico sobre os retornos. Por exemplo, a compra de uma opção de compra (Gráfico 17.2, no Capítulo 17) limita perdas; a compra de uma opção de venda quando você possui o ativo-objeto (Gráfico 17.4) tem o efeito de controlar o risco de perda. O lançamento de uma opção de compra coberta (Gráfico 17.4) limita as possibilidades de retorno alto, ao mesmo tempo em que não afeta o potencial de perda (exceto pelo fato de que o prêmio compensa um pouco a perda); o lançamento de uma opção de venda (Gráfico 17.7) tem o mesmo efeito. O Gráfico 19.5D-F mostrou as distribuições truncadas de retorno que resultam de várias estratégias combinadas do uso de opções e seus ativos-objeto.

Uso de derivativos para mudanças de alocação de ativos

Em épocas de mudança de condições de mercado ou em face de grandes entradas ou saídas esperadas de caixa, a alteração da alocação de ativos de uma carteira deve ser feita rapidamente para tirar proveito da previsão estimada pelo gestor. Em vez de identificar títulos específicos para venda e compra, ou emitir grandes ordens de compra e venda, ele pode usar contratos futuros para implantar as alterações da carteira. A compra e venda dos contratos futuros apropriados pode alterar fácil e rapidamente a composição dos ativos da carteira a um custo mais baixo de transação do que a negociação de grandes quantidades de títulos. Mais tarde, com o passar do tempo, o gestor poderá identificar ativos específicos para comprar e vender, e poderá programar as negociações para evitar impactos adversos sobre o preço de mercado.

Os contratos futuros também podem ser usados para se obter uma composição desejada de ações e títulos de renda fixa em um ambiente em que diversos gestores são utilizados. A maioria dos fundos de pensão de porte médio ou grande divide suas carteiras por gestores distintos para explorar a especialização em ativos específicos de cada um. O gestor que supervisiona um fundo de pensão pode usar contratos futuros para manter a alocação desejada de ativos em vez de perturbar o trabalho dos gestores especializados com a adição ou a retirada de grandes somas de seus fundos para fins de realocação.

Uso de derivativos para controlar os fluxos de caixa das carteiras

Independentemente do tipo de gestão da carteira de renda fixa, se ativa ou passiva, os contratos futuros e as opções podem ajudar a controlar os fluxos de entrada e saída de caixa da carteira. Na verdade, o uso mais freqüente de opções para alterar o risco de uma carteira envolve o uso de opções cujo objeto é outro derivativo – um contrato futuro. Essas são *opções de contratos futuros*, que foram discutidas no Capítulo 18.

Quando uma quantia elevada é depositada com um gestor, a composição dos ativos do fundo altera-se; a entrada elevada de caixa reduz a exposição da carteira a investimentos de renda fixa, pois uma proporção maior deles está em caixa. Além disso, o desejo de aplicar rapidamente esses recursos pode levar o gestor a comprar títulos que ele não compraria. Finalmente, compras substanciais podem levar a comissões consideráveis e a uma pressão de preço sobre os títulos adquiridos.

Uma estratégia melhor seria usar parte da entrada de caixa para comprar contratos futuros apropriados de títulos de renda fixa em valor igual ao do depósito; comprar opções de compra pode ser outra possibilidade. O efeito é que o dinheiro é imediatamente investido com comissões mais baixas e um impacto menor de preço do que uma compra direta de títulos de renda fixa. Mais tarde, o gestor terá de decidir que ativos específicos devem ser comprados. Nesse momento, quando as compras de títulos de renda fixa estiverem sendo feitas, os contratos futuros poderão ser vendidos.

Uma retirada grande e planejada de uma carteira é acompanhada por vendas de títulos para gerar caixa antes da data de retirada. Tal como ocorre com um depósito de caixa, a venda de títulos causa um aumento dos saldos de caixa, o que reduz a exposição da carteira a títulos de renda fixa. Uma estratégia para contrabalançar o aumento temporário dos saldos de caixa consiste em comprar um número apropriado de contratos futuros ou opções de compra enquanto os títulos de renda fixa são vendidos. O efeito líquido será manter a exposição geral da carteira a títulos de renda fixa enquanto se acumula caixa. Quando os pagamentos forem feitos, os contratos futuros poderão ser vendidos e as características da carteira não terão sido perturbadas.

Contratos futuros de títulos do Tesouro

Para ilustrar o uso de derivativos na gestão de carteiras de títulos de renda fixa, concentraremos nossa atenção em contratos futuros. Os contratos futuros e suas opções são os derivativos que os gestores desse estilo de carteiras geralmente usam. No Capítulo 17, enumeramos os vários contratos futuros de ativos financeiros negociados em uma bolsa. Aqui, para ilustrar nossos exemplos, usaremos o contrato futuro de títulos de obrigações do Tesouro.

Quando um contrato futuro de uma obrigação do Tesouro (ou T-bond) vence, ocorre a *entrega* ou liquidação do contrato com o ativo-objeto real – uma obrigação do Tesouro. Devem ser entregues obrigações no valor ao par de 100 mil dólares para liquidar o contrato. Dada a variedade de obrigações do Tesouro disponíveis, o contrato futuro precisa ser lançado tendo-se em mente uma obrigação específica do Tesouro. O contrato estipula que o ativo-objeto seja uma obrigação do Tesouro com cupom de 6% e pelo menos 15 anos até o vencimento ou até a primeira data de resgate antecipado. O fato é que esse tipo de título existe muito raramente! Como pode haver a entrega de um título de dívida que não existe? O mais importante ainda é saber por que alguém negociaria um contrato futuro referenciado em um título fictício?

508 Investimentos

A resposta é que a obrigação do Tesouro é entregue para liquidar o contrato, mas outra obrigação do Tesouro pode ser usada em lugar da obrigação com cupom de 6% e prazo de 15 anos até o vencimento. O contrato permite a entrega de qualquer obrigação com este tempo ou até a primeira data de resgate antecipado. Se for entregue uma com cupom acima (ou abaixo) de 6%, a pessoa que aceitar a entrega pagará um preço mais alto (ou mais baixo). A obrigação entregue pelo vendedor do contrato futuro será a **obrigação do Tesouro de entrega mais barata (CTD, ou cheapest-to-deliver)** e que satisfaz os termos do contrato futuro. Em outras palavras, o vendedor entregará a obrigação mais barata possível para satisfazer os termos do contrato futuro. A qualquer momento, a obrigação CTD é conhecida tanto pelos compradores quanto pelos vendedores do contrato futuro, e o preço do contrato é fixado usando-se esta como ativo-objeto. Com o passar do tempo, os efeitos de variações de taxas de juros de mercado sobre a duração e a convexidade dos títulos farão com que a CTD mude. Por exemplo, quando as taxas de juros sobem, as obrigações de duração mais longa tornam-se CTD. Sempre que isso acontece, o preço do contrato futuro acompanha essa obrigação até que seja substituída por outra.

Antes de revermos a variedade de maneiras pelas quais os gestores de carteiras compram ou vendem contratos futuros de obrigações do Tesouro, discutiremos como eles determinam o número apropriado desses contratos, que devem ser comprados ou vendidos, ou seja, a *relação de hedge*.

Determinação do número de contratos a serem negociados para cobrir um depósito ou uma retirada de caixa –
Como discutido anteriormente, contratos futuros podem ser usados para manter a exposição desejada a títulos de renda fixa enquanto a carteira recebe ou distribui fluxos de caixa. O número de contratos futuros a serem negociados deve ser igual a[14]

| 20.1 |

$$\frac{\text{Fluxo de caixa}}{\text{Valor de 1 contrato}} \times \text{Fator de conversão} \times \text{Fator de ajuste de duração}$$

O valor de um contrato é igual a seu preço vezes 100 mil dólares. As cotações de contratos futuros são sempre feitas em 32 avos. Se o preço do contrato futuro de obrigações do Tesouro estiver cotado a 114-26, isso quer dizer que seu preço é igual a 114 26/32 ou 114,8125. Por conseguinte, o valor do contrato é de 114.812,50 dólares.

O *fator de conversão* é necessário porque a obrigação que pode ser entregue provavelmente *não* terá cupom de 6%. O fator de conversão ajusta a obrigação CTD corrente para refletir o fato de que 100 mil dólares de valor ao par da obrigação CDT não terá custo igual a uma obrigação do Tesouro com prazo de 15 anos e cupom de 6%. Há tabelas disponíveis com listas de fatores de conversão para obrigações com diferentes cupons e prazos de vencimento nas bolsas de futuros e muitas instituições financeiras.

O *fator de ajuste de duração* reflete a diferença em termos de sensibilidade às taxas de juros entre a carteira e a obrigação CTD. Ela equivale ao quociente entre a duração da primeira e a da segunda.[15]

Uma advertência importante: como estamos usando durações para encontrar a relação de *hedge*, nossa análise está sujeita aos pressupostos dos cálculos de duração. Em particular, estamos supondo uma curva horizontal de taxas de juros e que todas as alterações da curva são deslocamentos paralelos.

Considere o seguinte exemplo de cálculo do número apropriado de contratos futuros para proteger uma entrada de caixa. Suponha que um gestor de uma carteira de títulos de renda fixa receba 5 milhões de dólares hoje, quando o fator atual de conversão é 0,90. A carteira tem uma duração de 7,5; a duração da obrigação CTD é igual a 6,5. O valor do contrato futuro é 114.812,50 dólares. O número de contratos futuros exigidos de obrigações do Tesouro para proteger essa entrada de caixa é:

$$\frac{\$5 \text{ milhões}}{\$114.812,50} \times 0,90 \times \frac{7,5 \text{ anos}}{6,5 \text{ anos}} = 45,22 \text{ contratos}$$

Como não existem os contratos futuros fracionários, o gestor da carteira de títulos de renda fixa arredondará esse número para o inteiro mais próximo e comprará 45 contratos para proteger a entrada de caixa. Esses 45 contratos serão vendidos à medida que os 5 milhões de dólares forem aplicados em títulos de renda fixa.

Como hipótese simplificadora, passaremos a imaginar que não é imprescindível qualquer ajuste com um fator de conversão.

USO DE CONTRATOS FUTUROS NA GESTÃO PASSIVA DE CARTEIRAS DE RENDA FIXA

Como dissemos, uma estratégia passiva de investimento geralmente busca comprar e manter uma carteira de títulos de renda fixa. Muitas vezes, o gestor de carteiras procura replicar um índice de mercado de renda fixa como aqueles descritos no Capítulo 7.

---

[14] Essa relação é idêntica ao método do "valor em pontos-base" (BPV) que aparece nos materiais da Chicago Board of Trade a respeito do uso de contratos futuros de obrigações.

[15] Aqueles que administram carteiras de títulos de dívida de empresas privadas não contam com nenhum contrato futuro desses títulos para usar como proteção; portanto, são forçados a usar o contrato futuro de obrigações do Tesouro. Nesse caso, a relação de duração não mede as diferenças de sensibilidade do preço a variações de taxas de juros entre títulos de dívida privada e títulos de dívida do Tesouro. Um método alternativo é utilizar a inclinação de uma reta de regressão usando o valor da carteira como variável dependente e o preço da obrigação CTD como variável independente. Recorde-se, com base na discussão feita no Capítulo 12, que, quando passamos da duração de Macaulay à duração modificada, estamos lidando com a sensibilidade a taxa de juros e não nos referimos à duração em anos – ela simplesmente é a variação porcentual do preço dada uma variação das taxas de juros de 100 pontos-base.

Em uma estratégia passiva de investimento, o gestor procura gerir depósitos e resgates sem prejudicar a capacidade da carteira de atingir sua meta declarada. Algumas vezes, em vez de aplicar todas as entradas de caixa imediatamente em um dado índice, ele pode comprar um número apropriado de contratos futuros. Isso manterá a estrutura da carteira e reduzirá o erro de acompanhamento do índice enquanto se decide como aplicar o dinheiro.[16] De forma semelhante, as retiradas esperadas podem ser protegidas com a liquidação de parte da carteira, enquanto se mantém a sua exposição ao mercado de títulos de renda fixa usando contratos futuros.

USO DE CONTRATOS FUTUROS NA GESTÃO ATIVA DE CARTEIRAS DE RENDA FIXA

A gestão ativa pode enfatizar o ajuste do risco sistemático da carteira, o ajuste do não sistemático ou ambos. O risco sistemático na área de renda fixa envolve a exposição de uma carteira às flutuações de preço causadas pelas variações de taxas de juros. O risco não sistemático envolve a exposição da carteira a mudanças no setor ou em *spreads* em função de prazos de vencimento. É difícil controlar o risco não sistemático de uma carteira de renda fixa (exceto por meio de diversificação), mas existem instrumentos bem desenvolvidos disponíveis para modificar o risco sistemático.

Modificação do risco sistemático – Em uma carteira de renda fixa, o risco sistemático ou de mercado decorre da sensibilidade do valor da carteira às variações de taxas de juros. Essa sensibilidade é medida pela duração da carteira. Portanto, o seu ajustamento altera o seu risco sistemático (exposição ao risco de variação de taxas de juros). Se estivermos esperando um aumento das taxas de juros, desejaremos reduzir a duração da carteira. Se estivermos esperando uma queda das taxas de juros, almejaremos aumentá-la.

No Capítulo 12, aprendemos que a duração de uma carteira de títulos de renda fixa é dada pela média ponderada das durações de seus componentes. Esse conceito é usado ao se calcular quantos contratos futuros devem ser comprados ou vendidos para aumentar ou diminuir a duração de uma carteira. Isso é chamado de **enfoque da duração média ponderada**.[17]

Se uma carteira de renda fixa de 25 milhões de dólares tiver 22,5 milhões de dólares aplicados em obrigações e o restante em letras do Tesouro, a duração da parte formada por obrigações na carteira será igual a 5,5. Como o gestor espera uma queda de taxas de juros, ele pretende aumentar a duração da carteira para 7,5. Assim, se o valor de um contrato futuro for 114.812,50 dólares, a duração do contrato futuro será igual a sete e as letras do Tesouro, zero.

Atualmente, o peso das obrigações na carteira é 22,5 milhões de dólares/25 milhões de dólares, ou 0,90. O peso dos contratos futuros será igual a (F × 114.812,50 dólares)/25 milhões de dólares, onde F representa o número exigido destes. Supondo uma duração desejada de 7,5 para a carteira, a sua média ponderada dos componentes deverá ser igual a 7,5:

$$\underset{\text{Duração desejada}}{7,5} \quad = \quad \underset{\substack{\text{Contribuição da carteira} \\ \text{atual de obrigações}}}{0,90 \times 5,5} \quad + \quad \underset{\substack{\text{Contribuição dos} \\ \text{contratos futuros}}}{\frac{F \times \$114.812,50}{\$25 \text{ milhões}} \times 7,0}$$

Determinando o valor de F, descobriremos que 79,32 contratos devem ser comprados para aumentar a duração dessa carteira de 5,5 para 7,5. Arredondando para o número inteiro mais próximo, o gestor comprará 79 contratos.

Se o gestor estimar um aumento substancial das taxas de juros e quiser reduzir a duração da carteira para 2,0, para achar esse número exigido de contratos futuros, precisamos resolver a seguinte equação para F:

$$\underset{\text{Duração desejada}}{2,0} \quad = \quad \underset{\substack{\text{Contribuição da carteira} \\ \text{atual de obrigações}}}{0,90 \times 5,5} \quad + \quad \underset{\substack{\text{Contribuição dos} \\ \text{contratos futuros}}}{\frac{F \times \$114.812,50}{\$25 \text{ milhões}} \times 7,0}$$

ou –91,76. O sinal negativo indica que é necessário vender contratos futuros para encurtar a duração para 2,0. Arredondando ao número inteiro mais próximo, o gestor venderá 92 contratos futuros para atingir a posição desejada para a carteira.

Também é possível vender contratos futuros para que a carteira como um todo não seja afetada pelas variações de taxas de juros durante o prazo do contrato futuro. Isso é conseguido por meio da venda de um número determinado de contratos futuros para que a duração da carteira seja nula.[18] Para ilustrar, voltemos às nossas suposições anteriores.

$$\underset{\text{Duração desejada}}{0,0} \quad = \quad \underset{\substack{\text{Contribuição da carteira} \\ \text{atual de obrigações}}}{0,90 \times 5,5} \quad + \quad \underset{\substack{\text{Contribuição dos} \\ \text{contratos futuros}}}{\frac{F \times \$114.812,50}{\$25 \text{ milhões}} \times 7,0}$$

---

[16] Quando a meta de uma carteira é imitar um índice, os retornos desta deveriam seguir de perto ou acompanhar os do índice. A qualidade de um fundo indexado não é medida pela magnitude de seus retornos, mas pela de seu erro de acompanhamento ou pelo grau com o qual os retornos da carteira se afastam dos retornos do índice estipulado.

[17] Isso é idêntico ao método BPV usado nos materiais da Chicago Board of Trade.

[18] Observação: isso *não* é o mesmo que imunizar uma carteira. Imunização é uma estratégia cuidadosamente planejada de alocação de ativos, em que a carteira é montada para gerar uma taxa desejada de retorno que não seja afetada pelas variações de taxas de juros em um período conhecido. A imunização realizada por gestores ativos seria malvista pelos clientes que os contrataram em virtude de sua competência em investimento ativo. A montagem de uma carteira ativa e neutra a variações de taxas de juros seria uma medida defensiva *temporária* em um período de incerteza ou volatilidade de taxas de juros. Além disso, alguns gestores podem usá-la como parte de uma estratégia para tirar proveito de erros de precificação entre os mercados futuro e à vista ou para criar títulos "sintéticos".

510 Investimentos

QUADRO 20.4	Proteção de uma posição comprada em obrigações do Tesouro

Intenção: vender contratos futuros contra uma posição comprada de obrigações do Tesouro como proteção em relação a um aumento inesperado de taxas de juros.

	Mercado à vista	Mercado futuro
1º de novembro	Você possui 1 milhão de dólares em obrigações com prazo de 21 anos e cupom de 8 e 3/8%, cotadas a 82-17, rendendo 10,45%. O valor da carteira é 825.312,50 dólares.	Vender dez contratos futuros de obrigações do Tesouro, com vencimento em março, ao preço de 80-09. A base é 2 e 8/32 (82 e 17/32 – 80 e 9/32).
3 de março	Você vende as obrigações a 8 e 3/8% por 70-26, rendendo 12,31%. O valor da carteira é 708.125 dólares. Isso representa uma perda de 11 e 23/32 por obrigação, ou 117.187,50 dólares no total.	Comprar dez contratos futuros de obrigações do Tesouro, com vencimento em março, a 66-29. Isso significa um ganho de 13 e 12/32 por contrato, ou 133.750 dólares. A base agora é 3 e 29/32 (70 e 26/32 – 66 e 29/32).

Conclusão: a transação como um todo resultou em um ganho para o valor da carteira. A perda de 117.187,50 foi contrabalançada por um ganho de 133.750 dólares na transação com contratos futuros, gerando um ganho líquido de 16.562,50 dólares. Outra maneira de perceber esse ganho é observar o fortalecimento de 3 e 29/32 da base, resultante do fato de que o preço dos contratos futuros diminuiu mais do que o preço no mercado à vista. Como a posição é comprada no mercado à vista e vendida no mercado futuro, a posição total beneficia-se da base mais forte. A base variou de 2 e 8/32 a 3 e 21/32, com um aumento de 1 e 21/32, ou seja, 16.562,50 dólares, igual ao ganho total.

Resolvendo, descobrimos que F equivale a –153,98, o que significa que, para tornar a carteira neutra à variação de taxa de juros, 154 contratos futuros precisariam ser vendidos. Como a duração da carteira é igual a zero, o retorno obtido deveria se aproximar ao de um ativo livre de risco, como as letras de curto prazo do Tesouro. Um componente extra de retorno poderá ser conseguido se o gestor ativo for capaz de identificar títulos mal avaliados ou subavaliados.

Considere o exemplo de *hedge* no Quadro 20.4. Suponha: para proteger 1 milhão de dólares em uma carteira de obrigações do Tesouro de um aumento de taxas de juros, você decide vender dez contratos futuros de obrigações do Tesouro. O Quadro 20.4 mostra que uma perda potencial de 117.187,50 dólares na carteira é compensada por um ganho de 133.750 dólares na posição de contratos futuros. Por sorte, a carteira protegida teve um ganho total de 16.562,50 dólares após a elevação das taxas.

Modificação do risco não sistemático – Diferentemente do que ocorre com ações, há poucas oportunidades para controlar o risco não sistemático de uma carteira de renda fixa. Há contratos futuros e opções disponíveis somente para um número limitado de setores amplos e prazos de vencimento. Os setores incluem obrigações do Tesouro, títulos lastreados em empréstimos hipotecários e obrigações municipais. Os responsáveis por termos de prazos de vencimento incluem o curto prazo (letras do Tesouro, eurodólares), médio prazo (notas do Tesouro) e longo prazo (obrigações do Tesouro), aproximados pelos contratos futuros já mencionados.

Por meio da compra ou da venda de um número apropriado de contratos futuros ou opções, os gestores ativos podem aumentar ou diminuir a exposição de suas carteiras a esses setores ou segmentos da curva de taxas de juros para tirar proveito de variações esperadas de rendimentos setoriais. Desse modo, é possível realizar mudanças na alocação de ativos em carteiras, entre setores alternativos, com maior rapidez e a um custo mais baixo.

Modificação da duração de uma carteira de títulos de dívida emitidos por empresas – Como não há nenhum contrato futuro de títulos de dívida privada atualmente, as estratégias que os envolvem podem ser implantadas com o uso de contratos futuros de obrigações do Tesouro. Geralmente, determinamos o número de contratos futuros de obrigações do Tesouro a ser negociado, como mostrado em exemplos anteriores, mas nem sempre é apropriado usar durações nesses cálculos. O problema surge porque os preços de títulos livres de risco do Tesouro variam apenas em função de alterações das taxas de juros, ao passo que o valor dos títulos privados é afetado tanto pelas taxas de juros quanto pelas flutuações dos *spreads* entre os títulos de dívida privada e os do Tesouro. Em lugar de confiar somente nas durações, alguns gestores farão regressões entre as variações de preços de sua carteira de títulos de dívida de empresas e as variações de preços do contrato de obrigações do Tesouro:

20.2

$$\text{Variação de preço da carteira de títulos de dívida privada} = \alpha + \beta \left(\text{Variação de preço de contratos futuros} \right)$$

O coeficiente de inclinação dessa equação é usado para determinar a relação de *hedge*. O produto entre os números de contratos futuros calculado nos exemplos anteriores e a estimativa do coeficiente de inclinação dirá ao gestor qual é o número apropriado de contratos futuros de obrigações do Tesouro exigido para proteger a carteira de títulos de dívida emitidos por empresas.

Por exemplo, mostramos anteriormente que 91,76 (arredondados para 92) contratos futuros devem ser vendidos para reduzir a duração de uma carteira de 5,5 para 2,0 quando: (1) o valor de um contrato futuro de obrigações do Tesouro for 114.812,50 dólares, (2) a carteira tem um valor de 25 milhões de dólares e (3) 22,5 milhões de dólares estão aplicados em obrigações. Para uma carteira de títulos de dívida *privada*, a análise de regressão com dados históricos descobre que uma variação de 1 dólar no valor do contrato futuro está associada a uma variação de 0,88 centavos de dólar no valor da carteira de títulos privados. Em vista desse resultado, o número apropriado de contratos futuros de obrigações do Tesouro que precisam ser vendidos para reduzir a duração dessa carteira de títulos privados é 91,76 × 0,88, ou 80,75. Com o arredondamento, isso significa que 81 contratos de obrigações do Tesouro precisam ser vendidos.

Modificação das características de uma carteira global de títulos de dívida – Contratos futuros e opções também podem ser usados para modificar ou proteger posições em carteiras globais de títulos de dívida. Por exemplo, se um gestor acreditar que os títulos alemães são investimentos atraentes, ele pode comprá-los diretamente ou expor-se a eles por intermédio de um contrato futuro de obrigações do governo desse país (negociado na LIFFE). De forma semelhante, posições em *gilts*[19] britânicos ou títulos de dívidas de longo prazo do governo britânico podem ser criadas comprando-se os próprios títulos, contratos futuros de *gilts* de longo prazo ou uma opção na qual o título subjacente seja um contrato futuro de *gilts* de longo prazo.

O fato é que as carteiras globais de títulos de dívida representam posições tanto em títulos quanto em moedas. Felizmente, a existência de opções e contratos futuros nas principais moedas permite ao gestor de carteiras gerir os riscos do título e da moeda separadamente. Contratos futuros e opções de contratos futuros de moedas permitem modificar a exposição cambial de uma carteira global de títulos de dívida sem afetar as aplicações efetivas nas carteiras. Por exemplo, um gestor pode sentir-se otimista quanto aos títulos de dívida japoneses por causa de uma expectativa de queda das taxas de juros, mas pode também acreditar que o iene está atualmente supervalorizado em relação ao dólar americano. Ele pode comprar os títulos japoneses e a seguir ajustar a exposição cambial da carteira com o uso de opções e contratos futuros de moedas.

Como exemplo, consideremos um título de dívida com uma aplicação equivalente a 30 milhões de dólares: 9 milhões de dólares nos Estados Unidos; 12 milhões de dólares no Japão, e o restante no Reino Unido. Portanto a alocação corrente entre países e moedas é 30% nos Estados Unidos, 40% no Japão e 30% no Reino Unido. Em função de temores de que o iene está supervalorizado e de uma previsão de fortalecimento da libra, o gestor deseja reduzir sua exposição ao iene em 4,5 milhões de dólares (ou −15 pontos porcentuais), enquanto aumenta sua exposição à libra em 4,5 milhões de dólares (ou +15 pontos porcentuais). Em outras palavras, sua alocação desejada é de 30% em dólares americanos, 25% em ienes japoneses e 45% em libras britânicas.

O rebalanceamento tradicional de moedas significaria também um da alocação entre países, o que impediria o gestor de participar completamente em mercados de títulos que acreditasse estarem subavaliados. Esse rebalanceamento de títulos também seria caro e demorado. Em vez de agirem como de costume, identificando mercados e títulos subavaliados, os gestores de carteiras seriam forçados a tomar decisões com base em previsões de moedas.

O mercado de derivativos ajuda o gestor a manter a exposição em termos de países, ao mesmo tempo em que muda a exposição em termos de moedas. Se supusermos que a taxa de câmbio entre dólar e libra no mercado futuro é de £1 = \$1,62, e que o contrato futuro de libras exige a entrega de £62.500, o valor de um contrato será 1,62\$/£ × £62.500 = \$101.250. Se a taxa de câmbio dólar/iene no mercado futuro for de ¥1 = \$0,008185 (122,17¥/\$1) e o contrato de iene demandar a entrega de ¥12,5 milhões, o valor do contrato futuro de ienes será de 0,0008185\$/¥ × ¥12,5 milhões = \$102.312,50.

Se nosso gestor estiver interessado em reduzir sua exposição ao iene em 4,5 milhões de dólares, ele será capaz de fazer isso vendendo \$4.500.000/\$ 102.312,50 = 43,98 (arredondados para 44) contratos futuros de ienes. Para aumentar a exposição da carteira à libra em 4,5 milhões de dólares, ele deverá comprar \$4.500.000/\$ 101.250 = 44,44 (ou 44) contratos futuros de libras esterlinas.

Uma vez que essas transações sejam completadas, a alocação de títulos entre esses países permanecerá como antes: 30% nos Estados Unidos, 40% no Japão, 30% no Reino Unido. Por meio do uso da proteção cambial, a exposição da carteira do gestor ao (presumivelmente superavaliado) iene será de apenas 25%, enquanto sua exposição à (presumivelmente subavaliada) libra esterlina será de 45%. O uso dos derivativos permite ao gestor de carteiras alterar as exposições a moedas mais rapidamente e com menos custo do que a realocação entre títulos de dívida dos vários países. Essas técnicas permitem ao gestor manter a exposição desejada aos títulos que ele julga estarem subavaliados.

Resumo

- A década passada viu um aumento significativo do número e da variedade de estratégias de gestão de carteiras de renda fixa disponíveis, incluindo as estratégias passivas relativamente simples de compra e manutenção e indexação ao mercado de renda fixa; várias estratégias de gestão ativa de carteiras; uma estratégia de núcleo-mais que combina gestão passiva com gestão ativa; e várias técnicas de casamento de fluxos de caixa, incluindo a imunização clássica, a dedicação e o casamento de prazos de vencimento. É importante entender as alternativas disponíveis e saber como implantá-las. Igualmente importante é perceber que a escolha de uma estratégia específica se baseia nas necessidades e nos desejos do cliente. Por sua vez, o sucesso de qualquer estratégia depende dos conhecimentos e dos talentos do gestor da carteira.

---

[19] *Gilt* ou *gilt edged* é uma denominação dos títulos emitidos em libras esterlinas pelo Banco da Inglaterra e conhecidos no mercado como "gilts" (dourados). (N.T.)

- Derivativos como contratos futuros e opções podem ajudar a proteger contra entradas e saídas de caixa na gestão de carteiras de renda fixa. Podem ajudar a manter carteiras passivas integralmente aplicadas e a minimizar o erro de acompanhamento. Em carteiras ativas, eles podem ajudar a mudar a duração. Os gestores de carteiras que usam combinações de estratégias passivas e ativas, como a imunização de carteiras, podem usar derivativos para ajudar a manter a duração da carteira igual ao horizonte de aplicação restante.
- Os derivativos também podem ser usados para gerir as exposições cambiais nas carteiras globais de títulos de renda fixa.

Questões

1. Explique a diferença entre estratégias pura e modificada de compra e manutenção.
2. O que é estratégia de indexação de carteiras e qual é a justificativa para se usar tal estratégia?
3. Defina brevemente os seguintes *swaps* de obrigações: *swap* de ampliação pura de taxas, *swap* de substituição e *swap* fiscal.
4. Descreva sucintamente três estratégias ativas de gestão de carteiras de títulos de renda fixa.
5. Quais são as vantagens de uma carteira dedicada de casamento de fluxos de caixa? Discuta as dificuldades de montagem de uma carteira desse tipo e os custos adicionais.
6. Identifique e descreva os dois componentes do risco de variação de taxa de juros.
7. O que é imunização de carteiras de títulos de renda fixa?
8. Se a curva de taxas de juros fosse horizontal e não se alterasse, como você imunizaria sua carteira?
9. Você começa com um horizonte de investimento de quatro anos e uma carteira com essa mesma duração, quando a taxa de juros de mercado é de 10%. Um ano mais tarde, qual é o seu horizonte de investimento? Se não houver nenhuma variação de taxas de juros, qual será a duração de sua carteira quanto ao seu horizonte de investimento? O que isso significa em relação à sua capacidade de imunizar sua carteira?
10. Tem sido alegado que um título de dívida com cupom igual a zero é o instrumento financeiro ideal para a imunização de uma carteira. Discuta o raciocínio por trás dessa afirmação em termos do objetivo da imunização, ou seja, a eliminação da exposição ao risco de variação de taxas de juros.
11. Durante uma reunião com um cliente, é levantado o tema da imunização clássica. O cliente questiona os honorários cobrados para montar e gerir uma carteira imunizada. O cliente acredita que se trata basicamente de uma estratégia de investimento passiva, por isso as taxas de administração deveriam ser muito mais baixas. O que você diria ao cliente para mostrar que essa não é uma política passiva e que ela exige mais tempo e talento do que uma política de compra e manutenção?
12. *Exame CFA Nível III*
A capacidade de imunizar uma carteira de títulos de renda fixa é desejável para os seus gestores em algumas situações.
    (a) Discuta os componentes do risco de variação de taxas de juros – supondo uma variação destas com o tempo, explique os dois riscos enfrentados pelo possuidor de um título de renda fixa (4 minutos).(b) Defina imunização e discuta por que um gestor de renda fixa imunizaria uma carteira (4 minutos).
    (c) Explique por que uma estratégia de casamento de durações é uma técnica superior à estratégia de ca-

Investimentos on-line

As ferramentas analíticas e os softwares de gestão de renda fixa são geralmente de propriedade privada. Os sites mencionados abaixo oferecem algumas informações adicionais sobre as técnicas discutidas no texto e lhe fornecem noções sobre o uso de várias técnicas analíticas e de gestão de carteiras.

http://www.ryanlabs.com – A *Ryan Labs Inc.* é um dos líderes na montagem e análise de índices de renda fixa. Seu site fornece informações sobre sua pesquisa, dados, indexação e recursos de consultoria e de gestão de ativos e passivos (esse último aspecto é de particular importância em carteiras que precisam cobrir uma dada série de pagamentos, como os fundos de pensão). O site apresenta discussões sobre a natureza quantitativa da gestão de carteiras de títulos de renda fixa, montagem de índices de renda fixa e as diversas medidas de risco e retorno usadas na análise de investimentos em renda fixa.

http://www.cmsbondedge.com – A página da *CMS Bond Edge* permite aos usuários terem acesso a sites com vários produtos da CMS. Esta vende software de análise de renda fixa a gestores institucionais. Trabalhos de pesquisa sobre análise de investimentos de renda fixa são oferecidos gratuitamente aos usuários que preencham um formulário on-line. *BondEdge* é um produto que oferece simulações, avaliações de volatilidade e outras análises a gestores de carteiras de renda fixa.

Várias corretoras fornecem informações sobre carteiras de renda fixa e estratégias orientadas para o investidor individual. Dentre esses diversos sites, temos:

http://individual.ml.com/individual/pages/prodserv.asp?RepTypeID=19

http://individual.ml.com/individual/CmaFiles/M221.pdf

http://www.bergencapital.com/research/files/LadderedPortfolio.htm

http://www.smithbarney.com/products_services/fixed_income/taxable_fixed_income/research.html

Gestão de carteiras de renda fixa **513**

samento de prazos tendo em vista a minimização do risco de variação de taxas de juros (3 minutos).

(d) Explique em termos específicos como você usaria um título de dívida com cupom igual a zero para imunizar uma carteira de renda fixa. Discuta por que um título com esse cupom é um instrumento ideal para esse fim (4 minutos).

13. *Exame CFA Nível III*

Após ter montado uma carteira estruturada de renda fixa (uma carteira dedicada, indexada ou imunizada), talvez seja possível, com o passar do tempo, melhorar a carteira ótima inicial ao mesmo tempo em que se continua a atingir a meta básica. Discuta três condições que você consideraria favoráveis para uma reestruturação – supondo não haver nenhuma mudança nos objetivos do investidor – e cite um exemplo de cada condição (10 minutos).

14. *Exame CFA Nível III*

O uso de fundos indexados de renda fixa cresceu muito nos últimos anos.

(a) Discuta os motivos pelos quais você esperaria ser mais fácil ou mais difícil montar um índice de mercado de títulos de renda fixa do que um índice de mercado de ações (3 minutos).

(b) Afirma-se que o processo operacional de gestão de um fundo indexado de títulos de dívida de empresas privadas é mais difícil do que o de gestão de um fundo indexado de ações. Discuta três exemplos em apoio a esse argumento (6 minutos).

15. *Exame CFA Nível III (adaptado)*

Durante os últimos anos, tem havido crescimento substancial do valor monetário de carteiras administradas com o uso de técnicas de imunização e dedicação. Suponha que um cliente queira conhecer as diferenças básicas entre (1) imunização clássica, (2) dedicação pelo casamento de fluxos de caixa e (3) dedicação pelo casamento de durações.

(a) Descreva brevemente cada uma dessas três técnicas (3 minutos).

(b) Discuta brevemente a ação permanente de investimento que você precisaria realizar se gerisse uma carteira imunizada (3 minutos).

(c) Discuta brevemente três das principais considerações que envolvem a montagem de uma carteira dedicada em termos de casamento de fluxos de caixa (2 minutos).

(d) Selecione uma das três técnicas alternativas que você acredita que exija o grau mais baixo de gestão ativa e justifique sua escolha (2 minutos).

16. Como o uso de contratos futuros afeta a distribuição de retornos de uma carteira? E a utilização de opções?

17. Como você pode usar contratos futuros para proteger entradas de caixa em uma carteira? E as saídas de caixa?

18. Qual é o risco sistemático em uma carteira de títulos de renda fixa? Qual é o risco não sistemático? Como você pode usar contratos futuros e opções para modificar a exposição a risco sistemático de uma carteira de títulos de renda fixa?

19. Como é possível modificar a exposição cambial de uma carteira de títulos de renda fixa sem comprar ou vender os títulos de diferentes países?

20. *Exame CFA Nível II*

A forma da curva de taxas de juros de títulos do Tesouro dos Estados Unidos parece refletir duas reduções esperadas da taxa de fundos federais pelo Fed. A primeira redução de aproximadamente 50 pontos-base (pb) é es-

perada para daqui a seis meses, e a segunda redução, de aproximadamente cinqüenta pb, é esperada para daqui a um ano. Os prêmios correntes por prazos de vencimento dos títulos do Tesouro dos Estados Unidos são de dez pp por ano para cada um dos próximos três anos (até o título de referência com prazo de três anos).

Você concorda que as duas reduções pelo Fed descritas irão ocorrer. Entretanto, você acredita que serão revertidas por um único aumento de 100 pb da taxa de fundos federais daqui a dois anos e meio. Você espera que os prêmios por prazos de vencimento permaneçam em dez pb por ano para cada um dos três próximos (até o título de referência com prazo de três anos).

(a) Descreva ou desenhe a forma da curva de taxas de títulos do Tesouro até o título de referência com prazo de três anos (1 minuto).

(b) Diga que teoria da estrutura temporal explica a forma da curva de taxas de juros de títulos do Tesouro dos Estados Unidos descrita no item (a). Justifique sua escolha (3 minutos).

Kent Lewis, um economista, também espera duas reduções da taxa de fundos federais pelo Fed, mas acredita que o mercado está excessivamente otimista em relação a quão logo elas vão ocorrer. Lewis acredita que a primeira redução de 15 pb será feita daqui a um ano e que a segunda redução de 15 pb ocorrerá daqui a um ano e meio. Ele espera que essas reduções sejam revertidas por um único aumento de 100 pb daqui a dois anos e meio. Ele acredita que o mercado se ajustará, refletindo sua crença quando novos dados econômicos forem divulgados nas duas próximas semanas.

Suponha que você concorde com o argumento de Lewis e esteja autorizado a comprar o título de referência do Tesouro com prazo de dois anos ou a usar uma estratégia de halteres, usando caixa e o título de referência do Tesouro com prazo de três anos, com a mesma duração do título do Tesouro.

(c) Selecione um investimento no título de referência do Tesouro com prazo de dois anos *ou* na estratégia de halteres com caixa e o título do Tesouro com prazo de três anos. Justifique sua escolha (3 minutos).

21. *Exame CFA Nível II*

Mike Lane terá 5 milhões de dólares para aplicar em obrigações do Tesouro dos Estados Unidos com prazo de cinco anos daqui a três meses. Lane acredita que as taxas de juros cairão nos próximos três meses e ele quer se aproveitar das taxas de juros vigentes, protegendo-se contra a queda destas. Lane possui fundos suficientes para arcar com os custos de abrir e manter uma posição em contratos futuros.

(a) Descreva o que Lane deve fazer, usando contratos futuros de notas do Tesouro com prazo de cinco anos para se proteger contra a queda das taxas de juros (2 minutos).

Suponha que três meses tenham se passado e que, apesar das expectativas de Lane, as taxas de juros dos mercados a termo e à vista para o prazo de cinco anos subiram 100 pontos-base em comparação com as taxas de juros do mercado a termo de cinco anos três meses atrás.

(b) Discuta o efeito das taxas de juros mais altas sobre o valor da posição de contratos futuros aberta por Lane no item (a) (2 minutos).

(c) Discuta como o retorno da posição coberta de Lane difere do retorno que ele poderia obter agora se não tivesse se protegido no item (a) (2 minutos).

514 Investimentos

22. *Exame CFA Nível I*

Que duas fontes de risco de títulos de dívida exercem efeitos contrários?

(a) Risco de inadimplência e risco de variação de taxas de juros.

(b) Risco de reinvestimento e risco de inadimplência.

(c) Risco de variação de taxas de juros e risco de reinvestimento.

(d) Nenhuma das alternativas acima (1 minuto).

PROBLEMAS

1. Você tem uma carteira com valor de mercado de 50 milhões de dólares e uma duração de Macaulay de sete anos (supondo uma taxa de juros de mercado de 10%). Se as taxas de juros saltarem para 12%, qual será o valor estimado de sua carteira usando a duração? Mostre todos os seus cálculos.

2. Responda às seguintes perguntas, supondo que na abertura de uma conta de investimento o valor de mercado de sua carteira seja de 200 milhões de dólares e você imunize a carteira a 12% por seis anos. Durante o primeiro ano, as taxas de juros são constantes a 12%.

(a) Qual é o valor de mercado da carteira no final do ano 1?

(b) Imediatamente após o final do ano, as taxas de juros caem para 10%. Estime o novo valor da carteira, isso se você fez o rebalanceamento exigido (use apenas a duração modificada).

3. Calcule a duração de Macaulay nas seguintes condições:

(a) Um título com prazo de vencimento de cinco anos, cupom de 12% (pagamentos anuais) e taxa de mercado de 10%.

(b) Um título com prazo de vencimento de quatro anos, cupom de 12% (pagamentos anuais) e taxa de mercado de 10%.

(c) Compare suas respostas nos itens (a) e (b) e discuta as suas implicações para a imunização clássica.

4. Compare a duração de Macaulay nas seguintes condições:

(a) Um título com prazo de vencimento de quatro anos, cupom de 10% (pagamentos anuais) e taxa de mercado de 8%.

(b) Um título com prazo de vencimento de quatro anos, cupom de 10% (pagamentos anuais) e taxa de mercado de 12%.

(c) Compare suas respostas nos itens (a) e (b). Imagine uma alteração brusca da taxa de mercado e discuta as suas implicações para a imunização clássica.

5. Responda às seguintes perguntas sobre um título de dívida com cupom igual a zero e prazo de vencimento de dez anos (suponha capitalização semestral).

(a) Qual é a duração do título em questão, supondo uma taxa de mercado de 10%? Qual será sua duração se a taxa de mercado for de 14%? Discuta essas duas respostas.

(b) Calcule o preço inicial de emissão desse título de dívida a uma taxa de mercado de 14%.

(c) Calcule o preço inicial de emissão desse título de dívida a uma taxa de mercado de 10%.

(d) Um ano após a emissão, o título do item (c) está sendo negociado a uma taxa de 12%. Qual é o seu preço corrente de mercado? Supondo que você tenha possuído esse título durante este ano, qual teria sido sua taxa de retorno?

6. Avalie o seguinte *swap* puro de ampliação de taxa: você possui atualmente um título de dívida com cupom de 9%, classificado com o *rating* Aa e prazo de 20 anos, sendo a sua taxa de mercado de 11%. Como candidato ao *swap*, você está considerando um título com cupom de 11%, classificado com *rating* Aa e prazo de 20 anos, que está cotado a 11,5%. (Pense em reinvestimento a uma taxa de 11,5%.)

	Título de dívida atual	Título de dívida candidato
Investimento em dólares		
Cupom		
i em um cupom		
Valor do principal no final do ano		
Total acumulado		
Taxa composta obtida		
Valor do *swap*: pontos-base em um ano		

7. Avalie o seguinte *swap* de substituição: você possui atualmente um título com cupom de 9% e prazo de 25 anos, cotado a uma taxa de 10,5%. Como candidato a um *swap*, você considera um título com cupom de 9%, prazo de 25 anos e *rating* Aa. Esse título é negociado à taxa de 10,75%. (Suponha um período de realização de 5 anos e reinvestimento à taxa de 10,5%.)

	Título de dívida atual	Título de dívida candidato
Investimento em dólares		
Cupom		
i em um cupom		
Valor do principal no final do ano		
Total acumulado		
Taxa composta obtida		
Valor do *swap*: pontos-base em um ano		

8. *Exame CFA Nível III*

O risco de reinvestimento é um fator importante para os gestores de carteiras levarem em consideração ao determinar a estratégia mais apropriada ou ótima para uma carteira de renda fixa. Descreva sucintamente cada uma das seguintes estratégias de gestão desta e explique como cada uma lida com o risco de reinvestimento:

(a) gestão ativa

(b) imunização clássica

(c) carteira dedicada (10 minutos).

9. "Os riscos envolvidos na implantação de uma estratégia de previsão de taxas de juros não são iguais. A redução de durações quando se espera uma elevação de taxas de juros é muito menos arriscada do que a ampliação quando se espera uma queda de taxas." Esta afirmação é verdadeira? Explique sua resposta.

10. Tendo atraído um grande fundo de pensão como cliente novo, você está aguardando um depósito substancial, no valor de 25 milhões de dólares, em sua carteira de títulos

de renda fixa no próximo mês. Sendo igual a 1,05 o fator de conversão entre a obrigação CTD atual e a do Tesouro com cupom de 6% e prazo de 15 anos especificada no contrato futuro de obrigações e sendo a duração da obrigação CTD igual a 6,0, com sua carteira com uma duração de 8,5, quantos contratos futuros de obrigações do Tesouro você deveria comprar ou vender para proteger esse fluxo de caixa? Imagine o valor do contrato futuro de obrigações do Tesouro a 121.156,25 dólares.

11. Se todas as informações do Problema 10 ainda forem válidas, exceto que você gerencie uma carteira de títulos de dívida de empresas, uma análise de regressão lhe fornece as seguintes informações adicionais:

Δ preço da carteira de títulos de dívida de empresas = 980 + 0,92 (Δ preço do contrato futuro)

Quantos contratos futuros de obrigações do Tesouro você deveria comprar ou vender para proteger essa entrada esperada de caixa?

12. Sua carteira de títulos de renda fixa no valor de 50 milhões de dólares está atualmente aplicada nas proporções de 95% em obrigações e 5% em caixa. As obrigações nessa carteira têm duração média de 4,3. Se o contrato futuro de obrigações do Tesouro tiver uma duração de 8,0, um valor de 105 mil dólares por contra-

to e um fator de conversão de 0,95, quantos contratos futuros você deve comprar ou vender para mudar a duração de sua carteira?
(a) para 5?
(b) para 8?
(c) para 3?
(d) para tornar a carteira insensível às variações das taxas de juros?

13. Uma carteira de obrigações internacionais no valor de 100 milhões de dólares tem 20% de seus ativos aplicados em títulos de renda fixa dos Estados Unidos, 30% em títulos de renda fixa da União Européia, 15% em *gilts* do Reino Unido e 35% em títulos de dívida japoneses. Se os preços de contratos futuros atualmente forem $1 = €1,10, $1 = £0,75, $1 = ¥100. O que você faria para mudar sua exposição cambial para aquelas fornecidas abaixo? Observação: examine a seção financeira de um jornal como o *Wall Street* para determinar as características dos contratos futuros de moedas.

	Estados Unidos	Europa	Reino Unido	Japão
a.	25%	25%	25%	25%
b.	20%	50%	25%	5%
c.	30%	10%	20%	40%

Exercícios da web

1. Que exemplos de estratégias de escada ou halteres você encontra na Internet? E de *swaps* de títulos de renda fixa?
2. Visite o site da *Chicago Board of Trade*: http://www.cbot.com. Que informações e idéias são ali oferecidas a ges-

tores de carteiras de renda fixa que querem se proteger contra riscos ou acreditam que têm alguma antevisão de variações futuras das taxas de juros?

Exercícios em planilha

1. Monte uma planilha para analisar um *swap* de títulos de renda fixa. Teste-a usando os dados dos Quadros 20.1 e 20.2 (*swaps* de substituição e de ampliação pura de taxas).
2. Utilizando os cálculos de duração do Capítulo 12, Exercícios em planilha 3, use o processo de tentativa e erro para encontrar a taxa de cupom de um título de dívida com prazo de 15 anos, valor ao par de 1.000 dólares,

duração de sete anos e taxa de retorno até o vencimento de 6%. Qual é o preço do título?
(a) Qual será a taxa de retorno obtida com o título em um período de aplicação de sete anos se as taxas de juros (e a taxa de retorno até o vencimento) repentinamente aumentarem 1 ponto porcentual? E se as taxas repentinamente caírem 1 ponto?
(b) Qual será o retorno obtido em um prazo de aplicação de sete anos se as taxas de juros aumentarem de repente 2 pontos porcentuais? E se caírem dois pontos?

Referências

BARNHILL, Theodore M.; MAXWELL, William F.; SHENKMAN, Mark R. (Ed.). *High Yield Bonds*. New York: McGraw-Hill, 1999.

DATTATREYA, Ravi E.; FABOZZI, Frank J. *Active Total Return Management of Fixed Income Portfolios*. rev. ed. Burr Ridge, IL: Irwin, 1995.

FABOZZI, Frank J. (Ed.). *Fixed Income Readings for the Chartered Financial Analysts Program*. 2. ed. New Hope, PA: Frank J. Fabozzi Associates, 2004.

FABOZZI, Frank J. *Bond Markets, Analysis and Strategies*. 5. ed. Upper Saddle River, NJ: Pearson, 2004.

GLOBAL *Bond Management II: The Search for Alpha*. Charlottesville, VA: AIMR, 2000.

JOST, K. D. (Ed.). *Fixed Income Management for the 21st Century*. Charlottesville, VA: CFA Institute, 2002.

REILLY, Frank K.; WRIGHT, David J. "The Unique Risk-Return Characteristics of High-Yield Bonds." *Journal of Fixed Income* 11, n. 2, set. 2001.

ROSENBERG, Michael R. *Currency Forecasting. Burr Ridge*, IL: Irwin, 1996.

RYAN, Ronald J. (Ed.). *Yield Curve Dynamics*. Chicago: *Glen Lake Publishing*, 1997.

SQUIRES, Jan R. (Ed.). *Credit Analysis Around the World*. Charlottesville, VA: AIMR, 1998.

_____. *Global Bond Management*. Charlottesville, VA: AIMR, 1997.

GLOSSÁRIO

Análise de avaliação – Estratégia ativa de gestão de carteiras de renda fixa que visa tirar proveito de aumentos esperados de preço de títulos temporariamente subavaliados.

Análise de crédito – Estratégia ativa de gestão de carteiras de títulos de renda fixa que procura identificar os títulos de dívida para os quais se espera uma mudança de *rating*. Essa estratégia é crítica quando se aplica em títulos de dívida de alto rendimento.

Análise de *spreads* entre taxas – Estratégia ativa de gestão de carteiras de títulos de renda fixa que se concentra nas diferenças entre taxas de juros de setores específicos de investimento.

Carteira de dedicação pura com casamento de fluxos de caixa – Técnica conservadora de gestão de carteiras dedicadas que busca montar uma carteira que proporciona pagamentos que correspondam exatamente à programação de passivos específicos.

Dedicação – Uma técnica de gestão de carteiras em que os fluxos de caixa da carteira são usados para se resgatar um conjunto de obrigações com o passar do tempo.

Dedicação com reinvestimento – Uma estratégia de dedicação em que os fluxos de caixa da carteira podem preceder os passivos correspondentes. Eles podem ser reinvestidos para gerar algum retorno até a data em que o passivo deve ser liquidado.

Enfoque de duração média ponderada – Um enfoque utilizado para determinar quantos contratos futuros devem ser comprados ou vendidos para aumentar ou diminuir rapidamente a duração de uma carteira.

Entrega – A liquidação de um contrato futuro de obrigações do Tesouro feita com o ativo-objeto efetivo, ou seja, uma obrigação do Tesouro.

Erro de acompanhamento – A diferença entre o retorno de uma carteira montada para replicar um índice e o próprio retorno deste.

Estratégia de compra e manutenção – Uma estratégia passiva de gestão de carteiras de renda fixa os títulos de dívida são comprados e mantidos até o seu vencimento.

Estratégia de duração – Uma estratégia de gestão de carteiras de renda fixa empregada para reduzir o risco de variação de suas taxas de juros por meio da igualdade entre a duração modificada e o horizonte de aplicação. Também chamada de *imunização da carteira*.

Estratégia de escada – Uma estratégia de carteira que aplica um volume igual à dos ativos da carteira em diversas faixas de prazo de vencimento. Os títulos a vencer são reaplicados nos títulos de prazo mais longo. Para reduzir o risco de reinvestimento, os cupons são reaplicados em todas as faixas de vencimentos.

Estratégia de halteres – Uma estratégia de carteira de renda fixa na qual cerca de metade dos fundos é aplicada em títulos de curta duração e o restante, de longa duração. Isso combina o potencial de retorno alto e rendimento elevado de títulos de longo prazo com o risco mais baixo e a maior liquidez dos títulos de prazo mais curto.

Estratégia de prazo de vencimento – Uma estratégia de gestão de carteiras empregada para reduzir a exposição ao risco de variação de taxas de juros de uma carteira de renda fixa igualando o prazo de vencimento da carteira ao seu horizonte de investimento.

Fator de ajuste de duração – Um fator que reflete a diferença em termos de sensibilidade à taxa de juros entre a carteira de renda fixa e a obrigação CTD do Tesouro.

Fator de conversão – Usado para ajustar o valor da obrigação CTD para refletir o custo da entrega da obrigação do Tesouro com cupom de 6%, prazo de 15 anos até o vencimento especificado no contrato futuro de obrigações do Tesouro.

Gestão de renda fixa núcleo-mais – Uma técnica de gestão de carteiras em que uma parte significativa da carteira (cerca de 75%) é gerida passivamente em um índice, enquanto o restante (o componente "mais") é gerido ativamente em setores como títulos de dívida de alto rendimento, de dívida estrangeiros ou de países emergentes.

Horizonte de investimento – O período usado para fins de planejamento e previsão, ou o momento futuro no qual o investidor exige os fundos aplicados.

Imunização – Uma técnica de gestão de renda fixa pela igualdade entre a duração modificada e o horizonte de investimento da carteira, a fim de eliminar a exposição ao risco de variação de taxas de juros.

Indexação – Uma estratégia passiva de gestão de carteiras que procura igualar a composição, portanto o desempenho de um índice de mercado selecionado.

Obrigação mais barata para entrega (CTD, cheapest-to-deliver) – O título de dívida que o vendedor de um contrato futuro de obrigações do Tesouro deve entregar ao comprador a fim de liquidá-lo, pois a obrigação especificada no contrato futuro (cupom de 6%, 15 anos até o vencimento ou primeira data de resgate) raramente existe.

Previsão de taxas de juros – Uma estratégia ativa de gestão de carteiras de títulos de renda fixa destinada à preservação do capital ou para tirar proveito de oportunidades de ganho de capital, mediante a previsão de variações das taxas de juros e seus efeitos sobre os preços dos títulos de dívida.

Risco de reinvestimento – O componente do risco de variação de taxas de juros por causa da incerteza quanto à taxa à qual os pagamentos de cupom serão reinvestidos.

Risco de variação de preço – O componente do risco de variação de taxas de juros em razão da incerteza quanto ao preço de mercado de uma obrigação, causado por possíveis variações de taxas de juros de mercado.

Risco de variação de taxas de juros – A incerteza dos retornos de um investimento em razão das possíveis variações de taxas de juros com o tempo. Composto pelos riscos de variação de preço e de reinvestimento.

***Swap* de títulos de renda fixa** – Uma estratégia ativa de gestão de carteiras de renda fixa que troca uma posição por outra para tirar proveito de alguma diferença entre elas.

Venda fictícia – O termo utilizado quando se vende um título com uma perda de capital e este é recomprado em menos de 30 dias. Nesse caso, o Internal Revenue Service não aceita a perda.

capítulo 21

Avaliação da gestão de carteiras

Neste capítulo, responderemos às seguintes perguntas:

Quais são os métodos usados para se avaliar o desempenho de uma carteira?

Quais são as diferenças e as semelhanças entre as diversas medidas de desempenho de carteiras?

Quais são as principais demandas dos clientes em relação aos gestores de suas carteiras?

Que características importantes deve ter qualquer padrão de referência?

O que é o problema de erro de referência e como ele afeta as medidas de desempenho de carteiras?

Quais são os dois métodos que podem ser usados para se determinar a exposição ao estilo de uma carteira com o tempo?

O que é análise de atribuição de desempenho de carteiras? Como isso ajuda o processo de análise do desempenho de um gestor?

De que modo as medidas de desempenho de carteiras de títulos de renda fixa diferem das de carteiras de ações?

Que indicador de risco é usado na medida Wagner-Tito de desempenho de carteiras de títulos de renda fixa?

Os investidores sempre estão interessados em avaliar o desempenho de suas carteiras. Os gestores ativos querem saber se eles superam seus índices de referência; os passivos almejam saber se seu desempenho acompanha de perto o de seu índice. A avaliação de desempenho é uma etapa indispensável no processo de gestão de carteiras. O Quadro 5.3, no capítulo 5, mostra-o em quatro etapas. A quarta e mais importante delas é o monitoramento das necessidades do investidor, do desempenho econômico e de mercado, e da carteira. Nesta última fase, que corresponde a um fechamento de *feedback* a todos os outros processos desse tipo, determinamos se a carteira atende às necessidades do investidor ou se é necessário realizar algum ajuste.

Neste capítulo, apresentaremos a teoria e a prática da avaliação de desempenho de carteiras. Nos itens iniciais, discutiremos suas técnicas e questões básicas. A seguir, examinaremos as medidas de desempenho que avaliam o retorno ajustado por risco de uma carteira.

Em nossa discussão sobre carteiras de referência, consideraremos inicialmente o que é exigido dos seus gestores. Como a escolha de um padrão apropriado de referência é fundamental para a avaliação de desempenho, vamos rever as características essenciais de carteiras de referência e também algumas das dificuldades que surgem em sua utilização, principalmente as sujeitas a imposto. Também discutiremos como determinar o estilo de investimento de um gestor, bem como o grau com o qual o gestor obedece a esse estilo.

A seguir, examinaremos a análise de atribuição de desempenho, na qual se busca descobrir por que uma dada estratégia resultou em retornos superiores (ou inferiores) aos da carteira de referência. Por fim, como os fatores que determinam o desempenho de uma de títulos de renda fixa diferem daqueles que afetam as de ações ordinárias, considerando diversos modelos especificamente desenvolvidos para a avaliação do desempenho de carteiras de títulos de renda fixa.

Medidas compostas do desempenho de carteiras

Muitas medidas de desempenho ajustado por risco de carteiras baseiam-se nas teorias revistas nos Capítulos 8 e 9. Neles, conhecemos a linha de mercado de capitais, que mostra que o retorno esperado de uma carteira é uma função de seu risco total; a linha de mercado de títulos, fundamentada em um modelo no qual é possível diversificar algum risco para que o mercado recompense apenas o denominado sistemático; e a teoria de precificação por arbitragem, que explica que as sensibilidades a fatores comuns e os níveis de pontos de geração de retornos afetam o dos retornos esperados.

518 Investimentos

Todas essas visões podem ser usadas para se avaliar o desempenho de uma carteira. Há três métodos gerais, com base nos seguintes modelos:

1. Métodos de retornos excedentes, que comparam o retorno da carteira ao esperado, de acordo com o modelo de precificação de ativos (CAPM) ou outros de geração de retornos.
2. Medidas representadas por quocientes de retornos relativos, que avaliam o desempenho de uma carteira com base no retorno por unidade de risco.
3. Métodos que usam retornos padronizados, ou seja, que ajustam o risco de uma carteira de tal maneira que esta e seu índice de referência possuam o mesmo risco, permitindo assim uma fácil comparação de retornos.

Examinaremos cada um desses métodos nos próximos tópicos.

MÉTODOS DE RETORNOS EXCEDENTES

Todos os métodos de retornos excedentes comparam o retorno da carteira a um esperado, sendo este com base no CAPM, em um modelo fundamentado na APT ou no índice de referência da carteira.

Medida de Jensen – Com base no CAPM, essa medida é a mais conhecida dos métodos de retornos excedentes. Todos os outros métodos de retornos excedentes são variações dela.[1] O CAPM calcula o retorno esperado de um período de qualquer título ou carteira com a seguinte expressão:

21.1
$$E(R_j) = RFR + \beta_j[E(R_M) - RFR]$$

onde:

$E(R_j)$ = retorno esperado do título ou carteira j
RFR = taxa de juros livre de risco para um período
β_j = risco sistemático (beta) do título ou carteira j
$E(R_M)$ = retorno esperado da carteira de mercado de ativos com risco

Se o CAPM for empiricamente válido, poderemos expressar a fórmula de expectativas em termos de taxas *observadas* de retorno no decorrer do período t, como a seguir:

21.2
$$R_{jt} = RFR_t + \beta_j(R_{Mt} - RFR_t) + U_{jt}$$

A taxa observada de retorno de um título ou carteira, durante um determinado período, é uma função linear da taxa de retorno livre de risco nesse tempo, mais um prêmio por risco que depende do risco sistemático do título ou carteira durante o período, mais um termo de erro aleatório (U_{jt}).

Subtraindo o retorno livre de risco de ambos os lados, teremos:

21.3
$$R_{jt} - RFR_t = \beta_j(R_{Mt} - RFR_t) + U_{jt}$$

Isso indica que, de acordo com a linha de mercado de títulos, o prêmio por risco obtido no título ou na carteira j é igual a β_j vezes um prêmio por risco de mercado mais um termo de erro aleatório.

Os gestores superiores apresentariam erros aleatórios sistematicamente positivos, pois os retornos efetivos de suas carteiras superariam regularmente os esperados implícitos nesse modelo. Os inferiores teriam erros negativos, pois os retornos de suas carteiras ficariam abaixo dos lucros destes decorrentes do modelo.

Para detectar e mensurar desempenho superior ou inferior, precisamos incluir um intercepto (uma constante diferente de zero) que mensure diferenças sistemáticas em relação ao modelo. A equação 21.3 transforma-se, então, em:

21.4
$$R_{jt} - RFR_t = \alpha_j + \beta_j(R_{Mt} - RFR_t) + U_{jt}$$

Nessa equação, o valor α_j (ou "alfa") representa o quanto da taxa de retorno da carteira é atribuível à capacidade do gestor de obtê-lo, ajustado por risco, acima da média. Os retornos de um gestor superior terão um alfa positivo e significante; já os de um inferior terão um alfa significativamente negativo. Um gestor de carteiras que tenha basicamente se igualado ao mercado, em termos ajustados por risco, terá um valor de alfa que não será significativamente diferente de zero. Quando os investidores e a imprensa financeira discutem o alfa de um gestor ou buscam informação sobre os que o têm positivo, estão se referindo ao intercepto α_j.

Os alfas de gestores podem ser calculados de duas maneiras distintas. Inicialmente, podemos calculá-los período a período usando a Equação 21.4, supondo um resíduo igual a zero (U_{jt}). Reorganizamo-na em função dele:

21.5
$$\alpha_j = (R_{jt} - RFR_t) - \beta_j(R_{Mt} - RFR_t)$$

Em segundo lugar, podemos coletar dados de séries de tempo dos retornos de uma carteira, da taxa livre de risco e dos retornos do mercado, e a seguir estimar a Equação 21.4 por regressão linear simples. A maioria dos programas de regressão em computador também fornecerá o erro padrão da estimativa de alfa, e um teste, por meio de uma estatística t, poderá ser efetuado para determinar se o valor dele é significativamente positivo (desempenho superior) ou negativo (desempenho inferior), ou não diferente de zero (desempenho médio).

---

[1] JENSEN, Michael C. "The Performance of Mutual Funds in the Period 1945-1964." *Journal of Finance* 23, n. 2, 389-416, maio 1968.

Por exemplo, usemos o primeiro método para calcular os alfas dos gestores de carteiras W, X e Y. Imagine que durante o ano passado o retorno efetivo do mercado tenha sido de 11% e que a taxa livre de risco, 5%. Os resultados para os três gestores de carteiras foram os seguintes:

Gestor de carteira	Taxa de retorno	Beta
W	9%	0,90
X	14%	1,05
Y	13%	1,20

Com a Equação 21.5, podemos encontrar o alfa de cada gestor no ano passado:

$$\alpha_W = (9 - 5) - 0,90 \ (11 - 5) = -1,40$$
$$\alpha_X = (14 - 5) - 1,05 \ (11 - 5) = 2,70$$
$$\alpha_Y = (13 - 5) - 1,20 \ (11 - 5) = 0,80$$

Dentre os três gestores, X teve o melhor desempenho ajustado por risco, de acordo com a medida de Jensen.

Regressões do tipo APT – O alfa de Jensen é uma forma simplificada de modelos mais complexos de geração de retornos. Exemplos de modelos usados em pesquisas para avaliar o desempenho de carteiras de fundos de investimento incluem modelos de três e quatro fatores na forma de:

$$\alpha_{jt} = R_{jt} - [\Sigma \ (\beta_{jt} \times F_t)]$$

Ou seja, o retorno excedente da carteira é o retorno efetivo da carteira menos a soma dos fatores que geram retornos (F_t) multiplicados pelas sensibilidades a cada fator (β_{jt}). Os fatores usados nos estudos de desempenho de carteiras têm incluído variáveis que medem o tamanho (capitalização de mercado), relação entre valor patrimonial e de mercado, *momentum* de preço e o retorno do mercado.[2]

QUOCIENTES DE RETORNOS RELATIVOS

Os quocientes são calculados dividindo-se uma medida de retorno pelo risco da carteira. Como tal, fornecem dados sobre quais delas apresentam o melhor retorno por unidade de exposição a risco. Determinamos o seu desempenho relativo comparando o quociente de uma carteira ao de seu padrão de referência. Se seu quociente for superior ao do padrão de referência, a carteira terá apresentado desempenho superior.

Medida de desempenho de carteiras de Sharpe – Sharpe propôs uma medida para avaliar o desempenho de carteiras seguindo de perto seu trabalho sobre o modelo de precificação de ativos (CAPM), lidando especificamente com a linha de mercado de capitais (CML).[3]

No Capítulo 9, quando abordamos os modelos de precificação de ativos, vimos como a CML é obtida. Com a inclusão de um ativo livre de risco, os investidores podem escolher entre aplicar fundos no ativo livre e nas carteiras de ativos com risco ao longo da fronteira eficiente de Markowitz. Essencialmente, os investidores procuram maximizar a inclinação da linha que liga o retorno daquele ativo a essa fronteira, ou, de maneira equivalente, eles buscam a carteira eficiente de Markowitz que lhes permita maximizar o quociente entre retorno excedente esperado e risco:

$$\text{Max (Inclinação da linha de mercado de capitais} = \text{Max} \left(\frac{\textbf{Retorno excedente esperado}}{\sigma_{cart}} \right)$$
$$= \text{Max} \left(\frac{E \ (R_{cart} - RFR)}{\sigma_{cart}} \right)$$

A inclinação máxima ocorre na linha traçada pela taxa de retorno livre de risco e que é tangente à fronteira eficiente. Esse ponto de tangência representa a carteira de mercado. A inclinação dessa linha será:

21.6
$$\text{Inclinação da carteira de mercado} = \frac{R_M - RFR}{\sigma_M - 0} = \frac{R_M - RFR}{\sigma_M - 0}$$

A medida de Sharpe de retorno ajustado por risco baseia-se nessa relação. Ela corresponde ao quociente entre o retorno excedente ocorrido na carteira e o seu desvio-padrão:

$$\text{Medida de Sharpe} = S = \frac{R_{cart} - RFR}{\sigma_{cart}}$$

que represente a inclinação da linha que liga o ativo livre de risco à carteira a ser analisada.

---

[2] Veja, por exemplo, CARHART, Mark M. "On Persistence in Mutual Fund Performance." *Journal of Finance* 52, n. 1, 57-82, mar. 1997; DANIEL, Kent; GRINBLATT, Mark; TITMAN, Sheridan; WERMERS, Russ. "Measuring Mutual Fund Performance with Characteristic-Based Benchmarks." *Journal of Finance* 52, n. 3, 1035-1058, jul. 1997; KOTHARI, S. P.; WARNER, Jerold B. "Evaluating Mutual Fund Performance." *Journal of Finance* 56, n. 5, 1985-2010, out. 2001.

[3] SHARPE, William F. "Mutual Fund Performance." *Journal of Business* 39, n. 1, parte 2, 119-138, jan. 1966.

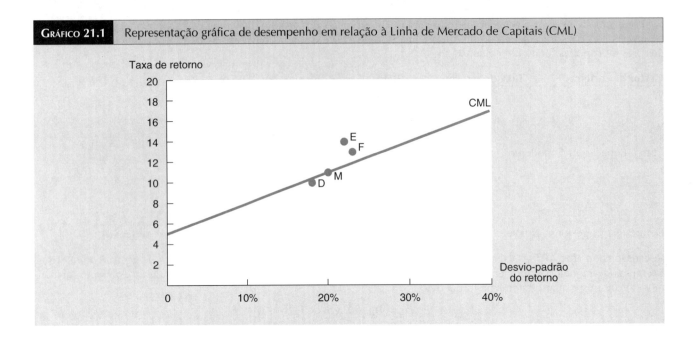

GRÁFICO 21.1 Representação gráfica de desempenho em relação à Linha de Mercado de Capitais (CML)

Essa medida composta de desempenho de carteira mede o risco total desta usando o desvio-padrão dos retornos. Como o numerador é o prêmio por risco, ela indica este que é *obtido por unidade de risco total*. Em termos de teoria de mercado de capitais, essa medida de desempenho de carteiras utiliza o risco total para comparar estas com a CML. As que têm medidas de Sharpe superiores à medida de Sharpe da carteira de mercado situam-se acima da CML; as carteiras com medidas de Sharpe abaixo ficam também nessa posição da CML.

Demonstração da medida composta de Sharpe. No exemplo a seguir, calculamos a medida de Sharpe do desempenho de diversas carteiras. Estamos levando em consideração que, durante nosso período, a taxa livre de risco foi de 5%, o retorno da carteira de mercado foi de 11%, e o desvio-padrão dos retornos anuais do mercado, 20%. Examinaremos o desempenho das seguintes carteiras:

Carteira	Taxa média anual de retorno	Desvio-padrão do retorno
D	10%	18%
E	14%	22%
F	13%	23%

Com essa informação, calculamos a medida de Sharpe para o mercado e para essas carteiras da seguinte maneira:

$$S_M = (11 - 5)/20 = 0{,}300$$

$$S_D = (10 - 5)/18 = 0{,}278$$

$$S_E = (14 - 5)/22 = 0{,}409$$

$$S_F = (13 - 5)/23 = 0{,}348$$

Percebemos que a carteira D apresentou o retorno ajustado por risco mais baixo, ou seja, o retorno excedente mais baixo por unidade de risco total, e não alcançou um desempenho tão bom quanto o da carteira de mercado. Entretanto, as E e F tiveram desempenho melhor do que o mercado como um todo; a E teve o melhor retorno ajustado por risco.

Como conhecemos o retorno e o desvio-padrão da carteira de mercado durante esse período, podemos traçar a CML. Podemos também representar graficamente os resultados para as carteiras D, E e F, como mostrado no Gráfico 21.1. A carteira D está abaixo da linha, indicando um desempenho fraco em termos ajustados por risco. As E e F estão acima e apontam desempenho superior.

Medida de desempenho de carteiras de Treynor – Treynor reconheceu que em uma carteira completamente diversificada, os retornos específicos de ações individuais seriam anulados. Sua medida de desempenho ajustado por risco preocupa-se com o risco não-diversificável da carteira, que também conhecemos como risco de mercado ou sistemático e é medido pelo beta (β).[4] A medida de Treynor, designada por T, é:

---

[4] TREYNOR, Jack L. "How to Rate Management of Investment Funds." *Harvard Business Review* 43, n. 1, 63-75, jan.-fev. 1965.

$$T = \frac{R_{cart} - RFR}{\beta_{cart}}$$

Como o numerador dessa relação, R_{cart} – RFR, é o prêmio por risco, e o denominador é uma medida de risco, a expressão como um todo indica o *prêmio por risco da carteira por unidade de risco sistemático*.

Sabemos que o beta mede o risco sistemático. Isso *implicitamente supõe* uma carteira completamente diversificada, na qual o risco sistemático é a medida relevante de risco. Como o beta da carteira de mercado é sempre igual a 1,00, a medida de Treynor reduz-se a R_M – RFR; o prêmio por risco de mercado, o qual, como vimos inicialmente no Capítulo 9, corresponde à inclinação da linha de mercado de títulos (SML). Por conseguinte, se o beta de uma carteira for positivo, a que tiver um valor de T mais alto do que o prêmio por risco do mercado deve estar situada acima da SML, indicando um desempenho superior em termos ajustados por risco; inversamente, a com um valor de T mais baixo estaria abaixo da SML, o que significaria um desempenho pobre.

Demonstração de medidas de Treynor comparativas. Se durante o período mais recente o retorno total anual médio (incluindo dividendos) do S&P 500 for de 11%, e a taxa média nominal de retorno de letras do Tesouro, 5%, avaliaremos o desempenho de três gestores de carteiras de ações:

Gestor de carteiras	Taxa média anual de retorno	Beta
W	9%	0,90
X	14%	1,05
Y	13%	1,20

Com base nessas informações, podemos calcular os valores de T para a carteira de mercado e cada um dos seus gestores:

$$T_M = (11 - 5)/1,00 = 6,00$$

$$T_W = (9 - 5)/0,90 = 4,44$$

$$T_X = (14 - 5)/1,05 = 8,57$$

$$T_Y = (13 - 5)/1,20 = 6,67$$

Esses resultados indicam que o gestor W não apenas foi o pior dos três em termos de retorno, mas também teve um desempenho inferior ao do mercado como um todo em termos ajustados por risco. Todavia, tanto X quanto Y superaram a carteira de mercado, e o gestor X teve um desempenho um pouco melhor do que Y nesse mesmo termo. Em relação à SML, suas carteiras ficaram situadas acima da linha, como mostrado no Gráfico 21.2.

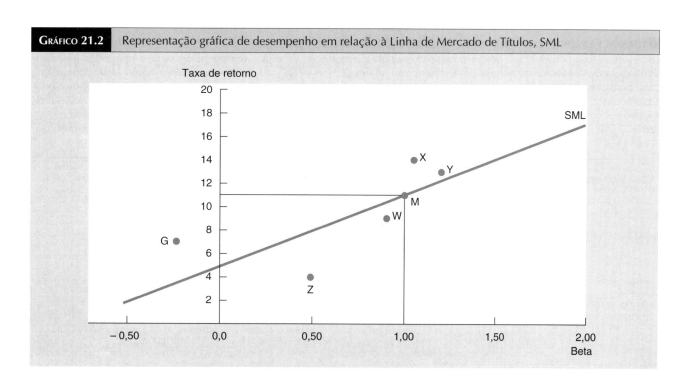

GRÁFICO 21.2 Representação gráfica de desempenho em relação à Linha de Mercado de Títulos, SML

522 Investimentos

Desempenhos inferiores (retorno da carteira < RFR) ou excelentes com baixo risco ($\beta < 0$) podem gerar valores negativos de T. Como exemplo de mau desempenho, considere o gestor Z com um beta de 0,50 e uma taxa média de retorno de 4%. O valor de T seria:

$$T_Z = \frac{4-5}{0,50} = -2,00$$

Obviamente, esse desempenho estaria indicado abaixo da SML no Gráfico 21.2.

Uma carteira com beta negativo e taxa média de retorno acima da taxa de retorno livre de risco teria, de maneira similar, um valor negativo de T. Nesse caso, porém, isso indicaria um desempenho notável. Por exemplo, imagine que um gestor de carteiras G tenha aplicado pesadamente em ações de mineração de ouro durante um período de grandes incertezas políticas e econômicas. Como o preço do ouro geralmente tem correlação negativa com a maioria das ações, o beta dessa carteira poderia ser negativo. Se examinássemos essa carteira após uma alta do preço do ouro, encontraríamos retornos excelentes. Suponha que a carteira G tenha um beta de $-0,20$, e no entanto obtenha uma taxa média de retorno de 7%. Assim, o valor de T será:

$$T_G = \frac{7-5}{-0,20} = -10,00$$

Embora o valor de T seja igual a $-10,0$, esses resultados situam a carteira substancialmente acima da SML no Gráfico 21.2.[5]

Índices de informação – Sharpe também sugere uma medida mais geral de desempenho relacionando o desempenho de uma carteira a qualquer padrão de referência.[6]

Usando:

R_{pt} = retorno de uma carteira no período t
R_{Bt} = retorno de uma carteira de referência no período t
D_t = diferença entre a carteira e a carteira de referência ($R_{pt} - R_{Bt}$) no período t
$\overline{D}$ = o valor médio de D_t no período examinado, $\overline{D} = \Sigma\, D_t/n$
σ_D = o desvio-padrão da diferença de retorno ($R_{pt} - R_{Bt}$) durante o período

O índice geral de Sharpe (S*) é:

$$S^* = \frac{\overline{D}}{\sigma_D}$$

Esse quociente indica a média histórica da diferença de retorno (em relação a uma carteira específica de referência) por unidade de variabilidade histórica desta. Note-se que é dado ênfase para uma diferença de retorno em relação a uma carteira de referência específica que coincide com os objetivos de uma simples.

Um quociente como este é, às vezes, chamado de ***índice de informação***.[7] Em vez de se usar uma carteira específica de referência, o retorno esperado de um modelo – tal como CAPM ou APT – pode ser usado como R_B. Sendo este o caso, o índice de informação equivale ao quociente entre o alfa médio e o erro padrão deste.

RETORNOS PADRONIZADOS: MEDIDA DE DESEMPENHO AJUSTADO POR RISCO

Os retornos excedentes e os índices relativos resultam em números de difícil compreensão para o investidor médio; o significado de um índice de Sharpe de 0,4 ou de um alfa de Jensen de 2,7 não é intuitivamente evidente. Para tornar uma comparação em termos de risco e retorno mais compreensível, podemos ajustar o risco da carteira ao da de mercado (ou a alguma outra de referência), modificando seus retornos. Examinando os que são ajustados, podemos determinar com facilidade que carteiras ofereceram os melhores retornos, dada a sua exposição a risco, e podemos compará-las ao retorno da carteira de mercado. Essa medida é conhecida como desempenho ajustado por risco (RAP, ou *risk-adjusted performance*), e, às vezes, é denominada M^2 ou M2, em homenagem a seus criadores.[8]

---

[5] Como betas negativos podem gerar valores de T que produzem resultados confusos, é preferível representar a carteira graficamente em relação à SML ou calcular o retorno esperado dessa carteira com a equação da SML e comparar este retorno esperado ao retorno realizado. Essa comparação nos dirá se este ficou acima ou abaixo das expectativas. Para a carteira G, o retorno esperado seria:

$$\begin{aligned} E(R_G) &= RFR + \beta_G(R_M - RFR) \\ &= 5 + (-0,20)(7-5) \\ &= 5 - 0,4 \\ &= 4,60 \end{aligned}$$

Quando comparamos este retorno esperado (exigido) de 4,6% ao retorno realizado de 7%, vemos que o gestor da carteira G fez um trabalho superior.

[6] SHARPE, William F. "The Sharpe Ratio." *Journal of Portfolio Management* 21, n. 1, 49-59, out. 1994.

[7] GOODWIN, Thomas H. "The Information Ratio." *Financial Analysts Journal* 54, n. 4, 34-43, jul.-ago. 1998.

[8] Veja MODIGLIANI, Franco; MODIGLIANI, Leah. "Risk-Adjusted Performance." *Journal of Portfolio Management,* 45-54, inverno 1997; MODIGLIANI, Leah. "The Time for Risk Measurement is Now." *Morgan Stanley U.S. Investment Research,* 12 fev. 1997; MODIGLIANI, Leah. "Yes, You Can Eat Risk-Adjusted Returns." *Morgan Stanley U.S. Investment Research,* 17 mar. 1997; MODIGLIANI, Leah. "Don't Pick Your Managers by Their Alphas." *Morgan Stanley U.S. Investment Research,* 3 jun. 1997.

GRÁFICO 21.3 — Abordagem gráfica de determinação de desempenho ajustado por risco (M²)

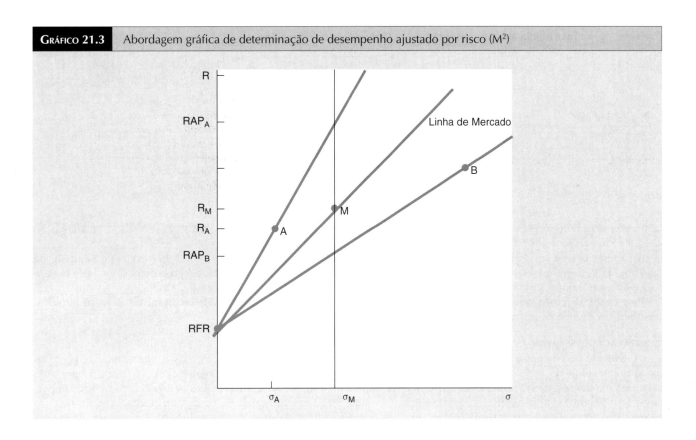

O Gráfico 21.3 mostra como podemos ajustar os retornos por risco. Pense em duas carteiras: uma de mercado M e outra A, bem como um ativo livre de risco com retorno RFR. O retorno histórico da carteira de mercado é R_M; o risco histórico é σ_M. De forma semelhante, a A tem uma média de retorno R_A e risco σ_A. Sabemos, pelo que já fora visto sobre linha de mercado de capitais no Capítulo 9, que criamos carteiras ao aplicarmos em diferentes combinações do ativo livre de risco com a carteira A; elas são representadas pelo segmento de linha entre RFR e a carteira A. Podemos criá-las com combinações mais altas de retorno e risco, tomando emprestado à taxa livre de risco e aplicando na carteira A; essas carteiras são indicadas pelo segmento de linha que se estende além da carteira A.

Prolongamos a linha que liga o ativo livre de risco à carteira A até que ela intercepte a linha vertical σ_M. Podemos fazer isso criando uma carteira com o mesmo risco que a de mercado, tomando emprestado (no caso) à taxa livre de risco e investindo na carteira A. No ponto de interseção, uma carteira com o mesmo risco que a de mercado terá desempenho ajustado por risco RAP_A.

Suponha uma segunda carteira, a B, com os níveis de retorno e risco indicados no Gráfico 21.3. Podemos ajustar o risco de nossa posição vendendo parte da carteira B e aplicando no ativo livre de risco até que o de nossa posição equivalha ao da carteira de mercado. O desempenho ajustado por risco da B é expresso por RAP_B. A carteira com o RAP mais alto é a que atinge (tomando-se emprestado ou emprestando à taxa livre de risco) o retorno mais alto para qualquer nível de risco. O RAP é facilmente comparado ao retorno do mercado e é medido em unidades que os não-especialistas podem entender.

O desempenho ajustado por risco de uma carteira é calculado da seguinte maneira:

21.7
$$RAP_{cart} = RFR + \left(\frac{\sigma_M}{\sigma_{cart}}\right) \times (R_{cart} - RFR)$$

que pode ser reescrita da seguinte maneira:

21.8
$$RAP_{cart} = RFR + (\sigma_M) \times S$$

Ou seja, a medida de desempenho ajustado por risco é igual à taxa livre de risco mais o retorno excedente por unidade de risco (o índice de Sharpe, S) da carteira [$(R_{cart} - RFR)/\sigma_{cart}$], padronizado pelo risco da carteira de mercado σ_M. Por causa desta relação entre o desempenho ajustado por risco (RAP) e o índice de Sharpe (S), eles sempre as colocarão na mesma ordem de classificação.

Demonstração da medida de desempenho ajustado por risco — No exemplo a seguir, calculamos a medida RAP de desempenho para várias carteiras. Como antes, vamos supor que a taxa livre de risco seja igual a 5%, o retorno do mercado é de 11%, e o desvio-padrão dos retornos do mercado, 20%. Examinaremos o desempenho das seguintes carteiras:

524 Investimentos

Carteira	Taxa média anual de retorno	Desvio-padrão do retorno
D	10%	18%
E	14%	22%
F	13%	23%

Usando a equação 21.7, calculamos as medidas RAP desta maneira:

$$RAP_M = 5 + (20/20) \times (11 - 5) = 11 \text{ por cento}$$

$$RAP_D = 5 + (20/18) \times (10 - 5) = 10,56 \text{ por cento}$$

$$RAP_E = 5 + (20/22) \times (14 - 5) = 13,18 \text{ por cento}$$

$$RAP_F = 5 + (20/23) \times (13 - 5) = 11,96 \text{ por cento}$$

Lembre-se de que os índices de Sharpe dessas carteiras são $S_M = 0,300$; $S_P = 0,278$; $S_E = 0,409$; $S_F = 0,348$. Com a Equação 21.8, obtemos os mesmos retornos ajustados por risco vistos anteriormente.

A carteira D teve o retorno ajustado por risco mais baixo e não obteve desempenho tão bom quanto a carteira de mercado. Entretanto, os retornos ajustados por risco das carteiras E e F superaram os 11% do mercado; a E teve o melhor retorno ajustado por risco.

Esse exemplo mostra que os números e as unidades da medida RAP são mais fáceis de ser usados e são mais intuitivamente claros do que os dos índices de Sharpe, Treynor e Jensen.[9]

COMPARAÇÃO DAS MEDIDAS POPULARES

As medidas de desempenho de carteiras de Sharpe e RAP usam o desvio-padrão dos retornos como medida de risco, ao passo que tanto as de Treynor e Jensen usam o beta (risco sistemático). A medida de Sharpe, portanto, avalia o gestor de carteiras com base no desempenho tanto em termos de taxa de retorno quanto de diversificação. Esta é uma distinção importante. Se o retorno de uma carteira e o da de mercado não são perfeitamente correlacionados, as medidas baseadas no risco sistemático (beta) podem diferir daquelas fundamentadas no risco total. Algumas pessoas preferirão as medidas de Sharpe e RAP por isso. Entretanto, o índice de Sharpe é de difícil entendimento para um investidor neófito, pois a RAP produz um indicador de retorno ajustado por risco em pontos porcentuais, ou melhor, de fácil compreensão. Por conseguinte, embora ela classifique as carteiras da mesma maneira que a medida de Sharpe, a RAP tem crescido em termos de popularidade.

Quando carteiras completamente diversificadas, ou seja, com nenhum risco não-sistemático – são avaliadas, as medidas de Sharpe, RAP, de Treynor e de Jensen estarão de acordo sobre como os gestores serão classificados, do melhor desempenho ajustado por risco ao pior. As classificações estarão de acordo porque a variância total de uma carteira completamente diversificada é igual à sua variância sistemática.

Mas, quando tanto carteiras diversificadas quanto não-diversificadas estiverem sendo analisadas, a que for pouco diversificada poderá alcançar classificação mais elevada em termos da medida de desempenho de Treynor ou de Jensen, mas uma mais baixa com base na medida de desempenho de Sharpe. As diferenças nessas posições ocorrem em função das diferenças de diversificação.

Quando usamos as medidas de Sharpe, RAP, de Treynor e de Jensen para avaliar o desempenho de carteiras razoavelmente bem diversificadas, como as de fundos de investimento não concentrados, essas medidas de desempenho são fortemente correlacionadas. Os estudos que são realizados constatam rotineiramente que suas correlações superam 0,80.

Carteiras de referência

Para usar carteiras de referência como ferramenta de avaliação, devemos, antes de mais nada, saber o que é exigido dos gestores avaliados. Os de carteiras defrontam-se com três exigências básicas:

1. Obedecer à política de investimento do cliente.
2. Obter retornos acima da média para uma dada classe de risco.
3. Diversificar a carteira como um todo para eliminar riscos não sistemáticos.

No Capítulo 5, vimos que o gestor de carteiras deve ajudar os clientes em sua compreensão dos riscos do mercado de capitais e das expectativas razoáveis em termos de retornos. Logo que o cliente formular uma política de investimento para a carteira,

---

[9] Já que se trata de uma medida relativamente recente de desempenho de carteiras, os pesquisadores ainda estão descobrindo maneiras de tentar melhorá-la ou modificá-la. A própria Modigliani discute isso, uma medida "M² por beta" que usa o beta em vez do desvio-padrão como medida de risco (MODIGLIANI, Leah. "Don't Pick Your Managers by Their Alphas." *Morgan Stanley U.S. Investment Research* [3 jun. 1997]). Outro método, apelidado de M-3 por seu criador, procura ajustar o desempenho esperado da carteira incluindo a correlação entre uma carteira e seu padrão de referência (MURALIDHAR, Arun S. "Risk-Adjusted Performance: The Correlation Correction." *Financial Analysts Journal* 56, n. 5, 63-71, [set.-out. 2000]). Outro adota a medida com diferenças de estilo em uma medida ajustada por risco (LOBOSCO, Ângelo. "Style/Risk-Adjusted Performance." *Journal of Portfolio Management*, 65-68, primavera 1999). Medidas mais antigas, mas relacionadas à RAP, são as medidas de seletividade e seletividade líquida de Fama. Veja FAMA, Eugene F. "Components of Investment Performance." *Journal of Finance 27*, n. 3, 551-567, jun. 1972, e sua discussão em REILLY, Frank K.; BROWN, Keith C. *Investment Analysis and Portfolio Management*. 7. ed. Mason, OH: South-Western, 2003.

será obrigação do gestor obedecê-la. Uma análise dos riscos, dos retornos e do desempenho da carteira em relação a um índice ou carteira de referência apropriados pode ajudar a determinar se o gestor está cumprindo a exigência referida.

Uma *carteira de referência* corresponde ao padrão de avaliação de desempenho de um gestor de carteiras. A de referência geralmente é um índice ou carteira passiva. Por exemplo, a referência para muitos fundos de ações diversificados e geridos ativamente é o índice S&P 500. Os gestores que recebem uma remuneração por gestão ativa serão avaliados de acordo com sua capacidade de adicionar valor em relação ao padrão de referência. Um motivo para a proliferação de índices no decorrer dos anos (veja os índices de mercado apresentados no Capítulo 7) é a necessidade de tipos diversos de referências para atender às necessidades de clientes que desejem aplicar recursos em ações e títulos de renda fixa tanto no país quanto em âmbito internacional.

Os padrões de referência especializados ou customizados, às vezes chamados de **carteiras normais**, são montados para se avaliar o estilo ou a filosofia especial de investimento de um gestor (por exemplo, investir em ações de empresas pequenas com *momentum* elevado de lucros). O uso de um índice amplo de mercado em lugar de uma carteira de referência específica significa que o gestor carece de um estilo de investimento, o que é pouco realista. As carteiras de referência especializadas permitem ao cliente determinar se o gestor está sendo coerente com seu estilo declarado de investimento.

Características exigidas de padrões de referência

Qualquer padrão útil de referência deve ser:

1. *Claro.* Os nomes e os pesos dos títulos que compõem a carteira de referência são definidos com clareza.
2. *Passível de investimento.* O cliente pode sempre optar por renunciar à gestão ativa e simplesmente aplicar na carteira de referência.
3. *Mensurável.* É possível calcular o retorno da carteira de referência em bases razoavelmente freqüentes.
4. *Apropriada.* A carteira de referência é coerente com o estilo ou as tendências de investimento do gestor; os retornos da carteira gerida ativamente devem ser altamente correlacionados com os da de referência.
5. *Refletir as opiniões correntes de investimento.* O gestor possui conhecimento corrente (seja ele positivo, negativo ou neutro) a respeito dos títulos que compõem a carteira de referência.
6. *Especificada com antecedência.* A carteira de referência é montada antes do início do período de avaliação.

Se uma carteira de referência não possuir todas essas propriedades, ela será ineficaz como ferramenta de gestão. Um exemplo de carteira de referência imperfeita é a que envolve comparar o desempenho de um gestor ativo com o de um mediano (ou seja, 50% deles tiveram desempenho pior, 50%, melhor) no universo desses profissionais. Essa comparação não atende muitas das características de uma carteira de referência especificada anteriormente.[10] Por exemplo, tal referência seria ambígua, pois gestores distintos no universo podem enfatizar diferentes conjuntos de ações ou setores. Além disso, é difícil medir retornos com freqüência, já que o gestor mediano muda com o passar do tempo em virtude dos desempenhos diversos de suas carteiras. Uma carteira de referência como essa também não é passível de investimento, porque ninguém sabe com antecedência quem será esse profissional.

MONTAGEM DE UMA CARTEIRA DE REFERÊNCIA

Uma carteira de referência pode ser um índice de mercado bem conhecido, como o S&P 500, o Russell 2000 ou o Índice de Títulos de Dívidas de Empresas da Merrill Lynch. Alternativamente, muitos clientes ou gestores que acreditam possuir conhecimento especializado exigem também um índice especializado. Este pode ser montado por um índice amplo e bem conhecido, eliminando-se alguns títulos, acrescentando outros ou mudando seu conjunto de pesos para que reflita o conhecimento específico do gestor. Por exemplo, considere a seguinte carteira de referência:

> O Índice do Tuttle Group é formado por 90% de ações e 10% de letras do Tesouro com prazo de 90 dias. O retorno de referência do componente de letras do Tesouro é o retorno efetivo destas com o mesmo prazo mencionado. A carteira de referência para as ações é montada da seguinte maneira: as ações baseiam-se no S&P 500. Uma ação será excluída do índice se seu quociente entre exigível e patrimônio líquido ficar acima de 1,5 vezes a média do setor. Ações com baixo crescimento em termos de lucros (aquelas com taxas de crescimento nos 10% inferiores das ações do S&P 500) também serão omitidas. Os retornos das empresas contidas na carteira de referência de ações receberão pesos iguais.

Esta carteira de referência inclui reservas de caixa, pois a alocação normal de ativos é de 90% em ações e 10% em caixa. Inclui ações do S&P 500 que não apresentam risco financeiro excessivamente alto ou perspectivas limitadas de rentabilidade. Sabe-se que ações de empresas pequenas têm retornos médios historicamente mais altos do que os de ações das grandes. Para refletir esse efeito, o índice é formado com pesos iguais; se fossem utilizados pesos proporcionais aos valores de mercado, o desempenho de ações de empresas grandes dominaria o das de companhias pequenas. Assim, as empresas menores passam a ter um peso proporcionalmente maior nesta carteira de referência do que no S&P 500.

Para proteger o cliente de um gestor de carteira que tenta obter retornos mais altos do que os da carteira de referência correndo níveis mais altos de risco, os investimentos nesta podem ser limitados em termos de composição, risco e diversificação, como a seguir:

---

[10] BAILEY, Jeffrey V. "Are Manager Universes Acceptable Performance Benchmarks?" *Journal of Portfolio Management* 18, n. 3, 9-13, primavera 1992. Para uma discussão geral do que buscar em uma carteira de referência, veja BAILEY, Jeffrey V. "Evaluating Benchmark Quality." *Financial Analysts Journal* 48, n. 3, 33-39, maio 1992.

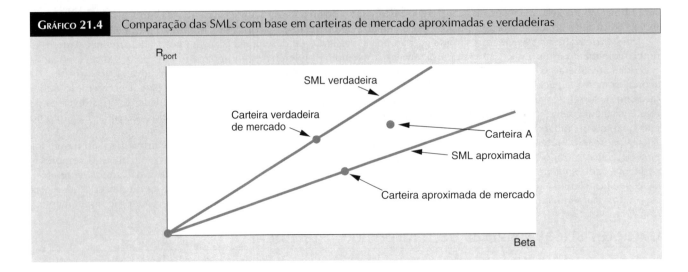

GRÁFICO 21.4 Comparação das SMLs com base em carteiras de mercado aproximadas e verdadeiras

Ações não especificamente incluídas no índice de referência podem ser compradas para a carteira que está sendo efetivamente gerida. As suas características medianas em termos de distribuição de capitalizações e índice preço/lucro deveriam corresponder às características médias da Carteira de Referência de Ações da Tuttle durante um ciclo de mercado. Esta tem apresentado historicamente um beta, em relação ao S&P 500, de 1,05. A faixa permissível para o beta da carteira é de 0,88 a 1,25. Espera-se que os retornos da carteira tenham um R^2 (coeficiente de determinação) na faixa de 0,85 a 0,95 quando estimada uma regressão contra os retornos do S&P 500.

Essas restrições proíbem o gestor de se aproveitar da carteira de referência montando uma que seja real e significativamente diferente da carteira de referência. Desvios em relação a essas restrições constituem motivos para a demissão desses profissionais, a menos que haja circunstâncias atenuantes.

Observe-se que o Índice do Grupo Tuttle inclui as seis características desejáveis de uma carteira de referência. Ele é claro, porque os títulos que pertencem à carteira de referência são identificados explicitamente. É passível de investimento, pois é possível aplicar fundos em um índice passivo específico com 10% em letras do Tesouro e 90% em ações. Além disso, seus retornos são mensuráveis, o que reflete as opiniões correntes de investimento a respeito de retornos de ações de empresas pequenas, o viés contra companhias com risco financeiro elevado e ações de baixo crescimento. Por fim, foi montado antes de o gestor e o cliente discutirem os objetivos e as restrições do cliente e juntos formularem uma política de investimento de comum acordo. Caso o cliente determine que as características ou o estilo do gestor não sejam condizentes com a carteira de referência, o gestor deverá ser substituído por outro cujas competências e cujo estilo correspondam à carteira de referência.

As medidas de desempenho que estamos discutindo são apenas tão boas quanto seus dados. Precisamos ser cuidadosos ao calcularmos as taxas de retorno para levar em conta adequadamente todos os fluxos de entrada e saída. Principalmente, devemos ser judiciosos e pacientes no processo de avaliação. Não é possível avaliar um gestor de carteiras a partir de apenas um trimestre ou mesmo um ano; a avaliação deve se estender por vários anos e cobrir pelo menos um ciclo de mercado completo. Isso mostrará se o desempenho desse profissional varia em períodos de alta ou baixa do mercado.[11]

O PROBLEMA DA CARTEIRA DE MERCADO

Várias das medidas de desempenho de carteiras de ações já discutidas decorrem do CAPM, que pressupõe a existência de uma carteira de mercado. Teoricamente, esta é uma carteira eficiente e diversificada que contém todos os ativos de risco da economia, ponderados por seus valores de mercado.

O problema reside na identificação de uma *proxy* no mundo real para essa carteira teórica de mercado. Os analistas geralmente usam o índice S&P 500 como *proxy*, porque ele contém uma carteira bastante diversificada de ações e a amostra é ponderada por valor de mercado. Infelizmente, o índice S&P 500 tem *apenas* ações ordinárias, a maioria registrada na NYSE. Não é uma carteira verdadeira de mercado. Particularmente, exclui muitos outros ativos com risco que teoricamente deveriam ser incluídos na *proxy*, tal como as ações negociadas na AMEX e na Nasdaq, as de empresas estrangeiras, os títulos de dívida estrangeiros e nacionais, os imóveis, as moedas estrangeiras, os metais preciosos, os selos e as antiguidades.

Essa falta de completude é chamada de erro de *benchmark*.[12] Se a *proxy* da carteira de mercado não for uma carteira realmente eficiente, a SML que usá-la poderá não ser a SML verdadeira; esta poderia ter uma inclinação mais alta. Nesse caso, uma carteira que se situasse acima da SML construída, usando-se uma carteira de referência inadequada poderia de fato situar-se abaixo da SML que use a verdadeira carteira de mercado. Um exemplo seria a A no Gráfico 21.4.

---

[11] Para uma apresentação formal relacionada à importância do elemento tempo, veja KRITZMAN, Mark. "How to Detect Skill in Management Performance." *Journal of Portfolio Management* 12, n. 2, 16-20, inverno 1986. Para um estudo mais recente sobre a dificuldade de se detectar desempenho superior, veja KOTHARI, S. P.; WARNER, Jerold B. "Evaluating Mutual Fund Performance." *Journal of Finance* 56, n. 5, 1985-2010, out. 2001.

[12] ROLL, Richard. "A Critique of the Asset Pricing Theory's Tests." *Journal of Financial Economics* 4, n. 4, 129-176, mar. 1977; ROLL, Richard. "Ambiguity When Performance Is Measured by the Securities Market Line." *Journal of Finance* 33, n. 4, 1051-1069, set. 1978; ROLL, Richard. "Performance Evaluation and Benchmark Error I." *Journal of Portfolio Management* 6, n. 4, 5-12, verão 1980; ROLL, Richard. "Performance Evaluation and Benchmark Error II." *Journal of Portfolio Management* 7, n. 2, 17-22, inverno 1981.

		S&P 500			Índice Mundial		
Ação	**Desvio-padrão**	**Intercepto**	**Beta**	**R^2**	**Intercepto**	**Beta**	**R^2**
ALCOA	0,113	0,006	1,111	0,210	0,009	1,339	0,240
American Express	0,080	0,010	1,202	0,481	0,015	1,278	0,430
AT&T	0,105	−0,019	1,076	0,228	−0,013	0,990	0,153
Boeing	0,084	0,004	0,566	0,098	0,008	0,487	0,057
Caterpillar	0,095	0,001	0,777	0,144	0,004	0,840	0,133
Citigroup	0,101	0,011	1,503	0,474	0,017	1,563	0,405
Coca Cola	0,090	0,003	0,675	0,121	0,006	0,685	0,099
DuPont	0,081	−0,002	0,765	0,193	0,001	0,836	0,182
Eastman Kodak	0,082	−0,012	0,450	0,064	−0,010	0,515	0,067
Exxon Mobil	0,049	0,008	0,384	0,132	0,010	0,395	0,110
General Electric	0,073	0,008	1,243	0,623	0,013	1,346	0,577
General Motors	0,098	−0,008	1,118	0,282	−0,002	1,098	0,215
Hewlett-Packard	0,131	−0,002	1,465	0,270	0,003	1,728	0,296
Home Depot	0,091	0,015	0,950	0,233	0,017	1,277	0,333
Honeywell International	0,115	0,004	0,972	0,154	0,008	1,043	0,140
IBM	0,097	0,009	1,218	0,336	0,016	1,177	0,248
Intel	0,133	0,013	1,444	0,254	0,021	1,378	0,183
International Paper	0,109	−0,008	1,053	0,202	−0,003	1,100	0,174
J. P. Morgan Chase	0,096	0,000	1,200	0,338	0,005	1,195	0,264
Johnson & Johnson	0,076	0,009	0,653	0,158	0,013	0,537	0,084
McDonald's	0,074	−0,001	0,743	0,218	0,002	0,773	0,186
Merck	0,090	0,014	0,567	0,085	0,018	0,373	0,029
Microsoft	0,134	0,006	1,828	0,401	0,015	1,844	0,322
Minnesota M&M	0,071	0,007	0,430	0,079	0,008	0,492	0,082
Philip Morris	0,097	0,006	0,324	0,024	0,010	0,162	0,005
Procter & Gamble	0,086	0,010	0,355	0,037	0,011	0,385	0,034
SBC Communications	0,081	0,002	0,658	0,143	0,006	0,570	0,084
United Technologies	0,088	0,006	1,299	0,470	0,010	1,535	0,518
Wal-Mart	0,091	0,018	0,880	0,203	0,019	1,169	0,283
Walt Disney	0,089	−0,003	0,940	0,238	0,002	0,889	0,168
Mean	0,093	0,004	0,928	0,230	0,008	0,967	0,203

Um segundo problema é que o beta obtido com a utilização dessa *proxy* do mercado poderia diferir do beta calculado pela sua verdadeira carteira. Por exemplo, se o beta "verdadeiro" fosse maior do que o calculado pela *proxy*, a posição real dela se deslocaria para a direita.

Examinemos o impacto do problema da carteira de referência em um ambiente de mercados globais de capitais. Em nossa análise, consideramos o que acontece com as medidas individuais de risco (beta) e com a SML quando o mercado mundial de ações é usado como *proxy* da carteira de mercado.[13] O Quadro 21.1 contém estimativas do intercepto, da inclinação (beta) e do R^2 da linha característica para as 30 ações do índice Dow Jones (DJIA), usando o S&P 500, que é a *proxy* típica do mercado, e o Índice Mundial de Ações da Morgan Stanley Capital International, que é ponderado por valor de mercado e contém ações de todo o mundo. As principais diferenças estão refletidas nos betas e no R^2 das linhas de regressão. Especificamente, na maioria dos casos, o beta é *maior* quando medido contra o Índice Mundial do que contra o S&P 500. De fato, o beta médio (0,967 *versus* 0,928) é 4% mais baixo. O efeito também se reflete no R^2, que freqüentemente é mais baixo com o Índice Mundial e tem um R^2 médio de 13% menor (0,230 *versus* 0,203).

Implicações do problema da carteira de referência – Diversos pontos são importantes em relação a esta crítica às carteiras de referência. Em primeiro lugar, o problema da carteira de referência não nega o valor do CAPM como um modelo normativo de formação de preços de equilíbrio; a teoria ainda é viável. Trata-se de um problema de *medida* no uso da teoria para fins de avaliação de desempenho de carteiras.

---

[13] REILLY, Frank K.; AKHTAR, Rashid A. "The Benchmark Error Problem with Global Capital Markets." *Journal of Portfolio Management* 22, n. 1, 33-52, out. 1995.

528 Investimentos

TABELA 21.1	Efeito da taxa de realização de ganhos de capital sobre o retorno depois do imposto para diversas combinações de valorização e taxa de dividendo

	% DE VALORIZAÇÃO + TAXA DE DIVIDENDO = 10%					
CGRR[a]	4,0 + 6,0	5,0 + 5,0	6,0 + 4,0	7,5 + 2,5	8,0 + 2,0	9,8 + 0,2
5%	6,9%	7,3%	7,6%	8,2%	8,4%	9,0%
10	6,5	6,8	7,2	7,7	7,9	8,5
20	6,1	6,4	6,7	7,2	7,4	7,9
40	5,7	6,0	6,3	6,8	6,9	7,4
60	5,6	5,9	6,2	6,6	6,7	7,2
80	5,5	5,8	6,1	6,5	6,6	7,1

Observação: supõe-se uma alíquota de imposto de 28%.
[a] Taxa de realização de ganhos de capital.

Fonte: Copyright© 2001, *Association for Investment Management and Research.* Reproduzido e republicado por PRICE, Lee N. "Taxable Benchmarks: The Complexity Increases." In: JOST, Kathryn Dixon (Ed.). *Benchmarks and Attribution Analysis.* p. 47–64, com permissão do CFA Institute. Todos os direitos reservados.

Imagine que haja um problema de medida relacionado à *proxy* da carteira de mercado, então será preciso encontrar uma *proxy* melhor para esta ou ajustar qualquer medida de desempenho por erros de *benchmark*. O uso de fatores do tipo APT e carteiras de referência baseadas em características é uma maneira de amenizar esse problema.[14]

De forma alternativa, poderíamos considerar a possibilidade de se atribuir um peso maior à medida de Sharpe de desempenho de carteiras, pois ela não depende tão fortemente da carteira de mercado. Lembre-se de que essa medida de desempenho relaciona retorno excedente ao seu desvio-padrão, ou seja, o risco total da carteira que está sendo avaliada. Recorde-se também que o novo índice de Sharpe avalia o desempenho com base no diferencial de retorno relativamente a uma carteira de referência específica, e que a medida de risco é o desvio-padrão desse diferencial de retorno.

CARTEIRAS TRIBUTÁVEIS E REALIZAÇÃO DE COMPARAÇÕES

Uma questão prática e difícil envolve a comparação de carteiras tributáveis. A maioria dos trabalhos na área das que têm referência pressupõe carteiras isentas de impostos ou com impostos diferidos, como as de fundos de pensão e contas IRA criadas por pessoas físicas. Contudo, muitos investidores possuem fundos aplicados em contas tributáveis. Infelizmente, os índices enumerados no Capítulo 7, que formam a base da grande parte dos estudos de criação de carteiras de referência, são tipicamente analisados antes de impostos.

Existe um motivo forte para isso: não há nenhum método aceito de conversão de retornos antes de imposto de uma carteira de referência a retornos depois do imposto. Os retornos depois do imposto dependem da situação fiscal dos investidores, o que inclui sua alíquota marginal, a data de início da aplicação (para se determinar se quaisquer ganhos ou perdas de capital são de curto ou de longo prazo), e se há ganhos e perdas de capital compensatórios na carteira como um todo.

O retorno depois do imposto em uma carteira de referência depende de duas influências. Uma delas é a divisão entre os fluxos de caixa gerados pela carteira e os seus ganhos de capital. A segunda é a freqüência com a qual estes são realizados. O retorno depois do imposto pode diferir bastante, caso a análise suponha uma **taxa de realização desses ganhos** de, digamos, 20% (o que indica que os títulos são mantidos, em média, por cinco anos) ou 5% (correspondendo a um prazo médio de aplicação de 20 anos). A Tabela 21.1 exemplifica o efeito dessas duas influências para um horizonte de 20 anos. Com um retorno de 10% antes do imposto na carteira, as colunas da tabela decompõem esse resultado por meio de diferentes combinações de rendimentos e ganhos de capital. As linhas mostram os efeitos das diversas taxas de realização destes. A conseqüência é dramática: o retorno depois do imposto varia de 5,5% a 9,0% anualmente, com base nos pressupostos utilizados para se construir a carteira de referência depois do imposto.

REALIZAÇÃO DE COMPARAÇÕES E ESTILO DA CARTEIRA

Como podemos saber se um gestor de carteiras que diz seguir um determinado estilo de fato o adota? Tal informação é importante. Um investidor que deseja aplicar dinheiro em ações de valor não ficará contente se vier mais tarde a descobrir que o gestor estava usando uma estratégia de crescimento. Precisamos identificar as carteiras ou os índices de referência apropriados com os quais julgaremos o desempenho de uma carteira em termos de risco e retorno. Estaremos comparando maçãs com laranjas se o desempenho de um fundo de ações de empresas pequenas for avaliado levando-se em conta o S&P 500.

Neste caso, concentraremos nossa atenção em dois métodos de determinação do estilo de um gestor de carteiras. Embora o nosso foco resida em ações, esses métodos também se aplicam a carteiras de renda fixa e fundos balanceados (com algumas ações e alguns títulos de renda fixa).

---

[14] Veja, por exemplo, as referências enumeradas na nota de rodapé número 2.

| Gráfico 21.5 | Análise do estilo móvel do fundo Magellan da Fidelity |

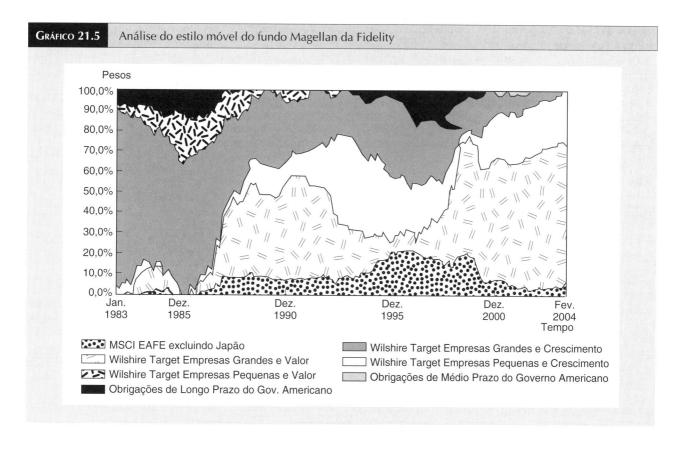

Uma das maneiras de se determinar o estilo é usar **uma análise baseada em retornos** ou **a análise da composição efetiva** desenvolvida por William F. Sharpe.[15] A ligada aos retornos utiliza o comportamento histórico dos retornos da carteira em questão e o compara aos retornos históricos de diversos índices bem especificados. O exame tem técnicas sofisticadas de programação quadrática para indicar que estilos ou combinações de estilos se assemelharam mais aos retornos históricos efetivos da carteira. Hoje em dia, muitos consultores de fundos de pensão e gestão de ativos usam programas de computador fundamentados na técnica de Sharpe para identificar estilos de investimento e avaliar o desempenho do gestor no tempo.

Para exemplificar, o Gráfico 21.5 mostra as classes de ativos e os índices usados em um estudo dos retornos mensais do fundo de investimentos Magellan da Fidelity em um período móvel de 60 meses, ou seja, quando novos retornos mensais se tornam disponíveis, esses novos dados mensais são adicionados aos 60 retornos mensais e a observação mais antiga é desprezada. Isso permite aos analistas e gestores ver como a estratégia ou o estilo de investimento de um fundo mudam com o passar do tempo. O gráfico aponta mudanças de estratégia, de empresas pequenas e crescimento a grandes e crescimento, depois a companhias grandes e valor, e de volta a grandes e crescimento.

A análise de estilos com base nos retornos não está livre de dificuldades práticas.[16] Para ser eficaz, a carteira analisada deve adotar estilos bem definidos (em termos de índices existentes). Além disso, os índices de estilo usados não podem ser muito correlacionados uns com os outros; se eles o forem, poderão resultar em exposições a estilos com flutuações bem grandes. Essas exposições podem ser sensíveis aos índices usados nas regressões.

Um segundo método de determinação do estilo é a análise das características dos títulos que compõem a carteira de um gestor. Em vez de usar os retornos históricos, a **análise de características** baseia-se na crença de que a composição corrente da carteira prevê adequadamente os retornos do período seguinte.[17]

Um desses métodos classifica um gestor de carteiras em quatro estilos básicos de ações: valor, crescimento, orientação para o mercado e capitalização pequena. A metodologia utiliza um enfoque complexo de árvore de decisão para classificar as ações de uma carteira em termos das características fundamentais de índices criados pela Frank Russell Company, a empresa de consultoria que desenvolveu a análise de características. A carteira é examinada com base em sua exposição a ações de companhias pequenas, índice preço-valor patrimonial, taxa de dividendo, índice preço-lucro e retorno sobre patrimônio líquido das ações que a compõem. Por fim, os analistas da Russell desenvolvem uma **medida de desvio em relação ao setor** para comparar os pesos dos departamentos econômicos na carteira (bens de consumo, bens de capital,

---

[15] SHARPE, William F. "Asset Allocation: Management Style and Performance Measurement." *Journal of Portfolio Management*, 7-19, inverno 1992.
[16] Para uma discussão e alguns exemplos, veja BUETOW JR., Gerald W.; JOHNSON, Robert R.; RUNKLE, David E. "The Inconsistency of Return-Based Style Analysis." *Journal of Portfolio Management* 26, n. 3, 61-77, primavera 2000.
[17] Esse enfoque é descrito em CHRISTOPHERSON, Jon A.; TRITTIN, Dennis. "Equity Style Classification System." In: COGGIN, Daniel; FABOZZI, Frank J. (Ed.). *The Handbook of Equity Style Management*, New Hope, PA: Frank J. Fabozzi Associates Publishing, 1995, p. 69-98; e CHRISTOPHERSON, Jon A. "Equity Style Classifications." *Journal of Portfolio Management*, 32-43, primavera 1995.

tecnologia e assim por diante) aos do índice Russell 3000, um geral de mercado. Os resultados dessas análises são combinados na determinação do estilo dela.

Tanto a análise de características quanto a da composição efetiva têm vantagens e desvantagens. O método detalhado do exame de características tende a ser mais útil para a previsão dos retornos futuros da carteira no curto prazo, dada a sua composição atual em termos de estilo e por causa de um conjunto de previsões dos retornos de índices de estilo. Ela também é útil para determinar se o estilo atual de um gestor está alinhado com os padrões anteriores de investimento. O método da composição efetiva de Sharpe pode ser o melhor para a avaliação histórica de um gestor. Por meio do uso de software ao qual muitos consultores e gestores de investimento têm acesso, o método da composição efetiva mostra as alocações passadas e as tendências da exposição a estilos desse profissional.

O método de Sharpe é ainda mais útil na atribuição de desempenho. Com os resultados da análise de composição efetiva, podemos montar uma carteira de referência. Com isso, podemos fazer um exame de regressão usando a especificação da Equação 21.9:

21.9
$$\text{Retorno}_{cart} = \alpha + \beta (\text{Retorno}_{referência})$$

Com a análise de regressão, podemos determinar a variação dos retornos observados da carteira que pode ser explicada pela de referência gerida passivamente. O alfa da regressão é o de Jensen, que nos dá uma medida da capacidade de obtenção de retornos ajustados por risco acima da média. Os resultados da regressão nos permitem ver que porcentagem dos retornos da carteira administrada ocorreram em conseqüência do estilo (de acordo com o R^2, ou seja, o coeficiente de determinação da regressão), e quanto aconteceu em função da capacidade de seleção de ações $(1 - R^2)$. O Gráfico 21.6 mostra que esses índices e alocações explicam 90% da variação mensal dos lucros do fundo Magellan. Em outras palavras, em termos de atribuição de desempenho, essa porcentagem pode ser explicada pela carteira de referência passiva composta pelos índices já especificados e pelas alocações porcentuais A variação não explicada dos retornos do Magellan, presumivelmente em razão da influência da seleção de ações, é de apenas 10%.

Independentemente de como é(são) determinado(s) o(s) verdadeiro(s) estilo(s) de um gestor, a análise é útil para ligar o desempenho da carteira à declaração de política de investimento e à alocação de ativos desejada pelo investidor. A análise de estilos pode mostrar que o gestor de um fundo com ênfase em valor está aplicando em ações com características de crescimento, ou que um gestor de renda fixa está atrás de rendimentos mais altos ao investir em títulos de *rating* mais baixo. Essas ações podem afastar a carteira como um todo para longe da composição desejada em termos de ativos. Desse modo, a análise de estilos pode auxiliar na alocação adequada dos ativos da carteira.

Determinação dos motivos de um desempenho superior (ou inferior)

Além do exame de retornos históricos, da determinação de estilos e do ajustamento dos ativos por risco, a avaliação de carteiras também serve para identificar por que um gestor apresentou desempenho melhor ou pior do que o da carteira de referência. Por exemplo, os retornos superiores poderiam ter resultado (1) de uma estratégia acertada de alocação de ativos que deu peso elevado a uma classe de ativos que obteve retornos elevados; (2) de aplicações em setores subavaliados; (3) da seleção de títulos individuais que tiveram retornos acima da média; ou (4) de alguma combinação dos itens anteriores. Naturalmente, retornos fracos podem da mesma forma resultar em estratégias inadequadas.

Um componente-chave da atribuição de desempenho é a declaração de política de investimento do cliente. Essa atribuição parte da declaração de política de investimento e dos pesos da política na carteira (ou seja, da alocação normal de ativos) e dos retornos da carteira de referência. Essas bases nos permitem determinar quais teriam sido os retornos da carteira se o gestor tivesse aplicado os fundos de acordo com os pesos normais dos índices de referência. Comparando isso aos pesos efetivos dos ativos na carteira e aos retornos efetivos desta, podemos identificar as fontes de retornos superiores ou inferiores.

A análise de atribuição de desempenho começa com uma visão geral, na qual se concentram nas decisões importantes que afetaram os retornos, e depois examina aspectos mais detalhados de como a carteira foi montada. Por isso, a primeira etapa da atribuição de desempenho examina o impacto da *decisão de alocação de ativos* sobre os retornos da carteira. Em outras palavras, procuramos primeiro determinar a diferença entre os retornos da política da carteira e os da carteira efetiva,

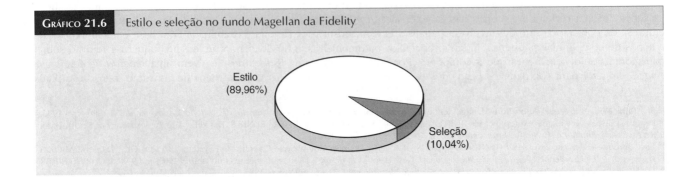

GRÁFICO 21.6 Estilo e seleção no fundo Magellan da Fidelity

TABELA 21.2	Análise de atribuição de retornos	

PESOS DA CARTEIRA		RETORNOS DOS COMPONENTES	
Pesos da política	**Pesos efetivos**	**Retornos do índice**	**Retornos efetivos**
60% em ações	70% em ações	15% no índice de ações	14% nas ações
40% em renda fixa	30% em renda fixa	10% no índice de renda fixa	12% nos títulos de renda fixa

que ocorrem porque os pesos da carteira efetiva diferem dos níveis normais fixados na política do cliente. Especificamente, estaríamos comparando os retornos da política da carteira (ativos ponderados de acordo com a política, obtendo os retornos do índice) aos de uma carteira que comprasse os índices de ativos nas mesmas proporções dos pesos encontrados na efetiva.

A segunda fase da análise envolve a determinação do impacto da *seleção de setores e títulos*. Nessa fase, comparamos os componentes de retornos da carteira efetiva (pesos reais, retornos efetivos de ativos) aos da aplicada nos índices aos pesos reais da carteira. Essa comparação nos permite determinar o efeito da seleção de setores e títulos sobre os retornos da carteira, pois ela se concentra na diferença entre os retornos da carteira e os retornos de índices. Para uma análise mais aprofundada, poderíamos medir o impacto da seleção de setores comparando os pesos dos setores no índice ao peso dos setores na carteira.

Considere o seguinte exemplo: suponhamos que uma carteira tenha obtido um retorno de 13,4% no último ano e que sua carteira de referência tenha rendido 13,0%. Por que o gestor da carteira conseguiu um excedente de 0,4 pontos porcentuais? Isso aconteceu por causa de uma mudança na alocação de ativos? Foi a seleção de títulos? Ou ambos? A Tabela 21.2 fornece os dados relevantes sobre a alocação de ações e títulos de renda fixa de acordo com a composição da carteira e com a política de investimento (carteira de referência) e os retornos efetivos dos componentes da carteira em termos de ações e títulos de renda fixa. Observe-se que a carteira apresentou uma alocação maior em ações do que sua carteira de referência (70% *versus* 60%). O gestor da carteira obteve menos do que o índice (14% *versus* 15%) na parte da carteira formada por ações. A parcela com títulos de renda fixa teve, entretanto, bom desempenho, pois superou o índice (12% *versus* 10%).

A primeira etapa do processo de avaliação é o exame da decisão de alocação de ativos. Aqui os fundos foram aplicados em índices e comparados ao retorno que teria ocorrido (a) se os fundos fossem aplicados de acordo com os pesos fixados na política e (b) se estes fossem investidos segundo os pesos efetivos:

	Ações		Títulos de renda fixa
Alocação de acordo com a política, retornos do índice:	$0,6 \times 15\%$	$+$	$0,4 \times 10\% = 13\%$
Alocação efetiva, retornos do índice:	$0,7 \times 15\%$	$+$	$0,3 \times 10\% = 13,5\%$

Constatamos que o gestor conseguiu um retorno extraordinário de + 0,5% em função de uma transferência da alocação ao mercado de ações durante um período no qual o mercado de ações rendeu mais do que o de renda fixa.

Na segunda etapa do processo, procuramos determinar o papel da seleção superior (ou inferior) de setores ou títulos nos retornos da carteira:

	Ações		Títulos de renda fixa
Alocação efetiva, retornos efetivos:	$0,7 \times 14\%$	$+$	$0,3 \times 12\% = 13,4\%$
Alocação efetiva, retornos do índice:	$0,7 \times 15\%$	$+$	$0,3 \times 10\% = 13,5\%$

A seleção de setores/títulos prejudicou o desempenho da carteira; os retornos ficaram 0,1 ponto porcentual abaixo do que teria ocorrido se o gestor tivesse investido os recursos nos índices de ações e renda fixa. Em termos gerais, o gestor tomou uma boa decisão de alocação (que aumentou os retornos em 0,5%), mas fez uma seleção má de setores/títulos (que os baixou em 0,1%).

Avaliação de desempenho de carteiras de renda fixa

O ambiente no mercado de títulos de renda fixa alterou-se radicalmente nos anos 1970 e 1980, quando as taxas de juros aumentaram de maneira absurda e se tornaram mais voláteis. Esse novo ambiente criou um incentivo para a negociação de títulos de dívida, e essa tendência para uma gestão mais ativa causou uma dispersão substancialmente maior no desempenho dos vários gestores de carteiras de renda fixa. Por sua vez, essa dispersão criou uma demanda de técnicas que ajudassem os investidores a avaliar o desempenho daqueles.[18]

---

[18] Uma visão geral dessa área e uma discussão do desenvolvimento histórico podem ser encontradas em FONG, H. Gifford. "Bond Management: Past, Current, and Future." In: FABOZZI, Frank J. (Ed.) *The Handbook of Fixed-Income Securities*. 6. ed. New York: McGraw-Hill, 2001.

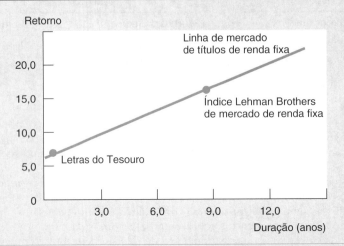

GRÁFICO 21.7 Especificação da linha de mercado de títulos de renda fixa, usando o índice Lehman Brothers de mercado de renda fixa

Fonte: Gráfico extraído de TITO, Dennis A.; WAGNER, Wayne H. "Definitive New Measures of Bond Performance and Risk." In: *Pension World*, jun. 1977. Reimpresso com permissão dos autores.

Um fator fundamental para se avaliar o desempenho adequadamente é uma medida de risco como o coeficiente beta no caso de ações. Isso é difícil de alcançar, porque o vencimento e o cupom de um título de renda fixa exercem um efeito significativo sobre a volatilidade de seus preços.

Como discutido, uma medida composta apropriada de risco para indicar essa volatilidade de um título de renda fixa em relação às variações de taxas de juros é a *duração* do título. Usando isso como medida de risco, Wagner e Tito construíram uma linha de mercado de títulos de renda fixa similar ao conceito de linha de mercado dos que são usados para avaliar o desempenho de ações.[19] A duração simplesmente substitui o beta como variável de risco. A linha de mercado de títulos de renda fixa no Gráfico 21.7 é traçada pelos pontos definidos pelos retornos de letras do Tesouro ao Índice Lehman Brothers de Títulos de Dívida de Empresas e do Governo em lugar do S&P 500.[20] O Índice Lehman Brothers fornece a taxa média anual de retorno do mercado durante algum período comum, e a duração do índice é a média ponderada dos títulos de renda fixa individuais nele contidos.

Dada a linha de mercado de títulos de renda fixa, essa técnica divide o retorno da carteira que difere do retorno do Índice Lehman Brothers em quatro componentes: (1) um efeito de política, (2) um efeito de previsão de taxas, (3) um efeito de análise e (4) um efeito de negociação. Quando os últimos três deles são combinados, eles são chamados de *efeito de gestão*.

O *efeito de política* mede a diferença que ocorre em termos do retorno esperado de uma determinada carteira por causa de uma diferença na meta de duração fixada de acordo com a política de longo prazo da carteira, em comparação com a do Índice Lehman Brothers. Isso leva a crer que uma diferença entre a duração da política de uma carteira e a do índice representa uma decisão quanto a risco relativo. Por conseguinte, dada uma diferença de duração (ou seja, uma de exposição ao risco de variação de taxas de juros), os retornos esperados devem ser distintos.

O *efeito de previsão de taxas de juros* visa medir o diferencial de retorno em decorrência da *mudança* da duração da carteira durante esse período, em comparação com a fixada em sua política de longo prazo. O gestor deveria aumentar a duração da carteira se esperasse queda dessas taxas, e reduzi-la se estas tivessem altas. O efeito de previsão de taxas de juros é determinado por meio da comparação da duração da carteira em um período à da sua política de longo prazo. A diversidade em termos de retorno esperado com essas duas durações pode ser medida pela linha de mercado de títulos de renda fixa.

A diferença entre o retorno *esperado*, dada a duração da carteira, e o retorno *efetivo* desta durante esse período é uma combinação de um efeito de análise e um de negociação. O *efeito de análise* é o retorno extraordinário atribuível à aquisição de títulos temporariamente mal avaliados em relação a seu risco. Para medir o efeito de análise, comparamos o retorno *esperado* da carteira existente no início do período (usando a linha de mercado de títulos de renda fixa) ao *efetivo, se ela for gerida passivamente* (ou seja, com uma política de compra e manutenção). Se o retorno passivo efetivo for superior ao retorno esperado, isso quer dizer que o gestor adquiriu alguns títulos subavaliados que se tornaram corretamente avaliados e proporcionaram retornos excedentes durante o período. Finalmente, o *efeito de negociação* ocorre em virtude de mu-

---
[19] WAGNER, Wayne H.; TITO, Dennis A. "Definitive New Measures of Bond Performance and Risk." *Pension World*, 17-26, May 1977; TITO, Dennis A.; WAGNER, Wayne H. Is Your Bond Manager Skillful?, *Pension World*, 10-16, jun. 1977.
[20] Como se sabe, pelo que fora apresentado no Capítulo 7, seria igualmente razoável usar um índice comparável de mercado de renda fixa da Merrill Lynch, da Salomon Brothers ou o Índice Ryan.

danças de curto prazo na carteira durante o período. Ele é medido subtraindo-se o efeito de análise do retorno excedente total com base na duração.

Essa técnica examina o retorno pela duração, que é usada como medida abrangente de risco. A única ressalva é: a *duração não considera diferenças em termos de risco de inadimplência*. Especificamente, a técnica não distingue um título com *rating* AAA e duração de oito anos de um título BBB nesse mesmo tempo. Isso poderia claramente afetar o desempenho. Um gestor de carteiras que investe em títulos com *rating* BBB, por exemplo, pode obter um efeito de análise positivo simplesmente porque eles têm qualidade inferior à média implícita no Índice Lehman Brothers. A única maneira de evitar que isso aconteça é construir linhas diferentes de mercado para *ratings* alternativos ou montar uma linha de referência que corresponda, em termos de qualidade, à carteira a qual está sendo avaliada.

Resumo

- A primeira meta importante da gestão de carteiras é cumprir a política de investimento do cliente para que eles alcancem seus objetivos e satisfaçam suas restrições. Uma segunda meta é obter taxas de retorno que se igualem ou superem os de uma carteira qualquer, com o mesmo risco. A terceira meta é atingir a diversificação completa. Um passo inicial para assegurar boas relações entre cliente e gestor e uma avaliação honesta do gerente é selecionar ou montar uma carteira apropriada de referência. O desempenho da carteira com gestão ativa será avaliado em relação à referência passiva.
- Diversas medidas têm sido criadas para avaliar carteiras de ações em termos tanto de risco quanto de retorno (medidas compostas). A medida original de Sharpe indica o retorno excedente quanto ao retorno livre de risco por unidade de risco total. O novo índice de Sharpe examina o diferencial de retorno médio em relação à carteira de referência, dividido pelo desvio-padrão do diferencial de retorno. A medida RAP (ou M^2) está relacionada à medida de Sharpe, mas é mais amigável para o investidor em sua apresentação dos resultados de desempenho. A medida de Treynor considera o retorno excedente obtido por unidade de risco sistemático. O alfa de Jensen também avalia o desempenho em termos de risco sistemático e mostra como determinar se a diferença quanto a desempenho (bom ou mau) ajustado por risco é estatisticamente significativo. Também há diversos métodos de atribuição de desempenho que examinam o impacto da alocação e seleção de ativos sobre os retornos de uma carteira em comparação com a de referência.

Investimentos on-line

O desempenho de fundos de investimento é uma questão de conhecimento público, mas o desempenho da grande variedade de fundos de pensão, de doações, de carteiras de seguradoras e de fundos fiduciários e de outras aplicações coletivas privadas pode não ser. Os investidores precisarão utilizar as ferramentas discutidas neste capítulo para avaliar o desempenho das carteiras não públicas. Muitos consultores de investidores e empresas que produzem programas de computação possuem bases de dados e produtos exclusivos e vendem seus serviços a investidores individuais e institucionais como instrumentos de avaliação do desempenho das carteiras. Os consultores que avaliam os gestores de recursos para clientes não oferecem gratuitamente os resultados exclusivos dessa pesquisa na Internet. Entretanto, alguns sites são úteis, pois mostram aplicações do material abordado neste capítulo.

http://www.styleadvisor.com – O site da *web* da *Zephir Associates Inc.* oferece informações sobre o *StyleADVISOR*. O *StyleADVISOR* é um pacote de programas de análise de desempenho com base em retornos de estilos. Ele usa as técnicas de análise e avaliação de desempenho de Sharpe. As páginas oferecem aos visitantes a oportunidade de conhecer o *StyleADVISOR* e ver relatórios ilustrativos, cujo formato se assemelha ao que foi aqui mostrado (por exemplo, os Gráficos 21.5 e 21.6). Boletins anteriores estão disponíveis para leitura; eles fornecem o exame e as visões sobre questões de atribuição de desempenho de carteiras.

http://www.morningstar.com – Este site permite aos usuários obter relatórios resumidos sobre fundos, os *Quickrank*, que oferecem informações sobre estatísticas de retorno e volatilidade, classificações da Morningstar e estatísticas baseadas na moderna teoria de carteiras, como alfa e beta. O relatório também informa o estilo dos fundos, usando a caixa de estilos 3 x 3 da Morningstar.

http://www.valueline.com – Os assinantes podem obter informações necessárias sobre o desempenho de fundos de investimento, incluindo gráficos, tanto sobre retornos absolutos quanto relativos a grupos de pares, e sobre o estilo do fundo, usando a caixa de estilos da Value Line.

http://www.cfainstitute.org – A página do *CFA Institute* fornece um link para informações sobre os Padrões de Divulgação de Desempenho do CFA Institute). Trata-se de um conjunto de diretrizes e princípios éticos, que ajudam a assegurar representação justa, ampla divulgação e comparabilidade nos resultados fornecidos em relatórios de desempenho de carteiras. O site fornece links para recursos de treinamento e fontes de informação sobre os padrões.

- Alguns estudos têm questionado a validade de todas as técnicas que pressupõem a existência de uma carteira de mercado, que teoricamente inclui todos os ativos com risco, quando os investigadores tipicamente usam uma *proxy* como o S&P 500, que é limitado a ações ordinárias dos Estados Unidos. Essa crítica não invalida o modelo normativo de precificação de ativos, mas somente sua aplicação, por causa de problemas de medida relacionados à *proxy* usada para a carteira de mercado. Esse problema de medida de carteiras de referência se acentua em um ambiente em que o investimento global é a norma e quando há carteiras tributáveis envolvidas.
- O desempenho de gestores que adotam um estilo específico deve ser comparado às referências apropriadas para os estilos. Duas técnicas principais ajudam a determinar o estilo de um gestor. A análise baseada nos retornos ou na composição efetiva da carteira utiliza a programação quadrática para determinar que alocações em termos de subconjuntos ou porcentuais de um grupo de índices

mais se assemelha ao desempenho da carteira no tempo. O exame de características analisa os pontos dos títulos existentes na carteira para avaliar o estilo do gestor.
- Os modelos de avaliação para títulos de renda fixa geralmente consideram separadamente as diversas variáveis importantes de decisão relacionadas a esses títulos: o fator geral de mercado, o impacto das decisões a respeito de prazos de vencimento e duração, e a influência de fatores de setor e qualidade, e o impacto da seleção de títulos individuais de renda fixa.
- Os investidores precisam avaliar seu próprio desempenho e o dos gestores contratados. As várias técnicas discutidas fornecem medidas teoricamente justificáveis que diferem entre si. Embora a correlação entre as diversas medidas seja alta, *todas elas devem ser usadas*, pois cada uma oferece diversas visões do desempenho dos gestores. Finalmente, esse profissional deve ser avaliado *muitas vezes* e em *uma variedade de ambientes de mercado* antes de ser feito um julgamento acerca de seus pontos fortes e fracos.

Questões

1. Supondo que você esteja gerindo sua própria carteira, discuta se deveria avaliar seu próprio desempenho. Você compararia seu desempenho com o quê?
2. Quais são os três fatores principais a considerar ao se avaliar o gestor de uma carteira?
3. De que maneira pode o gestor de uma carteira conseguir retornos ajustados por risco superiores?
4. Por que é mais difícil criar um padrão de referência para uma carteira tributável?
5. Como é possível medir se uma carteira está completamente diversificada? Explique por que essa medida faz sentido.
6. Quais são os três tipos básicos de medidas de desempenho de carteiras? Forneça um exemplo de cada tipo de medida.
7. Defina e discuta a medida de Treynor de desempenho de carteiras.
8. Defina e discuta a medida original de desempenho de carteiras de Sharpe.
9. Por que se sugere que uma avaliação empregue tanto a medida de desempenho de Treynor quanto à de Sharpe? Que informações adicionais obtemos quando comparamos as classificações obtidas com o uso das duas medidas?
10. Defina o novo índice de Sharpe e discuta como ele difere da medida original.
11. O que é RAP (ou M^2)? Como se distingue da medida de Sharpe?
12. O que é índice de informação? Que dados fornece sobre o desempenho de uma carteira?
13. Defina a medida de Jensen de desempenho e discuta se ela poderia produzir resultados semelhantes aos dos métodos de Treynor e Sharpe.
14. Supondo que a *proxy* usada para a carteira de mercado não seja boa, discuta o possível problema com a mensuração do beta de uma carteira. Mostre com um exemplo o efeito, em um gráfico de avaliação de carteiras, da mensuração de um beta significativamente inferior ao verdadeiro.
15. Supondo que a *proxy* de mercado seja má, apresente um exemplo do impacto potencial sobre a linha de mercado de títulos (SML) e demonstre com um exemplo como uma carteira que seja superior em relação a essa linha pode ser inferior ao ser comparada à verdadeira SML.

16. Mostre com um gráfico o efeito que o investimento global deve exercer sobre a fronteira eficiente agregada. Discuta o efeito disso sobre a SML mundial e os betas individuais.
17. Por que é importante determinar o estilo do gestor de uma carteira?
18. O que é a análise de estilo baseada em retornos? Descreva o valor de seu resultado para o cliente atual ou potencial de um gestor de carteiras.
19. Quais são alguns dos problemas ou dificuldades que podem ser enfrentados quando se usa a análise de estilos fundamentada em retornos?
20. O que é análise de características? Que vantagens ela possui em relação à análise baseada em retornos? E quais são as desvantagens?
21. Alega-se ser a montagem de um modelo apropriado de avaliação do desempenho de um gestor de renda fixa mais difícil do que a de um modelo de avaliação de carteiras de ações, pois o primeiro exige mais decisões. Discuta algumas destas decisões específicas que você deve considerar ao avaliar o desempenho de um gestor de carteiras de renda fixa.
22. *Exame CFA Nível III*
   Richard Roll, em um artigo sobre o uso do molde de precificação de ativos (CAPM) para avaliar o desempenho de carteiras, escreveu que não deve ser possível avaliar a capacidade de gestão de carteiras, caso haja erro na de referência empregada.
   (a) Avaliando o desempenho de carteiras, descreva o procedimento geral, com ênfase na referência empregada (5 minutos).
   (b) Explique o que Roll quis dizer com erro na carteira de referência e identifique o problema específico com ela (5 minutos).
   (c) Desenhe um gráfico que mostre como uma carteira que tenha sido considerada superior à linha de mercado de títulos (SML) "medida" pode ser inferior em relação à "verdadeira SML" (10 minutos).
   (d) Suponha que você seja informado de que um determinado gestor de carteiras foi avaliado como superior ao ser comparado ao Dow Jones, ao S&P 500 e ao Índice Composto da NYSE. Explique se esse consenso faria com que você se sentisse mais confortável em relação à capacidade verdadeira desse profissional (5 minutos).

Avaliação da gestão de carteiras **535**

(e) Embora reconheçam a existência do problema com os erros de carteiras de referência apontados por Roll, algumas pessoas dizem que isso não significa que o CAPM seja incorreto, mas apenas que existe um problema de medida ao se implantar a teoria. Outros dizem que, em vista dos erros de carteiras de referência, toda essa técnica deveria ser abandonada. Adote e defenda uma dessas posições (5 minutos).

23. *Exame CFA Nível III*
Durante uma sessão de revisão trimestral, um cliente da Fixed Income Investors, uma empresa consultora de fundos de pensão, pergunta a Fred Raymond, gestor de carteiras de um cliente da empresa, se ele poderia fornecer uma análise mais detalhada do desempenho delas do que apresentar apenas o retorno total. Especificamente, o cliente havia lido recentemente uma cópia de um artigo sobre a análise de retornos de carteiras de renda fixa que procurava decompor o retorno total nos quatro seguintes componentes:
(a) Efeito de rendimento até o vencimento
(b) Efeito de taxas de juros
(c) Efeito de setor/qualidade
(d) Resíduo
Embora ele não espere que você seja capaz de dar tal análise para este ano, ele lhe pede para explicar cada um desses componentes de maneira que possa estar bem preparado para compreender um exame como esse quando você o fizer com a carteira de sua empresa no próximo ano. Explique cada um desses componentes (20 minutos).

24. Quais são os atributos de uma boa carteira de referência?

25. "Se um gestor de carteiras de ações não for capaz de superar o S&P 500 no prazo de dois ou três anos, eu o demito!", diz I. M. Quick, que supervisiona diversos gestores externos do fundo de pensão de sua empresa. Você acha que o Sr. Quick tem uma boa política? Por quê?

26. Usando a linha de mercado de títulos de renda fixa, é possível que um gestor tenha um efeito negativo de política, mas um positivo de previsão de taxas de juros? Pode o efeito de análise ser negativo enquanto o de negociação é positivo? Explique.

27. *Exame CFA Nível III*
A *ECB Inc.* é a patrocinadora de um fundo de pensão empresarial. A Sloan & Company é o único gestor de ações americanas utilizado pela ECB e opera sob um mandato que permite à Sloan investir em qualquer ação americana. A ECB tem medido historicamente o desempenho de investimento desta quanto a uma referência correspondente ao "gestor mediano". O desempenho da carteira de referência é construído com base em um universo amplo de gestores de carteiras de ações americanas.
(a) Avalie o uso do "gestor mediano" pela ECB para medir o desempenho da Sloan com ações americanas. Justifique sua resposta fazendo menção a *cada* uma das *quatro* características de uma carteira de referência apropriada (10 minutos).
Como alternativa à abordagem do "gestor mediano", o tesoureiro do ECB sugeriu usar o índice S&P 500 como referência para se avaliar o desempenho de investimento da Sloan.
(b) Descreva *dois* problemas ao se usar o índice S&P 500 como uma carteira de referência apropriada para avaliar o desempenho de investimento de Sloan (4 minutos).

28. *Exame CFA Nível III*
Durante a revisão anual do plano de pensão da Acme, diversos conselheiros questionaram Graham a respeito de vários aspectos de medidas de desempenho e avaliação de risco. Em particular, um conselheiro indagou sobre a viabilidade de se usar cada uma das seguintes referências:
- índice de mercado
- carteira normal de referência
- mediana do universo de gestores
(a) Explique *duas* deficiências distintas, usando cada uma das três referências para medir o desempenho de uma carteira.
Observação: sua resposta deve conter um total de *seis* deficiências diferentes (6 minutos).
Outro conselheiro perguntou como seria possível distinguir entre as seguintes medidas de desempenho:
- índice de Sharpe
- índice de Treynor
- alfa de Jensen
i. Descreva como *cada* uma dessas *três* medidas de desempenho é calculada.
ii. Indique se *cada* uma delas pressupõe que o risco relevante é sistemático, não sistemático ou total. Explique como *cada* medida relaciona o retorno excedente ao risco relevante (12 minutos).

PROBLEMAS

1. Suponha que durante o último período de dez anos a taxa livre de risco tenha sido de 6%, e três carteiras apresentaram as seguintes características:

Carteira	Retorno (%)	Beta	σ (%)
A	13	1,10	14
B	11	0,90	10
C	17	1,20	20

Calcule o valor do índice de Treynor para cada carteira e indique a que teve o melhor desempenho. Suponha que o retorno do mercado durante esse período tenha sido de 12%, com um desvio-padrão de 18%. Como se deram esses gestores em comparação com o mercado?

2. Dados os desvios-padrões especificados no Problema 1, calcule o índice de Sharpe para o desempenho das três carteiras. Há alguma diferença na classificação obtida, usando-se o índice de Treynor ou o de Sharpe? Discuta a causa provável.

3. Calcule a medida RAP para as carteiras do Problema 1. Como se comparam as classificações que usam a medida RAP àquelas obtidas com os índices de Treynor e Sharpe? Por quê?

4. Suponha que, em vez de cobrir dez anos, as informações do Problema 1 cobrem apenas um ano. Calcule o alfa de cada carteira.

5. As seguintes carteiras estão sendo consideradas alternativas de investimento; são apresentadas algumas estatísticas referentes aos últimos anos. Durante esse período, a taxa livre de risco foi de 5%.

Carteira	Retorno (%)	Beta	σ (%)
P	15	1,0	5
Q	20	1,5	10
R	10	1,6	3
S	17	1,1	6
Mercado	13	1,0	4

(a) Calcule o índice de Sharpe para cada carteira e para a carteira de mercado.

(b) Calcule a medida RAP para cada carteira e para a carteira de mercado.

(c) Calcule o índice de Treynor para cada carteira e para a carteira de mercado.

(d) Calcule a medida de Jensen para cada carteira e para a carteira de mercado.

(e) Classifique as carteiras usando cada uma das medidas de desempenho.

6. Você decidiu fazer uma avaliação do desempenho do Cirrus International Fund (CIF) para seu Clube de Investimentos. Você coletou os seguintes dados: retorno do CIF = 15%; RLR = 5%; beta do CIF = 1,20; retorno do mercado = 10%.

(a) Desenhe a linha de mercado de títulos.

(b) Calcule a medida de retorno ajustado por risco para o CIF. Como o CIF se compara à carteira de mercado?

7. Vemos a seguir alguns dados aproximados de retornos e riscos de diversos ativos. Classifique-os com base em seus índices de Sharpe e Treynor. Qual deles fornece as classificações mais relevantes nesse caso?

Ativo	Retorno médio	Desvio-padrão	Beta (com base no índice S&P 500)
Ações de empresas pequenas	18%	36%	1,34
Ações de empresas grandes	12	21	1,00
Obrigações de longo prazo do Tesouro	9	8	0,70
Obrigações de médio prazo do Tesouro	8	7	0,60
Letras do Tesouro	4	4	0,10

8. Considerados os dados abaixo, quais foram os retornos efetivos das carteiras dos gestores A e B? Qual foi a causa de desempenho superior ou inferior dos gestores A e B?

Pesos		
Gestor A	**Política**	**Efetivo**
	50% de ações	55% de ações
	50% de títulos de renda fixa	45% de títulos de renda fixa

Retornos		
	Índice	**Efetivo**
	10% de ações	8% de ações
	6% de títulos de renda fixa	8% de títulos de renda fixa

Pesos		
Gestor B	**Política**	**Efetivo**
	60% de ações	50% de ações
	30% de títulos de renda fixa	30% de títulos de renda fixa
	10% de caixa	20% de caixa

Retornos		
	Índice	**Efetivo**
	–5% de ações	–2% de ações
	7% de títulos de renda fixa	8% de títulos de renda fixa
	3% de caixa	3,5% de caixa

EXERCÍCIOS DA WEB

1. Consulte o site de uma organização de fundos de investimento (por exemplo, experimente Vanguard, Fidelity ou T. Rowe Price) e obtenha os retornos anuais (ou trimestrais) de vários fundos. Usando os dados nele disponíveis e as medidas discutidas neste capítulo, que fundos apresentam o melhor desempenho?

2. Explique como os dados do site pessoal do Professor Ken French, *http://mba.tuck.dartmouth.edu/pages/faculty/ken.french*, poderiam ser úteis a um gestor de carteiras de ações interessado em avaliação de desempenho.

3. Encontre três websites que forneçam avaliações de desempenho de fundos de investimento. Até que ponto suas ferramentas de avaliação se assemelham? Como diferem?

4. Os *rankings* da Morningstar com o uso de estrelas são bastante populares na imprensa financeira e na publicidade de fundos de investimento. Explore o site da Morningstar e relate como são feitos os *rankings* com estrelas, que se baseiam em retornos ajustados por risco ajustado.

EXERCÍCIOS EM PLANILHA

1. Acesse o site da Vanguard e obtenha informações sobre os rendimentos em dinheiro e os ganhos de capital do fundo indexado Vanguard 500. Monte uma planilha para comparar os retornos antes e depois do imposto para um investidor na faixa de imposto de renda de 28%. Suponha que todos os ganhos de capital sejam tributados a 20% quando realizados. Quais são os retornos depois do imposto caso os ganhos sejam efetuados a cada dois anos? E a cada três anos? E a cada quatro anos? E a cada cinco anos? E a cada dez anos? O que isso mostra sobre a sensibilidade desse tipo de retornos aos pressupostos sobre taxas de realização de ganhos de capital?

2. Monte uma planilha que, dados o retorno livre de risco, as informações sobre a carteira de mercado e o retorno médio, o desvio-padrão e o beta de uma carteira, calculará os valores do índice de Sharpe, Treynor, RAP e

do alfa de Jensen da carteira. Use a planilha para calcular essas medidas para os fundos apresentados a seguir. Use a função "dados\classificar" para ordenar os que tiveram melhor desempenho e aqueles que foram piores, em cada uma das quatro medidas.

Carteira	Retorno (%)	σ (%)	β
ABC	10,1	18,2	1,10
DEF	12,5	22,3	1,25
GHI	8,9	13,8	0,95
RKF	7,2	12,5	0,82
NAE	14,4	24,7	1,43
Mercado	12,0	20,0	1,00
Livre de Risco	4,5	0,0	0,00

3. Foram feitas regressões dos retornos mensais de 20 fundos de investimento em relação aos retornos do S&P 500. Em vista dos dados estatísticos a seguir, responda às perguntas:
   (a) Que fundos possuem alfas estatisticamente diferentes de zero?
   (b) Que fundos têm betas estatisticamente diferentes de 1,0?
   (c) Quais são os três fundos que acompanharam mais de perto os retornos do S&P 500?
   (d) Calcule os índices de Sharpe e Treynor e o RAP de cada fundo (a coluna "Alfa" representa o alfa de Jensen). Calcule a correlação entre esses índices e o alfa de Jensen.

	Alfa	Estatística T de alfa	Erro padrão de alfa	Beta	Estatística T de beta	Erro padrão de beta	R^2	Média aritmética (%)	Desvio-padrão (%)
AIM Constellation A	0,0016	0,1968	0,0083	1,2601	7,6615	0,1645	0,6265	17,478	27,762
American Cent Ultra	0,0014	0,2788	0,005	1,2362	12,4611	0,0992	0,8161	16,995	23,848
Domini Social Equity	−0,0007	−0,4006	0,0018	1,0502	29,1488	0,036	0,9604	12,911	18,662
Dreyfus Growth Opportunity	−0,0059	−2,5378	0,0023	1,0851	23,6461	0,0459	0,9411	7,051	19,484
Fidelity Magellan	0,0013	0,7101	0,0018	1,0603	29,0285	0,0365	0,9601	15,429	18,848
Fidelity Puritan	0,0002	0,0772	0,0022	0,5133	11,7116	0,0438	0,7967	9,519	10,049
Gabelli Asset	0,0024	0,8144	0,003	0,8038	13,6372	0,0589	0,8416	14,625	15,261
Guardian Park Avenue A	−0,002	−0,2698	0,0075	1,1144	7,4243	0,1501	0,6116	11,873	24,829
Janus Venture	0,0071	0,4169	0,017	1,4789	4,359	0,3393	0,3519	25,874	43,493
Lindner Growth and Income	−0,007	−1,7738	0,004	0,4787	6,0696	0,0789	0,5128	0,593	11,679
Merrill Lynch Equity Income A	0,0008	0,1586	0,0053	0,541	5,0802	0,1065	0,4244	10,563	14,545
Morgan Stanley Developing Growth B	0,0075	0,4581	0,0163	1,2846	3,9589	0,3245	0,3093	24,690	40,301
Neuberger Berman Fasciano	−0,0027	−0,5585	0,0049	0,7063	7,2723	0,0971	0,6018	7,650	15,907
Oppenheimer Value A	−0,0082	−1,8268	0,0045	0,9041	10,0867	0,0896	0,744	2,695	18,304
Putnam Fund for Growth & Income A	−0,0034	−0,693	0,005	0,7612	7,7055	0,0988	0,6291	7,250	16,768
Smith Barney Premium Total Return B	−0,0024	−0,8952	0,0027	0,5269	9,8848	0,0533	0,7363	6,551	10,711
T, Rowe Price Growth Stock	0,003	1,108	0,0027	1,0169	18,6307	0,0546	0,9084	17,149	18,594
Value Line Special Situations	0,0101	0,8885	0,0113	1,1877	5,259	0,2258	0,4414	27,020	31,179
Van Kampen Pace A	−0,0043	−3,5839	0,0012	1,0191	43,0623	0,0237	0,9815	8,409	17,920
Vanguard Wellington	0,0004	0,1299	0,0034	0,464	6,8472	0,0678	0,5726	9,435	10,743
S&P 500	0,000			1,000			1,000	13,363	17,422
Letras do Tesouro dos Estados Unidos								5,060	

4. Os criadores do RAP (ou M^2) modificaram o índice de Treynor propondo uma medida "M^2 por beta". Dado o que você sabe sobre o índice de Treynor e a relação entre M^2 e o índice de Sharpe, desenvolva uma medida "M^2 por beta". Adicione esse cálculo à planilha do exercício anterior.

5. Monte uma planilha para a avaliação básica de atribuição de desempenho. Resolva o Problema 8 usando sua planilha.

6. Utilize planilhas para determinar a taxa de retorno ponderada por prazo e a por valores monetários para os seguintes dados (veja o apêndice):
   (a) Aplicar 1.000 dólares na data zero; aplicar outros 5.000 dólares no final do primeiro ano e novamente no final do segundo ano. A carteira obtém 10% durante o ano 1, 15% no ano 2, e perde 5% durante o ano 3.
   (b) Aplicar 5.000 dólares na data zero; aplicar essa mesma quantia no final do primeiro ano e 1.000 dólares no final do segundo ano. A carteira obtém 10% durante o ano 1, 15% durante o ano 2 e perde 5% no ano 3.
   (c) Aplicar 10 mil dólares na data zero; nenhum outro investimento é feito. A carteira obtém 10%, 5%, -8% e 15% nos quatro anos seguintes.
   (d) Aplicar 2 mil dólares na data zero, ao final de um ano e ao final do segundo ano. A carteira obtém 10% a cada ano.

REFERÊNCIAS

Além dos estudos relacionados nas notas de rodapé, as seguintes publicações também são interessantes:

COGGIN, T. Daniel; FABOZZI, Frank J. (Ed.). *The Handbook of Equity Style Management*. 2. ed. New Hope, PA: *Frank J. Fabozzi Associates Publishing*, 1997.

FABOZZI, Frank J. (Ed.). *The Handbook of Fixed-Income Securities*. 6. ed. New York: McGraw-Hill, 2001.

KAHN, Ronald N. "Bond Performance Analysis: A Multi-Factor Approach." *Journal of Portfolio Management* 18, n. 1, out. 1991.

KLEIN, Robert A.; LEDERMAN, Jess (Ed.). *Equity Style Management*. Chicago: Irwin, 1995.

LEIBOWITZ, Martin L.; BADER, Lawrence; KOSELMAN, Stanley. "Optimal Portfolios Relative to Benchmark Allocations." *Journal of Portfolio Management* 19, n. 4, verão 1993.

GLOSSÁRIO

Análise baseada em retornos – Compara o padrão histórico de retornos da carteira em questão aos históricos de diversos índices bem especificados. Utiliza técnicas sofisticadas de programação quadrática para indicar que estilos ou combinações destes se assemelharam mais aos retornos históricos da carteira real.

Análise da composição efetiva –*Veja* análise baseada em retornos.

Análise de características – Esse exame se baseia na crença de que a composição atual da carteira é um bom indicador dos retornos no período seguinte. A metodologia usa uma abordagem complexa de árvores de decisão para classificar as ações existentes em uma carteira em termos de características fundamentais dos índices.

Carteira normal – Carteira de referência especializada ou customizada construída para avaliar um estilo ou a filosofia de investimento de um gestor.

Carteira de referência – Uma carteira utilizada como padrão de avaliação de desempenho de um gestor. A de referência geralmente é um índice passivo ou uma carteira com uma alocação de ativos igual à especificada na política de investimento do investidor.

Efeito de análise – Diferença entre o desempenho de uma carteira de títulos de renda fixa e um índice escolhido, graças à aquisição de títulos temporariamente mal precificados e que se deslocam a seus preços corretos.

Efeito de gestão – Combinação dos efeitos de previsão de taxas de juros, de análise e de negociação.

Efeito de negociação – Diferença no desempenho de uma carteira de títulos de renda fixa em relação a um índice escolhido, em função de alterações de curto prazo na composição da carteira.

Efeito de política – Diferença no desempenho de uma carteira de títulos de renda fixa em relação ao do índice escolhido, causada por distinções de duração, que por sua vez resultam na política de investimento de um fundo.

Efeito de previsão de taxas de juros – Diferencial de retornos causado pela alteração da duração da carteira durante um período, comparada à que foi fixada na política de longo prazo.

Erro de referência – Imprecisão na avaliação de desempenho de carteiras em conseqüência de má representação do desempenho do mercado por causa da série de indicadores de mercado escolhida como *proxy* da sua carteira.

Índice de informação – Indicador que mede o retorno excedente médio quanto à carteira de referência, dividido pelo desvio-padrão do retorno excedente.

Taxa de realização de ganhos de capital – Ganhos ou perdas líquidos realizados em uma carteira tributável ao longo de um ano, expressos como porcentagem dos ganhos médios disponíveis para realização durante o ano.

APÊNDICE 21

Cálculo dos retornos de carteiras

Antes de avaliarmos o desempenho de carteiras, precisamos medi-lo. No Capítulo 2, aprendemos a calcular o retorno do prazo de aplicação (RPA), que equivale à variação do valor da carteira, mais os rendimentos recebidos, dividido pelo seu valor inicial, ou seja:

$$\text{RPA} = \frac{\text{(Valor final} - \text{Valor inicial)} + \text{Rendimentos em dinheiro}}{\text{Valor inicial}}$$

Dependendo da duração do prazo de aplicação, é possível converter o retorno deste em um anualizado (caso o prazo de aplicação seja inferior a um ano) ou um retorno médio anual (se for superior a um ano).

Esse cálculo não é apropriado para muitas carteiras que experimentam entradas ou saídas de caixa com o passar do tempo, como um fundo de pensão ou um de investimento. O valor final da carteira pode ser contaminado pelo efeito líquido dos fluxos periódicos de caixa. Podemos usar duas abordagens básicas para levar em conta os fluxos de caixa intermitentes: a taxa de retorno ponderada por valores monetários ou a ponderada por prazos.

Para ilustrar o cálculo dessas duas medidas, usaremos o seguinte cenário: na data zero, aplicamos 1.000 dólares no Fundo Inacreditável (sem taxas de entrada). As suas cotas valem 20 dólares, o que significa que estamos comprando 50 cotas. Na data 1, o fundo paga rendimentos de 1 dólar por cota, e assim recebemos 1 dólar × 50 cotas, ou 50 dólares de rendimentos. Além disso, o valor do fundo sobe 25%, à cota de 25 dólares, o que significa que nossa aplicação passa a valer 1.300 dólares (50 cotas × 25 dólares por cota + 50 dólares de rendimentos). O fundo rendeu 30% durante esse primeiro período.

Na data 1, aplicamos outros 1.000 dólares no Inacreditável, comprando outras 40 cotas (1.000 dólares/25 dólares por cota). Nosso total agora é de 90 cotas. Na data 2, o Inacreditável paga uma distribuição de rendimentos de 1 dólar por cota (e recebemos 90 dólares), e o valor desta sobe outros 40% para 35 dólares. O valor de nossa aplicação agora é de 90 cotas 35 dólares + 90 dólares (distribuição de rendimentos) = \$3.240.

Qual foi nosso retorno no decorrer desse período? Vai depender dos cálculos da taxa de retorno ponderada por valores monetários ou uma ponderada por prazos.

TAXA DE RETORNO PONDERADA POR VALORES MONETÁRIOS

A taxa de retorno ponderada por valores monetários (TRPVM) é simplesmente a taxa interna de retorno dos fluxos de caixa da carteira. É a taxa de retorno que faz com que o valor presente das saídas de caixa se iguale ao valor presente das entradas de caixa. Em outras palavras, é o retorno obtido sobre os fundos aplicados que lhes permite crescer ao valor no final do período. Para determinar a TRPVM, nossas saídas de caixa na carteira foram:

1.000 dólares na data 0
1.000 dólares na data 1

As entradas de caixa de nosso investimento foram:

50 dólares na data 1
90 dólares na data 2
3.150 dólares correspondentes ao valor das cotas do fundo na data 2

Igualando os valores presentes das entradas e saídas, teremos:

$$\$1.000 + \frac{\$1.000}{1+r} = \frac{\$50}{1+r} + \frac{\$90 + \$3.150}{(1+r)^2}$$

Calculando r, a taxa interna de retorno, ou TRPVM, é de 38,66%. Nosso retorno médio anual nesses dois períodos foi também nessa porcentagem.

TAXA DE RETORNO PONDERADA POR PRAZOS

A taxa de retorno ponderada por prazos (TRPP) é simplesmente o retorno médio geométrico. Calculamos a TRPP encontrando o produto dos retornos dos prazos de aplicação (que equivale a 1 + RPA) nos n períodos, elevando-o a $1/n$, e depois subtraindo 1:

$$\text{TWRR} = \left[(\text{HPR}_1)(\text{HPR}_2)(\text{HPR}_3)...(\text{HPR}_n) \right]^{1/n} - 1$$

Lembre-se de que a história de nosso investimento no Inacreditável era:

Data	Valor de mercado antes do fluxo de caixa	Entrada (saída) de caixa	Valor de mercado após o fluxo de caixa	Retorno
0	$0	$1.000	$1.000	Não aplicável

(O valor da cota é de 20 dólares; compramos 50 cotas)

Data	Valor de mercado antes do fluxo de caixa	Entrada (saída) de caixa	Valor de mercado após o fluxo de caixa	Retorno
1	$1.300	($50) + $1.000	$2.250	$1.300/$1.000 −1 = 30%

(O valor da cota agora é 25% mais alto, ou seja, de 25 dólares/cota; compramos um adicional de 40 cotas; agora possuímos um total de 90 delas)

Data	Valor de mercado antes do fluxo de caixa	Entrada (saída) de caixa	Valor de mercado após o fluxo de caixa	Retorno
2	$3.240	($90)	$3.150	$3.240/$2.250 −1 = 44%

(O valor da cota é de 35 dólares por ação após a distribuição de rendimentos)

Assim, o retorno do primeiro período foi de 30%; o do segundo período foi de 44%. A taxa de retorno ponderada pelos prazos é:

$$\mathbf{TWRR} = [(1+0,30)(1+0,44)]^{1/2} - 1 = 0,3682$$

ou seja, o retorno médio anual é de 36,82%.

Portanto, calculamos nossos retornos de duas maneiras distintas e temos duas respostas diferentes. A TRPVM é de 38,66%; a TRPP é igual a 36,82%. Qual desses é o retorno correto?

POR QUE A TAXA DE RETORNO PONDERADA POR PRAZOS É SUPERIOR

A TRPP é geralmente vista como a melhor maneira de se calcular retornos; de fato, os padrões de desempenho de carteiras adotados pelo CFA Institute exigem que os retornos sejam calculados com a abordagem da TRPP.[21] A TRPP é vista como um método superior porque ela considera somente os retornos efetivos da carteira em cada período. Dessa forma, a TRPP não tem nenhum viés de tamanho, ao passo que a taxa ponderada por valores monetários o apresenta.

O viés de tamanho estava evidente em nosso exemplo. O retorno do primeiro período era de 30%; a seguir, mais recursos foram aplicados, o retorno do segundo período foi de 44%. A TRPVM de 38,66% é mais alta do que a TRPP de 36,82%, uma vez que o fundo era maior quando teve o retorno mais alto no período 2.

Podemos mostrar facilmente que, tivessem os retornos dos períodos sido invertidos, a TRPVM seria inferior à TRPP, pois o retorno elevado de 44% do fundo teria ocorrido em um momento em que menos recursos estavam sendo aplicados. A tabela a seguir representa os fluxos de caixa e os valores de mercado supondo-se um retorno de 44% no primeiro período e um retorno de 30% no segundo. Como antes, estamos supondo uma distribuição de rendimentos de 1 dólar por cota e valor inicial de 20 dólares por cada uma dela.

Data	Valor de mercado antes do fluxo de caixa	Entrada (saída) de caixa	Valor de mercado após o fluxo de caixa	Retorno
0	$0	$1.000	$1.000	Não aplicável

(O valor da cota é igual a 20 dólares; compramos 50 delas)

Data	Valor de mercado antes do fluxo de caixa	Entrada (saída) de caixa	Valor de mercado após o fluxo de caixa	Retorno
1	$1.440	($50) + $1.000	$2.390	$1.440/$1.000 −1 = 44%

(O valor da cota agora é 44% mais alto; ou seja, 28,8 dólares cada uma; compramos um adicional de 34,72 cotas; agora possuímos um total de 84,72.)

Data	Valor de mercado antes do fluxo de caixa	Entrada (saída) de caixa	Valor de mercado após o fluxo de caixa	Retorno
2	$3.107	($84,72)	$3.022,28	$3.107/$2.390 −1 = 30%

É fácil perceber que a TRPP permanece a mesma, ou seja, 36,82%.

$$\mathbf{TWRR} = [(1+0,44)(1+0,30)]^{1/2} - 1 = 0,3682$$

Mais uma vez, a taxa de retorno ponderada por valores monetários é encontrada igualando-se os valores presentes das entradas e saídas de caixa:

$$\$1.000 + \frac{\$1.000}{1+r} = \frac{\$50}{1+r} + \frac{\$84,72 + \$3.022,28}{(1+r)^2}$$

---

[21] *Performance Presentation Standards*. Charlottesville, VA: CFA Institute, 1999.

Calculando r, vemos que agora a TRPVM é de 35,05%. Ela é mais baixa do que a TRPP porque os retornos do Inacreditável foram menores no segundo período, quando o tamanho do fundo era maior. Isso ilustra o viés de tamanho possuído pela TRPVM e indica que o uso da TRPP dá uma visão precisa dos retornos de um fundo.

Para simplificar, nossos exemplos aqui supuseram fluxos de caixa anuais. No mundo real, os gestores lidam com entradas e saídas de caixa diárias, que resultam de dividendos, cupons de títulos de dívida e depósitos e resgates feitos por investidores. Precisam fazer a contabilização diária de fluxos de caixa e valores de mercado da carteira. A taxa de retorno ponderada por prazos é um retorno diário médio; o retorno anual é obtido compondo-se o retorno diário por 365 dias.

Uma vez que os retornos da carteira tenham sido medidos, eles podem ser comparados aos da de referência. Os retornos da carteira precisam ser ajustados pelo nível do risco da carteira a fim de se determinar se retornos mais altos não foram obtidos apenas porque o gestor aplicou em títulos mais arriscados.

APÊNDICE A

COMO OBTER O TÍTULO DE CFA®

Como mencionado na seção de oportunidades de carreira, a designação profissional de Chartered Financial Analyst (CFA) (Analista Financeiro Credenciado) vem se transformando em uma exigência importante para uma carreira em análise e/ou administração de carteiras de valores. Por isso, esta seção apresenta o histórico e os objetivos do CFA Institute (antigo AIMR), bem como instruções gerais para a obtenção do título de CFA. Caso esteja interessado no programa, você pode escrever ou mandar uma mensagem eletrônica ao CFA Institute para solicitar mais informações.

Os exames de CFA foram oferecidos pela primeira vez em 1963 pelo Institute of Chartered Financial Analysis (ICFA), fundado em 1959 para fortalecer o profissionalismo das pessoas envolvidas no processo de tomada de decisões de investimento e reconhecer os indivíduos que alcançam um alto nível de profissionalismo. O ICFA uniu-se à Financial Analysts Federation em 1990, formando o AIMR. Em 2004, os membros da AIMR aprovaram uma mudança de nome para CFA Institute.

A missão do CFA Institute é liderar a profissão de investimento em sentido global, fixando os mais altos padrões de educação, integridade e excelência profissional. De acordo com o seu programa, seu foco é:

- Desenvolver e manter atualizado um "corpo de conhecimentos" aplicável ao processo de tomada de decisões de investimento. Os principais componentes desse conhecimento são a contabilidade financeira, a análise tanto de títulos de renda fixa quanto de ações, a administração de carteiras, padrões éticos e profissionais e técnicas quantitativas.
- Administrar um programa de estudos e avaliação de candidatos qualificados, cujos objetivos principais são auxiliar o candidato a dominar e a aplicar o corpo de conhecimento e testar a competência do candidato no conhecimento adquirido.
- Premiar com a designação profissional de CFA aqueles candidatos que tenham sido aprovados em três níveis de exame (abrangendo um total de 18 horas de testes durante, no mínimo, 2 anos e meio), que seguem padrões estipulados de conduta profissional, e são de maneira geral aceitáveis como membros do CFA Institute.
- O CFA Institute também proporciona um programa informativo e útil de educação continuada por meio de seminários, publicações e outros formatos, que permitem aos membros, candidatos e outros pertencentes à comunidade de investimentos que tenham acesso utilizar da melhor maneira possível um conjunto de conhecimentos em constante mudança e expansão.
- É importante mencionar também que o CFA Institute ainda patrocina e apóia um Código de Ética e Padrões de Conduta Profissional que se aplica aos candidatos inscritos e a todos os seus membros.

Para ingressar no Programa de CFA, um candidato deve ter um diploma em bacharelado (ou o equivalente em termos de experiência de trabalho). Um candidato deve receber o título de bacharel no máximo até 31 de dezembro do ano corrente de exame para conseguir sua inscrição. Para receber o título de CFA, ele precisa:

- Passar seqüencialmente nos exames de Nível 1, Nível 2 e Nível 3;
- Ter pelo menos quatro anos de experiência profissional aceitável no processo de tomada de decisões de investimento;

- Tornar-se membro do CFA Institute;
- Paralelamente, candidatar-se a membro da CFA Institute Society.

O currículo do Programa CFA abrange:

1. Padrões Éticos e Profissionais
2. Métodos Quantitativos
3. Economia
4. Análise de Demonstrações Financeiras
5. Finanças Corporativas
6. Análise de Títulos de Renda Fixa
7. Análise de Ações
8. Análise de Derivativos
9. Análise de Investimentos Alternativos
10. Gestão de Carteiras

Os membros e candidatos geralmente são empregados na área de investimentos. De 1963 a setembro de 2004, mais de 61 mil títulos foram dados. Mais de 100 mil indivíduos se inscreveram no Programa de CFA em 2004. Caso você tenha interesse em saber mais sobre este Programa, o CFA Institute possui um livreto que o descreve e contém uma ficha de inscrição. O endereço é: CFA Institute, Attn: Information Central, PO Box 3668, Charlottesville, Virginia, 22903, USA. Você pode também solicitar um livreto enviando um e-mail para info@cf3ainstitute.org.

Fonte: Copyright © CFA Institute. Reproduzido e publicado a partir de "How to Become a CFA Charterholder", com permissão do CFA Institute. Todos os direitos reservados.

APÊNDICE B

CFA INSTITUTE: CÓDIGO DE ÉTICA E PADRÕES DE CONDUTA PROFISSIONAL

CÓDIGO DE ÉTICA

Os membros do CFA Institute devem:

- Agir com integridade, competência, dignidade e de forma ética ao lidar com o público, clientes, clientes em potencial, empregadores, funcionários e colegas membros.
- Atuar e incentivar outros a atuarem de maneira profissional e ética, que leve maior crédito aos membros e sua profissão.
- Esforçar-se para manter e aumentar sua competência e a competência de outros na profissão.
- Utilizar cautela razoável e usar de juízo profissional independente.

PADRÕES DE CONDUTA PROFISSIONAL

Padrão I: Responsabilidades Fundamentais

Os membros devem:

A. Manter-se a par e obedecer às leis, regras e aos regulamentos aplicáveis (incluindo o Código de Ética e Padrões de Conduta Profissional do CFA Institute) de todo e qualquer governo, agência governamental, agência reguladora, agência de licenciamento ou associação profissional que governem as atividades profissionais dos membros.

B. Não apoiar nem participar de, conscientemente, qualquer violação destas leis, regras ou destes regulamentos.

Padrão II: Relacionamento e Responsabilidades com a Profissão

A. Uso do Título Profissional

1. Os membros do CFA Institute podem citar seu título apenas de maneira digna e criteriosa. O uso deste deve ser acompanhado de uma explicação precisa dos requisitos que foram preenchidos para se tornar membro destas organizações.

2. Aqueles que receberam o direito de utilizar o título de Chartered Financial Analyst podem utilizar os nomes "Chartered Financial Analyst" ou "CFA", e são incentivados a fazê-lo, mas somente de forma digna, apropriada e criteriosa. O uso do título deve ser acompanhado de uma explicação precisa das exigências que são preenchidas para se obter o direito de utilizar tal título.

3. Os candidatos ao Programa de CFA, conforme definido nos Estatutos do CFA Institute, podem se referir à sua participação no Programa, mas a referência deve deixar claro que um indivíduo é candidato ao Programa e não poderá sugerir que o candidato alcance qualquer tipo de qualificação parcial.

B. Conduta Profissional Imprópria

1. Os membros não devem participar de qualquer conduta profissional que envolva desonestidade, fraude, falsidade ou distorção; nem devem cometer qualquer ato que se reflita negativamente em sua honestidade, confiabilidade ou competência profissional.

2. Os membros e candidatos não devem envolver-se em qualquer conduta ou cometer qualquer ato que comprometa a integridade do título de CFA ou a integridade ou validade dos exames que levam à concessão do direito de uso do título.

C. Proibição contra Plágio. Os membros não devem copiar, nem utilizar, substancialmente da mesma forma que o original, qualquer material preparado por outros, sem reconhecer e identificar o nome do autor, editor ou da fonte do material. Os membros podem utilizar, sem reconhecimento, informações factuais publicadas por serviços de divulgação financeira e estatística reconhecidos, ou fontes semelhantes.

Padrão III: Relacionamento e Responsabilidades com o Empregador

A. Obrigação de Informar ao Empregador sobre o Código e os Padrões

Os membros devem:

1. Informar ao empregador por escrito, por meio de seu supervisor direto, que são obrigados a obedecer ao Código e aos Padrões, e que estarão sujeitos a sanções disciplinares por violações destes.

2. Entregar uma cópia do Código e dos Padrões a seu empregador, caso este não a possua.

B. Obrigações com o Empregador. Os membros não devem adotar qualquer prática independente e que possa resultar em remuneração ou outro benefício em concorrência com seu empregador, a não ser que obtenham consentimento por escrito, tanto de seu empregador quanto das pessoas ou entidades para os quais realizam essas práticas.

C. Divulgação de Conflitos ao Empregador. Os membros devem:

1. Revelar ao seu empregador todas as questões, incluindo propriedade de usufruto de títulos ou outros investimentos, que possam interferir em sua conduta para com seu empregador, ou em sua capacidade de fazer recomendações imparciais e objetivas.

2. Obedecer a quaisquer proibições a atividades impostas por seu empregador, caso exista conflito de interesses.

D. Divulgação de Acordos de Remuneração Adicional.

Os membros devem revelar ao seu empregador, por escrito, toda e qualquer remuneração em dinheiro, ou outros benefícios que recebam por seus serviços além da remuneração ou dos benefícios concedidos por seu empregador.

E. Responsabilidades de Supervisores. Os membros com responsabilidade de supervisão, autoridade ou capacidade de influenciar a conduta de outros devem exercer supervisão razoável daqueles que estão sujeitos à sua supervisão e autoridade, para evitar qualquer violação de estatutos, regulamentos ou cláusulas aplicáveis do Código e dos Padrões. Dessa forma, os membros têm direito de contar com procedimentos razoáveis, criados para detectar e evitar tais violações.

Padrão IV: Relacionamento e Responsabilidade com Clientes e Clientes Potenciais

A. Processo de Investimento

A.1 Base e Representação Razoáveis. Os membros devem:

a. Usar de diligência e atenção ao fazer recomendações de investimentos, ou tomar decisões de investimento.

b. Adotar uma base razoável e adequada, fundamentada em pesquisa e investigação apropriadas, para tais recomendações ou ações.

c. Fazer esforços razoáveis e diligentes para evitar qualquer distorção importante em qualquer pesquisa ou recomendação de investimento.

d. Manter registros apropriados, para sustentar a razoabilidade de tais recomendações ou ações.

A.2 Relatórios de Pesquisa. Os membros devem:

a. Utilizar julgamento razoável em relação à inclusão ou exclusão de fatores relevantes em relatórios de pesquisa.

b. Distinguir entre fatos e opiniões nos relatórios de pesquisa.

c. Indicar as características básicas do investimento envolvido, ao preparar a publicação de um relatório de pesquisa que

Apêndice B 545

não diga respeito diretamente a um cliente ou a uma carteira específica.

A.3 Independência e Objetividade. Os membros devem utilizar cautela e julgamento razoáveis para alcançar e manter a independência e a objetividade ao fazer recomendações ou tomar decisões de investimento.

B. Interações com clientes e potenciais clientes

B.1 Deveres Fiduciários. Ao relacionarem-se com os clientes, os membros devem ter cuidado especial com a determinação de deveres fiduciários e devem cumprir tais deveres com as pessoas e os interesses aos quais a obrigação é devida. Os membros devem agir em benefício de seus clientes, e colocar os interesses destes acima de seus próprios.

B.2 Recomendações e Decisões de Investimento em Relação a Carteiras. Os membros devem:

a. Fazer uma investigação razoável da situação financeira, da experiência e dos objetivos de investimento de um cliente, antes de fazer qualquer recomendação a respeito, e devem atualizar estas informações conforme o necessário, pelo menos uma vez por ano; permitindo ao membro adaptar suas recomendações de investimento de forma a refletir mudanças de circunstâncias.

b. Considerar a propriedade e a viabilidade das ações e recomendações de investimento a cada carteira ou cliente. Ao determinar a propriedade e a viabilidade, os membros devem levar em conta fatores relevantes aplicáveis, tais como as necessidades e as circunstâncias da carteira ou do cliente, as características básicas do investimento envolvido e as básicas da carteira como um todo. Os membros não devem fazer uma recomendação a menos que determinem razoavelmente que esta seja adequada à situação financeira, à experiência e aos objetivos de investimento do cliente.

c. Distinguir entre fatos e opiniões na apresentação de recomendações de investimento.

d. Divulgar aos clientes e potenciais clientes o formato básico e os princípios gerais dos processos de investimento pelos quais os títulos são selecionados e as carteiras montadas; revelar prontamente aos clientes e potenciais clientes quaisquer alterações que possam afetar significativamente tais processos.

B.3 Negociação Justa. Os membros devem negociar justa e objetivamente com todos os clientes e potenciais clientes ao divulgar recomendações de investimento, divulgar suas mudanças significativas anteriores e tomar decisões de investimento.

B.4 Prioridade de Transações. As transações em nome de clientes e empregadores devem ter prioridade sobre transações de títulos ou outros investimentos dos quais um membro é titular beneficiário, de modo que tais transações pessoais não afetem desfavoravelmente os interesses de seus clientes ou empregadores. Se um membro fizer uma recomendação de compra ou venda de um título ou qualquer outro investimento, ele deve dar a seus clientes e a seu empregador oportunidade adequada para usar tal recomendação, antes de agirem em benefício próprio. Do ponto de vista do Código e dos Padrões, um membro é um "titular beneficiário" caso tenha:

a. interesse financeiro direto ou indireto nos títulos;

b. poder de voto ou orientação de voto com os títulos ou investimentos;

c. poder de alienar ou orientar a alienação do título ou investimento.

B.5 Preservação de Confidencialidade. Os membros devem preservar o caráter confidencial das informações fornecidas por clientes, potenciais clientes ou empregadores dentro do escopo do relacionamento cliente-membro, cliente potencial-membro, ou empregador-membro, a não ser que o membro receba informações a respeito de atividades ilegais de parte do cliente, potencial cliente ou empregador.

B.6 Proibição de Distorção. Os membros não devem fazer quaisquer declarações, verbais ou escritas, que distorçam:

a. os serviços que eles ou suas firmas são capazes de prestar;

b. suas qualificações ou as qualificações de sua firma;

c. as credenciais acadêmicas ou profissionais do membro.

Os membros não devem declarar ou deixar implícito, verbalmente ou por escrito, quaisquer promessas ou garantias referentes a qualquer investimento, exceto para transmitir informações precisas sobre as características do instrumento de investimento e as obrigações do emissor de acordo com o instrumento.

B.7 Revelações de Conflitos a Clientes e Potenciais Clientes. Os membros devem revelar a seus clientes e potenciais clientes todas as questões, incluindo a titularidade beneficiária de títulos ou outros investimentos, que possam prejudicar a capacidade do membro para fazer recomendações não viesadas e objetivas.

B.8 Revelação de Comissões de Encaminhamento. Os membros deverão revelar a seus clientes e potenciais clientes qualquer remuneração ou benefício recebidos pelo membro ou concedido a outros pela recomendação de quaisquer serviços ao cliente ou potencial cliente.

Padrão V: Relacionamento e Responsabilidades com o Público Investidor

A. Proibição do Uso de Informações Não-Públicas Relevantes. Os membros que possuírem informações não-públicas relevantes a respeito do valor de um título não devem negociar ou fazer com que outros negociem tal título, caso esta negociação viole um dever ou a informação tenha sido obtida indevidamente ou esteja relacionada a uma proposta de aquisição de controle. Se um membro receber informação não-pública relevante em sigilo, o membro não deve negociar, ou levar outros a negociar títulos aos quais estas informações digam respeito. Os membros devem fazer esforços razoáveis para denunciar a disseminação pública de informações confidenciais relevantes em desrespeito a um dever.

B. Divulgação de Desempenho

1. Os membros não devem fazer quaisquer afirmações, oralmente ou por escrito, que distorçam o desempenho de investimento obtido por suas empresas, ou que seja razoável, que possam atingir.

2. Caso os membros transmitam informações de desempenho individual ou da empresa direta ou indiretamente aos clientes ou potenciais clientes, ou, de alguma forma, destinem-se a clientes ou potenciais clientes, estes membros devem fazer todo e qualquer esforço razoável para garantir que tal informação de desempenho seja uma representação justa, precisa e completa deste desempenho.

Fonte: Copyright © CFA Institute. Reproduzido e publicado a partir de "Code of Ethics" e "Standards of Professional Conduct", de *Standards of Practice Handboo*, 8th edition, com permissão do CFA Institute. Todos os direitos reservados.

APÊNDICE C

TABELAS DE JUROS

TABELA C.1 Valor presente de $ 1: PVIF $= 1/(1 + k)^t$

Período	1%	2%	3%	4%	5%	6%	7%	8%	9%	10%	12%	14%	15%	16%	18%	20%	24%	28%	32%	36%
1	0,9901	0,9804	0,9709	0,9615	0,9524	0,9434	0,9346	0,9259	0,9174	0,9091	0,8929	0,8772	0,8696	0,8621	0,8475	0,8333	0,8065	0,7813	0,7576	0,7353
2	0,9803	0,9612	0,9426	0,9246	0,9070	0,8900	0,8734	0,8573	0,8417	0,8264	0,7972	0,7695	0,7561	0,7432	0,7182	0,6944	0,6504	0,6104	0,5739	0,5407
3	0,9706	0,9423	0,9151	0,8890	0,8638	0,8396	0,8163	0,7938	0,7722	0,7513	0,7118	0,6750	0,6575	0,6407	0,6086	0,5787	0,5245	0,4768	0,4348	0,3975
4	0,9610	0,9238	0,8885	0,8548	0,8227	0,7921	0,7629	0,7350	0,7084	0,6830	0,6355	0,5921	0,5718	0,5523	0,5158	0,4823	0,4230	0,3725	0,3294	0,2923
5	0,9515	0,9057	0,8626	0,8219	0,7835	0,7473	0,7130	0,6806	0,6499	0,6209	0,5674	0,5194	0,4972	0,4761	0,4371	0,4019	0,3411	0,2910	0,2495	0,2149
6	0,9420	0,8880	0,8375	0,7903	0,7462	0,7050	0,6663	0,6302	0,5963	0,5645	0,5066	0,4556	0,4323	0,4104	0,3704	0,3349	0,2751	0,2274	0,1890	0,1580
7	0,9327	0,8706	0,8131	0,7599	0,7107	0,6651	0,6227	0,5835	0,5470	0,5132	0,4523	0,3996	0,3759	0,3538	0,3139	0,2791	0,2218	0,1776	0,1432	0,1162
8	0,9235	0,8535	0,7894	0,7307	0,6768	0,6274	0,5820	0,5403	0,5019	0,4665	0,4039	0,3506	0,3269	0,3050	0,2660	0,2326	0,1789	0,1388	0,1085	0,0854
9	0,9143	0,8368	0,7664	0,7026	0,6446	0,5919	0,5439	0,5002	0,4604	0,4241	0,3606	0,3075	0,2843	0,2630	0,2255	0,1938	0,1443	0,1084	0,0822	0,0628
10	0,9053	0,8203	0,7441	0,6756	0,6139	0,5584	0,5083	0,4632	0,4224	0,3855	0,3220	0,2697	0,2472	0,2267	0,1911	0,1615	0,1164	0,0847	0,0623	0,0462
11	0,8963	0,8043	0,7224	0,6496	0,5847	0,5268	0,4751	0,4289	0,3875	0,3505	0,2875	0,2366	0,2149	0,1954	0,1619	0,1346	0,0938	0,0662	0,0472	0,0340
12	0,8874	0,7885	0,7014	0,6246	0,5568	0,4970	0,4440	0,3971	0,3555	0,3186	0,2567	0,2076	0,1869	0,1685	0,1372	0,1122	0,0757	0,0517	0,0357	0,0250
13	0,8787	0,7730	0,6810	0,6006	0,5303	0,4688	0,4150	0,3677	0,3262	0,2897	0,2292	0,1821	0,1625	0,1452	0,1163	0,0935	0,0610	0,0404	0,0271	0,0184
14	0,8700	0,7579	0,6611	0,5775	0,5051	0,4423	0,3878	0,3405	0,2992	0,2633	0,2046	0,1597	0,1413	0,1252	0,0985	0,0779	0,0492	0,0316	0,0205	0,0135
15	0,8613	0,7430	0,6419	0,5553	0,4810	0,4173	0,3624	0,3152	0,2745	0,2394	0,1827	0,1401	0,1229	0,1079	0,0835	0,0649	0,0397	0,0247	0,0155	0,0099
16	0,8528	0,7284	0,6232	0,5339	0,4581	0,3936	0,3387	0,2919	0,2519	0,2176	0,1631	0,1229	0,1069	0,0930	0,0708	0,0541	0,0320	0,0193	0,0118	0,0073
17	0,8444	0,7142	0,6050	0,5134	0,4363	0,3714	0,3166	0,2703	0,2311	0,1978	0,1456	0,1078	0,0929	0,0802	0,0600	0,0451	0,0258	0,0150	0,0089	0,0054
18	0,8360	0,7002	0,5874	0,4936	0,4155	0,3503	0,2959	0,2502	0,2120	0,1799	0,1300	0,0946	0,0808	0,0691	0,0508	0,0376	0,0208	0,0118	0,0068	0,0039
19	0,8277	0,6864	0,5703	0,4746	0,3957	0,3305	0,2765	0,2317	0,1945	0,1635	0,1161	0,0829	0,0703	0,0596	0,0431	0,0313	0,0168	0,0092	0,0051	0,0029
20	0,8195	0,6730	0,5537	0,4564	0,3769	0,3118	0,2584	0,2145	0,1784	0,1486	0,1037	0,0728	0,0611	0,0514	0,0365	0,0261	0,0135	0,0072	0,0039	0,0021
25	0,7798	0,6095	0,4776	0,3751	0,2953	0,2330	0,1842	0,1460	0,1160	0,0923	0,0588	0,0378	0,0304	0,0245	0,0160	0,0105	0,0046	0,0021	0,0010	0,0005
30	0,7419	0,5521	0,4120	0,3083	0,2314	0,1741	0,1314	0,0994	0,0754	0,0573	0,0334	0,0196	0,0151	0,0116	0,0070	0,0042	0,0016	0,0006	0,0002	0,0001
40	0,6717	0,4529	0,3066	0,2083	0,1420	0,0972	0,0668	0,0460	0,0318	0,0221	0,0107	0,0053	0,0037	0,0026	0,0013	0,0007	0,0002	0,0001	*	*
50	0,6080	0,3715	0,2281	0,1407	0,0872	0,0543	0,0339	0,0213	0,0134	0,0085	0,0035	0,0014	0,0009	0,0006	0,0003	0,0001	*	*	*	*
60	0,5504	0,3048	0,1697	0,0951	0,0535	0,0303	0,0173	0,0099	0,0057	0,0033	0,0011	0,0004	0,0002	0,0001	*	*	*	*	*	*

* O fator é igual a zero com quatro casas decimais.

$$PVIFA = \sum_{t=1}^{n}\frac{1}{(1+k)^t} = \frac{1-\dfrac{1}{(1+k)^n}}{k}$$

Número de pagamentos	1%	2%	3%	4%	5%	6%	7%	8%	9%	10%	12%	14%	15%	16%	18%	20%	24%	28%	32%
1	0,9901	0,9804	0,9709	0,9615	0,9524	0,9434	0,9346	0,9259	0,9174	0,9091	0,8929	0,8772	0,8696	0,8621	0,8475	0,8333	0,8065	0,7813	0,7576
2	1,9704	1,9416	1,9135	1,8861	1,8594	1,8334	1,8080	1,7833	1,7591	1,7355	1,6901	1,6467	1,6257	1,6052	1,5656	1,5278	1,4568	1,3916	1,3315
3	2,9410	2,8839	2,8286	2,7751	2,7232	2,6730	2,6243	2,5771	2,5313	2,4869	2,4018	2,3216	2,2832	2,2459	2,1743	2,1065	1,9813	1,8684	1,7663
4	3,9020	3,8077	3,7171	3,6299	3,5460	3,4651	3,3872	3,3121	3,2397	3,1699	3,0373	2,9137	2,8550	2,7982	2,6901	2,5887	2,4043	2,2410	2,0957
5	4,8534	4,7135	4,5797	4,4518	4,3295	4,2124	4,1002	3,9927	3,8897	3,7908	3,6048	3,4331	3,3522	3,2743	3,1272	2,9906	2,7454	2,5320	2,3452
6	5,7955	5,6014	5,4172	5,2421	5,0757	4,9173	4,7665	4,6229	4,4859	4,3553	4,1114	3,8887	3,7845	3,6847	3,4976	3,3255	3,0205	2,7594	2,5342
7	6,7282	6,4720	6,2303	6,0021	5,7864	5,5824	5,3893	5,2064	5,0330	4,8684	4,5638	4,2883	4,1604	4,0386	3,8115	3,6046	3,2423	2,9370	2,6775
8	7,6517	7,3255	7,0197	6,7327	6,4632	6,2098	5,9713	5,7466	5,5348	5,3349	4,9676	4,6389	4,4873	4,3436	4,0776	3,8372	3,4212	3,0758	2,7860
9	8,5660	8,1622	7,7861	7,4353	7,1078	6,8017	6,5152	6,2469	5,9952	5,7590	5,3282	4,9464	4,7716	4,6065	4,3030	4,0310	3,5655	3,1842	2,8681
10	9,4713	8,9826	8,5302	8,1109	7,7217	7,3601	7,0236	6,7101	6,4177	6,1446	5,6502	5,2161	5,0188	4,8332	4,4941	4,1925	3,6819	3,2689	2,9304
11	10,3676	9,7868	9,2526	8,7605	8,3064	7,8869	7,4987	7,1390	6,8052	6,4951	5,9377	5,4527	5,2337	5,0286	4,6560	4,3271	3,7757	3,3351	2,9776
12	11,2551	10,5753	9,9540	9,3851	8,8633	8,3838	7,9427	7,5361	7,1607	6,8137	6,1944	5,6603	5,4206	5,1971	4,7932	4,4392	3,8514	3,3868	3,0133
13	12,1337	11,3484	10,6350	9,9856	9,3936	8,8527	8,3577	7,9038	7,4869	7,1034	6,4235	5,8424	5,5831	5,3423	4,9095	4,5327	3,9124	3,4272	3,0404
14	13,0037	12,1062	11,2961	10,5631	9,8986	9,2950	8,7455	8,2442	7,7862	7,3667	6,6282	6,0021	5,7245	5,4675	5,0081	4,6106	3,9616	3,4587	3,0609
15	13,8651	12,8493	11,9379	11,1184	10,3797	9,7122	9,1079	8,5595	8,0607	7,6061	6,8109	6,1422	5,8474	5,5755	5,0916	4,6755	4,0013	3,4834	3,0764
16	14,7179	13,5777	12,5611	11,6523	10,8378	10,1059	9,4466	8,8514	8,3126	7,8237	6,9740	6,2651	5,9542	5,6685	5,1624	4,7296	4,0333	3,5026	3,0882
17	15,5623	14,2919	13,1661	12,1657	11,2741	10,4773	9,7632	9,1216	8,5436	8,0216	7,1196	6,3729	6,0472	5,7487	5,2223	4,7746	4,0591	3,5177	3,0971
18	16,3983	14,9920	13,7535	12,6593	11,6896	10,8276	10,0591	9,3719	8,7556	8,2014	7,2497	6,4674	6,1280	5,8178	5,2732	4,8122	4,0799	3,5294	3,1039
19	17,2260	15,6785	14,3238	13,1339	12,0853	11,1581	10,3356	9,6036	8,9501	8,3649	7,3658	6,5504	6,1982	5,8775	5,3162	4,8435	4,0967	3,5386	3,1090
20	18,0456	16,3514	14,8775	13,5903	12,4622	11,4699	10,5940	9,8181	9,1285	8,5136	7,4694	6,6231	6,2593	5,9288	5,3527	4,8696	4,1103	3,5458	3,1129
25	22,0232	19,5235	17,4131	15,6221	14,0939	12,7834	11,6536	10,6748	9,8226	9,0770	7,8431	6,8729	6,4641	6,0971	5,4669	4,9476	4,1474	3,5640	3,1220
30	25,8077	22,3965	19,6004	17,2920	15,3725	13,7648	12,4090	11,2578	10,2737	9,4269	8,0552	7,0027	6,5660	6,1772	5,5168	4,9789	4,1601	3,5693	3,1242
40	32,8347	27,3555	23,1148	19,7928	17,1591	15,0463	13,3317	11,9246	10,7574	9,7791	8,2438	7,1050	6,6418	6,2335	5,5482	4,9966	4,1659	3,5712	3,1250
50	39,1961	31,4236	25,7298	21,4822	18,2559	15,7619	13,8007	12,2335	10,9617	9,9148	8,3045	7,1327	6,6605	6,2463	5,5541	4,9995	4,1666	3,5714	3,1250
60	44,9550	34,7609	27,6756	22,6235	18,9293	16,1614	14,0392	12,3766	11,0480	9,9672	8,3240	7,1401	6,6651	6,2402	5,5553	4,9999	4,1667	3,5714	3,1250

TABELA C.3 Valor futuro de $ 1 ao final de n períodos: $FVIF_{k,n} = (1 + k)^n$

Período	1%	2%	3%	4%	5%	6%	7%	8%	9%	10%	12%	14%	15%	16%	18%	20%	24%	28%	32%	36%
1	1,0100	1,0200	1,0300	1,0400	1,0500	1,0600	1,0700	1,0800	1,0900	1,1000	1,1200	1,1400	1,1500	1,1600	1,1800	1,2000	1,2400	1,2800	1,3200	1,3600
2	1,0201	1,0404	1,0609	1,0816	1,1025	1,1236	1,1449	1,1664	1,1881	1,2100	1,2544	1,2996	1,3225	1,3456	1,3924	1,4400	1,5376	1,6384	1,7424	1,8496
3	1,0303	1,0612	1,0927	1,1249	1,1576	1,1910	1,2250	1,2597	1,2950	1,3310	1,4049	1,4815	1,5209	1,5609	1,6430	1,7280	1,9066	2,0972	2,3000	2,5155
4	1,0406	1,0824	1,1255	1,1699	1,2155	1,2625	1,3108	1,3605	1,4116	1,4641	1,5735	1,6890	1,7490	1,8106	1,9388	2,0736	2,3642	2,6844	3,0360	3,4210
5	1,0510	1,1041	1,1593	1,2167	1,2763	1,3382	1,4026	1,4693	1,5386	1,6105	1,7623	1,9254	2,0114	2,1003	2,2878	2,4883	2,9316	3,4360	4,0075	4,6526
6	1,0615	1,1262	1,1941	1,2653	1,3401	1,4185	1,5007	1,5869	1,6771	1,7716	1,9738	2,1950	2,3131	2,4364	2,6996	2,9860	3,6352	4,3980	5,2899	6,3275
7	1,0721	1,1487	1,2299	1,3159	1,4071	1,5036	1,6058	1,7138	1,8280	1,9487	2,2107	2,5023	2,6600	2,8262	3,1855	3,5832	4,5077	5,6295	6,9826	8,6054
8	1,0829	1,1717	1,2668	1,3686	1,4775	1,5938	1,7182	1,8509	1,9926	2,1436	2,4760	2,8526	3,0590	3,2784	3,7589	4,2998	5,5895	7,2058	9,2170	11,703
9	1,0937	1,1951	1,3048	1,4233	1,5513	1,6895	1,8385	1,9990	2,1719	2,3579	2,7731	3,2519	3,5179	3,8030	4,4355	5,1598	6,9310	9,2234	12,166	15,916
10	1,1046	1,2190	1,3439	1,4802	1,6289	1,7908	1,9672	2,1589	2,3674	2,5937	3,1058	3,7072	4,0456	4,4114	5,2338	6,1917	8,5944	11,805	16,059	21,646
11	1,1157	1,2434	1,3842	1,5395	1,7103	1,8983	2,1049	2,3316	2,5804	2,8531	3,4785	4,2262	4,6524	5,1173	6,1759	7,4301	10,657	15,111	21,198	29,439
12	1,1268	1,2682	1,4258	1,6010	1,7959	2,0122	2,2522	2,5182	2,8127	3,1384	3,8960	4,8179	5,3502	5,9360	7,2876	8,9161	13,214	19,342	27,982	40,037
13	1,1381	1,2936	1,4685	1,6651	1,8856	2,1329	2,4098	2,7196	3,0658	3,4523	4,3635	5,4924	6,1528	6,8858	8,5994	10,699	16,386	24,758	36,937	54,451
14	1,1495	1,3195	1,5126	1,7317	1,9799	2,2609	2,5785	2,9372	3,3417	3,7975	4,8871	6,2613	7,0757	7,9875	10,147	12,839	20,319	31,691	48,756	74,053
15	1,1610	1,3459	1,5580	1,8009	2,0789	2,3966	2,7590	3,1722	3,6425	4,1772	5,4736	7,1379	8,1371	9,2655	11,973	15,407	25,195	40,564	64,358	100,71
16	1,1726	1,3728	1,6047	1,8730	2,1829	2,5404	2,9522	3,4259	3,9703	4,5950	6,1304	8,1372	9,3576	10,748	14,129	18,488	31,242	51,923	84,953	136,96
17	1,1843	1,4002	1,6528	1,9479	2,2920	2,6928	3,1588	3,7000	4,3276	5,0545	6,8660	9,2765	10,761	12,467	16,672	22,186	38,740	66,461	112,13	186,27
18	1,1961	1,4282	1,7024	2,0258	2,4066	2,8543	3,3799	3,9960	4,7171	5,5599	7,6900	10,575	12,375	14,462	19,673	26,623	48,038	85,070	148,02	253,33
19	1,2081	1,4568	1,7535	2,1068	2,5270	3,0256	3,6165	4,3157	5,1417	6,1159	8,6128	12,055	14,231	16,776	23,214	31,948	59,567	108,89	195,39	344,53
20	1,2202	1,4859	1,8061	2,1911	2,6533	3,2071	3,8697	4,6610	5,6044	6,7275	9,6463	13,743	16,366	19,460	27,393	38,337	73,864	139,37	257,91	468,57
21	1,2324	1,5157	1,8603	2,2788	2,7860	3,3996	4,1406	5,0338	6,1088	7,4002	10,803	15,667	18,821	22,574	32,323	46,005	91,591	178,40	340,44	637,26
22	1,2477	1,5460	1,9161	2,3699	2,9253	3,6035	4,4304	5,4365	6,6586	8,1403	12,100	17,861	21,644	26,186	38,142	55,206	113,57	228,35	449,39	866,67
23	1,2572	1,5769	1,9736	2,4647	3,0715	3,8197	4,7405	5,8715	7,2579	8,9543	13,552	20,361	24,891	30,376	45,007	66,247	140,83	292,30	593,19	1178,6
24	1,2697	1,6084	2,0328	2,5633	3,2251	4,0489	5,0724	6,3412	7,9111	9,8497	15,178	23,212	28,625	35,236	53,108	79,496	174,63	374,14	783,02	1602,9
25	1,2824	1,6406	2,0938	2,6658	3,3864	4,2919	5,4274	6,8485	8,6231	10,834	17,000	26,461	32,918	40,874	62,668	95,396	216,54	478,90	1033,5	2180,0
26	1,2953	1,6734	2,1566	2,7725	3,5557	4,5494	5,8074	7,3964	9,3992	11,918	19,040	30,166	37,856	47,414	73,948	114,47	268,51	612,99	1364,3	2964,9
27	1,3082	1,7069	2,2213	2,8834	3,7335	4,8223	6,2139	7,9881	10,245	13,110	21,324	34,389	43,535	55,000	87,259	137,37	332,95	784,63	1800,9	4032,2
28	1,3213	1,7410	2,2879	2,9987	3,9201	5,1117	6,6488	8,6271	11,167	14,421	23,883	39,204	50,065	63,800	102,96	164,84	412,86	1004,3	2377,2	5483,8
29	1,3345	1,7758	2,3566	3,1187	4,1161	5,4184	7,1143	9,3173	12,172	15,863	26,749	44,693	57,575	74,008	121,50	197,81	511,95	1285,5	3137,9	7458,0
30	1,3478	1,8114	2,4273	3,2434	4,3219	5,7435	7,6123	10,062	13,267	17,449	29,959	50,950	66,211	85,849	143,37	237,37	634,81	1645,5	4142,0	10143,
40	1,4889	2,2080	3,2620	4,8010	7,0400	10,285	14,974	21,724	31,409	45,259	93,050	188,88	267,86	378,72	750,37	1469,7	5455,9	19426,	66520,	*
50	1,6446	2,6916	4,3839	7,1067	11,467	18,420	29,457	46,901	74,357	117,39	289,00	700,23	1083,6	1670,7	3927,3	9100,4	46890,	*	*	*
60	1,8167	3,2810	5,8916	10,519	18,679	32,987	57,946	101,25	176,03	304,48	897,59	2595,9	4383,9	7370,1	20555,	56347,	*	*	*	*

Apêndice C **549**

TABELA C.4 Soma de anuidade de $ 1 por período em n períodos:

$$FVIFA_{k,n} = \sum_{t=1}^{n}(1+k)^{t-1} = \frac{(1+k)^n - 1}{k}$$

Número de períodos	1%	2%	3%	4%	5%	6%	7%	8%	9%	10%	12%	14%	15%	16%	18%	20%	24%	28%	32%	36%
1	1,0000	1,0000	1,0000	1,0000	1,0000	1,0000	1,0000	1,0000	1,0000	1,0000	1,0000	1,0000	1,0000	1,0000	1,0000	1,0000	1,0000	1,0000	1,0000	1,0000
2	2,0100	2,0200	2,0300	2,0400	2,0500	2,0600	2,0700	2,0800	2,0900	2,1000	2,1200	2,1400	2,1500	2,1600	2,1800	2,2000	2,2400	2,2800	2,3200	2,3600
3	3,0301	3,0604	3,0909	3,1216	3,1525	3,1836	3,2149	3,2464	3,2781	3,3100	3,3744	3,4396	3,4725	3,5056	3,5724	3,6400	3,7776	3,9184	4,0624	4,2096
4	4,0604	4,1216	4,1836	4,2465	4,3101	4,3746	4,4399	4,5061	4,5731	4,6410	4,7793	4,9211	4,9934	5,0665	5,2154	5,3680	5,6842	6,0156	6,3624	6,7251
5	5,1010	5,2040	5,3091	5,4163	5,5256	5,6371	5,7507	5,8666	5,9847	6,1051	6,3528	6,6101	6,7424	6,8771	7,1542	7,4416	8,0484	8,6999	9,3983	10,146
6	6,1520	6,3081	6,4684	6,6330	6,8019	6,9753	7,1533	7,3359	7,5233	7,7156	8,1152	8,5355	8,7537	8,9775	9,4420	9,9299	10,980	12,135	13,405	14,798
7	7,2135	7,4343	7,6625	7,8983	8,1420	8,3938	8,6540	8,9228	9,2004	9,4872	10,089	10,730	11,066	11,413	12,141	12,915	14,615	16,533	18,695	21,126
8	8,2857	8,5830	8,8923	9,2142	9,5491	9,8975	10,259	10,636	11,028	11,435	12,299	13,232	13,726	14,240	15,327	16,499	19,122	22,163	25,678	29,731
9	9,3685	9,7546	10,159	10,582	11,026	11,491	11,978	12,487	13,021	13,579	14,775	16,085	16,785	17,518	19,085	20,798	24,712	29,369	34,895	41,435
10	10,462	10,949	11,463	12,006	12,577	13,180	13,816	14,486	15,192	15,937	17,548	19,337	20,303	21,321	23,521	25,958	31,643	38,592	47,061	57,351
11	11,566	12,168	12,807	13,486	14,206	14,971	15,783	16,645	17,560	18,531	20,654	23,044	24,349	25,732	28,755	32,150	40,237	50,398	63,121	78,998
12	12,682	13,412	14,192	15,025	15,917	16,869	17,888	18,977	20,140	21,384	24,133	27,270	29,001	30,850	34,931	39,580	50,894	65,510	84,320	108,43
13	13,809	14,680	15,617	16,626	17,713	18,882	20,140	21,495	22,953	24,522	28,029	32,088	34,351	36,786	42,218	48,496	64,109	84,852	112,30	148,47
14	14,947	15,973	17,086	18,291	19,598	21,015	22,550	24,214	26,019	27,975	32,392	37,581	40,504	43,672	50,818	59,195	80,496	109,61	149,23	202,92
15	16,096	17,293	18,598	20,023	21,578	23,276	25,129	27,152	29,360	31,772	37,279	43,842	47,580	51,659	60,965	72,035	100,81	141,30	197,99	276,97
16	17,257	18,639	20,156	21,824	23,657	25,672	27,888	30,324	33,003	35,949	42,753	50,980	55,717	60,925	72,939	87,442	126,01	181,86	262,35	377,69
17	18,430	20,012	21,761	23,697	25,840	28,212	30,840	33,750	36,973	40,544	48,883	59,117	65,075	71,673	87,068	105,93	157,25	233,79	347,30	514,66
18	19,614	21,412	23,414	25,645	28,132	30,905	33,999	37,450	41,301	45,599	55,749	68,394	75,836	84,140	103,74	128,11	195,99	300,25	459,44	700,93
19	20,810	22,840	25,116	27,671	30,539	33,760	37,379	41,446	46,018	51,159	63,439	78,969	88,211	98,603	123,41	154,74	244,03	385,32	607,47	954,27
20	22,019	24,297	26,870	29,778	33,066	36,785	40,995	45,762	51,160	57,275	72,052	91,024	102,44	115,37	146,62	186,68	303,60	494,21	802,86	1298,8
21	23,239	25,783	28,676	31,969	35,719	39,992	44,865	50,422	56,764	64,002	81,698	104,76	118,81	134,84	174,02	225,02	377,46	633,59	1060,7	1767,3
22	24,471	27,299	30,536	34,248	38,505	43,392	49,005	55,456	62,873	71,402	92,502	120,43	137,63	157,41	206,34	271,03	469,05	811,99	1401,2	2404,6
23	25,716	28,845	32,452	36,617	41,430	46,995	53,436	60,893	69,531	79,543	104,60	138,29	159,27	183,60	244,48	326,23	582,62	1040,3	1850,6	3271,3
24	26,973	30,421	34,426	39,082	44,502	50,815	58,176	66,764	76,789	88,497	118,15	158,65	184,16	213,97	289,49	392,48	723,46	1332,6	2443,8	4449,9
25	28,243	32,030	36,459	41,645	47,727	54,864	63,249	73,105	84,700	98,347	133,33	181,87	212,79	249,21	342,60	471,98	898,09	1706,8	3226,8	6052,9
26	29,525	33,670	38,553	44,311	51,113	59,156	68,676	79,954	93,323	109,18	150,33	208,33	245,71	290,08	405,27	567,37	1114,6	2185,7	4260,4	8233,0
27	30,820	35,344	40,709	47,084	54,669	63,705	74,483	87,350	102,72	121,09	169,37	238,49	283,56	337,50	479,22	681,85	1383,1	2798,7	5624,7	11197,9
28	32,129	37,051	42,930	49,967	58,402	68,528	80,697	95,338	112,96	134,20	190,69	272,88	327,10	392,50	566,48	819,22	1716,0	3583,3	7425,6	15230,2
29	33,450	38,792	45,218	52,966	62,322	73,639	87,346	103,96	124,13	148,63	214,58	312,09	377,16	456,30	669,44	984,06	2128,9	4587,6	9802,9	20714,1
30	34,784	40,568	47,575	56,084	66,438	79,058	94,460	113,28	136,30	164,49	241,33	356,78	434,74	530,31	790,94	1181,8	2640,9	5873,2	12940,	28172,2
40	48,886	60,402	75,401	95,025	120,79	154,76	199,63	259,05	337,88	442,59	767,09	1342,0	1779,0	2360,7	4163,2	7343,8	22728,	69377,	*	*
50	64,463	84,579	112,79	152,66	209,34	290,33	406,52	573,76	815,08	1163,9	2400,0	4994,5	7217,7	10435,	21813,	45497,	*	*	*	*
60	81,669	114,05	163,05	237,99	353,58	533,12	813,52	1253,2	1944,7	3034,8	7471,6	18535,	29219,	46057,	*	*	*	*	*	*

*FVIFA > 99,999

APÊNDICE D

PROBABILIDADES NA DISTRIBUIÇÃO NORMAL PADRONIZADA

z	0,00	0,01	0,02	0,03	0,04	0,05	0,06	0,07	0,08	0,09
0,0	0,5000	0,5040	0,5080	0,5120	0,5160	0,5199	0,5239	0,5279	0,5219	0,5359
0,1	0,5398	0,5438	0,5478	0,5517	0,5557	0,5596	0,5636	0,5675	0,5714	0,5753
0,2	0,5793	0,5832	0,5871	0,5910	0,5948	0,5987	0,6026	0,6064	0,6103	0,6141
0,3	0,6179	0,6217	0,6255	0,6293	0,6331	0,6368	0,6406	0,6443	0,6480	0,6517
0,4	0,6554	0,6591	0,6628	0,6664	0,6700	0,6736	0,6772	0,6808	0,6844	0,6879
0,5	0,6915	0,6950	0,6985	0,7019	0,7054	0,7088	0,7123	0,7157	0,7190	0,7224
0,6	0,7257	0,7291	0,7324	0,7357	0,7389	0,7422	0,7454	0,7486	0,7517	0,7549
0,7	0,7580	0,7611	0,7642	0,7673	0,7704	0,7734	0,7764	0,7794	0,7823	0,7852
0,8	0,7881	0,7910	0,7939	0,7967	0,7995	0,8023	0,8051	0,8078	0,8106	0,8133
0,9	0,8159	0,8186	0,8212	0,8238	0,8264	0,8289	0,8315	0,8340	0,8365	0,8389
1,0	0,8413	0,8438	0,8461	0,8485	0,8508	0,8531	0,8554	0,8577	0,8599	0,8621
1,1	0,8643	0,8665	0,8686	0,8708	0,8729	0,8749	0,8770	0,8790	0,8810	0,8830
1,2	0,8849	0,8860	0,8888	0,8907	0,8925	0,8943	0,8962	0,8980	0,8997	0,9015
1,3	0,9032	0,9049	0,9066	0,9082	0,9099	0,9115	0,9131	0,9147	0,9162	0,9177
1,4	0,9192	0,9207	0,9222	0,9236	0,9251	0,9265	0,9279	0,9292	0,9306	0,9319
1,5	0,9332	0,9345	0,9357	0,9370	0,9382	0,9394	0,9406	0,9418	0,9429	0,9441
1,6	0,9452	0,9463	0,9474	0,9484	0,9495	0,9505	0,9515	0,9525	0,9535	0,9545
1,7	0,9554	0,9564	0,9573	0,9582	0,9591	0,9599	0,9608	0,9616	0,9625	0,9633
1,8	0,9641	0,9649	0,9656	0,9664	0,9671	0,9678	0,9686	0,9693	0,9699	0,9706
1,9	0,9713	0,9719	0,9726	0,9732	0,9738	0,9744	0,9750	0,9756	0,9761	0,9767
2,0	0,9772	0,9778	0,9783	0,9788	0,9793	0,9798	0,9803	0,9808	0,9812	0,9817
2,1	0,9821	0,9826	0,9830	0,9834	0,9838	0,9842	0,9846	0,9850	0,9854	0,9857
2,2	0,9861	0,9864	0,9868	0,9871	0,9875	0,9878	0,9881	0,9884	0,9887	0,9890
2,3	0,9893	0,9896	0,9898	0,9901	0,9904	0,9906	0,9909	0,9911	0,9913	0,9916
2,4	0,9918	0,9920	0,9922	0,9925	0,9927	0,9929	0,9931	0,9932	0,9934	0,9936
2,5	0,9938	0,9940	0,9941	0,9943	0,9945	0,9946	0,9948	0,9949	0,9951	0,9952
2,6	0,9953	0,9955	0,9956	0,9957	0,9959	0,9960	0,9961	0,9962	0,9963	0,9964
2,7	0,9965	0,9966	0,9967	0,9968	0,9969	0,9970	0,9971	0,9972	0,9973	0,9974
2,8	0,9974	0,9975	0,9976	0,9977	0,9977	0,9978	0,9979	0,9979	0,9980	0,9981
2,9	0,9981	0,9982	0,9982	0,9983	0,9984	0,9984	0,9985	0,9985	0,9986	0,9986
3,0	0,9987	0,9987	0,9987	0,9988	0,9988	0,9989	0,9989	0,9989	0,9990	0,9990

ÍNDICE REMISSIVO

Abordagem da margem de lucro nas vendas, 386
Abordagem de baixo para cima, 233, 255, 295
  a estimação de lucros, 386
  análise de expectativas e, 306n
Abordagem de cima para baixo, 233, 255, 295
  análise de empresas na, 367
  análise de expectativas e, 305-306, 306n
  análise setorial e, 306-308
  influências de curto prazo e, 302
  para estimativas de lucros, 386
Ações "negligenciadas", 365n
Ações de crescimento, 142, 393, 491
  busca por verdadeiras, 366-367
  contabilidade por lote e, 489
  empresas de crescimento *versus*, 365, 389
  investimento por estilos e, 476-477
  versus ações de valor, 366, 477, 478-481
Ações de empresas grandes, 143, 200, 296, 309, 366, 469
  carteiras de referência e, 525
  estilos de investimento e, 476-477, 478
Ações de empresas médias, 309, 365, 469
  estilo de investimento e, 476-478
Ações de empresas pequenas, 145, 198, 296, 309
  carteiras de referência e, 526
  estilo de investimento e, 476, 477, 478
Ações de empresas privadas, 115
Ações de valor, 144, 469, 495
  investimentos por estilo e, 476-478
  versus ações de crescimento, 366, 477, 480-482
Ações estrangeiras, na Nasdaq, 120-121
Ações globais, 13
Ações na União Européia, 103
Ações ordinárias, 50-51, 113-114. Veja também entradas que começam com Ações
  avaliação de, 238-240
  cotação de decimal de, 111n, 111-112
  definição, 60
  listagem típica de, 50
  prêmio por risco e, 249-250
  retornos reais de, 102
  risco de, 5
  tipos de investimento em, 8-9
Ações preferenciais, 50, 60, 238
  avaliação de, 238
Ações sem crescimento, 366, 399
Ações sobreavaliadas ou superavaliadas, 365, 366, 388
Ações subavaliadas, 365, 366, 388
  classificação de, 388-389
Ações, 231
  análise de empresas *versus* seleção de, 364-366
  avaliação de (Veja Avaliação de ações)
  betas para (Veja Betas)
  crescimento (Veja Ações de crescimento)
  coeficientes de correlação para, 54, 55
  derivativos e, 419 (Veja também Derivativos)
  dividendos de (Veja Dividendos)
  empresa grande *versus* empresa pequena, 19, 296
  letras do Tesouro *versus*, 101-102
  mercado global para, 117-119
  nos Estados Unidos *versus* em outros países, 38-42
  ordinárias (Veja Ações ordinárias)
  preferenciais, 50, 60, 238
  quando vender, 389
  recessões e, 296-297
  taxas de juros e, 302
  taxas históricas para, 52-53
  tipos de, 366
ADRs. Veja American Depository Receipts (ADRs)

Agente fiduciário, 97
Alavancagem operacional, 342, 363
Alavancagem, 126, 419
  ativo livre de risco e, 185
  de derivativos, 9
  índice VP/VM e, 215
  multiplicador de alavancagem financeira, 340
  negociação não autorizada e, 9n
  opções e, 428
  operacional, 342, 363
Alemanha, 54
  alocação de ativos na, 102-103
  correlações de índices e, 152
Alfas (de Jensen), 514-515, 526, 529
Alíquotas marginais de imposto, 94-95, 107
Alíquotas médias de imposto, 95, 107
Alocação de ativos, 10-11, 99-109
  análise de mercado e, 295-297
  avaliação de carteiras e, 530, 531
  carteiras de referência e, 525-526
  declaração de política e, 86, 90-91
  definição, 107
  derivativos e, 507
  diferenças culturais e, 102-104
  exemplos sugeridos, 93
  futuros e, 425, 446-447
  gestão de carteiras de títulos de dívida emitidos por empresa e, 510-511
  importância da, 99-102, 236
  impostos e, 483-484
  modelos econométricos para, 305
  processo de, 99
  resumo de, 102
  retornos reais e, 102
  tipos de ações e, 366
Alocação de moedas, derivativos e, 486-487
Alocação desejada em moedas, 486, 511
Ambiente competitivo, 311-312, 322
América do Norte, 42
American Stock Exchange (AMEX), 51, 117-119
  carteira de referência e, 525-526
  CQS e, 129
  Nasdaq comparada com, 120
AMEX. Veja American Stock Exchange (AMEX)
Amostragem, 140, 469, 495
  Fonte de, para índices mundiais, 150
Amplitude do mercado, 404
Amplitude dos retornos, 163
Análise baseada em retornos, 529, 538
Análise de atribuição de desempenho, 517, 530, 527
Análise de atribuição de retornos, 531
Análise de avaliação, 498, 516
Análise de características, 529-530, 538
Análise de cenários, 295n, 352
  para estimação de LPA, 386
Análise de ciclo de vida
  expectativas de lucros, 480
  setor, 312-314, 368-369, 373
Análise de composição efetiva de Sharpe, 530
Análise de composição efetiva, 529-530, 538
Análise de crédito, 499, 516
Análise de crescimento, 351
Análise de empresas, 224-225, 235, 364-393. Veja também Firmas/Empresas
  ações de crescimento e, 366-367
  análise de risco e, 373
  análise SWOT na, 369-370
  carteiras globais e, 471
  componentes da, 368-371
  decisão de investimento e, 388-389
  estratégias competitivas e, 368-369
  exemplo da Walgreen de, 371-385
  fontes de informação para, 394-396

influências econômicas na, 367-368
  influências estruturais na, 368
  influências setoriais na, 367-368
  influências sobre os analistas na, 389-390
  relação P/E na, 385-388
  versus avaliação e seleção de ações, 364-366
Análise de expectativas, 295, 305-306, 322
  investimento em valor/crescimento e, 480-482
Análise de investimento, 12. Veja também Consultores/serviços financeiros; Analistas de investimento
  certificações profissionais para, 12, 13
  consenso de, 387
  lado da compra *versus* lado da venda e, 12
Análise de mercado, 295-297
  spreads de rendimentos e, 275-276
Análise de risco, 341-347, 351
  ações de crescimento e, 366-367
  análise de empresas e, 373
  análise setorial e, 373
Análise de séries de tempo, 101, 329, 363
  análise técnica e, 402, 403
  das diferenças de rendimentos de títulos de dívida privada da Moody's, 250
  de moedas estrangeiras, 410
  estudos de previsão de retornos e, 212-214
  HME e, 211
  na medida de Jensen, 518-519
  para a Walgreen, 381, 382, 383, 385
  para estimar crescimento, 251-252
  para estimar lucros, 386
  para índice de títulos de renda fixa S&P500 e Lehman, 166, 167
Análise de *spreads*, 499, 516
Análise de títulos, 10
  abordagens genéricas de, 295-297
  consenso de, 387, 400
  de cima para baixo *versus* de baixo para cima, 10, 295 (veja também Enfoque de baixo para cima; Enfoque de cima para baixo)
  renda fixa (veja Títulos de renda fixa)
Análise de valor intrínseco, 224, 233, 235, 293, 388-389
  ações de crescimento e, 367, 371
  análise de empresas e, 364, 365, 367
  da Walgreen, 371-385
  de opções, 425-426
  de *warrants*, 462
  derivativos e, 419
  por profissionais *versus* analistas amadores, 388
  risco e crescimento na, 388
Análise do ciclo de vida do setor, 312-314, 322, 368, 373
Análise do estilo móvel, 529
Análise do mercado como um todo, 224
Análise do potencial de crescimento, 348-349
Análise econômica, 235, 294-322
  análise de expectativas e, 305-306
  análise de mercado e, 295-297
  conceitos de, 297-300
  e influências sobre economia/mercados de títulos, 300-302
  e relação com setor, 308-309
  influências estruturais na, 309-311
  mercados eficientes e, 295
  previsão e, 302-305
  spreads de rendimento e, 276
Análise em *cross section*, 329, 353, 363
Análise estatística
  HME e, 400
  para estimar lucros, 386
Análise fundamentalista, 224-225
  análise técnica e, 398

Índice Remissivo **551**

552 Índice Remissivo

análise técnica *versus*, 397, 398, 399
estimando o crescimento na, 250-251
passo final na, 364
Análise setorial, 224-225, 294, 308-322
  análise de expectativas e, 306
  análise de risco e, 373
  carteiras globais e, 476
  estrutura competitiva e, 311-312
  explicação da, 306
  fontes de informação para, 314-315
  influências estruturais na, 309-311
  no processo de avaliação com três estágios, 235, 236
  relação entre economia e, 308-309
Análise SWOT, 369-370, 393
Análise técnica, 223, 295, 397-415
  de mercados estrangeiros, 410
  de títulos de dívida, 410, 411
  definição, 415
  desafios para, 477-478
  hipóteses da, 398, 399-400
  regras de negociação na, 400-410
  seguir o dinheiro esperto, 403-404
Analistas. Veja também Analistas de investimento; Analistas de títulos
  influências sobre, 389-390
  "paralisia causada por análise" e, 389-390
Analistas de títulos, 12. Veja também Analistas de investimentos
  Avaliando, 225
  Bancos de investimento e, 390
  Empresas e, 388-390
  Escândalos envolvendo, 11
  finanças comportamentais e, 222-223, 226
  HME e, 219-220, 221-222
  Índices e, 140
  Influências sobre, 389-390
  remuneração de, 13
Analistas técnicos, 140, 397. Veja também Análise técnica
Anomalia de janeiro, 213
Anomalias, 230, 295
Anualização de um retorno, 20-21, 24
Anuidades variáveis, 80-81, 85
Anuidades, 43, 89, 237n
  gastos relacionados a, 6-7
  variáveis, 80-81
Apólices de seguro de vida variáveis, 87n
APT. Veja Arbitragem Pricing Theory (APT)
Arbitrage Pricing Theory (APT), 196, 199, 207
  carteiras de referência e, 527-528
  medida de desempenho de carteiras e, 519-520
  método de Jensen e, 519
Arbitragem de conversão, 464
Arbitragem de índices de ações, 446-448, 470
Arrendamentos capitalizados, 337, 351
arrendamentos, 337-340, 351
Árvore do preços da ação, 456, 457, 458
Asian Wall Street Journal, 148
Ataque terrorista, 42
Ativo com risco, 207
  CAPM para, 161, 182
  GSMI e, 152-153
  índices e, 140
  linha de mercado de títulos e, 190-196
  taxa exigida de retorno para, 27, 29, 182
  versus Ativos livre de risco, 184-186
Ativo livre de risco, 182, 183, 184-186, 207
Ativo total dividido por patrimônio líquido, 340
Ativos financeiros, 9, 35
Ativos intangíveis, 352
Ativos reais, 35, 44
Ativos subavaliados, 191-193
Ativos supervalorizados ou sobreavaliados, 191-193, 352
Ativos
  características intrínsecas versus características determinadas pelo mercado de, 367
  com risco. (veja Ativos com risco)
  financeiros, 9, 35

índices para comparar, 140
  intangíveis, 352
  reais, 35
ATSs. Veja Alternative Trading Systems (ATSs)
Auditores, escândalos envolvendo, 11
Áustria, alocação de ativos na, 103
Avaliação de ações, 238-240, 364-393
  análise de empresas *versus*, 364-366
  índices financeiros na, 353
  medidas de variabilidade na, 353
  variáveis sem índice, 353
Avaliação de carteiras, 89-90
  cálculo de retornos de, 518-519
  de desempenho de carteiras de renda fixa, 531-533
  medidas compostas para, 517-524
  medidas populares para, 524
  retornos padronizados para, 522-524
  técnica de Sharpe e, 529
Avaliação de desempenho, 517. Veja também Avaliação de carteiras; Desempenho de carteiras
Avaliação de títulos de renda fixa, 237-238, 258-260.
Avaliação por fluxo de caixa descontado, 239, 240-245
Avaliação relativa, 239, 240, 248-249, 378-385
Avaliação, 231-255, 293
  ações de crescimento e, 366-367
  com crescimento temporário acima do normal, 243-244
  com índice P/E, 385-388
  componentes de, 236-237
  de ações, 238-240, 364-393
  de baixo para cima, seleção de ações, 233
  de cima para baixo, 233
  de derivativos, 444-470
  de títulos conversíveis, 462-464
  de títulos de renda fixa, 237-238, 258-260
  de três estágios, 233, 234-236, 255
  de *warrants*, 462
  demonstrações financeiras e, 324-328, 352
  opções de compra e de venda, 452-461
  relativa, 239, 240, 248-249, 378-385
  tipos de ações e, 366
Aversão a risco
  na teoria de carteiras, 162-163
Backtest, 476, 495
"Baixar a média", 222
Balanço patrimonial, 324, 329, 330, 363, 394
  qualidade do, 352
  risco financeiro e, 342-344
Bancos de investimento, 9, 12, 113-114
  analistas de ações e, 390
  escândalos envolvendo, 11
  prospecto e, 394
Bancos para Cooperativas, 44
Bancos, 115
  emissões de obrigações gerais e, 115
  remuneração de profissionais em, 13
Barron's, 403
  índice de altas e baixas em, 404
  índices em 142, 145, 149
  prospectos e, 394
  saldos credores em, 401
  saldos devedores em, 404
  técnicas de volume e, 405-406
Base, 107, 446, 470
Bélgica, alocação de ativos na, 103
Betas, 152n, 182, 193-196, 202. Veja também risco sistemático.
  avaliação e, 236-237
  carteira de referência e, 524-528
  definição, 207
  duração comparada a, 531-532
  futuros e, 476, 485
  gestão ativa e, 481-483
  gestão passiva e, 485
  na avaliação de carteiras, 517-519, 524, 526-528

negativo, 522
  otimização quadrática e, 476
  relação VP/VM e, 215-216
  taxa anormal de retorno e, 212
  taxa exigida de retorno e, 373-374
Betas da Merrill Lynch, 193
Bolsa de Paris, 119
Bolsa de Valores de Cingapura, 120
Bolsa de Valores de Filadélfia (PBW), 122
Bolsa de Valores de Frankfurt, 119
Bolsa de Valores de Londres (LSE), 51, 119
  Nasdaq e, 120
Bolsa de Valores de Nova York (NYSE), 62, 77, 117
  altas/baixas diárias na, 405
  carteira de referência e, 526
  continuidade de preços na, 127
  CQS e, 129
  ECNs e, 130
  empresas não-americanas listadas na, 119
  exemplo de transação com margem na, 125
  fundos de investimento *versus* ações na, 63
  HME e, 217
  Nasdaq comparado com, 120
  negociação programada na, 449
  novos sistemas de negociação na, 128
  S&P 500 e, 152
  terceiro mercado e, 123
  transações em 2000-2003 na, 112
  volume no mercado de balcão *versus*, 402-403
Bolsa de Valores de Tóquio (TSE), 51, 119, 142
Bolsas de futuros globais, 422-423
Bolsas de opções, 426-429
Bolsas de valores globais, 119, 130
Bolsas de valores
  contratos futuros nos Estados Unidos, 484
  de opções, 426-436
  especialistas nas (Veja Especialistas)
  formadores de mercado em, 127-128
  globais, 119, 130
  HME e registro em, 217
  membros de, 123
  nacionais, 115, 117-120, 217
  OTC (Veja Mercados de balcão [OTC])
  perspectivas futuras de, 130
  regionais, 115, 116, 122, 123n
  tipos de ordens nas, 123-127
Bolsas nacionais de valores, 115, 116, 117-119, 217
"Breaking the buck", 66n
Brinson Partner Global Security Market Index (GSMI), 152, 152n
Business Week, 70
BV/MV. Veja valor contábil-valor de mercado (VM)
CAES. Veja Sistema de execução apoiado por computador (CAES)
Canadá, 41, 53
  correlações de índices e, 152
Canal de baixa, 400, 401-403, 405-406
Canal de tendência de alta, 400, 415
Canal de tendência de queda, 410-412
Canal de tendência horizontal, 400-401, 415
Capitalização de mercado, nos Estados Unidos *versus* em outros países, 38-40
CAPM, 152. Veja também Modelo de formação de preços de ativos (CAPM)
CAR. Veja Certificado de Venda de Automóveis (CAR)
Características demográficas, 235, 300
CARs. Veja Certificados de Venda de Automóveis (CARs)
Carteira completamente diversificada, 207
Carteira de *hedge*, 454-458
Carteira de mercado, 183, 186-189, 207
  carteiras de mercado e, 526-528
  problema com carteira teórica, 526
Carteira de referência especializada, 471, 525
Carteira de referência, 90, 107, 469, 495, 517, 522, 524-530, 538

análise de atribuição de desempenho e, 530-531
características exigida de, 521-526
contas tributáveis e, 528
especializada, 471
estilo versus, 478-480
gestão ativa e, 471
gestão passiva e, 469-471
problema com, 526-528
Carteira dedicada pura de casamento de fluxos de caixa, 505, 516
Carteira global
alocação de ativos numa, 305
análise econômica e, 295
derivativos e, 486-487
investimento ativo e, 471-476, 486-487
Carteira indexada, 140
Carteira livre de risco, 171
Carteira normal, 471, 534
Carteira ótima, 162, 178, 188, 488n
impostos e, 488
linha de mercado de capitais e, 188
Carteira passiva total, 505
Carteira
completamente diversificada, 207
de mercado (veja Carteira de mercado)
de referência (veja Carteira de referência)
dedicada, 505
definição, 10, 16
exemplo de três ativos, 175-176
ótima, 162, 178, 188, 488n
rebalanceamento de, 89, 505
seleção de títulos para, 10-11, 505, 530, 531
tributável, 487-489
Carteiras tributáveis, 487-489
carteiras de referência e, 528
Casamento de prazos, 506
CBOE. Veja Chicago Board Options Exchange (CBOE)
CBOT. Veja Chigago Board of Trade (CBOT)
CD. Veja Certificados de depósito (CD)
CDs negociáveis, 44
Center for Research in Security Prices (CRSP), 197, 396
Certificado de Venda de Automóveis (CAR), 60
Certificados de depósito (CDs), 44, 60
em euro-dólares, 45
retornos reais de, 102
Certificados de repasse, 49
Certificados de Venda de Automóveis (CARs), 49
Certificados lastreados em equipamentos, 60
Certified Financial Planner (CFP), 12, 13
CFA. Veja Chartered Financial Analyst (CFA)
CFA Institute, 13n, 540
CFP. Veja Certified Financial Planner (CFP)
Chamada de margem, 126, 133, 484
Chartered Financial Analyst, (CFA), 12, 13, 33
Chicago Board of Trade (CBOT), 51, 115, 504n
contratos futuros na, 422-425, 450-452, 508n
Chicago Board Options Exchange (CBOE), 147, 403, 426, 461
Chicago Mercantile Exchange (CME), 51, 115, 147
contratos futuros na, 422-425, 483-485
Chicago Stock Exchange, 122
Ciclo de conversão de caixa, 334
Ciclo de vida do investidor individual, 87-89
Ciclo econômico, 235
Ciclo econômico, 300, 303-304, 308
estilo de carteira e, 478
Ciclos estruturais, 308, 309-311
Círculo do Pacífico, 42
Classes de ativos, 86, 100-101, 107
carteira de referência e, 528-529
previsões de, 304
Classificação de risco de títulos de dívida, 47
classificação de risco de obrigações, 48
índices financeiros e, 353-354
medidas de variabilidade e, 354

variáveis sem índice e, 354
Cláusulas de resgate antecipado, 60, 270, 271, 281
Clearing Corporation, 426-427
CME. Veja Chicago Mercantile Exchange (CME)
CMO. Veja Obrigação com garantia hipotecária (CMO)
Coeficiente de variação, 25, 27, 34
de diversos ativos do mercado de capitais, 53-54
Coeficientes de correlação, 40, 42, 43, 181
covariância e, 168-169
entre ativos globais, 54-56
mercados secundários e, 115n
para índices mensais de mercados de títulos, 152
Colocação fechada. Veja também Colocação privada, 112, 114, 133
Com melhores esforços, 113
Com peso acima do normal, 295, 322
Comissão diferida de venda, 68
Comissões com pagamento sem dinheiro, 78
Comissões
de corretores, 123, 133
derivativos e, 419
Commodities de Goldman Sachs, 54, 303
Commodities
coeficientes de correlação para, 54, 55
indicador de inflação e, 303
redução do custo de investimento e, 419
Commodity Futures Trading Commission (CTFC), 422
Companhia de gestão de investimentos, 63, 85
estilos de investimento e, 479-480
taxas de, 69
técnica de Sharpe e, 525
Companhias de investimento, 51, 60. Veja também Investimentos administrados.
desempenho de, 71-78
emissões de obrigações gerais, 115
emissões de títulos do Tesouro e, 115
fundos abertos, 51, 63
fundos fechados, 63, 78
tipos de, 64-66
títulos de dívida municipais e, 115
Companhias de investimento abertas, 51, 63, 85
Companhia de investimento em fundo fechado, 63, 78-79, 85
Companhias seguradoras, 109
Compensação entre risco e retorno, 4-5, 18-34, 170-175. Veja também Taxa de retorno
ações, 101, 478
ativo livre de risco e, 184-186
CAPM e (Veja Modelo de formação de preços de ativos [CAPM])
contratos futuros e, 482-484
derivativos e, 506-511
fundos de investimento, 71-73
modelos multifatoriais para, 197-201
na teoria de mercado de capitais, 182
nos investimentos estrangeiros, 35-36
opções e, 436, 482, 486
otimização quadrática e, 476
para ações de valor versus ações de crescimento, 480-482
retornos médios anuais de títulos, 153
retornos padronizados e, 522-524
taxa exigida de retorno e, 29-31
taxas históricas de, 52-56
tipos de, 19-21
títulos de renda fixa, 497, 506-511
Competição
análise setorial e, 306-308, 311-312
forças de, 311-312
global, 42-43
tecnologia e, 310
Comportamento de poupança, 269
Comportamento no tempo, 366-367
Composição, 23-24, 262
impostos e, 488

Compustat, 396
Comunidade Européia, 42
Conference Board, 303, 304
Conselho Federal de Reserva, 125, 126
inflação e, 302-303
políticas econômicas da, 297-298 (Veja também Política fiscal; Política monetária)
regras T e U do, 125
Conselhos de administração, escândalos envolvidos, 11
Conta de poupança, 44, 60,
Conta discricionária, 97
Contabilidade de custo por lote, 489
Contabilidade
análise das demonstrações financeiras não-americanas, 351
análise técnica e, 398
anúncios de mudanças na, 217-219
demonstrações financeiras e, 351-352
escândalos em, 11
GAAP e, 336
índice preço/vendas e manipulações com a, 394-396
termos fiscais, 489
Contas com impostos diferidos, 6-7, 75n, 96-98
Contas de aposentadoria individual (IRAs), 6, 7, 96-97
Contas de corretagem
saldos credores nas, 401
saldos devedores nas, 404
Contas fiduciárias, 98
Continuidade de preço, 111, 127, 133
Contrapartes, 418, 443
Contrários, 480, 481
Contratos a termo, 419, 420-422, 427
comprados versus vendidos, 420
definição, 418, 443
versus contratos futuros e opções, 427
Contratos futuros de ações, 422
Contratos futuros de índice de ações, 403, 482
Contratos futuros de notas/obrigações (NOB), 448-450
Contratos futuros de títulos de renda fixa, 425
Contratos futuros, 9, 58, 60, 115, 303, 418, 419, 422-425
análise técnica e, 403
aplicações avançadas de, 446-450
avaliação de, 449-470
definição, 418, 443
EAFE e, 147
formação de preços e, 419
gestão de carteiras de ações e, 468, 482, 485-487
gestão de carteiras de títulos de renda fixa e, 506-511
globais, 422-423
imperfeições de mercado e, 446
nas bolsas dos Estados Unidos, 484
opções de, 450-452
paridade de opções de compra e de venda e, 436-438
redução do custo de investimento e, 419
transferência de risco e, 87, 419
versus contratos a termo e opções, 427
Convergência, 446, 470
Convexidade, 283-286, 291
Corretoras, 12, 16
análise de empresas e, 388
comissão de corretagem, 122
de pregão, 123, 133
descrição de funções de corretagem, 12-13
especialistas como, 127, 128
ITS e, 129
melhores esforços e, 113-114
Nasdaq e, 120, 121-122
relatórios de, 396
remuneração de, 13
terceiro mercado, 116, 122-123
Corretores de pregão, 123, 133
Costa do Pacífico, 122

Cosultores/serviços financeiros 12-13, 98. Veja também analistas de investimento; Gestão profissional; Analistas de títulos
  certificações profissionais de, 12, 13
  ética de, 12
  gastos de, 6-7
  remuneração de profissionais em, 13
Cotação decimal, 111-112
Covariância, 165-168, 181
  linha de mercado de capitais e, 188-189
  linha de mercado de títulos e, 189-196
CQS. Veja Sistema de Cotação Consolidada (CQS)
Crash de mercado de ações
  de 1929, 11
  de 1987, 42
Credores, 348
Crescimento econômico, 269
  determinantes do, 348-349
  e taxa real de juros livre de risco, 28-29
  inflação e, 302-303
Crescimento estimado, 249-252, 371-373
Cross section de retornos, 212, 214-216, 219
  análise fundamentalista e, 225
  analistas superiores e, 225-226
CTFC. Veja Commodity Futures Trading Commission (CTFC)
Cultura, alocação de ativos e, 102-104
Curva de preço-rendimento, 259, 260, 291
  convexidade na, 283-285
Curva de rendimentos, 271-273
Custo de capital próprio, 239
Custo de investimento, derivativos e, 419-420
Custo de realocação de carteiras, 295n
Custo de transação, 111, 133, 295n
  contratos futuros e, 446
  efeito tamanho e, 214-215
  investimento ativo e, 471
  minimização de, 225-226
Custo médio ponderado de capital (WACC), 239, 243, 244-245, 249
  empresas de crescimento e, 365, 376-378
  índice preço/valor patrimonial e, 382
Custos de armazenamento, 446
Daily Stock Price Records, 396
DAR. Veja Desempenho ajustado por risco (DAR)
Data de vencimento, 426-438, 447-463
Debêntures, 60
Declaração de política, 86-107, 89, 90-91, 497
  alocação de ativos e, 99-100, 102 (Veja também Alocação de ativos)
  avaliação de carteiras e, 530
  carteiras de referência e, 524
  dados para, 91-98
  definição, 107
  fundos de aposentadoria e, 99
  montagem da, 98-99
  necessidade de, 90-91
  negociação de ações e, 99
Dedicação com reinvestimento, 505, 516
Dedicação, 505, 516
Demonstração de fluxos de caixa, 324-326, 363
Demonstração de resultado, 324, 363, 395
  lucros estimados e, 387
  qualidade de, 352
  tamanho comum, 329, 331, 337
Demonstrações financeiras de qualidade, 351-352, 363
Demonstrações financeiras de tamanho comum, 329-331, 337, 363
Demonstrações financeiras internacionais, 351
Demonstrações financeiras, 293, 323-363
  análise de risco e, 341-347
  análise histórica e, 352
  análise técnica e, 399-400
  carteiras globais e, 476
  finalidade de análise de, 328
  internacionais, 351
  não-americanas, 351

notas explicativas em, 324, 352
  qualidade de, 351-352
  valor da análise de, 352
Departamento de relações com investidor, 12-13
Depósitos/CDs em eurodólar, 44
Depreciação implícita de ativos arrendados, 339
Derivativos, 9, 35, 51, 417-443
  alocação de ativos e, 503
  avaliação/análise de, 444-470
  carteira global e, 486-487
  contratos a termo, 418, 419, 420-422, 427
  contratos futuros (Veja Contratos futuros)
  definição, 443
  formação de preços e, 419
  fórmula Black-Scholes de precificação de opções, 458-461
  modelo binomial de precificação de opções, 452-458, 470
  na gestão ativa de carteiras de ações, 485-487
  na gestão de carteiras de ações, 482-487
  na gestão de carteiras de títulos de renda fixa, 506-511
  na gestão de carteiras globais de títulos de renda fixa, 511
  na gestão passiva de carteiras de ações, 485
  negociação não autorizada de, 9n
  opções (Veja Opções)
  para controlar fluxos de caixa de carteiras, 482-483, 507
  redução do custo de investimento e, 419
  "sobre derivativos", 444
  títulos assemelhados a opções, 461-464
  transferência de riscos e, 87, 419
  versus série básica, 52-53
Deságios, fundos fechados e, 78
Descoberta de preço, 115, 116
Desconto (título de renda fixa), 291
Desdobramento de ações, 142
  DJIA e, 141-142
  opções e, 427
Desempenho ajustado por risco (DAR), 523-524
Desempenho de carteiras
  avaliação (Veja Avaliação de carteiras)
  medidas compostas de, 517-524
  razões de desempenho superior/inferior, 530-531
Desempenho futuro estimado, 323, 351
Desvio-padrão, 26-27, 34, 41, 52, 101
  ativo livre de risco e, 184-186
  de séries básicas e derivadas, 52, 53
  dos retornos, 520
  fórmula para carteiras, 170
  na avaliação de carteiras, 520, 524, 528
  na teoria de carteiras, 163-164
  para carteiras, 165-178
  para diversos ativos do mercado de capitais, 54
  para investimento individual, 164-165
Diagramas de resultados, 434-438
"Dias de tripla bruxaria", 448
Display Book, 128
Distribuidoras, 9, 16, 115, 117
  especialistas como, 127-130
  Market-makers como, 120n
  Nasdaq e, 120-122
  remuneração de, 13
  terceiro mercado e, 122-123
Diversificação, 7-8, 87
  avaliação de carteiras e, 524
  carteiras de referência e, 525-526
  como medir, 187
  compensação de impostos com, 96
  completa, 207
  em carteiras de estilos, 476-480
  em investimentos globais, 37, 40-43, 56, 152
  exemplo de, 8
  fundos de investimento e, 63, 68, 76
  impostos e, 488
  otimização quadrática e, 476, 495
  previsão e, 295n

risco de carteiras e, 101n
Dívida de margem, 404
Dívida do Tesouro, 270n
Dívida, 35, 43
  resgatável, 461
  sem pagamento de juros, 344
  simples, 461
Dividendos, 43-44
  opções e, 427
  reinvestimento (veja Reinvestimento)
  taxa de crescimento de, 250-251, 373
  valor presente de, 371-378
  versus ganhos e perdas de capital, 6
Divulgação justa, 388
DJIA. Veja Dow Jones Industrial Average (DJIA)
Dotações, 13, 109
Dow Jones Industrial Average (DJIA), 139, 141-142
  avaliação de carteiras e, 527
  carteira de referência e, 527
  contratos futuros do, 423
  críticas ao, 142
  e amplitude do mercado, 404
  gráfico de barras para, 409
  gráfico de séries temporais do, 250, 403
  linha característica para, 527
Duff and Phelps, 48
Duração de Macaulay, 279-283, 503n, 508n
Duração modificada, 285-286, 291, 503-504, 508n
Duração, 279-281, 291, 497, 502-503
  antecipação de taxa de juros e, 497-498
  convexidade e, 283-286
  linha de mercado de títulos de renda fixa e, 531-532
  média ponderada, 509
  modificada, 283, 287, 291, 503-505, 508n
  volatilidade de preço e, 281-283
EAFE. Veja Índice Europa, Austrália e Extremo Oriente (EAFE)
EBIT. Veja Lucros antes de juros e impostos (EBIT)
EBITDA. Veja Lucros antes de juros, impostos, depreciação e amortização (EBITDA)
ECNs. Veja Redes de comunicação eletrônica (ECNs)
Economia doméstica, 297-298
Economia global, 8, 298-300. *Veja* também Eventos globais/mundiais
  economia doméstica afetada pela, 298-300
  notícias em relação à, 217
Economia
  crescimento da, 300
  doméstica, 297-298
  global (veja Economia global)
  influências estruturais sobre, 309-311
  influências sobre a, 300-302
  relação entre setor e, 308-309
Economias estrangeiras, 235
Economic Cycle Research Institute (ECRI), 303-304
Econômico, crescimento. Veja Crescimento econômico
ECSs. Veja Sistemas eletrônicos de cruzamento (ECSs)
EDI. Veja Intercambio eletrônico de dados (EDI)
Efeito da empresa ignorada, 215, 219
  análise de expectativas e, 480-482
  análise econômica e, 295
Efeito de análise, 532-533, 538
Efeito de gestão, 532, 538
Efeito de negociação, 532, 538
Efeito de política, 532, 538
Efeito de previsão de taxa de juros, 532-533, 538
Efeito Fisher, 299, 302, 303
Efeito multiplicador, 234
Efeito tamanho, 214-215
  analistas superiores e, 225
Efeitos de calendário, 213-214, 219
Efeitos/choques reais, 302, 305
Eficiência de mercado, 5-6

custo de transação e, 111-112
derivativos e, 419
mercados secundários e, 115n
nos Estados Unidos *versus* em outros países, 38-40
Eficiência externa, 6, 111, 133
Eficiência informacional, 5, 16, 111, 133, 209, 230
Employee Retirement and Income Security (ERISA), 108
Empresa cíclica, 365, 393
Empresa defensiva, 365, 397
Empresa especulativa, 365-366, 393
Empresas de consultoria de previdências, 13
Empresas em crescimento, 242-243, 255, 393
   versus ações de crescimento, 365, 389
Empréstimos no mercado monetário, 9
Empréstimos, balanço patrimonial e, 352
Enfoque "comprado-vendido", 478
Enfoque da duração média ponderada, 509, 516
Entrega, 508, 516
"Entrega de cesta", 450
Entrevistas com executivos de empresas, 388
ERISA. Veja Lei de Aposentadoria e Garantia de Rendimento de Empregados (ERISA)
Erro de acompanhamento, 469, 495, 497, 509, 516
Erro de referência (de *benchmark*), 522, 534
Escolha de ações. Veja também Lucro e Desempenho de ações, 233, 235, 476
Escritura de emissão, 60, 270
Especialistas, 127-128, 130
   HME e, 219, 220, 221
Especulação, derivativos para, 9, 419
Esquemas de ponderação, 142, 152
   avaliação de carteiras e, 531
   correlações e, 173-175
   no cálculo de retornos de carteiras, 539-541
Estados Unidos. Veja também entradas que começam com Federal; Governo
   alocação de ativos em outros países *versus*, 102-104
   classificação dos mercados secundários nos, 117-123
   especialistas nos mercados dos, 127-128
   índices para, 150-153, 469
   vendas estrangeiras por firmas nos, 249
   versus outros países, 38-43, 152, 153, 410
Estatísticas populacionais, 309
Estilo de carteiras, carteiras de referência e, 528-530
Estimação de lucros, despesas de juros e, 387
Estimativas de taxas de crescimento, 371-373
Estimativas trimestrais, 387-388
Estoques, PEPS *versus* UEPS, 218
Estratégia competitiva defensiva, 397
Estratégia competitiva ofensiva, 368, 393
Estratégia competitiva, 311-312, 322
   análise de empresas e, 369
Estratégia da escada, 498, 516
Estratégia de antecipação de risco, 87
Estratégia de baixo custo, 369
Estratégia de custo médio, 76, 470-471, 495
Estratégia de diferenciação, 369
Estratégia de duração, 504, 516
Estratégia de liderança de custo, 369
Estratégia de prazo de vencimento, 504, 516
Estratégia de redução de risco, 87
Estratégia de rotação, 308, 309
Estratégia de transferência de risco, 87
Estratégia defensiva, 368
Estratégia para evitar riscos, 86
Estratégias de escada e halteres, 498, 516
Estratégias de investimento no ciclo de vida, 87
Estratégias de investimento, 10-11
   ativas, 469, 471-482
   ciclo de vida, 87-89
   declaração de política e, 91-94
   eficiente em termos fiscais, 485
   gestão de risco em, 86-87
   para fundos de investimento, 75-76

passivas, 469-471
   testadas com dados passados, 476
Estratégias de negociação
   opção, 429-436
   título de renda fixa, 279, 282-283
Estratégias eficientes em termos fiscais, 489
Estratégias não autorizadas, 9n
Estrutura temporal das taxas de juros, 268, 271-275, 291
   estilo e, 498
   implicações para negociação, 275
Estudo FFJR, 216-217
Estudos de eventos, 212, 216-219
Estudos de previsão de retornos, 212, 212-214
ETFs. Veja Fundos de investimento negociados em bolsa (ETFs)
Ética, 11-13
Euro-obrigação., 43, 49 51, 60
Europa
   alocação de ativos na, 103
   versus Estados Unidos, 38-40
EVA. Veja Modelo de valor econômico adicionado (EVA)
Eventos empresariais, 219
Eventos globais/mundiais, 217, 235
   economia doméstica e, 299
Excesso de oferta potencial no mercado, 406
Exigência de margem, 125
Expectativas de crescimento a curto prazo, 300-302
Expectativas de crescimento a longo prazo, 300
Falência, previsão de, 354
Fannie Mãe. Veja Federal National Mortgage Association (FNAM ou Fannie Mae)
FASB. Veja Financial Accounting Standards Board (FASB)
Fase de acumulação, 87-88, 107
Fase de consolidação, 88-89, 107
Fase de doação, 89, 107
Fase de gasto, 89, 107
Fator de ajuste de duração, 508, 516
Fator de conversão, 508, 516
Fator de *momentum*, 200, 404-405
   estilo de investimento e, 477
Fatores legais/lei, 11, 310
   antitruste, 310n
   na alocação de ativos, 97-98, 103
Federal Housing Administration (FHA), 46
Federal Land Banks, (FLB), 46
Federal National Mortgage Association (FNAM ou Fannie Mae), 46
FHA. Veja Federal Housing Administration (FHA)
Fiduciário, 97, 107, 109
Finanças comportamentais, 222-223, 226, 230
Financial Accounting Standards Board (FASB), 324
Financial Times, 142, 144, 146, 147
   prospectos e, 394
Finlândia, alocação de ativos na, 103
Firmas/empresas. Veja também Análise de empresas
   análise de expectativas e, 306
   analistas profissionais e, 388-390
   atributos favoráveis de, 370-371
   estratégias de, 368-371
   informações oferecidas por, 388, 394
   risco econômico de, 25
   tipos de, 365-366
   versus famílias, 9
Fitch Investors Service, 47, 48
FLBs. Veja Federal Land Banks (FLBs)
Fluxo de caixa livre da empresa (FCFF), 328n, 376-378
Fluxo de caixa livre do capital próprio (FCFE), 239, 328n, 374-376
Fluxo de caixa livre operacional (FCO), 239, 244-245
   na análise de empresas, 376-377
Fluxo de caixa livre, 328, 346-347, 363
Fluxo de caixa tradicional, 326-327, 328
Fluxos de caixa esperados, 352

Fluxos de caixa futuros estimados , 232-233
Fluxos de caixa, 43-44
   avaliação e, 236-237
   contratos futuros e, 425, 445
   da posse do ativo, 446
   das operações, 346, 347
   demonstração de, 324-328
   derivativos no controle de carteiras, 482, 485-487
   estimativa de fluxos futuros, 232, 233, 237
   margem de lucro operacional e, 336n
   medidas alternativas de, 346-347
   medidas de, 326-328
   no cálculo dos retornos de carteiras, 539-541
   para companhias de seguro, 109
   risco financeiro e, 342
   valor presente de, 371-378
FNMA. Veja Federal National Mortgage Association (FNAM ou Fannie Mae)
Fontes de dados computadorizadas, 396
Fontes de informação setorial, 314
Forbes, fundos de investimento e, 70
Força de trabalho, 300
Forma forte da HME, 210, 219-222, 230
Forma fraca da HME, 209, 210-211, 223, 230
   análise técnica e, 399-400
Forma semiforte da HME, 209, 211-219, 230
Formadores de mercado. Veja também Market Makers, 127-128
   competitivos registrados, 123
   definição, 120n
   ITS e, 129
Fórmula Black-Scholes de precificação de opções, 444, 458-461
França, alocação de ativos na, 103
Fronteira eficiente, 176-177, 181, 182
   ativo livre de risco e, 184-186
   avaliação de carteiras e, 519
   impostos e, 487, 488
   otimização quadrática e, 476
Função curvilinear, 283
Fundações, 13
Fundo com taxas reduzidas, 67-68
Fundo de ações de empresas pequenas, 200
Fundo de amortização, 270, 281n
   duração de título de renda fixa e, 280-281
Fundo misto, 70
Fundos balanceados,66
Fundos com gestão ativa, 74-75, 76
Fundos com gestão passiva
   avaliação de carteiras e, 517
   carteiras de referência e, 469
Fundos de ações internacionais , 71
   estratégias envolvendo, 75-76
Fundos de ações ordinárias, 51, 64
Fundos de ações, 66, 73-76
   índices *versus*, 71-72
Fundos de aposentadoria, 89, 99
   declaração de política e, 99
Fundos de construção e desenvolvimento, 52
Fundos de estágio de vida, 66
Fundos de integralização, 469, 479, 495
Fundos de investimento (REIT), 52
Fundos de investimento globais, 50, 51, 64
   estratégias envolvendo, 75-76
Fundos de investimento imobiliário (REITs), 52, 60
Fundos de investimento internacionais, 50
Fundos de investimento socialmente responsáveis (SRI), 145
Fundos de investimento, 9, 35, 62-85, 389n
   avaliação de carteiras e, 524
   comissões e, 6, 70, 77
   como companhias de investimento abertas, 51, 63
   custos de, 68-70, 73-75
   definição, 62-66, 85
   escândalos envolvendo, 11, 77-78
   estilo de investimento e, 477
   estilos de gestão em, 77

estratégias de investimentos com, 75-76
fontes de retorno em, 64-66
giro de carteiras em, 63, 70, 74
globais, 50, 51, 76
HME e, 222
índice de despesas e, 69-70, 73-75, 80
informações sobre, 70-71
inovações em, 66
internacionais, 50-51, 76
motivos para se usar, 63
pontos de quebra e, 216
prospectos de, 64, 66-70
regras de opinião contrária e, 401-403
regressão de séries de tempo e, 101
remuneração de profissionais em, 13
taxas 12b-1 para, 68, 73
taxas de administração de, 69, 72
tipos de, 64-66
venda de cotas, 76-77
versus Wilshire 5.000, 5
Fundos de mercado monetário, 43, 51, 60, 66
Fundos de mercado, 226
Fundos de obrigações municipais, 64
Fundos de obrigações tributáveis, 64
Fundos de pensão, 108-109
alocações de ações em, 102
técnica de Sharpe e, 529
Fundos de renda fixa, 51, 64, 72, 73-75
Fundos de títulos de renda fixa e ações, 64
Fundos éticos, 145
Fundos flexíveis, 66
Fundos hipotecários, 52
Fundos indexados, 64, 140
eficiência fiscal de, 75
erro de acompanhamento e, 469n
estratégias envolvendo, 75-76
fundos com gestão ativa *versus*, 74-75, 76
fundos de ações *versus*, 71-73
motivação e uso de, 226
para investimento passivo, 469-471
Fundos negociados em bolsa (ETFs), 80, 140
motivação e uso de, 226
Fundos passíveis de empréstimo, 268, 269-270
Fundos sem taxas de entrada ou saída, 68, 85
estratégias envolvendo, 75-76
Fusões, analistas de investimentos e, 12
GAAP. *Veja* Princípios de contabilidade
geralmente aceitos (GAAP)
Ganhos de capitais não realizados, 94, 96, 107
impostos e, 489
Ganhos de capital realizados, 95, 95n, 107, 534
carteira de referência e, 528
impostos e, 489, 501, 528
Ganhos/perdas de capital, 19
carteira de referência e, 528, 529
fundos de investimento e, 63, 69, 76
impostos e, 487-489, 501, 502, 528
não realizados, 94,96,107, 489
realizados (veja Ganhos de capital
realizados)
variação de preços de ativos, 94
versus dividendos, 6
Garantia, 270
Gastos de consumo, 297, 298
Gastos de investimento, 297
Gastos do governo, 297, 298
GDP. Veja Produto interno bruto (PIB)
Gestão ativa de carteiras de ações, 468, 469,
471-482, 495
uso de derivativos na, 482, 485-487
Gestão ativa de uma carteira de títulos de renda
fixa,497-503
uso de derivativos na, 507, 509-511
Gestão de carteiras de ações, 468-495
ativa (veja Gestão ativa de carteiras de ações)
carteiras tributáveis na, 487-489
derivativos na, 482-487
passiva (Veja Gestão passiva de carteiras de
ações)
Gestão de carteiras de renda fixa, 496-516

ativa, 497-503, 507, 509-511
avaliação, 531-533
derivativos na, 506-511
global, 511
obrigações do Tesouro na, 510-511
passiva, 497, 507, 508-509
técnicas de casamento de fluxos na, 503-506
títulos de dívida privada na, 510
Gestão de carteiras, 10, 162-178, 467
ações, 468-495
alocação de ativos na, 86
avaliação de, 517-538
empregos na, 13
feedback na, 90
finanças comportamentais e, 222-223
HME e, 223-224
impostos e, 487-488
índices e, 140
monitoramento na, 89
processo de, 89-90, 517
remuneração de profissionais na, 13
títulos de renda fixa, 492-516
Gestão de recursos
HME e, 219, 222
índices de estilo e, 145
Gestão de risco, 86-87, 161
risco de base e, 446
Gestão de tesouraria, 13
Gestão de títulos de renda fixa pelo enfoque
núcleo-mais, 502, 516
Gestão passiva de carteiras de ações, 469, 485,
495
contratos futuros/opções e, 483-485, 486
"customizada", 469
impostos e, 488
usando derivativos na, 485
Gestão passiva de carteiras de títulos de renda
fixa, 497
contratos futuros na, 508-509
efeito de análise e, 532-533
usando derivativos na, 507, 508-5011
Gestão profissional. Veja também Consultores/
serviços financeiros; Investimentos
administrados
contratos futuros na, 425
fundos de investimento e, 63, 68, 71
HME e, 219, 222
índices usados para avaliar, 140
remuneração para, 13
Gestores de carteiras
análise de empresas e, 388
avaliação de carteiras e, 517
carteiras de referência e, 524-525
contratos futuros e, 446-447, 468, 484
derivativos e, 419
descrição de, 12
estilos de ações para, 529-530
influências sobre, 389-390
opções e, 468
Ginnie Mãe. *Veja* Government National Mortgage
Association (GNMA ou Ginnie MAE)
Giro de carteiras, 63, 70, 74-75
Giro de contas a receber, 333, 351
Giro de estoques, 333-334
Giro de negociação, 226, 347
Giro do ativo fixo líquido, 335
Giro do ativo total, 335, 340
Giro do patrimônio líquido, 335-336
Giro
ações, 336
ativo total, 335, 336, 340
contas a receber, 333, 351
da carteira, 63, 70, 75
de estoque, 333-334
do ativo fixo líquido, 335
dos negócios, 347, 363
GNMA. Veja Government National Mortgage
Association (GNMA ou Ginnie Mae)
GO. *Veja* Título de dívida de obrigação geral
(GO)

Government National Mortgage Association
(GNMA ou Ginnie Mae), 46, 49
Governo estadual, 9
Governo federal
como tomador de empréstimos, 9
política econômica do, 297-298 (Veja também
Política fiscal; Política monetária)
Governo local, 9
Gráfico de barras, 407, 408
Gráficos de indicadores múltiplos, 409
Gráficos de ponto e figura, 409-410
GSMI. Veja Global Security Market Index da
Brinson Partner (GSMI)
Habitat preferido, 274
Hedge funds, 35, 51-52
Hedging
risco de base e, 446
transferência de risco e, 87
Hipótese de expectativas, 272-273, 274
Hipótese de mercado eficiente (HME), 208, 209
análise econômica e, 295
análise técnica *versus*, 397, 398, 399-400
sub-hipótese da, 209-210
testes e resultados da, 210-222
Hipótese de passeio aleatório, 209
Hipótese de preferência por liquidez, 273-274
Hipótese de segmentação de mercado, 274-275
HME. Veja Hipótese de mercado eficiente (HME)
Horizonte de investimento, 500
Horizonte, 94, 101, 102, 108, 109
Identificação por freqüência de rádio (RFID), 310
Ilusão de rendimento, 291
Imóveis, 102n
companhias de seguro e, 109
risco de liquidez nos, 25
versus ativos financeiros, 9
Imóveis, 35
Imperfeições de mercado, 445-446
Importações/exportações, 297, 302
Imposto de renda. Veja também as entradas que
começam com Tributação de fundos de
investimento e, 63-64
Impostos do governo, 44
Impostos, 44, 298. Veja também Imposto de
renda
anuidades variáveis e, 80-81
carteira de referência e, 528
como principal gasto, 487
como restrição de investimentos, 94-98
comparação de carteiras em termos de, 76
estimativas de lucros e, 386
fronteira eficiente e, 487
fundos de investimento e, 63, 70-71, 75, 76
necessidade de diversificação, 96, 97
opções e, 430n, 489
retornos reais e, 102
Imunização, 499-501, 502, 505n, 512
Incerteza
de fluxos de caixa, 236
de retornos, 367
imunização para eliminar, 504
risco e, 163
Indexação, 6, 12, 493, 512. Veja também
Índices de títulos de renda fixa; Índices de
mercado de títulos.
carteiras de referência e, 525, 528-529, 530
contratos futuros e, 425
impostos e, 488
Indicador de alta, 403-404, 407, 408
Indicadores adiantados, 303-304
Indicadores do Sentimento do Investidor, 402n
Indicadores econômicos, 303-304, 400-410
Índice agregado do mercado, 140
Índice atrasado, 304, 322
Índice BIRR, 199
Índice coincidente, 303, 322
Índice composto da Nasdaq, 141
Índice da Média Nikkei de Ações, 142, 152
Índice de altas e baixas, 404
Índice de caixa, 332-333, 351

Índice de cobertura de juros, 344-345
Índice de cobertura pelo fluxo de caixa, 345-346
Índice de Confiança, 403-404
Índice de conversão de *warrants*, 470
Índice de conversão, 462, 463, 470
   contrato futuro de obrigações do Tesouro e, 507-509
   de entradas e saídas de caixa de carteiras, 482, 485
   de posição comprada em obrigações do Tesouro, 509
   definição, 470
   derivativos e, 9, 419, 454-458, 482
Índice de indicadores adiantados, 303, 322
Índice de informação, 518
Índice de liquidez corrente, 332, 351
Índice de liquidez seca, 332, 351
Índice de mercado com pesos iguais, 140, 149, 521
Índice de mercado de ações, 485
   desempenho de longo prazo de, 101
   S&P 500, 11 (Veja também S&P 500)
   Wilshire 5000, 5-6
Índice de mercados de títulos, 140
Índice de obrigações da Merrill Lynch, 53, 497, 525
Índice de pagamento de dividendos, de empresas em crescimento, 365
Índice de preços de *commodities*, 303
Índice de preços no atacado, 314
Índice de riqueza acumulada, 22n
Índice de Sharpe, 522, 523, 524, 528
Índice de títulos de renda fixa da Lehman Brothers, 11, 19, 52, 55, 165-169
   como proxy do mercado, 200
   correlações com, 152, 153
   gestão de carteiras de títulos de renda fixa e, 497, 532-533
Índice de valor ponderado, 156, 404. Veja também Índice ponderado por valor de mercado
Índice de Volatilidade (VIX), 460n
Índice do Citigroup, 52, 55
Índice do Tuttle Group, 525
Índice Dow Jones Small-Cap, 145
Índice especializado, 525
Índice Europa, Austrália e Extremo Oriente (EAFE), 55, 147, 200, 296, 468-469
Índice exigível de longo prazo/capital total, 343-344
Índice exigível total/capital total, 344
Índice exigível total/capital total, 344
Índice exigível/patrimônio líquido, 343
Índice fluxo de caixa/exigível total, 346
Índice FTSE, 51
Índice MSCI World Stock, , 194-196
Índice mundial de ações da Dow Jones, 148-149
Índice mundial, 147-150
   proxy de mercado e, 193-196
Índice não-ponderado, 141, 143-144, 156
Índice Nikkei, 51, 141, 410
Índice Nikkei-Dow Jones, 142
Índice ponderado por preços, 140, 141-142, 156
Índice ponderado por valor de mercado, 140, 142-143, 152
   composto de títulos de renda fixa e ações, 150-152
   correlações para, 152
   definição, 156
   global, 145
Índice preço/fluxo de caixa, 247, 380, 380-382
Índice preço/valor patrimonial, 247-248, 380, 382
Índice preço/vendas, 380, 382-384, 385
Índice preço-lucro (P/E), 198, 199
   análise de empresas e, 378-380, 381
   análise de mercado e, 295-297
   análise econômica e, 295
   avaliação específica com, 385-388
   definição, 255
   em técnicas de avaliação relativa, 246-247, 248

em valor *versus* crescimento, 480-482
gestão passiva e, 469
LAJIDA e, 328
mercados eficientes e, 214, 215, 219, 224
Índice Prudential Bache, 200
Índice Ryan, 532n
Índice S&P de empresas industriais, 349, 350, 379
Índice S&P/BARRA, 478, 479, 480
Índice S&P/IFCG de mercados emergentes, 55
Índice Salomon Brothers, 497
Índices da Morgan Stanley Capital International (MSCI),147-148, 148, 149
   como proxy do mercado, 194
Índices de ações de empresas grandes, 143, 152, 479
Índices de ações de empresas pequenas, 145, 469, 479
Índices de ações internacionais, 145
   gestão passiva e, 469
Índices de despesa, 69-70, 73-75, 80
Índices de eficiência operacional, 335-336, 363
Índices de eficiência operacional, 335-336, 363
Índices de eficiência, 335, 363
Índices de empresas médias, 145
Índices de empresas pequenas, 145
Índices de endividamento, 365, 343
Índices de estilo, 145, 152, 525, 526
Índices de fluxo de caixa, 344-346
Índices de força relativa (RS), 408-409, 415
Índices de liquidez interna, 332-334, 351, 363
Índices de lucro, 344-347
Índices de mercado de ações, 141-150, 404
   combinações de índices de renda fixa e, 152
   como proxy de mercado, 198
   comparação de, 149, 158-159
   correlações entre, 152, 153
   estrangeiras, 159, 410
   globais, 146-150
   internacionais (lista de), 145
   regionais, 144
Índices de mercado de títulos, 139-156
   como padrões de referência, 140
   comparação de diferentes, 152-153
   compostos de títulos de renda fixa e ações, 150-152
   correlações entre, 152-153
   definição, 156
   fatores na montagem, 140
   para mercado de ações, 141-150, 158-159
   para mercado de títulos de renda fixa, 150
   utilização de, 140
Índices de mercados de ações estrangeiras, 159, 410
Índices de referência, 140
   avaliação de carteiras e, 531-533
   GSMI como um, 152, 152n
   HME e, 221-222
   para a linha de mercado de títulos de renda fixa, 532
Índices de rentabilidade operacional, 336-341, 363
Índices de rentabilidade, 351
Índices de retorno relativo, 519-522
Índices de solvência, 332-334, 363
Índices de títulos de renda fixa da Merrill Lynch, 152
Índices de títulos de renda fixa, 151-152, 493
   como índices de referência, 140
   como proxy do mercado, 197
   correlações entre, 152, 153
   globais, 150, 151
   índices compostos de ações e títulos de renda fixa, 150-152
Índices Dow Jones por país, 149
Índices financeiros, 305, 328-351
   análise comparativa de, 349-351
   análise de empresas e, 235
   cálculo de, 329-331
   importância de valores relativos, 328-329
   limitações de, 355
   usos específicos de, 353-355

Índices FT/S&P-Actuaries World, 190-191
Índices globais da Dow Jones, 39
Índices globais de ações, 146-150
Índices globais de títulos de dívida pública, 150, 151, 152, 153
Índices Russell, 221
Índices setoriais, índices financeiros *versus*, 329-330
Índices
   cobertura de juros, 344-345
   conversão de *warrants*, 466, 464
   conversível, 462-464, 470
   de caixa, 332-333, 351
   de cobertura pelo fluxo de caixa, 345-346
   de fluxo de caixa, 346-347
   de informação, 522, 538
   de liquidez corrente corrente, 332, 351
   de pagamento de dividendos, 365
   de retorno relativo, 519-522
   desempenho operacional, 335-341, 351
   despesas, 69-70, 73-76, 80
   eficiência operacional, 335-336, 363
   eficiência, 351
   endividamento, 343, 344, 351
   exigível de longo prazo/capital total, 343-344
   exigível total/capital total, 344
   financeiros, 293, 329-351
   fluxo de caixa/exigível de longo prazo, 346
   fluxo de caixa/exigível total, 346
   Força relativa (FR), 408, 415
   hedge, 454-458, 464, 470, 484-485
   índice exigível/patrimônio líquido, 343
   liquidez interna, 332-334, 351, 363
   liquidez seca, 332, 351
   lucros, 344-347
   opções de venda/opções de compra, 403
   preço/fluxo de caixa, 247, 380, 380-382
   preço/valor patrimonial, 247-248, 380, 382
   preço/vendas, 380, 382-384, 385
   preço-lucro (veja Índice Preço-lucro [P/E])
   rentabilidade operacional, 336-341, 363
   rentabilidade, 351
   setoriais, 329
   Sharpe, 522, 523, 528
   solvência, 332-334, 363
Indústria automobilística, 42, 471
Inflação, 3, 235, 269
   alocação de ativos e, 102-104
   ciclos econômicos e , 309
   de custo, 303
   de demanda, 303
   diversificação global e, 42
   economia doméstica e, 297-298
   estatísticas de (1984-2003), 19
   expectativas de crescimento no curto prazo e, 300-302
   indicadores de, 302-303
   índices P/E e, 295-296
   retornos reais e, 102
   taxa esperada de, 249
   taxa exigida de retorno e, 27, 28-29, 29-30
Insider trading, 219n, 220, 388
Insiders empresariais, 219-220, 221
Insolvência, previsão, 354-355
Instituições de caridade, 109
Institute of Actuaries, 146
Instrumento de mercado de capitais, 60
Instrumentos de capital próprio, 50-51
   avaliação de, 293 (Veja também Avaliação)
   carteiras de referência e, 526-527
   coeficientes de correlação para, 54, 55
   gestão de, 293 (Veja também Investimentos administrados)
   no sistema DuPont, 340
Intercâmbio eletrônico de dados (EDI), 310
Intermediários financeiros, 9, 16
International Organization of Securities Comissions (IOSCO), 119n
Investidor eficiente no sentido de Markowitz, 182, 183

558 Índice Remissivo

Investidores geradores de ruído, 222
Investidores institucionais, objetivos/restrições de, 108-109
Investidores, avaliação, 225
Investimento de fusão, 223, 230
Investimento direto, 9, 35, 56
Investimento estrangeiro, 8
    calculando retornos de, 35-36
    compra/venda direta, 50, 51
    em títulos dos Estados Unidos, 269-270
    razões para, 37-43
    risco de liquidez no, 25
Investimento global, 8, 35-61. Veja também Investimentos estrangeiros
    características de títulos de renda fixa e, 271
    carteiras de referência e, 526-528
    competição e, 42-43
    mercado 24 horas para, 119
    motivos para, 37
Investimento indireto, 9
Investimento internacional. Veja Investimento estrangeiro
Investimento por estilo/Estilo de investimento, 476-478, 495
    avaliação de carteiras e, 517
    carteiras de referência e, 525, 526, 528-530
    em mercados de renda fixa, 502
    expectativas de lucros e, 480-482
    técnica de Sharpe e, 528
Investimento
    ambiente financeiro de, 8-10, 531
    aspectos-chave em, 3-8
    certificações profissionais em, 11, 12
    definição, 3, 16
    despesas e, 6-7
    direto *versus* indireto, 9
    e foco nos retornos depois de impostos, 6-7
    estilos de (veja Estilos de investimento)
    estrangeiro (veja Investimento estrangeiro)
    ética em, 11-13
    filosofia ativa *versus* filosofia passiva de, 10 (*Veja* também fundos com gestão ativa)
    finanças comportamentais e, 222-223
    motivos para, 2-3, 19, 37 (veja também Objetivos/metas de investimento)
    necessidade/preferências específicas em, 98
    oportunidades de trabalho em, 11-13
    processo de decisão em, 237, 255, 367, 388-389
    remuneração de profissionais em, 13
Investimentos administrados, 35, 51-52, 62-85, 293. Veja também Companhias de investimento.
    anuidades variáveis, 80-81
    comparação de, 79
    ETFs, 80
    fundos de investimento, 62-78 (Veja também Fundos de investimento)
    fundos fechados, 78
Investimentos de renda fixa, 43-49, 60, 231, 258-291
    avaliação de títulos de renda fixa, 258-260
    cálculo de preços futuros de títulos de renda fixa, 265-267
    cálculo de rendimentos de títulos de renda fixa, 260-264
    CDs como, 44
    títulos de dívida municipal como, 46
    títulos de dívida privada como, 59, 46-47
    títulos do Tesouro como, 45-46
Investment Companies Yearbook, 70
Investors Intelligence, 402n
IOSCO. Veja International Organization of Securities Commissions (IOSCO)
IPO. Veja Oferta pública inicial (IPO)
IRA Roth, 96-97
IRAs. Veja Contas de aposentadoria individual (IRAs)
IRS *Corporation Source Book of Statistics of Income*, 314
ISL Daily Stock Price Tapes, 396

ITS. Veja Sistema de negociação intermercados (ITS)
Japão, 38-42, 53, 54. Veja também Bolsa de Valores de Tóquio (TSE)
    análise econômica do mercado, 295-297
    correlações de índices e, 152
    mercado de ações do, 410, 411
Joint ventures, balanço patrimonial e, 326
Junk Bonds (Títulos de dívida emitidos por empresas de alto risco), 461
    recessões e, 296
Juros semi-anuais, 259
Juros simples, 23-24
Juros
    compostos, 23-24
    longo prazo *versus* curto prazo, 303
    simples, 23-24
    sobre ativos arrendados, 338-339
    sobre juros, 23-24, 262, 291
LEAPS. Veja Opções de longo prazo (LEAPS)
Lei. Veja Fatores legais/lei
Lei Sarbanes-Oxley, 11
Leitura ótica de códigos de barras, 310
Letras do Tesouro, 9, 45-46, 112, 133
    estatísticas sobre (1984-2003), 19
    linha de mercado de títulos de renda fixa e, 531-512
    notas promissórias mercantis *versus*, 301
    rendimento de juros de, 296-297
    rendimentos de, 28, 271
    resultados de leilões de, 45
    retornos reais de, 102
    risco de, 5, 25, 101, 102
    taxa nominal livre de risco de, 28
    taxas de Eurodólar *versus*, 404
    taxas históricas para, 52-53
    versus S&P500, 29-30, 101, 296
LIBOR. Veja London Interbank Offer Rate (LIBOR)
LIFFE. Veja London International Financial Futures Exchange (LIFFE)
Linha característica, 193-196, 207
    exemplos de cálculo, 194-196
    modelos multifatoriais e, 197, 200
    para o DJIA, 523
Linha de mercado de capitais (CML), 29-30, 34, 186-189, 207
    avaliação de carteiras e, 519-522
    teorema de separação e, 188
Linha de mercado de títulos (SML), 152n, 189-196
    análise de empresas e, 373
    avaliação de carteiras e, 520, 521, 522n, 524-528
    linha de mercado de títulos de renda fixa comparada com, 531-532
    mercados eficientes de capitais e, 209
    prêmio por risco e, 249-250
Linha de mercado de títulos de renda fixa, 528
Liquidez, 111, 112, 133
    bolsas de valores e, 115-116
    como restrição de investimento, 94, 108-109
    derivativos e, 419
    expectativas de crescimento no curto prazo e, 301
    fundos de investimento e, 63, 68
    índices de liquidez interna, 332-334, 351
    mercado secundário e, 115
    negociação eletrônica e, 130
Líquido (definição), 107
London Interbank Offer Rate (LIBOR), 45, 450
London International Financial Futures Exchange (LIFFE), 511
Lotes fracionários de opções, 427
LPA. Veja Lucro por ação (LPA)
LSE. Veja Bolsa de Valores de Londres (LSE)
Lucro de oportunidade, 421
Lucro por ação (LPA), 386
Lucros antes de juros e impostos (LAJI), 336, 341
Lucros antes de juros, impostos, depreciação e amortização (LAJIDA), 328, 336

Lucros estimados, 386-388
Lucros
    qualidade de, 352
    repetíveis, 352
M2, 301, 303
M-3, 520n
"Marcação a mercado", 422
Margem de corretoras, 125-126
Margem de lucro bruto, 336
Margem de lucro líquido, 336-337, 340, 386
Margem de lucro operacional, 336, 351, 386
Margem de manutenção, 126, 133, 480
Margem inicial, 422, 443, 480
Margem, 51, 62n, 133
    contratos futuros e, 422, 425, 484
Market timing, 10, 77-78
MDD. Veja Modelo de Dividendos Descontados (MDD)
Média aritmética, 21-23, 26, 34, 52
    na estimação do crescimento, 251-252
    na hipótese de expectativas, 272-273
    para cálculo de índice, 141, 142, 143
    para séries básicas e derivadas, 52, 53
    para vários ativos do mercado de capitais, 54
Media General Data Bank, 396
Media General Financial Services, Inc., 396, 404
Média móvel, 404-405, 406-408, 409, 415
Medida de desempenho de carteiras de Sharpe, 519-520, 524, 528
Medida de desempenho de carteiras de Treynor, 520-522, 524
Medida de desvio em relação ao setor, 525
Medida de Jensen, 518-519, 522, 524, 530
Mercado à vista, 419-421, 443
    formação de preços e, 419
Mercado Bulldog (Teoria Dow), 49, 405
Mercado com excesso de compra, 404
Mercado com excesso de venda, 402
Mercado da Nasdaq, 7, 51, 90, 120-122, 130, 469
    carteira de referência e, 526
    exigências de registro no, 120-121
    novos sistemas de negociação no, 128-129
    ordens no, 124
Mercado de ações, 4. Veja também Mercado(s); Mercados de títulos
    ciclo típico de, 400-401
    ciclos econômicos e, 308
    contratos futuros e, 51
Mercado de chamada, 116-117, 133
Mercado de corretoras/distribuidoras, a NYSE como, 120
Mercado de distribuidoras, 116, 117, 120, 129
    Nasdaq como, 120
Mercado de leilão, 117, 127.
Mercado dirigido pelo preço, 116
Mercado dirigido por cotações, 116, 129
Mercado eficiente, 5-6. Veja também Mercados eficientes de capitais (MEC)
    eficiência externa no (Veja eficiência externa)
    eficiência interna no, 5, 16, 111
    enquanto influência sobre os analistas, 389
Mercado internamente eficiente, 5, 16, 111
Mercado primário, 9, 16, 112-114, 134
    benefícios do mercado secundário para, 115
    principais mercados, 117-122
Mercado puro de leilão,, 116, 117
Mercado secundário, 9, 16, 112, 114-130
    importância de, 115
    inovações para competição no, 128-129
    para ações, 115-117
    para CDs negociáveis, 44
    para opções, 427
    para títulos de agências do governo, 46
    para títulos de renda fixa, 115
Mercado(s)
    amplitude do, 404
    características de bons, 111
    definições, 110-111, 133
    desenvolvido(s), 5-6, 136-137
    emergentes, 138

Índice Remissivo

primário (veja Mercado primário)
quarto, 123
secundário (veja Mercado secundário)
terceiro, 116, 122-123, 129
Mercados contínuos, 115, 133
Mercados de ações
globais, 130, 146-150 (Veja também
Investimento global)
inovações para fins de competição em,
128-129
nos Estados Unidos *versus* outros países,
37-40, 117-123
secundários, 115-123
sistemas de negociação em, 123, 128
Mercados de balcão, 115, 117, 122
negócio ilustrativo em, 121-122
opções em, 426
risco de taxa de juros e, 446
volume na NYSE *versus*, 402-403
Mercados de bolsa. Veja Bolsas de valores
Mercados de capitais, 9, 43, 45-49. Veja também
mercados eficientes de capitais (MEC)
nos Estados Unidos *versus* outros países,
38-40
taxa exigida de retorno e, 29
Mercados de títulos, 110-134
análise de bolsas, 123-130 (veja também
Bolsas de valores)
futuro dos, 130
influências sobre, 300-302
primários, 112-114
secundários, 112, 114-117
Mercados desenvolvidos, 5-6, 135-138
Mercados eficientes de capitais (MEC), 161,
208-230. Veja também Hipótese de
mercado eficiente (HME)
análise econômica e, 295
definição, 230
finanças comportamentais e, 222-223, 226
implicações dos, 223-226
Mercados em desenvolvimento, 138
Mercados Emergentes da IFC, 152
Mercados emergentes, 183, 152
coeficientes de correlação para, 54
Mercados estrangeiros, análise técnica de, 410
Mercados financeiros
eficiência dos, 5-6
ética e, 11-13
nos Estados Unidos *versus* em outros países,
38-40
participantes dos, 9-10
Mergent Bond Record, 464
Merrill Lynch-Wilshire Capital Markets Index
(ML-WCMI), 152
Modelo Barra, 200-201
Modelo binomial de precificação de opções,
453-458, 470
Modelo Carhart, 199-200
Modelo de custo de carregamento, 444-445
Modelo de dividendos descontados (MDD) 239,
240-244, 255
desenvolvimento do modelo de dividendos
descontados com crescimento constante,
256-257
FCFE e, 372
Modelo de escore Z de Altman, 354n
Modelo de formação de preços de ativos
(CAPM), 182,207
avaliação de carteiras e, 518, 519, 526-528
carteiras de referência, 526, 527-528
GSMI e, 152
linha de mercado de títulos no, 189-196
medida de Jensen e, 518-519
mercados eficientes de capitais e, 209
modelos multifatoriais e, 196-203
proxy do mercado no, 193-196
Modelo de precificação de opções de dois
estados, 458n
Modelo de rendimentos, 259-260
Modelo do múltiplo do lucro, 246-247, 255

Prêmio por risco e, 249-250
Modelo do valor econômico adicionado (EVA),
328n
Modelo Fama-French, 199-200, 202, 216
Modelo FCD de entidade, 376
Modelo Ferson-Schadt, 200
Modelo SLM. Veja Modelo Sharpe-Lintner-Mossin
(SLM)
Modelo Sharpe-Lintner-Mossin (SLM), 183
Modelos de fatores, 197-200, 476
Modelos de precificação de ativos, 182-207
Modelos de regressão linear
método de Jensen e, 514-515
na estimação de crescimento, 251-252
tipo APT, 515
Modelos de regressão *log-linear*, na estimação
de crescimento, 252
Modelos de valor presente de fluxos de caixa
(VPFC), 371-378, 393
Modelos econométricos, 305, 322
Modelos multifatoriais, 196-203, 204
com base macroeconômica, 197-198
com base microeconômica, 198
Moeda
contratos a termo e, 420-422
contratos futuros e, 422-425
Momentum de lucros, 200, 477, 495
Momentum de preço, 477, 495
Monitoramento
de pressupostos econômicos, 306-307
na avaliação de carteiras, 517
Monopólios naturais, 310n
Morgan Stanley Capital International World Stock
Index, carteira de referência e, 527
Morningstar Mutual Funds, 70, 77, 477
MSCI. Veja Índices da Morgan Stanley Capital
International (MSCI)
MSCI EAFE, 55, 152
Mudança estrutural, 322
análise de empresas e, 368
taxa de crescimento dos dividendos e, 373
Multiplicador de alavancagem financeira, 340
MZM, 301
NAICS. Veja North American Industry
Classification System (NAICS)
NASD. Veja National Association of Security
Dealers (NASD)
Nasdaq Small-Cap Market (SCM), 120,122
National Association of Security Dealers (NASD),
120
National Quotation Bureau (NQB), 122
Negociação apoiada por computador, 447, 448
Negociação de ações. Veja também Sistemas de
negociação
declaração de política e, 99
vieses na, 222-223
Negociação depois do pregão, 11, 77-78
Negociação programada, 447, 449
Negociantes on-line, 99
Negociantes registrados, 123
New York Mercantile Exchange (NYMEX), 422,
423
contratos futuros na, 422-423
Nível de resistência, 406, 415
Nível de suporte, 406, 410, 415
NMS. Veja National Market System da Nasdaq
(NMS)
NOB. Veja Spread de notas sobre obrigações
(NOB), 448, 470
NOPLAT, 328n
North American Industry Classification System
(NAICS), 308
Nota promissória mercantil
letras do Tesouro *versus*, 301
taxa de juros de notas promissórias de
qualidade superior, 459, 460
Notas do Tesouro, 46, 112, 134
NQB. Veja National Quotation Bureau (NQB)
NYMEX. Veja New York Mercantile Exchange
(NYMEX)

NYSE Fact Book, 118, 129, 133
NYSE. Veja Bolsa de Valores de Nova York
(NYSE)
OARS. Veja Opening Automated Report Service
(OARS)
Objetivos (definição), 107
Objetivos /metas de investimento, 86, 91-94, 102.
Veja também investimento/motivos para
de investidores institucionais, 108-109
idade do investidor e, 91, 94
realistas, 90
restrições sobre, 94-98, 108-109
Obrigação com garantia de caução de títulos, 60
Obrigação com garantia hipotecária (CMO), 61,
64
Obrigação com juros acumulados, 49
Obrigação de receita bruta, 60
Obrigação doméstica internacional, 50, 60
Obrigação Ianque, 49, 60
Obrigação mais barata para entrega(CTD), 508,
516
Obrigação Z, 49
Obrigações com cláusula de repactuação de
cupom, 44
Obrigações do Tesouro
contratos futuros de, 51, 423, 448-449,
450-452, 507-508
mercados secundários para, 115
proteção de uma posição comprada de, 510
spread de contratos futuros NOB e, 448-450
versus S&P500, 165-167
Obrigações especulativas, 48
Obrigações hipotecárias, 61
Obrigações preferenciais(garantidas), 61
Obrigações subordinadas, 61
OECD. Veja Organização para a Cooperação e o
Desenvolvimento Econômico (OCDE)
Oferta competitiva, 112, 113, 114
Oferta de moeda, 269, 301
inflação e, 302
Oferta e demanda, análise técnica e, 398
Oferta pública inicial (IPO), 52, 113
definição, 113, 134
HME e, 217-218
Oferta secundária de ações, 134
Opção de compra coberta, 431, 443, 482, 507
Opção de compra descoberta, 431, 443
Opção de compra descoberta, 431, 443
Opção de venda protetora, 431-432, 437, 443
Opção de venda sintética, 438, 443
Opção dentro do dinheiro, 426, 443
Opção fora do dinheiro, 426, 443, 489
Opção no dinheiro, 426, 443, 489
Opções americanas, 426, 458
Opções de compra, 51, 61, 403, 426
avaliação de, 452-453
comparação com títulos de dívida resgatáveis
e vendáveis à empresa, 461
compra de, 429-430, 436
gestão de carteiras de títulos de renda fixa e,
503
venda de, 430-431
Opções de contratos futuros, 450-452, 470, 482,
507-508
Opções de contratos futuros, 450-452, 482
Opções de contratos futuros, 482, 507
Opções de índice, 427
Opções de longo prazo (LEAPS), 462
Opções de venda, 51, 61, 403, 426
avaliação de, 452-453
compra de, 431-432, 436
gestão de carteiras de ações, 482
gestão de carteiras de títulos de renda fixa e,
507
venda de, 432-433, 433
Opções embutidas, 287
Opções européias, 426, 443
Opções, 9, 51, 61, 419, 425-436
anuidades e, 89
de contratos futuros, 422-425

Índice Remissivo

de longo prazo (LEAPS), 462
definição, 418, 443
EAFE e, 147
fórmula Black-Scholes de precificação de opções, 458-461
ganhos de capital e, 489
gestão de carteiras de ações e, 468, 485-486
gestão de carteiras de títulos de renda fixa e, 506-507, 510
impostos e, 430n, 489
lotes fracionários, 427
modelo binomial de precificação de opções, 453-458
modelo de precificação de opções de dois estados, 458n
paridade de opções de compra e de venda e, 436-437
terminologia para, 426
transferência de risco e, 87, 419
Opening Automatic Report Service (OARS), 128
Operações de mercado aberto, 298, 322
Opiniões de consultoria de investimentos, 402
Oportunidades de trabalho, investimentos, 11-13
Ordem com limite de compra, 125
Ordem com limite de perda, 124
Ordem direcionada pelo mercado, 115, 128, 130
Ordens a mercado, 124, 128, 134
Ordens com limite, 124, 127, 128, 134
Ordens especiais, 124-125
Organização para o Desenvolvimento e Cooperação e Econômica (OECD), 103
OTC. Veja Mercados de balcão (OTC)
OTC *Electronic Bulletin Board* (OTCBB), 122, 134
OTCBB. Veja OTC *Electronic Bulletin Board* (OTCBB)
Otimização de média-variância, 488
Otimização quadrática, 469, 476, 495
Paridade (de título conversível), 463-464, 470
Paridade de opções de compra e de venda, 436-438, 443
Paridade de taxas de juros, 299-300
Passivos fora do balanço, 352
Patentes, 352
Patrimônio líquido do investidor, 125
PBW. Veja Bolsa de Valores de Filadélfia (PBW)
PEG. Veja Preço-lucro/taxa de crescimento (PEG)
Percentagem dos ativos totais, 329
Perda de oportunidade, 421
Perfil de resultados, 421
Período de consolidação, 410
Perpetuidade, 238, 255
Peso dos setores, 531
Pesos abaixo do normal, 295, 322
Pesquisas Livingston, 303
Pico, 400, 415
Planejadores financeiros, 12, 13
Planejamento de patrimônio, 89, 97, 107
Plano de pensão com benefício definido, 107, 108-109
Plano de pensão com contribuição definida, 107, 108-109
Plano sobrefinanciado, 107, 108
Plano subfinanciado, 107, 108
Planos 401 (k), 6, 96, 97
Planos 403 (b), 96
Planos de pensão. Veja também Fundos de pensão, 6, 9
Poder de compra, taxa real livre de risco e, 27-28
Política de compra e manutenção, 224, 497, 516
efeito de análise e, 532, 538
impostos e, 489
Política fiscal, 234-235, 298, 302, 322
avaliação e, 234-236
expectativas de crescimento no curto prazo e, 302
Política monetária expansionista, índice VP/VM e , 215-216, 219
Política monetária restritiva, 234

Política monetária, 297-298, 305, 322
analistas superiores e, 225
avaliação e, 234-235
expansionista, 216, 219
expectativas de crescimento no curto prazo e, 302
oferta de moeda e, 269
restritiva, 234
taxas de desconto e, 294
Políticas, 305, 310
análise de empresas e, 368
análise técnica e risco de, 399
características de títulos de dívida e, 270-271
Ponte de liquidez, 127
Ponto de cruzamento, 264, 291
Porcentagem de vendas, 330
Posição comprada (definição), 419, 425
Posição comprada em contrato a termo, 420, 421
Posição vendida (definição), 419, 421
Potencial de crescimento sustentável, 348, 349, 351, 363, 371, 373
Prazo de aplicação, 19-20, 34
impostos e, 489
medidas de, 19-20
para índice não-ponderado, 143-144
Prazo de realização, 499
Preço de ajuste, 422, 443
Preço de conversão, 462, 470
Preço de exercício, 420, 425, 428, 443
avaliação de opções de compra e, 452-453
definição, 419, 443
Preço de exercício, 51, 419, 425, 443
Preço de mercado
Preço de exercício *versus*, 419, 420
Valor intrínseco *versus*, 233, 364, 365, 366, 367, 389
Preço de paridade de conversão, 463-464, 470
Preço/valor patrimonial, 215n
Preço-lucro/taxa de crescimento (PEG), 214
Preços à vista, 419, 422, 446
preços de exercício *versus*, 419
Preços de ações
análise técnica e, 398, 399
avaliação de opção de compra e, 452-453
técnicas de volume, 405-410
Preços de oferta de compra e venda, 45-46, 116,117, 127, 128
Preços de títulos de renda fixa
cálculo de preços futuros de títulos de renda fixa, 265-267
convexidade de, 283-287
Preços incorretos, 4
Prêmio. Veja também Prêmio por risco
conversão, 463-464, 470
inadimplência, 53
investimento, 463-464
opção, 425
seguro de vida, 9
Prêmio de conversão, 463, 470
Prêmio de investimento (para título conversível), 463-464
Prêmio de opção, 429, 437, 443
Prêmio por inadimplência, 53
Prêmio por risco de ações de empresas pequenas, 53
Prêmio por risco de ações, 53
Prêmio por risco de mercado, 207
Prêmio por risco exigido, 232
Prêmio por risco, 5, 16, 29, 34, 270-271
ações de crescimento e, 367
ações de empresas pequenas, 53
ações, 53
análise de empresas e, 373-374
avaliação de carteiras e, 520-521
avaliação e, 249, 250
características de títulos de dívida e, 270-271
componentes do, 270
de mercado, 207
estudos com séries temporais, 219
eventos mundiais e, 235

futuro estimado, 373
inadimplência, 53
na medida de Sharpe, 520
taxa exigida de retorno e, 27, 29, 30-31, 232, 249, 250
Prêmios por risco futuros estimados, 373
Preservação de capital, 3, 19, 107
declaração de política e, 89,102
Pressupostos econômicos, 306-307
Pressupostos econômicos, 306-405
Pressupostos otimistas, 306-307
Previsão de crescimento de vendas, 386
Previsão de lucro líquido, 387
Previsão de lucro operacional, 387
Previsão de taxa de juros, 497-498, 516
Previsões baseadas em julgamento subjetivo, 385-386
Previsões do mercado doméstico, 305
Previsões, 89, 305
baseadas em julgamento, 386, 387
de retornos futuros de curto prazo, 530
de taxas de juros, 268, 269
de vendas, 386
diversificação e, 295n
economia doméstica e, 297-298
ferramentas de, 302-305
finanças comportamentais e, 222-223
lucros estimados e, 386-388
modelos econométricos em, 305
riscos em, 305
Princípal nocional, 418n
Princípios de contabilidade geralmente aceitos (GAAP), 324, 363, 399
Privilégios de negociação sem registro, 122
Processo de avaliação, 233-234, 255
Processo de decisão de investimento, 237, 255, 367, 388-389
Processo de três estágios, 233, 236, 255
Produto interno bruto (PIB), 297, 302, 303, 322
análise de expectativas e, 305-306
ProFund Ultra OTC, 22
Prospecto , 64, 66-70, 85, 394
Prospecto, 64, 66-70, 85, 394
Proxy de mercado, 193-196
Carteiras de mercado e , 526, 528
Publicações da Dow Jones, 404n
Publicações da Merrill Lynch, 408, 410
Publicações da Moody's, 395
Publicações da Standard & Poor's, 314, 349, 394-395, 464
Publicações da Value Line, 314, 395, 464
Quarto mercado, 123, 134
Quociente entre opções de venda e opções de compra, 403
Rating de título de dívida inadimplente, 48
RCMMs. Veja Market makers competitivos registrados (RCMMs)
Reaplicações, 23
Rebalanceamento de moedas, 511
Recessões, 295-297, 300
características de títulos de renda fixa e, 270-271
importações e, 302
setores industriais, 308-309
Recibos de Depósitos Americanos (American Depository Receipts-ADRs), 50-51, 61, 120
Redes de comunicação eletrônica (ECNs), 114, 116, 123, 130 134
ordens em, 124
Registered competitive market makers (RCMMs). Veja também Formadores de mercado competitivos registrados, 123, 133
Registros de prateleira, 114
Regra 144A, 114
Regra 390, 130
Regra 415, 114
Regra de negociação a melhores preços, 130
Regras de filtro, 211, 230
Regras de negociação, 210, 211, 230
técnicas, 400-410

Regras de opinião contrária, 401-403
Regras T e U, 125
Regulamentação, 310-311
   alocação de ativos e, 97-98, 103
   análise de empresas e, 368
   companhias de seguro e, 109
Reino Unido, correlações de índices e, 152
Reinvestimento, 23-24, 266-267
   gestão passiva e, 469
   impostos e, 489
   risco e, 25
REITs. Fundos de investimento em imóveis (REITs)
Relação de conversão, 462-464
Relação linear, 29n, 283
   ativo livre de risco e, 184-186
   otimização quadrática e, 476
Relativo de retorno, 20, 34
Relatórios anuais, 394
Relatórios de lucros trimestrais, 213, 394
REMICs, 49n
Remuneração de profissionais em, 13
Rendimento (definição), 291
Rendimento corrente de título de renda fixa, 46-47, 260-265, 291
Rendimento corrente, 107
   declaração de política e, 91
Rendimento efetivo até o vencimento, 263, 291
Rendimento equivalente de título de renda fixa (BEY), 263
Rendimento equivalente integralmente tributável (FTEY), 267, 291
Rendimento no prazo do investimento, 261, 264, 266-267, 291
Rendimento prometido até a primeira data de resgate antecipado, 260, 263-264, 291
Rendimento prometido até o vencimento, 260, 261-263, 291
Rendimento realizado, 260-263, 264, 266-267, 291
Rendimento, 3, 19-21
   reinvestido, 23-24
   risco e, 25
Rendimentos de títulos de renda fixa globais, 410, 507
Rendimentos de títulos de renda fixa, 28, 259-260
   cálculo, 260-264
   característica de títulos de renda fixa e, 270-271
   curvas de taxas de juros de, 271-273
   estrangeiras, 410, 411
   modelo de taxas de juros de, 259-260
   volatilidade de preço de título de renda fixa e, 278-279
Rendimentos isentos de impostos, 75, 97, 501
Replicação completa, 469, 495
Representantes registrados, 12
Reservas compulsórias. Veja também Exigência de reserva, 298, 322
Reservas de caixa, 87
Reservas livres, 303
Restrições de investimento, 94-98, 108-109
Retorno até o vencimento (YTM), 503, 504
Retorno do ativo total (ROA), 340
Retorno do prazo de aplicação, 20-21, 34
   ao se calcular os retornos de carteiras, 539
   para índice não-ponderado, 143-144
Retorno excedente, 518-519, 520, 523, 528
Retorno médio geométrico, 23, 34
   na hipótese de expectativas, 272-273
   para cálculo de índice, 141, 143-144
   para diversos ativos de mercado de capitais, 53-54
   para estimação de crescimento, 251-252
   para séries básicas e derivadas, 53
   taxa de retorno ponderada por prazos e, 536
Retorno sobre capital total (ROCT), 337
Retorno sobre o patrimônio líquido total, 339
Retorno sobre o patrimônio líquido, 339

Retorno sobre patrimônio liquido (ROE), 348, 349, 250-251
   crescimento potencial e, 348-349, 353
   decomposição de, 251
   índice preço/valor patrimonial e, 382
   sistema DuPont, 339-341, 348
Retorno total, 94, 107
   companhias de seguro e, 109
   declaração de política e, 91-92
   no índice composto de ações e títulos de renda fixa, 152
Retornos acima da média, 524
Retornos padronizados, 522-524
Retornos reais, 53, 102
Retornos. Veja também Taxa de retorno
   amplitude de, 163
   cálculo dos retornos de carteiras, 539-541
   comportamento no tempo de, 366-367
   compostos, 23-24
   de cotas de tipo A, B, C, 69
   de investimentos estrangeiros, 35-43
   de referência *versus* efetivos, 530-531
   estatísticas resumidas para o período de 1984 a 2003, 19
   formas de, 366-367
   relação entre risco e, 29-30 (veja também Compensação entre retorno e risco)
   tipos de, 19-21
Revisões de lucros, 213, 388
Risco de base, 446, 470
Risco de carteiras
   e cálculo dos retornos de carteiras, 539-541
   gestão de carteiras de ações e , 482-483
   globais de título de renda fixa, 40
   globais, de ações, 40-42
   opções de contratos futuros e, 483-484, 507
   quocientes de retornos relativos e, 519-522
Risco de ciclo econômico, 198, 199
Risco de confiança, 198
Risco de crédito, 53, 420-422
Risco de inadimplência, 53, 420-422
Risco de inflação, 198
Risco de liquidez externa de mercado, 347, 351, 353
Risco de liquidez, 25, 34, 236
   mercado externo, 347, 351, 353
   modelos de avaliação de ações e, 353
   para contratos futuros, 422
Risco de *market timing*, 198
Risco de reinvestimento, 102, 503-505, 516
Risco de taxa de câmbio, 36, 61, 236, 269
   características de títulos de renda fixa e, 270-271
Risco de taxa de juros, 446, 453-505, 516
   linha de mercado de títulos de renda fixa e, 532
Risco de variação de preço, 503-505, 516
Risco do horizonte de tempo, 198
Risco econômico, 24-25, 34, 236, 341-342, 363
   análise de empresas para, 235
   modelos de avaliação de ações e, 353
   risco financeiro e, 342, 351
Risco específico de um ativo, 25
Risco financeiro, 25, 34, 236, 342, 363
   risco econômico e, 342
Risco não-sistemático, 186-189, 207
   carteiras de referência e, 524
   em carteiras de estilos, 477
   na gestão de carteiras de ações, 468, 482, 485-487
Risco não-sistemático, 25, 34
Risco não-sistemático, na gestão de carteiras de renda fixa, 509, 510
Risco sistemático, 25, 34, 140, 186-189, 207. Veja também Betas
   avaliação de, 236
   estimação de, 353-354
   linha característica de, 193-196, 199-200, 201
   linha de mercado de títulos e, 189-196
   medidas de variabilidade e, 353

   na gestão de carteiras de ações, 468, 482, 485-487
   na gestão de carteiras de títulos de renda fixa, 502, 509-510
   variáveis sem índice e, 354
Risco sistemático estimado, 353-354
Risco total, 520, 524, 528
Risco, 34
   carteiras (veja Risco de carteiras)
   carteiras de referência e, 525
   ciclo econômico, 198, 199
   confiança, 198, 199
   crédito, 420, 422
   de base, 446
   de fluxos de caixa, 44
   definição, 3, 16, 24-25
   diversificação de (veja Diversificação)
   específico a um ativo, 25
   financeiro (veja Risco financeiro)
   gestores ativos e, 471
   horizonte de tempo, 198
   inadimplência, 53, 420, 422
   inflação, 198, 199
   liquidez (veja Risco de liquidez)
   market timing, 198
   mensuração de, 25-27, 100-101, 161, 164 (veja também Teoria de carteiras)
   na previsão econômica, 305
   na teoria de carteiras, 162-163
   não-sistemático (veja Risco não-sistemático)
   país, 25, 236, 269, 270
   percepções de, 27
   preço, 503-506, 516
   reinvestimento, 102, 503-504, 516
   relação entre retorno e, 29-30 (veja também Compensação entre retorno e risco)
   sistemático (veja Risco sistemático)
   taxa de câmbio (veja Risco de taxa de câmbio)
   taxa de juros, 446, 503-505, 516
   taxa exigida de retorno e, 27, 29-30
Risco-país, 236, 269, 270
   características dos títulos de dívida e, 270-271
   derivativos e, 487
Rotação de capitalização, 309
Rotação de setores, 476, 495
Ruptura, 223
Russell 1000 Growth, 200
Russell 2000, 52, 55, 145, 467, 525
   S&P 500 e, 152
Russell 3000, 221, 222, 530
Russell 400, 484
Russell Growth Index, 469
Russell Large-Cap 1000, 152
Russell Value Index, 469
S&P 100, 486
S&P 400, 484
S&P 600, 145
S&P500, 194, 486, 525
   arbitragem de índice de ações e, 446-448
   carteira de referência e, 526-527
   como proxy de mercado, 193, 196, 198
   contratos futuros e, 422-425, 427, 483-485
   correlações globais e, 54, 152,153
   erro de acompanhamento e, 469
   índice de volatilidade para, 460n
   índices para, 141
   letras do Tesouro *versus*, 28-31, 51, 52, 101, 296
   "míni", 422
   obrigações do Tesouro *versus*, 165-169
   taxas de administração e, 69
Saldos credores em contas de corretagem, 401-402
Saldos devedores em contas de corretagem, 404
Samurai market, 49
SCM. Veja Nasdaq Small-Cap Market (SCM)
SEC. Veja Securities and Exchange Commission (SEC)
Securities Act de 1933. Veja também Lei de investimentos de 1933, 11, 115

Securities and Exchange Commission (SEC), 11
colocação privada e, 114
demonstrações exigidas pela, 394
demonstrações financeiras e, 324
fundos de investimento e, 66n, 67, 68, 77-78
impostos e, 489
inovações por, 129
insiders de empresas e, 220-221
prospectos e, 394
Securities Exchange Act de 1934, 11
Seguro de automóveis, 87
Seguro de imóveis, 87
Seguro de invalidez, 87
Seguro de vida com prazo determinado, 87n
Seguro de vida universal, 87n
Seguro de vida, 87, 96, 109
prêmios de, 9
Seguro- saúde, 87
Seguro, como estratégia de antecipação de risco, 87
Seleção de setor, 531
Seleção de títulos, 10-11, 526, 527
SelectNet, 128, 134
Semivariância, 163
Série de retornos esperados, 366
Serviços da Moody's, 47, 48, 250
Serviços da Value Line, 144, 193, 219, 224, 225, 469
enigma em relação a, 220
Serviços públicos, 310
Setor das famílias, 8, 9-10
Setor
com peso inferior, 295
definição, 307-308, 322
estrutura competitiva de, 311-312
fontes de informação sobre, 314-315
gráficos de barras e, 408
influências estruturais sobre, 309-311
relação entre economia e, 308-309
SIC. Veja Standard Industrial Classification (SIC)
Sinais de dinheiro esperto, 401, 403-404
Sistema automatizado de cotação da National Association of Security Dealers. Veja Mercado da Nasdaq
Sistema de cotação consolidado (CQS), 129, 134
Sistema de execução assistida por computador (CAES), 129, 134
Sistema de execução de pequenas ordens (SOES), 128, 134
Sistema de Mercado Nacional da Nasdaq (NMS), 120-122
Sistema DuPont ampliado, 447-448, 480
Sistema Dupont, 339-341, 348, 363
Sistema intermercados da Nasdaq, 123, 134
CQS e, 129
Sistemas de negociação alternativos (Alternative Trading Systems, ATSs), 116, 123, 130, 134
Sistemas de negociação, 116
alternativos, 116, 123
inovações nos, 128-129
novos, 128
símbolos para, 121n
Sistemas eletrônicos de cruzamento (ECSs), 116, 123, 1334
Sites da internet
alocação de ativos, 104
ambiente de investimento, 14
análise de empresas, 390
análise econômica, 315-316
análise setorial, 315-316
análise técnica, 412
avaliação de ações, 390
avaliação de carteiras, 533
avaliação, 252
declarações de política, 104
demonstrações financeiras, 355
derivativos, 438, 465
fundamentos de risco e retorno, 31
gestão de carteiras de ações, 490

gestão de carteiras de títulos de renda fixa, 508
gestão de carteiras, 179
índices de mercado de títulos, 154
investimento global, 56
investimentos administrados, 81
mercados de títulos, 131
mercados eficientes de capitais, 227
modelos de precificação de aivos, 203
títulos de renda fixa, 286
Sociedades por ações
funções de investimento nas, 13
gastos tributários de, 483
Sócios gerais, 51, 52
Sócios limitados, 51
Sócios limitados, 51, 52
SOES. Veja Sistema de execução de ordens pequenas (SOES)
Spread de inadimplência, 212-213
Spread de Notas do Tesouro/Obrigações do Tesouro (NOB), 448-450
Spread de notas sobre obrigações (NOB), 448-450, 470
Spread de prazo de vencimento, 303
Spread de prazo, 213
Spread de prazo, 433
Spread de prazo, 433, 443
Spread de preço, 433, 443
Spread de qualidade de crédito, 270, 498
Spread de rendimento, 268, 275-276, 291, 499
Spread horizontal, 433
Spread Tesouro-Eurodólar (TED), 450
Spread vertical, 433
Spreads borboleta, 434, 436
Spreads com opções, 434
Spreads de alta, 433, 434, 436
Spreads de baixa, 433-434, 436
Standard Industrial Classification (SIC), 308n
Straddles, 434, 435, 436
Strangles, 434-436
Subsidiárias, balanço patrimonial e, 352
"Superar o mercado", 5-6
Super Dot, 128
"Supermercados" de fundos de investimento, 66
Surpresas de lucros, 213, 219, 224, 230, 390
análise de expectativas e, 480
análise econômica e, 295
consenso IBES e, 387
estimativas trimestrais e, 387-388
Survey of Consumer Finances, 9, 10
Swap de substituição, 500-501
Swap fiscal 501
Swap puro de ampliação de taxas, 500
Swaps de ações, 418n
Swaps de título de renda fixa, 495-498
Swaps de títulos de renda fixa, 499-502, 516
Swaps, 418n, 483n, 499-502
Taxa de câmbio, 36, 299-300, 322
características de títulos de dívida e, 270-271
diversificação global e, 152
estrangeira, 410
importações/exportações e, 294
taxas à vista e a termo, 421
Taxa de crescimento constante, 241-242, 256-257, 371
Taxa de cupom, 45-46, 261, 278, 291
duração de título de renda fixa e, 279, 281
volatilidade de preço de título de renda fixa e, 277
Taxa de desconto, 44, 232, 237-238, 322
análise econômica e, 294
Fed e, 298
WACC como, 239
Taxa de dividendo, 212, 213
otimização quadrática e, 476
Taxa de fundos federais, 45, 298, 301, 322
Taxa de juros equivalente de título de renda fixa, 44-45. Veja também Taxa de desconto
Taxa de juros livre de risco

nominal (veja Taxa nominal de juros livre de risco)
real/pura, 3, 16 (veja também Taxa real de juros livre de risco)
taxa exigida de retorno e, 27-28
Taxa de juros real pura ou livre de risco, 3, 16
Taxa de lucro, 296, 322
Taxa de realização de ganhos de capital, 527, 528, 538
Taxa de resgate, 68
Taxa de retenção, 348-349, 351
Taxa de retorno. Veja também Compensação entre retorno e risco
anormal, 212, 217
atuarial, 107, 108
avaliação e, 236
covariância de, 165-168
em títulos dos Estados Unidos *versus* títulos estrangeiros, 38-40
esperada (*Veja* Taxa de retorno esperada)
estimada, 176, 191, 191-193
exigida (Veja Taxa exigida de retorno)
investidores avessos ao risco e, 56
livre de risco (veja Taxa de juros livre de risco)
média, 18, 21-24, 34, 216
ponderada por prazo, 539-541
ponderada por valores monetários, 539-540
real livre de risco, 249
Taxa de retorno anormal , 212, 217, 230
Taxa de retorno atuarial, 107, 108
Taxa de retorno estimada, 176, 189, 191, 207
HME e, 224-225
modelos multifatoriais e, 201-203
Taxa de retorno livre de risco (RLR), 184
nominal, 27, 28-29, 249
real, 249
Taxa de retorno livre de risco, 249
Taxa de retorno ponderada por prazo, 539-541
Taxa de retorno ponderada por valores monetários, 539-541

Taxa de saída, 68
Taxa de venda, 68-69
Taxa esperada de crescimento, 321-323, 330-335
Taxa esperada de inflação, 249, 268, 269
Taxa esperada de retorno, 164, 230
anormal *versus*, 212
ativo livre de risco e, 184-186
impostos e, 489
índice VP/VM e, 215-216
linha de mercado de títulos de renda fixa e, 532-533
linha de mercado de títulos e, 189-196
mercados eficientes de capitais e, 209
para opções, 440-442
risco e, 4-5
taxa exigida versus, 364
Taxa exigida de retorno, 27-31, 34, 182
avaliação e, 236-237
beta e, 373-374
esperada *versus*, 364
linha de mercado de títulos e, 189-196
relação risco-retorno e, 29-30
taxa de crescimento dos dividendos e, 373
taxa de crescimento e, 242-244, 249-252, 365, 366-367
taxa de desconto como, 232
taxa nominal livre de risco e, 28-29
taxa real livre de risco e, 27-28
teoria de mercado de capitais e, 183, 189-190
valor intrínseco e, 389
Taxa interna de retorno (TIR), 22n, 261, 263, 291
de fluxos de caixa de carteiras, 539-541
Taxa média de crescimento anual composta (CAGR), 371
Taxa média de retorno, 18, 21-24, 34
Taxa média de retorno, 21, 26, 34, 153

Taxa nominal de juros livre de risco, 4-5, 16, 232, 268, 269
  análise de empresas e, 373
  características de títulos de dívida e, 270
  inflação e, 249
  taxa exigida de retorno e, 27
Taxa nominal livre de risco, 28-29
Taxa(s) de juros, 267-276
  avaliação de opções de compra e, 452-453
  derivativos e, 419
  determinantes de, 268-271
  diversificação global e, 42, 152
  previsão de, 268
  títulos conversíveis e, 462-463
  títulos de renda fixa e, 40n, 302, 531-532
  economia global e, 298-300
  ações e, 302
  estrutura temporal de (veja Estrutura temporal de taxas de juros)
  expectativa de crescimento no curto prazo e, 302
  inflação e, 303
  nominal livre de risco (veja Taxa nominal de juros livre de risco)
  pura livre de risco, 3, 16
  real livre de risco (Veja Taxa real de juros livre de risco)
  sistema de negociação intermercados (ITS), 129, 134
Taxas 12b-1, 68-73
Taxas de câmbio estrangeiras, 410
Taxas de entrada e saída, 68, 73, 85
Taxas de juros reais livres de risco, 3, 16, 34, 249, 268, 269
  ações de crescimento e, 366-367
  taxa exigida de retorno e, 27-28, 29-30
Taxas diferenciais de reinvestimento, 266-267
Taxas em eurodólar, rendimentos de Letras do Tesouro *versus*, 404
Técnicas de casamento de fluxos de caixa, 503-506
Técnicas de volume, 405-410
Tecnologia, 310
  expectativas de crescimento a longo prazo e, 300, 301
  monopólios naturais e, 310n
TED. Veja *Spread* Tesouro-Eurodólar (TED)
Temas de investimento, 2
Tendências econômicas, taxa de crescimento de dividendos e, 373
Tendências sociais, 309-310
Teorema de separação, 188, 207
Teoria de carteiras, 140, 161, 162-181
  modelos de precificação de ativos e, 182
  pressupostos da, 162-163
Teoria de carteiras de Markowitz, 163-178. Veja também Fronteira eficiente; Teoria de carteiras
Teoria de pressão de *hedging*, 274
Teoria do prospecto, 222
Teoria Dow, 401, 405
Teoria financeira, 89
Teoria institucional, 274
Terceiro mercado, 116, 122-123, 129, 134
Teria de mercado de capitais, 140, 182-189
  medida de Sharpe e, 519-520
  pressupostos da, 183
Teste de seqüências, 210, 230
Testes de autocorrelação, 210, 230
TIPS. Veja Títulos do Tesouro protegidos contra inflação (TIPS)
Título de dívida lastreado em receita. Veja também Obrigações lastreadas em receita e Obrigação de receita bruta, 44, 46, 60
Título de dívida P, 499-501
Título de renda fixa CTD. Veja Título de renda fixa de entrega mais barata (CTD)
Títulos assemelhados a opções, 461-464
Títulos com lastro hipotecário, 43-44
Títulos conversíveis, 462-464, 470

Títulos de agências do governo, 45, 46
Títulos de agências do governo, 46
Títulos de baixo risco, 48
Títulos de dívida com cupom igual a zero, 43, 47, 60, 501n
Títulos de dívida com taxa fixa, 43, 47
Títulos de dívida com taxa flutuante, 47
Títulos de dívida com taxas variáveis, 44, 47
Títulos de dívida conversíveis, 463, 464
Títulos de dívida de alto rendimento, 48
  índices para, 150, 151, 152
  recessões e, 295-297
  Regra 144A, 114
Títulos de dívida de obrigação geral (GO), 46, 60
  mercados secundários de, 115
Títulos de dívida do governo federal, 115
Títulos de dívida municipais, 6, 46, 112
  classificações de, 47-48
  impostos e, 95
  mercados secundários de, 115
  retornos reais de, 102
  swaps fiscais com, 501, 502
Títulos de dívida privada, 46-47, 114, 508n
  alto rendimento (Veja Títulos de dívida de alto rendimento; Junk bonds)
  características de, 46-47
  classificações de risco de, 47-48
  duração e, 510-511
  estatísticas gerais sobre (1984-2003), 19
  mercados secundários de, 115
  prêmio por risco e, 249-250
  risco e, 5
  spreads de taxas da Moody's, 250
  swaps fiscais com, 501, 502
  taxa de cupom fixo, 43
  versus títulos de dívida municipal, 6
Títulos de dívida pública internacionais, 269
Títulos de dívida pública, 112
  coeficientes de correlação para, 54-56
  estatísticas de (1984-2003), 19
  índices para, 150-152
  internacionais, 268
  mercados secundários para, 115
  nos Estados Unidos *versus* em outros países, 38, 40, 149, 150, 151
  recessões e, 297
Títulos de dívida resgatáveis antecipadamente, 287, 461
Títulos de dívida resgatáveis e vendáveis, 461
Títulos de empresas em dificuldades, 51
Títulos de mercado monetário, 43, 44-45
Títulos de nível passível de investimento, 150
  índices de títulos de renda fixa para, 150, 151, 152
Títulos de renda fixa, 9, 231
  análise técnica e, 410-411
  avaliação de, 237-240, 258-260
  características de, 270-271
  carteiras de referência e, 525
  coeficientes de correlação para, 54-56
  com opção de venda, 461
  com opções embutidas, 287
  com rendimento lastreado em receitas, 46, 48, 60
  conversível, 60, 463-464
  CTD, 508, 516
  cupom zero, 43, 47, 60, 501n
  de alto rendimento (Veja Títulos de dívida de alto rendimento; Títulos emitidos por empresas de alto risco)
  dos Estados Unidos *versus* não-americanos, 38-40, 41, 43, 270
  duração de, 279-283 (Veja também Duração)
  emitidos por agências governamentais, 115
  emitidos por empresas privadas (Veja títulos de dívida privada)
  especulativos, 48
  estratégias de negociação de, 279
  euro-obrigação, 43, 49, 51, 60
  fluxos de caixa e, 43-44

fundos de investimento imobiliário, 60
governo (Veja Títulos de dívida pública)
hipotecários, 60, 61
ianque, 49, 60
indexados à inflação, 46
internacionais, 49-50
investidores de fora dos Estados Unidos, 269
isentos de imposto, 267
mercados secundários de, 115
municipais (Veja Títulos de dívida municipais)
não classificados, 47-48
obrigação geral, 46, 47, 60, 115
preferenciais (garantidos), 61
reajuste de cupom, 43
recessões e, 296-297
reinvestimento e, 23-24
relações preço-rendimento de, 283-285
rendimento, 61
resgatáveis, 287, 461
retornos reais de, 102
subordinados, 61
Swaps, 499-502
taxa de cupom fixa, 47
taxa flutuante, 47
taxa variável, 43, 47
taxas de juros e, 40n, 302, 527
taxas históricas de, 52-56
tesouro (Veja Obrigações do Tesouro)
títulos lastreados em ativos, 49
volatilidade dos preços de, 276-286, 291, 528
Z, 49
Títulos de renda fixa indexados à inflação, 46
Títulos de renda fixa isentos de imposto, 267
Títulos do Tesouro protegidos contra a inflação (TIPS), 28, 46, 102
Títulos do Tesouro, 45-46
  índices de títulos de renda fixa para, 150, 151
  inflação e, 303
Títulos estrangeiros, prêmio por risco e, 249-250, 271
Títulos lastreados em ativos, 49
Títulos públicos, coeficientes de correlação para, 54, 56
Títulos sintéticos, 509n
Títulos
  comissões e, 6
  nos Estados Unidos *versus* em outros países, 38-40
  risco de liquidez em títulos negociados raramente, 25
Tolerância/preferência por risco, 91, 92
  alocações de ativos e, 93
  carteiras de referência especializadas e, 471
  companhias de seguro e, 109
  fundos de doação e, 109
  fundos de pensão e, 108
  opções e, 436
Transação fictícia (*wash sale*). Veja também Venda artificial, 430n, 489n, 501, 516
Transações com margem, 125-127
Transferência de risco, 419
Transferência eletrônica de fundos (EFT), 310
TSE. Veja Bolsa de Valores de Tóquio (TSE)
Underwriting, 113, 114
  prospecto e, 394
  registros de prateleira e, 114
University of Chicago Stock Price Tapes, 396
Utilidade do investidor, 177-178
Vale, 400, 415
Valor como ação (em título conversível), 463-464, 470
Valor corrente, 352
Valor de conversão, 463-464, 470
Valor de investimento (de título conversível), 463-464, 470
Valor de mercado
  análise técnica e, 398
  no cálculo de retornos de carteiras, 540-541
Valor de patrimônio final, 291, 503-505
Valor de título de dívida, 463-464, 470.

564 Índice Remissivo

Valor do dinheiro no tempo, 3, 16, 27
Valor futuro, 323
Valor intrínseco estimado, 367
Valor mínimo, 463, 470
Valor par, 44-46
Valor patrimonial da cota, 63, 85
    versus preço de mercado , 78
Valor patrimonial sobre valor de mercado, 199,
    215n, 216
Valor patrimonial-valor de mercado (VP/VM),
    215, 219, 224
    análise econômica e, 295
    analistas superiores e, 225-226
Valor presente líquido (VPL), 260
Valor presente, 237, 244-245
    conceito de, 294
    de fluxo de caixa, 376-377, 393
    do fluxo de caixa livre das operações, 376-377
    do fluxo de caixa livre para o capital próprio,
       374-376
    dos dividendos, 371-372
    modelo de, 258-259
    taxa de retorno ponderada por valores
       monetários e, 539, 540
Valorização de capital, 3, 19,107
    contabilidade por lote para fins fiscais e, 489
    declaração de política e, 98-99, 102
Value Line Data Base, 396
Varejo, 309, 310, 312
    arrendamentos e, 337
    drogarias, 311-312, 323
    exemplo da Walgreen, 323, 351
    informações sobre, 314, 315

Variabilidade das vendas, 342
Variação cíclica, 322
Variações de preço, 19-21
    ganhos/perdas de capital e, 94-95
    risco e, 25
Variações de valor, 19
Variância, 25-26, 34, 101
    Ativo livre de risco e, 184-186
    de investimento individual, 164-165
    de uma carteira, 165-175
    na teoria de carteiras, 163
    zero, 183
Variáveis econômicas, 297, 303
Vencimento, 43-44
    características de títulos de dívida e, 270-271
    duração de títulos de renda fixa *versus*,
       280-281
    estilo e, 502
    volatilidade de preços de títulos de renda fixa
       e, 281-283
Venda de contrato a termo, 420, 421
Vendas a descoberto, 124, 134
Vendas negociadas, 112
Venture capital, 51, 52
Viés de confirmação, 222
Viés de escalada, 222
Vieses, 222-223
Visitas a empresas, 388
VIX. Veja Índice de Volatilidade (VIX)
Volatilidade de preço
    avaliação de opções de compra e, 453,
       459-460
    duração e, 281-283

    implícita, 460
    mercado de chamada e, 117
    mercados secundários e, 115n
    para títulos de renda fixa, 276-286, 291, 528
    risco sistemático e, 186n
Volatilidade dos preços de títulos de renda fixa,
    276-287, 291, 528
VPFC. Veja Modelos de valor presente de fluxos
    de caixa (VPFC)
WACC. Veja Custo médio ponderado de capital
    (WACC)
Wall Street Journal, 70, 306, 409
    contratos futuros no, 423-425, 449, 451
    fundos de investimento e, 65
    indicadores econômicos no, 303, 304
    índices, 142, 145, 147, 149, 469
    notas promissórias mercantis no, 460
    opções no, 428
    preços à vista no, 421
    prospecto e, 394
    técnicas de volume e, 406
    tendências da inflação e, 303
    títulos de dívida privada e, 115-116
Wall Street Journal Europe, 148
Warrants, 462, 470
WCMI. Veja Merrill Lynch-Wilshire Capital
    Markets Index (ML-WCMI)
Wilshire 1750, 145
Wilshire 5000, 5-6, 244
    correlações globais e, 55
    S&P 500 e, 152-153
Wilshire Imóveis, 55
Zonas de comércio, 42

Negócios

Bases de dados • eBooks • Coleções Digitais
Publicações periódicas acadêmicas • Livros impresos

Bases de Dados:

Academic OneFile
Bases de dados de periódicos eletrônicos, multidisciplinar e de perfil academico que apresenta grande quantidade de artigos em texto completo. A interface é amigável e oferece tradutor on-line.

Informe Académico
Coleção de periódicos em língua espanhola em todas as áreas do conhecimento e provenientes de diversas revistas publicadas pelas mais renomadas instituições acadêmicas da Iberoamerica.

Business & Management Practices
Valorosa ferramenta para estudo dos conceitos, processos, métodos e estratégia em administração de empresas.

Small Business Resource Center
Fonte informaçao para projetar, iniciar e operar pequenos negócios. Oferece informação sobre administração, financiamento, marketing, recursos humanos, franquias, contabilidade e impostos.

Business and Company Resource Center
Oferece perfis de empresas, marcas e produtos, preços das ações, relatórios de investimento, estatísticas industrias, notícias de indústria, artigos de revistas especializadas e análise de mercado.

eBooks:

Personal Money Management and Entrepreneurship
Economic Indicators Handbook
Everyday Finance: Economics
World Economic Prospects
Encyclopedia of Management
Encyclopedia of Small Business

Small Business Sourcebook
Advanced Project Management eBook Bundle
Encyclopedia of Business and Finance
Encyclopedia of Small Business
International Directory of Business Biographies

Livros impressos:

China and the Challenge of Economic Globalization
Information Technology and Economic Development
Everyday Finance: Economics
Economic & Business Handbook
Personal Money Management and Entrepreneurship

Worldmark Encyclopedia of National Economies
Encyclopedia of Leadership
Management and Service
21st Century Management: A Reference Handbook
International Encyclopedia of Hospitality Management

Para mais informações: www.galecengage.com
ou gale.brasil@cengage.com